J. von Staudingers
Kommentar zum Bürgerlichen Gesetzbuch
mit Einführungsgesetz und Nebengesetzen
Zweites Buch. Recht der Schuldverhältnisse
§§ 765–778

Kommentatoren

Dr. Karl-Dieter Albrecht
Vorsitzender Richter am Bayerischen Verwaltungsgerichtshof, München

Dr. Hermann Amann
Notar in Berchtesgaden

Dr. Martin Avenarius
Wiss. Assistent an der Universität Göttingen

Dr. Christian von Bar
Professor an der Universität Osnabrück

Dr. Wolfgang Baumann
Notar in Wuppertal

Dr. Okko Behrends
Professor an der Universität Göttingen

Dr. Detlev W. Belling, M.C.L.
Professor an der Universität Potsdam

Dr. Werner Bienwald
Professor an der Evangelischen Fachhochschule Hannover

Dr. Andreas Blaschczok
Professor an der Universität Leipzig

Dr. Dieter Blumenwitz
Professor an der Universität Würzburg

Dr. Reinhard Bork
Professor an der Universität Hamburg, Richter am Hanseatischen Oberlandesgericht zu Hamburg

Dr. Wolf-Rüdiger Bub
Rechtsanwalt in München

Dr. Elmar Bund
Professor an der Universität Freiburg i. Br.

Dr. Jan Busche
Wiss. Assistent an der Freien Universität Berlin

Dr. Michael Coester
Professor an der Universität München

Dr. Dagmar Coester-Waltjen, LL.M.
Professorin an der Universität München

Dr. Dr. h. c. mult. Helmut Coing
em. Professor an der Universität Frankfurt am Main

Dr. Matthias Cremer
Notar in Dresden

Dr. Hermann Dilcher †
em. Professor an der Universität Bochum

Dr. Heinrich Dörner
Professor an der Universität Düsseldorf

Dr. Christina Eberl-Borges
Wiss. Mitarbeiterin an der Universität Potsdam

Dr. Werner Ebke, LL.M.
Professor an der Universität Konstanz

Dr. Eberhard Eichenhofer
Professor an der Universität Jena

Dr. Volker Emmerich
Professor an der Universität Bayreuth, Richter am Oberlandesgericht Nürnberg

Dipl.-Kfm. Dr. Norbert Engel
Leitender Ministerialrat im Bayerischen Senat, München

Dr. Helmut Engler
Professor an der Universität Freiburg i. Br., Minister in Baden-Württemberg a. D.

Dr. Karl-Heinz Fezer
Professor an der Universität Konstanz, Honorarprofessor an der Universität Leipzig, Richter am Oberlandesgericht Stuttgart

Dr. Johann Frank
Notar in Amberg

Dr. Rainer Frank
Professor an der Universität Freiburg i. Br.

Dr. Bernhard Großfeld, LL.M.
Professor an der Universität Münster

Dr. Karl-Heinz Gursky
Professor an der Universität Osnabrück

Dr. Ulrich Haas
Wiss. Assistent an der Universität Regensburg

Norbert Habermann
Richter am Amtsgericht Offenbach

Dr. Johannes Hager
Professor an der Humboldt-Universität Berlin

Dr. Rainer Hausmann
Professor an der Universität Konstanz

Dr. Dott. h. c. Dieter Henrich
Professor an der Universität Regensburg

Dr. Reinhard Hepting
Professor an der Universität Mainz

Joseph Hönle
Notar in Tittmoning

Dr. Bernd von Hoffmann
Professor an der Universität Trier

Dr. Heinrich Honsell
Professor an der Universität Zürich, Honorarprofessor an der Universität Salzburg

Dr. Dr. Klaus J. Hopt, M.C.J.
Professor, Direktor des Max-Planck-Instituts für Ausländisches und Internationales Privatrecht, Hamburg

Dr. Norbert Horn
Professor an der Universität zu Köln

Dr. Christian Huber
Professor an der Universität Augsburg

Dr. Heinz Hübner
Professor an der Universität zu Köln

Dr. Rainer Jagmann
Richter am Oberlandesgericht Karlsruhe

Dr. Ulrich von Jeinsen
Rechtsanwalt und Notar in Hannover

Dr. Dagmar Kaiser
Wiss. Assistentin an der Universität Freiburg i. Br.

Dr. Rainer Kanzleiter
Notar in Neu-Ulm, Professor an der Universität Augsburg

Wolfgang Kappe †
Vorsitzender Richter am Oberlandesgericht Celle a. D.

Ralf Katschinski
Notarassessor in Hamburg

Dr. Benno Keim
Notar in München

Dr. Sibylle Kessal-Wulf
Richterin am Schleswig-Holsteinischen Oberlandesgericht in Schleswig

Dr. Diethelm Klippel
Professor an der Universität Bayreuth

Dr. Hans-Georg Knothe
Professor an der Universität Greifswald

Dr. Helmut Köhler
Professor an der Universität München, Richter am Oberlandesgericht München

Dr. Jürgen Kohler
Professor an der Universität Greifswald

Dr. Heinrich Kreuzer
Notar in München

Dr. Jan Kropholler
Professor an der Universität Hamburg, Wiss. Referent am Max-Planck-Institut für Ausländisches und Internationales Privatrecht, Hamburg

Dr. Hans-Dieter Kutter
Notar in Schweinfurt

Dr. Gerd-Hinrich Langhein
Notar in Hamburg

Dr. Dr. h. c. Manfred Löwisch
Professor an der Universität Freiburg i. Br., vorm. Richter am Oberlandesgericht Karlsruhe

Dr. Dr. h. c. Werner Lorenz
Professor an der Universität München

Dr. Peter Mader
Univ. Dozent an der Universität Salzburg

Dr. Ulrich Magnus
Professor an der Universität Hamburg, Richter am Hanseatischen Oberlandesgericht zu Hamburg

Dr. Peter Mankowski
Wiss. Assistent an der Universität Osnabrück

Dr. Heinz-Peter Mansel
Akademischer Rat an der Universität Heidelberg

Dr. Peter Marburger
Professor an der Universität Trier

Dr. Wolfgang Marotzke
Professor an der Universität Tübingen

Dr. Dr. Michael Martinek, M.C.J.
Professor an der Universität des Saarlandes, Saarbrücken

Dr. Jörg Mayer
Notar in Pottenstein

Dr. Dr. h. c. mult. Theo Mayer-Maly
Professor an der Universität Salzburg

Dr. Dr. Detlef Merten
Professor an der Hochschule für Verwaltungswissenschaften, Speyer

Dr. Peter O. Mülbert
Professor an der Universität Trier

Dr. Dirk Neumann
Vizepräsident des Bundesarbeitsgerichts a. D., Kassel, Präsident des Landesarbeitsgerichts Chemnitz a. D.

Dr. Ulrich Noack
Professor an der Universität Düsseldorf

Dr. Hans-Heinrich Nöll
Rechtsanwalt in Hamburg

Dr. Jürgen Oechsler
Privatdozent an der Universität des Saarlandes, Saarbrücken

Dr. Hartmut Oetker
Professor an der Universität Jena, Richter am Thüringer Oberlandesgericht

Wolfgang Olshausen
Notar in Rain am Lech

Dr. Dirk Olzen
Professor an der Universität Düsseldorf

Dr. Gerhard Otte
Professor an der Universität Bielefeld

Dr. Hansjörg Otto
Professor an der Universität Göttingen

Dr. Lore Maria Peschel-Gutzeit
Senatorin für Justiz in Berlin, Vorsitzende Richterin am Hanseatischen Oberlandesgericht zu Hamburg i. R.

Dr. Frank Peters
Professor an der Universität Hamburg, Richter am Hanseatischen Oberlandesgericht zu Hamburg

Dr. Axel Pfeifer
Notar in Hamburg

Dr. Alfred Pikalo †
Notar in Düren

Dr. Jörg Pirrung
Ministerialrat im Bundesministerium der Justiz, Bonn, Richter am Gericht erster Instanz der Europäischen Gemeinschaften, Luxemburg

Dipl.-Verwaltungswirt Dr. Rainer Pitschas
Professor an der Hochschule für Verwaltungswissenschaften, Speyer

Dr. Ulrich Preis
Professor an der Fern-Universität Hagen und an der Universität Düsseldorf

Dr. Manfred Rapp
Notar in Landsberg

Dr. Thomas Rauscher
Professor an der Universität Leipzig, Dipl. Math.

Dr. Peter Rawert, LL.M.
Notar in Hamburg

Eckhard Rehme
Vorsitzender Richter am Oberlandesgericht Oldenburg

Dr. Wolfgang Reimann
Notar in Passau, Professor an der Universität Regensburg

Dr. Gert Reinhart
Professor an der Universität Heidelberg

Dr. Dieter Reuter
Professor an der Universität Kiel, Richter am Schleswig-Holsteinischen Oberlandesgericht in Schleswig

Dr. Reinhard Richardi
Professor an der Universität Regensburg

Dr. Volker Rieble
Privatdozent an der Universität Freiburg i. Br.

Dr. Wolfgang Ring
Notar in Landshut

Dr. Herbert Roth
Professor an der Universität Heidelberg

Dr. Rolf Sack
Professor an der Universität Mannheim

Dr. Ludwig Salgo
Professor an der Fachhochschule Frankfurt a. M., Privatdozent an der Universität Frankfurt a. M.

Dr. Gottfried Schiemann
Professor an der Universität Tübingen

Dr. Eberhard Schilken
Professor an der Universität Bonn

Dr. Peter Schlosser
Professor an der Universität München

Dr. Jürgen Schmidt
Professor an der Universität Münster

Dr. Karsten Schmidt
Professor an der Universität Bonn

Dr. Günther Schotten
Notar in Köln, Professor an der Universität Bielefeld

Dr. Peter Schwerdtner
Professor an der Universität Bielefeld, Richter am Oberlandesgericht Hamm

Dr. Hans Hermann Seiler
Professor an der Universität Hamburg

Dr. Walter Selb †
Professor an der Universität Wien

Dr. Reinhard Singer
Professor an der Universität Rostock, Richter am Oberlandesgericht Rostock

Dr. Jürgen Sonnenschein
Professor an der Universität Kiel

Dr. Ulrich Spellenberg
Professor an der Universität Bayreuth

Dr. Sebastian Spiegelberger
Notar in Rosenheim

Dr. Hans Stoll
Professor an der Universität Freiburg i. Br.

Dr. Hans-Wolfgang Strätz
Professor an der Universität Konstanz

Dr. Gerd Stuhrmann
Ministerialrat im Bundesministerium der Finanzen, Bonn

Dr. Dr. h. c. Fritz Sturm
Professor an der Universität Lausanne

Dr. Gudrun Sturm
Assessorin, Wiss. Mitarbeiterin an der Universität Lausanne

Burkhard Thiele
Ministerialdirigent im Justizministerium des Landes Mecklenburg-Vorpommern, Schwerin

Dr. Bea Verschraegen, LL.M.
Professorin an der Universität Bielefeld

Dr. Reinhard Voppel
Rechtsanwalt in Köln

Dr. Günter Weick
Professor an der Universität Gießen

Gerd Weinreich
Richter am Oberlandesgericht Oldenburg

Dr. Birgit Weitemeyer
Wiss. Assistentin an der Universität Kiel

Dr. Joachim Wenzel
Richter am Bundesgerichtshof, Karlsruhe

Dr. Olaf Werner
Professor an der Universität Jena

Dr. Wolfgang Wiegand
Professor an der Universität Bern

Dr. Roland Wittmann
Professor an der Universität Frankfurt (Oder), Richter am Brandenburgischen Oberlandesgericht

Dr. Hans Wolfsteiner
Notar in München

Dr. Eduard Wufka
Notar in Starnberg

Redaktoren

Dr. Christian von Bar
Dr. Wolf-Rüdiger Bub
Dr. Heinrich Dörner
Dr. Helmut Engler
Dr. Karl-Heinz Gursky
Norbert Habermann
Dr. Dott. h. c. Dieter Henrich
Dr. Heinrich Honsell
Dr. Norbert Horn
Dr. Heinz Hübner

Dr. Jan Kropholler
Dr. Dr. h. c. Manfred Löwisch
Dr. Ulrich Magnus
Dr. Dr. Michael Martinek, M.C.J.
Dr. Gerhard Otte
Dr. Peter Rawert, LL.M.
Dr. Dieter Reuter
Dr. Herbert Roth
Dr. Wolfgang Wiegand

J. von Staudingers
Kommentar zum Bürgerlichen Gesetzbuch
mit Einführungsgesetz und Nebengesetzen

Zweites Buch
Recht der Schuldverhältnisse
§§ 765–778

Dreizehnte
Bearbeitung 1997
von
Norbert Horn

Sellier – de Gruyter · Berlin

Die Kommentatoren

Dreizehnte Bearbeitung 1997
NORBERT HORN

12. Auflage
NORBERT HORN (1981)

11. Auflage
Oberstlandesgerichtsrat Dr. FRANZ BRÄNDL
(1959)

Sachregister

Rechtsanwalt Dr. Dr. VOLKER KLUGE, Berlin

Zitierweise

STAUDINGER/HORN (1997) Vorbem 1 zu
§§ 765 ff
STAUDINGER/HORN (1997) § 765 Rn 1
Zitiert wird nach Paragraph bzw Artikel und
Randnummer.

Hinweise

Das **vorläufige Abkürzungsverzeichnis** für das
Gesamtwerk STAUDINGER befindet sich in
einer Broschüre, die zusammen mit dem Band
§§ 985–1011 (1993) geliefert worden ist.

Der **Stand der Bearbeitung** ist jeweils mit Monat
und Jahr auf den linken Seiten unten angegeben.

Am Ende des Bandes befindet sich eine Übersicht über den aktuellen **Stand des Gesamtwerks**
STAUDINGER zum Zeitpunkt des Erscheinens
dieses Bandes.

Die Deutsche Bibliothek – CIP-Einheitsaufnahme

J. von Staudingers Kommentar zum Bürgerlichen Gesetzbuch : mit Einführungsgesetz und
Nebengesetzen / [Kommentatoren Karl-Dieter Albrecht ...]. – Berlin : Sellier de Gruyter
  Teilw. hrsg. von Günther Beitzke ... – Teilw. im Verl. Schweitzer, Berlin. – Teilw. im
  Verl. Schweitzer de Gruyter, Berlin
  ISBN 3-8059-0784-2

Buch 2. Recht der Schuldverhältnisse
§§ 765–778 / von Norbert Horn. – 13. Bearb. – 1997
ISBN 3-8059-0888-1

© Copyright 1997 by Dr. Arthur L. Sellier &
Co. – Walter de Gruyter & Co., Berlin.

Dieses Werk einschließlich aller seiner Teile ist
urheberrechtlich geschützt. Jede Verwertung
außerhalb der engen Grenzen des Urheberrechtsgesetzes ist ohne Zustimmung des Verlages unzulässig und strafbar. Das gilt insbesondere für Vervielfältigungen, Übersetzungen,
Mikroverfilmungen und die Einspeicherung
und Verarbeitung in elektronischen Systemen.

Printed in Germany. – Satz und Druck: Buch-
und Offsetdruckerei Wagner GmbH, Nördlingen. – Bindearbeiten: Lüderitz und Bauer,
Buchgewerbe GmbH, Berlin. – Umschlaggestaltung: Bib Wies, München.

∞ Gedruckt auf säurefreiem Papier, das die
DIN ISO 9706 über Haltbarkeit erfüllt.

Inhaltsübersicht

Seite*

Zweites Buch. Recht der Schuldverhältnisse

Siebenter Abschnitt. Einzelne Schuldverhältnisse
Achtzehnter Titel. Bürgschaft ——————————————— 1

Sachregister ————————————————————————— 403

---

* Zitiert wird nicht nach Seiten, sondern nach Paragraph bzw Artikel und Randnummer; siehe dazu auch S VI.

Achtzehnter Titel
Bürgschaft

Vorbemerkungen zu §§ 765–778

Schrifttum

AVANCINI, Der Auskunftsanspruch des Bürgen gegenüber dem Gläubiger. Zugleich ein Beitrag zum Bankgeheimnis, JurBl 1985, 193

BÄRMANN (Hrsg), Recht der Kreditsicherheiten in europäischen Ländern, Teil I: Bundesrepublik Deutschland, bearb v BRINK, PETEREIT, REINECKER, SCHERER (1976)

BAUER/MENGELBERG, Bürgschaft, Schuldübernahme und Garantievertrag (1936)

BERENSMANN, Bürgschaft und Garantievertrag im englischen und deutschen Recht (1988)

BERNINGHAUS, Der Umfang der Haftung aus formularmäßigen Bankbürgschaften, BB 1986, 206

BETTERMANN, Akzessorietät und Sicherungszweck der Bürgschaft, NJW 1953, 1817

BEYERLE, Der Ursprung der Bürgschaft. Ein Deutungsversuch vom germanischen Rechte her (Nachdruck 1971)

BGB-RGRK/MORMANN (12. Aufl 1976) §§ 765 ff

BIRKHOLZ, Die Bürgschaft und die Stellung des Bürgen im Steuerrecht, DStZ 1980, 48

BLAUROCK, Aktuelle Probleme aus dem Kreditsicherungsrecht (3. Aufl 1990) 36

BLESSING, Akzessorietät und Sicherungszweck der Bürgschaft. Eine rechtsvergleichende Untersuchung zum deutschen und französischen Recht (Diss Saarbrücken 1972)

BÖDEKER, Staatliche Exportkreditversicherungssysteme (1992)

BORST, Die Bürgschaft in der deutschen und schweizerischen Kodifikation – eine rechtspolitische und rechtsvergleichende Studie, (Diss Tübingen 1966)

BÜLOW, Recht der Kreditsicherheiten. Bewegliche Sachen und Rechte, Personen (3. Aufl 1993)

BÜTTNER, Die Haftung des Bürgen nach gemeinem Recht und dem Recht des BGB (Diss Greifswald 1899)

BYDLINSKI, Die Bürgschaft im österreichischen und deutschen Handels-, Gesellschafts- und Wertpapierrecht (1991)

ders, Die aktuelle höchstgerichtliche Judikatur zum Bürgschaftsrecht in der Kritik, WM 1992, 1301

CANARIS, Bankvertragsrecht, Erster Teil, in: STAUB, Großkommentar z HGB (4. Aufl 10. Liefg 1988)

CARLÉ, Das Recht der Bürgschaft und Steuerfolgen von Bürgschaften, Kölner Steuerdialog 1988, 7343

CLEMM, Die Stellung des Gewährleistungsbürgen, insbesondere bei der „Bürgschaft auf erstes Anfordern", BauR 1987, 123

CONRAD, Bürgschaft und Garantien als Mittel der Wirtschaftspolitik (1967)

DERLEDER, Die unbegrenzte Kreditbürgschaft, NJW 1986, 97

DILGER/HUGGER, Gesellschaftsrechtliche Zustimmungserfordernisse bei Bürgschaften, Garantien und Patronatserklärungen französischer Aktiengesellschaften, RIW 1990, 879

DÜRINGER/HACHENBURG/WERNER, Kommentar z HGB Bd IV (3. Aufl 1973) zu § 349 HGB

EISENHARDT, Sorgfaltspflichtverletzungen des Gläubigers dem Bürgen gegenüber, MDR 1968, 541

ENNECCERUS/LEHMANN, Lehrbuch des Bürgerlichen Rechts II (15. Bearb 1958) §§ 191–197

ERMAN, Handkommentar zum Bürgerlichen Gesetzbuch, Band 1 (9. Aufl 1993) §§ 765 ff bearb v SEILER

Esser/Weyers, Schuldrecht Bd II Besonderer Teil (7. Aufl 1991) § 40
Europäische Gemeinschaften (Kommission), Die Bürgschaft im Recht der Mitgliedstaaten der Europäischen Gemeinschaften, Studie des Max-Planck-Instituts Hamburg (Sammlung Studien. Reihe Wettbewerb Rechtsangleichung Nr 14, 1971)
Flessa, Bürgschaften des Staates und der Kreditgarantiegemeinschaften (1989)
Fontaine, Diligenzpflichten des Gläubigers gegenüber dem Bürgen (Diss Hamburg 1987)
Fruhstorfer, Die Bemühungen um eine Vereinheitlichung des Bürgschaftsrechts in den EG (1980)
Fullenkamp, Die erweiterte Zweckerklärung bei Bürgschaft und Grundschuld (1989)
vGierke, Schuldrecht (1917) § 206
Großkommentar HGB, begr von Staub (3. Aufl 1968/77) §§ 343–351 bearb von Ratz, §§ 352–372 bearb v Canaris
Haase, Der Schutz der Bürgen vor den Gefahren einer unüberlegten Bürgschaft in rechtspolitischer Sicht. Ein Vergleich des deutschen mit dem schweizerischen Recht (Diss Freiburg 1971)
Hackbarth, Des Bürgen neue Schuldner – Gedanken zum Spannungsverhältnis zwischen Bürgenrisiko und Gesamtrechtsnachfolge auf Schuldnerseite, ZBB 1993, 8
Hadding/Häuser, Zum Anspruch des Bürgen gegen den Darlehensgläubiger auf Auskehrung des nicht verbrauchten Teils eines Zinsvoraus, in: WM-Festheft Heinsius (1991) 4
Hadding/Häuser/Welter, Bürgschaft und Garantie, in: BMJ (Hrsg), Gutachten und Vorschläge zur Überarbeitung des Schuldrechts Bd III (1983) 571
Hadding/U H Schneider (Hrsg), Recht der Kreditsicherheiten in den europäischen Ländern, Teil 4: England (1980); Teil 5: Schweiz (1983)
Hallbauer, Bürgschaft und verwandte Rechtsgebilde im Bankverkehr, BankArch VII 308
Heck, Grundriß des Schuldrechts (1929) §§ 126, 127
Hedemann, Schuldrecht des BGB (3. Aufl 1949) 314

Hefermehl s Schlegelberger
Heinsius, Bürgschaft auf erstes Anfordern. Anmerkungen zum Urteil des BGH v. 15. Juli 1990, in: FS Merz (1992) 177
Heix, Bürgschaften für Wohnungsbau und Modernisierung (1982)
Hickl, Die „Bürgschaft auf erstes Anfordern" zur Ablösung eines Gewährleistungseinbehalts, BauR 1979, 463
H Honsell, Bürgschaft und Mithaftung einkommens- und vermögensloser Familienmitglieder, NJW 1994, 565
Horn, Bürgschaften und Garantien zur Zahlung auf erstes Anfordern, NJW 1980, 2153
ders, Bürgschaften und Garantien. Aktuelle Rechtsfragen der Bank-, Unternehmens- und Außenwirtschaftspraxis (6. Aufl 1995)
ders, in: Heymann, HGB Bd 4 (1990) §§ 349–351
ders, Globalbürgschaft und Bestimmtheitsgrundsatz, in: FS Merz (1992) 217
ders, Zur Zulässigkeit der Globalbürgschaft, ZIP 1997, 525
ders, Übermäßige Bürgschaften mittelloser Bürgen: wirksam, unwirksam oder mit eingeschränktem Umfang, WM 1997, 1081
ders, Haftung und interner Ausgleich bei Mitbürgen und Nebenbürgen, DZWir 1997, 265
Horn/Pleyer, Handelsrecht und Kreditsicherheiten in Osteuropa, Polen, Rußland, Tschechien und Ungarn im Vergleich (1997)
Hüffer, Die Ausgleichung bei dem Zusammentreffen von Bürgschaft und dinglicher Kreditsicherung als Problem der Gesamtschuldlehre, AcP 171 (1971) 470
Jauernig, Vertragshilfe, Wegfall der Geschäftsgrundlage und Bürgschaft, NJW 1953, 1207
Kanka, Die Mitbürgschaft, JherJb 87, 123
Kaser, Celsius D 12. 6. 47 und die Akzessorietät der Bürgschaft, in: FS Herdlitczka (1972) 143
Klett, Der Schutz des Bürgen unter besonderer Berücksichtigung der Formularpraxis der Kreditinstitute de lege lata und de lege ferenda (Diss Freiburg 1971)
Knütel, Zur Frage der sog Diligenzpflichten des Gläubigers gegenüber dem Bürgen, in: FS Flume (1978) 559

ders, Probleme des Bürgenregresses, JR 1985, 6
KOHLHOFF, Der Bürgschaftskredit (1976)
KOZIOL, Die Rückabwicklung rechtsgrundloser Zahlungen eines Bürgen, ZBB 1989, 16
ders, Treuhänderischer Forderungserwerb durch den Bürgen, ÖRdW 1987, 182
ders, Kreditsicherheiten und Anfechtung der Erfüllung, JurBl 1983, 517
KRAFFEL, Rechtsgrundlage bei Bürgschaft und Schuldanerkenntnis (Diss Berlin 1990)
KRESS, Lehrbuch des Besonderen Schuldrechts (1934) 261 ff
GRAF LAMBSDORFF/SKORA, Handbuch des Bürgschaftsrechts (1994)
LARENZ, Schuldrecht II Besonderer Teil (12. Aufl 1981) § 64
LARENZ/CANARIS, Schuldrecht II/2 Besonderer Teil (13. Aufl 1994) § 60
LAUTE, Zum Umfang der Bürgenhaftung, BlfGenossW 1971, 197
LEONHARD, Besonderes Schuldrecht des BGB (1931) 313 ff
LICHTLEIN, Die Bürgschaft nach den Bestimmungen des BGB unter Vergleichung mit denjenigen des französischen Rechts, PucheltsZ 31, 150
P LUTZ, Die Sorgfaltspflichten des Gläubigers gegenüber dem Bürgen – dargestellt anhand der Aufklärungspflichten (Diss Berlin 1984)
MARCUS, Materielle Grundfragen aus dem Bürgschaftsrecht nach BGB, KGBl 1906, 4
MARTENS, Die Bürgschaft im Wechselrecht und in der Konkurrenz mit anderen Sicherungsrechten, BB 1971, 765
MERZ, Die Rechtsprechung des Bundesgerichtshofs zur Bürgschaft, WM 1977, 1270; 1980, 230; 1982, 174; 1984, 1141; 1988, 241
MICHALSKI, Bürgschaft auf erstes Anfordern, ZBB 1994, 289
MORMANN, Die Rechtsprechung des Bundesgerichtshofs zur Bürgschaft, WM 1963, 930 ff; 1968, 66 ff; 1974, 962 ff
GERTRUD MÜLLER, Interzessionsfälle des geltenden Rechts (Diss Tübingen 1928)
Münchener Kommentar zBGB (2. Aufl 1986) §§ 765–768 bearb v PECHER
OETKER, Rückzahlungsverbot (§ 30 I GmbHG) und Sicherheitsleistungen konzernabhängiger GmbH's für Verbindlichkeiten anderer Konzerngesellschaften am Beispiel der Bürgschaft, KTS 1991, 521
OETTMEIER, Bürgschaften auf erstes Anfordern (Diss München 1996)
OPITZ, Abhängigkeit der Bürgenhaftung (Diss Leipzig 1918)
PALANDT, Bürgerliches Gesetzbuch (56. Aufl 1997) §§ 765 ff bearb v THOMAS
PAPE, Die neue Bürgschaftsrechtsprechung – Abschied vom Schuldturm?, ZIP 1994, 515
B PETERS, Zum Haftungsumfang der Bürgschaft für Ansprüche aus bankmäßiger Geschäftsverbindung, WM 1992, 597
M PFEIFFER, Nebenpflichten des Bürgschaftsgläubigers gegenüber dem Bürgen (Diss Gießen 1992)
TH PFEIFFER, Ein zweiter Anlauf des deutschen Bürgschaftsrechts zum EuGH, NJW 1996, 3297
PLATE, Die Gefahrtragung des Bürgen nach dem Bürgerlichen Gesetzbuch sowie ausgewählte Probleme aus dem Bürgschaftsrecht (Diss Hamburg 1968)
POTTSCHMIDT/ROHR, Kreditsicherungsrecht (4. Aufl 1992)
RATZ, s Großkommentar HGB
REICHEL, Die Schuldmitübernahme (kumulative Schuldmitübernahme) (1909)
REIFNER, Handbuch des Kreditvertragsrechts, Verbraucherkredit und Realkredit (1991)
REIMER, Treuhandbürgschaft und Sicherungsbürgschaft, SZGA 85 (1968) 194
D REINICKE, Bürgschaft und Gesamtschuld, NJW 1966, 2141
ders, Die Bürgschaft für alle bestehenden und künftigen Forderungen des Gläubigers aus seiner bankmäßigen Geschäftsverbindung mit dem Hauptschuldner, JZ 1986, 426
REINICKE/TIEDTKE, Zahlungen des Bürgen als vorläufige Sicherheit, Betrieb 1985, 957
dies, Bürgschaft für eine Verbindlichkeit aus laufender Rechnung, ZIP 1988, 545
dies, Bürgschaftsrecht (1995)
dies, Kreditsicherung (3. Aufl 1994)
RGRK s BGB-RGRK/MORMANN
RIEDER, Bürgschaft, Schuldübernahme, Garantievertrag (3. Aufl 1995)
ders, Die Bankbürgschaft (4. Aufl 1992)
RIEZLER, Auskunftpflicht des Hauptschuld-

ners gegenüber dem Bürgen, BankArch 1941, 105

SCHALLEHN/STOLZENBURG, Garantien und Bürgschaften der Bundesrepublik Deutschland zur Förderung der deutschen Ausfuhr, Loseblattausg (Stand 11/94)

SCHLACHTER, Kreditmithaftung einkommensloser Angehöriger, BB 1993, 802

SCHLEGELBERGER, Handelsgesetzbuch. Kommentar (5. Aufl 1976) §§ 343 ff bearb HEFERMEHL

K SCHMIDT, Formfreie Bürgschaften eines geschäftsführenden Gesellschafters, ZIP 1986, 1510

SCHMITZ, Der Ausgleich zwischen Bürgschaft und Schuldbeitritt, in: FS Merz (1992) 553

EGON SCHNEIDER, Erfüllungsort der Bürgschaft, JurBüro 1967, 15

F J SCHOLZ, Grenzen der Privatautonomie im Bürgschaftsrecht, FLF 1994, 57

SCHOLZ/LWOWSKI, Das Recht der Kreditsicherung (7. Aufl 1994)

SCHREINER, Die Kreditbürgschaft in der Formularpraxis der Banken und Sparkassen (1989)

SCHÜTZ, Bankgeschäftliches Formularbuch (18. Ausgabe 1969)

ders, Zum Bürgschaftsrecht, ZAkDR 1938, 155

ders, Die Umdeutung einer formnichtigen Bürgschaft in einen Kreditauftrag, WM 1963, 1051

SCHWÄRZE-PETERS, Die Bürgschaft im Bauvertrag (1992)

G C SCHWARZ, Die Bürgschaft des Ehegatten zur Sicherung betrieblicher Ruhegehaltsansprüche, NJW 1993, 2916

SCHWEITZER, Bürgschaften von vermögenslosen Familienangehörigen, KTS 1991, 541

SEILER, s ERMAN

SEVERAIN, Die Bürgschaft im deutschen und internationalen Privatrecht (Diss Mainz 1990)

SIBER, Der Rechtszwang im Schuldverhältnis nach deutschem Reichsrecht (1903) 237 ff

STAUB, s Großkommentar Handelsgesetzbuch

STEINBACH/BECKER, Ablösung eines Sicherungseinbehalts durch Gewährleistungsbürgschaft nach Vorausabtretung der Gewährleistungsansprüche, WM 1988, 809

STEINBACH/LANG, Zum Gesamtschuldregreß im Verhältnis zwischen Personal- und Realsicherungsgeber, WM 1987, 1237

STEPHAN, Über die Bürgschaft für nicht auf Geld gerichtete Verbindlichkeiten (Diss Jena 1911)

STEPPELER, Zum Sicherungsumfang von Bürgschaften, Die Sparkasse 1979, 149

ders, Zahlungen des Bürgen als Sicherheitsleistung, Sparkasse 1985, 156

ders, Randbemerkungen zur Bürgschaft als Kreditsicherheit, Sparkasse 1980, 346

STOLL, Vertrauensschutz bei einseitigen Leistungsversprechen, in: FS Flume (1978) 741

STOLZENBURG, Kündigung und Enthaftung bei der Kreditbürgschaft eines ausgeschiedenen Gesellschafters, ZIP 1985, 1189

STÖTTER, Das Vertragsverhältnis zwischen dem Hauptschuldner und dem Auftragbürgen, insbes seine Beendigung durch Kündigung aus wichtigem Grund, MDR 1970, 545

ders, Die Kreditbürgschaft, insbes ihre Beendigung, Betrieb 1968, 603

ders, Das Bürgenrisiko bei zeitlicher Begrenzung einer Kreditbürgschaft, Betrieb 1988, 899

STÖTTER/STÖTTER, Die Möglichkeiten der Risikobegrenzung bei der Übernahme einer Kreditbürgschaft, Betrieb 1987, 1621

STREULE, Bankgarantie und Bankbürgschaft (1987)

C STUMPF, Der vermögenslose Bürge. Zum Spannungsverhältnis zwischen privatautonomer Gestaltungsfreiheit und Verbraucherschutz, Jura 1992, 417

THELEN, Ist der Bürge im Bankkreditgeschäft weniger schutzwürdig als der fremdnützig handelnde Besteller einer Sicherungsgrundschuld?, Betrieb 1991, 741

TIEDTKE, Aufrechnungsmöglichkeit des Schuldners gegenüber dem Bürgen mit einem ihm gegen den Gläubiger zustehenden Anspruch?, Betrieb 1970, 1721

ders, Die Rechtsprechung des Bundesgerichtshof zum Bürgschaftsrecht seit 1980, ZIP 1986, 69

ders, Die Rechtsprechung des Bundesgerichtshofs zur Anwendung des AGB-Gesetzes im Bürgschaftsrecht seit 1980, ZIP 1986, 150

ders, Zur Rechtsprechung des BGH auf dem

Gebiete des Bürgschaftsrechts seit dem 1.1.1986, ZIP 1990, 413
s auch REINICKE
TITTMANN, Die Durchsetzung des Anspruchs gegen Hauptschuldner und Bürgen (Diss Leipzig 1934)
WAGENKNECHT, Rechtsgrenzen der Ausgestaltung von Bürgschaftsverträgen (Diss Bremen 1986)
HANSJÖRG WEBER, Die Bürgschaft, JuS 1972, 553
ders, Sonderformen der Bürgschaft und verwandte Sicherungsgeschäfte, JuS 1972, 9
ders, Kreditsicherheiten, Recht der Sicherungsgeschäfte (4. Aufl 1994)
WEIMAR, Befreiende Schuld- und Bürgschaftsübernahme ohne den Willen des Schuldners, JR 1972, 285
ders, Rechtsfragen der Bürgschaft, MDR 1979, 112
ders, Bürgschaft, Schuldübernahme, Garantievertrag (1979)
ders, Die Bürgschaft für die Pflichten den Wohnraummieters, BlGBW 1982, 91
WEINTRAUT, Der Haftungsausgleich zwischen Grundschuldner und Bürgen (Diss Gießen 1994)
WEITZEL, Höchstbetragsbürgschaft und Gesamtschuld, JZ 1985, 824
WENZEL, Die Verfassungsmäßigkeit von Bürgschaften vermögensloser Angehöriger, Die Bank 1994, 104
WERNER s DÜRINGER-HACHENBURG
H P WESTERMANN, Die Bürgschaft, Jura 1991, 449, 567
WESTERKAMP, Bürgschaft und Schuldbeitritt (1908)
GRAF V WESTPHALEN, Bürgschaftsformulare im Lichte des AGB-Gesetzes, WM 1984, 1589
WETH, Bürgschaft und Garantie auf erstes Anfordern, AcP 189 (1989) 303
K WINTER, Bürgschaften bei Bauverträgen etc., Seminar BauR u Versicherungswesen 1988, 7
M WOLF, Mitbürgen als Gesamtschuldner und als Nebenschuldner, NJW 1987, 2472
WOLF/HORN/LINDACHER, AGB-Gesetz (3. Aufl 1994)
ZAHN, Zahlung und Zahlungssicherung im Außenhandel (6. Aufl 1986)
ZEISS, Die Umdeutung einer formnichtigen Bürgschaft in einem Kreditauftrag, WM 1963, 906
ZULEEG, Öffentlichrechtliche Bürgschaften?, JuS 1985, 106.

Weitere Literaturhinweise zu Spezialfragen sowie zu den der Bürgschaft verwandten Geschäften im Folgenden; vgl insbes zur Garantie Rn 194, 275.

Systematische Übersicht

I. **Begriff, Funktion und rechtliche Natur der Bürgschaft**
1. Bürgschaftsbegriff des BGB 1
2. Wirtschaftliche Funktion der Bürgschaft 2
3. Einseitig verpflichtender Vertrag 5
4. Kausaler Vertrag 8

II. **Die Bürgenschuld**
1. Eigene Verbindlichkeit des Bürgen ... 13
2. Art der Hauptschuld 14
3. Bürge nicht Gesamtschuldner 16
4. Subsidiarität der Bürgenschuld 17
5. Akzessorietät der Bürgenschuld 18
6. Abgrenzung von anderen Personalsicherheiten 21

III. **Arten der Bürgschaft**
1. Selbstschuldbürgschaft 23
2. Bürgschaft zur Zahlung auf erstes Anfordern 24
   a) Begriff und Zulässigkeit 24
   b) Auslegung und Abgrenzung 26
   c) Zahlungsanforderung und Durchsetzung 27
   d) Einwendungsausschluß und seine Grenzen, Rechtsmißbrauch 29
   e) Rückforderungsanspruch des Bürgen 33
   f) Verhältnis des Bürgen zum Hauptschuldner 34
3. Ausfallbürgschaft 36
4. Selbstschuldausfallbürgschaft 37

5.	Teilbürgschaft und Höchstbetragsbürgschaft	38	VI.	**Sicherheitsleistung durch Bürgen; Prozeßbürgschaft**
6.	Zeitbürgschaft	41	1.	Sicherheitsleistung — 90
7.	Globalbürgschaft und Kontokorrentkreditbürgschaft	42	2.	Prozeßbürgschaft — 91
a)	Begriff und Problematik der Globalbürgschaft	42	a)	Sicherungszweck — 91
			b)	Tauglicher Bürge — 94
			c)	Form — 99
b)	Bestimmung der Hauptforderungen	43	d)	Abschluß — 101
			e)	Inhalt — 103
c)	Abgrenzung der verbürgten Forderungen	45	f)	Prozessuale Wirkung — 105
			g)	Erlöschen — 107
d)	Kontokorrentkreditbürgschaft	48	h)	Kosten — 108
e)	Bedeutung des Höchstbetrages und Teiltilgung	51	3.	Verfahren vor dem EuGH — 109
f)	Kündigung	53	VII.	**Bürgschaftsgleiche Haftung kraft Gesetzes** — 110
g)	Personenwechsel	55		
8.	Mitbürgschaft	56		
9.	Nachbürgschaft	57	VIII.	**Bürgschaft und Gesellschaftsrecht**
10.	Rückbürgschaft	60	1.	Bürgenstellung und Gesellschafterstellung — 111
11.	Bürgschaft und Wechselverbindlichkeit	62	2.	Die eigenkapitalersetzende Gesellschafterbürgschaft — 118
12.	Geschäftstypen der Bürgschaft	62	a)	Tatbestand des Eigenkapitalersatzes — 118
IV.	**Bürgenschutz, AGB-Gesetz und Verbraucherschutz**		b)	Rechtsfolge — 122
1.	Bürgenrisiko und Bürgenschutz nach BGB	63	3.	Bürgschaften der Gesellschaft für den Gesellschafter — 126
2.	Bürgschaft und AGB-Gesetz	67	IX.	**Aufwertung und Währungsumstellung der Bürgenschuld**
a)	Anwendbarkeit des AGB-Gesetzes	67		
b)	Zulässige Klauseln und ihre Grenzen	69	1.	Aufwertung — 130
			2.	Alte Auslandsschulden — 131
c)	Unzulässige Klauseln	71	3.	Umstellung — 132
3.	HausTWG und GewO; VerbrKrG	75	4.	Forderungsanpassung — 134
4.	Datenschutz	78	X.	**Erfüllungsort der Bürgschaftsschuld** — 135
V.	**Bürgschaften in Verhältnis zur öffentlichen Hand**		XI.	**Internationales Privatrecht und sonstiges Kollisionsrecht**
1.	Steuer- und Zollbürgschaft	79	1.	Eigenes Schuldstatut der Bürgschaft — 136
2.	Amtsbürgschaft, Bürgschaft für Subventionsrückzahlung	81	2.	Wirkung des Bürgschaftsstatuts — 139
3.	Staatsbürgschaft	82	3.	Form — 141
a)	Zweck und Anwendungsbereich	82	4.	Enteignung — 142
b)	Die zweistufige Gewährung der Bürgschaft	84	5.	Altes DDR-Recht; intertemporales Recht — 146
c)	Zulässigkeit nach EG-Beihilferecht	87	6.	Andere Personalsicherheiten — 147
d)	Bürgschaften und Garantien ausländischer Staaten	88	XII.	**Prozeßrechtsfragen**
4.	Bürgschaftsbanken	89	1.	Zulässiger Rechtsweg — 148
			2.	Zuständigkeit und Verwandtes — 149

a)	Internationale Zuständigkeit	149	2.	Ausländisches Devisenrecht; Transferhindernisse ... 189
b)	Arbeitsgerichtliche Zuständigkeit	151		
c)	Gerichtsstand des Hauptschuldners	152		
d)	Schiedsgerichtsbarkeit	153	**XVI.**	**Der Garantievertrag**
3.	Streitwert	154	1.	Begriff und Inhalt ... 194
4.	Klage gegen Bürgen und Hauptschuldner	155	a)	Allgemeine Kennzeichnung ... 194
			b)	Keine Akzessorietät und Subsidiarität ... 196
5.	Schlüssigkeit und Beweislast	157		
6.	Grundzwischenurteil	160	c)	Anwendbarkeit von Bürgschaftsrecht? ... 197
7.	Urkundenprozeß	161		
8.	Einstweiliger Rechtsschutz	162	d)	Sicherungszweck und Abstraktheit der Garantie ... 198
9.	Rechtskraft	166		
10.	Prozeßbürgschaft	167	aa)	Sicherungszweck (kausales Geschäft) 199
			bb)	Abstraktheit als Nichtakzessorietät ... 202
XIII.	**Die Bürgschaft im Konkurs- und Vergleichsverfahren**			
			e)	Einwendungsausschluß ... 204
1.	Konkurs- und Vergleichsverfahren des Hauptschuldners	168	f)	Befristung und Kündigung; Verjährung ... 205
a)	Wirkung des Verfahrens auf die Bürgenschuld	168	g)	Definition des Garantiefalles ... 210
			h)	Garantiebetrag ... 213
b)	Stellung des Bürgen im Verfahren	169	i)	Schadlosgarantie ... 214
aa)	Anmeldung der aufschiebend bedingten Rückgriffsforderung	170	2.	Auslegungskriterien zur Abgrenzung 216
			a)	Von der Bürgschaft ... 216
bb)	Zahlung des Bürgen vor Verfahrenseröffnung	171	b)	Von der Schuldmitübernahme ... 219
			c)	Von der Schadensversicherung ... 220
cc)	Zahlung des Bürgen nach Verfahrenseröffnung	172	d)	Von der Vertragsstrafe ... 221
			e)	Von der Patronatserklärung ... 222
dd)	Aufrechnung im Konkurs	174	3.	Formfreiheit ... 223
c)	Beendigung des Verfahrens; Zwangsvergleich	177	4.	Übergang des Garantieanspruchs ... 225
			a)	Abtretbarkeit ... 225
d)	Vergleichsbürgschaft	178	b)	Gesetzlicher Übergang (§ 401 Abs 1; § 774 Abs 1 S 1)? ... 227
e)	Anfechtbare Bürgschaftsbestellung	180		
			5.	Verpflichtungstypen und Inanspruchnahme ... 230
2.	Konkurs- und Vergleichsverfahren des Bürgen	181	a)	Zahlung auf erstes Anfordern ... 231
			aa)	Bedeutung und Zulässigkeit ... 231
3.	Konkurs- und Vergleichsverfahren von Bürgen und Hauptschuldner zugleich	183	bb)	Die Zahlungsanforderung ... 233
			b)	Effektivklauseln ... 236
4.	Konkurs- und Vergleichsverfahren des Gläubigers	184	c)	Dokumentäre Nachweise ... 238
			d)	Vorlage eines Urteils oder Schiedsurteils ... 239
XIV.	**Vertragshilfe, Moratorien und sonstige Leistungsregelungen**		e)	Bedingte Garantien ... 240
1.	Vertragshilfe	185	6.	Einwendungen gegen den Garantieanspruch ... 241
2.	Leistungsbefreiung	186	a)	Grundsätzliches ... 241
3.	Materielle Moratorien	187	b)	Gültigkeitseinwendungen ... 242
			c)	Inhaltseinwendungen ... 244
XV.	**Devisenrecht und Bürgschaft**		aa)	Allgemeines ... 244
1.	Devisenrecht	188	bb)	Fristablauf ... 246

d)	Persönliche Einwendungen	247	dd)	UN-Konvention über unabhängige Garantien 1995 298
aa)	Allgemeines	247	e)	Einzelfragen der Abwicklung 299
bb)	Aufrechnung	248	aa)	Zahlungsanforderung bei indirekter Garantie 299
7.	Sicherungszwecke und Geschäftstypen	250	bb)	Fristablauf und Rückgabe der Urkunde 300
a)	Verhaltensgarantien	251	9.	Internationales Privatrecht und sonstiges Kollisionsrecht 301
aa)	Allgemeines. Überblick	251	a)	Eigenes Garantiestatut 301
bb)	Ausbietungs- und Ausfallgarantie	252	b)	Bankgarantie: lex bancae als Regel ... 302
b)	Forderungsgarantie	255	c)	Lex mercatoria der Bankgarantie 305
c)	Leistungsgarantie (selbständige Gewährschaft)	258	d)	Der Garantieauftrag 306
d)	Scheckeinlösungsgarantie und Scheckkarte	262	e)	Ordre public 307
aa)	Begriff; Begründung	262	f)	Wirtschaftskollisionsrecht (Enteignung, Embargo etc) 308
bb)	Scheckkarte	265	10.	Mißbräuchliche Inanspruchnahme ... 309
cc)	Einwendungen gegen den Garantieanspruch	268	a)	Das Problem. Der Einwand des Rechtsmißbrauchs 309
dd)	Der Scheckkartenvertrag Kunde – Bank	270	b)	Objektiver Tatbestand 313
e)	Weitere Anwendungsfälle	271	c)	Subjektiver Tatbestand 316
aa)	Gesellschafts- und Kapitalmarktrecht	271	d)	Nachweis 319
bb)	Bauwesen	272	e)	Einstweiliger Rechtsschutz 320
cc)	Grundschuld	273	aa)	Arrest 321
dd)	„Mietgarantie" des Sozialamtes	274	bb)	Einstweilige Verfügung 325
8.	Bankgarantien im Außenwirtschaftsverkehr	275	11.	Das Deckungsgeschäft Garant-Auftraggeber (Bank-Kunde) 326
a)	Direkte und indirekte Garantie	276	a)	Geschäftsbesorgungsvertrag 326
b)	Sicherungszwecke und Geschäftstypen	281	b)	Interessenwahrungspflicht der Bank ... 330
aa)	Bietungsgarantie	282	c)	Einstweilige Verfügung gegen die Bank 336
bb)	Anzahlungs-/Rückzahlungsgarantie	283	aa)	Problem und Interessenlage 336
cc)	Leistungsgarantie	284	bb)	Verfügungsanspruch 337
dd)	Gewährleistungsgarantie	285	cc)	Die Einschaltung einer zweiten Bank	338
ee)	Konnossementsgarantie	286	dd)	Glaubhaftmachung 340
ff)	Zahlungsgarantie	287	12.	Rückabwicklung bei ungerechtfertigter Inanspruchnahme 345
gg)	Rückgarantie	288	a)	Mängel des Garantieanspruchs 346
c)	Die Verpflichtungstypen	289	b)	Mängel im Valutaverhältnis 352
aa)	Nach deutschem Recht	289	c)	Rückabwicklung bei mißbräuchlicher Inanspruchnahme 358
bb)	Funktionsähnliche Sicherheiten nach anderen Rechten	290	d)	Beweislast 360
d)	Internationale Regeln für Garantien	293	13.	Anfechtbare Garantiebestellung 362
aa)	Einheitliche Richtlinien für Vertragsgarantien (ERVG) 1978	294	**XVII.**	**Andere verwandte Verträge**
bb)	Einheitliche Richtlinien für auf Anfordern zahlbare Garantien (ERAG) 1991	295	1.	Schuldmitübernahme (Schuldbeitritt) 363
			a)	Kennzeichnung 363
			b)	Keine Schriftform 365
cc)	Einheitliche Richtlinien für Dokumentenakkreditive (ERA) 1993	297	c)	Abgrenzung von der Bürgschaft 367

d)	Sicherungsmitschuld	369	6.	Schuldhilfe durch und für eine Wechsel- oder Scheckverbindlichkeit	423
aa)	Begriff und Funktion	369			
bb)	Sittenwidrige Sicherungsmitschuld	372	a)	Offene Wechsel- und Scheckbürgschaft	423
e)	Abgrenzungsprobleme; das Gemeinschaftskonto	374	b)	Verdeckte Wechselbürgschaft	432
f)	Ausgleich zwischen mehreren Schuldmitübernehmern	376	c)	Bürgschaft und Garantie für eine Wechsel- oder Scheckverbindlichkeit	435
2.	Delkrederevertrag	377	7.	Scheckkarte	438
3.	Das Dokumentenakkreditiv	378	8.	Die Forderungsversicherung	438
a)	Begriff und Funktion	378			
b)	ERA und anwendbares Recht	380	**XVIII.**	**Ausfuhrkreditversicherung (Hermes-Deckungen)**	
c)	Der Akkreditivauftrag	385	1.	Funktion und Rechtsgrundlagen	439
d)	Liefergeschäft	390	2.	Die Rechtsstellung des Gewährleistungsberechtigten	443
e)	Begründung des Akkreditivanspruchs	391	a)	Antrag und Gewährleistungsentscheidung	443
f)	Inhalt des Akkreditivanspruchs	393			
g)	Die Akkreditivdokumente	394	b)	Gewährleistungsvertrag, Bürgschaftsanspruch	444
h)	Übertragung des Akkreditivs	400			
i)	Abstraktion und Einwendungsausschluß	401	c)	Die Geltendmachung des Anspruchs	446
k)	Arrest und Einstweilige Verfügung	404	3.	Gedeckte Forderungen und Risiken	448
4.	Die Patronatserklärung	405	a)	Die gedeckten Geschäftsrisiken	448
a)	Begriff und Zweck	405	b)	Formen der Deckung	450
b)	Harte und weiche Patronatserklärungen	407	c)	Wirtschaftliches und politisches Risiko	451
c)	Verpflichtungsinhalt: Erfüllung und Schadensersatz	411	**XIX.**	**Ausländische Rechte**	453
d)	Sonstige Haftung des Patrons	416	1.	Österreich	454
5.	Die Kreditkarte	417	2.	Schweiz	455
a)	Begriff und Funktion	417	3.	Frankreich	459
b)	Kartensystem und Vertragsbeziehungen	418	4.	Italien	465
c)	Garantie des Kartenemittenten	419	5.	England	469
d)	Ausschluß von Widerruf und Einwendungen	420	6.	USA	473
			7.	Osteuropäische Länder	476

Alphabetische Übersicht

abstrakter Vertrag		9	– Übertragung	400
Abstraktheit			Akkreditivanspruch	
– als Nichtakzessorietät		202 f	– Begründung	391
– der Garantie		198	– Inhalt	393
Abtretbarkeit der Garantie		225 f	Akkreditivauftrag	385 f
Abtretung der garantierten Forderung		257	Akzessorietät	18 ff, 196
AGB und ERA		381 ff	Amtsbürgschaft	81
AGB-Gesetz und Bürgenschutz		67 ff	analoge Anwendung von Bürgschaftsrecht?	197
Akkreditiv			Anfechtbarkeit	
– Bestätigung		392	– der Bürgschaftsbestellung	180
– Eröffnung		387 f		

– der Garantiebestellung	362	Bürgschaft	
Anfechtung	65	– für Scheckerklärung	435
Angehörigenbürgschaft	66	– für Wechselerklärung	435
Angehörigenmitschuld	373	– und Ausfuhrkreditversicherung	440 ff
anwendbares Recht beim Akkreditiv	382 ff	– und Schuldmitübernahme	367 f
Anzahlungsgarantie	283	Bürgschafts- und Gesellschaftsrecht	111 ff
arbeitsgerichtliche Zuständigkeit	151	Bürgschaftsarten	22 ff
Arrest	163	Bürgschaftsbanken	89
– Garantieanspruch	321	Bürgschaftsbegriff	1
– beim Akkreditiv	404	bürgschaftsgleiche Haftung	110
Arrestanspruch (Garantie)	322 f	Bürgschaftsklauseln und AGB-Gesetz	69 ff
Aufrechnung bei Garantie	248	Bürgschaftsrichtlinien	87
Aufwertung	130	Bürgschaftsrisiko	2
Ausbietungsgarantie	252	Bürgschaftsstatut und Wirkung	139 f
Ausfallbürgschaft	36		
Ausfallgarantie	251 f	culpa in contrahendo	65
Ausfuhrkreditversicherungen	439 ff		
Ausfuhrpauschalgarantie	450	Datenschutz	78
Ausfuhrrisiko	449	DDR-Recht	146
Ausgleich zwischen Schuldmitüberneh-		Delkredere-Vertrag	377
mern	376	Devisenrecht	188
ausländischer Prozeßbürge	96 ff	dingliche Ansprüche	15
ausländisches Devisenrecht	189 f	direkte Garantie	276 ff
Auslandsschuld	131	dokumentäre Nachweise bei Garantie	238
Auslegung	26	Dokumente beim Akkreditiv	394 ff
– Garantie	216 f	Dokumentenakkreditiv	378 ff
Ausstattungsverpflichtung	409	Dokumentenstrenge	385
Avalkosten	108		
		Effektivklausel	27
Bank-Guarantee	290 ff	– bei Garantie	236 f
Bankgarantie im Außenwirtschaftsver-		eigene Verbindlichkeit	13
kehr	275 ff	Einbringlichkeitsgarantie	261
Bauleistungen und Hermes-Deckung	449	Einhaltseinwendungen (Garantie)	244 f
Bauwesen und Garantie	272	einheitliche Richtlinien	
Befristung der Garantie	205 ff	– für auf Anfordern zahlbare Garantien	295
Beihilfe	85	– für Dokumentenakkreditive	297
Benachrichtigungspflicht des Garanten	332 f	– für Vertragsgarantien	294
Bereicherungsanspruch		einseitig verpflichtender Vertrag	5
– als Hauptschuld	47	einstweilige Verfügung	164 f
– Garantie	353 ff	– beim Akkreditiv	404
Berner Union	442	– Garantie	325, 336 f
Bestätigung des Akkreditivs	392	einstweiliger Rechtsschutz	162
Bestimmtheitsgrundsatz	43	– Garantie	320
Beweislast	157 f	Einwendungen gegen den Garantiean-	
– beim Rückforderungsanspruch	360 f	spruch	268 ff
Bietungsgarantie	251, 282	Einwendungsausschluß	29
Bürgenrisiko	63	– bei Garantie	204 ff
Bürgenschuld	13	– beim Akkreditiv	401
Bürgenschutz nach französischem Recht	462	Einzeldeckung	450

England, Bürgschaftsrecht — 469 ff
Enteignung — 142 ff
ERA 1993 — 297
ERA und anwendbares Recht — 380 f
ERAG 1991 — 295 f
Erfüllungsort — 135
eröffnende Bank — 378
ERVG 1978 — 294

Fabrikationsrisiko — 448
Fälschungsrisiko beim Akkreditiv — 386
Forderungsanpassung — 134
Forderungsgarantie — 255 ff
Form der Bürgschaft nach IPR — 141
formeller Garantiefall — 211 ff
Formerfordernis — 64
Formfreiheit der Garantie — 223 f
Formularvertrag — 25, 67 ff
Frankreich, Bürgschaftsrecht — 459 ff
Fristablauf bei Garantie — 300
Funktion der Bürgschaft — 2

Garantie — 3
– Abtretbarkeit — 225 f
– Aufrechnung — 248 f
– Auslegungskriterien — 216 ff
– Begriff — 194
– direkte — 276 ff
– dokumentäre Nachweise — 238
– Effektivklausel — 236 f
– Geschäftstyp — 250 ff
– gesetzlicher Übergang — 227 ff
– Gültigkeitseinwendungen — 242
– indirekte — 276 ff
– Inhaltseinwendungen — 244
– internationale Regeln — 293
– nach amerikanischem Recht — 474
– nach englischem Recht — 471
– nach französischem Recht — 463
– nach italienischem Recht — 468
– persönliche Einwendungen — 247 ff
– Prüfungsfrist — 235
– Sicherungszwecke — 250 ff
– und Bauwesen — 272
– und Bürgschaft — 216 ff
– und Gesellschaftsrecht — 271
– und IPR — 301
– und Schadensversicherung — 220
– und Schuldmitübernahme — 219

– Verpflichtungstypen — 230 ff
– zur Zahlung auf erstes Anfordern — 231 ff
Garantieanspruch
– Einwendungen — 268 ff
– Mängel des - — 346 ff
Garantieauftrag — 306, 326 ff
Garantieauftraggeber — 280
Garantieerklärung, Inhalt — 245
Garantiefall
– und Schiedsurteil — 239
– und Urteil — 239
– Definition — 210
Garantiefrist — 234 ff, 260
Garantiestatut — 301
Garantieurkunde — 300
Garantievertrag — 194 ff
gegenseitiger Vertrag — 7
Gemeinschaftskonto und Sicherungsmitschuld — 374
Gerichtsstand — 152
Gesamtbürgschaft — 79
Gesamtschuldner — 16
Geschäftsrisiken, Hermes-Deckung — 448 ff
Geschäftstypen
– der Bürgschaft — 62
– der Garantie — 250 ff, 281
Gesellschafterbürgschaft — 111 ff
– eigenkapitalersetzende - — 118 ff
Gesellschaftsbürgschaft — 126 ff
– im Konzernverbund — 129
Gesellschaftsrecht und Garantie — 271
Gewährleistungsberechtigung — 443
Gewährleistungsgarantie — 285
Gewährleistungsvertrag — 444
GewO — 76
Glaubhaftmachung — 340 f
Gläubigeridentität — 20
Globalbürgschaft — 42 ff, 73
– und AGB-Gesetz — 44
– Umfang — 45 ff
Grundschuld und Garantie — 273
Grundzwischenurteil — 160
Gültigkeitseinwendungen — 30
– Garantie — 242

Hauptforderung bei Globalbürgschaft — 45
Hauptschuld, Art der - — 14
Hauptschuldner — 4
– Verhältnis zum - — 34

HausTWG	75
Hermes-Deckungen	439 ff
Höchstbetrag, Bedeutung	51
Höchstbetragsbürgschaft	39 f, 72
Inanspruchnahme der Garantie	230 ff
indirekte Garantie	276 ff
Inhaltseinwendungen	31
Interessenwahrungspflicht des Garanten	330 f
Internationales Privatrecht	136 ff
– und Garantie	301 f
intertemporales Recht	146
Interzession	1
Interzessionsverbot	63
Italien, Bürgschaftsrecht	465 ff
Kapitalmarktrecht und Garantie	271
Kartenemittent, Garantie	419
Kartensysteme	418 ff
kausaler Vertrag	8
kausales Geschäft (Garantie)	200 f
Konkurs- und Vergleichsverfahren	
– des Bürgen	189 ff
– des Gläubigers	184
– des Hauptschuldners	168 ff
– von Bürge und Hauptschuldner	183
Konkursvorrecht des Fiskus	80
Konossementsgarantie	286
Kontokorrentkreditbürgschaft	42, 48 ff
Kreditkarte	417
Kreditlinie	49
Kreditrisiko und Hermes-Deckung	449
Kreditsicherung	2 f
Kündigung	46
– der Garantie	205 ff, 209
– der Gesellschafterbürgschaft	116
– der Kontokorrentkreditbürgschaft	53 f
Leistungsbefreiung	186
Leistungsgarantie	258 f, 284
lex bancae	302 f
lex mercatoria der Bankgarantie	305
Liefergeschäft und Akkreditiv	390
MaBV	90
materieller Garantiefall	211
Mietgarantie	274
Mitbürgschaft	56
– und IPR	138

Moratorium	187
Nachbürgschaft	57
öffentliche Hand	79
ordre public (Garantie)	307
Österreich, Bürgschaftsrecht	454
Osteuropa, Bürgschaftsrecht -	476
Patronatserklärung	222
– Begriff	405
– harte -	407
– und Erfüllungsanspruch	412
– und Insolvenz	415 f
– und Schadensersatzanspruch	414
– weiche -	407
Performance Bond	291
Personalsicherheiten	21, 147
Personenwechsel	55
persönliche Einwendungen bei Garantie	247 f
Persönliche Sicherung	2
politisches Risiko bei Hermes-Deckung	451
positive Vertragsverletzung	65
Prozeßbürge	94 ff
Prozeßbürgschaft	91 ff, 167
– Abschluß	101
– Erlöschen	107
– Form	99
– Inhalt	103
– Kosten	108
– prozessuale Wirkung	105
Prozeßrechtsfragen	148 ff
Prüfungsfrist bei Garantie	235
Prüfungspflicht bei Garantie	331
Realsicherheit	2
Rechtsgrund	8 ff
Rechtskraft	166
Rechtsmißbrauch	29, 32, 342
– bei Garantie	269, 309 ff
– beim Akkreditiv	402 ff
– objektiver Tatbestand	313 ff
– subjektiver Tatbestand	316 ff
– und Rückabwicklung	358 f
Rechtswahl	150
Rechtsweg	148
Retention Money	292
revolvierende Deckung	450

April 1997

18. Titel.
Bürgschaft

Rückabwicklung bei ungerechtfertigter Inanspruchnahme	345 ff
Rückbürgschaft	60 f
Rückforderungsanspruch des Bürgen	33
Rückgarantie	279, 288
Rückgriff	
– des Nachbürgen	59
– des Vorbürgen	58
– des Wechselinterzedenten	432
Rückzahlungsgarantie	283
Rückzahlungspflicht	346 ff
Schadensversicherung	220
Schadlosbürgschaft	36
Schadlosgarantie	214 f
Scheckbestätigung	263
Scheckbürgschaft, offene -	423 f
Scheckeinlösungsgarantie	262 ff
Scheckkarte	262 ff, 265 ff
Scheckkartenvertrag	270
Schiedsabrede	153
Schlüssigkeit	157
Schuldbeitritt	363
– nach französischem Recht	464
Schuldmitübernahme	3, 363
– Ausgleich	376
– Form	365
– und Bürgschaft	367 f
– und Garantie	219
Schweiz, Bürgschaftsrecht -	455 ff
selbständige Gewährschaft	258 f
Selbstschuldausfallbürgschaft	37
Selbstschuldbürgschaft	23
Sicherheitsleistung	90
Sicherungsabrede	11
Sicherungsakzept	432 ff
Sicherungsmitschuld	369 ff
– und Gemeinschaftskonto	374
Sicherungszweck	12
– der Garantie	198 ff, 281
sittenwidrige Sicherungsmitschuld	372 ff
Staatsbürgschaft	82 ff, 88
Standby Letter of Credit	291
Steuerbürgschaft	79
Streitgenossen	156
Streitwert	154
Submissionskartell	251
Subsidiarität	17, 196
Subventionsrückzahlung	81
Teilbefriedigung im Konkursverfahren	173
Teilbürgschaft	38
Teiltilgung	51 f
Transferhindernisse	189 ff
Transportpapier beim Akkreditiv	399
UN-Konvention über unabhängige Garantien 1995	298
Unentgeltlichkeit	6
Urkundenprozeß	161
USA, Bürgschaftsrecht	473
Valutaverhältnis, Mängel im -	352 f
VerbrKrG	77
Verfügungsanspruch	337
Verfügungsgrund	343
Vergleichsbürgschaft	178 f
Verhaltensgarantien	251 ff
Vertragsgarantien	294
Vertragshilfe	185
Vertragsstrafe und Garantie	221
Verwirkung der Garantie	208
Vorbürgschaft	57
Währungsumstellung	130, 132 f
Wechselbürgschaft	
– offene -	423 f
– verdeckte -	432
Wechselkursrisiko und Hermes-Deckung	449
Wechselverbindlichkeit	62
Wegfall der Geschäftsgrundlage	65
Widerrufsrecht beim Kreditkartengeschäft	420 f
wirtschaftliches Risiko bei Hermes-Deckung	451
Wirtschaftsforderung	81, 83
Wirtschaftskollisionsrecht	308
Zahlstelle beim Akkreditiv	398
Zahlung auf erstes Anfordern	24 ff, 72, 193
– Garantie	231 ff, 289
Zahlungsanforderung	27 f
– Garantie	233
– bei indirekter Garantie	299
Zahlungsgarantie	287
Zeitbürgschaft	41
Zollbürgschaft	79 f
Zusatzbürgschaft	74
Zuständigkeit	149

Zwangsvergleich	177	Zweitbank beim Akkreditiv	398
Zwangsversteigerung	90	zweitbeauftragte Bank	387 f
Zweistufentheorie	84 f		

I. Begriff, Funktion und rechtliche Natur der Bürgschaft

1. Bürgschaftsbegriff des BGB

1 Der Bürgschaftsbegriff des BGB ergibt sich aus § 765. Die Bürgschaft ist dort ihrem Inhalt nach definiert als vertragliche Verpflichtung einer Person, des Bürgen, gegenüber dem Gläubiger eines (am Bürgschaftsvertrag nicht beteiligten) Dritten, des Hauptschuldners, für die Erfüllung der Verbindlichkeit dieses Dritten einzustehen. Die §§ 765–777 regeln den Bürgschaftsvertrag; § 778 regelt den Kreditauftrag. Zu verwandten Verträgen unten Rn 194 ff, 363 ff. Die Bürgschaft ist nur ein Unterfall des weiteren Rechtsgebietes des Eintretens für fremde Schuld mit seinen typischen Risiken, das im Gemeinen Recht im Begriff der Interzession zusammengefaßt war (REICHEL, Schuldmitübernahme 17 ff). Der Begriff ist in Mot II 657 im Anschluß an die Bürgschaft erwähnt; der Gesetzgeber hat aber von einer allgemeinen Regelung der Interzession abgesehen und den Begriff nicht verwendet. Er klingt lediglich an in § 1822 Nr 10 (dazu RGZ 133, 7, 12 ff; BayObLG SeuffA 63 Nr 137; OLG Hamburg SeuffA 63 Nr 15). Die entsprechende Anwendung von Bürgschaftsrecht auf andere Fälle des Einstehens für fremde Schuld ist nur sehr begrenzt möglich (Rn 21 u 197). Bürgschaft und Pfandrecht als Rechtsformen der Gläubigersicherung begründen eine akzessorische Schuld (Rn 18): § 767 entspricht dem § 1210, § 768 den §§ 1137 und 1211, die zudem auf § 770 verweisen; Bürgschaft und Pfandrecht werden gleichbehandelt in den §§ 401 BGB, 193 KO, 82 Abs 2 VglO (BETTERMANN NJW 1953, 1817). Zur (nicht unbedenklichen) Gleichstellung von Bürgschaft und Grundpfandrecht hinsichtlich des internen Ausgleichs der verschiedenen Sicherungsgeber BGH NJW 1989, 2530 = ZIP 1989, 1044 = WM 1989, 1205; HORN, Bürgschaften und Garantien (6. Aufl 1995) 143; s auch unten § 774 Rn 67 ff.

2. Wirtschaftliche Funktion der Bürgschaft

2 Die wirtschaftliche Funktion der Bürgschaft ist regelmäßig die Sicherung eines dem Hauptschuldner vom Gläubiger gewährten Kredits im weitesten, wirtschaftlich verstandenen Sinn, angefangen von der Gewährung eines Gelddarlehens (Kredit ieS) bis hin zu allen erdenklichen Geschäften, bei denen der Gläubiger eine Forderung (die Hauptforderung) erhält, deren Erfüllung aber hinausgeschoben ist, so daß der Gläubiger das Risiko der Nichterfüllung trägt und insofern dem Hauptschuldner Kredit (iwS) einräumt. Die Bürgschaft soll den Gläubiger gegen dieses Risiko der Nichterfüllung (oder nicht rechtzeitigen oder unvollständigen oder mangelhaften Erfüllung) der Hauptschuld in der Weise sichern, daß der Bürge in Person mit seinem ganzen Vermögen für die Hauptschuld einsteht (Personalsicherheit) und auf diese Weise die Kreditfähigkeit des Hauptschuldners verbessert oder überhaupt erst herstellt. Die Bürgschaft kann für eine Hauptschuld beliebigen zulässigen Inhaltes bestellt werden; in der Regel aber wird sie für eine Geldschuld bestellt (vgl auch § 772 u § 765 Rn 99). In der Praxis der Kreditsicherungsgeschäfte ist die Bürgschaft neben dem Garantievertrag (Rn 194 ff) die gebräuchlichste Form der persönlichen Sicherung einer Schuld im Unterschied zu den Realsicherheiten (Sicherungseigentum, Mobiliar- und Grundpfandrechte). Wichtige Anwendungsbeispiele sind: (1) die Sicherung von Bankkrediten an private und gewerbliche Kunden, zB von Kontokorrentkrediten als Betriebsmittelkrediten (s auch unten Rn 42, 48 ff); (2) Bürgschaften der Kommanditisten einer KG und der GmbH-Gesellschafter für Kredite an die Gesellschaft, so daß die persönliche Haftungsbeschränkung (KG) bzw Nichthaftung (GmbH) der Gesellschafter, die aus dem Gesellschaftsrecht folgt, durch die Bürgenhaftung überwunden wird (s auch Rn 111 ff, 118 ff); (3) Bürgschaften innerhalb eines Konzerns, zB der Muttergesellschaft für Kredite an die Tochtergesellschaft oder umgekehrt oder auch die Verbürgung der Tochter für eine Schwestergesellschaft (unten Rn 129); (4) staatliche Wirtschaftsförderung und Exportrisikoabdeckung durch Ausfallbürgschaften (unten Rn 82 ff u 439 ff).

Das Interesse des Gläubigers an einer Kreditsicherung in Form einer selbständigen 3 Verpflichtung, die also nicht wie die Bürgschaft akzessorisch ist (zur Akzessorietät Rn 18 ff), hat dazu geführt, daß im Konsumentenkredit heute vielfach die Schuldmitübernahme anstelle der Bürgschaft Verwendung findet (unten Rn 363 ff). Aus dem gleichen Grund hat die Garantie in vielen Bereichen die Bürgschaft verdrängt, so vor allem im internationalen Wirtschaftsverkehr (unten Rn 194 ff, 275 ff).

Für den Bürgen enthält die Bürgschaft das typische Risiko der persönlichen Kredit- 4 würdigkeit des Hauptschuldners (zum Bürgenschutz Rn 63 ff). Die Person des Hauptschuldners ist daher für den Bürgen meist so wesentlich, daß die Bürgschaft nicht zustandekommt, wenn eine andere Person in der Bürgschaftserklärung genannt wird als diejenige, die sich dann gegenüber dem Gläubiger als Hauptschuldner verpflichtet (OLG Stuttgart OLGE 18, 38; vgl auch § 765 Rn 27).

3. Einseitig verpflichtender Vertrag

Die Bürgschaft begründet eine Schuld nur auf der Seite des Bürgen (Mot II 678; 5 ständige Rspr; BGHZ 90, 187, 190 = WM 1984, 483; BGH ZIP 1989, 629 = WM 1989, 667; vgl § 765 Rn 117ff; § 776 Rn 16). Insbesondere ist der gesetzliche Übergang der Forderung gegen den Hauptschuldner auf den zahlenden Bürgen gem § 774 keine selbständige Gegenleistung, auch nicht bei vertraglicher Verstärkung; RG LZ 1931, 910; ebensowenig sind es gewisse Obliegenheiten des Gläubigers, bei deren Verletzung er den Bürgschaftsanspruch verwirkt (§ 776 u § 242; RG HRR 1938 Nr 510; vgl § 765 Rn 117 ff; § 776 Rn 16; EISENHARDT MDR 1968, 541). Mit der Annahme allgemeiner Sorgfaltspflichten des Gläubigers gegenüber dem Bürgen ist die Rspr mit Recht zurückhaltend (BGH BB 1975, 153; OLG München WM 1984, 128, 131; Einzelheiten § 765 Rn 117 ff).

Aus der Tatsache, daß die Bürgschaft ein einseitig verpflichtender Vertrag ist, kann 6 nicht auf ihre Unentgeltlichkeit geschlossen werden; die Begriffe Einseitigkeit und Unentgeltlichkeit decken sich nicht (vCAEMMERER, in: FS Rabel [1954] 456 f; KOZIOL, Der Garantievertrag [1981] 29; LARENZ/CANARIS [13. Aufl 1994] II/2 § 60 II 3). Im Verhältnis zwischen Bürgen und Hauptschuldner (§ 765 Rn 102 ff) wird die Bürgschaft häufig entgeltlich übernommen, so im Avalgeschäft der Banken. Auch im Verhältnis zum Gläubiger folgt eine Entgeltlichkeit häufig aus seinem Verhältnis zum Hauptschuldner, der zB vertraglich zur Stellung der Bürgschaft verpflichtet sein kann (§ 765 Rn 136 ff); sie kann auch im Verhältnis des Bürgen zum Gläubiger (§ 765 Rn 132 ff) gegeben sein. Die Frage der vermeintlichen Unentgeltlichkeit der Bürgschaft spielte vorübergehend bei der Frage der Anwendbarkeit des HausTWG eine Rolle (unzutreffend verneinend BGH WM 1991, 359; richtig BGH ZIP 1993, 585, 586; Rn 75 ff).

7 Die Bürgschaftsverpflichtung kann aber auch im Rahmen eines zwischen Bürgen und Gläubiger geschlossenen **gegenseitigen Vertrages** (Austauschvertrag) übernommen werden mit den Folgen der §§ 320 ff (vgl § 765 Rn 132 ff). Dieser Vertrag kann auch die Merkmale eines Vertrages iS § 328 zugunsten des Hauptschuldners erfüllen. Allerdings wird auch in diesem Fall die Bürgschaft als selbstständige Verpflichtung (die in Erfüllung dieses Vertrages übernommen wird) nicht selbst zu einem Vertrag iS § 328 (BGH WM 1991, 1210 betr die im übrigen überholte Rspr zum HausTWG; dazu unten Rn 75 ff).

4. Kausaler Vertrag

8 Der Bürgschaftsvertrag ist ein kausaler Vertrag, dh nach seinem typischen wirtschaftlichen Sicherungszweck inhaltlich konkret bestimmt (REICHEL 179; ENNECCERUS/LEHMANN § 191 I 1; PLANCK/OEGG Vorbem II 1 c zu § 765; LARENZ/CANARIS, Schuldrecht II/2 [13. Aufl 1994] § 60 I 3 d). Das Gesetz trägt der inhaltlichen Ausgestaltung und Begrenzung der Bürgschaftsverpflichtung durch ihren typischen Geschäftszweck (vgl allg ESSER/SCHMIDT I § 5 IV 1) hauptsächlich durch die Akzessorietät der Bürgschaft (Rn 18 ff u § 767 Rn 1 ff) Rechnung. Die Bürgschaft ist im übrigen in ihrem rechtlichen Bestand unabhängig von dem weiteren rechtsgeschäftlichen Grund, der den Bürgen zur Übernahme seiner Verpflichtung veranlaßt hat.

9 Dieser rechtsgeschäftliche Grund liegt meist in einem Rechtsverhältnis des Bürgen zum Hauptschuldner: Auftrag, entgeltliche Geschäftsbesorgung iS § 675, Geschäftsführung ohne Auftrag (vgl § 765 Rn 103 ff). Ob ein solches Grundverhältnis zwischen dem Hauptschuldner und dem Bürgen besteht und welcher Art es ist, ist für den Bestand und Inhalt der Bürgschaftsverpflichtung gleichgültig (RGZ 59, 10; BGH WM 1975, 348; PALANDT/THOMAS [56. Aufl 1997] Einf v § 765 Rn 8). Da der Bürge demnach keine Einwendung aus diesem Grundverhältnis gegen den Gläubiger hat, kann man den Bürgschaftsvertrag in diesem Sinn auch als „abstrakten" Vertrag bezeichnen (ENNECCERUS/LEHMANN § 191 III u § 85 I sowie die Kommentare zu § 417 Abs 2; krit HADDING, Bürgschaft und Garantie 708). Bei Unwirksamkeit oder Fortfall dieses Grundverhältnisses hat der Bürge nur einen Befreiungsanspruch gegen den Hauptschuldner (KG JW 1930, 3642).

10 Der rechtsgeschäftliche Grund für die Bürgschaftsübernahme kann aber auch für den Bürgen in seinem Verhältnis zum Gläubiger liegen. Dies ist vor allem dann der Fall, wenn die Bürgschaftsverpflichtung eine Leistung im Rahmen eines Austauschvertrages ist (§ 765 Rn 132 ff) oder den Gläubiger zu einem bestimmten Verhalten veranlassen soll (Abwendung einer Strafanzeige des Gläubigers gegen den Hauptschuldner, RG HRR 1928 Nr 117; BGH WM 1973, 36). Da die Bürgschaft unabhängig von einem Rechtsverhältnis des Bürgen mit dem Hauptschuldner Bestand hat, kann sie auch ohne Wissen und Willen des Hauptschuldners mit dem Gläubiger abgeschlossen werden (BGH WM 1975, 348 betr Bürgschaft eines Aktionärs gegenüber dem Gläubiger seiner AG; OLG Celle ZIP 1980, 1077; OLG Frankfurt/M ZIP 1981, 910; GRAF LAMBSDORFF/SKORA Rn 6).

Im Verhältnis zwischen Gläubiger und Hauptschuldner kann die Stellung eines Bür- 11
gen für die Hauptschuld Gegenstand einer Sicherungsabrede sein, die den Hauptschuldner zur Beschaffung dieser Sicherheit verpflichtet, zB gem AGB-Banken. Läßt sich der Gläubiger vom Bürgen zweckwidrig eine andere Forderung gegen den Hauptschuldner sichern, so ist der Gläubiger gegenüber dem Hauptschuldner verpflichtet, dem Bürgen die Bürgenverpflichtung zu erlassen bzw mit ihm eine Änderung des Bürgschaftsvertrags bezüglich der Bestimmung der Hauptschuld (§ 765 Rn 13, 32 ff) zu vereinbaren. Diese Einwendung des Hauptschuldners kann auch der Bürge dem Gläubiger entgegensetzen (LARENZ/CANARIS, Schuldrecht II/2 [13. Aufl 1994] § 60 I 3 e; im Ergebnis BGH WM 1992, 1016, 1017; vgl auch BGH NJW 1989, 1482 f).

Der typische Sicherungszweck der Bürgschaft, nämlich ein persönliches Einstehen 12
des Bürgen für die Hauptschuld mit seinem ganzen Vermögen, ist als vertragliches Leitbild auch bei der Anwendung des AGB-Gesetzes von Bedeutung: eine Abweichung von diesem Leitbild kann gegen § 3 und § 9 AGBG verstoßen (unten Rn 67 ff).

II. Die Bürgenschuld

1. Eigene Verbindlichkeit des Bürgen

Der Bürge ist Schuldner aus einem einseitig verpflichtenden Vertrag. Die Bürgschaft 13
begründet eine eigene Verbindlichkeit des Bürgen (BGHZ 90, 187, 190; MünchKomm/ PECHER § 765 Rn 2; PLANCK/OEGG Vorbem II 1 c). Der Bürge verspricht weder die Erfüllung der Hauptverbindlichkeit (so irreführend § 766 S 2, auch E I § 668) noch die Erfüllung durch den Hauptschuldner, sondern ein „Einstehen" (§ 765), dh daß er selbst dem Gläubiger möglichst das gleiche verschafft wie die Erfüllung der Hauptschuld (Prot 2499 [Mugdan II 1019]; vgl auch KRÜCKMANN ZHR 106 [1939] 44, 46), daß er ihn „befriedigt" (§ 774 Abs 1 S 1) mit der Wirkung des § 774, aber ohne Erlöschen der Hauptschuld gem § 362 Abs 1. Der zahlende Bürge wird regelmäßig seine eigene Verbindlichkeit tilgen wollen (BGHZ 42, 53, 56; PALANDT/HEINRICHS [56. Aufl 1997] § 267 Rn 2), nur ausnahmsweise die Hauptschuld, zB wenn er durch Einrede der Vorausklage geschützt ist oder mit Mitteln des Hauptschuldners zahlt (RG JW 1914, 78; Recht 1911 Nr 697; vgl auch den Fall in OLG Hamburg SeuffA 62 Nr 252), aber auch hier nicht notwendig (aA ENNECERUS/LEHMANN § 191 I 2: der Bürge erfülle beide Verpflichtungen). Der Bürge ist demnach Schuldner einer nach Rechtsgrund und Inhalt von der Hauptschuld verschiedenen eigenen Verbindlichkeit.

2. Art der Hauptschuld

Die durch Bürgschaft gesicherte Hauptschuld kann **jede schuldrechtliche Verbindlich-** 14
keit sein ungeachtet ihres vertraglichen oder gesetzlichen Entstehungsgrundes (aus Vertrag, culpa in contrahendo, Bereicherung, Delikt usw) und unabhängig von ihrem Inhalt. Das Gesetz enthält keine generelle Beschränkung des Kreises der Verbindlichkeiten, die durch Bürgschaft gesichert werden können (HADDING, Bürgschaft und Garantie 600). Zulässig ist daher auch die Bürgschaft für unvertretbare, zB höchstpersönliche Leistungspflichten des Schuldners (aA KANKA JherJb 87, 149), zB zu Diensten, Werken, Unterlassungen. Hier ist die Verpflichtung des Bürgen von vornherein auf das Interesse in Geld gerichtet (PLANCK/OEGG § 765 Anm 6 u 7; ESSER/WEYERS,

Schuldrecht II 2 [7. Aufl 1991] § 40 II). Dies gilt etwa für eine Gewährleistungsbürgschaft iS § 17 VOB/B (BGHZ 95, 375; BGH NJW 1984, 2456). Ebenso ist es bei der Bürgschaft für die Verpflichtung zur Übereignung eines Grundstücks (RGZ 140, 216 = JW 1933, 2388 m Anm REICHEL 2642). Die letztgenannte Bürgschaft bedarf auch nicht der Form des § 313 (s § 766 Rn 14); der Bürge wird hier gem § 242 auch nach Fälligkeit erst auf Verlangen des Gläubigers leisten dürfen (zum Rückgriffsanspruch § 774 Rn 3 ff).

15 Daß rein dingliche Ansprüche, wie zB nach §§ 1113, 1114, andererseits nicht verbürgt werden können (so RGZ 93, 234, 236; HADDING 600 Fn 109), ist nur insoweit richtig, als sinngemäß das Interesse in Geld verbürgt ist (Auslegung). Eine unvollkommene Verbindlichkeit (Naturalobligation), die nicht eingeklagt werden kann, kann im Grundsatz nicht wirksam verbürgt werden (dazu und zur differenzierenden Behandlung bei der Verjährung s § 765 Rn 89). Welche Hauptforderung iE verbürgt ist, ist durch Auslegung des Bürgschaftsvertrages zu ermitteln; dazu § 765 Rn 32 ff; 78 ff; s auch zu den Arten der Bürgschaft iF Rn 22–60, 79 ff, 90 ff sowie § 765 Rn 58–68. Zur Frage, ob die Bürgschaft bei Nichtigkeit einer verbürgten Kreditforderung auch den Rückzahlungsanspruch aus Bereicherung sichert, s § 765 Rn 80 ff (bejahend LARENZ/CANARIS, II/2 Schuldrecht [13. Aufl 1994] § 60 III 1 c). Eine entsprechende AGB-Klausel über eine solche erweiterte Haftung wird von BGH NJW 1992, 1234, 1235, für zulässig gehalten (zur Differenzierung unten § 765 Rn 87 ff).

3. Bürge nicht Gesamtschuldner

16 Der Bürge ist nicht Gesamtschuldner mit dem Hauptschuldner (ESSER/WEYERS, Schuldrecht II [7. Aufl 1991] § 40 I 2); auch nicht bei selbstschuldnerischer Bürgschaft (Mot II 670 f; RGZ 65, 139; 134, 128; 148, 66; BGH NJW 1955, 1398; BGH WM 1968, 916; zu teilw abweichenden Auffassungen der älteren Lit und Rspr vgl die 9. Aufl Vorbem 9). Dies soll auch gelten, soweit die Verpflichtung des Bürgen in ein der Hauptschuld gleichartiges Leistenmüssen übergegangen ist (BGH NJW 1955, 1398 = JZ 1956, 99 mit Anm LAUTERBACH). Im letzeren Fall ist jedoch die teilweise Behandlung von Hauptschuldner und Bürgen wie Gesamtschuldner, vor allem im Urteil gegen beide, geboten (OLG Celle JZ 1956, 490; SCHNEIDER MDR 1967, 353). Die Bürgschaft wird der Gesamtschuld ausdrücklich gleichgestellt in § 356 HGB, § 193 KO, § 82 VerglO und von der Rspr zu § 68 KO (JAEGER/LENT § 68 Anm 3); ebenso in § 44 InsO.

4. Subsidiarität der Bürgenschuld

17 Die Bürgschaftsschuld ist subsidiär gegenüber der Hauptschuld (Mot II 667 f); der Bürge haftet erst hinter dem Hauptschuldner und bei unvertretbarer Hauptschuld von vornherein nur auf das Interesse, das der Gläubiger an der Erfüllung der Hauptschuld hat (Rn 13 u § 765 Rn 99). Die Subsidiarität findet ihren Ausdruck hauptsächlich in den aufschiebenden Einreden der Vorausaufrechnung (§ 770 Abs 2) und der Vorausklage und -vollstreckung (§§ 771–773). Sie ist abgeschwächt bei der selbstschuldnerischen Bürgschaft durch den Wegfall der Einrede der Vorausklage (§ 773 Abs 1 Ziff 1; Rn 23) und noch mehr bei der Bürgschaft zur Zahlung auf erstes Anfordern (Rn 24 ff). Die Subsidiarität ist andererseits verstärkt bei der Ausfallbürgschaft (Rn 36 f).

5. Akzessorietät der Bürgenschuld

Die Bürgenschuld ist sowohl in ihrer Entstehung als auch in ihrem weiteren Fortbestand und Umfang grundsätzlich von Existenz und Umfang der Hauptschuld abhängig (akzessorisch; Mot II 659; vgl § 767), deren Sicherung sie bezweckt (BGHZ 90, 187, 190; LARENZ/CANARIS II/2 [13. Aufl 1994] § 60 III). Der Abhängigkeitsgrundsatz soll sicherstellen, daß der Gläubiger vom Bürgen das bekommt, was er vom Hauptschuldner nach dem jeweiligen Bestand der Hauptschuld zu bekommen hat. Sofern kein von Gesetz oder Rspr anerkannter Ausnahmefall vorliegt, ist der Abhängigkeitsgrundsatz zwingendes Recht, das jedenfalls im Rahmen einer Bürgschaft für abweichende Parteivereinbarungen keinen Raum läßt. Solche abweichenden Abreden können allerdings als zusätzliche Verpflichtungen, die ihren Rechtsgrund nicht im Bürgschaftsvertrag, sondern in einem zusätzlichen Schuldversprechen oder in einem Garantievertrag haben, begründet werden (BGH WM 1966, 122; § 767 Rn 44 ff; § 768 Rn 22, 23). Die Akzessorietät der Bürgschaft unterscheidet diese vom selbständigen Garantievertrag (Rn 194 ff) und vom Schuldbeitritt (Rn 363 ff). **18**

Das Gesetz hat die Akzessorietät der Bürgschaft als konstruktives Prinzip gemäß dem Zweck der Bürgschaft, den Gläubiger gegen eine Zahlungsunfähigkeit des Hauptschuldners zu sichern (SCHLEGELBERGER/HEFERMEHL, HGB § 349 Rn 2) durchbrochen in § 768 Abs 1 S 2, § 193 S 2 KO, § 82 Abs 2 VglO. Die Rspr hat die Akzessorietät in Einzelfällen eingeschränkt, so bei der Aufwertung der Bürgenschuld (RGZ 113, 320; 134, 129; 148, 67; 153, 338; 163, 99), bei Bürgschaft für eine Unterhaltspflicht (§ 768 Rn 12; § 767 Rn 21), bei Erlöschen der Hauptschuld durch Enteignungseingriff eines fremden Staates (BGHZ 31, 168; 32, 97; Rn 142; § 768 Rn 24). Dagegen wurde die Berufung des Bürgen auf eine Herabsetzung oder Stundung der Hauptschuld im Vertragshilfeverfahren bejaht (BGHZ 6, 385, 387 f; Rn 185 f); Einzelheiten zur Akzessorietät s § 767 Rn 1 ff; § 768 Rn 1 ff. Die Akzessorietät knüpft grundsätzlich an die durch Auslegung zu ermittelnde Parteivereinbarung darüber an, für welche Verbindlichkeit der Bürge eintreten will (§ 765 Rn 27 ff, 32 ff). **19**

Aus der Akzessorietät folgt nach hM der Grundsatz der **Gläubigeridentität** bei Hauptschuld und Bürgschaft (BGHZ 95, 88, 93; dazu HEINRICH EWiR 1985, 649; BGHZ 115, 177, 183 = ZIP 1991, 1350; dazu BYDLINSKI EWiR 1991, 1073; BGH ZIP 1996, 172, 173; aA BYDLINSKI ZIP 1989, 957 ff; ders WM 1992, 1309 ff; LARENZ/CANARIS II/2 § 60 III 2; dazu unten § 767 Rn 2). **20**

6. Abgrenzung von anderen Personalsicherheiten

Zur Abgrenzung der Bürgschaft von der Garantie unten Rn 216 f, vom Schuldbeitritt Rn 367 f, von der Patronatserklärung Rn 406, vom Delkrederevertrag Rn 377, von der Wechsel- und Scheckbürgschaft Rn 423. **21**

III. Arten der Bürgschaft

Nach Parteivereinbarung und Umständen werden besondere, vom Normaltyp abweichende Arten der Bürgschaft unterschieden, die nur zT durch Gesetz geregelt, zT durch die Praxis ausgebildet sind; ihre Typenmerkmale geben Anhaltspunkte für die Auslegung des Parteiwillens und die Bestimmung seiner immanenten Grenzen. Die Besonderheiten betreffen einmal die Subsidiarität der Bürgschaft, die bei der Selbst- **22** schuldbürgschaft (Rn 23) und bei der Bürgschaft zur Zahlung auf erstes Anfordern (Rn 24 ff) abgeschwächt, bei der Ausfallbürgschaft (Rn 36) verstärkt, bei der Nachbürgschaft (Rn 57 ff) gestaffelt ist, ferner die Art der zu sichernden Forderung (Kreditbürgschaft, Rn 42, 48; Rückbürgschaft, Rn 60 f; Bürgschaft für einen Wechsel, Rn 435; Prozeßbürgschaft, Rn 91 ff) oder die Begrenzung der Sicherung nach Betrag und Zeit (Teil-, Höchstbürgschaft, Rn 16 ff; Zeitbürgschaft, Rn 41) oder die beteiligten Parteien (öffentliche Hand, Rn 79 ff). Die Bürgschaft für eine Gesamtschuld ist problematisch nur im Hinblick auf Rückgriffsansprüche; s § 774 Rn 17. Vgl auch die alphabetische Übersicht in § 765 Rn 58−68.

23 1. Die **Selbstschuldbürgschaft** unterscheidet sich von der normalen Bürgschaft dadurch, daß die Einrede der Vorausklage (§§ 771, 772) gem § 773 ausgeschlossen ist (RGZ 65, 139; WarnR 1919 Nr 166); Einzelheiten s § 773 Rn 1 ff.

2. **Bürgschaft zur Zahlung auf erstes Anfordern***

a) **Begriff und Zulässigkeit**

24 Die Verpflichtung des Bürgen zur Zahlung auf erstes Anfordern stellt eine gesteigerte Form der Selbstschuldbürgschaft dar. Der Bürge soll hier unverzüglich zahlen, dh dem Zahlungsverlangen des Gläubigers keine Einreden und Einwendungen (s § 768 Rn 6 ff) entgegensetzen dürfen. Dadurch soll die Rechtsstellung des Gläubigers gestärkt und die Bürgschaft zu einer rasch realisierbaren Sicherheit ähnlich einer Garantie gemacht werden; funktionell ist diese Bürgschaftsform oft als Ersatz für die Sicherung durch ein Bardepot bzw einen Sicherheitseinbehalt gedacht (vgl den Fall BGHZ 74, 244, 246). Der in dieser Verpflichtungsform liegende generelle Einwendungsausschluß ist bei der Bürgschaft mit Rücksicht auf deren Akzessorietät (Rn 18 ff) nur bei **einschränkender Auslegung** wirksam: danach ist der Bürge **nur vorläufig** zur sofortigen Zahlung verpflichtet und ggf zu verurteilen vorbehaltlich einer späteren materiellen Prüfung seiner Verpflichtung im Lichte etwa bestehender Einreden und Einwendungen; diese kann er nach der Zahlung noch geltend machen. Mit dieser Einschränkung ist diese Bürgschaftsform heute grundsätzlich anerkannt (BGHZ 74, 244, 246 = NJW 1979, 1500; zust HORN NJW 1980, 2153; BGH ZIP 1984, 32 = NJW 1984, 923 = WM 1984, 44; ZIP 1989, 1108 = WM 1989, 1496; dazu BLAUROCK EWiR 1989, 981 f; ZIP 1990, 1186, 1187 = WM 1990, 1410, 1411; dazu vSTEBUT EWiR 1990, 981; BGH NJW 1992, 1446 = ZIP 1992, 684, 685; hM; HORN aaO u STAUDINGER/HORN[12] Vorbem 13; MünchKomm/ PECHER § 765 Rn 43; MICHALSKI ZBB 1994, 289 ff; **aA** WETH AcP 189 [1989] 304 ff, 341; dagegen BYDLINSKI AcP 190 [1990] 165 ff). In der Praxis ist diese Bürgschaftsform bei Bankbürgschaften im Außenwirtschaftsverkehr, allgemein im Interbankenverkehr, bei der Konzernfinanzierung und im Bauwesen verbreitet (HEINSIUS, in: FS Merz [1992] 177, 181;

---

* **Schrifttum**: (vgl außer den Nachweisen oben vor Rn 1) P BYDLINSKI, Die Bürgschaft auf erstes Anfordern: Darlegungs- und Beweislast bei Rückforderung durch den Bürgen, WM 1990, 1401; ders, Personaler numerus clausus bei der Bürgschaft auf erstes Anfordern?, WM 1991, 257; HEINSIUS, Bürgschaft auf erstes Anfordern, in: FS Merz (1992) 177; HORN, Bürgschaften und Garantien zur Zahlung auf erstes Anfordern, NJW 1980, 2153; ders, Bürgschaften und Garantien, 6. Aufl (1995) 17, 105 ff; OETTMEIER, Bürgschaften auf erstes Anfordern, (Diss München 1996); MICHALSKI, Bürgschaft auf erstes Anfordern, ZBB 1994, 289; REHBEIN, Neuere Rechtsprechung des Bundesgerichtshofs zur Bürgschaft, in: FS Werner (1984) 697; WETH, Bürgschaft und Garantie auf erstes Anfordern, AcP 189 (1989) 303.

BGH ZIP 1992, 684, 685; zur Verwendung im Baubereich BGHZ 74, 244; BGH NJW 1989, 1480, 1481).

Wie andere Bürgschaftsformen wird auch diese meist durch Formularvertrag über- 25 nommen, so daß das AGB-Gesetz anwendbar ist (unten Rn 67 ff). Da die Verpflichtungsform zur Zahlung auf erstes Anfordern vom Leitbild der Bürgschaft stark abweicht und vor allem die Akzessorietät stark einschränkt, kann sie als AGB-Klausel überraschend iS § 3 AGBG oder wegen unbilliger Belastung des Bürgen unwirksam gemäß § 9 AGBG sein. Beidesmal ist nicht allein die weitgehende Verpflichtung des Bürgen der ausschlaggebende Gesichtspunkt, sondern das Abweichen vom Verpflichtungstyp der Bürgschaft. Der BGH hat daher diese Verpflichtungsform auf die Bürgschaft durch Banken oder Versicherungen beschränken und außerhalb dieses Bereiches für unwirksam erklären wollen (BGH ZIP 1990, 1186, 1187 = WM 1990, 1410, 1411 betr eine Formularverpflichtung iS AGBG, allerdings auf § 242 gestützt, da die Verpflichtung vor Inkrafttreten des AGBG eingegangen war). Die Entscheidung ist wegen der zu weitreichenden und nicht immer klaren Einschränkung auf verständliche Kritik gestoßen (ua vSTEBUT EWiR 1990, 981; BYDLINSKI WM 1990, 1401 ff). Unter Kaufleuten muß die Zulässigkeit dieser Bürgschaftsform im Grundsatz bejaht werden (klarstellend BGH ZIP 1997, 582; so schon OLG Hamburg WM 1986, 62 = NJW 1986, 1691 betr Baugewerbe; KOPPMANN BauR 1992, 235, 237; GRAF vWESTPHALEN, Vertragsrecht und AGB-Klauselwerke [1994] Bürgschaft Rn 124 ff; differenzierend ULMER/BRANDNER/HENSEN, AGBG [7. Aufl 1993] Anh §§ 9–11 Rn 265 a; aA OLG München NJW-RR 1992, 218). In einem ähnlichen Sinn hat der BGH entschieden, daß eine Bürgschaft auf erstes Anfordern außerhalb des **kaufmännischen Verkehrs** als einfache Bürgschaft auszulegen sei, wenn der Verwender nicht erwarten konnte, daß der Bürge sie im banküblichen Sinn verstehen werde (BGH NJW 1992, 1446 = ZIP 1992, 684, 685). Die Entscheidung ist auf allgemeine Auslegungsgrundsätze (§§ 133, 157 BGB; § 286 ZPO) gestützt; sie bestätigt aber indirekt die Ansicht, daß im allgemeinen die AGB-Klausel zur Zahlung auf erstes Anfordern nur außerhalb des kaufmännischen Verkehrs gegen § 9 AGBG (und ggf § 3 AGBG) verstößt. Rechtsfolge des Verstoßes ist keineswegs die Unwirksamkeit der ganzen Bürgschaftsverpflichtung (vgl § 139 BGB); vielmehr ist die Bürgschaft im übrigen wirksam (BGH NJW 1992, 1446 = ZIP 1992, 684, 685; HORN, Bürgschaften und Garantien [6. Aufl 1995] 107).

b) Auslegung und Abgrenzung
Die Verpflichtung zur Zahlung auf erstes Anfordern muß aus dem Wortlaut eindeu- 26 tig hervorgehen. Es handelt sich um eine risikoreiche Verpflichtungsform mit deutlicher Abweichung vom gesetzlichen Typus, die nicht aus unsicheren Indizien im Wege der Auslegung geschlossen werden kann. Daher ist zB eine Gewährleistungsbürgschaft zur Absicherung von Gewährleistungsansprüchen nach § 17 Nr 1, 2 VOB/B nur dann als Bürgschaft auf erstes Anfordern anzusehen, wenn dies besonders vereinbart ist (BGHZ 95, 375, 387 = NJW 1986, 310). Wenn die Auslegung einer Verpflichtung zur Zahlung auf erstes Anfordern ergibt, daß damit ein endgültiger Ausschluß von Einreden und Einwendungen gewollt ist, so ist weiter zu prüfen, ob im übrigen Bürgschaft gewollt ist; dann ist die Klausel wegen Verstoßes gegen die Akzessorietät unwirksam, die Bürgschaft im übrigen entgegen § 139 wirksam (HORN NJW 1980, 2155). Der Vertrag kann aber uU auch als Garantie gewollt sein und dann hat die Klausel Bestand (RGZ 148, 65, 66; 163, 99; BGB-RGRK/MORMANN Vorbem 5 zu § 765; zur Garantie auf erstes Anfordern unten Rn 231 ff). Denn ein Vertrag kann ausnahmsweise

auch gegen seinen Wortlaut („Bürgschaft") als Garantie zu bewerten sein (BGH WM 1970, 159 betr eine als „selbstschuldnerische Bürgschaft" bezeichnete Verpflichtung mit eindeutig weitergehendem Verpflichtungswillen). In Zweifel ist aber Bürgschaft als gesetzliche Regelform gewollt; eine einzelne Klausel kann nicht ohne weiteres diesen Vertragscharakter ändern. Zur Abgrenzung von der Garantie allg Rn 216 ff.

c) Zahlungsanforderung und Durchsetzung

27 Der Bürge muß zahlen, sobald der Gläubiger die Zahlung anfordert. Grundsätzlich muß der Gläubiger die Erklärung abgeben, die in der Bürgschaftserklärung als Voraussetzung der Zahlung vorgeschrieben ist (BGH ZIP 1993, 1851 = NJW 1994, 380, 381; ZIP 1996, 631, 633). Die Anforderungserklärung kann im übrigen knapp gehalten sein. Unentbehrlicher Bestandteil der Anforderung ist aber zumindest die Behauptung, daß der Bürgschaftsfall eingetreten, dh die Hauptschuld entstanden und nicht erfüllt worden sei. Dazu gehört ua die Bezeichnung der Hauptschuld. Fehlt es schon daran, weil etwa in der Zahlungsanforderung eine andere Hauptschuld angegeben wird, als nach dem Inhalt der Bürgschaftsurkunde gesichert ist, dann ist die Zahlungsanforderung unschlüssig und braucht vom Bürgen nicht befolgt zu werden (BGH ZIP 1996, 172 f, 174; s auch Rn 31). Ergibt sich aus der Zahlungsanforderung des Gläubigers, daß die Hauptschuld noch nicht fällig ist, so ist die Anforderung ebenfalls unschlüssig. Denn auch wenn man einen (vorläufigen) Verzicht auf die Einwendung der mangelnden Fälligkeit bei der Verpflichtungsform zur Zahlung auf erstes Anfordern annehmen kann, so dient dieser Verzicht doch nur dazu, bei der Anforderung Streitigkeiten über die Fälligkeit zu vermeiden. Dieser Fall liegt nicht vor, wenn der Mangel der Fälligkeit schon aus dem Gläubigervortrag geschlossen werden kann (OLG Düsseldorf WM 1982, 1185 f). Sind in der Bürgschaft „fällige" Hauptansprüche verbürgt, so genügt idR die Behauptung der Fälligkeit durch den Gläubiger (BGH WM 1996, 2228).

Mit der Zahlungsanforderung des Gläubigers wird die Zahlungsverpflichtung des Bürgen fällig. Zahlt er nicht, so gerät er in Verzug. Er schuldet Verzugszinsen und ggf Ersatz von weitergehendem Verzugsschaden, auch dies freilich nur vorläufig, dh unter dem Vorbehalt, daß sich nicht später in einem Rückforderungsprozeß herausstellt, daß der Bürge nicht geschuldet hat.

28 Der Bürgschaftsvertrag kann Einzelheiten der Zahlungsanforderung festlegen, zB vorschreiben, daß der Eintritt des Bürgschaftsfalles näher erläutert werden muß (**Effektivklausel**), zB durch die Klausel „Der Aufforderung muß eine schriftliche Erklärung des Auftraggebers mit der Feststellung über die Nichterfüllung der vom Auftragnehmer vertraglich übernommenen Verpflichtungen beigefügt sein" (vgl den Fall BGH WM 1987, 553 = ZIP 1987, 624). Eine solche Effektivklausel weist deutlicher auf das zugrundeliegende, gesicherte Geschäft und den Sicherungszweck hin. Beweispflichten werden dem Gläubiger dadurch nicht auferlegt. Er muß lediglich eine entsprechend spezifizierte Erklärung der Zahlungsanforderung abgeben, die eine entsprechende Behauptung des Bürgschaftsfalles einschließt. Liegt zB eine Rückbürgschaft (Rn 60 f) auf erstes Anfordern vor, so kann die Erklärung des Gläubigers erforderlich sein, daß er selbst in bestimmter Höhe (als Bürge) in Anspruch genommen worden sei (BGH ZIP 1984, 32 = NJW 1984, 923). Eine weitere Erläuterung oder gar Beweisführung ist nicht erforderlich (BGH ZIP 1984, 32 = NJW 1984, 923; OLG Düsseldorf ZIP 1994, 203 = WM 1994, 588). Bei bestimmten Hauptforderungen ergeben sich schon aus ihrer Natur gewisse Mindestanforderungen an die Behauptung des Bürgschafts-

falles. So besteht bei Gewährleistungsbürgschaften die Besonderheit, daß sich der verbürgte Gewährleistungsanspruch erst nach Auftreten der Mängel in der Gewährleistungsfrist und ihrer fristgerechten Rüge konkretisiert (BRINK EWiR 1994, 1181). Hier sind die gerügten Mängel hinreichend zu kennzeichnen. Das OLG München hat daher eine wirksame Inanspruchnahme aus befristeter Gewährleistungsbürgschaft bei bloßer pauschaler Mängelrüge verneint (ZIP 1994, 1763 = WM 1994, 2108; zust BRINK EWiR 1994, 1181; vgl auch den Fall OLG Hamm WM 1986, 1503; zust ALISCH EWiR 1986, 669, wo die Zahlungsanforderung von einem Sachverständigengutachten mit Auflistung und Bewertung der Mängel begleitet war). Die Zahlungsaufforderung wegen Gewährleistungsbürgschaft auf erstes Anfordern braucht auch nicht die Voraussetzungen des Verzugs oder des Übergangs von Nachbesserungs- zu Zahlungsansprüchen darzulegen (OLG München aaO). Generell dürfen die Anforderungen an den Inhalt der Zahlungsanforderung nicht überspannt werden.

d)   Einwendungsausschluß und seine Grenzen; Rechtsmißbrauch
Muß der Gläubiger den Bürgschaftsanspruch zur Zahlung auf erstes Anfordern im **29** Klageweg durchsetzen, so sind dem Bürgen grundsätzlich alle Einwendungen vorläufig abgeschnitten, die sich aus der Akzessorietät der Bürgschaft ergeben können (BGHZ 74, 244, 247 f; BGH ZIP 1984, 32 = NJW 1984, 923; ZIP 1989, 1108; ZIP 1990, 1186, 1187 = WM 1990, 1410, 1411; NJW 1992, 1446, 1447; HORN NJW 1980, 2153, 2155). Der Bürge kann also zB nicht einwenden, die Hauptforderung sei verjährt (OLG Hamm NJW-RR 1994, 1073). Dem Bürgen sind auch die Einwendungen gegen das Entstehen, den Bestand und den Umfang der Bürgschaft abgeschnitten, die sich nicht aus der Bürgschaftsurkunde oder sonst leicht beweisbaren Tatsachen ergeben. Er kann daher vorläufig (dh im ersten Prozeß) nicht einwenden, die Bürgschaft sei befristet, wenn sich dies nicht aus der Urkunde selbst ergibt (BGH WM 1985, 511; s auch § 777 Rn 1 ff). Solche Einwendungen sind in einem späteren Rückforderungsprozeß des Bürgen nach Zahlung vorzutragen und dort zu berücksichtigen (BGH WM 1985, 511; OLG Hamm NJW-RR 1994, 1073). In diesem Prozeß kann dem Bürgen nicht § 813 entgegengehalten werden, weil er trotz Verjährung der Hauptforderung vorerst gezahlt hat (OLG Hamm NJW-RR 1994, 1073). Zur Zulässigkeit dieser Einwendungen schon im Nachverfahren eines Urkundenprozesses (HORN NJW 1980, 2153, 2155 f; zust SCHÜTZE EWiR 1994, 132; aA BGH WM 1994, 106 = ZIP 1993, 1851; s auch Rn 161).

Dem Bürgen sind freilich nicht alle Einwendungen abgeschnitten. Er hat schon **30** im Verfahren über die erste Zahlungsanforderung nach allgemeinen Grundsätzen (1) Gültigkeitseinwendungen, (2) Inhaltseinwendungen und (3) den Mißbrauchseinwand.

(1) Der Bürge kann zunächst also die Gültigkeitseinwendungen erheben, zB die Bürgschaftsurkunde sei nicht echt oder dem Gläubiger fehle die Aktivlegitimation, dh der Gläubiger bei Begründung der Bürgschaft und bei Inanspruchnahme seien nicht identisch und es liege auch keine wirksame **Abtretung** vor (aA OLG Düsseldorf ZIP 1994, 203). Ist eine solche Abtretung freilich erfolgt, hat der neue Gläubiger auch das Recht, die Anforderungserklärung abzugeben (BGH ZIP 1987, 624 = WM 1987, 553).

(2) Der Bürge hat die **Inhaltseinwendungen**, die sich aus der Bürgschaftserklärung **31** selbst ergeben (vgl auch zur Garantie unten Rn 244 ff). So kann der Bürge schon im Erstprozeß einwenden, die Bürgschaft sichere nicht die Hauptforderung, auf die sich

die Zahlungsanforderung des Gläubigers bezieht (BGH ZIP 1996, 172). Maßgebend ist der Inhalt der Urkunde; der bei der Garantie geltende Grundsatz der „Garantiestrenge" ist sinngemäß auch bei der Bürgschaft auf erstes Anfordern maßgeblich (BGHZ 90, 291= ZIP 1984, 685; BGH ZIP 1996, 172, 174). Bei der Auslegung der Bürgschaftsurkunde dürfen unstreitige oder durch andere Urkunden belegte Umstände ergänzend herangezogen werden (BGH WM 1987, 1455; CANARIS, Bankvertragsrecht Rn 1135). Den Gläubiger trifft bei der Zahlungsanforderung keine besondere Darlegungslast. Sein Zahlungsverlangen darf lediglich nicht nach dem Inhalt der Urkunde (zB Befristung, Höchstbetrag, Bezugnahme auf eine bestimmte Hauptforderung, deren Bestand freilich vorläufig nicht nachzuprüfen ist, sonstige nach der Urkunde vorgeschriebene Zahlungsvoraussetzungen) unschlüssig sein, wobei unbestrittene oder durch andere Urkunden nachgewiesene Tatsachen zu berücksichtigen sind. In diesem Sinn ist eine **Schlüssigkeitsprüfung** zulässig und geboten (BGH ZIP 1996, 172, 174; BGH WM 1994, 106, wobei der BGH die Begrenztheit dieser Schlüssigkeitsprüfung in WM 1994, 106 zu stark betont; krit SCHÜTZE EWiR 1994, 131 f; weitergehend CANARIS, Bankvertragsrecht Rn 1130; zust HEINZE, Der einstweilige Rechtsschutz im Zahlungsverkehr der Banken [1984] 148).

32 (3) Der Bürge kann schließlich der Zahlungsanforderung auch den **Einwand des Rechtsmißbrauchs** (der unzulässigen Rechtsausübung) entgegensetzen, dh daß der Bürgschaftsfall eindeutig und nachweislich nicht eingetreten sei (zB weil die Hauptschuld nicht wirksam entstanden oder ordnungsgemäß erfüllt worden sei) und der Bürge seine formale Rechtsstellung in mißbräuchlicher Weise ausnutze (HORN NJW 1980, 2153, 2156; ders, Bürgschaften u Garantien [6. Aufl 1995] 110 ff; BGH WM 1985, 511; BGH WM 1988, 934 = NJW 1988, 2610; BGHZ 104, 240 = ZIP 1988, 764; BGH ZIP 1989, 1108 = WM 1989, 1496; zust BLAUROCK EWiR 1989, 981). Die Rechtsprechung stellt hohe Anforderungen an die „Offensichtlichkeit" des Rechtsmißbrauchs, um das Instrument der Bürgschaft auf erstes Anfordern als schneidiges Sicherungsinstrument nicht zu entwerten. Diese Anforderungen dürfen freilich nicht überspannt werden, um die nicht seltenen groben Mißbrauchsversuche abzuwehren, durch die die Bürgen und meist letztlich die Hauptschuldner als Auftraggeber der Bürgschaft oft schwer geschädigt werden können. Offensichtlich bedeutet, daß die Tatsachen, aus denen sich der Rechtsmißbrauch ergibt, entweder unstreitig oder leicht beweisbar sein müssen und ohne weiteres den Schluß auf einen Rechtsmißbrauch erlauben. Zweifelsfragen tatsächlicher oder rechtlicher Art, „deren Beantwortung sich nicht von selbst ergibt" (BGH WM 1988, 934 LS), sollen die Befriedigung des Anspruchs auf vorläufige Zahlung nicht ausschließen, sondern erst im Prozeß über die Rückforderung einer unberechtigten Zahlung geklärt werden (BGH WM 1988, 934, 935 = NJW 1988, 2610; ZIP 1989, 1108 = WM 1989, 1496). Gleichwohl kommt dem Einwand des Rechtsmißbrauchs große praktische Bedeutung vor allem bei Auslandsgeschäften zu, weil in vielen Ländern nach Zahlung des Bürgen der Rückforderungsanspruch aus Kondiktion wegen der Schwierigkeit der Rechtsverfolgung aussichtslos wäre und keinen Schutz bieten würde (vgl auch BGH ZIP 1984, 32 = NJW 1984, 924). Bei einer Bürgschaft mit Auslandsbeziehung kann ferner bei Mißbrauch auch die Berücksichtigung des ordre public (Art 6 EGBGB) eingreifen (BGHZ 104, 240 = ZIP 1988, 764, im Fall freilich unpassend; unten Rn 145).

e) Rückforderungsanspruch des Bürgen

33 Nach der Zahlung kann der Bürge, der sich zu Unrecht in Anspruch genommen sieht, einen Rückforderungsanspruch aus Bereicherung geltend machen und hier die Verteidigungsmittel einsetzen, die sich aus der Akzessorietät ergeben, zB die Hauptschuld habe nicht bestanden, sei erfüllt usw (BGHZ 74, 244, 248; BGH ZIP 1984, 32 = NJW 1984, 923, 924; OLG Düsseldorf ZIP 1994, 203 = WM 1994, 588; Horn NJW 1980, 2153). Die Tatsache, daß der Bürge bereits gezahlt hat, verändert die Beweislast nicht. Im Rückforderungsprozeß des Bürgen aus § 812 muß also der Gläubiger das Entstehen der Hauptschuld und der Bürgschaftsverpflichtung beweisen, der Bürge nur deren Untergang und sonstige Einwendungen (BGH ZIP 1988, 224 = NJW 1988, 906; Tiedtke EWiR 1988, 251; BGH WM 1989, 709 = NJW 1989, 1606; BGH ZIP 1989, 1108, 1109 = WM 1989, 1496, 1498; iE zust Bydlinski WM 1990, 1401, 1403 ff). § 814 kann dem Rückforderungsanspruch des Bürgen nicht entgegenstehen, weil dieser auf die Zahlungsanforderung des Gläubigers nur unter Vorbehalt gezahlt hat. Eine Verurteilung des Bürgen aufgrund der Zahlungsanforderung zur vorläufigen Zahlung kann dem Rückforderungsanspruch nicht entgegenstehen, weil die Tatsachen der Einwendungen in diesem ersten Prozeß nicht berücksichtigt wurden und daher nicht präkludiert sein können. – Ist der Bürge im Urkundenprozeß unter Vorbehalt seiner Rechte verurteilt, kann er seine Einwendungen nach Meinung des BGH nicht im Nachverfahren, sondern erst im künftigen Rückforderungsprozeß geltend machen (BGH WM 1994, 106 = NJW 1994, 380); nicht überzeugend (vgl Rn 161). Hat der Hauptschuldner dem Bürgen die gezahlte Bürgschaftssumme gem § 774 Abs 2 und wegen eines begründeten Aufwendungsersatzanspruchs aus § 670 erstattet, so kann er gegen den Gläubiger Eingriffskondiktion geltend machen, daneben ggf Schadensersatz aus positiver Vertragsverletzung seines mit dem Gläubiger bestehenden Vertrags und aus § 826 verlangen; s auch § 765 Rn 241 f.

f) Verhältnis des Bürgen zum Hauptschuldner

Hat sich der Bürge (meist: eine Bank) zur Übernahme einer Bürgschaft zur Zahlung **34** auf erstes Anfordern verpflichtet, so ist sie gegenüber dem Hauptschuldner als ihrem Auftraggeber berechtigt, bei Zahlungsanforderung des Gläubigers an diesen zu zahlen mit der Folge eines Rückgriffsanspruchs gegen den Hauptschuldner (aus §§ 675, 670 und § 774; s § 774 Rn 1 ff), ohne daß sie zu einer eingehenden Prüfung der materiellen Berechtigung der Zahlungsanforderung verpflichtet wäre (BGH WM 1989, 433; KG WM 1987, 129; OLG Schleswig WM 1984, 651). Allerdings muß der Bürge (Bank) seine vertragliche Pflicht (§ 675) zur Wahrung der Interessen des Hauptschuldners (Bankkunden) erfüllen (§ 765 Rn 102 ff, 107, 110; Heymann/Horn, HGB § 349 Rn 66; Canaris, Bankvertragsrecht Rn 1107 f). Er muß nicht nur die formelle Ordnungsgemäßheit der Zahlungsanforderung gemäß Bürgschaftsvertrag prüfen, sondern sich regelmäßig auch vergewissern, ob ernste Zweifel an der materiellen Berechtigung bestehen und damit die Gefahr eines Mißbrauchs gegeben ist (Horn NJW 1980, 2153, 2157; BGHZ 95, 375, 389 betr Gewährleistungsbürgschaft). Er muß dem Hauptschuldner (Bankkunden) durch Benachrichtigung Gelegenheit geben, sich zur Berechtigung der Zahlungsanforderung zu äußern (Heymann/Horn aaO; BGHZ 95, 375, 389 ff).

Fehlt es an der materiellen Berechtigung der Zahlungsanforderung aufgrund der **35** Bedingungen der Bürgschaft oder wegen Nichtbestehens der Hauptforderung (vgl BGH WM 1989, 1497, 1498) und ist dies ohne weiteres („liquide") beweisbar, so ist der Bürge verpflichtet, die Zahlung zu verweigern; von dieser Pflicht kann er sich nicht wirksam freizeichnen (BGHZ 95, 375, 390 ff = ZIP 1985, 1380 = WM 1985, 1387; Horn, Bürgschaften und Garantien 126 f). Die Pflicht des Bürgen (Bank) gegenüber dem Hauptschuldner endet freilich dort, wo ihm keine ausreichenden Beweismittel zur Abwehr der Zahlungsanforderung zur Verfügung stehen (Horn NJW 1980, 2153, 2157; BGHZ 95, 375, 390; LG Köln ZIP 1982, 433). Bei drohender rechtsmißbräuchlicher Inanspruchnahme des Bürgen (Bank) kann der Hauptschuldner (Bankkunde) dem Bürgen im Wege der einstweiligen Verfügung die Auszahlung des Bürgschaftsbetrages gerichtlich untersagen lassen; str (unten Rn 164).

36 3. Bei der **Ausfallbürgschaft** (Schadlosbürgschaft) verpflichtet sich der Bürge, dem Gläubiger nur für den endgültigen Ausfall an der Hauptforderung einzustehen (Mot II 762). Sie ist also das Gegenteil der Selbstschuldbürgschaft: der Gläubiger muß hier alles Mögliche und Zumutbare tun, um Befriedigung vom Hauptschuldner zu erlangen, ehe er sich an den Bürgen halten kann (gesteigerte Subsidiarität; Einzelheiten s § 771 Rn 11–15; zur Ausfallgarantie Rn 252).

37 4. Die **Selbstschuldausfallbürgschaft** (Reichel AcP 135, 336) kombiniert zwei normalerweise gegensätzliche Bürgschaftsformen: Der Bürge soll zahlen, noch bevor der Ausfall feststeht oder erlitten wird, aber nur hinterlegungsweise (RG JW 1914, 350; LZ 1917, 675 Nr 16) oder mit Vorbehalt späterer Rückforderung. Die Zahlung befreit den Hauptschuldner nicht; es findet kein Forderungsübergang nach § 774 statt; der Gläubiger muß alles, was er beim Hauptschuldner beitreibt oder beitreiben könnte, dem Bürgen wieder zurückzahlen (Reichel aaO). Die Vorauszahlungspflicht kann wiederum auf den Fall beschränkt werden, daß der Gläubiger aus bestimmten Sicherheiten, zB einer Grundschuld, keine volle Befriedigung erhält (RG WarnR 1914 Nr 47; HRR 1934 Nr 1105). Dies kann auch im Hinblick auf eine weitere Bürgschaft vereinbart sein. Beispiel: Haben sich mehrere Bürgen (Rn 56 u iF § 769) selbstschuldnerisch verbürgt, so kann eine Kombination zwischen Selbstschuld- und Ausfallbürgschaft in der Weise auftreten, daß der Gläubiger mit einem der mehreren Bürgen vereinbart, er wolle ihn nur nach den anderen Bürgen (und wenn diese ausfallen) in Anspruch nehmen. Der betreffende Bürge bleibt dann selbstschuldnerischer Bürge insofern, als der Gläubiger nicht erst den Hauptschuldner verklagen muß; er ist aber Ausfallbürge im Verhältnis zu seinen Mitbürgen (BGH ZIP 1986, 970, 972 = WM 1986, 961). Der Gläubiger kann aufgrund seiner Abrede mit dem Selbstschuldausfallbürgen verpflichtet sein, vorrangige Sicherheiten zu beschaffen. Dabei kann es sich um eine unbedingte Einstandspflicht handeln, bei deren Verletzung durch den Gläubiger der Bürge frei wird, oder aber nur um eine Bemühenspflicht des Gläubigers, deren Verletzung aber zu einer (ggf teilweisen) Schadensersatzpflicht führen kann (BGH WM 1989, 707).

5. **Teilbürgschaft und Höchstbetragsbürgschaft**

38 Im Unterschied zur Vollbürgschaft, bei der der Bürge für die Hauptschuld in voller Höhe eintritt, sichert die **Teilbürgschaft** nur einen Teilbetrag der Hauptschuld. Wenn der Gläubiger diesen Teilbetrag erhält, wird der Bürge frei. Der Rest der Forderung berührt den Bürgen nicht; für den Rest gilt nicht das Gläubigervorrecht des § 774 Abs 1 S 2 (RG KuT 1935, 75; LG Düsseldorf JW 1928, 1888). Die Zinsbürgschaft ist Teilbürgschaft. Zur Abgrenzung von der Mitbürgschaft s § 769 Rn 2; zur Tilgung § 765 Rn 59 u § 767 Rn 17 ff. Teilbürgschaften werden zB für bestimmte Anzahlungen oder Abschlagszahlungen im Rahmen von Werkverträgen gestellt, um im Fall der Nichterfüllung des betreffenden Leistungsabschnitts die Rückzahlung dieser Anzahlung oder Abschlagszahlung sicherzustellen (vgl BGH NJW 1986, 1681, 1683 und zur Anzahlungs- und Abschlagszahlungsbürgschaft § 765 Rn 59 u 60). Zur Auslegung einer Teilbürgschaft für laufende Lieferansprüche iS der Erleichterung des Nachweises der gesicherten Hauptschuld vgl BGH WM 1980, 128. Die Klausel in einem Bürgschaftsformular, daß der Gläubiger den Erlös aus einer anderweitig bestellten Sicherheit (Grundschuld) auf den durch Bürgschaft nicht gesicherten Teil seines Anspruchs anrechnen darf, ist wirksam; der Gläubiger darf allerdings nicht willkürlich zum Schaden des Bürgen handeln (BGH WM 1989, 484 = ZIP 1989, 359; zust GABERDIEL EWiR 1989, 345; s auch § 776 Rn 3).

Bei der **Höchstbetragsbürgschaft** dagegen haftet der Bürge für die ganze Hauptschuld, **39** dh solange diese nicht vollständig erfüllt ist, kann aber selbst insgesamt nur bis zum vereinbarten Höchstbetrag in Anspruch genommen werden (vgl RG Recht 1910 Nr 682; WarnR 1910 Nr 115). Die Höchstbetragsbürgschaft wird vor allem bei Kreditbürgschaften verwendet (Rn 22). Die Zwangsvergleichsbürgschaft ist Höchstbetragsbürgschaft, wenn sie summenmäßig begrenzt ist (LG Düsseldorf JW 1928, 1888); je nach Inhalt muß der Bürge die Haftsumme gleichmäßig anteilig (LG Krefeld JW 1934, 2575) oder in der Reihenfolge der Inanspruchnahme (BOHNENBERG DRiZ 1950, 283; VOGEL § 4 VglO Anm II 5 c) leisten. Die Beifügung eines Höchstbetrags zur Begrenzung der Haftung des Bürgen und damit seines Risikos ist vor allem bei Globalbürgschaften (Rn 42, 51 f) wichtig und immer dann, wenn die Begrenzung der Bürgenhaftung sich nicht aus der Bestimmtheit der Hauptschuld ergibt, für die Wirksamkeit der Bürgschaft (Bestimmtheitsgrundsatz) unabdingbar (§ 765 Rn 13 ff, 44 ff). Die Banken sind 1993 dazu übergegangen, in ihrer Bürgschaftsformularpraxis bei Globalbürgschaften durchweg einen Höchstbetrag vorzusehen. Zum Ausgleich zwischen mehreren Höchstbetragsbürgen s § 769 Rn 12; § 774 Rn 56.

Im Zweifel sind Teil- und Höchstbetrag auf den Kapitalbetrag der Hauptschuld ein- **40** schließlich der Zinsen zu beziehen, so vor allem bei der Kontokorrentbürgschaft (Rn 42, 48 f), wo die Zinsen bei der Saldierung zum Kapital geschlagen werden (RG LZ 1921, 141; OLG München BayZ 1929, 397). Es kann aber ausdrücklich vereinbart sein, daß für Zinsen auch über die Teil- bzw Höchstsumme anteilig gehaftet wird (zu weitgehend BGH Betrieb 1978, 629; vgl dazu unten Rn 51 f u § 765 Rn 40 f). Zu dem Teil- bzw Höchstbetrag kommen die etwa aus Verzug des Bürgen entstandenen besonderen Kosten hinzu (PLANCK/OEGG § 767 Anm 6). In der neueren Formularpraxis der Banken wird der Höchstbetrag sowohl auf die Hauptschuld wie auf die Zinsen bezogen, so daß sich die Haftung des Bürgen nicht über den Höchstbetrag erweitern kann. Dies bedeutet, daß der Höchstbetrag regelmäßig deutlich über dem Nominalbetrag der gesicherten Hauptschuld liegen muß, weil die Bürgenhaftung sich über diesen Betrag hinaus gemäß § 767 Abs 1 S 1 erweitern kann.

6. Über die **Zeitbürgschaft** im Gegensatz zur Verbürgung auf unbestimmte Zeit **41** vgl § 777.

7. **Globalbürgschaft und Kontokorrentkreditbürgschaft**

a) **Begriff und Problematik der Globalbürgschaft**
Globalbürgschaft ist die Verbürgung für eine Vielzahl von Hauptforderungen, insbe- **42** sondere auch für solche, die erst in der Zukunft entstehen sollen (vgl § 765 Abs 2),

wobei diese Vielzahl nur durch allgemeine Merkmale bestimmt wird, insbesondere als Forderungen aus Geschäftsbeziehung des Gläubigers mit dem Hauptschuldner (BGHZ 25, 318, 321; zum Begriff HORN, in: FS Merz [1992] 217 ff; ders, Bürgschaften und Garantien [6. Aufl 1995] 70 ff; GRAF LAMBSDORFF/SKORA Rn 42; BGHZ 130, 19 = ZIP 1995, 1244, 1245). Die Globalbürgschaft hatte sich vor allem im bankgeschäftlichen Verkehr eingebürgert und wurde dort formularmäßig verwendet. Die Praxis hatte sogar die bedenkliche Geschäftsform einer Globalbürgschaft ohne Höchstbetrag eingeführt und der BGH hatte dies zeitweilig gutgeheißen (BGH NJW 1985, 848 = WM 1985, 155; NJW 1986, 928 = WM 1986, 95). Die Banken sind seit 1993 dazu übergegangen, allgemein bei Globalbürgschaften einen Höchstbetrag vorzusehen. Der BGH hat seit 1994 in radikaler Abkehr von der bisherigen Rechtsprechung Globalbürgschaften im Rahmen einer Kontrolle nach § 3 und § 9 AGB-Gesetz im Anwendungsbereich scharf beschmitten (unten § 765 Rn 48 ff). Als praktisch wichtiger Unterfall oder verwandter Fall ist die Bürgschaft für einen wechselnden Kontokorrentkredit weiter von Bedeutung (iF Rn 48 f; HORN ZIP 1997, 525 f).

b) Bestimmung der Hauptforderungen

43 Im praktisch seltenen Fall einer Individualvereinbarung, bei der also die Anwendung des AGB-Gesetzes ausgeschlossen ist, kann eine Globalbürgschaft wirksam vereinbart werden, wenn sie dem Bestimmtheitsgrundsatz (§ 765 Rn 13 ff) entspricht. Dies ist der Fall, wenn zwei Voraussetzungen erfüllt sind: (1) Der Kreis der verbürgten Hauptforderungen ist näher bestimmt. In der Praxis vorherrschend ist bzw war die Bürgschaft für alle Forderungen aus der bankgeschäftlichen oder sonstigen geschäftlichen Verbindung mit dem Gläubiger (BGHZ 25, 318, 321). Die Übernahme der Bürgschaft für alle denkbaren Verbindlichkeiten des Hauptschuldners ohne eine solche sachliche Begrenzung ist daher unwirksam (BGHZ 25, 318, 321; BGH WM 1978, 1065; NJW 1990, 1909), zB auch für Verbindlichkeiten des Hauptschuldners aus dessen Bürgschaften außerhalb der geschäftlichen Beziehungen (BGH NJW 1990, 1909). Die Unwirksamkeit einer solchen Vereinbarung kann ggf auf den zu weit formulierten selbständigen Teil der Globalbürgschaftsabrede beschränkt werden, so daß die Bürgschaft im übrigen wirksam bleibt (BGH NJW 1990, 1909 = WM 1990, 969; WM 1992, 391, 392; GRAF LAMBSDORFF/SKORA Rn 55). (2) Weitere Voraussetzung ist, daß der Umfang der Bürgschaft näher bestimmt wird und für den Bürgen bei Vertragsschluß zumindest ungefähr vorausgesehen werden kann. Dies kann durch die Bestimmung eines Höchstbetrags geschehen oder dadurch, daß die Hauptforderungen selbst umfangmäßig bestimmt sind. Die Globalbürgschaft für künftige Forderungen aus Geschäftsbeziehung des Hauptschuldners mit dem Gläubiger setzt den Bürgen einem unabsehbaren Haftungsrisiko aus und ist daher, sofern die Bürgenhaftung nicht durch einen Höchstbetrag begrenzt wird, wegen Verstoßes gegen den Bestimmtheitsgrundsatz, insbesondere das Verbot der Fremddisposition (§ 767 Abs 1 S 3) unwirksam (§ 765 Rn 19 u 55 ff; aA BGHZ 130, 19; im Ergebnis aber ebenso BGHZ 132, 6 = ZIP 1996, 456 = NJW 1996, 924; dazu § 765 Rn 51 und HORN ZIP 1997, 525, 528).

44 Meist ist die Globalbürgschaft formularmäßig vereinbart. Findet sich die Globalbürgschaftsklausel als Nebenklausel in einem Bürgschaftsvertrag, der aus Anlaß einer konkreten Hauptschuld (zB zur Sicherung eines ganz bestimmten Kredits) geschlossen wurde, ist sie meist überraschend nach § 3 AGBG, falls sie nicht besonders hervorgehoben wurde (BGHZ 126, 174; 130, 19) und zwar selbst bei Vereinbarung eines Höchstbetrags (OLG Rostock WM 1995, 1533; § 765 Rn 49). Sie ist ferner unangemessen iS § 9 AGBG, wenn es an einem Höchstbetrag fehlt oder dieser die Hauptschuld, die Anlaß der Verbürgung war, deutlich übersteigt (BGHZ 130, 19) oder wenn die Höchstbetragsbürgschaft auch künftige Hauptschulden umfaßt, ohne diese nach Grund und Höhe genau zu bezeichnen (BGH NJW 1996, 2369 = ZIP 1996, 1289). Anders nur, wenn der Bürge selbst das Entstehen der künftigen Forderungen kontrollieren und ggf verhindern kann (BGHZ 132, 6 = ZIP 1996, 456, 458 = NJW 1996, 924). Die formularmäßige Globalbürgschaft ist, vor allem als Nebenklausel, im Verhältnis zum Privatkunden also nur noch unter sehr einschränkenden Voraussetzungen zulässig. Dies ist grundsätzlich zu begrüßen. Auch der Kaufmann als Kunde, der eine Bürgschaft übernimmt, verdient im Grundsatz diesen Schutz; allerdings wird man ihn gem § 24 AGBG nicht gegen eine Globalbürgschaft auch für nicht näher bestimmte Forderungen schützen müssen, wenn seine Bürgenhaftung durch einen Höchstbetrag begrenzt ist. Zum Ganzen unten § 765 Rn 48 ff u HORN ZIP 1997, 525.

c) **Abgrenzung der verbürgten Forderungen**
Die folgende Rspr zur Abgrenzung des Kreises der Hauptforderungen, die durch **45** eine Globalbürgschaft gesichert sind, ist überwiegend noch zur Zeit ergangen, als die Globalbürgschaft in weitem Umfang von der Rspr für grundsätzlich unbedenklich gehalten wurde. Sie gilt also künftig nur noch, sofern die oa Voraussetzungen für eine wirksame Globalbürgschaft überhaupt erfüllt sind. Zu den durch Globalbürgschaft gesicherten Schulden des Hauptschuldners gehören auch dessen Bürgschaftsverpflichtungen aus Geschäftsverbindung (BGH NJW 1990, 1909, 1910; einschränkend OLG Bremen NJW-RR 1986, 851); der Globalbürge wird insoweit zum Nachbürgen (Rn 57) des bürgenden Hauptschuldners (RGZ 83, 342; KARMASIN BB 1968, 1364; BGB-RGRK/MORMANN § 765 Anm 4; OLG Bamberg WM 1990, 1019; s auch § 765 Rn 44 ff). Erforderlich ist, daß der Hauptschuldner die Bürgschaft im Rahmen der durch die Globalbürgschaft gesicherten Geschäftsbeziehungen übernimmt (BGH NJW 1990, 1909 = WM 1990, 969; KARMASIN BB 1968, 1364; SOERGEL/MÜHL § 765 Rn 4; krit GRAF LAMBSDORFF/SKORA Rn 53). Der Globalbürge kann unter diesen Voraussetzungen auch zum Rückbürgen (Rn 60 f) für den Hauptschuldner werden, wenn der Gläubiger sich seinerseits für den Hauptschuldner verbürgt hat und nach Zahlung einen Rückgriffsanspruch (§ 774) gegen diesen besitzt, der dann durch die Globalbürgschaft gesichert ist (BGH NJW 1979, 415; HORN, Bürgschaften und Garantien [6. Aufl 1995] 21 f). Auch Ansprüche der Bank aus Geschäftsführung ohne Auftrag können im Rahmen der Geschäftsverbindung liegen und verbürgt sein (OLG München WM 1991, 1415).

Die Globalbürgschaft sichert nicht Kreditgewährungen der Bank nach **Kündigung 46** oder sonstiger Beendigung der Bankverbindung durch die Bank (BGH WM 1969, 1276 = MDR 1970, 39; BGH NJW 1989, 27 = WM 1988, 1301 = ZIP 1988, 1167; BGH WM 1990, 1410; dazu vSTEBUT EWiR 1990, 981). Wird die Geschäftsverbindung gekündigt, dann aber fortgesetzt, so haftet der Bürge nur für die bis zur Kündigung gegründeten Forderungen. Die Bank ist verpflichtet, sie von den Neuforderungen rechnerisch getrennt zu halten und bevorzugt die Altforderungen abzuwickeln (BGH WM 1990, 1410; vSTEBUT EWiR 1990, 981). Eine Kreditbürgschaft sichert nicht solche Ansprüche der Bank, die durch eine Schuldübernahme des Hauptschuldners erst entstanden sind, nachdem zuvor die Bank die Geschäftsverbindung mit ihm aufgehoben hatte (BGH WM 1969, 1276).

47 Die Globalbürgschaft erstreckt sich auch auf Forderungen, welche der Gläubiger (zB Bank) gegen den Hauptschuldner aus Abtretung von Dritten erwirbt (BGH WM 1958, 722; 1974, 1127; 1981, 5; REHBEIN, in: FS Werner [1984] 697, 701). Die Bank handelt jedoch gegenüber dem Hauptschuldner als ihrem Kunden dann rechtsmißbräuchlich, wenn sie in Kenntnis seiner schlechten wirtschaftlichen Lage von einem dritten Gläubiger eine Forderung gegen den Hauptschuldner erwirbt, um dem Dritten Deckung aus einer von der Bank nicht voll benötigten Sicherheit (zB Globalbürgschaft) zu verschaffen (BGH WM 1958, 722; 1974, 218; 1981, 518; 1983, 537; REHBEIN, in: FS Werner [1984] 697, 704 f). Die Bank kann dann insofern auch den Globalbürgen nicht in Anspruch nehmen.

Die Globalbürgschaft kann ebenso wie die einfache Darlehensbürgschaft auch **Bereicherungsansprüche** aus nichtiger Darlehensgewährung an den Hauptschuldner sichern (BGH NJW 1987, 2076 = WM 1987, 616 = ZIP 1987, 697; GRAF LAMBSDORFF/SKORA Rn 182; aA TIEDTKE JZ 1987, 853; ders ZIP 1990, 413, 415). Einzelheiten s § 765 Rn 80 ff.

d) Kontokorrentkreditbürgschaft

48 Die Verbürgung eines laufenden Kredits (Kontokorrentkredits) stellt einen in der Praxis weiterhin wichtigen und relativ weniger problematischen Unterfall der Globalbürgschaft dar. Die Bürgschaft sichert hier nur die Darlehensforderung des Gläubigers; diese hat aber je nach Inanspruchnahme des Kredits wechselnden Umfang und setzt sich im Rahmen des Kontokorrents aus einer Vielzahl einzelner Geschäftsvorfälle ähnlich einer sonstigen Globalbürgschaft zusammen (zum Verhältnis beider Bürgschaftsformen s auch GRAF LAMBSDORFF/SKORA Rn 56). Ebenso wie die sonstige Globalbürgschaft ist auch die Kontokorrentbürgschaft häufig ohne feste zeitliche Grenze übernommen. Eine solche Grenze ergibt sich auch nicht aus dem beim Kontokorrent üblichen Periodensaldo, weil dieser regelmäßig nach dem Willen der Parteien sofort auf neue Rechnung in der nachfolgenden Periode vorgetragen wird (aA GRAF LAMBSDORFF/SKORA Rn 56). Allerdings ist die Kontokorrentbürgschaft so auszulegen, daß der Schuldner befreit wird, wenn er einmal aus dem dann fälligen Saldo in Anspruch genommen wird und gezahlt hat; damit erlischt die Bürgschaft (MünchKomm/PECHER § 765 Rn 51a; GRAF LAMBSDORFF/SKORA Rn 56).

49 Der Kontokorrentkredit wird regelmäßig im Rahmen eines bestimmten Höchstbetrages (**Kreditlinie**) vereinbart. Diese ist dann auch für den Bürgschaftsvertrag als Haftungsgrenze maßgeblich. Vereinbaren später Hauptschuldner und Gläubiger eine Erhöhung der Kreditlinie, so kann dies gemäß § 767 Abs 1 S 3 den Bürgen nicht belasten, falls dieser nicht zustimmt. Die Klausel, daß sich der Bürge „in unbegrenzter Höhe" für den Kontokorrentkredit verbürge, ist wegen Verstoßes gegen den Bestimmtheitsgrundsatz unwirksam (§ 765 Rn 19 u 48 ff), und aus dieser Klausel kann daher keine Zustimmung des Bürgen zur Erweiterung seiner Bürgenhaftung entsprechend einer Krediterweiterung gefolgert werden. Falls also der Bürgschaft selbst ein Höchstbetrag nicht beigefügt ist (Rn 51 ff), ist der bei Bürgschaftsübernahme vereinbarte Kreditrahmen auch für die Bürgschaft maßgeblich; für § 766 genügt die Bezugnahme auf den Kontokorrentkredit in der Bürgschaftsurkunde (s § 766 Rn 26).

50 Es kann zusätzlich vereinbart sein, daß der Gläubiger Kredit über den Höchstbetrag hinaus nicht gewähren, also die Kreditlinie nicht erhöhen darf. Verbürgt sind dann alle (auch wechselnde) Forderungen innerhalb des Betrages (Kreditlinie). Wird dieser überschritten, so haftet der Gläubiger dem Bürgen, der idR gemäß § 325 Abs 1 zurücktreten oder aus wichtigem Grund kündigen kann. Eine solche Verpflichtung ist die Ausnahme (OLG Köln JW 1939, 99) und jedenfalls als Nebenpflicht im Zweifel nicht anzunehmen (BGH WM 1968, 1391 = MDR 1969, 475; vgl auch § 765 Rn 128). Eine Vereinbarung etwa, daß der Hauptschuldner nur zusammen mit dem Bürgen über das Kreditkonto verfügen darf, hindert die Bank nicht, weitere ungesicherte Kredite über ein anderes Konto zu gewähren und verpflichtet sie auch nicht, Zahlungseingänge nur auf das Kreditkonto zu leiten (BGH WM 1963, 24; s auch § 767 Rn 10 f). – Zu Kündigung u Widerruf § 765 Rn 229 ff, 236 f; zur zeitlichen Begrenzung der Bürgschaft allg § 777 Rn 1 ff; zur Verwirkung s auch § 765 Rn 199 ff. Der Bürge haftet für den jeweiligen Saldo im Kontokorrent; Einzelheiten unten § 765 Rn 92.

e) **Bedeutung des Höchstbetrages und Teiltilgung**

Die Vereinbarung eines Höchstbetrags kann verschiedene Bedeutung haben, die ggf **51** durch Auslegung zu ermitteln ist (RGZ 136, 178, 182 ff; BGH WM 1956, 885). Regelmäßig betrifft der Höchstbetrag, der der Bürgschaftserklärung beigefügt ist, nur die Bürgenverpflichtung selbst, nicht aber das Kreditverhältnis, das selbst nicht in gleicher Höhe beschränkt ist. Verbürgt ist hier die Gesamtheit der Forderungen aus der Geschäftsbeziehung oder dem Kreditverhältnis, die sich aus dem jeweiligen Schlußsaldo ergibt (der kein Kontokorrentsaldo im technischen Sinn der §§ 355 ff HGB zu sein braucht; zu dieser Sonderform SCHLEGELBERGER/HEFERMEHL § 349 Rn 11); aber der Bürge haftet nur bis zum Höchstbetrag. Der Gläubiger (Bank) darf weitere Kredite gewähren, für die der Bürge dann innerhalb des Höchstbetrages haftet (OLG Köln JW 1939, 99; BGH Betrieb 1959, 305; STÖTTER aaO; SCHLEGELBERGER/HEFERMEHL § 349 Rn 8). Sofern die Hauptschuld den durch den Höchstbetrag bestimmten Haftungsrahmen des Bürgen übersteigt, braucht der Gläubiger (Bank) Teilrückzahlungen des Hauptschuldners nicht auf den gesicherten Teilwert des Krediters anzurechnen. Die bevorzugte Tilgung des ungesicherten Teils läßt sich aus § 366 Abs 2 analog begründen (BGH WM 1965, 866; BGHZ 29, 280, 287 f; zust CANARIS, in: Großkomm HGB § 355 Rn 74) und folgt meist schon aus dem Sinn der Vereinbarung: danach sichert die Höchstbetragsbürgschaft im Zweifel stets einen Sockelbetrag der wechselnden Hauptschuld (BGH WM 1976, 108). Anders, wenn die Bürgschaft für einen „Zusatzkredit" gegeben ist; dann ist die Tilgung zuerst darauf anzurechnen (BGH NJW 1980, 1099). – Die Rspr wendet die §§ 366, 367 nicht auf Teilrückzahlungen im Kontokorrent an; bedenklich, s iF Rn 52.

Der Höchstbetrag kann insofern variabel sein, als die Zurechnung von Zinsen, Pro- **52** visionen und Kosten auch über den Höchstbetrag hinaus ausdrücklich vereinbart ist (vgl die Fälle BGH WM 1974, 1129; BGH Betrieb 1978, 629; BGHZ 77, 256, 259 f; OLG Hamm NJW 1978, 1166). Dazu bedarf es jedenfalls einer eindeutigen Vereinbarung, da der Bürge sonst über den Umfang seiner Haftung durch den Höchstbetrag getäuscht würde. Zumindest der geschäftlich unerfahrene Privatkunde darf grundsätzlich davon ausgehen, daß der Höchstbetrag der Bürgenhaftung auch Kosten und Zinsen umfaßt (BVerfG ZIP 1993, 1775, 1781). Soweit danach der Bürge über den Höchstbetrag hinaus haftet, erstreckt sich die Haftung auch auf die Zinseszinsen (BGHZ 77, 256 = WM 1980, 863; LG Augsburg WM 1984, 223). Seine Haftung beschränkt sich freilich auf die Zinsen und Zinseszinsen, die auf den verbürgten Höchstbetrag entfallen. Auch sonst ist die Klausel zugunsten des Bürgen einschränkend auszulegen, namentlich bei der

Frage, ob Teilzahlungen die Haftung wieder auf den Höchstbetrag (bzw darunter) zurückführen. Erbringt der Bürge Teilleistungen, ist es an sich gleichgültig, ob diese (gem § 367) zuerst auf die Zinsen oder die Hauptschuld anzurechnen sind; denn der Bürge haftet für den Saldo in jedem Fall und für die künftig daraus entstehenden Zinsen (so im Ergebnis auch BGH Betrieb 1978, 629). Zahlt dagegen der Hauptschuldner Teilbeträge, so kann die Anrechnung auf die Hauptschuld (statt auf die über den Höchstbetrag aufgelaufenen Zinsen) dazu führen, daß die Bank neue Kredite an Stelle der Tilgungsbeträge gewährt und der (gesteigerte) Haftungsrahmen nicht mehr absinkt. Daher ist nach Treu und Glauben zugunsten des Bürgen Anrechnung hier zuerst auf Zinsen und Nebenforderungen geboten (zutr CANARIS, in: Großkomm z HGB § 355 Rn 74; aA BGHZ 77, 256 = BGH NJW 1980, 2131; OLG Hamm NJW 1978, 1166).

Der im Bürgschaftsvertrag vereinbarte Höchstbetrag kann auch die Bedeutung haben, daß die Hauptschuld selbst begrenzt ist, der Gläubiger also entweder höheren Kredit nicht gewähren darf (zur Kreditlinie bei der Kontokorrentkreditbürgschaft Rn 49) oder zwar höheren Kredit gewähren darf, der Bürge aber nur für die ersten Kreditforderungen des Gläubigers in zeitlicher Reihenfolge bis zum erstmaligen Erreichen des Höchstbetrages haften will. Rückzahlungen sind dann (wie bei der Teilbürgschaft, dazu Rn 38, und entgegen § 366 Abs 2) vorzugsweise auf die verbürgte(n) Forderung(en) anzurechnen.

f) Kündigung

53 Die Kontokorrentkreditbürgschaft und die sonstige Globalbürgschaft (soweit zulässig) ist meist ohne feste zeitliche Begrenzung bestellt. Abweichend vom Grundsatz der Unkündbarkeit der Bürgschaft (§ 765 Rn 229) muß die unbefristete Globalbürgschaft durch Kündigung beendet werden können. In Betracht kommt eine ordentliche Kündigung, die entweder im Vertrag geregelt oder mangels einer solchen Regelung aufgrund ergänzender Vertragsauslegung anzunehmen ist, sofern der Vertrag diese nicht ausdrücklich ausschließt. Voraussetzung ist der Ablauf einer gewissen Zeit, während der bei wirtschaftlicher Betrachtung das Sicherungsbedürfnis des Gläubigers und das Kreditbedürfnis des Hauptschuldners befriedigt werden konnte (vgl auch GRAF LAMBSDORFF/SKORA Rn 344). Dies kann zB angenommen werden, wenn die Bürgschaft schon mehrere Jahre besteht und die Geschäftsbeziehungen zwischen Hauptschuldner und Gläubiger sichernd begleitet hat; uU genügt dafür aber auch der Ablauf einer erheblich kürzeren Zeit. Ferner muß der Bürge eine angemessene Kündigungsfrist einhalten, um Hauptschuldner und Gläubiger Gelegenheit zu geben, sich auf die neue Lage einzustellen. In Betracht kommt ferner, wie bei jedem Dauerschuldverhältnis, eine Kündigung aus wichtigem Grund (allg zu diesem Kündigungsrecht HORN, Die Vertragsdauer als schuldrechtliches Regelungsproblem, in: BJM (Hrsg), Gutachten und Vorschläge zur Überarbeitung des Schuldrechts Bd 1 [1981] 551, 573 mwN). In der Rechtsprechung ist anerkannt, daß sich der Bürge gegen die Möglichkeit einer Erweiterung seiner Bürgenhaftung durch Anwachsen der Hauptschuld gemäß §§ 767 Abs 1 S 2, Abs 2 durch Kündigung schützen kann (BGH NJW 1985, 3007, 3008; 1986, 252, 253; 1986, 2308, 2309; 1993, 1917, 1918). Auch die erhebliche Verschlechterung der Vermögenslage des Hauptschuldners ist ein Kündigungsgrund (BGH WM 1993, 897 = NJW-RR 1993, 944, 945). Gleiches gilt umgekehrt für eine Kontokorrentkreditbürgschaft, wenn das gesicherte Kontokorrentverhältnis längere Zeit ein Guthaben ausgewiesen hat und die Bank keine Sicherung mehr benötigt (BGH WM 1985, 1059 = ZIP 1985, 1192, 1194). Auch das Ausscheiden aus einer Gesellschaft ist ein wichtiger

Grund zur Kündigung, wenn die Gesellschafterstellung Anlaß für die Übernahme der Bürgschaft war (BGH WM 1985, 1059 = ZIP 1985, 1192, 1194; OLG Celle WM 1989, 1224). Auch der Eintritt eines Bürgen, der sich für die Schulden einer KG verbürgt hat, in diese Gesellschaft als Komplementär und die dadurch begründete Haftung ist ein Grund, die Bürgschaft zu kündigen (BGH NJW 1986, 2308 = WM 1986, 850 = ZIP 1986, 1240; s auch § 765 Rn 230). Mangels Kündigung besteht die Bürgenhaftung in diesem Fall freilich fort und bringt dem Gläubiger einen Haftungsvorteil im Fall des Zwangsvergleichs (Rn 177).

Rechtsfolge der Kündigung ist, daß der Bürge ab Wirksamwerden der Kündigung für **54** neubegründete Verbindlichkeiten des Hauptschuldners dem Gläubiger gegenüber nicht mehr haftet. Seine Bürgenhaftung für die bereits begründeten Verbindlichkeiten bleibt freilich bestehen und kann nur dadurch beseitigt werden, daß der Bürge entweder durch einen Vertrag mit dem Gläubiger die Aufhebung der Bürgenhaftung auch für bereits begründete Hauptverbindlichkeiten erreicht oder daß diese getilgt werden. Der Gläubiger kann verpflichtet sein, bevorzugt die Altschulden abzuwickeln (BGH WM 1990, 1410 betr Kündigung der gesicherten Geschäftsverbindung). Eine unbefristete Kreditbürgschaft wird durch die Kündigung nicht zur Zeitbürgschaft (BGH WM 1985, 969; dazu GRAF vWESTPHALEN EWiR 1985, 668).

g) Personenwechsel
Zum Übergang der Bürgschaftsforderung bei Abtretung verbürgter Forderungen **55** aus bereits gewährtem Kredit gemäß §§ 398, 401 Abs 1, 412 und zur Umstellung einer Kreditverbindung auf einen neuen Kreditgeber s § 765 Rn 202 ff; dort auch zur Umwandlung der Rechtsform des Gläubigers. Bei rechtsgeschäftlichem Übergang der Forderungen aus einem Kontokorrentkredit geht auch die Bürgschaftsforderung in Höhe des bestehenden Kreditsaldos nach allgemeinen Regeln über. Ist der Kreditsaldo niedriger als der Bürgschaftshöchstbetrag, so haftet der Bürge nicht, wenn der neue Gläubiger (Bank) im Rahmen des Höchstbetrages weitere Kredite gewährt (BGHZ 26, 142, 147 f; 77, 167, 170 f; BGH JZ 1985, 1093, 1095; NÖRR/SCHEYHING, Sukzessionen [1983] § 5 I 2 g). Anders nur im seltenen Fall der Gesamtrechtsnachfolge auf der Gläubigerseite, zB wenn eine Sparkasse eine andere übernimmt; dann erstreckt sich also die Bürgschaft, die gegenüber der ersten Sparkasse übernommen wurde, im Rahmen des nicht ausgeschöpften Höchstbetrages auch auf Kredite, welche die zweite Sparkasse gewährt (BGH ZIP 1980, 534 = NJW 1980, 1841). Kommt es zu einem Hauptschuldnerwechsel im Rahmen einer Vertragsübernahme, so erlischt die Bürgschaft analog § 418 (OLG Hamm WM 1990, 1152; dazu REHBEIN WuB I F 1 a 12.90). Die Verpflichtung des Kreditbürgen geht auf seine Erben über und umfaßt auch die nach dem Erbfall gewährten Kredite (RG WarnR 1911 Nr 236; BGH DNotZ 1976, 685).

8. Zur **Mitbürgschaft** im Unterschied zur Alleinbürgschaft vgl § 769, zum Aus- **56** gleich der Mitbürgen untereinander § 774 Rn 43 ff.

9. Nachbürgschaft*

Nachbürgschaft (After-, Überbürgschaft) ist die Bürgschaft für einen Bürgen, dh **57**

---

* **Schrifttum:** DÖRNER, Die Einwendungen des Schuldners gegen den Nachbürgen, MDR 1976, 708; TIEDTKE, Die Regreßansprüche des Nachbürgen, WM 1976, 174; MIRTSCHING, Kann der

das Einstehen dafür, daß dieser Bürge (Vorbürge, Hauptbürge) seine Verpflichtungen erfüllen werde (Mot II 672; KANKA JherJb 87, 125; BGHZ 73, 94, 97 = NJW 1979, 415, 416). Die vertragliche Verpflichtung des Nachbürgen gegenüber dem Gläubiger bedarf der Form des § 766. Der Nachbürge haftet für die Verbindlichkeit des Bürgen und mittelbar für die des Hauptschuldners (gestaffelte Subsidiarität und Akzessorietät); für ihn ist die Vorbürgschaft die Hauptschuld (GIERKE III § 206 III Anm 39; KANKA aaO; SCHLEGELBERGER/HEFERMEHL § 349 Rn 4; BGB-RGRK/MORMANN § 765 Rn 4; aA RGZ 83, 342; 146, 70). Der Nachbürge hat gegenüber dem Gläubiger die Einreden des Vorbürgen und des Hauptschuldners sowie der Vorausverklagung von Vorbürgen und Hauptschuldner, sofern der Vorbürge letztere Einrede hat (Mot II 672) oder erst nach Übernahme der Nachbürgschaft darauf verzichtet hat. Entläßt der Gläubiger den Vorbürgen aus der Bürgschaft, wird der Nachbürge frei gem § 776 (s dort Rn 19). Umfaßt eine Kreditbürgschaft auch Bürgschaften des Hauptschuldners (§ 765 Rn 43), so ist sie insoweit Nachbürgschaft (MORMANN aaO; KARMASIN BB 1968, 1364).

58 Der leistende Vorbürge hat keinen **Rückgriff** gegen den Nachbürgen (RG JW 1912, 746); dessen Entlassung durch den Gläubiger berührt seine Interessen nicht. Leistet dagegen der Nachbürge, so geht gem § 774 Abs 1 S 1 die Forderung des Gläubigers gegen den Vorbürgen und damit notwendig auch die Hauptforderung analog § 774 Abs 1 S 1 auf ihn über (KANKA JherJb 87, 125; DÖRNER MDR 1976, 708, 709). Über das Ergebnis, daß der zahlende Nachbürge auch die Hauptforderung erwirbt, besteht Einigkeit (OLG Köln WM 1995, 1224, 1227; SCHNEIDER/BÖTTGER JR 1979, 373; REINICKE/TIEDTKE, Bürgschaftsrecht [1995] Rn 292). Das Ergebnis wird zT rechtskonstruktiv anders begründet (ERMAN/SEILER § 765 Vorbem 17; SCHLEGELBERGER/HEFERMEHL § 349 Rn 4; WEBER JuS 1972, 11; TIEDTKE WM 1976, 174, 176; unentschieden REINICKE/TIEDTKE aaO); danach gehe primär die Forderung gegen den Hauptschuldner nach § 774 über; die Forderung gegen den Vorbürgen folge gem §§ 412, 401 (letzteres verneint RGZ 83, 342). Befriedigt der Vorbürge dann den Nachbürgen, so erwirbt er den Anspruch gegen den Hauptschuldner (REINICKE/TIEDTKE Rn 292).

59 Kann sich der Nachbürge nicht mehr an den Vorbürgen halten, weil ein Vergleichsverfahren über das Vermögen durchgeführt und mit bestätigtem Zwangsvergleich abgeschlossen wurde (§ 82 Abs 2 VglO; s auch BGHZ 73, 94, 97), so kann er sich doch an den Hauptschuldner halten (MünchKomm/PECHER § 765 Rn 54). Der Nachbürge kann auch die Ausgleichsansprüche gegen Mitbürgen des Vorbürgen geltend machen. Bei Nachbürgschaft für alle Mitbürgen haften diese ihm, wie dem Gläubiger, als Gesamtschuldner (PLANCK/OEGG § 774 Anm 9). – Der Vorbürge kann gegenüber dem Rückgriff des Nachbürgen ggf Einwendungen aus einem direkten Rechtsverhältnis erheben. Der Hauptschuldner hat gegenüber dem Rückgriff des Nachbürgen selbstverständlich die Einreden aus seinem direkten Rechtsverhältnis zum Nachbürgen (Auftrag, Geschäftsführung); aber er muß auch die ihm gegen den Vorbürgen zustehenden Einreden haben, da der Nachbürge für diesen einsteht, dessen Solvenzrisiko trägt und im Rückgriff an seiner Stelle steht (OLG Hamm MDR 1961, 503; ESSER/WEYERS I § 40 V 1; TIEDTKE WM 1976, 174; aA OLG Köln MDR 1975, 932; DÖRNER MDR 1976, 708).

Nachbürge den Hauptschuldner auch dann in Anspruch nehmen, wenn der Hauptschuldner sich auf ein mit dem Vorbürgen bestehendes Rechtsverhältnis beruft?, WM 1976, 706.

10. Rückbürgschaft

Rückbürgschaft ist die Bürgschaft dafür, daß der Rückgriffsanspruch des Bürgen 60
gegen den Hauptschuldner erfüllt wird (RGZ 61, 343; 146, 69; BGHZ 73, 94, 96, 98 = NJW 1979, 415, 416; BGHZ 95, 375, 379 f = ZIP 1985, 1380; dazu Horn EWiR 1985, 973; Planck/Oegg Vorbem III 4 zu § 765). Erforderlich ist eine vertragliche Verpflichtung des Rückbürgen gegenüber dem Bürgen in der Form des § 766 (sonst nur Anspruch ggf aus bes Rechtsverhältnis, zB Auftrag; RG Recht 1909 Nr 3341). Verbürgt ist regelmäßig (Auslegung) sowohl der Rückgriffsanspruch aus der Gläubigerforderung, die der Bürge durch Befriedigung gem § 774 Abs 1 S 1 erworben hat, als auch der Erstattungsanspruch aus dem Innenverhältnis des Bürgen zum Hauptschuldner (vgl § 774 Rn 1 ff; Reinicke/Tiedtke Rn 294; MünchKomm/Pecher § 765 Rn 58; Flessa NJW 1958, 859; OLG Oldenburg NJW 1965, 253). Bei Ausgleichspflicht des Bürgen gegenüber Mitbürgen haftet der Rückbürge insoweit auf Ersatz (RG PosMSchr 1905, 85). – Es kommen auch mehrstufige Rückbürgschaften vor, zB zugunsten des ersten Rückbürgen (vgl RGZ 146, 67; Flessa NJW 1958, 860). Erfüllungsübernahme gegenüber dem Bürgen stellt keine formbedürftige Rückbürgschaft dar (BGH NJW 1972, 576).

Der Rückbürge kann dem Bürgen die **Einwendungen** des Hauptschuldners entgegen- 61
halten und vom Bürgen Vorausklage, falls diese nicht abbedungen ist, verlangen. Der Bürge muß also darlegen und beweisen, (a) daß er den Gläubiger befriedigt und daher den verbürgten Rückgriffsanspruch erworben hat, (b) daß er den Gläubiger befriedigen mußte wegen Erfolglosigkeit oder Ausschluß von dessen Vorausklage gegen den Hauptschuldner und (c) daß er vom Hauptschuldner auch jetzt keinen Ersatz erlangen kann (OLG Kiel SchlHAnz 1918, 169; vgl auch RG LZ 1915, 221). Der Bürge kann seinen Rückbürgen nach Erfüllung der eigenen Bürgschaft daher nicht in Anspruch nehmen, wenn bei Zahlung die Hauptschuld bereits verjährt war. Zwar erwirbt der Bürge durch die Zahlung gem § 774 die (verjährte) Hauptforderung, aber der Rückbürge, der diesen Rückgriffsanspruch sichert, kann gem § 768 iVm §§ 412, 404 die Verjährung der Hauptforderung einwenden (BGH ZIP 1985, 1380, 1383 = WM 1985, 1387; dazu Horn EWiR 1985, 973). Der Bürge hat daneben den Erstattungsanspruch aus Geschäftsbesorgungsvertrag mit dem Hauptschuldner (§§ 675, 670), den der Rückbürge ebenfalls sichert. Diesem Erstattungsanspruch kann der Rückbürge entgegenhalten, daß der Bürge die Erfüllung der Bürgschaft nach Verjährung nicht für erforderlich halten durfte und keinen Aufwendungsersatzanspruch erworben hat (BGH aaO). – Befriedigt der Rückbürge den Bürgen, so erwirbt er gem § 774 Abs 1 S 1 ohne weiteres auch die auf diesen übergegangene Forderung des Gläubigers gegen den Hauptschuldner (OLG Oldenburg NJW 1965, 253; BGH BB 1971, 333; Flessa NJW 1958, 860; Erman/Seiler Vorbem 18 zu § 765; aA RGZ 146, 67, 70; Schlegelberger/Hefermehl § 349 Rn 5: Besondere Abtretung sei nötig, weil angeblich die direkte Beziehung zwischen Hauptbürgschaft und Rückbürgschaft fehle). Der Nachbürge kann seinen Rückbürgen auch dann in Anspruch nehmen, wenn ein Rückgriff wegen Vergleichsverfahrens über das Vermögen des Vorbürgen ausgeschlossen ist (BGHZ 73, 94 = NJW 1979, 415 = MDR 1979, 489).

11. Bürgschaft und Wechselverbindlichkeit

Eine Bürgschaft nach BGB kann für eine Wechselverbindlichkeit eingegangen wer- 62
den (vgl BGHZ 35, 19), ebenso eine Wechselverbindlichkeit zur Sicherung einer

Forderung (BGHZ 45, 210); zu beiden Fällen in Abgrenzung von der (offenen) Wechselbürgschaft unten Rn 423–437.

12. Zu den **einzelnen Geschäftstypen** der Bürgschaft s auch die Übersicht unten § 765 Rn 58 ff.

IV. Bürgenschutz, AGB-Gesetz und Verbraucherschutz

1. Bürgenrisiko und Bürgenschutz nach BGB*

63 Die Bürgschaft ist als Personalsicherheit (Rn 2) ein risikoreiches Geschäft. Der Bürge nimmt im Umfang der Bürgschaft dem Gläubiger das Risiko der Insolvenz des Hauptschuldners ab. Typischerweise rechnet er bei der Übernahme der Bürgschaft nicht mit seiner späteren Inanspruchnahme aus der Bürgschaft und mit der Möglichkeit, vom Hauptschuldner keinen Ersatz dafür zu erhalten; dies birgt die Gefahr der Unterschätzung des Bürgschaftsrisikos. Dem daraus entspringenden Schutzbedürfnis des Bürgen steht das Sicherungsinteresse des Gläubigers gegenüber sowie das Verkehrsbedürfnis, die Bürgschaft als verläßliches Instrument der Kreditsicherung zu erhalten. Im römischen und im gemeinen Recht wurden Frauen vor den Risiken der Bürgschaftsübernahme und anderer Formen der Kredithilfe (sog Interzessionsgeschäfte) dadurch geschützt, daß solche Verpflichtungen gerichtlich nicht durchsetzbar waren (KASER, Das römische Privatrecht Bd 1 [2. Aufl 1971] § 156; Bd 2 [2. Aufl 1975] § 279; MEDICUS, Zur Geschichte des Senatus Consultum Velleianum [1957]). Das BGB hat dieses Interzessionsverbot nicht übernommen. Der Gedanke des Bürgenschutzes tritt in einzelnen Bestimmungen des Bürgschaftsrechts des BGB hervor. Er ist insgesamt aber, anders als zB im schweizerischen Bürgschaftsrecht (unten Rn 455 ff), nicht besonders stark ausgeprägt und auch von der Rechtsprechung nur vorsichtig in Abwägung zu den Gläubigerinteressen erweitert worden.

64 Das Formerfordernis des § 766 soll den (nicht kaufmännischen) Bürgen warnen (zum Kaufmann vgl § 350 HGB). Die Verpflichtung des Bürgen ist durch das Prinzip der Akzessorietät zur Hauptschuld (Rn 18 ff) begrenzt und durch das Prinzip der

---

* **Schrifttum**: BURGHARDT, Aufklärungspflichten des Bürgschaftsgläubigers (1985); P BYDLINSKI, Moderne Kreditsicherheiten und zwingendes Recht, AcP 190 (1990) 165; ders, Die aktuelle höchstrichterliche Judikatur zum Bürgschaftsrecht in der Kritik, WM 1992, 1301; DERLEDER, Die unbegrenzte Kreditbürgschaft, NJW 1986, 97; FONTAINE, Diligenzpflichten des Gläubigers gegenüber dem Bürgen (Diss Hamburg 1985); GROESCHKE, Die Schuldturmproblematik im Zugriff der vorvertraglichen Pflichten (Diss Hamburg 1992); N HAUN, Die Unwirksamkeit der Bürgschaftsübernahme wegen Sittenwidrigkeit (Diss Köln 1995); H HONSELL, Bürgschaft und Mithaftung einkommens- und vermögensloser Familienmitglieder, NJW 1994, 565; HORN, Globalbürgschaft und Bestimmtheitsgrundsatz, in: FS Merz (1992) 217; KLANTEN, Begrenztes Bürgschaftsrisiko und aktiver Verbraucher, WM 1993, 2196; PAPE, Die neue Bürgschaftsrechtsprechung – Abschied vom Schuldturm?, ZIP 1994, 515; SCHLACHTER, Kreditmithaftung einkommensloser Angehöriger, BB 1993, 802; C STUMPF, Der vermögenslose Bürge. Zum Spannungsverhältnis zwischen privatautonomer Gestaltungsfreiheit und Verbraucherschutz, Jura 1992, 417; H P WESTERMANN, Die Bedeutung der Privatautonomie im Recht des Konsumentenkredites, in: FS H Lange (1992) 995; WIEDEMANN, Anm zu BVerfG Beschl v 19. 10. 1993 1 BvR 567 u 1044/89, JZ 1994, 411.

Subsidiarität (Rn 17) abgemildert. Der Gläubiger darf andere Sicherheiten nicht zum Nachteil des Bürgen aufgeben (§ 776). Die Akzessorietät kann vertraglich in vieler Hinsicht eingeschränkt, freilich nicht grundsätzlich abbedungen werden (§ 767 Rn 6 ff; § 768 Rn 29 ff). Dies kann zB durch Vereinbarung einer Bürgschaft zur Zahlung auf erstes Anfordern geschehen (Rn 24 ff). Dadurch wird zugleich die Subsidiarität abbedungen; eine solche Abbedingung liegt auch schon in der Vereinbarung einer Selbstschuldbürgschaft (Rn 23).

Der Bürge kann dem Bürgschaftsanspruch des Gläubigers zwar grundsätzlich einen **65** Anspruch aus **culpa in contrahendo** entgegensetzen; allerdings sind vorvertragliche Pflichten des Gläubigers, zB der kreditgewährenden Bank, deren Verletzung zu einem solchen Gegenanspruch des Bürgen führen kann, nur unter einschränkenden Voraussetzungen anzuerkennen (§ 765 Rn 179 ff). Insbesondere treffen den Gläubiger Aufklärungs- und Warnpflichten nur unter besonderen Umständen, zB wenn er einen Irrtum beim Bürgen erregt hat (BGH WM 1990, 1956) oder wenn er die erkennbare geschäftliche Unerfahrenheit und seelische Zwangslage des Bürgen (insbes bei Bürgschaft des Kindes für die Eltern oder des Ehegatten) ausnutzt (BVerfG ZIP 1993, 1775, 1780). Auch eine Berufung auf **Wegfall der Geschäftsgrundlage** kann nur unter ganz besonderen Umständen zu einem Wegfall oder einer Verminderung der Bürgenverpflichtung führen (§ 765 Rn 190 ff). Insbesondere ist eine dem Gläubiger erkennbare Erwartung des Bürgen über die Weiterentwicklung des Kreditverhältnisses nicht Geschäftsgrundlage in diesem Sinn (BGH WM 1984, 1392, 1394). Allerdings kann eine Bürgschaft des mittellosen Ehegatten, die hauptsächlich einer Vermögensverschiebung vom Hauptschuldner auf den Bürgen vorbeugen will, bei Beendigung der Ehe wegen Wegfalls der Geschäftsgrundlage aufzuheben oder anzupassen sein (BGHZ 128, 230 = ZIP 1995, 203 = WM 1995, 237; ausführl § 765 Rn 194). Der Bürge kann dem Gläubiger im allgemeinen auch keinen Gegenanspruch aus **positiver Vertragsverletzung** entgegensetzen, weil die Bürgschaft als einseitig verpflichtender Vertrag im Grundsatz keine Gläubigerpflichten kennt und diese nur unter besonderen Umständen bestehen (§ 765 Rn 117 ff). Der Bürge kann bei irrtümlicher Abgabe der Bürgschaftserklärung diese gemäß § 119 BGB **anfechten**; er bleibt dann freilich gemäß § 122 BGB schadensersatzpflichtig (BGHZ 91, 324 = ZIP 1984, 939 [betr fehlendes Erklärungsbewußtsein]; allg § 765 Rn 148 f). Daneben kommt Täuschungsanfechtung gemäß § 123 BGB in Betracht (§ 765 Rn 154 f). Unter besonderen Umständen kann der Bürgschaftsanspruch des Gläubigers verwirkt sein (§ 765 Rn 199 ff).

Größere Bedeutung hat § 138 BGB für die Fälle erlangt, in denen sich die kreditge- **66** bende Bank als Sicherheit die Bürgschaft des mittellosen Ehegatten oder eines Kindes des Kreditnehmers bestellen läßt; die Mittellosigkeit des Bürgen und der große Umfang der Bürgschaftsverpflichtung, der im Ernstfall zu einer dauerhaften Verschuldung führen würde, fehlendes eigenes Interesse des Bürgen und seine erkennbare Unterlegenheit in der Verhandlungssituation, wobei neben Geschäftsunerfahrenheit auch der seelische Druck (als Kind, als Ehegatte) gehört, können hier die Unwirksamkeit der Bürgschaft wegen Sittenwidrigkeit begründen (BVerfGE 89, 214 = ZIP 1993, 1775 = NJW 1994, 36; BGHZ 125, 206 = ZIP 1994, 520 = WM 1994, 676; BGH NJW 1994, 1341 = ZIP 1994, 614 = WM 1994, 680, 683; zum Ganzen unten § 765 Rn 160 ff).

2. Bürgschaft und AGB-Gesetz*

a) Anwendbarkeit des AGB-Gesetzes

67 In der Praxis werden Bürgschaften durchweg in Gestalt von Formularverträgen abgeschlossen. Gleiches gilt für bestimmte andere Wirtschaftszweige, zB für die Gewährleistungsbürgschaften der Bauhandwerker in der Bauwirtschaft. Auf solche Formularverträge ist das AGB-Gesetz grundsätzlich anwendbar (BGHZ 93, 252, 254; BGH NJW 1990, 576, 577; BGH ZIP 1994, 1840; WOLF/HORN/LINDACHER AGBG [3. Aufl 1994] § 1 Rn 17). Einer besonderen Einbeziehungsvereinbarung der vorformulierten Klauseln gemäß § 2 Abs 1 AGBG bedarf es in diesem Fall nicht (BGHZ 104, 232; BGH ZIP 1994, 1840, 1841). Auch im Rahmen des Avalgeschäfts der Banken, die für ihre Kunden (als künftige Hauptschuldner) auftragsgemäß gegen Entgelt für diese die Bürgschaft übernehmen, sind AGB gebräuchlich. Der Bürge genießt den Schutz des AGB-Gesetzes insoweit, als der Gläubiger als Verwender ihm die AGB stellt, also insbesondere ihm einen entsprechenden Formularvertrag vorlegt. Im Avalgeschäft genießt der Kunde Schutz, gegenüber dem die Bank (als Bürgin) ihre Avalbedingungen verwendet.

68 Die im Bürgschaftsvertrag oder im Avalvertrag verwendeten AGB unterliegen der richterlichen Kontrolle daraufhin, ob sie iS § 3 AGBG überraschend sind, dh der Kunde nicht mit ihnen zu rechnen brauchte, mit der Folge, daß sie nicht Inhalt des Vertrages sind. Sie unterliegen ferner der richterlichen Inhaltskontrolle nach §§ 9–11 AGBG; der Schutz der Inhaltskontrolle nach § 9 AGBG kommt auch dem kaufmännischen Kunden zugute (§ 24 AGBG).

b) Zulässige Klauseln und ihre Grenzen

69 Die Rechtsprechung hat in einer Reihe von Fällen dem Bürgen nachteilige AGB in Bürgschaftsverträgen für wirksam gehalten. Der formularmäßige Verzicht des Bürgen auf die Einrede der Anfechtbarkeit gemäß § 770 Abs 1 ist zulässig; dagegen kann das Recht des Bürgen, sich auf die erklärte Anfechtung des Hauptschuldners zu berufen, formularmäßig nicht ausgeschlossen werden (BGHZ 95, 350, 357 = NJW 1986, 43, 45). Auch der Ausschluß des Rechts des Bürgen gemäß § 770 Abs 2 BGB, sich auf die Aufrechnungsmöglichkeit des Gläubigers gegen eine fällige Forderung des Hauptschuldners zu berufen (Leistungsverweigerungsrecht), ist in AGB uneingeschränkt wirksam. Dies gilt auch, soweit es sich um unbestrittene, entscheidungsreife oder rechtskräftig festgestellte Forderungen des Hauptschuldners handelt; der Aus-

---

* **Schrifttum:** BERNINGHAUS, Der Umfang der Haftung aus formularmäßigen Bankbürgschaften, BB 1986, 206; BRANDNER, Bürgschaftsformulare, in: ULMER/BRANDNER/HENSEN, AGB-Gesetz (7. Aufl 1993) Anh §§ 9–11 Rn 260 ff; HAMMEN, Zur Wirksamkeit des klauselmäßigen Verzichts auf die Rechtsfolgen des § 776 BGB, WM 1988, 1809; HORN, Globalbürgschaft und Bestimmtheitsgrundsatz, in: FS Merz (1992) 217; ders, Bürgschaften und Garantien (6. Aufl 1995) 51; REHBEIN, Zur Mithaftung vermögensloser Angehöriger, JR 1995, 45; SCHREINER, Die Kreditbürgschaft in der Formularpraxis der Banken und Sparkassen (1989); REINIKKE/TIEDTKE, Die Bürgschaft für alle bestehenden und künftigen Forderungen des Gläubigers aus seiner bankmäßigen Geschäftsverbindung mit dem Hauptschuldner, JZ 1986, 426; TIEDTKE, Die Rechtsprechung des Bundesgerichtshofs zur Anwendung des AGB-Gesetzes im Bürgschaftsrecht seit 1980, ZIP 1986, 150; ders, Enge und weite Bürgschaftsverpflichtungen, ZIP 1994, 1237; TONNER, Herstellergarantie und AGB-Gesetz, NJW 1984, 1730.

schluß ist auch gegenüber dem Privatkunden als Bürgen wirksam. Insbesondere sind § 9 AGBG sowie §§ 11 Nr 2 und 3 AGBG nicht anwendbar (BGHZ 95, 350, 359 ff = NJW 1986, 43, 45; ULMER/BRANDNER/HENSEN, AGBG Anh §§ 9–11 Rn 262; WOLF/HORN/LINDACHER, AGBG § 9 Rn B 218) Die Einrede der Vorausklage (§ 771 BGB), die das Gesetz in bestimmten Fällen (§ 773 BGB) und bei Handelsgeschäften durchweg (§ 349 HGB) ausschließt, kann unbedenklich formularmäßig ausgeschlossen werden (selbstschuldnerische Bürgschaft; s auch § 773 Rn 1). Die Berufung auf eine erfolgte Aufrechnung kann dagegen nicht ausgeschlossen werden (§ 770 Rn 17).

Die Einrede des Bürgen gemäß § 776 BGB, daß der Gläubiger zum Nachteil des **70** Bürgen eine andere, für die Hauptschuld bestehende Sicherheit aufgegeben habe, kann nach der Rechtsprechung ebenfalls unbegrenzt formularmäßig ausgeschlossen werden. Für diesen Ausschluß bestehen insbesondere im Bankgeschäft im Hinblick auf das formularmäßige Pfandrecht der Banken (Nr 14 AGB-Banken) praktische Bedürfnisse (BGHZ 78, 137, 141 = NJW 1981, 748 [betr Klausel vor Anwendbarkeit des AGBG]; bestätigt zB in BGH NJW 1984, 2455; BGHZ 95, 350, 357 = NJW 1986, 43, 45; aA TIEDTKE ZIP 1986, 155: regelmäßige Unwirksamkeit). Die Klausel ist im Hinblick auf gesondert bestellte Sicherheiten der Bank bedenklich und muß insoweit eingeschränkt ausgelegt werden. Der Verzicht des Bürgen auf die Rechte aus § 776 deckt nicht die willkürliche Freigabe von Sicherheiten durch die Bank zum Nachteil des Bürgen (BGHZ 78, 137, 143 = ZIP 1980, 968, 970).

c) Unzulässige Klauseln

Eine Formularklausel, die das Recht des Bürgen ausschließt, sich auf die vom **71** Hauptschuldner hinsichtlich der Hauptschuld erklärte Anfechtung zu berufen, höhlt das Prinzip der Akzessorietät aus und widerspricht damit zum Nachteil des Kunden einem wesentlichen Grundgedanken des Gesetzes (§§ 767, 768); sie ist nichtig (BGHZ 95, 350, 357 = NJW 1986, 43). – Nach dem geschäftstypischen Zweck der Bürgschaft (Rn 2) steht der Bürge persönlich mit seinem ganzen Vermögen für die Hauptschuld ein. Klauseln, die von diesem gesetzlichen Leitbild stark abweichen, sind für den Bürgen überraschend (§ 3 AGBG) und können nach § 9 AGBG unwirksam sein. Dies gilt für die Klausel, der Bürge sei auf Verlangen des Gläubigers (Bank) verpflichtet, für seine Bürgschaft eine dem Gläubiger genehme Sicherheit zu bestellen. Denn die Verpflichtung zur zusätzlichen Sicherheitenstellung ist gegenüber dem Leitbild der persönlichen Bürgenhaftung sachfremd; sie ist daher überraschend (§ 3) und unangemessen (§ 9) (BGHZ 92, 295, 299 f = NJW 1985, 45). Gleiches gilt für die im Bürgschaftsvertrag formularmäßig vereinbarte Abtretung der Rentenansprüche des Bürgen an den Gläubiger (SG Düsseldorf WM 1989, 1506). Ist im Bauvertrag Zahlung nach Baufortschritt vereinbart, diese aber einseitig vom Bauunternehmer festzustellen, so kann die Zahlung nicht in AGB durch unwiderruflichen Abbuchungsauftrag und Garantie zur Zahlung auf erstes Anfordern gesichert werden; hier ist § 11 Nr 2 und § 7 AGBG verletzt (BGH WM 1986, 784).

Die formularmäßige Verpflichtung des Bürgen, **auf erstes Anfordern** des Gläubigers **72** zu zahlen, ist wegen unzumutbarer Belastung des Bürgen gemäß § 9 AGBG unwirksam, wenn der Bürge nicht Kaufmann ist (BGH NJW 1992, 1446 = ZIP 1992, 684, 685; weiter einschränkend noch BGH WM 1990, 1410, 1411 = ZIP 1990, 1186, 1187 [nur Kreditinstitute; insoweit überholt]; s auch Rn 25).

Bei der **Höchstbetragsbürgschaft** sind Klauseln, welche die Bürgenhaftung über den Höchstbetrag hinaus erstrecken, zB um Zinsen, Provisionen, Spesen, Kosten oder gar „Nachkredite" erhöhen, überraschend iS § 3 AGBG (OLG Nürnberg WM 1991, 985), selbst bei drucktechnischer Hervorhebung (OLG Karlsruhe WM 1993, 787); anders nur, wenn sich beim Höchstbetrag selbst ein entsprechender Zusatz befindet (OLG Nürnberg aaO).

73 Die weite Zweckerklärung iS einer **Globalbürgschaft**, durch die formularmäßig die Bürgenhaftung auf alle bestehenden und künftigen Verbindlichkeiten des Hauptschuldners aus der Geschäftsbeziehung erstreckt wird, unterliegt der Kontrolle nach AGBG und ist an § 3 und § 9 AGBG zu messen. Die Klausel ist regelmäßig iS § 3 AGBG überraschend, wenn ein Höchstbetrag nicht beigefügt ist und die Bürgschaft aus Anlaß der Sicherung einer bestimmten Schuld bestellt wird (BGHZ 126, 174; 130, 19). Der überraschende Charakter ist aber wohl auch dann zu bejahen, wenn in einem solchen Fall ein Höchstbetrag beigefügt ist (OLG Rostock WM 1995, 1533). Die Globalbürgschaftsklausel ist ohne Beifügung eines Höchstbetrages bei Bürgschaften, die anläßlich der Sicherung einer konkreten Hauptschuld übernommen sind, auch unangemessen iS § 9 AGBG (BGHZ 130, 19). Aber auch die reine Globalbürgschaft (dh die nicht im Hinblick auf eine konkrete Hauptschuld, sondern von vornherein für eine Vielzahl von Schulden übernommen wird) ist ohne die Beifügung eines Höchstbetrages unwirksam (BGHZ 132, 6 = ZIP 1996, 456 = NJW 1996, 924 = WM 1996, 436); dies ist freilich keine Frage der AGB-Kontrolle, sondern eine Konsequenz des Bestimmtheitsgrundsatzes (s § 765 Rn 13 ff, 19, 51 ff). Soweit sich die Globalbürgschaft auf künftige Forderungen erstreckt, müssen diese genau bezeichnet werden (BGHZ 132, 6 = ZIP 1996, 456 = NJW 1996, 924 = WM 1996, 436). Zum Ganzen § 765 Rn 48–57 u HORN ZIP 1997, 525.

74 Die Klausel im Bürgschaftsformular, daß diese Bürgschaft zusätzlich zu sonstigen etwa vom Bürgen übernommenen Bürgschaften gelten solle (**Zusatzbürgschaft**), ist als Nebenabrede zur näheren Leistungsbestimmung kontrollfähig (aA OLG Düsseldorf WM 1989, 1122). Sie stellt aber im Regelfall keine unbillige Benachteiligung des Bürgen iS § 9 AGBG dar und ist auch nicht überraschend iS § 3 AGBG (zu letzterem Punkt ebenso OLG Düsseldorf aaO), da die Zusammenrechnung mit vorher übernommenen Bürgschaften die Ausnahme ist, die besonders klargestellt werden muß.

3. HausTWG und GewO*; VerbrKrG

75 Veranlaßt der Gläubiger (zB eine Bank) den Abschluß einer Bürgschaft außerhalb ihrer Geschäftsräume im Rahmen eines Hausbesuchs, der auf ihre Initiative zustande kam, so unterfällt dieser Bürgschaftsvertrag grundsätzlich dem HaustürwiderrufsG (HausTWG). Insbesondere ist die Anwendbarkeit des § 1 HausTWG nicht

---

* **Schrifttum**: BUNTE, Bürgschaften und Haustürwiderrufsgesetz, WM 1993, 877; KLINGSPORN, Die Bürgschaft als Haustürgeschäft, WM 1993, 829; TH PFEIFFER, Haustürwiderrufsgesetz und Bürgschaft, ZBB 1992, 1; ders, Ein zweiter Anlauf des deutschen Bürgschaftsrechts zum EuGH, NJW 1996, 3297–3302; W-H ROTH, Bürgschaftsverträge und EG-Richtlinie über Haustürgeschäfte, ZIP 1996, 1285; WENZEL, Keine Anwendbarkeit des Haustürwiderrufsgesetzes auf Bürgschaften, NJW 1993, 2781; WOLFF, Zur Unanwendbarkeit des § 56 I Nr 6 GewO auf ‚vermittelte' Bürgschaften, WM 1988, 961.

deshalb ausgeschlossen, weil die Bürgschaft kein gegenseitig verpflichtender Vertrag ist. Denn diese einschränkende Voraussetzung ist in der EG-Verbraucherschutzrichtlinie v 20. 12. 1985 (ABl L 372/31 v 31. 12. 1985), deren Umsetzung das HausTWG bezweckt, nicht enthalten. Entscheidend ist vielmehr, daß der Bürge wegen der einseitig von ihm übernommenen Verpflichtung und der Eigenart des Bürgenrisikos (oben Rn 2, 63) besonders schutzwürdig ist (BGH ZIP 1993, 585, 586 [XI. Senat] gegen BGHZ 113, 287 = ZIP 1991, 223 [IX. Senat]; BGH ZIP 1996, 375 [Vorlagebeschluß des IX. Senats an den EuGH]; die Anwendbarkeit des HausTWG bejahen auch: ERMAN/KLINGSPORN [9. Aufl 1993] § 1 HausTWG Rn 4; MEDICUS EWiR 1991, 693; BYDLINSKI WM 1992, 1301, 1302 f; HORN, Bürgschaften und Garantien [6. Aufl 1995] 49; PFEIFFER NJW 1996, 3297, 3302. Gegen Anwendbarkeit des HausTWG GA EuGH v 20. 3. 1997 Rs C-45/97, ZIP 1997, 627). § 1 HausTWG ist noch nicht erfüllt, wenn der Ehemann das von der Bank vorbereitete Bürgschaftsformular nach Hause mitbringt und dort seiner Ehefrau zur Unterzeichnung vorlegt. Denn der Ehemann ist im Verhältnis zur Ehefrau nicht Verhandlungsgehilfe der Bank, und das HausTWG will nicht einen Ehegatten gegen die Überredungskünste des anderen schützen. Wird jedoch das Bürgschaftsformular von einem Angestellten der Bank abgeholt, so ist § 1 HausTWG anwendbar, wenn es der Angestellte ist, der die Ehefrau zur Leistung der Unterschrift oder zur Herausgabe der Bürgschaftsurkunde bestimmt hat.

Für die Zeit vor dem 1. 1. 1991 war umstritten, ob der Bürgschaftsabschluß in der **76** Privatwohnung unter das Verbot des Darlehensabschlusses im Reisegewerbe iS §§ 55, 56 Abs 1 Nr 6 GewO fiel, so daß der Vertrag gemäß § 134 BGB nichtig war. Durch Art 8 des Gesetzes über Verbraucherkredite (v 17. 12. 1990, BGBl I 2840) wurde mit Wirkung v 1. 1. 1991 das Verbot des Darlehensabschlusses im Reisegewerbe abgeschafft und § 56 Abs 1 Nr 6 GewO wurde auf die Kreditvermittlung beschränkt. Bis dahin war ein Kreditvertrag, der als Haustürgeschäft geschlossen war, gemäß §§ 55, 56 Abs 1 Nr 6 GewO unwirksam und eine für den Kredit bestellte Bürgschaft teilte diese Unwirksamkeit aufgrund der Akzessorietät (§§ 765, 767 BGB). Wurde die Bürgschaft für einen auf andere Weise geschlossenen und damit wirksamen Kredit bestellt, so war sie wirksam, auch wenn sie selbst als Haustürgeschäft geschlossen war (BGHZ 105, 362 = NJW 1989, 227; BGH WM 1991, 359). Auch eine analoge Anwendung der §§ 55, 56 Abs 1 Nr 6 GewO wurde mit Hinweis auf den Ausnahmecharakter der Vorschriften vom BGH wohl zu Recht abgelehnt (BGHZ 105, 362, 365; zust TIEDTKE ZIP 1990, 413, 421; **aA** HADDING/HÄUSER WM 1984, 1413, 1420; OLG München NJW 1985, 1561; OLG Saarbrücken WM 1987, 1039). Wurde vor dem 1. 1. 1991 die sonstige Mithaftung, insbesondere Mitschuldübernahme, für einen Kredit vereinbart, so blieben die §§ 55, 56 Abs 1 Nr 6 GewO anwendbar (BGH ZIP 1991, 224; dazu ACKMANN EWiR 1991, 231).

Nicht anwendbar sind auf die Bürgschaft die besonderen Vorschriften des **VerbrKrG**, **77** insbesondere die qualifizierten Formvorschriften des § 4 (so aber BÜLOW ZIP 1996, 1694, 1696). Zwar hat der BGH den Schutz des VerbrKrG zutr auf den Schuldbeitritt ausgedehnt (ZIP 1996, 1209). Aber der Bürge ist nicht in der Position des Vertragspartners des Verbraucherkreditvertrags; ihn interessieren nicht so sehr die wirtschaftlichen Bedingungen dieses Vertrags, sondern seine eventuelle Gesamtbelastung aus dem Bürgschaftsrisiko. Dafür reicht die Form des § 766 aus.

4. Datenschutz

78 Der Bürge genießt Datenschutz nach dem BDSG; dieses Gesetz schützt sein Grundrecht auf „informationelle Selbstbestimmung" als Teil seines Persönlichkeitsrechts iS Art 2 GG (BVerfGE 65, 1, 45 = NJW 1984, 419). Die Verarbeitung personenbezogener Daten des Bürgen und deren Nutzung ist nur zulässig, wenn das BDSG oder eine andere Rechtsvorschrift es erlaubt (§ 4 Abs 1 BDSG). Das BDSG gestattet dies als Mittel für die Erfüllung eigener Geschäftszwecke im Rahmen eines Vertrags oder vertragsähnlichen Vertrauensverhältnisses mit dem Bürgen (§ 28 Abs 1 Nr 1 BDSG), oder soweit dies zur Wahrung berechtigter Interessen erforderlich ist und nicht schutzwürdige Interessen des Bürgen am Ausschluß der Datenverarbeitung oder Nutzung überwiegen (§ 28 Abs 1 Nr 2 BDSG; bis 1990 ähnlich § 24 Abs 1 BDSG aF; zur Güterabwägung in diesem Sinn BGHZ 95, 362, 364 f m Nachw; vgl schon OLG Celle BB 1980, 1972 = NJW 1980, 347 m zust Anm SCHUSTER und SIMON NJW 1980, 1287; abl SCHAFFLAND BB 1980, 1774; OLG München NJW 1982, 244 = ZIP 1982, 46; OLG Köln ZIP 1984, 1340; TIEDEMANN NJW 1981, 945, 950). Die Weitergabe personenbezogener Negativmerkmale des Bürgen eines Personalkredits an die Schufa durch die kreditgewährende Bank ist zwar meist nicht schon durch ein etwa zwischen Bürgen und Gläubiger bestehendes Vertragsverhältnis gerechtfertigt, wohl aber durch das Interesse der Kreditwirtschaft und der anderen Kreditnehmer an der Risikobegrenzung im Kreditgeschäft (OLG Köln ZIP 1984, 1340).

V. Bürgschaften im Verhältnis zur öffentlichen Hand

79 Bürgschaftsverpflichtungen nach BGB können gegenüber und seitens der öffentlichen Hand begründet werden.

1. Steuer- und Zollbürgschaft

Das Abgabenrecht (AO v 16. 3. 1976, BGBl I 613) sieht einmal eine öffentlich-rechtliche Haftung für Steuern eines Dritten vor (§§ 34, 35, 69–76) und erstreckt die privatrechtliche Haftung (zB nach §§ 419, 2382) oder Duldung der Zwangsvollstreckung (zB nach §§ 1086, 1089) für Drittverbindlichkeiten auf Steuerschulden (§§ 77, 191 AO). Ferner sehen die §§ 48, 192 AO auch die Möglichkeit vor, sich zivilrechtlich für Abgabenschulden gegenüber dem Fiskus zu verbürgen. Hauptanwendungsfälle sind die Steuer- und Zollbürgschaft, insbes Sicherheitsleistung gem §§ 241, 244 AO; die typischen Anwendungsfälle der Sicherheitsleistung bei Zollsachen sind Zahlungsaufschub, Bewilligung eines offenen Zollagers und Abgabenstundung (vgl BGH NJW 1979, 159 f). Das Bürgschaftsverhältnis richtet sich nach dem BGB, die privatrechtliche Haftung tritt neben die abgabenrechtliche (RGZ 123, 229). Der Zahlungsanspruch gegen den Bürgen ist daher im Zivilrechtsweg geltend zu machen (BGH NJW 1979, 159), ebenso ein etwa entstehender Rückforderungsanspruch des Bürgen nach Zahlung (LG Gießen RIW 1983, 312). Ist die Zollbürgschaft für eine Abgabenforderung bestellt, deren Fälligkeit durch sog Zahlungsaufschub oder durch bewilligten Zollverkehr hinausgeschoben ist, so wird der Bürge nicht frei, wenn nach Fälligkeit noch kurzfristig Stundung gewährt wird, sondern haftet weiter (BGH NJW 1979, 159 f). Für Waren, die im gemeinsamen Versandverfahren befördert und verzollt werden, kann eine einheitliche Bürgschaft („Gesamtbürgschaft") bestellt werden; zur Berechnung der Höhe der Bürgschaftssumme BFH RIW 1989, 919.

Der zahlende Bürge erwirbt den Abgabenanspruch des Fiskus gem § 774 Abs 1 S 1 **80**
mit dem Konkursvorrecht des § 61 Abs 1 Nr 2 KO (das aber ein Jahr nach dem ersten
Fälligwerden der Abgabenschuld erlischt; RGZ 116, 368, 374 ff, weshalb Stundung eine
Aufgabe iS § 776 bedeutet; aA OLG Hamburg HansRGZ 1932, B 181). Der Anspruch verliert
nach hM mit Übergang seinen öffentlich-rechtlichen Charakter, weshalb die Zivilgerichte über Grund, Höhe und Vorrecht der übergegangenen Forderung zu entscheiden haben (RGZ 135, 25, 29; BGHZ 39, 319, 323; BGH NJW 1973, 1077 m abl Anm ANDRE 1495;
krit auch PALANDT/THOMAS § 774 Rn 6).

2. Amtsbürgschaft; Bürgschaft für Subventionsrückzahlung

Amtsbürgschaften (Dienstbürgschaft, Personalbürgschaft) werden für künftige **81**
Ansprüche des privaten oder öffentlichen Dienstherrn gegen bestimmte Bedienstete, zB Kassierer, gestellt; vgl Reichsgesetz über das Verfahren für die Erstattung
von Fehlbeträgen an öffentlichem Vermögen v 18. 4. 1937, RGBl I 461 = BGBl III
2030 – 10, S 100. Zur Verwirkung wegen Verletzung der Aufsichtspflicht des Dienstherrn vgl § 765 Rn 126.

Ist eine staatliche Subvention zur Wirtschaftsförderung später grundsätzlich oder
unter bestimmten Voraussetzungen (insbes bei Nichteinhaltung der Förderbedingungen) zurückzuzahlen, so wird dieser Rückzahlungsanspruch häufig ebenfalls
durch eine Bürgschaft seitens einer an der Subvention interessierten Person gefordert. Der Bürge wird dadurch nicht ohne weiteres in das öffentlichrechtliche
Subventionsverhältnis eingebunden. Der Bürgschaftsanspruch ist im Zivilrechtsweg,
nicht im Weg des Leistungsbescheids geltend zu machen (VGH München NJW 1988,
2690).

3. Staatsbürgschaft*

a) Zweck und Anwendungsbereiche
Der Staat (Bund, Länder, Gemeinden) gewährt Bürgschaften, Garantien (Rn 194 ff) **82**

---

* **Schrifttum:** CONRAD, Bürgschaften und Garantien als Mittel der Wirtschaftspolitik (1967) 109; EBERT, Leistungsverwaltung des Bundes durch Gewährung von Garantien und Bürgschaften, BB 1975, 753; FLESSA, Das Wesen der Staatsbürgschaft, NJW 1954, 538; ders, Schuldverhältnisse des Staates aufgrund Verwaltungsaktes, DVBl 1957, 81, 118; HABERSACK, Staatsbürgschaften und EG-vertragliches Beihilfeverbot, ZHR 159 (1995) 663 ff; HAMANN, Öffentliche Kredite und Bürgschaften, BB 1953, 865; HOPT/MESTMÄCKER, Die Rückforderung staatlicher Beihilfen nach europäischem und deutschem Recht, WM 1996, 753 u 801; HORN, Das Zivil- und Wirtschaftsrecht im neuen Bundesgebiet (2. Aufl 1993) § 10 Rn 47 ff; MAUNZ/DÜRIG/HERZOG, Art 115 GG (Stand 05/94); Allg zum Problem öffentlicher Subventionen IPSEN, Öffentliche Subventionierung Privater (1956); ders, Verwaltung durch Subventionen, VVDStRL 25 (1967) 257; NIELSEN, Garantien und Bürgschaften der Bundesrepublik, in Bankrecht und Bankpraxis II Rn 5/808 ff (Stand 1/93); RÜFNER, Formen öffentlicher Verwaltung im Bereich der Wirtschaft 194 ff; SCHERER/SCHÖDERMEIER, Staatliche Beihilfen und Kreditgewerbe, ZBB 1996, 165; SCHROEDER, Rechtsprobleme der Beihilfekontrolle durch die EU-Kommission, ZIP 1996, 2097; STEINDORFF, Nichtigkeitsrisiko bei Staatsbürgschaften, EuZW 1997, 7 ff; STROMBECK, Die Banken der Bürgen, Die Bank 1995, 80; WOLFF/BACHHOF, Verwaltungsrecht III [4. Aufl 1978] § 154; ZULEEG, Öffentlichrecht-

und Kreditversicherungen (Rn 439 ff), um im öffentlichen Interesse eine Kreditfinanzierung in Fällen zu ermöglichen, in denen ausreichende bankübliche Sicherheiten fehlen. Staatsbürgschaften sind (neben direkten Krediten und Refinanzierungen, Zinszuschüssen und Steuererleichterungen) ein wichtiges, relativ wenig Liquidität beanspruchendes Instrument staatlicher Wirtschaftspolitik (vgl zB 11. Subventionsbericht der Bundesregierung v 25. 11. 1987, BT-Drucks 11/1338). Nach Art 115 Abs 1 S 1 GG, § 39 Bundeshaushaltsordnung (v 19. 8. 1969, BGBl I 1284) darf die Übernahme von Bürgschaften, Garantien und sonstigen Gewährleistungen zu Lasten des Bundes, deren Wirkung über ein Rechnungsjahr hinausgeht, nur aufgrund eines Bundesgesetzes erfolgen, in dem die Höhe der zu sichernden Schuld bestimmt ist (MAUNZ/ DÜRIG Art 115 Rn 9). Ähnliches gilt nach den Landesverfassungen zB Art 82 S 2 BayVerf, Art 83 Verf NRW (Überblick MAUNZ/DÜRIG vor Rn 1).

In diesem Rahmen erlassene Bestimmungen der jährlichen Haushaltsgesetze (zB Haushaltsgesetz 1994 v 20. 12. 1993, BGBl I 2153) sowie eine Fülle von Sondergesetzen (EBERT 755) enthalten Ermächtigungen für eine Vielzahl wirtschaftspolitischer Zwecke (Überblick für den Bund bei CONRAD 109 ff; EBERT 754 ff; Einzelheiten in den Subventionsberichten der Bundesregierung aufgrund § 12 StabG): (a) im Rahmen des Außenwirtschaftsverkehrs (KÄSER RabelsZ 35 [1971] 605 mit Gesetzesnachweisen), vor allem zur Sicherung von Ausfuhrgeschäften deutscher Exporteure durch den Bund (dazu Vorbem 439 ff); ferner zur Förderung bestimmter Auslandsinvestitionen (Entwicklungshilfe); (b) zur Förderung der gewerblichen Wirtschaft und der freien Berufe; Förderung bestimmter Wirtschaftszweige wie Bergbau, Metallindustrie, Verkehrsgewerbe, Elektrizitätswirtschaft; zur Filmförderung vgl BGH WM 1961, 1143 und jetzt FilmförderungsG v 25. 1. 1993 (BGBl I 66; Förderung allerdings jetzt durch zinslose Kredite und Zuschüsse, nicht mehr durch Bürgschaften oder Garantien); zur Schiffsbauförderung vgl den Fall BGH WM 1976, 687 (instruktiv); zur Förderung mittelständischer Kreditgemeinschaften als Selbsthilfeeinrichtungen; (c) Wohnungsbauförderung, vgl 2. Wohnungsbau- und FamilienheimG v 14. 8. 1990 (BGBl I 1731, idF v 19. 8. 1994, BGBl I 2137); BürgschaftsVO v 30. 7. 1951, BGBl I 483 sowie entsprechende Regelungen der Länder, zB MinBl NRW 1961 Nr 140 S 1912; 1974 Nr 75 S 1021; § 8 G zur Förderung der Modernisierung von Wohnungen v 23. 8. 1976, BGBl I 2429; (d) sonstige öffentliche Aufgaben wie Verkehrsförderung, Förderung angewandter Forschung, Abdeckung von Haftpflichtrisiken aus der Anwendung des AtomG, Bevorratung von Lebensmitteln und Erdöl; (e) zu Lastenausgleich und Vertriebenenhilfe vgl STAUDINGER/BRÄNDL[10/11] Vorbem 30a.

83 Die staatliche Wirtschaftsförderung in den neuen Bundesländern im Zusammenhang mit der Wiedervereinigung Deutschlands wurde im großen Umfang aufgrund staatlicher Verbürgung durch privatwirtschaftliche Kreditausreichung seitens der Banken durchgeführt. Dies gilt einmal für die Liquiditätshilfe im Übergang zur Währungsunion im Sommer 1990, die durch Bürgschaften der Treuhandanstalt gesichert wurden. Ferner sind Investitionsförderprogramme nur zum Teil durch direkte Kreditgewährungen der öffentlichen Hand (zB aus Mitteln des ERP-Sondervermögens und insbesondere durch die Kreditanstalt für Wiederaufbau) durchgeführt worden; zu einem großen Teil wurden für langfristige Investitionskredite Bürgschaftspro-

liche Bürgschaften?, JuS 1985, 106. Das spezielle Schrifttum zur staatlichen Ausfuhrkreditversicherung ist bei Rn 439 nachgewiesen.

gramme der öffentlichen Hand entwickelt, so seitens der Deutschen Ausgleichsbank (DABA) und der Berliner Industriebank (BIB). Auch wurden private Kreditgarantiegemeinschaften (KGGs) als Selbsthilfeeinrichtungen der Wirtschaft gegründet, die ihrerseits Kredite im neuen Bundesgebiet bis zu 90% verbürgen; sie erhalten jedoch Rückbürgschaften der öffentlichen Hand in Höhe von 80% des Kreditvolumens (zum ganzen HORN, Zivil- und Wirtschaftsrecht [2. Aufl 1993] § 10 Rn 48 ff; s auch iF Rn 89).

b) Die zweistufige Gewährung der Bürgschaft

Zu unterscheiden ist die **staatliche Entscheidung** über die Bürgschaftsgewährung, die 84
öffentlichem Recht folgt und auf Gesetzmäßigkeit und Ermessensfehler gerichtlich überprüfbar ist (IPSEN AöR 78, 292 f; BACHOF DÖV 1953, 423; OVG Münster DÖV 1953, 703) und der anschließende privatrechtliche Vertrag mit der kreditausreichenden Bank in Ausführung dieser Entscheidung (vgl BGH WM 1961, 1143, 1145; WM 1962, 1393, 1396; BB 1973, 258; OVG Münster DVBl 1953, 578; BayVerfGH NJW 1961, 163; BVerwGE 1, 308; BVerwG MDR 1968, 522 u Anm MORISSE MDR 1970, 296). Ein öffentlichrechtlicher Anspruch des einzelnen Kreditsuchenden zur Übernahme der Bürgschaft besteht im allgemeinen nicht (so zB ausdrücklich die in Rn 82 zit BürgschaftsVO § 1 Abs 3); zur öffentlichrechtlichen Beziehung des Kreditsuchenden zum Staat vgl auch BGH WM 1961, 1143; BayVerfGH aaO.

Staatsbürgschaften zur Wirtschaftsförderung können Beihilfen iS Art 92 Abs 1 EGV 85
sein und damit dem EG-vertraglichen Beihilfeverbot unterfallen. Das privatrechtliche Bürgschaftsverhältnis zwischen Staat und Bank und das Darlehensverhältnis zwischen Bank und Kreditnehmer werden von diesem Verbot jedoch nicht direkt betroffen (HABERSACK ZHR 159 [1995] 663 ff).

Der privatrechtliche **Bürgschaftsvertrag** wird durch Fehler im Zustandekommen der 86
vorausgehenden staatlichen Entscheidung (zB Überschreitung der Ermächtigung, Fehlen einer Zustimmung) nicht berührt. Umgekehrt kann der Bürgschaftsvertrag gekündigt werden, ohne daß die öffentlich-rechtliche Bewilligung zurückgenommen ist (vgl BGH BB 1973, 258 betr Ölbohrdarlehen); ein wichtiger Grund zur Kündigung kann sich allerdings daraus ergeben, daß bei der Bewilligung unzutreffend deren Voraussetzungen angenommen wurden (BGH aaO). – Die privatrechtliche Ausgestaltung ist meist Ausfallbürgschaft oder Rückbürgschaft. Öffentliche Bürgschaften für Betriebsmittelkredite im Rahmen der Wirtschaftsförderung, die für bestimmte, verlängerbare Fristen gewährt werden, sind im Zweifel nicht Zeitbürgschaft iS § 777, sondern nur dem Sicherungsgegenstand nach beschränkt und zwar auf den Kreditumfang, der bei Fristende besteht (KG Berlin WM 1995, 1439). – Im übrigen sind starke Abweichungen vom Bürgschaftstyp des BGB üblich; schon die Terminologie weicht erheblich ab (so namentlich in der Exportkreditversicherung; zu dieser Rn 439 ff). Typisch ist die Selbstbeteiligung der begünstigten Gläubiger (zB Exporteure) am Risiko (EBERT BB 1975, 753, 756). Kreditgeber oder Dritte, die im Vertrauen auf die Staatsbürgschaft oft die Bonität eines Schuldners überschätzen, können für eigene Verluste idR nicht Schadensersatz wegen mangelnder Prüfung oder Überwachung durch den bürgenden Staat verlangen (BGH WM 1962, 1393, 1396). – Der Staat kann nicht Darlehensgläubiger und Bürge in einer Person sein; (VGH Stuttgart NJW 1956, 75); zur Durchführung werden meist staatseigene Institute mit eigener Rechtspersönlichkeit zwischengeschaltet (vgl HAMANN BB 1953, 866; FLESSA NJW 1954, 538). Zum

Genehmigungserfordernis bei Bürgschaften durch andere öffentliche Körperschaften, insbesondere Gemeinden, s § 765 Rn 72 ff.

Die Gewährung der Bürgschaften der öffentlichen Hand erfolgt oft aufgrund besonderer Richtlinien (zB **Bürgschaftsrichtlinien** des Landes NRW gem Runderlaß des FinMin v 31. 5. 1981). Die aufgrund dieser Richtlinien bestehenden **Allgemeinen Bestimmungen (AB)** für Landesbürgschaften sind, wenn sie in den Bürgschaftsvertrag einbezogen werden, als AGB Bestandteil dieses Vertrages und unterliegen der AGB-Kontrolle nach AGB-Gesetz (OLG Düsseldorf NJW-RR 1992, 1324). Übernimmt das Land gegenüber der kreditausreichenden Bank eine Ausfallbürgschaft, so verstößt nach Meinung des OLG Düsseldorf eine Klausel, daß alle der Bank bestellten Sicherheiten, insbes Grundschulden, im Umfang ihrer Nichtvalutierung den landesverbürgten Kredit mitsichern sollen, nicht gegen § 3 und § 9 AGBG (aaO). Dies setzt natürlich eine entsprechende Einwilligung der Grundstückseigentümer voraus (aaO S 1325; im Fall erfolgt durch Abtretung der künftigen Rückgewähransprüche der Grundeigentümer bezügl der Grundschulden).

c) Zulässigkeit nach EG-Beihilferecht

87 Staatsbürgschaften zur Wirtschaftsförderung von Unternehmen, die gegenüber den kreditgebenden Banken zu Gunsten dieser Unternehmen übernommen werden, können Beihilfen des iS des EG-Beihilferechts sein (vWALLENBERG, in: GRABITZ/HILF, Kommentar zur Europäischen Union, Stand 10/95, Art 92 EGV Rn 11; MÜLLER-GRAFF ZHR 152 [1988] 403, 419; SCHERER/SCHÖDERMEIER ZBB 1996, 167; HOPT/MESTMÄCKER WM 1996, 753, 754 ff). Sie sind nach Art 92 Abs 1 EGV mit dem Gemeinsamen Markt nicht vereinbar, wenn sie durch die Begünstigung bestimmter Unternehmen oder Produktionszweige den Wettbewerb verfälschen oder zu verfälschen drohen, soweit sie den Handel zwischen den Mitgliedstaaten beeinträchtigen. Art 92 Abs 2 und 3 zählen solche Beihilfen auf, die mit dem Gemeinsamen Markt vereinbar sind (Abs 2) oder als mit ihm vereinbar angesehen werden können (Abs 3). Nach Abs 2 sind zulässig Beihilfen (a) sozialer Art an einzelne Verbraucher, wenn sie ohne Diskriminierung nach Herkunft der Waren gewährt werden, (b) Beihilfen zur Beseitigung von Schäden, die durch Naturkatastrophen oder sonstige außergewöhnliche Ereignisse entstanden sind, und (c) Beihilfen für die Wirtschaft bestimmter durch die Teilung Deutschlands betroffener Gebiete der Bundesrepublik Deutschland, soweit sie zum Ausgleich der durch die Teilung verursachten wirtschaftlichen Nachteile erforderlich sind. Art 92 Abs 3 lit a u c ermöglichen die Zulassung bestimmter Regionalbeihilfen und sektorale Förderungen (lit c 1. Alt). Die Beihilfekontrolle obliegt grundsätzlich der EG-Kommission. Art 93 EGV regelt das Verfahren zur Durchsetzung des Beihilfeverbots. Im Verfahren der Beihilfekontrolle wird zwischen bestehenden Beihilfen einerseits (die schon bei Inkrafttreten des EGV 1958 bestanden oder später der Kommission notifiziert und von dieser nicht beanstandet wurden) und andererseits neu einzuführenden Beihilfen unterschieden. Die Mitgliedstaaten sind gem Art 93 Abs 3 S 1 EGV verpflichtet, die Kommission von jeder beabsichtigten Einführung oder Umgestaltung von Beihilfen rechtzeitig zu unterrichten und ihr Gelegenheit zu geben, sich dazu zu äußern. Die Kommission kann nach summarischer Prüfung mitteilen, daß sie keine Bedenken hat, oder zu dem (vorläufigen) Urteil kommen, die Beihilfe sei mit dem Gemeinsamen Markt unvereinbar und dann das Hauptprüfungsverfahren nach Art 93 Abs 2 EGV einleiten. Der Mitgliedstaat darf die Beihilfe nicht gewähren, bevor die Kommission eine abschließende Entscheidung getroffen hat

(Art 93 Abs 3 S 3 EGV; Einzelheiten bei SCHROEDER ZIP 1996, 2097 ff; SCHERER/SCHÖDERMEIER ZBB 1996, 165 ff). Die Kommission hat zB Bürgschaften des Landes Bremen gegenüber verschiedenen Banken zugunsten der HIBE-GmbH und letztlich der Bremer Vulkan AG (BV) zur Erleichterung des Verkaufs der Krupp Atlas Elektronik GmbH an die BV, die von der deutschen Regierung erst nachträglich als Beihilfe angemeldet worden ist, für unzulässig und unvereinbar mit dem Gemeinsamen Markt erklärt (Entscheidung 93/412/EWG v 6. 4. 1993, ABl L 185, S 43). Der EuGH hat diese Entscheidung mit Urteil v 24. 10. 1996 (verb Rs C-329/93, C-62/95 und C-63/95) für nichtig erklärt (EWS 1997, 21). – Die Rückforderung einer für unzulässig erklärten Beihilfe vollzieht sich nach dem Recht des Mitgliedstaats, das iS des Rückforderungsgebots nach Art 92, 93 EGV auszulegen und anzuwenden ist, im Valutaverhältnis zwischen dem Staat und dem subventionierten Unternehmen, indem der öffentlich-rechtliche Beihilfebescheid des Staats zurückzunehmen und die Kündigung des verbürgten Kredits zu veranlassen ist (Einzelheiten bei HOPT/MESTMÄCKER WM 1996, 753ff, 801ff).

d) Bürgschaften und Garantien **ausländischer Staaten** werden sowohl bei Verträgen über Auslandsinvestitionen (Entwicklungshilfe) wie auch zur Sicherung von Krediten und Anleihen ausländischer Schuldner gewährt (vgl allg HORN, Recht der internationalen Anleihen [1972] § 9 IV 2 b u § 2 III 1). Sie sind meist dem Recht des verpflichteten Staates unterstellt. Schuldverschreibungen ausländischer Emittenten waren nach früherer Auffassung des Bundesaufsichtsamtes für das Versicherungswesen idR nur dann für die Anlage des gebundenen Vermögens der Versicherer geeignet, wenn eine Garantie des betr Staates vorliegt (Rundschreiben R 2/75 [VerBAV 1975, 102] Nr 8.1, inzwischen aufgehoben und ersetzt durch Rundschreiben R 4/95 v 2. 10. 1995 [VerBAV 1995, 358]; vgl PRÖLSS/LIPOWSKY, VersicherungsaufsichtsG [11. Aufl 1997] § 54a Rn 1). Nach § 54 Abs 2 Nr 8 VAG in der seit 22. 7. 1994 geltenden Fassung sind Darlehen ua dann für die Anlage gebundenen Vermögens geeignet, wenn sie durch einen Mitgliedstaat der EU verbürgt sind (vgl PRÖLSS/LIPOWSKY § 54 a Rn 43). **88**

4. Bürgschaftsbanken*

Die Bürgschaftsbanken sind aus den 1954/55 gegründeten Kreditgarantiegemeinschaften hervorgegangen. Sie gewähren Ausfallbürgschaften als Kreditsicherheiten gegenüber Banken und Sparkassen, um die Kreditgewährung durch diese Banken und Sparkassen an mittelständische Unternehmer oder Freiberufler zu ermöglichen. Diese Bürgschaften (bis zu 80% der Kreditsumme) ersetzen also die sonst fehlenden Kreditsicherheiten. Die Bürgschaftsbanken werden meist in der Rechtsform der GmbH betrieben. Ihre Träger sind Kreditinstitute, Handwerkskammern, Industrie- und Handelskammern, Fachverbände und Innungen, die durch unverzinsliches Kapital die Grundlage der Bürgschaftsbanken schaffen. Die Bundesrepublik und die Bundesländer übernehmen einen Teil des Ausfallrisikos (65−80% oder auch weniger). Die Bürgschaftsbanken sind Kreditinstitute iS des KWG. Sie sind teils Selbst- **89**

---

* **Schrifttum**: BUCHHOLZ, Die Wirtschaftsverbände in der Wirtschaftsgesellschaft (1969) 178; FISCHER, Kreditgarantiegemeinschaft (Diss München 1959); FLESSA, Bürgschaften des Staates und Kreditgarantiegemeinschaften (1989); GIEBITZ, Kreditgarantiegemeinschaften (1987); HORN, Das Zivil- und Wirtschaftsrecht im neuen Bundesgebiet (2. Aufl 1993); LESSMANN, Die öffentlichen Aufgaben und Funktionen der privatrechtlichen Wirtschaftsverbände (1976) 110; STROMBECK, Die Banken der Bürgen, Die Bank 1995, 80.

hilfeeinrichtungen, teils Instrumente einer indirekten staatlichen Wirtschaftsförderung, deren große Bedeutung auch beim Aufbau im neuen Bundesgebiet hervortrat (Horn, Zivil- und Wirtschaftsrecht [2. Aufl 1993] § 10 Rn 54; Wingert ZKW 1990, 1114; Hoffmann ZKW 1993, 306).

VI. Sicherheitsleistung durch Bürgen; Prozeßbürgschaft

1. Sicherheitsleistung

90 Wer aus materiellrechtlichen Gründen Sicherheit zu leisten hat, darf nach § 232 Abs 2 nur hilfsweise einen tauglichen Bürgen (§ 239 Abs 1) stellen, wenn er nicht Sachsicherheiten (§ 232 Abs 1) leisten kann, und zwar als Selbstschuldbürgen (§ 239 Abs 2; vgl zB KG JW 1936, 1464: Zwangsvollstreckung auf Sicherheitsleistung durch Bürgschaft, § 887 ZPO; sowie RGZ 143, 301: Sicherheitsleistung zugunsten einzelner Gläubiger bei Abwicklung der AG gem § 301 Abs 3 HGB, jetzt § 272 Abs 3 AktG). Die Sicherheitsleistung durch Bürgen ist ferner möglich zB zur Sicherung eines Gebots in der **Zwangsversteigerung** (§ 69 Abs 4 ZVG). Der nach § 239 erforderliche Bonitätsnachweis für den Bürgen (Rn 94 ff) kann wirksam nur bis zum Schluß der Versteigerung erbracht werden (OLG Hamm WM 1987, 787). Der Bieter kann aber die Gewährung einer kurzen Frist zur Beibringung dieses Nachweises beantragen; darauf hat ihn der Rechtspfleger gem § 139 ZPO hinzuweisen (OLG Hamm aaO). Eine Sicherheitsleistung kommt ferner in Betracht zur Durchführung eines Vergleichs (Rn 178; s auch § 766 Rn 31 f). Der Anspruch des Unternehmers eines **Bauwerks** auf Sicherheitsleistung durch den Besteller gem § 648 a Abs 1 kann auch durch eine Bürgschaft erfüllt werden (vgl Abs 2 iVm § 232; Slapnica/Wiegelmann NJW 1993, 2903, 2905). Die Sicherheitsleistung durch Bürgen ist **ausgeschlossen** zur Abwendung des Zurückbehaltungsrechts (§ 273 Abs 3) und zur Zurückerlangung eines Pfandes wegen Besorgnis wesentlicher Wertminderung (§ 1218 Abs 1). Nach § **7 Abs 1 MaBV** (VO über die Pflichten der Makler, Darlehens- und Anlagevermittler, Bauträger und Baubetreuer idF Bek v 7. 11. 1990, BGBl I 2479 ff) haben Personen, die gewerbsmäßig den Abschluß bestimmter Verträge vermitteln oder die Gelegenheit zum Abschluß solcher Verträge nachweisen wollen (Gewerbetreibende iS § 34 c Abs 1 S 1 GewO) **Sicherheit** zu leisten; es handelt sich um Verträge über Grundstücke, grundstücksgleiche Rechte, gewerbliche Räume, Darlehen, den Erwerb von Anteilscheinen einer Investmentgesellschaft und ähnlichen Anlagen. Die gleiche Pflicht haben Bauträger und Baubetreuer. Die Pflicht zur Sicherheitsleistung wird regelmäßig durch Bankbürgschaft erfüllt (Assmann/Schütze, Handbuch des Kapitalanlagerechts [1990] § 20 Rn 166 ff, 169).

2. Prozeßbürgschaft*

a) Sicherungszweck

91 Prozessuale Sicherheiten (§ 108 ZPO) sind in zahlreichen Fällen für den Fortgang des Verfahrens oder die Erreichung prozessualer Vorteile erforderlich, insbesondere

---

* **Schrifttum**: Beuthien/Jöstingmeier, Bürgschaft einer Kreditgenossenschaft als Sicherheit iS § 108 ZPO, NJW 1994, 2070; Noack, Die Prozeßbürgschaft als Sicherheitsleistung und besondere Voraussetzung für die Zwangsvollstreckung, MDR 1972, 287; Pecher, Erlöschen einer Prozeßbürgschaft wegen Wegfalls der Veranlassung zur Sicherheitsleistung, WM 1986, 1513; Retemeyer, Sicherheitsleistung durch Bankbürgschaft (1995).

um die vorläufige Vollstreckbarkeit bestimmter Urteile zu erhalten (§ 709 ZPO) oder um die Vollstreckung abzuwenden (§ 711 ZPO). Die Sicherheit soll die Nachteile ausgleichen, die dem Verfahrensgegner entstanden sind, wenn der prozessuale Vorteil sich im weiteren Fortgang des Verfahrens als ungerechtfertigt herausstellt (BGH NJW 1978, 43; ZÖLLER/HERGET, ZPO [20. Aufl 1997] § 108 Rn 1). In allen Fällen der Bestellung einer prozessualen Sicherheit kann das Gericht gem § 108 Abs 1 ZPO nach freiem Ermessen auch die Stellung eines tauglichen Bürgen zulassen (BGH NJW 1978, 43; 1979, 417; 1994, 1351; BAUMBACH/LAUTERBACH/HARTMANN, ZPO [55. Aufl 1997] § 108 Rn 10 ff).

Der Umfang der Bürgenhaftung ergibt sich aus ihrem Sicherungszweck (RGZ 141, **92** 194, 196; BGH NJW 1975, 1119 f; 1978, 43; 1979, 417 f; OLG Köln NJW-RR 1989, 1396). In den Fällen der §§ 707, 719 ZPO wird nicht nur der Verzögerungsschaden abgesichert, sondern die in dem vorläufig für vollstreckbar erklärten Urteil zugesprochene Summe (OLG Köln WM 1987, 421). Die zur Abwendung der Zwangsvollstreckung geleistete Prozeßbürgschaft sichert außer der Hauptforderung nebst Zinsen und Prozeßkosten auch die Kosten der Zwangsvollstreckung, die der Schuldner gem § 788 Abs 1 ZPO zu tragen hat (BGH WM 1988, 1883, 1885). Eine in erster Instanz erteilte Prozeßbürgschaft sichert auch eine Forderung aus einem Prozeßvergleich, der in der zweiten Instanz geschlossen wurde (OLG Köln aaO). Die Prozeßbürgschaft zur Abwendung der Zwangsvollstreckung aus einem vorläufig vollstreckbaren Urteil, das ein Prozeßstandschafter über eine fremde Forderung erwirkt hat, wirkt zugunsten des Gläubigers der titulierten Forderung (BGH WM 1988, 1883 = NJW-RR 1989, 315; zust WISSMANN EWiR 1989, 205). Die Prozeßbürgschaft zur Abwendung der Zwangsvollstreckung aus einem Versäumnisurteil deckt auch den Fall, daß nach Einspruch gegen das Urteil der Konkurs über das Schuldnervermögen eröffnet und die Klageforderung zur Konkurstabelle festgestellt wird (OLG Koblenz EWiR 1991, 1137 m Anm W LÜKE). Zum Umfang einer Prozeßbürgschaft für eine Fremdwährungsschuld OLG Köln NJW-RR 1992, 237.

Die Bürgschaft zur Abwendung der Zwangsvollstreckung aus einem vorläufig voll- **93** streckbaren Urteil deckt die ganze Urteilssumme; wird aber nur die Zwangsvollstreckung in einen bestimmten Gegenstand aufgehoben oder eingestellt, so deckt sie nur den Schaden aus der Nichtausführung oder Verzögerung der betr Vollstreckungsmaßnahme (RGZ 141, 194 ff; vgl auch RGZ 37, 430; 25, 373, 376). Die zur Abwendung der Vollstreckung aus einem Räumungsurteil bestellte Bürgschaft bezieht sich auf alle Ansprüche wegen Vorenthaltung des Besitzes seit Anordnung der Vollstreckungsabwendungsbefugnis (BGH NJW 1967, 823). Ist im Verfahren der einstweiligen Verfügung wegen eines Herausgabeanspruchs die Sequestration gegen Stellung einer Prozeßbürgschaft aufgehoben, so sichert diese Bürgschaft gegen den aus der Aufhebung entstehenden Schaden auch dann, wenn ohne Beendigung des Verfügungsverfahrens ein Verfahren in der Hauptsache durchgeführt und ein Herausgabeurteil erstritten wird (BGH WarnJb 75 Nr 59 = NJW 1975, 1119). Wird zur Abwendung der vorläufigen Vollstreckung aus einem Wechselvorbehaltsurteil eine selbstschuldnerische Prozeßbürgschaft geleistet, so entfällt zwar mit der äußeren Rechtskraft dieses Urteils die Vollstreckungsabwendungsbefugnis und damit der Anlaß der Bürgenbestellung, aber der Gläubiger kann sich gleichwohl an den Bürgen halten; denn der

Sicherungszweck umfaßt nicht nur den Schutz gegen Nachteile der verspäteten Vollstreckung, sondern auch gegen Nichterfüllung (BGH NJW 1978, 43 = MDR 1978, 221).

b) Tauglicher Bürge

94 Das Gericht, das die Sicherheitsleistung anordnet, bestimmt auch die Art der Sicherheit (BGH NJW 1966, 1029; BAUMBACH/LAUTERBACH/HARTMANN § 108 Rn 6; str). Es hat, wenn es eine Prozeßbürgschaft anordnet, einen tauglichen Bürgen zu verlangen (BayObLG 88, 256). Der Bürge muß daher ein angemessenes Vermögen besitzen (OLG Nürnberg RPfl 1959, 65).

95 In der Praxis werden Banken, seltener auch Versicherungen als Prozeßbürgen vorgeschrieben und bestellt. Üblich ist das gerichtliche Erfordernis der Bürgschaft durch eine „Großbank" (zB BGH NJW 1994, 1351) oder „öffentliche Sparkasse" (ZÖLLER/HERGET, ZPO [20. Aufl 1997] § 108 Rn 8). Der Bürge braucht vom Gericht nicht namentlich vorgeschrieben zu sein; das Erfordernis „Bürgschaft einer Großbank (oder öffentliche Sparkasse)" reicht aus (MünchKomm/BELZ, ZPO § 108 Rn 37; BAUMBACH/LAUTERBACH/HARTMANN § 108 Rn 7; aA OLG Frankfurt OLGZ 1966, 304). Das Gericht kann auch eine kleinere Volks- oder Raiffeisenbank zulassen, deren Vermögen ausreichend erscheint (BEUTHIEN/JÖSTINGMEIER NJW 1994, 2070 f; MünchKomm/BELZ, ZPO § 108 Rn 36). Ist eine „deutsche Großbank" vorgeschrieben, ist eine Volks- oder Raiffeisenbank freilich nicht gemeint (OLG Düsseldorf WM 1982, 703). Ein Gericht handelt auch nicht ermessensfehlerhaft, wenn es eine kleinere Bank als Bürgin nicht zuläßt, weil es deren Vermögenslage nicht übersieht (OLG Köln WM 1982, 994).

96 Ob **ausländische Bürgen** (Banken, Versicherungen) tauglich sind oder ob der Bürge seinen allgemeinen **Gerichtsstand** im Inland haben muß, wie es § 239 Abs 1 vorschreibt, ist umstritten. Vereinzelt wird die direkte Anwendbarkeit des § 239 Abs 1 auf die Prozeßbürgschaft angenommen (FUCHS RIW 1996, 280, 283), während die üM in unterschiedlichen Abstufungen eine analoge Anwendung oder die Berücksichtigung des Rechtsgedankens des § 239 Abs 1 befürwortet (OLG Koblenz EWS 1995, 280, 282 = NJW 1995, 2859; STEIN/JONAS/BORK, ZPO [21. Aufl 1994] § 108 Rn 19a; BAUMBACH/LAUTERBACH/ HARTMANN, ZPO [55. Aufl 1997] § 108 Rn 10; ZÖLLER/HERGET, ZPO [20. Aufl 1997] § 108 Rn 7; WIECZOREK/SCHÜTZE/STEINER, ZPO [3. Aufl 1994] § 108 Rn 13; GRAF LAMBSDORFF/SKORA, Handbuch des Bürgschaftsrechts [1994] Rn 415; offengelassen BayObLGZ 1988, 248, 256). Nach anderer Ansicht ist das Gericht in keiner Weise an die §§ 232–240 gebunden (OLG Hamburg NJW 1995, 2859 = EWS 1995, 280 m Anm TOTH; dazu auch MANKOWSKI EWiR 1995, 1035). Gegen eine direkte Anwendbarkeit spricht das Fehlen einer gesetzlichen Verweisung in der ZPO und das in § 108 ZPO eingeräumte richterliche Ermessen. Vielmehr muß das Gericht nur den allgemeinen Schutzgedanken des § 239 Abs 1 ohne starre Bindung berücksichtigen, andererseits aber auch auf die stärkere internationale rechtliche und wirtschaftliche Verflechtung achten.

97 Das Recht des EG-Vertrages trägt aber nur sehr mittelbar zur Lösung bei. Das Avalgeschäft der Banken und Versicherungen stellt eine mit dem Kapitalverkehr verbundene Dienstleistung dar (aA FUCHS RIW 1996, 280, 284: nur Dienstleistung) und unterliegt daher dem strikten Gebot der Freizügigkeit nach Art 61 Abs 2, Art 73b EG-Vertrag (idF von Maastricht I). Daraus kann aber schon deshalb kein Verdikt des § 239 Abs 1 als gemeinschaftswidrig folgen (so aber EHRICKE EWS 1994, 259, 262; zust MANKOWSKI EWiR 1995, 1035), weil § 239 Abs 1 auf die Prozeßbürgschaft nicht strikt, sondern nur seinem

allgemeinen Schutzgedanken nach anzuwenden ist. Hinzu kommt, daß die Mitgliedstaaten der EU bei der Umsetzung von Gemeinschaftsrecht (hier: der 2. Bankrechtskoordinierungs-Richtlinie; zu dieser HORN ZBB 1989, 107, 110 ff; 1994, 130) gesetzliche Regelungen im Allgemeininteresse aufrechterhalten können (EuGH [Vander Elst] EuZW 1994, 600, 601; vgl auch OLG Koblenz EWS 1995, 282). Aus dem EG-Recht folgt nur der allgemeine Gesichtspunkt, möglichst bei der Prozeßbürgschaft nicht generell Banken aus anderen Mitgliedsländern der Gemeinschaft auszuschließen; der gleiche Gedanke ist aber auch auf Banken außerhalb der Gemeinschaft anzuwenden (iErg auch MANKOWSKI EWiR 1995, 1035; FUCHS RIW 1996, 280, 289).

Der Schutz des Sicherungsnehmers erfordert dabei entgegen § 239 Abs 1 nicht unbedingt, daß der allgemeine Gerichtsstand des Bürgen im Inland liegt. Der Schutzgedanke des § 239 Abs 1 gebietet aber gerichtliche Durchsetzbarkeit im Inland und ungehinderte Vollstreckung im Inland oder Ausland. Dies bedeutet zunächst, daß für die Bürgschaft des ausländischen Bürgen deutsches Recht und die internationale Zuständigkeit eines deutschen Gerichts wirksam zu vereinbaren ist und ein inländischer Zustellungsbevollmächtigter vorhanden sein muß (OLG Hamburg NJW 1995, 2859 = EWS 1995, 280; zust MANKOWSKI EWiR 1995, 1035 f). Zweitens muß die Vollstreckung entweder im Inland (in inländisches Vermögen) möglich sein oder die Vollstreckung im Ausland muß dadurch erleichtert sein, daß der Bürge (Bank) seinen Sitz in einem Vertragsstaat des EuGVÜ (v 27. 9. 1968 idF v 26. 5. 1989, BGBl 1994 II 518, 3707; OLG Düsseldorf ZIP 1995, 1667 = WM 1995, 1993) oder des Luganer Übereinkommens über die gerichtliche Zuständigkeit und die Vollstreckung (v 16. 9. 1988, BGBl 1994 II 2658, 3772; 1995 II 221; OLG Hamburg NJW 1995, 2859 = EWS 1995, 280 m Anm TOTH; zust MANKOWSKI EWiR 1995, 1035) hat. Eine Bank mit Sitz in einem EU-Staat, der aber nicht Vertragsstaat des EuGVÜ oder des Luganer Abkommens ist, kann mangels Vollstreckbarkeit im Inland nicht tauglicher Bürge sein (OLG Koblenz RIW 1995, 775 = EWS 1995, 282 betr österreichische Bank; vgl zum Ganzen mit ähnlichem Ergebnis auch FUCHS RIW 1996, 280 ff).

c) Form
Die materiellrechtlichen Formerfordernisse (§ 766 BGB, § 350 HGB) sind von den prozessualen Erfordernissen zu unterscheiden. Aus dem Prozeßrecht ergeben sich grundsätzlich keine zusätzlichen materiellen Formerfordernisse (STEIN/JONAS/BORK, ZPO [21. Aufl 1993] § 108 Rn 25; WIECZOREK/SCHÜTZE/STEINER, ZPO [3. Aufl 1994] § 108 Rn 17; BGH NJW 1967, 823; OLG Koblenz ZIP 1993, 297). Die Gegenmeinung will aus § 751 Abs 2 ZPO weitergehende Formerfordernisse zum Schutz des Prozeßgegners ableiten (WÜLLERSTORF NJW 1966, 1521; dagegen zutr WIECZOREK/SCHÜTZE/STEINER § 108 Rn 17; OLG Hamm MDR 1975, 764; OLG Frankfurt/M NJW 1966, 1521). Die materiellen Formerfordernisse sind aber unabhängig von den prozeßrechtlichen Wirkungen zu bestimmen. Daher ist zur materiellen Wirksamkeit der Prozeßbürgschaft einer Bank (Kaufmann gem § 1 Abs 2 Nr 4 HGB) gem §§ 350, 343 HGB die Schriftform des § 766 BGB nicht erforderlich (BGH NJW 1967, 823 = BB 1967, 264 Anm WITTMANN; MünchKomm/PECHER [2. Aufl 1986] § 765 Rn 55; aA OLG Hamm MDR 1975, 764).

Wegen des prozessualen Erfordernisses des Nachweises der Sicherheitsleistung (Rn 40) ist jedoch aus praktischen Gründen Schriftlichkeit des Nachweises der Bürgschaft zu fordern (OLG Hamm aaO; vgl auch OLG Frankfurt aaO). Dieser Nachweis braucht aber nicht zugleich § 766 zu entsprechen (BGH aaO). – Umgekehrt wird die

Beachtung der Form des § 766, soweit nicht nach § 350 HGB ausgeschlossen, nicht durch die Verfahrensvorschriften der ZPO ersetzt (mißverständlich insoweit OLG Frankfurt MDR 1978, 490), soweit nicht ausdrücklich vorgesehen. So genügt beim gerichtlichen Vergleich Aufnahme der Bürgschaftserklärung in das Protokoll; §§ 126 Abs 3, 127 a. Zum Protokoll der Bürgschaft für einen Zwangsvergleich unten Vorbem 178; zur Verbürgung für ein Gebot in der Zwangsversteigerung u allg zur gerichtlichen und notariellen Form der Bürgschaft § 766 Rn 16.

d) Abschluß

101 Für den Abschluß des Prozeßbürgschaftsvertrages gelten die allgemeinen Vorschriften des materiellen Vertragsrechts (WITTMANN BB 1967, 265; OLG Düsseldorf WM 1969, 798). Der erforderliche Zugang der Willenserklärung kann durch eine vom Gerichtsvollzieher bewirkte Zustellung gem § 132 Abs 1 ersetzt werden (KG JW 1927, 1322; BGH NJW 1967, 823). Die Zustellung der Bürgschaftsurkunde an den Anwalt des Prozeßgegners als Bürgschaftsgläubiger statt dessen ist materiell ausreichend (STEIN/JONAS/BORK, ZPO [21. Aufl 1993] § 108 Rn 26; OLG Hamm MDR 1975, 764; OLG Frankfurt MDR 1978, 490). Bei der formfreien Bankbürgschaft genügt es, wenn der Schuldner (dh der zur Stellung einer Sicherheit Verpflichtete) die Erklärung des Bürgen als Bote oder Bevollmächtigter formlos an den Prozeßgegner als den Bürgschaftsgläubiger weiterleitet (zB durch Übermittlung einer einfachen Abschrift; MORMANN WM 1968, 667; vgl auch BGH aaO). Auch ein Abschluß als Vertrag zugunsten des Gläubigers gem § 328 ist möglich (§ 765 Rn 15; dahingestellt in OLG Düsseldorf WM 1969, 799), wenngleich wenig praxisnah und als Sicherheit nur tauglich, wenn Einwendungen iS § 334 so weit wie möglich ausgeschlossen sind (§ 333 dagegen ist unschädlich; s Rn 102). Die Annahme der Bürgschaftserklärung durch den Prozeßgegner als Gläubiger braucht gem § 151 S 1 nicht ausdrücklich erklärt zu werden (BGH aaO).

102 Durch Nichtannahme der Bürgschaftserklärung kann der Prozeßgegner die prozessualen Wirkungen der Sicherheitsleistung nicht verhindern (BGH NJW 1967, 823; MünchKomm/PECHER § 765 Rn 55), weil das Sicherungsbedürfnis des Prozeßgegners bereits durch das (zugegangene und damit) bindende Bürgschaftsangebot befriedigt ist. Die Konstruktion eines Zwangsvertrags (BAUMBACH/LAUTERBACH/HARTMANN § 108 Rn 13 m Nachw) oder die Fiktion der Ersetzung der Vertragsannahme durch die gerichtliche Zulassung der Sicherheitsleistung (STEIN/JONAS/BORK § 108 Rn 27) ist entbehrlich und nicht begründet (zutr auch WITTMANN 266 f; OLG Düsseldorf WM 1969, 798 f). Auch ein Vertrag zugunsten Dritter brächte wegen § 333 keine Lösung. Der nicht annehmende Prozeßgegner erwirbt daher nicht den Bürgschaftsanspruch, kann aber aus seiner Nichtannahme keine prozessualen Vorteile ziehen (WITTMANN aaO).

e) Inhalt

103 Das Gericht kann nach § 108 ZPO bestimmte Erfordernisse für den Inhalt der Bürgschaft oder für die Person des Bürgen (Rn 94 ff) aufstellen. Die Bürgschaft muß als selbstschuldnerische Bürgschaft angeordnet und übernommen werden; arg § 239 Abs 2 (BAUMBACH/LAUTERBACH/HARTMANN § 108 Rn 10; MünchKomm/PECHER § 765 Rn 55). Eine bloße Ausfallbürgschaft oder eine sonst **bedingte** oder befristete Bürgschaft ist ungeeignet (OLG Hamm MDR 1995, 412; OLG Nürnberg MDR 1986, 241 f; OLG Bamberg NJW 1975, 1664; BAUMBACH/LAUTERBACH/HARTMANN § 108 Rn 11). Ist in der Bürgschaftserklärung vorgesehen, daß die Bürgschaft mit Rückgabe der Bürgschaftsurkunde erlöschen soll, liegt darin aber keine unzulässige Bedingung (LG Wuppertal WM 1986, 1274;

zust PECHER WuB VII §§ 108, 109 ZPO 2.86). Denn die Rückgabe hängt nur vom Willen des Sicherungsnehmers ab, und seine Sicherungsinteressen werden durch die Klausel nicht beeinträchtigt. Bei einer solchen Bürgschaft kann freilich die Sicherheitsleistung iS § 108 ZPO wirksam nur durch Aushändigung der Urschrift geleistet werden; die Zustellung einer beglaubigten Abschrift genügt hier nicht (OLG München MDR 1979, 1029). Zulässig ist auch die Klausel, daß die Bürgschaft erlöschen soll, wenn die Veranlassung für die Bürgschaft wegfällt (OLG Nürnberg WM 1986, 214). Die Bürgschaft kann auch die Bestimmung enthalten, daß sich der Bürge durch Hinterlegung befreien kann (BGH WM 1985, 475). Die Klausel schließt eine Klage des Sicherungsnehmers gegen die Bürgin (Bank) auf Zustimmung zur Auszahlung der hinterlegten Summe nicht aus (BGH aaO). Sieht die Bankbürgschaft nach ihrem Inhalt keine Hinterlegung vor, so soll sich der Bürge nicht durch Hinterlegung befreien können (LG Bielefeld ZIP 1982, 678); zweifelhaft, sofern das Sicherungsinteresse des Prozeßgegners dadurch nicht beeinträchtigt wird.

Der Prozeßbürge erkennt durch die Bürgschaftsübernahme den Ausgang des anhängigen Rechtsstreits, in dem er sich verbürgt hat, als für sich verbindlich an (BGH NJW 1975, 1119; WIECZOREK/SCHÜTZE/STEINER § 108 Rn 21). Der Umfang der Haftung des Prozeßbürgen richtet sich nach dem Zweck der Sicherheitsleistung und kann im einzelnen der gerichtlichen Anordnung entnommen werden, wenn die Bürgschaft dieser entspricht (RGZ 141, 194, 196; BGH NJW 1967, 823; zum Zweck und Umfang der Sicherung Einzelheiten Rn 91 ff). **104**

f) Prozessuale Wirkung

Die prozessuale Wirkung der Sicherheitsleistung hängt von den verfahrensrechtlichen Voraussetzungen ab, namentlich vom Nachweis durch öffentliche Urkunde über die Sicherheitsleistung (§§ 751 Abs 2, 775 Nr 3 ZPO). Dieser Nachweis kann sich nach dem (oben Rn 99, 102) Gesagten nur auf die Verpflichtungserklärung des Bürgen beziehen; auf die Annahmeerklärung durch den Prozeßgegner kommt es nicht an. Der Nachweis wird regelmäßig dadurch erbracht, daß dem Vollstreckungsorgan die Urkunde über die Zustellung der Bürgschaftserklärung (dh regelmäßig der Bürgschaftsurkunde iS 766, bei formlos gültiger Bürgschaft des sonstigen schriftlichen Nachweises) gem § 132 Abs 1 vorgelegt wird (BGH NJW 1967, 824 [für § 775 Nr 3 ZPO]; OLG Düsseldorf MDR 1978, 489 [für § 751 Abs 2 ZPO]); eine zusätzliche Zustellung dieses Nachweises an den Prozeßbevollmächtigten ist nicht erforderlich (OLG Düsseldorf aaO; OLG Frankfurt/M NJW 1966, 1521; str). Die Zustellung gem § 132 Abs 1 ist prozessual nicht der einzige Weg, die Sicherheit zu leisten. Möglich ist die Zustellung der Bürgschaftsurkunde von Anwalt zu Anwalt, wobei das Empfangsbekenntnis gem § 198 ZPO den erforderlichen Nachweis liefert (OLG Frankfurt/M MDR 1978, 490; MünchKomm/BELZ, ZPO § 108 Rn 34; WIECZOREK/SCHÜTZE/STEINER, ZPO § 108 Rn 20). Nach aA werden an den prozessualen Nachweis der Sicherheitsleistung weitere Anforderungen gestellt (Rn 99 f). Statt der Zustellung des Bürgschaftsversprechens an den Sicherheitsberechtigten kann die Sicherheit wirksam auch durch Hinterlegung der Bürgschaftsurkunde bei der Hinterlegungsstelle des Amtsgerichts geleistet werden, sofern das zuständige Gericht dies angeordnet hat (OLG Hamburg WM 1982, 915). **105**

Voraussetzung für einen Anspruch auf Zahlung aus der Prozeßbürgschaft ist regelmäßig die Rechtskraft des Urteils, dessen Vollstreckung durch die Bürgschaftsstellung vorläufig abgewendet werden sollte (LG München WM 1993, 751). Ist aber die **106**

Zwangsvollstreckung eines mit Berufung angefochtenen LG-Urteils durch das OLG gem §§ 719, 707 ZPO gegen Sicherheitsleistung in Form einer Prozeßbürgschaft einstweilig eingestellt worden, das dann die Berufung zurückweist, so braucht der Vollstreckungsgläubiger nicht die Rechtskraft des Berufungsurteils des OLG abzuwarten; vielmehr ist die Bürgschaftsforderung bereits mit Erlaß des OLG-Urteils fällig (OLG München WM 1994, 1899; zust HERGET EWiR 1994, 39). Denn das Vollstreckungsverbot entfällt bereits mit dem Erlaß des Berufungsurteils (HERGET aaO). Hat der Vollstreckungsschuldner die Einstellung der Zwangsvollstreckung gegen Sicherheitsleistung durch Bankbürgschaft im Zusammenhang mit einer Vollstreckungsgegenklage erreicht, ist seine Klage dann aber durch Versäumnisurteil abgewiesen worden, so kann der Gläubiger aus der Prozeßbürgschaft vorgehen. Anders, wenn rechtzeitig Einspruch eingelegt wird; denn dann lebt der Beschluß über die vorläufige Einstellung der Zwangsvollstreckung wieder auf (OLG Hamm NJW-RR 1986, 1508). Eine zur Abwendung der Zwangsvollstreckung aus einem Versäumnisurteil übernommene Prozeßbürgschaft sichert auch die Vollstreckung der gleichen Forderung, wenn nach dem Versäumnisurteil der Konkurs über das Vermögen des Vollstreckungsschuldners eröffnet und die Forderung zur Konkurstabelle festgestellt worden ist (OLG Koblenz NJW-RR 1992, 107). Eine in erster Instanz erteilte Prozeßbürgschaft deckt auch die Vollstreckung einer Forderung aus einem Prozeßvergleich, der erst in der zweiten Instanz geschlossen worden ist (OLG Köln WM 1987, 421; zust Anm D'ORVILLE WuB VII A § 108 ZPO 1.87).

g) Erlöschen

107 Die Prozeßbürgschaft erlischt materiellrechtlich gem §§ 767, 768 mit dem Erlöschen des gesicherten Anspruchs. Ist in der Bürgschaftserklärung vorgesehen, daß die Prozeßbürgschaft mit Rückgabe der Bürgschaftsurkunde erlöschen soll (zur Zulässigkeit dieser auflösenden Bedingung oben Rn 103), so führt die Rückgabe zum Erlöschen der Bürgschaft. Die Prozeßbürgschaft erlischt nach materiellem Recht ferner generell mit dem Wegfall des prozessualen Sicherungszwecks. § 109 Abs 2 S 1 ZPO sieht vor, daß in diesem Fall das Gericht auf Antrag das Erlöschen der Prozeßbürgschaft anordnet. Das Verfahren nach § 109 ZPO ist jedoch nicht der einzige Weg zur Beendigung der Prozeßbürgschaft. Ist diese wegen Wegfalls des Sicherungszwecks nach materiellem Recht erloschen, so kann dies auch auf anderem prozessualen Weg geltend gemacht werden (OLG Nürnberg WM 1986, 214; zust PECHER WuB VII A §§ 108, 109 ZPO 1.86). Ein solcher Wegfall liegt auch vor, wenn das Gericht den **Austausch** einer Prozeßbürgschaft gegen eine andere (insbes zum Zweck der Auswechslung des Bürgen) gem § 108 ZPO auf Antrag anordnet und diese neue Prozeßbürgschaft tatsächlich gestellt worden ist (OLG Nürnberg aaO). Ein solcher Austausch kann gem § 108 ZPO beantragt werden (BGH WM 1994, 623; OLG Düsseldorf OLGZ 94, 439). Dieses Ziel kann aber auch im Weg der Klage verfolgt werden; das Rechtsschutzbedürfnis für die Klage ist gegeben, wenn am Erfolg des alternativen Verfahrens nach § 108 ZPO erhebliche Zweifel bestehen (BGH aaO; OLG Düsseldorf aaO). Ein teilweises Erlöschen der Prozeßbürgschaft ist gem § 109 Abs 2 ZPO auf Antrag anzuordnen, wenn der Bürgschaftsbetrag erheblich über den zu sichernden geltend gemachten Anspruch hinausgeht (OLG Düsseldorf ZIP 1982, 115); diese Anordnung hat freilich nur deklaratorische Bedeutung.

h) Kosten

108 Die Kosten einer Bankbürgschaft (Avalkosten), die der später obsiegende Gläubiger beibrachte, um die Zwangsvollstreckung schon aus dem nicht rechtskräftigen Urteil zu ermöglichen, sind als Verfahrenskosten iwS vom unterlegenen Prozeßgegner zu tragen (BGH LM Nr 4 zu § 100 ZPO gegen RGZ 145, 296; vgl auch OLG Celle NJW 1965, 2261 = BB 1965, 1124; OLG Frankfurt MDR 1978, 233). Soweit die Kosten zur Zwangsvollstreckung nötig waren, sind sie in voller Höhe zu erstatten, auch wenn der Beklagte die Kosten des Rechtsstreits nur zum Teil zu tragen hat (OLG Frankfurt aaO). Die Kosten einer Bankbürgschaft zum Zwecke der Zwangsvollstreckung sind auch nach Rechtskraft des Vollstreckungstitels erstattungsfähig, sofern sie notwendig waren (KG Berlin WM 1985, 878). Die Avalprovision für eine Bankbürgschaft zur Vollstreckung aus einem vorläufig vollstreckbaren Urteil ist nach OLG Karlsruhe solange notwendige Aufwendung für die Zwangsvollstreckung, bis die Bürgschaft an die Bank zurückgegeben werden kann (NJW-RR 1987, 128). Letzteres kann freilich nicht gelten, wenn auch ohne die Rückgabe der Urkunde das Erlöschen der Prozeßbürgschaft feststeht, insbesondere aufgrund einer Anordnung des Gerichts gem § 109 Abs 2 ZPO oder einer Erklärung des Bürgschaftsgläubigers. Die Kosten der Einschaltung eines Anwalts bei der Beschaffung der Bürgschaft sind nach KG MDR 1976, 767 nur bei besonderen Umständen erstattungsfähig; dies wird wohl der Praxis nicht gerecht. Die Kosten der Bürgschaft sind nicht erstattungsfähig für den Zeitraum, bevor es dem Kläger gestattet war, gegen Sicherheitsleistung die Vollstreckung zu betreiben (OLG Frankfurt MDR 1978, 490). Der Beklagte, der eine Bürgschaft zur Abwendung der Zwangsvollstreckung aus einem vorläufig vollstreckbaren Urteil stellt, kann bei späterer Klagabweisung Erstattung der Bürgschaftskosten verlangen und zwar nur aus materiellrechtlichem Erstattungsanspruch nach § 717 Abs 2 ZPO (KG NJW 1968, 256; OLG Hamm MDR 1971, 672; MDR 1978, 234), nach aA daneben auch im Kostenfestsetzungsverfahren nach § 103 ZPO (OLG Frankfurt NJW 1961, 1729; OLG Hamburg MDR 1967, 682).

3. Verfahren vor dem EuGH

Die Klage vor dem EuGH auf Aufhebung eines Bußgeldbescheides der Kommission gem Art 33 Abs 2, Art 36 EGKS-Vertrag hat gem Art 39 EGKS-Vertrag keine aufschiebende Wirkung. Der Gerichtshof kann jedoch die Vollstreckung der angegriffenen Maßnahme aussetzen, zB gegen Stellung einer Bankbürgschaft gegenüber der Kommission (EuGH RIW 1987, 157).

VII. Bürgschaftsgleiche Haftung kraft Gesetzes

Wie ein Bürge, der auf die Einrede der Vorausklage verzichtet hat, haften: Nach § 571 Abs 2 S 1 der bisherige Vermieter dem Mieter bei Veräußerung des Mietgrundstücks; nach § 1251 Abs 2 S 2 der bisherige Pfandgläubiger dem Verpfänder, wenn er die pfandgesicherte Forderung an einen Dritten übertragen hat; nach § 36 Abs 2 S 2 VerlagsG (v 19. 6. 1901 RGBl 217; BGBl III 441–1) die Konkursmasse dem Verfasser bei Übertragung der Verlegerrechte durch den Konkursverwalter an einen Dritten. Gemeinsamer Grundgedanke ist, daß auf den Erwerber Pflichten übergehen, für deren Erfüllung der Veräußerer haften soll. Entsprechend anzuwenden sind vor allem die §§ 768, 770 Abs 2, 774, 776.

VIII. Bürgschaft und Gesellschaftsrecht

1. Bürgenstellung und Gesellschafterstellung

111 Die Haftung des Gesellschafters einer Personenhandelsgesellschaft für die Schulden der Gesellschaft nach §§ 128, 161 HGB ähnelt der Haftung des Bürgen für die Hauptschuld. Früher herrschte die Auffassung vor, die Gesellschafterhaftung sei als originäre Eigenhaftung zu deuten, wobei der Gesellschafter lediglich mit zwei verschiedenen Vermögensmassen haftet (dh mit dem Gesamthandsvermögen der Gesellschaft einerseits und seinem Privatvermögen andererseits; dazu zB RGZ 5, 51, 53 ff; RG JW 1916, 1409, 1410; BGHZ 1, 35, 37; 34, 293, 297). Damit wird zwar zutreffend die doppelte Haftungsgrundlage, nicht aber das Verhältnis der beiden Haftungen zureichend beschrieben. Gleiches gilt für die entgegengesetzte Auffassung, daß zwischen Gesellschaftsschuld und Gesellschafterschuld ein echtes Gesamtschuldverhältnis iS §§ 421 ff BGB bestehe. Die heute vorherrschende Auffassung kennzeichnet das Verhältnis der beiden Haftungen dahin, daß es sich um eine **bürgenähnliche** Haftung des Gesellschafters handelt, die sich inhaltlich eng an die Haftung der Gesellschaft anschließt, wie auch die Regelung des § 129 Abs 1 HGB zeigt (BGHZ 47, 376, 378 f; 73, 217, 224 f; 74, 240, 242; K Schmidt, Gesellschaftsrecht [3. Aufl 1997] § 49 II 3; Heymann/Emmerich, HGB Bd 2 [2. Aufl 1995] § 128 Rn 5 mwN).

112 **Verbürgt sich der Gesellschafter** einer OHG oder der Komplementär einer KG für eine Verbindlichkeit seiner Gesellschaft, so tritt der besondere Verpflichtungsgrund der Bürgschaft neben die Gesellschafterhaftung. Zwischen beiden Ansprüchen besteht Anspruchskonkurrenz in dem Sinne, daß die Erfüllung des einen Anspruchs zugleich den anderen zum Erlöschen bringt. Bei Insolvenz besteht freilich ein wichtiger Unterschied: im Zwangsvergleich wird die persönliche Haftung des Komplementärs im Umfang begrenzt (§ 211 Abs 2 KO; § 109 Abs 1 Nr 3 VglO), nicht dagegen die Bürgenverpflichtung (§ 193 S 2 KO). Gleiches gilt nach § 254 Abs 2 S 1 InsO.

113 **Tritt der Bürge**, der sich zuvor unbefristet für die Schulden einer OHG verbürgt hat, **als Gesellschafter** in die OHG **ein**, so ist dieser Eintritt für ihn ein wichtiger Grund, die bestehende Bürgschaft für die Zukunft durch Kündigung zu beenden. Ein automatischer Wegfall der Bürgschaft wegen Wegfalls der Geschäftsgrundlage, Unmöglichkeit oder Zweckerreichung ist jedoch nicht anzunehmen (BGH NJW 1986, 2308 = ZIP 1986, 1240 = WM 1986, 850; dazu Schwark EWiR 1986, 983), falls nicht besondere Umstände hinzutreten. Denn die Haftungsverhältnisse im Fall des Zwangsvergleichs sind unterschiedlich: die Haftung des Personengesellschafters wird gem § 211 Abs 2 KO im Umfang begrenzt, die Bürgenverpflichtung nicht (§ 193 S 2 KO). Gleiches gilt nach §§ 105 Abs 1 Nr 3, 82 Abs 2 S 1 VglO (s auch Rn 177). Daher hat der Gläubiger ein berechtigtes Interesse am Fortbestand der Bürgenhaftung bzw an der Klarstellung ihrer Beendigung durch eine Kündigung aus wichtigem Grund.

114 Verbürgt sich ein Gesellschafter für eine Schuld der Gesellschaft, so ist regelmäßig die Form des § 766 zu beachten, sofern der Gesellschafter nicht aus einem anderen Grunde die Kaufmannseigenschaft besitzt und daher § 350 HGB eingreift. Die Kaufmannseigenschaft wird noch nicht durch die Zugehörigkeit zu einer Personenhandelsgesellschaft oder Kapitalgesellschaft begründet (BGHZ 5, 133, 134 betr Gesellschafter

einer GmbH; allg unten § 766 Rn 6). Da der Gesellschafter-Bürge oft an dem Kredit persönlich interessiert ist und ihn durch seine Bürgschaftserklärung erst ermöglicht, kann seine Berufung auf die Formunwirksamkeit der Bürgschaft unter Umständen aber wegen unzulässiger Rechtsausübung unbeachtlich sein (BGH WM 1986, 939 betr Bürgschaft des GmbH-Alleingesellschafters und -Alleingeschäftsführers; dazu LEPSIEN EWiR 1986, 889; zutr krit K SCHMIDT ZIP 1986, 1510, 1515 ff; s § 766 Rn 6). Mehrere Gesellschafter als Bürgen haften gesamtschuldnerisch (§ 769) und sind einander ausgleichspflichtig (§§ 774 Abs 2, 426 BGB). Ist neben Gesellschaftern als Bürgen auch ein Nichtgesellschafter Bürge, so liegt die Auslegung nahe, daß er im Innenverhältnis der Bürgen freigestellt sein soll (BGH EWiR 1986, 673 [TIEDTKE]). Häufig wird die zur Unternehmensfinanzierung notwendige Kreditaufnahme erst dadurch ermöglicht, daß der Kommanditist oder GmbH-Gesellschafter gegenüber der kreditgebenden Bank eine Bürgschaft oder Garantie übernimmt. Damit verliert der Kommanditist seine durch Gesellschaftsrecht gewährte Haftungsbeschränkung (§§ 161 Abs 1, 171, 172 HGB), der GmbH-Gesellschafter verliert den Schutz der persönlichen Nichthaftung. Der bürgende Kommanditist haftet als Bürge selbst bei Ausscheiden über die fünfjährige Verjährungsfrist des § 159 HGB hinaus weiter (BAUMBACH/HOPT, HGB [29. Aufl 1995] § 159 Rn 4).

Der **ausscheidende Gesellschafter** hat ein dringendes Interesse daran, jedenfalls für die 115 nach seinem Ausscheiden neu begründeten Verbindlichkeiten der Gesellschaft nicht mehr zu bürgen. Von der Rechtsfolge her ist zu unterscheiden: (1) die Beendigung einer sog Globalbürgschaft (Rn 42 ff) in dem Sinn, daß die Bürgschaft künftig neu begründete Verbindlichkeiten des Hauptschuldners nicht sichern soll; (2) eine Beendigung dergestalt, daß der Bürge aus seiner Bürgenhaftung für bereits begründete Verbindlichkeiten des Hauptschuldners entlassen werden soll.

(1) Die Nichthaftung des Bürgen für Verbindlichkeiten der Gesellschaft, die nach seinem Ausscheiden als Gesellschafter neu begründet werden, kann sich aus dem Inhalt des Bürgschaftsvertrags ergeben. Auch mangels einer ausdrücklichen Vertragsklausel in diesem Sinn kann die **Auslegung** des Vertrags dazu führen, daß die Bürgschaft nach dem Willen der Beteiligten nur für die während der Dauer der Gesellschafterstellung begründeten Gesellschaftsverbindlichkeiten gelten soll. Freilich ist dann auch die Kenntnis des Gläubigers vom Ausscheiden des Bürgen als Gesellschafter erforderlich, weil der Gläubiger, insbesondere wenn es sich um eine Bank mit einer laufenden Kreditbeziehung zur Gesellschaft handelt, sich auf die neue rechtliche Lage einstellen können muß (RG HRR 1935 Nr 581; BGH WuB I F 1 a 5.85 [SCHRÖTER]; STOLZENBURG ZIP 1985, 1191).

Der ausscheidende Gesellschafter hat regelmäßig das Recht der **Kündigung aus wich-** 116 **tigem Grund**. Eine solche Kündigung ist bei unbefristeter Globalbürgschaft immer möglich (Rn 53 u § 765 Rn 230) Das Ausscheiden aus der Gesellschaft ist regelmäßig ein solcher wichtiger Grund. Allerdings ist im Interesse des Gläubigers eine angemessene Kündigungsfrist zu beachten (BGH WM 1985, 1059; OLG Zweibrücken WM 1985, 1291; OLG Hamm WM 1989, 1224; vgl auch BGH WM 1985, 969 betr fristlos wirksame Kündigung). Ab Wirksamkeit der Kündigung haftet der Bürge nicht mehr für dann neu gewährte Kredite oder andere Gesellschaftsschulden. Er haftet aber für die bestehenden Gesellschaftsschulden weiter. Maßgeblich ist beim Kontokorrentkredit der Tagessaldo zum Zeitpunkt des Wirksamwerdens der Kündigung (BGH WM 1985, 969).

Durch die Kündigung wird die Bürgschaft nicht zur Zeitbürgschaft. Der Gläubiger (zB die kreditgewährende Bank) muß daher nicht wie bei der Zeitbürgschaft (vgl § 777) sofort gegen den Bürgen vorgehen, um seine Rechte zu wahren (BGH WM 1985, 969). Das Ausscheiden des Gesellschafters kann auch zu einem Wegfall der Geschäftsgrundlage der unbefristeten Bürgschaft für künftige Gesellschaftsschulden führen. Auch hier ist aber nach § 242 die Unterrichtung des Gläubigers erforderlich.

117 (2) Die zweite, weitergehende Rechtsfolge (der Beendigung der Bürgenhaftung für bereits begründete Hauptschulden) greift in einen bereits bestehenden Anspruch des Gläubigers ein und kann nur angenommen werden, wenn dies bereits von vornherein vereinbart war oder der Gläubiger mit der Haftungsentlassung des Bürgen einverstanden ist (Beendigungsvertrag). Eine Verpflichtung des Gläubigers, in diese Haftungsentlassung einzuwilligen, kann unter der weiteren Voraussetzung angenommen werden, daß dem Gläubiger eine gleichwertige andere Sicherheit angeboten wird. Die verbleibenden Gesellschafter können gegenüber dem Ausscheidenden verpflichtet sein, ihn in dieser Weise von seiner Bürgenhaftung für bestehende Gesellschafterschulden freizustellen. Denn wenn eine Bürgschaft für Schulden der Gesellschaft im Zusammenhang mit einer Gesellschafterstellung des Bürgen gegeben wurde, ist der Bürge bei Beendigung seiner Gesellschafterstellung im Zweifel berechtigt, von den Mitgesellschaftern **Befreiung** von der Bürgschaft zu verlangen, so zB im Fall der Einziehung des GmbH-Anteils (OLG Hamburg ZIP 1984, 707) oder bei Übertragung des GmbH-Anteils auf einen Mitgesellschafter (BGH WM 1989, 406).

2. Die eigenkapitalersetzende Gesellschafterbürgschaft

a) Tatbestand des Eigenkapitalersatzes

118 Die Bürgschaft eines Gesellschafters einer Kapitalgesellschaft (AG, GmbH) oder einer GmbH & Co KG für einen Kredit seiner Gesellschaft hat den Charakter von Eigenkapitalersatz, wenn die Gesellschaft nach ihrer Vermögenslage keinen Kredit von Dritten zu marktüblichen Bedingungen ohne die Gesellschafterbürgschaft erhalten hätte und ohne die Finanzierungshilfe des bürgenden Gesellschafters hätte liquidiert werden müssen (BGH ZIP 1987, 1541 = WM 1987, 1488; dazu FLECK EWiR 1988, 67; BGH ZIP 1992, 177). In diesem Fall verliert die Bürgschaft ihre eigenkapitalersetzende Eigenschaft nicht dadurch, daß der Bürge nur nachrangig hinter einer auf dem Gesellschaftsgrundstück bestellten Grundschuld haften soll (BGH ZIP 1987, 1541). Einem Gesellschafter der GmbH kann iS des Eigenkapitalersatzrechts gleichstehen der Komplementär einer KG, die Gesellschafterin der GmbH ist, wenn dieser Komplementär unter seinem Namen eine Bürgschaft für die GmbH übernimmt (BGH WM 1997, 115).

119 Wird die Bürgschaft vom Gesellschafter zu einem Zeitpunkt bestellt, zu dem die Gesellschaft noch kreditwürdig ist, dann kommt es zu einer **Umqualifizierung** der Bürgschaft in Eigenkapitalersatz dann, wenn die Gesellschaft später kreditunwürdig wird und der Gesellschafter die Bürgschaft gleichwohl weiter bestehen läßt. Voraussetzung ist dafür freilich, daß der Gesellschafter die Krise der Gesellschaft erkennen konnte und die Möglichkeit hatte, die Bürgschaft gemäß § 775 abzuziehen (BGH ZIP 1992, 177; 1992, 618; 1994, 1934; OLG München ZIP 1993, 504). Eine Umqualifizierung der Bürgschaft in Eigenkapitalersatz aufgrund des Stehenlassens durch den Gesellschafter setzt keine bewußte Finanzierungsentscheidung des Gesellschafter-Bürgen voraus. Es genügt, daß er die Krise der Gesellschaft erkennen konnte und darauf nicht reagierte, etwa durch ein Vorgehen nach § 775 Abs 1 Nr 1 oder durch Liquidation der Gesellschaft (BGHZ 127, 336, 345 f = ZIP 1994, 1934, 1938; dazu WESTERMANN EWiR 1995, 157; BGH ZIP 1995, 23 f; dazu FLECK EWiR 1995, 367 f; BGH ZIP 1996, 273 = WM 1996, 259; dazu vGERKAN EWiR 1996, 171). Eine solche Krise (Kreditunwürdigkeit) liegt vor, wenn eine nachhaltige Überschuldung der Gesellschaft eingetreten ist (SCHOLZ/K SCHMIDT, GmbHG [8. Aufl 1993] §§ 32a, 32b Anm 37; vgl auch BGHZ 76, 326, 329; BGH ZIP 1989, 93, 95 = NJW 1989, 1219, 1221; dazu MARTENS EWiR 1989, 369).

Ob eine negative Fortbestehensprognose hinzukommen muß (BGHZ 109, 201, 213 ff = **120** ZIP 1992, 1382; OLG Düsseldorf EWiR 1994, 359; LUTTER/HOMMELHOFF, GmbHG [14. Aufl 1995] §§ 32a, 32b Rn 31; § 63 Rn 4) ist zweifelhaft (krit FLECK ZIP 1984, 897 u EWiR 1994, 360). Sie folgt für die Frage der Kreditunwürdigkeit wohl regelmäßig aus der nachhaltigen Überschuldung, falls nicht besondere Umstände, die für ein Fortbestehen sprechen, hinzutreten. Kreditunwürdigkeit liegt auch vor, wenn die GmbH nach Verlust des überwiegenden Stammkapitals einen Rohertrag deutlich unterhalb der Kosten aufweist (BGH ZIP 1996, 273). Für die Umqualifizierung der Bürgschaft in Eigenkapitalersatz ist ferner erforderlich, daß der Gesellschafter-Bürge zumindest einen hinreichenden Einblick in die Gesellschaft, ggf auch Einfluß auf diese hat, um eine eigene Entscheidung zu treffen, die Bürgschaft zurückzunehmen (OLG München ZIP 1993, 504). Der Gesellschafter-Bürge wird mit der Behauptung, er habe keine Ahnung von der Krise der Gesellschaft gehabt und daher scheide ein bewußtes Stehenlassen der Gesellschafterbürgschaft mit der Folge der Umqualifizierung in Eigenkapitalersatz aus, nicht ohne weiteres gehört; er trägt für diese Nichtkenntnis die Beweislast (BGH ZIP 1992, 618; 1994, 1934; 1996, 273 = WM 1996, 259).

Hat sich **ein Dritter nachträglich für ein kapitalersetzendes Darlehen verbürgt**, dh nach- **121** dem das Darlehen längere Zeit bestanden und kapitalersetzenden Charakter angenommen hat, so ist zu fragen, ob der Bürge auch das besondere Kapitalersatzrisiko der verbürgten Darlehensschuld mitübernommen hat. Dies ist grundsätzlich nicht anzunehmen. Ist der Bürge nicht selbst Gesellschafter, so ist die gesellschafterähnliche Haftung des Bürgen fernliegend und nur anzunehmen, wenn der Bürge in voller Kenntnis aller Umstände, die den Kapitalersatzcharakter des Gesellschafterdarlehens begründen, verbürgt, also weiß, daß der Darlehensgeber Gesellschafter ist und sich die Gesellschaft in einer Krise befindet (vgl BGH ZIP 1996, 538). Man muß weiter fordern, daß der Nichtgesellschafter-Bürge sich der gesellschafterähnlichen Haftung bewußt ist. Der Kapitalersatzcharakter der Bürgschaft eines Dritten ist also die seltene Ausnahme und nur zu bejahen, wenn sich der Bürge ähnlich wie für die Einlageschuld eines Gesellschafters verbürgen will (**aA** wohl BGH aaO im Leitsatz, im Fall allerdings eine Gesellschafterbürgschaft betreffend, weil die Bürgen nachträglich die Gesellschafteranteile erwarben).

b) **Rechtsfolge** der Qualität der Bürgschaft als Eigenkapitalersatz ist das Verbot, **122** dem Gesellschafter die eigenkapitalersetzende Leistung zurückzugewähren (§ 32 a GmbHG), und die Pflicht des Gesellschafters, eine trotzdem zurückempfangene Leistung wieder an die Gesellschaft zu erstatten (§ 32 b GmbHG). Gleiches gilt gemäß § 172 a HGB für die GmbH & Co KG. Die §§ 32 a, 32 b GmbHG gelten aber nur im Fall des Konkurses der Gesellschaft. Außerhalb des Konkurses gelten die von der Rechtsprechung schon vor Einführung der §§ 32 a, 32 b GmbHG, § 172 a HGB entwickelten Grundsätze über eigenkapitalersetzende Gesellschafterdarlehen und -bürgschaften weiter; danach ist das Rückgewährverbot des § 30 GmbHG und die Rückerstattungspflicht des § 31 GmbHG anzuwenden (grundsätzlich BGHZ 90, 370, 376 ff = ZIP 1984, 698; BGH ZIP 1992, 108; speziell für Gesellschafterbürgschaft zB BGH ZIP 1987, 1541; OLG München ZIP 1993, 504).

123 Eine **verbotene Rückgewähr** der kapitalersetzenden Bürgschaft liegt vor, wenn die gesicherte Schuld aus Gesellschaftsmitteln getilgt und dadurch der Ersatz verlorenen Stammkapitals abgezogen oder eine (über den Verlust des Stammkapitals hinausgehende) Überschuldung begründet oder vertieft wird (OLG München ZIP 1993, 504, 507 mwN). Im Rahmen der Rückerstattungspflicht des Bürgen besteht seine Haftung fort, aber nur bis zur Höhe der Bürgschaftssumme und jedenfalls nur in dem Umfang, in dem der bürgende Gesellschafter durch Leistungen zu Lasten des Gesellschaftsvermögens an den Gläubiger von seiner Bürgenhaftung befreit worden ist (BGH WM 1990, 757 betr Teilbürgschaft; BGH EWiR 1992, 787 [WISSMANN]). Sofern die Rückerstattungspflicht nicht zum Erfolg führt, greift die Ausfallhaftung der Mitgesellschafter nach § 31 Abs 3 GmbHG ein (BGH ZIP 1990, 451; dazu JOOST EWiR 1990, 481; BGH EWiR 1992, 787 [WISSMANN]). Für die Rückforderung sowohl nach § 31 GmbHG als auch nach § 32b GmbHG gilt nicht die Einjahresfrist der Konkursanfechtung (OLG München ZIP 1993, 504, 505).

124 Wenn der Gesellschafter-Bürge der GmbH erklärt, daß er mit seinen Forderungen gegen die GmbH im Rang hinter die übrigen Gläubiger zurücktrete, so hat die GmbH einen entsprechenden Freistellungsanspruch. Wenn dieser Anspruch vollwertig ist, gleicht seine Aktivierung im Überschuldungsstatus die Kreditschuld aus (BGH ZIP 1987, 574; dazu RAESCHKE-KESSLER EWiR 1987, 495).

125 Der Gesellschaftsgläubiger (zB die kreditgewährende Bank) muß im Konkurs oder Vergleich der Gesellschaft zunächst Befriedigung aus der kapitalersetzenden Gesellschafterbürgschaft suchen; § 32a Abs 2 GmbHG. Hat der Gesellschaftsgläubiger zugleich von der Gesellschaft selbst eine konkursfeste Kreditsicherheit erhalten (zB eine Grundschuld auf einem Gesellschaftsgrundstück), so kann er diese Kreditsicherheit verwerten und muß sich nicht auf die Gesellschafterbürgschaft verweisen lassen. Denn § 32a GmbHG richtet sich an die Gesellschafter, nicht an Dritte als Kreditgeber oder sonstige Gläubiger der Gesellschaft (str; dazu auch iF Rn 128). Der Konkursverwalter kann dann gegen den (vom Gesellschaftsgläubiger verschonten) Gesellschafter-Bürgen einen Erstattungsanspruch geltend machen (BGH ZIP 1985, 158 = WM 1985, 115; aA K SCHMIDT ZIP 1981, 689, 694).

3. Bürgschaften der Gesellschaft für den Gesellschafter

126 Verbürgt sich umgekehrt eine Kapitalgesellschaft oder eine GmbH & Co KG für ihren Gesellschafter, sind ebenfalls Probleme des Kapitalschutzrechts berührt. Eine solche Kredithilfe der Kapitalgesellschaft, insbesondere der GmbH für ihren Gesellschafter, vor allem den Alleingesellschafter, ist in der Praxis nicht selten. Häufig handelt es sich dabei um die Stellung einer Realsicherheit (zB Grundschuld), was hier nicht zu behandeln ist. Eine Bürgschaft der GmbH setzt entsprechende Bonität dieser Gesellschaft voraus. GmbH-Sicherheiten für den Gesellschafter haben prak-

tische Bedeutung zB für die Finanzierung eines Management-Buy-Out erlangt (zu Privatisierungsverkäufen im neuen Bundesgebiet in diesem Sinn PELTZER/BELL ZIP 1993, 1757).

Übernimmt die GmbH, sonstige Kapitalgesellschaft oder GmbH & Co KG eine Bürgschaft zur Besicherung des Kredits eines Dritten an einen Gesellschafter, so liegt in dieser Sicherheitsbestellung in Verbindung mit der Kreditauszahlung eine Leistung an den Gesellschafter, der ohne die Bürgschaft den Kredit nicht erhalten hätte (BAUMBACH/HUECK, GmbHG [16. Aufl 1996] § 30 Rn 18; LUTTER/HOMMELHOFF, GmbHG [14. Aufl 1995] § 30 Rn 19; SONNENHOL/GROSS ZHR 159 [1995] 388, 401). Diese mittelbare Leistung der bürgenden Gesellschaft an den Gesellschafter verletzt die Kapitalerhaltungsvorschrift des § 30 Abs 1 GmbHG dann, wenn durch die Vermögenszuwendung der Gesellschaft der bilanzielle Überschuß der Aktiva über die echten Passiva (Verbindlichkeiten und Rückstellungen) das satzungsmäßige Stammkapital nicht mehr deckt (Unterbilanz; SCHOLZ/H P WESTERMANN, GmbHG [8. Aufl 1993] § 30 Rn 13). Bei dieser bilanziellen Betrachtung kann aber die bloße Bestellung der Bürgschaft, die (gem §§ 251 S 1, 268 Abs 7 HBG) nicht in, sondern nur unter der Bilanz auszuweisen ist (ADLER/DÜRING/SCHMALTZ, Rechnungslegung und Prüfung der Unternehmen [5. Aufl ab 1987] § 251 Rn 25 ff), noch nicht zu einer Unterbilanz führen und § 30 Abs 1 GmbHG verletzen; entscheidend ist vielmehr der Zeitpunkt der Verwertung der Sicherheit, also die Inanspruchnahme des Bürgen (hM; BAUMBACH/HUECK § 30 Rn 19; HACHENBURG/GOERDELER/MÜLLER, GmbHG [8. Aufl 1992] § 30 Rn 65 ff; LUTTER/HOMMELHOFF § 30 Rn 26 ff; ROWEDDER-ROWEDDER, GmbHG [3. Aufl 1997] § 30 Rn 20; SCHOLZ/H P WESTERMANN § 30 Rn 31; PELTZER/BELL ZIP 1993, 1757, 1760; SONNENHOL/GROSS ZHR 159 [1995] 398; aA ROTH, GmbHG [2. Aufl 1987] § 30 Anm 2.2.2; krit zur bilanziellen Betrachtung SCHÖN ZHR 159 [1995] 351, 359 ff).

Die Rechtsfolge eines Verstoßes ist nicht die Unwirksamkeit der Rechtsgeschäfte nach § 134 BGB. Zwar ist § 30 Abs 1 GmbHG ein Verbotsgesetz in diesem Sinne, seine Sanktion ist aber speziell und ausschließlich in § 31 GmbHG geregelt (hM; JOOST ZHR 148 [1984] 27 ff, 32 ff; SCHOLZ/H P WESTERMANN § 30 Rn 11 f, 31; LUTTER/HOMMELHOFF § 30 Rn 33; BUTZKE ZHR 154 [1990] 357 ff, 368 f). Die bürgende Gesellschaft kann gem § 30 GmbHG die Erfüllung der Bürgschaft grundsätzlich verweigern und gem § 31 GmbHG die Erstattung einer bereits erbrachten Leistung verlangen. Diese Rechte stehen ihr aber nur gegenüber dem Gesellschafter zu, nicht gegenüber einem Dritten (BAUMBACH/HUECK § 31 Rn 11; HACHENBURG/GOERDELER/MÜLLER § 31 Rn 21 f; LUTTER/HOMMELHOFF § 30 Rn 2, 34; SONNENHOL/GROSS ZHR 159 [1995] 405), hier also nicht dem Dritten als Kreditgeber und Bürgschaftsgläubiger. Dieser unterliegt den §§ 30, 31 GmbHG nur im Fall der Kollusion, dh wenn er mit dem Gesellschafter bewußt zum Nachteil der Gesellschaft oder ihrer Gläubiger zusammenwirkt (BGHZ 81, 365, 367 f = WM 1981, 1270 = ZIP 1981, 1332; BGH WM 1982, 1402; FLECK, in: FS 100 Jahre GmbHG [1992] 391, 408 ff).
– Die Besicherung des Kredits eines Aktionärs durch eine AG stellt ohne Rücksicht auf die Frage der Minderung des Grundkapitals eine Einlagenrückgewähr gem § 57 AktG dar (GESSLER/HEFERMEHL/ECKARDT/KROPFF, AktG [1984] § 57 Rn 19; LUTTER, in: Kölner Kommentar zum AktG [2. Aufl 1988] § 57 Rn 11). Rechtsfolge ist die Nichtigkeit der Sicherheitsleistung gem § 134, aber nur gegenüber dem Aktionär und nicht gegenüber dem Dritten als Sicherungsnehmer, weil letzterer nicht Normadressat des § 57 AktG ist (BGH AG 1981, 227; LUTTER aaO). Die Rechtslage entspricht insofern derjenigen bei der GmbH.

128 Nach einer zunehmend vertretenen Ansicht soll aber der Bürgschaftsanspruch des Dritten nicht nur im Fall der Kollusion, sondern schon dann dem Kapitalerhaltungsrecht der §§ 30, 31 GmbHG unterliegen, wenn er bei der Sicherheitenbestellung die Gesellschafterstellung des Sicherungsgebers und den Verstoß gegen die §§ 30, 31 GmbHG kennt (CANARIS, in: FS Fischer [1979] 31 ff, 46 f, 57; PELTZER GmbHR 1995, 15 ff, 20 ff). Unterstützend wird der Gesichtspunkt eines Mißbrauchs der Vertretungsmacht der Organe der bürgenden Gesellschaft herangezogen (HAGER ZGR 1989, 71 ff, 97, 100). Auch Fahrlässigkeit des Dritten soll genügen (PELTZER/BELL ZIP 1993, 1757 ff, 1764). Nach anderer Ansicht soll es sich um einen eigenen Tatbestand der Gefährdung der Gläubiger der bürgenden Gesellschaft iS § 138 handeln, wobei ebenfalls „Leichtfertigkeit" ausreichen soll (SCHÖN ZHR 159 [1995] 351, 366). Die Erstreckung der Kapitalschutzvorschriften des Gesellschaftsrechts (§§ 30, 31 GmbHG; § 57 AktG) auf Nichtgesellschafter, hier als Bürgschaftsgläubiger, überdehnt den Anwendungsbereich, den diese Normen nach der Absicht des Gesetzgebers haben sollen, und kann mit den bisher vorgetragenen Begründungen nicht befürwortet werden (SONNENHOL/GROSS ZHR 159 [1995] 405 ff).

129 Die gleichen Probleme, ob Bürgschaften von Kapitalgesellschaften die Kapitalerhaltungsvorschriften verletzen, treten häufig im **Konzern** auf (vgl dazu die Beiträge von SCHÖN, MESSER und SONNENHOL/GROSS, in ZHR 159 [1995] 351 ff, 375 ff, 388 ff). Wird die Sicherheit (Bürgschaft) von einer Untergesellschaft im Konzern gewährt, so sind zwei Fälle zu unterscheiden: (1) die Verbürgung des Kredits an die Obergesellschaft (Gesellschafter) und (2) die Verbürgung eines Kredits an eine andere Konzernuntergesellschaft (Schwestergesellschaft) auf Veranlassung der Obergesellschaft. Auch im letzteren Fall kann eine Kapitalrückzahlung iS § 31 Abs 1 GmbHG vorliegen, wenn beide Gesellschaften im Konzernverbund als wirtschaftliche Einheit zu betrachten sind, was im Vertragskonzern und im qualifiziert faktischen Konzern ohne weiteres zu bejahen ist (SONNENHOL/GROSS ZHR 159 (1995) 402). Aber auch im einfachen faktischen Konzern kann eine Kapitalrückgewähr an die Obergesellschaft vorliegen. Denn eine Leistung an diese ist auch bei Sicherheitengewährung an eine andere Konzernschwester anzunehmen (MESSER ZHR 159 [1995] 375, 385 f). Ein Verstoß gegen §§ 30, 31 GmbHG ist zu verneinen, wenn die bürgende GmbH als Tochtergesellschaft bei Auszahlung einen Verlustausgleichsanspruch gegen die Konzernobergesellschaft (analog § 302 AktG; dazu BGHZ 95, 330, 345) erwirbt und dieser Anspruch nach der Bonität der Obergesellschaft vollwertig ist (LUTTER, Entwicklungen im GmbH-Konzernrecht [1986] 192, 200, 212; OETKER KTS 1991, 521, 539).

Verbürgt sich umgekehrt die Konzernobergesellschaft für einen Kredit eines Dritten an eine Konzerntochtergesellschaft, so kann dies eine kapitalersetzende Leistung an die Tochter iS §§ 30, 31, 32b GmbHG darstellen (OETKER KTS 1991, 521; PELTZER GmbHR 1995, 15) mit der Folge, daß die als Bürgin zahlende Obergesellschaft den Rückgriffsanspruch aus § 774 und aus dem Innenverhältnis zur Tochter nicht geltend machen kann. Dem Dritten als Kreditgeber können die §§ 30, 31 GmbHG dagegen nicht entgegengehalten werden.

IX. Aufwertung und Währungsumstellung der Bürgenschuld

1. Aufwertung

Zur Aufwertung s STAUDINGER/BRÄNDL[10/11] Vorbem 36 m Nachweisen. Infolge des 130 extremen Kaufkraftverfalls der Markwährung Anfang der 20er Jahre wurde ab 1923 von der Rspr und ab 1925 von der Aufwertungsgesetzgebung die Erfüllung in entwertetem Geld nur als Teilerfüllung behandelt und der Schuldner wurde durch Aufwertung der Forderung zu nochmaliger Zahlung verpflichtet. Der Bürge haftete dabei gem § 767 auch für die aufgewertete Forderung teils schlechthin nach dem gesetzlichen Aufwertungsbetrag, teils unter Berücksichtigung persönlicher Verhältnisse (freie Aufwertung). Die für den Fall der Hyperinflation entwickelten Aufwertungsgrundsätze wurden von der Rspr weder auf deutsche Fremdwährungsschulden bei Entwertung der Bezugswährung angewandt, noch konnten sie (schon wegen Besatzungsrechts) während des Geldwertverfalls nach dem 2. Weltkrieg Anwendung finden. Festzuhalten bleibt, daß bei der Aufwertung das Akzessorietätsprinzip weitgehend aufrechterhalten blieb.

2. Alte Auslandsschulden

Über die Haftung des Bürgen als Zweitschuldner für Goldmarkschulden mit spezi- 131 fisch ausländischem Charakter vgl § 102 des BundesG zur Ausführung des Abkommens über deutsche Auslandsschulden v 24.8.1953 BGBl I 1003, 1017 und dazu VEITH BB 1953, 1033. Zu Devisenrecht u Bürgschaft unten Vorbem 188 ff.

3. Umstellung

Umstellung in der **Währungsreform 1948**: Der Bürgschaftsanspruch konnte nicht 132 selbständig umgestellt werden; er richtete sich vielmehr nach dem Bestande der Hauptschuld und nach deren währungsmäßiger Behandlung; OLG Hamburg NJW 1953, 1633. Aber Höchstbetragsbürgschaften sind im Verhältnis 1:1 umgestellt; HARMENING/DUDEN, Währungsgesetze 166, 176. Vgl ferner COING, Bürgenschuld und Leistungsverweigerungsrecht nach § 21 Abs 4 UmstG, NJW 1951, 384 und zur Vertragshilfe Vorbem 185 u § 767 Rn 31, 51, 53 f.

Deutsche Währungsunion 1990: Art 10 Abs 5 des Staatsvertrages über die Schaffung 133 einer Währungs-, Wirtschafts- und Sozialunion v 18.5.1990 (BGBl 1990 II 537) ordnet die Umstellung aller Forderungen in Mark der DDR auf DM im Verhältnis 2:1 an. Dies bedeutete nur nominell eine Abwertung, wirtschaftlich eine Aufwertung dieser Forderungen wegen der weitaus höheren Kaufkraft der DM. Dem entspricht eine stärkere Belastung der Geldschuldner. Die Bürgschaftsforderungen folgten nach dem Akzessorietätsprinzip dieser Umstellung (und Aufwertung). Die Vertragsparteien konnten die Umstellung nicht vertraglich ausschließen; eine entsprechende Vereinbarung ist nichtig (KrG Gotha DtZ 1992, 90; HORN, Das Zivil- und Wirtschaftsrecht im neuen Bundesgebiet [2. Aufl 1993] § 2 Rn 10).

4. Forderungsanpassung

Während die für die Hyperinflation entwickelten Aufwertungsgrundsätze bei lang- 134 samen Geldwertveränderungen unanwendbar sind, ist heute ein Geldwertverlustausgleich sowohl präventiv durch (genehmigungsfreie oder genehmigungsfähige) Wertsicherungsklauseln in engen Grenzen (zB nicht für Kredite) möglich (Mitt Dt Bundesbank Nr 1015/78 v 9. 6. 1978 = BAnz Nr 109 v 15. 6. 1978, 4) als auch eine nachträgliche Anpassung bestimmter Forderungen vor allem auf wiederkehrende Leistungen (Versorgungsansprüche) zT vom Gesetzgeber zugestanden (zB § 16 G zur Verbesserung der betrieblichen Altersversorgung v 19. 12. 1974, BGBl I 3610) oder ausnahmsweise von den Gerichten anerkannt (Überblick bei vMAYDELL, Geldschuld und Geldwert [1974]; HORN, Geldwertveränderungen, Privatrecht und Wirtschaftsordnung [1975]; HEYMANN/HORN, HGB § 361 Rn 19 ff). Bürgschaften für Ansprüche, die mit Wertsicherungsklauseln ausgestattet sind, sind nach dem Akzessorietätsgrundsatz im gleichen Umfang anzupassen, sofern dies nicht ausdrücklich für die Bürgschaft (zB durch Höchstbetrag) ausgeschlossen ist; eine gesetzliche Begrenzung der Anpassung (§ 9 a ErbbVO) gilt auch für die Bürgschaft. Bei nachträglicher Anpassung durch Gesetz bedarf es ausdrücklicher gesetzlicher Anordnung zur Erstreckung auf die Bürgschaft oder entsprechender Bürgenverpflichtung, bei gerichtlicher Anpassung muß der Anpassungsgrund auch in der Person des Bürgen vorliegen; s auch § 767 Rn 51.

X. Erfüllungsort der Bürgschaftsschuld

135 Der Erfüllungsort der Bürgschaftsschuld wird selbständig nach den Grundsätzen des § 269 bestimmt: dh Wohnsitz des Bürgen zur Zeit der Eingehung der Bürgschaft, wenn sich jemand als Privatmann verbürgt hat (BGH ZIP 1995, 639 = NJW 1995, 1546, 1547; dazu BÜLOW EWiR 1995, 435; BGH ZIP 1996, 2184, 2186) oder der Geschäftssitz, wenn die Bürgschaft im Rahmen eines Geschäftsbetriebs übernommen wird, oder schließlich ein besonderer für die Bürgschaft vereinbarter Erfüllungsort. Der Erfüllungsort der Hauptschuld ist nicht maßgeblich, weil die Bürgschaft trotz ihrer akzessorischen Natur eine selbständige Schuld begründet (Rn 13). Dies gilt auch dann, wenn für die Hauptschuld ein besonderer Erfüllungsort vereinbart ist (RGZ 73, 262; 137, 11). Ausnahmsweise folgt der Erfüllungsort der Bürgschaft dem der Hauptschuld, wenn nach Art der Leistung oder besonderer Abrede der Erfüllungsort von wesentlicher Bedeutung für die Erfüllung ist und der Bürge seiner eigenen Verpflichtung nur durch Leistung in gleicher Art und Weise genügen kann (REICHEL, Schuldmitübernahme 364; RGZ 73, 262; OLG Stuttgart HRR 1931 Nr 1123; SOERGEL/MÜHL § 765 Rn 11).

XI. Internationales Privatrecht und sonstiges Kollisionsrecht

1. Eigenes Schuldstatut der Bürgschaft*

136 Die Bürgschaft hat ihr eigenes Schuldstatut unabhängig von dem der Hauptschuld (RGZ 9, 185; 54, 315; 137, 11; BGH NJW 1970, 1002 = WM 1970, 551; BGH NJW 1977, 1011;

---

* **Schrifttum**: BEITZKE, Bürgschaft für totalenteignete Handelsgesellschaften, NJW 1952, 841; HANISCH, Bürgschaft mit Auslandsbezug, IPRax 1987, 47; KÜHN/ROTTHEGE, Inanspruchnahme des deutschen Bürgen bei Devisensperre im Land des Schuldners, NJW 1983, 1233; LETZGUS, Die Bürgschaft im IPR, RabelsZ 3 (1929) 837; REITHMANN/MARTINY, Internationales Vertragsrecht[5] (1996) Rn 1023 ff; RILLING, Die Bürgschaft nach deutschem IPR (Diss Tübingen 1935); RÜSSMANN, Auslandskredite, Transferverbote und Bürgschaftssicherung, WM 1983, 1126.

BGHZ 121, 224, 227 f; LG Hamburg RIW 1993, 144, 145; ZITELMANN IPR II [1914] 395; LETZGUS RabelsZ 3 [1929] 839; REITHMANN/MARTINY Rn 1023; KEGEL, IPR [7. Aufl 1995] § 18 I 1 d). Dieses bestimmt sich nach den allgemeinen Grundsätzen, dh primär gilt gem Art 27 EGBGB die Rechtswahlvereinbarung der Parteien im Rahmen der Parteiautonomie, deren Grenzen im internationalen Schuldvertragsrecht weit gezogen sind (BGH NJW 1970, 1002; 1977, 1011; REITHMANN/MARTINY Rn 1023). Die Rechtswahl kann auch konkludent erklärt werden. Eine beteiligte Bank will grundsätzlich nach ihrem Recht kontrahieren und erhält dies auch in der Regel zugestanden (KEGEL, Bankgeschäfte im deutschen IPR, in: Gedächtnisschrift R Schmidt [1966] 215 ff, 221, 236; HORN, Das Recht der internationalen Anleihen [1972] 484; s auch RG WarnR 1929 Nr 138).

Mangels Rechtswahl ist nach neuem IPR (seit 1. 9. 1986) eine objektive Anknüpfung nach dem Schwerpunkt des Rechtsverhältnisses maßgebend, dh Bürgschaftsstatut ist die Rechtsordnung, zu der die Bürgschaft die engste Verbindung aufweist (Art 28 Abs 1 S 1 EGBGB); nach früherem Recht war statt dessen an den hypothetischen Parteiwillen und notfalls an den Erfüllungsort der Bürgschaft anzuknüpfen (STAUDINGER/BRÄNDL[10/11] Vorbem 49 m Nachw). Wichtigstes Indiz für die engste Verbindung ist die für den Vertrag charakteristische Leistung, hier also die des Bürgen (BGHZ 121, 224, 228). Bürgschaftsstatut ist also das Recht am gewöhnlichen Aufenthaltsort (BGH aaO) oder am Sitz der Hauptverwaltung des Bürgen (Art 28 Abs 2 S 2 EGBGB). Übernimmt eine Bank eine Bürgschaft, stimmt dies mit dem vorerwähnten Grundsatz überein, daß eine Bank sich nach ihrem Recht verpflichten will. Es kommt gem Art 28 Abs 5 EGBGB auch eine andere Anknüpfung nach der Gesamtheit der Umstände in Betracht. 137

Mitbürgen haften ein jeder nach eigenem Bürgschaftsstatut, so daß sich für die einzelnen Bürgen gemäß ihrem unterschiedlichen Bürgschaftsstatut ein unterschiedlicher Haftungsumfang ergeben kann (REITHMANN/MARTINY Rn 1031). Einheitliche Rechtswahl ist natürlich möglich; sie ist dann auch für den Mitbürgenausgleich maßgeblich (RG WarnGR 1929 Nr 138), der sonst primär dem Statut des jeweils Rückgriffsverpflichteten unterliegt (vgl OLG Hamburg IPRspr 1933 Nr 17). 138

2. Wirkung des Bürgschaftsstatuts

Das Bürgschaftsstatut bestimmt, ob und in welchem Umfang (in den Grenzen der Akzessorietät) und unter welchen Voraussetzungen (wie lange) der Bürge zu leisten hat (RGZ 54, 315; 71, 56; 137, 11; REITHMANN/MARTINY Rn 1026), ob der Bürge auch für Schadensersatz wegen Nichterfüllung, Zinsen und Vertragsstrafen haftet (SCHEFOLD WM 1985, 1517 f), und ob dem Bürgen ein Leistungsverweigerungsrecht zusteht, wenn der Gläubiger ihm nicht seine Ansprüche gegen den Hauptschuldner abtritt, falls diese nicht (wie nach § 774 Abs 1) ex lege auf ihn übergehen (RGZ 54, 311, 316); zum Leistungsverweigerungsrecht des Bürgen bei Gefahr doppelter Inanspruchnahme nach Enteignung der Hauptforderung iF Rn 142. Ferner entscheidet das Bürgschaftsstatut darüber, ob dem Bürgen die Einrede der Vorausklage (vgl § 771) zusteht (RGZ 9, 185; 54, 311, 316), und ob die Forderung des Gläubigers gegen den Hauptschuldner auf den zahlenden Bürgen ex lege übergeht (Art 33 Abs 2 EGBGB; REITHMANN/MARTINY Rn 1030). 139

Das Bürgschaftsstatut bestimmt dagegen **nicht** über den Umfang der Geschäftsfähig- 140 keit des Bürgen und Fragen, die dem Ehewirkungs- und Güterrechtsstatut unterliegen (Artt 7, 14, 15 EGBGB); zB bestimmt trotz Wahl fremden Rechts das Heimatrecht des Bürgen, ob zur Übernahme der Bürgschaft die Zustimmung des Ehegatten notwendig ist (aA BGH NJW 1977, 1011; krit JOCHEM 1012). – Das (selbständige) Schuldstatut der Hauptschuld (RGZ 61, 344) wirkt nur insofern auf die Bürgschaftsverpflichtung ein, als diese (nach Maßgabe des Bürgschaftsstatuts) von Bestand und Umfang der Hauptschuld abhängig ist (vgl RGZ 73, 263). Die übliche Formel, das Bürgschaftsstatut bestimme, ob und wieweit, das Hauptschuldstatut bestimme, was der Bürge zu leisten hat (zB RGZ 137, 11), ist unbrauchbar (zutr JOCHEM aaO).

3. Form

141 Für die Form des Bürgschaftsvertrags ist das Bürgschaftsstatut maßgeblich; es genügt jedoch die Beobachtung der **Ortsform**; Art 11 Abs 1 EGBGB (RGZ 61, 343; 62, 379; BGHZ 121, 224 betr Bürgschaft per Fax, was für § 766 nicht genügen soll). Maßgeblich ist der Ort, wo die Erklärung abgegeben wird (KEGEL, IPR [7. Aufl 1995] § 17 V 3 c; KG IPRspr 1931 Nr 21). Bei Verträgen unter Abwesenden würde demnach für die Erklärung jeder Partei ein eigenes Ortsrecht gelten, nämlich das Recht des Staates, in dem sie sich erklärt (ZWEIGERT, in: FS Rabel [1954] Bd I 631–654; aA RGZ 62, 381: entscheidend sei der Ort, an dem die Annahme erklärt wird). Nach Art 11 Abs 2 EGBGB genügt jedoch die Erfüllung der Form eines dieser Rechte für jede Erklärung. Bei Vornahme durch einen Vertreter entscheidet das Recht des Staates, in dem sich der Vertreter erklärt (Art 11 Abs 3 EGBGB). Zur Verletzung der Formvorschrift und ihrer Heilung MANNL RabelsZ 11 (1937) 786 ff. Die Wirkungen einer Wechselbürgschaftserklärung richten sich nach dem Recht des Staates, in dem die Erklärung unterschrieben worden ist, und nicht nach dem Statut des Wechsels (BGH NJW 1963, 252).

4. Enteignung

142 Bei Enteignung oder Beschlagnahme von Hauptforderung und/oder Bürgschaftsforderung durch einen ausländischen Staat gilt im Grundsatz (der Ausnahmen erleidet) das **Territorialitätsprinzip** (allg KEGEL, IPR [7. Aufl 1995] § 23 II 2), dh die Maßnahmen des fremden Staates werden als wirksam anerkannt, wenn dieser die Grenzen seiner Macht, die im Grundsatz auf sein Territorium begrenzt ist, eingehalten hat. Nach der Rechtsprechung ist eine Forderung am Wohnsitz bzw Sitz des Schuldners belegen; die Enteignung ist also wirksam, wenn Wohnsitz/Sitz im Territorium des enteignenden Staates liegen (BGHZ 32, 97, 99; aA KEGEL § 23 II 4: Anknüpfung an den Aufenthaltsort). Dies bedeutet eine Einschränkung der Wirkung der Enteignung. Außerhalb dieser Wirkung bleibt das Recht des alten Gläubigers bestehen mit der Folge, daß die Gefahr einer doppelten Inanspruchnahme des Schuldners besteht. Ist diese Gefahr konkret gegeben, gewährt der BGH dem Schuldner ein Leistungsverweigerungsrecht (BGH WM 1957, 1001). Außerdem wird eine positive, schuldbegründende Wirkung der Enteignung, dh die wirksame Übertragung durch den enteignenden Staat auf einen Zessionar, außerhalb des Territoriums nicht anerkannt (BGHZ 23, 333, 337 = JZ 1957, 474 m Anm BEITZKE; BGHZ 25, 127; BGH NJW 1958, 745; REITHMANN/MARTINY Rn 1051). Man kann die Einschränkung der Enteignungswirkung auch in die Regel fassen, daß die Enteignung nur für Schuldnervermögen im Territorium des Enteignungsstaates gilt; weitergehend läßt sich sagen, daß sie – jedenfalls in der Regel – nur für den Rechtsverkehr im enteignenden Staat gilt (Kegel aaO mit Bezugnahme auf BGH NJW 1967, 36 = 1966, 1143; BGHZ 104, 240, 244; dazu iF).

Letztere Regel stimmt damit überein, daß jedenfalls die Enteignung von grenzüberschreitenden Darlehensforderungen, die im internationalen Kreditverkehr begründet sind, nicht außerhalb des Eingriffsstaates anerkannt werden. Amerikanische Gerichte zB stützen sich dabei häufig auf die Tatsache, daß solche Forderungen (meist) nicht dem Recht des Schuldnerstaates (und Eingriffstaates) unterstellt sind; ferner darauf, daß sie (meist) an einem internationalen Finanzplatz außerhalb des Territoriums des Eingriffsstaates (zB Frankfurt/M, London, New York) zu erfüllen sind (Horn Int Bus Lawyer 1984, 400, 404 m Nachw). **143**

Den Fortbestand der Bürgenverpflichtung bei (nicht anerkannter) auswärtiger Vermögensenteignung oder -beschlagnahme des Hauptschuldners hat der BGH angenommen und dies mit der Nichtanerkennung der Maßnahme begründet (BGHZ 31, 168: Sozialisierung des Vermögens einer GmbH in der Sowjetzone 1948 als Verstoß gegen den [west-]deutschen ordre public; BGHZ 32, 97, 101: Beschlagnahme des Vermögens der Hauptschuldnerin durch den französischen Staat durch Territorialitätsprinzip begrenzt). Dies überzeugt nicht. Zwar führt der Wegfall der juristischen Person des Hauptschuldners oder gar nur der Wegfall seines Vermögens nicht ohne weiteres zur Befreiung des Bürgen, weil er regelmäßig auch dieses Risiko trägt (§ 767 Rn 48 ff; § 765 Rn 115). Auch kann das mit Enteignung oder Beschlagnahme des Hauptschuldnervermögens (meist) verbundene Erlöschen der Hauptschuld nicht schon über das Akzessorietätsprinzip auch die Bürgschaft ergreifen; dies wird durch die Nichtanerkennung der Maßnahme verwehrt. Aber meist sind in den genannten Fällen die (freilich eng zu definierenden; vgl § 765 Rn 115) immanenten Grenzen der Risikoübernahme durch einen Bürgen überschritten oder es ist ausnahmsweise Wegfall der Geschäftsgrundlage (§ 765 Rn 192 ff) anzunehmen (in BGHZ 32, 103 indirekt anerkannt durch Hinweis auf Vertragshilfe; vgl auch zur Krisengesetzgebung Rn 130 ff, 185 ff u § 767 Rn 31, 52 ff). Es ist daher Befreiung des Bürgen anzunehmen, falls nicht die Bürgschaftsübernahme das politische Risiko der Enteignung oder der Beschlagnahme des Hauptschuldnervermögens typischerweise mitumfaßt, was heute im internationalen Geschäft häufig zutrifft. **144**

Im Fall BGHZ 104, 240 war Hauptschuldnerin ein iranisches Unternehmen; ihr (iranischer) Alleinaktionär hatte sich für Darlehen des Unternehmens verbürgt. Der iranische Staat enteignete entschädigungslos alle Anteile des Bürgen am Unternehmen. Anschließend trieb die Gläubigerbank in Deutschland, die zu 85% vom iranischen Staat beherrscht wurde, die Bürgschaft ein, indem sie Guthaben des Bürgen bei ihr mit der Bürgschaftsschuld verrechnete. In diesem Fall bestand die Hauptschuldnerin und damit die Hauptschuld unverändert fort. Problematisch war, daß der enteignende Staat mittels der von ihm beherrschten Bank die Wirkung der Enteignung auch auf deutsches Territorium ausdehnen wollte. Dies mußte schon am Territorialitätsprinzip im oa Sinne scheitern; so auch der BGH, der zusätzlich meint, die Enteignung könne auch deshalb nicht anerkannt werden, weil sie entschädigungslos erfolgt sei (BGHZ 104, 240, 245 mit Bezugnahme auf BGHZ 34, 345, 348). Das Ergebnis wird mit beiden Gründen gestützt. Der BGH gründet die Entscheidung aber hauptsächlich auf eine Verletzung des deutschen ordre public (Art 6 EGBGB und Art 30 EGBGB aF); letztere Begründung überzeugt nicht, weil ohnehin deutsches Recht anwendbar war (Sonnenberger EWiR 1988, 675 f). **145**

5. Altes DDR-Recht; intertemporales Recht

146 Bürgschaften, die vor dem 3. 10. 1990 nach dem Recht der DDR begründet wurden (nach §§ 450 und 451 ZGB und bei internationalen Handelsgeschäften, soweit DDR-Recht anwendbar war, nach §§ 245–251 GIW, die in der Übergangszeit vom 1. 7. – 2. 10. 1990 auch bei Inlandsgeschäften von Unternehmen anwendbar waren), bestehen ohne weiteres fort und unterliegen ihrem alten Vertragsstatut, Art 232 § 1 EGBGB (zum Ganzen HORN, Das Zivil- und Wirtschaftsrecht im neuen Bundesgebiet [2. Aufl 1993] § 10 Rn 17 und 23).

6. Andere Personalsicherheiten

147 Ebenso wie die Bürgschaft unterstehen auch die Garantie und andere Personalsicherheiten wie Schuldbeitritt, Akkreditiv oder Patronatserklärung jeweils ihrem eigenen Vertragsstatut und nicht dem des Geschäfts, dessen Sicherung sie dienen. Maßgeblich ist also primär die ausdrückliche oder konkludente Rechtswahl gem Art 27 EGBGB. Fehlt sie, so greift die objektive Anknüpfung gem Art 28 EGBGB ein. Dabei bildet gem Art 28 Abs 2 die charakteristische Leistung des einseitig verpflichteten Sicherungsgebers (Garanten, Schuldbeitretender, Patronatsverpflichteter, Akkreditiv eröffnende Bank usw) den wichtigsten Anknüpfungspunkt. Zum selbständigen Schuldstatut des Schuldbeitritts der Schuldmitübernahme REICHEL, Schuldmitübernahme 327; des Kreditauftrags OLG Karlsruhe BadRspr 1929, 81 = IntRspr 2 Nr 32. Zum Kollisionsrecht der Garantie 301–308, des Akkreditivs unten Rn 380 ff.

XII. Prozeßrechtsfragen

1. Zulässiger Rechtsweg

148 Für die Bürgschaftsklage ist der **Zivilrechtsweg** (§ 13 GVG) gegeben, weil die Bürgenschuld auf einem privatrechtlichen Rechtsverhältnis beruht. Dies gilt **auch** dann, wenn eine **öffentlichrechtliche Hauptschuld** verbürgt ist, zB eine Steuerschuld (BGH NJW 1979, 159), eine Zollschuld (LG Gießen RIW 1983, 312), eine Subventionsrückzahlungsschuld (VGH München NJW 1988, 2690; OLG Frankfurt/M NVwZ 1983, 573 und WM 1984, 1048) oder rückständige Sozialversicherungsbeiträge (BGHZ 90, 187, 190 = WM 1984, 483). Die für die Verbürgung eines Aufbaudarlehens ergangene, scheinbar gegenteilige Entscheidung des BVerwG (DÖV 1970, 820) betraf den Sonderfall, daß die Bürgin zugleich selbst Leistungsempfängerin war und als solche öffentlichrechtlich nach LAG haftete; schon deshalb kann die Entscheidung nicht verallgemeinert werden (BGH NJW 1984, 483, 484). Auch im umgekehrten Fall einer **Staatsbürgschaft**, in dem also der Staat oder eine andere Person des öffentlichen Rechts als Bürge auftritt, liegt grundsätzlich ein Zivilrechtsverhältnis vor und damit ist der Zivilrechtsweg begründet (zB KG Berlin WM 1995, 1439). In diesen Fällen ist die öffentlichrechtliche Entscheidung über die Gewährung der Bürgschaft vom zivilrechtlichen Bürgschaftsverhältnis iS der Zweistufenlehre zu unterscheiden (oben Rn 84 ff).

2. Zuständigkeit und Verwandtes

149 a) Die mangelnde **internationale Zuständigkeit** des Gerichts kann der Bürge noch im ersten Termin zur mündlichen Verhandlung rügen; es ist nicht erforderlich, daß er die Rüge der internationalen Unzuständigkeit innerhalb der Klageerwiderungsfrist vorbringt (BGH ZIP 1996, 2184). Über die internationale Zuständigkeit der Gerichte können die Vertragsparteien gem Art 17 Abs 1 EuGVÜ eine ausdrückliche Vereinbarung treffen. Es kommt auf den Willen der Parteien beim Abschluß des Vertrages an (EuGH NJW 1979, 1100; GEIMER/SCHUETZE, Internationale Urteilsanerkennung Bd I 1 [1983] 922 f). Für die Schriftform genügt gem Art 17 Abs 1 S 2 EuGVÜ eine schriftliche Erklärung einer jeden Partei in getrennten Schriftstücken. Eine Partei kann von der Vereinbarung nur abweichen, wenn die Gerichtsstandsklausel nur zu ihren Gunsten getroffen war (Art 17 Abs 4 EuGVÜ). Auch dieser Ausnahmefall setzt einen entsprechenden Parteiwillen voraus. Art 17 Abs 4 EuGVÜ ist daher nicht schon dann erfüllt, wenn die Parteien die Zuständigkeit eines Gerichts (oder der Gerichte) des Vertragsstaates vereinbart haben, in denen die eine Partei ihren Sitz hat (EuGH EWiR 1986, 793 zust Anm GEIMER, betr Klage gegen einen deutschen Bürgen durch ein französisches Unternehmen, das durch seine Bürgschafts-AGB seinen Sitz als Gerichtsstand vereinbart hatte). Nach § 38 Abs 2 ZPO können die Vertragsparteien dann, wenn mindestens eine von ihnen keinen allgemeinen Gerichtsstand im Inland hat, ebenfalls eine Gerichtsstandsvereinbarung treffen; § 38 Abs 2 ZPO kommt aber nur zur Anwendung, wenn das EuGVÜ nicht anwendbar ist (BGH NJW 1980, 2022, 2023; WM 1992, 87). An das Erfordernis der Schriftlichkeit iS § 38 Abs 2 ZPO sind – entgegen § 126 Abs 2 BGB – keine höheren Anforderungen zu stellen als in Art 17 EuGVÜ (BGH WM 1992, 87, 88 f; zust GEIMER EWiR 1992, 203; REITHMANN/MARTINY Rn 2130 ff). Demnach genügt, wenn der Bürgschaftsvertrag mit der Gerichtsstandsvereinbarung § 126 Abs 2 nicht entspricht, schriftliche Bestätigung (BGH WM 1992, 87).

Mangels Prorogation ist maßgeblich gem Art 5 Nr 1 EuGVÜ der Erfüllungsort, der **150** sich nach dem Inhalt des Bürgschaftsvertrags und dem auf diesen anwendbaren materiellen Zivilrecht richtet; dies ist der Wohnort oder Geschäftssitz des Bürgen sowohl nach deutschem Recht (Rn 135) wie auch zB nach italienischem Recht, so daß für die Bürgschaft einer italienischen Bank ein italienisches Gericht zuständig ist (OLG München RIW 1986, 998, 999 betr Garantie). Für Ansprüche auf Schadensersatz wegen mißbräuchlicher Inanspruchnahme der Bürgschaft ist die Zuständigkeit am Ort der unerlaubten Handlung gem Art 5 Nr 3 EuGVÜ begründet. Die Verpflichtung, die mißbräuchliche Inanspruchnahme zu unterlassen, besteht nach deutschem IPR da, wo der Vertrag seinen Schwerpunkt hat. Dies ist nach der früheren BGH-Rspr der Erfüllungsort (BGH WM 1984, 1563, 1564 betr Garantie), nach neuem Recht der Ort der charakteristischen Leistung (Art 28 EGBGB). Dies schließt andere Begehungsorte nicht aus.

b) Die **arbeitsgerichtliche Zuständigkeit** für die Hauptschuld erstreckt sich bei **151** Zusammenhangsklagen iS § 2 Abs 3 ArbGG auch auf die Bürgenschuld (GRUNSKY, ArbGG [6. Aufl 1990] Rn 137 f). Die Zuständigkeit des Schiffahrtsgerichts als besonderen Gerichts für die Hauptschuld (§ 14 GVG) gilt nicht automatisch für die Bürgenschuld (vgl auch RGZ 71, 65 betr die früheren Gewerbegerichte). Die Zuteilung zur Kammer für Handelssachen (§ 95 GVG) ist für die Bürgschaftsklage gesondert zu prüfen (REICHEL, Schuldmitübernahme 520).

c) Der **Gerichtsstand** des Hauptschuldners ist nicht schon deshalb auch der **152** Gerichtsstand des Bürgen. Dieser ist vielmehr regelmäßig an seinem allgemeinen

Gerichtsstand (§§ 12–19 ZPO) bzw an seinem Erfüllungsort (§ 29 ZPO) zu verklagen (RGZ 71, 59; OLG Stuttgart HRR 1931 Nr 1123; OLG Hamburg NJW 1952, 1020; LG Hamburg NJW-RR 1995, 183; BAUMBACH/LAUTERBACH/HARTMANN, ZPO [55. Aufl 1997] § 29 Rn 20). Bei der Wechselbürgschaft ist gem § 603 ZPO auch das Gericht des Zahlungsortes zuständig (OLG Düsseldorf NJW 1969, 380). Der Gläubiger kann, wenn er Hauptschuldner und Bürgen als Streitgenossen verklagen will (iF Rn 156), uU die Bestimmung eines gemeinsam zuständigen Gerichts gem § 36 Nr 3 ZPO beantragen (ROSENBERG/SCHWAB/GOTTWALD, Zivilprozeßrecht [15. Aufl 1993] § 38 I 3).

153 d) Die **Schiedsabrede** gem § 1025 ZPO zwischen Gläubiger und Bürgen begründet die prozeßhindernde Einrede des § 1027a ZPO. Die Schiedsabrede, daß über alle Streitigkeiten aus einem Gesellschaftsvertrag mit der Gesellschaft oder unter den Gesellschaftern ein Schiedsgericht entscheiden soll, ist weit auszulegen; sie umfaßt auch den Rechtsstreit über den Bürgenregreß zwischen den Gesellschaftern (LG Mönchengladbach NJW-RR 1994, 425). Der Schiedsvertrag zwischen Gläubiger und Hauptschuldner begründet nicht ohne weiteres die prozeßhindernde Einrede des § 1027a ZPO für und gegen den Bürgen (BAUMBACH/LAUTERBACH/HARTMANN, ZPO [55. Aufl 1997] § 1025 Rn 19; OLG Breslau OLGE 27, 81; BGH VersR 1983, 776); in diesem Fall ist aber anzunehmen, daß der Bürge sich nur für die schiedsgerichtlich festgestellte Schuld verbürgt hat, wenn bei Bürgschaftsübernahme die Schiedsabrede für die Hauptschuld schon bestand oder in Aussicht genommen war.

3. Streitwert

154 Der Streitwert für die Bürgschaftsklage entspricht nur im Grundsatz dem der Klage gegen den Hauptschuldner. Der BGH will daher den Betrag der aufgelaufenen Zinsen als Nebenleistung zur Hauptschuld bei der Streitwertberechnung nach § 4 Abs 1 ZPO unberücksichtigt lassen (WM 1958, 1018; BAUMBACH/LAUTERBACH/HARTMANN, ZPO [55. Aufl 1997] Anh § 3 Rn 30). Dies überzeugt nicht, weil für den Bürgen die Zinsen der Hauptschuld, falls sie von der Bürgschaft umfaßt sind (so regelmäßig nach § 767 Abs 1 S 2) Teil seiner Klagschuld, der Bürgenschuld, sind. Folgerichtig zählen bei der Klage des Bürgen gegen den Hauptschuldner die vom Bürgen gezahlten Zinsen (und Kosten) als Teil der Hauptforderung (BAUMBACH/LAUTERBACH/HARTMANN aaO). Bei der Klage auf Befreiung von der Bürgenschuld ist der Betrag der verbürgten Hauptschuld maßgeblich (OLG Karlsruhe AnwBl 1973, 168); richtigerweise sind die Zinsen dazuzuschlagen. Bei Klagen auf Feststellung des Bestehens einer Bürgschaftsverpflichtung ist die Höhe der zu sichernden Hauptforderung maßgeblich, nicht der (ggf niedrigere) Betrag, für den der Bürge wahrscheinlich einmal in Anspruch genommen wird (RGZ 25, 367; KG JW 1933, 2402). Der Streitwert der Klage auf Befreiung von der Bürgschaftsverpflichtung kann nicht höher, ggf aber niedriger als derjenige der Feststellungsklage bewertet werden (OLG Hamburg OLGE 15, 53; OLG Kiel OLGE 33, 73; aA KG OLGE 25, 46 betr Streitwert der Mietbürgschaft; wohl auch OLG Karlsruhe AnwBl 1973, 168). Wird der Bürge verurteilt, nachdem er hilfsweise die Aufrechnung mit Gegenforderungen des Hauptschuldners ohne Erfolg geltend gemacht hatte, so erhöht der Wert dieser Gegenforderung nicht den Beschwerdewert iS § 546 ZPO (BGH WM 1973, 395; Ausnahme von dem in BGHZ 48, 212 anerkannten Additionsprinzip).

4. Klage gegen Bürgen und Hauptschuldner

Der Gläubiger kann Hauptschuldner und Bürgen gleichzeitig, bei Zuständigkeit des- **155** selben Gerichts (Rn 152) in einer Klage, durch gesonderte Klaganträge auf Leistung in Anspruch nehmen (BGH LM Nr 2 zu § 100 ZPO). Steht dem Bürgen die Einrede des § 771 zu und wird sie von ihm erhoben, ist der unbeschränkte Klagantrag auf sofortige Leistung als zur Zeit unbegründet abzuweisen (§ 771 Rn 10). Der Gläubiger muß daher seinen unter der Voraussetzung des § 259 ZPO zulässigen Klagantrag dahin einschränken, daß der Bürge erst nach erfolglosem Vollstreckungsversuch gegen den Hauptschuldner (§ 772) zu leisten habe (vgl RGZ 90, 180). Das Urteil kann dann nur gem § 726 Abs 1 ZPO vollstreckt werden. Werden Hauptschuldner und Bürge mangels Einrede des § 771 gleichermaßen verurteilt, muß im Urteil zum Ausdruck kommen, daß der Gläubiger die Summe nur einmal erhalten kann (SCHNEIDER MDR 1967, 353), obwohl Bürge und Hauptschuldner nicht Gesamtschuldner sind (Rn 16) und daher auch nicht nach § 100 Abs 4 ZPO gesamtschuldnerisch für die Kosten haften (BGH NJW 1955, 1398 = JZ 1956, 99 m Anm LAUTERBACH; ZÖLLER/HERGET, ZPO [20. Aufl 1997] § 100 Rn 12; BAUMBACH/LAUTERBACH/HARTMANN, ZPO [55. Aufl 1997] § 100 Rn 7).

Werden Bürge und Hauptschuldner gemeinsam verklagt, so sind sie Streitgenossen **156** (§ 59 ZPO), aber nicht notwendige Streitgenossen (§ 62 ZPO; RGZ 59, 236; BGH NJW 1969, 1480; BAUMBACH/LAUTERBACH/HARTMANN, ZPO [55. Aufl 1997], § 62 Rn 9; FENGE NJW 1971, 1920). Klagen gegen Hauptschuldner und Bürgen müssen auch nicht aus Kostengründen verbunden werden (OLG Koblenz VersR 1992, 339). Tritt der Bürge auf Streitverkündung als Nebenintervenient bei, so ist er schlichter Nebenintervenient nach § 66 ZPO, nicht Streitgehilfe nach § 69 ZPO (REICHEL, Schuldmitübernahme 524). Verkündet der Gläubiger dem Bürgen, nicht aber dem Hauptschuldner den Streit, so hat im Bürgschaftsprozeß das Urteil des Vorprozesses Interventionswirkung gegenüber dem Bürgen trotz der Akzessorietät der Bürgschaft (BGH NJW 1969, 1480 betr Bürgschaft für einen Freistellungsanspruch von Ansprüchen Vierter).

5. Schlüssigkeit und Beweislast

Es handelt sich um Fragen des materiellen Rechts. Wird aufgrund einer Bürgschaft **157** zur Zahlung auf erstes Anfordern Leistung verlangt, so ist die Schlüssigkeit nur im Hinblick auf die Vertragsmäßigkeit der Zahlungsanforderung, nicht im Hinblick auf den Bestand der gesicherten Hauptforderung zu prüfen (ähnlich BGH WM 1984, 44, 45 = NJW 1984, 923; BGH WM 1994, 106 = ZIP 1993, 1851, 1852; GRAF vWESTPHALEN, Die Bankgarantie im internationalen Handelsverkehr [2. Aufl 1990] 164). Die Zahlungsanforderung ist freilich unschlüssig, wenn sie auf eine andere als die verbürgte Hauptforderung Bezug nimmt (BGH ZIP 1996, 172; s auch Rn 27). Hatten beide Parteien einen rechtlichen Gesichtspunkt für unerheblich gehalten, so darf das Gericht die Abweisung der Klage als unschlüssig nicht auf diesen Gesichtspunkt stützen, ohne zuvor einen entsprechenden Hinweis an den Kläger und eine Gelegenheit zur Stellungnahme zu geben (OLG Düsseldorf NJW-RR 1992, 1268).

Hat der Gläubiger einer Bürgschaft auf erstes Anfordern Zahlung erhalten und wird **158** nachträglich seine materielle Berechtigung (im Nachverfahren oder Rückforderungsprozeß) nachgeprüft, so hat der Gläubiger unverändert die **Beweislast** für seine materielle Berechtigung (oben Rn 33), der Bürge die Beweislast für die anspruchshindernden oder anspruchsvernichtenden Tatsachen. Der Bürge, der Leistungen des Hauptschuldners behauptet und daraus Befreiung von seiner Bürgschaftsschuld herleiten will, muß diese Leistungen darlegen und beweisen (BGH WM 1988, 209; zust TIEDTKE EWiR 1988, 251; OLG Düsseldorf NJW-RR 1988, 1019). Dies ändert nichts an dem Grundsatz, daß entsprechend der Akzessorietät der Bürgschaft der Gläubiger auch den Fortbestand der Bürgschaft als anspruchsbegründende Tatsache zunächst behaupten und notfalls beweisen muß (STAUDINGER/HORN[12] § 767 Rn 3; BGH ZIP 1985, 984 = WM 1985, 969, 971). Daraus ergibt sich entgegen TIEDTKE (EWiR 1988, 251) kein Widerspruch zu dem allgemeinen Satz, daß der Bürge den Untergang der Hauptforderung beweisen muß. Denn der Gläubiger erfüllt seine Darlegungs- und Beweislast schon, wenn sich aus seinem Vortrag nicht der Untergang der Hauptforderung ergibt und wenn der Tatsachenvortrag der Gegenseite, aus denen sich der Untergang ergeben soll, erschüttert wird; im übrigen hilft ihm hinsichtlich des Fortbestandes der Hauptschuld der prima-facie-Beweis. Zu Einzelfragen der Beweislast bei Kontokorrentbürgschaften s § 765 Rn 92—96.

159 Der Gläubiger muß ebenso das Entstehen der Bürgschaft beweisen. Aber auch hier hat der Bürge die Beweislast dafür, daß – ausnahmsweise und in Abweichung vom normalen Lauf der Dinge – der Vertragsschluß mangels Geschäftsfähigkeit des Bürgen (§ 105 Abs 2) unwirksam ist, zB weil der Bürge so betrunken war, daß eine freie Willensbestimmung ausgeschlossen war (BGH WM 1988, 1407). Wendet der Bürge, der wegen Verbürgung eines notleidend gewordenen Kettenkredits in Anspruch genommen wird, die Sittenwidrigkeit dieses Kredits ein, so soll die Kreditbank nach OLG Celle (NJW-RR 1986, 1492) die Darlegungslast für die gesamte Kontenentwicklung des Darlehens in der Vergangenheit haben. Dies kann aber nur gelten, wenn der Bürge den Anfangsbeweis der Sittenwidrigkeit (prima facie) erbracht hat.

160 **6.** **Grundzwischenurteil** gegen den Bürgen ist zulässig, soweit der Bürgschaftsanspruch ein einheitlicher ist, auch wenn die eingeklagten Ansprüche gegen den Hauptschuldner nicht alle unter die Bürgschaftsverpflichtung fallen (RG HRR 1938 Nr 1459). Die Verurteilung des Bürgen **dem Grunde nach** setzt die Feststellung des Bestehens der Hauptschuld voraus; diese Feststellung kann nicht dem Nachverfahren überlassen werden (BGH WM 1990, 262; zust TIEDTKE EWiR 1990, 199). Werden mehrere Nebenbürgen (zum Begriff § 769 Rn 9,12 f) im Rahmen je des Höchstbetrages ihrer einzelnen Bürgschaft in Anspruch genommen, steht aber fest, daß der Gläubiger weniger als die Summe der einzelnen Bürgschaftsbeträge zu beanspruchen hat, ist die **Widerklage** der Bürgen auf die negative **Feststellung** zulässig und begründet, daß sie über den vom Hauptschuldner geschuldeten Betrag nicht haften (BGH ZIP 1985, 919).

7. Urkundenprozeß

161 Zahlungsansprüche aus Bürgschaften „auf erstes Anfordern" (oben Rn 24 ff) können im Urkundenprozeß geltend gemacht werden (HORN NJW 1980, 2153, 2155; RGZ 97, 162; vgl auch die Fälle BGHZ 90, 287 = ZIP 1984, 685; BGH WM 1994, 106). Der Bürge kann im Urkundenprozeß dem Zahlungsanspruch Einwendungen einschließlich des Einwandes des Rechtsmißbrauchs nur entgegensetzen, wenn diese ebenfalls urkundlich beweisbar sind (vgl BGHZ 90, 287; HORN, Bürgschaften und Garantien [6. Aufl 1995] 121 f).

Andernfalls kann er sie erst im Nachverfahren geltend machen (HORN NJW 1980, 2153, 2155; zust SCHÜTZE EWiR 1994, 131, 132). Der BGH will diese Einwendungen freilich auch im Nachverfahren noch nicht zulassen, sondern erst in einem späteren Rückforderungsprozeß nach Zahlung, weil sich aus der Vereinbarung der Bürgschaft auf erstes Anfordern das materiellrechtliche Prinzip „erst zahlen, dann prozessieren" ergebe (WM 1994, 106 = ZIP 1993, 1851 f). Dies überzeugt nicht. Denn der Gläubiger wird bereits durch das Vorbehaltsurteil im Urkundenprozeß mit einem vollstreckbaren Tiel ausgestattet und ist damit so weit geschützt, wie er dies bei einer Bürgschaft auf erstes Anfordern erwarten darf. Außerdem spricht die Prozeßökonomie für die Zulassung der Einwendungen im Nachverfahren (zutr SCHÜTZE aaO). Der unabhängig vom Fall des Urkundenprozesses anerkannte Grundsatz, daß „alle Streitfragen rechtlicher und tatsächlicher Art, deren Beantwortung sich nicht von selbst ergibt", dem Zahlungsbegehren nicht sofort entgegengesetzt werden können, sondern im Rückforderungsprozeß zu klären sind (BGHZ 90, 287, 294 = WM 1984, 689, 690; BGH WM 1988, 934 = NJW 1988, 2610; WM 1989, 433 = NJW 1989, 1480, 1481; WM 1989, 1496, 1498; WM 1994, 106, 107) ist dahin zu präzisieren, daß zunächst der Gläubiger einen vollstreckbaren Titel erhalten muß, dann aber alle Einwendungen des Bürgen im Nachverfahren oder im Rückforderungsprozeß vorgebracht werden können.

8. Einstweiliger Rechtsschutz

Ebenso wie bei der Garantie (unten Rn 309 ff) kann bei der Bürgschaft, insbesondere **162** bei der Verpflichtungsform zur Zahlung auf erstes Anfordern, das Bedürfnis auftreten, daß der Auftraggeber der Bürgschaft (zB Bankkunde), meist der Hauptschuldner, das Zahlungsbegehren wegen mißbräuchlicher Inanspruchnahme der Bürgschaft (zur Garantie Rn 320 ff) abwehren will, zumal der Auftraggeber dem Bürgen Aufwendungsersatz der Bürgschaftssumme schuldet. Dieses Bedürfnis ist in allen Fällen anzuerkennen, in denen starke und eindeutige Anzeichen für einen Rechtsmißbrauch sprechen und zugleich den Umständen nach ein späterer Rückforderungsanspruch gegen den Gläubiger wenig aussichtsreich erscheint, zB wegen dessen wirtschaftlicher Lage oder weil der seinen Sitz im Ausland hat und die Rechtsverfolgung dort wenig aussichtsreich erscheint.

In Betracht kommt einmal ein **Arrest** (§§ 916 ff ZPO) in den Bürgschaftsanspruch **163** oder in andere (inländische) Vermögenswerte des Gläubigers. Dieser Weg stößt auf prozessuale Schwierigkeiten und seine Gangbarkeit wird überwiegend bestritten; er kann aber mE nicht schlechthin verworfen werden (Rn 321; ablehnend PLEYER, Bankgarantie, WM-Sonderbeilage 1973/2, 24; MÜLBERT, Mißbrauch von Bankgarantien und einstweiliger Rechtsschutz [1985] 182 ff, 191 f mwN; BLAU WM 1988, 1474 mwN). Hauptgegenargumente sind, daß die Bürgschaftsforderung für den Bürgschaftsauftraggeber kein Vermögenswert sei und daß er durch die Behauptung des Rechtsmißbrauchs die Existenz der Forderung, auf die er zurückgreifen wolle, gerade leugne. Beide Argumente überzeugen nicht. Für den Bürgschaftsauftraggeber (zB Hauptschuldner) geht es bei der drohenden Inanspruchnahme durchaus um Vermögenswerte, und die Gegenseite behauptet ohnehin die Existenz des Bürgschaftsanspruchs. Auch ein Arrestgrund ist gegeben: ein künftiger Schadensersatzanspruch gegen den mißbräuchlich vorgehenden Gläubiger. Allerdings bestehen prozessuale Schwierigkeiten anderer Art: wird auf Antrag statt der Arrestpfändung die Bürgschaftssumme hinterlegt, haben Gerichte bisweilen fälschlich den Arrestgrund als erledigt angesehen und den

Arrest aufgehoben, so daß die Summe ausbezahlt wurde (LG Duisburg WM 1988, 1483; AG Frankfurt/M WM 1988, 1485).

164 Der näherliegende und namentlich bei der Garantie häufig beschrittene Weg ist **die einstweilige Verfügung gegen den Bürgen** (Bank), die Bürgschaftssumme nicht auszuzahlen. Dieser Weg wird überwiegend und zutreffend für gangbar gehalten (für die Bürgschaft OLG Frankfurt/M NJW-RR 1991, 174; zust BÜLOW EWiR 1991, 43; OLG Frankfurt/M BB 1993, 96; KG BauR 1982, 386; im Grundsatz auch OLG Stuttgart NJW-RR 1994, 1204; vgl auch die Nachw z Garantie unten Rn 336 ff). Der Verfügungsanspruch ergibt sich aus dem Vertrag zwischen Bürgschaftsauftraggeber und Bürgen, meist einer Bank (Avalvertrag). Aus ihm folgt eine Interessenwahrungspflicht der Bank zur Abwehr von Schäden ihres Kunden aus mißbräuchlicher Inanspruchnahme (BGH ZIP 1985, 1380 = WM 1985, 1387, 1390; HORN, Bürgschaften und Garantien [6. Aufl 1995] 125 ff mwN). Diese Pflicht besteht freilich nur, wenn der Bürge (Bank) den Rechtsmißbrauch beweisen und damit den Zahlungsanspruch abwehren kann (HORN NJW 1980, 2153, 2157). Die Beweisbarkeit ist also Element des Verfügungsanspruchs. Ob man einen Schaden von einigem Gewicht als Verfügungsgrund fordern muß, ist zweifelhaft (so aber OLG Frankfurt/M NJW-RR 1991, 174, 175 f). Unzutreffend ist es, wenn man schon im Verfahren der einstweiligen Verfügung eine „liquide Beweisbarkeit" des Rechtsmißbrauchs fordert; denn das Gesetz verlangt in §§ 920 Abs 2, 935 ZPO eindeutig nur die Glaubhaftmachung. Richtig ist, daß man der Berufung auf angeblichen Mißbrauch nicht leichtfertig nachgeben darf, um die von den Parteien gewollte strenge Verpflichtungsform nicht in ihrer Sicherungsfunktion für den Gläubiger auszuhöhlen. Daher müssen sehr deutliche Anzeichen für den Rechtsmißbrauch sprechen und dieser muß (im Verhältnis Bürge-Gläubiger!) beweisbar sein. Im Eilverfahren genügt es aber, wenn der Auftraggeber glaubhaft macht, daß diese Beweisbarkeit gegeben sein werde; Vollbeweis kann hier nicht verlangt werden (HORN, Bürgschaften und Garantien 129).

165 Eine einstweilige Verfügung kommt **auch gegen den Bürgschaftsgläubiger** in Betracht mit dem Ziel, daß das Gericht ihm die mißbräuchliche Zahlungsanforderung gegenüber dem Bürgen untersagt (vgl den Fall BGH WM 1987, 367).

9. Rechtskraft

166 Das rechtskräftige Urteil im Prozeß zwischen Hauptschuldner und Gläubiger wirkt grundsätzlich nur **zugunsten des Bürgen**, nicht aber zu seinen Lasten. Der Bürge kann sich also auf die rechtskräftige Abweisung der Klage gegen den Hauptschuldner berufen (BGH NJW 1970, 279; § 768 Rn 25 ff). Das den Hauptschuldner verurteilende Urteil wirkt nicht gegenüber dem Bürgen (BGH WM 1971, 614; BGHZ 107, 92, 96 = ZIP 1989, 427; BGH ZIP 1993, 585 = NJW 1993, 1594). Hat aber der Gläubiger ein rechtskräftiges Urteil gegen den Hauptschuldner erwirkt, wonach diesem eine aufrechenbare Forderung gegen den Gläubiger nicht zusteht, so kann der Bürge gegenüber dem Gläubiger nicht mehr die Einrede der Aufrechenbarkeit erheben; denn in diesem Fall kann sich auch der Gläubiger nicht mehr durch Aufrechnung befriedigen (OLG Frankfurt/M NJW-RR 1988, 206). Hat der Hauptschuldner vom Gläubiger im Klageweg die Entlassung des Bürgen und die Herausgabe der Bürgschaftsurkunde verlangt, so steht einer späteren Klage gegen den Gläubiger auf Unterlassung der Zahlungsanforderung aus dem gleichen Sachverhalt der Einwand der Rechtshängigkeit oder Rechtskraft entgegen (BGH WM 1987, 367).

10. Zur **Prozeßbürgschaft** s Rn 91 ff.

XIII. Die Bürgschaft im Konkurs- und Vergleichsverfahren*

1. Konkurs- und Vergleichsverfahren des Hauptschuldners

a) Wirkung des Verfahrens auf die Bürgenschuld
Der Bürge verliert die Einrede der Vorausklage; § 773 Nr 3 u 4. – Die betagte Hauptforderung gilt gem §§ 65 KO, 30 VglO als fällig, aber nur im Verhältnis zum Hauptschuldner als Gemeinschuldner, nicht zum Bürgen (RGZ 86, 249; 88, 375; SeuffA 70 Nr 233 = LZ 1916, 242; JAEGER/LENT § 65 Anm 4 a; BÖHLE-STAMSCHRÄDER/KILGER § 30 Anm 4). – Wenn sich die Hauptforderung aus beiderseitig unerfülltem Austauschvertrag in Folge Erfüllungsablehnung gem §§ 17, 26 KO, §§ 50, 52 VglO in eine Schadensersatzforderung verwandelt, haftet auch der Bürge gem § 767 Abs 1 nur auf Schadensersatz (JAEGER/HENCKEL § 17 Rn 198; BÖHLE-STAMSCHRÄDER/KILGER § 52 Anm 2; RG KuT 1936, 7).

b) Stellung des Bürgen im Verfahren
Der Bürge ist wegen seiner Ersatzforderung gegen den Hauptschuldner nach hM im Grundsatz immer Konkursgläubiger (RGZ 14, 172; 42, 35; JAEGER/HENCKEL § 3 Rn 57; § 67 Anm 5), im Vergleichsverfahren trotz § 33 VglO immer Vergleichsgläubiger (KIESOW KuT 1937, 140; BÖHLE-STAMSCHRÄDER/KILGER § 33 Anm 2). Die Forderung des Gläubigers und die des Bürgen dürfen aber die Masse bzw den Vergleichsschuldner nur einmal belasten, können also für den gleichen Forderungsbetrag nicht nebeneinander im Verfahren berücksichtigt werden. Im einzelnen gilt:

aa) Hat der Bürge noch nicht gezahlt, kann er seine aufschiebend bedingte Rückgriffsforderung nur zur Sicherung gem § 67 KO anmelden (RG JW 1936, 3126; JAEGER KuT 1932, 49) wird aber im Verfahren nur soweit berücksichtigt, als der Hauptgläubiger dem Konkurs fernbleibt (RGZ 85, 57; OLG Nürnberg BB 1964, 237; JAEGER/LENT § 67 Anm 5); gleiches gilt nach § 33 VglO. Nimmt der Gläubiger dagegen mit der Hauptforderung am Konkurs teil, so schließt er den Bürgen, der noch nicht gezahlt hat, mit dessen bedingter Rückgriffsforderung (§ 774 Abs 1 S 1) gem § 68 KO aus (BGHZ 55, 117, 120 = WM 1971, 107; BGH WM 1984, 1575, 1576).

bb) Hat der Bürge vor Verfahrenseröffnung den Gläubiger voll befriedigt, so nimmt

---

* **Schrifttum:** KIESOW, Zur Stellung des Bürgen im Vergleichsverfahren, KuT 1937, 1939; LÖSCHER, Der Rückgriff des Bürgen im Konkurse des Hauptschuldners (Diss Leipzig 1937); SCHONER, Der Rückgriff des Bürgen im Konkurs des Hauptschuldners (Diss Köln 1938); KÜNNE, Außergerichtliche Vergleichsordnung (7. Auf 1968) § 20; JAEGER, KO (§§ 1-9, 9. Aufl 1977; §§ 10-18, 9. Aufl 1980; §§ 19-28, 9. Aufl 1982; §§ 29-42, 9. Aufl 1991; §§ 43-238, 8. Aufl 1973); BLEY/MOHRBUTTER, VglO (§§ 1-81, 4. Aufl 1979; §§ 82-132, 4. Aufl 1981); BÖHLE-STAMSCHRÄDER/KILGER, VglO (11. Aufl 1986); GOTTWALD (Hrsg), Insolvenzrechtshandbuch (1990); HESS, KO (5. Aufl 1995); KUHN/UHLENBRUCK, KO (11. Aufl 1994); RATZ, in: Großkomm z HGB § 349 Anm 67 u 68.

er an dessen Stelle als unbedingter Konkurs- bzw Vergleichsgläubiger am Verfahren teil, bei teilweiser Befriedigung in Höhe der übergegangenen Teilforderung, wobei § 774 Abs 1 S 2 BGB gegenüber den verfahrensmäßigen Notwendigkeiten nicht zum Zuge kommt (RGZ 83, 401 = SeuffA 69 Nr 196; PLANCK/OEGG BGB [4. Aufl 1928] § 774 Anm 3 b; JAEGER/HENCKEL § 3 Rn 54, 56; SOERGEL/MÜHL § 774 Rn 7: Kondiktionsausgleich).

172 cc) Zahlt der Bürge nach Verfahrenseröffnung voll, löst er den Hauptgläubiger ab (JAEGER/HENCKEL § 3 Rn 54, 56; JAEGER/WEBER § 142 Anm 4; BLEY/MOHRBUTTER § 33 Anm 6). Ob eine solche volle Erfüllung vorliegt, richtet sich nach dem Umfang der Bürgschaft. Deckt also die Bürgschaft nur einen Teilbetrag der Hauptschuld (Teilbürgschaft oder Höchstbetragsbürgschaft), so wird durch die volle Zahlung der Bürgschaftssumme die Anwendbarkeit des § 68 KO ausgeschlossen (BGH NJW 1960, 1295, 1296; NJW 1969, 796; ZIP 1985, 18, 20). Ist im Bürgschaftsvertrag vereinbart, daß Zahlungen des Bürgen bis zur vollen Befriedigung des Gläubigers nur als Sicherheit gelten sollen, so nimmt der Bürge nicht neben dem Gläubiger am Konkurs teil (BGHZ 92, 374; dazu HORN EWiR 1985, 85); wird der Gläubiger nachträglich durch den Hauptschuldner vollständig befriedigt, hat er die Bürgschaftssumme zurückzugewähren. Der Erlaß der Bürgschaftsschuld durch den Gläubiger steht der Erfüllung durch den Bürgen nicht gleich (BGH ZIP 1990, 53, 55 = BB 1990, 89 betr Aufrechnung; dazu HÄSEMEYER EWiR 1990, 175; s auch iF Rn 174). Soweit ein Gesellschafter für die Gesellschaft bürgt und seine Bürgschaft Kapitalersatzcharakter hat (s oben Rn 118), nimmt er am Konkurs der Gesellschaft nicht teil (BGH ZIP 1990, 53, 55; OLG München ZIP 1989, 322).

173 Bei einer **Teilbefriedigung** des Gläubigers durch den Bürgen schließt der Gläubiger durch seine Anmeldung gem § 68 KO, § 32 VglO den Bürgen grundsätzlich bis zu seiner vollständigen Befriedigung vom Verfahren aus; dem Bürgen bleibt freilich die Möglichkeit der Aufrechnung (iF Vorbem 174). Im Verfahren dagegen wird der Bürge nur insoweit berücksichtigt, als die auf die ganze Hauptschuld entfallende Quote die nicht vom Bürgen befriedigte Restforderung des Gläubigers übersteigt (JAEGER/HENCKEL § 3 Rn 54, 56; § 68 Anm 3; KIESOW KuT 1937, 141; BLEY/MOHRBUTTER § 33 Anm 7; RGZ 52, 171; BGHZ 27, 51, 54; OLG Nürnberg BB 1964, 237).

174 dd) Ist der Bürge Schuldner einer zur Konkursmasse gehörigen Forderung, so kann er mit seinem Rückgriffsanspruch aus § 774 Abs 1 S 1 **aufrechnen** und zwar gem § 53 KO unabhängig von einer Teilnahme am Konkursverfahren, weil sich die Aufrechnung außerhalb des Konkursverfahrens vollzieht; der Bürge kann daher auch dann, wenn er die Bürgschaft nur zum Teil erfüllt hat und daher neben dem Gläubiger nicht am Konkursverfahren beteiligt wird (Rn 173), in der Höhe des an den Gläubiger geleisteten Teilbetrags voll aufrechnen (RGZ 58, 11; 80, 407; JAEGER/LENT § 54 Anm 10). Dabei genügt Zahlung nach Verfahrenseröffnung. Denn § 54 Abs 1 KO erweitert für den Konkurs die Aufrechnungsbefugnis auf bedingte Forderungen und der Rückgriffsanspruch des § 774 Abs 1 S 1 ist als schon mit Abschluß des Bürgschaftsvertrags entstanden anzusehen unter der Bedingung, daß der Bürge in Anspruch genommen wird und zahlt (BGH ZIP 1990, 53, 55). Ist dem Bürgen die Bürgschaftsschuld ganz oder teilweise erlassen worden, so kann der Bürge im Umfang des Erlasses auch dann nicht aufrechnen, wenn ihm der Gläubiger insoweit die Hauptforderung überträgt. Denn der gesetzliche Rückgriffsanspruch des § 774 Abs 1 S 1 ist mangels Zahlung nicht entstanden, und die rechtsgeschäftliche Übertragung der Hauptschuld berech-

tigt nach § 55 Nr 2 KO nicht zur Aufrechnung (BGH ZIP 1990, 53, 55; zust HÄSEMEYER EWiR 1990, 175 f). Wegen der Aufrechnungsmöglichkeit kann der Bürge ein Interesse haben, nach Konkurseröffnung seine Bürgschaftsschuld zu erfüllen; der Gläubiger kann umgekehrt ein Interesse haben, die Erfüllungswirkung rechtsgeschäftlich auszuschließen, was die Rechtsprechung auch im Weg der AGB zuläßt (BGHZ 92, 374).

Zahlt der Bürge auch während des Konkursverfahrens nicht, so ist sein aufschiebend **175** bedingter Rückforderungsanspruch gem § 774 Abs 1 S 1 noch nicht entstanden und zur Aufrechnung ebensowenig geeignet wie ein Befreiungsanspruch gem § 775 (JAEGER/LENT KuT 1932, 49; RG KuT 1936, 161). Der Schuldbefreiungsanspruch des Auftragsbürgen ist im Konkurs im Fall der Teilnahme des Gläubigers praktisch wertlos, weil er vor voller Befriedigung des Gläubigers nicht geltend gemacht werden kann (JAEGER aaO; vgl auch OLG Dresden SeuffA 71 Nr 244).

Der Bürge haftet auch für diejenigen **Verzugszinsen** aus der Hauptforderung, die **nach** **176** **Verfahrenseröffnung** anfallen (OLG Nürnberg ZIP 1991, 1018 = WM 1991, 1794 = NJW-RR 1992, 47). § 63 Nr 1 KO schützt den Bürgen nicht vor dem Zinsanspruch des Gläubigers (RGZ 92, 181, 192; KUHN/UHLENBRUCK, KO [11. Aufl 1994] § 63 Rn 1b). Andererseits kann der Bürge die seit Verfahrenseröffnung angefallenen Zinsen der Hauptschuld nicht mit dem Rückgriffsanspruch aus § 774 Abs 1 S 1 im Konkursverfahren geltend machen, weil dies § 63 Nr 1 KO, § 29 Nr 1 VglO verwehrt (aA für den Anspruch aufgrund persönlicher Erstattungsforderung etwa nach § 670, § 67 KO JAEGER/LENT § 63 Anm 2 a; nicht überzeugend).

c) **Beendigung des Verfahrens; Zwangsvergleich**
Nach Verfahrensbeendigung kann der Bürge seinen nicht im Konkurs befriedigten **177** Rückgriffsanspruch gem § 164 KO gegen den Hauptschuldner weiterverfolgen (RG SeuffA 41 Nr 82). Der Zwangsvergleich dagegen mindert die Haftung des Hauptschuldners auf die Vergleichsquote herab (§ 193 KO); ebenso ist es im Vergleichsverfahren (§ 82 VglO). Gleiches gilt im Fall, daß eine Personengesellschaft Gemeinschuldner ist, für die persönliche Haftung der Gesellschafter (§ 211 Abs 2 KO; § 109 Abs 1 Nr 3). Der Bürge selbst haftet unvermindert weiter gem § 193 S 2 KO, § 82 Abs 2 VglO (RGZ 113, 318, 320; 153, 338, 342; BGHZ 55, 117, 119). So kann zB der Gläubiger einer monatlichen Pension, der mit einer kapitalisierten Vergleichsquote abgefunden wurde, für den im Vergleich ausgefallenen Rest den Bürgen des Pensionsanspruchs auf monatliche Zahlung in Anspruch nehmen (BGH NJW 1978, 107 = BB 1978, 196; NJW 1979, 415). Die endgültige Herabminderung der Haftung des Hauptschuldner durch den Vergleich bewirkt, daß der Bürge für den Betrag, den er über die Quote an den Gläubiger zahlt, seinen Rückgriffsanspruch verliert; § 82 Abs 2 S 2 VglO (RGZ 14, 179; LG Hagen NJW 1961, 1680). Auch einen vertraglichen Freistellungsanspruch gegen den Hauptschuldner kann der Bürge nicht mehr geltend machen (BGHZ 55, 117 = NJW 1971, 382).

d) **Vergleichsbürgschaft**
Für die Erfüllung eines Vergleichs im Konkurs- oder Vergleichsverfahren kann eine **178** Bürgschaft (oder Garantie) übernommen werden; dies ist die praktisch bedeutsamste Form der Sicherstellung der Vergleichserfüllung iS § 3 Abs 1 VglO durch Dritte (MOHRBUTTER KTS 1970, 116, 118 ff). Die Bürgenerklärung ist eine in das Protokoll über

den Zwangsvergleich aufzunehmende Prozeßhandlung (RGZ 56, 70; 64, 82; OLG Karlsruhe OLGE 12, 100); die materielle Wirksamkeit hängt davon aber nicht ab, so daß die Bürgschaftsverpflichtung auch außerhalb des Verfahrens erklärt und die Urkunde mit dem Vergleichsantrag eingereicht werden kann (RGZ 143, 100). Wenn später über das Vermögen des Hauptschuldners der Anschlußkonkurs eröffnet wird, wird der Bürge im Zweifel (Auslegung) nicht frei (BGH NJW 1957, 1319; OLG Köln NJW 1956, 1322 m Anm BÖHLE-STAMSCHRÄDER; aA KUBISCH NJW 1956, 1841). Zu den Voraussetzungen der Vollstreckung aus dem bestätigten Liquidationsvergleich gegen den Vergleichsgaranten (und ebenso den Vergleichsbürgen) gem § 85 Abs 2 VglO s BGH KTS 1970, 45.

179 Dagegen ist die Übernahme einer Bürgschaft im Verfahren zugunsten nur einzelner Gläubiger als Verstoß gegen die Gleichbehandlung der Gläubiger gem § 181 KO, § 8 Abs 3 VglO nichtig und Leistungen zu ihrer Erfüllung sind kondizierbar (JAEGER/WEBER, KO § 181 Anm 4–8; RG BayZ 1907, 236; LZ 1930, 775, 1383, 1386; WarnR 1931 Nr 100; zur str Anwendung des § 817 S 2 RG JW 1936, 3190; JAEGER/WEBER KO § 181 Anm 14). Gültig dagegen sind Sonderabmachungen zwischen Bürgen und Schuldner, die dem Bürgen im Fall des Zwangsvergleichs besondere Sicherheiten oder volle Befriedigung seiner Erstattungsforderung zusichern, sofern der Bürge durch den Gläubiger ohnehin von der Berücksichtigung im Konkurs ausgeschlossen bleibt (RG LZ 1908, 942 Nr 3; JAEGER/LENT, KO § 67 Anm 6). Hat der Bürge eine Verpflichtung nur für den Fall der Durchführung eines außergerichtlichen Vergleichs übernommen, entfällt seine Haftung im Zweifel bei Konkurseröffnung (BGH BB 1957, 1015).

e) Anfechtbare Bürgschaftsbestellung

180 Die Bestellung einer Bürgschaft zugunsten eines Gläubigers des späteren Gemeinschuldners kann der **Konkursanfechtung** unterliegen, namentlich nach § 30 Nr 2 KO (RGZ 152, 321 = JW 1937, 539). Die Beeinträchtigung der Masse kann etwa dann gegeben sein, wenn der Bürge bereits andere Sicherheiten des späteren Gemeinschuldners innehatte und dessen Auftrag zur Übernahme der neuen Bürgschaft dazu führte, daß diese Sicherheiten nunmehr auch den Rückgriffsanspruch des Bürgen sicherten. Zur gleichen Problematik bei anderen Personalsicherheiten PAULUS ZBB 1990, 200 ff, 205 ff.

2. Konkurs- und Vergleichsverfahren des Bürgen

181 Im Konkurs des Bürgen kann der Gläubiger seine volle Forderung anmelden. Ist die Hauptschuld noch nicht fällig, findet § 67 KO Anwendung, wenn dem Bürgen aber die Einrede der Vorausklage nicht zustand, § 65 KO (JAEGER/LENT § 65 Anm 4 a; RG KuT 1937, 8). Der Befreiungsanspruch des Bürgen gehört zu seiner Konkursmasse, und zwar für den vollen Betrag der Schuld (KNUR LZ 1932, 727).

182 Auch wenn die Hauptschuld einem beiderseits bei Konkurseröffnung unerfüllten gegenseitigen Schuldverhältnis angehört, bleibt § 17 KO auf die Bürgschaft unanwendbar, da und soweit diese eine einseitige Verpflichtung darstellt (Rn 5 u § 765 Rn 117 ff). Der Konkursverwalter des Bürgen kann aber die dem Hauptschuldner zustehende Einrede des nicht erfüllten Vertrages erheben, so daß der Gläubigeranspruch nur mit der Beschränkung des § 322 als Konkursforderung festgestellt werden darf und als festgestellte Forderung nur nach Nachweis der eigenen Leistung oder des Annahmeverzuges des Schuldners iS § 756 ZPO geltend zu machen ist

(JAEGER/HENCKEL § 17 Rn 31, zT gegen RGZ 84, 228 = JW 1914, 545 Nr 23). Entsprechendes gilt für das Vergleichsverfahren gem §§ 50, 36 VglO (BLEY/MOHRBUTTER § 36 Anm 14; OLG Hamburg HRR 1929 Nr 957; BÖHLE-STAMSCHRÄDER/KILGER § 36 Anm 2).

3. Konkurs- und Vergleichsverfahren von Bürge und Hauptschuldner zugleich

Der Gläubiger ist hier berechtigt, bis zu seiner vollen Befriedigung in beiden Verfahren mit dem ganzen Betrag teilzunehmen, den er zur Zeit der Verfahrenseröffnung zu fordern hatte; §§ 68 KO, 32 VglO (RATZ, in: Großkomm HGB § 349 Rn 67). **183**

4. Konkurs- und Vergleichsverfahren des Gläubigers

Der Bürge kann im Gläubigerkonkurs den Gläubiger an sich auch gegen dessen Willen durch Aufrechnung mit einer eigenen Forderung gegen ihn befriedigen gem § 53 KO mit der Folge des § 774 Abs 1 (RGZ 53, 403; JAEGER/LENT, KO § 53 Anm 10; zur Aufrechnungsbefugnis des Bürgen allg § 774 Rn 10). Der Konkursverwalter kann jedoch mit dem Angebot, die Bürgenforderung zu erlassen, der Aufrechnung wirksam widersprechen (§ 774 Rn 29). Der Gläubiger kann sich bereits vorher durch die Vereinbarung schützen, daß der Bürge erst auf Verlangen zahlen dürfe. **184**

XIV. Vertragshilfe, Moratorien und sonstige Leistungsregelungen

1. Vertragshilfe

Zur richterlichen Vertragshilfe nach dem Vertragshilfegesetz v 26. 3. 1952 (BGBl I 198) und früheren Vorschriften vgl STAUDINGER/BRÄNDL$^{10/11}$ Vorbem 48 u 49 zu § 765. Nach BGHZ 6, 385 ff kommt die Herabsetzung der Hauptschuld im Vertragshilfeverfahren gem dem Akzessorietätsgrundsatz auch dem Bürgen zugute (str, vgl § 767 Rn 51; U REINICKE, Vertragshilfe und Bürgschaft, MDR 1952, 708; JAUERNIG, Vertragshilfe, Wegfall der Geschäftsgrundlage und Bürgschaft, NJW 1953, 1207). **185**

2. Leistungsbefreiung

Die Leistungsbefreiung des Hauptschuldners aufgrund der Krisengesetzgebung, die zur Bewältigung der tiefgreifenden wirtschaftlichen Erschütterungen der Kriegs- und Nachkriegszeit ergangen ist, kommt grundsätzlich auch dem Bürgen zugute, falls der Gesetzgeber nicht ausdrücklich eine andere Regelung getroffen hat. Zwar ist die Bürgenhaftung nicht von vornherein auf bestimmte Risiken begrenzt. Aber die Bürgschaft umfaßt nicht das völlig unvorhersehbare und untypische Risiko eines solchen Eingriffs in das Hauptschuldverhältnis und ist nicht im Hinblick auf die außerordentlichen Ereignisse übernommen, die Grund für diesen Eingriff waren. So mußte sich der Bürge zB darauf berufen können, daß die Hauptschuld gem § 1 Allg KriegsfolgenG v 5. 11. 1957 (BGBl I 1747) erloschen war, ebenso auf die Leistungsbefreiung des Hauptschuldners gem §§ 82, 85 BundesvertriebenenG v 19. 5. 1953 (BGBl I 201) idF v 14. 8. 1957 (BGBl I 1215) (str; zu Einzelheiten vgl STAUDINGER/BRÄNDL$^{10/11}$ Vorbem 50 zu § 765). Auch das Leistungsverweigerungsrecht nach § 21 Abs 4 UmstellungsG (MilRegGes Nr 63), das eine allgemeine Schadensverteilung bezweckte, (BGHZ 2, 142, 147 ff) mußte auch dem Bürgen zugutekommen (COING NJW 1951, 384; VEITH MDR 1951, 258, 260). Etwas anderes gilt natürlich, wenn der Gesetzgeber eine unterschied- **186** liche Behandlung ausdrücklich anordnet, wie zT im Währungsumstellungs- und Aufwertungsrecht (dazu RG WarnR 1927 Nr 106; RG HRR 1928 Nr 1571; RGZ 134, 126 ff).

3. Materielle Moratorien

187 Materielle Moratorien, die entweder allgemein durch Gesetz oder für den Einzelfall durch Richterspruch aufgrund eines Gesetzes bewilligt werden können (zu Gesetzen der Kriegs- und Nachkriegszeit vgl JONAS/POHLE, Zwangsvollstreckungsnotrecht [16. Aufl 1954] 6, 11 ff) und die die Laufzeit der Hauptschuld verlängern und ihre Fälligkeit hinausrükken („Stillhalteschuld") oder ihre Bedingungen ändern, kommen auch dem Bürgen oder sonstigen Drittschuldnern zugute. Der Gesetzgeber hat die richterliche Zahlungsfrist in ihrer Wirkung regelmäßig einer vom Gläubiger bewilligten Stundung gleichgestellt (RGZ 93, 91; weitere Nachweise STAUDINGER/BRÄNDL$^{10/11}$ Vorbem 51 zu § 765; zum gesetzlichen Erfüllungsstop für NS-Verbindlichkeiten und nach dem Allg KriegsfolgenG v 5.11.1957 s STAUDINGER/BRÄNDL$^{10/11}$ § 768 Rn 5 a). Gesetzliche Stundungsmaßnahmen schneiden dem Gläubiger bei einer Zeitbürgschaft die Rechtsbehelfe des § 777 nicht ab (RGZ 153, 127; s auch § 777 Rn 9). Kreditabkommen über Auslandsschulden regeln meist auch die Bürgschaft. Danach wird der Bürge im Grundsatz an seiner Verpflichtung festgehalten, haftet aber dem Gläubiger nur dafür, daß der Hauptschuldner die Bedingungen des Abkommens einhält; mögliche Folgerungen aus der Hinausschiebung der Fälligkeit oder sonstigen Änderungen der Hauptschuld gem §§ 765, 767, 768 für ein Erlöschen der Bürgschaft werden ausgeschlossen; andererseits kann sich der Bürge aber auch auf das Kreditabkommen berufen (BERNARD JW 1932, 980; GADOW DGWR 1936, 467). So bestimmt auch das Deutsche Kreditabkommen von 1952 (Anlage III zu dem Londoner Abkommen v 27.2.1953 über deutsche Auslandsschulden, BGBl II 1953, 331, 401, 420) in Ziff 13, daß die Bürgschaften für Stillhalteschulden durch eine Stundung oder sonstige Änderung der Hauptschuld nicht berührt werden sollen (dazu Gesetz zur Ausführung dieses Abkommens v 24.8.1953, BGBl I 1003, insbes § 102, sowie VEITH BB 1953, 815 u 1033. Vgl auch allg § 767 Rn 14, 20, 25; § 768 Rn 7. Zu älteren Regelungen s die STAUDINGER/BRÄNDL$^{10/11}$ Vorbem 51 zu § 765).

XV. Devisenrecht und Bürgschaft*

1. Devisenrecht

188 Die Übernahme einer Bürgschaft und ihre Erfüllung im Rahmen von Geschäften mit Auslandsberührung kann grundsätzlich ein devisenrechtlich relevanter (verbotener oder genehmigungsbedürftiger) Vorgang sein. Nach Aufhebung der Devisenbewirtschaftung (zum früheren Recht STAUDINGER/BRÄNDL$^{10/11}$ Vorbem 52 zu § 765) und Liberalisierung des Devisenverkehrs in der Bundesrepublik Deutschland durch das Außenwirtschaftsgesetz (v 28.4.1961; BGBl I 481) iVm der AußenwirtschaftsVO (v 22.8.1961; BGBl I 1381; heute idF der Bek v 22.11.1993; BGBl I 1934 ber 2493) und ZuständigkeitsVO (v 7.8.1961; BGBl I 1554, jetzt gültig ZuständigkeitsVO v

---

* **Schrifttum**: EBKE, Internationales Devisenrecht (1991); HAHN, Währungsrecht (1990); HEYMANN/HORN, HGB § 361 Rn 11 ff; KÜHN/ROTTHEGE, Inanspruchnahme des deutschen Bürgen bei Devisensperre im Lande des Schuldners, NJW 1983, 1233; K SCHMIDT, Geldrecht (1983).

18. 7. 1977; BGBl I 1308) unterliegt die Bürgschaft, die ein Devisengeschäft betrifft, nicht mehr einer Genehmigungspflicht; eine solche kann aber gem §§ 22 Abs 1 Nr 5; 23 Abs 1 Nr 6 AußenwirtschaftsG eingeführt werden, da die Bürgschaft dort in der abschließenden Aufzählung der Kapitalverkehrsgeschäfte als Kreditgeschäft miterfaßt ist (aA wohl LANGEN, Außenwirtschaftsgesetz [1968] Vorbem 1 u 12 zu § 22). § 3 WährungsG, wonach Geldschulden nur mit Genehmigung der für die Erteilung von Devisengenehmigungen zuständigen Stelle in einer anderen Währung als DM eingegangen werden dürfen, findet gem § 49 AußenwirtschaftsG auf Rechtsgeschäfte zwischen Gebietsansässigen und Gebietsfremden keine Anwendung.

2. Ausländisches Devisenrecht; Transferhindernisse

189 Ausländisches Devisenrecht kann Auswirkungen auf die Bürgschaftsverpflichtung haben und zwar entweder dadurch, daß es direkt die Bürgschaft betrifft, oder indirekt dadurch, des es die gesicherte Hauptforderung ergreift. Die Art des Eingriffs kann unterschiedlich sein: Unwirksamkeit, Genehmigungsbedürftigkeit mit schwebender Unwirksamkeit, Verbot des Transfers der zur Erfüllung notwendigen Zahlungsmittel. Ausländisches Devisenrecht ist nur eingeschränkt anzuwenden bzw zu respektieren. Ausgangspunkt ist der Grundsatz, daß die Geltung (Anerkennung) ausländischen öffentlichen Rechts auf den Machtbereich des betreffenden Staates, im Grundsatz auf sein Territorium, beschränkt ist (Territorialitätsprinzip; HEYMANN/HORN HGB § 361 Rn 12; EBKE 156). Dieser Grundsatz ist heute iS einer stärkeren internationalen Kooperation freilich nicht starr anzuwenden (HORN aaO; EBKE aaO). Eine wichtige Ausnahme vom Territorialitätsprinzip enthält Art VIII 2b S 1 IWF-Statut (v 22. 7. 1944; BGBl II 1952, 637). Danach ist Deutschland wie auch alle anderen Mitgliedstaaten des Internationalen Währungsfonds verpflichtet, diejenigen Devisenbestimmungen anderer Mitgliedstaaten zu respektieren, die in Übereinstimmung mit den Statuten des IWF erlassen sind. Die Norm wird von den verschiedenen Mitgliedstaaten freilich nicht einheitlich ausgelegt (HORN § 361 Rn 13; EBKE 161 ff). Sie ist als Ausnahme vom Prinzip des freien Devisenverkehrs, wie es der IWF verwirklichen will, im Zweifel eng auszulegen (HORN aaO; BGH WM 1977, 332; NJW 1980, 520; WM 1986, 600; ZIP 1994, 524 = WM 1994, 581).

190 Rechtsfolge der Anwendbarkeit ausländischen Devisenrechts nach Art VIII 2b S 1 IWF-Statut ist es, daß die betroffene Forderung vor den Gerichten des Mitgliedstaates nicht durchsetzbar ist. Die Forderung bleibt erfüllbar und kann gesichert werden, kann aber nicht klagweise durchgesetzt werden (BGH NJW 1970, 1507; NJW 1980, 520; WM 1986, 600; REITHMANN/MARTINY Rn 1049). Ist demnach nur die gesicherte Hauptforderung vom ausländischen Verbot betroffen, so müßte die dafür bestellte Bürgschaft als Sicherungsgeschäft voll wirksam bleiben. Der Bürge würde danach das Risiko eines nur die Hauptschuld betreffenden devisenrechtlichen Verbotes tragen. Diese Konsequenz stößt auf Bedenken und ist von der Rechtsprechung im Ergebnis zu Recht verworfen worden (OLG Düsseldorf IPRspr 1983 Nr 124, 307, 309 = WM 1983, 1366). Dieses Ergebnis läßt sich am besten aus einer materiellrechtlichen Betrachtungsweise mit der Akzessorietät der Bürgschaft begründen (EBKE 306). Etwas anderes muß gelten, wenn der Bürge erkennbar (ausdrücklich) auch das Risiko des ausländischen Devisenrechts übernehmen will, insoweit also eine spezielle Garantie übernimmt.

191 Die zivilrechtlichen Wirkungen einer ausländischen Devisengenehmigung auf eine deutschem Recht unterliegende Bürgschaft bestimmen sich ebenfalls nach deutschem Recht, so bei der Frage, ob bei nachträglich erteilter holländischer Devisengenehmigung für einen holländischen Bürgen der Bürgschaftsvertrag wirksam ist (BGH WM 1970, 551).

192 Ist dem Hauptschuldner eine Transferierung des geschuldeten Betrages nach dem Devisenrecht seines Landes nicht möglich, so liegt ein von ihm nicht zu vertretendes, auf gesetzlichem Zwang beruhendes Unvermögen vor (RGZ 151, 35, 38). Der Bürge kann sich darauf gem § 767 auch dann berufen, wenn er selbst devisenrechtlich in der Leistung frei ist (GADOW DGWR 1936, 465; MAYER, Die Valutaschuld nach deutschem Recht 100; PALANDT/THOMAS § 765 Rn 9; ebenso Art 501 Abs 4 SchwOR; aA KÜHN/ROTTHEGE NJW 1983, 1233) und ist nicht gehalten, den Gläubiger zu befriedigen und mit seinem Rückgriffsanspruch dann auf dasselbe Hindernis zu stoßen wie der Gläubiger. Bei nur vorübergehendem devisenrechtlich begründetem Unvermögen des Hauptschuldners ist auch der Bürge nur vorübergehend von seiner Leistungspflicht befreit. Ist die Verpflichtung des Hauptschuldners in sonstiger Weise durch Devisenrecht eingeschränkt, so hat auch der Bürge nur für diese eingeschränkte Verpflichtung einzustehen (vgl RG WarnR 1935 Nr 47 = JW 1935, 921 Nr 1 betr Einzahlung auf ein Sperrmarkkonto).

193 Gegen vorübergehende Transferhindernisse ist der Gläubiger bei Bürgschaft zur „Zahlung auf erstes Anfordern" geschützt (Rn 13), weil hier der Bürge zunächst leisten muß vorbehaltlich späterer Feststellung seiner materiellen Verpflichtung, die allerdings kraft Akzessorietät durch Devisenbestimmungen über die Hauptschuld materiell ebenfalls eingeschränkt oder entfallen sein kann. Liegt ein unbefristetes Transferhindernis hinsichtlich der Hauptforderung vor, so kann sich aber auch der Bürge, der sich zur Zahlung auf erstes Anfordern verpflichtet hat, darauf berufen; anders, wenn in der Bürgschaft ausdrücklich oder den Umständen nach das Transferrisiko ausnahmsweise mitübernommen ist (s o). Eine endgültige materiellrechtliche Absicherung gewährt dem Gläubiger eine das Transferrisiko umfassende Forderungsgarantie (Rn 255 ff).

XVI. Der Garantievertrag*

1. Begriff und Inhalt

a) Allgemeine Kennzeichnung

194 Der **Garantievertrag** ist das selbständige Versprechen, einem anderen dafür einzu-

---

* **Schrifttum**: AUHAGEN, Die Garantie einer Bank auf „erstes Anfordern" zu zahlen (Diss Freiburg 1966); BÄR, Zum Rechtsbegriff der Garantie, insbes im Bankgeschäft (Diss Zürich 1963); BÄRMANN (Hrsg), Recht der Kreditsicherheiten in europäischen Ländern I (1976) 87 (BRINK); BARK, Rechtsfragen und Praxis der indirekten Garantien im Außenwirtschaftsverkehr, ZIP 1982, 405; BERENSMANN, Bürgschaft und Garantievertrag im englischen und deutschen Recht (1988); K P BERGER, Internationale Bankgarantien. Die neuen Einheitlichen Richtlinien für auf Anfordern zahlbare Garantien der internationalen Handelskammer, DZWir 1993, 1; vBERNSTORFF, Rechtsprobleme US-amerikanischer Bankgarantien, RiW 1987, 257; ders, Bankgarantien im Außenhandel, ZgesKW 1988, 990; BERNSTEIN, Garantie

stehen, daß ein bestimmter tatsächlicher oder rechtlicher Erfolg eintritt oder die Gefahr eines bestimmten künftigen Schadens sich nicht verwirklicht (RGZ 61, 157, 160; 90, 415 f; 103, 231, 237; 137, 83, 85; 146, 120, 123; 147, 42; BGH WM 1960, 18; 1961, 204, 206; 1968, 680, 682; BGHZ 90, 287, 290 ff = ZIP 1984, 685; BGH ZIP 1996, 454; SOERGEL/ZEISS § 414 Vorbem 11; MünchKomm/MÖSCHEL [3. Aufl 1994] § 414 Vorbem 19). Die versprochene Leistung

und guarantee. Ein linguistisch-juristischer Vergleich mit Blick auf internationale Wirtschaftsbeziehungen, in: FS Imre Zajtay (1982) 21; BLAUROCK, Mißbräuchliche Inanspruchnahme einer Bankgarantie, IPRax 1985, 204; BOETIUS, Der Garantievertrag (Diss Münster 1966); vCAEMMERER, Bankgarantien im Außenhandel, in: FS Riese (1964) 295; CANARIS, in: GroßKomm HGB Anh F nach § 357; COING, Probleme der internationalen Bankgarantie, ZHR 147 (1983) 125; CONRAD, Bürgschaften und Garantien als Mittel der Wirtschaftspolitik (1967); DIWOK, Der Abruf von Bankgarantien auf erstes Anfordern, in: FS Gerhard Frotz (1993) 483; DOHM, Bankgarantien im internationalen Handel (Bern 1985); DUDENHAUSEN, Bürgschaft und Garantievertrag unter besonderer Berücksichtigung der Bankpraxis (Diss Königsberg 1936); EBERL, Rechtsfragen der Bankgarantie im internationalen Wirtschaftsverkehr nach deutschem und schweizerischem Recht (1992); EGGER, Probleme des einstweiligen Rechtsschutzes bei auf erstes Verlangen zahlbaren Bankgarantien, SZW 1990, 12; Europäische Gemeinschaften (Kommission), Die Bürgschaft im Recht der Mitgliedstaaten der Europäischen Gemeinschaften, Studie des Max-Planck-Instituts Hamburg (Sammlung Studien-Reihe Wettbewerb Rechtsangleichung Nr 14) (1971); FINGER, Formen und Rechtsnatur der Bankgarantie, BB 1969, 206; GAVALDA/STOUFFLET, La lettre de garantie internationale, Rev trim de droit commerciale et de droit économique 1980, 1; GERTH, Fragen der Bürgschaft und der Garantie, ZgesKW 1980, 1110; GOERKE, Kollisionsrechtliche Probleme internationaler Garantien (Diss Konstanz 1982); P M GUTZWILLER, Die Wahlfreiheit zwischen Bürgschaft und Garantie, ZSR 125 (1984) 121; HADDING/HÄUSER, Einige Aspekte zum Recht der Bürgschaft und Garantie, Mitt Ges z Förderung Spar- und Girowesen 1982, 23; HADDING/HÄUSER/WELTER, Bürgschaft und Garantie, in: BMJ (Hrsg),

Gutachten und Vorschläge zur Überarbeitung des Schuldrechts, Bd III (1983) 571; HANDSCHIN, Zur Abgrenzung von Garantievertrag und Bürgschaft: Akzessorietät der Verpflichtung als maßgebendes Kriterium?, SZW 1994, 226; HEIN, Urteilsanmerkung LG Frankfurt, NJW 1981, 58; ders, Der Zahlungsanspruch des Begünstigten einer Bankgarantie „auf erstes Anfordern" (Diss Gießen 1982); HEINSIUS, Zur Frage des Nachweises der rechtsmißbräuchlichen Inanspruchnahme einer Bankgarantie auf erstes Anfordern mit liquiden Beweismitteln, in: FS Werner (1984) 229; HELDRICH, Kollisionsrechtliche Aspekte des Mißbrauchs von Bankgarantien, in: FS Kegel (1987) 175; HEYNE, Kreditsicherheiten im internationalen Privatrecht. Unter besonderer Berücksichtigung des deutsch-schottischen Rechtsverkehrs (Diss Heidelberg 1992); HORN, Bürgschaften und Garantien zur Zahlung auf erstes Anfordern, NJW 1980, 2153; ders, Die neuere Rechtsprechung zum Mißbrauch von Bankgarantien im Außenhandel, IPRax 1981, 149; ders, Bürgschaften und Garantien. Aktuelle Rechtsfragen der Bank-, Unternehmens- und Außenwirtschaftspraxis (6. Aufl 1995); ders, Die Bankgarantie, in: HEYMANN, HGB Bd 4 (1990) Anh § 372 V; ders, Der Rückforderungsanspruch des Garanten nach ungerechtfertigter Inanspruchnahme, in: FS Hans Erich Brandner (1996) 623; HORN/WYMEERSCH, Bank-Guarantees, Standby Letters of Credit and Performance Bonds in International Trade, in: HORN (Hrsg), The Law of International Trade Finance (1989) 455; HORN/vMARSCHALL/ROSENBERG/PAVICEVIC, Dokumentenakkreditive und Bankgarantien im internationalen Zahlungsverkehr (1977); JEDZIG, Aktuelle Rechtsfragen der Bankgarantie auf erstes Anfordern, WM 1988, 1469; KÄSER, Garantieversprechen als Sicherheit im Handelsverkehr, RabelsZ 35 (1971) 601; KLEINER, Die Abgrenzung der Garantie von der Bürgschaft und anderen Vertragstypen (2. Aufl 1974); ders,

besteht darin, den Versprechensempfänger bei Enttäuschung der garantierten Erwartung schadlos zu halten (RGZ 137, 85; BGH WM 1968, 680). Die Garantie bezieht sich typischerweise auf ein künftiges Ereignis, nicht einen bereits eingetretenen Erfolg oder Schaden (RGZ 90, 415, 417; STAMMLER 123 f; BGH WM 1960, 18); anders, wenn der Erfolg oder Schaden bereits eingetreten, aber den Beteiligten, insbesondere dem

---

Bankgarantie (4. Aufl Zürich 1990); KOZIOL, Der Garantievertrag (1981); ders, Die Bankgarantie, in: AVANCINI/IRO/KOZIOL, Österreichisches Bankvertragsrecht Bd 2 (1993) 246; KRÜGER, Gesetzliche Bestimmungen über die Bankgarantie in arabischen Staaten (1992); F KÜBLER, Feststellung und Garantie (1967); LIESEKKE, Rechtsfragen der Bankgarantie, WM 1968, 22; LINDINGER, Aktuelle Rechtsprechung zur Bankgarantie, WBl 1992, 137; LOHMANN, Einwendungen gegen den Zahlungsanspruch aus einer Bankgarantie und ihre Durchsetzung in rechtsvergleichender Sicht (1984); R LUDWIG, Bankgarantien und Umsatzsteuer, ZgesKW 1990, 552; vMARSCHALL, in: HORN/vMARSCHALL/ROSENBERG/PAVICEVIC, Dokumentenakkreditive und Bankgarantien im internationalen Zahlungsverkehr (1977) 27; ders, Bankgarantien, Bonds und Standby Letters of Credit als Sicherheiten im Außenhandel, Zum dt und intern Schuldrecht – Kolloqium aus Anlaß des 75. Geburtstages von Ernst von Caemmerer (1983), 66; vMETTENHEIM, Die mißbräuchliche Inanspruchnahme bedingungsloser Bankgarantien, RiW 1981, 581; O MÜHL, Materiellrechtliche und Verfahrensrechtliche Fragen bei der Bankgarantie zur „Zahlung auf erstes Anfordern", in: FS Imre Zajtay (1982) 389; MÜLBERT, Mißbrauch von Bankgarantien und einstweiliger Rechtsschutz (Diss Tübingen 1984); ders, Neueste Entwicklungen des materiellen Rechts der Garantie „auf erstes Anfordern", ZIP 1985, 1101; ST MÜLLER, Die Bankgarantie im internationalen Wirtschaftsverkehr (Wien 1988); NIELSEN, Ausgestaltung internationaler Bankgarantien unter dem Gesichtspunkt etwaigen Rechtsmißbrauchs, ZHR 147 (1983) 145; ders, Rechtsmißbrauch bei Inanspruchnahme von Bankgarantien als typisches Problem der Liquiditätsfunktion abstrakter Zahlungsversprechen, ZIP 1982, 253; ders, Bankgarantien bei Außenhandelsgeschäften (1986); PAULUS, Konkursanfechtungsrechtliche Probleme im Zusammenhang mit dem Standby Letter of Credit, ZBB 1990, 200; PEGELS, Das Verhältnis von Bürgschaft, Garantievertrag, Schuldbeitritt zueinander (Diss Erlangen 1936); PLEYER, Die Bankgarantie im zwischenstaatlichen Handel, WM-Sonderbeilage Nr 2/1973; RATZ, in: GroßKomm z HGB § 349 Rn 91–97; REINEL, AGB-Gesetz und Garantiekarten, NJW 1980, 1610; ROESLE, Die internationale Vereinheitlichung des Rechts der Bankgarantien (Diss Zürich 1983); RÜMKER, Garantie „auf erstes Anfordern" und Aufrechnungsbefugnis der Garantiebank, Bespr BGHZ 94, 167, ZGR 1986, 332; RUSTIGE, Garantieleistung als vermögensrechtlicher Anspruch, Schs-Ztg 1993, 71; SCHINNERER/AVANCINI, Bankverträge II (3. Aufl 1978); SCHÖNLE, Bank- und Börsenrecht (2. Aufl 1976) § 27; R A SCHÜTZE, Zur Geltendmachung einer Bankgarantie „auf erstes Anfordern", RiW 1981, 83; ders, Zur Nichtrückgabe von Garantieurkunden nach Erlöschen der Garantieverpflichtung, WM 1982, 1398; ders, Bankgarantien unter besonderer Berücksichtigung der Einheitlichen Richtlinien für „auf erstes Anfordern" zahlbarer Garantien der Internationalen Handelskammer (1994); SCYBOZ, Garantievertrag und Bürgschaft, in: Obligationenrecht, Hbd 2 (1979) 315; SICHTERMANN/HENNINGS, Die Ausbietungsgarantie (5. Aufl 1992); STAMMLER, Der Garantievertrag, AcP 69 (1886) 1; STOCKMAYER, Zur unzulässigen Rechtsausübung bei Zahlung auf eine mißbräuchlich angeforderte Bankgarantie, AG 1980, 326; STREULE, Bankgarantie und Bankbürgschaft (Zürich 1987); STUMPF, Einheitliche Richtlinien für Vertragsgarantien (Bankgarantien) der Internationalen Handelskammer, AWD 1979, 1; ders, Recht und Rechtsprechung bei Bankgarantien in der Bundesrepublik Deutschland, RIW 1982, 305; STUMPF/ULRICH, Bankgarantien (5. Aufl 1987); dies, Die mißbräuchliche Inanspruchnahme von Bankgarantien im internationalen Geschäftsverkehr, RiW

Berechtigten, noch unbekannt oder im Umfang ungewiß ist. Auch die sichere Erwartung des Schadens und der Inanspruchnahme des Garanten schließt einen Garantievertrag noch nicht aus (RG BayZ 1916, 259); anders bei völliger Gewißheit (dann uU formbedürftige Schenkung). Typischerweise soll die Garantie den Versprechensempfänger zu einem bestimmten Verhalten motivieren (STAMMLER 135; KLEINER 15, 18); dieses ist aber regelmäßig nicht Inhalt einer vertraglichen Gegenleistung. Vielmehr ist das Garantieversprechen ein einseitig den Garanten verpflichtender Vertrag (vgl RG LZ 1913, 938; KLEINER 18). Es kann aber auch in einen gegenseitigen Vertrag eingebettet sein; dabei können sich uU Abgrenzungsfragen zur sog unselbständigen Garantie ergeben (Rn 258 ff).

Der Typ des Garantieversprechens ist wegen der Vielfalt der möglichen garantierten Erfolge so weit und so nahe dem allgemeinen Begriff des schuldrechtlichen Vertrages überhaupt, daß der BGB-Gesetzgeber auf eine allgemeine Regelung verzichtet hat (Mot II 658). Lehre und Rspr haben allgemeine Grundsätze der selbständigen Garantie herausgearbeitet; die unterschiedlichen Gestaltungsformen der Praxis erfordern aber in Einzelfragen unterschiedliche Bewertungen (KÄSER 33).

b) Keine Akzessorietät und Subsidiarität
Häufig wird der Garantievertrag im Hinblick auf einen anderen vertraglichen Anspruch zur Sicherung des Gläubigers geschlossen (Rn 255 ff). Als selbständiges Versprechen setzt der Garantievertrag aber zu seiner Wirksamkeit das Bestehen einer Hauptforderung nicht voraus: er ist **nicht akzessorisch** (RGZ 72, 138, 140; 82, 337, 339; 90, 415, 417; 103, 231, 237), auch wenn er häufig einem ähnlichen Sicherungszweck wie die Bürgschaft dient. Die zur Sicherung einer Forderung gegebene Garantie geht demnach bei Abtretung dieser Forderung nicht automatisch gem § 401 Abs 1 mit über (RGZ 60, 369, 371; anders zur Schuldmitübernahme BGH NJW 1972, 437). Die Garantieverpflichtung ist auch idR **nicht subsidiär**, zB kann dem Berechtigten nicht zugemutet werden, erst Anfechtungsprozesse zu führen, ehe er den Garanten in Anspruch nimmt (RG HRR 1933 Nr 1002). Es kommt aber stets auf die vertragliche Definition des garantierten Erfolges an; bei der Einbringlichkeitsgarantie etwa muß der Berechtigte sich zunächst an den Schuldner der gesicherten Forderung halten (Rn 252; vgl auch Rn 214).

c) Anwendbarkeit von Bürgschaftsrecht?
Obwohl die Garantie im häufigen Fall der Sicherung einer anderen Forderung (Forderungsgarantie) mit der Bürgschaft große Ähnlichkeit aufweist, führen die genann-

---

1984, 843; THIETZ/BARTRAM, Die Bankgarantie im italienischen Recht (1989); GRAF V WESTPHALEN, Neue Tendenzen bei Bankgarantien im Außenhandel?, WM 1981, 294; ders, Die Bankgarantie im internationalen Handelsverkehr (2. Aufl 1990); ders, Irak-Embargo und die Inanspruchnahme von Bankgarantien, Europäisches Wirtschafts- und Steuerrecht (EWS) 1990, 205; WIENSTEIN, Inwiefern gibt es nach geltendem Privatrecht einen besonders gearteten Garantievertrag?, ArchBürgR 31, 1;

ZAHN, Auswirkungen eines politischen Umsturzes auf schwebende Akkreditive und Bankgarantien, die von staatlichen Stellen oder in deren Auftrag eröffnet sind, ZIP 1984, 1303; ders, Anmerkungen zu einigen Kontroversen im Bereich der Akkreditive und Bankgarantien, in: FS Pleyer (1986) 153; ZAHN/EBERDING/EHRLICH, Zahlung und Zahlungssicherung im Außenhandel (6. Aufl 1986). Spezielle Nachweise zur Bankgarantie im Außenwirtschaftsverkehr unten Rn 275.

ten Unterschiede zwischen Bürgschaft und Garantie dazu, daß im Grundsatz **keine** direkte oder analoge **Anwendbarkeit von Bürgschaftsrecht** auf die Garantie möglich ist (MünchKomm/PECHER [2. Aufl 1986] Vor § 765 Rn 4). Keine Anwendung finden daher § 766 (Rn 223), § 401 Abs 1 und § 774 Abs 1 S 1 (Rn 227 ff, str); ein Forderungsübergang auf den zahlenden Garanten kann aber uU konkludent vereinbart sein (RG SeuffA 79 Nr 21). Auch § 776 S 2 ist nicht anwendbar (RGZ 72, 138, 142). § 776 S 1 ist dagegen auch auf die Garantie regelmäßig entsprechend anwendbar (BGB-RGRK/MORMANN [12. Aufl 1978] Vor § 765 Rn 6; CANARIS, Bankvertragsrecht [in: GroßKomm z HGB 4. Aufl 1988] Rn 1158; PLEYER, Die Bankgarantie im zwischenstaatlichen Handel, WM-Sonderbeil 2/1973, 20; vgl auch RGZ 72, 138, 142). Die Gegenmeinung gibt entweder keine Gründe an (PALANDT/ THOMAS [56. Aufl 1997] § 776 Rn 6) oder konzentriert sich auf § 776 S 2, dessen analoge Anwendbarkeit aber ohnehin niemand befürwortet (SOERGEL/MÜHL § 776 Rn 7). Der Grund für die Analogie liegt darin, daß § 776 S 1 nichts anderes als eine Ausprägung des allgemeinen Gedankens von Treu und Glauben ist (BGH NJW 1980, 1099; BGB-RGRK/MORMANN Vor § 765 Rn 6; insoweit ähnlich SOERGEL/MÜHL § 765 Rn 18). Außerdem verlangen eine Reihe allgemeiner schuldrechtlicher Fragen, zB der culpa in contrahendo, der Aufklärungs- und Sorgfaltspflichten des Gläubigers, der Kündigung, der mißbräuchlichen Inanspruchnahme, bei Bürgschaft und Garantie ähnliche Lösungen.

d) Sicherungszweck und Abstraktheit der Garantie

198 Die Tatsache, daß der Garantievertrag rechtlich selbständig ist, wird allgemein mit dem Begriff der **Abstraktheit** umschrieben (KOZIOL, Garantievertrag 21). Der Begriff ist vieldeutig (KÜBLER, Feststellung und Garantie 211). Zu unterscheiden sind hauptsächlich zwei Bedeutungen, die freilich Berührungspunkte aufweisen: (aa) die Nichtkausalität und (bb) die Nichtakzessorietät. Die erstere Eigenschaft ist bei der Garantie typischerweise nicht gegeben, aber ausnahmsweise möglich; die zweite Eigenschaft liegt bei der Garantie typischerweise vor; auch hier sind (begrenzte) Ausnahmen möglich.

aa) Sicherungszweck (kausales Geschäft)

199 Das abstrakte Geschäft wird dem kausalen Geschäft gegenübergestellt. Das kausale Geschäft läßt seinen **typischen Geschäftszweck** in seinem **Inhalt** erkennen, das abstrakte nicht. In diesem Sinn ist die Bürgschaft kausales Geschäft, das Schuldversprechen und das Schuldanerkenntnis (§§ 780, 781) sind abstrakte Geschäfte. Der typische Geschäftszweck der Garantie ist der **Sicherungszweck** im Sicherungsinteresse des Garantieberechtigten. Es hängt von der Definition des Garantiefalles (Rn 210 ff) ab, ob und wieweit dieser Sicherungszweck im Inhalt der Garantie zum Ausdruck kommt. Im Rahmen der Vertragsfreiheit kann die Garantie ein in diesem Sinn abstraktes Geschäft sein ebenso wie ein Schuldversprechen oder Schuldanerkenntnis iS §§ 780, 781. Diese Vertragsgestaltung ermöglicht dem Gläubiger die leichte Durchsetzbarkeit seines Garantieanspruchs (HADDING/HÄUSER/WELTER, Bürgschaft und Garantie. BMJ-Gutachten 708).

200 Eine abstrakte Verpflichtung in dieser reinen Form ist in der Geschäftspraxis der Garantie selten. Typischerweise enthält die Garantieverpflichtung eine Umschreibung des Sicherungszwecks im Rahmen der Definition des Garantiefalles. Hier oder in der Präambel der Garantieerklärung wird meist auch das Grundgeschäft erwähnt, aus dem sich das durch Garantie zu sichernde Risiko (zB Erbringung einer bestimmten Leistung; Eintritt eines bestimmten Erfolges) ergibt (vgl auch KOZIOL, Garantievertrag 7 f, 55). Die Garantie ist daher typischerweise ein **kausales Geschäft** (BOETIUS, Der Garantievertrag 32 f; KÜBLER, Feststellung und Garantie 189; MÜLBERT, Mißbrauch von Bankgarantien und einstweiliger Rechtsschutz [1985] 42 ff, 48; CANARIS, Bankvertragsrecht Rn 1125; HADDING/HÄUSER/WELTER 709).

Aus der kausalen Natur der Garantie folgen auch bereicherungsrechtliche Konsequenzen, wenn nämlich der Garant gezahlt hat, ohne daß sich das gedeckte Risiko verwirklicht hat, so daß der Sicherungszweck nicht gegeben war. Dies gilt vor allem in Fällen der mißbräuchlichen Inanspruchnahme des Garanten und immer dann, wenn eine Abwicklung im Valutaverhältnis ausscheidet, zB weil es daran überhaupt fehlt (HORN, in: FS Brandner [1996] 630). Die direkte Kondiktion des Garanten gegen den Garantieberechtigten, der die Garantiesumme empfangen hat, wird zT mit dem Argument abgelehnt, der typische Leistungszweck bestehe nur im Grundgeschäft (Valutaverhältnis) zwischen dem Garantieberechtigten (als Gläubiger im Valutaverhältnis hinsichtlich des gedeckten Risikos) und dem Garantieauftraggeber (als dem Schuldner im Valutaverhältnis und Sicherungsgeber). Daraus folgert CANARIS (aaO Rn 1125), die Kondiktion sei nur im Valutaverhältnis möglich. Diese Folgerung ist aber nicht zu generalisieren und versagt gerade in den oben genannten Fällen (s auch Rn 358 f). Auf keinen Fall darf freilich die Kausalität der Garantie dahin verstanden werden, daß schon Mängel im rechtlichen Bestand der gesicherten Forderung die Kondiktion auslösen. Denn von dieser ist die Garantie rechtlich nicht abhängig (Rn 202). 201

bb) Abstraktheit als Nichtakzessorietät
Nach einem eingebürgerten Sprachgebrauch bedeutet Abstraktheit der Garantie ihre **Unabhängigkeit im rechtlichen Bestand** von einem anderen Rechtsverhältnis. Die Garantie wird nicht dadurch beeinflußt, daß einem bestimmten anderen Rechtsverhältnis die Rechtswirksamkeit fehlt oder umgekehrt in diesem Rechtsverhältnis Einwendungen gegen den Garantieberechtigten bestehen. Dies gilt insbesondere für den wichtigen Anwendungsfall der **Forderungsgarantie**, dh die Sicherung des Gläubigers hinsichtlich der Erfüllung einer Forderung aus einem anderen Vertrag (Grundverhältnis, Valutaverhältnis). Abstraktheit bedeutet in diesem Zusammenhang, daß die Garantieforderung nicht vom rechtlichen Bestand der gesicherten Forderung abhängig gemacht ist, also im Gegensatz zur Bürgschaft ihre **Nichtakzessorietät**. Zwar haben Bürgschaft und Garantie im Fall der Forderungsgarantie einen ähnlichen Sicherungszweck und beide sind kausale Geschäfte. Aber bei der Garantie ist die Bezugnahme auf das gesicherte Geschäft stark eingeschränkt und formalisiert; **Einwendungen** aus dem gesicherten Geschäft gegen den Garantieanspruch sollen ausgeschlossen sein. Dies wird nach einem eingebürgerten Sprachgebrauch als **Abstraktheit der Garantie** bezeichnet (vgl zB BGH WM 1982, 1324, 1325; allg CANARIS 1125 Fn 63 zutr gegen die terminologischen Bedenken von HADDING/HÄUSER/WELTER 705 ff, die den Terminus „Abstraktheit" nicht mehr für „Nichtakzessorietät" gebrauchen wollen). Durch die ausführliche Bezugnahme auf die gesicherte Forderung in der Forderungsgarantie kann diese der Bürgschaft graduell angenähert werden. 202

Die Garantie ist ferner abstrakt in dem Sinne, daß sie im rechtlichen Bestand unabhängig ist von denjenigen Rechtsgeschäften, welche die Beteiligten zum Abschluß des Garantievertrages verpflichtet oder veranlaßt haben (HADDING/HÄUSER/WELTER, 203

Bürgschaft und Garantie. BMJ-Gutachten 707: „äußerliche Abstraktheit"). Solche Rechtsgeschäfte sind einmal der Vertrag zwischen dem Garanten und dem Garantieauftraggeber (Deckungsverhältnis), zum anderen die Abrede zwischen dem Garantieauftraggeber und seinem Gläubiger im Valutaverhältnis (zB Liefervertrag oder Kreditvertrag), wodurch sich der Garantieauftraggeber zur Bestellung der Garantie durch einen Dritten (Bank) verpflichtet (HADDING/HÄUSER/WELTER, Bürgschaft und Garantie. BMJ-Gutachten 707 f; KOZIOL, in: AVANCINI/IRO/KOZIOL II Rn 3/4).

e) Einwendungsausschluß

204 Die rechtliche Unabhängigkeit der Garantie von Bestand und Inhalt eines etwa durch die Garantie zu sichernden Anspruchs wirkt sich im Dreipersonenverhältnis (dh wenn der Schuldner [S] des zu sichernden Anspruchs eine andere Person als der Garant [G] ist, und diesen – typischerweise – mit dem Garantieversprechen beauftragt hat) als **Einwendungsausschluß** aus: Der Garant kann gegenüber dem Garantieberechtigten (GB) keine Einwendungen aus dem Valutaverhältnis (S-GB) herleiten (LG Frankfurt/M NJW 1963, 450 für Garantie, auf erstes Anfordern zu zahlen) oder aus dem Deckungsverhältnis (S-G; anders wenn der Garantiefall ganz eng definiert ist; Rn 211; zum Mißbrauch im Folgenden und Rn 309 ff). Er hat nur die Einwendungen, welche die Gültigkeit der Garantie betreffen, sich aus ihrem Inhalt ergeben oder dem Garanten unmittelbar gegen den Garantieberechtigten zustehen (ähnlich § 784 für die Anweisung) (vCAEMMERER 302; LIESECKE WM 1968, 24; CANARIS Rn 1135). Nach Erfüllung kommt demnach eine Kondiktion des Garanten gegen den Leistungsempfänger nur in Betracht, soweit die letztgenannten Einwendungen bestanden und nicht § 814 eingreift. Im übrigen ist der Bereicherungsausgleich im Deckungs- und Valutaverhältnis zu suchen (s auch STAUDINGER/LORENZ [1994] § 812 Rn 38 ff, 47). – Der Einwendungsausschluß steht allerdings unter dem Vorbehalt von Treu und Glauben (vCAEMMERER 303; LIESECKE 26 f; PLEYER 18; CANARIS Rn 1139). Er kann nicht gelten in Fällen, in denen das Valutageschäft wegen Sittenwidrigkeit oder Gesetzesverstoß nichtig oder der gesicherte Anspruch rechtskräftig abgewiesen oder aus ähnlichen Gründen die Geltendmachung des Garantieanspruchs grob mißbräuchlich ist, was der Garant zu beweisen hat (Einzelheiten Rn 309 ff).

f) Befristung und Kündigung; Verjährung

205 Die Garantieverpflichtung kann befristet werden (HORN, Bürgschaften und Garantien 97, 115; CANARIS, Bankvertragsrecht Rn 1126; HADDING/HÄUSER/WELTER, Bürgschaft und Garantie. BMJ-Gutachten 710 f). Die Befristung liegt sowohl im Interesse des Garanten, der seine Verpflichtung begrenzen will, als auch des Garantieauftraggebers, der ein laufzeitabhängiges Entgelt an den Garanten (Bank) entrichten muß (Avalgebühr). Die Befristung durch Bestimmung eines Endtermins hat zur Folge, daß mit dem Erreichen des Endtermins die Wirkung einer auflösenden Bedingung eintritt (§§ 163, 158 Abs 2). Die Garantie ist für den Begünstigten untauglich, wenn ihr Fristende vor dem Erfüllungszeitpunkt des gesicherten Grundgeschäfts liegt (OLG Hamburg AWD 1978, 615; OLG Stuttgart WM 1979, 733).

206 Die Fristbestimmung kann verschiedene Bedeutung haben, die durch Auslegung zu ermitteln ist (GRAF VWESTPHALEN, Bankgarantie 118 f). Sie kann bedeuten, daß der Garantiefall innerhalb der bestimmten Frist eingetreten sein muß (PLEYER, WM-Sonderbeilage Nr 2/1973, 17). Regelmäßig und in Übereinstimmung mit der internationalen Wirtschaftspraxis ist die Fristbestimmung dahin auszulegen, daß innerhalb der

Garantiefrist der Garantieanspruch geltend gemacht werden muß (PLEYER aaO). Eine gerichtliche Geltendmachung ist dafür nicht notwendig, falls dies nicht ausdrücklich vereinbart ist. Möglich ist auch eine Bestimmung, daß die Garantie während einer bestimmten Frist nach dem Verfallstag in Anspruch genommen werden muß (PLEYER aaO; HADDING/HÄUSER/WELTER, Bürgschaft und Garantie. BMJ-Gutachten 712). Die Angabe einer Frist oder eines Endtermins kann aber auch die Bedeutung haben, daß damit nur das abgesicherte Risiko näher bestimmt werden soll, nicht aber ein Ende des Garantieanspruchs. Diese Auslegung liegt sehr nahe, wenn die Garantie für mehrere künftige Forderungen bestellt ist; sie sichert dann alle Forderungen, die innerhalb der Frist begründet wurden (OLG Düsseldorf NJW-RR 1989, 1016). Gleiches gilt bei Absicherung eines veränderlichen Kontokorrentkredits; garantiert ist dann die Schuld in Höhe des Kontostandes am Ende der Frist.

Ist im Garantiefall eine Befristung nicht enthalten, so ist durch Auslegung zu ermitteln, ob sich die Parteien nach den Umständen gleichwohl auf eine Befristung verständigt haben. Die dafür maßgeblichen Anhaltspunkte können sich aus dem Sicherungszweck, insbesondere der Laufzeit der gesicherten Forderung ergeben. Ist etwa eine Forderung gesichert und innerhalb der vertraglichen Erfüllungszeit nicht befriedigt worden oder ist ein sonstiger Garantiefall eingetreten, so muß der Garantieberechtigte (Begünstigte) auf die Interessen des Garanten insofern Rücksicht nehmen, als er Klarheit schaffen muß, ob er diesen aus der Garantie in Anspruch nehmen will oder nicht. Allerdings kann eine Pflicht des Berechtigten zur Erklärung regelmäßig nur angenommen werden, wenn ihn der Garant zur Erklärung aufgefordert hat; er hat auch dann keine Verpflichtung zur unverzüglichen Erklärung der Inanspruchnahme, sofern dies nicht in der Garantieerklärung vorgesehen ist. Im übrigen kommt dem Gläubiger die **Regelverjährung des § 195** zugute, sofern die Beteiligten nicht eine kürzere Verjährung vereinbart haben (§ 225 S 2).

Auch vor Ablauf der Verjährung kann den Umständen nach der Gesichtspunkt der **Verwirkung** zum Zuge kommen, wenn der Berechtigte über einen langen Zeitraum hinaus trotz Eintritt des Garantiefalles nichts unternimmt. Steht umgekehrt fest, daß der Garantiefall sich nicht verwirklicht hat, zB weil die gesicherte Forderung ordnungsgemäß erfüllt wurde, erlischt die Garantieforderung. Der Garant und der Garantieauftraggeber sind berechtigt, vom Garantieberechtigten die Herausgabe der Urkunde zu verlangen. Diese Rückgabe ist vor allem im internationalen Wirtschaftsverkehr von großer praktischer Bedeutung, weil nach der Rechtsordnung mancher Länder der in der Garantieurkunde dokumentierte Anspruch erst mit Rückgabe der Urkunde erlischt (PLEYER, WM-Sonderbeilage Nr 2/1973, 17).

Der Garant, der eine befristete oder unbefristete Garantie übernommen hat, kann gegenüber dem Garantieberechtigten seine Verpflichtung grundsätzlich nicht **kündigen**, auch nicht aus wichtigem Grund (GRAF vWESTPHALEN Bankgarantie 119 f; HADDING/HÄUSER/WELTER, Bürgschaft und Garantie. BMJ-Gutachten 713). Ein solcher wichtiger Grund ist auch kaum vorstellbar, da nur sehr geringe Treuepflichten des Garantieberechtigten gegenüber dem Garanten bestehen. In Betracht kommt hier vor allem die Aufgabe anderweitiger Sicherheiten durch den Garantieberechtigten; hier ist § 776 analog anzuwenden (CANARIS, Bankvertragsrecht Rn 1158; HADDING/HÄUSER/WELTER, Bürgschaft und Garantie. BMJ-Gutachten 713). Bei einem sonstigen grob treuwidrigen Verhalten kann ganz ausnahmsweise dem Garantieberechtigten der Einwand des

Rechtsmißbrauchs entgegengehalten werden. Eine außerordentliche Kündigung oder auch eine in ergänzender Vetragauslegung anzunehmende ordentliche Kündigung ist bei der Garantie mit längerer Laufzeit oder ohne Befristung möglich nur hinsichtlich künftiger Risiken, deren Eintritt der Begünstigte noch ohne weiteres abwenden kann (HADDING/HÄUSER/WELTER, Bürgschaft und Garantie. BMJ-Gutachten 713).

g) Definition des Garantiefalles

210 Der Garantieanspruch ist **durch den Eintritt des Garantiefalles bedingt**. Die Geltendmachung des Garantieanspruchs setzt im Grundsatz zumindest die konkludente Behauptung und notfalls den Beweis voraus, daß der Garantiefall eingetreten ist; der Nichteintritt des Garantiefalles ist eine Inhaltseinwendung (Rn 204). Ist der Garantiefall zunächst eingetreten und später entfallen, kann die bereits gezahlte Garantiesumme zurückgefordert werden (Rn 352). Der Umfang der Behauptungs- und Beweislast des Garantieberechtigten hängt vom Inhalt des Garantievertrages ab, nämlich von der vertraglichen Definition des Garantiefalles und ggf beigefügten vertraglichen Regelungen über seinen Nachweis.

211 Häufig wird im Garantievertrag der Garantiefall nur sehr knapp definiert und bei Inanspruchnahme des Garanten sind nach dem Inhalt des Vertrages keine besonderen Nachweise über den Eintritt des Garantiefalles gefordert (zB Garantie zur Zahlung auf erstes Anfordern; unten Rn 231 ff). Eine solche Garantie gibt dem Garantieberechtigten eine starke und rasch verwertbare Sicherheit ähnlich einem Bardepot oder einem Gewährleistungseinbehalt, die früher anstelle der Garantie in der Praxis als Sicherheit dienten. Der Garant wird damit einer scharfen Haftung unterworfen und für den Garantieauftraggeber, der bei Inanspruchnahme der Garantie letztlich für die Garantiesumme gemäß § 670 aufkommen muß, ergibt sich das erhebliche Risiko, daß die Garantie möglicherweise unberechtigt in Anspruch genommen wird. Hinsichtlich des Garantiefalles unterscheidet man dabei zwischen den formellen Voraussetzungen der Inanspruchnahme des Garanten, die sich aus dem Inhalt des Garantievertrages ergeben (formeller Garantiefall), und der Frage, ob sich das durch die Garantie abgedeckte Risiko tatsächlich verwirklicht hat oder nicht (materieller Garantiefall; BGHZ 90, 287, 292; HADDING/HÄUSER/WELTER, Bürgschaft und Garantie. BMJ-Gutachten 718 Fn 806). Die Bedeutung der Unterscheidung sollte nicht überschätzt werden (s auch Rn 245); sie ist zweckmäßig vor allem bei der Garantie zur Zahlung auf erstes Anfordern (Rn 231 ff) und hier bei der Analyse der mißbräuchlichen Inanspruchnahme (unten Rn 309 ff) und der Frage des Rückforderungsrechts (unten Rn 358).

212 Die unterschiedlichen Verpflichtungstypen der Garantie – Garantie auf erstes Anfordern; Effektivklausel; dokumentärer Nachweis; Vertragsgarantie – unterscheiden sich in der Ausgestaltung des formellen Garantiefalles (unten Rn 231 ff). Je genauer die Definition des Garantiefalles im Vertrag vorgenommen wird und je strenger die vertraglichen Anforderungen für den Nachweis des Eintritts des Garantiefalles sind, desto stärker werden Garant und Garantieauftraggeber gegen eine unberechtigte Inanspruchnahme geschützt; zugleich wird die Stellung des Garantieberechtigten entsprechend geschwächt. Im Fall einer Forderungsgarantie, die funktionell der Bürgschaft ähnelt, wird bei einer solchen Ausgestaltung eine starke Annäherung an die Bürgschaft erreicht. Allerdings bleibt es bei dem grundsätzlichen und praktischen Unterschied, daß auch eine so ausgestaltete Forderungsgarantie

nicht akzessorisch ist (Horn NJW 1980, 2153, 2156; ders ZHR 148 [1984] 638); auch eine Forderungsgarantie knüpft daher typischerweise nur an die Nichterfüllung der gesicherten Forderung an, nicht aber an den rechtlichen Bestand dieser Forderung (Hadding/Häuser/Welter, Bürgschaft und Garantie. BMJ-Gutachten 698).

In jedem Fall (dh auch bei abstrakter Definition des Garantiefalles) ist diese generelle Bezugnahme auf die gesicherte Forderung (oder das sonstige Risiko) von Bedeutung bei der Geltendmachung. Ergibt sich nämlich aus dem Zahlungsbegehren (insbes bei Garantie zur Zahlung auf erstes Anfordern) nicht die Beziehung der Garantie auf diese Forderung, sondern auf eine andere, so ist das Begehren unschlüssig; der Garant kann dies der Zahlungsanforderung entgegensetzen (BGH ZIP 1996, 172).

h) Garantiebetrag
Die Garantieverpflichtung ist meist durch einen festen Betrag begrenzt (**Garantiebetrag**). Fehlt es daran, so ist die Garantie nur dann wegen Verletzung des schuldrechtlichen Bestimmtheitsgrundsatzes (zur Bürgschaft s § 765 Rn 13 ff) unwirksam, wenn sich die Höhe der Verpflichtung nicht aus der Bezugnahme zum Garantiefall, dh dem gedeckten Risiko, ermitteln läßt. Bei der Forderungsgarantie (Rn 255 ff) ergibt sich der Haftungsumfang idR aus dem Betrag der gesicherten Forderung oder ggf dem absehbaren Nichterfüllungsschaden. In der Praxis ist die Angabe eines Garantiebetrags absolut vorherrschend. Der Garantiebetrag hat im Zweifel die Bedeutung eines Höchstbetrags. Tritt also ein geringerer Schaden ein, so kann im Zweifel nur der geringere Betrag, der zum Schadensausgleich notwendig ist, gefordert werden. Allerdings kann der Garantieberechtigte einer Garantie zur Zahlung auf erstes Anfordern (Rn 231 ff), wenn er einen Schaden in voller Höhe der Garantiesumme behauptet, diesen verlangen. Der Einwand eines geringeren Schadens ist in den Rückforderungsprozeß zu verweisen (Rn 358 f), falls der Zahlungsanspruch nicht ausnahmsweise durch den Einwand des Rechtsmißbrauchs (Rn 309 ff) abgewehrt werden kann.

i) Schadlosgarantie
Eine Schadlosgarantie liegt vor, wenn nach dem Parteiwillen der Eintritt des Garantiefalles als ein bestimmter Schaden definiert ist und der Berechtigte nur den Betrag des nachgewiesenen Schadens erhalten soll, ggf in den Grenzen einer (maximalen) Garantiesumme. Der Umfang der Garantie, den Kläger schadlos zu halten, bestimmt sich nach den Grundsätzen des **Schadensersatzrechts** (BGH WM 1968, 680, 682; 1976, 977, 978; 1985, 1035, 1037). Danach finden die §§ 249 ff auf die Garantieverpflichtung Anwendung. Bei einer **Gewährleistungsgarantie** zB hat der Garant den Garantieberechtigten so zu stellen, als ob der garantierte Erfolg eingetreten oder ein bestimmter Schaden nicht eingetreten wäre (BGH WM 1958, 993, 995; 1985, 1035, 1037).

Die Schadlosgarantie ist nur ein **Unterfall** der Garantie. Zwar hat jede Garantie einen bestimmten Sicherungszweck, daß nämlich der Garant für den Eintritt eines bestimmten Erfolges oder den Nichteintritt eines Schadens einsteht (Rn 194). Insofern besteht eine generelle Ähnlichkeit mit einem Schadensersatzanspruch. Der Unterschied liegt darin, daß die Parteien den Garantiefall in unterschiedlichem Grad abstrakt bestimmen und damit insbesondere eine Berechnung der Schadenshöhe ausschließen können; dies entspricht sogar oft dem Parteiwillen. Sie können aber auch einen Nachweis nicht nur des Eintritts des Risikos, sondern auch der Schadenshöhe wollen; dann liegt eine Schadlosgarantie vor.

2. Auslegungskriterien zur Abgrenzung

216 a) **Von der Bürgschaft** unterscheidet sich der Garantievertrag als selbständige, nicht akzessorische Verpflichtung, für einen bestimmten Erfolg einzustehen. Häufig besteht schon wegen der Art des garantierten Erfolges keine Ähnlichkeit zur Bürgschaft; dies gilt auch, wenn dafür garantiert wird, daß ein Dritter dem Versprechensempfänger gegenüber eine Verpflichtung eingeht (aA STAUDINGER/BRÄNDL[10/11] Vorbem 54; vgl auch RG LZ 1929, 327). Ein Abgrenzungsproblem entsteht aber, wenn eine Garantie für die Erfüllung der Verbindlichkeit eines Dritten übernommen wird (RGZ 90, 415; WarnR 1913 Nr 9; JW 1932, 1552 Nr 4). Hier ist keineswegs immer Bürgschaft gegeben; vielmehr kann das Erfüllungsinteresse einer anderen Verbindlichkeit der garantierte Erfolg sein (hM; s Rn 255 f; aA OLG Hamburg JW 1934, 1924 Nr 12: der garantierte Erfolg müsse über das Erfüllungsinteresse hinausgehen; dies ist aber nur zur Abgrenzung der Leistungsgarantie von der unselbständigen Gewährleistung wichtig; s Rn 258 ff). Die Rspr hat früher hier meist Bürgschaft angenommen, so bei Kreditgarantien (RG JW 1923, 368 Nr 2; RGZ 90, 416; OLG Hamburg aaO) oder bei Kaufpreisgarantien (RGZ 92, 121 f).

217 Hauptkriterium der Garantie ist der Wille zur selbständigen, nicht akzessorischen Verpflichtung. Es kommt nicht nur auf den gewählten Ausdruck an, sondern auch auf den nach den ganzen Umständen gewollten Inhalt der Verpflichtung (RG JW 1912, 455 Nr 1; 1916, 904 Nr 4; 1923, 368 Nr 2; OLG Königsberg HRR 1934 Nr 1107). Immerhin ist der **Wortlaut** und damit der verwendete Begriff ein nicht unwichtiger Anhaltspunkt (OLG Hamburg WM 1983, 188, 189; CANARIS, Bankvertragsrecht [3. Aufl 1988] Rn 1124). Bei Verwendung des Ausdrucks „Bürgschaft" ist im Zweifel Bürgschaft gewollt (BGH ZIP 1996, 172, 173). Umgekehrt ist gegen den eindeutigen Wortgebrauch „Garantie" der Einwand, der Garant habe bei vernünftiger wirtschaftlicher Betrachtung kein Interesse an einer so weitgehenden Risikoübernahme gehabt, allein nicht durchgreifend (BGH WM 1964, 61). Im Zweifel ist zum Schutz des Schuldners Bürgschaft anzunehmen (RGZ 90, 417; BGH LM Nr 1 zu § 765; BGH WM 1975, 348). Deutlicher Anhaltspunkt für den Garantiewillen ist die Verpflichtung zur Haftung unabhängig vom Bestand der gesicherten Forderung (BGH WM 1982, 632) oder über deren Umfang hinaus (Umkehrschluß im letzteren Fall nicht möglich; s Rn 255 f). Allerdings kann eine einzelne gegen die Akzessorietät gerichtete Klausel auch Bestandteil eines Bürgschaftsvertrages und dann uU einschränkend auszulegen oder sogar nichtig sein (§ 768 Rn 28 ff). Weitere Unterscheidungskriterien: Eigenes Interesse des Garanten oder Unentgeltlichkeit (ENNECERUS/LEHMANN § 197 II 2) sind unsicher. Das eigene wirtschaftliche Interesse an der Sicherstellung des Gläubigers ist ein Indiz für eine Garantie (RGZ 163, 99; BGH WM 1962, 577), aber nicht gegen den klaren Wortlaut (BGH LM Nr 1 zu § 765 BGB); es paßt auch nicht recht zB auf die Bankgarantie im Rahmen des Avalgeschäftes (zutr PLEYER 7; vMARSCHALL 32; zust CANARIS Rn 1124). Unentgeltlichkeit ist überhaupt kein Unterscheidungskriterium.

218 Einzelfälle: Garantie liegt vor, wenn der Gläubiger die Leistung auf jeden Fall erhalten soll (BGH LM Nr 1 zu § 765). Bei der Verpflichtung zur „Zahlung auf erstes Anfordern" kann Garantie (Rn 231 ff) oder Bürgschaft (Rn 24; § 768 Rn 36) vorliegen.

Ist allerdings diese Verpflichtungsform bei einem Außenhandelsgeschäft gewählt, sprechen die heutigen Gepflogenheiten des internationalen Geschäfts für Garantie (aA BGH WM 1982, 1324); der Umkehrschluß ist aber unzulässig (OLG Hamburg WM 1983, 188). Erklärt der Repräsentant einer Gesellschaft, die Warentermingeschäfte besorgt, dem Kunden, daß er für Verluste aus den Geschäften „geradestehen" wolle, so liegt Garantie vor und nicht Bürgschaft (OLG Hamm WM 1991, 521). Garantie ist auch die Erklärung, sich für eine Scheckeinlösung „stark zu machen" (BGH NJW 1967, 1020). Die selbstschuldnerische „Bürgschaft", aus der Übernahme einer weiteren GmbH-Stammeinlage werde dem Mitgesellschafter „kein Schaden erwachsen", wurde gegen den Wortlaut als Garantie bewertet, weil die Hauptforderung unklar bezeichnet, der Sicherungswille aber eindeutig gegeben war (BGH WM 1970, 159).

b) Im Unterschied zur **Schuldmitübernahme** (Rn 363 ff) will der Garant nicht dieselbe Schuld übernehmen, die ein anderer gegenüber dem Versprechensempfänger hat, sondern eine auch inhaltlich von Anfang an selbständige Pflicht zur Schadloshaltung des Gläubigers (BGB-RGRK/MORMANN Rn 2 zu § 765). Das eigene Interesse des Schuldmitübernehmers am Erstvertrag als Unterscheidungskriterium (RATZ, in: Großkomm HGB § 349 Anm 93) ist unsicher. Überhaupt stehen beide Verpflichtungsarten einander nahe; die Abgrenzung ist weniger dringlich als zur Bürgschaft (Bürgenschutzbestimmungen).

219

c) Die Verpflichtung des Garanten zur Schadloshaltung bei Nichteintritt des garantierten Erfolges bietet dem Berechtigten wirtschaftlich den gleichen Schutz wie eine **Schadensversicherung**. In der Praxis sind Kreditversicherung und Garantie gegenüber dem Kreditgeber (je nach der vertraglichen Risikodefinition) im Ergebnis gleich (vMARSCHALL 33 f). Üblicherweise ist die Entgeltregelung unterschiedlich: die Kreditversicherung wird vom Gläubiger abgeschlossen, die Garantie meist vom Schuldner gestellt und bezahlt; Abweichungen sind möglich. Nach hM liegt Versicherung vor, wenn das Entgelt nach versicherungsmathematischen Grundsätzen berechnet wird. Die Garantieprovision ist dagegen als Geschäftsbesorgungsentgelt kalkuliert (KÄSER 32; KLEINER 88; vWESTPHALEN 7, 187 f) und vor allem kann sich der Garantiegeber schon vor dem Garantiefall volle Deckung verschaffen (vMARSCHALL 34). Die ganze Unterscheidung ist eher von versicherungsaufsichtsrechtlicher als von zivilrechtlicher Bedeutung.

220

d) Von der **Vertragsstrafe** unterscheidet sich die Garantie dadurch, daß mit der Vertragsstrafe ein Tun (Leistung) oder Unterlassen zugesichert wird, das vom Versprechenden oder seinen Leuten (Vertreter, Erfüllungs- und Verhandlungsgehilfen) erbracht werden soll und von ihnen beeinflußbar oder beherrschbar ist. Beim Garantieversprechen kommt es darauf nicht an; hier kann ein Erfolg zugesichert werden, der vom Verhalten des Versprechenden ganz unabhängig ist (STAUDINGER/KADUK[12] § 339 Rn 28, 37). Freilich kann auch der durch Garantie zugesicherte Erfolg in einem eigenen Verhalten bestehen (unten Vorbem 251 ff). Hier greift aber das zweite Unterscheidungsmerkmal der Vertragsstrafe ein. Diese ist grundsätzlich verschuldensabhängig. Für die Vertragsstrafe im Hinblick auf eine Leistungspflicht ist dies in § 339 S 1 ausdrücklich angeordnet. Es gilt aber auch bei der Sicherung einer Unterlassungspflicht durch Vertragsstrafe (§ 339 S 2). Letzteres ist umstritten, folgt aber aus dem Begriff der Vertragsstrafe und dem entsprechenden Parteiwillen (zutr STAUDINGER/KADUK[12] § 339 Rn 28, 32 f; PALANDT/HEINRICHS § 339 Rn 4; differenzierend BGH NJW 1972,

221

1893). Auch die Vertragsstrafe kann freilich verschuldensunabhängig versprochen werden und fällt dann mit der Garantie zusammen (BGH aaO; STAUDINGER/KADUK[12] § 339 Rn 37). Es ist jeweils sorgfältig zu prüfen, ob bei Versprechen einer „Vertragsstrafe" der Parteiwille die weitergehende Rechtsfolge der Garantiehaftung umfaßt; im Zweifel ist dies nicht anzunehmen (RGZ 79, 40; STAUDINGER/KADUK[12] § 339 Rn 37).

222 e) Die **Patronatserklärung** bezweckt in bestimmten Erklärungsformen überhaupt keine rechtliche Bindung. Sofern eine rechtliche Bindung gewollt ist, kann eine Garantie vorliegen; Einzelheiten unten Rn 405 ff.

3. Formfreiheit

223 Das Garantieversprechen ist nach ganz hM grundsätzlich formfrei (SOERGEL/MÜHL Vorbem 33). § 766 ist nicht anzuwenden wegen der Unterschiede zur Bürgschaft und weil der Gesetzgeber bewußt nicht alle Fälle der Interzession (zu denen die Garantie ohnehin nur beschränkt zählt) für formbedürftig erklärt hat (vgl aus der st Rspr zB implizit BGH NJW 1967, 1020 f). Man kann bezweifeln, daß die Selbständigkeit und Unmittelbarkeit der Garantieverpflichtung die Warnfunktion des § 766 entbehrlich macht (CANARIS Rn 1106); zT wird zum Schutz des Versprechenden analoge Anwendung des § 766 gefordert (vMARSCHALL 33), was aber nur de lege ferenda in Betracht zu ziehen ist (vgl auch § 766 Rn 4). Der naheliegenden Versuchung, formnichtige Bürgschaften als Garantie aufrechtzuerhalten, tritt die Rspr mit Recht entgegen: Im Zweifel ist Bürgschaft anzunehmen (BGH NJW 1967, 1021; BGH WM 1975, 348 f).

224 Formbedürftig gem § 313 ist jedoch die Garantie des Grundstücksverkäufers, für den Schaden aufzukommen, der bei Nichtzustandekommen eines formgerechten Grundstückskaufvertrages entsteht (RG JW 1925, 1110 Nr 8). Nicht der Form des § 15 Abs 4 GmbHG bedarf das Garantieversprechen gegenüber einem GmbH-Gesellschafter, für die Rückzahlung seiner Stammeinlage durch Abkauf des Geschäftsanteils aufzukommen (RGZ 82, 355; s auch RGZ 89, 195; BGH WM 1970, 159). – Wegen seiner Formfreiheit kann das Garantieversprechen auch durch konkludente Erklärung des Garanten zustandekommen (RG JW 1903 Beil 43 Nr 93).

4. Übergang des Garantieanspruchs

a) Abtretbarkeit

225 Der Garantieanspruch ist als selbständiger, nicht akzessorischer und abstrakter Anspruch grundsätzlich selbständig abtretbar (hM; PLEYER WM-Sonderbeilage Nr 2/1973, 20; CANARIS, Bankvertragsrecht Rn 1149; GRAF vWESTPHALEN, Bankgarantie 134; KOZIOL, Garantievertrag 66 ff; HADDING/HÄUSER/WELTER, Bürgschaft und Garantie. BMJ-Gutachten 715; BYDLINSKI ZBB 1989, 153). Die Abtretbarkeit kann nach § 399 ausgeschlossen sein; dies ist aber der Ausnahmefall, dessen Voraussetzungen sorgfältig zu prüfen sind. Der erste Ausschlußgrund des § 399, daß die Leistung an einen anderen als den ursprünglichen Gläubiger eine Veränderung des Leistungsinhalts mit sich bringt, ist regelmäßig nicht gegeben. Denn Leistungsinhalt ist regelmäßig die Zahlung einer bestimmten Geldsumme. Auch bestehen regelmäßig keine besonderen persönlichen Beziehungen zwischen Garanten und Garantieberechtigtem (zutr CANARIS, Bankvertragsrecht Rn 1149); der Garantieberechtigte (Begünstigte) ist dem Garanten (Bank) oft nicht einmal näher bekannt. Auch bei der Garantie zur Zahlung auf erstes Anfordern

kann die Anforderungserklärung keineswegs nur vom ursprünglichen Garantieberechtigten erklärt werden; nach der Zession steht vielmehr auch dieses Recht dem Zessionar zu, falls nicht ausnahmsweise etwas anderes vereinbart ist (HADDING/HÄUSER/WELTER, Bürgschaft und Garantie. BMJ-Gutachten 715; BYDLINSKI ZBB 1989, 153, 163, 168; ebenso für die Bürgschaft auf erstes Anfordern BGH ZIP 1987, 624 = NJW 1987, 2075; str; aA LG Frankfurt/M WM 1978, 442, 443; dagegen zutr HADDING/HÄUSER/WELTER aaO; aA auch CANARIS, Bankvertragsrecht I [3. Aufl 1988] Rn 1149 mit Einschränkungen; KOZIOL, Der Garantievertrag [1981] 66 ff). Sind bei der Zahlungsanforderung zusätzlich dokumentäre Nachweise erforderlich (unten Rn 238), so ist der Zessionar berechtigt, diese beizubringen.

Im Garantievertrag kann die Abtretbarkeit ausgeschlossen werden (§ 399 2. Fall). In 226 der Praxis ist ein ausdrücklicher Abtretungsausschluß wenig üblich. Zu prüfen ist auch, ob die Parteien konkludent die Abtretbarkeit ausgeschlossen haben. Dies kann sich ganz ausnahmsweise aus den Verhandlungen und begleitenden Abreden sowie aus den Umständen ergeben. Im Regelfall ist dies nicht anzunehmen; aus einer Vereinbarung im gesicherten Valutaverhältnis allein ergibt sich noch nicht zwingend ein solcher Schluß (ähnlich HADDING/HÄUSER/WELTER, Bürgschaft und Garantie. BMJ-Gutachten 716).

b) Gesetzlicher Übergang (§ 401 Abs 1; § 774 Abs 1 S 1)?
Ein gesetzlicher Übergang des Garantieanspruchs analog § 401 Abs 1 bei Übertra- 227 gung der durch die Garantie gesicherten Forderung ist zu verneinen (RGZ 60, 369, 371; anders für die Schuldmitübernahme BGH NJW 1972, 437; auch hier zweifelhaft; vgl § 774 Rn 64). Die Garantie als nicht akzessorische Sicherheit ist in der Vorschrift nicht direkt erfaßt. Für die entsprechende Anwendung fehlt es wegen der rechtlichen Selbständigkeit der Garantie an der hinreichenden Vergleichbarkeit des Sachverhalts (iE HADDING/HÄUSER/WELTER, Bürgschaft und Garantie. BMJ-Gutachten 717).

Zahlt der Garant einer Forderungsgarantie, so hat er regelmäßig einen vertraglichen 228 Aufwendungsersatzanspruch gegen den, der ihn mit der Stellung der Garantie beauftragt hat, typischerweise den Schuldner der Forderung, die durch die Garantie gesichert wurde (Rn 326). Es fragt sich, ob der zahlende Garant außerdem analog § 774 Abs 1 S 1 die durch die Garantie gesicherte Forderung erwirbt. Dies wird von einer verbreiteten Meinung befürwortet (vCAEMMERER, in: FS Riese [1964] 306; CANARIS, Bankvertragsrecht I [3. Aufl 1988 = GroßKomm z HGB 4. Aufl] Rn 1112; PLEYER WM-Sonderbeil 2/1973, 21; SCHLEGELBERGER/HEFERMEHL, HGB Bd 4 [5. Aufl 1976] Anh § 365 Rn 288; vMARSCHALL, in: HORN/vMARSCHALL/ROSENBERG/PAVICEVIC 33; CASTELLVI WM 1995, 868). Die Befürworter verweisen auf eine der Bürgschaft vergleichbare wirtschaftliche Interessenlage bei der Forderungsgarantie; die Analogie sei zumindest dann geboten, wenn nach den Vorstellungen der Beteiligten letztlich der Schuldner der gesicherten (garantierten) Verbindlichkeit leisten solle (zB vCAEMMERER 306). Die analoge Anwendbarkeit des § 774 Abs 1 S 1 auf die Garantie ist abzulehnen. Eine cessio legis stellt eine weitreichende Rechtsfolge dar, die nicht ohne weiteres auf eine Analogie gestützt werden kann. Die postulierten Voraussetzungen dieser Analogie (Anwendung nur auf die Forderungsgarantie und nur bei bestimmmten Vorstellungen der Beteiligten) sind für die Bedürfnisse des Rechtsverkehrs zu wenig eindeutig und klar. Die überwiegende Meinung lehnt daher zurecht die Analogie ab (RG SeuffA 79 Nr 21; SOERGEL/MÜHL Vorbem 40; MünchKomm/PECHER [2. Aufl 1986] Vor § 765 Rn 4; BGB-RGRK/MORMANN [12. Aufl 1978] § 774 Rn 9; JAUERNIG/VOLLKOMMER, BGB [7. Aufl 1994] Vor

§ 765 Anm 3 a dd; Scholz/Lwowski, Das Recht der Kreditsicherung [7. Aufl 1994] Rn 386; Pottschmidt/Rohr, Kreditsicherungsrecht [4. Aufl 1992] Rn 84; Bülow, Recht der Kreditsicherheiten [3. Aufl 1993] Rn 1078; s auch § 774 Rn 61).

229 Dem Rechtsgedanken des § 774 Abs 1 S 1 kann dadurch Rechnung getragen werden, daß man im konkreten Fall prüft, ob die Parteien ausdrücklich oder konkludent eine (ggf vorweggenommene) Zession der gesicherten Forderung bei Zahlung des Garanten vereinbart haben (vgl RG SeuffA 79 Nr 21). Fehlt es daran, so ist weiter zu prüfen, ob nach den Umständen eine Pflicht des Gläubigers der gesicherten Forderung und Garantieberechtigten angenommen werden kann, nach Zahlung der Garantiesumme durch den Garanten die gesicherte Forderung auf diesen zu übertragen (RG SeuffA 79 Nr 21; Soergel/Mühl § 774 Rn 14).

5. Verpflichtungstypen und Inanspruchnahme

230 Will der Garantieberechtigte den Garanten aus der Garantie in Anspruch nehmen, so muß er die im Garantievertrag festgelegte Art der Inanspruchnahme einhalten. Diese ergibt sich aus der vertraglichen Definition des Garantiefalles (formeller Garantiefall) und den ggf beigefügten Anforderungen an den Nachweis des Garantiefalles. Danach lassen sich grob die folgenden Verpflichtungstypen von Garantien unterscheiden.

a) Zahlung auf erstes Anfordern
aa) Bedeutung und Zulässigkeit

231 Bei der Garantie zur Zahlung auf erstes Anfordern muß der Garant unverzüglich auf die Zahlungsanforderung des Garantieberechtigten hin zahlen. Diese Verpflichtungsform ist grundsätzlich zulässig und von der Rechtsprechung anerkannt (zB BGHZ 90, 287 = ZIP 1984, 685; BGH WM 1985, 684). Die Formel „Zahlung auf erstes Anfordern" wird von der hM zutr als Hinweis auf den Ausschluß von Einreden und Einwendungen gegen den Garantieanspruch aufgefaßt (Canaris, Bankvertragsrecht Rn 1124, 1134; Auhagen 24 ff; Pleyer WM-Sonderbeilage Nr 2/1973, 9; Horn NJW 1980, 2153, 2156; Graf vWestphalen WM 1981, 295; Zahn/Eberding/Ehrlich Rn 9/19; Avancini/Iro/Koziol II Rn 3/28). Vergleichbar ist die bisweilen in der Praxis ebenfalls anzutreffende Formel „ohne weitere Einwendungen". Beidesmal kommt der Parteiwille zum Ausdruck, eine Garantieverpflichtung zu begründen. Wie weit der damit bezweckte Einwendungsausschluß tatsächlich reicht, hängt vom übrigen Inhalt der Garantieverpflichtung ab, insbesondere der Abwesenheit einschränkender Zahlungsvoraussetzungen (allg oben Rn 210 ff und iF Rn 234, 236 ff). Bei jeder Garantieverpflichtung bleiben freilich trotz ihrer abstrakten Natur bestimmte Gültigkeits-, Inhalts- und persönliche Einwendungen zulässig (oben Rn 204 und iF Rn 241 ff). Dies gilt selbstverständlich auch für den hier vorliegenden Verpflichtungstyp.

232 Nachdem die Rechtsprechung zur Bürgschaft den Grundsatz aufgestellt hat, daß die Klausel „Zahlung auf erstes Anfordern" hier nur von Kaufleuten wirksam in einem Formularvertrag übernommen werden kann (oben Rn 25), fragt es sich, ob diese Grundsätze auch auf die Garantie zur Zahlung auf erstes Anfordern anzuwenden sind. Dagegen spricht zwar, daß der Schuldner zumindest bei Verwendung der Bezeichnung „Garantie" deutlicher auf die Gefährlichkeit der abstrakten Verpflichtung hingewiesen wird als bei einer Bürgschaft, wo die genannte Verpflichtungsform

untypisch ist. Dieser Warneffekt ist jedoch begrenzt und fällt bei Privatleuten nicht entscheidend ins Gewicht; demgegenüber erfordert wohl die vergleichbare Gefährdung des Garanten den gleichen Schutz nach dem AGBG. Der Wirtschaftsverkehr wird dadurch nicht übermäßig beeinträchtigt; denn hier herrschen die Garantien auf erstes Anfordern durch Banken und andere Unternehmen als Garanten vor. Die Bank kann aber wohl im Auftrag des privaten Kunden eine Garantie zur Zahlung auf erstes Anfordern übernehmen; der Kunde ist hier durch eine entsprechende Aufklärungs- und Warnpflicht geschützt.

bb) Die Zahlungsanforderung

Die Zahlungsanforderung des Garantieberechtigten (Begünstigten) ist grundsätzlich **schriftlich zu erklären**, und zwar zumindest in der banküblichen Form des Telex oder Telefax. Dies ergibt sich meist schon aus der Formulierung der Garantieverpflichtung („auf erstes schriftliches Anfordern"; „on first written demand"); es folgt aber im übrigen gemäß § 346 HGB auch aus der Verkehrsüblichkeit. Die Zahlungsanforderung braucht nur in den Erklärungen zu bestehen, die durch den Garantievertrag vorgeschrieben sind (vgl BGH NJW 1984, 923 betr Garantie mit sog Effektivklausel; zu dieser iF Rn 236 f). Der Garant (Bank) kann einen Nachweis, daß der (materielle) Garantiefall tatsächlich eingetreten ist, zum Zeitpunkt der Zahlungsanforderung und vor der Auszahlung regelmäßig nicht verlangen (BGHZ 90, 287, 294 = ZIP 1984, 688). Auch zu einer eigenen Nachprüfung, ob der (materielle) Garantiefall wirklich vorliegt, ist der Garant (Bank) im Regelfall weder berechtigt noch gegenüber seinem Garantieauftraggeber (Kunden) verpflichtet (vgl auch LG Frankfurt/M NJW 1963, 450; LG München AWD 1972, 196); anders bei deutlichem Verdacht des Mißbrauchs (unten Rn 331). **233**

Die Zahlungsaufforderung muß grundsätzlich den **formellen Anforderungen** entsprechen, die in den Garantiebedingungen vorgeschrieben sind. Ist darin zB neben der Zahlungsaufforderung eine genau bestimmte Erklärung über den Eintritt des Garantiefalles erforderlich (Effektivklausel; Rn 236), etwa die Versicherung, der Schuldner der gesicherten Forderung habe trotz schriftlicher Aufforderung nicht binnen 10 Tagen gezahlt, so ist die Zahlungsanforderung ohne diese Erklärung **unwirksam** (BGH ZIP 1996, 454). Die formellen Anforderungen müssen innerhalb der **Garantiefrist** erfüllt werden; eine Nachholung nach dem Ablauf (zur Ergänzung einer fristgerecht abgegebenen unwirksamen Erklärung) ist nicht möglich (BGH aaO). Der Garant (Bank) ist auch nicht verpflichtet, den Garantieberechtigten auf die Unvollständigkeit seiner Erklärung hinzuweisen und anzukündigen, daß er der unvollständigen Erklärung nicht folgen werde (BGH aaO, aA GRAF vWESTPHALEN, Bankgarantie 172 f; OLG Karlsruhe WM 1992, 2095; dazu GRAF vWESTPHALEN EWiR 1992, 849); anders, wenn der Garant treuwidrig in eindeutiger Weise zu erkennen gegeben hatte, die Erklärung sei in Ordnung und werde honoriert, oder wenn er ausdrücklich oder konkludent einer Fristverlängerung zugestimmt hatte. Eine konkludente Fristverlängerung ist freilich im Zweifel nicht anzunehmen. **234**

Obwohl die Verpflichtungsform „Zahlung auf erstes Anfordern" rasches Handeln des Garanten bei der Erfüllung des Garantieanspruchs vorschreibt, ist dem Garanten eine angemessene und verkehrsübliche **Prüfungsfrist** vor Auszahlung zuzubilligen, die je nach den Umständen zwischen drei Bankwerktagen und einer Woche zu veranschlagen ist. Während der Prüfungsfrist gerät der Garant nicht in Zahlungsverzug. Der Garant erhält damit die Gelegenheit, die formelle Berechtigung der **235**

Anforderung zu prüfen und den Garantieauftraggeber zu benachrichtigen, der letztlich für die Garantiesumme gemäß § 670 aufzukommen hat (unten Rn 332). Der Garant (Bank) muß auf Verdachtsmomente achten, die gegen die Plausibilität der Anforderung (im Rahmen des formellen Garantiefalles) sprechen (CANARIS, Bankvertragsrecht Rn 1130 spricht hier von „Schlüssigkeit"; krit GRAF vWESTPHALEN, Bankgarantie 149). Wenn zB eine sog Anzahlungsgarantie (unten Rn 283) übernommen wurde, um die spätere Rückzahlung einer vergeblichen Anzahlung zu sichern, dann ist die Zahlungsanforderung nicht plausibel in diesem Sinn, wenn die Anzahlung ursprünglich bei der garantierenden Bank selbst einzuzahlen war, dort aber nie eingezahlt wurde. Im Normalfall beschränkt sich die Prüfung auf die Frage, ob die Garantie wirksam übernommen wurde und noch besteht, sowie auf die Frage, ob die Zahlungsanforderung dem entspricht, was der Garantievertrag dazu vorschreibt.

b) Effektivklauseln

236 Nicht selten ist der Verpflichtungsform zur Zahlung auf erstes Anfordern ein einschränkender Zusatz beigefügt, zB „falls der Schaden eintritt" oder „falls die Leistung nicht erbracht wird" (vgl zB BGH WM 1979, 457; OLG Celle ZIP 1982, 43 = WM 1982, 777; HORN NJW 1980, 2156). Durch diesen Hinweis wird eine deutlichere Beziehung zum Sicherungszweck (materiellen Garantiefall) hergestellt. Die rechtliche Bedeutung dieser sog Effektivklausel ist, falls nicht weitere Regelungen im Garantievertrag getroffen sind, zweifelhaft und durch Auslegung zu ermitteln. Der Garantieberechtigte muß hier zusätzlich zur Zahlungsanforderung zumindest schriftlich erklären, daß der (materielle) Garantiefall eingetreten sei (HORN, Bürgschaften und Garantien 113; BGH ZIP 1996, 454). Ob darüberhinaus ein voller Nachweis des Eintritts des Garantiefalles verlangt werden kann, ist umstritten. In der internationalen Praxis wird verbreitet davon ausgegangen, daß nur eine entsprechende Erklärung verlangt werden kann. Mit Rücksicht auf den abstrakten Charakter der Garantie, der auch bei der Verpflichtungsform der Effektivklausel besteht, wird man dem Garanten das Recht, einen vollen Nachweis des Garantiefalles zu verlangen, nur bei eindeutigen Anhaltspunkten in der Garantieerklärung zubilligen können (Rn 238 f). Allerdings ist zu beachten, daß der Nachweis sich auf die Tatsache des Schadenseintritts bzw der Nichterfüllung oder des sonstigen Garantiefalles beschränkt und nicht alle rechtlichen Voraussetzungen der gesicherten Forderung umfaßt (zutr HADDING/HÄUSER/WELTER, Bürgschaft und Garantie. BMJ-Gutachten 695).

237 Der Garant hat im Fall einer Effektivklausel zumindest das Recht, bei Zweifelsfällen zusätzliche Erklärungen des Garantieberechtigten über den Eintritt des Garantiefalles zu verlangen (HORN NJW 1980, 2156; aA CANARIS, Bankvertragsrecht Rn 1131); dadurch erhält er Klarheit für die Beurteilung der Frage, ob eine rechtsmißbräuchliche Inanspruchnahme vorliegt. Nach Zahlung kann der Garant (Bank) vollen Nachweis des Garantiefalles verlangen (CANARIS aaO). Selbstverständlich kann der Garantievertrag weitere Anforderungen an den Nachweis des Garantiefalles ausdrücklich vorschreiben.

c) Dokumentäre Nachweise

238 Der Garantievertrag kann vorschreiben, daß mit der Zahlungsanforderung bestimmte dokumentäre Nachweise über den Garantiefall verbunden werden müssen. Der Garant (Bank) muß bei der Prüfung dieser Nachweise ähnlich wie bei der Prüfung der Erfüllung von Akkreditivbedingungen vorgehen (GRAF vWESTPHALEN,

Bankgarantie 165; HADDING/HÄUSER/WELTER, Bürgschaft und Garantie. BMJ-Gutachten 696). Es sind die Grundsätze der formalen Dokumentenstrenge, die für ein Akkreditiv gelten (unten Rn 385 f), entsprechend anzuwenden (GRAF vWESTPHALEN, Bankgarantie 165 ff). Der Garant hat demnach die Vollständigkeit und formale Ordnungsgemäßheit der Dokumente, dh ihre Übereinstimmung mit den Bedingungen des Garantievertrages zu überprüfen. Die ERA der IHK (unten Rn 380 f) sind entsprechend anzuwenden. Der Umfang der Nachweispflichten des Garantieberechtigten hinsichtlich des Eintritts des Garantiefalls (materieller Garantiefall) hängt von der Art der geforderten Dokumente ab. Relativ gering sind diese Anforderungen dann, wenn lediglich eine gesonderte schriftliche Erklärung über den Eintritt des Garantiefalls vom Garantieberechtigten selbst verlangt wird. Dies ist die Regelung der ERAG 1991 (unten Rn 295 f) und stimmt mit der Praxis der sog standby letters of credit (unten Rn 291) überein. Der Schutz des Garanten und des Garantieauftraggebers vor einer mißbräuchlichen Inanspruchnahme (unten Rn 269, 309 ff) ist in solchen Fällen natürlich begrenzt. Er ist stärker, wenn die Bestätigung eines (einigermaßen) neutralen Dritten, zB des Ingenieurs iS der FIDIC-Bedingungen oder eines neutralen Sachverständigen vorgeschrieben ist.

d) **Vorlage eines Urteils oder Schiedsurteils**
In der Garantie kann auch vorgeschrieben sein, daß die Inanspruchnahme nur in **239** Verbindung mit der Vorlage eines Urteils oder Schiedsurteils erfolgen kann. Die Garantiebedingungen müssen die geforderte Art der Entscheidung genau bezeichnen. Üblich und zweckmäßig ist das vertragliche Erfordernis, daß die Entscheidung im Verhältnis zwischen Garantieauftraggeber und Garantieberechtigtem (Valutaverhältnis) ergeht und den Eintritt des (materiellen) Garantiefalles feststellt; regelmäßig geht es dabei um die Nichterfüllung einer vertraglichen Verpflichtung im Valutaverhältnis und den daraus entspringenden Anspruch, was die inzidente Feststellung des rechtlichen Standes der verletzten Vertragsverpflichtung einschließt. Die Durchsetzung der Garantie wird dadurch verzögert und erschwert; andererseits wird die Garantie und der Garant gegen mißbräuchliche Inanspruchnahme gesichert. Diese Sicherungsform wird daher von der Exportwirtschaft als dem typischen Garantieauftraggeber erstrebt, während die Garantieberechtigten (typischerweise, aber nicht immer die Importwirtschaft) eine rasche Durchsetzbarkeit anstreben und darin von den Banken unterstützt werden. Das Erfordernis namentlich eines Schiedsurteils ist in der Praxis nicht selten (vgl den Fall OLG Hamburg WM 1978, 260 ff); es ist in den ERVG 1978 der IHK (unten Rn 294) vorgesehen. Ist in den Garantiebedingungen Vorlage eines Schiedsurteils vorgesehen, haben sich die Beteiligten (Garantieauftraggeber und Garantieberechtigter) aber auf ein Verfahren vor dem ordentlichen Gericht eingelassen, so steht das Gerichtsurteil auch für die Zahlungsanforderung dem Schiedsurteil gleich (OLG Hamburg WM 1978, 260 ff; NIELSEN BuB Rn 5/141); Voraussetzung ist freilich die Gleichwertigkeit von Urteil und Schiedsurteil einmal hinsichtlich Rechtskraft und Vollstreckung, was sich nach dem anwendbaren Prozeßrecht bestimmt, zum anderen aber auch hinsichtlich der rechtsstaatlichen Verhältnisse in dem betreffenden Land, wenn es sich um eine Garantie im internationalen Wirtschaftsverkehr (unten Rn 275 ff) handelt.

e) **Bedingte Garantien**
Gemäß der Vertragsfreiheit kann der Garantieanspruch von Bedingungen abhängig **240** gemacht werden. Allerdings ist die Garantie nach ihrem Begriff nicht akzessorisch zu

einer Forderung, die sie sichert (Fall der Forderungsgarantie). Wird durch die Bedingung eine Akzessorietät begründet, liegt nicht mehr Garantie, sondern Bürgschaft vor. Ferner entspricht es der Funktion der Garantie als einem leicht durchsetzbaren Sicherungsmittel, daß der Garantieanspruch möglichst nicht von Bedingungen abhängt. Die Praxis der unterschiedlichen Effektivklauseln (Rn 236 f) und damit verbundenen dokumentären Nachweise (Rn 238 f) zeigt jedoch, daß Bedingungen verschiedener Reichweite verwendet werden, und zwar meist zu dem Zweck sicherzustellen, daß das durch die Garantie gedeckte Risiko sich verwirklicht hat, der Garantiefall also eingetreten ist. Begnügt sich der Garantievertrag damit, eine entsprechende Erklärung des Berechtigten über den Eintritt des Garantiefalles vorzuschreiben, ist der Anspruch nicht eigentlich an eine Bedingung gebunden, sondern nur an eine Erklärungsform. Auch ist durch eine solche Anforderung weder die Geltendmachung erschwert noch die Gefahr einer mißbräuchlichen Inanspruchnahme ausgeschlossen (wenngleich etwas eingedämmt). Von einer bedingten Garantie (conditional guaranty) spricht man zweckmäßigerweise nur, wenn die Bedingung größere Sicherheit über den Eintritt des Garantiefalles bringen soll und die Geltendmachung des Anspruchs entsprechend erschwert, insbesondere durch den Nachweis des Garantiefalles. Falls dieser Nachweis dokumentär zu führen ist (Rn 238), bleibt die Bedingung mit den Anforderungen des (insbes internationalen) Wirtschaftsverkehrs in Einklang, der nur formalisierte Voraussetzungen bei der Geltendmachung der Garantie (Erklärungen und Dokumente) akzeptiert. Dies ist auch der Standpunkt der Richtlinien der IntHK von 1978 (Rn 294) und der UN-Konvention von 1995 (Rn 298). Diesen Anforderungen genügt eine Garantie dann nicht, wenn sie die Geltendmachung des Anspruchs vom Nachweis irgendeiner Tatsache (Garantiefall) abhängig macht, ohne dafür bestimmte Dokumente vorzuschreiben. Diese **bedingte Garantie ieS** liegt zB außerhalb des Anwendungsbereichs der UN-Konvention für unabhängige Garantien (HORN RIW 1997, Heft 9). Gänzlich unüblich ist die bei vMARSCHALL erwähnte Möglichkeit, daß die Auszahlung der Garantie von der Zustimmung des Garantieauftraggebers abhängig gemacht wird (vMARSCHALL, Dokumentenakkreditive und Bankgarantien im internationalen Zahlungsverkehr 37).

6. Einwendungen gegen den Garantieanspruch

a) Grundsätzliches

241 Zwar ergibt sich aus der Selbständigkeit der Ausschluß von Einwendungen aus dem Valuta- und dem Deckungsverhältnis (oben Rn 204). Ferner ist der Einwand, der (materielle) Garantiefall sei nicht eingetreten, in unterschiedlichem Umfang eingeschränkt; dies richtet sich nach dem Verpflichtungstyp der Garantie (oben Rn 230 ff) und dem daraus folgenden Grad der Abstraktheit des Garantieanspruches vom materiellen Garantiefall. Gleichwohl bleiben dem Garanten (a) die Gültigkeitseinwendungen, (b) die Inhaltseinwendungen und (c) die persönlichen Einwendungen (oben Rn 204). Diese können grundsätzlich auch gegenüber der strengen Verpflichtungsform zur Zahlung auf erstes Anfordern (oben Rn 231) geltend gemacht werden, obwohl hier die Annäherung an einen abstrakten Anspruch am weitesten geht. Denn selbst bei abstrakten Ansprüchen (zB gemäß §§ 780, 781, oder aus wertpapierrechtlicher Verpflichtung) bestehen diese Einwendungen. Es wäre ein Mißverständnis zu glauben, daß bei der Garantie zur Zahlung auf erstes Anfordern sozusagen eine „gesteigerte Abstraktheit" mit der Folge des Ausschlusses dieser Einwendungen möglich wäre; dies widerspräche elementaren Grundsätzen des Schuldrechts. Der

Garant hat das Vorliegen von Einwendungen zu beweisen (BGHZ 90, 287, 292, 294 = ZIP 1988, 688).

b) Gültigkeitseinwendungen
Zu den Gültigkeitseinwendungen gehört die Einwendung, daß die Garantieurkunde 242 oder ein bei Inanspruchnahme des Garanten sonst vorzulegendes Dokument gefälscht sei. Davon zu trennen ist die Frage, ob der Garant, der eine Fälschung nicht erkennt und den Garantiebetrag auszahlt, gleichwohl Aufwendungsersatz vom Garantieauftraggeber verlangen kann; zur Aufteilung des Fälschungsrisikos unten Rn 328 ff, 343, 358.

Von größter praktischer Wichtigkeit ist der Einwand, daß die Inanspruchnahme 243 rechtsmißbräuchlich sei, weil der (materielle) Garantiefall nicht eingetreten ist (unten Rn 309 ff), denn der Garantieanspruch steht unter dem Vorbehalt von Treu und Glauben (§ 242) und dem Verbot einer sittenwidrigen Schädigung (§§ 138, 826).

c) Inhaltseinwendungen
aa) Allgemein ergeben sich Inhaltseinwendungen immer dann, wenn die Inan- 244 spruchnahme des Garanten nach Form und Inhalt von den Anforderungen abweicht, die im Garantievertrag für diese Inanspruchnahme aufgestellt sind (formeller Garantiefall). Sind bei der Inanspruchnahme Dokumente vorzulegen, so müssen diese vollständig sein und mit den Garantiebedingungen übereinstimmen.

Der verbreitete Begriff „formeller Garantiefall" ist freilich Mißverständnissen ausge- 245 setzt, und zwar in dem Sinn, als käme es nur auf die vertraglich vorgeschriebene Anforderungserklärung (ggf nebst vorzulegenden Urkunden) an. In Wirklichkeit kommt es weitergehend darauf an, daß die Zahlungsanforderung nach dem **Inhalt der Garantieerklärung schlüssig** ist (Canaris, Bankvertragsrecht Rn 1130; einschränkend BGH WM 1994, 106; oben Rn 233 ff). Jede Forderungsgarantie bezieht sich auf eine bestimmte Forderung. Deren rechtlicher Bestand ist jedenfalls bei der Garantie zur Zahlung auf erstes Anfordern nicht Voraussetzung für die Zahlungsanforderung des Gläubigers. Sie muß auch bei einer sonstigen Garantie dann vom Gläubiger nicht dargelegt und bewiesen werden, wenn das gedeckte Risiko so weit formuliert ist, daß es jeden Fall der Nichtleistung auf die gesicherte Forderung umfaßt einschließlich des Falles, daß die gesicherte Forderung überhaupt nicht wirksam entstanden oder auf andere Weise als durch Erfüllung erloschen ist. Wohl aber ist es bei jeder Garantie, auch bei derjenigen zur Zahlung auf erstes Anfordern, erforderlich, daß sich die Zahlungsanforderung überhaupt auf die gesicherte Forderung und nicht auf eine andere Forderung bezieht. Wenn sich also durch Auslegung der Garantieurkunde ergibt, daß die Garantie nicht die der Zahlungsanforderung des Garantiegläubigers zugrundeliegende Forderung deckt, kann dies der Garant schon im Erstprozeß einwenden (BGH ZIP 1996, 172, 173 betr Bürgschaft auf erstes Anfordern).

bb) Ein praktisch besonders wichtiger Fall der Inhaltseinwendung ist der **Frist-** 246 **ablauf**. Eine Inanspruchnahme des Garanten aus der Garantie nach Ablauf der für die Inanspruchnahme vorgeschriebenen Frist (oben Rn 205 f) ist unbeachtlich. Die Garantie ist daher für den Gläubiger (Garantieberechtigten) untauglich, wenn ihr Fristende vor dem Erfüllungszeitpunkt des gesicherten Grundgeschäfts liegt (OLG Hamburg AWD 1978, 615; OLG Stuttgart WM 1979, 733). Keine Inhaltseinwendung ist der

Fristablauf dann, wenn die Frist nicht in der Verpflichtungserklärung enthalten ist, sondern nur in der zugrundeliegenden Sicherungsabrede (BGH ZIP 1985, 470 = WM 1985, 511 betr Bürgschaft auf erstes Anfordern). Insbesondere im internationalen Wirtschaftsverkehr kommt es vor, daß der Garantieberechtigte die Verlängerung der Garantie erzwingt, indem er anderenfalls die Garantie einzufordern droht; zur Frage des Rechtsmißbrauchs Rn 309 ff, 341 f.

d) Persönliche Einwendungen

247 aa) Zu den persönlichen Einwendungen zählen alle Einwendungen, die sich aus direkten Rechtsbeziehungen zwischen dem Garanten und dem Garantieberechtigten ergeben. Hier kann vor allem eine Sicherungsabrede bedeutsam sein, die zusätzlich zum eigentlichen Garantievertrag abgeschlossen ist und weitere Voraussetzungen und Einzelheiten der Inanspruchnahme des Garanten festlegt und den Garantiefall näher bestimmt. Üblich ist freilich eine solche zusätzliche Sicherungsabrede in der Wirtschaftspraxis nicht, weil diese einen möglichst (näherungsweise) abstrakten Anspruch anstrebt, der zugleich in Bezug auf sonstige rechtliche Beziehungen und Abreden selbständig ist und rasch durchgesetzt werden kann.

248 bb) Zu den persönlichen Einwendungen gehört grundsätzlich auch die **Aufrechnung**. Die Aufrechnung des Garanten (Bank) mit eigenen Ansprüchen gegen den Garantieberechtigten steht in einem Spannungsverhältnis zum Zweck der Garantie, dem Gläubiger ein rasch verwertbares, möglichst einwendungsfreies Sicherungsmittel an die Hand zu geben und die rasche Verfügbarkeit über den garantierten Betrag zu sichern, zumal die Garantie (zur Zahlung auf erstes Anfordern) in der Praxis an die Stelle des früher üblichen Bardepots oder Gewährleistungseinbehaltes getreten ist. Daraus wird vielfach ein Ausschluß der Aufrechenbarkeit gegenüber dem Garantieanspruch gefolgert (GRAF vWESTPHALEN, Bankgarantie 176 ff; BAUMBACH/HOPT [7] BankGesch Rn L/12). Es ist anerkannt, daß der Erfüllungsmodus der Aufrechnung auch ohne besondere Abrede dann ausgeschlossen ist, wenn er dem Zweck der Leistungspflicht der Passivforderung (hier: der Garantieforderung) widerspricht (GERNHUBER, Die Erfüllung und ihre Surrogate § 12 VI 9; zum Aufrechnungsverbot nach Treu und Glauben BGHZ 14, 342, 346 f). Dem Sicherungszweck eindeutig zuwider liefe die Aufrechnung des Garanten mit einem abgetretenen Gewährleistungsanspruch aus dem gesicherten Grundgeschäft; denn gegen solche Einwendungen soll der Garantieberechtigte (im Regelfall) gerade geschützt werden (vgl auch BGH WM 1982, 1324, 1325).

249 Zweifelhaft ist es aber, ob der Garantieanspruch dem Berechtigten in jedem Fall Bargeld verschaffen soll oder ob es nicht genügt, ihn so zu stellen, wie er stünde, wenn der Zahlungsanspruch aus dem gesicherten Grundgeschäft einwendungsfrei zu erfüllen wäre. In diesem Fall müßte sich der Gläubiger auch eine Aufrechnung gefallen lassen, jedenfalls wenn diese liquide beweisbar ist (BGHZ 94, 167 = BGH WM 1985, 684 betr Gegenanspruch der Bank aus Wechselausstellerhaftung des Gläubigers. Im Fall stammte dieser Gegenanspruch aus einem Wechsel-Scheck-Verfahren in Ausführung des Grundgeschäfts. Darin lag ein Kunstfehler der ganzen Transaktion, der die Garantie völlig entwertete; KÖNDGEN EWiR 1985, 365 f. Die Vorinstanzen hatten die Aufrechenbarkeit verneint; LG Frankfurt/M WM 1984, 86; OLG Frankfurt/M WM 1984, 1021).

7. Sicherungszwecke und Geschäftstypen

Inhaltlich lassen sich die Garantien nach ihren Sicherungszwecken, dh nach der Art 250 des garantierten Erfolges oder Nichtschadensfalls (Rn 194, 210 ff, 214) unterscheiden. Gegenstand der Garantie kann der **wirtschaftliche Erfolg** von Unternehmungen **jeder Art** sein (vgl OLG Dresden DJZ 1916, 448 [Risiko einer Ausstellung]; RG WarnR 1925 Nr 21; 1930 Nr 10; RG SeuffA 55 Nr 136). Nach den typischen Sicherungszwecken lassen sich unterschiedliche Geschäftstypen unterscheiden.

a) Verhaltensgarantien
aa) Allgemeines. Überblick

Garantiert werden kann auch ein eigenes Verhalten, zB aus einer eigenen Hypothek 251 keine Rechte einem anderen gegenüber herzuleiten (RG WarnR 1913 Nr 344; vgl auch RGZ 82, 337 betr Zusicherung, das eigene Akzept werde eingelöst).

Auch ein **in der Vergangenheit** liegendes Verhalten des Garanten (ebenso wie das eines Dritten) kann Gegenstand der Garantie sein, wenn es dem Garantieberechtigten unbekannt bzw nicht in einer überprüfbaren, sicheren Weise bekannt ist. Bei **Ausschreibungen** hat man solche Garantien von Bietern verlangt (und fälschlich als „Vertragsstrafen" bezeichnet) mit dem Inhalt, daß die Nichtteilnahme an geheimen **Submissionskartellen** zugesichert und in Höhe eines bestimmten Betrags (3% der Auftragssumme) garantiert wurde. Der BGH ist dieser Praxis entgegengetreten und hat die verschuldensunabhängige Garantie dieses Inhalts für unwirksam erklärt, weil sie neben der möglichen kartellrechtlichen Buße eine Doppelahndung darstelle, den Ausschreibenden als Garantieberechtigten durch die mögliche Kumulation von Zahlungen vieler Bieter unangemessen bereichere und den Bieter in eine Zwangslage bringe und dadurch unangemessen benachteilige (BGH ZIP 1988, 1126 = NJW 1988, 2536; zust Horn EWiR 1988, 967). Steht das Verhalten in Zusammenhang mit einem bereits anderweitig vertraglich geschuldeten Verhalten, so liegt entweder eine unselbständige Klausel dieses Vertrages in Form der (ggf erweiterten) Gewährleistung oder Vertragsstrafe (dazu Kleiner 87) vor oder eine selbständige Leistungsgarantie (selbständige Gewährschaft; Rn 258 ff). In der Praxis wichtige Anwendungsfälle der Verhaltensgarantie sind die **Bietungsgarantie** im Rahmen eines Ausschreibungsverfahrens (unten Rn 282) und die Ausbietungsgarantie.

bb) Ausbietungs- und Ausfallgarantie*

Ausbietungsgarantie ist das Garantieversprechen im Hinblick auf ein Grundpfand- 252 recht, bei der Zwangsversteigerung des belasteten Grundstücks ein bestimmtes Gebot abzugeben, welches das Grundpfandrecht (ganz oder teilweise) deckt (Bietungspflicht, ggf auch ohne Rücksicht auf die Gefährdung des Rechts; Ausbietungsgarantie stärkerer Wirkung) oder nur dafür einzustehen, daß der Grundpfandgläubiger keinen Schaden erleidet (schwächere Wirkung; Sichtermann 110). Im ersteren Fall muß der Garant, wenn wegen seiner Untätigkeit der Garantieempfänger selbst

---

* **Schrifttum**: Mohrbutter, Handbuch des gesamten Vollstreckungs- u Insolvenzrechts (2. Aufl 1974) § 42 II; Oertmann, Die Ausbietungsgarantie, DJZ 1919, 228; Sichtermann/Hennings, Die Ausbietungsgarantie (5. Aufl 1992) mit weiterer Literatur; Stillschweig, Die Ausbietungsgarantie, JW 1914, 334; Zschaler, Zum Unterschied zwischen Ausbietungsgarantie und Bürgschaft, LZ 1919, 840.

das Grundstück ersteigert, im Wege der Naturalrestitution das Grundstück unter Wiedereintragung der Hypothek selbst übernehmen (RGZ 91, 213). Im letzteren Fall muß er (allenfalls) bei Gefährdung des Rechts mitbieten (RG HRR 1934 Nr 1662 = JW 1934, 2761) oder aber als Ersatz den ausgefallenen Betrag zahlen. Ob der Garant mitbieten muß (Ausbietungsgarantie) oder nur Ersatz leisten muß (Ausfallgarantie), richtet sich nach Inhalt und Zweck der Abrede (RG Gruchot 58, 973; 59, 336; WarnR 1916 Nr 157; 1930 Nr 104; HRR 1935 Nr 339; OLG Celle WM 1991, 1290 f). Ein Garant kann vom Begünstigten nicht mehr in Anspruch genommen werden, wenn dieser das Grundpfandrecht und die Forderung zuvor veräußert hat und daher im Verteilungsverfahren nicht mehr Gläubiger des Grundstückseigentümers ist (OLG Celle aaO). Als **Ausfallgarantie** bezeichnet man entweder die oa Ausbietungsgarantie schwächerer Wirkung oder allgemein eine Garantie dafür, daß der Garantieberechtigte bei der Beitreibung einer Forderung oder der Ausübung eines sonstigen Rechts im Ergebnis keinen Ausfall (Schaden) erleidet (Einbringlichkeitsgarantie; Rn 261). Ähnlich wie bei der Ausfallbürgschaft (Rn 36) muß der Gläubiger zunächst alles tun, um das durch die Garantie gesicherte Recht einzutreiben.

253   Auch die Ausbietungsgarantie ist **formfrei**. Zwar enthält sie in ihrer erstgenannten Variante auch eine bedingte Erwerbsverpflichtung, weshalb sie zT für formbedürftig gehalten wird (OLG Celle MittBayNot 1977, 59, und WM 1991, 1296; SCHÖNER MittBayNot 1984, 18). Aber im Vordergrund steht das Einstehen für einen bestimmten Versteigerungserfolg in Höhe der Garantiesumme; diese Verpflichtung ist, sofern sie getrennt vom Erwerbsgeschäft übernommen wird, formfrei (RGZ 140, 218; BGH NJW-RR 1988, 1197; PALANDT/HEINRICHS § 313 Rn 14). Wegen dieser rechtlichen Selbständigkeit bedarf zB auch die Ausbietungsgarantie des Grundstückserwerbers für die Restkaufgeldhypothek nicht der Form des § 313 mangels unmittelbaren Zusammenhangs mit dem Grundstücksveräußerungsbetrag (OERTMANN DJZ 1919, 232); diese Garantie bleibt als dessen selbständige Verpflichtung im Fall eines Weiterverkaufs des Grundstücks bestehen trotz Übernahme der Kaufgeldrestschuld durch den Zweiterwerber (gem §§ 415, 416) und wird als zusätzliche Sicherung gerade dann wichtig (RGZ 86, 280). – Die Ausbietungsgarantie im Rahmen eines Veräußerungsvertrags über das Grundpfandrecht verstärkt die gesetzliche Gewährleistung (§§ 437, 438, 445); sie geht nicht schon aufgrund der §§ 401, 412 auf den Zweiterwerber über (zT abw STILLSCHWEIG JW 1914, 339). Die Ausbietungsgarantie des Erwerbers eines Grundstücks gegenüber dem Grundpfandgläubiger kann nicht wegen Mängeln des Grundstücks gem §§ 493, 459 ff gemindert werden (RGZ 157, 175).

254   Häufig wird erst im Hinblick auf eine schwebende oder zu erwartende Zwangsversteigerung eine Ausbietungsgarantie von einem Ersteigerungsinteressenten gegenüber dem betreibenden Grundpfandgläubiger (zB Bank) übernommen, oft verbunden mit der Abrede, daß das Grundpfandrecht ganz oder teilweise bestehen bleiben solle (§ 91 Abs 2 ZVG). Häufig ist nur durch die letztere Abrede ein Bieter zu gewinnen. Nicht in jedem Fall unbedenklich ist eine solche Abrede, wenn sie ausschließlich einen Interessenten begünstigt und dadurch andere Bieter zum Nachteil von Schuldner und nachrangigen Gläubigern abgeschreckt werden; §§ 138 Abs 1 und 826 kommen aber wohl nur ausnahmsweise in Betracht (vgl auch SICHTERMANN 29 ff). Ersteigert der Garantienehmer und Grundpfandgläubiger das Grundstück selbst vorteilhaft, so kann seinem Anspruch aus der Ausbietungsgarantie der Gedanke der Vorteilsausgleichung entgegenstehen (SICHTERMANN 22 m Nachw).

b) Forderungsgarantie

Die Forderungsgarantie (HECK, Schuldrecht [1929] 380; HADDING/HÄUSER/WELTER, Bürgschaft und Garantie. BMJ-Gutachten 698; KLEINER 30; AUHAGEN 23; HORN, Bürgschaften und Garantien 31) ist das Versprechen gegenüber dem Gläubiger einer Forderung, diesen bei Nichterfüllung schadlos zu halten (Zahlungsgarantie; BGH WM 1961, 204; 1968, 680). Die Sicherungsfunktion ist hier der Bürgschaft ähnlich, aber die Haftung schärfer (keine Akzessorietät). Die Rspr hat auch hier die entsprechende Anwendung von Bürgschaftsrecht überwiegend abgelehnt (Rn 197). – Wichtige Anwendungsfälle der Forderungsgarantie finden sich unter den Bankgarantien einschließlich der Scheckeinlösungsgarantien (unten Rn 262); ferner sind hier zu nennen: Garantien für die Einlösung von Schuldverschreibungen gegenüber oder zugunsten der Obligationäre einer Anleihe (RGZ 103, 237; HORN, Das Recht der internationalen Anleihen [1972] 286 ff), die Verpflichtung dafür zu sorgen, daß ein Wechsel eingelöst wird (RGZ 61, 157; zur Einlösungsgarantie des Wechselakzeptanten selbst RGZ 82, 337); die Erklärung („sich dafür stark zu machen"), daß für Schecks, die ein Dritter auf eine Bank gezogen hat, kurzfristig Deckung angeschafft werde (BGH NJW 1967, 1020). Die Abrede, daß der Bürge sich nicht auf einen Vergleich des Gläubigers mit dem Hauptschuldner soll berufen dürfen, ist ein neben der Bürgschaft zulässiger Garantievertrag dahin, für den im Rahmen des Vergleichs nicht getilgten Teil der Hauptschuld aufzukommen (OLG Frankfurt/M Betrieb 1974, 2245; § 768 Rn 33). Die Forderungsgarantie kann auch die Werthaltigkeit von Forderungen zum Zweck der Bilanzierungshilfe absichern (so im Fall BuM; dazu LG Düsseldorf WM 1986, 318).

Hat der Forderungsgarant gezahlt und leistet der Schuldner der gesicherten Forderung doch noch, so hat der Garant auch ohne ausdrückliche Abrede einen vertraglichen Rückforderungsanspruch (BGH WM 1961, 204). Anders, wenn Inhalt und Zweck der Garantie dem ausnahmsweise entgegensteht, dh daß nach dem Parteiwillen der Empfänger auch in diesem Fall die Garantiesumme behalten soll; dies ist selten anzunehmen. Außerdem kommt ein Kondiktionsanspruch aus § 812 Abs 1 S 2 in Betracht. Die Meinung, daß eine Kondiktion grundsätzlich nur im Valutaverhältnis (Garantieberechtigter-Garantiebesteller) und im Deckungsverhältnis (Garant-Garantieauftraggeber) gegeben sein kann, trifft in dieser Allgemeinheit nicht zu (Rn 345 ff). Eine Forderungsgarantie erlischt, wenn die gesicherte Forderung vom Schuldner erfüllt wird. Dies gilt auch im Fall, daß die Forderungsgarantie als Bilanzierungshilfe dienen sollte und die als auflösende Bedingung vereinbarte Realisierung bestimmter stiller Reserven erst nach Konkurseröffnung durch den Konkursverwalter erfolgt (LG Düsseldorf WM 1986, 318).

Bei Abtretung der gesicherten Forderung geht die Garantieforderung nicht automatisch gem § 401 Abs 1 über (Rn 227 ff; RGZ 60, 369, 371; anders für Schuldmitübernahme BGH NJW 1972, 437). Da der Zedent aber regelmäßig kein Interesse mehr daran hat, die Garantieforderung zu behalten, ist durch Auslegung zu ermitteln, ob zugleich deren Abtretung gewollt ist; anders, wenn der Garant sich nur der Person des Zedenten gegenüber verpflichten wollte (§ 399; zum Übergang der Hauptforderung auf den zahlenden Garanten oben Rn 225 ff). Möglich ist auch, daß der Zedent sich gegenüber dem Zessionar für die Erfüllung der Forderung verbürgt (REICHEL Recht 1913, 429; das Einstehen nur für die dingliche Schuld kann aber niemals Bürgschaft sein; RG SeuffA 79 Nr 21) oder – was näher liegt – durch Abrede seine gesetzliche Gewährleistungspflicht erweitert (Mot II 661; RG Gruchot 54, 928; 62, 795; AufwRspr 1928, 1096; OLG Frankfurt/M JW 1932, 1573 m Anm RABEL). Zur Garantie des Forderungsverkäufers Rn 261.

c) Leistungsgarantie (selbständige Gewährschaft)

258 Wird im Zusammenhang mit einem anderen schuldrechtlichen Vertrag (insbesondere Kauf-, Werk- u Werklieferungsvertrag) eine Garantiezusage für einen Gegenstand oder eine Leistung gegeben, so liegt regelmäßig nur eine unselbständige Nebenabrede, insbesondere Eigenschaftszusicherung iS §§ 459 Abs 2, 633 Abs 1, vor (unechte oder unselbständige Garantie); sie unterliegt dem Recht des betreffenden Vertrages (BGH NJW 1958, 789; 1960, 1567; BGH BB 1964, 1360; 1979, 185; STAUDINGER/ HONSELL [1995] § 459 Rn 60 ff). Im Unterschied dazu gibt es auch selbständige Garantien im Hinblick auf Vertragsleistungen, nämlich erstens aus Vertrag mit einem Dritten, zweitens für einen anderen oder weitergehenden Erfolg als die bloße Vertragsmäßigkeit der (auch eigenen) Leistung: zB Garantie für die künftige Verwendbarkeit, Leistung oder Dauerhaftigkeit des geleisteten Gegenstandes, für das Nichteintreten von hemmenden oder störenden Ereignissen, auch wenn diese unabhängig vom Vertragsgegenstand oder vom Willen der Beteiligten sind oder für das Eintreten von vorteilhaften Ereignissen (RGZ 146, 120, 124; BGH BB 1964, 1360; STAUDINGER/HONSELL [1995] Rn 88; SOERGEL/MÜHL Vorbem 35). Diese selbständige Leistungsgarantie (Erfolgsgewährschaft; STAMMLER 8: Verbundener Garantievertrag) folgt den Regeln des Garantievertrages. Ein Schadensersatzanspruch ist dann unabhängig von einschränkenden Voraussetzungen des Gewährleistungsrechts (Verschulden bei § 635; kurze Verjährung gem §§ 477, 638) gegeben.

259 Die praktische Abgrenzung ist leicht bei der Garantie eines Dritten, zB des Herstellers; vgl zur Herstellergarantie zugunsten der Endabnehmer (§ 328) BGH MDR 1979, 1013 = Betrieb 1979, 1932. Bei Garantie des leistenden Vertragspartners ist sie im Einzelfall schwierig. Selbständige Leistungsgarantie wurde zB bejaht in RG JW 1919, 241 Nr 6 (bestimmtes Produktionsergebnis einer Maschine und Jahresverdienst); RG JW 1921, 828 Nr 3 (Leistungsergebnis einer ganzen Generatorenanlage vom Lieferanten nur der Generatoren zugesagt); ähnlich RG JW 1939, 38 Nr 19; RGZ 146, 120, 124 (bestimmte Verschuldensgrenze eines verkauften Unternehmens); erwogen und nur mangels Vereinbarung verneint zB in RGZ 52, 429, 432 (künftige Baureife eines Grundstücks); RGZ 138, 354, 357. Verneint wurde eine selbständige Garantie immer dann, wenn der garantierte Erfolg nicht über die bloße Vertragsmäßigkeit der Kaufsache oder des Werkes hinausging oder allein von dessen Beschaffenheit abhing (RGZ 58, 179; 71, 174: Gutes Funktionieren einer Kühlanlage; 165, 41, 48; BGH BB 1964, 1360: Beratung über die Heizkapazität von Wärmespeichern). Die Rspr erwägt dann nur eine Haftung im Rahmen des Gewährleistungsrechts für Fehler oder Fehlen zugesicherter Eigenschaften (zB RGZ 71, 173 f; 138, 354, 357 f) oder wegen culpa in contrahendo und positiver Vertragsverletzung im Hinblick auf zusätzliche Beratungs-, Aufklärungs- und sonstige Sorgfaltspflichten (zB BGHZ 47, 312; EMMERICH, Recht der Leistungsstörungen [1978] 153). Eine selbständige Leistungsgarantie zu einem anderen Vertrag ist eher die Ausnahme und daher sind besondere Anforderungen an klare und eindeutige Parteivereinbarungen zu stellen; aber man darf sie auch im Zusammenhang mit Eigenschaften und Funktionen einer Kaufsache oder eines Werkes nicht schlechthin verneinen, zumal dann, wenn zwar der zugesicherte Erfolg mit der Beschaffenheit oder Funktionstüchtigkeit der Sache zusammenhängt, aber ein-

deutig über den typischen Haftungsumfang des Kauf- oder Werkvertrages hinausgeht.

Die Gewährung einer **Garantiefrist**, dh die Zusicherung des Einstehens dafür, daß 260 bestimmte Eigenschaften nicht nur bei Gefahrenübergang, sondern noch während dieser Frist vorhanden sind, ist allerdings idR nur Modifikation der unselbständigen Garantiehaftung; die kurze Verjährung läuft ab Entdeckung der während der Garantiefrist auftretenden Mängel (RG JW 1910, 1117; BGH Betrieb 1962, 367). Ein selbständiger Garantievertrag ist jedoch möglich und bei Herstellergarantievertrag mit dem Zwischenhändler zugunsten der Endabnehmer regelmäßig gegeben. Auch hier wird für alle während der Garantiefrist auftretenden Mängel gehaftet; ab Entdeckung läuft jeweils die vertragstypische Verjährungsfrist (BGH NJW 1979, 645; BGH ZIP 1981, 909 = BB 1981, 1238). Zur Beobachtungsfrist des Käufers bei fehlgeschlagener Nachbesserung BGH BB 1980, 177. Zu Garantiezusagen und -fristen beim Kauf STAUDINGER/HONSELL (1995) § 459 Rn 88 ff; TENGELMANN NJW 1966, 2195; HEISEKE NJW 1967, 238; beim Werkvertrag JAUERNIG/SCHLECHTRIEM § 634 Anm 3.

Der Veräußerer einer Forderung, der deren spätere Einbringlichkeit gewährleistet, 261 übernimmt zusätzlich zum Veräußerungsgeschäft eine über die gesetzliche Haftung (§§ 437, 438, 445, 515, 365 BGB) hinausgehende selbständige Garantie (RGZ 60, 371; 72, 138). Bei dieser **Einbringlichkeitsgarantie** muß der Gläubiger im Zweifel zunächst gegen den Hauptschuldner vorgehen (RG WarnR 1910 Nr 107; RG Gruchot 54, 929; 62, 798). Sie schließt die Gefahr der Geldentwertung nicht ohne weiteres ein (RG JR 1926 Nr 1682; 1929 Nr 195).

d) Scheckeinlösungsgarantie und Scheckkarte*
aa) Begriff; Begründung
In der Scheckeinlösungsgarantie (Scheckgarantie) verspricht der Garant, einem 262 Schecknehmer für die Einlösung des Schecks einzustehen. Grundsätzlich kann eine solche Garantie von jedermann übernommen werden; typischer Garant ist jedoch die bezogene Bank iSd Art 3 ScheckG. Zwar kann die bezogene Bank grundsätzlich keine scheckrechtliche Haftung für die Einlösung übernehmen (Akzeptverbot des Art 4 ScheckG). Eine Ausnahme gilt insoweit nur für die Deutsche Bundesbank, die durch einen auf den Scheck gesetzten Bestätigungsvermerk gemäß § 23 Abs 1

---

* **Schrifttum:** BEZLER, Rechtsfragen der Scheckkarte (Diss Frankfurt/M 1972); BÜLOW, Grundprobleme des Euro-Schecks und der Scheckkarte, JA 1984, 340; ders, Rechtsnatur der Haftung aus bestätigtem Bundesbankscheck, ZIP 1991, 1469; DAMRAU, Probleme der Scheckkarte, BB 1969, 199; DÜTZ, Rechtliche Eigenschaften der Scheckkarte, Betrieb 1970, 189; EISENHARDT, Die rechtliche Bedeutung des Scheckkartennummernvermerks auf dem Scheck, MDR 1972, 729; HORN, Die Verwendung von Scheckkarten für Kreditzwecke, NJW 1974, 1481; HUECK/CANARIS, Recht der Wertpapiere (12. Aufl 1986) § 21; KNOCHE, Der Mißbrauch der Scheckkarte (1983); LIEB, Zum Mißbrauch der Scheckkarte, in: FS Pleyer (1986) 77; REIFNER, Der abhandengekommene Euroscheck, NJW 1987, 630; SCHAUDWET, Rechtsfragen der Scheckkarte, NJW 1968, 9; SENNEKAMP, Ist die Begebung ungedeckter Schecks mittels Scheckkarte durch den berechtigten Inhaber strafbar?, MDR 1971, 638; WENTZEL, Das Scheckkartenverfahren der deutschen Kreditinstitute (1974); ZÖLLNER, Zur rechtlichen Problematik der Scheckkarte, Betrieb 1968, 559; ders, Wertpapierrecht (14. Aufl 1987) § 26 IV.

BBankG eine scheckmäßige Haftung für die Einlösung gegenüber dem Scheckinhaber übernehmen kann (vgl BGHZ 96, 9). Eine bezogene Bank wird durch das Akzeptverbot des Art 4 ScheckG jedoch nicht gehindert, eine Scheckeinlösungsgarantie außerhalb des Schecks durch einen besonderen Vertrag zu übernehmen (hM; HEYMANN/HORN Anh § 372 Bankgeschäfte III Rn 123; vgl auch BGH BB 1956, 941; BGHZ 64, 79, 81 f). Da der Garant dem Schecknehmer für einen Erfolg (dh die Einlösung des Schecks) einzustehen verspricht, handelt es sich um eine Garantie (BGHZ 64, 79, 81; 83, 28; 93, 71; 110, 263; BAUMBACH/HEFERMEHL Anh Art 4 ScheckG Rn 5; HORN NJW 1974, 1481, 1482; CANARIS, Bankvertragsrecht Rn 834) und nicht um ein abstraktes Schuldversprechen (so aber ZÖLLNER Betrieb 1968, 562).

263 Von der Scheckeinlösungsgarantie zu unterscheiden ist die bloße **Scheckbestätigung**. Dabei handelt es sich nur um eine auf Anfrage erteilte bankübliche Auskunft des Inhalts, daß auf dem bezogenen Bankkonto (vgl Art 3 ScheckG) derzeit ein den angefragten Scheckbetrag deckendes Guthaben vorhanden sei und der Scheck daher eingelöst werde, oder kurz, daß „der Scheck in Ordnung sei" (vgl OLG Köln ZIP 1983, 1437). Dies schließt nicht aus, daß in der Zeit bis zur Vorlage des Schecks noch Abbuchungen auf dem bezogenen Konto vorgenommen werden mit der Folge, daß die Deckung für den Scheck entfällt und dieser daher nicht eingelöst werden kann. Die einfache und bankübliche Scheckbestätigung begründet daher keine Garantiehaftung der Bank (BGHZ 110, 263, 265 f = WM 1990, 494; BGH WM 1994, 884, 885). Dies gilt vor allem, wenn die Scheckbestätigung „unter banküblichem Vorbehalt" erfolgt (BGH WM 1994, 884, 885; zur Vorinstanz LG Essen WM 1992, 2051, 2052 krit HEIN WuB I D 3 – 6.93). Allerdings kann auch aus der Scheckbestätigung eine Haftung der Bank erwachsen, wenn die maßgeblichen Tatsachen unvollständig und irreführend mitgeteilt oder weitergeleitet werden, zB daß die vorhandene Deckung ebenfalls nur auf einem unter Vorbehalt bestätigten und vorläufig eingelösten Scheck beruhe (BGH WM 1994, 1466, 1467).

264 Eine selbständige Scheckeinlösungsgarantie der Bank wird dagegen begründet, wenn der anfragende Scheckinhaber dies unmißverständlich verlangt und sich die Bank auf dieses Verlangen einläßt (BGHZ 110, 263, 265 = WM 1990, 494 = WuB I D 3 – 11.90 [IRMEN]; dazu auch HÄUSER EWiR 1990, 599; BGH ZIP 1980, 443 u 1982, 1057). Ein Anhaltspunkt für diesen Parteiwillen ist, wenn der Anfragende unmißverständlich erklärt, daß er eine für ihn wichtige wirtschaftliche Disposition, zB die Herausgabe von Waren, nur treffen will, wenn er sicher sein kann, daß der ihm gegebene Scheck eingelöst wird. Ein Massenphänomen stellt die Scheckeinlösungsgarantie dagegen in Verbindung mit der Verwendung der Scheckkarte dar.

bb) Scheckkarte

265 Die Scheckkarte soll dem Schecknehmer eine Scheckeinlösungsgarantie der bezogenen Bank verschaffen. Ihre Einführung hat dazu beigetragen, die Zahlung mit Scheck im Einzelhandel und Dienstleistungsverkehr populär zu machen. Scheckkarten werden von den Banken (zT vermittels eines gemeinsamen Kartenunternehmens) an ihre Kunden ausgegeben; sie lauten auf den betreffenden Kunden und geben sein Konto an. Die Scheckkarten sind ebenso wie die verwendeten Scheckformulare innerhalb Europas durch das eurocheque-System (ec-System) vereinheitlicht. Die Karte legitimiert innerhalb der angegebenen Gültigkeitsdauer den ihr bezeichneten Kunden, bei der Begebung von Schecks die bezogene Bank innerhalb

des festgelegten Garantiehöchstbetrags als Garantin für die Scheckeinlösung zu verpflichten. Der Scheckinhaber (Kunde) handelt insofern im Namen der Bank und schließt als deren Vertreter den Garantievertrag mit dem Schecknehmer einen Vertrag (HORN NJW 1974, 1481, 1482; BAUMBACH/HEFERMEHL Anh Art 4 ScheckG Rn 7; HUECK/ CANARIS § 21 II 1; OLG Nürnberg NJW 1978, 2513 f; aA RICHARDI, Wertpapierrecht [1987] § 32: Verpflichtungsermächtigung). Die Auffassung, daß der Karteninhaber nur als Bote der Bank handelt (so DAMRAU BB 1969, 199, 201; ZÖLLNER, Wertpapierrecht § 26 IV 1 c) stimmt nicht mit seiner selbständigen Stellung überein. Denn der Karteninhaber ist es, der von Fall zu Fall jeweils den Garantieberechtigten (Schecknehmer), den Betrag und Zeitpunkt selbständig bestimmt.

Der Schecknehmer nimmt das Vertragsangebot typischerweise konkludent gegenüber dem Scheckkarteninhaber als Empfangsvertreter (§ 164 Abs 3) der Bank an (aA ZÖLLNER Betrieb 1968, 560: Zugangsverzicht gem § 151). Nach einer Mindermeinung schließt die Bank mit dem Karteninhaber einen Vertrag zugunsten aller künftigen Schecknehmer (ZÖLLNER aaO; DÜTZ 192; OLG Hamm zit bei HORN NJW 1974, 1481; BÜLOW JA 1984, 343; aA zB OLG Nürnberg NJW 1978, 2413 f). Dies wird dem Parteiwillen nicht gerecht, weil entgegen § 334 der Schecknehmer nach dem Inhalt und Zweck der Garantie nicht den Einwendungen aus dem Verhältnis zwischen Bank und ihren Kunden ausgesetzt sein soll. Auch soweit die Banken nach den ec-Bedingungen eine Haftung im Fall der Fälschung und Verfälschung übernehmen, ist (entgegen CANARIS, Bankvertragsrecht Rn 833) kein Vertrag iSd § 328 BGB zugunsten des gutgläubigen Nehmers anzunehmen, weil diesem ein einwendungsfreier Anspruch verschafft werden soll; von der Grundlage aus, daß der Kunde Vertreter der Bank ist, muß man insofern eine Rechtsscheinhaftung annehmen (LG Bielefeld WM 1987, 282; KNOCHE 35 ff, 43 ff; aA KOLLER ZHR 147 [1983] 588). **266**

Das Zustandekommen des Garantievertrags setzt voraus, daß die ec-Bedingungen für die Verwendung der Scheckkarten beachtet werden. Die Verwendung ist an die Gültigkeitsdauer der Scheckkarte und die Benutzung von ec-Scheckformularen gebunden. Die Nummer der Scheckkarte ist auf der Rückseite des Scheckformulars einzutragen. Es ist aber nicht erforderlich, daß die Karte dem Schecknehmer bei der Begebung der ec-Karte vorgelegt wird (BGHZ 83, 28, 32). Das Ausstellungsdatum des Scheck muß innerhalb der Gültigkeitsdauer der Scheckkarte liegen. Die Unterschrift des Ausstellers, der Name des Kreditinstituts und die Nummern von Konto und Scheckkarte müssen auf der Karte und dem Scheck übereinstimmen. Der Scheck muß im Inland binnen acht Tagen, im Ausland binnen 20 Tagen der bezogenen Bank vorgelegt oder einem inländischen Kreditinstitut zum Inkasso eingereicht oder der Deutschen Gesellschaft für Zahlungssysteme mbH (GTZ) zugeleitet sein. Die Begrenzung auf einen Höchstbetrag pro Scheck schließt nicht aus, daß dem gleichen Schecknehmer im Zusammenhang mit dem gleichen Geschäft mehrere Schecks begeben und dabei mehrere Garantien, von denen jede für sich den Höchstbetrag ausschöpft, begeben werden. Wird der garantierte Scheck weiter übertragen, so wird regelmäßig auch die Garantie gemäß § 398 übertragen (CANARIS, Bankvertragsrecht Rn 853; HEYMANN/HORN, HGB Anh § 372 Bankgeschäfte III Rn 126). **267**

cc) **Einwendungen gegen den Garantieanspruch**
Sind die Verwendungsbedingungen für die Scheckkarte nicht beachtet, ist zB die Scheckkartennummer nicht auf der Rückseite des Schecks eingetragen (vgl LG Biele- **268**

feld WM 1987, 282), so ist ein gültiger Garantieanspruch nicht entstanden und die Bank kann dies dem Schecknehmer entgegensetzen. Die Garantiehaftung setzt ferner einen iSd Art 1, 2 ScheckG formalgültigen Scheck voraus (BGH ZIP 1993, 747 = WM 1993, 939 zust CANARIS EWiR 1993, 607; BAUMBACH/HEFERMEHL Anh Art 4 ScheckG Rn 17; CANARIS, Bankvertragsrecht Rn 837). Daran fehlt es zB, wenn der Scheck kein Ausstellungsdatum trägt (AG Springe WM 1987, 309). Aber auch die materielle Scheckberechtigung muß grundsätzlich gegeben sein; die garantierende Bank kann die Leistung daher mit der Begründung verweigern, der Garantiebegünstigte (Garantieberechtigte) sei nicht Eigentümer des Schecks, zB mangels eines gültigen Begebungsvertrags (BGH WM 1989, 1673, 1674). Allerdings ist dieser Grundsatz im wichtigen Fall der Fälschung eingeschränkt. Die Bank garantiert nämlich gemäß Nr 6 ec-Bedingungen die Einlösung auch im Fall der Fälschung der Unterschrift auf ec-Karte und ec-Scheckformular und im Fall der Verfälschung von Scheckkarte oder Scheckformularen. Davon gilt wiederum die Rückausnahme, daß diese Haftung der Bank nicht den Fall der Totalfälschung (zB die Scheckkarte wurde von Betrügern hergestellt) umfaßt (HEYMANN/HORN Anh § 372 Bankgeschäfte III Rn 131; HADDING/HÄUSER WM 1993, 1357, 1359).

269 Mit Rücksicht auf die Selbständigkeit des Garantieanspruchs kann die Bank dem Schecknehmer und Garantieberechtigten keine Einwendungen entgegensetzen, die sich aus dem Deckungsverhältnis Bank-Bankkunde ergeben (BGHZ 64, 79, 82; 93, 71, 80) oder aus dem Valutaverhältnis zwischen dem Bankkunden als Scheckkarteninhaber und dem Schecknehmer (OLG Nürnberg NJW 1978, 2513 f). Dies gilt allerdings nicht im Fall des **Rechtsmißbrauchs** (dazu allg unten Rn 309 ff und speziell für den Scheckkartenmißbrauch HORN NJW 1974, 1481; HADDING/HÄUSER WM 1993, 1357; für entsprechende Einschränkung der Vertretungsmacht des Karteninhabers LIEB, in: FS Pleyer [1986] 77 ff). Ein Mißbrauch im Deckungsverhältnis liegt namentlich vor, wenn der Schecknehmer bewußt mit dem Scheckkarteninhaber zum Nachteil der Bank handelt (analog Art 20 ScheckG), etwa in dem er dem Aussteller Kredit gewährt und garantierte Schecks zur Sicherung oder Rückzahlung annimmt, obwohl er weiß, daß das Konto des Ausstellers keine Deckung aufweist und dieser daher mit der Begebung der garantierten Schecks seine Pflichten gegenüber der Bank verletzt (BGHZ 64, 79, 83 f; 83, 28, 33; OLG Düsseldorf WM 1975, 504 ff Anm STEUER; HORN NJW 1974, 1481). Der BGH läßt in den zit Urteilen auch grobe Fahrlässigkeit des Dritten ausreichen (aA HORN aaO). Später hat er zutr Kenntnis des Schecknehmers verlangt (BGH NJW 1993, 1861 = WM 1993, 939 = ZIP 1993, 747; zust HADDING/HÄUSER WM 1993, 1357, 1363): der Einwand der unzulässigen Rechtsausübung besteht nur, wenn dem Schecknehmer bekannt war, daß der Scheckkarteninhaber pflichtwidrig ungedeckte Schecks begab. Auch bei schweren Mängeln im Valutaverhältnis, die dem Schecknehmer bekannt sind, zB Sittenwidrigkeit, ist der Einwand des Rechtsmißbrauchs gegeben (BGH WM 1989, 1673, 1674; zust BRINK EWiR 1989, 1169; s auch OLG Hamm WM 1984, 1445). Weitere Einzelheiten bei HEYMANN/HORN, HGB Bd IV Anh § 372 Bankgeschäfte III Rn 128.

dd) Der Scheckkartenvertrag Kunde-Bank
270 Die Bank vereinbart mit ihrem Kunden zusätzlich zum Girokontovertrag, daß der Kunde per Scheck über das Konto verfügen kann (Scheckabrede) und daß er dabei eine Scheckkarte einsetzen kann (Scheckkartenabrede) (HEYMANN/HORN, HGB Bd IV Anh § 372 BankGesch III Rn 85 ff, 133). Der Kunde ist danach verpflichtet, die Scheckkarte sorgfältig aufzubewahren und von ihr nur Gebrauch zu machen, soweit auf

dem Konto Deckung durch ein Guthaben oder eine Kreditlinie gegeben ist (HEY-MANN/HORN Rn 133 f). Er schuldet ferner der bezogenen Bank Aufwendungsersatz gem § 670, wenn mangels Deckung auf dem Konto des Kunden die Bank aufgrund ihrer Einlösungsgarantie an den Scheckinhaber selbst zahlen mußte. Dieser Anspruch ist aufschiebend bedingt schon durch die Scheckkartenabrede begründet und durch das AGB-Pfandrecht der Bank am Kontoguthaben des Kunden gesichert. Der Rückgriffsanspruch der Bank hat daher Vorrang vor dem Anspruch eines anderen Gläubigers des Bankkunden, der in dessen Bankkonto pfändet, auch wenn die Scheckbegebung nach der Pfändung liegt (BGHZ 93, 71).

e) **Weitere Anwendungsfälle**
aa) **Gesellschafts- und Kapitalmarktrecht**
Garantie der Dividende (vgl §§ 57, 174 AktG) oder Tantieme (§ 86 AktG) durch **271** einen Dritten (vgl RGZ 147, 42, 47 f: Vertrag zugunsten der Aktionäre gem § 328; – die Garantie der AG für ihre aktienrechtlichen Verpflichtungen selbst wäre nichtig –; s auch RG DRpfl 1936 Nr 459); Garantie eines bestimmten Kurses von Wertpapieren (RG JW 1921, 229 Nr 1; 1924, 173 Nr 10), zB Kursgarantie für Obligationen im Anlagevermögen einer AG durch die Aktionäre zu Bilanzstützung und zum Schutz der Gläubiger vor Überbewertung (BGH BB 1976, 1430); Garantie eines Mitgesellschafters gegenüber dem Übernehmer einer Stammeinlage (BGH WM 1970, 159); Gewinngarantie.

bb) **Bauwesen**
Die Vermietungsgarantie des Baubetreuers gegenüber dem Bauherrn geht auf Schadensersatz für den Mietausfall (BGH WM 1976, 977), wobei Mitverschulden des Bauherrn zu berücksichtigen ist; sie erstreckt sich aber idR nicht auch auf den tatsächlichen Mieteingang nach Vermietung (OLG Hamm BB 1978, 734). Die Verpflichtung des bauleitenden Architekten, für die Einhaltung einer bestimmten Bausumme einzustehen, kann selbständiges Garantieversprechen sein, das sich aber nicht ohne weiteres auch auf später notwendige Planänderungen erstreckt (BGH NJW 1960, 1567 = MDR 1960, 748; dazu LOCHER NJW 1965, 1696). Die bloße Baukostenschätzung des Architekten ist noch kein Garantieversprechen (OLG Köln MDR 1963, 132). Zur ausnahmsweisen Garantie des Architekten für Baugeldforderungen s BGH WM 1962, 576. Die sog „Festpreisgarantie" des Herstellers schlüsselfertiger Häuser ist normale Gegenleistungsvereinbarung im Rahmen des Werklieferungsvertrags, allenfalls unselbständige Leistungsgarantie bezüglich der vom Preis umfaßten Bauleistungen und Ausstattungen. Eine formularmäßige Bankgarantie („Finanzierungsbestätigung") für Abschlagszahlungen privater Bauherren nach Baufortschritt, deren Inanspruchnahme lediglich einen Bautenstandsbericht des Bauunternehmers voraussetzt, ohne daß Beanstandungen des Bauherrn berücksichtigt werden, schließt dessen Leistungsverweigerungs- und Zurückbehaltungsrecht (§§ 320, 273) aus und ist nach §§ 7, 11 Nr 2 AGBG unwirksam (BGH WM 1986, 784; zust NIEHOFF EWiR 1986, 975). Übernimmt der Baubetreuer im Rahmen eines Bauherrenmodells die Garantie dafür, daß näher aufgeschlüsselte Gesamtkosten nicht überschritten werden, so deckt die Garantie nicht Verzugskosten wegen Überschreitung des Fertigstellungstermins und nicht zusätzliche, vom Bauherrn veranlaßte Planungsprüfungskosten (BGH WM 1986, 179). Nur Bürgschaft ist die Verpflichtung des Garantieversicherers für Gewährleistungsverbindlichkeiten (nach Schlußabnahme anfallende Garantieleistungen) des Bauunternehmers (BGH WM 1974, 1154).

cc) Grundschuld

273 Die Übernahme der persönlichen Haftung für eine Grundschuld kann Garantieübernahme oder abstraktes Schuldversprechen nach § 780 BGB sein (BayObLGZ 1952, 186). Zur Vergleichsgarantie s Vergleichsbürgschaft (oben Rn 178 f).

274 dd) Die „**Mietgarantie**" **des Sozialamtes** ist eine Bescheinigung darüber, daß der Sozialhilfeempfänger die Miete für eine bestimmte Wohnung vom Sozialamt erhält, wenn und solange er die Wohnung bezieht und sofern die Voraussetzungen der Sozialhilfe weiter vorliegen. Es handelt sich nur um eine Tatsachenerklärung iS eines (begrenzten) Bonitätsnachweises des Sozialhilfeempfängers gegenüber dem Vermieter, nicht aber um eine rechtsgeschäftliche Erklärung (Bürgschaft, Garantie, Schuldbeitritt) des Sozialamtes gegenüber dem Vermieter; das Sozialamt haftet daraus nur unter den engen Voraussetzungen einer Vertrauenshaftung, zB wenn es die Bescheinigung wahrheitswidrig ausstellt (OVG Berlin NJW 1984, 2593; LG Saarbrücken NJW-RR 1987, 1372).

8. Bankgarantien im Außenwirtschaftsverkehr*

275 Bankgarantien spielen im außenwirtschaftlichen Verkehr eine bedeutende Rolle.

---

* **Schrifttum**: Vgl zur Bankgarantie im Außenwirtschaftsverkehr die Nachweise oben zur Überschrift Garantie, und insbesondere: BERGER, Internationale Bankgarantien. Die neuen Einheitlichen Richtlinien für auf Anfordern zahlbare Garantien der internationalen Handelskammer, DZWiR 1993, 1; BERNSTEIN, Garantie und guarantee. Ein linguistisch-juristischer Vergleich mit Blick auf internationale Wirtschaftsbeziehungen, in: FS Imre Zajtay (1982) 21; GRAF VBERNSTORF, Bankgarantien im Außenhandel, ZgesKW 1988, 990; ders, Rechtsprobleme US-amerikanischer Bankgarantien, RiW 1987, 257; BLAUROCK, Mißbräuchliche Inanspruchnahme einer Bankgarantie, IPRax 1985, 204; vCAEMMERER, Bankgarantien im Außenhandel, in: FS Riese (1964) 295; CANARIS, Bankvertragsrecht (3. Aufl 1988) Rn 1102 ff; ders, Einwendungsausschluß und Einwendungsdurchgriff bei Dokumentenakkreditiven und Außenhandelsgarantien, ÖBA 1987, 769; COING, Probleme der internationalen Bankgarantie, ZHR 147 (1983) 125; DIWOK, Der Abruf von Bankgarantien auf erstes Anfordern, in: FS Gerhard Frotz (1993) 483; DOHM, Bankgarantien im internationalen Handel (Bern 1985); EBERL, Rechtsfragen der Bankgarantie im internationalen Wirtschaftsverkehr nach deutschem und schweizerischem Recht (1992); GAVALDA/STOUFFLET, La lettre de garantie internationale, Rev trim de dr com 1980, 1; GOERKE, Kollisionsrechtliche Probleme internationaler Garantien (Diss Konstanz 1982); HEINSIUS, Zur Frage des Nachweises der rechtsmißbräuchlichen Inanspruchnahme einer Bankgarantie etc, in: FS Werner (1984) 229; HELDRICH, Kollisionsrechtliche Aspekte des Mißbrauchs von Bankgarantien, in: FS Kegel (1987) 175; HORN, Bürgschaften und Garantien zur Zahlung auf erstes Anfordern, NJW 1980, 2153; ders, Die neuere Rechtsprechung zum Mißbrauch von Bankgarantien, IPRax 1981, 149 ff; ders, Bürgschaften und Garantien (6. Aufl 1995); HORN/WYMEERSCH, Bank-Guarantees, Standby Letters of Credit and Performance Bonds in International Trade (1990) = Separatdruck aus: HORN (Hrsg), The Law of International Trade Finance (1989) S 455 ff; KLEINER, Bankgarantie (4. Aufl Zürich 1990); KRÜGER, Gesetzliche Bestimmungen über die Bankgarantie in arabischen Staaten (1992); vMARSCHALL, Bankgarantien, Bonds and Standby Letters of Credit als Sicherheiten im Außenhandel, in: SCHLECHTRIEM/LESER (Hrsg), Vom deutschen zum internationalen Schuldrecht (1983) 66; vMETTENHEIM, Die mißbräuchliche Inanspruchnahme bedingungsloser Bankgarantien, RiW 1981, 581; MICHAELIS DE VASCON-

Dies gilt nicht nur für die deutschen Banken. Vielmehr haben alle Industrieländer eine entsprechende Rechtspraxis und verwenden ähnliche, tendenziell einander angenäherte Sicherheiten im Außenwirtschaftsverkehr; dazu unten Rn 290 ff. Die Bankgarantien, insbesondere in der Verpflichtungsform zur Zahlung auf erstes Anfordern, haben zum Teil die früher üblichen Bardepots (cash deposit), Bankakzepte und Gewährleistungseinbehalte ersetzt. Der Struktur nach handelt es sich durchweg um Forderungsgarantien, durch die dem Gläubiger die Erfüllung einer bestimmten Forderung durch die Bank zugesichert wird.

a) Direkte und indirekte Garantie

Eine **direkte Garantie** liegt vor, wenn die mit der Zahlung der Garantie beauftragte Bank selbst Garant wird. Eine **indirekte Garantie** ist gegeben, wenn die erstbeauftragte Bank eine weitere Bank damit beauftragt, die Garantie zu übernehmen. Daneben gibt es Zwischenformen, in dem eine zweite Bank als sog Avisbank oder als bestätigende Bank eingeschaltet wird.

Im Handel mit den EG-Ländern ist die direkte Garantie verbreitet. Der Sicherungsnehmer ist hier nicht selten damit zufrieden, daß eine Bank im Land seines Vertragspartners die Garantie stellt: zB der deutsche Exporteur darf eine direkte Leistungsgarantie einer deutschen Bank (Garant) für den französischen Importeur beschaffen. Bisweilen wird dann noch eine zweite Bank im Land des Sicherungsnehmers (im Beispiel eine französische Bank) eingeschaltet, um Erklärungen des Sicherungsnehmers entgegenzunehmen und umgekehrt Erklärungen der erstbeauftragten Bank und deren Zahlungen an diesen weiterzuleiten (Avisbank). Die zweitbeauftragte Bank kann zusätzlich erklären, daß sie neben der erstbeauftragten Bank eine eigene Haftung übernehmen will, so daß beide Banken als Gesamtschuldner haften (**bestätigte Garantie**; PLEYER 6); diese zusätzliche Haftung setzt eine entsprechende eindeutige Erklärung voraus.

Bei zahlreichen grenzüberschreitenden Geschäften, insbesondere mit Partnern in Ländern außerhalb der EU, verlangt der Sicherungsnehmer (zB der ausländische

---

CELLOS, Garantieklauseln und Risikoverteilung im internationalen Anlagenvertrag (1987); MÜLBERT, Mißbrauch von Bankgarantien und einstweiliger Rechtsschutz (Diss Tübingen 1985); ST MÜLLER, Die Bankgarantie im internationalen Wirtschaftsverkehr (Wien 1988); NIELSEN, Ausgestaltung internationaler Bankgarantien unter dem Gesichtspunkt etwaigen Rechtsmißbrauchs, ZHR 147 (1983) 145; ders, Bankgarantien bei Außenhandelsgeschäften (1986); PLEYER, Die Bankgarantie im zwischenstaatlichen Handel, WM-Sonderbeilage Nr 2/1973; ROESLE, Die internationale Vereinheitlichung des Rechts der Bankgarantien (Diss Zürich 1983); STUMPF/ULLRICH, Die mißbräuchliche Inanspruchnahme von Bankgarantien im internationalen Geschäftsverkehr, RiW 1984, 843; TROST, Bankgarantien im Außenhandel: die einheitlichen Richtlinien für Vertragsgarantien der Internationalen Handelskammer von 1978 (1982); GRAF VWESTPHALEN, Die Bankgarantie im internationalen Handelsverkehr (2. Aufl 1990); ders, Neue Tendenzen bei Bankgarantien im Außenhandel?, WM 1981, 294; WHITE, Bankers Guarantees and the Problem of Unfair Calling, JMLC 11 (1979/80) 121; ZAHN, Auswirkungen eines politischen Umsturzes auf schwebende Akkreditive und Bankgarantien etc, ZIP 1984, 1303; ders, Anmerkungen zu einigen Kontroversen im Bereich der Akkreditive und Bankgarantien, in: FS Pleyer (1986) 153; ZAHN/EBERDING/EHRLICH, Zahlung und Zahlungssicherung im Außenhandel (6. Aufl 1986).

Importeur/Besteller) die Garantie einer Bank in seinem eigenen Land, um ggf den Garantieanspruch ohne Schwierigkeiten realisieren zu können. Der Sicherungsgeber, zB der deutsche Exporteur/Unternehmer, beauftragt dann nur selten diese ausländische Bank, sondern schaltet seine deutsche Bank als erstbeauftragte Bank ein; diese beauftragt dann eine Bank im Land des Sicherungsnehmers mit der Stellung der Garantie (indirekte Garantie). Diese **indirekte Garantie** ist im Wirtschaftsverkehr mit Ländern außerhalb der EU vorherrschend (zur Praxis BARK ZIP 1982, 405).

279 Zwischen der erstbeauftragten (deutschen) Bank und der zweitbeauftragten Bank (im Ausland) wird ein Geschäftsbesorgungsverhältnis begründet. Zugleich sichert sich die zweitbeauftragte Bank, die gegenüber dem Sicherungsnehmer (zB Importeur/Unternehmer) die Garantie übernommen hat, durch eine **Rückgarantie** der erstbeauftragten Bank ihr gegenüber (HORN IPRax 1981, 149 ff; vgl auch OLG Stuttgart WM 1981, 1265 zu den Rechtsfolgen einer nicht richtig abgestimmten Rückgarantie). Die Zweitbank steht nicht in Vertragsbeziehungen zum Auftraggeber (im Beispiel: Exporteur/Unternehmer). Wird dieser durch ihr Verhalten geschädigt, kommt ein direkter Anspruch aus Schutzpflichtverletzungen (die im Vertrag zwischen Erstbank und Zweitbank begründet wurden) in Betracht (CANARIS, Bankvertragsrecht Rn 1119 a; MÜLBERT, Mißbrauch von Bankgarantien 142 f). Diese Vorstellung ist aber international wenig verbreitet und müßte einen besonderen Anhaltspunkt im Garantieauftrag der Erstbank an die Zweitbank finden (HEYMANN/HORN, HGB Anh § 372 Bankgeschäfte V Rn 39); vor allem wenn der Geschäftsbesorgungsauftrag ausländischem Recht untersteht (unten Rn 306), ist die Anerkennung eines solchen Anspruchs zumindest sehr ungewiß.

280 Ein direkter Anspruch des ersten Garantieauftraggebers (zB Exporteurs/Unternehmers) gegen die Zweitbank kommt vor allen Dingen bei Rechtsmißbrauch in Betracht, freilich meist nicht aus Vertrag, wohl aber aus Delikt (§ 826; unten Rn 309 ff, 338). der Garantieauftraggeber kann ferner einen Anspruch gegen die Erstbank haben unter dem Gesichtspunkt des Auswahlverschuldens oder auch unter dem der Haftung für Erfüllungsgehilfen gemäß § 278. Eine verbreitete Meinung verneint die Anwendung des § 278 und nimmt in solchen Fällen eine gestattete Substitution iSd § 664 Abs 1 S 2 an, wobei die Erstbank nur für sorgfältige Auswahl haftet (ZAHN/EBERDING/EHRLICH Rn 9/95; vGABLENS, Die Haftung der Bank bei Einschaltung Dritter [1983] 288 f; NIELSEN, Bankgarantien 101; CANARIS, Bankvertragsrecht Rn 1116) bzw einen sog „weitergeleiteten Auftrag" iS Nr 3 (2) AGB-Banken 1993 (krit HORN [Hrsg], Die AGB-Banken [1993] 96 f). Zwar nimmt der BGH bei Einschaltung ausländischer Banken zT Substitution an (WM 1991, 797, 798 betr Auslandsüberweisung); eine generelle Aussage läßt sich daraus aber nicht entnehmen. Es bleibt also durchaus die Möglichkeit, die ausländische Zweitbank als Erfüllungsgehilfen der inländischen Erstbank anzusehen. Aber auch dann wird man freilich berücksichtigen müssen, daß die deutsche Erstbank nicht das spezifische Auslandsrisiko gegenüber ihrem Kunden als Garantieauftraggeber voll übernehmen muß (HORN 98).

b) Sicherungszwecke und Geschäftstypen
281 Im internationalen Wirtschaftsverkehr haben sich typische Sicherheitsbedürfnisse und ihnen entsprechende Geschäftstypen von Bankgarantien herausgebildet. Eine Reihe dieser Geschäftstypen sind auch in den Einheitlichen Richtlinien für Vertrags-

garantien (ERVG) der IntHK (unten Rn 294) aufgezählt. Es handelt sich um die folgenden Geschäftsformen.

aa) Bietungsgarantie
Zahlreiche Werk- und Lieferaufträge im internationalen Wirtschaftsverkehr werden 282 aufgrund einer internationalen Ausschreibung vergeben. Die Bietungsgarantie (tender guarantee; bid bond; garantie de participartion) soll die ausschreibende Stelle dagegen sichern, daß ein Bieter nach Erteilung des Zuschlags den Vertrag nicht zu den Ausschreibungsbedingungen abschließt (vgl zB Art 2 ERVG 1978 der IntHK; WESTRING, International Procurement. UNITAR New York [2. Aufl 1977] A. 2. 5.3). Wer sich an der Ausschreibung beteiligen will, muß eine solche Garantie stellen. Die Bietungsgarantie deckt ein Risiko, das zeitlich vor dem Abschluß des Liefervertrages liegt. Der Bieter verpflichtet sich aber mit Abgabe des Angebots, bei Zuschlag auch den Vertragsschluß vorzunehmen („Bereitschaftserklärung"). Diese Forderung der ausschreibenden Stelle wird durch die Bietungsgarantie gesichert (HEYMANN/HORN, HGB Anh § 372 Bankgeschäfte V Rn 9).

bb) Anzahlungs-/Rückzahlungsgarantie
Häufig verlangt der Exporteur/Unternehmer insbesondere dann, wenn er eine spe- 283 ziell nach den Wünschen des Bestellers/Importeurs gefertigte technische Anlage zu liefern übernimmt, von diesem eine Anzahlung, erstens um die Vertragstreue seines späteren Abnehmers sicher zu stellen und zweitens, um die Vorfinanzierung des Werkes zu erleichtern. Der Anzahlende verlangt im Gegenzug eine Anzahlungs- oder Rückzahlungsgarantie (repayment guarantee). Diese soll ihm die Sicherheit geben, daß er die geleistete Anzahlung zurück erhält, falls der Vertrag vom Verkäufer/Unternehmer nicht durchgeführt wird (vgl den Fall OLG Köln WM 1988, 21).

cc) Leistungsgarantie
Die Leistungsgarantie (Liefergarantie; Vertragserfüllungsgarantie; performance 284 bond; garantie de bonne exécution) soll den Importeur/Besteller dafür absichern, daß der Exporteur/Unternehmer eine Vertragspflicht zur Warenlieferung, Erstellung des Werkes oder versprochenen Dienstleistung vertragsgemäß erfüllt (HORN/ WYMEERSCH 2 [458]; NIELSEN, Bankgarantien 19; GRAF vWESTPHALEN, Bankgarantie 39; Art 2 ERVG 1978 der IntHK). Die Garantie lautet typischerweise nur auf einen Teilbetrag des Lieferwertes (5-10%). Bei höherer Garantiesumme erhöht sich das Risiko des Exporteurs/Unternehmers als Garantiebestellers so erheblich, daß zumindest eine schrittweise Reduzierung der Garantiesumme entsprechend dem Fortschritt der Vertragserfüllung vereinbart sein muß (ggf Reduzierung entsprechend den dokumentär nachzuweisenden Teilleistungen). In der Garantieerklärung wird bisweilen zwischen Erfüllungsrisiko und Qualitätsrisiko unterschieden. Im Zweifel sind beide Risiken gedeckt, aber nur bezogen auf den Lieferzeitpunkt und nicht auf die nach Ablieferung oder Fertigstellung laufende Garantiefrist, die im Vertrag zusätzlich vereinbart sein kann. Das letztere Risiko ist durch eine besondere Gewährleistungsgarantie abzudecken (HEYMANN/HORN, HGB Anh § 372 Bankgeschäfte V Rn 10 u 11).

dd) Gewährleistungsgarantie
Die Gewährleistungsgarantie (guarantee for warranty obligations; garantie de bon 285 fonctionnement) soll das Risiko des Importeurs/Bestellers abdecken, daß der Exporteur/Unternehmer seine Verpflichtung erfüllt, die während der vertraglichen

Gewährleistungsfrist an der Kaufsache oder dem Werk auftretenden Mängel zu beseitigen. Anstelle einer solchen Garantie wird auch manchmal vereinbart, daß der Importeur/Besteller einen Teil des vertraglichen Kaufpreises bis zum Ablauf der Gewährleistungsfrist einbehalten darf.

ee) Konnossementsgarantie

286 Die Konnossementsgarantie (Revers-Garantie) ist eine Garantie für fehlende Dokumente (GRAF vWESTPHALEN, Bankgarantie 41; NIELSEN BuB Rn 5/243; DOHM, Bankgarantien Rn 28 f). Sie wird zB benötigt, wenn der Exporteur die Ware ordnungsgemäß verschifft und Zahlung gegen Vorlage der Konnossemente erhalten hat (gemäß Inkasso- oder Akkreditivbedingungen), die Konnossemente aber nicht rechtzeitig beim Importeur eingetroffen sind und dieser daher die Ware nicht herausverlangen könnte. Die Garantie wird dann anstelle der (noch) fehlenden Konnossemente vorgelegt und der Garant (Bank) verpflichtet sich, im Rahmen der Garantiesumme für den Schaden einzustehen, der aus der Auslieferung der Waren ohne Vorlage der Originalkonnossemente erwachsen könnte.

ff) Zahlungsgarantie

287 Die Zahlungsgarantie (payment guarantee, garantie de payement) soll die Erfüllung einer Geldforderung sichern. Es kann sich dabei entweder um den Zahlungsanspruch des Exporteurs/Unternehmers handeln oder um einen Kredit, der bereits zur Befriedigung des Exporteurs/Unternehmers von einer Bank gewährt wurde.

288 **gg)** Die **Rückgarantie** wird im Rahmen einer indirekten Garantie zur Sicherung der Zweitbank gewährt (oben Rn 279).

c) Die Verpflichtungstypen
aa) Nach deutschem Recht

289 Vorherrschend im internationalen Wirtschaftsverkehr ist die Garantie zur Zahlung auf erstes Anfordern, die dem Sicherungsnehmer die größte Sicherung gibt. Daneben kommen aber auch Abschwächungen dieser Garantieform vor, insbesondere durch sog Effektivklauseln, ferner durch dokumentäre Nachweise oder sogar durch die Pflicht, notfalls ein Schiedsurteil beizubringen, um den Garantiefall nachzuweisen (Rn 236–239). Die letztere Verpflichtungsform, auch Vertragsgarantie genannt (vgl ERVG 1978 der IntHK; unten Rn 294) geben dem Exporteur/Unternehmer/Lieferanten eine große Sicherheit gegen mißbräuchliche Inanspruchnahme der Garantie, sind aber dementsprechend weder bei den Sicherungsnehmern (Importeuren/ Bestellern) beliebt noch bei den Banken, weil die Banken als Garanten möglichst nicht in Einzelfragen des Valutaverhältnisses (des Liefervertrags und seiner mangelfreien Erfüllung) hineingezogen werden wollen. Gleichwohl haben auch Vertragsgarantien einen begrenzten Anteil an internationalen Geschäften behauptet.

bb) Funktionsähnliche Sicherheiten nach anderen Rechten

290 Im internationalen Wirtschaftsverkehr treten einheitliche Sicherungsbedürfnisse auf und daher beschränken sich die oben (Rn 281 ff) beschriebenen Geschäftstypen nicht auf Geschäfte mit deutschen Vertragspartnern und der Wahl deutschen Rechts, sondern kommen auch bei Verträgen vor, die unter ausländischen Vertragspartnern und nach einem ausländischen Recht abgeschlossen werden. Diese vereinheitlichende Tendenz der internationalen Geschäftspraxis gilt auch für die dabei verwen-

deten Verpflichtungstypen. Vorherrschend ist die Garantie zur Zahlung auf erstes Anfordern (payment upon first demand). Daneben sind Effektivklauseln verschiedener Art üblich und auch weiterreichende dokumentäre Nachweise bis hin zum Erfordernis eines Schiedsurteils. Letztere Geschäftsformen sind freilich weitaus weniger häufig. Wird nach common law eine selbständige Verpflichtung angestrebt, so ist die Bezeichnung als indemnity üblich. Der Ausdruck guarantee bezeichnet ursprünglich eine akzessorische Bürgschaft. In der internationalen Praxis ist freilich die Tendenz zu beobachten, als „**Bank-Guarantee**" eine selbständige, nicht akzessorische und nicht subsidiäre Verpflichtung (primary obligation) ähnlich einer deutschen Garantie oder einer französischen garantie indépandante zu bezeichnen (HORN/WYMEERSCH, Bank-Guarantees 3 f).

Der in der US-Praxis verbreitete **performance bond** bezeichnet ursprünglich eine Verpflichtung, die Erfüllung eines Liefer- oder Werkvertrages anstelle des Schuldners vorzunehmen bzw einen bestimmten Geldbetrag dafür aufzuwenden. Die Bezeichnung wird heute in der internationalen Praxis überwiegend im Sinne des Einstehens für den Erfüllungserfolg in Höhe einer Geldsumme, also vergleichbar einer deutschen Leistungsgarantie, verwendet (HORN/WYMEERSCH 4 f). Der **standby letter of credit** ist aus dem Akkreditiv (letter of credit) entwickelt und hat ebenfalls eine ähnliche rechtliche Bedeutung und Funktion wie eine deutsche Garantie. Während nämlich beim normalen Akkreditiv bestimmte Dokumente vorzulegen sind, die über die Vertragserfüllung Auskunft geben (zB Bordkonnossemente über die gelieferte Ware), genügt beim standby letter eine Erklärung des Garantieberechtigten, daß der garantierte Erfolg (Vertragserfüllung) nicht eingetreten sei. Die amerikanischen Banken haben diese Verpflichtungsform gewählt, weil ihnen die Übernahme von Garantien bankaufsichtsrechtlich nicht gestattet ist (HORN/WYMEERSCH aaO).

Der wirtschaftlichen Funktion vergleichbare Sicherungsmechanismen sind Zahlungseinbehalte (retention money). In großen Liefer-, Bau- und Anlagelieferungsverträgen mit Ratenzahlungen des Entgeltes wird oft ein bestimmter Prozentsatz des Entgeltes zurückbehalten, um den Importeur/Besteller für seine Gewährleistungsansprüche sicher zu stellen. Die Restzahlung ist dann nach Ablauf der Gewährleistungsfrist vorgesehen. Die Garantie zur Zahlung auf erstes Anfordern ist ursprünglich als ein Ersatz für solche Einbehalte oder Bardepots eingeführt worden. Über Forderungsabtretungen bei Projektfinanzierungen als Sicherungsmittel s HORN, in: HINSCH/HORN, Das Vertragsrecht der internationalen Konsortialkredite und Projektfinanzierungen (1985) 253 ff, 307 ff. Zu den Hermes-Deckungen s unten Rn 439 ff.

d) Internationale Regeln für Garantien
Zur Förderung der Vereinheitlichung der internationalen Vertragspraxis hinsichtlich der durch Garantien und ähnliche Verpflichtungen gestellten Sicherheiten hat die Internationale Handelskammer (IntHK; International Chamber of Commerce, ICC) in Paris einheitliche Regeln aufgestellt. Diese können in die Verträge der Parteien durch Bezugnahme einbezogen werden. Es sind dabei drei Regelungswerke zu unterscheiden. In ihnen spiegelt sich das Bemühen, in unterschiedlicher Weise die widerstreitenden Interessen zwischen Sicherungsnehmer und Sicherungsgeber auszugleichen. Der Besteller der Sicherheit (zB Exporteur/Unternehmer) ist grundsätzlich bestrebt, einen möglichst engen Zusammenhang der Garantie oder vergleichba-

ren Sicherheit mit dem gesicherten Grundgeschäft herzustellen, indem mehr oder weniger weitreichende Nachweise über die Nichterfüllung des Grundgeschäfts (Liefervertrages) verlangt werden, weil auf diese Weise die Gefahr mißbräuchlicher Inanspruchnahme von Garantien reduziert werden kann. Der Sicherungsnehmer ist dagegen an einer rasch realisierbaren Sicherheit interessiert. Dies stimmt mit dem Interesse der Banken überein, die in Streitfragen aus dem Valutaverhältnis möglichst nicht hincingezogen werden wollen; vgl auch unten zum Rechtsmißbrauch Rn 309 ff.

aa) Einheitliche Richtlinien für Vertragsgarantien (ERVG) 1978

294 Die Einheitlichen Richtlinien für Vertragsgarantien (Uniform Rules for Contract Guarantees; ICC Pub No 325) stärken die Position des Exporteurs als Garantieauftraggeber dadurch, daß sie die Inanspruchnahme des Garanten (Bank) von bestimmten Nachweisen des Garantiefalles abhängig machen, insbesondere von einem Urteil, Schiedsspruch oder einer Erklärung des Vertragsgegners (Art 9). Die Regeln gelten für Bietungs-, Rückzahlungs- und Leistungsgarantien (tender guarantees; repayment guarantees, performance guarantees). Voraussetzung für die Geltung ist eine entsprechende Bezugnahme der Parteien im Garantievertrag (Lit: STUMPF AWD 1979, 1; HORN/WYMEERSCH 9; BERGER DZWir 1993, 1, 4 ff; krit TROST, Bankgarantien im Außenhandel [1982] 185 ff, 189 f). Wegen der Erschwerung der Geltendmachung des Garantieanspruches sind die Richtlinien bei den Sicherungsnehmern (typischerweise Importeuren) wenig beliebt; auch die garantierenden Banken verwenden sie ungern. Bei den Garantieauftraggebern (typischerweise Exporteure/Unternehmer) sind sie naturgemäß wegen der größeren Sicherheit vor Rechtsmißbrauch beliebt und haben einen begrenzten Anwendungsbereich behauptet.

bb) Einheitliche Richtlinien für auf Anfordern zahlbare Garantien (ERAG) 1991*

295 1991 hat die IntHK mit Rücksicht auf die an den ERVG verbreitet geübte Kritik neue „Einheitliche Richtlinien für auf Anfordern zahlbare Garantien" (ERAG; Uniform Rules For Demand Guarantees; URDG; ICC Pub No 458) veröffentlicht. Dadurch soll der im internationalen Wirtschaftsverkehr vorherrschende Verpflichtungstyp der Garantie, die auf erstes Anfordern zahlbar gestellt ist, auf eine einheitliche Grundlage gestellt werden. Kernpunkt ist die Gestaltung der Zahlungsanforderung des Garantieberechtigten. Anders als in Art 9 ERVG wird in Art 20 ERAG kein Nachweis des materiellen Garantiefalles (dh des Eintritts der Vertragsverletzung oder des Schadens oder des sonstigen garantierten Ereignisses) verlangt. Es genügt vielmehr die einseitige Erklärung des Gläubigers (formeller Garantiefall). Diese Erklärung muß aber bestimmten Anforderungen entsprechen. So muß der Gläubiger zusätzlich zur schriftlichen Zahlungsanforderung die Erklärung abgeben, daß der Vertragspartner (der Garantieauftraggeber) seine Pflichten aus dem Valutaverhältnis (zB aus dem zugrundeliegenden Liefervertrag oder, im Fall einer Bie-

---

* **Schrifttum**: BERGER, Internationale Bankgarantien. Die neuen Einheitlichen Richtlinien für auf Anfordern zahlbare Garantien der Internationalen Handelskammer, DZWir 1993, 1; HASSE, Die Einheitlichen Richtlinien für auf Anfordern zahlbare Garantien der Internationalen Handelskammer, WM 1993, 1985; HORN, Die UN-Konvention über unabhängige Garantien, RIW 1997, Heft 9; PIERCE, Demand Guarantees in International Trade (1993); SCHÜTZE, Bankgarantien (1994); GRAF V WESTPHALEN, Ausgewählte Fragen zur Interpretation der Einheitlichen Richtlinien für auf Anfordern zahlbare Garantien, RIW 1992, 961.

tungsgarantie, aus den von ihm akzeptierten Ausschreibungsbedingungen) verletzt hat. Ferner muß der Gläubiger (Garantieberechtigte) schriftlich erklären, welcher Art diese Verletzungen sind. Damit wird in Abweichung zur sonst üblichen Praxis, sich lediglich auf eine abstrakte Zahlungsanforderung zu beschränken, der Garantieberechtigte iS einer Effektivklausel (oben Rn 236 f) zu weitergehenden Behauptungen über den Eintritt des Garantiefalles verpflichtet. Daran sieht man eine zumindest psychologische Hemmschwelle gegen eine mißbräuchliche Zahlungsinanspruchnahme, ohne andererseits die rasche Durchsetzbarkeit des Zahlungsanspruchs des Garantieberechtigten zu gefährden.

Art 21 ERAG verpflichtet die Bank, dem Garantieauftraggeber (ihrem Kunden) die **296** schriftliche Zahlungsanforderung des Garantiegläubigers und die begleitenden schriftlichen Erklärungen unverzüglich zuzuleiten. Auch davon verspricht man sich eine gewisse Abwehr einer mißbräuchlichen Ziehung der Garantie.

cc) **Einheitliche Richtlinien für Dokumentenakkreditive (ERA) 1993**
Die Einheitlichen Richtlinien und Gebräuche für Dokumentenakkreditive der **297** IntHK (ERA; Uniform Customs and Practices for Documentary Credits; ICC Pub No 500) in der Fassung von 1993 regeln primär die Zahlungssicherungen und Zahlungsabwicklung durch ein Akkreditiv und nicht die Stellung von Garantien. Allerdings ist die Verpflichtung einer Bank, die ein Akkreditiv eröffnet oder bestätigt, der einer aus Garantie verpflichteten Bank ähnlich. Daher haben die US-amerikanischen Banken, denen die Übernahme von Garantien bankaufsichtsrechtlich untersagt ist, eine abgewandelte Form des Akkreditivs als Garantieersatz benutzt, nämlich den standby letter of credit (oben Rn 291). Deshalb ist der Anwendungsbereich der ERA der IntHK ausdrücklich auf diese standby letters ausgedehnt worden, Art 1 und 2 (HORN/WYMEERSCH 4, 16 f).

dd) **UN-Konvention über unabhängige Garantien 1995**
Im internationalen Wirtschaftsverkehr hat sich der Verpflichtungstyp der selbständi- **298** gen (nicht akzessorischen) Bankgarantie als Sicherungsmittel so allgemein durchgesetzt, daß man von einem Bestand einheitlicher Rechtsgrundsätze iS einer lex mercatoria der Bankgarantie sprechen kann (HORN/WYMEERSCH, Bank-Guarantees, Standby Letters of Credit and Performance Bonds in International Trade [1990]; unten Rn 305). Damit ist die Zeit reif für eine Kodifizierung dieser Grundsätze (HORN/WYMEERSCH 73). Eine solche Kodifizierung kann Zweifelsfragen klären und die Rechtsvereinheitlichung vorantreiben. Diesem Ziel dient die UN Convention on Independent Guarantees and Standby Letters of Credit, die im Dezember 1995 von der Vollversammlung verabschiedet wurde und bis 11. 12. 1997 zur Unterzeichnung offen ist.

Die Unabhängigkeit der Garantie iS der Konvention bedeutet, daß sie nicht akzessorisch ist, dh weder von der Existenz oder Rechtswirksamkeit des zugrundeliegenden gesicherten Geschäfts noch von irgend einer anderen rechtlichen Verpflichtung abhängt und auch nicht von Bedingungen, die nicht in der Garantieerklärung selbst genannt sind (Art 3). Die Definition der unabhängigen Garantie umfaßt sowohl Garantien als auch Standby Letters of Credit, und zwar sowohl in der Verpflichtungsform zur Zahlung auf erstes Anfordern als auch in anderen Verpflichtungsformen, zB daß die Zahlungsanforderung von Dokumenten verschiedener Art begleitet sein muß (Art 2.1). Die Zahlungsanforderung muß ferner einen Hinweis enthalten, daß der Garantiefall eingetreten sei, dh daß sich das Risiko, gegen das die Garantie den Begünstigten schützen soll, tatsächlich verwirklicht hat. Die Regeln der Konvention finden auf eine Garantie Anwendung, wenn der Geschäftssitz des Garanten (Bank) in einem Vertragsstaat liegt oder wenn die Regeln des IPR zur Anwendung des Rechts eines Vertragsstaats führen (Art 1.1a und b). Im übrigen unterliegt die Garantie ihrem Vertragsstatut, das nach den Regeln des anwendbaren IPR zu ermitteln ist. Bei der Auslegung der Konvention muß der internationale Charakter berücksichtigt werden (Art 5). Bei allen Fragen, die nicht in der Konvention geregelt sind, soll auf allgemein anerkannte internationale Rechtsgrundsätze und Gebräuche für Bankgarantien Rücksicht genommen werden (Art 13.1).

Die Konvention enthält eine ausführliche Regelung des Tatbestands der **mißbräuchlichen Inanspruchnahme** in Art 19. Danach ist der Garant berechtigt, die Zahlung zu verweigern, wenn (a) ein Dokument unecht oder verfälscht ist, (b) wenn nach dem Inhalt der Zahlungsanforderung und der daneben erforderlichen Dokumente eine Zahlung nicht geschuldet wird, oder (c) wenn die Zahlungsanforderung nach dem Typ und Zweck der Garantieverpflichtung keine vernünftige Grundlage hat. Fall (c) betrifft den Tatbestand des Rechtsmißbrauch ieS. Die Konvention nennt in Art 19.2 fünf Einzelfälle dazu: (a) Das Ereignis oder Risiko, gegen das die Garantie Sicherheit bieten soll, ist unzweifelhaft nicht eingetreten; (b) die zugrundeliegende Verpflichtung des Garantiebestellers wurde von einem Gericht oder Schiedsgericht für unwirksam erklärt; anders nur, wenn die Garantie auch für diesen Fall gelten soll; (c) die Verpflichtung, die abgesichert werden sollte, ist unzweifelhaft zur Zufriedenheit des Begünstigten erfüllt worden; (d) die Erfüllung der gesicherten Verpflichtung wurde eindeutig durch absichtliches Fehlverhalten des Begünstigten verhindert; (e) im Fall einer Gegengarantie (counter guarantee) hat der Begünstigte seinerseits Zahlung unter der Garantie grundlos und bösgläubig geleistet. Damit ist der UN-Konvention erstmals eine präzise Kodifizierung des Mißbrauchstatbestandes gelungen. Zum Ganzen HORN RIW 1997, Heft 9.

e) **Einzelfragen der Abwicklung**
aa) **Zahlungsanforderung bei indirekter Garantie**

299 Ist eine ausländische Zweitbank als Garant eingeschaltet (indirekte Garantie) und wird diese von dem ausländischen Garantieberechtigten (Importeur/Besteller) auf Zahlung in Anspruch genommen, so zahlt der Garant erst aus, wenn er sich Deckung verschafft hat. Die ausländische Bank unterrichtet daher die deutsche Erstbank von der Garantiezahlungsanforderung und ersucht um Anschaffung der Deckung, die ihr die deutsche Erstbank aus Geschäftsbesorgungsvertrag und meist zusätzlich aus einer Rückgarantie schuldet. Die deutsche Bank ist ihrerseits aus dem Geschäftsbesorgungsvertrag mit ihrem Bankkunden, dem Garantieauftraggeber (Exporteur/ Unternehmer) verpflichtet, diesen unverzüglich über die Zahlungsanforderung zu unterrichten. Art 21 ERAG (oben Rn 295) verpflichtet die Garantiebank, dem Garantieauftraggeber als ihrem Kunden die schriftliche Zahlungsanforderung des Garantieberechtigten und die begleitenden Dokumente unverzüglich zuzuleiten. Diese Pflicht gilt, auch wenn die ERAG nicht vereinbart sind, sinngemäß auch sonst, und zwar sowohl im Verhältnis zwischen Zweitbank und Erstbank als auch im Verhältnis zwischen Erstbank und ihrem Kunden. Im Fall eines offensichtlichen Rechtsmißbrauchs (unten Rn 309 ff) ist die deutsche Erstbank berechtigt und gegenüber ihrem

Kunden, dem Garantieauftraggeber, verpflichtet, den Garantiebetrag nicht an die Zweitbank auszuzahlen (unten Rn 333).

bb) Fristablauf und Rückgabe der Urkunde

Regelmäßig enthält die Garantieverpflichtung, die von einer deutschen Bank oder einer Bank im westlichen Ausland übernommen wird, eine ausdrückliche Befristung. Der Garantieanspruch muß vor Ablauf der Frist geltend gemacht werden (oben Rn 205 f, 246). Nach dem Recht mancher Länder kann allerdings eine Befristung der Garantie unwirksam oder nur beschränkt wirksam sein. Nach manchen Rechtsordnungen genügt es, daß der Garantiefall in der Frist eingetreten ist, auch wenn die Garantie nach Fristablauf geltend gemacht wird, oder die Garantie gilt bis zu einer Enthaftungserklärung weiter oder Erfüllungsgarantien können überhaupt nicht befristet werden (PLEYER, WM-Sonderbeilage Nr 2/1973, 17). Hier besteht allerdings ein Konflikt mit der im internationalen Wirtschaftsverkehr vorherrschenden Rechtsauffassung, daß die Garantiefrist strikt zu beachten ist (HORN, Das Recht der internationalen Anleihen [1972] 212; OLG Stuttgart WM 1979, 733 ff; Art 5 ERVG; Art 22 ERAG). Danach kann der Garantieberechtigte auch durch Zurückbehaltung der Garantieurkunde nach Fristablauf seine Rechte aus der Garantie nicht wahren (so ausdrücklich Art 24 ERAG). Dieser Grundsatz muß sich zumindest dann, wenn die ERVG oder ERAG vereinbart sind, gegenüber dem anwendbaren Recht durchsetzen; die Anerkennung vor den Gerichten der betreffenden Länder ist freilich zweifelhaft. Es ist daher geboten, die Rückgabe der Urkunde nach Fristablauf vertraglich zu vereinbaren. Nicht selten wird der Garantieauftraggeber durch die Zahlungsanforderung mit alternativem Verlängerungsverlangen („pay or extend") dazu veranlaßt, in eine ausdrückliche Fristverlängerung der Garantie einzuwilligen (dazu Rn 246, 309 ff, 341 f). Zur begrenzten Bedeutung der Rückgabe der Urkunde nach deutschem Recht vgl auch OLG Hamburg NJW 1986, 1691 (betr Bürgschaftsurkunde) und § 765 Rn 226, § 766 Rn 37.

9. Internationales Privatrecht und sonstiges Kollisionsrecht*

a) Eigenes Garantiestatut

Das auf die Garantie anwendbare Recht (Garantiestatut) wird selbständig

---

* **Schrifttum:** S die Nachweise oben vor XVI 1 und insbes: BARK, Rechtsfragen und Praxis der indirekten Garantien im Außenwirtschaftsverkehr, ZIP 1982, 405; FINGER, Bankgarantien und deutsches IPR, AWD 1969, 486; GOERKE, Kollisionsrechtliche Probleme internationaler Garantien (1982); HELDRICH, Kollisionsrechtliche Aspekte des Mißbrauchs von Bankgarantien, in: FS Kegel (1987) 175; HORN, Die neuere Rechtsprechung zum Mißbrauch von Bankgarantien im Außenhandel, IPRax 1981, 149; HORN/WYMEERSCH, Bank-Guarantees, Standby Letters of Credit and Performance Bonds in International Trade (1990) 12; KEGEL, Die Bankgeschäfte im deutschen IPR, in: Gedächtnisschrift R Schmidt (1966) 215; vMARSCHALL, Bankgarantien, Bonds und Standby Letters of Credit als Sicherheiten im Außenhandel, in: SCHLECHTRIEM/LESER (Hrsg), Zum deutschen und internationalen Schuldrecht (1963) 66; MÜLBERT, Mißbrauch von Bankgarantien und einstweiliger Rechtsschutz (1985); PLEYER, Die Bankgarantie im zwischenstaatlichen Handel, WM Sonderbeilage Nr 2/1973; REITHMANN/MARTINY, Internationales Vertragsrecht (5. Aufl 1996); vWESTPHALEN, Die Bankgarantie im internationalen Handelsverkehr (2. Aufl 1990); ders, Irak-Embargo und die Inanspruchnahme von Bankgarantien, EWS 1990, 205; ZAHN, Auswirkungen eines politischen Um-

bestimmt und ist unabhängig vom Statut des Geschäfts, dessen Sicherung die Garantie dient (REITHMANN/MARTINY Rn 1034). Maßgeblich ist vielmehr die ausdrückliche oder konkludente Rechtswahl der Parteien gem Art 27 EGBGB (seit 1. 9. 1986; so auch die vorherige hM; BGH NJW 1979, 1773; REITHMANN/MARTINY Rn 1034). Ist eine Rechtswahl nicht getroffen, so findet auf die Garantie das Recht Anwendung, zu dem es die engste Verbindung aufweist (objektive Anknüpfung gem Art 28 Abs 1 EGBGB). Dafür ist der Aufenthaltsort oder die Niederlassung der Partei, welche die charakteristische Leistung zu erbringen hat, von Bedeutung (Art 28 Abs 2 EGBGB). Dies ist die Garantieleistung (vgl BGHZ 121, 224, 228 betr Bürgschaft). Mangels Rechtswahl ist also das Recht am Niederlassungsort des Garanten ausschlaggebend (so auch die Rspr vor der Reform des IPR; vgl OLG Hamburg IPRspr 1977 Nr 21 = RIW 1978, 615; OLG Stuttgart IPRspr 1979 Nr 13 = RIW 1980, 729; OLG Frankfurt/M RIW 1985, 407 = WM 1984, 1021).

b) Bankgarantie: lex bancae als Regel

302 Nach diesen Grundsätzen unterliegt eine Bankgarantie regelmäßig dem Recht der verpflichteten Bank, und zwar entweder kraft ausdrücklicher oder konkludenter Rechtswahl (Art 27 EGBGB) oder bei objektiver Anknüpfung gem Art 28 EGBGB, weil die Garantiebank die charakteristische Leistung erbringt und das Recht am Ort ihrer Niederlassung zum Zuge kommt (so auch die Rn 301 zit Rspr). Bei der Ermittlung des Parteiwillens (Art 27 EGBGB) ist zu berücksichtigen, daß eine Bank regelmäßig eine Garantie nach ihrem Heimatrecht (Niederlassungsrecht) abschließen will (EG-Kommission, Die Bürgschaft im Recht der Mitgliedstaaten der EG [1971] 82 Art 10; KAESER RabelsZ 1971, 623; PLEYER WM-Sonderbeilage Nr 2/1973, 15; REITHMANN/MARTINY Rn 1034; BGH ZIP 1985, 59 f = WM 1984, 1564; Art 10 ERVG der IntHK; HEYMANN/HORN, HGB Anh § 372 BankGesch V Rn 15 f).

303 Ein von diesem Grundsatz der **lex bancae** abweichendes Ergebnis ist sowohl nach Art 27 EGBGB als auch nach Art 28 EGBGB möglich. Wenn sich die garantierende ausländische Bank mit deutschem Gerichtsstand und Erfüllungsort einverstanden erklärt, so gibt sie nach OLG Frankfurt/M WM 1983, 516, auch zu erkennen, daß sie mit der Anwendung deutschem Rechts einverstanden ist; dies hängt von einer Gesamtbeurteilung im Einzelfall ab. Ob bei mehreren beteiligten Banken nicht das Recht der verpflichteten Bank, sondern der Bank, welche die Erklärung formuliert hat, (ausnahmsweise) konkludent vereinbart ist, hängt von den Umständen ab. Vgl dazu LG Frankfurt/M NJW 1963, 450, betr Garantie einer englischen Bank, zahlbar bei einer deutschen Bank, in deutscher Sprache abgefaßt und zur Sicherung eines deutschen Lieferanten; deutsches Recht für anwendbar erklärt. Nach neuem IPR ließe sich das Ergebnis wohl eher objektiv dadurch begründen, daß der Schwerpunkt der Garantie nach der Gesamtheit der Umstände iS Art 28 Abs 5 EGBGB in Deutschland und nicht im Land der Garantin lag.

304 Die genannten Grundsätze gelten auch bei **indirekten Garantien** (Rn 276 ff), bei denen zwei Garantiebanken eingeschaltet sind, nämlich eine im Land des Garantiebestellers und eine im Land des Garantieberechtigten („Begünstigten"). Hier werden zwei Garantien gestellt und hintereinandergeschaltet. Jede untersteht dabei einem unter-

sturzes auf schwebende Akkreditive und Bankgarantien, die von staatlichen Stellen oder in deren Auftrag eröffnet sind, ZIP 1984, 1303;

ZAHN/EBERDING/EHRLICH, Zahlung und Zahlungssicherung im Außenhandel (6. Aufl 1986).

schiedlichen Recht, nämlich jeweils der lex bancae der Garantiebank (Horn/ Wymeersch 12), falls nicht durch Rechtswahl oder besondere Umstände ein gleiches Garantiestatut für beide Garantien begründet worden ist.

c)   **Lex mercatoria der Bankgarantie***
Die Bankgarantie ist im internationalen Wirtschaftsverkehr nach gleichförmigen 305 Gestaltungstypen und Standardklauseln ausgestaltet, denen gleichförmige internationale Rechtsanschauungen zugrundeliegen, vor allem über die selbständige, nicht akzessorische Verpflichtung des Garanten und seine strenge Haftung, aber auch über die Einschränkung von Mißbräuchen dieser strengen Haftung (Rn 309 ff). Hier bildet sich ein international einheitliches materielles Recht heraus (**lex mercatoria**), das unabhängig vom Vertragsstatut für die Vertragsauslegung maßgebend ist, soweit nicht zwingendes Recht des Vertragsstatuts entgegensteht. Im gleichen Maße, wie diese Vereinheitlichung des materiellen Rechts voranschreitet, nimmt die Bedeutung des Vertragsstatuts und damit des IPR ab.

d)   **Der Garantieauftrag**
Der Geschäftsbesorgungsvertrag des deutschen Kunden (Garantieauftraggebers) 306 mit seiner deutschen Bank (Erstbank) unterliegt dem deutschen Recht. Zweifel bestehen hinsichtlich des Geschäftsbesorgungsvertrags zwischen der deutschen Erstbank und der ausländischen Zweitbank. Der allgemeine Gesichtspunkt, daß jede Bank ihre Geschäfte nach ihrem Recht abwickeln will, versagt im Interbankengeschäft. Der Gesichtspunkt der charakteristischen Leistung könnte für die Anwendung des Rechts der ausländischen Zweitbank, welche die direkte Garantie übernimmt, sprechen (so Mülbert 30 mwN). Man muß aber beachten, daß die deutsche Bank zugleich eine Rückgarantie gegenüber der ausländischen Zweitbank übernimmt und daß diese Rückgarantie unzweifelhaft deutschem Recht unterliegt. Dies prägt die Rechtsbeziehungen zwischen Erstbank und Zweitbank und das ganze Sicherungsgeschäft; danach ist deutsches Recht anwendbar (Horn IPRax 1981, 154; Heinze, Einstweiliger Rechtsschutz im Zahlungsverkehr der Kreditinstitute [1984] 176 Fn 450).

e)   **Ordre public**
Bei indirekten Garantien kann im Fall rechtsmißbräuchlicher Inanspruchnahme 307 durch den ausländischen Garantieberechtigten das Problem entstehen, daß dessen Garantieanspruch gegen die ausländische Zweitbank dem ausländischen Recht (des Importlandes) unterliegt und daher auch der Rechtsmißbrauch zum Teil oder ganz nach diesem ausländischen Recht zu beurteilen ist. Wenn nach diesem anwendbaren ausländischen Recht (angeblich oder tatsächlich) ein Rechtsmißbrauch zu verneinen ist, während er nach deutscher Rechtsauffassung bejaht werden müßte, kann dies Rückwirkungen auf die Pflicht der deutschen Erstbank haben, die Zahlung leisten und damit Deckung für die garantierende Zweitbank beschaffen zu müssen, obwohl nach deutschem Recht ein Auszahlungsanspruch des Garantieberechtigten nicht besteht. Diese Auswirkung des Rechts der ausländischen Garantie auf die Rückga-

---

* Horn/Wymeersch, Bank-Guarantees, Standby Letters of Credit and Performance Bonds in International Trade (1990); Roesle, Die internationale Vereinheitlichung des Rechts der Bankgarantien (1983 Zürich); Graf vWestphalen, Die Bankgarantie im internationalen Handelsverkehr (2. Aufl 1990). Allg zur lex mercatoria Heymann/Horn HGB Bd 1 (2. Aufl 1995), Einl III Rn 15 ff.

rantie und die Interbankbeziehung zwischen Erstbank und Zweitbank und letztlich auf das Geschäftsbesorgungsverhältnis zwischen der deutschen Erstbank und ihrem Kunden als Garantieauftraggeber kann vom Standpunkt des deutschen Rechts, das auf die letztgenannten Beziehungen anwendbar ist, dadurch abgewendet werden, daß der Schutz vor offensichtlichem Mißbrauch zum deutschen ordre public gehört und daß grundsätzlich auch mit der internationalen Anerkennung dieses Standpunktes gerechnet werden kann (so auch LG Frankfurt/M NJW 1981, 56; LG Dortmund WM 1980, 280; aA NIELSEN, Bankgarantien 131; allg zur Abwehrfunktion des ordre public REITHMANN/MARTINY Rn 1044; vBAR, Internationales Privatrecht I [1987] Rn 631, 640 f). Auch der Bundesgerichtshof hat unter Hinweis auf den Vorbehalt des ordre public gem Art 6 EGBGB den Einwand des Rechtsmißbrauchs bei einer Bürgschaft mit Auslandsberührung anerkannt (BGHZ 104, 240 = ZIP 1988, 765 f; im Fall freilich unrichtig angewendet, weil ohnehin deutsches Recht galt; zutr SONNENBERGER EWiR 1988, 675 f).

f) Wirtschaftskollisionsrecht (Enteignung, Embargo etc)

308 Wird die gesicherte Forderung oder die Garantieforderung selbst von **staatlichen Eingriffen** betroffen, so gelten die allgemeinen Grundsätze des internationalen Enteignungsrechts (Rn 142 ff) und des internationalen Devisenrechts (Rn 188 ff). Anders als die (akzessorische) Bürgschaft ist die Garantie als selbständige Verpflichtung häufig zu dem Zweck übernommen, den Berechtigten auch gegen die politischen Risiken des gesicherten Geschäfts (Enteignung, Embargo) zu schützen. Dies hängt vom Umfang des übernommenen Risikos ab; der Parteiwille in diesem Punkt ist durch Auslegung, unter Berücksichtigung des Vertragszwecks und der Vertragsumstände, zu ermitteln. Gleiches gilt für Transferhemmnisse, die nicht die Garantie, sondern das gesicherte Geschäft betreffen. Hier kann sich der garantieberechtigte Exporteur, der wegen eines Embargos keine Zahlung trotz eigener Lieferung erhält, an den Garanten (und ähnlich im Fall eines Akkreditivs: an die Akkreditivbank) halten. Anders, wenn die Garantie dieses Risiko nicht umfassen sollte, oder die Lieferung im gesicherten Hauptgeschäft selbst schon gegen das Embargo verstieß.

10. Mißbräuchliche Inanspruchnahme

a) Das Problem. Der Einwand des Rechtsmißbrauchs

309 Da die Garantie, insbesondere zur Zahlung auf erstes Anfordern, vom Berechtigten relativ leicht geltend gemacht werden kann, ergibt sich die Gefahr einer mißbräuchlichen Inanspruchnahme, dh die Möglichkeit, daß Zahlung aus der Garantie verlangt wird, obwohl sich das durch die Garantie gedeckte Risiko nicht verwirklicht hat. Solche mißbräuchlichen Inanspruchnahmen sind im internationalen Wirtschaftsverkehr häufig aufgetreten und haben die Gerichte aller westlichen Exportnationen beschäftigt (Überblick bei HORN/WYMEERSCH 26 ff). Die Rechtsfrage geht dahin, ob der Einwand des Rechtsmißbrauchs gegenüber dem Garantieanspruch zugelassen werden kann und muß, obwohl die Garantie ihrer Natur nach auf die Einschränkung von Einwendungen angelegt ist. Die Anerkennung des Einwandes des Rechtsmißbrauchs gerät in ein Spannungsverhältnis mit dem Interesse des Sicherungsnehmers (Garantieberechtigten), eine rasch durchsetzbare Sicherheit zu erhalten. Dem entspricht das Interesse der Banken an einer möglichst problemlosen Abwicklung der Garantie, ohne in Streitfragen über das zugrundeliegende, gesicherte Geschäft und seine Erfüllung hineingezogen zu werden. Die Befürworter eines weitgehenden Einwendungsausschlusses können auch darauf verweisen, daß die Garantie zur Zahlung auf erstes Anfordern in der Praxis zT das früher übliche Bardepot abgelöst hat (PLEYER WM-Sonderbeilage Nr 2/1973, 7; GRAF vWESTPHALEN, Bankgarantie 29) oder an die Stelle eines Sicherungseinbehaltes getreten ist. Gleichwohl ist im Ergebnis von den Gerichten der westlichen Länder der Einwand des Rechtsmißbrauchs überwiegend anerkannt worden (HORN/WYMEERSCH 26 ff). Dies ist der richtige Weg.

Die Anerkennung des Einwandes des Rechtsmißbrauches gegenüber dem Zahlungsanspruch aus Garantie erklärt sich dogmatisch erstens aus deren Wesen und zweitens aus allgemeinen Grundsätzen des deutschen Zivilrechts. Erstens ist auch bei der Garantie kein absoluter Einwendungsausschluß gegeben. Die Einschränkung der Einwendungen gegen den Garantieanspruch, die meist mit der Eigenschaft der Abstraktheit umschrieben werden (oben Rn 202 ff), setzt sich aus mehreren Eigenschaften zusammen: ihrer Eigenschaft als selbständiger Verpflichtung, die sie vom Deckungs- und Valutaverhältnis unabhängig macht, ferner dem Fehlen einer Akzessorietät iSd Bürgschaftsrechts und schließlich der vorwiegend knappen Formulierung des formellen Garantiefalles, der die Garantie einem abstrakten Anspruch annähert (allg oben Rn 202 ff). Die Zulässigkeit des Einwandes des Rechtsmißbrauchs folgt daraus, daß jede Ausübung eines privaten Rechts unter dem Gebot von Treu und Glauben steht (§ 242) und dem Verbot sittenwidriger Schädigung anderer (§§ 138, 826). Der Einwand des Rechtsmißbrauchs ist daher gegenüber dem Garantieanspruch, auch wenn er knapp ("abstrakt") zur Zahlung auf erstes Anfordern formuliert ist, anerkannt (HORN NJW 1980, 2156; ders IPRax 1981, 150; mit Einschränkungen CANARIS, Bankvertragsrecht Rn 1138; Graf vWESTPHALEN, Bankgarantie 158; dazu HORN ZHR 148 [1984] 635, 637; HADDING/HÄUSER/WELTER, Bürgschaft und Garantie. BMJ-Gutachten 718). Die Rechtsprechung hat diesen Einwand bei verschiedenen (inländischen) Geschäften anerkannt (BGH ZIP 1984, 1461 = NJW 1984, 2037 betr Garantie als Sicherheit für ein unwirksames Warentermingeschäft; BGH WM 1989, 1673 betr Scheckeinlösungsgarantie bei sittenwidrigem Darlehen).

Die Masse der Fälle, in denen der Einwand des Rechtsmißbrauchs von der Rechtsprechung im Fall oder zumindest im Grundsatz anerkannt wurde, betrifft freilich Garantien im Außenwirtschaftsverkehr (BGHZ 90, 287 = ZIP 1984, 685 = NJW 1984, 2030 = WM 1984, 689 betr Garantie für Mietforderungen für ein später enteignetes Grundstück im Iran; OLG Frankfurt ZIP 1983, 556 = WM 1983, 575 betr Garantie für Anlagenlieferung nach Saudi-Arabien; OLG München WM 1985, 189 = EWiR 1985, 161 [Anm TROST] betr Erfüllungsgarantie für Leistung eines Subunternehmers für ein Auslandsgeschäft; OLG Saarbrücken WM 1981, 275 = RIW 1981, 338 betr Erfüllungsgarantie [performance guarantee]; OLG Köln WM 1988, 21 betr Anzahlungsgarantie [im Fall Mißbrauch mangels liquiden Nachweises verneinend]; OLG Köln WM 1991, 1751 betr Anzahlungs- oder Erfüllungsgarantie, m krit Anm SCHWERICKE/REGEL WM 1991, 1753; OLG Frankfurt/M 1988, 1480 = NJW-RR 1987, 1264; OLG Bremen WM 1990, 1369; OLG Celle WM 1991, 1296, 1298; LG Frankfurt/M NJW 1981, 56 [Anm HEIN] = WM 1981, 284 = IPRax 1981, 165; LG Dortmund WM 1981, 280; LG Braunschweig WM 1981, 278 = IPRax 1981, 168). Dies entspricht der ganz überwiegenden Meinung in der deutschen Literatur (STAUDINGER/HORN[12] Vorbem 95; HORN, Bürgschaften und Garantien [6. Aufl 1995] 116 ff m Nachw; ders NJW 1980, 2153, 2156 ff; ders IPRax 1981, 150; CANARIS, Bankvertragsrecht [3. Aufl 1988] Rn 1138 f; GRAF vWESTPHALEN, Die Bankgarantie im internationalen Handelsverkehr [2. Aufl 1990] 190 ff; AUHAGEN 77; LIESECKE WM 1968, 22, 26 f; FINGER BB 1969, 206, 208; PLEYER WM Sonderbeil 2/1973, 18 f; NIELSEN ZIP 1982, 259 f; ders ZHR 147 [1983] 152 ff; BARK ZIP 1982, 412; MÜLBERT 49 ff; STUMPF/ULLRICH RIW 1984, 843; BLAUROCK IPRax 1985, 204; HADDING/HÄUSER/

WELTER, Bürgschaft und Garantie. BMJ-Gutachten 718; BAUMBACH/HOPT [29. Aufl 1995] Bank-Gesch [7] L/13); es stimmt mit der ganz überwiegenden Meinung zu Bankgarantien im internationalen Handel in anderen westlichen Ländern überein (Überblick HORN/ WYMEERSCH).

312 **Rechtsfolge** des Mißbrauchstatbestands ist, daß der Garant nicht zur Zahlung verpflichtet ist. Hat er gezahlt, so ist ein Schadensersatzanspruch aus § 826 gegeben (OLG München WM 1985, 189). Dieser steht dem Garantieauftraggeber zu, falls sich bei ihm der Schaden deshalb verwirklicht, weil der Garant (Bank) bei ihm Aufwendungsersatz verlangen kann. Fehlt ein solcher Anspruch des Garanten (Bank), so liegt bei ihm der Schaden und er hat den Schadensersatzanspruch (Rn 356 u 358). Der Garantieauftraggeber kann gegen den Garantiebegünstigten, der die Garantie mißbräuchlich gezogen hat, auch einen vertraglichen Schadensersatzanspruch aus dem Valutaverhältnis haben. Der Garantieauftraggeber kann bei Mißbrauch auch vom Garanten verlangen, die Auszahlung zu unterlassen (str; unten Rn 333) und im Weg der einstweiligen Verfügung dieses Verlangen durchsetzen (sehr str; unten Rn 336 ff).

b) Objektiver Tatbestand

313 Typischerweise ist bei der rechtsmißbräuchlichen Inanspruchnahme der Garantie der sog formelle Garantiefall (oben Rn 211) erfüllt: die Zahlungsaufforderung entspricht formal den Bedingungen der Garantie und die ggf notwendigen Erklärungen und Dokumente sind beigefügt. Fehlt es schon daran, so kann der Garant deren Fehlen einwenden. Die Inanspruchnahme ist objektiv rechtsmißbräuchlich, wenn das wirtschaftliche Risiko, daß durch die Garantie gedeckt werden soll, zB die Nichterfüllung einer vertraglichen Pflicht oder der Eintritt eines sonstigen Schadens (materieller Garantiefall), in Wirklichkeit nicht eingetreten ist und die Inanspruchnahme nach den Umständen mißbräuchlich erscheint. Es besteht Einigkeit, daß im Interesse der Funktionstüchtigkeit der Garantie als verläßliches Sicherungsmittel der Einwand nur ausnahmsweise gegeben ist und strenge Anforderungen an sein Vorliegen zu stellen sind (allg HORN NJW 1980, 2153 und IPRax 1981, 149).

314 Aus dem Ausnahmecharakter der Einwandes des Rechtsmißbrauchs folgt in objektiver Hinsicht, daß ein „offensichtlicher" oder „offenkundiger" Mißbrauch vorliegen muß (st Rspr; BGH WM 1986, 1429; OLG Saarbrücken WM 1981, 275; OLG Frankfurt/M ZIP 1983, 556 = WM 1983, 575; OLG Köln WM 1988, 21 und WM 1991, 1751; OLG Bremen WM 1990, 1369; hM; vgl nur STAUDINGER/HORN[12] Vorbem 95; CANARIS Rn 1139; vgl auch BGHZ 104, 240 = ZIP 1988, 764 betr Bürgschaft). Mit diesem Merkmal sind zwei Aspekte angesprochen: (1) die Schwere des Mißbrauchs und (2) seine leichte Beweisbarkeit; beides hängt freilich zusammen. Gewiß ist ein betrügerisches (vgl OLG Saarbrücken aaO) oder sonst sittenwidriges Verhalten im Valutaverhältnis schwerwiegend in diesem Sinn.

315 Aber es sind auch andere Fallgestaltungen relevant und die internationale Rechtsprechung zu den Bankgarantien bietet reiches Anschauungsmaterial (vgl HORN/ WYMEERSCH m Nachw). Die UN-Konvention von 1995 über unabhängige Garantien (Rn 298) hat erstmals eine umfassende und instruktive tatbestandliche Erfassung des Mißbrauchs von Garantien erarbeitet. Ferner muß der Mißbrauch leicht beweisbar sein (BGH WM 1986, 1430); eine mißbräuchliche Inanspruchnahme ist daher zu verneinen, wenn der Nichteintritt des materiellen Garantiefalles nur aufgrund einer allenfalls möglichen, nicht aber zwingenden Auslegung des Valutaverhältnisses zu

ermitteln ist (BGH aaO). Aus dem Wesen der Verpflichtung zur Zahlung auf erstes Anfordern folgert der BGH die Beschränkung des Einwandes des Rechtsmißbrauchs auf Fälle, in denen die mißbräuchliche Ausnutzung der formalen Rechtsstellung des Garanten für jedermann ersichtlich ist. Alle Streitfragen tatsächlicher oder rechtlicher Art, deren Beantwortung „sich nicht von selbst ergibt", sollen erst nach Zahlung in einem möglichen Rückforderungsprozeß ausgetragen werden (BGH WM 1984, 689 = NJW 1984, 2030, 2031; BGH WM 1988, 934 = NJW 1988, 2610; BGH WM 1989, 433 = NJW 1989, 1480, 1481; OLG Bremen WM 1990, 1369, 1370). Die Offenkundigkeit erfordert daher eine eindeutige Beweislage. Diese kann mit allen zulässigen Beweismitteln herbeigeführt werden. Soweit daneben oder ausschließlich „liquide Beweisbarkeit" gefordert wird (zB OLG Köln WM 1988, 22; OLG Bremen WM 1990, 1369), kann dem nur insoweit zugestimmt werden, als Beweise ohne unangemessene Verzögerung beigebracht werden müssen. Soweit aber darunter nur Urkundenbeweis verstanden wird (so OLG Köln WM 1988, 22), ist diese Auffassung zu eng (zutr CANARIS 1017 betr Akkreditiv) und wird nur dadurch annehmbar und praktikabel, daß unstreitig daneben auch „offenkundiger", dh aber durch andere Beweismittel „leicht" beweisbarer Mißbrauch, ausreicht. Urkundenbeweis darf nur im Urkundenprozeß verlangt werden (vgl den Fall BGHZ 90, 292 ff). Die praktische Bedeutung der Beweisbarkeit zeigt sich nicht nur im Verhältnis von Garant und Garantieberechtigten, sondern vor allem bei der (strittigen) Frage, ob der Garantieauftraggeber vom Garanten (Bank) Zahlungsverweigerung verlangen kann, und beim Erlaß einstweiliger Verfügungen zu diesem Zweck (unten Rn 336 ff).

c) **Subjektiver Tatbestand**
Sittenwidriges Handeln setzt nach § 138 voraus, daß der Betreffende entweder **316** bewußt (vorsätzlich) oder leichtfertig (grob fahrlässig) das sittenwidrige Verhalten begeht, wobei aus dem Vorliegen der objektiven Tatbestandsmerkmale auch der subjektive Tatbestand widerlegbar vermutet wird (vgl zum sittenwidrigen Darlehen BGHZ 98, 174, 178; allg BGHZ 80, 153, 160; BGH NJW 1984, 2292, 2294). Der Tatbestand des § 826 setzt zumindest bedingten Vorsatz hinsichtlich der Schädigung (hier: des Garantieauftraggebers) sowie zumindest grobe Fahrlässigkeit hinsichtlich der Sittenwidrigkeit voraus (PALANDT/THOMAS § 826 Rn 9 u 11). Für den hier betrachteten präventiven Einwand des Rechtsmißbrauchs gelten im Grundsatz die gleichen Voraussetzungen. Diese sind aber insofern weniger streng, als der Garantieberechtigte spätestens durch die Einwendung auf seine mangelnde materielle Berechtigung hingewiesen wird. Dieser Schluß ist freilich nur zulässig, wenn den Umständen nach die objektiven Voraussetzungen des Rechtsmißbrauchs, insbesondere das Nichtvorliegen des materiellen Garantiefalles, offensichtlich bzw leicht erkennbar sind (zu den subjektiven Voraussetzungen vgl OLG Saarbrücken WM 1981, 275; BGH WM 1984, 44, 45; HORN IPRax 1981, 153).

Die Frage der subjektiven Voraussetzungen bereitet vor allem Schwierigkeiten bei **317** indirekten Garantien, bei denen der ausländische Garantieberechtigte sich an die Zweitbank als seinen Garanten wendet, diese ihrerseits an die Erstbank als ihre Rückgarantin. Hier ist nicht immer klar, ob die Leichtfertigkeit (grobe Fahrlässigkeit) hinsichtlich der mangelnden Berechtigung beim Gläubiger tatsächlich vorliegt. Hier sind mehrere Fälle zu unterscheiden (HORN, Bürgschaften und Garantien 120 f): (1) die ausländische Zweitbank kann mit dem ausländischen Garantieberechtigten, der die Garantie bewußt unberechtigt einfordert, bewußt zusammenwirken (Kollusion).

Hier ist der Einwand des Rechtsmißbrauchs eindeutig gegeben. Dieser Fall ist freilich nicht leicht beweisbar. (2) Es kann auch sein, daß die Zweitbank hinsichtlich der mangelnden Berechtigung und des (bewußt) rechtsmißbräuchlichen Verhaltens des Garantieinhabers grob fahrlässig ist. Dies reicht für § 826 und § 242 aus (vgl OLG München WM 1985, 189 betr zweckwidrige Inanspruchnahme einer Garantie für die nachweislich erbrachte Leistung eines Subunternehmers). Wird die deutsche Erstbank aus ihrer Rückgarantie von der ausländischen Zweitbank in Anspruch genommen, die ihrerseits vom ausländischen Garantieberechtigten in Anspruch genommen wird, so kann die deutsche Erstbank dem Rückgarantieanspruch regelmäßig den Einwand des Rechtsmißbrauchs des ausländischen Garantieberechtigten entgegenhalten.

318 Dies wird zT durch den Grundsatz der durchschlagenden Wirkung des Rechtsmißbrauchs begründet: niemand dürfe den Rechtsmißbrauch eines anderen unterstützen (LG Frankfurt NJW 1981, 56 = WM 1981, 284; dazu HORN IPRax 1981, 153). Dies ist insofern zu undifferenziert, als auch bei der ausländischen Zweitbank das subjektive Merkmal der groben Fahrlässigkeit erfüllt sein muß, wenn diese die Rückgarantie in Anspruch nimmt. In der Praxis ist dieses Problem aber regelmäßig lösbar, weil die Zweitbank nicht zahlt, bevor sie die Deckung von der deutschen Erstbank erhalten hat und diese benachrichtigt. Die deutsche Erstbank hat dann (ggf nach Rücksprache mit dem Garantieauftraggeber) Gelegenheit, die Gründe für den Rechtsmißbrauch der Zweitbank darzulegen. Sind diese Gründe offensichtlich bzw leicht einsehbar, so wird grobe Fahrlässigkeit der ausländischen Zweitbank (vom Standpunkt des deutschen Rechts aus) begründet. (3) Hat die aus Garantie in Anspruch genommene Bank (Erstbank oder Zweitbank) in gutem Glauben gehandelt, daß auch der materielle Garantiefall eingetreten sei (was sie nicht ohne Verdachtsmomente nachprüfen muß) und trifft sie dabei auch keine grobe Fahrlässigkeit, dann ist ihr Anspruch auf Deckung (Aufwendungsersatz gem § 667) nicht durch den Einwand des Rechtsmißbrauchs abgeschnitten; sie kann diesen Anspruch je nach Fallgestaltung aus der Rückgarantie bzw dem Geschäftsbesorgungsanspruch gegenüber der Erstbank geltend machen; die Erstbank kann sich an ihren Kunden aus dem Garantieauftrag halten (vgl auch den Fall BGH ZIP 1984, 22 = WM 1984, 44, 45 betr Bürgschaft auf erstes Anfordern). Häufig wird in diesen Fällen jedoch die Verletzung der Pflicht der zahlenden Bank gegeben sein, vor Zahlung ihren Auftraggeber (die Erstbank oder den Garantieauftraggeber) zu benachrichtigen und ihm Gelegenheit zur Stellungnahme zu geben. Diese Pflichtverletzung begründet zwar nicht den Einwand des Rechtsmißbrauchs, aber einen vertraglichen Schadensersatzanspruch.

d) Nachweis

319 Zum Begriff des schweren und offensichtlichen Rechtsmißbrauchs gehört auch seine leichte Beweisbarkeit. Zwar muß letztlich jede Einwendung bewiesen werden. Zur typischen Situation des Rechtsmißbrauchs gehört jedoch, daß der Garantieberechtigte bei der Inanspruchnahme die Augen vor der offensichtlichen mangelnden materiellen Berechtigung verschließt und daher seine formelle Garantieberechtigung in mißbräuchlicher Weise einsetzt (vgl BGHZ 90, 287 = ZIP 1984, 685: hier konnte auch der Rechtsmißbrauch im Urkundenprozeß nachgewiesen werden; weitere Umstände, die den Einwand des Rechtsmißbrauchs uU hätten entkräften können, waren mit Urkunden dagegen nicht nachzuweisen und daher dem Nachverfahren vorbehalten). Der BGH will auch im Nachverfahren solche Einwendungen nicht zulassen, sondern nur in einem künftigen Rück-

forderungsprozeß der Garanten (WM 1994, 106 = ZIP 1993, 1851; aA HORN NJW 1980, 2153; SCHÜTZE EWiR 1994, 132; zum Problem oben Rn 161).

e) **Einstweiliger Rechtsschutz**
Der Garantieauftraggeber ist regelmäßig derjenige, der den durch rechtsmißbräuch- 320 liche Inanspruchnahme der Garantie entstehenden Schaden letztlich zu tragen hat. Falls er nicht Kollusion der Bank oder deren grobe Fahrlässigkeit nachweisen kann, muß er ihr den verauslagten Garantiebetrag gem § 670 ersetzen. Ein Rückforderungs- oder Schadensersatzanspruch gegen den Garantieberechtigten, der in mißbräuchlicher Weise sich den Garantiebetrag verschafft hat, ist durch dessen mögliche Insolvenz gefährdet und im häufigen Fall, daß der Garantieberechtigte ein ausländischer Geschäftspartner ist, großen und bisweilen unüberwindlichen Schwierigkeiten der Rechtsverfolgung ausgesetzt. Diese Gefährdung liefert den **Verfügungsgrund** (Arrestgrund). Daher ist er in höchstem Maße an Maßnahmen des einstweiligen Rechtsschutzes interessiert, um die Auszahlung der Garantie zu verhindern. Grundsätzlich bieten sich dafür zwei Wege an (vgl auch zur Bürgschaft Rn 162 ff).

aa) **Arrest** in den Garantieanspruch des Berechtigten (Begünstigten) oder in des- 321 sen andere inländische Vermögenswerte. Dieser Weg kommt nur bei einer direkten Garantie in Betracht, weil nur dann die Forderung gegen die Garantiebank im Inland gegeben ist (HORN, Bürgschaften und Garantien [6. Aufl 1995] 122). Die Möglichkeit einer Arrestpfändung des Garantieanspruchs wird zT verneint (abl PLEYER WM-Sonderbeilage Nr 2/1973, 24; MÜLBERT 182 ff, 191 f mwN), zT befürwortet (ADEN RIW 1981, 439, 441 f; STUMPF/ULRICH RIW 1984, 843, 844; BLAU WM 1988, 1474). Es wird eingewandt, die Forderung sei für den Garantieauftraggeber kein Vermögenswert. Ferner greife der Garantieauftraggeber auf eine Forderung zu, deren Existenz er bei behauptetem Rechtsmißbrauch gerade leugne. Beide Argumente sind nicht überzeugend. Der Garantieanspruch ist unzweifelhaft ein Vermögenswert. Die Tatsache, daß der Garantieauftraggeber letztlich für die Erfüllung dieser Forderung (gegenüber der Bank) aufkommen muß, läßt keine andere Beurteilung zu, sondern unterstreicht noch diesen Vermögenswert. Schließlich ist sogar das Pfandrecht an eigener Schuld anerkannt (BGH BB 1983, 1880; STAUDINGER/RIEDEL/WIEGAND[12] § 1279 Rn 6). Auch ist der Einwand der Widersprüchlichkeit, daß die Behauptung des Rechtsmißbrauchs den Garantieanspruch gerade ausschließe, gekünstelt. Gerade der Ausnahmecharakter des Rechtsmißbrauchseinwandes unterstreicht den Umstand, daß der Garantieanspruch an sich besteht und nur durch besondere Umstände ausnahmsweise ausgeschaltet wird.

Arrestanspruch ist der Anspruch des Garantieauftraggebers aus seinem Vertrag mit 322 dem Garantieberechtigten (Valutaverhältnis, zB Liefervertrag), die Garantie nur in Anspruch zu nehmen, wenn das Risiko, daß durch die Garantie abgedeckt werden soll, sich tatsächlich verwirklicht (materieller Garantiefall), und eine unberechtigte Inanspruchnahme der Garantie zu unterlassen (aA BLAU WM 1988, 1474 mwN). Allerdings gilt dies wiederum nur in Fällen des eklatanten und offensichtlichen Rechtsmißbrauchs. Hier ist ein Arrestgrund gegeben.

Aufgrund des Arrestpfandes kann der Gläubiger (Garantieauftraggeber) die Hinter- 323 legung der Forderungssumme (Garantiesumme) verlangen. Ist die Hinterlegung (§ 1281) erfolgt, so wird dadurch natürlich nicht der Arrestgrund beseitigt und der

Arrest und die Arrestpfändung dürfen nicht etwa wegen erfolgter Hinterlegung wieder aufgehoben werden (so aber fälschlich LG Duisburg WM 1988, 1484 f; AG Frankfurt WM 1988, 1485). Das Gericht kann aber eine Frist bestimmen, in der der Arrestanspruch gerichtlich geltend gemacht und der volle Nachweis des Rechtsmißbrauchs geführt werden muß.

324 An die nach § 920 Abs 2 ZPO erforderliche Glaubhaftmachung sind mit Rücksicht auf den Ausnahmecharakter des Einwandes des Rechtsmißbrauchs und die Funktion der Garantie (zur Zahlung auf erstes Anfordern), dem Berechtigten eine rasch verwertbare Sicherheit zu gewähren, strenge Ansprüche zu stellen. Zu dieser Frage auch unten Rn 340 ff.

325 bb) Eine **einstweilige Verfügung** gegen die garantierende Bank ist der alternative und von der Praxis bevorzugte Weg, die Auszahlung einer rechtsmißbräuchlich in Anspruch genommenen Garantie zu verhindern; dazu unten Rn 336 ff.

11. Das Deckungsverhältnis Garant-Auftraggeber (Bank-Kunde)

a) Geschäftsbesorgungsvertrag

326 Der Garantieauftrag des Bankkunden an seine Bank begründet bei Annahme einen Geschäftsbesorgungsvertrag iS §§ 631, 675, der die Bank verpflichtet, entweder selbst eine Garantieverpflichtung gegenüber dem Begünstigten, meist dem Vertragspartner des Garantieauftraggebers (im Valutaverhältnis) zu übernehmen (direkte Garantie) oder eine andere (zB ausländische) Bank mit der Übernahme der Garantie zu beauftragen (indirekte Garantie). Die Bank muß die Garantie in genauer Übereinstimmung mit dem Inhalt des Garantieauftrags und der ggf vertraglich vorgesehenen ergänzenden Weisungen des Kunden stellen. Es gilt der Grundsatz der Garantieauftragsstrenge (CANARIS, Bankvertragsrecht Rn 1107; NIELSEN, Bankgarantien 67; GRAF vWESTPHALEN, Bankgarantie 226; HEYMANN/HORN, HGB Anh § 372 Bankgeschäfte V Rn 26). Im Rahmen der bestehenden vertraglichen Weisungen hat die Bank einen gewissen Ermessensspielraum. Einen unklaren Garantieauftrag muß die Bank zurückweisen (NIELSEN, Bankgarantien 68). Die Bank hat keine allgemeine Beratungspflicht hinsichtlich der geschäftlichen Zweckmäßigkeit der Garantiestellung oder der allgemeinen Risiken des gesicherten Geschäfts (NIELSEN, Bankgarantien 67). Sie muß den Kunden aufgrund eines erkennbaren Erfahrungsvorsprungs oder eines besonderen Kenntnisvorsprungs im Fall auf besondere Gefahren aufmerksam machen. Erforderlichenfalls muß sie den Kunden auch mit dem besonderen Risiko der Verpflichtungsform zur Zahlung auf erstes Anfordern vertraut machen.

327 Der Garantieauftraggeber (Kunde) verpflichtet sich gegenüber der Bank zur Zahlung einer Avalprovision als Gegenleistung iS §§ 675, 631 Abs 1; dieses Entgelt setzt sich meist aus einer Gebühr für die Ausfertigung der Garantieurkunde und im übrigen aus einem zeitproportionalen Entgelt für die Laufzeit der Garantie zusammen. Fraglich ist, ob auch nach Ablauf der Garantiefrist die Avalprovision verlangt werden kann, falls die Garantieurkunde nicht zurückgegeben wird. Dies ist nur dann gerechtfertigt, wenn die ernstliche Möglichkeit einer Inanspruchnahme der Bank aus der Urkunde noch besteht.

328 Der Garantieauftraggeber ist ferner zum Aufwendungsersatz gem § 670 für den Fall

verpflichtet, daß die Bank aus der Garantie in Anspruch genommen wird. Einen Vorschuß gem § 669 kann die Bank üblicherweise nicht verlangen (GRAF vWESTPHALEN, Bankgarantie 368; NIELSEN, Bankgarantien 73; CANARIS, Bankvertragsrecht Rn 1113; HEYMANN/HORN HGB Anh § 372 Bankgeschäfte V Rn 36). Sie kann dies allerdings bei berechtigter Inanspruchnahme verlangen und ist dann auch ggf berechtigt, den Gegenwert des Garantiebetrags dem Konto des Kunden zu belasten. Hat die Bank gezahlt, so steht ihr neben dem Aufwendungsersatzanspruch gem § 670 regelmäßig nicht auch (im Fall der Forderungsgarantie) die gesicherte Forderung zu, wenn diese ihr nicht besonders übertragen wurde (aA CANARIS, Bankvertragsrecht Rn 1112 mN; vgl auch oben Rn 225 ff).

Der Aufwendungsersatzanspruch der Bank gem § 670 besteht nur, wenn die Bank **329** die Aufwendungen für erforderlich halten durfte. An dieser Erforderlichkeit fehlt es, wenn die Bank sich nicht an die vertragsgemäßen Weisungen des Kunden gehalten hat, falls nicht die Abweichung davon unbedeutend und dem Kunden unschädlich war, und wenn sie allgemein ihre Interessenwahrungspflicht gegenüber dem Kunden verletzt hat.

b) Interessenwahrungspflicht der Bank
Durch den Garantieauftrag als Geschäftsbesorgungsvertrag wird eine Interessen- **330** wahrungspflicht der Bank begründet, die allgemein für ihr Verhältnis zum Bankkunden kennzeichnend ist. Aus dieser Pflicht folgt einmal die weisungsgemäße und interessenwahrende Art der Übernahme der Bankgarantie. Die Bank ist insbesondere nicht berechtigt, eine im Geschäftsbesorgungsvertrag mit dem Kunden nicht vorgesehene, risikoreichere Verpflichtungsform zu wählen, zB eine Garantie zur Zahlung auf erstes Anfordern, wenn dies nicht vereinbart war. Insbesondere konnte sie ein solches Recht auch nicht aus Nr 13 AGB-Banken aF (vor dem 1.1.1993) herleiten, wonach die Bank berechtigt ist, bei erster Anforderung an den Garantiegläubiger zu zahlen.

Im Fall der Inanspruchnahme aus der Garantie muß die Bank entsprechend ihrer **331** Interessenwahrungspflicht prüfen, ob der Garantiefall eingetreten ist (PLEYER WM-Sonderbeilage Nr 2/1973, 12 f, 18; HORN NJW 1980, 2157; CANARIS, Bankvertragsrecht Rn 1108). Diese **Prüfungspflicht** ist deutlicher ausgeprägt, wenn die Garantieverpflichtung zB durch eine Effektivklausel (oben Rn 236 f) an weitere Voraussetzungen geknüpft ist. Die Bank muß auch bei allen Zweifelsfällen beim Kunden nachfragen (PLEYER WM-Sonderbeilage Nr 2/1973, 13, 18; HORN NJW 1980, 2156 ff). Diese Pflicht zur Rückfrage beim Kunden als Garantieauftraggeber ist vor allem bei Verdachtsmomenten, daß ein Rechtsmißbrauch vorliegen könnte, von der Rechtsprechung anerkannt worden (vgl zB LG Dortmund WM 1981, 280; LG Frankfurt/M NJW 1981, 56; LG Braunschweig IPRax 1981, 168).

Der Garant (Bank) hat aber unabhängig von seiner eigenen Prüfungspflicht (und der **332** damit ggf verknüpften Pflicht zu gezielten Rückfragen) allgemein eine **Benachrichtigungspflicht** gegenüber dem Kunden, wenn er aus der Garantie in Anspruch genommen wird und auszahlen will, um dem Kunden Gelegenheit zur Stellungnahme zu geben (BGH ZIP 1985, 1380, 1384 f betr Bürgschaft auf erstes Anfordern; zust HORN EWiR 1985, 973; im gleichen Sinn für die Garantie HEYMANN/HORN, HGB Bd 4 Anh § 372 BankGesch V Rn 31; PLEYER WM Beil 1973/2, 12 f, 19 Fn 127; SCHLEGELBERGER/HEFERMEHL Rn 286; GRAF vWESTPHA-

LEN, Bankgarantie [2. Aufl 1990] 353; NIELSEN BuB 5/155; CANARIS, Bankvertragsrecht [3. Aufl 1988] Rn 1110; NIELSEN Bankgarantien 69 f; zweifelnd ZAHN/EBERDING/EHRLICH Rn 9/82; abl LIESECKE WM 1968, 22, 28). Diese Benachrichtigungspflicht ist heute auch in Art 21 ERAG der IntHK (oben Rn 295) anerkannt. Da vor allem im Außenwirtschaftsverkehr das Risiko einer mißbräuchlichen Inanspruchnahme aber niemals ausgeschlossen werden kann, muß man nach dem heutigen Erfahrungsstand generell eine Pflicht der Bank annehmen, bei Inanspruchnahme aus der Garantie den Garantieauftraggeber sofort zu informieren und ihm Gelegenheit zu geben, etwa vorhandene Einwendungen vorzubringen (BGH ZIP 1985, 1380, 1385 betr Bürgschaft).

333 Die Bank als Garantin ist aufgrund des Geschäftsbesorgungsauftrags mit ihrem Kunden als dem Garantieauftraggeber verpflichtet, die Garantie nicht auszuzahlen, wenn ihr eine Einwendung gegen den Garantieanspruch zur Verfügung steht, zB die Einwendung des Rechtsmißbrauchs, des Fristablaufs oder anderer Art (BGH WM 1984, 689 f; 1986, 1429 betr Rechtsmißbrauch; OLG Hamburg AWD 1978, 615; OLG Stuttgart WM 1979, 733; OLG Saarbrücken WM 1981, 275; OLG Frankfurt/M WM 1983, 575, 576; OLG Köln WM 1988, 21; HEYMANN/HORN, HGB Anh § 372 BankGesch V Rn 32; HORN IPRax 1981, 150; GRAF vWESTPHALEN, Bankgarantie 158, 221, 240). Insbesondere war die Bank auch durch Nr 13 AGB-Banken aF (vor dem 1. 1. 1993), wonach sie auf erstes Anfordern an den Garanten zahlen darf, nicht von der Pflicht entbunden, liquide Einreden und Einwendungen gegen den Garantieanspruch geltend zu machen (BGH ZIP 1985, 1380 = WM 1985, 1387).

334 Ein Anspruch des Garantieauftraggebers (Bankkunden) gegen die Bank als Garanten zu verlangen, daß diese im Fall einer mißbräuchlichen Inanspruchnahme die Auszahlung des Garantiebetrages unterlasse, wird von einem Teil der Judikatur verneint. Dazu wird angeführt, die Garantie sei eine eigene Verpflichtung der Bank, über deren Erfüllung sie selbst allein zu befinden habe. Es gebe gute Gründe für die Bank, auch bei Gefahr eines Mißbrauchs auszuzahlen, um ihr geschäftliches Ansehen (vor allem im Ausland) zu wahren. Dem Bankkunden als dem Garantieauftraggeber entstehe dadurch auch kein Schaden, weil er in einem solchen Fall gegenüber der Bank als dem Garanten zu einem Aufwendungsersatz nicht verpflichtet sei (OLG Frankfurt/M NJW 1981, 1914 und WM 1988, 1480 = NJW-RR 1987, 1264; OLG Stuttgart NJW 1981, 1913 = ZIP 1981, 497 = WM 1981, 631; OLG Köln WM 1991, 1751). Diese Argumente überzeugen nicht. Es ist eine praxisferne Vorstellung, daß die Banken auch bei erkennbarem Mißbrauch nur zur Wahrung ihres geschäftlichen Ansehens bedeutende Garantiesummen zu zahlen bereit seien, wenn sie keine Aussicht hätten, diese vom Kunden zurückzuerhalten. In der Praxis zahlt die Bank ohnehin nur aus, wenn sofortige Deckung seitens des Kunden in Gestalt eines Guthabens oder einer Kreditlinie bereitsteht. Schon durch die Auszahlung hat der Kunde einen Nachteil, nämlich den Verlust der entsprechenden Liquidität. Hat die Bank trotz Hinweises auf den Mißbrauch ausgezahlt, so wird sie in jedem Fall auf Deckung bestehen und es wird ein langwieriger Streit darüber entbrennen, ob zum Zeitpunkt der Auszahlung durch die Bank der Mißbrauch hinreichend erkennbar vom Kunden dargelegt war oder nicht und ob der Bank ein Vorwurf zu machen sei oder ob sie gleichwohl Aufwendungsersatz verlangen könne. Diese Streitfrage wird durch gerichtliche Eilentscheidung vermieden (iF Rn 336 ff). Die Gegenmeinung verkennt schließlich grundsätzlich den Geschäftsbesorgungscharakter des Avalgeschäfts und die daraus folgende Interes-

senwahrungspflicht der Bank gegenüber dem Kunden (allg HEYMANN/HORN, HGB Anh § 372 BankGesch V Rn 28, 32).

Die Pflicht der Bank zur Erhebung von Einreden und Einwendungen, insbesondere 335 der Einwendung des Rechtsmißbrauchs, endet dort, wo sie diese Einwendungen nicht beweisen kann (BGH ZIP 1985, 1380 = WM 1985, 1387; HORN NJW 1980, 2157; LG Köln ZIP 1982, 433). Häufig kann in der Kürze der Prüfungszeit nach Inanspruchnahme nicht sicher entschieden werden, ob die Beweise für eine Einwendung, zB für einen Rechtsmißbrauch, ausreichen. Die Bank ist dann verpflichtet, diese Einwendungen zu erheben, wenn die Beweislage aussichtsreich erscheint und erwartet werden kann, daß der Garantieauftraggeber die Beweise wird beibringen können. In diesem Fall muß die Bank im Interesse des Kunden ihr Bestes versuchen (HORN NJW 1980, 2157). Der Kunde ist seinerseits verpflichtet, der Bank alle ihm erreichbaren Beweismittel zur Verfügung zu stellen.

c) **Einstweilige Verfügung gegen die Bank**
aa) **Problem und Interessenlage**
Bei rechtsmißbräuchlicher Inanspruchnahme der Garantie (insbesondere auf erstes 336 Anfordern) kann der Garantieauftraggeber, den regelmäßig letztlich der Schaden aus der ungerechtfertigten Inanspruchnahme als Aufwendungsersatz trifft, versuchen, die Auszahlung durch die Bank im Wege der einstweiligen Verfügung zu verhindern; zur Alternative eines Arrestes in den Garantieanspruch oben Rn 321 ff. Grundsätzlich betrachten die Banken die Geltendmachung des Einwandes des Rechtsmißbrauchs als eine Belastung ihres Geschäftsverkehrs und mögliche Gefährdung ihres geschäftlichen Ansehens, weil das Vertrauen in eine von ihnen gestellte Garantie vermindert werden kann. Ist der Einwand aber unabweisbar, so ist die eigene Geltendmachung dieses Einwandes durch die garantierende Bank (Erstbank) gegenüber der ausländischen Zweitbank oder dem ausländischen Garantieberechtigten nicht immer einfach. Auch für die Erstbank ist dann eine gerichtliche Untersagung der Auszahlung im Wege der einstweiligen Verfügung die relativ weniger problematische Lösung. Die zeitweilig von bestimmten Importländern verlangte Vertragsklausel, daß sich der Garantieauftraggeber verpflichtet, keine einstweilige Verfügung zu erwirken und den Garanten verpflichtet, eine solche nicht zu beachten (sog Libyen-Klausel), ist wegen Verstoßes gegen den deutschen ordre public gem Art 6 EGBGB unwirksam. Zulässigkeit und Voraussetzungen der einstweiligen Verfügung gegen die Bank in solchen Fällen, insbesondere bei mißbräuchlicher Inanspruchnahme der Garantie sind im Grundsatz und im Detail umstritten.

bb) **Verfügungsanspruch**
Verfügungsanspruch ist der Anspruch des Garantieauftraggebers aus Geschäftsbe- 337 sorgungsvertrag gegen die Bank, bei mißbräuchlicher Inanspruchnahme der Garantie die Auszahlung zu unterlassen (OLG Hamburg AWD 1978, 615 und die übrigen Nachweise oben Rn 333 ff; offenlassend OLG Bremen WM 1990, 1369). Dieser Anspruch ist geeignete Grundlage einer einstweiligen Verfügung (OLG Frankfurt/M ZIP 1983, 556 = WM 1983, 575; OLG Saarbrücken RiW 1981, 338 = WM 1981, 275; OLG Köln WM 1988, 21; LG Frankfurt/M NJW 1981, 56 = WM 1981, 284 = IPRax 1981, 165; LG Dortmund WM 1981, 280; LG Braunschweig WM 1981, 278 = IPrax 1981, 168; HORN IPrax 1981, 150, 153; GRAF vWESTPHALEN, Bankgarantie 266, 269, 276). Die Möglichkeit der einstweiligen Verfügung wird zum Teil auch verneint, teils mit der Behauptung, daß es an dem in §§ 935, 940 ZPO voraus-

gesetzten Rechtsverhältnis fehle, oder weil eine solche Eilmaßnahme deshalb unzulässig sei, weil sie in ein Rechtsverhältnis mit einem Dritten (der Erstbank mit der Zweitbank oder der Bank mit dem Garantieberechtigten) hineinwirken würde (OLG Stuttgart ZIP 1981, 497; OLG Frankfurt/M WM 1988, 1480; OLG Köln WM 1991, 1751, 1752; LG Stuttgart WM 1981, 633; LG Dortmund WM 1988, 1695; vCAEMMERER, in: FS Otto Riese [1964] 304). Diese Auffassung ist aus den oa Gründen abzulehnen.

cc) Die Einschaltung einer zweiten Bank

338 Die bei der indirekten Garantie, aber auch bei der bestätigten Garantie übliche Einschaltung einer zweiten Bank führt zur Frage, ob auch gegen diese eine einstweilige Verfügung beantragt werden kann. Hier fehlt es regelmäßig an einem vertraglichen Verfügungsanspruch des Garantieauftraggebers, weil dieser in keine direkte vertragliche Beziehung mit der Zweitbank getreten ist. Zwar läßt sich nach deutschem Recht auch dem Geschäftsbesorgungsvertrag zwischen der Erstbank und der Zweitbank eine Schutzpflicht der Zweitbank zugunsten des Kunden der Erstbank (Garantieauftraggebers) entnehmen. Aber praktische Bedeutung hat dies nur, wenn die Zweitbank sich im Inland befindet. Dagegen kommt ein deliktischer Unterlassungsanspruch auf Unterlassung einer sittenwidrigen Vermögensschädigung (§ 826) als Verfügungsanspruch in Betracht.

339 Dagegen besteht auch bei der indirekten Garantie oder einer sonstigen Einschaltung einer zweiten Bank eine Pflicht der erstbeauftragten Bank, bei Rechtsmißbrauch oder sonstiger unbegründeter Inanspruchnahme den Garantieanspruch zurückzuweisen. Die dabei auftretenden tatsächlichen Schwierigkeiten beeinflussen den Anspruch des Garantieauftraggebers gegen seine inländische Bank (Erstbank) nur insoweit, als deren Pflicht zur Abwehr des Garantieanspruchs endet, wo keine materiell begründeten und zugleich beweisbaren Einwendungen zur Verfügung stehen. Mit diesem Vorbehalt ist die einstweilige Verfügung gegen die inländische Erstbank auch bei indirekter Garantie oder sonstiger Einschaltung einer zweiten Bank möglich; der Verfügungsanspruch ist der gleiche (Einzelheiten s HORN, Bürgschaften und Garantien 132 f).

dd) Glaubhaftmachung

340 Die für die gerichtliche Eilverfügung gem §§ 935, 940 ZPO nach § 920 ZPO erforderliche Glaubhaftmachung muß insbes beim Einwand eines Rechtsmißbrauchs als eines außerordentlichen Rechtsbehelfs besonders sorgfältig geprüft werden (HORN IPRax 1981, 153; HEIN NJW 1981, 58). Denn nur ein offensichtlicher, beweisbarer Einwand des Rechtsmißbrauchs kann den auf rasche Durchsetzbarkeit ausgerichteten Garantieanspruch ausschließen. Daher wird teilweise auch voller Nachweis des Rechtsmißbrauchs und zwar auch des Schädigungsvorsatzes im gerichtlichen Eilverfahren gefordert (GRAF vWESTPHALEN, Bankgarantie [1982] 168, 270, ders nunmehr einschränkend [2. Aufl 1989] 191). Diese Auffassung ist vom Gesetz (§ 920 Abs 2 ZPO) nicht gedeckt. Die Rechtsprechung verwendet häufig die Formel, daß eine liquide Beweisbarkeit gegeben sein müsse (OLG Frankfurt ZIP 1983, 556 = WM 1983, 575, 576; OLG Saarbrücken RIW 1981, 338). Diese Formel ist gesetzeskonform dahin zu deuten, daß es beim Erfordernis der Glaubhaftmachung iS ZPO bleibt, dieses Erfordernis aber streng zu handhaben ist. Ein Vollbeweis kann dagegen nicht verlangt werden. Dies bedeutet, daß der Anspruch des Garantieauftraggebers gegen seine Bank auf Nichtauszahlung nur bestehen kann, soweit die Bank diesen Einwand im Außenverhältnis

dartun und beweisen kann (oben Rn 333, 335). Diese Beweisbarkeit im Außenverhältnis (Garant-Garantieberechtigter; oder Erstbank-Zweitbank) ist daher Voraussetzung des materiellen Unterlassungsanspruchs im Innenverhältnis zwischen Garantieauftraggeber und garantierender Bank. Die Beweisbarkeit muß freilich im Augenblick des Antrags auf Eilverfügung noch nicht vorliegen. Diese Beweisbarkeit muß aber ihrerseits glaubhaft gemacht sein, dh der Antragsteller muß glaubhaft machen, daß er diese Beweise entweder hat oder rasch beschaffen kann und er muß einen Anfang dieses Beweises machen (HORN IPRax 1981, 153; zu eng OLG Köln WM 1988, 21: Der Mißbrauch muß offenkundig oder durch Urkunde beweisbar sein).

Die Glaubhaftmachung muß sich primär auf das Nichtbestehen des gesicherten **341** Anspruchs (aus dem Valutaverhältnis) richten, aber auch auf die übrigen Merkmale des Mißbrauchs. Solche Anhaltspunkte ergeben sich häufig aus dem Verhalten des Garantieberechtigten nach Vertragsschluß, insbesondere im Zusammenhang mit der Inanspruchnahme der Garantie. Hat der Garantieberechtigte etwa zuvor die Verlängerung der Garantie mit der Drohung erzwungen, sie anderenfalls in Anspruch zu nehmen, ist dies ein Indiz für seine Bereitschaft, notfalls auch ohne Eintritt des materiellen Garantiefalles aus der Garantie vorzugehen. Es handelt sich freilich nur um ein Indiz (LG Frankfurt NJW 1981, 56). Dieses Indiz kann zB dadurch widerlegt werden, daß es anerkennenswerte Gründe für das Verlangen nach einer Garantiefrist gab, zB wenn wegen tatsächlicher Unklarheiten geschäftliche Verhandlungen über die Anpassung des Vertrages im Grundverhältnis nach Treu und Glauben geführt werden.

Ein Rechtsmißbrauch zB einer Erfüllungsgarantie ist glaubhaft gemacht, wenn die **342** vollständige Erfüllung des Vertrages glaubhaft gemacht ist. Dafür forderte allerdings das OLG Frankfurt ein autorisiertes Verzeichnis der Liefergegenstände und damit übereinstimmende Frachtpapiere; Erklärungen, bei denen die unterzeichnende Person und das Datum Zweifel erwecken, ließ es nicht gelten (ZIP 1983, 556 = WM 1983, 575). In einem vom LG Braunschweig zu entscheidenen Fall hatte der deutsche Exporteur die vollständige Lieferung einer Anlage glaubhaft gemacht, ebenso die Verzögerung durch Verhalten des Bestellers und dessen Verantwortlichkeit dafür, daß kein Probelauf der Anlage möglich war. Die Drohung mit der Inanspruchnahme der Garantie wurde als zusätzliches Indiz gesehen (IPRax 1981, 168). Das LG Frankfurt hatte die Garantie für einen Liefervertrag über 100 Maschinen zur Lieferung „ex works" zu beurteilen; die Lieferung von 97 Maschinen war nachgewiesen, die Nichtabholung des Restes ebenso. Der Besteller ging dazu über, ständig Fristverlängerung oder Zahlung zu verlangen. Die einstweilige Verfügung wurde zuerkannt (NJW 1981, 56 = IPRax 1981, 165).

Ein drohender Schaden des Garantieauftraggebers (des deutschen Exporteurs) als **343** **Verfügungsgrund** kann nicht deshalb verneint werden, weil die Bank bei einer nicht berechtigten Auszahlung keinen Rückgriffsanspruch gegen ihn hätte (so aber OLG Köln WM 1991, 1751 und die oben Rn 334 zit Rspr). Denn in zahlreichen Fällen einer Auszahlung auf eine ungerechtfertigte Inanspruchnahme der Garantie hin hat die Bank gleichwohl den Aufwendungsersatzanspruch, wenn ihr nicht zumindest grobe Fahrlässigkeit zur Last fällt (oben Rn 329 u 335). Außerdem genügt die Gefahr eines Rechtsstreits über den Erstattungsanspruch mit der Bank und die Möglichkeit, daß die Bank im Falle der Auszahlung jedenfalls eine Belastungsbuchung bei ihm vornimmt (aA OLG Stuttgart ZIP 1981, 497; nicht überzeugend).

344 Das Verfahren der einstweiligen Verfügung dient nur der einstweiligen Regelung; der Garantieauftraggeber muß sich daher um eine Klärung seiner Rechte, insbesondere den Nachweis der Begründetheit seines Einwandes des Rechtsmißbrauchs, bemühen; unterläßt er dies, so riskiert er die spätere Aufhebung der einstweiligen Verfügung (LG Braunschweig IPRax 1981, 168 = WM 1981, 278).

12. Rückabwicklung bei ungerechtfertigter Inanspruchnahme

345 Ist die Zahlung der Garantiesumme an den Garantiegläubiger erfolgt, ohne daß dieser die Zahlung verlangen konnte, so kommen Rückzahlungs- und Schadensersatzansprüche entweder des Garanten (zB der Bank) oder des Garantieauftraggebers (zB des Bankkunden) in Betracht. Dabei ist nach der Art der mangelnden Berechtigung des Garantiegläubigers zu unterscheiden (zum Ganzen HORN, Der Rückforderungsanspruch des Garanten wegen unberechtigter Inanspruchnahme, in: FS Brandner [1996] 623 ff).

a) Mängel des Garantieanspruchs

346 Bestand kein gültiger Garantieanspruch und hat der Garant gleichwohl gezahlt, so hat er grundsätzlich den Leistungskondiktionsanspruch gem § 812 Abs 1 S 1 1. Alt gegen den Empfänger (CANARIS, Bankvertragsrecht Rn 1145; HADDING/HÄUSER/WELTER, Bürgschaft und Garantie. BMJ-Gutachten 727). Denn der Garant leistet auf den Garantieanspruch. Am Rechtsgrund fehlt es daher, wenn entweder der Garantieanspruch überhaupt nicht besteht oder nach seinem Inhalt die Leistung nicht in dem Umfang, zu der Zeit oder an den Empfänger geschuldet war, wie sie tatsächlich erbracht wurde. Grundsätzlich müssen alle im Garantievertrag vorgeschriebenen materiellen und formellen Voraussetzungen für die Inanspruchnahme des Garanten gegeben sein: wirksame Begründung und Fortbestand des Garantieanspruchs (der meist befristet ist), Abgabe der erforderlichen Erklärungen in der vorgeschriebenen Form, und Erfüllung sonstiger ggf vereinbarter Bedingungen. Insbesondere muß der Garantiefall eingetreten sein, dh das in der Garantie (eng oder weit) definierte Risiko muß sich verwirklicht haben (materieller Garantiefall; vgl BGHZ 90, 287, 291 und oben Rn 210 ff).

347 Allerdings genügt es bei der Garantie auf erstes Anfordern, daß eine bestimmte Anforderung erklärt worden ist (formeller Garantiefall), um die Zahlung auszulösen und notfalls vor Gericht durchzusetzen. Stellt sich nach Zahlung heraus, daß in dieser formellen Anforderung ein nur geringfügiger (formeller) Mangel vorlag, so muß der Garantieberechtigte die empfangene Garantiesumme nicht zurückzahlen. Denn es kommt dann auf den materiellen Garantiefall an: ist dieser eingetreten (wie in der Garantie definiert), so hat der Empfänger aus dem rechtswirksamen Garantieanspruch eine causa, den Garantiebetrag zu behalten. War umgekehrt nur der formelle Garantiefall gegeben (formal vertragsgerechte Anforderung), ohne daß der materielle Garantiefall eingetreten ist, muß der Empfänger dagegen zurückzahlen (HORN, in: FS Brandner [1996] 623 ff). Der Garantieberechtigte als Gläubiger muß im Zweifel beweisen, daß der materielle Garantiefall eingetreten war und fortbesteht.

Eine Rückzahlungspflicht besteht auch, wenn der materielle Garantiefall später weg- **348** fällt, zB weil bei einer Forderungsgarantie der Schuldner der durch Garantie gesicherten Forderung doch noch zahlt, oder aus anderen Gründen (BGH WM 1961, 204; WM 1984, 631; ERMAN/SEILER Vor § 765 Rn 27). Ein Rückzahlungsanspruch des Garanten kann auch aus Zweck und Inhalt der Garantie folgen, zB wenn diese nur den Ausfall abdecken soll, den der Garantieberechtigte bei der Verwertung anderer, vorrangiger Sicherheiten (zB Hypotheken) erleidet (zur Ausfallgarantie HORN, in: FS Brandner [1996] 623 ff).

Der Rückforderungsanspruch ist gem § 814 ausgeschlossen, wenn der Garant in **349** Kenntnis eines Mangels des Garantieanspruchs zahlt, zB um sein eigenes geschäftliches Ansehen zu wahren oder für einen anderen Schuldner einzutreten. § 814 kann aber im praktisch häufigsten Fall, daß der Garant aus einer Garantie zur Zahlung auf erstes Anfordern in Anspruch genommen wird, gerade nicht gelten. Denn hier hat sich der Garant zur Zahlung auf Anfordern ohne Recht zur Nachprüfung des materiellen Garantiefalles verpflichtet. Er muß der Anforderung auch dann nachkommen, wenn er Zweifel an der materiellen Berechtigung hat, falls er nicht Beweise für seine rechtsmißbräuchliche Inspruchnahme in Händen hat.

Hatte der Empfänger den Garantiebetrag, den er vom Garanten empfangen hat, **350** zwar nicht vom Garanten zu fordern, stand ihm dieser Betrag aber im Rahmen seines Vertrages mit dem Garantieauftraggeber (Valutaverhältnis) zu, so fragt sich, ob dies eine ausreichende causa gegenüber dem Garanten darstellt, die den Kondiktionsanspruch ausschließt. Dies ist zu verneinen. Denn der Garant leistet auf die eigene Garantieverpflichtung und nicht bloß auf Anweisung des Garantieauftraggebers; anders als in Fällen der Anweisung bleibt es beim Kondiktionsanspruch des Garanten (zutr HADDING/HÄUSER/WELTER, Bürgschaft und Garantie. BMJ-Gutachten 728).

Hatte der Garant unberechtigt die Zahlung des Garantiebetrags durch formell kor- **351** rekte Zahlungsanforderung (insbesondere bei einer Garantie zur Zahlung auf erstes Anfordern) erlangt, wußte er aber oder verkannte er grob fahrlässig, daß der materielle Garantiefall nicht eingetreten war oder der Garant ihm aus anderen Gründen nicht haftete, so tritt neben den Rückforderungsanspruch ein Schadensersatzanspruch des Garanten gegen den Empfänger aus § 826 (oben Rn 310 ff, 338).

b) Mängel im Valutaverhältnis
Hat der Garantiegläubiger aufgrund wirksamen Garantievertrages die Zahlung vom **352** Garanten formell ordnungsgemäß eingefordert (formeller Garantiefall) und erhalten, hatte er aber die Zahlung nicht zu beanspruchen, weil sich das durch die Garantie gedeckte Risiko nicht verwirklicht hatte (kein materieller Garantiefall), zB weil sein Leistungsanspruch aufgrund seines Vertrages mit dem Garantieauftraggeber (Valutaverhältnis, zB Liefervertrag) in Wirklichkeit vertragsgemäß erfüllt war, so kann der Garantieauftraggeber die Garantiesumme vom Empfänger einfordern und Schadensersatz fordern. Der Schaden des Garantieauftraggebers besteht darin, daß er vom Garanten, der auf die Garantie gezahlt hat, ohne den Mangel der Berechtigung zu erkennen oder ohne die Inanspruchnahme abwehren zu können, auf Ersatz des gezahlten Garantiebetrages gem § 670 in Anspruch genommen wird. Der Garantieauftraggeber hat einen Schadensersatzanspruch wegen positiver Verletzung der im Valutaverhältnis bestehenden Sicherungsabrede (die zB mit dem Liefer-

vertrag als Klausel verbunden ist und die Bestellung der Garantie und deren Sicherungszweck festlegt), weil der Garantiegläubiger danach zur Einforderung der Garantiesumme nicht berechtigt war (PLEYER WM-Sonderbeilage Nr 2/1973, 18; HADDING/HÄUSER/WELTER, Bürgschaft und Garantie. BMJ-Gutachten 729).

353 Umstritten ist es, ob daneben auch ein Bereicherungsanspruch gegeben ist (abl PLEYER WM-Sonderbeilage Nr 2/1973, 19 Fn 128; HADDING/HÄUSER/WELTER, Bürgschaft und Garantie. BMJ-Gutachten 729). Eine Leistungskondiktion iS § 812 Abs 1 S 1 1. Alt scheidet deshalb aus, weil die Zahlung der Garantiesumme die Leistung des Garanten auf seine eigene (gültige) Verpflichtung ist und nicht gleichzeitig kondiktionsrechtlich auch als Leistung des Garantieauftraggebers bewertet werden kann. In Betracht kommt aber eine Eingriffskondiktion gem § 812 Abs 1 S 1 2. Alt, weil der Garantiegläubiger durch die Ziehung der Garantie sich „auf sonstige Weise ... auf Kosten" des Garantieauftraggebers als seines Vertragspartners im Valutaverhältnis bereichert hat. Die Verletzung der Pflichten des Garantiegläubigers im Valutaverhältnis (insbesondere der Sicherungsabrede) durch die materiell ungerechtfertigte Inanspruchnahme ist ein Eingriff iS des Kondiktionsrechts. Der Garantiegläubiger ist auch auf Kosten des Garantieauftraggebers bereichert, weil dieser im Deckungsverhältnis zum Garanten gem § 670 für die Garantiesumme aufkommen muß. Diese Bereicherung erfolgte ohne Rechtsgrund im Verhältnis zum Garantieauftraggeber, weil der Empfänger im Valutaverhältnis die Garantiesumme nicht zu beanspruchen hatte (anders als im Verhältnis zum Garanten, wo der gültige Garantievertrag die causa für die Leistung bildet).

354 Der Garantieauftraggeber kann schließlich auch einen deliktischen Schadensersatzanspruch wegen sittenwidriger Schädigung durch den Garantiegläubiger gem § 826 haben, wenn dieser zumindest grob fahrlässig in bezug auf seine mangelnde materielle Berechtigung handelte (Fall des Rechtsmißbrauchs; Rn 310 ff, 358 ff).

355 Hat zunächst der Garant auf die Garantie gezahlt und dann der Garantieauftraggeber die durch die Garantie gesicherte Leistung doch noch erbracht, so ist grundsätzlich ein Bereicherungsanspruch des Garanten gegeben (SCHLEGELBERGER/HEFERMEHL, HGB Anh § 365 Rn 299: condictio ob causam finitam gem § 812 Abs 1 S 2; krit dazu GRAF v WESTPHALEN, Bankgarantie 221; CANARIS, Bankvertragsrecht Rn 1143: § 816 Abs 2). Auch hier bleibt es aber in der Regel dabei, daß der Bereicherungsanspruch dem Garantieauftraggeber (zB Exporteur/Unternehmer) zusteht. Zunächst ist hier zu beachten, daß meist die Leistung (des Unternehmers/Exporteurs) im Valutaverhältnis (Liefervertrag) nicht inhaltlich mit der Garantieleistung gleich ist; letztere ist eine Geldleistung, während erstere oft eine Sachleistung (zB Lieferung einer technischen Anlage) ist. Wird diese Lieferung erst nach Garantiezahlung erbracht, so kann es durchaus so betrachtet werden, daß der Garantiegläubiger noch die ihm im Valutaverhältnis geschuldete und bisher nicht erbrachte Leistung erhält; anders ist es nach längerem Zeitablauf, Ersatzbeschaffung und ähnlichen Umständen. Zurückzuerstatten ist daher die Garantiesumme, soweit sie nicht zu Recht teilweise für Verzögerungsschaden einbehalten wird. Anspruchsberechtigter ist wiederum regelmäßig aus den oa Gründen der Garantieauftraggeber (Exporteur/Unternehmer), der vom Garanten (Bank) zu Recht auf Erstattung der gezahlten Garantiesumme in Anspruch genommen werden kann.

Im Ergebnis läßt sich als Grundregel festhalten, daß die vertraglichen und gesetz- **356** lichen Ansprüche in den Fällen, in denen die Mängel allein im Valutaverhältnis liegen, dem Garantieauftraggeber zustehen. Dies erscheint auch folgerichtig, weil dieser der Vertragspartner des Garantiegläubigers im Valutaverhältnis ist. Eine wichtige generelle Einschränkung dieser Regel ergibt sich in allen Fällen, in denen nach dem Inhalt des Garantievertrags eine enge Bindung des Garantieanspruchs an den materiellen Garantiefall hergestellt ist. Dies trifft dort zu, wo nicht die strenge Verpflichtungsform zur Zahlung auf erstes Anfordern gewählt ist, sondern zB dokumentäre Nachweise über den Eintritt des materiellen Garantiefalles gefordert werden oder gar ein Schiedsurteil über den Bestand des durch die Garantie gesicherten Anspruchs (oben Rn 239). Bei Fehlen dieser Voraussetzungen ist der Garantieanspruch nicht gegeben und der Garant kann dies bei Inanspruchnahme einwenden. Hat er gezahlt, so kann er die Leistung selbst als rechtsgrundlos zurückfordern. Anders nur, wenn er in Kenntnis dieser Mängel geleistet hat, so daß seinem Kondiktionsanspruch § 814 entgegensteht. Der Garant hat bei rechtsgrundloser Zahlung in diesen Fällen auch keinen Aufwendungsersatzanspruch gegen den Garantieauftraggeber; dieser ist nicht bereichert und hat auch dem Garanten keinen Schaden zugefügt.

Die Möglichkeit eines direkten Rückforderungsanspruchs des Garanten wird noch **357** für eine andere Fallgruppe erörtert. Hat nämlich der Garant bei Vorliegen des formellen Garantiefalles gezahlt, ohne daß der materielle Garantiefall gegeben war, und ist anschließend der Garantieauftraggeber in Konkurs gefallen, so wird nach Mitteln und Wegen gefragt, dem Garanten dieses Insolvenzrisiko dadurch abzunehmen, daß man ihm einen direkten Rückforderungsanspruch auf die unberechtigt empfangene Garantiesumme gegen den Garantiegläubiger gewährt (vMARSCHALL, Dokumentenakkreditive und Bankgarantien 40; CANARIS, Bankvertragsrecht Rn 1147). Ein solcher direkter Anspruch ist aber nur unter den oa Voraussetzungen anzuerkennen, daß schon gegen den Garantieanspruch selbst die Einwendung des Nichteintritts des materiellen Garantiefalls gegeben war und in ihrer Unkenntnis geleistet wurde. Die präventive Lösung, einen etwaigen künftigen Schadensersatzanspruch des Garantieauftraggebers im voraus an den Garanten abzutreten (ZAHN, Zahlung und Zahlungssicherung 422), bietet wegen § 15 KO keine Sicherheit, wenn die Garantie in Anspruch genommen wird, nachdem der Konkurs eröffnet worden ist (MÜHL, in: FS Imre Zajtay 389, 399 mwN; HADDING/HÄUSER/WELTER, Bürgschaft und Garantie. BMJ-Gutachten 730). In der Praxis vermeidet der Garant (Bank) meist, sich dem Risiko der Insolvenz des Garantieauftraggebers auszusetzen, indem er vor eigener Leistung Deckung anfordert bzw sich von dem bei ihm geführten Guthaben des Garantieauftraggebers beschafft.

c) Rückabwicklung bei mißbräuchlicher Inanspruchnahme
Der Garant, dem die Einwendung des Rechtsmißbrauchs zur Verfügung steht (oben **358** Rn 310 ff), muß nicht zahlen; zahlt er gleichwohl, so leistet er ohne Rechtsgrund und kann selbst seine Leistung vom Empfänger nach § 812 Abs 1 S 1 1. Alt (ggf iVm § 813 Abs 1) kondizieren. Die Rechtslage ist insofern ähnlich wie bei einer Leistung des Bürgen zur Zahlung auf erstes Anfordern, der sich später auf den Nichteintritt des Bürgschaftsfalles beruft und seine Leistung kondizieren kann (BGHZ 74, 244, 248; dazu HORN NJW 1980, 2153, 2155 f; KOZIOL ZBB 1989, 16). Allerdings ist dieser Vergleich etwas ungenau, weil die Garantie nicht akzessorisch ist. Genauer vergleichbar ist die Situa-

tion, in der gegenüber der Garantie zur Zahlung auf erstes Anfordern der Einwand des Rechtsmißbrauchs gegeben ist, mit der soeben (oben Rn 356 ff) erörterten Situation, daß dem Garanten nach dem Inhalt des Garantievertrages Einwendungen aus dem gesicherten Valutaverhältnis zur Verfügung stehen; auch hier ist eine Leistung wegen der Einwendungen kondizierbar nach § 812 Abs 1 S 1 1. Alt (ggf iVm § 813 Abs 1). Hat der Garant in Kenntnis der Einwendung gezahlt, so ist die Kondiktion nach § 814 ausgeschlossen. Außerdem steht dem Garanten ein Schadensersatzanspruch wegen sittenwidriger Schädigung nach § 826 BGB zu; sein Schaden besteht im Verlust der Garantiesumme, falls er diese vom Garantieauftraggeber nicht erlangt. Zum Ganzen HORN, in: FS Brandner (1996) 623 ff.

359 Hat der Garant auf die rechtsmißbräuchliche Inanspruchnahme hin gezahlt, weil er den Rechtsmißbrauch entweder nicht erkannte oder nicht beweisen konnte, so kann er von seinem Garantieauftraggeber (Kunden) Aufwendungsersatz verlangen (oben Rn 343). Er muß diesem dafür seinen Kondiktionsanspruch abtreten. Ferner hat der Garantieauftraggeber einen eigenen Anspruch wegen sittenwidriger Schädigung gem § 826. Denn da er den Garanten im Deckungsverhältnis befriedigen mußte, ist im Ergebnis der Schaden aus der Schädigungshandlung bei ihm eingetreten. Der Garantieauftraggeber hat daneben die bereits oben (Rn 352) erörterten vertraglichen Schadensersatzansprüche.

d) Beweislast

360 Hat der Garant auf eine Garantie zur Zahlung auf erstes Anfordern gezahlt und macht er anschließend den Rückforderungsanspruch wegen unberechtigter Inanspruchnahme geltend (aus ungerechtfertigter Bereicherung und ggf aus Vertrag), so bleibt die Beweislast beim Garantieberechtigten (Gläubiger) dafür, daß der (materielle) Garantiefall eingetreten war. Die Zahlung verändert die Beweislast nicht. Dies ist für die Bürgschaft zur Zahlung auf erstes Anfordern anerkannt (oben Rn 33), muß aber entsprechend auch für die Garantie auf erstes Anfordern gelten mit dem Unterschied, daß die Garantie nicht akzessorisch ist und der Garantiefall vertraglich in unterschiedlichem Umfang definiert sein kann (aA BYDLINSKI WM 1990, 1401, 1403 f; einschränkend auch CANARIS, Bankvertragsrecht Rn 1148a). Bei einer Forderungsgarantie muß der Garantieberechtigte deren rechtlichen Bestand typischerweise nicht beweisen, wohl aber ihre Nichterfüllung behaupten und (nur) bei gegnerischem Vortrag der Erfüllung deren Nichteintritt (= materieller Garantiefall) beweisen, was ihn kaum belastet. Bei einer Gewährleistungsgarantie muß er die Mangelhaftigkeit der Ware oder des Werkes beweisen ganz so, als ob auf die Garantie noch nicht geleistet wäre und eine Klausel zur Zahlung auf erstes Anfordern nicht bestünde. Befürchtungen, durch diese Beweislastverteilung werde die Garantie zur Zahlung auf erstes Anfordern als Sicherungsinstrument entwertet, sind unbegründet. Die genannte Beweislast ist für den Garantieberechtigten nicht übermäßig beschwerlich und die gleiche wie bei jeder Garantie ohne die Anforderungsklausel. Und da der Garant aufgrund dieser Klausel zunächst zahlen muß (und notfalls in einem ersten Prozeß dazu verurteilt wird), wird jeder Garant, der zu recht in Anspruch genommen wurde, von einem Rückforderungsversuch von vornherein abgeschreckt.

361 Der zahlende Garant hat dagegen die Beweislast dafür, daß der Garantiefall später weggefallen ist. Ebenso hat er nach den allgemeinen Regeln die Beweislast für die zusätzlichen Merkmale des § 826, wenn er Schadensersatz wegen mißbräuchlicher

Inanspruchnahme verlangt, insbes für arglistiges Verhalten des Gläubigers, nach den allgemeinen Regeln. Der Garant wird wiederum dadurch nicht sehr belastet, da er in den meisten Fällen den Garantiegläubiger bereits vor Zahlung auf die mangelnde Berechtigung hingewiesen hat, was je nach der Plausibilität dieses Hinweises meist zumindest grobe Fahrlässigkeit beim Gläubiger begründet.

13. Anfechtbare Garantiebestellung

Die Bestellung einer Garantie zugunsten eines Gläubigers des späteren Gemeinschuldners kann der **Konkursanfechtung** nach § 30 Nr 2 KO unterliegen. Vgl für die Bürgschaft oben Rn 180. Rechtsvergleichend dazu PAULUS ZBB 1990, 200, 205 ff.

XVII. Andere verwandte Verträge

1. Schuldmitübernahme (Schuldbeitritt)*

a) Kennzeichnung

Im Vertrag der Schuldmitübernahme verpflichtet sich der (bisher schuldfremde) Mitübernehmer gegenüber dem Gläubiger eines anderen (des Erstschuldners), neben diesem Erstschuldner für dessen Schuld dem Gläubiger gesamtschuldnerisch (§§ 421, 427) mitzuhaften (kumulative Schuldübernahme, Schuldbeitritt). Der Gläubiger einer Forderung erhält in dem Mitübernehmer einen zusätzlichen, gleichrangigen, selbständigen Schuldner (BGHZ 6, 385, 397; BGH WM 1976, 1109 = BB 1976, 1431). Im Unterschied zu der in §§ 414 ff geregelten befreienden (privativen) Schuldübernahme, bei der der Erstschuldner aus seiner Haftung entlassen und durch den Übernehmer ersetzt wird, ist die Schuldmitübernahme im Gesetz nicht geregelt, aber aufgrund Vertragsfreiheit unstreitig zulässig. Sie setzt zwar das Bestehen einer Erstschuld voraus (vgl auch RGZ 59, 233), kommt also bei Nichtbestand der Erstschuld im Zweifel nicht zur Entstehung, falls die Verpflichtung nicht gerade auch für den Fall von Entstehungshindernissen der Erstschuld (zB mangelnde Geschäftsfähigkeit, Genehmigung etc) gewollt ist (dann wohl Garantievertrag; Rn 217, 219, 255). Aber sie ist in ihrem weiteren Fortbestand und Umfang vom Schicksal der Erstschuld unabhängig (RGZ 64, 320; BGHZ 6, 397). Sie ist daher im Unterschied zur Bürgschaft nicht zur Erstforderung akzessorisch und typischerweise nicht subsidiär. Ihr Verhältnis zur

---

* **Schrifttum**: W BAUMANN, Zur Form von Schuldbeitritt und Schuldanerkenntnis, ZBB 1993, 171; BAUR/MENGELBERG, Bürgschaft, Schuldübernahme und Garantievertrag (1930); BINDHARDT, Die Auslegung von Willenserklärungen, mit denen Bürgschaft oder Schuldbeitritt gemeint sein kann (Diss Marburg 1932); BYDLINSKI, Gemeinsames Ehegattenkonto und Kreditmithaftung, ZBB 1991, 263; HUBERNAGEL, Die Abgrenzung von Bürgschaft und Schuldbeitritt, DGWR 1936, 409; LIPPMANN, Beiträge zur Theorie der Schuldübernahme des BGB, AcP 107, 1; MÜNZEL, Die Abgrenzung von Bürgschaft und Schuldbeitritt, DGWR 1937, 94; REICHEL, Die Schuldmitübernahme (1909); ders, Bürgschaft oder Schuldmitübernahme, Gruchot 61, 548; REIFNER, Die Mithaftung der Ehefrau im Bankkredit – Bürgschaft und Gesamtschuld im Kreditsicherungsrecht, ZIP 1990, 427; ders, Handbuch des Kreditrechts, Verbraucherkredit und Realkredit, 1991, § 41 Rn 8; WEBER, Sonderformen der Bürgschaft und verwandte Sicherungsgeschäfte, JuS 1972, 9, 13; WEIGELIN, Der Schuldbeitritt (1941); WESTERKAMP, Bürgschaft und Schuldbeitritt (Diss Marburg 1907); ZAHN, Schuldbeitritt zum Leasingvertrag nach dem Verbraucherkreditgesetz, Betrieb 1992, 1029.

Erstschuld ist ein Gesamtschuldverhältnis; Rückgriffsansprüche zwischen Übernehmer und Erstschuldner bestimmen sich primär nach deren Abreden untereinander.

364 Der Umfang der Verpflichtung gegenüber dem Gläubiger ist durch Auslegung der Bezugnahme in der Schuldmitübernahme auf die Erstschuld zu ermitteln; zB umfaßt der Schuldbeitritt zu Kaufpreisverpflichtungen im Flaschenbierhandel die Nebenforderungen wegen des Leergutes (OLG Köln NJW 1960, 2148). Der Gesellschafter, der für einen Kontokorrentkredit einer GmbH auf unbestimmte Zeit eine Schuldmitübernahme erklärt hat, kann sich bei Ausscheiden aus der GmbH nicht fristlos von seiner Verpflichtung gegenüber dem Kreditgeber lösen (BGH ZIP 1985, 1192). – Zu unterscheiden ist die Schuldmitübernahme schließlich von der (in § 329 erwähnten) bloßen Erfüllungsübernahme, die eine vertragliche Verpflichtung nur einem Schuldner gegenüber darstellt, dessen Schuld zu erfüllen, ohne dem Gläubiger einen Anspruch zu geben. Die Erfüllungsübernahme gegenüber einem Bürgen ist keine formbedürftige Rückbürgschaft (BGH NJW 1972, 576). Eine als Erfüllungsübernahme bezeichnete, von Leasingnehmer, Leasinggeber und Lieferant unterschriebene Erklärung, in der es der Leasinggeber übernimmt, die Kaufpreisschuld des Leasingnehmers für das Leasinggut zu erfüllen, ist nach der Interessenlage der Beteiligten entweder als Schuldübernahme (§ 414) oder – eher – als Schuldbeitritt auszulegen (BGH WM 1993, 213; zust REINKING EWiR 1993, 127).

b) Keine Schriftform

365 Die Schuldmitübernahme bedarf nicht der Schriftform des § 766 (RGZ 64, 318, 320 gegen RGZ 51, 120, 122; einschränkend schon RGZ 59, 232, 233; BGHZ 121, 1 = BGH ZBB 1993, 168; hM. Zur Möglichkeit, das Angebot des Schuldbeitritts nach § 151 anzunehmen, BGH WM 1994, 303). Dies folgt nach hM schon daraus, daß der Gesetzgeber in dem Bewußtsein, daß es vielfältige Formen der Interzession gibt, nur die Bürgschaftserklärung für formbedürftig erklärt habe (BGH NJW 1972, 576; vgl auch § 766 Rn 4). Ferner wird angenommen, daß der Warnzweck des § 766 hier nicht im gleichen Maß zutreffe, teils deshalb, weil der Mitübernehmende als gleichrangig Verpflichteter sein Risiko klarer erkenne als der Bürge (STAUDINGER/BRÄNDL[10/11] Vorbem 53 zu § 765 mit Nachw; zB OLG München SeuffA 72, Nr 116: Schuldmitübernahme, weil zZ der Verpflichtung zu erwarten war, daß Erstschuldner nicht erfüllen werde; allg HUBERNAGEL DGWR 1936, 409; krit MÜNZEL DGWR 1937, 94; SOERGEL/MÜHL Vorbem 51), teils deshalb, weil er ein eigenes Interesse am Geschäft des Erstschuldners habe (Rn 367). Die Begründungen verdeutlichen, warum die hM eine Analogie zu § 766 ausschließt. Rechtspolitisch sind sie zweifelhaft, und es verdient Beachtung, daß das Reichsgericht ursprünglich von der Formbedürftigkeit der Schuldmitübernahme ausging (RGZ 51, 120, 122; 59, 232, 233). Jedenfalls wird man angesichts der praktischen Abgrenzungsschwierigkeiten (Rn 367) in Zweifelsfällen stets Bürgschaft als die gesetzliche Regelform der Interzession und zum Schutz des Verpflichteten annehmen müssen, damit § 766 nicht umgangen wird (RGZ 59, 232 f; 90, 415, 417; TITZE Anm zu RG JW 1930, 3478; BGHZ 6, 385, 397; BGH NJW 1968, 2332 = WM 1968, 1200; BAUMBACH/HOPT, HGB § 349 Rn 14; ESSER/WEYERS § 40 V 3).

366 Der Schuldbeitritt zu einer Schuld, die ihrerseits nur durch ein formbedürftiges Geschäft begründet werden kann, zB zu einem konstitutiven Schuldversprechen nach § 780, soll nach einer Meinung ebenfalls stets formfrei sein (SOERGEL/ZEISS, BGB [12. Aufl 1990] vor § 414 Rn 8), nach der Gegenmeinung stets der Form der (Begründung der) Forderung unterliegen, zu der beigetreten wird (PALANDT/HEINRICHS Vor § 415 Rn 3; so wohl auch BGH NJW 1991, 3095, 3098; III. Senat). Der XI. Senat hat später entschieden, daß der Schuldbeitritt zu einem konstitutiven Schuldanerkenntnis nicht der Schriftform des § 781 bedürfe, weil diese Vorschrift nur der Beweissicherung, nicht dem Schuldnerschutz diene (BGHZ 121, 1 = ZBB 1993, 168; krit DEHN WM 1993, 2115; BAUMANN ZBB 1993, 171). Dem Ansatz ist zuzustimmen, daß nur dann die Form der Hauptforderung, zu der beigetreten wird, einzuhalten ist, wenn diese den Schutz des Schuldners bezweckt und dieser Schutzzweck auch für den Beitretenden zutrifft (MünchKomm/MÖSCHEL [3. Aufl 1994] Vor § 414 Rn 12 und § 414 Rn 4). Demnach bedarf der Beitritt zu einer Honorarvereinbarung der Schriftform des § 3 Abs 1 S 1 BRAGO (BGH NJW 1991, 3095, 3098), der Beitritt zu einer Verbraucherkreditschuld der Schriftform des § 4 VerbrKrG (OLG Stuttgart WM 1994, 977). Daß die Form der §§ 780, 781 nur Beweiszwecken diene und nicht auch dem Schuldnerschutz (so BGHZ 121, 1 ff), ist zu bezweifeln (HEYMANN/HORN, HGB § 350 Rn 3). Es geht bei diesen Normen auch um Schuldnerschutz und dieser muß wohl auch dem Beitretenden zugutekommen (ähnl BAUMANN ZBB 1993, 171, 178). Auch der Schutz des Abzahlungsgesetzes kam dem Beitretenden zugute (BGH ZIP 1990, 103, 107 betr Beitritt zu einer Getränkebezugsverpflichtung).

c) **Abgrenzung von der Bürgschaft**
Die Abgrenzung zwischen Schuldmitübernahme und (zumal selbstschuldnerischer) **367** Bürgschaft ist praktisch sehr schwierig; die neuere Rspr ist mit Recht den Versuchen entgegengetreten, formnichtige Bürgschaften mit Scheinbegründungen (zu dieser Gefahr auch zutr SOERGEL/MÜHL Vorbem 52) als Schuldmitübernahme aufrechtzuerhalten. Die Abgrenzung ist eine Auslegungsfrage (BGH MDR 1962, 567 = WM 1962, 550; NJW 1968, 2332 = WM 1968, 1200; RG HRR 1936 Nr 790; BGH NJW 1986, 580). Der bloße Wortlaut ist nicht ausschlaggebend (RGZ 90, 415, 417 und § 765 Rn 1, 2, 19); allerdings ist der eindeutige Wortlaut vorrangig zu berücksichtigen (zutr BGH MDR 1962, 567; NJW 1968, 2332; JR 1972, 62; WM 1976, 1109). Schuldbeitritt liegt vor, wenn in der Erklärung der Wille zur Übernahme einer selbständigen Verpflichtung im Unterschied zu einer bloß an die Hauptschuld angelehnten Verpflichtung hervortritt (BGH NJW 1986, 580; OLG Hamm NJW 1988, 3022). Ist das Ergebnis der Auslegung nicht eindeutig, so ist die Interessenlage zu berücksichtigen (BGH aaO). Als wichtigstes Auslegungskriterium hat das RG das eigene sachliche unmittelbare Interesse des Mitübernehmers an den Leistungen aus dem Hauptvertrag bezeichnet, während der Bürge nur ein fremdes Interesse unterstütze (RGZ 64, 318, 320: Erwerber eines Betriebs nahm durch die Verpflichtungserklärung für die betriebsbezogene Schuld des Veräußerers eine eigene Vermögensangelegenheit wahr; RGZ 68, 127, 129 zur Verpflichtung des Bauherrn für Forderungen der Bauhandwerker und Lieferanten gegen den Bauunternehmer, um die Fertigstellung seines Hauses zu fördern; RGZ 90, 415, 418) und der BGH ist dem grundsätzlich gefolgt (BGH NJW 1981, 47). Nach dem Ansatz des RG (den der BGH freilich inzwischen erweitert und modifiziert hat), müssen die Vorteile des Hauptvertrages dem Eintretenden ganz oder zum Teil unmittelbar wirtschaftlich zugute kommen (vgl auch RGZ 71, 113, 118; LZ 1930, 1383 Nr 4; 1932, 1042 Nr 5). Der BGH läßt auch das Interesse des Geschäftsführers einer zahlungsunfähigen GmbH genügen, durch Schuldbeitritt einen Konkursantrag abzuwenden oder hinauszuschieben (BGH WM 1985, 1417 = NJW 1986, 580); dies überzeugt nicht, schon weil dadurch ein Konkurs nicht sicher abgewendet werden konnte. Aber die Kenntnis der Zahlungsunfähigkeit der GmbH sprach für eine selbstständige Verpflichtung iS eines Schuldbeitritts (zutr TIEDTKE EWiR 1985, 953 f); ebenso sprach im

Fall der Wortlaut für Schuldbeitritt. Das Interesse des Hauptaktionärs an der AG als Hauptschuldnerin soll nach OLG Hamburg (HansRGZ 1934 B, 294) nicht genügen (zweifelhaft).

368 Nicht genügend ist ein wirtschaftliches Interesse, das sich nur auf das Interzessionsgeschäft selbst bezieht, etwa das Interesse der bürgenden Bank an ihrem Avalgeschäft. Nicht genügend ist ferner ein nur persönliches Interesse; dies gilt vor allem bei Verpflichtung für die Schuld eines Familienangehörigen (RGZ 71, 113: Die als Bürgschaft formnichtige Verpflichtung für den Neffen gegenüber dem Inhaber eines Schuldscheins ist keine Schuldmitübernahme), namentlich zur Abwendung einer Strafanzeige und zur Wahrung des Familienrufs (RG JW 1911, 581 Nr 22; RGZ 90, 415, 418; RG JW 1921, 335; OLG München MDR 1965, 573). Zwar kann bei engen persönlichen Beziehungen, etwa zwischen Familienangehörigen, auch das direkte eigene (auch wirtschaftliche) Interesse an der Erstschuld durchaus vorliegen (vgl auch REICHEL Gruchot 61, 548, 553); gleichwohl war die Rspr hier stets mit Recht zurückhaltend in der Annahme eines Schuldbeitritts (OLG Hamburg OLGE 20, 236; OLG Breslau OLGE 20, 163). Das eigene sachliche unmittelbare Interesse ist nur ein Anhaltspunkt und rechtfertigt für sich allein noch nicht den Schluß auf einen Schuldbeitritt, zumal gegen den Wortlaut „Bürgschaft" (BGH MDR 1962, 567 = WM 1962, 550; NJW 1968, 2332 = WM 1968, 1200; JR 1972, 62; WM 1976, 1109). In Zweifelsfällen ist Bürgschaft als klassische und gesetzliche Regelform der Personalsicherheit gewollt und den Parteiinteressen genügend (st Rspr, zB RGZ 59, 232 f; 71, 113, 118; BGH WM 1968, 1201). Der Wille, sich selbständig zu verpflichten, muß also eindeutig hervortreten, um ausnahmsweise Schuldbeitritt annehmen zu können.

d) Sicherungsmitschuld
aa) Begriff und Funktion

369 In der Praxis vor allem der Verbraucherkredite hat sich eine neue Form der Schuldmitübernahme durchgesetzt, nämlich die Verwendung als regelmäßige Kreditsicherheit anstelle einer Bürgschaft vor allem durch Familienangehörige (Ehefrau, Kinder; zum Problem REIFNER ZIP 1990, 427 ff). Das eigene Interesse des Beitretenden an der Durchführung des Hauptvertrages ist häufig nur aufgrund der ehelichen und häuslichen Lebensgemeinschaft gegeben und entfällt dementsprechend bei Ehescheidung bzw sonstigem Ausscheiden aus dem häuslichen Verband. Noch wichtiger: ein anfängliches eigenes wirtschaftliches Interesse am Hauptvertrag kann in all den Fällen bezweifelt werden, in denen die Ehefrau oder das Kind, die dem Vertrag beitreten, entweder kein oder ein so geringes Einkommen haben, daß sie selbst das Geschäft niemals unternehmen würden. Die Mitschuld oder der Schuldbeitritt sind in diesen Fällen von vornherein Fremdhaftung oder werden es später, wobei das eigene wirtschaftliche Interesse, das typischerweise beim Schuldbeitritt gegeben ist, nur in der angegebenen Weise in modifizierter Form vorhanden ist oder gänzlich entfällt (ähnl REIFNER 427).

370 Diese Schuldmitübernahme ist der Funktion nach eine reine Personalsicherheit und erfüllt den gleichen Zweck wie eine Bürgschaft. Formal wird sie meist durch einen bereits bei Abschluß des Hauptvertrages erklärten Beitritt „als Mitschuldner" geschlossen (vgl BGH ZIP 1994, 773; OLG Frankfurt/M 1984, 962). Daneben ist auch ein Auftreten als formal vom Hauptschuldner nicht zu unterscheidender zweiter Vertragspartner üblich. Mitschuldner und der am Vertrag primär interessierte Vertragspartner sind Gesamtschuldner. Die Sicherungsmitschuld wird daher auch als „Sicherungsgesamtschuld" bezeichnet (REIFNER, Handbuch des Kreditrechts. Verbraucherkredit und Realkredit [1991] § 41 Rn 8; BÜLOW, Recht der Kreditsicherheiten [3. Aufl 1993] Rn 1095). Die Rechtsprechung hat sich häufig mit Personalsicherheiten in Gestalt der Sicherungsmitschuld beschäftigt (BGH WM 1989, 595; 1990, 59; 1991, 313; ZIP 1994, 773).

Auch die Sicherungsmitschuld bleibt ebenso wie die sonstige Schuldmitübernahme **371** formfrei (BGHZ 121, 1 = ZBB 1993, 168; allg SOERGEL/ZEISS, BGB [12. Aufl 1990] vor § 414 Rn 8). Dies ist deshalb vertretbar, weil die entsprechenden Sicherungsmitschulderklärungen ohnehin schriftlich abgegeben werden und derjenige, der eine solche Mitschuld übernimmt, durch die formelle Einbindung in den gesicherten Vertrag über das Risiko deutlicher aufgeklärt wird als der normale Bürge, der wegen der Trennung von Hauptvertrag und Bürgschaft eher dazu neigt, eine gewisse Distanz zum Hauptvertrag und damit Risikoferne anzunehmen.

bb) Sittenwidrige Sicherungsmitschuld
Auf die Sicherungsmitschuld sind die strengen Grundsätze anzuwenden, die für die **372** Bürgschaftsübernahme naher Familienangehöriger entwickelt worden sind. In der Tat nahm diese Rechtsprechung von den Fällen der Sicherungsmitschuld ihren Ausgang (BGH WM 1991, 313 = NJW 1991, 923; dazu ACKMANN EWiR 1991, 231; BGHZ 120, 272, 275 f = ZIP 1993, 26; dazu MEDICUS EWiR 1993, 123; BGH ZIP 1994, 773 „Mitsubishi Pajero"; s auch die Vorinstanz OLG Stuttgart NJW-RR 1993, 1394; instruktiv zur Einleitung der neuen Rspr LG Münster WM 1990, 1662; aus der restriktiven früheren Rspr s BGH [III. Senat] WM 1990, 59). Danach ist die Sicherungsmitschuld eines nahen Angehörigen (Ehefrau, volljähriges Kind) dann wegen Sittenwidrigkeit nach § 138 unwirksam, wenn der Mitschuldner kein eigenes Interesse an dem gesicherten Geschäft hatte, ein grobes Mißverhältnis zwischen der wirtschaftlichen Belastung und seinen eigenen Einkommens- und Vermögensverhältnissen besteht und er durch den Verhandlungsdruck der Bank unter Ausnutzung des nahen Verwandtschaftsverhältnisses zum eigentlichen Schuldner zum Vertragsbeitritt veranlaßt worden ist. Es gelten die gleichen Grundsätze wie bei der Bürgschaft (BVerfG ZIP 1993, 1775; BGHZ 125, 206 = ZIP 1994, 520 = WM 1994, 676; BGH NJW 1994, 1341 = ZIP 1994, 614 = WM 1994, 680, 683; s auch § 765 Rn 160–175).

Nicht jede Mithaftung des Ehegatten ist demnach sittenwidrig; es müssen die **373** genannten Kriterien der Einkommens- und Vermögenslosigkeit und der Ausnutzung der Handlungssituation hinzukommen (differenzierend auch BVerfG aaO). Die Mitverpflichtung des einkommenslosen Ehegatten für ein Darlehen von 40.000 DM ist noch keine unverhältnismäßig hohe Belastung; zudem liegt auch ein eigener Vorteil des Mitverpflichteten vor, wenn das Darlehen ua der Ablösung eines gemeinsamen Konsumentenkredits dient (OLG Koblenz NJW-RR 1995, 1260). Arbeitet die Ehefrau im Betrieb des Mannes mit und sind zugleich mehrere Gewerbebetriebe auch auf ihren Namen angemeldet, ist ihre Mitschuld für einen Kredit von 50.000 DM auch dann nicht sittenwidrig, wenn sie mittellos ist (OLG Hamm EWiR 1992, 1167; zust TIEDTKE). Sittenwidrig ist der Schuldbeitritt der Lebensgefährtin des Hauskäufers zum Kredit von 425.000 DM, der zu 40% ungesicherter Personalkredit ist, wenn sie nur ein Monatseinkommen von rd 1500 DM hat und auch nicht Miteigentümerin des Hauses werden soll (OLG Köln BB 1995, 1608). Nach BVerfG rechtfertigt das Sicherheitsbedürfnis der Bank allein, bei einem vermögens- und einkommenslosen Ehegatten durch die Mithaftung einer künftigen Vermögensverschiebung vorzubeugen (H P WESTERMANN, in: FS Lange [1992] 995, 1007 f; KG Berlin WM 1992, 1806), diese Mithaftung wohl noch nicht; anders bei maßvoller Höhe der Schuld (so auch BVerfG aaO im zweiten der beiden entschiedenen Fälle) und dann, wenn die Haftung auf die Dauer der Ehe (vgl auch BGH ZIP 1995, 203 betr Bürgschaft: Wegfall der Geschäftsgrundlage bei Scheidung der Ehe) oder auf den Fall ausreichenden Vermögenserwerbs des Ehegatten beschränkt wird (H P WESTERMANN aaO). Auch der globale Schuldbeitritt für alle künftigen Schulden an Geschäftsbeziehungen wurde von der Rspr früher für wirksam gehalten (OLG Hamm NJW-RR 1986, 1248). Dagegen bestehen die gleichen Bedenken, die heute gegen die Globalbürgschaft anerkannt sind (oben Rn 42 ff).

e) Abgrenzungsprobleme; das Gemeinschaftskonto

374 Die Sicherungsmitschuld ist oft nur schwer von den Fällen einer normalen Beteiligung mehrerer Personen auf einer Seite eines Vertrages, zB als gemeinsame Kreditnehmer, zu unterscheiden. Die Abgrenzung muß unter Berücksichtigung der allen Beteiligten erkennbaren wirtschaftlichen Interessen der gemeinsamen Vertragspartner erfolgen. Auf das Innenverhältnis der auf der gleichen Seite stehenden Partner kann es allein nicht ankommen. Denn der Gläubiger eines Darlehens kann zB bei zwei Darlehensnehmern von jedem der Gesamtschuldner sein Geld zurückfordern, auch von dem, den der andere Gesamtschuldner im Innenverhältnis freigestellt hat (BGH ZIP 1991, 646).

375 Das Problem der Sicherungsmitschuld in Abgrenzung von der normalen Rolle als zweite Vertragspartei stellt sich besonders, wenn beide ein Gemeinschaftskonto einrichten, über das jeder einzeln verfügen kann („Oder-Konto"; allg HEYMANN/HORN, HGB Anh § 372 BankGesch II Rn 14 f). Für die Verbindlichkeiten aus dem Gemeinschaftskonto haftet dann jeder als Gesamtschuldner (BGH WM 1985, 1059 betr wirksame Verrechnung von Zahlungseingängen mit einem Debetsaldo nach Konkurseröffnung über das Vermögen nur des einen Kontoinhabers). Allerdings verstößt die AGB-Klausel, daß sich die mehreren Kontoinhaber gegenseitig bevollmächtigen, in unbegrenzter Höhe weitere Verbindlichkeiten zu Lasten des Kontos einzugehen, gegen § 3 und § 9 AGBG (BGH ZIP 1991, 224; dazu HORN, in: FS Merz [1992] 217, 226; BYDLINSKI ZBB 1991, 263, 265 ff); anders natürlich bei Mitgesellschaftern eines gemeinsamen Unternehmens. Außerdem kommen hier auch die oben (Rn 373 f) erörterten Sittenwidrigkeitskriterien zum Zug, falls die einkommens- und vermögenslose Ehefrau für einen hohen Betriebsmittelkredit des Mannes mithaftet (BGH ZIP 1991, 224, 226; krit KNÜTEL, ZIP 1991, 493; vgl auch BYDLINSKI ZBB 1991, 263, 267). Der Kritik ist zuzugeben, daß dies nicht als generelle Regel gelten kann. So ist Sittenwidrigkeit wohl regelmäßig auszuschließen, wenn die Ehefrau entweder über eigenes Vermögen verfügt oder die Haftung nur zur Abwehr von Vermögensverschiebungen oder bei künftiger Erlangung eigenen Vermögens gelten soll, ferner natürlich, wenn sie selbst Mitgesellschafter oder wirtschaftlicher Mitinhaber des Betriebs ist (s auch Rn 373).

376 **f) Der Ausgleich zwischen mehreren Schuldmitübernehmern** vollzieht sich nach der Grundregel des § 426 und vorrangig nach Absprachen zwischen den Schuldmitübernehmern (BGH WM 1986, 363, 364). Der Mitübernehmer, der nur einen Teilbetrag geleistet hat, kann Ausgleich erst verlangen, wenn er mehr geleistet hat als den Anteil, den er bei endgültiger Tilgung zu tragen hätte (BGH WM 1961, 1170; SELB, Mehrheiten von Gläubigern und Schuldnern [1984] § 7 II 1; zweifelhaft für den Fall, daß endgültig

feststeht, daß nur ein Teilbetrag aufzubringen ist; für die Besonderheiten bei der Bürgschaft BGHZ 23, 361, 364; BGHZ 83, 206, 208 f und unten § 774 Rn 43 ff, 46 ff). Übernehmen Gesellschafter und Nichtgesellschafter die Mitschuld für eine Verbindlichkeit der Gesellschaft, so ist das Ergebnis bei Personen- und Kapitalgesellschaft unterschiedlich. Bei der OHG kann der Nichtgesellschafter, der gezahlt hat, nach § 128 HGB sich an die Mitgesellschafter halten und ist ihnen daher nicht ausgleichspflichtig. Bei der GmbH stehen die Gesellschafter und Nichtgesellschafter hinsichtlich einer Ausgleichspflicht untereinander dagegen gleich (BGH aaO; Heinrichs EWiR 1986, 343).

2. Delkrederevertrag

Im Delkrederevertrag verpflichtet sich der Schuldner, für die Erfüllung eines Vertrages, den er namens oder im Interesse eines anderen zustande gebracht hat, diesem einzustehen; als Gegenleistung kann der Schuldner idR eine Provision beanspruchen. Hauptfälle sind die Delkrederverpflichtung des Handelsvertreters (§ 86 b HGB) und des Kommissionärs (§ 394 HGB); vgl auch den Fall BGHZ 42, 53. Der Kommissionär dehnt dadurch seine Haftung gegenüber dem Kommittenten auf die Erfüllung des Ausführungsgeschäftes durch den Dritten aus, während er dem Kommittenten sonst (außer nach § 384 Abs 3 HGB) nur für seine sorgfältige Ausführung des Geschäfts mit dem Dritten haftet. Es handelt sich um Garantie, nicht Bürgschaft, schon weil der Kommittent nicht Gläubiger des Dritten ist (vgl Baumbach/Hopt [29. Aufl 1995] § 394 Rn 2). Auch ein Minderkaufmann kann sie mündlich übernehmen. – Die Delkredeverpflichtung des Handelsvertreters dagegen, die § 86 b HGB wegen ihrer Risiken für den Handelsvertreter an einschränkende Voraussetzungen knüpft (Schriftlichkeit, Bestimmtheit der Geschäfte), ist regelmäßig als Bürgschaft anzusehen (RGZ 107, 195; Schlegelberger/Schröder § 86 b Rn 18; Castan BB 1957, 1124), ebenso die Delkrederehaftung des Generalagenten für seine Agenten (RG HRR 1935 Nr 1054 = SeuffA 89 Nr 138). Die Einrede der Vorausklage hat der Handelsvertreter aber nur als Minderkaufmann; §§ 349, 351, 4 HGB (OLG Nürnberg BayJMinBl 1956, 115). Der Annahme einer Bürgschaft liegt der billigenswerte Schutzgedanke zugrunde, die riskante Haftung des Handelsvertreters möglichst zu begrenzen; in diesem Sinn auch zum Haftungsumfang RG aaO und zur stillschweigenden zeitlichen Begrenzung gem § 777 RGZ 107, 195. Aber auch ein Schuldbeitritt oder die Übernahme einer Garantie durch den Handelsvertreter ist möglich und als Abweichung vom Regelfall in Betracht zu ziehen (Baumbach/Hopt § 86 b Rn 6).

3. Das Dokumentenakkreditiv*

a) Begriff und Funktion

Das Dokumentenakkreditiv ist ein wichtiges und weltweit verbreitetes Instrument

---

* **Schrifttum**: Axmann, Die Finanzierung im Anlagenexport und ihre rechtliche Gestaltung, AWD 1971, 437; vBar, Kollisionsrechtliche Aspekte der Vereinbarung und Inanspruchnahme von Dokumentenakkreditiven, ZHR 152 (1988), 38; Baumbach/Hopt, HGB (29. Aufl 1995) Bankgeschäfte K1 ff, ERA; Beckmann, Einstweiliger Rechtsschutz des Käufers beim Akkreditiv, Betrieb 1988, 1737; Graf vBernstorff, „Dokumente gegen unwiderruflichen Zahlungsauftrag" als Zahlungsform im Außenhandel, RIW 1985, 14; ders, Vorläufiger Rechtsschutz im Dokumentengeschäft nach deutschem und anglo-amerikanischem Recht, RIW 1986, 332; Borggrefe, Akkreditiv und Grundverhältnis (1971) (dazu Horn ZHR 137

der Zahlungsabwicklung von Liefergeschäften im internationalen Handel. Es sichert bei grenzüberschreitenden Kauf- und Werklieferungsgeschäften den Leistungsaustausch (funktionelles Synallagma). Der Exporteur soll gegen die Hingabe von Dokumenten (zB Bordkonnossement), welche die abgesandte Ware repräsentieren und die Verfügung darüber verschaffen, von einer eingeschalteten Bank Zug um Zug

[1973] 278); CANARIS, Bankvertragsrecht, in: Großkomm z HGB (4. Aufl, 10. Lfg 1988) Anm 916 ff; EBERTH, Rechtsfragen der Zahlung unter Vorbehalt im Akkreditiv-Geschäft, WM 1983, 1302; ders, Die Revision von 1983 der Einheitlichen Richtlinien und Gebräuche für Dokumenten-Akkreditive, WM Sonderbeilage Nr 4/1984; EISEMANN, Considerations sur les regles et usances uniformes relatives aux credits documentaires (Edition revisee 1974), in: FS Bärmann (1975) 265; ERMAN, Einwirkungen des Kaufvertragsverhältnisses auf die Akkreditivverpflichtung der Bank, in: FS Rittershausen (1968) 261 ff; GACHO, Das Exportakkreditivgeschäft (1969); GRAFFE/WEICHBRODT/XUEREF, Dokumenten-Akkreditive – ICC-Richtlinien 1993 – Text und Kurzkommentar (1993); HADDING/U SCHNEIDER (Hrsg), Rechtsfragen zum Dokumentenakkreditiv (Deutscher Sparkassenverlag) (1976); HORN, Internationale Zahlungen und Akkreditiv, in: HORN/vMARSCHALL/ROSENBERG/PAVICEVIC, Dokumentenakkreditiv und Bankgarantien im internationalen Zahlungsverkehr (1977) 9; KOLLER, Die Dokumentenstrenge im Licht von Treu und Glauben beim Dokumentenakkreditiv, WM 1990, 293; KÜBLER, Feststellung und Garantie (1967); LENZ, Akkreditive und weitere Zahlungssicherungen im Außenhandel, EuZW 1991, 297; LIESECKE, Neuere Theorie und Praxis des Dokumentenakkreditivs, WM 1976, 258; NIELSEN, Die Aufnahmefähigkeit von Transportdokumenten im Akkreditivgeschäft, WM 1993, Beilage 3, 1; ders, Die Revision 1983 der „Einheitlichen Richtlinien und Gebräuche für Dokumentenakkreditive" (ERA), ZIP 1984, 230; ders, Grundlagen des Akkreditivgeschäfts (1985); ders, Das Risiko der Wiedererlangung der Akkreditivsumme bei fehlerhafter Auszahlung durch die akkreditivbestätigende (Zweit)Bank, WM 1985, 149; ders, Die Revision der Einheitlichen Richtlinien und Gebräuche für Dokumenten-Akkreditive (ERA 500) zum 1. Januar 1994, WM 1994, Beilage 2, 3; ders, Neue Richtlinien für Dokumenten-Akkreditive (1994); PAULUS, Konkursanfechtungsrechtliche Probleme im Zusammenhang mit dem Standby Letter of Credit, ZBB 1990, 200; PLAGEMANN, Rechtsprobleme bei der Arrestierung des Auszahlungsanspruches aus einem deferred payment-Akkreditiv, RIW 1987, 27; PLETT/WELLING, Überblick über die Abwicklung des Dokumentenakkreditivs und die Rechtsstellung der beteiligten Parteien, Betrieb 1987, 925; SCHLEGELBERGER/HEFERMEHL, HGB Bd IV (5. Aufl 1976) § 365 Anh Anm 139; SCHMITTHOFF'S Export Trade: The Law and Practice of International Trade (9. Aufl 1990) 400; SCHÖNLE, Die Rechtsnatur der Einheitlichen Richtlinien und Gebräuche für Dokumentenakkreditive, NJW 1968, 726; ders, Bank- und Börsenrecht (2. Aufl 1976) § 8 VIII; SCHÜTZE, Kollisionsrechtliche Probleme des Dokumentenakkreditivs, WM 1982, 226; ders, Rechtsfragen der Avisierung von Dokumentenakkreditiven, Betrieb 1987, 2189; ders, Rechtsfragen zur Zahlstelle bei Akkreditivgeschäften, RIW 1988, 343; SCHÜTZE, Das Dokumentenakkreditiv im internationalen Handelsverkehr (4. Aufl 1996); SHINGLETON/WILMER, Einstweiliger Rechtsschutz im internationalen Dokumentenakkreditivgeschäft nach amerikanischem und deutschem Recht, RIW 1991, 793; STAUDER, Das Dokumentenakkreditiv mit hinausgeschobener Zahlung, in: FS Schnitzer (1979) 433; STEINDORFF, Das Akkreditiv im internationalen Privatrecht der Schuldverträge, in: FS vCaemmerer (1978) 761 ff; EUGEN ULMER, Akkreditiv und Anweisung, AcP 126 (1926) 129; VORPEIL, Prüfungszeitraum beim Dokumentenakkreditiv („reasonable time"), RIW 1993, 12; GRAF vWESTPHALEN, AGB-rechtliche Erwägungen zu den neuen Einheitlichen Richtlinien und Gebräuchen für Dokumenten-Akkreditive – Revision 1993, RIW 1994, 453; ders, Rechtsprobleme der Exportfinanzierung (3. Aufl 1987) 221; WESSELY,

Zahlung für die Ware erhalten. Im Unterschied zu einem bloßen Geschäft mit der Klausel „Ware gegen Dokument" soll der Exporteur jedoch schon vorher Sicherheit darüber erhalten, daß die Bank gegen Vorlage der vorgeschriebenen Dokumente zahlt, indem sich die Bank zu dieser Zahlung vorher im Rahmen eines Dokumentenakkreditivs verpflichtet. Das Dokumentenakkreditiv wird international einheitlich definiert als Vereinbarung, der zufolge eine im Auftrag und nach Weisung eines Kunden („Auftraggebers") oder im eigenen Interesse handelnde Bank (**„eröffnende Bank"**) **gegen vorgeschriebene Dokumente** (i) eine **Zahlung an einen Dritten** („**Begünstigten**") oder dessen Order **zu leisten** oder vom Begünstigten gezogene Wechsel (Tratten) zu akzeptieren und zu bezahlen hat oder (ii) eine andere Bank zur Ausführung einer solchen Zahlung oder zur Akzeptierung und Bezahlung derartiger Wechsel (Tratten) ermächtigt oder (iii) eine andere Bank zur Negoziierung (dh zur Bezahlung von Tratten oder anderen Dokumenten) ermächtigt, sofern (in allen drei genannten Fällen) die Akkreditivbedingungen erfüllt sind (vgl Art 2 Abs 1 ERA 500; dazu iF Rn 380).

Neben dem Dokumentenakkreditiv hat sich in den letzten Jahrzehnten die internationale Bankgarantie (oben Rn 275 ff) als Instrument der Zahlungs- und Leistungssicherung in den Fällen herausgebildet, in denen es um andere Leistungen als die bloße Lieferung dokumentär repräsentierter Waren geht, insbesondere im Rahmen von Krediten und längerfristigen und komplexen Lieferungs- und Leistungsverträgen, zB im Anlagenliefergeschäft. Bei letzteren Verträgen werden meist Akkreditive (zur Sicherung der Teilzahlungen für einzelne Teillieferungen, die für die Errichtung der Anlage benötigt werden) und Garantien für verschiedene andere Leistungen (zB zur Sicherung der Gewährleistungsverpflichtungen, der ggf erforderlichen Rückzahlung einer Anzahlung, umgekehrt der Zahlung an den Lieferanten) nebeneinander verwendet. Sowohl beim Akkreditiv wie bei der Bankgarantie ist der rechtliche Kern die Verpflichtung der Bank zur Zahlung. Diese Zahlungsverpflichtung ist gemäß dem Sicherungszweck möglichst streng ausgestaltet (als „abstrakte" und „unbedingte" Zahlungsverpflichtung bezeichnet; vgl auch Rn 202 ff zur Garantie). Ein wesentlicher wirtschaftlicher Unterschied zwischen Akkreditiv und Garantie besteht darin, daß das Akkreditiv im Regelfall der typischen Vertragsdurchführung zur Zahlungsabwicklung durch die Akkreditivbank führt, weil dies die von den Vertragsparteien des Grundgeschäfts vorgesehene Zahlungsweise ist, während die Garantie nur ausnahmsweise zur Zahlung durch den Garanten führt, nämlich wenn sich das gesicherte Risiko verwirklicht und eine Partei einer vertraglichen Verpflichtung, die durch die Garantie gesichert ist, nicht nachkommt. 379

b) ERA und anwendbares Recht
Für das Dokumentenakkreditiv sind weltweit maßgeblich die Einheitlichen Richtlinien und Gebräuche für Dokumentenakkreditive (ERA) der Internationalen Handelskammer (IntHK; International Chamber of Commerce, ICC) in Paris, erstmals 1933 aufgestellt (aufgrund einer Vereinbarung von Bankvereinigungen), 1951, 1962, 1974, 1983 und 1993 revidiert. Die ERA von 1993 (ERA 500, so genannt nach der 380

Die Unabhängigkeit der Akkreditivverpflichtung von Deckungsbeziehung und Kaufvertrag (1975); WOLF, Auslegung und Inhaltskontrolle von AGB im internationalen kaufmännischen Verkehr, ZHR 153 (1989) 300; ZAHN/EBERDING/EHRLICH, Zahlung und Zahlungssicherung im Außenhandel (6. Aufl 1986) 35.

Nummer der Publikation der IntHK) sind seit 1. 1. 1994 in Kraft (Kurzerläuterung bei GRAFFE/WEICHBRODT/XUEREF, Dokumenten-Akkreditive – ICC-Richtlinien 1993 – [1993]). Die Revisionen der ERA sind jeweils Reaktionen auf praktische Schwierigkeiten oder auf Fortentwicklungen des internationalen Handels. Die ERA 500 (1993) enthalten einen neugefaßten, umfangreichen Abschnitt über die Dokumente (Art 20–38) mit einer genauen Charakterisierung der einzelnen Dokumente (Art 23–30) einschließlich der Dokumente des Straßen-, Eisenbahn- und Binnenschifftransports (Art 28) und andere wichtige Änderungen (Überblick bei GRAFFE/WEICHBRODT/XUEREF S 6 ff).

381 Die ERA sind unter den Parteien bei ausdrücklicher Einbeziehung in den Akkreditivvertrag rechtsverbindlich (Art 1 ERA), stellen also **Allgemeine Geschäftsbedingungen** dar (HEYMANN/HORN, HGB Anh § 372 IV Rn 24; vgl auch BGH WM 1984, 1443; WM 1989, 1713 = ZIP 1989, 1451). Als solche unterliegen sie auch der Inhaltskontrolle gem §§ 9, 24 AGBG (GRAF v WESTPHALEN, Rechtsprobleme der Exportfinanzierung [3. Aufl 1987] 230; ders RIW 1994, 453, 454). Eine Inhaltskontrolle nach AGBG greift allerdings nicht ein, soweit die ERA als Handelsbrauch zu qualifizieren sind (HEYMANN/HORN aaO). Bei der Auslegung der ERA ist der Grundsatz einer möglichst einheitlichen Handhabung der ERA, welche die Unterschiede der einzelnen nationalen Handelsrechte überwinden soll, zu beachten (STEINDORFF, in: FS v Caemmerer 765; SCHÖNLE NJW 1968, 726 ff, 730; HEYMANN/HORN aaO; aA CANARIS, Bankvertragsrecht [3. Aufl 1988] 930; GRAF v WESTPHALEN 230 f). Aufgrund ihrer weltweiten Verbreitung und Anerkennung können die ERA in einzelnen Elementen wohl auch als **internationaler Handelsbrauch** (§ 346 HGB) angesehen werden; sie werden insoweit automatisch Bestandteil des Akkreditivvertrags, sofern sie nicht ausdrücklich ausgeschlossen sind. Die Qualifizierung als Handelsbrauch ist in der Rechtsprechung nicht weniger Länder anerkannt (GRAFFE/WEICHBRODT/XUEREF 8; offengelassen in BGH AWD 1958, 57 f; WM 1984, 1443) und wird in der deutschen Literatur zT befürwortet (Nachw HEYMANN/HORN Rn 24) und vom BGH punktuell anerkannt (BGH ZIP 1988, 1102; GRAF v WESTPHALEN RIW 1994, 453). Man muß davon ausgehen, daß jeweils nur bestimmte Teile der ERA als Handelsbrauch anerkannt werden können, andere nicht, entweder weil sie (durch neuere Textrevision) noch nicht lange genug in Kraft sind, um allgemeine Anerkennung zu erlangen, oder weil sie bestimmte Interessen einseitig betonen und daher ihre allgemeine Anerkennung nicht unzweifelhaft ist. Immerhin können die ERA auch bei Verträgen, die nicht auf sie Bezug nehmen, mit der genannten Einschränkung als Auslegungshilfe herangezogen werden.

382 Die Verträge der am Akkreditivgeschäft beteiligten Parteien einschließlich des eigentlichen Akkreditivversprechens unterliegen grundsätzlich einem bestimmten nationalen Recht. Das **anwendbare Recht** bestimmt sich nach deutschem Recht primär nach der Rechtswahl der Parteien (Art 27 EGBGB; BGH WM 1955, 765 f), die auch nachträglich erfolgen kann (OLG Frankfurt/M RIW 1986, 905, 906). Mangels Rechtswahl ist die Rechtsordnung maßgebend, zu der das Rechtsverhältnis die engste Rechtsbeziehung aufweist (Art 28 EGBGB). Maßgeblich ist dann im Grundsatz das Recht der eröffnenden Bank (Sitzrecht), weil diese die charakteristische Leistung erbringt (HEYMANN/HORN Anh § 372 BankGesch IV Rn 26; STEINDORFF, in: FS v Caemmerer [1978] 761 ff; SCHÜTZE WM 1982, 226 f; GRAF v WESTPHALEN, Exportfinanzierung [3. Aufl 1987] 39; SCHÜTZE 406 ff; v BAR ZHR 152 [1988] 38, 53; iErg BGH WM 1955, 765 f, der aber auf den Erfüllungsort abstellt).

Wird (wie üblich) eine Zweitbank im Land des Exporteurs eingeschaltet, so ändert 383
sich an dem aus Art 28 EGBGB abgeleiteten Grundsatz (Sitzrecht der eröffnenden
Bank) nichts. Wird die Zweitbank nur als Avisbank tätig, so folgt dies schon aus
ihrer untergeordneten Funktion (EBERTH WM 1984 Beil 4, 9; iErg OLG Frankfurt/M WM
1992, 569, 570; zust SCHÜTZE EWiR 1992, 339). Aber auch wenn sie als Zahlstelle fungiert,
bleibt es beim Sitzrecht der eröffnenden Bank (NIELSEN, Grundlagen [1985] 35 f; SCHÜTZE
WM 1982, 226 ff; GRAF vWESTPHALEN, Exportfinanzierung 300 f; aA STAUDINGER/BRÄNDL$^{10/11}$ Vorbem 117; LG Frankfurt/M WM 1976, 515, 520; LIESECKE WM 1966, 458; STEINDORFF, in: FS
vCaemmerer [1978] 771). Allerdings ist zu beachten, daß beim Akkreditiv (anders als
bei der Bankgarantie) der (regelmäßige) tatsächliche Zahlungsvorgang im Vordergrund steht und ein Interesse des Begünstigten am Recht des Zahlungsorts besteht
(STAUDINGER/BRÄNDL$^{10/11}$ aaO). Die Bestimmung der Zahlstelle kann daher jedenfalls
im Zusammenhang mit anderen Umständen auf eine konkludente Wahl des Rechts
des Zahlungsorts deuten (weitergehend in diesem Sinn OLG Frankfurt/M WM 1988, 254; abl
SCHÜTZE EWiR 1988, 81, 82). Übernimmt dagegen die Zweitbank als bestätigende Bank
eine eigene Verpflichtung, so ist auf diese das an ihrem Sitz geltende Recht anzuwenden (BGH WM 1955, 765; OLG Karlsruhe IPRax 1982, 102; HEYMANN/HORN Anh § 372
BankGesch IV Rn 27; GRAF vWESTPHALEN, Exportfinanzierung 301; SCHÜTZE WM 1982, 226,
228).

Tatbestände des Rechtsmißbrauchs sind im Grundsatz ebenfalls nach dem Recht des 384
Vertragsstatuts zu beurteilen (SCHÜTZE WM 1982, 226, 228 f); daneben kommt das
Deliktsstatut zur Anwendung. Sollte aber ein ausländisches anwendbares Recht
keine rechtlichen Sanktionen gegen den Rechtsmißbrauch gewähren, so müssen die
im deutschen Recht anerkannten Grundsätze über Rechtsmißbrauch gemäß Art 6
EGBGB zum Zug kommen (vBAR ZHR 152 [1988] 38, 54 f).

c) Der Akkreditivauftrag
Der Akkreditivauftrag des Akkreditivstellers (Importeurs) an die Bank ist 385
Geschäftsbesorgungsvertrag (§§ 675, 631), durch den sich die Bank zur Eröffnung
eines Akkreditivs zu möglichst genau bestimmten Bedingungen (ua Person des
Begünstigten, Betrag, Art der Dokumente, Verfallsdatum) verpflichtet, der Akkreditivsteller zur Zahlung einer Provision und zum Aufwendungsersatz (Akkreditivbetrag), ggf Vorschußzahlung (§§ 675, 631, 670, 669). Erweckt die Bank beim
Kunden das Vertrauen, sie werde einen Akkreditivauftrag annehmen, so wird sie bei
verspäteter Ablehnung des Auftrags schadensersatzpflichtig (BGH ZIP 1984, 40). IdR
berät die Bank aufgrund besserer Sachkenntnis den Akkreditivsteller bei Auftrags-
erteilung über die zweckmäßige Gestaltung des Akkreditivs hinsichtlich allgemeiner
zahlungs- und banktechnischer, devisenrechtlicher uä Fragen; insoweit ist auch eine
Beratungspflicht anzunehmen (teilw abw CANARIS Anm 966). Die Bank hat dem Begünstigten Mitteilung zu machen und ihm das Akkreditiv zu eröffnen (Vorbem 109). Bei
der Abwicklung des Akkreditivs ist die Bank zur sorgfältigen formalen Prüfung der
vorgeschriebenen Dokumente (ihrer äußeren Aufmachung und ihrem Inhalt nach)
auf Übereinstimmung mit den Akkreditivbedingungen verpflichtet (Art 13–14
ERA; Grundsatz der **Dokumentenstrenge**). Die Bank prüft nur die Dokumente, nicht
die ihnen zugrundeliegende Warenbewegung (Art 13 a ERA). Sie ist berechtigt und
verpflichtet, Dokumente, die von den Akkreditivbedingungen abweichen, nicht aufzunehmen (BGH MDR 1958, 217 u 407 f; NJW 1971, 558; 1985, 550 f; WM 1984, 1443; 1987, 612),

es sei denn, sie kann einwandfrei beurteilen, daß die Abweichung für den Auftraggeber unschädlich ist (BGH BB 1960, 25).

386 Auch der Grundsatz der Dokumentenstrenge steht unter dem Vorbehalt von Treu und Glauben (KOLLER WM 1990, 293 ff). (1) Dies bedeutet zum einen, daß die Akkreditivbedingungen und die aufzunehmenden Dokumente selbst nach §§ 133, 157 BGB auszulegen sind (KOLLER aaO), freilich unter Berücksichtigung ihrer Formalisierung und der Verkehrsbedürfnisse. So hat der BGH einen standby letter of credit (dh ein funktionell der Bankgarantie gleichgestelltes Akkreditiv; oben Rn 291) nach seinem Sinn und Zweck, der aus den in der Urkunde enthaltenen Bestimmungen erkennbar war, ausgelegt (BGH ZIP 1994, 857 ff: danach bestand im Rahmen des Gesamtbetrags des Akkreditivs ein Zahlungsanspruch immer nur in Höhe von 50% bestimmter Außenstände; zust NIELSEN EWiR 1994, 635 f). (2) Zum andern ist auch bei Feststellung einer Abweichung der Dokumente von den Akkreditivbedingungen zu prüfen, ob die Abweichung bei Berücksichtigung der Interessen der Beteiligten unerheblich, weil für den Auftraggeber unschädlich ist (BGH NJW 1985, 550, 551; WM 1988, 1298, 1300; KOLLER WM 1990, 293, 294). (3) Gefälschte Papiere, die in der Praxis häufig vorkommen, sind natürlich niemals dem Akkreditiv konform; die Bank darf aber das **Fälschungsrisiko** auf den Akkreditivauftraggeber (Kunden) abwälzen, sofern sie die Fälschung schuldlos oder aufgrund nur leichter Fahrlässigkeit verkannt hat (BGH ZIP 1989, 1451 f).

387 Üblicherweise schaltet die (erst)beauftragte Bank eine **zweite Bank** im Land des Begünstigten (Exporteurs) zur Durchführung des Akkreditivs ein. Zwischen den Banken besteht wiederum ein Geschäftsbesorgungsvertrag (§§ 675, 631). Dabei sind verschiedene Aufgaben der Zweitbank zu unterscheiden: (1) Als Avisbank teilt sie dem Begünstigten nur die Eröffnung des Akkreditivs mit; (2) als Zahlstelle wird sie mit der Auszahlung oder sonstigen Leistungen an den Begünstigten betraut. (3) Sie kann auch als bestätigende Bank tätig sein und durch die Bestätigung dem Begünstigten einen zweiten Anspruch verschaffen (Art 9 b ERA). (4) Ferner kann die Zweitbank oder eine andere Bank mit der Aufnahme der Dokumente beauftragt sein. In allen Fällen, in denen die Dokumente von einer anderen Bank als der eröffnenden Bank aufgenommen werden (zB durch die Zweitbank für die eröffnende Bank, durch eine sonstige Bank für die eröffnende Zweit- oder Erstbank), gilt die Regel, daß die eröffnende Bank die Dokumente selbständig prüfen und bei Beanstandung der aufnehmenden Bank zurücksenden muß (Art 13 a, 14 b - e ERA). Jede beteiligte Bank muß ihre selbständige Prüfungspflicht in angemessener Frist erfüllen, maximal binnen 7 Bankarbeitstagen (Art 13 b ERA).

388 Die zweitbeauftragte Bank steht zum Akkreditivauftraggeber (Importeur) in keinem Vertragsverhältnis (RGZ 105, 48, 50; 106, 26, 30; OLG Düsseldorf WM 1978, 359, 360; LIESECKE WM 1966, 458, 463; SCHLEGELBERGER/HEFERMEHL Rn 194). Auch direkte Schadensersatzansprüche wegen sog Schutzpflichtverletzungen kommen nicht in Betracht (SCHLEGELBERGER/HEFERMEHL Rn 194; HADDING, in: FS Werner [1984] 199; aA CANARIS Rn 974). Die Zweitbank ist **Erfüllungsgehilfe** der Erstbank (BGH WM 1958, 1542; HEYMANN/HORN, HGB Anh § 372 BankGesch IV Rn 48; ZAHN/EBERDING/EHRLICH, Zahlung und Zahlungssicherung im Außenhandel [6. Aufl 1996] Rn 2/148; aA NIELSEN BuB 5/543 ff; differenzierend CANARIS Rn 974 f; GRAF vWESTPHALEN RIW 1994, 453 ff). Während die Erfüllungsgehilfenschaft der Avisbank fast unstreitig ist (CANARIS Rn 975; jetzt GRAF vWESTPHALEN RIW 1994, 456), wird bei Einschaltung als Zahlstelle verbreitet statt dessen Substitution iS § 664 Abs 1 angenommen (SCHÜTZE, Das Dokumentenakkreditiv im internationalen Handelsverkehr Rn 311; NIELSEN, Neue Richtlinien für Dokumenten-Akkreditive Rn 126; GRAF vWESTPHALEN RIW 1994, 456; aA zutr CANARIS Rn 974). Es wird auch angenommen, die bestätigende Bank, die sich also selbst verpflichtet, sei nicht Erfüllungsgehilfe, weil ihre Leistung von der erstbeauftragten (eröffnenden) Bank so nicht erbracht werden könne (CANARIS Rn 974); dies aber ist nicht Voraussetzung der Erfüllungsgehilfenschaft. Die Zweitbank ist unstreitig dann nicht Erfüllungsgehilfe der Erstbank, wenn die Erstbank nur eine Pflicht zur Beauftragung der Zweitbank übernommen hat und diese das Akkreditiv eröffnen soll (RGZ 105, 48, 51; CANARIS Rn 974; HEYMANN/HORN, HGB Anh § 372 BankGesch IV Rn 48); dann ist Substitution iS § 664 Abs 1 (und weitergeleiteter Auftrag iS Nr 3 [2] AGB-Banken) anzunehmen.

Im Hinblick auf die Fälle, in denen nach deutschem Recht Erfüllungsgehilfenschaft **389** anzunehmen ist, ist eine Freizeichnung der erstbeauftragten Bank für grobes Verschulden der Zweitbank nach § 11 Nr 7 AGBG nicht möglich, gemäß § 9 AGBG auch nicht im kaufmännischen Verkehr (HORN, in: WOLF/HORN/LINDACHER, AGB-Gesetz [3. Aufl 1994] § 24 Rn 36). Art 18 a ERA 1993, welche jede Haftung der erstbeauftragten Bank für Fehler der von ihr zweitbeauftragten Bank oder einer anderen eingeschalteten Bank ausschließt und erklärt, daß diese nur auf Rechnung und Gefahr des auftraggebenden Kunden (Importeurs) handele, verstößt daher gegen das deutsche AGB-Gesetz (§ 11 Nr 7 u § 9; GRAF vWESTPHALEN RIW 1994, 453, 457). Gleiches gilt für den Ausschluß der Haftung für Auswahlverschulden durch Art 18 b ERA 1993 in den Fällen, in denen auch nach deutschem Recht eine Substitution iS § 664 Abs 1 gestattet ist (NIELSEN, Neue Richtlinien Rn 128; GRAF vWETSPHALEN aaO). Andererseits darf mE die Haftung der erstbeauftragten Bank für Fehler der weiteren eingeschalteten Banken mit Rücksicht auf die typischen Auslandsrisiken, die sie im Interesse des Kunden übernimmt, nicht überspannt werden; ihre Haftung muß sich auf das beschränken, was sie durch sorgfältige Rechtsverfolgung gegen die eingeschaltete Bank erlangt (HEYMANN/HORN Anh § 372 BankGesch IV Rn 49).

d) Im Rahmen des **Liefergeschäfts** zwischen Exporteur (Akkreditivsteller) und **390** Importeur (Begünstigter), das Kauf- oder Werklieferungsvertrag ist, ist eine Akkreditivklausel eine vertragliche Bestimmung der Zahlungsmodalität und eine Ausgestaltung des funktionellen Synallagma (Kasse gegen Dokumente). Die Akkreditiveröffnung ist nicht Erfüllung, sondern erfolgt erfüllungshalber iS § 364 Abs 2 (BGH WM 1956, 753, 755; LIESECKE WM 1976, 259). Die Akkreditivforderung (Rn 378, 393 ff) tritt neben die Kaufpreisforderung. Diese wird erst mit Vorlage der Dokumente fällig (BGHZ 55, 340, 342; wichtig für Verjährung). Der Exporteur muß primär Befriedigung aus dem Akkreditiv suchen; auch der Importeur kann nicht eine andere Art der Befriedigung wählen (BGHZ 60, 262, 264 f: Akkreditivklausel bedeutet Aufrechnungsverbot). Mißlingt die Erfüllung durch Akkreditiv, kann der Exporteur auf die Kaufpreisforderung zurückgreifen (HORN 16).

e) **Begründung des Akkreditivanspruchs**
Der Akkreditivauftrag des Importeurs an die Bank verschafft dem Exporteur noch **391** keinen Anspruch. Erst durch die (unwiderrufliche) Akkreditiveröffnung erwirbt er einen Anspruch gegen die eröffnende Bank auf Zahlung oder die vorgesehene zahlungsähnliche Leistung (Art 9 a ERA). Es handelt sich um einen Vertrag (SCHÖNLE § 8 VIII 2 b 4; HEFERMEHL Rn 198 f; BGH ZIP 1989, 1451 f; CANARIS Anm 982). Die Eröffnungs-

erklärung der Bank wird vom Begünstigten konkludent angenommen, ohne daß dies verkehrsüblicherweise der Bank selbst erklärt zu werden braucht (§ 151). Die Verpflichtung der Bank ist nach zutr hM abstraktes Schuldversprechen iS § 780 (RGZ 144, 133, 136; BGHZ 60, 262, 264; CANARIS Anm 984; aA KÜBLER 189 f). Ist das Akkreditiv widerruflich gestellt, was nach Art 6 c ERA ausdrücklich vereinbart sein muß, ist ebenfalls ein Anspruch begründet, den die Bank aber bis zur Auszahlung (oder einer Zahlungszusage) widerrufen kann (HEFERMEHL Rn 204; ZAHN/EBERDING/EHRLICH Rn 2/144).

392 Durch die **Bestätigung** der zweitbeauftragten Bank erhält der Begünstigte einen zweiten selbständigen Anspruch (Art 9 b ERA) iS § 780 (BGHZ 28, 129 f). Beide Banken haften dann als Gesamtschuldner (ZAHN/EBERDING/EHRLICH Rn 2/174; HEFERMEHL Rn 211). Eröffnung und Bestätigung haben gleiche Wirkung. Möglich ist auch, daß erst die Zweitbank die Eröffnung erklärt und dann allein haftet. Die Zweitbank ist nicht Schuldner, wenn sie nur Mitteilungen (Avis) der Erstbank an den Begünstigten weiterleitet oder als Zahlstelle tätig wird. Unklarheiten der Erklärung, ob Bestätigung oder bloßes Avis gemeint ist, müssen zu Lasten der Bank gehen (zutr RGZ 106, 304, 305 f; CANARIS Anm 986).

393 f) Inhalt des Anspruchs des Akkreditivberechtigten (Begünstigten) ist gem Art 2, 9 und 10 ERA die **Zahlung der Akkreditivsumme** und zwar entweder sofort bei Vorlage der Dokumente (Sichtzahlung) oder nach Ablauf einer Frist (hinausgeschobene Zahlung; deferred payment) **oder** die Leistung eines **Wechselakzepts** durch die eröffnende oder bestätigende Bank (und Zahlung bei Fälligkeit des Wechsels) **oder** der Ankauf von Tratten (die auf die eröffnende oder bestätigende Bank gezogen sind) durch eine dritte, dazu ermächtigte Bank (**Negoziierung**; seit 1993 definiert in Art 10 b ii ERA); die Negoziierung kann auch im bloßen Ankauf der Akkreditivdokumente bestehen. Das Akkreditiv muß eindeutig angeben, in welcher Art (oder Arten) von Leistung es benutzt werden kann (Art 10 a ERA). Durch die Benennung einer anderen Bank oder durch die Zulassung der Negoziierung durch jede Bank oder die Ermächtigung oder Beauftragung einer anderen Bank, das Akkreditiv zu bestätigen, ermächtigt die eröffnende Bank diese Bank zu Zahlung, Wechselakzept oder Negoziierung gegen Dokumente, die äußerlich den Akkreditivbestimmungen entsprechen, und verpflichtet sich gegenüber der leistenden Bank zur Erstattung des Akkreditivbetrages (Art 10 d ERA). Ist im Akkreditiv aufgeschobene Zahlung vorgesehen, so ist im Zweifel auch eine Pflicht der Bank gegenüber dem Akkreditivauftraggeber (Importeur) anzunehmen, nicht vorher auszuzahlen (aA SchweizBG in: Praxis des BG 1974 Nr 278). Der Anspruch ist **befristet** durch das **Verfallsdatum**, bis zu dem die Dokumente am vorgeschriebenen Ort vorgelegt werden müssen; jedes Akkreditiv muß eine Bestimmung des Verfallsdatums und des Vorlageortes enthalten (Art 42 a ERA).

394 g) Der Akkreditivanspruch ist bedingt durch die fristgerechte Einreichung der vorgeschriebenen **Dokumente**. Der Grundsatz der Dokumentenstrenge, der im Verhältnis Bank – Akkreditivsteller gilt (oben Rn 385), ist auch hier von Bedeutung (BGH WM 1960, 38 f): Der Anspruch auf Leistung besteht nur, wenn die Dokumente den Akkreditivbedingungen entsprechen (Art 9 a ERA), wobei die Bank eine sorgfältige Prüfung der Dokumente „der äußeren Aufmachung nach" vornimmt (Art 13 u 14 ERA). Der Akkreditivanspruch besteht unbedingt mit der vorbehaltslosen Aufnahme der Dokumente durch die Akkreditivbank oder eine von ihr dazu beauftragte Bank. Damit wird der Anspruch zugleich fällig außer im Fall des vereinbarten Zahlungsaufschubs (deferred payment). Keine Aufnahme liegt vor, wenn die Dokumente lediglich unter dem Vorbehalt näherer Prüfung entgegengenommen werden. Wenn die Akkreditivbank aber die Dokumente dem Käufer (Akkreditivauftraggeber) zwecks Besichtigung der Ware weiterleitet, so ist dies im Grundsatz als vorbehaltslose Aufnahme der Dokumente zu bewerten mit der Folge, daß die Bank sich nicht mehr auf Mängel der Dokumente berufen kann (BGHZ 101, 84 = WM 1987, 977).

Leistet die Bank in Unkenntnis von Mängeln der Dokumente, so kann ihr ein Bereicherungsanspruch gegen den Begünstigten wegen Leistung auf eine Nichtschuld zustehen (ULMER AcP 126, 257, 290; ZAHN/EBERDING/EHRLICH Rn 2/316; LIESECKE WM 1966, 458, 469; CANARIS Rn 996). Sind allerdings die Dokumente aufgenommen worden, dh als akkreditivkonform anerkannt worden, so kann der Anspruch nur bestehen, soweit die Aufnahme von Irrtum beeinflußt war, zB eine Fälschung oder inhaltliche Abweichung nicht erkannt wurde (NIELSEN, in: FS Werner [1984] 573, 579; aA CANARIS Rn 996). Leistet die Zahlstelle auf nicht akkreditivkonforme Dokumente, so hat sie den Bereicherungsanspruch (CANARIS Rn 996; NIELSEN aaO). Denn sie hat keinen Aufwendungsersatzanspruch von der eröffnenden Bank zu beanspruchen und muß dieser den Akkreditivbetrag, falls sie ihn bereits empfangen und ausgezahlt hat, wieder zurückerstatten (BGH WM 1984, 1214, 1215; NIELSEN WM 1985, 149 ff); Voraussetzung ist allerdings, daß sie die Abweichungen unverzüglich anzeigt und die Dokumente zur Verfügung hält (BGH aaO; NIELSEN aaO). **395**

Wenn die Bank (als eröffnende oder bestätigende Bank oder Zahlstelle) auf fehlerhafte Dokumente zahlt und dann den Betrag zurückfordert, kann sie dem Begünstigten, der die Mängel unverschuldet verkannt hat, ausnahmsweise schadensersatzpflichtig sein, wenn sie ihn nicht unverzüglich auf die Mängel aufmerksam gemacht hat; eine solche Rügepflicht folgt allerdings nicht aus den ERA, weil diese nur im Verhältnis zwischen den Banken eine solche Pflicht begründen (LG Frankfurt/M WM 1994, 944, 946). **396**

Bei Akkreditiven mit hinausgeschobener Zahlung (**deferred payment**), bei denen also der Zahlungsanspruch aus dem Akkreditiv erst nach Ablauf einer vorgeschriebenen Frist nach der Aufnahme der Dokumente fällig wird, sucht sich der Begünstigte (Exporteur) oft Liquidität schon vorher zu beschaffen, indem er sich von der Zweitbank, die zB als bestätigende Bank und/oder als Zahlstelle fungiert, den Betrag vorher auszahlen bzw bevorschussen läßt. Es ist umstritten, ob die Zweitbank damit gegenüber der (erstbeauftragten) Akkreditivbank (eröffnende Bank) oder deren Kunden, dem Akkreditivauftraggeber (Importeur) eine Pflicht verletzt. Dies kann nicht schon deshalb angenommen werden, weil damit dem Importeur die Möglichkeit genommen wird, durch gerichtliche Eilmaßnahmen die Auszahlung der Summe wegen Gefahr des Rechtsmißbrauchs zu verhindern (so aber PLAGEMANN RIW 1987, 27, 28). Denn die Frist bedeutet nur eine Kreditierung durch den Exporteur (BGHZ 101, 84, 93; OLG Frankfurt/M WM 1981, 445, 446) und soll nicht etwa zur Blockierung der Auszahlung wegen eines (nur selten gegebenen) Rechtsmißbrauchs einladen (BGHZ 101, 84, 92 f). Die bevorschussende Bank kann nur ausnahmsweise die Rücksichts- **397** pflicht haben, eine Bevorschussung abzulehnen, weil ihr ein offensichtlicher Rechtsmißbrauch im Zusammenhang mit dem Akkreditiv bekanntgeworden ist.

398 Grundsätzlich gilt, daß die Zweitbank, die als Zahlstelle oder auch als bestätigende Bank das Akkreditiv bevorschußt, ein eigenes Geschäft tätigt (BGHZ 101, 84; OLG Frankfurt/M RIW 1986, 905, 908 betr Zahlstelle; ähnl Cour d'Appel Paris 30. 4. 1985; dazu EBERTH RIW 1986, 347 ff; nur zT abw OLG Frankfurt/M WM 1981, 445 f). Die bevorschussende Bank kann aber später den Vorschuß mit dem fälligen Akkreditivanspruch des Begünstigten verrechnen und sich durch ihren Aufwendungsersatzanspruch gegenüber der eröffnenden Bank erholen bzw selbst den Akkreditivanspruch gelten machen, den sie sich bei Bevorschussung hat abtreten lassen. Vorausgesetzt ist, daß der Akkreditivanspruch durch vorbehaltslose Aufnahme der Dokumente unbedingt geworden ist, es sei denn, die bevorschussende Bank hat bei der Aufnahme fahrlässig gehandelt oder sonst durch weisungswidriges Handeln die eröffnende Bank und deren Kunden geschädigt (BGHZ 101, 94 f). Allerdings muß eine Weisung, die Bevorschussung zu unterlassen, nur ausnahmsweise (Rn 397) befolgt werden.

399 Kernstück der vorgeschriebenen Dokumente ist ein Transportpapier (Art 23 ff), mit dem über die Ware verfügt werden kann, am häufigsten ein Konnossement. Erforderlich ist regelmäßig ein Bordkonnossement (§ 642 Abs 1 HGB); Übernahmekonnossemente (§ 642 Abs 5 HGB) und Konnossemente unter Charterpartie reichen nicht aus (Art 23 a vi), falls dies nicht ausdrücklich gestattet ist (Art 25), wohl aber abgekürzte Dokumente (short form bills of lading), die wegen der allgemeinen Beförderungsbedingungen auf ein anderes Dokument verweisen (Art 23 a v). Sofern mehrere Ausfertigungen bestehen, müssen alle Ausfertigungen der Bank vorgelegt werden (BGH WM 1958, 456, 459). Die Transportdokumente dürfen nicht durch ungewöhnliche Haftungsausschlüsse entwertet sein (BGHZ 33, 364 f; zu üblichen und gem Art 15 zulässigen Unbekanntheitsklauseln BGHZ 25, 250 f). Die Dokumente müssen „rein" sein, dh sie dürfen keine Hinweise auf mangelhafte Ware oder Verpackung enthalten (Art 32). Die Entwicklung des Transportwesens, insbesondere der Containerverkehr, hat es notwendig gemacht, auch Konnossemente zuzulassen, die verschiedene Transportarten umfassen (multimodale Transportdokumente; Art 26; LIESECKE WM 1976, 268; HORN 22 ff; HEFERMEHL Anm 166 ff). Macht der Importeur (Akkreditivauftraggeber) nicht die Einreichung der Verladepapiere, mit denen er über die Ware verfügen kann (Traditionspapiere), zur Akkreditivbedingung, so muß er das daraus folgende Risiko, die Ware nicht zu erhalten, selbst tragen (OLG Frankfurt/M WM 1981, 445).

400 h) Die Übertragung der gesamten Rechtsstellung des Begünstigten aus dem Akkreditiv, durch die „das Akkreditiv im ganzen oder zum Teil einem anderen verfügbar gemacht wird", kann nur erfolgen, wenn sie im Akkreditiv ausdrücklich vorgesehen ist (Art 48 ERA). Die Bank kann dann Einwendungen gegen den Erstbegünstigten nicht mehr dem Erwerber entgegensetzen; anders nur, wenn der Rechtsmißbrauch den Einwand der unzulässigen Rechtsausübung begründet (BGH ZIP 1996, 913). Diese Gesamtübertragung wird dogmatisch überwiegend als Neubegründung des Schuldverhältnisses gedeutet, ohne daß dies notwendig erscheint (HEFERMEHL Rn 234; LIESECKE WM 1976, 261; SCHÖNLE § 8 VIII 3 a; aA HORN 18). Im Unterschied dazu ist die einfache Abtretung des Auszahlungsanspruchs ohne die erschwerende Voraussetzung der doppelten Zustimmung der Bank zulässig; dies gilt seit

18. Titel. **Vorbem zu §§ 765 ff**
Bürgschaft 401—404

1974 ausdrücklich auch für das unübertragbare Akkreditiv (jetzt Art 49 ERA 500); der BGH hatte früher Unwirksamkeit angenommen (WM 1959, 970 f; krit EISEMANN, in: FS Bärmann 277). Die Abtretung des Anspruchs an die akkreditiveröffnende Bank selbst führt freilich zum Erlöschen durch Konfusion oder hindert das Entstehen (OLG Frankfurt/M WM 1992, 569; SCHÜTZE EWiR 1992, 339). Die Bank kann Dritten nach § 405 haftbar sein (OLG Frankfurt/M aaO).

i) Der Akkreditivanspruch ist abstrakt in dem Sinn, daß er unabhängig vom **401** zugrundeliegenden Liefergeschäft (Art 3 ERA) und demnach keinen Einwendungen aus diesem Vertrag (Valutaverhältnis) ausgesetzt ist (RGZ 106, 304, 307; BGHZ 60, 262, 264; BGH ZIP 1989, 1451 f; HEFERMEHL Rn 217; CANARIS Anm 1010), ebensowenig Einwendungen aus dem Akkreditivauftrag (Deckungsverhältnis) (RGZ 144, 133, 137; BGH WM 1958, 291 f; 60, 38, 41; vCAEMMERER JZ 1959, 364 u 1962, 388; HEFERMEHL Rn 216; CANARIS Anm 426). Dieser **Einwendungsausschluß** ergibt sich schon aus den ERA (vgl Art 3 b) und heute aus internationalem Handelsbrauch (abl CANARIS Anm 1005 mit gleichem Ergebnis nach deutschem Recht). Die Bank hat also nur Einwendungen, die sich auf die Gültigkeit der Akkreditiveröffnung (bzw -bestätigung) beziehen, sich aus dem Inhalt des Akkreditivs ergeben oder der Bank direkt gegen den Begünstigten zustehen (HEFERMEHL Rn 220 ff; vgl zur Garantie Rn 202 ff).

Der Einwendungsausschluß kann nicht gelten für sog Gültigkeitseinwendungen, die **402** auch den Akkreditivanspruch ergreifen, so bei Gesetzes- oder Sittenwidrigkeit des Geschäfts (RGZ 106, 304, 307; ULMER AcP 126, 294 f; BORGGREFE 27; zu einem devisenrechtlichen Eingriff RGZ 144, 133) und beim Scheingeschäft. Der Einwendungsausschluß steht grundsätzlich unter dem **Vorbehalt von Treu und Glauben** (RGZ 144, 133, 137; vgl zur Garantie Rn 241 ff, 310 ff). Der Einwand des Rechtsmißbrauchs ist daher gegeben bei rechtskräftiger Abweisung (BGH WM 1958, 696 f) oder nachweislicher anderer Erfüllung des Kaufpreisanspruchs; daneben besteht ggf ein Anfechtungsrecht. Die Mangelhaftigkeit der Ware kann im Grundsatz nicht eingewandt werden, auch wenn die Bank sich die Ansprüche des Akkreditivstellers (Importeurs) abtreten läßt (BGHZ 28, 129 ff; 60, 262, 264 vgl auch BGE 100 II 145). Eine Ausnahme muß man bei gänzlicher Ungeeignetheit der Ware und ähnlichen Fällen machen, weil hier der **Einwand des Rechtsmißbrauchs** dem abstrakten Zahlungsanspruch entgegensteht (BGHZ 101, 84, 92 f = WM 1987, 977; BGH WM 1988, 1298, 1300; BGHZ 60, 262, 264; OLG Frankfurt/M WM 1981, 445; LG Aachen WM 1987, 499; LG Limburg WM 1992, 1399, 1403 [betr Irak-Embargo] Anm STEINER EWiR 1992, 871; HEYMANN/HORN, HGB Anh § 372 BankGesch IV Rn 89 ff; CANARIS Rn 1016; ZAHN/EBERDING/EHRLICH Rn 2/336 ff; SCHLEGELBERGER/HEFERMEHL Anh § 365 Rn 225 ff; SCHÜTZE, Das Dokumentenakkreditiv im Internationalen Handelsverkehr Rn 427 ff).

Ein starker Verdacht auf die nicht ordnungsgemäße Erfüllung des Kaufvertrages soll **403** die Akkreditivbank noch nicht berechtigen, dem Begünstigten die Zahlung zu verweigern (BGH WM 1988, 1298). Das Problem ist iE ebenso wie die rechtsmißbräuchliche Inanspruchnahme einer Garantie zu beurteilen (oben Rn 310 ff). Wenn der Einwand des Rechtsmißbrauchs der Bank eindeutig zur Verfügung steht, ist sie nicht nur berechtigt, gegenüber dem Begünstigten die Leistung zu verweigern, sondern sie ist auch gegenüber dem Akkreditivauftraggeber dazu verpflichtet (HEYMANN/HORN, HGB Anh § 372 BankGesch IV Rn 93; CANARIS Rn 1024; ERMAN 264; BORGGREFE 67).

k) Will der Akkreditvsteller (Importeur) selbst die Auszahlung an den Akkredi- **404**

tivbegünstigten (Exporteur) verhindern, weil er Gründe für die Befürchtung hat, daß zB unrichtige oder gefälschte Dokumente angedient werden oder die betrügerische Lieferung wertloser Ware vorliegt, so kann er durch gerichtliche Eilmaßnahmen die Auszahlung der Akkreditivsumme zu verhindern suchen, nämlich durch **Arrest** des Auszahlungsanspruchs (HEYMANN/HORN, HGB Anh § 372 IV Rn 97; CANARIS Rn 1065; SCHÜTZE Rn 507 ff; ADEN RIW 1976, 678, 680 ff; PILGER RIW 1979, 588; PLAGEMANN RIW 1987, 27; vgl BGHZ 101, 84, 94 f; aA GRAF vWESTPHALEN, Exportfinanzierung 293 ff) oder durch **einstweilige Verfügung**, durch die der Bank die Auszahlung verboten wird (HEYMANN/HORN Rn 93 ff; CANARIS Rn 1025; GRAF vWESTPHALEN, Exportfinanzierung 289; LG Aachen WM 1987, 499 [nur subsidiär zum Arrest]; abl BAUMBACH/HOPT [7] K 21; SCHÜTZE Rn 504 ff; vBERNSTORFF RIW 1986, 332, 334 f). Es gelten die gleichen Gesichtspunkte wie bei mißbräuchlicher Inanspruchnahme aus Garantie (oben Rn 321 ff, 336 ff). Da man befürchtet, durch solche Eilmaßnahmen könne die Funktionsfähigkeit des Akkreditivs im internationalen Handel beeinträchtigt werden, werden strenge Anforderungen an die Voraussetzungen gestellt. Die verbreitet erhobene Forderung, der Rechtsmißbrauch müsse schon bei der Beantragung der Eilmaßnahme „liquide beweisbar" sein (CANARIS Rn 1023 f; BORGGREFE 70–86; so wohl auch BGHZ 101, 84, 92 f), entspricht freilich nicht dem Gesetz, das nur Glaubhaftmachung verlangt, und schießt über das Ziel hinaus. Der Antragsteller muß lediglich glaubhaft machen, daß der Rechtsmißbrauch beweisbar sein werde, dh die Bank den Zahlungsanspruch bei Klage des Akkreditivbegünstigten erfolgreich werde abwehren können (HEYMANN/HORN, HGB Anh § 372 BankGesch IV Rn 98). – Die Bank kann bei einer Ungewißheit darüber, ob der Einwand des Rechtsmißbrauchs begründet ist, sich nicht durch Hinterlegung des Akkreditivbetrags gemäß §§ 372, 378 von ihrer Zahlungspflicht befreien. Denn diese Ungewißheit ist keine Gläubigerungewißheit iS § 372 (OLG Frankfurt/M WM 1988, 214; zust NIELSEN EWiR 1988, 137).

4. Die Patronatserklärung*

a) Begriff und Zweck

405 Die Patronatserklärung ist eine Erklärung (des „Patrons"), ein Unternehmen, das

---

* **Schrifttum**: DILGER, Patronatserklärungen im englischen Recht, RIW 1988, 908; 1989, 573; GERTH, Atypische Kreditsicherheiten, Liquiditätsgarantien und Patronatserklärungen deutscher und ausländischer Muttergesellschaften (2. Aufl 1980); ders, Die Patronatserklärung im französischen Recht, RIW 1982, 477; ders, Zur Rechtsentwicklung der französischen Patronatserklärung, RIW 1986, 13; HABERSACK, Patronatserklärungen ad incertas personas, ZIP 1996, 257; KÖHLER, Patronatserklärungen als Kreditsicherheit: tatsächliche Verbreitung – wirtschaftliche Gründe – rechtliche Bedeutung, WM 1978, 1338; LENZ, Akkreditive und weitere Zahlungssicherungen im Ausland, EuZW 1991, 297; MICHALSKY, Die Patronatserklärung, WM 1994, 1229; MOSCH, Patronatserklärungen deutscher Konzernmuttergesellschaften und ihre Bedeutung für die Rechnungslegung (1978); OBERMÜLLER, Die Patronatserklärung, ZGR 1975, 1; RÜMKER, Probleme der Patronatserklärung in der Kreditsicherungspraxis, WM 1974, 990; UWE H SCHNEIDER, Patronatserklärungen gegenüber der Allgemeinheit, ZIP 1989, 619; SCHRAEPELER, Patronatserklärung als Sicherheit, ZKW 1975, 215; SCHRÖDER, Die „harte" Patronatserklärung – verschleierte Bürgschaft/Garantie oder eigenständiger Kreditsicherungstyp?, ZGR 1982, 552; STECHER, „Harte" Patronatserklärungen. Rechtsdogmatische und praktische Probleme (Diss Köln 1979); VOLLMER, Haftungsrisiken aus konzerninternen Patronatserklärungen mit Managementklauseln, ZBB 1993, 89; WITTHUHN, Pa-

Schuldner eines Dritten (Bank) ist, wirtschaftlich zu unterstützen oder zu beeinflussen mit dem Ziel, dadurch die Kreditfähigkeit dieses unterstützten Unternehmens zu verbessern. Versprochen werden also „zur Förderung der Kreditwürdigkeit Maßnahmen oder Unterlassungen" (Empfehlungen des Hauptfachausschusses der Wirtschaftsprüfer in Deutschland eV, WpG 1976, 528 ff). Es handelt sich um einen Sammelbegriff, der eine Fülle verschiedenartiger, oft sehr umfangreicher Erklärungen mit unterschiedlicher rechtlicher Tragweite umfaßt. Häufig tritt als Patron eine Konzernobergesellschaft auf, die eine solche Erklärung im Hinblick auf eine Konzerntochtergesellschaft abgibt (vgl die Fälle BGH ZIP 1992, 338; OLG Stuttgart WM 1985, 455; OLG Karlsruhe ZIP 1992, 1394; VOLLMER ZBB 1993, 89 ff). Patronatserklärungen kommen aber auch außerhalb eines Konzernzusammenhangs vor, zB einer Lieferantin für ihren Abnehmer (vgl OLG Düsseldorf WM 1989, 1642 = NJW-RR 1989, 1116).

Die Patronatserklärung ist hauptsächlich entwickelt worden, um für den Patron, **406** typischerweise eine Konzernobergesellschaft, bestimmte Nachteile klassischer Sicherheiten wie Bürgschaft oder Garantie zu vermeiden: die Bilanzvermerkpflicht für Eventualverbindlichkeiten (§§ 251 S 1, 268 Abs 7 HGB), die Einengung der eigenen Kreditspielräume, ggf gesellschaftsinterne Genehmigungsvorbehalte, bei grenzüberschreitenden Transaktionen ggf Devisengenehmigungen und außensteuerliche Nachteile (MICHALSKI WM 1994, 1229, 1230 ff). Diese Ziele werden freilich nur bei sog „weichen" Patronatserklärungen (iF Rn 407) erreicht. Die Patronatserklärung ist auch im **Ausland** verbreitet (zu England DILGER RIW 1988, 908; WITTUHN RIW 1990, 495; zu Frankreich GERTH RIW 1982, 477 und 1986, 13; zu Österreich BGHZ 117, 127 m Nachw).

b) **Harte und weiche Patronatserklärungen**
In der Vielfalt der Verpflichtungsformulierungen, welche die Praxis verwendet, sind **407** rechtlich unverbindliche, **weiche**, und rechtlich verpflichtende, **harte** Patronatserklärungen zu unterscheiden (zu dieser Terminologie auch BGHZ 117, 127 = ZIP 1992, 338). Diese rechtliche Verpflichtung ist vertraglicher Natur. Typischerweise gibt der Patron die Erklärung bezüglich des Unternehmens, um das er sich kümmern will, gegenüber dessen gegenwärtigem oder künftigem Kreditgeber ab, meist einer Bank. Hier kann je nach dem Erklärungsinhalt eine Rechtsbindung begründet werden. Gleiches gilt in dem weniger häufigen Fall, daß die Erklärung nur gegenüber dem Unternehmen, das unterstützt werden soll, selbst abgegeben wird. Hier kommt eine rechtliche Bindung gegenüber dem Kreditgeber nur in Betracht, wenn die Voraussetzungen des § 328 BGB erfüllt sind. Ein gewisser Anhaltspunkt dafür ist, daß die Erklärung vom Unternehmen in den Kreditverhandlungen mit der Bank vorgelegt werden soll. Schließlich kommt es auch vor, daß eine Patronatserklärung nur an die Öffentlichkeit abgegeben wird. Hier ist eine vertragliche Bindung nicht gegeben. Es fehlt nicht nur am Vertragspartner, sondern damit erkennbar auch am Verpflichtungswillen überhaupt. Auch im Rahmen einer Haftung aus cic kann eine solche Erklärung nur relevant werden, wenn der Patron in Verhandlungen in entsprechender Weise darauf Bezug nimmt.

Gegenüber der Tendenz, auch eine sehr vorsichtig formulierte Patronatserklärung **408** als Grundlage einer vertraglichen Haftung anzusehen (vgl MICHALSKI WM 1994, 1229,

tronatserklärungen im Anglo-Amerikanischen
Rechtskreis, RIW 1990, 495.

1234 f), ist hervorzuheben, daß die Adressaten einer Patronatserklärung sich über die Absicht des Erklärenden im Klaren sind, eine klassische Sicherheit zu vermeiden und sich die o a Vorteile einer weichen Patronatserklärung zu sichern. Gehen beide Seiten davon aus, daß bei der Patronatserklärung eine Bilanzvermerkpflicht vermieden werden soll, dann ist im Zweifel nur eine weiche Patronatserklärung gegeben (OLG Karlsruhe ZIP 1992, 1394); freilich knüpft die Bilanzvermerkpflicht umgekehrt an den rechtsgeschäftlichen Erklärungsgehalt an (insoweit mißverständlich OLG Karlsruhe aaO).

409 Nach dem **Erklärungsinhalt** liegt eine weiche Erklärung vor, wenn die Konzernobergesellschaft lediglich erklärt, „voll hinter der Tochtergesellschaft zu stehen". Hier wird keine Rechtspflicht begründet; die Verletzung einer solchen Loyalitätserklärung löst auch keine Schadensersatzpflicht aus (OLG Karlsruhe ZIP 1992, 1394); anders nur bei arglistigem Verhalten. Vorherrschend ist der „harte" Erklärungstyp der **Ausstattungsverpflichtung**. Darin verpflichtet sich der Patron, die Tochtergesellschaft stets finanziell so auszustatten, daß sie ihre Verpflichtungen erfüllen kann, und in diesem Sinn auch auf sie einzuwirken. Hier wird eine Rechtspflicht begründet (BGHZ 117, 127, 130; zust RÜMKER EWiR 1992, 335; OLG Stuttgart WM 1985, 455; zust HORN EWiR 1985, 669; SCHRÖTER WuB I F 1c 1.85). Es handelt sich um eine Leistungspflicht bzw das Einstehen für einen Erfolg (iF Rn 411 ff)), nicht um eine bloße Bemühenspflicht (RÜMKER WM 1974, 991 f; OBERMÜLLER 25; MOSCH 131; MICHALSKI WM 1994, 1235). Diese Verpflichtung ist **bilanzvermerkpflichtig** (MOSCH 188 ff; GERTH, Atypische Kreditsicherheiten 192 f; RÜMKER EWiR 1992, 335 f).

410 Wird dagegen eine Leistung direkt an die kreditgewährende Bank versprochen, dann kann **Bürgschaft** gegeben sein (OLG Köln EWiR 1986, 567 m Anm E SCHNEIDER), oder ein Erfolg kann in der Weise zugesichert sein, daß eine Garantie vorliegt.

c) **Verpflichtungsinhalt: Erfüllung und Schadensersatz**

411 Der Patron verspricht Leistungen an dasjenige Unternehmen, dem der Kredit gewährt wird, oder ein sonstiges Verhalten im Verhältnis zu diesem Unternehmen, zB das Belassen von Gewinnen oä. Die versprochenen Leistungen sind also nicht an die kreditgewährende Bank als den Versprechensempfänger zu erbringen, sondern an das unterstützte Unternehmen. Die Bank hat aus der Patronatserklärung als **einseitiger Verpflichtung** einen **Erfüllungsanspruch** auf Leistung an dieses Unternehmen (MICHALSKI WM 1994, 1238). Ob daneben das unterstützte Unternehmen (Tochtergesellschaft des Patrons) selbst einen Erfüllungsanspruch hat, hängt vom Erklärungsinhalt ab und ist im Zweifel nach der Interessenlage zu verneinen. Denn die Bank als Versprechensempfänger und Sicherungsnehmer hat kein Interesse daran, daß ein eigener Anspruch des unterstützten Unternehmens besteht, weil dann auch andere Gläubiger diesen Anspruch pfänden könnten (GERTH, Atypische Kreditsicherheiten 144; MICHALSKI WM 1994, 1238).

412 Der **Inhalt** dieses **Erfüllungsanspruchs** hängt von der genauen Formulierung ab, wobei die Praxis eine große Vielfalt kennt. Die vorherrschende **Ausstattungsverpflichtung** geht insofern weiter als ein Bürgschaftsanspruch, als sie sich nicht auf die einmalige Zahlung einer Summe beschränkt, sondern auf eine Fülle von Maßnahmen, also auch ggf wiederholte Leistungen an das unterstützte Unternehmen, die einer ausreichenden Finanzausstattung dienen. Anders ist es, wenn nur eine bestimmte **Finan-**

zierungszusage vorliegt, dem unterstützten Unternehmen eine bestimmte Finanzierung im Rahmen eines bestimmten geschäftlichen Vorgangs oder Projekts zukommen zu lassen. Ist diese Summe erbracht, muß der Versprechende nicht weitere Leistungen erbringen (OLG Düsseldorf WM 1989, 1646 ff). Weder im letzteren Fall der Finanzierungszusage noch im Fall der (weitergehenden) Ausstattungsverpflichtung muß der Versprechende für die Weiterleitung der Gelder an die kreditgewährende Bank sorgen (OLG Düsseldorf aaO; Schröter WuB IV A § 276 BGB 2.90; Gerth, Atypische Kreditsicherheiten 97; Schraepeler ZfgK 1975, 215, 216). Er muß aber je nach Erklärungsinhalt auf das kreditnehmende (unterstützte) Unternehmen im Rahmen seiner Möglichkeiten (insbes im Konzernverbund) einwirken, die Interessen der kreditgebenden Bank (Sicherungsnehmerin) zu wahren, zB Tilgungsraten rechtzeitig zu zahlen.

Der Erfüllungsanspruch ist in vielen Fällen, namentlich bei der breit formulierten **413** Ausstattungsverpflichtung, prozessual nicht durchsetzbar, weil ein hinreichend bestimmter Klageantrag, der ein bestimmtes Verhalten oder eine bestimmte Leistung des Patrons vorschreibt, nicht formuliert werden kann. Auch die Möglichkeit, eine Ersetzungsbefugnis der Sicherungsnehmerin (Bank) anzunehmen mit anschließendem Aufwendungsersatzanspruch (Michalski WM 1994, 1240), entspricht nicht deren Interessen und führt nicht weiter als ein Schadensersatzanspruch.

Der Sicherungsnehmer (Bank) hat einen **Schadensersatzanspruch** gem § 280 Abs 1, **414** wenn der Patron seine Verpflichtungen aus einer harten Patronatserklärung nicht erfüllt, insbesondere das unterstützte Unternehmen (Tochtergesellschaft) entgegen seiner Zusicherung nicht finanziell ausreichend ausstattet (BGHZ 117, 133; zust Rümker EWiR 1992, 335, 336; OLG Stuttgart WM 1985, 669; zust Horn EWiR 1985, 455; Obermüller ZGR 1975, 1, 29; Köhler WM 1978, 1338, 1345). Es kommt dabei natürlich auf den genauen Umfang des Erfüllungsanspruchs an. Ist nur eine ganz konkrete Finanzierungszusage im Hinblick auf die Tochtergesellschaft gegeben und diese Finanzierung tatsächlich erfolgt, so kann bei späterem Zusammenbruch des unterstützten Unternehmens nicht Schadensersatz verlangt werden (OLG Düsseldorf WM 1989, 1642, 1646), zumal wenn keine Zusicherung hinsichtlich der Zahlungswilligkeit und zweckentsprechenden Mittelverwendung durch das unterstützte Unternehmen zugesagt war (aaO). Auch im Zusammenhang mit einer weichen Patronatserklärung kann eine Schadensersatzpflicht dann entstehen, wenn mit der Erklärung Auskünfte über die finanzielle Situation des unterstützten Unternehmens (der Tochtergesellschaft) und deren künftige Geschäftspolitik gegeben werden und diese zum Gegenstand eines (konkludenten) **Auskunftsvertrages** gemacht wurden; die Verletzung dieses Auskunftsvertrages kann zur Schadensersatzpflicht führen. Dabei ist freilich die Auskunft über künftige Entwicklungen nicht immer Gegenstand eines solchen Auskunftsvertrages (weitergehend Michalski WM 1994, 1234 f). Meist will der Patron, wenn er eine Ausstattungsverpflichtung vermeidet, auch durch sonstige Erklärung keine Haftung für unvorhergesehene künftige Entwicklungen übernehmen. Soweit eine Schadensersatzpflicht des Patrons besteht, ist gleichzeitig idR eine Ersetzungsbefugnis des Patrons iS § 267 gegenüber dem unterstützten Unternehmen (Tochter) gegeben, die Schuld dieses Unternehmens zu begleichen.

Bei **Insolvenz** des unterstützten Unternehmens (Kreditnehmers) im Fall einer Aus- **415** stattungsverpflichtung besteht der Schadensersatzanspruch gegen den Patron **neben** dem Kreditrückzahlungsanspruch gegen den Kreditnehmer. Wird auch der Patron insolvent, so ist **im Konkurs des Patrons** auf den Schadensersatzanspruch § 68 KO anzuwenden (BGHZ 117, 127 ff). Denn die Haftung des Patrons aus einer harten Patronatserklärung steht in dessen Konkurs einer normalen Bürgschaft gleich und nicht einer bloßen Ausfallbürgschaft (BGHZ 117, 133 f; GERTH, Atypische Kreditsicherheiten 164 ff).

d) Sonstige Haftung des Patrons

416 Gerade bei der weichen Patronatserklärung stellt sich die Frage nach weiteren Haftungsgründen. Selbstverständlich können in besonderen Situationen die besonderen Voraussetzungen eines Schadensersatzanspruchs aus § 826 gegeben sein. Eine Haftung aus cic scheidet im Zusammenhang mit einer weichen Patronatserklärung regelmäßig aus (OLG Karlsruhe WM 1992, 2088, 2092 = ZIP 1992, 1394, 1398). Eine Konzernhaftung kann namentlich unter den besonderen Voraussetzungen des qualifizierten faktischen Konzerns gegeben sein (vgl OLG Karlsruhe 2088, 2093 f, im Fall verneinend). Erforderlich ist dazu ua eine dauernde und umfassende Leitung des unterstützten Unternehmens durch den Patron als Konzerngesellschaft (BGHZ 115, 187, 193).

5. Die Kreditkarte*

a) Begriff und Funktion

417 Die Kreditkarte dient der bargeldlosen Zahlung durch den Karteninhaber (KI) bei Vertragunternehmen (VU), die dem Kartensystem angeschlossen sind. Der KI kann seine Verpflichtung zur Zahlung des Entgelts aus seinem Vertrag mit dem VU (Kauf, Beherbergungsvertrag, Reisevertrag etc) bargeldlos durch Vorlage der Kreditkarte und Unterzeichnung eines Belastungsbelegs erfüllen. Dieser Beleg wird mit Hilfe eines Druckstemplers als Kopie der Kreditkarte hergestellt und mit dem Rechnungsbetrag ausgefüllt (vgl auch BGHZ 91, 221, 225). Statt dessen werden auch on-line-Kartenlesegeräte verwendet, wobei sofort die Gültigkeit der Karte und die Zulässigkeit ihrer Benutzung festgestellt werden kann. Das VU erhält dann vom Kreditkartenemittenten (KKE) den Rechnungsbetrag abzüglich einer prozentualen Gebühr

---

* **Schrifttum:** CANARIS, Bankvertragsrecht, (2. Aufl), Rn 1622 ff; CUSTODIS, Das Kreditkartenverfahren (1970); J ECKERT, Zivilrechtliche Fragen des Kreditkartengeschäfts, WM 1987, 161; ETZKORN, Rechtsfragen beim grenzüberschreitenden Einsatz von Kreditkarten, in: HADDING/SCHNEIDER, Rechtsprobleme der Auslandsüberweisung (1992) (Untersuchungen über das Spar-, Giro- und Kreditwesen Bd 82/I) 121; ders, Allgemeine Geschäftsbedingungen für Inhaber von Kreditkarten, WM 1991, 1901; HADDING, Zahlung mittels Universalkreditkarte, in: FS Pleyer (1986) 17; HORN, Die Kreditkarte im europäischen Gemeinschaftsrecht und in der deutschen Rechtsprechung, ZBB 1995, 273; ders, Kartellrechtliche Aspekte des Kreditkartengeschäfts, ZHR 157 (1993) 324; MÜLLER, Das neue Eurocard-Konzept der Sparkassenorganisation, Sparkasse 1989, 159; PÜTTHOFF, Die Kreditkarte in rechtsvergleichender Sicht Deutschland/USA (Diss Münster 1974); REINFELD, Rechtsfragen des Interchange-Kreditkartensystems am Beispiel von VISA und EUROCARD, WM 1994, 1505; REYHER, Eurocard (1978); SCHÖNLE, Bank- und Börsenrecht (2. Aufl 1976) § 29 I; SEIBERT, Verbraucherkreditgesetz und Kreditkarte, Betrieb 1991, 429; STAUDER/WEISENSEE, Das Kreditkartengeschäft (1970); WELLER, Das Kreditkartenverfahren (1986); GRAF vWESTPHALEN, in: LÖWE/GRAF vWESTPHALEN/TRINKNER, Großkomm zum AGBG III (2. Aufl) 45.3; ZAHRNT, Die Kreditkarte unter privatrechtlichen Gesichtspunkten, NJW 1972, 1077.

erstattet, der KKE belastet den Betrag seinerseits dem Karteninhaber. Das VU läßt sich auf die Zahlung mit Kreditkarte ein, weil ihm der KKE für die Zahlung einsteht (BGH WM 1985, 1336), und weil es durch den Anschluß an das Kartensystem größere Umsätze erhofft.

b) Kartensystem und Vertragsbeziehungen

Am Kartensystem sind zumindest drei Parteien beteiligt, der Emittent der Kredit- **418** karten (KKE), der Karteninhaber (KI) und das Vertragsunternehmen (VU). In Wirklichkeit muß man auf der Seite des Kreditkartenunternehmens den Emittenten der Karte von dem Unternehmen unterscheiden, das die Vertragsunternehmen acquiriert und mit ihnen die Verbindung hält (Acquisitionsunternehmen; AQU). Beim Gebrauch der Kreditkarte im Ausland fallen AQU und KKE immer auseinander, beim inländischen Gebrauch aber in der Regel auch. Ferner ist die Rolle des Emittenten zB im Eurocard-System aufgeteilt dadurch, daß das Kreditkartenunternehmen Lizenzen an Banken vergibt, die dann ihrerseits als Emittenten auftreten. Außerdem sind in die Abwicklung besondere Netzbetreiberunternehmen eingeschaltet (HORN ZBB 1995, 273 f). Alle Beteiligten sind durch Verträge verbunden. Hervorzuheben ist der **Kreditkartenvertrag** KKE-KI. In diesem Geschäftsbesorgungsvertrag verpflichtet sich der KKE (Kreditkartenemittent) ua zur Bezahlung von Rechnungsbeträgen aus Geschäften des KI mit dem VU, die unter ordnungsgemäßer Verwendung der Kreditkarte getätigt wurden. Der KI verpflichtet sich zur Zahlung einer wiederkehrenden, jährlichen oder bei Erneuerung der Karte anfallenden Provision und zur Erstattung der vom KKE/AQU beglichenen Rechnungsbeträge gem §§ 675, 670 (HEYMANN/HORN, HGB Anh § 372 BankGesch III Rn 146 ff). Der KI ist zur Prüfung der Abrechnung und zur Mitteilung von Beanstandungen verpflichtet, ggf nach Rückkehr von einer längeren Reise (BGHZ 91, 228). Den Verlust der Karte muß er unverzüglich anzeigen.

c) Garantie des Kartenemittenten

Der KKE verpflichtet sich in einem Garantievertrag gegenüber dem VU, diesem für **419** die Bezahlung der Rechnungsbeträge aus Geschäften einzustehen, die unter ordnungsgemäßer Verwendung der Kreditkarte getätigt wurden (HEYMANN/HORN Anh § 372 BankGesch III Rn 144; STAUDER/WEISENSEE 84 ff; ZAHRNT NJW 1972, 1078 f). Andere nehmen ein Schuldversprechen iS § 780 an, weil das Kreditkartenunternehmen regelmäßig selbst zahlen soll (CANARIS, Bankvertragsrecht [2. Aufl] Rn 1626; HADDING, in: FS Pleyer 27 f, 31 f). Der KI ist jedoch der primäre Schuldner; dies spricht für **Garantie**. Nach den Verträgen mit den VU ist meist zugleich ein Ankauf der Entgeltforderung vom VU und seine Abtretung vorgesehen (HEYMANN/HORN Anh § 372 BankGesch III Rn 145; CANARIS Rn 1625 f). Die genannte vertragliche Verbindung (Garantie und Forderungskauf) besteht bei der oa Einschaltung eines Acquisitionsunternehmens (AQU) nicht direkt im Verhältnis KKE-KI, sondern in einer Vertragkette KKE-AQU und AQU-VU.

d) Ausschluß von Widerruf und Einwendungen

Die Garantie (des KKE und des AQU) gegenüber dem VU ist eine vom Grundge- **420** schäft (KI-VU) losgelöste Verpflichtung. Dies liegt im Interesse der Funktionsfähigkeit des Kreditkartensystems. Recht und Pflicht des KI zu Beanstandungen gegenüber bestimmten Belastungsbuchungen dient primär dem Zweck, irrtümliche Belastungen auszuschließen. Der KI hat als **Verbraucher** freilich ein Interesse daran, im Fall eines ihn benachteiligenden Vertrags (KI-VU), zB bei Lieferung einer mangelhaften Sache, die Belastung und damit letztlich die Auszahlung an das VU zu verhindern. Die Ansicht zur Frage, ob der KI ein **Widerrufsrecht** hat, also seine im Gebrauch der Karte liegende Zahlungsanweisung widerrufen kann, ist in der Rechtsprechung geteilt (für Unwiderruflichkeit OLG Schleswig WM 1991, 453; dazu ECKERT EWiR 1991,445 und ETZKORN WuB I D 5–4.91; für Unwiderruflichkeit nur bei eindeutiger AGB-Bestimmung OLG Karlsruhe WM 1991, 184; dazu ETZKORN WuB I D 5–4.91; für freie Widerruflichkeit AG München NJW-RR 1993, 626; bestätigt durch LG München I laut Anm NJW-RR 1993, 626; für Unwiderruflichkeit noch LG Frankfurt/M WuB I D 5 a–2.95; MEDER NJW 1994, 3245; offengelassen in OLG Frankfurt/M WuB I D 5 a–2.95).

421 In Anbetracht der Garantieverpflichtung des KKE wird man eine freie Widerruflichkeit verneinen müssen. Die Empfehlung der EG-Kommission zu Zahlungssystemen von 1988 (88/590/EWG v 17. 11. 1988; ABl Nr L 317/55) spricht sich ebenfalls gegen ein freies Widerrufsrecht aus (HORN ZBB 1995, 273 ff, 274, 276 f). Jedenfalls ist eine AGB-Klausel, die den freien Widerruf ausschließt, wirksam (Horn ZBB 1995, 277; LG Aachen NJW-RR 1994, 1009; im Grundsatz auch OLG Karlsruhe WM 1991, 184). Damit ergibt sich aber eine Diskrepanz mit der Rechtsstellung des KI in den USA, der ein weitgehendes Widerrufsrecht hat. Die internationalen Vereinbarungen (AQU-KKE) sehen die Beachtung dieses Widerrufs auch durch die deutschen Kartenunternehmen vor. Dies muß nach Meinung des LG Heidelberg (WM 1988, 773; dazu HUFF EWiR 1988, 943; krit WELTER WuB I D 5–3.88; HEYMANN/HORN Anh § 372 BankGesch III Rn 157) auch das deutsche VU hinnehmen.

422 Der Widerruf des Kunden ist allerdings auch nach deutschem Recht in den Ausnahmefällen zu beachten, in denen die Garantieverpflichtung des KKE gegenüber dem VU durch den **Einwand des Rechtsmißbrauchs** eingeschränkt ist (allg oben Rn 310). Der KI muß den Einwand des „offenkundigen" Rechtsmißbrauchs erheben können und zwar auch dann, wenn das freie Widerrufsrecht in den Karten-AGB ausgeschlossen ist (HORN ZBB 1995, 277; ETZKORN WuB I D 5–4.91; LG Aachen NJW-RR 1994, 1009). Dieser Grundsatz gilt auch, wenn man die Unwiderruflichkeit auch ohne ausdrückliche AGB-Regelung als allgemeines Prinzip des Kreditkartenvertrages ansieht (AG Frankfurt/M NJW-RR 1994, 1010). Voraussetzung ist ein offenkundiger bzw leicht beweisbarer Mißbrauch, zB arglistige Täuschung über die Ware oder Bruch besonderer zusätzlicher Zusagen oä (LG Aachen NJW-RR 1994, 1010; AG Frankfurt/M NJW-RR 1994, 1010 f; OLG Karlsruhe WM 1991, 184; OLG Schleswig WM 1991, 453, im Fall verneinend).

6. Schuldhilfe durch und für eine Wechsel- oder Scheckverbindlichkeit

a) Offene Wechselbürgschaft und Scheckbürgschaft

423 Die in Art 30–32, 77 Abs 3 WG geregelte sog offene Wechselbürgschaft ist eine besondere Art der Wechselerklärung, durch die eine wechselmäßige Mithaftung neben einem anderen Wechselverpflichteten begründet wird (Art 30, 32 Abs 1 WG); entsprechendes gilt für die in Art 25–27 ScheckG geregelte Scheckbürgschaft. Wechsel- und Scheckbürgschaft sind keine Bürgschaft iS des BGB, sondern begründen eine eigene, selbständige, abstrakte und gesamtschuldnerische Verpflichtung (Art 47 Abs 1 WG; RGZ 40, 58; BGHZ 30, 108; Art 44 Abs 1 ScheckG).

424 Nach Art 31 Abs 4 WG ist in der Wechselerklärung anzugeben, für wen die Bürgschaft geleistet wird; fehlt die Angabe, gilt die Bürgschaft für den Aussteller. Die Vermutung ist widerlegbar; unterschreibt zB der Bürge quer unter dem Akzeptanten, gilt die Bürgschaft für dessen Verpflichtung (BGHZ 22, 148, 152 f). Gleiches gilt, wenn zwischen den Beteiligten klargestellt ist, daß die Bürgschaft für den Akzeptanten gelten soll (BGH WM 1959, 740; BGHZ 34, 179, 183 = WM 1961, 298; REINECKE WM 1963, 1144; zur internationalen Diskussion LIESECKE WM 1967, 335).

Nach Art 31 Abs 3 WG gilt die bloße Unterschrift auf der Vorderseite des Wechsels **425** (unwiderlegbar) als Bürgschaftserklärung, soweit es sich nicht um die Unterschrift des Ausstellers oder des Akzeptanten handelt. Eine entsprechende Regelung trifft Art 26 Abs 3 ScheckG für den Scheck. Die Anwendung des Art 31 Abs 3 WG bereitet in der Praxis Schwierigkeiten, weil Zweifel bestehen können, ob bei mehreren Unterschriften auf dem Wechsel eine bestimmte Unterschrift als für den Akzeptanten geleistet anzusehen ist, so daß eine Bürgenhaftung des Unterzeichners entfällt. Die Rechtsprechung bietet kein einheitliches Bild, wobei der BGH zunächst den Gesichtspunkt der Strenge wechselrechtlicher Erklärungen und den Verkehrsschutzgedanken betonte, also Art 31 Abs 3 WG eher anwandte, während er später häufiger die räumliche Anordnung der Unterschrift auf dem Wechsel berücksichtigte und das äußere Erscheinungsbild dieser Anordnung als entscheidend dafür hielt, ob die Unterschrift als für den Akzeptanten oder Aussteller geleistet erschien. In BGHZ 34, 179, 183 = WM 1961, 298 wurde die Unterschrift der Gesellschafterin der bezogenen GmbH, die nur zu Kontrollzwecken neben die Unterschrift des Geschäftsführers gesetzt war, gem Art 31 Abs 3 WG als Bürgschaftserklärung gewertet und eine Anfechtungsmöglichkeit auch gegenüber dem ersten Wechselnehmer verneint; dessen Anspruch entfalle nur, wenn er wußte, daß keine Bürgschaftserklärung beabsichtigt war.

Als Bürge haftet nach BGH WM 1966, 275 auch eine von den Gläubigern des Bezo- **426** genen eingesetzte Kontrollperson, die ihre Unterschrift zum Stempel der Einzelfirma und der Unterschrift des Einzelinhabers setzt. Dagegen soll die Haftung als Wechselbürge gem Art 31 Abs 3 HS 2 WG entfallen, wenn der nicht vertretungsberechtigte Sanierungsberater der GmbH seine Unterschrift zum Firmenstempel und zur Geschäftsführerunterschrift der bezogenen GmbH so setzt, daß nach der Verkehrsanschauung, die mit Gesamtvertretung der GmbH rechnet, die Unterschrift als namens der GmbH geleistet erscheint (BGH WM 1967, 365 f). Ebenso weisen zwei Unterschriften, die auf der Vorderseite des Wechsels unter den Firmenstempel einer KG gesetzt sind, auf eine Erklärung namens der KG und nicht auf eine persönliche Haftung als Bürge hin (OLG Hamburg WM 1985, 1506; dazu ALISCH EWiR 1985, 411). Ebenso sollen sogar vier Unterschriften, die in einem räumlichen Zusammenhang mit dem Firmenstempel der bezogenen Personenhandelsgesellschaft abgegeben sind, als Erklärungen namens der Gesellschaft gelten, also keine Wechselbürgschaft begründen (BGH WM 1978, 818, in der Begründung insoweit nicht überzeugend, weil der Verkehr auch hier nicht mit vier Vertreterunterschriften rechnet, sondern mit der Bürgenhaftung der Mitunterzeichner).

Grundsätzlich ist nach Wortlaut und Zweck des Art 31 Abs 3 WG in allen Zweifels- **427** fällen die Beweislast beim Unterzeichner, daß er als Vertreter oder in ähnlicher Funktion für den Akzeptanten unterzeichnet hat und nicht in eigenem Namen. Für diese Ausnahme von der persönlichen Haftung als Wechselbürge ist in erster Linie mit der Rspr zu fordern, daß die Verkehrsanschauung nach dem äußeren Erscheinungsbild der Unterschriften, insbes ihrer räumlichen Anordnung zu einem Firmenstempel, auf eine Vertreterstellung oder ähnliche Funktion schließen muß. Unter den dabei zu berücksichtigenden Umständen ist auch die Rechtsform des Bezogenen (vgl BGH WM 1967, 365 f; 1978, 818) ein begrenzt verwertbares Indiz. Zweitens ist im Rahmen der Wechselauslegung auch die ergänzende Berücksichtigung von Umständen außerhalb des Wechsels zulässig, soweit diese Dritten bekannt sind oder ohne Schwierigkeiten erkannt werden können (BGHZ 64, 11, 14 = NJW 1975, 1166). Dazu gehört auch der Inhalt des Handelsregisters jedenfalls dann, wenn ein Anhaltspunkt für die Vertreterstellung in der Wechselurkunde selbst zu finden ist (BGH NJW 1979, 2141 = MDR 1979, 558 [LS zu eng]), also zB Firmenstempel oder Vertretungshinweis bei der Unterschrift, uU aber auch ohne solchen Zusatz (zB alleinvertretungsberechtigte Geschäftsführer unterschreiben als einzige; abzulehnen insoweit BGH aaO).

428 Die Wechselbürgschaft ist nicht akzessorisch, dh sie ist vom Bestand der Hauptforderung nicht abhängig (Art 32 Abs 2 WG). Eine eingeschränkte Akzessorietät ist allerdings vorhanden: der Wechselbürge haftet nicht, wenn die Hauptverbindlichkeit wegen Formmangels nichtig ist (formale Akzessorietät). Eine Wechselbürgschaft für den Annehmer ist daher nur gültig, wenn eine formell wirksame Annahmeerklärung des Bezogenen vorliegt (BGH NJW 1979, 2141 f). Materielle Wirksamkeit ist nicht erforderlich. Der Wechselbürge haftet also auch dann, wenn die Unterschrift des Akzeptanten gefälscht ist (OLG Hamm NJW-RR 1989, 365). Der Wechselbürge für den Akzeptanten haftet aber nicht, wenn es am Akzept überhaupt fehlt (OLG Hamm NJW-RR 1993, 1203). Unterschreibt daher jemand im Feld des Akzeptanten, der mit dem Bezogenen nicht identisch ist, so stellt seine Unterschrift eine Wechselbürgschaft dar, die aber mangels eines Akzeptanten unwirksam ist (OLG Hamm aaO).

429 Der Wechselbürge haftet auch nur im Umfang der Hauptverbindlichkeit; Art 32 Abs 1 WG. BGHZ 30, 108 f und die überwiegende Lehre (ZÖLLNER, Wertpapierrecht [14. Aufl 1987] § 18 I) beziehen dies nur auf den wechselmäßigen Umfang der Forderung. Der Wechselbürge kann danach gegen den Wechselgläubiger grundsätzlich keine Einwendungen erheben, die sein Wechselhauptschuldner aufgrund seines Kausalverhältnisses mit dem Wechselgläubiger hat. Der BGH (aaO) folgert dies aus Art 32 Abs 2 WG und der mangelnden Akzessorietät. Der begrenzte Sicherungszweck einer Wechselbürgschaft rechtfertigt das gegenteilige Ergebnis, das auch durch Art 32 Abs 1 WG nahegelegt ist (zutr JACOBI, Wechsel- u Scheckrecht [1956] 683 f). Der BGH will solche Einreden auch dem Wechselbürgen dann zugestehen, wenn dessen Kausalverhältnis mit dem Wechselgläubiger dies gestattet (aaO) oder die Umstände dies ergeben (BGH WM 1976, 562).

430 Die Wechselbürgschaft ist auch nicht subsidiär; der Wechselbürge haftet gesamtschuldnerisch (Art 32 Abs 1; 47 Abs 1 WG; BGHZ 30, 108), kann also nicht die Einrede der Vorausklage gem § 771 erheben. Der Wechselbürge für den Akzeptanten haftet wie dieser, ohne daß es zur Erhaltung der wechselmäßigen Rechte eines Protestes bedarf (LIESECKE WM 1967, 335).

431 Zahlt der Wechselbürge, so erwirbt er die Rechte aus dem Wechsel gegen den Wechselschuldner, für den er sich verbürgt hat (Wechselhauptschuldner) und gegen alle, die diesem wechselmäßig haften; Art 32 Abs 3 WG; der zahlende Wechselbürge für den Akzeptanten erwirbt also nur eine Wechselforderung gegen diesen (vgl auch den Fall BGHZ 35, 19 betr BGB-Bürgschaft; dazu iF Rn 435 ff); gleichgültig ist dabei, ob der Wechselgläubiger, den er befriedigt, sich auch an andere Wechselverpflichtete hätte halten können. Deren Verpflichtungen erlöschen. Der zahlende Bürge tritt also nicht an die Stelle des befriedigten Wechselgläubigers, sondern tritt in die wechselrechtliche Position seines Wechselhauptschuldners, neben dem er haftet und für den er gezahlt hat (BGHZ 35, 21 f).

b) Verdeckte Wechselbürgschaft

Häufig wird nicht eine offene Wechselbürgschaft iS Art 30 ff WG, die ein ungünstiges Licht auf die Bonität des Erstschuldners wirft, sondern eine sonstige Wechselverpflichtung als Aussteller, Akzeptant oder Indossant zum Zweck der Schuldhilfe übernommen; häufig und banküblich ist insbesondere das sog **Sicherungsakzept** (verdeckte Wechselbürgschaft). Eine solche Wechselverpflichtung unterliegt ebensowenig wie die offene Wechselbürgschaft dem Bürgschaftsrecht des BGB (RGZ 94, 85, 90; 96, 137, 139; BGHZ 45, 210 = NJW 1966, 1557; REHFELD JuS 1967, 205). Die Formvorschrift des § 766 ist daher unanwendbar (BGH aaO). Eine BGB-Bürgschaft kann daneben geschlossen sein (RG JW 1928, 2126 f); sie ist aber noch nicht in der Wechselerklärung zu sehen. Besteht eine solche Bürgschaft, so berührt ihr Formmangel nicht die Wechselverpflichtung (RGZ 48, 155; 51, 110, 114; 94, 85, 89; 96, 136, 139; BAUMBACH/HEFERMEHL [19. Aufl 1995] Art 17 WG Rn 89). Der Wechselverpflichtete hat auch nicht die Einrede der Vorausklage des § 771 (BGH aaO) und ebensowenig die Einwendungen aus § 777 (RGZ 48, 152, 156; 74, 351, 352; BAUMBACH/HEFERMEHL aaO). **432**

Die zu sichernde Hauptschuld kann ihrerseits eine Wechselverbindlichkeit oder eine sonstige Verbindlichkeit sein. Der Sicherungszweck ist normalerweise in einer – uU formlosen oder konkludenten – Sicherungsabrede mit dem Hauptverpflichteten festgelegt. Sie kann aber auch in eine Abrede zwischen dem Wechselverpflichteten und dem Gläubiger vereinbart sein. Nur im letzteren Fall kann der Wechselverpflichtete Einwendungen aus dem Kausalverhältnis zwischen Hauptverpflichtetem und Wechselgläubiger geltend machen und zwar insoweit, als seine Sicherungsabrede mit ihm dies vorsieht, zB den Einwand des Teilerlasses der Hauptschuld (STRANZ JW 1928, 2632 Nr 16 zu RG JW 1928, 2126 Nr 4), der Teilzahlung (RGZ 120, 206 = JW 1928, 1576 Nr 22), den Einwand der ungerechtfertigten Bereicherung, weil der zu sichernde Anspruch des Gläubigers nicht bestehe, gem §§ 812, 821 (BGH WM 1976, 562; BAUMBACH/HEFERMEHL Art 17 WG Rn 86). Der Wechselverpflichtete hat die Beweislast für die Sicherungsabrede mit dem Gläubiger und das Nichtbestehen des Anspruchs. – Ferner muß sich der Wechselinterzedent auch auf eine Bewucherung des Hauptverpflichteten berufen dürfen (STAUB/STRANZ Art 17 WG Anm 62), wobei er wiederum auch den Sicherungszweck zu beweisen hat. **433**

Hat der Wechselinterzedent gezahlt, so hat er für einen **Rückgriff** nicht die Rückgriffs- und Ausgleichsansprüche des Bürgen gem §§ 774, 426 (RGZ 94, 85, 88; 96, 137 ff; vgl auch RG HRR 1935, Nr 246). Er hat zunächst die normalen wechselrechtlichen Rückgriffsansprüche gegen Vormänner in der Wechselhaftung, zB im Fall nacheinander abgegebener Sicherungsindossamente; STAUB/STRANZ Art 17 WG Anm 26, der zugleich Folgerungen für das schuldrechtliche Innenverhältnis zieht. – Über die Zulässigkeit des Rückgriffs im Innenverhältnis und den endgültigen schuldrechtlichen Ausgleich zwischen den Parteien entscheiden Vereinbarungen außerhalb der **434**

Wechselerklärungen, soweit vorhanden; vgl RGZ 142, 267 zum Ausgleich mehrerer Wechselinterzedenten, die sich zugleich als Mitbürgen verpflichtet hatten.

435 c) Eine Forderung aufgrund einer Wechsel- oder Scheckerklärung kann auch durch eine **Bürgschaft** oder eine Garantie nach allgemeinem **bürgerlichen Recht** gesichert werden, die also außerhalb der skripturrechtlichen Erklärungen begründet wird (BGHZ 35, 19). Diese Bürgschaft oder Garantie wird in der Regel nur gegenüber einem bestimmten Wechsel- oder Schecknehmer übernommen; andernfalls hätte die Übernahme einer offenen oder verdeckten Wechselbürgschaft näher gelegen. Ausnahmsweise kann aber auch die Sicherung späterer Indossatare zugleich bezweckt sein. Das RG neigte hier zur Annahme eines Vertrags gem § 328 zugunsten aller späteren Indossatare (RG WarnR 1915 Nr 9; RG Recht 1915 Nr 1773; STAUDINGER/BRÄNDL[10/11] § 766 Rn 9). Mit der Übertragung der verbürgten Wechselforderung (Transportfunktion des Indossaments bezüglich aller Rechte aus dem Wechsel gem Art 14 Abs 1 WG) gem §§ 412, 401 geht auch die Bürgschaft mit über, falls nur ihre Übertragbarkeit nicht ausgeschlossen ist (vgl auch § 765 Rn 202 ff, 206). Bei einer Garantie ist entsprechend zu prüfen, ob die Übertragbarkeit gewollt war und die Abtretung gem § 398 parallel zur Weiterbegebung des Wechsels tatsächlich vorgenommen wurde.

436 In der üblichen **Einlösungszusage** einer Bank für die Wechselakzepte ihres Kunden gegenüber dessen Gläubiger kann eine Bürgschaftserklärung oder aber (eher) ein Garantieversprechen liegen (BGH WM 1959, 881). Die Zusage erstreckt sich im Zweifel auf alle für ein Geschäft gegebenen Akzepte, auch wenn diese summenmäßig den ursprünglichen Rechnungsbetrag des Geschäfts übersteigen (BGH WM 1959, 884). Es ist Auslegungsfrage, ob eine (schriftliche) Bürgschaftserklärung für Wechselverbindlichkeiten sich auch auf die zugrundeliegende Kausalverbindlichkeit bezieht (BGH NJW 1968, 987 = WM 1968, 368 f). Wenn sich jemand „dafür stark macht", daß für Schecks eines Dritten kurzfristig Deckung angeschafft wird, so liegt im Zweifel Garantie vor (BGH NJW 1967, 1020 f). Zum Garantievertrag unter Benutzung der Scheckkarte, in dem die (scheckrechtlich allerdings nicht verpflichtete) Bank den Einlösungserfolg garantiert, Rn 265 ff.

437 Der Bürge (oder Garant) haftet, obwohl die Hauptforderung eine Wechsel- oder Scheckforderung ist, grundsätzlich nach den allgemeinen Vorschriften, dh als Bürge akzessorisch und subsidiär; er hat die Einrede des § 771. Hat er gezahlt, so ist jedoch die Anwendung der Rückgriffsregeln des BGB durch die Eigenart der wechselrechtlichen Haftung des Hauptschuldners eingeschränkt. An sich erwirbt der zahlende Bürge die Forderung des Gläubigers mit den bestehenden Nebenrechten gem §§ 774, 412, 401; daraus könnte man folgern, daß er auch die Ansprüche des Gläubigers gegen dessen Vormänner erwirbt, die Nachmänner des Hauptschuldners sind. Da der Bürge aber anstelle eines bestimmten Wechselverpflichteten als seines Hauptschuldners zahlt und die Bürgenzahlung wie dessen Zahlung angesehen werden muß, erlöschen alle Verpflichtungen der Nachmänner des betreffenden Wechselschuldners. Der zahlende Bürge erwirbt also nur die **Rückgriffsansprüche** gegen dessen Vormänner und hat demnach keinen Rückgriff, wenn er sich für den Akzeptanten als Hauptwechselschuldner verbürgt und für diesen gezahlt hat (BGHZ 35, 19, 21; REINICKE WM 1961, 468 ff; MARTENS BB 1971, 765 ff; aA JERUSALEM NJW 1962, 725). Der

BGB-Bürge ist also im Ergebnis in einer dem Wechselbürgen vergleichbaren Lage.

7. Zur **Scheckkarte** oben Rn 265 ff.

8. Die Forderungsversicherung

Bürgschaft und Versicherung einer Forderung sind danach zu unterscheiden, daß **438** erstere ein Einzelgeschäft ist, während das zweite eine Vielzahl von Geschäften umfaßt, die der Risikoverteilung dienen und deren Entgelt nach versicherungsmathematischer Abschätzung der Risiken bemessen wird (vgl RFH JW 1933, 1970; zur Kreditversicherung HAMMEL BankArch 25, 441; allg zur Unterscheidbarkeit Mot II 658, 673; zur Abgrenzung von Garantie und Versicherung Rn 220). Die Stellung einer Bürgschaft kann Versicherungsleistung im Rahmen eines Versicherungsvertrages sein (KG JW 1930, 3642; zur Sicherheitsleistung durch Versicherung REICHEL JW 1927, 1625).

XVIII. Ausfuhrkreditversicherung (Hermes-Deckungen)*

1. Funktion und Rechtsgrundlagen

Die Ausfuhrkreditversicherung dient dazu, dem Exporteur und den an der Finan- **439** zierung des Exportgeschäfts beteiligten Banken typische Risiken des Exportgeschäfts gegen Entgelt abzunehmen. Sie wird von Kreditversicherungen als Spezialinstituten des privaten Versicherungsgewerbes angeboten (BÖDEKER 75 ff). Besondere Bedeutung hat die staatliche Ausfuhrkreditversicherung zur Förderung der deutschen Exportwirtschaft. Zu diesem Zweck gewährt die Bundesrepublik Deutschland (handelnd durch die Hermes-Kreditversicherungs AG, Hamburg, und die Treuarbeit AG, Frankfurt, die als Mandatare des Bundes auftreten) „Garantien" und „Bürgschaften" (Oberbegriff: „Gewährleistung") zur Sicherung der Forderungen deutscher Exporteure aus Liefergeschäften oder der Kreditforderungen der an der Finanzierung des Exportgeschäfts beteiligten Banken („Hermes-Deckung"). Eine solche Deckung ist meist die Voraussetzung für die Finanzierung des Exportge-

---

* **Schrifttum:** ASHAVSKY, Rechtliche Garantien für ausländische Investitionen in den Staaten auf dem Gebiet der früheren UdSSR, ROW 1993, 216; BÖDEKER, Staatliche Exportkreditversicherungssysteme (1992); CHRISTOPEIT, Hermes-Deckungen (1968); DÖRR, Ausfuhrgewährleistungen des Bundes (sogenannte Hermes-Deckungen) gegenüber den mittel- und osteuropäischen Staaten, WiRO 1992, 105; HABICHT, 50 Jahre Hermes-Kreditversicherungs AG (1967) 33; GRAF LAMBSDORFF/SKORA, Handbuch des Bürgschaftsrechts (1994) Rn 101 ff; HARRIES, Rechtsfragen der langfristigen Exportfinanzierung, AWD 1973, 1; ders, Verwaltungsentscheidung und Rechtsverhältnis, NJW 1984, 2190; HEYMANN/HORN HGB Bd IV (1990) § 349 Rn 96 ff; ders, Bürgschaften und Garantien (6. Aufl 1995) 145 ff; KAULBACH, Die zivilrechtliche Einordnung der Ausfuhrgewährleistungen des Bundes, VersR 1985, 806; NIELSEN, in: BuB, Loseblattausg (Stand 01/93) Bd III Rn 5/808 ff; OECD, The Export Credit Financing Systems in OECD Member Countries (1982); SCHALLEHN/STOLZENBURG, Garantien und Bürgschaften der Bundesrepublik Deutschland zur Förderung der deutschen Ausfuhr, Loseblattausg (Stand 3/95); VSPIEGEL, Die neuen Richtlinien für die Übernahme von Ausfuhrgewährleistungen durch die Bundesrepublik Deutschland, NJW 1984, 2005; GRAF VWESTPHALEN, Rechtsprobleme der Exportfinanzierung (3. Aufl 1987) 395.

schäfts durch Exporteur- oder Bestellerkredite; die Deckung ist jedenfalls notwendig für die Refinanzierung dieser Kredite durch die Ausfuhrkredit GmbH (AKA) und die Kreditanstalt für Wiederaufbau (KfW). Der deutschen Exportwirtschaft sollen dadurch die besonderen Exportrisiken abgenommen werden. Selbstbehalte sorgen dafür, daß der Exporteur und seine Kreditgeber das Exportrisiko sorgfältig prüfen. Diese bemühen sich freilich nur dann um eine solche Hermes-Deckung, wenn die Art des Geschäfts und insbesondere die Verhältnisse des Importlandes besondere Risiken enthalten. Hermes-Deckungen begleiten daher keineswegs jedes Exportgeschäft. Terminologisch und sachlich wird in der öffentlichen Ausfuhrkreditfinanzierung danach unterschieden, ob der Vertragspartner des deutschen Exporteurs dem öffentlichen oder dem privaten Sektor angehört. Die Sicherung von Geldforderungen gegen einen ausländischen Staat, eine sonstige ausländische Gebietskörperschaft und vergleichbare Institutionen des öffentlichen Sektors werden als „Bürgschaft" bezeichnet. Die Sicherung von Geldforderungen gegen private ausländische Schuldner wird „Garantie" genannt. Mit der dogmatischen Unterscheidung zwischen Bürgschaft und Garantie nach allgemeinem deutschen Zivilrecht hat diese Terminologie nichts zu tun.

440 Die Übernahme von Bürgschaften und sonstigen Gewährleistungen durch den Bund bedarf nach Art 115 GG einer der Höhe nach bestimmten gesetzlichen Ermächtigung durch Bundesgesetz; dieser Ermächtigungsrahmen ist im jeweiligen Haushaltsgesetz enthalten (zB 1992: DM 215 Mrd). Der tatsächliche Ermächtigungsspielraum ergibt sich aus diesem gesetzlichen Rahmen abzüglich bereits gewährter Deckungen und zuzüglich Prämieneinnahmen. Über die Vergabe entscheidet ein interministerieller Ausschuß unter Federführung des Bundeswirtschaftsministeriums. Für die Vergabe bestehen „Richtlinien für die Übernahme von Ausfuhrgewährleistungen" des BMF vom 30. 12. 1983, in Kraft ab 1. 1. 1984 (BAnz Nr 42/1984). Darin sind die Voraussetzungen für die Gewährung von Garantien und Bürgschaften, die Modalitäten der Deckung, die Entschädigungsregelung und die Organisation der beteiligten Stellen festgelegt (BÖDEKER 17 f; GRAF vWESTPHALEN, Rechtsprobleme 397 ff; vSPIEGEL NJW 1984, 2005, 2006 f). Außerdem finden sich darin Kriterien zur Beurteilung der Kreditwürdigkeit des betreffenden Landes, des Vertragspartners und seines Garanten und für die Zahlungsbedingungen, die das betreffende Exportgeschäft enthalten muß. Das BMF hat ferner „Richtlinien für die Übernahme von Garantien für Kapitalanlagen im Ausland" vom 30. 9. 1985 erlassen (BAnz Nr 187/1985). Die Richtlinien sind Verwaltungsvorschriften mit primär interner Wirkung; im Rahmen des Gleichheitsgebotes (Art 3 GG) binden sie freilich die Verwaltung auch im Außenverhältnis gegenüber Dritten (vSPIEGEL NJW 1984, 2005, 2006; GRAF vWESTPHALEN, Rechtsprobleme 397). Ferner bestehen Regelungen für die Entgelte (Entgeltmerkblatt).

441 Das Verhältnis zu den Sicherungsnehmern wird durch „Allgemeine Bedingungen" (AB) geregelt, die getrennt für die zwei Deckungsformen Bürgschaft und Garantie und im übrigen getrennt nach der Art des gedeckten Risikos (Ausfuhrrisiko; Fabrikationsrisiko; Ausfuhrpauschalgewährleistung; gebundene und ungebundene Finanzkredite; Kapitalanlagen im Ausland) erlassen sind. Seit 1. 10. 1986 sind die AB für Bürgschaften/Garantien für Ausfuhrgeschäfte, Fabrikationsrisiken und gebundene Finanzkredite neu gefaßt worden (GRAF vWESTPHALEN, Rechtsprobleme 425 ff). Bei Ausfuhrgarantien wird danach zwischen kurzfristigem Geschäft sowie mittel- und langfristigem Geschäft unterschieden. Deckungsumfang, Schadenstatbestände und Risiken sind zT neu gefaßt. So wurde zB der Tatbestand des politischen Risikos erweitert (vgl § 4 Abs 2 Nr 4 AB für Ausfuhrbürgschaften/-garantien).

Um einen Wettbewerb der staatlichen Exportförderungen der Industriestaaten **442** untereinander einzudämmen, haben die wichtigsten Industrieländer Konditionen ihrer öffentlichen Exportversicherungen in den Grundzügen einander angeglichen. Diese Angleichung erfolgte in der Berner Union von 1935, in der EU, in der OECD und indirekt dadurch, daß die Industriestaaten die Versicherung von Investitionsrisiken durch die Weltbanktochter MIGA (Multilateral Investment Guarantee Agency) koordiniert haben (BÖDEKER 385–403; DORSCHEID, Export credit insurance and its international coordination, in: HORN [Hrsg], The law of international trade finance [1989] 571). Die Koordinierungsgrundsätze im Rahmen der OECD sind in einem „consensus" zusammengefaßt (Neufassung 1989). Die Hauptpunkte des consensus betreffen folgende Punkte: (a) Höchstlaufzeit für den Kredit 6 Monate für Verbrauchsgüter, 5 Jahre für Kapitalgüter, 8 1/2 Jahre bei wirtschaftlich schwächeren Ländern, 10 Jahre bei Entwicklungsländern; (b) Mindestbaranzahlung 15% vor Beginn der Kreditlaufzeit; (c) Zahlungsplan mit regelmäßigen halbjährlichen Zahlungen ohne Freijahre; (d) Einbeziehung der Finanzierung örtlicher Zulieferung (local costs) in die Deckung nur unter besonderen Bedingungen.

2. Die Rechtsstellung des Gewährleistungsberechtigten

a) Antrag und Gewährleistungsentscheidung

Deckungsanträge sind an die Hermes-AG zu richten, die sie zusammen mit der **443** Treuarbeit AG bearbeitet und für die Entscheidung im interministeriellen Ausschuß vorbereitet. Die Entscheidung über die Deckungsübernahme ist Verwaltungsakt (vSPIEGEL NJW 1984, 2006; BÖDEKER 161; HORN, Bürgschaften und Garantien 148). Die Übernahmeentscheidung wird dem Antragsteller schriftlich mitgeteilt. Anschließend wird der Gewährleistungsvertrag durch die Aushändigung der Haftungserklärung durch den Bund, in der auch die Vertragsmodalitäten festgelegt sind, vollendet. Die Gliederung in ein zweistufiges Verfahren (Abschn I Ziff 4 u Abschn II Ziff 5 der Richtlinien) in (1) Übernahmeentscheidung und (2) vertragliche Abwicklung orientiert sich an der Zwei-Stufen-Theorie (oben Rn 84 ff; ERICHSEN/MARTENS, Allgemeines Verwaltungsrecht [9. Aufl 1992] § 31; BÖDEKER 160 f; NIELSEN BuB Rn 5/820). Gegen die Ablehnung des Antrages kann der Antragsteller den Verwaltungsrechtsweg beschreiten und zwar in Form einer Verpflichtungsklage (§ 42 Abs 1 VwGO) ohne Vorschaltverfahren iS § 68 Abs 2 VwGO, da es sich um die Entscheidung einer obersten Bundesbehörde handelt (BÖDEKER 172 f). Ist nach Zusprechung des Antrages der Gewährleistungsvertrag geschlossen, richten sich die Rechtsbeziehungen der Parteien ausschließlich nach diesem Vertrag (BÖDEKER 164; allg BGH NJW 1964, 196, 197).

b) Gewährleistungsvertrag; Bürgschaftsanspruch

Die für den Vertragsschluß erforderliche Willenserklärung des Antragstellers ist im **444** Antrag erklärt (Doppelnatur). Die Willenserklärung der öffentlichen Hand ist nur zum Teil in der Annahme des Antrages zu sehen (mißverständlich insoweit § 1 AB, wonach bereits damit der Gewährleistungsvertrag geschlossen, aber ausdrücklich noch keine Klage möglich sein soll). Ein zweites Element dieser Willenserklärung ist die erwähnte Gewährleistungsurkunde mit den einzelnen Bedingungen, deren Aushändigung den Abschlußtatbestand des Gewährleistungsvertrages darstellt.

445 Die Einordnung des Gewährleistungsvertrages, der aus den oa Gründen teils als Garantie, teils als Bürgschaft bezeichnet wird, in einen Vertragstyp des deutschen Zivilrechts ist trotz der ausführlichen Regelung in den AB und der danach erteilten Gewährleistungserklärung nicht unwichtig, weil allgemeine Auslegungsprobleme und grundsätzliche Fragen (zB der Akzessorietät) auftreten können. Die Einordnung bereitet jedoch Schwierigkeiten, weil die Gewährleistung Merkmale sowohl des Versicherungsvertrages, als auch der Garantie und der Bürgschaft aufweist, ohne diesen Typen voll zu entsprechen. Der Gewährleistungsvertrag ähnelt dem Versicherungsvertrag, weil er Teil eines globalen Sicherungssystems ist, das sich allerdings von den in der privaten Versicherungswirtschaft verwendeten versicherungsmathematisch kalkulierten Sicherungssystemen deutlich unterscheidet (BÖDEKER 170 f; SCHALLEHN/STOLZENBURG, Garantien und Bürgschaften Bd I Abschn II Rn 2d). Für Garantie spricht, daß der Gewährleistungsvertrag bestimmte, genau bezeichnete Risiken (iF Rn 448 ff) decken soll und daß der Anspruch selbständig abgetreten werden kann. Gleichwohl ist der Vertrag in seinen wesentlichen Grundzügen **Bürgschaft**, und zwar unabhängig von seiner Bezeichnung. Denn der Anspruch gegen den Bund setzt eine gesicherte Forderung (aus Exportgeschäft) voraus und bezieht sich auf diese Forderung. Die Tatsache, daß sich die Deckung auf bestimmte Risiken bezieht, widerspricht nicht dem Charakter der Bürgschaft. Dem Wesen der Bürgschaft entspricht es auch, daß bei Leistung durch den Bund die gesicherte Forderung auf diesen übergeht (vgl zB § 10 AB Ausfuhrgarantien, § 11 AB Fabrikationsrisikogarantien; zum Bürgschaftscharakter allg auch CHRISTOPEIT 10; NIELSEN BuB Rn 5/823; aA GRAF v WESTPHALEN, Rechtsprobleme 402 f). Nicht gegen den Charakter als Bürgschaft spricht es, daß der Deckungsanspruch bestehen bleibt, wenn der gesicherte Anspruch zB wegen Liquidation des Schuldners (des ausländischen Geschäftspartners) untergeht; dies gilt auch sonst im Bürgschaftsrecht (§ 767 Rn 49 f). Der vom Bürgschaftsrecht abweichende Grundsatz der selbständigen Abtretbarkeit (vgl §§ 401, 765, 767) ist eingeschränkt; die Abtretung bedarf der schriftlichen Zustimmung des Bundes. Die Abtretung ist in der Praxis im Zusammenhang mit der Finanzierung des Exportgeschäfts üblich; die kreditgebenden Banken wollen sich dadurch sichern. Jede sonstige Verfügung über die gesicherte Forderung führt zum Erlöschen der Deckung (vgl zB § 19 AB Ausfuhrgarantien). Anders als bei der normalen Bürgschaft ist der Gläubiger (Exporteur) verpflichtet, die Interessen des Bürgen (Bundes) zu wahren (GRAF v WESTPHALEN, Rechtsprobleme 402).

c) Die Geltendmachung des Anspruchs

446 Der Anspruch ist bei Eintritt des gedeckten Risikos durch einen Entschädigungsantrag geltend zu machen. Dieser Antrag ist bei Ausfuhrbürgschaften und -garantien binnen zwei Jahren nach Fälligkeit der gesicherten Forderung zu stellen (§ 3 Abs 2 AB). Der Exporteur hat als Sicherungsnehmer („Garantienehmer", „Bürgschaftsnehmer") den Eintritt des Risikos („Garantiefall", „Bürgschaftsfall") und die Art und Höhe des Schadens sowie den rechtlichen Bestand der gesicherten Forderung und gegebenenfalls die dafür gegebenen Sicherheiten nachzuweisen. Die Entschädigung setzt voraus, daß die gesicherte Forderung rechtsbeständig, insbesondere rechtlich wirksam begründet worden ist. Der Exporteur trägt nach den AGB ausdrücklich das Risiko des anwendbaren Rechts und Gerichtsstandes (zB § 5 Abs 2 AB Ausfuhrbürgschaften/-garantien und AB Fabrikationsrisiko Bürgschaften/-garantien). Der Exporteur soll dadurch veranlaßt werden, bei Abschluß des Exportvertrages mit der gebotenen Sorgfalt alle Wirksamkeitsvoraussetzungen für den Vertragsschluß zu erfüllen, insbesondere auch die erforderlichen Export- und Importgenehmigungen einzuholen. Andererseits besteht aber auch das Risiko für ihn, daß in bestimmten Ländern ein unzuverlässiges Justizsystem besteht und der Exporteur daher bei einer Rechtsverfolgung im Ausland die Anerkennung des rechtlichen Bestandes seiner Forderung durch ein Gericht nicht erreichen kann.

Der Exporteur kann sich nach den AB auch nicht darauf berufen, daß der Bund bei **447** Abschluß der Deckung die zugrundeliegenden Exportverträge gekannt habe. Sein Risiko der Rechtsverfolgung im Ausland wird nur vorläufig dadurch reduziert, daß der Risikofall heute auch ohne Rechtsverfolgung im Ausland bei bloßer Nichtzahlung (protracted default) gegeben ist. Denn nach den AB muß der Exporteur auch nach Auszahlung der Deckung eine zumutbare Rechtsverfolgung durchführen. In der Praxis kann es vorkommen, daß der Anspruch aus dem Exportgeschäft von einem parteiischen oder korrupten Gericht verneint wird; danach könnte Hermes den rechtlichen Bestand der gesicherten Forderung ebenfalls bestreiten und Rückzahlung der Deckungssumme verlangen. Demgegenüber muß dem Exporteur mE die rechtliche Möglichkeit verbleiben, den Fall der Rechtsbeugung nachzuweisen oder glaubhaft darzulegen und sich auf die Rechtsbeugung als ein politisches Risiko, das unter die Deckung fällt, zu berufen. Wird der Entschädigungsantrag abgelehnt, so hat der Antragsteller binnen einer Ausschlußfrist von sechs Monaten Klage zu erheben; Gerichtsstand ist Hamburg. Hat sich der Bund im Vertrag über die Gewährung der Hermes-Deckung vorbehalten, die Bürgschaftssumme auf die Anzeige des Bürgschaftsfalles hin zwar auszuzahlen, sie aber zurückzufordern, falls der ausländische Schuldner die Leistung des Bürgschaftsnehmers nicht abnimmt oder gegen die Forderung des Bürgschaftsnehmers Einwände erhebt, so ist für den Rückforderungsanspruch der Rechtsweg zu den ordentlichen Gerichten gegeben (BGH ZIP 1996, 2124).

3. Gedeckte Forderungen und Risiken

a) Die gedeckten Geschäftsrisiken

Die Deckung bezieht sich zwar stets auf eine bestimmte Forderung des Exporteurs **448** oder der das Exportgeschäft finanzierenden Bank, was die Charakterisierung der aus der Deckung (Gewährleistung) entspringenden Forderung als Bürgschaft rechtfertigt (oben Rn 445). Die Deckung bezieht sich jedoch immer auf eine bestimmte, genau umrissene Risikoart; dies ist für die Bürgschaft untypisch, freilich zulässig. Nach den AB sind folgende Risiken zu unterscheiden: (1) das **Fabrikationsrisiko**: Investitionsgüter, zB technische Anlagen, werden meist nach den Wünschen und den Bedürfnissen des Bestellers individuell hergestellt und wären anderweitig dann nur schwer und mit Verlust absetzbar. Ab Produktionsbeginn solcher Anlagen entsteht daher für den Exporteur das Risiko, daß die Anlage später nicht abgenommen oder nicht bezahlt wird. Im Exportgeschäft wird dieses Risiko zwar teilweise durch vertragliche Vereinbarungen von frühzeitigen Anzahlungen des Bestellers vermindert. Die Anzahlung deckt aber nur einen kleinen Teil der Aufwendungen des Exporteurs bis zur Fertigstellung und Ablieferung; außerdem bleibt das Risiko, daß die Anzahlung tatsächlich nicht geleistet wird. Die Fabrikationsrisikodeckung nimmt dem Exporteur das Risiko ab, daß die Güter nach Fertigstellung und Lieferung nicht abgenommen oder nicht bezahlt werden, zB weil sich der Auftraggeber vom Vertrag lossagt oder ein rechtliches Hindernis (zB ein Embargo) eingreift.

449 (2) das **Ausfuhrrisiko**: während das Fabrikationsrisiko auch schon besteht, wenn der Exporteur die zu liefernde Anlage noch in Händen hat (weil sie eine anderweitig schwer verwertbare Investition darstellt), besteht bei jedem Exportgeschäft (also auch bei vertretbarer Handelsware) ab Versand der Ware das Risiko, daß die Gegenforderung des Exporteurs auf den Kaufpreis nicht befriedigt wird. Dieses Risiko wird abgedeckt. (3) das **Kreditrisiko**: bisweilen wird dem ausländischen Besteller ein Kredit zur Bezahlung des Exporteurs eingeräumt, der nach seinen Auszahlungsbedingungen direkt an den Exporteur ausbezahlt wird, sobald dieser die Ware liefert (gebundener Finanzkredit). Hier verlagert sich das Risiko, daß der ausländische Besteller nicht zahlt, auf die kreditgebende Bank. Das Kreditrisiko erhöht sich noch, wenn der Kredit ohne die genannte Auszahlungsbedingung gewährt wird (ungebundener Finanzkredit). Für alle genannten Risiken werden besondere Gewährleistungen übernommen, die je nach dem Status des ausländischen Schuldners Bürgschaften oder Garantien heißen (oben Rn 439). (4) Für **Bauleistungen** im Ausland bestehen besondere Bedingungen. (5) Ungerechtfertigte Inanspruchnahme von Garantien: häufig hat der Exporteur im Rahmen des Exportgeschäfts dem Importeur (Käufer, Besteller) Garantien von Banken zu stellen, insbesondere Bietungs-, Erfüllungs- und Gewährleistungsgarantien (allg oben Rn 282 ff). Hier besteht die Gefahr, daß der ausländische Garantieberechtigte diese Garantie in Anspruch nimmt, ohne daß die materiellen Voraussetzungen dafür vorliegen, und dadurch der Exporteur, der den Banken diesen Betrag ersetzen muß, einen Schaden erleidet. Auch dieses Risiko kann besonders gedeckt werden (allg zum Problem des Rechtsmißbrauchs von Garantien oben Rn 310 ff). (6) Auch **Wechselkursrisiken** für Geschäfte mit Ländern außerhalb der EU können gedeckt werden. Diese Versicherungsart ist allerdings wegen der hohen Kosten problematisch und wird nur begrenzt in Anspruch genommen.

b) Formen der Deckung

450 Die Deckung kann in verschiedener Weise auf die gesicherte Forderung bezogen werden. Zu unterscheiden sind: (1) **Einzeldeckung** für ein individuelles Geschäft. Diese Deckungsart ist typisch für das Fabrikationsrisiko. Sie kann auch auf bestimmte, klar abgrenzbare Forderungsteile beschränkt werden (Teildeckung gemäß § 2 Abs 4 AB für Fabrikationsrisikogarantien/-bürgschaften). Die Einzeldeckung ist auch im Hinblick auf Ausfuhrrisiken üblich. (2) Daneben gibt es **revolvierende Deckungen**: gesichert sind hier alle Forderungen gegen einen ausländischen Vertragspartner aus Lieferung und Leistung im Rahmen eines Höchstbetrages zu festgelegten Zahlungsbedingungen. Diese Deckungsart ist im Hinblick auf das Ausfuhrrisiko üblich (Ausfuhrgarantien und Ausfuhrbürgschaften). (3) Die **Ausfuhr-Pauschalgarantie** sichert Forderungen des Exporteurs gegen verschiedene private ausländische Vertragspartner, die er laufend beliefert. Sie wird durch ein Rahmendokument und entsprechende Kundenlisten festgelegt. Die Deckungen sind auch für Geschäfte zulässig, in denen Leistungsbeiträge ausländischer Lieferanten enthalten sind, wenn diese einen bestimmten Prozentsatz nicht übersteigen.

c) Wirtschaftliches und politisches Risiko

451 Unter dem Oberbegriff der „Uneinbringlichkeit" der gesicherten Forderung werden die zwei großen Risikogruppen des wirtschaftlichen und des politischen Risikos unterschieden. Zum **wirtschaftlichen Risiko** gehören: bei privaten Schuldnern Konkurs, Vergleich, fruchtloser Vollstreckungsversuch oder Aussichtslosigkeit der Bezahlung infolge nachgewiesener ungünstiger Umstände; soweit Sicherheiten bestellt sind, müssen diese Voraussetzungen auch hinsichtlich der Sicherheiten vorliegen. Ferner gehört sowohl bei Staaten wie bei privaten Schuldnern auch der Fall der nachhaltigen Nichtzahlung (protracted default) zu den gedeckten wirtschaftlichen Risiken. Zum **politischen Risiko** gehört, daß infolge politischer Maßnahmen die Erfüllung oder Beitreibung der Forderung unmöglich ist oder die Konvertierung oder Transferierung von Beträgen nicht erfolgt. Grundsätzlich müssen aber einem bestimmten Geschäft sowohl das politische wie das wirtschaftliche Risiko versichert werden. Bei Ausfuhrpauschalgewährleistungen ist allerdings eine Deckung nur für das politische Risiko erhältlich.

Die Definition der Risiken und damit der Versicherungsfälle ist zugunsten des Exporteurs in mancher Hinsicht erleichtert worden. So wird beim politischen Risiko entgegen einer früheren Regelung auf das Merkmal verzichtet, daß es sich um eine allgemeine Maßnahme des eingreifenden Staates handeln müsse. Gedeckt ist also auch das Risiko eines einzelnen Eingriffs. Innerhalb der wirtschaftlichen Risiken bringt die Anerkennung des Falles der Nichtzahlung (protracted default) als Versicherungsfall eine wesentliche Erleichterung. Der Exporteur muß als Sicherungsnehmer hier nur nachweisen, daß er nach den Regeln der kaufmännischen Sorgfalt alle erforderlichen Maßnahmen zur Einziehung der garantierten Forderung ergriffen hat; ferner muß er den Nichteingang der Forderung binnen zwei Monaten nach Fälligkeit mitteilen (vgl zB § 4 Abs 4 AB für Ausfuhrgarantien). Der Exporteur erhält also hier relativ rasch die Entschädigungssumme. Dies entbindet ihn nicht von der Pflicht, nachträglich die Rechtsverfolgung gegen den Schuldner weiterzubetreiben, soweit diese nicht aussichtslos ist.

XVI. Ausländische Rechte

Die kontinentaleuropäischen Rechte regeln die Bürgschaft in sehr ähnlicher Weise, was sich aus der gemeinsamen römischen Rechtstradition ergibt (zum römischen Recht KASER, Das römische Privatrecht^2 Bd 1 [1971] § 155 II; Bd 2 [1975] § 278). Rechtsvergleichender Überblick: EG-Kommission (Hrsg), Die Bürgschaft im Recht der Mitgliedstaaten der Europäischen Gemeinschaften. Studie des Max-Planck-Instituts Hamburg 1971 (Sammlung Studien. Reihe Wettbewerb Rechtsangleichung Nr 14), ferner die Schriftenreihe von BÄRMANN (Hrsg), Recht der Kreditsicherheiten in europäischen Ländern (Teil I Deutschland 1976; fortgeführt von HADDING/SCHNEIDER Teil II Frankreich 1978; Teil III Belgien 1979; Teil IV England 1980; Teil V Schweiz 1983; Teil VI Österreich 1986; Teil VII 1 Spanien 1988). Neben der Bürgschaft ist auch die Garantie in den meisten Ländern und im internationalen Handelsverkehr gebräuchlich (oben Rn 194 ff, 275 ff). Rechtsvergleichender Überblick bei HORN/WYMEERSCH, Bank Guarantees, Standby Letters of Credit and Performance Bonds in International Trade, 1990. Gleiches gilt für die Patronatserklärung. Nachweise rechtsvergleichender Literatur zu einzelnen Ländern iF bei dem betreffenden Land und ferner in den Literaturübersichten oben bei Rn 1, 194, 275, 363, 378, 405.

1. Österreich

Die in §§ 1346–1367 AGBG geregelte Bürgschaft erfordert Schriftform der Bürgenverpflichtung (§ 1346 Abs 2) außer beim Vollkaufmann (§ 350 HGB). Die Bürgenverpflichtung ist regelmäßig subsidiär; dh der Gläubiger muß zunächst den

Hauptschuldner mahnen (§ 1355); diese Vorausmahnung (nicht: Vorausklage) entfällt bei einer Verpflichtung „als Bürge und Zahler" (§ 1357), die den Kaufmann stets trifft (§ 349 HGB). Bei der Schadlosbürgschaft bedarf es vorheriger Exekution gegen den Hauptschuldner außer bei dessen Konkurs oder Unerreichbarkeit (§ 1356). Der Entschädigungsbürge des § 1348 entspricht dem deutschen Rückbürgen. Mitbürgen haften jeder für den ganzen Betrag (§ 1359). Die Bürgschaft ist akzessorisch zur Hauptschuld in ihrer Entstehung (§ 1351; Ausnahme gem § 1352: Geschäftsunfähigkeit des Hauptschuldners), ihrem Fortbestand (§ 1363) und in ihrem Umfang (§§ 1353, 1390). Der Gläubiger hat gewisse Rücksichtsobliegenheiten gegenüber dem Bürgen, eine Pfandsicherung nicht aufzugeben (§ 1360) und nicht saumselig gegen den Hauptschuldner vorzugehen (§ 1364 S 2). Der zahlende Bürge erwirbt die Hauptforderung mit Nebenrechten außer bei anderweitiger Abrede im Innenverhältnis (§ 1358). Das Gesetz regelt den selbständigen Schuldbeitritt als Mitschuldner in § 1347. Der selbständige Garantievertrag als Garantie für die Leistung eines Dritten ist in § 880 a geregelt und darüber hinaus allgemein anerkannt. Der im Gesetz nicht geregelte Kreditauftrag führt zur Haftung als Bürge (GSCHNITZER, Schuldrecht Allg Teil [1965] 148, str; EHRENZWEIG/MAYRHOFER, Schuldrecht Allg Teil [3. Aufl 1986] 148; KOZIOL, Der Kreditauftrag, in: FS Kastner [1992] 241 ff. Zur Bürgschaft: P BYDLINSKI, Die Bürgschaft im österreichischen und deutschen Handels-, Gesellschafts- und Wertpapierrecht [1991]; HABEL, in: HADDING/SCHNEIDER, Teil VI Österreich [1986]; KOZIOL/WELSER, Grundriß des bürg Rechts Bd I [10. Aufl 1995] 310 ff; zur Garantie AVANCINI/IRO/KOZIOL, Österreichisches Bankvertragsrecht Bd II [1993] 246 ff).

2. Schweiz

455 Das 1941 revidierte OR regelt in Art 492–512 die Bürgschaft, wobei dem Bürgenschutz besondere Aufmerksamkeit gilt. Für die Verpflichtungserklärung des Bürgen gelten gestufte Formerfordernisse: einfache Schriftlichkeit unter zahlenmäßiger Angabe des Höchstbetrags für juristische Personen, Kollektiv- und Kommanditgesellschaften (Art 493 Abs 1), qualifizierte Schriftlichkeit bei Bürgschaft natürlicher Personen unter eigenschriftlicher Angabe des Höchstbetrags und ggf der Solidarhaftung und, wenn der Bürgschaftsbetrag 2000 SFr übersteigt, öffentliche Beurkundung (Art 493 Abs 2). Es genügt aber die Wahrung der Form des ausländischen Abschlußortes (BGE 110 II 484 ff = RIW 1986, 912). Der vereinbarte Höchstbetrag stellt einschließlich Zinsen und Kosten eine absolute Höchstgrenze dar (Art 499 Abs 1). Verheiratete Bürgen bedürfen der schriftlichen Zustimmung des Ehegatten außer bei geschäftserfahrenen Personen (Art 494). Zu letzterem Personenkreis gehört auch der Direktor einer AG (OG Kanton Zürich RiW 1988, 62 f). Die Bürgschaft ist ungültig, wenn die Bürgschaftsurkunde keinen zahlenmäßig bestimmten Höchstbetrag enthält (Art 493 Abs 1) oder wenn es an der erforderlichen Zustimmung des Ehegatten fehlt (Art 494). Formbedürftig ist auch die Vollmacht zur Eingehung der Bürgschaft (Art 493 Abs 6). Die Bürgschaft für künftige Forderungen (Art 492 Abs 2) kann schriftlich bei nachträglicher Vergrößerung des Bürgschaftsrisikos vor Entstehung der Hauptforderung widerrufen werden (Art 510 Abs 1).

456 Die einfache Bürgschaft ist strikt subsidiär, dh der Bürge kann erst nach fruchtloser Vollstreckung gegen den Hauptschuldner (Ausstellung eines definitiven Verlustscheins), nach Inanspruchnahme von Pfandsicherheiten oder bei Konkurs oder Unerreichbarkeit des Schuldners vom Gläubiger in Anspruch genommen werden

(Art 495), der Solidarbürge bereits vorher, aber nur nach Mahnung oder bei Zahlungsunfähigkeit des Hauptschuldners (Art 496). Mehrere Bürgen haften nur anteilsmäßig und als Nachbürgen für die Anteile der anderen (Art 497); sie haften ein jeder von vornherein für die ganze Schuld, wenn sie sich jeder solidarisch mit dem Hauptschuldner oder solidarisch untereinander verbürgt haben.

Die Schadlosbürgschaft des Art 495 Abs 3 entspricht der deutschen Ausfallbürgschaft; die Nachbürgschaft ist in Art 498 Abs 1, die Rückbürgschaft in Art 498 Abs 2, die Teilbürgschaft in Art 493 Abs 6 S 2 vorgesehen. Die Bürgschaft ist akzessorisch im Entstehen (Art 492 Abs 2; ausnahmsweise Haftung gem Art 492 Abs 3 bei Kenntnis bestimmter Wirksamkeitsmängel der Hauptschuld), in ihrem Fortbestand (Art 509 Abs 1) und in ihrem Umfang im Rahmen des Bürgschaftshöchstbetrags (Art 499), der sich jährlich prozentual mindert (Art 500). Der Bürge hat demgemäß alle Einreden und Einwendungen des Hauptschuldners (Art 502, 492 Abs 2), auch wenn dieser darauf verzichtet hat (Art 502 Abs 2). Der Gläubiger hat gegenüber dem Bürgen gewisse Rücksichtspflichten bezüglich der Wahrung von Pfandrechten und anderen Sicherheiten, zur Aufsicht bei Amts- und Dienstbürgschaft (Art 503) und zur Mitteilung über den Stand der Schuld (Art 505); Pflichtverletzung vermindert die Bürgenhaftung. Der zahlende Bürge erwirbt die Hauptforderung mit Nebenrechten, wobei die Rechtsbeziehungen im Innenverhältnis vorbehalten bleiben (Art 507).

Das OR regelt neben der Bürgschaft den Schuldbeitritt, der eine Solidarschuld begründet (Art 143). Ferner kennt das Schweizer Recht den formfreien Garantievertrag (Art 111) als nichtakzessorisches Sicherungsgeschäft (BGE 75 II 49; 79 II 84; zur Abgrenzung von der Bürgschaft BG in Praxis des BG 77 [1988] 77 ff = RIW 1988, 911). Die Fälle der Bürgenhaftung trotz bestimmter Wirksamkeitsmängel der Hauptschuld gem § 492 Abs 3 werden als Sonderfälle einer dem Bürgschaftsrecht unterstellten Garantie aufgefaßt, während im übrigen die Garantie nicht dem Bürgschaftsrecht folgt (GUHL, Das Schweiz Obligationenrecht [8. Aufl 1991] § 22 II, § 57). Beim Kreditauftrag begründet die Ausführung des Auftrags die Bürgenhaftung des Auftraggebers gegenüber dem Beauftragten (Art 408) und das Verhältnis zwischen Auftraggeber und Kreditempfänger folgt ebenfalls Bürgschaftsrecht (Art 411). Zum Ganzen GUHL § 57; § 22 III; § 50 I; Berner Kommentar VI/2, 7. Teilband bearb GIOVANOLI (2. Aufl 1978); MÜHL/PETEREIT, in: HADDING/SCHNEIDER Teil IV Schweiz (1983). Zur Garantie HANDSCHIN, Zur Abgrenzung von Garantievertrag und Bürgschaft: Akzessorietät der Verpflichtung als maßgebendes Kriterium?, SWZ 1994, 226–231.

3. Frankreich

Der Code civil regelt die Bürgschaft in Art 2011–2043 (cautionnement; Ausdruck mehrdeutig, auch iS von Sicherheit, Sicherheitsleistung). Sie ist einseitiger unentgeltlicher Vertrag; Gesetz und Richterspruch können die Pflicht zur (vertraglichen) Bürgschaftsstellung begründen (Art 2040–2043). Die Bürgschaft muß ausdrücklich erklärt werden (Art 2015). Sie unterliegt keiner speziellen Formvorschrift, wohl aber der allgemeinen Beweisregel des Art 1341, daß bei Verträgen (außer bei Geschäften bis 5000 F gem Dekret 80.593 v 15. 7. 1980 oder bei Handelsgeschäften) nur der Urkundenbeweis zugelassen ist. Außerdem muß jedes einseitige Zahlungsversprechen in einer privatschriftlichen Urkunde handschriftlich erklärt werden oder den handschriftlich ausgeschriebenen Verpflichtungsbetrag mit Zusatz „bon" oder „approuvé" enthalten, um volle Beweiskraft zu sichern (Art 1326; vgl auch Art 1347), außer bei Handelsgeschäften. Bei Bürgschaften von Privatpersonen, die dem KonsumentenkreditG unterfallen, ist ferner eine ausführliche, genau vorgeschriebene Verpflichtungserklärung erforderlich (Art 9-1 KonsumentenkreditG [loi Scrivener] v 13.7.1979 idF G Nr 89–1010 [loi Neiertz] v 31.12.1989; Text bei HUGGER RIW 1990, 527, 529). Die Bürgschaft kann auch für eine künftige Forderung bestellt werden (Req 16 juin 1846, DP 46.1.284).

460 Die Bürgschaft ist subsidiär. Zwar kann der Gläubiger den Bürgen bei Fälligkeit der Hauptschuld in Anspruch nehmen, ohne erst den Hauptschuldner in Verzug zu setzen. Dies gilt auch bei der einfachen Bürgschaft (cautionnement subsidiaire). Diese gibt aber dem Bürgen gem Art 2021 die Einrede der Vorausklage (bénéfice de discussion), wobei der Bürge allerdings geeignete Vollstreckungsobjekte bezeichnen und Kosten vorschießen muß (Art 2023, 2024). Die Einrede entfällt bei Aussichtslosigkeit oder besonderer Schwierigkeit der Zwangsvollstreckung (Art 2023 Abs 2). Sie ist ausgeschlossen gem Art 2021 bei dem in der Praxis häufigen Einredeverzicht oder bei gesamtschuldnerischer Bürgschaft, ferner bei Bürgschaften des Vollkaufmanns (cautionnement commercial). Bei der letzteren Bürgschaft wird immer angenommen, daß sie selbstschuldnerisch ist, so daß die Einrede der Vorausklage nicht besteht (CABRILLAC/MOULY, Droit de sûretés [3. Aufl 1995] no 74, 321, 327). – Die Nachbürgschaft ist in Art 2014 Abs 2 erwähnt. Mehrere Bürgen haften jeder auf den vollen Betrag (Art 2025), können aber vom Gläubiger Teilung des Anspruchs (bénéfice de division) verlangen (Art 2026), wenn sie nicht darauf verzichtet haben, was in der Praxis häufig und bei gemeinsamer Verbürgung (solidairement) anzunehmen ist.

461 Die Bürgenverpflichtung ist zur Hauptschuld akzessorisch in ihrem Entstehen (Art 2011, 2012 Abs 1; Ausnahme gem Art 2012 Abs 2: bei einer wegen Geschäftsunfähigkeit oder sonst persönlichen Gründen unwirksamen Hauptschuld bleibt der Bürge verpflichtet, vgl auch Art 2036 Abs 2, und zwar ohne Rückgriff) und in ihrem Fortbestand (allg Art 2012; zum Erlöschen der Hauptschuld durch Leistung an Erfüllungs Statt Art 2038, Erlaß Art 1287, Aufrechnung Art 1294, Novation Art 1281, Konfusion Art 1031). Der Bürge haftet nur im Umfang der Hauptschuld oder seiner niedrigeren Verpflichtung (Art 2013), auch für Nebenforderungen, für Kosten der Rechtsverfolgung aber nur eingeschränkt (Art 2016). Er hat die der Hauptforderung anhaftenden Einreden gegen den Gläubiger (Art 2036); allerdings können Mängel von Rechtsgeschäften erst nach gerichtlicher Feststellung geltend gemacht werden, außer bei absoluter Nichtigkeit. Die Anerkennung einer nicht bestehenden Schuld bindet den Bürgen nicht. Der Bürge wird frei, wenn der Gläubiger die für die Hauptschuld bestehenden Sicherungsrechte aufgegeben hat (Art 2037). Dem zahlenden Bürgen gibt das Gesetz einen besonderen, umfassenden Rückgriffsanspruch gegen den Hauptschuldner in Art 2028 und daneben einen gesetzlichen Erwerb (subrogation) der Hauptforderung mit Nebenrechten (Art 2029). Der Rückgriffsanspruch ist ausgeschlossen bei Schenkungsabsicht des Bürgen, Leistung ohne rechtliche Verpflichtung und wenn der Schuldner mangels Information über die Bürgenleistung noch einmal geleistet hat (Art 2031).

462 Das französische Recht betont zunehmend den Gedanken des **Bürgenschutzes**, teils als Element des allgemeinen Zivilrechts, teils nach besonderem Verbraucherschutzrecht und anderen Rechtsgebieten (Ehegüterrecht, Gesellschaftsrecht). Neben den oa besonderen Formvorschriften ist hervorzuheben: Nach Abs 2 des Art 2037 Cc kann der Bürge nicht auf das Privileg verzichten, von der Bürgenverpflichtung freizuwerden, wenn der Gläubiger schuldhaft **andere Sicherheiten** aufgibt (eingeführt d Art 49 G Nr 84–148 v 1. 3. 1984, JO 2. 3. 1984; dazu SCHEFOLD WM 1985, 1517, 1518 f). Nach Art 48 G Nr 84–148 muß eine Bank (établissement de crédit), das einem Unternehmen Kredit gegen Stellung einer Bürgschaft gewährt, den Bürgen jährlich (am 1. 3. per 31. 12. des Vorjahres) über den Kreditschuldstand **informieren** (SCHEFOLD WM 1985, 1517; FÜLBIER RIW 1995, 627, 629). Ein Ehegatte kann sich zu Lasten des gemeinsamen ehelichen Vermögens (anders als mit seinem Privatvermögen) nur verbürgen, wenn der andere **Ehegatte zustimmt** (Art 1422 ff Cc). Eine **Aktiengesellschaft** kann aus einer von ihr übernommenen Bürgschaft oder Garantie nur verklagt werden, wenn der **Verwaltungsrat vorher** ausdrücklich **zugestimmt hat** (Art 98 Abs 4 GesellschaftsG Nr 68/537 v 24. 7. 1966). Zulässig ist eine vorherige Rahmenermächtigung an den Präsidenten der AG bis zu einem Höchstbetrag (Art 89 Dekret Nr 67–236 v. 23. 3. 1967). Eine nachträgliche Zustimmung des Verwaltungsrats reicht nicht aus (Cass comm, 17. 11. 1992, no 1699 P; FÜLBIER RIW 1995, 629). Bei Banken ist die Zustimmung des Verwaltungsrats nicht erforderlich. Bürgschaften von Privatpersonen, die dem **VerbraucherkreditG** unterfallen, können von Banken als Kreditgebern nicht geltend gemacht werden, wenn die Bürgenschuld bei Übernahme offensichtlich außer Verhältnis zu Einkommen und Vermögen des Bürgen stand („manifestement disproportionné" gem Art 22 [vi]; anders nur, wenn der Bürge bei Inanspruchnahme in der Lage ist, seine Verpflichtung zu erfüllen, HUGGER RIW 1990, 529).

Der Cc kennt keinen selbstständigen (nicht akzessorischen) Garantievertrag, wohl aber den erwähnten Fall der Bürgschaftspflicht trotz Nichtigkeit der Hauptschuld (Art 2012 Abs 2), ferner die vertragliche Garantie dafür, daß ein Dritter eine bestimmte Handlung vornimmt, meist die Genehmigung eines vom Garanten für den Dritten abgeschlossenen Vertrages (porte-fort; Art 1120). Die selbständige, nicht akzessorische **Garantie** hat sich jedoch in Frankreich im inländischen wie im internationalen Wirtschaftsverkehr durchgesetzt und wird anerkannt (Cass comm 17. 10. 1984 u 5. 2. 1985, D.1985.269; 2. 5. 1988 BRDA Nr 5; CELESTINE RIW 1989, 81–88; HORN/WYMEERSCH 18, 33 ff, 62 ff). Auch die Garantie einer AG bedarf der oa Zustimmung des Verwaltungsrats nach Art 98 Abs 4 GesellschaftsG. Die **Patronatserklärung** ist ebenfalls in der Wirtschaftspraxis eingeführt, wobei weiche Verpflichtungen (obligation de moyen) und harte Verpflichtungen (obligation de résultat) unterschieden werden, und von den Gerichten anerkannt (Cass 21. 7. 1988 RB 1988, 361; DILGER RIW 1991, 342). Auch bei der Patronatserklärung einer AG ist die Zustimmung des Verwaltungsrats erforderlich (Cass 23. 10. 1990 RB 1991, 207; DILGER RIW 1991, 342). **463**

Das französische Recht kennt auch den Schuldbeitritt (durch stipulation pour autrui **464** mit dem Schuldner oder délégation imparfaite gem Art 1275). Die Haftung des Beitretenden geht weiter als die des Bürgen (Einwendungsausschluß bei délégation; anders § 417 BGB). Der Kreditauftrag richtet sich nach Auftragsrecht. Zum Ganzen CABRILLAC/MOULY, Droit de sûretés (3. Aufl 1995), no 74 ff, 321 ff, 327 ff; FERID/SONNENBERGER, Das französische Zivilrecht, Bd 2, (2. Aufl 1986) Kap 2 M § 1 (mit Nachträgen in Bd 4/1); BLESSING, Akzessorietät und Sicherungszweck der Bürgschaft. Eine rechtsvergleichende Untersuchung (Diss Saarbrücken 1972); REINEK-

KER u PETEREIT, in: HADDING/SCHNEIDER, Recht der Kreditsicherheiten in europäischen Ländern. Teil II Frankreich (1978); FÜLBIER, Besonderheiten bei der Bestellung von Personalsicherheiten mit Berührung des französischen Rechts, RIW 1995, 627 ff; HUGGER, Neuer Überschuldungsschutz privater Darlehensnehmer in Frankreich, RIW 1990, 527 ff; SCHEFOLD, Neue Regelungen im französischen Bürgschaftsrecht, WM 1985, 1517 ff. Zur Garantie CELESTINE, Die Garantie auf erstes Anfordern in der französischen Gerichtspraxis, RIW 1989, 81 ff; HORN/WYMEERSCH, Bank-Guarantees etc [1990] 18, 33 ff, 62 ff.

4. Italien

465 Die Regelung der Bürgschaft (fideiussione) in Art 1936–1957 Codice civile ist der französischen in vielem ähnlich. Die Bürgschaftsverpflichtung, die Art 1958 auch für eine künftige Forderung zuläßt, muß ausdrücklich erklärt werden (Art 1937). Sie unterliegt keiner besonderen Form, aber dem allgemeinen Erfordernis des Art 2721 Abs 1, daß für Verträge (bei Geschäften ab 5000 Lire) nur der Urkundenbeweis zugelassen ist; eine Ausnahme macht Abs 2; diese ist für Geschäfte unter Kaufleuten generell anerkannt. Die Bürgschaft ist – anders als in anderen Rechtsordnungen – im gesetzlichen Regelfall **nicht subsidiär**; Bürge und Hauptschuldner sind vielmehr Gesamtschuldner (Art 1944 Abs 1 Cc). Gläubiger und Bürge nehmen nebeneinander am Konkurs des Hauptschuldners teil, der Bürge freilich nur bedingt durch seine Zahlung an den Gläubiger (Corte di Cassazione, 5. 7. 1988 Nr 4419, Banca, borsa e titoli di credito 1990 II 175=RIW 1990, 838). Die Subsidiarität kann vereinbart werden (Art 1944 Abs 2, 3) und gibt dann die Einrede der Vorausklage. Dieses beneficio dell'escussione ist ähnlich wie im französischen Recht ausgestaltet (der Bürge muß Vollstreckungsmöglichkeiten bezeichnen und Kosten vorstrecken). Nicht unüblich ist Vereinbarung einer Ausfallbürgschaft. Die Nachbürgschaft erwähnt Art 1940. Mehrere Bürgen haften stets als Gesamtschuldner, soweit nicht eine Teilungseinrede vereinbart wird (Art 1946), was selten geschieht.

466 Die Bürgschaft ist akzessorisch zur Hauptschuld in ihrem Entstehen (Art 1939; Ausnahme bei Geschäftsunfähigkeit des Hauptschuldners), in ihrem Fortbestand (Art 1939; zum Erlaß der Hauptschuld Art 1239) und in ihrem Umfang (Art 1941). Bei der Verbürgung für künftige Forderungen war die Rechtsprechung hinsichtlich der Bestimmbarkeit der Hauptforderungen großzügig und ließ die Bezugnahme auf Forderungen aus einer Geschäftsbeziehung genügen (Corte di Cassazione, 27. 1. 1979, Nr 615, Giur ital 1979 I 1, 1504 = RIW 1980, 149; 31. 8. 1984, Nr 4738, Giur ital 1985 I 1, 772 = RIW 1986, 141; 18. 7. 1989, Nr 3362, und 20. 7. 1989, Nr 3385, Giur ital 1990 I 1, 1137 = RIW 1991, 248 f). Der **Bürgenschutz** wurde ab 1994 durch das zwingende Erfordernis der Angabe eines **Höchstbetrages** bei Bürgschaften für künftige Verbindlichkeiten verbessert. Damit wurde die umstrittene Bankpraxis eingedämmt, Bürgschaften für eine Vielzahl künftiger Verbindlichkeiten mit unbegrenztem Haftungsumfang (fideiussione omnibus) vorzusehen (Art 1938 und 1956 idF des TransparenzG v 1992 [Decreto legislativo 14. 12. 1992 Nr 481/92], eingefügt in einem zusammenfassenden Bankgesetz (Testo Unico – v 1. 9. 1993 n 385, Gazzetta Uff n 230 v 30. 9. 1993; CALIA RIW 1994, 550).

467 Der Bürge kann sich auf die Entwicklungen des Hauptschuldners berufen (Art 1945 Cc). Der Bürge wird frei, wenn der Gläubiger nicht binnen 6 Monaten ab Fälligkeit der Hauptschuld gegen den Hauptschuldner Klage erhebt und das Verfahren sorgfältig führt (Art 1957 Abs 1 Cc; Corte di cassazione 2. 5. 1980, Nr 2901, Giur ital 1980 I 1, 1416 = RIW 1981, 270; 18. 3. 1981, Nr 1481, Giur ital 1981 I 1, 1258 = RIW 1982, 290). Der Bürge wird ferner frei, wenn der Gläubiger Sicherheiten aufgibt (Art 1955) oder wenn bei einer Bürgschaft für eine künftige Schuld der Gläubiger trotz Vergrößerung des Bürgschaftsrisikos den Kredit gewährt (Art 1956). Der zahlende Bürge erwirbt die Hauptschuld mit Nebenrechten (Art 1949, 1203 Nr 3, 1204 Abs 1) und hat daneben einen besonderen Rückgriffsanspruch (Art 1950).

Die Garantie ist in Anlehnung an Art 1939 (Bürgschaft für geschäftsunfähigen **468** Hauptschuldner) als nicht akzessorische Bürgschaft anerkannt (Cass 3. 9. 1966, Dir e giur 1968, 829). Die neuere Rechtsprechung hat die nicht akzessorische Garantie, wie sie namentlich von Banken übernommen wird, allgemein anerkannt (HORN/WYMEERSCH, Bank-Guarantees [1990] 21 f m Nachw). Eine besondere Geschäftsform bildet die cauzione fideiussoria, die als persönliche Sicherheit zB des Bestellers bei Werkverträgen iS einer Leistungsgarantie verwendet wird (Cass 17. 7. 1957 Giust civ 1957 I 1181). Zum ganzen PESCATORE/RUPERTO, Codice civile annotato (9. Aufl 1993). Zur Garantie HORN/WYMEERSCH, Bank Guarantees (1990) 21 ff; MASTROPAOLO, I contratti autonomi di garanzia (1989); ders WM 1993, 1994 ff.

5. England

Das englische Recht kennt den der Bürgschaft vergleichbaren contract of guarantee **469** (Oberbegriff: suretyship), für die Schuld eines anderen einzustehen, sowie den contract of indemnity, der (soweit der Begriff nicht im weiteren Sinn verwendet wird, auch iS einer Erfüllungsübernahme) eine primäre, selbständige Leistungspflicht begründet (ANSON 68; CHITTY II § 42–007). Daneben sind unselbständige Leistungsgarantien Dritter im Hinblick auf eine Vertragsleistung anerkannt (**Collateral Warranty**; ANSON 119; Shanklin Pier, Ltd v DetelProducts, Ltd [1951] 2 K.B. 854). Eine guarantee kann für laufende Kredite (continuing guarantee) und für andere als Geldleistungen (performance guarantee) gewährt werden. Die guarantee unterliegt dem Schriftformerfordernis des Statute of Frauds (Beweiszweck). Die Haftung des guarantor ist nicht subsidiär; dies (zB Vorausklage) kann vereinbart werden (CHITTY II 1680). Sie ist aber akzessorisch, dh die guarantee entsteht nicht bei Nichtigkeit der Hauptschuld (zB wegen incapacity des Hauptschuldners; nach hM gilt dies auch in anderen Fällen; str), sie erlischt bei Erfüllung der Hauptschuld und deckt sich im Umfang mit ihr (CHITTY II 1656, 1664, 1681).

Die Abhängigkeit von der Hauptschuld wird in der Praxis oft stark eingeschränkt. **470** Sorgfaltspflichtverletzungen des Gläubigers führen nur bei Vorsatz zur Befreiung des Bürgen (Dawson v Lawes [1854] 23 LJ Ch 434, 441). Verletzt der Gläubiger dagegen den Inhalt des Bürgschaftsvertrags, ist er schadensersatzpflichtig, was ggf den Bürgen ganz befreit (Midland Counties Motor Finance Co Ltd v Slade [1951] 1 KB 346), auch bei Freigabe oder schuldhafter Nichtausnutzung von anderen Sicherungsrechten. Dies kann ausdrücklich im Vertrag vereinbart werden mit der Folge der Befreiung des Bürgen (Smith v Wood [1929] 1. Ch 14). Der zahlende Bürge kann gegen den Hauptschuldner einen Rückgriffsanspruch haben aufgrund eines Vertrags mit diesem oder, weil der Hauptschuldner aus gesetzlichen Gründen letztlich für die Schuld aufkommen soll (Re a Debtor [1937] Ch 156). Bei Zahlung einer verjährten Schuld hat der Bürge keinen Rückgriff (Coneys v Morris [1922] 1 Ir R 81). Der zahlende Bürge übernimmt alle Sicherheiten, die dem Gläubiger für die Hauptschuld zustehen (vgl auch sect 5 Mercantile Law Amendment).

471 Das englische Recht kennt heute unter dem Einfluß der modernen Bankpraxis und der Rolle Londons als international führender Finanzplatz die **Garantie** als nicht akzessorische, von einer zu sichernden Forderung (Hauptforderung) unabhängige Verpflichtung unter mindestens vier Begriffen: (1) traditionell als contract of indemnity, der nicht der Schriftform bedarf; (2) als bond, dh eine strikte schriftliche Verpflichtungserklärung, die teils eine Schuldverschreibung (traditionell: debenture) bezeichnet, teils eine Garantie im deutschen Sinn, zB eine Leistungsgarantie (performance bond; vgl zB Edward Owen Engineering Ltd v Barclays Bank Int'l Ltd [1977] 3 WLR 764, 773 [CA]; dazu SCHMITTHOFF 1977 JBusL 351 ff; allg oben Rn 291); (3) als ein strikt ausgestalteter Garantievertrag, insbesondere zur Zahlung auf erstes Anfordern (**demand guarantee**; vgl EDWARD OWEN aaO) als Oberbegriff ist entsprechend der Praxis auch **bank guarantee** naheliegend (HORN/WYMEERSCH, Bank-Guarantees [1990] 3 f); schließlich werden in Übereinstimmung mit der amerikanisch beeinflußten internationalen Praxis auch (4) standby letters of credit als unabhängige Garantieverpflichtungen anerkannt (allg oben Rn 290 ff).

472 Zum Ganzen CHITTY on Contracts vol II (27. Aufl 1994) ch 42; ANSON'S Law of contract (26. Aufl 1984) ch 17; HABEL, in: HADDING/SCHNEIDER, Recht der Kreditsicherheiten in europäischen Ländern, Teil IV England (1980); BERENSMANN, Bürgschaft und Garantievertrag im englischen und deutschen Recht (1986). Zur Angehörigenbürgschaft (iF § 765 Rn 162 ff) s BLAUROCK, Nahe Angehörige als Sicherheitengeber. England und Deutschland, ZEuP 1996, 314–324. Zur Garantie HORN/WYMEERSCH, Bank-Guarantees etc (1990) 17, 32 ff, 60 f.

6. USA

473 In den Einzelstaaten der USA ist ähnlich wie im englischen Recht die akzessorische Verpflichtung, für die Schuld eines anderen (des Hauptschuldners) einzustehen, sowohl unter dem Begriff der suretyship als auch des contract of guaranty anerkannt, wobei die suretyship eher eine mit der Hauptschuld gleichrangige, die guaranty eher eine subsidiäre Verpflichtung bezeichnet (American Jurisprudence 2d vol 38 [1968; Supplement 1989] „guaranty" § 15). Im Rahmen der Vertragsfreiheit wird aber die guaranty an die suretyship oft weitgehend angenähert und beide werden im Restatement of the Law (1941) nicht unterschieden (Stichwort security § 82 Anm g). Während die normale (conditional) guaranty dem guarantor das Recht gibt, Vorausklage gegen den Hauptschuldner und Vollstreckungsversuch zu verlangen, ist dies bei der selbstschuldnerischen absolute guaranty (payment guaranty) nicht möglich (BUNGERT 28 f).

474 Eine der deutschen Garantie vergleichbare, nicht akzessorische Verpflichtung, wie sie im inländischen und internationalen Wirtschaftsverkehr verlangt wird, vor allem zur Zahlung „on first demand", kann im Rahmen der Vertragsfreiheit ohne weiteres übernommen werden und ist üblich. Nach amerikanischem Bankaufsichtsrecht ist sie aber nicht allen Banken gestattet. Den investment banks ist sie nicht erlaubt, den commercial banks nur unter besonderen Voraussetzungen, vor allem den sog Edge Act corporations und den Auslandsfilialen amerikanischer Banken sowie Spezialinstituten mit einzelstaatlicher Ermächtigung wie zB Morgan Guaranty Trust Company in New York (vBernsdorff RIW 1987, 257 ff). Um bankaufsichtsrechtliche Hindernisse zu vermeiden, haben die amerikanischen Banken die Praxis entwickelt, Dokumentenakkreditive (letters of credit; L/C's) zu eröffnen und zwar auch in Fällen, in denen es nicht um dokumentäre Leistungen iS der kaufmännischen Traditionspapiere geht (sog standby L/C's). Als Dokument dient dann nur eine vorgeschriebene schriftliche Erklärung des Berechtigten (allg oben Rn 291). Leistungsgarantien werden schließlich auch in Form von performance bonds übernommen (Rn 291).

Zum Ganzen American Law Institute, Restatement of the Law, Security (1941); **475** American Jurisprudence 2d vol 38 (1968, Supplement 1989), Stichwort guaranty; Stearns/Elder, The Law of Suretyship (5. Aufl 1951, repr 1972); Bungert, US-Amerikanisches Bürgschaftsrecht (1990); ders, Grundzüge des US-amerikanischen Rechts der persönlichen Sicherheiten – Law of Suretyship –, WM 1992, 1637 ff, 1681 ff; Mühl, in: Hadding/Schneider, Recht der Kreditsicherheiten in den Vereinigten Staaten von Amerika (1985). Zur nicht akzessorischen Bankgarantie, Standby L/C und performands bonds Horn/Wymeersch, Bank Guarantees, Standby Letters of Credit and Performance Bonds in International Trade (1990) 1 ff, 15 f, 29 ff 58 ff. Zu Einzelfragen: vBernstorff, Rechtsprobleme US-amerikanischer Bankgarantien, RIW 1987, 257–261; ders, Vorläufiger Rechtsschutz im Dokumentengeschäft nach deutschem und anglo-amerikanischem Recht, RIW 1986, 332–337; Leet, Größeres Risiko der Konkursgläubiger bei Verwendung von Insider-Bürgschaften in den USA, RIW 1994, 830 ff; Paulus, Konkursanfechtungsrechtliche Probleme im Zusammenhang mit dem Standby Letter of Kredit. Rechtsvergleichende Überlegungen zu der Entscheidung „In the Matter of Compton", ZBB 1990, 200 ff; Vorpeil, Inanspruchnahme einer Bankgarantie in Form eines performance bond, RIW 1991, 710 ff.

7. Osteuropäische Länder

Zum Recht der Personalsicherheiten in den Ländern des östlichen Mitteleuropas **476** und Osteuropas s Breidenbach (Gesamthrsg), Handbuch Wirtschaft und Recht in Osteuropa (Stand 1995); Brunner/Schmid/Westen, Wirtschaftsrecht der osteuropäischen Staaten (1992); Horn/Pleyer, Handelsrecht und Recht der Kreditsicherheiten in Osteuropa. Polen, Rußland, Tschechien und Ungarn (1997).

§ 765

[1] **Durch den Bürgschaftsvertrag verpflichtet sich der Bürge gegenüber dem Gläubiger eines Dritten, für die Erfüllung der Verbindlichkeit des Dritten einzustehen.**

[2] **Die Bürgschaft kann auch für eine künftige oder eine bedingte Verbindlichkeit übernommen werden.**

Materialien: E I §§ 668, 669; II § 706; III § 750;
Mot II 657 ff; Prot II 461 ff; VI 196.

§ 765

Schrifttum
S oben vor Vorbem 1.

Systematische Übersicht

I. **Abschluß des Bürgschaftsvertrages**
1. Grundsätze; Verpflichtungswille — 1
a) Allgemeine Grundsätze — 1
b) Verpflichtungswille — 2
2. Vertreter; Bote — 5
3. Vertrag zugunsten Dritter — 7
4. Vertragsannahme; Dissens — 9
5. Vertragsschluß bei Leistung — 11
6. Allgemeine Geschäftsbedingungen — 12
7. HausTWG — 12

II. **Inhalt und Auslegung der Bürgschaftserklärung**
1. Bestimmtheitsgrundsatz — 13
a) Inhalt und Funktion — 13
b) Verbot der Fremddisposition (§ 767 Abs 1 S 3) — 15
c) Tragweite; Bürgenschutz und AGB-Gesetz — 16
d) Gebot der Eingrenzbarkeit der Bürgenhaftung — 19
2. Auslegung — 20
a) Allgemeine Auslegungsgrundsätze (§§ 133, 157) — 20
b) Bürgschaftsurkunde — 22
c) Bürgenfreundliche Auslegung? — 23
d) Auslegung und AGB-Gesetz — 25
e) Anwendungsgebiete der Auslegung — 26
3. Person des Hauptschuldners — 27
4. Person des Gläubigers — 30
5. Hauptschuld und Haftungsumfang — 32
a) Bestimmung; Umfang — 32
b) Nebenforderungen — 40
c) Künftige oder bedingte Forderung — 42
6. Globalbürgschaft — 44
a) Entwicklung — 44
b) Weitgehende Unzulässigkeit; AGB-Gesetz — 48
c) Zulässige Globalbürgschaften; Höchstbetrag — 53
7. Geschäftstypen der Bürgschaft A-Z — 58

III. **Persönliche Voraussetzungen des Bürgen; Genehmigungen**

1. Allgemeines — 69
2. Notarbürgschaft — 70
3. Genehmigung des Vormundschaftsgerichts — 71
4. Bürgschaften von Gemeinden — 72
5. Öffentliche Sparkassen — 74
6. Kapitalgesellschaften — 75
7. Bilanzierung — 76

IV. **Bestand und Beschaffenheit der Hauptschuld**
1. Bestand der Hauptschuld — 78
a) Grundsatz; gültige Hauptschuld — 78
b) Bedingte Hauptschuld — 79
c) Haftung bei nichtiger Hauptschuld — 80
d) Natürliche Verbindlichkeit — 89
e) Kontokorrentbindung — 91
2. Inhalt und Umfang der Hauptschuld — 97
3. Bürgschaft und Hauptschuld — 101

V. **Die Rechtsbeziehung des Bürgen zum Hauptschuldner**
1. Wirkung der Rechtsbeziehung — 102
2. Kausalverhältnis mit dem Schuldner — 103
3. Beiderseitige Pflichten — 105

VI. **Verhältnis zwischen Bürgen und Gläubiger**
1. Umfang der Bürgenschuld — 111
a) Eigene Verbindlichkeit des Bürgen — 111
b) Möglichkeit einer Bedingung — 114
c) Risikobegrenzung? — 115
2. Gläubigerpflichten? — 117
a) Grundsatz — 117
b) Technische Mitwirkungspflichten — 118
c) Keine vertragstypischen Nebenpflichten — 119
d) Vereinbarte Nebenpflichten — 124
e) Treu und Glauben — 128
3. Pflichten des Bürgen gegenüber dem Gläubiger — 130
a) Pflichten gem § 242 — 130
b) Kausalverhältnis mit dem Gläubiger; Gegenseitiger Vertrag — 132

VII. Pflichten zwischen Gläubiger und Hauptschuldner	136
VIII. Gefälligkeitsbürgschaft und Schenkung	
1. Begriff	139
2. Gefälligkeit im Verhältnis zum Gläubiger	140
3. Gefälligkeit im Verhältnis zum Schuldner	142
4. Anfechtungsgesetz; verdeckte Gewinnausschüttung	145
IX. Willensmängel und andere Unwirksamkeitsgründe; insbes Sittenwidrigkeit	
1. Geschäftsfähigkeit	147
2. Anfechtbarkeit	148
a) Irrtumsanfechtung	148
b) Anfechtung wegen Täuschung und Drohung gem § 123	154
c) Zwangsvergleichsbürgschaft	158
3. Nichtigkeit gem § 134; HausTWG	159
4. Sittenwidrigkeit gem § 138	160
a) Allgemeines	160
b) Übermäßige Belastung, insbes. Angehörigenbürgschaften	162
c) Schutz der Privatautonomie des Bürgen durch § 138	165
d) Die Kriterien der Sittenwidrigkeit iE	168
e) Sittenwidrigkeit der Hauptschuld	176
5. Culpa in contrahendo	179
a) Ausnahmsweiser Rechtsbehelf	179
b) Grundsatz: Keine allgemeine Aufklärungspflicht	180
c) Ausnahmsweise Aufklärungspflicht	184
d) Strukturelles Ungleichgewicht	186
e) Vorvertragliche Pflichten des Bürgen	189
6. Wesentliche Veränderung der Vertragsumstände (Geschäftsgrundlage); Zweckfortfall	190
a) Grundsatz	190
b) Bürgenrisiko und Geschäftsgrundlage	192
c) Relevante Veränderungen	195
7. Verwirkung; Arglisteinrede	199
X. Wechsel des Gläubigers oder Hauptschuldners	
1. Gläubigerwechsel	202
a) Übergang der Hauptforderung und Bürgschaft	202
b) Umwandlung des Gläubigers	205
c) Einwendungen des Bürgen gegen den neuen Gläubiger	206
d) Ausschluß des Übergangs	208
e) Andere Personalsicherheiten	212
2. Abtretung der Bürgschaftsforderung?	213
3. Schuldnerwechsel	214
a) Befreiende Schuldübernahme	214
b) Kumulative Schuldübernahme	218
c) Umwandlung	219
4. Konfusion und Verwandtes, insbesondere durch Erbgang	222
XI. Beendigung und Abwicklung der Bürgenschuld	
1. Tilgung oder Wegfall der Hauptschuld	225
2. Erfüllung der Bürgenschuld und andere selbständige Beendigungsgründe	226
a) Erfüllung und Erfüllungssurrogate	226
b) Andere Beendigungsgründe	227
c) Leistungsstörungen	228
3. Einseitige Lösung vom Bürgschaftsvertrag	229
a) Kündigung	229
b) Rücktritt; Widerruf	236
4. Verjährung	238
5. Rückabwicklung rechtsgrundloser Zahlungen des Bürgen	239
6. Sonstige Rückabwicklungsfragen	241

Alphabetische Übersicht

Abschlagsbürgschaft	59
Abschluß des Bürgschaftsvertrags	1
Abtretung der Bürgschaftsforderung	213
AGB	12
AGB-Gesetz und Globalbürgschaft	48 ff
Amtspflicht	185
Amtsbürgschaft	59
Anfechtbarkeit	148 ff

Anfechtungsgesetz	145	Erfüllung der Bürgenschuld	226 ff
Angehörigenbürgschaft	174 f	Erfüllungsbürgschaft	62
– sittenwidrige –	162 ff		
Anzahlungsbürgschaft	60	Fälligkeit der Bürgschaft	112
Arglisteinrede	199 ff	Fremddisposition, Verbot der –	15 ff
Aufklärungspflicht	180 ff		
Ausfallbürgschaft	60	Gefälligkeitsbürgschaft	139 ff
Auslegung der Bürgschaftserklärung	13 ff	Geldschuld	99
Auslegung und AGB-Gesetz	25 f	Gemeinden	72
Auslegungsgrundsätze	20 ff	Gemeindeverbände	73
Avalkreditvertrag	103 ff	Genehmigungen	69
		Geschäftsfähigkeit	147
Bankbürgschaft	61	Geschäftsführer, Bürgschaftserklärung	6, 57
bedingte Bürgschaftsverpflichtung	114	Geschäftsgrundlage	190
bedingte Forderung	100	– und Bürgenrisiko	192 f
bedingte Hauptforderung	42 f	Geschäftstypen der Bürgschaft	39
Bestimmtheitsgrundsatz	13 ff, 17 ff	Gesellschafterbürgschaft	65
– und Auslegung	20	Gesellschaftsbürgschaft	65
– und Globalbürgschaft	47	Gewährleistungsbürgschaft	63 ff
Bilanzierung	76	Gewinnausschüttung, verdeckte	145
Bote	5	Gläubiger	30
Bürge		– und Hauptschuldner	136 ff
– und Gläubiger	111	– Mitwirkungspflichten	118
– und Hauptschuldner	102 ff	– Nebenpflichten	119 ff
– persönliche Voraussetzungen –	69 ff	– Umwandlung des –	205 f
bürgenfreundliche Auslegung?	23	– vereinbarte Nebenpflichten	124 ff
Bürgenhaftung	19	Gläubigeridentität	31
Bürgenpflichten	130	Gläubigerpflichten?	117
Bürgenrisiko und Geschäftsgrundlage	192 f	Gläubigerwechsel	202 ff
Bürgenschutz und AGB-Gesetz	16 ff	Globalbürgschaft	44 ff, 65
Bürgschaft		– und AGB-Gesetz	48 ff
– für künftige Forderungen	54	– Unzulässigkeit	48 ff
– und Hauptschuld	101	– Zulässigkeit	53 ff
– zur Zahlung auf erstes Anfordern	61		
Bürgschaftserklärung	3 f	Hauptschuld	
– Auslegung	13 ff	– Abgrenzung	35 f
Bürgschaftsforderung, Abtretung	213	– bedingte –	79
Bürgschaftsrisiko	115	– Beschaffenheit	78
Bürgschaftsurkunde	22	– Bestand	78
– Rückgabe	226	– Inhalt und Umfang	97 ff
		– nichtige –	80 ff
culpa in contrahendo	179 ff	– Nichtigkeit	38
		– und Haftungsumfang	32 ff
Dauerschuldverhältnis	230	Hauptschuldner	27, 109 ff
Dissens	9	– Umwandlung	219
Drohung, Anfechtung wegen –	154 f	HausTWG	12, 159
		Höchstbetrag	19
Ehegattenbürgschaften	167	Höchstbetrag	
Erbgang	222	– bei Globalbürgschaft	45, 53 ff

18. Titel.
Bürgschaft

Höchstbetragsbürge	41	Risikobegrenzung?	115 f
Höchstbetragsbürgschaft	65	Rückabwicklung	239 ff
		Rückbürgschaft	67
Inhaltsirrtum	149	Rückgabe der Bürgschaftsurkunde	226
Irrtumsanfechtung	148	Rücktritt	227, 236
– und Bürgschaftszweck	151 f	Rückzahlungsanspruch	59
Kapitalgesellschaften	75	Schenkung	139 ff
kapitalersetzende Bürgschaft	65	Schuldnerwechsel	214 ff
Kausalverhältnis mit dem Gläubiger	132 ff	Schuldübernahme	
Kondiktionsanspruch	80 ff, 240	– befreiende –	214
Konfusion	222	– kumulative –	218
Kontokorrent, Einstellung in ein –	94 ff	Selbstschuldausfallbürgschaft	67
Kontokorrentabrede	96	Selbstschuldbürgschaft	67
Kontokorrentbindung	91	Sittenwidrigkeit	160 ff
Kontokorrentkreditbürgschaft	65, 91	– der Hauptschuld	176 f
Kündigung		– Kriterien der –	168 ff
– beim Dauerschuldverhältnis	230	Sparkasse	74
– der Bürgschaft	229	Staatsbürgschaft	67
– der Globalbürgschaft	47	Steuerbürgschaft	67
– Wirkung	232	Stiftungen	73
Kündigungsfrist	232	strukturelles Ungleichgewicht	173, 186
künftige Hauptforderung	42 f, 51, 100		
		Täuschungsanfechtung	154
Leistungsbürgschaft	65	Teilbürgschaft	59
Leistungsstörungen	228	Tilgung der Hauptschuld	225
		Treu und Glauben	106, 128 f
mehrere Gläubiger	30		
Mietbürgschaft	66 f	Übergang der Bürgschaft, Ausschluß	208 f
Mitbürgschaft	67	Überzahlung	59
		Umwandlung des Gläubigers	205 f
Nachbürgschaft	67	unzulässige Rechtsausübung	201
natürliche Verbindlichkeit	89		
Nebenforderungen	40	Vergleichsbürgschaft	67
Nebenpflichten des Gläubigers	119 ff	Verhandlungsgehilfe (Anfechtung)	155
Nichtigkeit der Hauptschuld	38	Verjährung	238
Nichtigkeit gem § 134	159	Verpflichtungstypen der Bürgschaft	39
Notar	70	Verpflichtungswille des Bürgen	2
		Vertrag zugunsten Dritter	7
Periodensaldo	92	Vertragsannahme	9
Personalsicherheiten	212	Vertragsschluß bei Leistung	11
Personengesellschaft als Hauptschuldner	28	Vertragsübernahme	204
Post	73	Vertreter	5
Privatautonomie des Bürgen, Schutz	165 ff	– Anfechtung	155
Prozeßbürgschaft	67	Verwirkung	199 ff
		Vorauszahlungsbürgschaft	68
Rechtsmißbrauch	107	vormundschaftsgerichtliche Genehmigungen	71
Rechtsnachfolger	215 f		
– Bürgschaft für –	8		

Wegfall der Hauptschuld	225	Zinsen, Bürgenhaftung für -	41
Widerruf	237	Zollbürgschaft	68
Willensmängel	146 ff	Zwangsvergleichsbürgschaft	158
Wucher	177	Zweckfortfall	190

Zu Begriff und Rechtsnatur der Bürgschaft und zum Inhalt der Bürgenschuld allg oben Vorbem 1–21.

I. Abschluß des Bürgschaftsvertrages

1. Grundsätze; Verpflichtungswille

1 a) Für das Zustandekommen des Bürgschaftsvertrages gelten die **allgemeinen Grundsätze** über den Vertragsschluß (PLANCK/OEGG Anm 4). Dies gilt auch bei der Sicherheitsleistung durch Bürgschaft im Prozeß. Materiell erforderlich ist auch hier das Zugehen der Bürgschaftserklärung an den Gläubiger und die Annahme durch ihn (OLG Düsseldorf WM 1969, 798; str); davon zu unterscheiden ist die Frage der prozessualen Wirkung schon der einseitigen Bürgschaftserklärung (Vorbem 105). Zur Form s § 766.

2 b) Die Bürgschaftserklärung muß den **Verpflichtungswillen**, für die Verbindlichkeit eines Dritten einzustehen, unzweideutig erkennen lassen (§ 133). Verpflichtungswille und Verpflichtungswirkung werden durch beruhigende Äußerungen des Gläubigers oder Hauptschuldners, die Bürgschaft sei Formsache, der Schuldner werde schon zahlen oä, idR nicht ausgeschlossen; solche Redensarten sind unbeachtlich und schließen in der Regel den Verpflichtungswillen nicht aus (RG LZ 1913, 79; 1917, 675; BayZ 1928, 347; OLG München WM 1989, 1327 betr Einstandspflicht des Avalauftraggebers). Nach den Umständen kann ausnahmsweise arglistige Täuschung vorliegen, die zur Anfechtung berechtigt (BGH WM 1974, 1130 [obiter] u Rn 154 ff) oder es kann eine Situation vorliegen, in der eine solche beruhigende Äußerung zusammen mit anderen Umständen, insbes Unerfahrenheit und seelischer Zwangslage (Bürgschaft des Ehegatten oder des Kindes) Sittenwidrigkeit der Bürgschaftserklärung gem § 138 begründet (BVerfG ZIP 1993, 1775, 1776, 1781 „nur für die Akten"; iF Rn 172 f). Zur Beifügung einer Bedingung unten Rn 113 f.

3 Die Verwendung der Worte „Bürgschaft" oder „sich verbürgen" ist ein starkes Indiz für den rechtsverbindlichen Verbürgungswillen, zumal auch der Laie damit eine in etwa zutreffende Vorstellung verbindet (s auch BGH LM Nr 1 zu § 765). Dies gilt auch für die Abgrenzung zu verwandten, weiterreichenden Verpflichtungsformen, insbes Garantie (Vorbem 216 ff) und Schuldbeitritt (Vorbem 367 f). Bei Verwendung des Ausdrucks „Bürgschaft" ist im Zweifel Bürgschaft gewollt (BGH ZIP 1996, 172, 173). Andererseits ist der Gebrauch der Worte „Bürgschaft" oder „bürgen" nicht notwendig, wenn der Wille, für die Verbindlichkeit eines Dritten einzustehen, unzweideutig ist, zB das Versprechen, dafür zu sorgen, daß der Gläubiger sein Geld bekomme oder nichts verliere (RG JW 1911, 581 Nr 22; 1912, 35; 1923, 368), oder die Erklärung, bezahlen zu wollen, wenn der Schuldner nicht bezahle (RG JW 1909, 459 Nr 14), oder hinter der Vertragspartei zu stehen und mit seinem Vermögen zu haften (RGZ 140, 216, 218).

Diese Erklärungen können aber auch (entgegen der älteren Rspr) Garantie sein, so 4 zB die Erklärung gegenüber einer Bank, man „mache sich stark dafür", daß für den von einem Dritten ausgestellten Scheck kurzfristig Deckung angeschafft werde (BGH NJW 1967, 1020; OLG Hamm WM 1991, 521; allg oben Vorbem 216 ff). Ausnahmsweise kann auch eine als „Bürgschaft" bezeichnete Verpflichtung in Wirklichkeit Garantie sein, wenn es zB an einer genau bezeichneten Hauptforderung fehlt, der Sicherungswille und Sicherungszweck aber eindeutig gegeben sind (BGH WM 1970, 159, im Ergebnis zutr, aber unzureichend begründet). Ein bloßer Empfehlungsbrief enthält noch keine Verbürgung für die Schuld, die der Empfohlene bei dem Adressaten eingeht; zur Abgrenzung zum Kreditauftrag s § 778. Die Mitteilung der Bank, daß der Schuldner ein Konto bei ihr habe und sie daraus dessen künftige Schuld bezahlen werde, ist noch keine Verbürgung (OLG Karlsruhe BadRspr 1908, 90).

2. Vertreter; Bote

Bei der Abgabe der Bürgschaftserklärung oder ihrer Übermittlung („Erteilung" der 5 Urkunde iS § 766) kann sich der Bürge nach den allgemeinen Regeln eines **Vertreters** oder eines **Boten** bedienen. Auch auf Seiten des Gläubigers kann ein Vertreter oder Bote oder Treuhänder eingeschaltet sein (zB BGH WM 1992, 177 betr treuhänderisch vertretene Mitglieder einer Bauherrengemeinschaft). Auch der Hauptschuldner kann Vertreter oder Bote des Bürgen sein (BGH WM 1978, 266 f u 1065). Ihm kann es sogar überlassen bleiben, den Gläubiger erst noch zu suchen und dessen Namen (RGZ 57, 66 f; 62, 379, 383; RG HRR 1934 Nr 1015; BGH WM 1992, 177) oder sogar den Betrag der Hauptschuld oder Bürgschaftssumme, allerdings nur im Rahmen einer vereinbarten Höchstgrenze (BGH WM 1962, 720; 1978, 1065) einzutragen oder vom Gläubiger eintragen zu lassen. Zur Vertretung vgl auch § 766 Rn 38 ff, zur Blankobürgschaft § 766 Rn 43 ff. Möglich, wenngleich in der Praxis seltener anzunehmen, ist auch ein Handeln des Hauptschuldners als Vertreter des Gläubigers (so aber der Fall in BGH WM 1992, 177). Insbes liegt in der Aufforderung des Gläubigers an den Hauptschuldner, eine Bürgschaft zu beschaffen, nicht ohne weiteres Auftrag und Vollmacht, für den Gläubiger zu verhandeln und abzuschließen (BGH BB 1975, 153).

Gibt der **Geschäftsführer** einer GmbH eine Bürgschaftserklärung ab, so haftet er 6 persönlich, wenn er nicht klarstellt, daß seine Erklärung unternehmensbezogen für die GmbH abgegeben wurde. Dies geschieht entweder dadurch, daß die Namensunterschrift in Verbindung mit der Firma der GmbH geleistet wird (§ 35 Abs 3 GmbHG), oder dadurch, daß sonstige Umstände den Willen erkennen lassen, im Namen der GmbH zu handeln (§ 164 Abs 1 S 2). Zweifel gehen zu Lasten des Erklärenden, der dann persönlich als Bürge haftet (BGH NJW 1995, 43 = ZIP 1994, 1860; krit TIEDTKE, GmbHR 1995, 336 ff). Schließt das Organ einer Kapitalgesellschaft einen Bürgschaftsvertrag ohne die intern erforderliche Zustimmung des Aufsichtsrats, so kann dieser Mißbrauch der Vertretungsmacht, sofern er dem anderen Vertragsteil erkennbar ist, zur Unwirksamkeit der Bürgschaft führen (OLG Koblenz NJW-RR 1991, 487).

3. Vertrag zugunsten Dritter

7 Ferner kann ein Vertragsschluß zwischen dem Bürgen und dem Hauptschuldner oder einem Dritten zugunsten des Gläubigers gem § 328 zustande kommen (BGH WM 1966, 859; 1992, 177, 180). Insbesondere wird diese Konstruktion erwogen, wenn anders Zweifel am Zustandekommen bestehen (zur Bürgschaft als Sicherheitsleistung im Prozeß Vorbem 91 ff) oder Zweifel am Erwerb der Bürgschaftsforderung durch einen Rechtsnachfolger des Gläubigers, so bei der bürgerlichrechtlichen Bürgschaft für eine Wechselforderung (Vorbem 435 ff) oder bei Übertragung einer durch Bürgschaft gesicherten Kontokorrentverbindung (OLG Dresden SeuffA 65 Nr 237; BGHZ 26, 142, 148 f = NJW 1958, 217; Vorbem 42 ff u iF Rn 202 ff). In vielen Fällen ist diese Konstruktion überflüssig und wenig praxisnah. Der Gläubiger kann die Bürgschaftsforderung gem § 333 zurückweisen; er muß gem § 334 alle Einwendungen aus dem Vertrag zwischen Bürgen und Versprechensempfänger gegen sich gelten lassen. Ein zwischen dem Hauptschuldner und einer Bank abgeschlossener Avalvertrag ist in der Regel kein Bürgschaftsvertrag zugunsten des in Aussicht genommenen Bürgschaftsgläubigers (BGH WM 1984, 768).

8 Eine Bürgschaft kann auch zugunsten des Rechtsnachfolgers des gegenwärtigen Gläubigers übernommen werden (BGH NJW 1992, 1448, 1449 = WM 1992, 177, 179; dazu TIEDTKE EWiR 1992, 157; BGH ZIP 1996, 172, 173). Dafür kann ein praktisches Bedürfnis bestehen (vgl den Fall BGH NJW 1992, 1448). Allerdings ist in den Fällen, in denen der künftige Gläubiger alsbald gewonnen werden soll, konstruktiv eher ein Handeln direkt im Namen des künftigen Gläubigers (ggf als falsus procurator mit nachfolgender Genehmigung; s Rn 30) anzunehmen.

4. Vertragsannahme; Dissens

9 Die Vertragsannahme kann je nach den Umständen in der Bürgschaftserklärung oder in der Erklärung des Gläubigers liegen; der letztere Fall ist häufiger. Es gelten die allgemeinen Regeln (vgl auch BGH WM 1978, 266). Die Annahme durch den Gläubiger braucht nach § 151 nicht immer gegenüber dem Bürgen erklärt zu werden (BGH WM 1964, 850). Der Zugang der Annahmeerklärung kann aber nach den Umständen oder wegen ausdrücklichen Verlangens des Bürgen erforderlich sein. Für die Annahme einer Bürgschaft durch die Bank genügt es, wenn der Bürge die Erklärung in Gegenwart eines Vertreters der Bank unterschreibt (BGH WM 1976, 709, 711). Zum Zusammenhang von Annahme der Bürgschaftsurkunde und Vertragsannahme s § 766 Rn 35. Auf die Bürgenerklärung ist dagegen (im Fall der gem § 350 HGB formfreien Bürgschaft) die Regel des § 151 über die stillschweigende Annahme regelmäßig nicht anwendbar, weil der Gedanke des Bürgenschutzes dem entgegensteht (BGH WM 1977, 966: Bürge schwieg auf die unter Abänderung erklärte Annahme; vgl auch OLG Celle WM 1990, 1866).

10 Das Verlangen nach Erweiterung der Bürgenverpflichtung ist noch kein Angebot zur Aufhebung der bereits angenommenen weniger weitgehenden Bürgschaftsverpflichtungen (BGH WM 1977, 837 f). Gibt der Bürge eine formularmäßige Bürgschaftserklärung zugleich mit einem Begleitschreiben über den genauen Sicherungszweck (bestimmter Kredit) ab und enthält die schriftliche Gegenbestätigung der Bank die Klausel, daß die Bürgschaft auch für alle anderen Verbindlichkeiten des Hauptschuldners aus Geschäftsverbindung gelten solle, so ist nach Ansicht des OLG Celle wegen **Dissenses** kein wirksamer Bürgschaftsvertrag zustandegekommen (WM 1990, 1866). Zweifelhaft; näher liegt die Unwirksamkeit nur der erweiternden Klausel gem § 6 AGBG als überraschend iS § 3 AGBG; s auch unten Rn 49.

5. Vertragsschluß bei Leistung

Der Gläubiger einer Forderung kann mit einem Dritten, der die Forderung erfüllt, **11** noch bei der Zahlung vereinbaren, daß der Dritte die Schuld als Bürge tilgen soll, mit der Rechtsfolge des Forderungsübergangs gem § 774 (BGH WM 1964, 849). Möglich ist auch eine Vereinbarung mit dem Bürgen bei Zahlung, daß eine Bürgschaft, die bereits für eine andere Verbindlichkeit besteht, sich statt dessen auf die zu tilgende Forderung beziehen soll (BGH aaO). Nicht möglich ist dagegen, einer interventionsweise geleisteten Zahlung (§ 267; kein Forderungsübergang) noch durch nachträgliche Vereinbarung Bürgschaftscharakter beizulegen (PLANCK/OEGG Anm 6 c; SIBER JherJb 70, 258).

6. Allgemeine Geschäftsbedingungen

Die ganz überwiegende Zahl von Bürgschaftsverpflichtungen wird von Banken im **12** Rahmen ihres Avalgeschäfts oder gegenüber kreditausreichenden Banken formularmäßig geschlossen. Auf solche Formularverträge ist das AGB-Gesetz anwendbar; einer besonderen Einbeziehungsvereinbarung bedarf es nicht (Vorbem 67). Die richterliche Kontrolle von Bürgschaftsverträgen daraufhin, ob sie überraschende Klauseln iS § 3 AGBG oder unangemessene Klauseln iS §§ 9-11 AGBG enthalten, hat daher für die Praxis des Bürgschaftsrechts größte Bedeutung erlangt, und zwar sowohl zum Schutz des Bürgen als auch umgekehrt zum Schutz des Gläubigers in den Fällen, in denen der Bürge Verwender der Formularverträge ist. Überblick oben Vorbem 67 ff; Einzelheiten iF. Vgl auch WOLF/HORN/LINDACHER, AGB-Gesetz (3. Aufl 1994) § 9 Anm B 211-233 u § 23 Rn 729, 782.

7. Zum **HausTWG** s oben Vorbem 75.

II. Inhalt und Auslegung der Bürgschaftserklärung

1. Bestimmtheitsgrundsatz

a) Inhalt und Funktion

Die Bürgschaftserklärung muß inhaltlich bestimmt sein (Bestimmtheitsgrundsatz; **13** MünchKomm/PECHER Rn 10; krit GRAF LAMBSDORFF/SKORA Rn 121 ff). Sie muß die zu sichernde Hauptforderung nach der Person des Hauptschuldners (Rn 27 ff) und des Gläubigers (Rn 30 f) sowie nach ihren sonstigen individuellen Merkmalen (Rn 32 ff) festlegen (BGH WM 1970, 816; 1992, 177, 178). Jede Bürgschaft muß dem **Bestimmtheitsgrundsatz** genügen, dh sie kommt wirksam nur zustande, wenn feststeht oder sich durch Auslegung eindeutig ermitteln läßt, welche Hauptforderung (und ggf in welchem Umfang) gesichert werden soll (BGHZ 25, 318; BGH WM 1984, 924; 1992, 177, 178; HORN, in: FS Merz [1992] 217 ff, 221 ff). Diese Bestimmtheit der Hauptforderung wird in § 765 vorausgesetzt, und an sie knüpft das Akzessorietätsprinzip der §§ 765, 767 an. Kann die Hauptschuld nicht eindeutig ermittelt werden, besteht also die Bürgschaft nicht; anders wenn die Unsicherheit sich durch Auslegung beheben läßt (BGH WM 1984, 924; 1992, 177, 178f).

14 Bei der formbedürftigen Bürgschaft (§ 766) muß die Urkunde vollständig iS hinreichender Bestimmtheit der Hauptforderung und des davon ggf abweichenden Umfangs der Bürgenverpflichtung (Teilbürgschaft, Höchstbetragsbürgschaft) sein (§ 766 Rn 6, 17 ff; zur Auslegung iF Rn 20 f). Das Bestimmtheitserfordernis gilt aber auch für die formfreie (§ 350 HGB) Bürgschaft des Kaufmanns (BGH WM 1978, 1065). Der Bestimmtheitsgrundsatz im Bürgschaftsrecht hat mehrere Funktionen. (1) Er ist Ausdruck des allgemeinen Grundsatzes, daß jede Schuld inhaltlich hinreichend bestimmt sein muß (zu diesem Grundsatz ESSER/SCHMIDT, Schuldrecht I [8. Aufl 1995] § 14 I). (2) Er dient der bei jedem Sicherungsrecht unentbehrlichen Festlegung des Sicherungszwecks und (3) in diesem Rahmen auch dem Schutz des Bürgen vor unabsehbarer Belastung (HORN, in: FS Merz [1992] 221 ff; BGH WM 1987, 898 f = ZIP 1987, 972, 974; einschränkend BGHZ 130, 19, 22 = ZIP 1995, 1244, 1245).

b) **Verbot der Fremddisposition (§ 767 Abs 1 S 3)**
15 Einen besonderen gesetzlichen Ausdruck hat der Bestimmtheitsgrundsatz des Bürgschaftsrechts in § 767 Abs 1 S 1 gefunden. Danach kann die Verpflichtung des Bürgen durch ein Rechtsgeschäft, das der Hauptschuldner nach Übernahme der Bürgschaft vornimmt, nicht erweitert werden. Darin liegt das Verbot einer Fremddisposition über die Haftung und letztlich das Vermögen des Bürgen durch spätere Vereinbarungen zwischen Hauptschuldner und Gläubiger und ein Schutz der Privatautonomie des Bürgen (HORN, in: FS Merz [1992] 217, 225; zust – aber nur im Rahmen einer Wertung nach AGBG – BGHZ 130, 19, 26 f = BGH ZIP 1995, 1244, 1247 = NJW 1995, 2553, 2555).

c) **Tragweite; Bürgenschutz und AGB-Gesetz**
16 Der Bestimmtheitsgrundsatz ist als allgemeiner schuldrechtlicher Grundsatz bei allen Fragen der Ermittlung des Bestands und Inhalts der Bürgenverpflichtung zu beachten (iF Rn 26 ff, 44 ff). Unklarheiten gehen zu Lasten des Gläubigers (Rn 23). Eine Bürgschaft für alle nur erdenklichen Verbindlichkeiten des Hauptschuldners gegenüber einem Gläubiger ist mangels Bestimmtheit unwirksam (BGHZ 25, 318; BGH WM 1978, 1065). Dieser Satz ist gerade am Fall der Globalbürgschaft (unten Rn 44 ff) entwickelt worden. Später wurde angesichts der zeitweilig sehr großzügigen Zulassung der unbegrenzten Globalbürgschaft durch die Rechtsprechung das Bedenken geäußert, daß der Bestimmtheitsgrundsatz zur Eingrenzung des Umfangs der Hauptschuld(en) und damit zum Schutz des Bürgen vor unbegrenzter Haftung wenig ausrichte. Dabei machte das Scheinargument Karriere, daß die Erstreckung einer Bürgschaft auf alle Verbindlichkeiten an Bestimmtheit nichts zu wünschen übrig lasse (RIMMELSPACHER WuB I F 1a-9.90; BYDLINSKI WM 1992, 1301, 1304; GRAF LAMBSDORFF/ SKORA Rn 126; BGHZ 130, 19, 22). Die Auffassung, die Bürgschaft „für alle nur irgendwie erdenklichen Verbindlichkeiten ohne sachliche Begrenzung" sei bestimmt (BGH aaO), ist ein semantischer Holzweg. Eine Verpflichtung wird nicht dadurch „bestimmt", daß ihre grenzenlose Unbestimmtheit klargestellt wird. Hat man den Bestimmtheitsgrundsatz auf diese Weise auf den Kopf gestellt, wird er natürlich für den Zweck des Bürgenschutzes untauglich. BYDLINSKI hat folgerichtig vorgeschlagen, bei der unbegrenzten Globalbürgschaft statt von „Unbestimmtheit" von „Unübersehbarkeit" zu sprechen (aaO). Damit aber ist nichts anderes als der

Bestimmtheitsgrundsatz in seiner dritten Funktion, seiner Schutzfunktion für den Bürgen (oben Rn 14), angesprochen.

Der Bestimmtheitsgrundsatz hat sich in der neueren Rechtsprechung zur Unzuläs- 17 sigkeit der Globalbürgschaftsklausel (unten Rn 44 ff) wieder durchgesetzt. Der BGH bezweifelt zwar einerseits die Tauglichkeit dieses Grundsatzes zum Schutz des Bürgen vor den Risiken der unbegrenzten Globalbürgschaft (BGHZ 130, 19, 22), wendet diesen Gedanken aber insbesondere in seiner Ausprägung im Verbot der Fremddisposition im Rahmen einer Wertung nach § 3 und § 9 AGBG an (BGHZ 130, 26 f u 31 ff unter Bezugnahme auf HORN, in: FS Merz [1992] 217, 225; s auch unten Rn 48 ff). Die Bedeutung des Bestimmtheitsgrundsatzes kann aber in diesem Zusammenhang keineswegs auf den Anwendungsbereich des AGB-Gesetzes beschränkt werden. Dies zeigt sich in den Fällen, in denen eine Globalbürgschaft unabhängig vom Anlaß einer konkreten Hauptschuld übernommen ist. In diesem Fall ist die weite Zweckerklärung Leistungsbestimmung iS § 8 AGBG und damit der Inhaltskontrolle nach AGB-Gesetz entzogen. Wenn der BGH auch in diesem Fall zutreffend Unwirksamkeit jedenfalls bei Fehlen eines Höchstbetrags annimmt (BGHZ 132, 6 = ZIP 1996, 456), so läßt sich dies wohl kaum aus dem hier anwendbaren Transparenzgebot, sondern nur aus dem allgemeinen Bestimmtheitsgebot begründen (s auch unten Rn 51).

Die verbreiteten Zweifel am Bestimmtheitsgrundsatz im Bürgschaftsrecht als imma- 18 nenter Grenze (auch) der individualvertraglich vereinbarten Bürgschaft (LARENZ/ CANARIS § 60 II 2 a; GRAF LAMBSDORFF/SKORA Rn 126 m Nachw; BGHZ 130, 19, 22) sind demnach nicht berechtigt. Wenn CANARIS als Argument für die Zulässigkeit der unbegrenzten (individualvertraglichen) Globalbürgschaft den Sonderfall des bürgenden Mehrheitsgesellschafters einer Gesellschaft, die Hauptschuldnerin ist, heranzieht, so überzeugt dies nicht, weil der Bürge in einem solchen Fall die Ausweitung seiner Bürgenhaftung als Folge der Ausweitung der Hauptschuld(en) natürlich selbst bestimmt bzw kontrolliert (HORN EWiR 1986, 671; ders, in: FS Merz [1992] 217, 225; REINICKE/TIEDTKE JZ 1985, 485 ff). Es liegt in einem solchen Fall tatsächlich nicht einmal eine unbegrenzte Globalbürgschaft vor, sondern eine von Fall zu Fall mit Zustimmung des Bürgen erweiterte Bürgenhaftung (unten Rn 57).

d) **Gebot der Eingrenzbarkeit der Bürgenhaftung**
Aus dem Bestimmtheitsgrundsatz folgt, daß auch bei Veränderlichkeit und Vielzahl 19 der verbürgten Hauptforderungen der maximale Umfang der Bürgenhaftung für den Bürgen absehbar bleiben muß. Dies bedeutet nicht unbedingt eine genaue vorherige Festlegung des maximalen Haftungsbetrags. Bei einer einzelnen oder mehreren einzeln im Bürgschaftsvertrag festgelegten Hauptforderungen kann der Bürge aus wirtschaftlichen Merkmalen dieser Hauptforderung(en) seine maximale Bürgenhaftung ungefähr abschätzen; eine betragsmäßige Begrenzung seines Haftungsrisikos ist insoweit nicht erforderlich (BGH ZIP 1995, 812, 815, unter Bezugnahme auf HORN, in: FS Merz [1992] 217; 222; E SCHMIDT EWiR 1994, 521, 522; TIEDTKE EWiR 1994, 761 f). Soweit die Bürgschaft auch für Nebenforderungen (Zinsen, Provisionen, Spesen) übernommen ist, ist eine betragsmäßige Angabe dafür idR entbehrlich, solange der Hauptbetrag bestimmt ist und die Nebenforderungen der Höhe nach üblich sind. Dies ist auch der Standpunkt des Gesetzes in § 767 hinsichtlich der dort erfaßten Nebenforderungen. Der Bürge, der mehr Gewißheit will, kann sich durch die Vereinbarungen eines Höchstbetrags seiner Haftung (Vorbem 39 f) schützen. Ist der Umfang der verbürgten

Hauptforderung noch unbestimmt, zB weil der verbürgte Kontokorrentkredit beliebig erhöht werden kann, dann ist der **Höchstbetrag** zur Einhaltung des Bestimmtheitsgrundsatzes unentbehrlich; zur Funktion des Höchstbetrags beim Kontokorrentkredit s Vorbem 49 ff u iF Rn 48 ff. Sollen verschiedene künftige Forderungen verbürgt werden, so müssen sie nach Art und Umfang hinreichend bestimmt sein (iF Rn 51). Sollen Hauptschuldner und Gläubiger den Vertrag über die Hauptschuld mit Wirkung für den Bürgen abändern dürfen, so muß dies im Bürgschaftsvertrag festgelegt sein und den Umfang der Änderung erkennen lassen (§ 767 Rn 39 f). – Zur Bürgschaft für den gesetzlichen Unterhaltsanspruch s § 767 Rn 35.

2. Auslegung

20 a)   Für die Auslegung der Bürgschaft gelten die **allgemeinen Auslegungsgrundsätze der §§ 133, 157** (BGH WM 1992, 177, 178; ZIP 1994, 1860, 1862; 1995, 812). Die Bürgschaftserklärung muß dem **Bestimmtheitsgrundsatz** genügen (oben Rn 13 ff), dh Verbürgungswille, Gläubiger und Hauptschuld müssen in der Erklärung festgelegt sein oder zumindest aus ihr ermittelt werden können. Die Bürgschaftserklärung erfordert keinen bestimmten Wortlaut; allerdings ist die Wortwahl „Bürge", „bürgen" ein Indiz für den vertragsspezifischen Verpflichtungswillen (oben Vorbem 13, 216 ff). **Unklarheiten** können durch Auslegung gem §§ 133, 157 behoben werden (BGHZ 25, 318, 319; BGH WM 1984, 924, beide betr Kreis der verbürgten Hauptschulden; BGH ZIP 1995, 812 betr unklare Bezeichnung der Hauptschuld; BGH WM 1992, 177, 178 betr Person der Gläubiger; BGH ZIP 1994, 1860, 1862 betr Person des Bürgen). Enthält die Bürgschaftserklärung wesentliche Vertragsbestandteile, zB die Bezeichnung der verbürgten Hauptschuld und des Hauptschuldners, nicht wenigstens in Umrissen, ist die Bürgschaftsverpflichtung unwirksam (BGH ZIP 1989, 434 betr Formnichtigkeit nach § 766; iF Rn 27 ff).

21   Maßgeblich ist für die Auslegung der **Empfängerhorizont**, dh wie der Gläubiger nach Treu und Glauben die Bürgschaftserklärung auffassen durfte (BGHZ 47, 75, 78; BGH WM 1986, 520, 522 = ZIP 1986, 702 = NJW 1986, 1681, 1683; dazu JAGENBURG EWiR 1986, 937; BGH ZIP 1987, 972; dazu BÜLOW EWiR 1987, 887; BGH ZIP 1992, 684 = NJW 1992, 1446, 1447 = WM 1992, 177, 178; BGH ZIP 1993, 749, 750). Dies gilt auch bei einer Gefälligkeitsbürgschaft (RG HRR 1933 Nr 1004 = JW 1933, 1251 Nr 10 betr Umfang einer Zinsbürgschaft). Unbehebbare Zweifel, ob der Erklärende persönlich bürgen oder die Bürgschaft namens einer GmbH als deren Geschäftsführer abgeben wollte, gehen zu Lasten des Erklärenden; er haftet dann persönlich (BGH ZIP 1994, 1860 = NJW 1995, 43, 44).

22 b)   Der Inhalt der **Bürgschaftsurkunde** ist bei der formbedürftigen Bürgschaft (Regelfall gem § 766; anders die kaufmännische Bürgschaft gem § 350 HGB) Gegenstand der Auslegung. Die Urkunde muß die Verpflichtungserklärung des Bürgen in allen nach dem Bestimmtheitsgrundsatz (oben Rn 13 ff) notwendigen Elementen vollständig enthalten (BGHZ 26, 142, 146; BGH ZIP 1989, 434, 435). Umstände außerhalb der Urkunde können allerdings herangezogen werden für solche Erklärungselemente, die zumindest andeutungsweise in der Urkunde berücksichtigt sind (RGZ 145, 229 ff; BGHZ 26, 142, 146; BGH NJW 1968, 987; WM 1984, 924, 925; 1985, 1172, 1173; ZIP 1995, 812, 813; Einzelheiten s § 766 Rn 17 ff). Bei der Frage, ob die Erklärung formwirksam ist, dh die Urkunde alle notwendigen Erklärungselemente enthält, will der BGH methodisch so vorgehen, daß zunächst der Inhalt der Erklärung unabhängig von der Urkunde durch Auslegung ermittelt und anschließend geprüft wird, ob dem Schriftformerfordernis genügt ist (BGH WM 1992, 177, 178; ZIP 1994, 1860, 1862; 1995, 812). Der praktische Wert der Regelung ist gering (Einzelheiten s § 766 Rn 20).

c) Bürgenfreundliche Auslegung?

Ein allgemeiner Grundsatz, daß der Bürgschaftsvertrag einschränkend zugunsten 23 des Bürgen auszulegen sei (Ansätze dazu im früheren Recht; vgl Mot II 664 zum ALR; RG JW 1891, 140 Nr 35; STAUDINGER/BRÄNDL[10/11] Vorbem 15 zu § 765), besteht nicht. Die Bürgschaft als Personalsicherheit dient dem Kreditsicherungsbedürfnis des Gläubigers und zugleich dem Kreditbedarf des Hauptschuldners, also anerkannten Verkehrsbedürfnissen. Der Grundsatz der Auslegung nach dem Empfängerhorizont des Gläubigers (oben Rn 21) ist daher nicht generell durch Bürgenschutzgesichtspunkte einzuschränken. Freilich kommt der bei Auslegung von vertraglichen Verpflichtungen allgemein geltende Grundsatz zum Zug, daß Unklarheiten über den Bestand und Umfang der Bürgenverpflichtung, die nicht durch Auslegung behoben werden können, sich objektiv zu Lasten des Gläubigers als des Anspruchsberechtigten auswirken (MORMANN WM 1963, 932; vgl auch BGH WM 1959, 881f; BB 1980, 703). Einzelheiten zu Beweislast unten Rn 92 f und § 767 Rn 5.

In bestimmten Fällen kommen auch bürgenfreundliche Gesichtspunkte zum Zuge. 24 Bei anders nicht behebbaren Zweifeln darüber, ob eine Bürgschaft oder eine andere Form des Eintretens für fremde Schuld (Garantie, Schuldbeitritt) vorliegt, ist Bürgschaft anzunehmen. Denn es handelt sich um die gesetzliche Regelform (BGHZ 6, 385, 397), die den Schuldner am wenigsten belastet; außerdem soll die Formvorschrift des § 766 nicht ausgehöhlt werden (BGB-RGRK/MORMANN Rn 13; ERMAN/SEILER Rn 1; BGH LM Nr 1 zu § 765; oben Vorbem 217). Der Gesichtspunkt, daß die Bürgschaftsverpflichtung nach dem Empfängerhorizont des Gläubigers auszulegen sei, muß zurücktreten, wenn dieser Verwender eines Formularvertrags ist (iF Rn 25), oder wenn der Gläubiger selbst beim Bürgen irrige Vorstellungen über den Verpflichtungsumfang hervorgerufen hat; soweit im letzteren Fall Auslegung nicht zum Ziel führt, ist cic und Anfechtung zu prüfen (unten Rn 62 u 53).

d) Auslegung und AGB-Gesetz

Die ganz überwiegende Zahl von Bürgschaften wird in Gestalt von **Formularverträ-** 25 **gen** übernommen; auf diese ist das AGB-Gesetz anwendbar. Die Bestimmung der Hauptforderung und des Umfangs der Bürgenhaftung ist eine **Leistungsbeschreibung**, die grundsätzlich nach § 8 AGBG einer Inhaltskontrolle nach AGB-Gesetz entzogen ist (WOLF/HORN/LINDACHER § 9 Rn B 212; zu weitgehend BGH NJW 1985, 848 = ZIP 1985, 267; NJW 1986, 928, 929 betr Globalbürgschaft; dazu krit HORN EWiR 1986, 671f). Ist eine Bürgschaft anläßlich einer konkreten Hauptschuld bestellt, so ist die beigefügte Globalbürgschaftsklausel (weite Zweckerklärung), daß die Bürgschaft auch andere künftige Verbindlichkeiten des Hauptschuldners (ggf alle aus Geschäftsverbindung) sichern solle, eine formularmäßige Nebenbestimmung, die dem AGB-Gesetz unterfällt und ggf nach § 3 und § 9 AGBG den Bürgen nicht bindet (BGHZ 130, 19; unten Rn 48 ff). Soweit die Leistungsbeschreibung von einer bestimmten Vertragspartei vorformuliert und ohne weiteres Aushandeln akzeptiert worden ist, gilt schon nach allgemeinem Zivilrecht die Auslegungsregel contra proferentem, dh gegen den Vorformulierer. Die außerhalb der Leistungsbeschreibung liegenden Bestandteile des Formularvertrages unterliegen dem AGB-Gesetz. Unklarheiten des Vertrages gehen dann gem § 5 AGBG zu Lasten des Verwenders (vgl auch BGH Betrieb 1978, 629 f). Zur

Anwendung des AGB-Gesetzes s allg oben Vorbem 67 ff und iF Rn 44 ff (betr Globalbürgschaft).

26 e) Die wichtigsten **Anwendungsgebiete** der Auslegung der Bürgschaft sind die Ermittlung der Person von Hauptschuldner und Gläubiger und der Hauptschuld (iF Rn 27 ff), die Abgrenzung von anderen Formen der Personalsicherheit, insbes der Garantie (Vorbem 216 ff), dem Schuldbeitritt (Vorbem 363 ff), dem Delkrederevertrag (Vorbem 367) und der Patronatserklärung (Vorbem 407, 410), die Ermittlung des besonderen Verpflichtungstyps der Bürgschaft (zB Nachbürgschaft, Ausfallbürgschaft; Vorbem 22 ff) sowie die Berücksichtigung der typischen Geschäftsformen in verschiedenen Branchen und wirtschaftlichen Anwendungsgebieten (§ 765 Rn 58 ff).

3. Person des Hauptschuldners

27 Die Person des Hauptschuldners ist für den Bürgen so wesentlich, daß im Zweifel seine Bürgschaftsverpflichtung nicht zustandekommt, wenn eine andere als die in der Bürgschaftserklärung bezeichnete Person Hauptschuldner wird oder wenn statt zwei Gesamtschuldnern nur einer Hauptschuldner wird (OLG Stuttgart OLGE 18, 38; vgl auch § 766 Rn 25 ff). Bei Forderungen gegen mehrere Schuldner, die in einem geschäftlichen Zusammenhang stehen, dient die von einem Schuldner beschaffte Bürgschaft im Zweifel zur Sicherung nur der gegen diesen Schuldner gerichteten Forderungen (BGH WM 1966, 122). Die unklare Bezeichnung des Hauptschuldners, die zu Zweifeln an der Person führt, ist im Ergebnis unschädlich, wenn die Unklarheit im Wege der Auslegung behoben werden kann, wobei der Inhalt der Bürgschaftsurkunde entsprechende Anhaltspunkte enthalten muß, die dann mit Hilfe von außerhalb der Urkunde liegenden Umständen ausgelegt werden können (BGH ZIP 1993, 749; allg oben Rn 20 ff und iF § 766 Rn 17 ff). Der Bürge kann in bestimmten Fällen sein Interesse an der Person des Hauptschuldners bewußt zurückstellen und dessen Bestimmung delegieren, sofern die Bestimmtheit der Hauptforderung gewahrt bleibt. So kann er die Bürgschaft im Weg der Erteilung einer Blankourkunde übernehmen (§ 766 Rn 43 ff); er kann ferner für eine bestimmte Hauptschuld, zB Geschäftsverbindlichkeit oder Hypothekenschuld, im voraus in den Schuldnerwechsel einwilligen (Rn 214 ff). Bei einer Rückzahlungsbürgschaft (Rn 60) ist der Hauptschuldner hinreichend bestimmt, wenn die Bürgschaftsurkunde den Empfänger der Anzahlung nebst Konto benennt, mag auch an der Ausführung des Vertrages, für den die Anzahlung dient, ein anderer beteiligt sein.

28 Die **Personengesellschaft** ist gegenüber dem Gesellschafter wegen der besonderen Gestaltung der Haftung Dritte iS des § 765. Die Verbürgung für die Schuld einer OHG oder KG bedeutet Übernahme der Bürgschaft für die Gesellschafter, wenn die Bürgschaft von einem Gesellschafter übernommen wird, für die Schuld der Mitgesellschafter (RGZ 139, 252; RG HRR 1935 Nr 1298; vgl auch OLG Frankfurt MDR 1968, 838; BGH WM 1971, 614). Der Gesellschafter kann sich daher in seiner Eigenschaft als Bürge auf die Haftungsbeschränkung durch Vergleich gem § 211 Abs 2 KO, § 109 Ziff 3 VglO nicht berufen (arg § 193 S 2 KO, § 82 Abs 2 VglO; OLG Hamburg HansRGZ 1932 B 618). Die Verjährungseinrede nach § 159 HGB kommt aber auch dem Bürgen zugute. Auch sonst kann ein Gesamtschuldner für den anderen bürgen.

29 Zur Wirksamkeit einer eindeutigen Bürgschaftserklärung für eine GmbH als Hauptschuldner, wobei der Zusatz „GmbH" in der Firmenzeichnung fehlte, OLG Nürnberg WM 1969, 1425; BGH ZIP 1993, 749, 750. Zur Auslegung der Bürgschaft eines Gesellschafters für Schulden der GmbH BGH BB 1957, 944; WM 1957, 876; zur Eigenhaftung mangels Hinweises auf die GmbH BGH ZIP 1994, 1860 = NJW 1995, 43 – Zum Schuldnerwechsel Rn 214 ff.

4. Person des Gläubigers

Auch die **Person** des Gläubigers ist für die Verpflichtungserklärung wesentlich. Eine 30 Bürgschaftserklärung (zu Händen des Hauptschuldners) etwa für alle Forderungen noch unbestimmter Gläubiger ist wegen Unbestimmtheit unwirksam (BGH WM 1978, 1065). Es genügt aber, wenn mittelbar auf die Person des Gläubigers geschlossen werden kann (RGZ 76, 195, 200 f; BGH NJW 1962, 1103; BGB-RGRK/MORMANN § 766 Rn 4; zur Eintragung des Gläubigers in die Blankobürgschaft s § 766 Rn 44 ff). Es genügt, wenn von der eindeutig bezeichneten Hauptschuld sicher auf den richtigen Gläubiger geschlossen werden kann, der in der Bürgschaftsurkunde doppeldeutig bezeichnet ist (BGH ZIP 1993, 749, 750 betr Erfüllungsbürgschaft für Vertrag über Kanalisationsarbeiten, den die HWK-GmbH abgeschlossen hatte. Daneben bestand Einzelfirma HKW. Die Bürgschaftsurkunde bezeichnete den Hauptschuldner nur mit HKW ohne spezifischen Zusatz). Eine Bürgschaft kann auch zugunsten nur des Rechtsnachfolgers des gegenwärtigen Gläubigers übernommen werden (BGH NJW 1992, 1448, 1449 = WM 1992, 177, 179; TIEDTKE EWiR 1992, 157; BGH ZIP 1996, 172, 173; zur Konstruktion oben Rn 8). Die Gesellschafter einer Baubetreuungsgesellschaft können sich daher gegenüber den noch zu werbenden Bauherren des Projekts für Ansprüche aus den Baubetreuungsverträgen wirksam verbürgen, indem zunächst ein Treuhänder für die künftigen Gläubiger als Vertreter ohne Vertretungsmacht handelt und die Bauherren den Abschluß des Bürgschaftsvertrags dann genehmigen (BGH WM 1992, 177, 180; zust TIEDTKE EWiR 1992, 157). Eine Bürgschaft gegenüber der „Bundesrepublik Deutschland (Bund und Länder)" kann nicht – mangels anderer Anhaltspunkte – dahin ausgelegt werden, daß sie auch gegenüber einer Gemeinde abgegeben sein soll (OLG Hamm NJW-RR 1992, 754). Ist die Bürgschaft gegenüber **mehreren Gläubigern** abgegeben, so kann jeder Gläubiger Zahlung der Bürgschaftssumme jedenfalls an alle gemeinschaftlich fordern (BGH WM 1992, 773).

Der Gläubiger der Hauptforderung und der Bürgschaftsgläubiger müssen ein und 31 dieselbe Person sein (BGHZ 115, 177 = WM 1991, 1869). Dies folgt aus dem Akzessorietätsprinzip (Vorbem 20 und iF § 767 Rn 2). Daher ist eine isolierte Abtretung der Bürgschaft unwirksam (BGH aaO; unten Rn 66 ff). Bei Abtretung der Hauptforderung geht die Bürgschaft gem §§ 765, 767, 401 Abs 1 auf den neuen Gläubiger über, falls der Übergang der Bürgschaft nicht gem § 399 ausgeschlossen ist (Einzelheiten iF Rn 202 ff). Wer sich zur Ablösung eines Garantieeinbehalts für den Werkunternehmer gegenüber dem Bauträger verbürgt, haftet diesem, wenn der Bauträger selbst gegenüber dem Käufer für die Gewährleistung einstehen muß, weil der Unternehmer dazu nicht mehr in der Lage ist. Dies gilt auch dann, wenn der Bauträger seine Gewährleistungsansprüche an den Käufer des Bauwerks abgetreten hatte (BGH WM 1982, 485 f). Man muß hier annehmen, daß die Gewährleistungsbürgschaft nicht an die Käufer mitabgetreten war (§ 401 Abs 1). Denn die Käufer wollen und können sich bei Fehlschlagen oder Unterbleiben der Nachbesserung an den Bauträger als Veräußerer halten (BGHZ 62, 251, 255). Bei Befriedigung der Käufer durch den Bauträger erfolgt Zug um Zug (ggf konkludent) eine Rückübertragung der Gewährleistungsansprüche an diesen. Damit lebt dessen Bürgschaftsanspruch wieder auf (dazu auch unten Rn 63. Ungenau insoweit BGH WM 1982, 485f).

5. Hauptschuld und Haftungsumfang

a) Bestimmung; Umfang

32 Die Bestimmung der Hauptschuld und des Haftungsumfangs ist wesentlicher Teil der Bürgschaftserklärung (oben Rn 13 ff). Die gesicherte Hauptschuld muß in der Bürgschaftserklärung, bei der nach § 766 formbedürftigen Bürgschaft also in der Bürgschaftsurkunde, hinreichend genau bezeichnet sein (BGHZ 76, 187 = ZIP 1980, 354; BGHZ 95, 88 = NJW 1985, 2528, 2529; dazu HEINRICHS EWiR 1985, 649; BGH ZIP 1989, 434 = NJW 1989, 1484; dazu TIEDTKE EWiR 1989, 347; BGH WM 1991, 536). Eine Bürgschaft ist nicht wirksam übernommen, wenn die Hauptschuld nicht bezeichnet ist (BGH WM 1993, 544; LG Berlin NJW-RR 1990, 754). Dies ist zB der Fall, wenn der für die Bezeichnung der Hauptschuld in der Urkunde vorgesehene Raum freigeblieben ist und sich aus ihr auch keine sonstigen hinreichenden Anhaltspunkte für die Hauptschuld ergeben (BGH WM 1993, 544 = ZIP 1993, 501; krit BYDLINSKI EWiR 1993, 445).

33 Lücken und Unklarheiten in der Bürgschaftserklärung sind unschädlich, wenn sie durch Auslegung behoben werden können (BGH WM 1980, 330; 1984, 924; 1987, 898; ZIP 1995, 812, 813; oben Rn 13, 20 ff). Unbehebbare Unklarheiten über den Umfang der verbürgten Hauptschuld gehen zu Lasten des Gläubigers (BGHZ 76, 187). Anhaltspunkte zum Gegenstand und Umfang der Hauptschuld lassen sich uU schon aus der Bezeichnung von Gläubiger und Hauptschuldner gewinnen (RGZ 76, 195, 200; BGH WM 1993, 544, 545; ZIP 1995, 812, 813). So reicht die Bezugnahme auf sämtliche Verbindlichkeiten aus dem Leasingvertrag des Hauptschuldners mit dem Gläubiger aus, auch wenn es sich um zwei – vom Bürgschaftswillen umfaßte – Leasingverträge handelte und in der Urkunde nur der Singular („Leasingvertrag") gebraucht war (BGH ZIP 1995, 812, 813, 815).

34 Die Bürgschaft muß den **Umfang** der Hauptschuld erkennen lassen. Dies bedeutet nicht unbedingt, daß der maximale Geldbetrag der Hauptschuld, zB der Nichterfüllungsschaden bei einer Erfüllungsbürgschaft, die Kosten der Nachbesserung bei einer Gewährleistungsbürgschaft (Rn 62 f), feststehen müssen. Diese lassen sich meist nicht genau vorausbestimmen, sind aber vom Bürgen nach der wirtschaftlichen Natur der Hauptforderung und ihren Merkmalen abschätzbar. Der Bürge kann sich durch Höchstbetrag sichern. Zur Wirksamkeit der Bürgschaft ist dies aber bei einer Verbürgung einer bestimmten Einzelschuld (anders als bei der Globalbürgschaft; dazu iF Rn 44 ff) nicht notwendig (BGH ZIP 1995, 812, 815; HORN, in FS Merz [1992] 217, 222; REINICKE/TIEDTKE JZ 1986, 426, 428). Etwas anderes kann nur gelten, wenn die Hauptschuld entgegen § 767 Abs 1 S 3 beliebig vom Hauptschuldner und Gläubiger soll erhöht werden können (zB durch Erhöhung der Kreditlinie eines Kontokorrentkredits); dann liegt der Fall gleich wie bei der Globalbürgschaft; zu dieser iF Rn 44 ff.

35 Der Umfang der Hauptschuld muß vor allem in **Abgrenzung zu anderen**, nicht verbürgten **Verbindlichkeiten** des Hauptschuldners hinreichend bestimmt sein. Probleme ergeben sich hier zB dann, wenn der Bürge nur einen begrenzten Zusatzkredit im Zusammenhang mit einem größeren Kreditverhältnis sichern will (BGH WM 1980, 330;

NJW-RR 1991, 562), oder wenn nur einzelne Teilleistungen, zB Anzahlungen oder einzelne Abschlagszahlungen, verbürgt sind (iF Rn 59, 60). Sind **mehrere Hauptforderungen** verbürgt, so müssen sie möglichst genau nach Grund und maximalem Umfang bezeichnet werden. Zwar kann auch eine Globalbürgschaft für alle gegenwärtigen Forderungen des Gläubigers aus Geschäftsverbindung gegen den Hauptschuldner im Rahmen eines Höchstbetrags bestellt werden (iF Rn 44 ff); falls im Rahmen einer solchen Höchstbetragsbürgschaft auch künftige Forderungen verbürgt werden sollen, müssen sie in der genannten Weise genau bezeichnet sein (BGH NJW 1996, 2369 = ZIP 1996, 1289). Unklarheiten über den Umfang der verbürgten Hauptschuld wirken sich zum Nachteil des Gläubigers aus (BGHZ 76, 187).

Beispiele: Bei der Kreditbürgschaft darf der Bürge im Regelfall damit rechnen, daß **36** die Darlehensvaluta dem Hauptschuldner tatsächlich zur Verfügung gestellt wird. Daher deckt diese Bürgschaft im Zweifel nicht schon gewährte und dem Bürgen unbekannte Darlehen (OLG Nürnberg Recht 1915 Nr 309; insoweit bedenklich LG Duisburg WM 1992, 488) und nicht ältere Schulden, die nachträglich in Darlehen umgewandelt werden, oder sonstige bloße Verrechnungsdarlehen (RG JW 1933, 2826; s auch Rn 149). Bei **Nichtigkeit** der Hauptschuld kann die Auslegung ergeben, daß die Bürgschaft statt dessen den Rückforderungsanspruch aus Bereicherung oder einen sonstigen Ersatzanspruch sichert (unten Rn 80 ff). Ist die Bürgschaft aus **Anlaß** der Sicherung einer bestimmten Hauptschuld gegeben, so ist eine formularmäßige Erweiterung des Sicherungszwecks auf andere oder gar alle künftigen Verbindlichkeiten des Hauptschuldners überraschend iS § 3 AGBG und ggf unangemessen iS § 9 AGBG; dazu iF 48 ff. Die für eine Wechselschuld übernommene Bürgschaft erstreckt sich im Regelfall nicht auf die zugrundeliegende Schuld, auf die der Schuldner den Wechsel gegeben hat (OLG Karlsruhe Recht 1904, 77 Nr 320; BGH WM 1984, 924, 926); die Auslegung kann ausnahmsweise etwas anderes ergeben (BGH NJW 1968, 987 = WM 1968, 368). Eine Zinsbürgschaft sichert im Zweifel nicht nur Zinsforderungen für die vertragliche Laufzeit des Darlehens, sondern bis zur Tilgung (RG HRR 1933 Nr 1004 = JW 1933, 1251 Nr 10).

Eine zeitliche Begrenzung kann natürlich vereinbart sei (s § 777 Rn 2 ff). Auch bei **37** einer solchen Begrenzung ist zu beachten, daß sich im Fall einer vom Hauptschuldner zu vertretenden Leistungsstörung die Bürgenhaftung gem § 767 Abs 1 S 2 gesetzlich erweitert (s dort Rn 25 ff). Die für den Grundstückskaufpreis in notarieller Urkunde übernommene Selbstschuldbürgschaft umfaßt nicht auch den Gebührenanspruch des Notars; dies ist nicht nur ein Auslegungsgrundsatz, sondern ergibt sich aus dem Kostenrecht (BayObLG BayZ 1917, 24 zum früheren bay Gebührenrecht; vgl jetzt §§ 141, 2,3 KostO), dh der Bürge ist außer bei ausdrücklicher Übernahme nicht Kostenschuldner.

Einzelheiten zu Bestand und Beschaffenheit der Hauptschuld Rn 78 ff. Zur Frage, **38** ob der Bürge bei **Nichtigkeit der Hauptschuld** auch für Bereicherungsansprüche haftet, s unten Rn 80 ff.

Während die Bürgenhaftung durch die Festlegung von Hauptschuldner, Gläubiger **39** und Hauptschuld iS des Bestimmtheitsgrundsatzes (oben Rn 13 ff, 27 ff) begründet wird, kann sie durch zusätzliche Bestimmungen über den **Verpflichtungstyp** der Bürgschaft modifiziert oder eingeschränkt werden, zB durch die Bestimmung, der Bürge wolle als Ausfallbürge, Nachbürge oder Teilbürge oder nur bis zu einem Höchstbetrag haften; s zu den Bürgschaftsarten Vorbem 22 ff und iF den Überblick 58−68; zum Höchstbetrag Vorbem 39 u iF Rn 45, 53 ff. Einschränkungen der Bürgenhaftung können sich auch aus Zusatzabreden ergeben (s § 766 Rn 10 f).

b) Nebenforderungen

40 Ob der Bürge auch für **Nebenansprüche** des Gläubigers haftet, insbes für Vertragszinsen und -strafen (so ausdrücklich § 1210 Abs 1 S 1 für das Mobiliarpfand), ist im Einzelfall durch Auslegung festzustellen (RG WarnR 1909 Nr 140; Prot II 467). Wenn der Bürge die Verzinslichkeit der Hauptschuld kennt und sich vorbehaltlos für diese verbürgt, so kann sich die Bürgschaft auch auf die Zinsansprüche erstrecken (im Zweifel bejahend PLANCK/OEGG § 767 Anm 4; OLG Braunschweig OLGE 23, 53 = SeuffA 67 Nr 5; OLG Kolmar Recht 1916 Nr 1107; dem ist nur bei besonderen Anhaltspunkten zuzustimmen), die Bürgschaft für einen Bankkredit bei Kaufleuten auch auf die üblichen Bankprovisionen (RG JW 1912, 343: Haftung für „Zinsen, Spesen und Kosten"). Auch bei der Höchstbetragsbürgschaft (Vorbem 39 f, 52 zu § 765) kann eine Haftung für die Zinsen über den Höchstbetrag hinaus vereinbart sein (vgl die Fälle BGH Betrieb 1978, 629 f; NJW 1980, 2131; OLG Hamm NJW 1978, 1166). Mangels ausdrücklicher Klausel ist dies aber nicht anzunehmen, weil der Höchstbetrag im Zweifel den Haftungsrahmen des Bürgen endgültig festlegen soll und der Bürge andernfalls über den Umfang seiner Haftung getäuscht würde (abzulehnen insoweit Leitsatz in BGH aaO).

41 Soweit der Höchstbetragsbürge die Haftung für Zinsen zusätzlich übernommen hat, sind diese nach der Bürgschaftssumme (Höchstbetrag) zu berechnen, nicht nach der höheren Hauptschuld (BGH Betrieb 1978, 629 f). Der Bürge, der sich für eine Kontokorrentschuld zu einem Höchstbetrag ausdrücklich nebst Zinsen verbürgt, haftet auch für die nach Saldierung gem § 355 Abs 1 HGB anfallenden Zinseszinsen (BGH NJW 1980, 2131; vgl aber Vorbem 52 f). Ist eine Kaufpreisforderung für Waren, bei denen Leergutrückgabe handelsüblich ist (Flaschenbier), gesichert, so kann sich die Sicherung auch auf den Nebenanspruch auf Leergutrückgabe erstrecken (OLG Köln NJW 1960, 2148 betr Schuldbeitritt). − Eine gesetzliche Haftung für bestimmte Nebenansprüche sieht § 767 vor. Zum Einfluß von Teilleistungen auf den Haftungsumfang bei Höchstbetragsbürgschaft s Vorbem 52 f zu § 765.

c) Künftige oder bedingte Forderung

42 Die Bürgschaft kann gem Abs 2 auch für eine künftige oder bedingte Forderung übernommen werden. Es genügt, daß die Forderung im Zeitpunkt der Bürgschaftsübernahme bestimmbar ist und entsprechend in der Bürgschaftserklärung bezeichnet wird (BGHZ 25, 318 f; oben Rn 32 ff). Die Möglichkeit, die Bürgschaft für eine künftige Forderung zu bestellen, entspricht einem wirtschaftlichen Bedürfnis. Denn die Gewährung eines Kredits wird oft davon abhängig gemacht, daß zuvor seine Sicherung durch eine Bürgschaft feststeht. Sollen mehrere künftige Forderungen verbürgt sein, so müssen sie nach Grund und maximalem Umfang genau bestimmt sein (BGH NJW 1996, 2369 = ZIP 1996, 1289; iF Rn 51). Ein Problem entsteht auch, wenn eine Hauptforderung verbürgt wird, deren Umfang in Zukunft in unbestimmter Weise wachsen können soll (zB Bürgschaft für Kontokorrentkredit, dessen Kreditlinie ohne Zustimmung des Bürgen beliebig soll erweitert werden können). Eine solche Regelung ist ohne betragsmäßige Begrenzung und, wenn es sich um verschiedenartige Forderungen handeln soll, ohne genaue Bezeichnung künftiger Forderun-

gen in einem Formularvertrag unzulässig (iF Rn 48 ff). Aber auch bei einer individualvertraglichen Vereinbarung ist der Bestimmtheitsgrundsatz einzuhalten (oben Rn 19 u iF Rn 54).

Die Bürgschaft für Verbindlichkeiten aus Geschäftsbeziehungen (Globalbürgschaft; **43** iF Rn 44 ff) soll sich nach herkömmlicher Meinung auch ohne ausdrückliche Abrede auch auf Bürgschaftsverpflichtungen des Hauptschuldners selbst erstrecken (BGB-RGRK/MORMANN Rn 4). Freilich kann dies nur gelten, wenn Bürgschaftsverpflichtungen für die Geschäftsbeziehungen des Hauptschuldners typisch oder erwartbar sind; dies ist bei Bankbeziehungen der Fall (vgl auch den Fall BGH NJW 1979, 415). Erstreckt sich die Bürgschaft auch formularmäßig auf künftige Forderungen, so müssen diese einzeln, mithin auch als Bürgschaft, gekennzeichnet sein (iF Rn 51). Die Bürgschaft zur Sicherung von Forderungen aus einer Geschäftsverbindung erstreckt sich nicht auf eine Forderung, die erst nach Lösung der Geschäftsverbindung vertraglich entsteht (BGH MDR 1970, 39) oder die der Gläubiger nach Konkurseröffnung gegen den Hauptschuldner von anderen Gläubigern erwirbt (BGH NJW 1979, 2040 = MDR 1979, 1016).

6. Globalbürgschaft

a) Entwicklung

Um eine flexible, vielseitig verwendbare Sicherheit für ausgereichte Kredite und **44** andere Forderungen gegen ihre Bankkunden zu erhalten, hat die Bankpraxis seit langem den Bürgschaftstyp entwickelt, daß ein Bürge sich global für alle bestehenden und künftigen Verbindlichkeiten eines Hauptschuldners aus seiner Geschäftsverbindung mit der Bank verpflichtet (Globalbürgschaft). Regelmäßig werden solche Bürgschaften in Formularverträgen übernommen, so daß das AGB-Gesetz anwendbar ist. Die Praxis ging dann dazu über, solche Bürgschaften auch ohne Beifügung eines Höchstbetrags der Bürgenhaftung zu verlangen. Diese Übung wurde ab 1993 wieder aufgegeben. Die Globalbürgschaft wirft das Problem auf, den Bürgen einer für ihn unabsehbaren Haftung auszusetzen, vor allem wenn die Bürgschaftsverpflichtung nicht durch einen Höchstbetrag begrenzt ist. Sie widerspricht im letzteren Fall dem Bestimmtheitsgrundsatz (oben Rn 13 ff; str) und kann im übrigen nach § 3 und § 9 AGBG unwirksam sein, vor allem wenn es an einem Höchstbetrag der Bürgenhaftung fehlt; sie kann aber auch bei Beifügung eines solchen Höchstbetrags gegen §§ 3 u 9 AGBG verstoßen (iF Rn 56). Zum Folgenden HORN ZIP 1997, 525.

Die Rechtsprechung war gegenüber Globalbürgschaften lange Zeit großzügig. Zwar **45** wurde frühzeitig anerkannt, daß eine Bürgschaft für alle nur irgendwie erdenklichen Verbindlichkeiten des Hauptschuldners gegenüber dem Gläubiger ohne eine sachliche Begrenzung unwirksam ist (BGHZ 25, 318, 320 f; BGH WM 1978, 1065). Den Grund sah der BGH (aaO) in der Unbestimmtheit der Verpflichtung, also in einer Verletzung des Bestimmtheitsgrundsatzes (STAUDINGER/HORN[12] Rn 10, 12; oben Rn 13 ff; krit zB GRAF LAMBSDORFF/SKORA Rn 126). Der BGH sah dem Bestimmtheitsgrundsatz aber Genüge getan, wenn die Vielzahl der verbürgten künftigen Verbindlichkeiten zur Geschäftsverbindung (Bankverbindung) zwischen Hauptschuldner und Gläubiger gehörten (RGZ 97, 162; BGHZ 25, 318, 320; BGH WM 1974, 1129; 1976, 422; 1988, 1301 = NJW 1989, 27 = ZIP 1988, 1167; WM 1990, 969). Dies galt auch dann, wenn der Formularvertrag der Bank zwar unzulässig weit gefaßt war, aber als auf die Forderungen aus bankmäßigem Verkehr beschränkt ausgelegt werden konnte (BGH NJW 1965, 965 = WM 1965, 230). Das Haftungsrisiko blieb dabei in solchen Fällen einigermaßen eingrenzbar, in denen entweder die Hauptschuld bzw die Vielzahl der künftigen Hauptschulden betragsmäßig (zB durch eine Kreditlinie oder einen Kreditrahmen) begrenzt war, oder die Bürgenverpflichtung selbst auf einen **Höchstbetrag** begrenzt wurde (so im Fall BGHZ 25, 318).

46 Die spätere Rechtsprechung hat dann aber auch solche Globalbürgschaften für zulässig und wirksam gehalten, in denen es an einer solchen umfangmäßigen Begrenzung der Hauptschuld oder der Bürgenhaftung fehlte, oder wenn nach dem Inhalt der Bürgschaftsverpflichtung Hauptschuldner und Gläubiger befugt sein sollten, durch Heraufsetzen der Hauptschuld (zB Erhöhung der Kreditlinie oä) die Bürgenschuld ohne dessen Zustimmung zu erhöhen (BGH NJW 1985, 848 = WM 1985, 155, 156 f = ZIP 1985, 267; dazu FISCHER EWiR 1985, 83; BGH NJW 1986, 928 = WM 1986, 95, 96 f; dazu HORN EWiR 1986, 671; BGH WM 1987, 924, 925; WM 1987, 1430, 1431 = ZIP 1987, 1439; dazu FISCHER EWiR 1987, 1183; WM 1992, 391, 392 = ZIP 1992, 233; WM 1994, 784 = ZIP 1994, 697; dazu E SCHMIDT EWiR 1994, 521). Diese Rspr stand im Widerspruch zu der schon in der STAUDINGER/HORN[12] (Rn 10, 12 u Vorbem 22 unter Hinweis auf BGHZ 25, 318) vertretenen und verbreiteten Meinung, daß eine solche Globalbürgschaft, bei der ein Gesamtumfang der Hauptschuld(en) nicht festgelegt ist, nicht wirksam ist, wenn die Bürgenhaftung nicht durch einen Höchstbetrag begrenzt ist, weil sonst der Bestimmtheitsgrundsatz, der auch dem Bürgenschutz dient (oben Rn 13 ff, insbes 15), verletzt ist (MünchKomm/PECHER Rn 12; ULMER/BRANDNER/HENSEN, AGBG [7. Aufl 1993] Anh §§ 9–11 Rn 260; REINICKE/TIEDTKE JZ 1985, 485, 486; dies JZ 1986, 426, 427 f; THELEN Betrieb 1991, 741). Die Rechtsprechung des BGH zur Zulässigkeit der unbegrenzten Globalbürgschaft fand teils Zustimmung (BRUCHNER WuB I F 1 a – 6.86; GRAF LAMBSDORFF/SKORA Rn 43; FISCHER EWiR 1985, 83, 84; REHBEIN, in FS Heinsius [1991] 659, 662 ff, 676 f), stieß aber überwiegend auf anhaltende Kritik (HORN EWiR 1986, 671, 672; ders, in: FS Merz [1992] 217, 222; REINICKE/TIEDTKE JZ 1986, 426, 429 ff; TIEDTKE ZIP 1995, 521, 532; DERLEDER NJW 1986, 97, 100; WOLF/HORN/LINDACHER [3. Aufl 1994] § 3 Rn 28; BYDLINSKI WM 1992, 1301, 1306; OLG Stuttgart WM 1991, 1255, 1256 f). Die Kritik stützte sich nur zT auf den genannten Bestimmtheitssatz (zB HORN aaO; OLG Stuttgart aaO), zT aber auch auf § 3 und § 9 AGBG (so schon zB OLG Hamm WM 1985, 1221). Die Forderung nach einem Schutz des Bürgen durch Höchstbetrag ist nicht auf Deutschland beschränkt und hat zB in Italien zu einem Eingreifen des Gesetzgebers geführt (Vorbem 466).

47 Die Rechtsprechung hat zunächst versucht, die Gefahren der unbegrenzten Globalbürgschaft für den Bürgen mit unzureichenden Mitteln einzudämmen. In wenigen Fällen hat sie unter Berufung auf den **Bestimmtheitsgrundsatz** (in seiner durch die oa Rspr eingeschränkten Form) bestimmte Globalbürgschaftsklauseln für unwirksam erklärt, so zB wenn eine Bürgschaft Verbindlichkeiten des Hauptschuldners aus dessen Bürgschaften, die außerhalb der üblichen, bankmäßigen Verpflichtungen übernommen werden, sichern sollte (BGH NJW 1990, 1909). Ist eine Globalbürgschaft auf unbestimmte Zeit eingegangen, so soll der Bürge sie gem § 242 nach Ablauf einer gewissen Zeit oder bei Eintritt wichtiger Umstände mit Wirkung für die Zukunft **kündigen** können (BGH ZIP 1985, 984; BGH NJW-RR 1993, 944, 945; BGH ZIP 1994, 697, 698). Dieses Kündigungsrecht ist nach allgemeinen Grundsätzen für Dauerschuldverhältnisse zweifellos anzuerkennen (HORN, Vertragsdauer als schuldrechtliches Regelungsproblem, in: Gutachten und Vorschläge zur Überarbeitung des Schuldrechts, Bd I, hrsg BMJ [1981] 551 ff, 573 f), bietet aber keinen Schutz gegen die bereits eingetretene Ausweitung der Bürgenhaftung (BGHZ 130, 19, 30; WOLF/HORN/LINDACHER § 3 Rn 28). Im Einzelfall kann die **Auslegung** ergeben, daß die Bürgschaft nur für einen Kreditvertrag und nicht für alle Geschäftsverbindlichkeiten bestellt ist (BGH WM 1987, 1430). Die Rechtsprechung hat auch ausnahmsweise eine Rücksichtspflicht des Gläubigers (Bank) gegenüber einem wirtschaftlich schwachen Bürgen anerkannt, den Kredit nicht auszuweiten bzw seine Ausweitung nicht zu fördern (OLG München NJW 1976, 1096; KG WM 1987, 1091 m krit Anm RUTKE WuB I F 1 a – 10.87).

b) Weitgehende Unzulässigkeit; AGB-Gesetz

Der BGH hat ab 1994 in radikaler Abkehr von der bisherigen Rechtsprechung die **48** wirksame Vereinbarung von Globalbürgschaften sehr stark eingeschränkt (BGHZ 126, 174; 130, 19; BGH ZIP 1996, 456 = NJW 1996, 924 = WM 1996, 436). Diese Rechtsprechung stützt sich auf § 3 und § 9 AGBG, betrifft also nur formularmäßig vereinbarte Bürgschaften (Globalbürgschaftsklauseln), erfaßt damit aber praktisch fast alle Bürgschaften. Im Rahmen der Wertung nach AGB-Gesetz spielt das Verbot der Fremddisposition durch Hauptschuldner und Gläubiger über die Bürgenhaftung (HORN, in: FS Merz [1992] 217, 225; oben Rn 15) eine ausschlaggebende Rolle (BGHZ 130, 19, 26 f = NJW 1995, 2553, 2555 = ZIP 1995, 1244, 1247 = WM 1995, 1397, 1402; BGHZ 132, 6 = NJW 1996, 924 = ZIP 1996, 456; BGH NJW 1996, 1470, 1472 = ZIP 1996, 702; BGH NJW 1996, 2369, 2370 = ZIP 1996, 1289, 1290). Richtigerweise ist das Verbot der Fremddisposition ein Aspekt oder Ausdruck des Bestimmtheitsgrundsatzes (oben Rn 13 ff; insoweit aA BGHZ 130, 19, 22). Die Rechtsprechung betraf zunächst Fälle, in denen entgegen der in der Literatur seit langem erhobenen Forderung (vgl STAUDINGER/HORN[12] Rn 10, 12) die Globalbürgschaft nicht durch einen Höchstbetrag begrenzt war. Sie wurde dann aber auch auf Höchstbetragsbürgschaften für künftige Forderungen erstreckt (BGH NJW 1996, 1470, 1472 = ZIP 1996, 702; NJW 1996, 2369 = ZIP 1996, 1289).

(1) Ist die Bürgschaft **aus Anlaß einer bestimmten Hauptschuld** bestellt, dann ist die **49** Klausel, daß es sich zugleich um eine Globalbürgschaft für alle künftigen Schulden aus Geschäftsverbindung ohne Höchstbetrag handele, regelmäßig **überraschend** iS § 3 AGBG und damit nicht Inhalt des Vertrages geworden (XI. Senat, BGHZ 126, 174 = ZIP 1994, 1096 = WM 1994, 1242 betr Bürgschaft für Tilgungsdarlehen; zust TIEDTKE ZIP 1994, 1237; OLG Rostock WM 1995, 1533). Der XI. Senat schloß damit (entsprechend einem Vorschlag von REINICKE/TIEDTKE JZ 1985, 485; 1986, 426) an die „Anlaß"-Rechtsprechung zu globalen Zweckerklärungen bei Grundschuldbestellungen an (BGHZ 100, 82, 85; 109, 197, 201 ff). Der IX. Senat hat dann ebenfalls Globalbürgschaftsklauseln für überraschend iS § 3 AGBG erklärt, wenn die Bürgschaftserklärung aus Anlaß eines betragsmäßig bestimmten Kontokorrentkredits oder seiner betragsmäßig bestimmten Erhöhung abgegeben wird, ohne daß die Bürgschaft durch Höchstbetrag begrenzt wird (BGHZ 130, 19, 26 f = ZIP 1995, 1244, 1247 f = NJW 1995, 2553 betr Bürgschaft für Kontokorrentkredit). Dieser Bewertung ist zuzustimmen. Der IX. Senat hat dabei auch im Rahmen des § 3 AGBG den Gesichtspunkt herangezogen, daß eine solche Globalbürgschaftsklausel dem Verbot der Fremddisposition iS § 767 Abs 1 S 3 und insofern den berechtigten Erwartungen des Bürgen und dem Schutz seiner Privatautonomie widerspreche (BGHZ 130, 19, 26 unter Bezugnahme auf HORN, in FS Merz [1992] 217, 226). In allen Fällen, in denen die Bürgschaft aus Anlaß der Sicherung einer konkret bestimmten Hauptschuld übernommen wird, ist die erweiterte Zweckerklä-

rung (Globalbürgschaftsklausel) selbst dann überraschend, wenn diese erweiterte Haftung auf einen Höchstbetrag begrenzt wird (BGH NJW 1996, 1470; OLG Rostock WM 1995, 1533; s iF Rn 52; HORN ZIP 1997, 527).

50 (2) Die Globalbürgschaftsklausel stellt ferner eine iS §§ 9-11 AGBG **kontrollfähige AGB-Klausel** dar. Sie ist nicht gem § 8 AGBG der Kontrolle entzogen. Zwar wird durch die Zweckerklärung auch die Hauptpflicht des Bürgen iS § 8 AGBG festgelegt. Aber die Ausdehnung der Bürgenhaftung über diejenige Hauptschuld hinaus, die Anlaß der Bürgschaftsübernahme war, auf andere, auch künftige Verbindlichkeiten des Hauptschuldners ist eine kontrollfähige Nebenabrede. Der Umstand, daß beide Elemente (dh die Bestimmung der Hauptleistung und die Nebenabrede) in einer Klausel verbunden sind, steht nicht entgegen (BGHZ 130, 19, 31 f; DERLEDER NJW 1986, 97, 100; TIEDTKE ZIP 1994, 1237, 1242; WOLF/HORN/LINDACHER § 8 Rn 26 u § 9 Rn S 96). Eine solche Globalbürgschaftsklausel (weite Zweckerklärung) in einer Bürgschaftserklärung, die aus Anlaß einer konkreten, betragsmäßig bestimmten Hauptschuld abgegeben wird, ist grundsätzlich **unangemessen** iS § 9 AGBG, weil sie mit wesentlichen Grundgedanken des § 767 Abs 1 S 3 nicht zu vereinbaren ist (§ 9 Abs 2 Nr 1 AGBG) und weil sie wesentliche Rechte des Bürgen einschränkt (§ 9 Abs 2 Nr 2 AGBG), indem sie ihn einem unkalkulierbaren Risiko aussetzt (BGHZ 130, 31 ff = ZIP 1995, 1249f; HORN EWiR 1986, 671, 672; ders, in: FS Merz [1992] 217, 226; DERLEDER NJW 1986, 97, 100; WOLF/HORN/LINDACHER, AGBG § 9 Rn B 214; TIEDTKE ZIP 1994, 1237, 1242; s auch die Nachw oben zu Rn 46 u 48).

51 (3) Auch wenn eine Globalbürgschaft (ohne Begrenzung durch einen Höchstbetrag) **nicht aus Anlaß** der Sicherung einer konkret bestimmten Hauptschuld übernommen wurde, ist sie nach Ansicht des IX. Senats insoweit **unwirksam**, als sie auch **Forderungen aus künftigen Verträgen** und **nachträglichen Vertragsänderungen** sichern soll (BGHZ 132, 6 = ZIP 1996, 456 = WM 1996, 436 = NJW 1996, 924; in der Vorentscheidung BGH ZIP 1994, 697 zum gleichen Fall war noch angenommen worden, der Bürge habe eine konkrete Vorstellung hinsichtlich der Hauptschuld zu erkennen gegeben). Die Entscheidung erging zu einer Bürgschaft ohne Höchstbetrag. Der Senat stützt die Unwirksamkeit der Globalbürgschaftsklausel zutreffend auf die Verletzung des Verbots der Fremddisposition gem § 767 Abs 1 S 3. Zweifel bestehen nur an einem Teil der Begründung, und zwar insofern, als der BGH eine Unwirksamkeit im Rahmen von § 9 AGBG annimmt. Die Zulässigkeit einer Inhaltskontrolle nach §§ 9-11 AGBG ist in derartigen Fällen jedoch zweifelhaft. Wird nämlich die weite Zweckerklärung ohne Rücksicht auf eine bestehende oder konkret bevorstehende Hauptschuld abgegeben, dh als „reine" Globalbürgschaft, dann handelt es sich um eine Bestimmung der Hauptleistung, die nach § 8 AGBG der Kontrolle entzogen ist und nicht in eine kontrollfreie Leistungsbestimmung und eine kontrollfähige Nebenbestimmung aufgeteilt werden kann. Die Leistungsbestimmung kann den Umständen nach ferner oft eine Individualvereinbarung sein. Freilich bleibt nach der hier vertretenen Auffassung das Bestimmtheitsgebot in Gestalt (auch) des Verbots der Fremddisposition ein hinreichender Grund dafür, daß diese Leistungsbestimmung unwirksam ist, auch wenn sie nicht der Inhaltskontrolle nach §§ 9-11 AGBG unterliegt (allg oben Rn 17). Der Leitsatz der Entscheidung des BGH (BGHZ 132, 6 = ZIP 1996, 456 = NJW 1996, 924 = WM 1996, 436) ist insofern zu weit geraten, als er generell die formularmäßige Globalbürgschaft für künftige Forderungen verwirft. Die Globalbürgschaft auch für künftige Forderungen ist jedoch zulässig, wenn die künftigen Forderungen hinreichend genau bestimmt sind und ggf der Bürgschaft ein Höchstbetrag beigefügt ist (BGH ZIP 1996, 1289; iF Rn 53).

(4) Bei Unwirksamkeit der weiten Zweckerklärung (Globalbürgschaftsklausel) **52** kann eine **Teilwirksamkeit** der Bürgschaft vorliegen, und zwar hinsichtlich derjenigen Hauptschuld, die **Anlaß der Bürgschaftsbestellung** war (oben Fälle zu Rn 49 f). Die Totalnichtigkeit der Bürgschaft wäre hier eine überschießende Rechtsfolge, die zum Schutz des Bürgen nicht geboten ist (BYDLINSKI WM 1992, 1301, 1306). Der BGH will die Teilwirksamkeit der Bürgschaft durch Teilbarkeit der Globalbürgschaftsklausel (in eine wirksame Zweckerklärung hinsichtlich der Forderung, die Anlaß der Bürgenbestellung war, und eine unwirksame hinsichtlich künftiger Hauptforderungen) erreichen (BGHZ 130, 19, 32, 35 f). Das Ergebnis der Teilwirksamkeit läßt sich aber auch begründen, wenn man Totalnichtigkeit der Klausel annimmt, weil der konkrete Sicherungszweck im Hinblick auf eine bestehende oder konkret in Aussicht genommene Hauptforderung sich meist schon unabhängig von der unwirksamen Klausel aus den Umständen des Vertragsschlusses ermitteln läßt. Beide Begründungen versagen in dem oben (Rn 51) erörterten Fall, daß eine „reine" Globalbürgschaft ohne Anlaß einer konkreten Hauptschuld übernommen wird (Fall BGH ZIP 1996, 456).

c) Zulässige Globalbürgschaften; Höchstbetrag

(1) **Ausschluß des § 3 AGBG?** Der BGH hat erwogen, daß bei geschäftserfahrenen **53** Bürgen, welche die bisherige Bankpraxis der Globalbürgschaft ohne Höchstbetrag kennen, der Überraschungscharakter der Globalbürgschaftsklausel zu verneinen sein könnte (BGHZ 126, 174, 178; 130, 19, 29); dies ist hinsichtlich der wirtschaftlichen Risiken der Klausel zweifelhaft. Man muß auch berücksichtigen, daß die Praxis der Globalbürgschaften ohne Höchstbetrag schon seit langem unter Kritik stand (zutr BGHZ 132, 6 = ZIP 1996, 456, 458). Der BGH hält eine Ausnahme von § 3 AGBG ferner dann für möglich, wenn sich der Bürge blindlings für alle Schulden aus Geschäftsverbindung verbürgen will (BGHZ 130, 19, 28). Dies dürfte in der Praxis schwer festzustellen sein und läßt, wie der BGH (aaO) zutreffend feststellt, jedenfalls die Unwirksamkeit § 9 noch nicht entfallen. Die weite Zweckerklärung iS einer Globalbürgschaft über diejenigen Forderungen hinaus, die Anlaß zur Verbürgung gaben, auf alle gegenwärtig bestehenden Ansprüche aus der Geschäftsverbindung des Gläubigers mit dem Hauptschuldner ist bei einer Höchstbetragsbürgschaft noch nicht unangemessen iS § 9 AGBG (BGH NJW 1996, 1470 = ZIP 1996, 702). Die Klausel kann überraschend iS § 3 AGBG sein. Die Erstreckung auch auf künftige Forderungen ist unwirksam (BGH aaO; HORN ZIP 1997, 527).

(2) **Individualvereinbarung** oder **kontrollfreie Leistungsbestimmung**. Der BGH hält in **54** Übereinstimmung mit einem Teil der Lehre die Individualvereinbarung einer unbegrenzten Globalbürgschaft für möglich und wirksam, indem er im Gegensatz zu seiner früheren Rechtsprechung den Bestimmtheitsgrundsatz nicht mehr als allgemeines Prinzip des Bürgenschutzes ansehen will (BGHZ 130, 22; BYDLINSKI WM 1992, 1301, 1304; allg oben Rn 13). Es ist aber nicht vertretbar, daß der Bürge sich individualvertraglich unbegrenzt (ohne Höchstbetrag) der Fremddisposition von Hauptschuldner und Gläubiger, die seine Haftung beliebig erweitern können, ausliefern kann. Eine solche Bürgschaft verstößt gegen das Verbot der Fremddisposition gem § 767 Abs 1 S 3 (HORN, in FS Merz [1992] 217, 225) und ist nichtig; s auch Rn 15 ff). In diesem Sinn hat der IX. Senat des BGH auch im Ergebnis entschieden, indem er eine Global-

bürgschaft ohne Höchstbetrag für insoweit **unwirksam** hielt, als sie **Forderungen aus künftigen Verträgen und künftigen Vertragsänderungen** sichern soll (BGHZ 132, 6 = ZIP 1996, 456 = NJW 1996, 924; oben Rn 51 f). Da es sich in diesem Fall um eine „reine" Globalbürgschaft handelte, die nicht aus Anlaß einer konkreten Hauptschuld gestellt wurde, war die weite Zweckerklärung reine Leistungsbestimmung und demnach gem § 8 AGBG der Inhaltskontrolle nach AGB-Gesetz entzogen (sie könnte darüberhinaus je nach den Umständen sogar eine Individualvereinbarung sein). Gleichwohl folgte die Unwirksamkeit aus der Verletzung des Bestimmtheitsgrundsatzes (Verbot der Fremddisposition; HORN ZIP 1997, 526, 529). Der Bürge muß sich über die künftigen Verträge und Vertragsänderungen, die er verbürgen soll, durch genaue Festlegung im Bürgschaftsvertrag im klaren sein (HORN aaO).

55 Dieses Erfordernis gilt sogar, wenn die Bürgenhaftung durch einen **Höchstbetrag** begrenzt ist. Denn auch hier gilt das Verbot der Fremddisposition (BGH NJW 1996, 2369 = ZIP 1996, 1289). Immerhin wird durch den Höchstbetrag das Bedenken aus § 767 Abs 1 S 3 vermindert. Der Bürge stellt sich auf den maximalen Haftungsrahmen ein. Der Hauptschuldner kann diesen nicht einseitig verändern. Es bleibt aber bei der Möglichkeit, daß Gläubiger und Hauptschuldner neue Hauptforderungen unbekannter Art künftig nachschieben könnten. Auch gegen diese Gefahr will ihn der BGH schützen (BGH NJW 1996, 2369, 2370 = ZIP 1996, 1289). Dem ist zuzustimmen. Anders zu beurteilen ist mE die Lage bei einem konkreten Kontokorrentkredit, der verbürgt werden soll. Für die Bereitstellung eines solchen Kreditsicherungsrahmens mit Höchstbetrag können praktische Bedürfnisse bestehen.

56 (3) **Höchstbetrag.** Dies zeigt, daß eine Globalbürgschaft durch Beifügung eines Höchstbetrags noch nicht vor Einwendungen wegen Verletzung des Bestimmtheitsgrundsatzes und der §§ 3, 9 AGBG gefeit ist. Es kommt darauf an, daß künftige Hauptforderungen im einzelnen genau nach Grund und Maximalbetrag spezifiziert werden (BGH NJW 1996, 2369 = ZIP 1996, 1289). Man muß im übrigen hier zwischen der „reinen" Globalbürgschaft, die von vornherein nur für eine Vielzahl bestehender und (genau bestimmter) künftiger Forderungen bestellt wird, und der Globalbürgschaft aus Anlaß der Sicherung einer konkreten Hauptschuld unterscheiden. Im letzteren Fall ist die Globalbürgschaftsklausel nur eine Nebenbestimmung, die als AGB-Klausel der Kontrolle nach AGB-Gesetz unterliegt. Ist hier zur Klausel noch ein Höchstbetrag beigefügt, dieser Betrag aber viel höher als die konkret verbürgte Hauptschuld, so kann der Bürge unangemessen iS § 9 AGBG benachteiligt sein, weil diese Erweiterung mit dem Zweck der konkreten Verbürgung nichts zu tun hat und er dazu verleitet wird, sein Bürgschaftsrisiko zu unterschätzen. Die Klausel kann ferner überraschend iS § 3 AGBG sein. Das OLG Rostock hat dies auch in einem Fall angenommen, in dem der Bürgschaftshöchstbetrag der Höhe nach dem Betrag der Hauptschuld entsprach, die Anlaß der Verbürgung war (WM 1995, 1533). In der Tat muß der Bürge mit einer solchen Ausweitung des Bürgschaftszwecks nicht rechnen. Dieser Überraschungseffekt kann freilich durch eine besondere drucktechnische Hervorhebung oder sonstige Hinweise ausgeschlossen werden. Ist auf diese Weise § 3 AGBG nicht anwendbar, so ist im genannten Fall auch keine Unwirksamkeit nach § 9 AGBG gegeben.

57 (4) Bei Bürgschaften von **Geschäftsführern** für die GmbH, von einflußreichen Gesellschaftern oder von Personen, die auf sonstige Weise **Einfluß auf den Haupt-**

schuldner haben, sind Globalbürgschaften unbedenklich insofern, als diese Personen die Art und Höhe der Verbindlichkeiten des Hauptschuldners bestimmen oder beeinflussen. Diese Personen bedürfen insoweit nicht des Schutzes vor Fremddisposition gem § 767 Abs 1 S 3, und die Globalbürgschaftsklausel ist je nach den Umständen meist weder überraschend iS § 3 AGBG noch unangemessen iS § 9 AGBG (BGHZ 130, 30 m Nachw im Anschluß an HORN, in: FS Merz [1992] 225; MünchKomm/ PECHER § 765 Rn 12; REINICKE/TIEDTKE JZ 1995, 485, 486 f; dies JZ 1986, 426, 430). Für einen Kommanditisten, dessen Stellung (nur) dem gesetzlichen Leitbild entspricht, gilt dies nicht (BGH aaO). Es handelt sich nicht um eine Ausnahme vom Bestimmtheitsgrundsatz (so aber wohl LARENZ/CANARIS § 60 II 2 a). Allerdings ist auch hier eine Begrenzung der Bürgenhaftung durch Höchstbetrag zu fordern, um dem Bestimmtheitsgrundsatz zu genügen und einen Mindestschutz des Bürgen zu gewährleisten. Eine genaue Festlegung der künftigen Hauptforderungen dagegen erscheint entbehrlich, denn die Entwicklung der Hauptschuld(en) findet nur mit Billigung des Bürgen und unter seinem Einfluß statt (HORN ZIP 1997, 530).

7. Geschäftstypen der Bürgschaft A-Z

Der genaue Umfang der Bürgenverpflichtung wird in vielen Einzelfragen durch Auslegungsgrundsätze, typische AGB und Verkehrsauffassungen bestimmt, die sich zu einzelnen Geschäftstypen der Bürgschaft herausgebildet haben. Diese Geschäftstypen werden teils durch den Verpflichtungstyp der Bürgschaft (zB Global-, Nach-, Rückbürgschaft usw), teils durch den wirtschaftlichen Anwendungsbereich (zB Baugewährleistungs-, Mietbürgschaft usw) geprägt. Die meisten von ihnen sind mit Rücksicht auf die Gesetzessystematik und auf dogmatische Systemzusammenhänge an verschiedenen Stellen erläutert; der folgende alphabetische Überblick enthält daher zahlreiche Verweisungen.

Abschlagsbürgschaft. Gesichert ist der künftige und bedingte Rückzahlungsanspruch hinsichtlich einer geleisteten Abschlagszahlung. Die Abschlagszahlung ist üblich vor allem bei Bauwerksverträgen für nachgewiesene vertragsgemäße Teilleistungen des Unternehmens gem § 16 Nr 1 Abs 1 VOB/B einschließlich der Bereitstellung von Baumaterial gem § 16 Nr 1 Abs 1 S 3 VOB/B. Stellen sich später bei der Abnahme Minderleistungen heraus, oder wird im letztgenannten Fall der Besteller (Bauherr) nicht durch den Einbau Eigentümer des Materials (§ 946), weil der Bau nicht zu Ende durchgeführt wird, so hat er einen **Rückzahlungsanspruch**; dieser Anspruch ist die verbürgte Hauptforderung (BGH ZIP 1992, 826, 828). Der Anspruch ist von den sonst im Rahmen des Vertrags zu leistenden Zahlungen (Anzahlung/Vorauszahlung, andere Abschlagszahlungen, Schlußzahlung), deren Rückzahlung ebenfalls verbürgt sein kann, zu trennen. Die Abschlagsbürgschaft ist im Hinblick auf den Gesamtbetrag eine **Teilbürgschaft** (allg Vorbem 38). Sie sichert daher nicht den Rückforderungsanspruch wegen sonstiger **Überzahlungen** (BGH ZIP 1992, 826). Dies kann aber nur gelten, wenn die Überzahlung mit der verbürgten Abschlagszahlung nichts zu tun hat (zweifelhaft insoweit BGH aaO). Führt die Überzahlung dazu, daß auch die mit dem Abschlag bezahlte Leistung doppelt bezahlt wird (zB der Gegenwert des betr Baumaterials), kann die Bürgschaft auch diesen Rückforderungsanspruch umfassen (BGH aaO obiter). Freilich kann hier auch eine Unachtsamkeit des Bauherrn als Bürgschaftsgläubiger vorliegen, die seinen Anspruch entfallen läßt. Sind für verschiedene Abschlagszahlungen Bürgschaften bestellt und ggf dazu noch Vorauszahlungen verbürgt und kommt es dann zu einer Überzahlung, so ist zunächst zu ermitteln, ob sich bestimmte Teilleistungen den Voraus- und Abschlagszahlungen einzeln zuordnen lassen; dabei sind vorrangig vertragliche Anrechnungsregeln zu berücksichtigen (so wohl obiter BGH ZIP 1986, 702 = NJW 1986, 1681, 1683 f). Der verbürgte Rückzahlungsbetrag berechnet sich nach Meinung des BGH im übrigen nicht einfach aus der Differenz zwischen der verbürgten einzelnen Abschlagszahlung und dem Wert der dafür erbrachten Teilbauleistungen. Vielmehr sei zunächst zur Feststellung der gesamten Überzahlung noch der Wert aller anderen, auch nicht verbürgten Teilleistungen zu berücksichtigen und von der Gesamtsumme der erbrachten Voraus- und Abschlagszahlungen abzuziehen. Die sich dann ergebende Differenz sei dann anteilig auf die verbürgten Anzahlungen zu verteilen (BGH ZIP 1986, 702, 707 = NJW 1986, 1681, 1684 = WM 1986, 520, 523). Dies ist als allgemeine Regel nicht überzeugend, vom BGH aber wohl so auch nicht gemeint. Denn der BGH hält (aaO) daran fest, daß vorrangig eine Zurechnung der Abschlagszahlungen zu bestimmten Teilleistungen erfolgt und daher der Bürge nicht wegen der Rückzahlung haftet, wenn nach der Schlußrechnung Abschlagszahlung und Wert der betreffenden Teilleistung sich decken. Nur wo dies nicht der Fall ist, greift die Regel ein. Sie greift auch nicht ein, wenn es sich um verschiedene Ansprüche handelt (aaO aE).

Amtsbürgschaft s Vorbem 81.

60 Anzahlungsbürgschaft. Gesichert ist der künftige und bedingte Anspruch auf Rückzahlung einer Anzahlung (BGHZ 72, 267, 272 = NJW 1979, 308 f). Anzahlungen und ihre Verbürgung sind üblich bei Bauverträgen, anderen Werkverträgen (zB Anlagenlieferung) und Kaufverträgen über umfangreiche Leistungen. Zur Absicherung von Anzahlungen im Exportschäft im Rahmen der Ausfuhrkreditversicherung oben Vorbem 439 ff. Die Anzahlung ist eine Vorauszahlung; sie wird im Unterschied zu Abschlagszahlungen vor Erbringung der vertraglichen Leistung der Gegenseite geleistet (vgl zB NICKLISCH/WEICK, VOB Teil B [2. Aufl 1990] § 16 Rn 8). Der Rückzahlungsanspruch und damit die Bürgenhaftung kommt nur zum Entstehen, wenn der Bürgschaftsgläubiger, der die Anzahlung geleistet hat (Besteller, Bauherr, Käufer), nicht eine der Anzahlung entsprechende Gegenleistung erhält (BGHZ 72, 267, 272 = NJW 1979, 308 f). Ob die der Anzahlung entsprechende Gegenleistung (vollständig) erbracht ist, richtet sich vorrangig nach vertraglichen Anrechnungsregelungen. Üblich ist eine je anteilige Verrechnung der Anzahlung bei den einzelnen Teilleistungen verteilt über die ganze Vertragsdauer, um dem Empfänger (Unternehmer, Auftragnehmer, Verkäufer) den Liquiditätsvorteil der Anzahlung möglichst lange zu erhalten. Fehlt es an einer solchen Regelung, dann liegt es nahe, die ersten Teilleistungen auf die Anzahlung anzurechnen. Der BGH will aber, wenn sich die einzelnen Teilleistungen nicht einzelnen Vorauszahlungen (Anzahlungen) und Abschlagszahlungen zuordnen lassen und später sich eine Überzahlung herausstellt, das Risiko dieser Überzahlung notfalls proportional auf alle Voraus- und Abschlagszahlungen verteilen und danach auch die Bürgen nach diesem Anteil haften lassen (BGH ZIP 1986, 702, 707 = NJW 1986, 1684 = WM 1986, 520, 522). – Eine Erfüllungsbürgschaft erfaßt den Nichterfüllungsschaden und damit auch den Verlust geleisteter Vorauszahlungen, und zwar auch dann, wenn gleichzeitig eine Vorauszahlungsbürgschaft bestellt wurde (BGH WM 1988, 212, 213; zust BRINK EWiR 1988, 253f).

Ausfallbürgschaft s Vorbem 36 u § 771 Rn 11 ff.

Bankbürgschaft. Als Prozeßbürgschaften oder auch sonst zur Sicherheitsleistung werden meist Bankbürgschaften verlangt; Vorbem 90 ff. Die gewerbsmäßige entgeltliche Übernahme von Bürgschaften ist Bankgeschäft iS des Bankaufsichtsrechts (§ 1 Abs 1 S 2 Nr 8 KWG). Im Rahmen dieses Geschäftszweigs (Avalgeschäft) schließt die Bank mit dem Kunden, der sie mit der Stellung der Bürgschaft beauftragt, einen Geschäftsbesorgungsvertrag (iF Rn 103 f). **61**

Bürgschaft zur Zahlung auf erstes Anfordern s Vorbem 24 ff.

Erfüllungsbürgschaft. Hauptforderung ist hier ein vertraglicher oder gesetzlicher Erfüllungsanspruch. Dieser ist typischerweise nicht auf Geld, sondern auf eine **Sachleistung** gerichtet, zB die Errichtung eines Werkes oder die Lieferung einer Kaufsache usw. Der Bürge kann sich grundsätzlich auch zu dieser Sachleistung verpflichten, falls sie vertretbar ist (iF Rn 99). Dies ist aber typischerweise nicht der Fall. Der Bürge verpflichtet sich vielmehr zu einer **Geldleistung**, oft begrenzt durch einen Höchstbetrag, und bringt dies in der Bürgschaftserklärung zum Ausdruck (Beispiel in BGH WM 1993, 1141). Der Bürge haftet dann im Rahmen des Bürgschaftsbetrages für den Nichterfüllungsschaden des Gläubigers (BGH WM 1988, 212, 213). Die Bürgschaft umfaßt auch den Verlust geleisteter Vorauszahlungen (BGH aaO; zust BRINK EWiR 1988, 253 f; aA noch BGHZ 76, 187 = ZIP 1980, 354; eine ausdrückliche Einbeziehung des Überzahlungsrisikos verlangte auch noch BGH WM 1980, 951). Die Erfüllungsbürgschaft für die im Bauvertrag übernommenen Verpflichtungen des Unternehmers umfaßt auch den Anspruch des Gläubigers auf eine Vertragsstrafe für die Nichteinhaltung vertraglich zugesicherter Termine (BGH WM 1982, 854). Nicht selten ist im Zusammenhang mit Bauverträgen die Erfüllungs- mit einer Gewährleistungsbürgschaft verbunden (Beispiel: BGH WM 1980, 951). **62**

Gewährleistungsbürgschaft*

Bürgschaften werden häufig zur Sicherung von Gewährleistungsansprüchen aus Werklieferungs- und Werkverträgen, hauptsächlich im Bauwesen, gestellt. Sie sichern typischerweise auch den Nachbesserungsanspruch des Bestellers (vgl §§ 13, 17 VOB/B) und damit eine mit der Geldschuld des Bürgen nicht gleichartige Leistung. Die Gewährleistungsbürgschaft dient der Abwendung der Einbehaltung eines Teils des Werklohns durch den Besteller als Sicherheit für spätere Gewährleistungsansprüche (vgl BGH WM 1982, 485). Eine solche Gewährleistungsbürgschaft ist auch dann vertragsgemäß, wenn sich die Bürgin (Bank) eine Hinterlegungsbefugnis vorbehalten hat (OLG Köln NJW-RR 1993, 1494). Die Bürgschaft zur Ablösung eines Gewährleistungseinbehalts des Auftraggebers sichert auch Ansprüche für solche Baumängel, die bereits vor der Abnahme aufgetreten sind (OLG Frankfurt/M NJW-RR 1987, 82). Eine solche Bürgschaft ist nicht als Bürgschaft zur Zahlung auf erstes Anfordern auszulegen, falls sie nicht ausdrücklich als solche vereinbart wurde **63**

---

* **Schrifttum:** CLEMM, Die Stellung des Gewährleistungsbürgen, insbesondere bei der Bürgschaft auf erstes Anfordern, BauR 1987, 123; HICKL, Die „Bürgschaft auf erstes Anfordern" zur Ablösung eines Gewährleistungseinbehalts, BauR 1979, 463; SCHWÄRZE/PETERS, Die Bürgschaft im Bauvertrag (1992); STEINBACH/BECKER, Ablösung eines Sicherheitseinbehalts durch Gewährleistungsbürgschaft nach Vorausabtretung der Gewährleistungsansprüche, WM 1988, 809.

(BGHZ 74, 244; 95, 375 = ZIP 1985, 1380, 1385 = WM 1985, 1387; dazu HORN EWiR 1985, 973). Bei einer Gewährleistungsbürgschaft auf erstes Anfordern besteht die Besonderheit, daß sich der verbürgte Gewährleistungsanspruch erst nach Auftreten der Mängel in der Gewährleistungsfrist und fristgerechter Rüge konkretisiert. Hier sind in der Zahlungsanforderung die Mängel hinreichend zu kennzeichnen; eine pauschale Mängelrüge genügt nicht (OLG München ZIP 1994, 1763 = WM 1994, 2108; oben Vorbem 27). – Die Gewährleistungsbürgschaft kann auch den Anspruch des Bestellers auf einen Vorschuß für die voraussichtlichen Mängelbeseitigungskosten umfassen (BGH WM 1984, 892). Wird die Bürgschaft für Gewährleistungsansprüche des Bauträgers gegen den Werkunternehmer übernommen, nachdem der Bauträger die Gewährleistungsansprüche bereits zuvor an Käufer des Bauwerks abgetreten hat, so ist die Bürgschaftsbestellung nicht mangels Hauptforderung unwirksam. Denn der Bauträger wird durch die Abtretung nicht endgültig von seiner Gewährleistungshaftung gegenüber den Käufern frei (BGHZ 62, 251, 255), sondern muß notfalls selbst einstehen und hat dann einen eigenen aufschiebend bedingten Gewährleistungsanspruch gegen den Werkunternehmer; dieser ist nicht mit abgetreten und ist hier verbürgt (BGH WM 1982, 485, 486).

64 Ist die Gewährleistungsbürgschaft für die vertragsgemäße Erfüllung der Gewährleistungsverpflichtung für fertiggestellte und mängelfrei abgenommene Arbeiten übernommen, so kann der Bürge nur nach einer mängelfreien förmlichen Abnahme in Anspruch genommen werden (OLG Hamburg NJW-RR 1991, 1304). Die kurze Verjährung nach VOB/B, die nicht unbedenklich ist (WOLF/HORN/LINDACHER, AGBG [3. Aufl 1994] § 23 Rn 243) kommt auch dem Bürgen zugute; zahlt er gleichwohl, kann er weder beim Hauptschuldner noch bei einem Rückbürgen Rückgriff nehmen (BGHZ 95, 375; dazu HORN EWiR 1985, 973, 974). Ist die Gewährleistungsbürgschaft gem § 17 Nr 1 VOB/B anstelle eines Sicherungseinbehaltes gestellt und sind die Gewährleistungsansprüche verjährt, sind die Mängel aber rechtzeitig vor dem Eintritt der Verjährung gerügt worden, so daß der Auftraggeber nach § 17 Nr 18 S 2 VOB/B ein Recht zur fortgesetzten Einbehaltung eines entsprechenden Teils der Sicherheit hätte, dann dient die Bürgschaft auch zur Sicherung dieser verjährten Gewährleistungsansprüche; der Bürge kann sich nicht auf die Einrede der Verjährung berufen, die dem Auftragnehmer als dem Hauptschuldner zusteht, und der Auftraggeber braucht die Bürgschaftsurkunde nicht herauszugeben (BGH NJW 1993, 1132; OLG Köln NJW-RR 1994, 16).

65 Die Befristung einer Gewährleistungsbürgschaft dient regelmäßig der gegenständlichen Begrenzung des Umfangs der Bürgschaft auf Gewährleistungsrechte, die innerhalb der Frist entstehen (OLG Köln NJW-RR 1986, 510). Ist die Gewährleistungsbürgschaft für einen Bauunternehmer gegenüber einer Bauherrengemeinschaft übernommen, so kann jeder einzelne Bauherr jedenfalls Zahlung an die Gemeinschaft fordern (BGH WM 1992, 773 = ZIP 1992, 466). Ist die Gewährleistungsbürgschaft mit einer Erfüllungsbürgschaft („für die vertragsgemäße Durchführung der Leistungen") verbunden, so umfaßt sie auch die Vertragsstrafe für die Nichteinhaltung fester Termine (BGH NJW-RR 1990, 811 = WM 1990, 841). Zu Bankgarantien im Bauwesen oben Vorbem 272.

Gesellschafterbürgschaft s Vorbem 111, 118 ff

Gesellschaftsbürgschaft s Vorbem 126 ff

Globalbürgschaft oben Rn 44 ff u Vorbem 42 ff

Höchstbetragsbürgschaft s Vorbem 39 f, 51 f

Kapitalersetzende Bürgschaft s Vorbem 118 ff

Kontokorrentkreditbürgschaft iF Rn 92 f u oben Vorbem 48 ff

Leistungsbürgschaft s Erfüllungsbürgschaft.

Mietbürgschaft. Zur Sicherung der Forderungen des Vermieters gegen den Mieter 66 wird anstelle einer Barkaution oft eine Bürgschaft gestellt (BGHZ 107, 210; 111, 361; KG WM 1984, 254). § 550b begrenzt bei der Wohnraummiete die Höhe der Kaution auf die dreifache Monatsmiete. Hat der Vermieter von Wohnraum daher bei Vertragschluß neben einer Barkaution zusätzlich eine Bürgschaft für alle Ansprüche aus dem Mietverhältnis verlangt und durchgesetzt, so kann der Mieter verlangen, daß der Bürge über den Betrag von drei Monatsmieten hinaus (unter Anrechnung der Kaution) nicht in Anspruch genommen wird; der Bürge kann dies dem Vermieter einredeweise entgegenhalten (BGHZ 107, 210 = ZIP 1989, 625). Stellt jemand dem Vermieter unaufgefordert eine Bürgschaft unter der Bedingung, daß ein Wohnraummietvertrag mit dem Sohn zustande kommt, und wird dadurch der Mieter nicht erkennbar belastet, so ist die Bürgschaft nach Eintritt der Bedingung wirksam; § 550b steht nicht entgegen (BGHZ 111, 361, 363 = BGH WM 1990, 1235, 1236; krit STAUDINGER/EMMERICH [1995] § 550 b Rn 11; TIEDTKE ZMR 1990, 401). Unanwendbar ist § 550 b, wenn der Vermieter zusätzlich für den Fall der Rücknahme einer Kündigung eine Bürgschaft verlangt, nachdem er gem § 554 das Mietverhältnis gekündigt hatte (LG Kiel NJW-RR 1991, 1291 f). Wer im Wege einer Vertragsübernahme in einen bestehenden Mietvertrag als Vermieter eintritt, erlangt die Rechte aus einer dem bisherigen Vermieter gegebenen Mietbürgschaft (BGH WM 1985, 1172). Ist für eine Mietbürgschaft der Übergang bei Zession der verbürgten Mietforderung ausgeschlossen, so kann die Auslegung ergeben, daß die Bürgschaft bei Rückübertragung der Mietforderungen an den ursprünglichen Gläubiger wieder auflebt (BGHZ 115, 177, 185 f = WM 1991, 1869, 1871).

Werden Immobilien (Miethäuser, Eigentumswohnungen) als Anlageobjekte ver- 67 kauft, so spielt die erzielbare Miete und damit erwartbare Rendite für den Kaufpreis eine große Rolle. Hier wird oft für eine bestimmte Zeit eine bestimmte Miethöhe verbürgt (vgl BGHZ 115, 177 = WM 1991, 1869) oder durch Garantie gesichert. Bei der Mietgarantie kommt es nicht selten vor, daß tatsächlich von vornherein nur niedriger vermietet werden kann und die Differenz planmäßig aus dem Verkaufsgewinn subventioniert wird, so daß die Mietgarantie irreführend ist. Da der Garant meist eine GmbH ist, die dann später in Liquidation geht, bietet die Mietgarantie nicht einmal den begrenzten Schutz, den sie verspricht. Hier gewinnen zusätzlich zur Mietgarantie gegebene Bürgschaften an Bedeutung; zur Haftung der Mitglieder einer Baubetreuungs GmbH & Co KG aus Bürgschaften für eine Mietgarantie gegenüber den Immobilienerwerbern vgl BGH NJW 1992, 1448.

Mitbürgschaft s § 769.

Nachbürgschaft s Vorbem 57.

Prozeßbürgschaft s 91 ff.

Rückbürgschaft s Vorbem 60.

Selbstschuldbürgschaft s Vorbem 23.

Selbstschuldausfallbürgschaft s Vorbem 37.

Staatsbürgschaft s Vorbem 82 ff.

Steuerbürgschaft s Vorbem 79.

Vergleichsbürgschaft s Vorbem 178.

68 **Vorauszahlungsbürgschaft.** Hauptschuld ist wie bei der Anzahlungsbürgschaft der künftige und bedingte Rückzahlungsanspruch für die Vorauszahlung, der dann entsteht, wenn der Gläubiger (als Werkunternehmer oder Verkäufer) eine der Vorauszahlung entsprechende Leistung nicht erbringt. Zu Vorauszahlungsbürgschaften s zB BGH ZIP 1986, 702 = NJW 1986, 1681. Anzahlung und Vorauszahlung sind beide Teilleistungen des Entgeltes vor Leistungserbringung von der Gegenseite, und die Begriffe werden zT austauschbar, zT auch nebeneinander im gleichen Vertragswerk gebraucht. Im letzteren Fall bezeichnet Vorauszahlung eher eine generelle Teilvorausleistung des Entgeltes, Anzahlung eine eher auf eine bestimmte Teilleistung bezogene Vorleistung. S im übrigen oben zur Anzahlungsbürgschaft Rn 60.

Zollbürgschaft s Vorbem 79.

III. Persönliche Voraussetzungen des Bürgen; Genehmigungen

1. Allgemeines

69 Der Bürge muß nicht in seiner Person die Voraussetzungen erfüllen, die zur Begründung der Hauptschuld erforderlich sind; denn er ist Schuldner einer eigenen Verbindlichkeit (Vorbem 13). Er muß daher auch nicht selbst börsentermingeschäftsfähig sein, um eine Schuld aus einem verbindlichen Börsentermingeschäft zu verbürgen (aA RGZ 140, 132; vgl auch GÖPPERT Anm JW 1933, 1317). Dies gilt jedoch nur, wenn die Hauptschuld bereits entstanden ist. Handelt es sich um eine künftige Schuld, muß der nicht börsentermingeschäftsfähige Bürge vor den Risiken künftiger Haftung genau so geschützt werden, wie wenn er selbst das Termingeschäft getätigt hätte. Ist umgekehrt der Hauptschuldner nicht börsentermingeschäftsfähig, so kann der börsentermingeschäftsfähige Bürge keine wirksame Bürgschaft für ihn übernehmen. Dies folgt schon aus dem Akzessorietätsgrundsatz (SCHWARK BörsenG [2. Aufl 1994] § 59 Rn 4). Der börsentermingeschäftsfähige Dritte kann aber wirksam eine Garantie übernehmen (SCHWARK aaO). – Die Bürgschaft kann Handelsgeschäft sein (§§ 343–345, 349, 350 HGB), auch wenn die Hauptschuld es nicht ist.

70 2. **Notare** dürfen nicht im Zusammenhang mit einer Amtshandlung eine Bürgschaft oder sonstige Gewährleistung für einen Beteiligten übernehmen; § 14 Abs 4 BNotO (früher § 28 RNotO). Ein Verstoß führt nicht zur Nichtigkeit des Geschäftes,

weil das Verbot sich nur gegen den Notar, nicht gegen die andere Partei und nicht gegen den Inhalt des Geschäfts richtet; § 134 ist also nicht anwendbar (Seybold/ Schippel BNotO [6. Aufl 1995] § 14 Rn 66; LG Kiel NJW 1954, 1333 mit zust Anm Bühling; vgl auch zu § 134 RGZ 100, 40; str; aA Staudinger/Brändl$^{10/11}$ Vorbem 13).

3. Der Genehmigung des Vormundschaftsgerichts bedarf der gesetzliche Vertreter 71 zur Eingehung einer Bürgschaft oder sonstigen Übernahme einer fremden Verbindlichkeit namens des Vertretenen; vgl für den Vormund §§ 1822 Nr 10, 1825, 1829, 1897; für Eltern minderjähriger Kinder § 1643; für die Betreuung §§ 1902, 1908i Abs 1 S 1, für die Pflegschaft § 1915. Die Annahme einer unentgeltlichen Bürgschaft ist eine Willenserklärung, durch die der Minderjährige lediglich einen rechtlichen Vorteil erlangt (§ 107).

4. Gemeinden dürfen Bürgschaften und Verpflichtungen aus Gewährverträgen 72 nur zur Erfüllung gemeindlicher Aufgaben übernehmen; die Geschäfte bedürfen der Genehmigung der Rechtsaufsichtsbehörde, sofern sie nicht im Rahmen der laufenden Verwaltung abgeschlossen werden; vgl zB § 88 Abs 2 GO BW (v 25. 7. 1955 idF d Bekanntmachung v 3. 10. 1983, GBl BW S 578, ber S 720, zuletzt geänd d G v 8. 11. 1993, GBl S 657); § 86 Abs 2 GO NRW (v 6. 6. 1950, GVBl NRW S 127, idF d Bekanntmachung v 14. 7. 1994, GVBl NRW S 666); Feldges, Genehmigungspflicht gemeindlicher Rechtsgeschäfte, in: Gemeindehaushalt (1958) 172; Faiss/Faiss/Fick/Giebler/ Lang, Kommunales Wirtschaftsrecht in Baden-Württemberg (1975) E X 2. 5. Das Fehlen der Genehmigung hat die schwebende Unwirksamkeit, die Versagung die endgültige Nichtigkeit des Rechtsgeschäfts zur Folge (Faiss ua aaO; RGZ 157, 207, 210; HRR 1937 Nr 1450 = JW 1937, 2836; RGZ 149, 75, 80; HRR 1936 Nr 1070; JW 1936, 2390). Die Bürgschaft ist unwirksam auch dann, wenn die öffentlichrechtliche Körperschaft den Vertragsgegner zu der irrigen Annahme verleitet hat, daß eine Genehmigung durch die Aufsichtsbehörde nicht erforderlich sei (RGZ 157, 207, 211 ff). Eine Haftung der Körperschaft aus culpa in contrahendo wurde dabei idR von der Rspr nicht anerkannt (RG aaO; vgl auch BGHZ 6, 330; Nauk JW 1936, 2508). Dem ist nur zuzustimmen, soweit eine solche Haftung den Zweck der Genehmigungspflicht dadurch vereiteln würde, daß sie automatisch auf eine Bürgenhaftung hinausliefe. Unter diesem Vorbehalt ist eine (notfalls volle) Vertrauenshaftung anzuerkennen (vgl auch BGHZ 6, 333 u allgemein BGH NJW 1980, 115).

Gleiche Vorschriften gelten für **Gemeindeverbände** und gemeindliche Zweckver- 73 bände; vgl zB für Bayern G über kommunale Zusammenarbeit (v 12. 7. 1966 idF d Bekanntmachung v 20. 6. 1994, GVBl S 555 ber S 972) Art 26 Abs 1 u Art 40 Abs 1 iVm GO Bayern Art 72 Abs 2. Auch für die Übernahme von Bürgschaften durch **Stiftungen** können Beschränkungen vorgeschrieben sein. Nach § 13 StiftungsG BW (v 4. 10. 1977, GBl BW I 77) ist die Übernahme einer Bürgschaft der Stiftungsbehörde im voraus anzuzeigen; diese kann das Geschäft bestätigen oder beanstanden. Vgl auch zB BayStiftungsG (v 26. 11. 1954, GVBl S 301), Art 31 Abs 1 Nr 5. – Verwandte Gültigkeitsbeschränkungen bestehen auch für die Kirchengemeinden (RGZ 152, 369; Heimel/Pree, Handbuch des Vermögensrechts der katholischen Kirche [1993] Rn 4/29 ff, 4/42 ff). Frühere Beschränkungen für die **Post** (vgl RGZ 162, 129) sind entfallen. In der Übergangszeit der Privatisierung der Post 1989–1994 bestimmten die Wirtschaftsunternehmen Postbank, Telekom und Postdienst, wie weit diese Unternehmen Bürgschaften übernehmen konnten (§ 40 Abs 2 PostVerfG v 8. 6. 1989, BGBl I 1026); die Pläne waren vom Aufsichtsrat festzustellen (§ 23 Abs 3) und vom BMin f Post u Telekommunikation zu genehmigen (§ 28 Abs 1). Nach dem PostumwandlungsG v 14. 9. 1994 (BGBl I 2325, 2339) ging das Vermögen der Postunternehmen samt den bestehenden Bürgschaftsverpflichtungen auf die Nachfolger-AGs über (§ 2). Rechtliche Beschränkungen bestehen nicht mehr.

Vgl im übrigen zu Bürgschaften der öffentlichen Hand Vorbem 79 ff zu § 765; zu besonderen Formvorschriften § 766 Rn 14.

74 **5. Öffentliche Sparkassen** sind nach den Sparkassengesetzen der Länder und den erlassenen Mustersatzungen in der Übernahme von Bürgschaften beschränkt: Sie dürfen Bürgschaften nur nach den für die Gewährung von Krediten bestehenden Satzungsvorschriften übernehmen (Texte in: FISCHER/HERBST (Hrsg), Recht der Sparkassenpraxis, LoseblattSlg Teil B); vgl zB § 12 Abs 3 Hess Mustersatzung für kommunale Sparkassen. Die frühere Rspr hat dies als Gültigkeitsbeschränkung aufgefaßt (RGZ 127, 226 u STAUDINGER/BRÄNDL$^{10/11}$ Vorbem 14 zu § 765 m Nachw). Dem ist nicht zuzustimmen. Kreditgeschäfte einschließlich Bürgschaften sind typischer und satzungsmäßiger Gegenstand der Tätigkeit der Sparkassen. Es besteht daher für sie nicht das Bedürfnis wie für Gemeinden, sie von Geschäften fernzuhalten, die ihren Aufgaben fremd sind. Vielmehr muß der Rechtsverkehr auf die Gültigkeit der Bürgschaft vertrauen dürfen. Die Einschränkungen haben daher keine Außenwirkung, wie sich auch aus dem Wortlaut („dürfen") ergibt; anders nur im Fall der Kollusion. Damit stimmt überein, daß nach Art 5 Abs 7 Bay SparkassenG (v 1. 10. 1956 idF v 25. 4. 1973, GVBl S 191; zuletzt geänd d G v 10. 8. 1994, GVBl S 261) Urkunden von Sparkassen, die von zwei Zeichnungsberechtigten unterschrieben sind, ohne Rücksicht auf die Einhaltung sparkassenrechtlicher Vorschriften rechtsverbindlich sind.

6. Kapitalgesellschaften

75 Bei Übernahme der Bürgschaft durch eine **Kapitalgesellschaft** muß das handelnde Organ, zB der Geschäftsführer der GmbH, klarstellen, daß er **unternehmensbezogen** handelt und nicht persönlich bürgen will; andernfalls kann er seine Eigenhaftung nicht ausschließen (BGH NJW 1995, 456; allg oben Rn 6). Ist die Übernahme einer Bürgschaft intern an die Zustimmung des Aufsichtsrats gebunden, so hindert der Mangel der Zustimmung die Wirksamkeit der Verbürgung nicht; anders im Fall der Kollusion (OLG Koblenz NJW-RR 1991, 487). Allg zu Bürgschaft und Gesellschaftsrecht s Vorbem 111 ff.

7. Bilanzierung

76 Unter der Bilanz des Kaufmanns (§ 242 HGB) sind Verbindlichkeiten aus Bürgschaften sowie aus Wechsel- und Scheckbürgschaften (Vorbem 423 ff) gem § 251 HGB zu vermerken, sofern sie nicht zu passivieren sind. Die gleiche Vermerkpflicht gilt für Garantien und andere bürgschaftsähnliche Verbindlichkeiten („Gewährleistungen"; HEYMANN/JUNG § 249 Rn 34; CLEMM/ELLROTH, in: Beck-Bilanzkommentar § 251 Rn 24). Dieser Bilanzvermerk kann zusammengefaßt in einem Betrag vorgenommen werden (§ 251 S 1 letzter HS HGB). Dies gilt jedoch nicht bei Kapitalgesellschaften; hier ist der Vermerk unter der Bilanz oder im Anhang aufzugliedern und die Haftungsverhältnisse sind gesondert anzugeben gem § 268 Abs 7 HGB. Ferner ist anzugeben, welche

dinglichen oder sonstigen Sicherheiten für diese Verbindlichkeiten bestehen. Die Haftungsverhältnisse gegenüber verbundenen Unternehmen sind gesondert zu vermerken (CLEMM/NONNENMACHER, in: Beck-Bilanzkommentar § 268 Rn 127). Zum Vermerk von Nach- und Rückbürgschaften nach altem Recht HAEGERT AG 1965, 102.

Die Eventualverbindlichkeiten aus Bürgschaft und anderen Gewährleistungen sind **77** als Rückstellung gem § 249 Abs 1 S 1 HGB für ungewisse Verbindlichkeiten voll zu passivieren, wenn eine Inanspruchnahme bei vernünftiger kaufmännischer Betrachtung ernsthaft nicht auszuschließen ist (allg BFH BStBl II 1985, 14; BStBl II 1992, 488). Die Verpflichtung muß weder fällig noch geltend gemacht sein (BFH BStBl II 1991, 479). Die Passivierungspflicht gilt von Anfang an für Verpflichtungen des Bürgen oder Garanten, „auf erstes Anfordern" zu zahlen (zu diesen Verpflichtungsformen allg Vorbem 24 ff u 231 ff).

IV. Bestand und Beschaffenheit der Hauptschuld

1. Bestand der Hauptschuld

a) Die Bürgschaftsverpflichtung setzt eine **gültige Hauptschuld** voraus (Akzesso- **78** rietät; Vorbem 18 ff u § 767 Rn 1 ff). Die Bürgschaft ist nichtig, wenn die Hauptschuld endgültig nicht besteht (RGZ 134, 243, 246), zB wegen §§ 134, 138 oder wegen begründeter Anfechtung; bereits vor Anfechtung kann der Bürge die Anfechtbarkeit durch den Hauptschuldner gem § 770 Abs 1 einwenden. Wird für eine Forderung aus einem gem § 313 formnichtigen Grundstückskaufvertrag eine Bürgschaft übernommen und wird die Formnichtigkeit nachträglich gem § 313 S 2 geheilt, so wird die Bürgschaft (die der Form des § 313 selbst nicht bedarf; RGZ 140, 335, 340) mit diesem Zeitpunkt wirksam (RGZ 134, 243, 246). Ist die Hauptschuld wegen der erforderlichen Genehmigung eines Dritten schwebend unwirksam (zB gem § 108), so wird auch die Bürgschaftsverpflichtung erst mit dieser Genehmigung (gem § 184) wirksam und entfällt mit ihrer Verweigerung (PLANCK/OEGG Anm 8 a). Die Bestätigung des nichtigen Rechtsgeschäfts der Hauptschuld ist als erneute Vornahme zu beurteilen (§ 141 Abs 1); sie erfordert daher eine erneute Verbürgung (vgl auch RG LZ 1930, 438 Nr 6); anders, wenn sich der Verbürgungswille von vornherein auch auf diesen Fall erstreckt. Leistet der Bürge bei Nichtigkeit der Hauptschuld, so kann er vom Gläubiger kondizieren (STAUDINGER/LORENZ [1994] § 812 Rn 48).

b) Ist die Hauptforderung **bedingt** (Rn 79), so wird der Bürge frei, wenn die auflö- **79** sende Bedingung eintritt oder wenn feststeht, daß die aufschiebende Bedingung nicht eintreten wird (§ 158). So wird der Anzahlungsbürge frei, wenn die geschuldete Leistung erbracht ist, weil dann der zu sichernde Anspruch auf Rückzahlung der Anzahlung endgültig nicht entsteht (BGHZ 72, 267, 272 = NJW 1979, 308 f). Dies gilt auch dann, wenn der Mitgesellschafter des Hauptschuldners im Rahmen einer Bauarbeitsgemeinschaft erfüllt (BGH aaO).

c) **Haftung bei nichtiger Hauptschuld**
Von dem Grundsatz, daß bei Nichtigkeit der Hauptschuld auch eine Bürgenver- **80** pflichtung nicht besteht (s auch § 767 Rn 9 ff), sind Ausnahmen möglich. Die **Auslegung** des Bürgschaftsvertrags kann ergeben, daß anstelle der nichtigen Hauptschuld eine andere Verbindlichkeit durch die Bürgschaft gesichert sein soll (BGH NJW 1987, 2076 =

ZIP 1987, 697 = WM 1987, 616; krit TIEDTKE ZIP 1990, 413, 415). Dies muß sich aus der Bürgschaftserklärung ergeben (BGH ZIP 1987, 973, 974; oben Rn 32 ff), wobei der Inhalt der Bürgschaftsurkunde maßgeblich ist (BGH NJW 1992, 1446 m Nachw; s auch § 766 Rn 19 f). Es muß aber wohl genügen, daß gewisse Anhaltspunkte in der Urkunde zusammen mit anderen Umständen diesen Schluß erlauben. Dieser Schluß wird auch im Wege der ergänzenden Vertragsauslegung zT für zulässig gehalten (MünchKomm/ PECHER § 767 Rn 23; LINDACHER NJW 1985, 499; LG Düsseldorf WM 1989, 1126, 1128). So kann die Bürgschaft für eine Verbindlichkeit, die schon zum Zeitpunkt der Verbürgung unmöglich war, den Schadensersatzanspruch gegen den Hauptschuldner sichern, der diese Unmöglichkeit zu vertreten hat (BGB-RGRK/MORMANN Rn 2). Hat der Gläubiger seine eigene, im nichtigen Vertrag mit dem Hauptschuldner vereinbarte Leistung ganz oder teilweise erbracht und insoweit einen **Kondiktionsanspruch**, so kann die Bürgschaft uU als Sicherung auch für diesen Anspruch auszulegen sein (RG WarnR 1930 Nr 151 betr Rücktritt vom Mietvertrag; BGH LM Nr 1 zu § 765 betr nichtigen Pachtvertrag; RGZ 95, 125 f betr nichtigen Kaufvertrag).

81 Besonders kontrovers ist die Behandlung der Bürgschaft für **den Kondiktionsanspruch** wegen eines aufgrund nichtigen Darlehensvertrags bereits **ausgezahlten Darlehens**. Das Reichsgericht hat ursprünglich die Verbürgung auch dieses Anspruchs weitgehend als Regelfall angesehen, wobei die Vorstellung vom Darlehensvertrag als Realvertrag (dh die vertragliche Verpflichtung gem § 607 entsteht aufgrund Auszahlung) eine Rolle spielte (RG HRR 1930 Nr 11). Auch wenn die Realvertragstheorie obsolet ist, so ist doch zu beachten, daß auch die aufgrund nichtigen, zB sittenwidrigen Darlehensvertrags erfolgte Auszahlung der Darlehensvaluta einen Rückzahlungsanspruch gem § 812 Abs 1 S 1 Alt BGB auf Rückgewähr des Darlehensnettobetrags und der halben Restschuldversicherungsprämie auslöst (BGH NJW 1983, 1420, 1423 = WM 1983, 115, 117; BGH NJW 1987, 181 = WM 1986, 1519). Ein Teil der Lehre und Rechtsprechung will daher die Bürgschaft – sowohl die Einzelbürgschaft als auch die Globalbürgschaft – auch ohne besondere Abrede auf den Darlehensrückgewähranspruch aus Bereicherung ohne weiteres erstrecken (MünchKomm/PECHER § 767 Rn 2; LARENZ/CANARIS, Schuldrecht II/2 [13. Aufl 1994] § 60 III 1c; BYDLINSKI ÖBA 1987, 690, 694; KOZIOL ZBB 1989, 16, 23; OLG Köln MDR 1976, 398). Eine derartige Regel ist nicht anzuerkennen (OLG Frankfurt/M WM 1980, 1353; OLG Stuttgart NJW 1985, 498).

82 Ausgangspunkt ist vielmehr der verbreitet anerkannte Grundsatz, daß es sich in erster Linie um eine Frage der Auslegung handelt (BGH NJW 1987, 2076 = WM 1987, 616 = ZIP 1987, 697; OLG Hamm WM 1987, 1277; KG WM 1988, 1721). Hinzu treten Gesichtspunkte der Interessenbewertung, die von der eigentlichen Auslegung an sich zu trennen sind, aber in sie einfließen. Wenn eine Bürgschaft ausdrücklich auf die „Ansprüche aus dem Rückgewährverhältnis nach Kündigung" erstreckt wird, so sind zwar primär die vertraglichen Ansprüche angesprochen; der Wortlaut gibt aber auch einen gewissen Anhaltspunkt, den Anspruch aus § 812 einzubeziehen (aA OLG Hamm WM 1987, 1277, 1278). Wenn gleichwohl anders entschieden wurde (OLG Hamm aaO), so gab wohl eher der Umstand den Ausschlag, daß das Darlehen sittenwidrig war. Da aber die Sittenwidrigkeit des Darlehens nicht ohne weiteres auch die Bürgschaft ergreift (zur Diskussion vgl HOPT/MÜLBERT, Kreditrecht [1989] § 607 Rn 320), wurde der Ausweg einer restriktiven Auslegung gewählt. Teils wird auch jede Auslegung iS einer Erstreckung der Bürgschaft auf den Kondiktionsanspruch abgelehnt, falls der Wortlaut nicht ganz eindeutig diese Erstreckung enthält (OLG Stuttgart NJW 1985, 498; OLG

Frankfurt/M WM 1980, 1353). Demgegenüber ist daran festzuhalten, daß in einem ersten Schritt der Auslegung eine weite Formulierung des Bürgschaftszwecks gerade im Fall des ausgezahlten Darlehens eher dafür spricht, daß auch der gesetzliche Rückgewähranspruch aus § 812 vom Sicherungszweck mitumfaßt ist.

In einem zweiten Auslegungsschritt muß eine objektive **Interessenbewertung** hinzutreten. Sie kann auch bei schwachen Anhaltspunkten im Bürgschaftstext zur Feststellung führen, daß der Bürgschaftszweck auf den Konditionsanspruch erweitert ist, und umgekehrt auch für eine Verneinung dieser Zweckerweiterung sprechen. Ein eigenes kaufmännisches Interesse des Bürgen am verbürgten Geschäft spricht dabei für die Erstreckung der Bürgschaft auf den Kondiktionsanspruch (BGH NJW 1987, 2076, 2077 = WM 1987, 616 = ZIP 1987, 697; KG WM 1988, 1721; ähnl auch OLG Düsseldorf WM 1988, 1407). Ein solches Interesse ist zu bejahen, wenn der Verkäufer beim finanzierten Abzahlungskauf die Kreditbürgschaft gegen Provision übernimmt (BGH aaO, dazu H P WESTERMANN EWiR 1987, 577; krit TIEDTKE ZIP 1990, 415). Gegen einen entsprechenden erweiterten Bürgschaftswillen spricht das Fehlen eines eigenen geschäftlichen Interesses. Dies gilt vor allem bei der reinen Gefälligkeitsbürgschaft. **83**

Man hat vorgeschlagen, auch dann den erweiterten Verbürgungswillen zu verneinen, wenn der Grund für die Nichtigkeit aus der Sphäre des Gläubigers stammt (MünchKomm/PECHER § 767 Rn 23; LG Düsseldorf WM 1989, 1126). Es kann aber auch in solchen Fällen ein legitimes Interesse des Gläubigers an der Sicherung seines gesetzlichen Rückgewähranspruchs anzuerkennen sein. Eine Auslegung des Bürgenwillens in diesem Sinn ist freilich dann schwer zu begründen, wenn die Nichtigkeit des Darlehensvertrags auf dem Versuch des Gläubigers beruht, den Hauptschuldner grob zu benachteiligen. Ein entsprechender Verbürgungswille ist daher in solchen Fällen im Zweifel zu verneinen; anders, wenn der Bürge mit dem Gläubiger gemeinsame Sache macht wie im Fall des Abzahlungsverkäufers. Die Entscheidungen, die bei sittenwidrigem Darlehen im Ergebnis die Bürgenhaftung im Wege der Auslegung ablehnen, folgen zumindest im Ergebnis dieser Interessenbewertung (OLG Hamm WM 1987, 1277, 1278 betr restriktive Auslegung; OLG Frankfurt/M WM 1980, 1353 u OLG Stuttgart NJW 1985, 498, beide betr Ablehnung einer ergänzenden Auslegung; ähnlich LG Düsseldorf WM 1989, 1126 betr Formnichtigkeit eines Leasingvertrags als Hauptschuldvertrag, die aber eng mit einer starken Benachteiligung des Leasingnehmers verbunden war). **84**

Es gibt demgegenüber zahlreiche Fälle, in denen der Gläubiger durchaus schutzwürdig iS einer erweiterten Bürgenhaftung bleibt und in denen der entsprechende Bürgenwille, auch einen etwaigen künftigen Kondiktionsanspruch mitabzusichern, eher angenommen werden kann. Man denke zB an eine Formnichtigkeit des Hauptschuldvertrags, die nicht mit einem verwerflichen Verhalten des Gläubigers zusammenhängt, oder Nichtigkeit mangels Vertretungsmacht usw. Auch außerhalb des Darlehens sind zahlreiche solche Fälle zu finden. Wer zB die mögliche spätere Rückzahlung einer Anzahlung im Rahmen eines Bauvertrags verbürgt, will für diese Rückzahlung auch einstehen, wenn der Bauvertrag zB mangels Vertretungsmacht nicht wirksam ist und nicht durchgeführt wird. **85**

Der Bundesgerichtshof hat entschieden, daß eine **AGB-Klausel** im Bürgschaftsvertrag, die **ausdrücklich den Kondiktionsanspruch umfaßt**, zulässig ist und nicht an § 3 und § 9 AGBG scheitert (BGH NJW 1992, 1234; aA Vorinstanz OLG Schleswig NJW 1991, **86**

986). Dies soll auch für den Fall gelten, daß das Darlehen wegen überhöhter Zinsen sittenwidrig ist (BGH aaO). Die Gegenmeinung betont, daß in solchen Fällen die genannte Klausel über die erweiterte Zweckbestimmung der Bürgschaft gegen § 3 und § 9 AGBG verstoße, weil der Bürge nicht den Gläubiger bei dem sittenwidrigen Geschäft unterstützen wolle (REIFNER, Handbuch des Kreditrechts [1991] § 42 Rn 132).

87 In der Tat ist zu fragen, ob die gleiche Interessenbewertung, die oben (Rn 84 f) allgemein für die Auslegung der Bürgschaft dargelegt wurde, auch für die Bewertung einer ausdrücklichen Zweckerstreckungsklausel im Rahmen des § 3 und § 9 AGBG anzuwenden ist mit dem Ergebnis, daß diese Klausel nicht Bestandteil des Bürgschaftsvertrages wird bzw wegen Unangemessenheit unwirksam ist. Dies kann nicht pauschal angenommen werden. Das Interesse des Gläubigers, auch bei einem wucherischen Darlehen wenigstens den Hauptbetrag der ausgezahlten Darlehensschuld nach § 812 zurückzuerhalten, ist von der Rechtsordnung anerkannt. Eine ausdrückliche Klausel, welche die Bürgschaft auf diesen Anspruch aus § 812 erstreckt, ist daher im Grundsatz nicht zu beanstanden (WOLF/HORN/LINDACHER AGBG [3. Aufl 1994] § 9 Rn B 212). Diese Klausel wird vermutlich künftig die Formularpraxis beherrschen.

88 Erforderlich ist freilich dabei im Hinblick auf § 3 AGBG eine ausreichende Hervorhebung. Ferner ist die Klarstellung im Text zu fordern, daß sich der insoweit verbürgte Bereicherungsanspruch nur auf die tatsächlich empfangene Darlehenssumme plus halbe Restschuldversicherungsprämie bezieht, schon um zu verhindern, daß mit Berufung auf die Klausel dem unerfahrenen Kunden noch weitere Leistungen (Zinsen etc) entlockt werden. Es ist ferner nicht auszuschließen, daß in bestimmten Geschäftsformen die entsprechende weite Zweckerklärung doch als unangemessen iS § 9 AGBG zu bewerten ist, weil ein geplantes verwerfliches Vorgehen des Gläubigers gegen den Kunden vorliegt, das sich entweder auch gegen den Bürgen richtet oder doch die Bürgschaft als Instrument dieses Vorgehens erscheinen läßt. Nur ausnahmsweise führt die Sittenwidrigkeit des Darlehens auch zu derjenigen der Bürgschaft; dazu iF Rn 176.

d) **Natürliche Verbindlichkeit**

89 Ist die Hauptschuld nur eine **natürliche Verbindlichkeit**, so ist zu unterscheiden: Eine verjährte Forderung kann voll wirksam verbürgt werden; §§ 222 Abs 2 S 2, 232 Abs 2; der Bürge haftet, auch wenn er sich in Unkenntnis der Verjährung verbürgt hat (arg § 222 Abs 2 S 1; str; wie hier PLANCK/OEGG § 768 Anm 8). Tritt dagegen die Verjährung der Hauptschuld erst nach der Übernahme der Bürgschaft ein, so kann sich der Bürge auf sie berufen; §§ 768 Abs 1, 222 Abs 1. Nicht rechtswirksam verbürgt werden können dagegen Verbindlichkeiten aus Spiel, Wette, Differenzgeschäft (§§ 762–764; RG JW 1901, 285; ERMAN/SEILER § 762 Rn 7) und unverbindlichen Börsentermingeschäften (§§ 52 ff BörsenG; SCHWARK, BörsG [2. Aufl 1994] § 59 Rn 4; vgl auch RGZ 52, 362). Wirksam verbürgt durch eine entsprechend weit gefaßte Globalbürgschaft (für alle Ansprüche aus der Bankverbindung) soll jedoch ein Anspruch der Bank auf Rückerstattung der Gutschrift von Gewinnen aus unverbindlichen Optionsgeschäften sein, auf die der Kontoinhaber keinen klagbaren Anspruch hatte und für die auch nicht der Erfüllungseinwand des § 55 BörsG gilt (OLG Düsseldorf WM 1988, 1404). Dies ist zu bezweifeln. Zwar gelten für Gewinnauszahlungen nicht die Schutzgedanken des BörsG, aber generell muß man alle Aspekte dieser Geschäfte

als nicht durch Bürgschaft absicherbar bewerten (zu den allgemeinen Grenzen der Zulässigkeit von Globalbürgschaften s oben Rn 48 ff).

Nicht verbürgt werden kann schließlich der Ehemäklerlohn (§ 656). Leistet der **90** Bürge dennoch, kann er aber seine Leistung nicht deshalb zurückfordern, weil eine Verbindlichkeit nicht bestanden habe. Er hat aber nach hM auch keinen Rückgriffsanspruch gegen den Hauptschuldner (PLANCK/OEGG Anm 8 a; vgl auch RGZ 52, 362). Allerdings kommt es hier auf das Innenverhältnis an; denkbar ist nach den Umständen ein Aufwendungsersatz aus Auftrag oder Geschäftsführung ohne Auftrag. Für weitere Fälle vgl RGZ 134, 130 u § 767 Rn 9 ff. Zur Verjährung der Bürgschaft unten Rn 238; zum Verzicht auf die Verjährungseinrede § 768 Rn 39.

e) Kontokorrentbindung

Vom Fall der **Kontokorrentkreditbürgschaft** (Vorbem 48 ff), bei der von vornherein die **91** Bürgschaft für einen laufenden Kredit (im Rahmen eines Kreditrahmens oder Bürgschaftshöchstbetrags) bestellt wird (1), ist der Fall zu unterscheiden, daß die Bürgschaft für eine bestimmte **einzelne Hauptschuld** bestellt wird und diese anschließend ins **Kontokorrent eingestellt** wird (2). Beide Fallgruppen überschneiden sich freilich, wenn zB ein verbürgter Kontokorrentkredit später um einen unverbürgten Teil erhöht wird, oder wenn die Bürgschaft den Tagessaldo eines im übrigen höher geführten Kreditkontos betrifft (vgl den Fall BGH ZIP 1996, 222). Ferner tauchen in beiden Fallgruppen gleiche Probleme der Ermittlung der Hauptschuld, der Anrechnung von Tilgungen und der Beweislast auf.

(1) Der Bürge der Kontokorrentkreditbürgschaft haftet (im Rahmen des Höchst- **92** betrags) im Umfang der jeweiligen Kreditschuldsaldos. Dieser wird zum Abschluß der vereinbarten Rechnungsperiode, meist halbjährlich, durch **Periodensaldo** (Saldo iS § 356 HGB; dazu HEYMANN/HORN HGB § 356 Rn 31) festgestellt. Das darin liegende Schuldanerkenntnis muß der Bürge gegen sich gelten lassen (BGHZ 77, 256, 262; BGH ZIP 1985, 984, 986 = WM 1985, 969; zust GRAF vWESTPHALEN EWiR 1985, 668; OLG Karlsruhe WM 1993, 787; dazu REHBEIN WuB I F 1 a–2.94). Wird die Bürgschaft während einer laufenden Rechnungsperiode in dem Sinn beendet, daß künftige Verbindlichkeiten aus Kontokorrent nicht mehr verbürgt sind (gegenständlich beschränkte Bürgschaft im Unterschied zur Zeitbürgschaft; vgl BGH ZIP 1985, 984 und unten § 777 Rn 5 ff), sei es durch Zeitablauf oder berechtigte Kündigung des verbürgten Kredits oder der Bürgschaft selbst, dann ist für den Umfang der Bürgenschuld der Stand des Kreditkontos zum Beendigungszeitpunkt (Tagessaldo) maßgeblich (BGH ZIP 1985, 984, 986). Wie dieser Tagessaldo sich zusammensetzt, muß der Gläubiger, der ihn geltend macht, im einzelnen darlegen (BGH ZIP 1991, 867; dazu KOLLER/SENFTLEBEN EWiR 1991, 805; BGH ZIP 1996, 222, 223; § 767 Rn 5). Allerdings muß bei Streit über einzelne Positionen der Gläubiger nur die Aktivposten beweisen, der Gegner (Hauptschuldner oder Bürge) die Passivposten, also Teiltilgungen (BGHZ 105, 263, 265 = ZIP 1988, 1445; dazu SCHWARK EWiR 1989, 255; BGH ZIP 1996, 222, 223; HORN, Bürgschaften und Garantien [6. Aufl 1995]; zu undifferenziert STAUDINGER/HORN[12] § 767 Rn 3; zur Beweislast des Bürgen auch REINICKE/TIEDTKE ZIP 1988, 545 ff).

Hat sich der Bürge für einen Kontokorrentkredit im Rahmen eines Höchstbetrags **93** und zusätzlich für die Zinsen verbürgt, so wendet der BGH auf Teilrückzahlungen nicht die §§ 366, 367 an, weil dies wegen der Kontokorrentbindung angeblich nicht möglich sei (BGHZ 77, 356 = NJW 1980, 2131; OLG Hamm NJW 1978, 1166; aA Canaris, Handelsrecht [22. Aufl 1995] § 25 V 2 a). Das benachteiligt hier den Bürgen, der an einer bevorzugten Rückführung der zusätzlichen Haftung für Zinsen ein berechtigtes Interesse hat (zutr Canaris aaO).

94 (2) Die Bürgschaft für eine Einzelforderung hindert nicht deren **Einstellung in ein Kontokorrent**, mit dem zumindest bei einer Bürgschaft für einen Bankkredit immer gerechnet werden muß, und erlischt dadurch nicht (arg § 356 HGB; RG Gruchot 54, 407; RG HRR 1937 Nr 463; RGZ 136, 181). Der Bürge haftet vielmehr weiter in Höhe der eingestellten einzelnen Hauptschuld, aber gem § 356 HGB maximal bis zur Höhe des Periodensaldos; kommt es während der Laufzeit der Bürgschaft zu mehreren periodischen Saldierungen, so ist der niedrigste Periodensaldo maßgeblich (Heymann/Horn HGB § 356 Rn 9; RGZ 76, 330, 334; BGHZ 26, 142, 150; 50, 277, 283). Hat sich zwischenzeitlich ein noch niedrigerer Tagessaldo ergeben, so soll dies unbeachtlich sein. Dies folgt nach hM aus § 356 HGB (ihr im Ergebnis folgend noch Heymann/Horn HGB § 356 Rn 10), ist aber wenig überzeugend, da auch Tagessalden jedenfalls beim Bankkontokorrent das Ergebnis einer Verrechnung sind (Heymann/Horn HGB § 355 Rn 31; § 356 Rn 10; aA die üM; Nachw bei Horn aaO). Diese Verrechnungswirkung zeigt sich, wenn ein Kontokorrent ohne Periodensaldo endet; dann ist der „einfache" Saldo (Tagessaldo) maßgeblich, der freilich nicht Gegenstand eines besonderen Anerkenntnisses ist (vgl BGH ZIP 1985, 984, 986 u oben Rn 92). Der Bürge haftet also nicht für einen höheren Betrag als für diesen letzten Tagessaldo, falls dessen Zusammensetzung nicht bestritten wird, was nach den oa Beweislastregeln (Rn 92) zu behandeln ist.

95 Will er dagegen geltend machen, die von ihm verbürgte Hauptschuld sei schon früher gänzlich getilgt worden, so muß er diese Tilgung beweisen (BGH ZIP 1996, 222, 223 betr Verbürgung einer Einzelforderung, die sich bereits – als Tagessaldo zur Zeit der Verbürgung – im Kontokorrent befand). Den Beweis kann er nach den oa Grundsätzen dadurch führen, daß er ein zwischenzeitliches Absinken des Kontokorrentkredits auf Null dartut, wobei nach der hier vertretenen Auffassung von der Verrechnungswirkung auch des Tagessaldos ein früherer Tagessaldo ausreicht, nach der (von mir insoweit früher im Ergebnis geteilten) hM zu § 356 HGB aber nicht. Er kann ferner besondere Verrechnungsabreden nachweisen (BGH ZIP 1996, 222, 223, und zwar unter Aufgabe seiner früheren Rspr zur erhöhten Beweislast des Gläubigers im Kontokorrent in BGH ZIP 1985, 984; 1988, 224; allg zum Tilgungsnachweis BGH NJW-RR 1993, 1015).

96 Der Bürge kann sich auch auf die in der Kontokorrentabrede liegende Stundung der Hauptforderung berufen (RG HRR 1937 Nr 463). – Aus der Besonderheit der verbürgten Forderung kann sich die Unzulässigkeit ihrer Einstellung ins Kontokorrent und ihrer Saldierung mit anderen Forderungen ergeben (allg Heymann/Horn HGB § 355 Rn 11–16 m Nachw), so zB für einen staatsverbürgten Kredit im Verhältnis zu anderen Krediten (BGH BB 1961, 116; vgl aber andererseits den Fall OLG Düsseldorf NJW-RR 1992, 1324). Wird ein bestimmter Kredit verbürgt, dieser aber dann später ohne Zustimmung des Bürgen in einen Kontokorrentkredit umgewandelt, dann soll die Bürgschaft mangels feststellbarer Hauptforderung erlöschen, falls das Schicksal der Hauptforderung im Kontokorrent nicht mehr festgestellt werden kann (OLG Hamm NJW-RR 1992, 815). Dies überzeugt nicht. Vorrangig gilt die Regelung des § 356 HGB und die oa Beweislastverteilung. Der Bürge kann ebenso wie der Hauptschuldner

die Einstellung der Hauptschuld ins Kontokorrent vertraglich ausschließen (RGZ 136, 181; OLG Bamberg NJW 1956, 1240).

2. Inhalt und Umfang der Hauptschuld

Die Hauptschuld muß eine obligatorische Verbindlichkeit (§ 241) des Hauptschuldners sein. Das dingliche Befriedigungsrecht aufgrund Hypothek oder Grundschuld kann nicht durch Bürgschaft gesichert werden, wohl aber durch Garantie (RGZ 60, 369, 371; 93, 234, 236; WarnR 1916 Nr 130 = JW 1916, 905; BGB-RGRK/Mormann Rn 2; E Ullrich, Der Schutz von Hypothek und Grundschuld durch persönliche Sicherstellung [Diss Bonn 1931]). **97**

Die Verbindlichkeit des Hauptschuldners kann auf Vertrag beruhen oder unmittelbar auf Gesetz (Ansprüche zB aus Delikt, Bereicherung, Geschäftsführung, Unterhaltspflicht; zur Unterhaltsbürgschaft s § 768 Rn 19). Sie kann auch dem öffentlichen Recht angehören (zB Abgabenschuld; zur Steuer- und Zollbürgschaft Vorbem 79). Die Bürgschaftsverpflichtung wird nicht dadurch ausgeschlossen oder beschränkt, daß die Haftung des Hauptschuldners gegenständlich auf eine bestimmte Vermögensmasse (zB Nachlaß) beschränkt ist; der Bürge selbst kann sich aber auf diese Beschränkung nicht berufen (RGZ 134, 129; vgl auch § 768 Rn 5). **98**

Die verbürgte Hauptschuld ist im Regelfall eine **Geldschuld**; vgl dazu die Sondervorschrift des § 772. Sie kann aber auch auf eine andere vertretbare oder auf eine unvertretbare, höchstpersönliche Leistung (Tun oder Unterlassen) gerichtet sein; im letzteren Fall geht die Verpflichtung des Bürgen von vornherein auf das Interesse in Geld (Mot II 659; Vorbem 14 u § 774 Rn 16; BGB-RGRK/Mormann Rn 3) und erlischt mit dem Tod des Hauptschuldners. **99**

Die Hauptschuld kann eine **künftige** oder eine **bedingte Forderung** sein; Abs 2 (Prot II 464; vgl auch §§ 1113, 1204 Abs 2); davon zu unterscheiden ist die Übernahme einer Bürgschaft unter einer Bedingung (Rn 114). Die Hauptschuld kann zB der Rückzahlungsanspruch des Bauauftraggebers wegen Anzahlung an die Baufirma sein, der nur bei Nichterfüllung (Nichtausführung der Bauarbeiten) entsteht (BGHZ 72, 267, 272 f = NJW 1979, 308 f). Die Hauptschuld kann ferner aus einem nur der Art nach bestimmten, künftigen Geschäft oder sonstigen Rechtsverhältnis entstehen und sie kann der Höhe nach unbestimmt sein (RGZ 62, 379, 382; RG JW 1911, 940 Nr 5; 1913, 642 Nr 9). Allerdings muß die Hauptschuld in ihrer wirtschaftlichen Tragweite abschätzbar und in diesem Sinn bestimmbar sein; zum Bestimmtheitsgrundsatz oben Rn 13 ff. **100**

3. Bürgschaft und Hauptschuld

Bürgschaft und Hauptschuld sind zwei getrennte Rechtsgeschäfte, auch wenn sie in einem Akte übernommen werden. Nur der Gläubiger ist derselbe. Die Unwirksamkeit der Bürgschaft berührt den Bestand der Hauptschuld im Zweifel nicht; § 139 BGB ist hier unanwendbar (vgl auch RGZ 86, 323 zur Nichtigkeit einer Pfandbestellung neben Darlehens- und Bürgschaftsvertrag). Natürlich kann die Bürgschaft aus den gleichen tatsächlichen Umständen wie die Hauptschuld nichtig sein (vgl Rn 78 ff). Eine Mitwirkung des Hauptschuldners zum Abschluß des Bürgschaftsvertrages ist nicht erfor- **101** derlich (Mot II 658, 673; RGZ 59, 10 f; 71, 220); die Bürgschaft kann ohne sein Wissen und sogar gegen seinen Willen übernommen werden.

Zur möglichen Mitwirkung des Hauptschuldners beim Abschluß des Bürgschaftsvertrages Rn 5.

V. Die Rechtsbeziehung des Bürgen zum Hauptschuldner

1. Die Rechtsbeziehungen zwischen dem Bürgen und dem Hauptschuldner sind im allgemeinen ohne Einfluß auf Bestand und Gestaltung der Bürgschaft (Mot II 658; RGZ 59, 11; BGH WM 1975, 348). Vereinbarungen zwischen diesen beiden, zB über eine dem Bürgen vom Hauptschuldner zu leistende Sicherheit (RG SeuffA 81 Nr 177 = JW 1927, 1689) und sonstige Erklärungen sind für die Bürgschaft und die daraus folgenden Rechte des Gläubigers ohne Bedeutung (RG JW 1906, 229 Nr 13). Kündigung oder Rücktritt des Bürgen in seinem Rechtsverhältnis mit dem Hauptschuldner bringt die Bürgschaft nicht zum Erlöschen, sofern nicht eine solche Wirkung im Bürgschaftsvertrag selbst vereinbart ist; der Bürge hat vielmehr nur gegenüber dem Hauptschuldner einen Anspruch auf Befreiung von der Bürgschaft.

2. Kausalverhältnis mit dem Schuldner

Der rechtsgeschäftliche Grund zur Übernahme der Bürgschaft (Kausalverhältnis) liegt für den Bürgen regelmäßig, wenngleich nicht notwendigerweise, in einem Rechtsverhältnis zum Schuldner. Der Bürge kann insbes durch Vertrag mit dem Schuldner zur Übernahme der Bürgschaft verpflichtet sein. Ist darin keine Gegenleistung des Schuldners vereinbart (Gefälligkeitsbürgschaft; Rn 142 ff), liegt Auftrag vor; § 662 (vgl auch § 775). Häufig wird die Bürgschaftsübernahme entgeltlich gegen Provision versprochen (**Avalkreditvertrag**), so insbes von Banken und Versicherungen, aber auch von anderen Kaufleuten (§ 354 HGB); es liegt dann Werkvertrag auf Geschäftsbesorgung gem § 675 vor (vgl BGH ZIP 1985, 1380, 1381). Der Hauptschuldner kann hier, solange die Bürgschaft noch nicht übernommen ist, jederzeit den Vertrag gem § 649 kündigen; der anderen Vertragspartei steht dieses Recht nur aufgrund besonderer Vereinbarung oder aus wichtigem Grund (vgl Nr 19 [3] AGB-Banken 1993) zu. Die Verpflichtung zur Verbürgung kann ferner auf einem Kautionsversicherungsvertrag (vgl KG JW 1930, 3642) oder auf einem Gesellschaftsvertrag (allg oben Vorbem Rn 111 ff; vgl auch RGZ 85, 72 zur Kreditbürgschaftsübernahme als Leistung an Erfüllungs statt für die Einlage des stillen Gesellschafters) oder zB auf einem Kaufvertrag (vgl den Fall OLG München WM 1989, 636) oder auf einer Schenkung (Rn 142 ff) beruhen.

Möglich ist auch eine Abrede über vertauschte Rollen, wonach der Bürge der eigentliche Kreditnehmer sein und der Hauptschuldner ihm die Darlehensvaluta übertragen, also im Innenverhältnis selbst nur Bürge sein soll (RGZ 42, 35, 38). Verbürgt sich jemand, ohne dazu gegenüber dem Hauptschuldner verpflichtet zu sein, so liegt Geschäftsführung ohne Auftrag (§ 677) vor, falls der Geschäftsführungswille gegeben ist (vgl KG OLGE 6, 453); dieser fehlt zB, wenn der Bürge ausschließlich aufgrund einer Verpflichtung gegenüber dem Gläubiger (Rn 132 ff) handelt. Widerspricht die Geschäftsführung dem rechtlich beachtlichen Willen des Hauptschuldners (§§ 683, 679), so hat der Bürge gegen den Hauptschuldner nur den Bereicherungsanspruch nach § 684. Hat er sich nicht in der Absicht verbürgt, von dem Hauptschuldner

Ersatz zu verlangen (§ 685 Abs 1), so hat er überhaupt keinen Anspruch gegen den Hauptschuldner; s auch Rn 142 ff.

3. Beiderseitige Pflichten

Die beiderseitigen Pflichten von Hauptschuldner und Bürgen bestimmen sich primär nach dem Inhalt des Kausalverhältnisses, insbes den vertraglichen Abmachungen. Beim Avalkreditvertrag zwischen der Bank als künftiger Bürgin und ihrem Kunden als Hauptschuldner besteht die Pflicht zur Zahlung der Avalprovision je nach Vereinbarung ab Vertragsschluß oder erst ab Stellung der Bürgschaft. Ist nichts vereinbart, so gilt letzteres, weil erst ab Bürgschaftsübernahme der Liquiditätsspielraum der Bank durch eine Eventualverbindlichkeit belastet ist. Nach **aA** soll die Provisionspflicht schon ab Vertragsschluß laufen (OLG Düsseldorf WM 1969, 798, 799; zust REINICKE/TIEDTKE, Bürgschaftsrecht [1995] Rn 40), weil die Bank schon bei Abschluß des Bürgschaftsvertrages einen der Bürgschaftssumme entsprechenden Betrag zurückstellen müsse; letzteres entspricht aber nicht der Bankpraxis. Hauptpflicht der Bank (oder des sonstigen Vertragspartners) ist die rechtzeitige und vollständige Übernahme der Bürgschaft zu den vereinbarten Bedingungen. Verpflichtet sich der Bürge dann in einem weitergehenden Umfang, weil der Gläubiger dies so verlangt, so muß ihn der Hauptschuldner insofern freistellen (**aA** OLG München WM 1989, 636).

Gesetzliche **Sonderbestimmungen** zum Verhältnis zwischen Hauptschuldner und Bürgen finden sich in zwei wichtigen Fällen: § 774 läßt die Forderung des Gläubigers auf den zahlenden Bürgen übergehen, aber wiederum unbeschadet der Einwendungen des Hauptschuldners aus einem zwischen ihm und dem Bürgen bestehenden Rechtsverhältnis; vgl § 774 Abs 1 S 3 (dazu BGH WM 1992, 908). § 775 gibt dem Auftragsbürgen (einschließlich des nützlichen auftragslosen Geschäftsführers) in bestimmten Fällen einen Befreiungsanspruch gegen den Hauptschuldner und schließt damit gleichzeitig den dem Beauftragten sonst nach den §§ 669, 670, 257 zustehenden weitergehenden Vorschuß- und Befreiungsanspruch aus (vgl § 775 Rn 1). Aus Vertrag und allgemein nach **Treu und Glauben** können sich verschiedene Informations- und Verhaltenspflichten ergeben. Der **Bürge** muß ggf den Hauptschuldner von der Zahlungsaufforderung des Gläubigers unverzüglich unterrichten und ihn vor der Befriedigung des Gläubigers befragen, ob Einreden zu Gebote stehen, zu deren Geltendmachung er dann verpflichtet ist (BGH ZIP 1985, 1380, 1384; unten § 768 Rn 41; § 770 Rn 1; § 774 Rn 34; vgl auch RGZ 59, 207, 208). Dies ergibt sich aus der Pflicht der Bank, die Interessen der Kunden gegenüber einer möglicherweise unberechtigten Inanspruchnahme zu wahren.

Der Bürge (Bank) hat bei offensichtlichem **Rechtmißbrauch** die Verpflichtung gegenüber dem Hauptschuldner als seinem Kunden, die Auszahlung zu unterlassen (BGH WM 1985, 1380, 1385; zur entsprechenden Pflicht bei der Garantie vgl OLG Frankfurt ZIP 1983, 556; OLG Köln WM 1988, 21; OLG Saarbrücken RIW 1981, 338; HORN, Bürgschaften und Garantien [6. Aufl 1995] 126 ff). Der Bürge (Bank) muß bei Inanspruchnahme nicht nur beim Hauptschuldner rückfragen, sondern auch selbst prüfen, ob sich Anzeichen für eine mißbräuchliche Inanspruchnahme finden; diese Prüfungspflicht folgt aus § 242 (HORN NJW 1980, 2153, 2157; ders, Bürgschaften und Garantien S 126; CANARIS Rn 1108 für die Garantie). Der Bürge ist gegenüber dem Hauptschuldner verpflichtet, der Inanspruchnahme durch den Gläubiger verfügbare Einreden und Einwendungen entgegenzusetzen. Diese Pflicht endet dort, wo keine ausreichenden Beweismittel zur Verfügung stehen (Horn NJW 1980, 2153, 2157; LG Köln ZIP 1982, 433).

108 Hat der Bürge gezahlt, so muß er ferner dem Hauptschuldner die Befriedigung des Gläubigers alsbald mitteilen (vgl §§ 665, 666, 675, 681 u allg § 242 BGB, §§ 346, 347 HGB; Mot II 675 f; Planck/Oegg § 774 Anm 4 a). Eine generelle Verpflichtung des Bürgen gegenüber dem Hauptschuldner, nur mit dessen Einverständnis an den Gläubiger zu zahlen oder einen Prozeß zu führen, besteht jedoch nicht (Canaris, in: Großkomm HGB Anh nach § 357 Rn 1284).

109 Der **Hauptschuldner** ist nach dem Inhalt seiner vertraglichen Beziehungen zum Bürgen regelmäßig (dh abgesehen von Fällen der schenkungsweisen Bürgschaft [Rn 142 ff] oder besonderen Abmachungen) nicht nur gegenüber dem Gläubiger, sondern auch gegenüber dem Bürgen zur rechtzeitigen Erfüllung der Hauptschuld verpflichtet; er gerät daher auch gegenüber dem Bürgen in Verzug, wenn er nicht zahlt (OLG Bremen NJW 1963, 861 für den Fall, daß der Einzelhändler für seinen kreditaufnehmenden Kunden bürgt). Ferner treffen auch den Hauptschuldner nach Treu und Glauben Informations- und Sorgfaltspflichten gegenüber dem Bürgen: Er muß dem Bürgen unaufgefordert die Tatsachen mitteilen, aus denen sich Einreden oder Einwendungen gegen die Hauptschuld (§ 768) oder ein Anfechtungsrecht des Hauptschuldners (§ 770 Abs 1) ergeben; ferner ist der Hauptschuldner verpflichtet, dem Auftragsbürgen (arg § 775 und dort Rn 2) auf Befragen über seine Vermögensverhältnisse Auskunft zu geben (vgl Riezler BankArch 1941, 105; OLG Naumburg JW 1930, 3490 Nr 5).

110 Die Erfüllung der beiderseitigen Pflichten ist entscheidend für beiderseitige Ersatzansprüche. Der Bürge kann Aufwendungsersatz gem § 670 nur fordern, wenn er die Zahlung an den Gläubiger den Umständen nach für erforderlich halten durfte. Andererseits kann der Bürge dem Hauptschuldner bei Verletzung seiner Pflichten auf Schadensersatz haften. Der Umfang der Pflichten richtet sich nach Vertragsinhalt, Interessenlage und Einzelumständen. Ein Schadensersatzanspruch kommt vor allem dann in Betracht, wenn der Bürge (Bank) die oa Pflicht verletzt, bei Inanspruchnahme durch den Gläubiger beim Hauptschuldner (Bankkunden) rückzufragen und jedenfalls liquide Einwendungen und Einreden geltendzumachen, zumal wenn eine spätere Rückforderung unbegründeter Leistung vom Gläubiger durch den Hauptschuldner nicht aussichtsreich wäre, sei es aus rechtlichen Gründen (vgl §§ 222 Abs 2, 813 Abs 1 S 2 zur Leistung auf eine verjährte Forderung) oder aus tatsächlichen Gründen, insbes bei Inanspruchnahme durch einen ausländischen Gläubiger, von dem eine unberechtigt eingeforderte Summe wegen der Schwierigkeiten der Rechtsverfolgung im Ausland nicht mehr zu erlangen wäre (vgl auch oben Vorbem 333 ff betr Garantie).

VI. Verhältnis zwischen Bürgen und Gläubiger

1. Umfang der Bürgenschuld

111 a) Die Bürgenschuld ist eine **eigene Verbindlichkeit des Bürgen** (Vorbem 13); dieser ist nicht Gesamtschuldner mit dem Hauptschuldner (Vorbem 16). Die Bürgschaft ist zur Hauptschuld subsidiär und akzessorisch (Vorbem 17, 18 ff; § 767 Rn 1 ff). Der

Umfang der Bürgenschuld wird grundsätzlich bestimmt durch den Inhalt der Bürgschaftserklärung und die darin enthaltene Bezugnahme auf die Hauptschuld (Rn 2, 27 ff), zum andern gem §§ 767, 768 durch Bestand und Umfang der Hauptschuld (Rn 78 ff; § 767 Rn 1). Durch vertragliche Gestaltung kann die Subsidiarität der Bürgschaft gegenüber der Hauptschuld beseitigt werden; vgl zur selbstschuldnerischen Bürgschaft § 773 Abs 1 Nr 1 u dort Rn 1 u 2. Auch der in §§ 767, 768 niedergelegte Grundsatz der Akzessorietät, den der BGH als zwingendes Recht bezeichnet (WM 1966, 122, 124), kann durch Klauseln eingeschränkt, aber nicht beseitigt werden (s § 767 Rn 7 u § 768 Rn 28 ff).

Zur **Fälligkeit** der Bürgschaft ist grundsätzlich die Leistungsaufforderung des Gläu- **112** bigers erforderlich (OLG Hamm WM 1983, 772). Die Fälligkeit der Hauptschuld ist dafür eine idR notwendige, aber nicht hinreichende Voraussetzung (vgl auch BGHZ 92, 295, 300 f = ZIP 1984, 1454, 1455). Vor Fälligkeit der Bürgschaft ist der Bürge nicht verpflichtet, dem Gläubiger zusätzliche Sicherheiten für seine Bürgschaftsschuld zu stellen; eine entsprechende AGB-Klausel ist gem § 9 AGBG unwirksam (BGHZ 92, 295, 300 = ZIP 1984, 1454, 1455). Die Bank als Gläubigerin hat vor Fälligkeit daher weder ein AGB-Pfandrecht an Sachen und Rechten des Bürgen, noch ein Zurückbehaltungsrecht, noch Rechte aus einer AGB-Sicherungsabtretung (BGH WM 1990, 1910 = ZIP 1990, 1392; zust Brink EWiR 1990, 1197).

Da es sich um ein eigenes Schuldverhältnis handelt, richten sich die Folgen einer **113** Verletzung der Bürgschaftsverpflichtung nach den allgemeinen Vorschriften über Leistungsstörungen; zB kann der Bürge gegenüber dem Gläubiger auch ohne Verzug des Hauptschuldners selbst in Leistungsverzug geraten (Planck/Oegg Anm 6 e). Er haftet dann auch über den vereinbarten Höchstbetrag der Bürgschaft hinaus, etwa für Verzugs- und Prozeßzinsen seiner eigenen Schuld (OLG Hamburg OLGE 28, 223). Der Bürge haftet gem § 767 Abs 1 S 2 daneben auch für die Leistungsstörung des Hauptschuldners (dazu § 767 Rn 25 ff).

b) Die Bürgschaftsverpflichtung kann unter einer **Bedingung** übernommen wer- **114** den; der Bürge ist dann nach den allgemeinen Regeln der §§ 158–162 gebunden (BGHZ 111, 361 betr Mietbürgschaft); zur bedingten Hauptschuld oben Rn 79. Bei aufschiebender Bedingung hat der Gläubiger eine Anwartschaft (BGH WM 1974, 1154 f). Die Bedingung kann etwa darin bestehen, daß bei einer Bürgschaft für nachträgliche Garantieleistungen eines Bauunternehmers die Schlußabnahme des Bauwerks erfolgt ist (BGH aaO), oder daß dem Gläubiger weitere Sicherheiten bestellt werden (OLG Stuttgart OLGE 43, 85; vgl auch Reichel JW 1931, 2228) oder daß der Bürge nur bei deren Ausfall haften soll (RG Recht 1915 Nr 2263: Bürgenverpflichtung nur, soweit ein Wechselakzept nicht eingelöst wird); vgl auch zur Nachbürgschaft Vorbem 57 f; zur Ausfallbürgschaft Vorbem 36. Bei der Annahme, daß die Bürgschaft von der Bestellung oder Wirksamkeit oder Bonität von Mitbürgschaften abhängig sei, ist die Rspr mit Recht zurückhaltend (RGZ 88, 412; 138, 270, 272; RG HRR 1931 Nr 826; BGH WM 1977, 837 f; 1989, 707 ff; 1994, 1064; s auch § 769 Rn 5). Aus der vom Bürgen gestellten AGB-Klausel, daß der Gläubiger „dafür zu sorgen (habe), daß die Vereinbarungen über vorrangige Kreditsicherheiten rechtswirksam abgeschlossen werden", läßt sich eine unbedingte Einstandspflicht des Gläubigers bzw eine auflösende Bedingung für die bestellte Bürgschaft noch nicht herleiten (zutr Rehbein EWiR 1989, 763 zu BGH WM 1989, 707 = ZIP 1989, 630).

Eine auflösende Bedingung formaler Art liegt in der Klausel im Bürgschaftsvertrag, daß die Bürgschaft mit Rückgabe der Urschrift der Bürgschaftsurkunde erlösche (OLG München MDR 1979, 1029: Sicherheitsleistung iS § 108 ZPO dann nur durch Erteilung der Urschrift möglich). Richtigerweise tritt diese Wirkung bei Rückgabe der Urkunde nur ein, wenn eine entsprechende formlose Erlaß- bzw Erlöschensvereinbarung (zB wegen Tilgung) hinzutritt (OLG Hamburg NJW 1986, 1691f; unten Rn 226). – Häufig betrifft die auflösende Bedingung ein Verhalten des Gläubigers, zB keine Strafanzeige gegen den Hauptschuldner wegen einer Schadenszufügung zu erstatten (RG WarnR 1908 Nr 149; BGH WM 1973, 36; vgl auch RG HRR 1940 Nr 140). Bei der Verbürgung für den künftigen Anspruch aus einem erst im Entwurf vorliegenden Vertrag kann es Bedingung sein, daß die vertragliche Belastung des Hauptschuldners nicht nachträglich erweitert wird (RG WarnR 1913 Nr 52; RG JW 1933, 2826 m Anm ULMER; vgl auch § 767 Rn 36 ff). Mangels einer echten Bedingung kann uU Wegfall der Geschäftsgrundlage (Rn 190) oder Zweckvereitelung (Rn 199) vorliegen.

c) Risikobegrenzung?

115 Ein genereller Grundsatz, daß die Bürgschaftsverpflichtung eine Risikobegrenzung enthalte und daß daher der Bürge für ganz unvorhergesehene Risiken, die er bei der Verbürgung nicht in Betracht ziehen konnte, nicht hafte, ist nicht anzuerkennen. Der Bürge übernimmt das Risiko der Insolvenz des Hauptschuldners im weitesten Sinn, dh grundsätzlich ohne Rücksicht auf mögliche Insolvenzursachen. Nur ganz ausnahmsweise kann bei Nichtleistung durch den Hauptschuldner auch eine Leistungsbefreiung des Bürgen geboten sein; dies gilt für staatliche Eingriffe aufgrund der außergewöhnlichen Kriegs- und Nachkriegsereignisse, die mit dem allgemeinen Insolvenzrisiko des Hauptschuldners nichts zu tun hatten (Vorbem 130 ff, 186; s auch zu Vertragshilfe und Moratorien Vorbem 185, 187; § 767 Rn 52 ff). Gleiches ist regelmäßig bei Enteignung oder Auflösung der juristischen Person des Hauptschuldners durch einen ausländischen Staat anzunehmen (str, s Vorbem 142 ff u § 767 Rn 52 ff).

116 Aus dem typischen Erklärungsinhalt der Bürgschaftsverpflichtung ist demnach regelmäßig keine Begrenzung des Bürgschaftsrisikos zu entnehmen. Wohl aber kann sie sich aus rechtsgeschäftlicher Abrede ergeben, namentlich aus ausdrücklicher Bedingung (Rn 114). Durch eine entsprechende Klausel im Bürgschaftsvertrag kann das Bürgschaftsrisiko auf bestimmte Ursachen der Zahlungsunfähigkeit des Hauptschuldners beschränkt werden (BGH WM 1987, 1420; zust VORTMANN EWiR 1988, 147). Der Fall ist selten und bedarf eindeutiger Regelung, weil dadurch die Bürgschaft als Sicherheit für den Gläubiger entwertet wird. Fehlt es daran, kann der Eintritt eines unvorhergesehenen Risikos nur in seltenen Ausnahmen und unter engen Voraussetzungen zum Wegfall der Geschäftsgrundlage führen (Rn 190 ff). Umgekehrt kann sich die Bürgschaft nach Erklärungsinhalt oder wirtschaftlichem Zweck auch auf die oben genannten ungewöhnlichen (sonst haftungsbefreienden) Risiken erstrecken: zB gilt dies im Zweifel für die Bürgschaft eines Unternehmens für seine ausländische Tochtergesellschaft in einem Land mit politischem Enteignungsrisiko.

2. Gläubigerpflichten?

117 a) Die Bürgschaft ist ein einseitig verpflichtender Vertrag. Er begründet eine Schuld nur auf der Seite des Bürgen. Für den Gläubiger begründet er keine vertraglichen Pflichten, auch nicht als Nebenpflichten, etwa zur Sorgfalt und zur Wahrung der Interessen des Bürgen (insoweit in Abweichung vom gemeinen Recht und anderen Rechten; Mot II 678 f; Prot II 481; ZG II 369; RGZ 65, 134; 84, 228, 232; 87, 328; 88, 410; 145, 169; ständige Rspr des BGH; s Vorbem 5; PLANK/OEGG II 1 d vor § 765; SOERGEL/MÜHL Vorbem 3 zu § 765; einschränkend ESSER/WEYERS II § 40 II 4; KNÜTEL, in: FS Flume 559–592, 562 ff; s auch Vorbem 5 u § 776 Rn 1 ff).

b) Den Gläubiger treffen bestimmte **technische Mitwirkungspflichten**, ggf aus Vertrag und gem § 242, und insbesondere: zur Quittungserteilung (§ 368), Schuldscheinrückgabe (§ 371), Auskunftserteilung und Aushändigung von Urkunden über die auf den zahlenden Bürgen übergehende Hauptforderung (§§ 774, 401–403, 412, 413); insoweit erfolgt die Verurteilung des Bürgen zur Zahlung nur Zug um Zug (§ 774 Rn 23). **118**

c) **Keine vertragstypischen Nebenpflichten**
Vertragstypische Nebenpflichten des Gläubigers zu Sorgfalt und Rücksichtnahme gegenüber dem Bürgen bestehen nicht; so zutreffend im Anschluß an das RG die ständige Rspr des BGH (WM 1960, 51; 1963, 24; 1963, 1302; 1967, 366; 1974, 1129; BB 1975, 153). Dogmatisch bedeutet dies, daß dem Bürgen nicht generell der Weg eines Gegenanspruchs (oder Leistungsbefreiung) aus positiver Vertragsverletzung eröffnet werden soll, die auf die Verletzung typischer vertraglicher Nebenpflichten gestützt werden könnte. Eine solche Möglichkeit würde auch in der Praxis den Argumentationsdruck des in Anspruch genommenen Bürgen und sein Bestreben, sich auch wohlbegründeten Verpflichtungen zu entziehen, erheblich verstärken und die Bürgschaft als Sicherungsmittel entwerten. Dieses Bedenken war Motiv des BGB-Gesetzgebers und leitet noch immer die Rspr (krit KNÜTEL aaO). **119**

Für den genannten Grundsatz gelten die folgenden Eingrenzungen: (a) Pflichten des Gläubigers zur Sorgfalt, insbesondere Aufklärung, im Vertragsanbahnungsverhältnis mit Haftung aus culpa in contrahendo (Rn 179 ff), was von vertraglichen Nebenpflichten streng zu trennen ist (aA KNÜTEL 563 ff; s aber Rn 124 ff), die besonderen vertragstypischen Pflichten des Gläubigers gem § 776, die aber nur begrenzt analogiefähig sind (s dort Rn 23); (c) ausdrücklich im Vertrag übernommene Gläubigerpflichten (Rn 124 ff); (d) Pflichten und Rechtsfolgen aus dem allgemeinen Grundsatz von Treu und Glauben (Rn 128). Der Ausnahmecharakter dieser Eingrenzungen aus den angegebenen Gründen ist zu beachten. **120**

Die Rspr hat von dem Ansatz aus, daß den Gläubiger vertragstypische Nebenpflichten nicht treffen, in zahlreichen Einzelfällen solche Pflichten verneint. Dem ist in der Tendenz zuzustimmen; im Einzelfall kann eine der genannten Eingrenzungen zu einem anderen Ergebnis führen. Die Gläubigerbank braucht zB nicht ihre Bürgen regelmäßig (etwa zum Jahresende) auf das Fortbestehen ihrer Verpflichtung hinzuweisen (BGH WM 1976, 709, 711); sie braucht auch nicht beim Tod des Bürgen dessen Erben zu verständigen und sie auf eine Kündigungsmöglichkeit hinzuweisen, ehe sie eine neue Hauptverbindlichkeit begründet, auf die sich die Bürgschaft erstreckt (BGH Betrieb 1976, 1714 = DNotZ 1976, 685). Der Gläubiger, der für Lieferungen eine Anzahlung leistet, hat gegenüber dem Anzahlungsbürgen keine besondere Sorgfaltspflicht bei der Prüfung der vom Hauptschuldner eingereichten (unrichtigen) Rechnungen, aus denen sich Erfüllung und damit Wegfall des verbürgten Anspruchs ergeben soll (BGH WM 1978, 924 = MDR 1978, 836). Der Gläubiger verstößt nicht gegen **121**

Treu und Glauben, wenn er den selbstschuldnerischen Bürgen in Anspruch nimmt, bevor ein aussichtsreiches Zwangsversteigerungsverfahren gegen den Hauptschuldner abgeschlossen ist (BGH WM 1974, 1129). Der Bürge kann vom Gläubiger nicht verlangen, den verbürgten und zur Rückzahlung fälligen Kredit dem Hauptschuldner zum Zweck der Sanierung zu belassen, auch dann nicht, wenn es um die Deckung eines kurzfristigen Liquiditätsbedarfs geht und Sicherheiten angeboten werden (OLG München WM 1994, 1028).

122 Der Gläubiger ist nicht verpflichtet, die Verwendung des Krediltes durch den Hauptschuldner zu kontrollieren (BGH WM 1963, 1302). Wird die verbürgte Hauptforderung auf einem Konto geführt, für das der Bürge zu Kontrollzwecken mitzeichnungsberechtigt ist, soll die Bank nicht deshalb verpflichtet sein, Zahlungen und weitere Kreditgewährungen nur über dieses Konto abzuwickeln (BGH WM 1967, 366f). Hat der Bürge seine Bürgschaft im Zusammenhang mit einem Kontovertrag des Gläubigers mit dem Hauptschuldner übernommen, demzufolge der Hauptschuldner nur bis zu einer bestimmten Höhe Kredit in Anspruch nehmen konnte, und erweist sich diese Beschränkung der Zeichnungsbefugnis als unwirksam gem § 37 GmbHG, so soll sich der Bürge nicht auf diese Beschränkung berufen dürfen, wenn der Gläubiger unter Mißachtung der Beschränkung den Kredit ausweitet (KG Berlin WM 1982, 405); sehr zweifelhaft, weil der Umfang der Bürgenhaftung sich nach dem Inhalt der Bürgschaft richtet, nicht nach der Fähigkeit des Hauptschuldners zur Kreditausweitung. Eine Pflicht des Gläubigers, über den verbürgten Kredit hinaus weiteren Kredit nicht zu gewähren, ist im Regelfall nicht anzunehmen und bedarf besonderer Abmachungen (Vorbem 51 f u Rn 127); anders bei besonderen Umständen, die ausnahmsweise sogar weitere Kreditgewährung innerhalb des verbürgten Rahmens unzulässig machen können (OLG München NJW 1976, 1096; s Rn 128).

123 Auch bei der Frage, ob der Gläubiger zur sorgfältigen Erhaltung anderer bestehender Sicherheiten verpflichtet ist, ist die Rspr zurückhaltend (zB BGH BB 1961, 383; zweifelhaft; s Rn 128 u § 776 Rn 9 u 3). Nimmt der Gläubiger auf Wunsch des Bürgen weitere Sicherheiten entgegen, so wird er allein durch diesen Umstand noch nicht gegenüber dem Bürgen verpflichtet dafür zu sorgen, daß diese Sicherheiten dann auch wirksam bestellt werden (BGH NJW 1994, 2146 = WM 1994, 1064). Ob der Gläubiger verpflichtet ist, **Teilleistungen** des Hauptschuldners bevorzugt auf den verbürgten Teil von dessen Schulden anzurechnen, richtet sich einmal nach der Leistungsbestimmung des Hauptschuldners, zum anderen nach dem Inhalt der Bürgschaft und ggf besonderer Abmachungen (Rn 127 u 225; Vorbem 51 f; § 767 Rn 17; s auch § 776 Rn 2). Eine generelle Pflicht des Gläubigers dazu besteht nicht (vgl § 366 Abs 2). Hat jemand eine durch Bürgschaft gesicherte Forderung angekauft, so kann er Zahlungen des Hauptschuldners bei fehlender Tilgungsbestimmung (§ 366 Abs 2) als Leistung auf eigene ungesicherte Forderungen entgegennehmen; sofern er damit nur seine berechtigten Interessen wahrnimmt, handelt er dabei nicht willkürlich oder rechtsmißbräuchlich (BGH WM 1986, 257 = ZIP 1986, 294; zust HORN EWiR 1986, 887).

d) Vereinbarte Nebenpflichten
124 Die **vertragliche** Übernahme besonderer Nebenpflichten des Gläubigers gegenüber dem Bürgen durch besondere Vereinbarung ist jederzeit möglich (BGH WM 1967, 366). Sie muß regelmäßig ausdrücklich erfolgen und kann nur ausnahmsweise aus den Umständen (als konkludente Erklärung) entnommen werden. Ihre Verletzung

begründet einen Schadensersatzanspruch des Bürgen aus positiver Forderungsverletzung (allgemein zu diesem Anspruch des Bürgen BGH WM 1968, 1391 f = MDR 1969, 475; WM 1970, 551 f; zu weitgehend KNÜTEL 562 ff). Dieser führt regelmäßig zur Minderung oder zum Wegfall der Bürgenschuld; nur selten geht er darüber hinaus.

Solche Vereinbarungen sind in der Praxis nicht selten. Im besonderen Fall der Ausfallbürgschaft ergeben sie sich ausnahmsweise bereits aus dem Verpflichtungstyp und natürlich aus dessen Ausgestaltung durch die Einzelvereinbarung (s § 771 Rn 11 ff; KNÜTEL 572 ff). Der Gläubiger kann dem Kreditbürgen verpflichtet sein, den Kredit nicht zu besonders riskanten und abredewidrigen oder satzungswidrigen Bedingungen zu gewähren (vgl auch PLANCK/OEGG § 776 Anm 3; SeuffA 84 Nr 174 = LZ 1931, 35), oder die verbürgte Einzelforderung nicht in das Kontokorrent aufzunehmen und durch Ratenzahlung tilgen zu lassen (OLG Bamberg NJW 1956, 1240), oder den verbürgten Kredit oder alle Kredite des Hauptschuldners nur über ein bestimmtes Konto abzuwickeln (vgl auch BGH WM 1967, 366, im Fall verneinend). 125

Wenn **künftige Verbindlichkeiten** verbürgt werden, deren Entstehen vom Verhalten des Gläubigers beeinflußt werden kann, ist die Annahme vertraglicher Sorgfaltspflichten näherliegend. Bei einer Dienstbürgschaft für einen Angestellten (Kassierer) kann etwa der Bürge wegen des Schadens aus Unterschlagungen des Angestellten dann nicht in Anspruch genommen werden, wenn der Gläubiger als Geschäftsherr die gebotene Beaufsichtigung grob vernachlässigt oder den Angestellten trotz Bekanntwerden schwerer Verfehlungen nicht entlassen hat (RG WarnR 1908 Nr 494; RG JW 1937, 3104; OLG Kiel SeuffA 69 Nr 245; OLG Königsberg Recht 1936 Nr 3312; PLANCK/OEGG § 776 Anm 3; s schon RGZ 29, 141). Beim Kontokorrentkredit ist eine Pflicht des Gläubigers gegenüber dem Bürgen, das Kreditlimit für den Hauptschuldner nicht zu überschreiten, nur im selteneren Fall einer speziell so ausgestalteten Höchstbetragsbürgschaft ieS (Vorbem 51 f) gegeben oder jedenfalls nur, wenn der Bürgschaftsvertrag sichere Anhaltspunkte dafür enthält (BGH WM 1968, 1391 = MDR 1969, 475; WM 1971, 614; vgl auch BGH WM 1963, 24 u 1967, 366; s auch Rn 105). 126

Weitere Vereinbarungen können die Kontrolle oder sachgemäße Verwertung sonstiger Sicherheiten betreffen (zu solchen Sorgfaltspflichten analog § 776 s dort Rn 3 ff). Vereinbarungen über die Anrechnung von Teilleistungen des Hauptschuldners oder aus der Verwertung anderer Sicherheiten betreffen eher den Umfang der Bürgenverpflichtung (vgl auch Vorbem 38 f) und die Frage, wann die verbürgte Hauptschuld getilgt ist (Rn 226 ff u § 767 Rn 10 ff) und nicht so sehr eine Sorgfaltspflicht des Gläubigers. Ist ein bestimmtes Gläubigerverhalten als bloße Bedingung der Bürgenschuld vereinbart (Rn 114), kommt nur eine (ggf teilweise) Befreiung des Bürgen in Betracht, nicht eine weitere Schadensersatzpflicht, die ohnehin selten über eine Befreiung hinausgeht. 127

e) Den Gläubiger trifft allgemein die Pflicht zur Wahrung von **Treu und Glauben** (RGZ 87, 327 f; 143, 118, 123; RG HRR 1935 Nr 582; 1938 Nr 510; BGH WM 1963, 24; 1967, 366; Betrieb 1976, 1714 = DNotZ 1976, 685; KNÜTEL 566). Der Gläubiger darf die Lage des Bürgen nicht willkürlich verschlechtern oder arglistig seine Interessen beeinträchtigen. Daraus lassen sich jedoch kaum generell vertragstypische, haftungsbegründende Gläubigerpflichten entwickeln (Rn 119 ff; aA KNÜTEL 562 ff, der generelle Diligenzpflichten des Gläubigers annimmt und teils als Schutzpflichten, teils als vertragliche Nebenpflichten deutet), etwa regelmäßige Mitteilungs- und Benachrichtigungspflichten (aaO 583). 128

Vielmehr handelt es sich um Ausnahmen aufgrund besonderer Umstände. Denn der Gläubiger ist als der Sicherungsnehmer grundsätzlich berechtigt, seine eigenen Interessen zu verfolgen (zB BGH WM 1968, 1392). Dies gilt etwa für die Frage, ob er dem Hauptschuldner weiteren Kredit gewähren darf (BGH aaO). Ausnahmsweise kann die Gläubigerbank gem § 242 dem Bürgen gegenüber verpflichtet sein, dem erweislich säumigen Hauptschuldner nicht leichtfertig weiteren Kredit zu gewähren, auf den sich die Bürgschaft erstreckt (OLG München NJW 1976, 1096 betr Globalbürgschaft für Privatkundenkredite); im Geschäftsleben gilt dies schon deshalb nicht generell, weil oft die Bürgschaft bewußt die fehlende Kreditfähigkeit des Hauptschuldners kompensieren oder seine Sanierung ermöglichen soll. Immerhin ist bei Bürgschaft für künftige Forderungen, deren Entstehen vom Gläubiger beeinflußt werden kann, eher eine Sorgfaltspflicht im Einzelfall gem § 242 anzunehmen (vgl auch Rn 120).

129 Im Hinblick auf Kontrolle oder Verwertung anderer für die Hauptforderung bestehender Sicherheiten lassen sich gewisse Sorgfaltspflichten analog § 776 und gem § 242 entwickeln (s § 776 Rn 3). Im Fall der treuwidrigen Interessenschädigung hat der Bürge die außerordentlichen Rechtsbehelfe der Verwirkung (BGH WM 1974, 1130 f; Rn 199 ff). Dies führt zur (ggf teilweisen) Leistungsbefreiung. Darüber hinaus kann er Schadensersatz nur bei Verletzung einer echten vertraglichen (Neben-) Pflicht (Rn 124) oder aus § 826 verlangen (s auch § 776 Rn 3).

3. Pflichten des Bürgen gegenüber dem Gläubiger

a) Pflichten gem § 242

130 Der Bürge hat seine Bürgschaftsverpflichtung bei Fälligkeit pünktlich und vollständig zu erbringen und muß im Rahmen seiner Bürgschaftsverpflichtung die Interessen des Gläubigers gem § 242 berücksichtigen. Hat eine Bank eine Ausführungsbürgschaft übernommen und haben Auftraggeber (Gläubiger) und Auftragnehmer (Hauptschuldner) eines Bauvorhabens in einer gemeinsamen Vereinbarung mit der Bank festgelegt, daß diese für das Risiko der nichtrechtzeitigen Fertigstellung bürgen soll, so kann die Berufung der Bank auf die fehlende Fälligkeit der Hauptforderung bei Ablauf der in ihrer Ausführungsbürgschaft enthaltenen Frist treuwidrig sein (OLG Frankfurt WM 1988, 1304). Hat die Bank eine Bürgschaft unter einer aufschiebenden Bedingung übernommen, deren Eintritt vom Belieben des Gläubigers abhängt, treffen sie keine besonderen Hinweispflichten gegenüber dem Gläubiger, daß die Bedingung erfüllt sein müsse (BGH WM 1987, 618 = ZIP 1987, 564; zust RÜMKER EWiR 1987, 675). Dem Grundsatz ist zuzustimmen; im Fall war die Bedingung aber die Zahlung auf ein bestimmtes bei der Bürgin geführtes Konto. Die Zahlung wurde einem anderem Konto gutgebracht. Hier lag die Erfüllung der Bedingung so sehr im Einflußbereich der Bürgin, daß man mit der Vorinstanz eine entsprechende Hinweispflicht der Bürgin annehmen mußte, deren Verletzung schadensersatzpflichtig machte, ggf mit der Folge der Schadensteilung (§ 254).

131 Der Bürge hat die Nebenpflicht, den Gläubiger nicht im Zusammenhang mit dem verbürgten Geschäft zu schädigen; steht er mit dem Hauptschuldner in einem **Konzernzusammenhang**, so können ihn ähnliche Leistungstreue- und Mitwirkungspflichten treffen wie den Hauptschuldner selbst (BGH WM 1989, 1677 = ZIP 1990, 224 = NJW-RR 1989, 1393; dazu MARTINEK EWiR 1989, 1111).

b) Kausalverhältnis mit dem Gläubiger; Gegenseitiger Vertrag

Die Bürgschaft setzt kein weiteres Rechtsverhältnis zwischen Bürgen und Gläubiger 132
voraus. Der rechtsgeschäftliche Grund für die Bürgschaftsübernahme kann für den
Bürgen aber auch im Verhältnis zum Gläubiger liegen (Kausalverhältnis). Meist
handelt es sich dann um einen Austauschvertrag, in dem die Bürgschaftsübernahme
die vertragliche Leistung der einen Seite darstellt, während der Bürgschaftsgläubiger
eine selbständige Gegenleistung verspricht: etwa dem Hauptschuldner weiteren Kredit zu gewähren (RGZ 66, 425; auch RGZ 65, 46; RG HRR 1929 Nr 597; BankArch 1937, 546; –
häufig berechtigender Vertrag zugunsten des Hauptschuldners gem § 328), oder dem
Bürgen eine Provision zu gewähren (häufiger ist eine Provision durch den Hauptschuldner; oben Rn 105; zur Delkredereprovision des Handelsvertreters Vorbem 377; Mot II
673), oder dem Bürgen ein Pfand freizugeben (RG WarnR 1934 Nr 47) oder eine
Schweigepflicht zugunsten des Hauptschuldners zu übernehmen (RGZ 33, 337; OLG
Dresden OLGE 18, 38; vgl auch RGZ 51, 120 betr Schuldübernahme). Erfüllt der Gläubiger
seine Verpflichtung zur Gegenleistung nicht oder unvollständig oder zu spät, so hat
der Bürge die Rechte aus §§ 320 ff. Er kann namentlich bei unvollständiger Erfüllung, die für ihn kein Interesse hat, vom ganzen Vertrag zurücktreten; §§ 325 Abs 1
S 2, 326 Abs 1 S 3.

Je nach Vertragsgestaltung kann auch anstatt eines gegenseitigen Vertrages, der den 133
Gläubiger zur Leistung verpflichtet, eine Leistung des Gläubigers lediglich die (aufschiebende oder auflösende) Bedingung der Bürgschaftsverpflichtung sein (RG JW
1918, 367 und allgemein Rn 114).

Die Bürgschaftsverpflichtung kann gegenüber dem Gläubiger vertraglich auch an die 134
Voraussetzung eines über den Sicherungszweck hinausgehenden Erfolges geknüpft
sein (der ein Verhalten des Gläubigers sein kann). Der Bürge kann in diesem Fall bei
Nichteintritt des Erfolges seine Verpflichtung oder Leistung kondizieren bzw dem
Gläubiger die Einrede der Zweckverfehlung entgegensetzen gem §§ 812 Abs 1 S 2,
821 (RG JW 1911, 540; RGZ 118, 358, 360; BGH NJW 1966, 448 f). Meist wird hier jedoch
eine echte vertragliche Gegenleistungspflicht vorliegen. Zum Wegfall der Geschäftsgrundlage Rn 190 ff.

Die rechtliche Natur der Bürgschaftsverpflichtung und ihre Formbedürftigkeit gem 135
§ 766 wird durch eine Einbettung in einen Austauschvertrag oder durch zugefügte
Zweckvereinbarungen nicht geändert (PLANCK/OEGG § 765 Vorbem II 1 d; ENNECCERUS/
LEHMANN II[15] § 191 I 4 Fn 6; vgl auch RGZ 65, 46; RG JW 1911, 540; für die Schuldmitübernahme
REICHEL 164).

VII. Pflichten zwischen Gläubiger und Hauptschuldner

Da die verbürgte Hauptschuld auf ganz unterschiedlichen Rechtsgrundlagen beruhen kann (oben Vorbem 14 f), können sehr unterschiedliche Pflichtenbeziehungen 136
zwischen Gläubiger und Hauptschuldner bestehen. Häufig ist die Beibringung einer
Bürgschaft durch den Hauptschuldner Vorbedingung dafür, daß der Gläubiger mit
dem Hauptschuldner den Hauptschuldvertrag abschließt. Bisweilen schließen die
Parteien aber bereits den Hauptschuldvertrag ab und sehen darin die Stellung einer
Bürgschaft vor. In dieser **Sicherungsabrede** werden Art und Umfang der zu stellenden
Bürgschaft festgelegt (BGH NJW 1984, 2456, 2457 = WM 1984, 892; BGHZ 121, 168, 170 =

WM 1993, 899). Die Verpflichtung des Auftraggebers zur Stellung einer Vertragserfüllungsbürgschaft entfällt weder durch die Fertigstellung der Werkleistung noch durch die Erstellung der Schlußrechnung oder die Erhebung von Mängelrügen (OLG Nürnberg NJW-RR 1989, 1296).

137 Die Sicherungsabrede bindet natürlich den Bürgen nicht. Weicht die Bürgschaft von der Abrede ab, so verletzt der Hauptschuldner uU seine Pflicht zur Stellung der verabredeten Bürgschaft. Fällt der Sicherungszweck weg (ohne daß die verbürgte Hauptschuld als solche entfällt), so steht dem Schuldner aus der Sicherungsabrede gegen den Gläubiger ein Anspruch auf Rückgewähr der Bürgschaft zu; er kann dann auch die Herausgabe der Bürgschaftsurkunde an den Bürgen verlangen (BGH WM 1989, 521; OLG Hamm WM 1992, 640). Ist die Hausbank des Hauptschuldners von Anfang an in dessen Finanzierungsverhandlungen mit einem Dritten eingeschaltet und hat sie sich zur treuhänderischen Verwaltung und Abwicklung des von diesem gewährten Kredits verpflichtet, so kann darin die schlüssige Erklärung der Hausbank liegen, zugleich auch die von dem dritten Geldgeber geforderten Bankgarantien und Bürgschaften zu stellen (BGH ZIP 1984, 158).

138 Der Hauptschuldner kann gegen den Gläubiger einen Anspruch haben, die Inanspruchnahme des Bürgen zu unterlassen (allg BGH NJW 1984, 2456 = WM 1984, 892; BGHZ 121, 168, 170 = WM 1993, 899). Dieser **Unterlassungsanspruch** kann durch einstweilige Verfügung gesichert werden (OLG Frankfurt/M ZIP 1990, 1393; zust BÜLOW EWiR 1991, 43). Der Anspruch kann sich aus der Sicherungsabrede über die Stellung der Bürgschaft ergeben, die der Hauptschuldner mit dem Gläubiger im Rahmen des Hauptschuldvertrages oder zusätzlich zu ihm abschließt. Handelt es sich um die strenge Verpflichtungsform einer Bürgschaft auf erstes Anfordern, so ist ein solcher Anspruch aber ähnlich wie bei der Garantie nur bei offensichtlichem Rechtsmißbrauch der Inanspruchnahme gegeben. Bei der normalen Bürgschaft besteht der Anspruch schon, wenn der Bürgschaftsanspruch im Eilverfahren nicht glaubhaft gemacht werden kann, während der Hauptschuldner den Unterlassungsanspruch (als Verfügungsanspruch) glaubhaft macht. Ein Verfügungsgrund ist freilich nicht gegeben, wenn weder der Rückforderungsprozeß im Ausland zu führen wäre noch ein sonstiger Grund vorliegt, der die Rückforderung erheblich erschweren oder vereiteln würde (OLG Frankfurt aaO; vgl oben Vorbem 320 f).

VIII. Gefälligkeitsbürgschaft und Schenkung

1. Begriff

139 Als Gefälligkeitsbürgschaft iwS kann die Bürgschaftsübernahme bezeichnet werden, für die sich der Bürge keine Provision oder sonstige Gegenleistung vom Hauptschuldner oder Gläubiger versprechen läßt. Häufig ist hier im Verhältnis zum Hauptschuldner ein Auftrag gegeben (Rn 102 ff). Ob und unter welchen Voraussetzungen eine solche Bürgschaft ein Schenkungsversprechen oder den Gegenstand einer Schenkung darstellen kann (was man als Gefälligkeitsbürgschaft ieS bezeichnen kann) ist im einzelnen wenig geklärt.

2. Gefälligkeit im Verhältnis zum Gläubiger

Im Verhältnis zum Gläubiger ist eine Gefälligkeitsbürgschaft iwS grundsätzlich kein **140** der Form des § 518 bedürftiges Schenkungsversprechen, auch wenn der Bürge die Bürgschaft nicht aufgrund eines weiteren Rechtsverhältnisses mit dem Hauptschuldner (zB Auftrag), Gläubiger oder Dritten übernimmt. Denn dem Gläubiger wird nur das ihm ohnehin Zustehende versprochen (Mot II 660; REICHEL, Schuldmitübernahme 169). Anders ausgedrückt, entscheidend ist der die Bürgschaft kennzeichnende typische Sicherungszweck (causa) für eine bestehende Forderung des Gläubigers, neben der eine causa donandi als vertragstypischer Zweck keinen Platz hat. Allerdings wird überwiegend eine Schenkung an den Gläubiger durch Bürgschaft oder vergleichbare Sicherungsrechte für möglich gehalten (STAUDINGER/REUSS[12] § 516 Rn 36 f u mit unklarer Begründung RGZ 54, 282, 284; 90, 178, 181). Zu denken ist hier vor allem an den Fall einer – dem Bürgen und dem Gläubiger bei Vertragsschluß bewußten – Uneinbringlichkeit der Hauptschuld. Nicht erst die tatsächliche Leistung des Bürgen, sondern bereits die Bürgschaftsverpflichtung stellt dann wirtschaftlich eine Vermögensvermehrung dar, wie sie auch § 516 voraussetzt (so wohl auch RGZ 90, 181). Sie kann daher ihrerseits Gegenstand eines formbedürftigen Schenkungsversprechens sein, eine solche Bürgschaft einzugehen. Die Bürgschaft ist dann Vollzug dieser Schenkung iS § 518 Abs 2.

Die Bürgschaft selbst kann nicht als Schenkungsversprechen gedeutet werden. Denn **141** sie setzt zu ihrer Wirksamkeit nur den rechtlichen Bestand, nicht einen bestimmten wirtschaftlichen Wert der Hauptforderung voraus und wird auch durch ein maximales Risiko ihrer Beitreibbarkeit nicht verändert. Neben dem Zweck des Eintretens für fremde Schuld kann dann auch hier nicht ein Schenkungszweck als vertragstypisch angenommen werden. Die Grenze liegt bei einer von den Parteien dissimulierten Schenkung iS § 117 Abs 2. Jede weitergehende Bejahung der Schenkung würde der nachträglichen Ausrede des in Anspruch genommenen Bürgen Vorschub leisten, bei Bürgschaftsübernahme seien sich die Parteien des hohen Risikos der Einbringlichkeit der Hauptforderung bewußt gewesen und daher liege in Wirklichkeit eine gem § 518 formnichtige Schenkung vor.

3. Gefälligkeit im Verhältnis zum Schuldner

Die Bürgschaftsübernahme kann Gegenstand einer **Schenkung an den Hauptschuldner** **142** sein, wenn der Bürge sie unter Verzicht auf den gesetzlichen Rückgriffsanspruch (§ 774) und unter Ausschluß einer vertraglichen Aufwendungserstattung (§ 670) oder Gegenleistung des Hauptschuldners verspricht oder vornimmt. Zu unterscheiden sind hier wiederum zwei Fragen: Liegt eine Vermögensmehrung iS § 516 vor? Wann ist die Schenkung iS § 518 vollzogen? Eine Vermögenszuwendung iS § 516 an den Hauptschuldner liegt jedenfalls dann vor, wenn der Bürge diesen durch eine zusätzliche Erfüllungsübernahme auf jeden Fall von der Hauptverbindlichkeit gegen den Gläubiger freistellen will (BGH LM Nr 2 zu § 516 = MDR 1955, 283). Diese Schenkung ist aber vor Tilgung durch den Bürgen noch nicht vollzogen (§ 518 Abs 2); zwar erhält der Hauptschuldner einen neuen Anspruch gegen den Bürgen, aber der versprochene Erfolg ist erst die Befriedigung des Gläubigers; man wird daher mit dem BGH aaO Formbedürftigkeit bejahen müssen.

143 Eine schenkweise Zuwendung des Bürgen an den Hauptschuldner kann aber auch allein im Rückgriffsverzicht des Bürgen selbst gesehen werden, wenn diesem Verzicht wiederum keine Gegenleistung des Hauptschuldners gegenübersteht (aA wohl BGH aaO u STAUDINGER/BRÄNDL[10/11] Vorbem 6 zu § 765). Die Vermögenszuwendung iS § 516 liegt im Erlaß der Rückgriffsschuld (vgl allg STAUDINGER/CREMER [1995] § 516 Rn 21). Zwar führt dieser Erlaß zu einer Vermögensmehrung iS § 516 beim Hauptschuldner erst von dem Zeitpunkt an, in dem dieser durch Tilgung seitens des Bürgen von seiner Verbindlichkeit gegenüber dem Gläubiger freigeworden ist; denn bis dahin bleibt der Hauptschuldner selbst der Inanspruchnahme durch den Gläubiger ausgesetzt, ohne beim Bürgen Rückgriff nehmen zu können. Gleichwohl unterliegt auch der vorher vereinbarte Erlaß nicht der Schenkungsform, sondern kann formlos gem § 397 abgeschlossen werden. Denn es handelt sich um eine unmittelbar auf den (bedingten) Zuwendungserfolg gerichtete Verfügung, die als Vollzugsgeschäft iS § 518 Abs 2 anzuerkennen ist (vgl allg zum Vollzug durch formlosen Erlaßvertrag RGZ 53, 294, 296; 76, 59, 61; STAUDINGER/CREMER [1995] § 518 Rn 19). Dies gilt auch für den hier gegebenen Sonderfall, daß der Verfügungsgegenstand selbst (die Rückgriffsforderung) noch aufschiebend bedingt ist (vgl für den ähnlichen Fall der vollzogenen Schenkung durch befristeten Erlaßvertrag OLG Hamburg NJW 1961, 76; allg zum Erlaß einer künftigen Forderung BGHZ 40, 326, 330).

144 Tritt der Schenkungswille des Bürgen erst nach Übernahme der Bürgschaft dadurch hervor, daß er die Verbindlichkeit des Hauptschuldners mit dem Willen tilgt, ihm den Betrag zuzuwenden, ist Gegenstand der (vollzogenen und damit formfreien) Schenkung die Befreiung des Hauptschuldners von seiner Verbindlichkeit (durch Tilgung und Rückgriffserlaßvertrag). Im letzteren Fall wird besonders deutlich, daß Gegenstand der Schenkung an den Hauptschuldner niemals die Bürgschaftsübernahme allein ist (zT aA STAUDINGER/BRÄNDL[10/11] aaO).

4. Anfechtungsgesetz; verdeckte Gewinnausschüttung

145 Die nicht geschuldete Bürgschaftsübernahme kann eine unentgeltliche Zuwendung iS des AnfG (§§ 3 Nr 3 u 4, 7 Abs 2, 11 Abs 2 Nr 3) und der KO (§§ 32, 37 Abs 2, 40 Abs 2 Nr 3) sowohl gegenüber dem Gläubiger als auch gegenüber dem Hauptschuldner sein (JÄGER, Gläubigeranfechtung § 3 Anm 53; JAEGER/HENCKEL, KO [9. Aufl 1991] § 32 Rn 18; RG JW 1905, 442). – Übernimmt eine GmbH gegenüber einem Gesellschafter oder für ihn eine risikobehaftete Kreditbürgschaft, die sie gegenüber einem Dritten nach kaufmännischen Grundsätzen nicht übernommen hätte, so stellen spätere Bürgschaftszahlungen verdeckte Gewinnausschüttungen iS § 6 Abs 1 S 2 KStG dar (BFH BStBl 1975 II 614 = BFHW 115, 359; vgl auch BFH NJW 1976, 2 183; HENNINGER, Bürgschaften und verdeckte Gewinnausschüttungen, GmbH-Rdsch 1969, 39).

IX. Willensmängel und andere Unwirksamkeitsgründe; insbes Sittenwidrigkeit

146 Anfechtbarkeit und Nichtigkeit des Bürgschaftsvertrags als eines selbständigen Rechtsgeschäfts sind unabhängig von dem Hauptschuldvertrag nach allgemeinen Grundsätzen zu beurteilen (Mot II 660).

1. Geschäftsfähigkeit

Wer sich auf die Unwirksamkeit der Bürgschaft wegen fehlender Geschäftsfähigkeit 147 beruft, hat die Voraussetzungen für die Geschäftsunfähigkeit zu beweisen (BGH LM § 104 Nr 2; BAUMGÄRTEL/LAUMEN § 104 Rn 1). Gleiches gilt für den Tatbestand des § 105 Abs 2 (BGH WM 1972, 972; PALANDT/HEINRICHS § 105 Rn 4). Wer sich darauf beruft, daß eine unter Alkoholeinwirkung abgegebene Bürgschaftserklärung nichtig sei, muß daher beweisen, daß der Alkoholgenuß zu einem Ausschluß seiner freien Willensbestimmung geführt hat (OLG Düsseldorf WM 1988, 1407).

2. Anfechtbarkeit

a) Irrtumsanfechtung

Ein rechtsgeschäftlicher Verpflichtungswille des Bürgen (allg oben Rn 2) liegt nicht 148 vor, wenn das Bewußtsein fehlt, überhaupt eine rechtsgeschäftliche Erklärung abzugeben. Dies kann zB der Fall sein, wenn eine Bank brieflich eine Bürgschaft bestätigt, der Erklärende aber in der Vorstellung handelt, die Bürgschaft sei bereits anderweitig von seiner Bank zugesagt, und deshalb nur auf eine bereits übernommene Bürgschaft Bezug nehmen will (BGHZ 91, 324). Anhand dieses Falles hat der BGH ein altes dogmatisches Theorem umgestoßen, daß bei fehlendem Erklärungsbewußtsein (Rechtsbindungswillen) überhaupt keine Willenserklärung vorliege, und eine – in analoger – Anwendung der §§ 119, 121, 143 anfechtbare Willenserklärung angenommen, wenn der Empfänger sie als Willenserklärung aufgefaßt hat und der Erklärende damit rechnen mußte (abl zB CANARIS NJW 1984, 2281; HÜBNER, Allgemeiner Teil [2. Aufl 1995] § 32 II 2 Rn 677). Die Gegenmeinung will bei dieser „unechten Willenserklärung" eine Vertrauenshaftung analog § 122 annehmen (HÜBNER aaO m Nachw), was im Ergebnis keinen Unterschied macht. Beruhigende Redensarten des Gläubigers oder Hauptschuldners bei Abgabe der Bürgschaftserklärung, die Bürgschaft sei Formsache und nur für die Akten, der Hauptschuldner werde schon zahlen usw, schließen das Erklärungsbewußtsein idR nicht aus (oben Rn 2). Es wird lediglich die Vorstellung über das Bürgschaftsrisiko beeinflußt, was nur bei Hinzutreten weiterer Umstände den Tatbestand des § 123 (Rn 154 ff) und vor allem des § 138 (Rn 172 f) erfüllen kann. Irrtumsanfechtung ist jedenfalls nicht gegeben.

Ein **Inhaltsirrtum** iS § 119 Abs 1 kann vorliegen, wenn der Erklärende über den 149 Geschäftstypus (zB Schuldbeitritt statt Bürgschaft) irrt (STAUDINGER/DILCHER[12] § 119 Rn 19), wobei es auf die Vorstellung von der tatsächlichen rechtlichen Tragweite und nicht auf die begriffliche Einordnung durch den Erklärenden ankommt. Kein Irrtum liegt vor, wenn der Erklärende weiß, daß er für einen bestimmten Kredit bürgen soll, aber bei Unterzeichnung der Bürgschaftsurkunde zB mangels ausreichender Sprachkenntnisse nicht weiß, daß er mit der Unterschrift diese Erklärung abgibt. Denn im Ergebnis stimmen hier Wille und Erklärung überein (BGH ZIP 1994, 1842 = Betrieb 1995, 1073). Ein rechtserheblicher Irrtum iS § 119 Abs 1 liegt jedoch vor, wenn der Erklärende bei der Unterzeichnung nicht weiß, daß er bürgen soll, und entweder annimmt, er unterzeichne nur eine Tatsachenerklärung oder eine rechtliche Erklärung anderen Inhalts (BGH aaO). Ein Irrtum iS § 119 Abs 1 oder 2 liegt ferner vor bei einem Irrtum über Art und Umfang der Hauptschuld (OLG Stuttgart JW 1930, 349 1 Nr 6; BGH WM 1957, 736 f betr vermeintliche Restkaufsumme; vgl auch RG Recht 1912 Nr 2030: Ein Irrtum über die Identität der Hauptforderung liegt aber nicht ohne weiteres bei irrtümlicher

Annahme vor, der Hauptvertrag sei bereits abgeschlossen), sowie über deren verkehrswesentliche Eigenschaften wie Kündbarkeit (RG JW 1903 Beil 106 Nr 237); dazu gehört auch die Frage, ob das gesicherte Darlehen bar oder durch Umwandlung oder Verrechnung mit einer bestehenden Schuld geleistet werden soll (RG Recht 1912 Nr 2531; s auch Rn 36). Der Bürge kann die Bürgschaftsübernahme ferner anfechten wegen irriger Annahme einer anderweitigen Pfandsicherung der Hauptschuld, schon wegen seines Eintrittsrechts nach §§ 774, 412, 401 (RGZ 75, 271 u WarnR 1936 Nr 57; vgl auch OLG Celle OLGE 24, 41).

150 Der Irrtum des Bürgen über den wirtschaftlichen Wert einer anderen für die Hauptschuld bestehenden Sicherung ist dagegen kein Irrtum über den Inhalt der Bürgschaftserklärung (BGH WM 1966, 92, 94). Auch ist der Irrtum über das Vorhandensein oder die Rechtswirksamkeit einer Mitbürgschaft wegen der Selbständigkeit der Bürgschaftserklärung in der Regel ein unbeachtlicher Motivirrtum (OLG Hamburg HRR 1931 Nr 826); anders, wenn weitere Bürgschaften zur Vertragsbedingung gemacht sind (Rn 114; § 769 Rn 5) oder (ausnahmsweise) die Geschäftsgrundlage bilden (Rn 190 ff) oder der Gläubiger einen Irrtum darüber beim Bürgen verursacht hat (culpa in contrahendo; Rn 179 ff; BGH WM 1974, 8, 9 f).

151 Die Voraussetzungen des § 119 sind insofern eng auszulegen, als sich die Irrtumsanfechtung nicht mit dem typischen Sicherungszweck der Bürgschaft in Widerspruch setzen darf. Der Bürge übernimmt bewußt ein Risiko und kann seine Bürgschaftserklärung nicht wegen Irrtums gem § 119 anfechten, wenn er bei Übernahme der Bürgschaft die einseitige, wenn auch erkennbare Erwartung hegt, er werde nicht in Anspruch genommen, weil er mit der Erfüllung der Hauptschuld durch den Hauptschuldner rechnet (BGH WM 1987, 1481; zust BÜLOW EWiR 1988, 53). Der Bürge muß vielmehr im Grundsatz die Folgen der Unkenntnis oder Fehleinschätzung der Risikofaktoren selbst tragen, zB wenn der Ausfallbürge durch Fehlberechnung des zu erwartenden Ausfalls sein Risiko falsch einschätzt (RGZ 85, 322, 324 ff = JW 1915, 20 Nr 3; SCHULER NJW 1953, 1690); anders, wenn der Gläubiger den Ausfall treuwidrig herbeiführt (§ 771 Rn 12 f; s auch unten Rn 199 ff). Wer eine Garantie im Hinblick auf die Echtheit seines eigenen Wechselakzepts übernimmt, kann wegen Irrtums darüber nicht anfechten (bedenklich RGZ 82, 337; vgl dazu vTHUR II, 1, 576, § 67 Anm 44).

152 Die genannten Grundsätze gelten vor allem bei Anfechtung wegen Irrtums über wesentliche Eigenschaften des Hauptschuldners gem § 119 Abs 2. Diese ist zwar grundsätzlich zulässig, weil § 119 Abs 2 nicht auf Eigenschaften des Vertragsgegners beschränkt ist (RGZ 158, 166, 170; vgl auch RGZ 98, 207). Die Berücksichtigung eines solchen Irrtums darf sich aber mit dem Sicherungszweck der Bürgschaft nicht in Widerspruch setzen (PLANCK/OEGG Anm 4 b). Der Bürge kann daher nicht gem § 119 anfechten, weil er den Hauptschuldner für kreditwürdig oder zahlungsfähig gehalten hat (RGZ 158, 166, 170 = JW 1938, 2810), oder wegen Irrtums über eine mit dem Vertrag nicht zusammenhängende Eigenschaft, zB, weil er nicht wußte, daß der Hauptschuldner, der sich mit der Tochter des Bürgen verlobt hatte, in Wirklichkeit ein bereits verheirateter Schwindler war (OLG Kiel SeuffA 64, 105).

153 Der Gläubiger soll seinerseits einen Darlehensvertrag oder Kreditkauf wegen nachträglich erfahrener Vermögenslosigkeit des Bürgen anfechten können (RG WarnR 1915 Nr 198). Eine Anfechtung der Entlassung des Bürgen aus dem Bürgschaftsvertrag wegen Irrtums über die Zahlungsunfähigkeit des Hauptschuldners ist abzulehnen (OLG Stuttgart WürttJb 18, 259).

b) Anfechtung wegen Täuschung und Drohung gem § 123
Eine Anfechtung wegen **arglistiger** Täuschung gem § 123 ist zB gegeben, wenn der 154
Gläubiger den Bürgen dadurch über das Bürgschaftsrisiko täuscht, daß er bewußt falsche oder unvollständige Angaben über die Verhältnisse des Schuldners oder sonstige relevante Risikofaktoren macht (RGZ 91, 80, 82), oder wenn jemand zur Erteilung einer Blankobürgschaft veranlaßt wird, deren abredewidrige Ausfüllung geplant ist (RG JW 1916, 1270). Täuschung durch bloßes Verschweigen setzt eine Rechtspflicht des Gläubigers zur Aufklärung voraus; diese besteht bei ausdrücklicher Befragung durch den Bürgen, aber auch, wenn der Gläubiger unvollständige Angaben macht und dabei negative Tatsachen unterdrückt (RGZ 91, 81) oder wenn ihm schwerwiegende Umstände bekannt sind und er zugleich gegenüber dem künftigen Bürgen insoweit besonderes Vertrauen in Anspruch nimmt, zB wenn die Bank den Bürgen zur Bürgschaft veranlaßt, obwohl sie weiß, daß der Hauptschuldner bereits erhaltene Kredite fehlverwendet hat (BGH WM 1962, 1393, 1395). Wird der Bürge durch beruhigende Erklärungen (es handele sich nur um eine „Formsache" usw) zur Bürgschaft veranlaßt, so wird nur bei besonderen Umständen arglistige Täuschung vorliegen (vgl BGH WM 1974, 1130 u Rn 2).

Der Gläubiger muß sich auch Täuschungshandlungen seiner **Vertreter** oder **Verhand-** 155
lungsgehilfen zurechnen lassen; diese sind nicht Dritte iS § 123 Abs 2 (vgl auch RG JW 1916, 1270). Da sich häufig der Hauptschuldner um den Bürgen bemüht und ihn gewinnt, ist zu fragen, wieweit dies auf ihn zutrifft. Dies hat der BGH zunächst weitgehend bejaht (NJW 1962, 2195 = WM 1962, 1194). Die Rspr ist von diesem Standpunkt jedoch mit Recht wieder schrittweise abgerückt und betrachtet den Hauptschuldner idR als Dritten, auch wenn er sich auf Veranlassung des Gläubigers um einen Bürgen bemüht und dabei einen vom Gläubiger entworfenen Vertragstext verwendet (BGH WM 1965, 473; 1966, 92, 94; 1968, 398; vgl auch BGH WM 1974, 8, 10; OLG Köln OLGZ 1968, 130). Der Hauptschuldner hat idR ein eigenes Interesse an der Gewinnung des Bürgen; das Verlangen des Gläubigers nach Sicherung durch Bürgschaft ist noch kein Auftrag. Der Hauptschuldner ist daher grundsätzlich Dritter iS § 123 Abs 2. Anderes gilt nur, wenn er eindeutig im Auftrag des Gläubigers für diesen auftritt (BGH WM 1966, 92, 94). Wenn daher beim finanzierten Abzahlungskauf der Warenlieferant zusammen mit seinem Käufer Darlehensnehmer wird und anschließend einen Bürgen gewinnt, ist er dabei Dritter iS § 123 Abs 2, so daß seine Täuschung dem Kreditgeber nicht zugerechnet werden kann. Anders, wenn der Verkäufer den Käufern Abzahlungskredite der Bank vermittelt und dabei als Vertrauensperson der Bank auftritt (OLG Köln OLGZ 1968, 132; vgl auch allg BGHZ 20, 36, 39 f; 47, 224).

Bei der Anfechtung der Bürgschaft wegen **Drohung** ist zu beachten, daß Bürgschaf- 156
ten häufig in wirtschaftlichen Zwangslagen bestellt werden und dabei auch ein Druck gegen den Bürgen möglich ist. Verlangt zB die Gläubigerbank fällige Kredite vom Hauptschuldner zurück, was diesen zur Schließung des Geschäfts zwingen würde, und ist sie zur erneuten Kreditgewährung nur gegen Sicherheiten bereit, so ist dieses rechtmäßige Verhalten keine rechtswidrige Drohung gegenüber der Ehefrau, die sich daraufhin zur Bürgschaft bereit findet (BGH NJW 1996, 1274, 1275). Neben der

Rechtswidrigkeit der Drohung, die sich aus dem Verhältnis von Drohung und angestrebtem Zweck ergibt, ist stets auch zu prüfen, ob die Drohung für die Bürgschaftsverpflichtung zumindest mitursächlich war (vgl allg STAUDINGER/DILCHER[12] § 123 Rn 54; PALANDT/HEINRICHS § 123 Anm 4); bei Geringfügigkeit des Übels ist Kausalität besonders streng zu prüfen. Andererseits ist die Person des Drohenden unerheblich, so daß auch Drohung zB durch den Hauptschuldner zur Anfechtung berechtigt. Widerrechtlichkeit der Drohung ist gegeben, wenn entweder der erstrebte Zweck oder das angewandte Mittel nicht rechtmäßig sind oder die Relation von Mittel und Zweck „nach Auffassung aller billig und gerecht Denkenden" unangemessen ist (BGHZ 25, 217 = JZ 1958, 568 m krit Anm von ZWEIGERT; BGH WM 1973, 36).

157 Ist der Gläubiger durch ein strafbares Verhalten des Hauptschuldners geschädigt und erreicht er durch Drohung mit Strafanzeige oder Konkursantrag eine Bürgschaft der Ehefrau, so ist die Drohung noch nicht deshalb rechtswidrig, weil er auf die Stellung der Bürgschaft keinen Anspruch hatte; denn sowohl der Zweck der Sicherstellung wie das Mittel der Drohung mit einer gesetzmäßigen Maßnahme gegen den Hauptschuldner sind an sich nicht zu mißbilligen (BGHZ 25, 219 f; BGH WM 1973, 37). Gegenüber dem Angehörigen soll dies aber nur unter der einschränkenden Voraussetzung gelten, daß er vermutlicher Mittäter oder Nutznießer der schädigenden Tat war (BGHZ 25, 221 f; BGH WM aaO). Es sind aber hier weitere zulässige Fälle denkbar, zB der Gläubiger beschränkt sich auf die Ankündigung der Maßnahme ohne weitere Druckausübung und der Angehörige wird eher durch eigene Sorge zur Bürgschaft motiviert. Andererseits ist für die Widerrechtlichkeit iS § 123 ein subjektives Element nicht erforderlich. Nach BGHZ 25, 225 ist dagegen Kenntnis oder fahrlässige Unkenntnis der rechtsethisch anstößigen Tatsachen notwendig. Das ist abzulehnen. § 123 soll die Entschließungsfreiheit des Bedrohten (hier: Bürgen) schützen und grundsätzlich ist daher die Rechtswidrigkeit der Drohung iS § 123 objektiv aufzufassen (vgl auch ZWEIGERT aaO). – Weitere Fälle der Bürgschaftsanfechtung wegen Drohung s RG WarnR 19 1 3 Nr 186; RG HansRGZ 1934 B 225; JW 1917, 459; vgl auch HRR 1940 Nr 140 betr Schuldmitübernahme; REICHEL SchwJZ 29. Jahrg 1, 3 ff.

158 c)   Die **Zwangsvergleichsbürgschaft** kann, weil von dem Zwangsvergleich nicht trennbar, nach dessen gerichtlicher Bestätigung nur noch unter den gleichen Voraussetzungen wie dieser selbst angefochten werden; §§ 196 f KO; §§ 88, 89 VglO (RGZ 57, 270, 272; JAEGER/LENT, KO [8. Aufl 1973] § 196 Rn 5). Voraussetzung ist allerdings, daß Bürgschaft und Vergleich materiellrechtlich wirksam zustandegekommen sind (RGZ 122, 361, 363 f). Auch Forderungen, die erst nach Abgabe der Bürgschaftserklärung in das Gläubigerverzeichnis aufgenommen wurden und dem Bürgen unbekannt waren, sind nach RGZ 143, 100; OLG Hamburg HansRGZ 1934 B, 13 1 mitverbürgt; dem ist nicht zuzustimmen, soweit sich aus Datum und Inhalt der Bürgschaftserklärung eine inhaltliche Beschränkung klar erkennen läßt. – Über das Zustandekommen der Zwangsvergleichsbürgschaft vgl § 766 Rn 32.

3.   Nichtigkeit gem § 134; HausTWG

159 Der Bürgschaftsvertrag kann nichtig sein wegen Verstoßes gegen ein gesetzliches Verbot gem § 134 (zB früher gegen Devisenrecht) sowie wegen Versagung einer gesetzlich vorgeschriebenen Genehmigung (oben Rn 69 ff). Davon zu unterscheiden sind solche Genehmigungsvorbehalte, die nur intern wirken, deren Mangel aber den Bürgschaftsvertrag (im Außenverhältnis) nicht berühren, zB die Billigung der Bürgschaft einer Stiftung durch die Stiftungsbehörde nach StiftungG BW oder die Zustimmung des Aufsichtsrats einer AG.

Zur Unanwendbarkeit des früheren § 56 Abs 1 Nr 6 GewO (vor dem 1. 1. 1991) vgl BGHZ 105, 362 und oben Vorbem 76. § 86 b HGB betrifft nicht die Bürgschaft des Handelsvertreters, der Abzahlungskaufverträge vermittelt, gegenüber der Teilzahlungsbank für Verbindlichkeiten des Abzahlungsverkäufers (BGH WM 1988, 1048; dort auch obiter zur Unanwendbarkeit von § 15 GWB gem § 102 GWB). § 18 KWG enthält kein gesetzliches Verbot iS § 134 (OLG München WM 1984, 469). Zur Anwendbarkeit des HausTWG auf die Bürgschaft s oben Vorbem 75.

4. Sittenwidrigkeit gem § 138*

a) Allgemeines

Der selbstverständliche Grundsatz, daß der Bürgschaftsvertrag wie jedes Rechtsgeschäft nach § 138 wegen Sittenwidrigkeit nichtig sein kann, wurde von der Rechtsprechung nie bezweifelt (OLG Dresden SeuffA 67 Nr 1), aber früher nur selten angewandt. Die Verbürgung einer Schadensersatzschuld aus Unterschlagung gegen Schweigepflicht des Gläubigers ist nicht unsittlich (RGZ 33, 337, 338f; RG HRR 1940 Nr 140 betr Schuldmitübernahme). Nicht standes- und sittenwidrig ist die Bürgschaft für

---

* **Schrifttum:** BECKER, Wirkungslose Bürgschaften und andere persönliche Sicherheiten naher Angehöriger, DZWir 1994, 397; BLAUROCK, Nahe Angehörige als Sicherheitsgeber. England und Deutschland, ZEuP 1996, 314; ECKERT, Übermäßige Verschuldung bei Bürgschafts- und Kreditaufnahme, WM 1990, 85; GEISSLER, Die Privatautonomie im Spannungsfeld sozialer Gerechtigkeit, JuS 1991, 617; GROSSFELD/LÜHN, Die Bürgschaft junger Bürgen für ihre Eltern, WM 1991, 2013; GRÜN, Die Generalklauseln als Schutzinstrumente der Privatautonomie am Beispiel der Kreditmithaftung von vermögenslosen nahen Angehörigen, WM 1994, 713; dies, Das Ende der strengen BGH-Haftungsrechtsprechung bei Bürgschaften leistungsunfähiger junger Erwachsener, NJW 1994, 2935; HASLER, Vollstreckungsgegenklage gegen rechtskräftige „Bürgenurteile" aufgrund der neueren BVerfG-Rechtsprechung, MDR 1995, 1086; HORN, Übermäßige Bürgschaften mittelloser Bürgen: wirksam, unwirksam oder mit eingeschränktem Umfang?, WM 1997, 1081; LÖWE, Bürgen in Sippenhaft dürfen aufatmen, ZIP 1993, 1759; HONSELL, Die Mithaftung mittelloser Angehöriger, JuS 1993, 817; ders, Bürgschaft und Mithaftung einkommens- und vermögensloser Familienmitglieder, NJW 1994, 565; KIETHE/GROESCHKE, Vertragsdisparität und strukturelle Unterlegenheit als Wirksamkeits- und Haftungsfalle, BB 1994, 2291; KOTHE, Vertragsfreiheit und gestörte Vertragsparität, ZBB 1994, 172; KREFT, Privatautonomie und persönliche Verschuldung, WM 1992, 1425; PAPE, Die neue Bürgschaftsrechtsprechung – Abschied vom „Schuldturm"?, ZIP 1994, 515; ders, BGH-aktuell: Bürgschaftsrecht, NJW 1995, 1006; REHBEIN, Bürgschaften mittelloser Angehöriger, ÖBA 1996, 25; REINICKE/TIEDTKE, Zur Sittenwidrigkeit hoher Verpflichtungen vermögens- und einkommensloser oder einkommensschwacher Bürgen, ZIP 1989, 613; SCHWEITZER, Bürgschaften von vermögenslosen Familienangehörigen, KTS 1991, 541; GRAF vWESTPHALEN, Das Recht des Stärkeren und seine grundgesetzliche Beschränkung, MDR 1994, 5; H P WESTERMANN, Die Bedeutung der Privatautonomie im Recht des Konsumentenkredits, in: FS Hermann Lange (1992) 995; WIEDEMANN, Anmerkung zu BVerfGE 89, 214, JZ 1994, 411.

den Gebührenanspruch des Rechtsanwalts einer armen Partei (OLG Hamburg JW 1935, 1723 Nr 63 m Anm GAEDEKE). Vor allem die Sittenwidrigkeit wegen der wirtschaftlichen Begleitumstände wurde in der früheren Rechtsprechung kaum angesprochen. Dieser Problemkreis wurde erst in der neueren Rechtsprechung zu sittenwidrigen Mitschuldübernahmen (ab 1991) und Bürgschaften (ab 1993) naher Angehöriger voll erfaßt (iF Rn 162 ff). Ein Grund dafür lag darin, daß die Bürgschaft als streng einseitig verpflichtender Vertrag es ausschließt, das Merkmal eines groben Ungleichgewichts von Leistung und Gegenleistung zu bestimmen, das bei der Sittenwidrigkeit aus wirtschaftlichen Gesichtspunkten (Wucher) entscheidend ist, und zwar nicht nur im Wuchertatbestand des § 138 Abs 2, sondern auch beim wucherähnlichen Geschäft iS des Generaltatbestandes des § 138 Abs 1. Nach Ansicht des Reichsgerichts konnte der Wuchertatbestand bei der Bürgschaft nur erfüllt sein, wenn diese im Rahmen eines gegenseitigen Vertrags übernommen wurde (RG HRR 1932 Nr 1430).

161 Bei dieser Sichtweise blieb unberücksichtigt, daß eine Bürgschaft wegen Ausnutzung der Unerfahrenheit des Bürgen sittenwidrig und nichtig sein kann, wenn dieser zu einer den Umständen nach besonders riskanten Bürgschaft veranlaßt wird und zwar die Umstände der Bürgschaft kennt (so daß keine Täuschungsanfechtung infrage kommt), zur wirtschaftlichen Beurteilung der Bürgschaft aber ersichtlich nicht in der Lage ist (so schon STAUDINGER/HORN[12] Rn 60). In der erwähnten neueren Rechtsprechung wird das wirtschaftliche Kriterium des groben Mißverhältnisses von Leistung und Gegenleistung, das auf die einseitig verpflichtende Bürgschaft nicht paßt, zutreffend ersetzt durch den Gesichtspunkt einer Bürgenverpflichtung, die in einem groben Mißverhältnis zur gegenwärtigen und erwartbaren künftigen wirtschaftlichen Leistungsfähigkeit des Schuldners steht (iF Rn 169 f). Zu diesem wirtschaftlichen Kriterium müssen weitere objektive Umstände (insbes eine unausgewogene, zum Nachteil des Bürgen ungleiche Verhandlungsituation) und subjektive Merkmale auf Seiten des Gläubigers hinzutreten.

b) Übermäßige Belastung, insbes Angehörigenbürgschaften

162 Das Problem einer Unwirksamkeit von Bürgschaften gem § 138 Abs 1 wegen wirtschaftlicher Schwäche und Unerfahrenheit des Bürgen und wegen seiner Abhängigkeit vom Hauptschuldner ist vor allem bei Bürgschaften naher Familienangehöriger des Hauptschuldners aufgetreten. Dieses Problem kann sich aber auch in anderen Fallkonstellationen stellen (vgl BGH ZIP 1997, 446 betr GmbH-Gesellschafter als Bürge; HORN WM 1997, 1081). In den letzten zwei Jahrzehnten bis 1993 hatte sich eine breite Bankpraxis entwickelt, bei der Kreditvergabe als Sicherheit die Bürgschaft (oder Schuldmitübernahme; oben Vorbem 369 ff) des Ehegatten oder von Kindern des Hauptschuldners auch dann vorsorglich zu verlangen, wenn diese Personen über kein Vermögen und kein oder nur ein sehr geringes Einkommen verfügten und der Umfang der Verpflichtung dazu führen mußte, daß diese Bürgen sich bei Inanspruchnahme in eine dauernde Verschuldung („Schuldturm") verstricken würden. Bei der Bürgschaft der mittellosen Ehefrau wollten die Banken nach eigenem Bekunden regelmäßig nur verhindern, daß vom Ehemann als dem Hauptschuldner Vermögensstücke auf die Ehefrau übertragen würden, um sie damit der Vollstreckung seitens der Bank als Kreditgläubigers zu entziehen. Häufig waren diese Bürgschaften als Globalbürgschaft ohne Höchstbetrag ausgestaltet.

163 Die Rechtsprechung hat lange trotz wachsender Kritik diese Praxis gebilligt. Sie hat es zunächst zutreffend abgelehnt, die Unwirksamkeit einer solchen Bürgschaft oder sonstigen Mithaftung nach § 310 BGB anzunehmen, weil eine hohe Verschuldung nicht mit der Übertragung künftigen Vermögens iS dieser Norm gleichzusetzen ist (BGH ZIP 1989, 427, 430). Die Rechtsprechung namentlich des (IX.) Bürgschafts-Senats des BGH hat aber lange von der Möglichkeit, solche Bürgschaften nach § 138 als unwirksam zu bewerten, keinen Gebrauch gemacht und sich dazu auf die Privatautonomie, das Prinzip der Selbstverantwortung und den an sich billigenswerten Grundsatz berufen, daß die Rechtsordnung nicht generell vor der Übernahme hoher Verpflichtungen schützen könne und solle. Dabei wurde nicht berücksichtigt, daß es um die ungewöhnlich hohe Belastung meist mitteloser Bürgen ging, die unter Ausnutzung einer für sie sehr nachteiligen Verhandlungssituation zur Bürgenverpflichtung veranlaßt worden waren (vgl aus dieser – inzwischen überholten – Rechtsprechung BGHZ 106, 269 = WM 1989, 245 [Höchstbetragsbürgschaft von DM 350.000 gerade erst volljährig gewordener, mitteloser Söhne des Hauptschuldners]; BGHZ 107, 92 = WM 1989, 480 [Brautleutefall; Verbürgung der 19jährigen Tochter des Hauptschuldners und deren 22jährigen Verlobten in Höhe von DM 260.000; Nettoeinkommen der Tochter monatlich DM 1.000; der Verlobte bezog eine Umschulungsbeihilfe von DM 400]; BGH WM 1989, 667 = ZIP 1989, 629 [Tochterfall; Bürgschaft der 21jährigen vermögenslosen Tochter mit Nettomonatseinkommen DM 1.150 bürgte für den Vater in Höhe von DM 100.000; später aufgehoben von BVerfGE 89, 214 = ZIP 1993, 1775]; BGH WM 1991, 1154 = ZIP 1991, 787 [Studentenfall: 21jähriger mitteloser Student bürgte in Höhe von DM 100.000 für Geschäftskredit an die seinen Eltern gehörende GmbH]; BGH WM 1992, 391 = ZIP 1992, 233 [27jährige vermögenslose Ehefrau bürgte global für die Ansprüche einer Bank gegen die vom Ehemann betriebene GmbH und Co KG; die Bank nahm nach Scheidung die Frau aus Bürgschaft in Anspruch]). In den entschiedenen Fällen waren die Bürgen erkennbar geschäftlich unerfahren und standen als nahe Angehörige des Hauptschuldners unter starkem psychologischen Druck, diesem bei seinen Geschäften zu helfen. Hinzu kamen häufig beruhigende und irreführende Erklärungen der Bank, der Bürge gehe „keine große Verpflichtung" ein und die Bürgschaft werde nur „für die Akten benötigt" (BGH WM 1989, 667 = ZIP 1989, 629) oder bei dem Geschäft könne „normalerweise nichts passieren" (BGH WM 1992, 391 = ZIP 1992, 233 = NJW 1992, 896).

Diese Rechtsprechung war einer wachsenden und zuletzt fast einhelligen starken **164** Kritik des Schrifttums ausgesetzt (vgl zB Grün NJW 1991, 925; Honsell JZ 1989, 495; ders JuS 1993, 817; Horn, Bürgschaften und Garantien [5. Aufl 1991] 43; Köndgen NJW 1991, 2018; Reinicke/Tiedtke ZIP 1989, 613; Schwintowski ZBB 1989, 91; Wochner BB 1989, 1354 und die Nachw oben vor Rn 160). Auch die Instanzgerichte hatten bereits seit längerem § 138 in diesen Fällen angewandt (OLG Düsseldorf ZIP 1984, 166; OLG Frankfurt/M ZIP 1984, 1465; OLG Köln ZIP 1987, 363; OLG Stuttgart NJW 1988, 833; LG Lübeck NJW 1987, 959). Eine Wende in der Rechtsprechung wurde erst dadurch eingeleitet, daß der (XI.) bankrechtliche Senat des BGH im ähnlich gelagerten Fall der Schuldmitübernahme (oben Vorbem 369 ff) mitteloser Angehöriger Sittenwidrigkeit bejahte (BGH WM 1991, 313 = ZIP 1991, 224, 226 = NJW 1991, 923 m Anm Grün; dazu Hadding WuB I E 1.-4.91; Ackmann EWiR 1991, 231; P Bydlinski ZBB 1991, 263; Horn, in: FS Merz [1992] 217, 225 f; Knütel ZIP 1991, 492; Schlachter BB 1993, 802; Fall: 26jährige mittellose Ehefrau verbürgte sich für Betriebsmittelkredite des Mannes). Da die Senate es vermieden, ihre Divergenz durch Anrufung des Großen Senats zu klären, kam es zu einer Klärung durch das Bundesverfassungsgericht im Rahmen von Entscheidungen über Verfassungsbeschwerden betroffener Bürgen. Die mögliche Kritik an der Rolle des BVerfG als Superrevisionsinstanz in Zivilsachen ist hier nicht weiter zu verfolgen. Für das Bürgschaftsrecht bleibt wichtig, daß das Urteil des Bundesverfassungsgerichts von 1993 dem notwendigen Bürgenschutz durch § 138 gegenüber den Auswüchsen der Vertragspraxis den Weg bahnt. Freilich wurden dabei unvermeidlicherweise Kategorien des Verfassungsrechts, insbes Art 2 GG, in den Vordergrund gerückt, obwohl es doch nur um eine Präzisierung der Maßstäbe des § 138 und ggf daneben des § 242 in den betreffenden Fallgruppen ging (BVerfGE 89, 214 = ZIP 1993, 1775 m Anm Löwe = NJW 1994, 36; dazu Köndgen EWiR 1994, 23; Rehbein JR 1995, 45–50; Honsell NJW 1994, 545f; BVerfG ZIP 1994, 1516 = WM 1994, 1837; dazu Tiedtke EWiR 1994, 1197; BVerfG ZIP 1996, 956).

c) Schutz der Privatautonomie des Bürgen durch § 138

165 Der Leitsatz der Leitentscheidung des BVerfG zum Bürgenschutz in den oa Fällen lautet: Die Zivilgerichte müssen – insbesondere bei der Konkretisierung und Anwendung von Generalklauseln wie § 138 und § 242 BGB – die grundrechtliche Gewährleistung der Privatautonomie in Art 2 Abs 1 GG beachten. Daraus ergibt sich ihre Pflicht zur Inhaltskontrolle von Verträgen, die einen der beiden Vertragspartner ungewöhnlich stark belasten und das Ergebnis strukturell ungleicher Verhandlungsstärke sind (BVerfGE 89, 214 = ZIP 1993, 1775 = NJW 1994, 36 = WM 1993, 2199). Das Gericht hat wenig später diese Grundsätze bestätigt (BVerfG WM 1994, 837 = ZIP 1994, 1516; dazu Tiedtke EWiR 1994, 1197; P Bydlinski WuB I F 1a–11.94 betr Brautleutefall), aber auch mehrfach gegenüber einer für tragbar gehaltenen Belastung des Bürgen abgegrenzt (so schon BVerfGE 89, 214, zweiter Fall, betr eine nicht übermäßige Bürgschaft der Ehefrau; ferner BVerfG ZIP 1996, 956 betr Ehegattenbürgschaft für Handwerksbetrieb des Ehemannes bei eigenem Einkommen der Ehefrau von monatlich DM 2.500; Revision zurückgewiesen durch BGH ZIP 1996, 495 = NJW 1996, 1274). Die grundsätzliche Bedeutung des zit Leitsatzes und der ihr entsprechenden Begründung durch das BVerfG sollte nicht überschätzt werden. Die Argumentation knüpft an die bewährte Lehre von der Drittwirkung der Grundrechte auch im Zivilrecht an (allg Maunz/Dürig, Grundgesetz, [Stand März 1994] Art 1 Rn 127 ff, insbes 132; Schmidt-Bleibtreu/Klein, Grundgesetz [8. Aufl 1995] Vorbem Art 1 Rn 6), ohne sie auszuweiten oder zu überschreiten. Auch die richterliche Inhaltskontrolle von privatrechtlichen Verträgen wird nicht grundsätzlich erweitert, weil diese im Bereich der Generalklauseln des § 138 und § 242 schon immer Teil der Privatrechtsordnung war. Die Sorge, diese Inhaltskontrolle bedrohe die Privatautonomie zur Gestaltung von Verträgen (Adomeit NJW 1994, 2467; Wiedemann, JZ 1994, 411; Zöllner AcP 196 [1996] 1; dagegen Rittner NJW 1994, 3330; Groeschke BB 1994, 725) ist daher verfrüht; dies hängt von der konkreten Ausgestaltung der Rechtsprechung ab. Sowohl der Hinweis auf die Privatautonomie als auch auf die richterliche Inhaltskontrolle im Rahmen von Art 2 GG dient lediglich als verfassungsrechtliche Brücke, um von der Warte des Verfassungsgerichts aus Kriterien der Sittenwidrigkeit von Bürgschaften zu entwickeln, welche die Zivilgerichte auch ohne ausdrücklichen Rekurs auf das GG hätten finden können und inzwischen auch zum Bestandteil ihrer Rechtsprechung gemacht haben. Zum Ganzen Horn WM 1997, 1081.

166 Der (IX.) Bürgschaftsenat des BGH hat in Anwendung dieser Grundsätze den oa Fall der einkommensschwachen bürgenden Tochter, den das BVerfG beanstandet hatte, abschließend zugunsten der Bürgin entschieden und dabei auch das sittenwidrige Verhalten der Eltern, die unter Verletzung ihrer Rücksichtnahmepflicht nach § 1618a ihre Tochter zur Verbürgung gedrängt haben, hervorgehoben; wenn die Gläubigerbank diese Umstände gekannt oder fahrlässig verkannt habe, sei die Bürgschaft nichtig (BGH WM 1994, 680 = ZIP 1994, 614; dazu TIEDTKE EWiR 1994, 447; GRÜN WM 1994, 713, 723; Überblick bei REHBEIN ÖBA 1996, 25 ff). Mit Urteil vom gleichen Tag wies der Senat eine Bürgschaftsklage wegen Verletzung von § 138 und § 1618a ab, bei der sich ein Sohn, der als Zeitsoldat DM 1.500 monatlich verdiente, für Baufinanzierungsschulden und Privatkredite des Vaters in Höhe von mindestens DM 7,7 Mio verbürgt hatte (BGHZ 125, 206 = ZIP 1994, 520 = WM 1994, 676; dazu GRÜN WM 1994, 713, 723; PAPE ZIP 1994, 515; TIEDTKE JZ 1994, 905; BGH WM 1997, 2194). Die Bürgschaft des Sohnes enthielt offenbar keine Begrenzung auf einen Höchstbetrag und war dann uU auch schon wegen der groben Verletzung des Bestimmtheitsgrundsatzes und des Verbots der Fremddisposition nichtig (oben Rn 13 ff, 48 ff; HORN, in: FS Merz [1992] 217 ff).

Bei **Ehegattenbürgschaften** hat der Bürgschaftssenat in der Folgezeit Zurückhaltung **167** bei der Bejahung der Sittenwidrigkeit geübt. Dabei wurde das gemeinsame Interesse der Eheleute am Aufbau oder der Sicherung einer wirtschaftlichen Existenz ebenso berücksichtigt wie das Motiv der Banken, eine Bürgschaft vorsorglich zur Verhinderung der Verschiebung von Vermögenswerten an den Ehegatten zu bestellen. So wurde die Bürgschaft der mittellosen Ehefrau für einen Betriebsmittelkredit des Ehemannes in Höhe von DM 280.000 nicht generell nach § 138 verworfen. Zweck der Bürgschaft konnte wegen erkennbarer Mittellosigkeit der Ehefrau nur sein, eine Vermögensverschiebung vom Kreditschuldner auf die Ehefrau zu verhindern (MEDICUS AcP 188 [1988] 489, 504; H P WESTERMANN, in: FS Lange [1992] 995, 1008). Nach Vermögensverfall des Ehemannes wurde die Frau für einen Teilbetrag von DM 50.000 in Anspruch genommen. Der Senat ließ die titulierte Teilschuld von DM 50.000 bestehen und stellte die Befreiung von einer darüber hinausgehende Bürgenschuld fest (BGHZ 128, 230 = WM 1995, 237 = NJW 1995, 592; krit REINICKE/TIEDTKE NJW 1995, 1449, 1501). Der BGH nahm an, daß der Gläubiger gem § 242 gehindert sein könne, die Bürgin voll in Anspruch zu nehmen, und jedenfalls hier wegen Scheidung der Ehe und Wegfalls der Gefahr einer Vermögensverschiebung die Bürgin nicht über den genannten Teilbetrag hinaus in Anspruch nehmen könne. Der (XI.) Bankrechtssenat erklärte gleichzeitig den Schuldbeitritt einer mittellosen Ehefrau zur Finanzierung eines unbedachten Autokaufs des Ehemanns für sittenwidrig (BGH WM 1994, 1022 = ZIP 1994, 773; dazu HONSELL EWiR 1994, 531; Mitsubishi-Pajero-Fall); daher wurde das Aufbrechen der alten Divergenzen zwischen IX. und XI. Senat beklagt (SCHIMANSKY WM 1995, 461, 467). Der Bürgschaftssenat hat seine eher zurückhaltende Rechtsprechung bei Ehegattenbürgschaften fortgesetzt und entschieden, daß eine Ehefrau, die sich für einen Betriebsmittelkredit des Ehemanns bis DM 200.000 verbürgt hatte, bei eigenem Monatseinkommen von netto ca DM 2.500 sich nicht der Haftung wegen Sittenwidrigkeit der Bürgschaft entziehen könne (BGH ZIP 1996, 495 = NJW 1996, 1274 = WM 1996, 519; bestätigt durch Nichtannahmebeschluß des BVerfG ZIP 1996, 956 = NJW 1996, 2021).

d) Die Kriterien der Sittenwidrigkeit iE

Die Sittenwidrigkeit einer Bürgschaft nach § 138 Abs 1 iS des wucherähnlichen **168** Geschäfts ist ein Ausnahmetatbestand, der gegenüber dem Prinzip der Vertragsfreiheit eng zu begrenzen ist. Er dient nach Ansicht des BVerfG dazu, die Privatautonomie bei einem starken Übergewicht eines Vertragsteils vor Fremdbestimmung zu schützen, darf aber nicht bei jeder Störung des Verhandlungsgleichgewichts eingreifen (BVerfG ZIP 1996, 956, 957). Das Gericht geht aber davon aus, daß sich gerade im

Hinblick auf die Bürgschaften wirtschaftlich schwacher naher Angehöriger von Hauptschuldnern typisierende Kriterien herausarbeiten lassen (aaO). Dies ist in der Tat der Fall. Allerdings bestehen im einzelnen Unsicherheiten, was nicht überraschen kann. Zu unterscheiden sind die folgenden Kriterien der Rechtsprechung des BVerfG und BGH: (1) Eine ungewöhnlich starke wirtschaftliche Belastung des Bürgen und (2) fehlendes eigenes wirtschaftliches Interesse am verbürgten Geschäft und (3) ein starkes Ungleichgewicht der Verhandlungssituation zum Nachteil des Bürgen; hinzutreten müssen schließlich (4) entsprechende subjektive Kriterien beim Gläubiger, wie sie beim Sittenwidrigkeitsurteil nach § 138 unentbehrlich sind.

169 (1) Erstes Kriterium ist die ungewöhnlich starke wirtschaftliche Belastung des Bürgen. Es tritt an die Stelle des Kriteriums des groben Mißverhältnisses von Leistung und Gegenleistung, das normalerweise beim wucherähnlichen Tatbestand iS § 138 Abs 1 vorausgesetzt wird, aber bei der einseitig verpflichtenden Bürgschaft nicht brauchbar ist (oben Rn 161). Entscheidend ist die **Relation** zwischen dem **Verpflichtungsumfang** und der **Leistungsfähigkeit** des Bürgen (BGHZ 125, 206 = WM 1994, 676 = ZIP 1994, 520). Zu berücksichtigen sind sowohl die Höhe der Verpflichtung als auch ihre Unübersichtlichkeit, zB die Verwendung einer Globalbürgschaft (BGHZ 125, 206), die freilich mangels Höchstbetrags ohnehin unwirksam bzw auf den konkret veranlassenden Kredit beschränkt ist (oben Rn 48 ff). Auch eine zusätzliche Verbürgung von Nebenforderungen über den Höchstbetrag hinaus trägt zur Unübersichtlichkeit der Bürgenverpflichtung bei (beanstandet in BVerfGE 89, 214 = ZIP 1993, 1775 = WM 1993, 2199). Bei der Leistungsfähigkeit des Bürgen ist ein etwa vorhandenes Vermögen zu berücksichtigen sowie das laufende Einkommen. Die Rechtsprechung beschränkt die Unwirksamkeit auf Extremfälle: vermögenslose Tochter mit niedrigem Arbeitseinkommen von monatlich DM 1.150 (BVerfGE 89, 214); vermögensloser Zeitsoldat mit Monatsbezügen von DM 1.500 (BGHZ 125, 206 = WM 1994, 676 = ZIP 1994, 520). Dagegen soll die Einkommens- und Vermögenslosigkeit einer Ehefrau, die drei kleine Kinder versorgt, bei Übernahme einer Bürgschaft für einen Betriebsmittelkredit des Ehemannes noch nicht für § 138 ausreichen (BGHZ 128, 230 = WM 1995, 237 = NJW 1995, 592). Dies ist zweifelhaft (vgl auch BGH [XI. Senat] WM 1994, 1022 = ZIP 1994, 773: Nichtigkeit des Schuldbeitritts der 20jährigen vermögenslosen Ehefrau mit Kind zur Autokaufpreisschuld von rd DM 40.000 bejaht; – „Mitsubishi") und nur dann zu rechtfertigen, wenn man eine von vornherein eingeschränkte Bürgenhaftung der vermögenslosen Ehefrau annahm. Dies tat der BGH im vorgenannten Urteil (BGHZ 128, 230 = WM 1995, 237), indem er die Bürgenhaftung unter dem Gesichtspunkt des Wegfalls der Geschäftsgrundlage stark einschränkte und daneben ein pactum de non petendo erwog (zum Ganzen iF Rn 194 u 197 sowie HORN WM 1997, 1081, 1085 ff; vgl auch BGH ZIP 1997, 406).

170 (2) Das genannte Mißverhältnis von Verpflichtungsumfang und Leistungsfähigkeit des Bürgen ist im Kontext der Interessenlage und Verhandlungssituation des Bürgen zu bewerten. Hat der Bürge als Sohn **kein eigenes Interesse am verbürgten Geschäft**, sondern handelt nur seinen Eltern zuliebe, so fällt das Mißverhältnis von Verpflichtungsumfang und Leistungsfähigkeit stärker ins Gewicht (BGHZ 125, 206 = WM 1994, 676 = ZIP 1994, 520). Hat die mittellose Ehefrau als Bürgin dagegen ein starkes eigenes Interesse an dem verbürgten Geschäft, weil es dem Aufbau oder der Sicherung einer Existenz dienen soll, ist das genannte Mißverhältnis von Verpflichtungsumfang und Leistungsfähigkeit in einem milderen Licht zu sehen (BGHZ 128, 230 = WM 1995, 237 = NJW 1995, 592). In einem solchen Fall soll nach BGH der Gläubiger höchstens nach

§ 242 gehindert sein, einen die Leistungsfähigkeit vollständig überfordernden Betrag einzufordern; ein Teilbetrag kann ihm geschuldet sein (BGH aaO; im Fall bestand bereits eine titulierte Teilforderung; nach BGHZ 132, 328 = ZIP 1996, 1130 = NJW 1996, 2088 soll die Verpflichtung idR ganz entfallen). Für ein Eigeninteresse des bürgenden Ehegatten spricht auch, wenn er (sie) selbst Gesellschafterin oder Geschäftsführerin des Unternehmens ist, das Hauptschuldner wird (LG Zweibrücken NJW-RR 1995, 311). Der bürgende Familienangehörige muß sich im Fall eines eigenen wirtschaftlichen Interesses sogar an der hohen Bürgschaft festhalten lassen, wenn sie selbst über ein mäßiges Einkommen verfügt (BGH ZIP 1996, 495 = NJW 1996, 1274 = WM 1996, 519 betr Monatseinkommen der Ehefrau von DM 2.500 netto; Bürgschaftsschuld aufgelaufen auf DM 208.000; im Fall zust BVerfG ZIP 1996, 956; OLG Karlsruhe NJW-RR 1995, 434: den 2,7 Mio-Kredit für den Ehemann verbürgte eine 46jährige Industriekauffrau mit kleinem Grundbesitz). Es ist richtig, daß die Berücksichtigung des Eigeninteresses des Bürgen und der Gedanke der Selbstverantwortung dazu führen muß, auch ein gewisses Mißverhältnis von Verpflichtungsumfang und Leistungsfähigkeit hinzunehmen, ohne § 138 anzuwenden. In manchen dieser Fälle kommt ausnahmsweise eine Vertragsanpassung wegen Wegfalls der Geschäftsgrundlage in Betracht (Rn 190 ff).

Als objektives Kriterium der Sittenwidrigkeit nach § 138 Abs 1 kann anstelle oder **171** neben der wirtschaftlichen Überforderung des Bürgen auch die **wirtschaftliche Sinnlosigkeit** der Bürgschaft ausreichen, dh die Tatsache, daß auch der Gläubiger an einer so weitgehenden Bürgschaft kein berechtigtes Interesse zum Zeitpunkt des Vertragsschlusses hatte (BGHZ 125, 206, 210 ff = ZIP 1994, 520, 522 f; BGHZ 128, 230, 234 = ZIP 1995, 203; BGH ZIP 1995, 812, 814 = NJW 1996, 1274 = WM 1995, 900, 902; ZIP 1996, 495 = NJW 1995, 1886 = WM 1996, 519, 521 f; OLG Koblenz NJW-RR 1994, 682 f). Es ist aber ein berechtigtes Interesse an der Bürgenhaftung auch des mittellosen Ehepartners schon unter dem Gesichtspunkt anzuerkennen, daß gerade der geschäftlich tätige Hauptschuldner versucht sein kann, Vermögen auf den an seinem Betrieb nicht beteiligten Ehepartner zu verlagern oder erwirtschaftetes Einkommen nur in dessen Person entstehen zu lassen. Der BGH hat zutr das Interesse des Gläubigers anerkannt, dieser Gefahr durch eine entsprechende Ehegattenbürgschaft vorzubeugen (BGHZ 128, 230, 234 f = ZIP 1995, 203, 204; BGH ZIP 1996, 1126, 1127; str; aA Mayer-Maly EWiR 1996, 208; OLG Koblenz NJW-RR 1994, 682, 683). Dies hat freilich zur Konsequenz, daß bei einer solchen Bürgschaft die Geschäftsgrundlage bei einer Ehescheidung entfallen kann (Rn 194).

(3) Die wirtschaftliche Überforderung des Bürgen allein, dh der Umstand, daß der **172** Bürge, auch der nahe Angehörige, voraussichtlich seine Verpflichtung nicht wird erfüllen können (oder die Tatsache, daß die erwähnte wirtschaftliche Sinnlosigkeit der Bürgschaft zu bejahen ist) machen die Bürgschaft allein noch nicht sittenwidrig; vielmehr müssen weitere Umstände hinzutreten (BGHZ 128, 230, 232 = ZIP 1995, 203; dazu Honsell EWiR 1995, 561; BGH ZIP 1996, 65, 66 = WM 1996, 53; dazu Alisch EWiR 1996, 537; BGH ZIP 1996, 495, 496 = NJW 1996, 1274 = WM 1996, 519, 521; dazu Bydlinski EWiR 1996, 547). Diese weiteren Umstände müssen zu einer dem Bürgen nachteiligen, **unerträglich ungleichgewichtigen Verhandlungslage** führen, zB indem der Gläubiger die Haftung verharmlost (BGH ZIP 1994, 614, 615 = WM 1994, 680, 683; dazu Tiedtke EWiR 1994, 447), besondere und dem Bürgen ersichtlich unbekannte Haftungsrisiken verschweigt (BGHZ 125, 206, 217 = ZIP 1994, 520, 524; dazu Honsell EWiR 1994, 555), in sonstiger Weise die Geschäftsunerfahrenheit zu seinem Vorteil ausnutzt (BGHZ 125,

206, 217 = ZIP 1994, 520, 524; BGH ZIP 1994, 614 = WM 1994, 680, 682 aufgrund BVerfGE 89, 214 = NJW 1994, 36 betr unerfahrene Tochter des Hauptschuldners bürgt), in rechtlich verwerflicher Weise eine Zwangslage für den Bürgen begründet (BGH ZIP 1996, 65, 66 = WM 1996, 53, 54 f betr Auszahlung des Kredits an den Ehemann vor Abschluß des Bürgschaftsvertrags), oder indem er den klar erkennbaren Druck, den der Hauptschuldner auf den Bürgen (zB aufgrund der Familienbeziehung) ausübt, für seine eigenen Sicherungsbedürfnisse ausnutzt (BGHZ 125, 206, 213 ff = ZIP 1994, 520, 522 f; ZIP 1994, 614 = WM 1994, 680, 682; ZIP 1994, 773, 774 = WM 1994, 1022, 1023; dazu HONSELL EWiR 1994, 531). Bei einem staatlich geförderten Eigenkapitalhilfedarlehen liegt ein unzulässiger Druck auf die mittellose Ehefrau schon darin, daß die Bank das Darlehen von deren Bürgschaft abhängig macht (BGH ZIP 1997, 923). Auch die Verwendung von AGB-Klauseln, die den Bürgen besonders belasten, können zusammen mit der wirtschaftlichen Überforderung des Bürgen die Sittenwidrigkeit begründen und zwar ungeachtet der Unwirksamkeit dieser Klauseln nach AGB-Gesetz (OLG Düsseldorf EWiR 1996, 207; zust MAYER-MALY). Man muß hier allerdings eine gehäufte oder besonders eklatante Belastung des Bürgen voraussetzen; andernfalls kommt nur der Schutz gegen diese Klauseln nach AGB-Gesetz zum Zuge.

173 Das in diesem Fallmaterial erkennbare allgemeine Merkmal, daß eine für den Bürgen extrem ungleichgewichtige Verhandlungsposition zu seinem Nachteil geschaffen oder ausgenutzt wird, hat das BVerfG typisierend mit dem Begriff des **„strukturellen Ungleichgewichts"** belegt (BVerfGE 89, 214 = ZIP 1993, 1775; BVerfG ZIP 1994, 1516 = WM 1994, 1837). Der abstrakte und ausgreifende Begriff des strukturellen Ungleichgewichts lädt zu Mißverständnissen ein. Nicht gemeint sein sollte damit das wirtschaftliche Gewicht des Gläubigers als Wirtschaftsunternehmen für sich genommen. Es ist immer ungleich größer als das eines jeden privaten Kunden, ohne daß sich schon daraus ein Verhandlungsungleichgewicht ableiten läßt. Dafür sorgt schon der Wettbewerb, der gerade auch zwischen den Banken herrscht. Direkte und krasse Abhängigkeit von der wirtschaftlichen Macht eines Unternehmens finden wir eher bei anderen Unternehmen im Wirtschaftsleben, die zB als Zulieferer von einem Unternehmen abhängen und sich oft extrem nachteilige Bedingungen zudiktieren lassen müssen. Die Übertragung der Bürgschaftsrechtsprechung des BVerfG auch auf solche Erscheinungen des Wirtschaftslebens wird in der Tat erwogen (GRAF VWESTPHALEN, MDR 1994, 5, 7), entfernt sich freilich von der hier betrachteten Fallgruppe und bedürfte erheblicher Umformung, was vermutlich auf die anerkannten Tatbestände der wirtschaftlichen Knebelung hinausläuft. Gegenüber dem Bankkunden, der Bürge werden soll, besteht ein Ungleichgewicht freilich bei Unerfahrenheit wegen der sog intellektuellen Überlegenheit und dem Informationsvorsprung der Bank in bezug auf Bankgeschäfte, Kreditsicherheiten und Bürgschaftsrisiken.

174 Im einzelnen sind bei der gemeinten ungleichgewichtigen Verhandlungssituation der Rechtsprechung zur **Angehörigenbürgschaft** die folgenden drei **Unterkriterien** zu unterscheiden: (a) die geschäftliche Unerfahrenheit des Bürgen. Sie läßt sich vor allem aus seinem jugendlichen Alter oder aus seiner Ferne zum Berufsleben ableiten, reicht natürlich für sich genommen nicht für eine Bewertung nach § 138 aus. Es geht nicht an, je nach Erfahrungsstand zu einer abgestuften Geschäftsfähigkeit großer Personengruppen (Jugendliche, Erwachsene, Hausfrauen usw) zu deren Vorteil und zum Nachteil des Rechtsverkehrs zu gelangen. (b) Die verwandtschaftlichen Beziehungen des Bürgen zum Hauptschuldner sind geeignet, die Entscheidungsfreiheit des Bürgen erheblich einzuengen. Dies gilt vor allem für das Kind als jungen Erwachsenen, das als Bürge den Eltern Dankbarkeit und Hilfsbereitschaft zeigen soll, wobei die Eltern eine Pflicht zur Rücksichtnahme aus § **1618 a** verletzen (zB BGHZ 125, 206 = ZIP 1994, 520 = WM 1994, 676; Zeitsoldat; BGH WM 1996, 2194 = ZIP 1996, 1977 = NJW 1997, 52; Student), aber auch für die Ehefrau, die durch die Verbürgung ihre Liebe oder Loyalität zeigen soll (zB BGH WM 1994, 1022 = ZIP 1994, 773 betr Schuldbeitritt; zur sittenwidrigen Bürgschaft der mittellosen Ehefrau zB schon OLG Frankfurt/M NJW-RR 1992, 1008; ferner OLG Koblenz NJW-RR 1994, 682; OLG Düsseldorf EWiR 1996, 207; dazu MAYER-MALY aaO) Die besondere psychologische Abhängigkeit kann auch bei eheähnlicher Lebensgemeinschaft gegeben sein (BGH ZIP 1997, 409; HORN WM 1997, 1081, 1084). (c) Die Ausnutzung der erkennbaren geschäftlichen Unerfahrenheit des Bürgen durch den Gläubiger (Bank). Beruhigende Erklärungen des Vertreters der Gläubigerbank, zB man brauche die Bürgschaft „nur für die Akten" (BVerfGE 89, 214 = ZIP 1993, 1775), spielen die Unerfahrenheit des Bürgen in unfairer Weise aus. Dies gilt auch dann, wenn man besondere Aufklärungspflichten des Gläubigers gegenüber dem Bürgen über das Bürgschaftsrisiko verneint (oben Rn 120 f). Im Ergebnis ist die für § 138 relevante Ungleichgewichtigkeit der Verhandlungssituation das Ergebnis eines Mosaiks der genannten Einzelkriterien. Zusammen mit dem zuerst (1) genannten Kriterium der übermäßigen Belastung des Bürgen bei (2) fehlendem Eigeninteresse ergeben sie den objektiven Tatbestand der wucherähnlichen Bürgschaft iS § 138 Abs 1.

(4) Hinzutreten müssen schließlich subjektive Merkmale des Gläubigers (Bank). **175** Der Vertreter der Bank muß die genannten Umstände kennen oder sich ihrer Kenntnis grob fahrlässig verschließen. Er muß ferner auch hinsichtlich des Sittenwidrigkeitsurteils grob fahrlässig handeln. Umstände, die für die Bank nicht erkennbar waren, können ihr nicht zugerechnet werden und den sittenwidrigen Gesamtcharakter des Bürgschaftsvertrags nicht begründen (OLG Karlsruhe WM 1994, 2152, 2153). Sind die Kriterien zu (1) bis (3) erfüllt, so ist die Bürgschaft gem § 138 Abs 1 nichtig.

e) Sittenwidrigkeit der Hauptschuld
Ganz ausnahmsweise kann sich die Sittenwidrigkeit der Bürgschaft sozusagen durch **176** „Ansteckung" aus einem anderen Rechtsgeschäft ergeben, das wirtschaftlich mit dem Bürgschaftsvertrag in Verbindung steht, insbesondere aus dem Hauptschuldvertrag oder einer vorhergehenden Bürgschaft. Grundsätzlich wird die Bürgschaft von der Sittenwidrigkeit des Hauptschuldvertrages nicht ergriffen. Denn Bürgschaft und Hauptschuld sind selbständige, getrennte Rechtsgeschäfte (oben Rn 111 u Vorbem 13). Freilich können die gleichen Umstände, die zur Sittenwidrigkeit der Hauptschuld führen, auch bei der Bürgschaft zutreffen. Sie müssen aber beim Bürgschaftsvertrag selbst vorliegen und hier selbständig festgestellt werden. Zwar bleibt auch die wirksam vereinbarte Bürgschaft im Fall einer Nichtigkeit des Hauptschuldvertrages wegen des Akzessorietätsprinzips (§§ 765, 767) regelmäßig wirkungslos. Die fortbestehende Wirksamkeit des Bürgschaftsvertrages ist aber in einer solchen Situation dann von großer Bedeutung, wenn nach dem Inhalt der Bürgschaft auch ein verbleibender gesetzlicher Rückgewähranspruch, insbes aus § 812, verbürgt sein soll (oben Rn 80 ff).

Der BGH hat zwar angenommen, daß die Sittenwidrigkeit eines Darlehens wegen **177** Wuchers iS § 138 Abs 2 dazu führt, daß die auch zur Sicherung des Darlehensrückforderungsanspruchs gegebene Sicherheit als „gewährte Leistung" iS dieser Norm nichtig ist (BGH NJW 1982, 2767, 2768 = WM 1982, 1050, 1051 = ZIP 1982, 1181 betr Bestellung einer Hypothek oder Grundschuld). Diese Rechtsprechung ist vom OLG Stuttgart auch auf die Verbürgung eines sittenwidrigen Ratenkredits erstreckt worden (NJW 1985, 498 m Anm LINDACHER). Das Urteil ist aber vereinzelt geblieben, und das Argument, eine Bürgschaft sei als „gewährte Leistung" bei nichtigem Darlehen ebenfalls nichtig, gilt nicht ohne weiteres im Rahmen des § 138 Abs 1 (HOPT/MÜLBERT, Kreditrecht [1989] Rn 320), der die Grundlage der neueren Rechtsprechung geworden ist. Es bleibt also bei der Regel, daß die Sittenwidrigkeitsmerkmale bei der Bürgschaft selbständig festzustellen sind, freilich im Einzelfall mit denen beim verbürgten Darlehen übereinstimmen können. Dies kann vor allem dann der Fall sein, wenn der Bürge mit dem Gläubiger gemeinsame Sache bei einem für den Darlehensnehmer oder sonstigen Hauptschuldner grob nachteiligen Geschäft macht und selbst an dieser Übervorteilung wirtschaftlich teilhat. Ist eine Kontokorrentbürgschaft für einen wirksamen Darlehensvertrag übernommen, wird dieser Darlehensvertrag aber später in sittenwidriger Weise abgeändert, so bleibt die Bürgschaft im vorher vereinbarten Umfang wirksam, während die Änderung unwirksam ist (BGH Betrieb 1976, 766). Ist der Darlehensvertrag nichtig und daher auch die für ihn übernommene Bürgschaft unwirksam, so bleibt sie es nach Ansicht des RG auch dann, wenn später das Hauptgeschäft durch Herabsetzung der Forderung seinen wucherischen Charakter verliert (RG LZ 1930, 438; vgl auch RG LZ 1911, 214 Nr 8). Das Ergebnis ist zweifelhaft, weil die Bürgschaft auch für den Fall einer späteren Wirksamkeit der Hauptschuld übernommen sein kann (Auslegung) und selbst nicht wegen 138, sondern nur wegen der Akzessorietät wirkungslos ist.

178 Ausnahmsweise kann eine Bürgschaft auch deshalb unwirksam sein, weil sie eine wegen Sittenwidrigkeit unwirksame Bürgschaft ablöst; dies soll nach LG Bremen (BB 1996, 762) jedenfalls dann gelten, wenn der Bürge kein selbständiges Interesse an der erneuten Bürgschaft hat. Voraussetzung ist freilich, daß auch die neue Bürgschaft die Merkmale der Sittenwidrigkeit aufweist, was selbständig zu prüfen ist.

5. Culpa in contrahendo

a) Ausnahmsweiser Rechtsbehelf

179 Anders als nach Abschluß des streng einseitig verpflichtenden Bürgschaftsvertrags (Rn 117, 119) treffen den Gläubiger vor Abschluß im Rahmen des Vertragsanbahnungsverhältnisses Sorgfalts-, insbes Aufklärungspflichten, gegenüber dem künftigen Bürgen nach den allgemeinen Grundsätzen zur cic. Der Bürge ist hier sogar besonders schutzwürdig wegen der besonderen Risiken der Bürgschaft, ferner soweit vom Gläubiger (Bank) entworfene Formulare verwendet werden. Der Bürge kann aufgrund cic des Gläubigers Befreiung von seiner Verbindlichkeit oder (sonstigen) Schadensersatz verlangen (BGH NJW 1968, 986 = WM 1968, 398; OLG Celle WM 1988, 1436, 1437; LG Hamburg ZIP 1988, 1538, 1539). Praktische Bedeutung hat dies bei fahrlässiger Irreführung des Bürgen, wenn § 123 nicht eingreift, weil Arglist des Gläubigers nicht vorliegt oder jedenfalls nicht bewiesen werden kann. Der Rechtsbehelf der Befreiung vom Vertrag aus cic ist von der Rspr generell anerkannt (vgl BGH NJW 1962, 1196 f; 1969, 1625; 1974, 849 ff), als Überschreitung der durch § 123 gezogenen Grenzen allerdings umstritten (zust zB FIKENTSCHER, Schuldrecht [8. Aufl 1991] § 20 III 4 u VI; PALANDT/ HEINRICHS, BGB [56. Aufl 1997] § 276 Rn 85; SCHUBERT AcP 168 [1968] 470 ff, 507 ff; ERMAN/ BATTES, BGB [9. Aufl 1993] § 276 Rn 112, 125; krit MEDICUS JuS 1965, 209; LIEB AcP 174 [1974] 26;

CANARIS ZGR 1982, 395, 416ff; ESSER/SCHMIDT, Schuldrecht Bd 1 [7. Aufl 1993] § 29 II 5 a; HORN JuS 1995, 377 ff, 380) und in der Tat nur zurückhaltend zu gewähren, dh bei schwerwiegender und grobfahrlässiger Irreführung des Bürgen (zutr bejaht in BGH NJW 1968, 986). Einschränkend ist ferner zu beachten, daß der Charakter der Bürgschaft als Sicherungsgeschäft, das eine bewußte Risikoübernahme seitens der Bürgen einschließt, nicht ausgehöhlt werden darf. Soweit der Bürge durch überraschende und nachteilige AGB-Klauseln in Bürgschaftsformverträgen Nachteile erleidet, greift der präzisere und wirkungsvollere Schutz nach AGB-Gesetz ein. Erscheint die Haftung aus cic nach alledem bei einer im übrigen wirksam geschlossenen Bürgschaft nur als ausnahmsweiser Rechtsbehelf, so ist andererseits die veränderte Rechtsprechungslage nach dem Urteil des BVerfG zu sittenwidrigen Angehörigenbürgschaften von 1993 zu beachten (BVerfG 89, 214 = ZIP 1993, 1775 = NJW 1994, 36; oben Rn 162). Daraus läßt sich auch eine Ausweitung der cic-Haftung für bestimmte Fallgruppen ableiten (iF Rn 179).

b) Grundsatz: Keine allgemeine Aufklärungspflicht

Aus der Tatsache, daß der Bürge einseitig das Risiko der Zahlungsfähigkeit und **180** -willigkeit des Hauptschuldners übernimmt (Vorbem 4, 63 ff), hat die Rspr seit jeher nicht etwa den Schluß gezogen, daß zumindest der geschäftsunerfahrene Bürge vom Gläubiger über sein Risiko aufzuklären sei, sondern umgekehrt den Standpunkt eingenommen, daß jeder sich selbst über das geschäftstypische Risiko als Bürge Klarheit verschaffen müsse. Dahinter steht die Sorge, daß andernfalls der Bürge im Fall seiner Inanspruchnahme, mit der er bei Abschluß der Bürgschaft häufig nicht rechnet, sich nachträglich auf alle möglichen vorvertraglichen Pflichtverletzungen seines Gläubigers (Bank) berufen werde, um der Haftung zu entgehen. Damit würde die Bürgschaft als Sicherungsinstrument ausgehöhlt. Dem geschäftserfahrenen Bürgen ist auch durchaus zuzumuten, sich selbst über das Risiko, das er übernimmt, Klarheit zu verschaffen. Anders ist die Lage beim erkennbar unerfahrenen Bürgen zu beurteilen (iF Rn 184).

Grundsätzlich trifft daher den künftigen Gläubiger im Vertragsanbahnungsverhältnis **181** vor Abschluß der Bürgschaft keine Pflicht gegenüber dem Bürgen, diesen über das Bürgschaftsrisiko aufzuklären und ihn zu warnen (st Rspr; BGH WM 1980, 330, 331; ZIP 1983, 665, 666; ZIP 1985, 267, 269 f; dazu FISCHER EWiR 1985, 83; BGH WM 1986, 11, 12; dazu TESKE EWiR 1986, 141; BGH ZIP 1987, 764, 770 = WM 1987, 853, 857; NJW-RR 1988, 1512; NJW 1994, 2146, 2148; NJW 1996, 1274, 1275; OLG Zweibrücken WM 1984, 1392, 1393; OLG Celle WM 1988, 1082, 1084; OLG Köln, WM 1990, 1616). Der Gläubiger darf normalerweise davon ausgehen, daß der Bürge die Tragweite des von ihm zu übernehmenden Risikos selbst kennt (BGH NJW 1994, 2146, 2148; NJW 1996, 1274, 1275 = ZIP 1996, 495 = WM 1996, 519).

Über die Zahlungsfähigkeit und die allgemeine Kreditwürdigkeit des Hauptschuld- **182** ners braucht der Gläubiger von sich aus den Bürgen nicht ohne weiteres und entgegen seiner Interessenlage aufzuklären (RGZ 91, 80f; OLG Hamburg MDR 1965, 741). Der Gläubiger (Bank) ist noch nicht deshalb zur Aufklärung verpflichtet, weil der Hauptschuldner den ihm gesetzten Kreditrahmen überschritten hatte, oder wenn bei lebhaftem Zahlungsverkehr zwei Schecks mit kleineren Beträgen einige Monate zuvor zu Protest gegangen sind (OLG Köln WM 1990, 1616). Der Gläubiger ist zB auch nicht verpflichtet zu prüfen, ob sich das Bürgschaftsrisiko dessen, der laufend

Anzahlungsbürgschaften zu übernehmen bereit ist, erhöht (BGH MDR 1978, 836 = WM 1978, 924; ohne klare Unterscheidung vertraglicher und vorvertraglicher Gläubigerpflichten).

183 Eine **generelle Aufklärungspflicht** trifft den Gläubiger allerdings hinsichtlich des **Umfangs der Haftung**, die der Bürge übernehmen soll, insbesondere wenn ein vom Gläubiger verwendeter Formularvertrag zugrunde gelegt wird. Eine solche Aufklärungspflicht hat die Rechtsprechung bereits früher angenommen, wenn der Bürge zB durch ein unrichtiges Vertragsformular über die Natur der Hauptforderung und damit über sein Bürgenrisiko getäuscht wird; er kann dann vom Gläubiger Befreiung von der Bürgschaft verlangen (BGH NJW 1968, 986 = WM 1968, 398; Hauptforderung war Baudarlehen, das aber als Finanzierungsdarlehen für einen Kauf verkleidet war). Ebenso wurden Aufklärungspflichten hinsichtlich der genauen Höhe der mitgesicherten Nebenforderungen angenommen (OLG Düsseldorf Betrieb 1973, 1236; zurückhaltend BGH WM 1974, 1129). Die erstgenannte Fallgruppe ist heute eher nach dem Grundsatz zu lösen, daß jede Verletzung des Bestimmtheitsgrundsatzes zu Lasten des Gläubigers geht und den Bürgen nicht verpflichtet; dieser haftet dann gar nicht oder nur in Höhe der bestimmten Verpflichtung (zum Bestimmtheitsgrundsatz oben Rn 13 ff; zur eingeschränkten Wirksamkeit von Globalbürgschaften oben Rn 48 ff). Bei der zweiten Fallgruppe ist ebenfalls zu beachten, daß die Mithaftung für Nebenforderungen eindeutig vereinbart sein muß (oben Rn 40 f), soweit sie sich nicht aus dem Gesetz ergibt, wie zB Verzugszinsen usw (dazu unten § 767 Rn 25 ff); bei der Höchstbetragsbürgschaft bezieht sich der Höchstbetrag grundsätzlich auch auf die Nebenforderungen, so daß diese den Gesamthaftungsbetrag nicht über den Höchstbetrag hinaus erhöhen (oben Vorbem 52). Für eine Haftung nach cic bleibt daneben kein Raum.

c) Ausnahmsweise Aufklärungspflicht

184 Eine Pflicht des Gläubigers zur Aufklärung des Bürgen im Vertragsanbahnungsverhältnis besteht dann, wenn der Gläubiger selbst, für ihn erkennbar, einen Irrtum über das Bürgschaftsrisiko beim Bürgen erzeugt und ihn dadurch zum Vertragsschluß veranlaßt hat (BGH WM 1986, 11, 12; dazu TESKE EWiR 1986, 141; BGH NJW-RR 1987, 1291, 1293; NJW-RR 1991, 170). Veranlaßt der Hauptschuldner seine Ehefrau zur Bürgschaftsübernahme, so sind seine dabei gemachten Erklärungen nicht der Bank als Gläubigerin zuzurechnen; er ist insoweit nicht deren Verhandlungsgehilfe (BGH ZIP 1985, 267, 269 f). Macht der Gläubiger selbst Angaben, müssen diese wahr und vollständig sein (RG HRR 1938 Nr 1459). Er darf keine irreführenden Äußerungen über den Umfang des Risikos machen (BGH WM 1968, 398; BGHZ 72, 198, 204). Auf Befragen muß der Gläubiger ausreichend antworten; einen durch eigenes Verhalten hervorgerufenen Irrtum muß er beseitigen (BGH WM 1966, 944). Er muß auch reden, wenn er erkennt, daß bestimmte Umstände für die Entschließung des Bürgen entscheidend sind (RGZ 91, 80 f; BGH WM 1956, 885, 888; 1963, 24, 27; 1966, 944; OLG Hamburg MDR 1965, 741). Ersucht die einen Scheck einziehende Bank die bezogene Bank um eine Scheckeinlösungsgarantie, so muß sie darüber aufklären, daß die Schecksumme zur Abdeckung des Debetsaldo bei der einziehenden Bank verwendet werden soll (BGH MDR 1979, 33). Eine Haftung aus cic kann auch begründet sein, wenn der Gläubiger den Bürgen durch beruhigende Erklärungen zum Vertragsschluß veranlaßt und besondere Umstände hinzutreten (iF Rn 186 ff).

185 Auch wenn der Gläubiger (Bank) nicht durch sein Verhalten einen Irrtum beim künftigen Bürgen verursacht hat, kann er ausnahmsweise verpflichtet sein, den künftigen Bürgen vor einer unmittelbar drohenden Gefahr zu warnen, die ihm bekannt ist, während er weiß, daß der Bürge sie nicht kennt. Eine solche (ausnahmsweise!) **Warnpflicht** ist auch sonst im Bankprivatrecht anerkannt (HEYMANN/HORN HGB Bd 4 [1990] Anh § 372 Bankgesch I Rn 78). Eine Warnpflicht besteht zB dann, wenn dem Gläubiger bekannt ist, daß der Hauptschuldner wegen Scheckbetrügereien völlig kreditunwürdig geworden ist. In einem solchen Fall kann sich die Bank als Gläubigerin auch nicht auf die Wahrung des Bankgeheimnisses berufen, sondern muß sich beim Hauptschuldner um eine Befreiung davon bemühen (OLG Hamm ZIP 1982, 1061, 1062); notfalls muß die Bank auch ohne Zustimmung des Hauptschuldners die Warnung aussprechen. Die Bank muß auch warnen, wenn sie sichere Kenntnis davon hat, daß der Hauptschuldner kurz vor dem wirtschaftlichen Zusammenbruch steht (OLG Köln WM 1990, 1616, 1617 = NJW-RR 1990, 755, 756; dazu VORTMANN EWiR 1990, 869).

d) Strukturelles Ungleichgewicht
Das BVerfG hat in seiner Entscheidung über die Sittenwidrigkeit einer Angehörigenbürgschaft den Ausgleich eines „strukturellen Ungleichgewichts" als Ziel der richterlichen Inhaltskontrolle von Verträgen genannt (BVerfGE 89, 214, 232 f = ZIP 1993, 1775, 1780 = NJW 1994, 36, 39; oben Rn 165). Der etwas mißverständliche Ausdruck bezeichnet eine dem Bürgen ungünstige Verhandlungssituation, die diesen im Gebrauch seiner Privatautonomie beeinträchtigt (oben Rn 172 ff). Dies kann nach der neuen Rechtsprechung dazu führen, daß der Bürgschaftsvertrag als Ergebnis der Verhandlung, der den Bürgen übermäßig belastet, nach 138 BGB nichtig ist. Dogmatisch mindestens ebenso nahe liegt eine Haftung aus cic (zutr PALANDT/HEINRICHS § 276 Rn 85).

Relativ unwichtig für die ungleiche Verhandlungssituation im oa Sinn ist die generelle Wirtschaftskraft des Verwenders; der Kunde ist insofern durch den Wettbewerb geschützt. Auch die Mittellosigkeit des Bürgen ist nur in Zusammenhang mit anderen Faktoren von Bedeutung. Die Bank trifft keine generelle Pflicht, die Bonität des Bürgen zu überprüfen (BGHZ 106, 269, 272; insofern trotz zwischenzeitlichen Wandels der Rspr noch zutreffend). Die Mittellosigkeit des Bürgen ist nur insofern relevant, als sie zu einer unmäßigen Verschuldung des Bürgen führt, ohne daß dieser ein persönliches Interesse an dem verbürgten Geschäft gehabt hätte (oben Rn 170 f). Die Zivilgerichte haben es daher auch nach BVerfGE 89, 214, häufig abgelehnt, der Mittellosigkeit des bürgenden Ehegatten allein ausschlaggebende Bedeutung beizumessen (BGHZ 128, 230, 238 = NJW 1995, 592, 593 = WM 1995, 237, 238 = ZIP 1995, 203, 204; OLG Koblenz NJW-RR 1995, 1260; OLG Karlsruhe WM 1994, 2152, 2153; LG Zweibrücken NJW-RR 1995, 311, 312. Aus der früheren, strikteren Rspr vgl nur BGH WM 1992, 391, 394). Umstände, die für die Bank nicht erkennbar waren, können ihr nicht zugerechnet werden (OLG Karlsruhe WM 1994, 2152, 2153); dies gilt sowohl für § 138 als auch für die Haftung aus cic. Aber auch wenn man eine generelle Pflicht der Bank zur Erforschung der Vermögensverhältnisse des Bürgen verneint, muß man eine Erkundigungspflicht und ggf anschließende Hinweispflicht dann annehmen, wenn starke Anzeichen für Vermögenslosigkeit des Bürgen, insbesondere des sehr jungen Bürgen oder der Ehefrau ohne Einkommen sprechen.

Maßgebliche Kriterien der ungleichen Verhandlungssituation sind nach der Rspr zur sittenwidrigen Angehörigenbürgschaft: (1) die erkennbare geschäftliche Unerfahrenheit des Bürgen, (2) nahe verwandtschaftliche Beziehungen zum Hauptschuldner und ein daraus erwachsender seelischer Druck und (3) beruhigende Erklärungen der Bank (oben Rn 172 ff). Für alle drei Kriterien bietet die oa Rspr zur sittenwidrigen Bürgschaft reiches Anschauungsmaterial. Der Gläubiger verletzt seine Pflichten aus dem Vertragsanbahnungsverhältnis, wenn er dem geschäftsunerfahrenen Bürgen gegenüber erklärt, die Bürgschaft sei „nur für die Akten" (BVerfGE 89, 214, 219 = ZIP 1993, 1775, 1776 = NJW 1994, 36, 39) oder wenn er in sonstiger Weise Art und Umfang der Bürgenhaftung bagatellisiert und das Risiko des Bürgen verniedlicht (so schon zutr OLG Celle WM 1988, 1436, 1438; aus der früheren Rspr im gleichen Sinne RGZ 91, 80, 81f = JW 1918, 87; RG LZ 1930, 179 Nr 1 = HRR 1930 Nr 213; JW 1933, 2826, 2828; HRR 1936 Nr 396; einschränkend RG HRR 1935 Nr 926; 1936 Nr 397 = JW 1936, 988; HRR 1938 Nr 1459). Die Haftung aus cic in Fällen des sog „strukturellen Ungleichgewichts" kann in der Zukunft Bedeutung gewinnen in den Fällen, in denen das Vermögen des Bürgen, seine Belastung durch die Bürgschaft und sonstige Umstände nicht den Tatbestand des § 138 erfüllen, der Bürge andererseits aber durch die Verletzung vorvertraglicher Pflichten seitens des Gläubigers benachteiligt ist. Das mögliche Mitverschulden des Bürgen nach § 254, der sich blindlings auf Erklärungen der Bank verläßt, kann außerdem zu flexiblen Lösungen (teilweiser Schadensersatz) führen.

e) Vorvertragliche Pflichten des Bürgen

189 Die umgekehrte Frage der Verletzung vorvertraglicher Sorgfaltspflichten des Bürgen gegenüber dem Gläubiger kann sich stellen im Hinblick auf den Abschluß des zu sichernden Hauptgeschäfts, sofern der Bürge hierbei als Vertreter oder Verhandlungsgehilfe mitwirkt. Von dieser besonderen Fallgestaltung abgesehen, treffen den Bürgen keine besonderen Sorgfaltspflichten gegenüber dem Gläubiger hinsichtlich des Abschlusses des Hauptgeschäfts (mit Recht verneinend BGH WM 1962, 1393, 1396: Staat als Bürge). Der Bürge haftet auch nicht für pflichtwidriges Verhalten des Hauptschuldners vor Vertragsschluß (OLG Dresden OLGE 18, 42); zur Haftung für Verletzungshandlungen des Hauptschuldners während der Vertragsdauer unten § 767 Rn 25 ff.

6. Wesentliche Veränderung der Vertragsumstände (Geschäftsgrundlage); Zweckfortfall

a) Grundsatz

190 Auch auf den Bürgschaftsvertrag finden die Grundsätze über die wesentliche Änderung der Vertragsumstände (Geschäftsgrundlage) Anwendung (RGZ 146, 376, 379 f; 158, 166 = JW 1938, 2809; COING NJW 1951, 384; BGH NJW 1966, 448; WM 1973, 752, 753; WM 1974, 1127, 1128; BGHZ 88, 185, 191 = ZIP 1983, 1042, 1043 f; BGH ZIP 1987, 774, 775 zust BÜLOW EWiR 1987, 461; BGH ZIP 1987, 1036 zust TIEDTKE EWiR 1987, 889; BGHZ 107, 92, 104 = ZIP 1989, 427, 431; BGH ZIP 1993, 903, 904 zust BLOMEYER EWiR 1993, 641; BGH ZIP 1995, 203, 205 = WM 1995, 237, 239; HORN, Bürgschaften und Garantien [6. Aufl 1995] S 46 ff; GRAF LAMBSDORFF/SKORA Rn 67 u 135). Gleiches gilt für den verwandten Gesichtspunkt des Zweckfortfalls sowie der Zweckverfehlung (vgl BGH BB 1978, 1688 f = NJW 1979, 646); zur Zweckvereitelung unten Rn 201. Generell gilt, daß eine Vertragspartei dann, wenn eine vertragliche Leistung durch äußere Umstände in erheblicher Weise erschwert oder entwertet wird und die Partei dadurch einen Nachteil erleidet, eine Anpassung des Vertrages und notfalls seine Auflösung verlangen kann, wenn sie mit den Umständen nicht zu rechnen brauchte, insbesondere das Risiko ihres Eintritts oder ihrer Auswirkungen nach dem Sinn des Vertrages nicht übernommen hatte, und ihr das unveränderte Festhalten am Vertrag nicht mehr zumutbar ist (Horn, Die Vertragsdauer als schuldrechtliches Regelungsproblem, in: BMJ [Hrsg], Gutachten und Vorschläge zur Überarbeitung des Schuldrechts Bd 1 [1981], S 551, 576 ff, 636 mwN; BGHZ 74, 370, 372 f). Für die einseitig verpflichtende Bürgschaft gilt dann, daß die Verpflichtung des Bürgen entfällt oder entsprechend seiner Leistungsfähigkeit vermindert wird (zum letzteren Fall BGHZ 128, 230 = ZIP 1995, 203, 206 = WM 1995, 237, 240). Mit Rücksicht auf den Ausnahmecharakter der genannten Grundsätze über die Veränderung der Vertragsumstände (Geschäftsgrundlage) ist bei einer Bürgschaft auf unbestimmte Zeit auch die weniger einschneidende Rechtsfolge einer Kündigung für die Zukunft in Betracht zu ziehen (BGH WM 1959, 855; s auch unten Rn 229 ff).

Die Grundsätze über die wesentliche Änderung der Vertragsumstände (Geschäfts- **191** grundlage) werden aus § 242 hergeleitet (Horn, Vertragsdauer aaO mNachw). Das BVerfG hat in seinem Grundsatzurteil über sittenwidrige Bürgschaften von Familienangehörigen (BVerfGE 89, 214, 233 f = ZIP 1993, 1775, 1779 = NJW 1994, 36, 38) darauf hingewiesen, daß zum Schutz der Privatautonomie des Bürgen der Bürgschaftsvertrag nicht nur an § 138, sondern auch an § 242 zu messen sei. Darin liegt ein indirekter Hinweis auch auf die Grundsätze über wesentliche Veränderungen der Vertragsumstände (Geschäftsgrundlage). Diesen Hinweis hat der IX. Senat des BGH aufgegriffen (BGHZ 128, 230 = ZIP 1995, 203, 205 = WM 1995, 237, 239; s auch Rn 198).

b) Bürgenrisiko und Geschäftsgrundlage
Wird der Hauptschuldner insolvent oder zahlt er aus einem anderen Grund nicht, so **192** kann sich der Bürge im Grundsatz nicht auf eine wesentliche Veränderung der Vertragsumstände der Bürgschaft bzw den Wegfall der Geschäftsgrundlage berufen. Denn der Bürge übernimmt regelmäßig und vertragstypisch uneingeschränkt das Risiko, daß der Hauptschuldner bei Fälligkeit der Hauptschuld leistungsfähig und leistungswillig ist (RGZ 146, 376, 379 f; 158, 166; BGH NJW 1965, 438; BGHZ 88, 185, 191 = ZIP 1983, 1042, 1044; BGH ZIP 1983, 665, 666 = WM 1983, 499, 500; BGH ZIP 1987, 1035, 1036 = WM 1987, 1006, 1007; BGH WM 1987, 1420 u 1481, 1483; BGHZ 104, 240, 242 = ZIP 1988, 764, 765 = NJW 1988, 2173; dazu Sonnenberger EWiR 1988, 675; BGHZ 107, 92, 104 = ZIP 1989, 427, 431, dazu Medicus EWiR 1989, 327). Einseitige Erwartungen des Bürgen über die Entwicklung des Kredits sind nicht Geschäftsgrundlage, auch wenn sie der Gegenseite erkennbar sind (BGH WM 1983, 499, 500; OLG Zweibrücken WM 1984, 1392, 1394), ebensowenig die erkennbare Erwartung des Bürgen, er werde nicht in Anspruch genommen (BGH WM 1987, 1481, 1483; Horn, Bürgschaften und Garantien S 47).

Eine wesentliche Veränderung der Vertragsumstände im genannten Sinn liegt nicht **193** vor, wenn der Bürge sich für eine Kaufpreisschuld verbürgt hat und der Hauptschuldner nach Bezug mangelhafter Ware die rechtzeitige Mängelrüge unterläßt und wirtschaftlich zusammenbricht (BGH ZIP 1987, 1035, 1036 f = WM 1987, 1006; zust Tiedtke EWiR 1987, 889); auch der Bürge kann sich in diesem Fall nicht mehr auf die Sachmängel berufen und den Bürgschaftsanspruch nur in dem Ausnahmefall abwehren, daß der Gläubiger (nachweisbar) bewußt zum Schaden des Bürgen gehandelt hat. Auf eine wesentliche Veränderung der Vertragsumstände können sich auch nicht die leitenden Angestellten eines Unternehmens berufen, die Bürgschaften zur Überwindung einer Krise ihres Unternehmens übernommen haben, wenn das Unternehmen dann insolvent wird (BGH WM 1987, 1481, 1483). Verbürgt sich jemand für eine GmbH, weil er ihr Gesellschafter und Geschäftsführer werden soll und schlägt dies fehl, liegt kein Wegfall der Geschäftsgrundlage vor (LG Hamburg WM 1986, 1186); anders natürlich, wenn dies in der Bürgschaftserklärung selbst zur Bedingung gemacht worden war. Hat sich die Ehefrau seltsamerweise für die Versorgungsansprüche ihres Mannes aus Ruhegehaltszusage der KG selbstschuldnerisch verbürgt und tritt nach Insolvenz der KG die gesetzliche Insolvenzsicherung ein, so kann sich die Bürgin gegenüber dem gem §§ 412, 401 übergegangenen Bürgschaftsanspruch des Pensionssicherungsvereins nicht auf Wegfall der Geschäftsgrundlage mit der Begründung berufen, sie habe nicht damit gerechnet, daß im Insolvenzfall Bürgschaft und Hauptforderung auf den PSV übergehen (BGH ZIP 1993, 903, 905; zust BLOMEYER EWiR 1993, 641). Der Bestand oder Fortbestand anderer, gleichrangiger Sicherheiten ist regelmäßig nicht Geschäftsgrundlage einer Bürgschaft (BGH ZIP 1994, 861, 863 = NJW 1994, 2146, 2147 = WM 1994, 1064, 1066; BYDLINSKI EWiR 1994, 651).

194 Wird eine Bürgschaft vom **Ehegatten** übernommen und scheitert später die Ehe, so ist zu fragen, ob der Fortbestand der Ehe Geschäftsgrundlage der Bürgenverpflichtung ist. Dies kann im Regelfall deshalb nicht angenommen werden, weil es dem Sicherungsinteresse des Gläubigers widerspricht, den das Risiko eines Fortbestandes der Ehe nichts angeht (iErg auch BGH WM 1987, 659 = ZIP 1987, 774, 775; dazu BÜLOW EWiR 1987, 461; OLG Köln NJW-RR 1994, 52). Der bürgende Ehegatte kann aber uU einen Befreiungsanspruch gegen den ehemaligen anderen Ehegatten als Hauptschuldner haben, wenn die Vorteile des verbürgten Geschäfts künftig nur noch diesem zugute kommen und ein anderer Ausgleich nicht geschaffen wurde. Hat die kreditgewährende Bank die Bürgschaft der erkennbar mittellosen Ehefrau des Hauptschuldners entgegengenommen, um dadurch einer möglichen Verschiebung von Vermögen des Hauptschuldners auf seinen Ehegatten vorzubeugen, so kann die Ehescheidung zu einem Wegfall der Geschäftsgrundlage dieser Bürgschaft führen (BGHZ 128, 230 = ZIP 1995, 203, 205 = WM 1995, 237, 240; ZIP 1996, 495 = NJW 1996, 1274; dazu BYDLINSKI EWiR 1996, 547; BGHZ 132, 328 = ZIP 1996, 1126, 1128 f = NJW 1996, 2088, 2089). Die Prognose der Leistungsfähigkeit des bürgenden Ehegatten bei Vertragsschluß ist auf den Zeitpunkt der voraussichtlichen Inanspruchnahme zu beziehen; der BGH geht dabei von der tatsächlichen Vermutung aus, daß das tatsächliche Einkommen (man muß hinzufügen: und das Vermögen) des Bürgen voraussehbar waren (BGHZ 132, 328 ZIP 1996, 1126, 1129 = NJW 1996, 2088, 2090). Also nur unter dieser Voraussetzung der bei Vertragsschluß voraussehbar fehlenden eigenen Leistungsfähigkeit des Bürgen ist die Bürgschaft auf die Verhinderung der Vermögensverschiebung gerichtet und damit der Fortbestand der Ehe die Geschäftsgrundlage der Bürgschaft. S auch Rn 197. Zu einer ähnlichen Einschränkung der Bürgenhaftung gelangt man, wenn man anstatt Geschäftsgrundlage eine konkludent vereinbarte Haftungsbeschränkung in Gestalt eines **pactum de non petendo** zwischen Gläubiger und mittellosem Ehegatten-Bürgen annimmt. Danach soll der Gläubiger den Bürgen nicht in Anspruch nehmen dürfen, wenn dessen Mittellosigkeit weder durch Vermögensverschiebung vom Hauptschuldner noch durch eigenen Erwerb überwunden wird (erwogen in BGHZ 128, 230 = WM 1995, 237 = NJW 1995, 592, 593; so schon WESTERMANN, in: FS Lange [1992] 995, 1008). Beide Lösungen sind ähnlich; die Annahme des pactum erfordert deutlichere Anhaltspunkte in den Umständen des Vertragsschlusses. In beiden Fällen ist Voraussetzung, daß bei Bürgschaftsübernahme die Beteiligten davon ausgehen mußten, der Bürge werde zum Zeitpunkt der Inanspruchnahme keine ausreichenden Mittel zur vollen

Begleichung der Bürgschaftsschuld haben (zu dieser Prognose BGH ZIP 1996, 1126, 1130 = NJW 1996, 2088, 2089 und iF Rn 197).

c) Relevante Veränderungen

Will der Bürge ein bestimmtes Teilrisiko des vertragstypischen Bürgschaftsrisikos **195** nicht übernehmen, so muß er dies in der Bürgschaftserklärung durch eine ausdrückliche Einschränkung oder Vertragsbedingung zum Ausdruck bringen (BGHZ 88, 185, 191 = ZIP 1983, 1042, 1044; BGHZ 107, 92, 104 = ZIP 1989, 427, 431; BGH WM 1987, 1420). Mit dem Problem der veränderten Vertragsumstände hat dies nichts zu tun. Relevant im Sinne der Grundsätze zum Wegfall der Geschäftsgrundlage sind wesentliche Veränderungen, dh solche **Umstände, die außerhalb des vertragstypischen Bürgschaftsrisikos** liegen. Diese treten (1) in Zusammenhang mit außergewöhnlichen Zeitumständen auf, wie dies für die Kriegs- und unmittelbare Nachkriegszeit galt (Kriegsschäden, Vertreibung, Besatzungseingriffe uä; s auch oben Vorbem 130 ff, 185 ff und STAUDINGER/ BRÄNDL$^{10/11}$ Vorbem 5) oder für die Umwälzungen im Zusammenhang mit der deutschen Wiedervereinigung (HORN, Das Zivil- und Wirtschaftsrecht im neuen Bundesgebiet [2. Aufl 1993] S 16, 248, 259 ff) oder mit Naturkatastrophen usw; (2) können sich relevante Veränderungen aber auch dadurch ergeben, daß die Parteien in normalen Zeiten bestimmte Umstände, die außerhalb des Bürgenrisikos liegen, zur Geschäftsgrundlage machen (BGH BB 1973, 960 betr Schuldübernahme).

Hat sich der Sohn oder Ehegatte für bereits zuvor begründete Schulden des Haupt- **196** schuldners verbürgt, um Stundungsverhandlungen zu ermöglichen, und wird der Hauptschuldner wenig später insolvent, so kommt Wegfall der Geschäftsgrundlage der Bürgschaft in Betracht (BGH NJW 1966, 448, 449; BGH WM 1973, 752, 753; im letzteren Fall Wegfall der Haftung der bürgenden Ehefrau bejaht. Zu den Fällen auch GEISSLER NJW 1988, 3184, 3185 f). Die Besonderheiten solcher Fälle liegen darin, daß die Hauptschuld schon vor der Bürgschaftsübernahme bestand, der Gläubiger also nicht durch die Bürgschaft zur Eingehung des Kreditrisikos veranlaßt worden ist, daß ferner die besonderen Erwartungen des Bürgen dem Gläubiger erkennbar waren und von ihm stillschweigend gebilligt wurden und daß zwischen Bürgschaftsübernahme und Eintritt der Veränderung nur wenig Zeit verstrich.

Wie oben (Rn 194) erörtert, berührt die Ehescheidung des Bürgen vom Hauptschuld- **197** ner nur dann die Geschäftsgrundlage, wenn der Bürge mittellos war und die Bürgschaft nur für den Fall einer Vermögensverschiebung vom Hauptschuldner auf den Bürgen oder einer sonstigen Vermögensmehrung des Bürgen gelten sollte. Erforderlich ist also ein bei Abschluß der Bürgschaft voraussehbarer Mangel der Leistungsfähigkeit des Bürgen bei Inanspruchnahme (zu dieser Prognose BGH ZIP 1996, 1126, 1129 = NJW 1996, 2088, 2089); dies kann schon dann zu verneinen sein, wenn Bürge und Hauptschuldner voraussichtlich gemeinsam zur Tilgung fähig sein werden (BGH aaO). Hinzutreten muß mangelndes persönliches Interesse des Bürgen am verbürgten Geschäft. Nur unter diesen Voraussetzungen kann der Fortbestand der Ehe Geschäftsgrundlage sein oder ggf bei Hinzutritt weiterer Umstände ein pactum de non petendo für den Fall fortdauernder Vermögenslosigkeit des Bürgen anzunehmen sein. Die genannten Voraussetzungen waren nicht gegeben in einem Fall, in dem sich der Ehemann für ein Rentenversprechen seiner Ehefrau an ihren Vater verbürgt hatte und dieser im Gegenzug der Tochter Geld schenkte, das zur Teilfinanzierung eines gemeinsamen Hauses verwendet wurde; hier haftete der Ehemann-

Bürge auch nach der Scheidung weiter (BGH WM 1987, 659 = ZIP 1987, 774). Der Bürge haftet auch weiter, wenn er (vor Scheidung oder sonstiger Auflösung der Lebensgemeinschaft) durch die befürchtete Vermögensverschiebung oder eine erwartbare eigene Erwerbstätigkeit oder durch Vermögensmehrung aufgrund des verbürgten Kredits zu Geld kommt (BGH ZIP 1996, 1126, 1130), aber auch dann, wenn es sich um eine nicht sicher voraussehbare Vermögensmehrung handelt, wie zB einen Erbfall (BGH aaO) oder ein überraschendes Ereignis (Lottogewinn), sofern diese Ereignisse vor Auflösung der Lebensgemeinschaft liegen.

198 Ist Wegfall der Geschäftsgrundlage zu bejahen, so soll der gänzliche Wegfall der Bürgschaftsforderung im Fall der Bürgschaft des mittellosen Ehegatten die regelmäßige **Rechtsfolge** sein (BGH ZIP 1996, 1126, 1130 = NJW 1996, 2088, 2091). Allgemein gilt aber nach § 242 vorrangig der Weg der Anpassung, also ggf der Herabsetzung der Bürgenschuld; dies kommt je nach den Umständen auch bei der Bürgschaft des mittellosen Ehegatten in Betracht (BGHZ 128, 230 = ZIP 1995, 203, 206 = WM 1995, 237, 240), zumal wenn im Zeitpunkt der Ehescheidung die Vermögens- und Einkommensverhältnisse des Bürgen sich verbessert haben. Eine generelle Regel, gem § 242 die Bürgschaften mitteloser Ehegatten zu ermäßigen, hat der BGH zutr verneint (BGH NJW 1996, 1274, 1277). Der Anspruch gegen den mittellosen Bürgen, der die Bürgschaft nur im Hinblick auf einen künftigen Vermögenserwerb übernommen hat (Erbschaft), ist vor Eintritt des Erwerbs nicht fällig (BGH ZIP 1997, 406; HORN WM 1997, 1081, 1085 ff).

7. Verwirkung; Arglisteinrede

199 Trotz des streng einseitigen Verpflichtungscharakters der Bürgschaft kann auch der Gläubiger wegen eines besonders groben Verstoßes gegen Treu und Glauben ausnahmsweise seinen Anspruch verwirken (BGH WM 1963, 24; WM 1974, 1129 f). Dabei sind strenge Maßstäbe anzulegen (vgl auch den Fall BGH WM 1973, 36). Veranlaßt der Gläubiger den Hauptschuldner, die Schuld nicht zu zahlen, oder verursacht er gar schuldhaft dessen wirtschaftlichen Zusammenbruch unter Verletzung seiner Vertragspflichten gegenüber dem Hauptschuldner, so daß der Bürgschaftsfall eintritt und zugleich ein Rückgriff des Bürgen aussichtslos ist, so hat er den Bürgschaftsanspruch verwirkt (BGH WM 1958, 218, 219 f; 1966, 317, 319; 1984, 586). Eine Verwirkung des Bürgschaftsanspruchs kann aus einer schwerwiegenden Verzögerung der Information oder Inanspruchnahme des Bürgen folgen, wenn diesem daraus erhebliche Nachteile erwachsen. Dies gilt zB, wenn die Bank sich erst drei Jahre nach Ablauf des Kredits an den Bürgen mit der Mitteilung wendet, es sei zu Zahlungsschwierigkeiten gekommen und der Kredit sei verlängert worden, und von ihm Zinszahlung verlangt. Denn hier wurde dem Bürgen die Möglichkeit abgeschnitten, nach rechtzeitiger Information zu zahlen und den Zinslauf zu vermeiden (AG Frankfurt NJW-RR 1987, 432). Verwirkung wegen jahrzehntelanger Nichtinanspruchnahme des Bürgen bei stark veränderter Hauptsumme nimmt OLG Frankfurt MDR 1978, 52 an (im Ergebnis richtig; die Globalbürgschaft war aber schon wegen fehlenden Höchstbetrags als unwirksam anzusehen; vgl Rn 13 ff, 48 ff u Vorbem 44 zu § 765).

200 Der Gläubiger kann ausnahmsweise seinen Bürgschaftsanspruch auch dann verwirken, wenn er in grob rücksichtsloser Weise andere Sicherheiten für die Hauptforderung verkommen läßt (str; dazu § 776 Rn 16). Ob Gleiches auch gilt, wenn der

Gläubiger sich auf Wunsch des Bürgen bereit erklärt, weitere Sicherheiten hereinzunehmen, dann aber nicht für deren wirksame Bestellung sorgt, ist zweifelhaft; Verwirkung ist hier im Grundsatz zu verneinen (BGH NJW 1994, 2146, 2148 = WM 1994, 1064, 1066 f = ZIP 1994, 861, 864; dazu BYDLINSKI EWiR 1994, 651); anders, wenn der Gläubiger erst durch entsprechende Versprechungen den Bürgen zur Übernahme der Bürgschaft veranlaßt hat. Auch kann die Bestellung anderer Sicherheiten zur Bedingung einer wirksamen Bürgenverpflichtung gemacht werden; dies ist aber mangels ausdrücklicher Regelung im Vertrag nur ausnahmsweise anzunehmen (BGH WM 1989, 707ff; s auch oben Rn 114 u § 769 Rn 5). Keine Verwirkung liegt vor, wenn der Gläubiger den Kaufpreisbürgen in Anspruch nimmt, obwohl mangelhafte Ware geliefert wurde, der Hauptschuldner aber nicht rechtzeitig gerügt hat (BGH WM 1987, 1006, 1007 f = ZIP 1987, 1035, 1036 f); anders, wenn der Gläubiger bewußt zum Nachteil des Bürgen gehandelt hat. Die kreditgewährende Bank verliert den Bürgschaftsanspruch noch nicht dadurch, daß sie eine Bonitätsprüfung des Hauptschuldners vor Ausweitung des Kredits unterläßt (OLG Frankfurt/M ZIP 1995, 1579, 1580).

Die Einrede der **unzulässigen Rechtsausübung** (des Rechtsmißbrauchs, der Arglist) **201** steht dem Gläubiger entgegen, wenn der Bürge als Alleingesellschafter einer GmbH sein Vermögen zur Erfüllung eines Zwangsvergleichs hingegeben hat in der irrigen Annahme, daß dadurch die einem Gesellschaftsgläubiger früher gegebene Bürgschaft entfalle (BGH WM 1960, 640). Gleiches gilt bei **Zweckvereitelung**, wenn es sich um einen dem Gläubiger bekannten und von ihm akzeptierten Zweck der Bürgschaft handelt, zB der Gläubiger erstattet Strafanzeige gegen einen Schädiger, obwohl die Bürgschaft für die Ersatzforderung gerade die Anzeige abwenden sollte. Der Bürge hat hier auch den Kondiktionsanspruch aus § 812 Abs 1 S 2 bzw die Einrede aus § 821 gegen den Bürgschaftsanspruch (RG HRR 1928 Nr 117); anders, wenn die Anzeige wegen erneuter Verfehlungen erfolgt (BGH WM 1973, 36). Zur Kollusion von Hauptschuldner und Gläubiger BGH WM 1963, 1302 (s auch § 776 Rn 11 ff, 16). Ein praktisch wichtiger Fall der unzulässigen Rechtsausübung ist die Zahlungsanforderung aus einer Bürgschaft zur Zahlung auf erstes Anfordern, obwohl der Bürgschaftsfall nicht eingetreten ist; dazu Vorbem 32 ff, 164.

X. Wechsel des Gläubigers oder Hauptschuldners

1. Gläubigerwechsel

a) Übergang der Hauptforderung und Bürgschaft*

Mit dem Übergang der Hauptforderung geht auch die Bürgschaftsforderung ent- **202** sprechend ihrer akzessorischen Natur auf den neuen Gläubiger über gem §§ 401, 412. Dies gilt zB im häufigen Fall der Zession der Hauptforderung (vgl BGH ZIP 1982, 938, 940), falls nicht der Übergang der Bürgschaft ausgeschlossen wird (BGHZ 115, 177; dazu iF Rn 208). Für die Mietbürgschaft ordnet § 572 den Übergang auf den Grundstückserwerber an (KG OLGE 25, 20; STAUDINGER/EMMERICH[12] (1981) § 572 Rn 1, 3. Vgl auch RGZ 144, 194, 199: die Beschlagnahme der Mietzinsforderung erstreckt sich auch auf die Mietzinsbürgschaft). Die Forderung aus zivilrechtlicher Bürgschaft für eine Wechselverbind-

---

* **Schrifttum**: P BYDLINSKI, Verjährung und Abtretbarkeit von Bürgschaftsansprüchen, ZIP 1989, 953; ADOLF HELLMANN, Die Einwirkung der Forderungsübertragung auf die Bürgschaftsschuld (Diss Marburg 1931); NÖRR/SCHEYHING, Sukzessionen (1983).

lichkeit geht (entgegen RGZ 41, 170, 172; Ratz aaO) grundsätzlich gem §§ 401, 412 auf den Indossatar über, falls nicht § 399 entgegensteht; der Unterschied besteht nur darin, daß dem Indossatar nicht der besondere wechselrechtliche Gutglaubensschutz zugutekommt.

203 Wird eine Forderung (zB Gewährleistungsanspruch) verbürgt, nachdem diese bereits zuvor vom Gläubiger abgetreten wurde, so kommt die Bürgschaft nicht zustande, es sei denn der Zedent handelt gem §§ 164 ff oder gem § 328 für den Zessionar. Die Bürgschaft kommt aber zustande, wenn beim Gläubiger der abgetretene Anspruch als aufschiebend bedingter verbleibt, für den Fall des Auflebens dieses Anspruchs (BGH WM 1982, 485). Wird der durch Bürgschaft gesicherte Kredit eines Gläubigers (Bank) durch den Kredit eines neuen Gläubigers wirtschaftlich ersetzt, ohne daß eine Zession vorliegt, haftet der Bürge der ersten Forderung nicht weiter, weil eine neue Hauptforderung begründet wird (RGZ 126, 287, 289). Allerdings kann vereinbart werden, daß sich eine Kreditbürgschaft in diesem Fall auch auf die Forderungen des neuen Gläubigers erstrecken soll; es liegt insoweit ein Vertrag zugunsten Dritter (Rn 7 f) vor (RG WarnR 1914 Nr 184; OLG Dresden SeuffA 65 Nr 237; BGHZ 26, 142, 148 f). Eine nachträgliche Vereinbarung dieser Art bedarf der Schriftform des § 766 (BGH aaO).

204 Der Gläubigerwechsel mit der Folge eines Übergangs der Bürgschaft kann sich auch durch **Vertragsübernahme** des Hauptschuldvertrages vollziehen, die im Wege der Rechtsnachfolge (zB Erbschaft; vgl BGH WM 1985, 1172) oder durch rechtsgeschäftliche Vertragsübernahme (vgl BGHZ 26, 142, 147 f) erfolgen kann. Wer im Wege der Rechtsnachfolge in einen bestehenden Mietvertrag als Vermieter eintritt, erlangt die Rechte aus einer dem bisherigen Vermieter gegebenen Mietbürgschaft (BGH WM 1985, 1172). Überträgt eine Bank eine Kontokorrentkreditverbindung (durch Zession und Schuldübernahme; bei Firmenübernahme ist § 25 HGB zu beachten) auf eine andere Bank, erwirbt diese auch die Rechte aus der Kreditbürgschaft. Allerdings ist umstritten, ob dies im Fall, daß bei Vertragsübernahme der Kreditrahmen oder Bürgschaftsrahmen nicht ausgeschöpft war, auch für den Teil der Hauptforderung gilt, der erst durch Gewährung neuen Kredits der zweiten Bank begründet wird. Die Rspr hat dies verneint: Zwar gehe die Bürgschaftsforderung gem § 401 auf die neue Bank über, aber nur in Höhe der bestehenden Forderung der übertragenden Bank aus bereits gewährtem Kredit (BGHZ 26, 142, 147 f; Nörr JZ 1985, 1095). Die konstruktive Begründung dieses Ergebnisses aus § 401 überzeugt nicht: Hinsichtlich des nicht ausgeschöpften Kreditrahmens besteht eine durch die Inanspruchnahme des Kredits bedingte Hauptforderung und Bürgschaftsforderung; nichts hindert die Annahme, daß auch diese bedingte Bürgschaftsforderung gem § 401 übergeht. Es kommt natürlich immer auf die Auslegung der Bürgschaftserklärung nach den Umständen an (insoweit zutr BGH aaO; vgl auch RG WarnR 1914 Nr 184; Schlegelberger/Hefermehl § 349 Rn 9). Eine praxisnahe Auslegung führt aber regelmäßig dazu, daß die Kontokorrentkreditbürgschaft bei Gläubigerwechsel (Bankwechsel) auch hinsichtlich des nicht valutierten Teils fortbestehen soll (aA BGH aaO; Hadding/Häuser/Welter, Bürgschaft und Garantie 601 Fn 117) und daß eine ausdrückliche (und gem § 766 formbedürftige) Erstreckung der Bürgschaft auf diesen Fall nicht erforderlich ist. Allerdings darf die Bürgschaft keinen Ausschluß der Abtretbarkeit iS § 399 enthalten. Dies ist aber mangels ausdrücklicher Klausel bei einem Bankwechsel nach den Umständen nicht anzunehmen. Das gerade hier nur begrenzte Interesse des Bürgen an der Per-

18. Titel. **§ 765**
Bürgschaft 205—207

son des Gläubigers (dazu Rn 30 f) kann sachgerechter durch ein besonderes Kündigungsrecht (Rn 229 ff) gewahrt werden. Zum hier vertretenen Ergebnis kommt BGHZ 77, 167 = NJW 1980, 1841 im Fall des Vermögensübergangs durch Gesamtrechtsnachfolge von einer Sparkasse auf eine andere: die der ersten Sparkasse gegenüber übernommene Bürgschaft erstreckt sich auch auf Kredite, welche die zweite Sparkasse gewährt.

b) Eine **Umwandlung** des Gläubigers nach dem UmwandlungsG (v 28. 10. 1994, **205** BGBl I 3210; in Ablösung des UmwandlungsG v 12. 11. 1956 idF Bek v 6. 11. 1969, BGBl I 2081; zum neuen Gesetz KALLMEYER ZIP 1994, 1746), die für Personenhandels- und Kapitalgesellschaften sowie in bestimmten Fällen für natürliche Personen (Alleingesellschafter einer Kapitalgesellschaft) offen steht in den Formen der Verschmelzung und Spaltung (Auf- und Abspaltung) sowie als Rechtsformwechsel, führt hinsichtlich der Gläubigerstellung zu folgenden Ergebnissen. Der bloße Rechtsformwechsel (§§ 202 Abs 1 Nr 1 und § 203 UmwG) wahrt die Identität des Gläubigers, auch im Fall der Umwandlung einer Personenhandels- in eine Kapitalgesellschaft (amtl Begr, BT-Drucks 12/6699 v 1. 2. 1994, 136). Der Gedanke der Identitätswahrung wurde schon früher bei Umwandlung einer Kapitalgesellschaft in eine andere von der Rechtsprechung vertreten; die einer GmbH geleistete Kreditbürgschaft gilt nach Umwandlung der GmbH in eine AG für diese fort (RG Gruchot 54, 407; OLG Dresden SeuffA 65 Nr 237). Die Verschmelzung bewirkt eine Gesamtrechtsnachfolge: die Gläubigerstellung geht auf den neuen Rechtsträger über, während der alte Rechtsträger erlischt. Bei der Spaltung findet eine Sonderrechtsnachfolge nach Maßgabe des Spaltungsplans (§ 126 Abs 1 Nr 9 UmwG) statt.

c) Der Bürge kann dem neuen Gläubiger alle **Einwendungen** aus eigenem Recht **206** und aus der Person des Hauptschuldners (§ 768) entgegensetzen (§ 404). Ist über die Bürgschaft eine Urkunde ausgestellt und sind die Einwendungen weder aus der Urkunde ersichtlich noch sonst dem neuen Gläubiger bei Abtretung bekannt, so ist zu unterscheiden: handelt es sich um Einschränkungen der ursprünglichen Verpflichtungserklärung (Bedingung, Befristung, Gegenleistung usw), so muß der Grundsatz eingreifen, daß ein gutgläubiger Dritter sich auf den aus dem Wortlaut zu entnehmenden Inhalt einer Urkunde verlassen darf (RG HRR 1929 Nr 703; vgl auch § 405; zur Haftung des Ausstellers einer Bürgschaftsurkunde dafür, daß er gewisse Erwartungen beim Dritten begründet hat, RG HRR 1926 Nr 2341; noch weitergehend DÜRINGER/HACHENBURG/WERNER § 349 HGB Anm 21 in zu weiter Ausdehnung des Gedankens des § 405 BGB; aA insoweit STAUDINGER/BRÄNDL[10/11] Rn 23). Beruhen die Einwendungen des Bürgen jedoch auf anderen Gründen, insbes Ereignissen, die nach Abfassung der Urkunde eingetreten sind (Entstehung von Gegenansprüchen; Zusatzabrede usw), muß sie der neue Gläubiger ohne Rücksicht auf die Urkunde gegen sich gelten lassen, weil die Urkunde kein Wertpapier ist und der Gläubiger mit solchen Einwendungen immer rechnen muß.

Der Bürge, der den Forderungsübergang nicht kennt, genießt für seine Person den **207** Schutz des gutgläubigen Schuldners nach § 407 ohne Rücksicht auf die Kenntnis des Hauptschuldners. Er kann also an den alten Gläubiger mit befreiender Wirkung zahlen; er erwirbt dadurch allerdings nicht die Rechte gegen den Hauptschuldner gem § 774, weil diese bereits auf den neuen Gläubiger übergegangen sind (WESTERKAMP 389).

d) Ausschluß des Übergangs

208 § 401 ist abdingbar. Der Übergang der Bürgschaft auf den neuen Gläubiger der Hauptforderung kann durch Vereinbarung zwischen dem Bürgen und dem Gläubiger gem §§ 412, 399 ausgeschlossen sein (RG Recht 1917 Nr 797 = LZ 1917 Sp 792; BGHZ 115, 177, 181 = WM 1991, 1869, 1870 = NJW 1991, 3025, 3026; BGB-RGRK/Weber [12. Aufl 1976] § 401 Rn 2; MünchKomm/Roth § 401 Rn 4; Staudinger/Kaduk[12] § 401 Rn 10). Der Ausschluß kann sich daraus ergeben, daß sich der Bürge ausnahmsweise nur unter Beschränkung auf die Person des ersten Gläubigers der Hauptforderung verbürgen will, oder aus einer entsprechenden Ausschlußklausel im Bürgschaftsvertrag. Die letztere Klausel unterliegt als AGB der Inhaltskontrolle, als Individualabrede der einschränkenden Auslegung im Hinblick auf Rechtsnachteile bei einer Sicherungsabtretung (BGHZ 115, 177, 184 f = WM 1991, 1869, 1871 = NJW 1991, 3025, 3027; dazu iF). Der Ausschluß des Übergangs der Bürgschaft kann auch noch bei der Zession der Hauptforderung zwischen dem Zessionar und dem Zedenten vereinbart werden (RGZ 85, 363, 364; BGHZ 115, 177, 181 = WM 1991, 1869, 1870).

209 Rechtsfolge in beiden Fällen ist es, daß der Zessionar die Bürgschaftsforderung nicht erwirbt. Das weitere Schicksal der Bürgschaft ist umstritten, wobei zwischen den beiden Fällen (Ausschluß des Übergangs im Bürgschaftsvertrag oder erst bei der Zession) differenziert wird. Man muß aber beide Fälle wohl gleichbehandeln und dabei vom Grundsatz ausgehen, daß Gläubiger der Hauptforderung und der Bürgschaft nicht auseinanderfallen sollen (zutr BGHZ 115, 177, 183; zT abw Staudinger/Brändl[10/11]). Dies führt dazu, daß bei Zession der Hauptforderung unter Ausschluß der Bürgschaft diese in der Regel (s aber iF) erlischt (RGZ 85, 363, 364; BGHZ 115, 177, 183; Reichel, Schuldmitübernahme [1909] 457; Horn WuB I F 1a-2.92; Ratz, in: Großkomm z HGB § 349 Anm 5a; Graf Lambsdorff/Skora Rn 350; aA BGB-RGRK/Mormann § 765 Rn 7; Bydlinski ZIP 1989, 957 ff u WM 1992, 1309 f; Larenz/Canaris II/2[13], § 60 III 2b). Gleiches gilt aber auch als Regel in dem Fall, daß die Übertragbarkeit der Bürgschaft bereits in der Bürgschaft ausgeschlossen wurde und die Hauptforderung dann übertragen wird; die Bürgschaft erlischt (BGHZ 115, 177, 184; Dempewolf NJW 1958, 979; MünchKomm/Pecher § 767 Rn 15).

210 Von dieser Regel ist aber eine wichtige Ausnahme für den Fall zu machen, daß die Hauptforderung in die Hand des ersten Gläubigers zurückkehrt: hier lebt die Bürgschaft regelmäßig wieder auf, falls nicht der Parteiwille zu einem endgültigen Erlöschen bei erster Abtretung eindeutig ausgedrückt wurde. Die Gegenmeinung hat deshalb für die letztere Fallgruppe die Rechtsfolge einschränkend formuliert: für die Dauer der Abtretung steht dem Bürgen ein Leistungsverweigerungsrecht zu (Soergel/Mühl § 765 Rn 13; Planck/Oegg § 765 Anm 13; aA BGHZ 115, 177, 182, 184). Das Wiederaufleben der Bürgschaft ist für den Gläubiger vor allem wichtig im Fall der Sicherungsabtretung bei Rückgabe der Sicherheit. Auch in anderen Fällen kann der Gläubiger ein starkes Interesse am Fortbestand der Bürgschaft für den Fall haben, daß die verbürgte Forderung von ihm wieder geltend zu machen ist (vgl BGH WM 1982, 485, 486 betr abgetretene Gewährleistungsansprüche eines Bauträgers). Der BGH nimmt daher zutreffend an, daß der Parteiwille auf ein Fortbestehen bzw ein Wiederaufleben der Bürgschaft in diesem Fall gerichtet sein kann (BGHZ 115, 177, 186 = WM 1991, 1869, 1871) und, man muß hinzufügen, regelmäßig gerichtet ist. Der BGH nimmt, wenn der Ausschluß des Übergangs der Bürgschaft in AGB (Bürgschaftsformularvertrag) des Bürgen vorgesehen ist, ferner an, daß die Ausschlußklausel mangels Transparenz gem § 9 AGBG unwirksam ist, falls sie den Gläubiger nicht eindeutig auf den endgültigen Rechtsverlust des Bürgschaftsanspruchs bei Abtretung der verbürgten Hauptforderung hinweist (BGHZ 115, 177, 185 = WM 1991, 1869, 1871). Diese einschränkenden Grundsätze gelten auch für den Fall, daß der Übergang der Bürgschaft zwischen Zedent und Zessionar vereinbart wurde; beide Fälle sind gleichzubehandeln (zutr BGHZ 115, 177, 184).

Der Ausschluß des Übergangs der Bürgschaft im Bürgschaftsvertrag ist gegenüber dem Erwerber der Hauptforderung unwirksam, wenn er nicht aus der Bürgschaftsurkunde ersichtlich ist und der Zessionar ihn nicht kennt oder kennen muß, § 405. **211**

e) Andere Personalsicherheiten

§ 401 betrifft nur akzessorische Sicherungsrechte. Die zur Sicherung einer Forderung bestellte Garantie geht daher bei Einzelrechtsnachfolge in die Forderung nur dann über, wenn dies iS § 398 besonders vereinbart ist (BGH WM 1964, 61 = BB 1964, 193). Auch eine zur Sicherung zedierte Forderung geht nicht gem § 401 auf einen neuen Gläubiger der gesicherten Forderung über (BGH MDR 1967, 486). Dagegen hat der BGH für eine Schuldmitübernahme, die nur zur Sicherung einer Forderung dienen soll, bei Abtretung dieser Forderung eine entsprechende Anwendung des § 401 auf die mitübernommene Schuld angenommen (NJW 1972, 437). **212**

2. Abtretung der Bürgschaftsforderung?

Die isolierte Sonderabtretung der Bürgschaftsforderung (oder ihre Verpfändung oder Pfändung; vgl OLG Kolmar DJZ 1914, 576) ohne die Hauptforderung ist nach hM rechtsunwirksam; die Bürgschaftsforderung verbleibt dann in der Hand des bisherigen Gläubigers (RG JW 1909, 685; LZ 1917, 320; RGZ 15, 278, 281; 33, 269 f; BGH WM 1980, 372 und 1085, 1086 f; BGHZ 95, 88, 93; 115, 177, 180; PLANCK/OEGG Anm 13a; MünchKomm/PECHER § 765 Rn 27; STAUDINGER/KADUK, § 399 Rn 69; PALANDT/THOMAS § 765 Rn 5; REICHEL, Schuldmitübernahme [1909] S 458 f; aA TIEDTKE WM 1976, 174, 177; P BYDLINSKY ZIP 1989, 953, 957 ff, 961). **213**

3. Schuldnerwechsel

a) Das Gesetz schützt das Interesse des Bürgen an der Person des Hauptschuldners, weil von dessen persönlichen Verhältnissen das Bürgschaftsrisiko weitgehend bestimmt wird. Die **befreiende Schuldübernahme** (§§ 414 ff) bringt daher die Bürgschaft gem § 418 Abs 1 S 1 zum Erlöschen, falls der Bürge nicht in die Schuldübernahme einwilligt und dies spätestens im Zeitpunkt des Wirksamwerdens der Schuldübernahme (formlos) erklärt; §§ 418 Abs 1 S 3, 182 Abs 2, 183 (RGZ 70, 411, 415; RG JW 1909, 286 Nr 25 und HRR 1935 Nr 1298 betr stillschweigende Einwilligung). Nach diesem Zeitpunkt wäre eine Neuverbürgung erforderlich (PLANCK/OEGG Anm 13 b). Der befreienden Schuldübernahme gleichzubehandeln ist der befreiende Schuldnerwechsel im Rahmen einer Vertragsübernahme zB eines Kreditverhältnisses. Die Bürgschaft bezieht sich dann analog § 418 Abs 1 Nr 1 nicht auf die Verpflichtung des neu eintretenden Hauptschuldners (OLG Hamm WM 1990, 1152, 1154 = NJW-RR 1991, 48, 49). – Das Erfordernis der Einwilligung des Bürgen gilt auch bei einer gem § 91 Abs 2 ZVG zwischen Hypothekengläubiger und Grundstückserwerber getroffenen Verein- **214** barung über das Bestehenbleiben einer verbürgten Hypothekenforderung (RGZ 70, 411, 413 f).

215 Die Bürgschaft kann allerdings von vornherein zugleich auch für den **Rechtsnachfolger** des derzeitigen Hauptschuldners bestellt werden, so daß das Erfordernis der Einwilligung des Bürgen gem § 418 im voraus erfüllt ist (RG WarnR 1914 Nr 184; BGHZ 26, 142, 148 f = WM 1958, 71; BGH WM 1993, 1080, 1083). Dies muß aber klar zum Ausdruck kommen, weil die Person des Hauptschuldners für den Bürgen von entscheidender wirtschaftlicher Bedeutung ist; Unklarheiten gehen zu Lasten des Gläubigers (BGHZ 76, 187, 189 = WM 1980, 741; BGH WM 1993, 1080, 1083). Die **AGB-Klausel** in Formularbürgschaften, daß die Bürgschaft auch für Verbindlichkeiten des hauptschuldnerischen Unternehmens bei **Änderung der Rechtsform** seines Inhabers oder bei Wechsel in dessen Person gelten soll, erstreckt sich nach BGH nicht auf künftige Verbindlichkeiten, die ein neuer, selbständiger Unternehmensinhaber begründet (WM 1993, 1080). Die vom BGH damit beabsichtigte einschränkende Auslegung der AGB-Erstreckungsklausel ist billigenswert, soweit sie sich auf neu begründete Hauptschulden bezieht. Dem Wortlaut nach betrifft sie den Fall, daß die **Identität** des Unternehmensträgers gewahrt bleibt. Dies verneint der BGH im entschiedenen Fall der Fortführung einer KG durch den letzten verbliebenen Gesellschafter; zweifelhaft. Anders zutr BGH WM 1955, 973 (betr Übernahme einer OHG gem § 142 HGB); BGB-RGRK/Mormann § 767 Rn 3. Eher ist hier ein Befreiungsanspruch (Rn 106; s auch Rn 198) und ein Kündigungsrecht (Rn 229 ff) in Betracht zu ziehen.

216 Die Kommanditisten einer GmbH & Co KG, die zugleich Gesellschafter/Geschäftsführer der Komplementär-GmbH sind, haften nach OLG Hamm, wenn sie als „Inhaber" die Bürgschaft für alle Verbindlichkeiten der GmbH & Co KG über den Betrag des haftenden Eigenkapitals hinaus übernommen haben, auch für Verbindlichkeiten der GmbH, die nach Liquidation und Erlöschen der KG aus der Fortführung der Geschäftsverbindung durch die GmbH begründet worden sind (ZIP 1981, 863). Gegen diese Ausdehnung der Bürgenhaftung bestehen an sich zwei Bedenken: (1) wegen der Verletzung des Bestimmtheitsgrundsatzes, weil es sich um eine nicht durch Höchstbetrag begrenzte Globalbürgschaft handelte (dazu oben Rn 48 ff); (2) wegen Änderung des Hauptschuldners. Beide Bedenken können im Fall dadurch überwunden werden, daß die Bürgen auch Gesellschafter/Geschäftsführer der fortführenden GmbH wurden, die Entwicklung der Hauptschuld kontrollieren konnten und in gleicher Weise „Inhaber" blieben; immerhin verbleiben Bedenken hinsichtlich dieser weiteren Auslegung, auch aus § 766.

217 Die Bürgschaft für eine Gesamtschuld bleibt bei Ausscheiden nur eines Schuldners aus dem Gesamtschuldverhältnis unverändert bestehen (RG WarnR 1913 Nr 286); anders, wenn die Bürgschaft nur für die Schuld des Ausscheidenden bestellt war.

218 b) Bei einer **kumulativen Schuldübernahme** haftet der Bürge für die Verbindlichkeit des alten Schuldners unverändert weiter. Dies gilt auch im Fall der gesetzlichen Schuldmitübernahme, insbes bei Erwerb eines Handelsgeschäfts mit Firmenfortführung gem § 25 HGB und bei Eintritt in das Geschäft des Einzelkaufmanns gem § 28 HGB. Im Fall des § 25 HGB haftet der Bürge also für die Schuld des Veräußerers weiter (OLG Hamburg MDR 1966, 152), bis diese gem § 26 HGB verjährt ist; er kann den Gläubiger aber nicht auf die Vorausklage gegen den Erwerber verweisen.

c) Umwandlung

219 Weder Schuldnertausch noch Schuldmitübernahme, sondern fortbestehende Schuldneridentität liegt vor, wenn eine kreditnehmende OHG durch Aufnahme eines Kommanditisten in eine KG umgewandelt wird oder wenn ein Gesellschafter gem § 138 HGB ausscheidet. Die Bürgschaft für die Schulden einer KG erlischt nicht ohne weiteres, wenn alle Gesellschafter bis auf einen ausscheiden und diesem gem §§ 161 Abs 2, 142 HGB die Gesellschaftsverbindlichkeiten zuwachsen (BGH WM 1993, 1080, 1082 f). Ob in diesem Vorgang die Ersetzung des Rechtsträgers (KG) durch einen neuen gesehen werden kann (so BGH WM 1993, 1080, 1083), ist zweifelhaft. Auf jeden Fall ist die wirtschaftliche Veränderung des Hauptschuldners im genanntem Fall so schwerwiegend, daß im Zweifel die Bürgenhaftung auch nicht neue, vom fortführenden Einzelkaufmann aufgenommene Kredite erfaßt (zutr BGH aaO; vgl auch Hackbarth ZBB 1993, 8 ff). Man muß dem Bürgen in allen Fällen, in denen sich durch Personenwechsel wirtschaftliche Verhältnisse und Kreditwürdigkeit der Personengesellschafter als Hauptschuldner schwerwiegend ändern, ein Kündigungsrecht (hinsichtlich künftiger Kreditaufnahmen; iF Rn 229 ff) und einen Befreiungsanspruch gegenüber dem Hauptschuldner auch schon hinsichtlich bestehender Bürgschaftsverpflichtungen einräumen.

220 Im Fall der Umwandlung nach dem **UmwandlungsG** (zur Umwandlung des Gläubigers oben Rn 205) ist ebenso zu verfahren. Unabhängig davon, ob fortbestehende Schuldneridentität vorliegt (Formwechsel) oder Gesamtrechtsnachfolge (Verschmelzung) oder Sonderrechtsnachfolge (Spaltung), besteht zwar die Bürgenhaftung weiter; der Bürge hat aber unter den genannten Voraussetzungen ein Kündigungsrecht und einen Befreiungsanspruch.

221 Ist eine Bürgschaft für Schulden einer Gesellschaft im Zusammenhang mit einer bestehenden Gesellschafterstellung des Bürgen gegeben worden, so ist der Bürge bei **Beendigung** seiner **Gesellschafterstellung** im Zweifel berechtigt, von den Mitgesellschaftern **Befreiung** von der Bürgschaft zu verlangen (Vorbem 117).

4. Konfusion und Verwandtes, insbesondere durch Erbgang

222 Beerbt der Bürge den Gläubiger oder umgekehrt, so erlischt die Bürgschaft durch Vereinigung der Schuldner- und Gläubigerstellung (confusio).

In gleicher Weise erlischt die Hauptschuld und mit ihr die Bürgschaft, wenn der Gläubiger den Hauptschuldner beerbt oder umgekehrt. Der Gläubiger kann aber aufgrund des der Bürgschaft zugrundeliegenden Rechtsverhältnisses (Rn 103 f u 132 ff) einen Regreßanspruch gegen den Bürgen haben, zB wenn dem Bürgen die Valuta des verbürgten Darlehens zugute gekommen ist (Planck/Oegg Anm 8 b). – Übernimmt der Gläubiger das Vermögen des Hauptschuldners nach § 419 BGB, so kann er sich hieraus gleich anderen Gläubigern befriedigen und für den Restbetrag den Bürgen in Anspruch nehmen; dieser kann sich nicht im Weg der Aufrechnung oder Zurückbehaltung auf seinen Rückgriffsanspruch gegen den Hauptschuldner berufen (RGZ 82, 273, 278).

223 Wenn Bürge und Gläubiger den Hauptschuldner zugleich beerben, so bleibt der Bürge persönlich in dieser Eigenschaft haftbar; soweit er aber in die Rechte des befriedigten Gläubigers eintritt, muß ihm dieser als Miterbe des Schuldners nach Maßgabe seines Erbteils Ersatz leisten (RGZ 76, 57, 59; KANKA JherJb 87, 192).

224 Die Vereinigung der Stellung des Bürgen und des Hauptschuldners in einer Person (sog **unechte Konfusion**) durch Erbgang oder durch Fusion läßt Bürgschaftsschuld und Hauptschuld nebeneinander bestehen, weil es sich um inhaltlich verschiedene Verbindlichkeiten handelt (RGZ 76, 57 f; WESTERKAMP 113 f; PLANCK/OEGG Anm 8 b; KRETSCHMAR, Theorie der Konfusion [1899] 224). Sicherheiten für die Bürgschaft bleiben bestehen (vgl Mot II 678). Beerbt der Bürge den Hauptschuldner, so kann er sich hinsichtlich der Bürgenschuld nicht auf die Beschränkung der Erbenhaftung berufen (vgl auch ENNECCERUS/LEHMANN § 195 II). – Übernimmt der Bürge selbst das Geschäft des Hauptschuldners gem § 25 HGB, so tritt seine Mithaftung als Hauptschuldner (neben der fortbestehenden Haftung des Veräußerers) zu seiner Haftung als Bürge hinzu.

XI. Beendigung und Abwicklung der Bürgenschuld

1. Tilgung oder Wegfall der Hauptschuld

225 Die Beendigung der Bürgenverpflichtung kann aufgrund der Akzessorietät der Bürgschaft aus dem Schicksal der Hauptschuld folgen, insbesondere deren Erlöschen; dazu § 767 Rn 10 ff; § 768 Rn 16 ff; zur praktisch wichtigen Frage der Verrechnung von Teilleistungen des Hauptschuldners Vorbem 51 f u § 767 Rn 17 ff. Daneben gibt es selbständige Beendigungsgründe, die sich nur aus dem Inhalt und weiteren Schicksal der Bürgschaft selbst ergeben.

2. Erfüllung der Bürgenschuld und andere selbständige Beendigungsgründe

a) Erfüllung und Erfüllungssurrogate

226 Die Bürgenschuld endet durch Erfüllung der Bürgschaftsforderung oder durch Erfüllungssurrogate gem §§ 362 ff, zB durch Aufrechnung gem §§ 387 ff (vgl den Fall LG Nürnberg-Fürth WM 1989, 1052) oder durch Erlaßvertrag gem § 397 (OLG Hamburg NJW 1986, 1691 f). Die verbreitet in Bürgschaftsurkunden verwendete AGB-Klausel, daß mit der **Rückgabe der Bürgschaftsurkunde** die Bürgschaft erlösche, entfaltet ihre Wirkung nur, wenn die Rückgabe von einem Erlaßvertrag begleitet ist, nicht bei versehentlicher oder nur vorübergehender Rückgabe (OLG Hamburg NJW 1986, 1691 f; WM 1986, 62; zust vSTEBUT EWiR 1986, 779). Noch bei der Zahlung kann der Bürge mit dem Gläubiger vereinbaren, daß eine andere als die ursprünglich verbürgte Schuld Gegenstand der Bürgschaft sein soll (BGH WM 1964, 849 f). Zur Anrechnung von Teilleistungen des Bürgen BGH Betrieb 1978, 629; s auch Vorbem 51 u § 767 Rn 17 ff.

b) Andere Beendigungsgründe

227 Gemäß dem Inhalt des Bürgschaftsvertrages kann die Bürgenschuld ferner enden durch Ausübung eines vereinbarten Rücktrittsrechts (§§ 346 ff; in der Praxis selten und wegen der Sicherungsfunktion der Bürgschaft eng auszulegen), durch Ablauf der vereinbarten Laufzeit (§ 777) sowie deshalb, weil eine auflösende Vertragsbedingung eingetreten ist oder weil feststeht, daß eine aufschiebende Bedingung nicht eintreten wird (Rn 114) oder auch aufgrund eines Aufhebungsvertrages, dessen wirk-

samen Abschluß der Bürge im Zweifel – wie andere selbständige Beendigungsgründe – zu beweisen hat (BGH WM 1980, 193 ff). Die Bürgschaftsverpflichtung kann auch wegen Wegfalls der Geschäftsgrundlage oder Zweckverfehlung oder wegen Verwirkung (Rn 190 ff, 199 ff) entfallen. Der Befreiungsanspruch des Bürgen gem § 775 bringt nicht die Bürgschaftsverpflichtung selbst zum Erlöschen; s dort.

c)   **Leistungsstörungen**
Der Bürge haftet für Leistungsstörungen in der Erfüllung seiner Bürgenschuld nach **228** den allgemeinen Regeln. Da die Bürgenschuld regelmäßig Geldschuld ist, kommt der allgemeine schuldrechtliche Grundsatz zum Zug, daß der Geldschuldner für seine finanzielle Leistungsfähigkeit ohne Rücksicht auf Verschulden einzustehen hat (RGZ 106, 177, 181; BGHZ 63, 132, 139; BGH NJW 1989, 1278; STAUDINGER/LÖWISCH [1995] § 279 Rn 2). Eine Leistungsbefreiung wegen unverschuldeter Unmöglichkeit gem § 275 kommt also nur im sehr seltenen Fall in Betracht, daß der Bürge aus einem anderen Grund die Leistung an den Gläubiger nicht bewirken kann. Der Bürge haftet bei Zahlungsverzug auf den Verzugsschaden gem §§ 284, 286 (oben Rn 112 f). Der Bürge braucht grundsätzlich auch dann, wenn alle Voraussetzungen seiner Inanspruchnahme eingetreten sind, erst nach Zahlungsaufforderung des Gläubigers zu leisten (BGH NJW 1979, 2040, 2041; OLG Hamm WM 1983, 772).

3.   Einseitige Lösung vom Bürgschaftsvertrag

a)   **Kündigung**
Die Bürgschaft ist grundsätzlich nicht kündbar, falls nicht ausdrücklich eine andere **229** Vereinbarung getroffen ist (SOERGEL/MÜHL Rn 24), die mit Rücksicht auf den Sicherungszweck der Bürgschaft eng auszulegen ist. Auch die nachträgliche Verschlechterung der Vermögenslage des Hauptschuldners gehört zum typischen Bürgenrisiko und gibt dem Bürgen nur den Befreiungsanspruch des § 775 gegen den Hauptschuldner, nicht aber ein Kündigungsrecht gegenüber dem Gläubiger (RG JW 1932, 584). Ist die Bürgschaft unbefristet und ein Kündigungsrecht nicht vereinbart, so bedeutet dies demnach, daß die Bürgschaft für die ganze Dauer der Hauptschuld bestehen soll. Dies gilt auch, wenn die Hauptschuld selbst unbefristet ist; der Bürge ist darauf angewiesen, daß Gläubiger oder Hauptschuldner von den für die Hauptschuld selbst bestehenden Beendigungsmöglichkeiten (ordentliche oder außerordentliche Kündigung oder Tilgung) Gebrauch machen. Je nach dem Innenverhältnis kann der Bürge uU vom Hauptschuldner Befreiung von der Bürgenschuld fordern. Vom Gläubiger kann er Erlaß nur bei entsprechender Abrede verlangen oder im seltenen Fall des manifesten Rechtsmißbrauchs (s auch Rn 199 ff u Vorbem 32 ff, 164).

Eine Ausnahme vom Grundsatz der Unkündbarkeit auch der unbefristeten Bürg- **230** schaft muß für Bürgschaften gelten, die zur Sicherung von **Dauerschuldverhältnissen** dienen, soweit es um die daraus entstehenden künftigen Verbindlichkeiten geht. Hier ist der allgemeine Rechtsgrundsatz, daß Dauerschuldverhältnisse bei Vorliegen eines wichtigen Grundes durch **Kündigung** beendet werden können (HORN, Vertragsdauer, in: BMJ [Hrsg], Gutachten und Vorschläge zur Überarbeitung des Schuldrechts, Bd I [1981] 551 ff, 573 m Nachw), auch auf die Bürgschaft anzuwenden, sofern sie selbst nicht befristet worden ist. Der Bürge, der auf unbestimmte Zeit eine solche Bürgschaft, zB eine Kontokorrentkreditbürgschaft, übernommen hat, ist dann bei Eintritt wichtiger Umstände berechtigt, mit Wirkung für die Zukunft die Bürgschaft zu kündigen (RG

JW 1911, 447; RG Warn 1913 Nr 289; RG JW 1914, 470 = Warn 1914 Nr 158; BGH WM 1959, 855, 856; WM 1985, 1059 = ZIP 1985, 1192, 1194; dazu K Schmidt EWiR 1985, 767; OLG Breslau HRR 1936 Nr 1212; OLG Nürnberg WM 1970, 297; LG Hamburg MDR 1971, 845; OLG Frankfurt/M MDR 1978, 52; OLG Braunschweig FamRZ 1978, 111; OLG Zweibrücken NJW 1986, 258 f; OLG Celle WM 1989, 1224; Soergel/Mühl Rn 24; Erman/Seiler Rn 8). Hauptanwendungsfälle sind die Kontokorrentkreditbürgschaft, die damit verwandte Globalbürgschaft für künftige Forderungen aus Geschäftsverbindung eines Unternehmens, die freilich nach der neueren Rechtsprechung nur noch unter einschränkenden Voraussetzungen zulässig ist (oben Rn 53 ff), sowie die Mietbürgschaft (vgl zu dieser oben Rn 66 f). Als wichtiger Grund kann auch das Ausscheiden des Bürgen aus der Gesellschaft anzusehen sein, für deren Verbindlichkeiten er sich verbürgt hat (BGH WM 1985, 1059; zust K Schmidt EWiR 1985, 767; anders für den umgekehrten Fall des Eintritts des Bürgen in die Gesellschaft BGH WM 1986, 850 = NJW 1986, 2308). Auch die erhebliche Verschlechterung der Vermögensverhältnisse des Hauptschuldners kann ein solcher wichtiger Grund sein (BGH WM 1985, 969; 1993, 897 = NJW-RR 1993, 944; zum Ganzen auch Vorbem 53 u 116).

231 Die hM läßt ferner auch den Ablauf einer angemessenen Frist seit Übernahme der Bürgschaft genügen (zB BGH WM 1959, 855, 856; BGH ZIP 1985, 1192, 1194; Staudinger/ Brändl[10/11] Rn 78; Erman/Seiler Rn 8; Graf Lambsdorff/Skora Rn 344). Angemessen ist die Zeit, wenn in ihr schon die Bürgschaft, gemessen an den Vorstellungen bei Vertragsschluß, eine vernünftige wirtschaftliche Funktion entfaltet hat und berechtigte Interessen des Bürgen gegen eine Fortdauer der Bürgschaft sprechen. Der Unterschied zu einer Kündigung aus wichtigem Grund liegt in der Kündigungsfrist (Rn 232). – Eine Kündigung wurde in der Erklärung des Bürgen gesehen, daß der Gläubiger dem Hauptschuldner keinen weiteren Kredit gewähren dürfe (RG LZ 1917, 592 Nr 10). Entsprechende Grundsätze sind auf die Mietbürgschaft anzuwenden (zutr LG Hamburg MDR 1971, 845 gegen LG Hamburg HansRGZ 32 B, 287).

232 Bei der Kündigung hat der Bürge auf die berechtigten Interessen des Gläubigers und des Hauptschuldners Rücksicht zu nehmen und muß daher eine angemessene **Kündigungsfrist** einhalten, damit diese sich auf die neue Situation einstellen können (RG WarnR 1913 Nr 289; BGH WM 1959, 855, 856; WM 1985, 1059). Allerdings ist hier nach Kündigungsgründen zu differenzieren. Wird wegen Vermögensverfall des Hauptschuldners gekündigt, ist dem Bürgen ein weiteres Zuwarten und das Anwachsen der Hauptschuld meist nicht zumutbar; die Kündigung ist hier fristlos möglich, falls nicht ein überwiegendes Gläubigerinteresse entgegensteht (vgl BGH WM 1985, 969). Die Kündigungsfrist kann kürzer ausfallen, wenn der Sicherungszweck beschränkt ist (OLG Celle WM 1989, 1224 = NJW-RR 1989, 548 f: 6–8 Wochen betr Bürgschaft zur Sicherung von Vorschüssen aus Factoring-Vertrag). Wird nur wegen Ablaufs einer längeren Laufzeit der Bürgschaft gekündigt, ist ggf eine längere Kündigungsfrist einzuhalten, die sich an vertragsüblichen Fristen (für Kreditbürgschaften 3 Monate) orientiert (OLG Celle WM 1989, 1224; Derleder NJW 1986, 97, 102) oder uU diese sogar noch überschreiten kann. Angemessen ist bei der Mietbürgschaft idR eine Frist, die es dem Vermieter ermöglicht, das Mietverhältnis zu beenden und die Räumung der Wohnung zu erreichen (LG Hamburg MDR 1971, 845).

233 Die **Wirkung** der Kündigung besteht darin, daß ab Wirksamwerden (Ablauf der Kündigungsfrist oder fristlos) die Bürgschaft neue Verbindlichkeiten, die im Rahmen des

gesicherten Dauerschuldverhältnisses entstehen (neue Kreditgewährung, neuer Mietzins) nicht mehr umfaßt. Für die vorher begründeten Hauptforderungen bleibt die Bürgschaft bestehen und verringert sich mit deren Tilgung, bei Kontokorrentkrediten nach dem niedrigsten Saldo. Hinsichtlich dieser weiterhin verbürgten Altverbindlichkeiten verwandelt sich die Bürgschaft nicht in eine Zeitbürgschaft (BGH WM 1985, 969).

Die Umstände, aus denen sich ein Kündigungsrecht herleiten läßt, können uU auch **234** bereits zu einer **Begrenzung** der Bürgschaftsverpflichtung **durch Auslegung** und ohne Kündigung führen. So hat das RG die Bürgschaft für einen laufenden Kredit einer GmbH einschränkend dahin ausgelegt, daß die Bürgschaft nur solange gelte, als der Bürge Gesellschafter war (RG HRR 1935 Nr 581). Unter besonderen Umständen kann die Weitergewährung von laufendem Kredit ohne Vorinformation des Bürgen für diesen den Einwand des Rechtsmißbrauchs gegenüber der Inanspruchnahme aus der ungekündigten Bürgschaft begründen (RG JW 1932, 1655; vgl auch BGH WM 1957, 518 u Rn 65).

Die genannten Grundsätze über ein Kündigungsrecht müssen entgegen der hM in **235** Ausdehnung der genannten Rspr ausnahmsweise auch für den Fall der Zeitbürgschaft dann gelten, wenn diese für die ständig neu entstehenden Forderungen aus einem Dauerschuldverhältnis übernommen ist und die genannten besonderen Umstände eintreten, die das Bürgschaftsrisiko für die künftigen Forderungen unverhältnismäßig vergrößern, wenn die zeitliche Begrenzung der Bürgschaft die Interessen des Bürgen nicht angemessen schützt (Beispiel: Kreditbürgschaft oder Mietbürgschaft für 10 Jahre; der Hauptschuldner gerät im 3. Jahr in Vermögensschwierigkeiten).

b) Rücktritt; Widerruf
Die Bürgschaftsverpflichtung kann durch ein vertragliches Rücktrittsrecht **236** (§§ 346 ff) eingeschränkt sein, was mit Rücksicht auf den Sicherungszweck nur sinnvoll ist, wenn das Kündigungsrecht an präzise und enge Voraussetzungen gebunden ist, die den Sicherungszweck einschränken sollen. Ist die Bürgschaft im Rahmen eines gegenseitigen Vertrages mit dem Gläubiger übernommen (Rn 132 ff), so kann dem Bürgen das gesetzliche Rücktrittsrecht gem §§ 325, 326 zustehen (RG BankArch 1937, 556), wenn der Gläubiger seine Gegenleistung nicht erbringt.

Die Bürgschaft ist grundsätzlich nicht widerruflich (SOERGEL/MÜHL Rn 24). Ein Bürg- **237** schaftsversprechen kann aber vor Auszahlung des Darlehens, dessen Rückzahlung durch die Bürgschaft gesichert werden sollte, in entsprechender Anwendung des § 610 BGB widerrufen werden, wenn in den Vermögensverhältnissen des (künftigen) Hauptschuldners eine wesentliche Verschlechterung eintritt (BGH BB 1959, 866; vgl auch PLANCK/OEGG Anm 10; SOERGEL/MÜHL aaO).

4. Verjährung

Die Bürgschaftsforderung verjährt gem § 195 in dreißig Jahren; da es sich um einen **238** selbständigen Anspruch handelt, ist die für die jeweilige Hauptschuld geltende Verjährungsfrist nicht maßgebend (OLG München JW 1929, 1404 Nr 6; OLG Kiel JW 1933, 2343; OLG Düsseldorf MDR 1969, 665 u MDR 1975, 1019; STAUDINGER/PETERS [1995] § 195 Rn 38; hM;

aA Bydlinski ZIP 1989, 953 ff, der für Gleichlauf mit der Verjährung der Hauptschuld eintritt). Der Bürge kann sich allerdings auf die kürzere Verjährung der Hauptschuld berufen (Rn 89 u § 768 Rn 13). Dient allerdings die Bürgschaft auch zur Sicherung verjährter Gewährleistungsansprüche, kann sich der Bürge nicht auf die Einrede der Verjährung berufen, die dem Auftragnehmer eines Bauvertrags hinsichtlich der verbürgten Gewährleistungsansprüche zusteht (BGHZ 121, 173).

5. Rückabwicklung rechtsgrundloser Zahlungen des Bürgen*

239 Hat der Bürge an den Gläubiger geleistet und stellt sich dann heraus, daß in Wirklichkeit eine Bürgschaftsverpflichtung nicht oder nicht mehr bestand, so kommt ein Rückforderungsanspruch nach § 812 Abs 1 S 1 1. Alt in Betracht. Ein solcher Anspruch steht dem Bürgen jedenfalls zu, wenn der Grund für das Nichtbestehen der Bürgschaftsverpflichtung sich allein aus der Beziehung zwischen Bürgen und Gläubiger ergibt (hM; allg BGH NJW 1970, 134; vCaemmerer, in: FS Dölle Bd I [1963] 135, 143; Canaris, in: FS Larenz [1973] 799, 838; Staudinger/Lorenz [1994] § 812 Rn 47; MünchKomm/Lieb § 812 Rn 127; Koziol ZBB 1989, 16, 17).

240 Gleiches muß aber auch gelten, wenn der Mangel der Bürgenverpflichtung im Verhältnis zwischen Gläubiger und Hauptschuldner liegt (zB mangelnde Wirksamkeit, Tilgung, Aufrechnung, Erlaß der Hauptschuld) und sich nur vermittels der Akzessorietät (Vorbem 18 ff u § 767) auf die Bürgenverpflichtung auswirkt (Lorenz, AcP 168 [1968] 286, 298; Staudinger/Lorenz [1994] § 812 Rn 48; Köndgen, in: FS Esser [1975] 55, 67; MünchKomm/Lieb § 812 Rn 128; Koziol ZBB 1989, 17). Die Gegenmeinung (Canaris, in: FS Larenz [1973] 837 f) berücksichtigt nicht hinreichend, daß der Bürge auf seine eigene Bürgenverbindlichkeit leistet und durch seine Leistung regelmäßig die Hauptschuld nicht tilgt, sondern gem § 774 erwirbt (Vorbem 13 u § 774; Koziol ZBB 1989, 16, 21). Bei der zuletzt betrachteten Fallgruppe eines Mangels in der Beziehung zwischen Gläubiger und Hauptschuldner ist zu beachten, daß die Bürgschaft häufig auch einen Kondiktionsanspruch des Gläubigers absichern soll, zB den Rückzahlungsanspruch auf das ausgezahlte Darlehen bei Unwirksamkeit des Darlehensvertrages (oben Rn 81 ff), so daß die Bürgenverpflichtung trotz Unwirksamkeit des über die Hauptschuld geschlossenen Vertrages bestehen bleibt. Der Bürge kann in diesem Fall nach seiner Zahlung an den Gläubiger den geleisteten Betrag nicht kondizieren, weil Hauptschuld (auch) der Kondiktionsanspruch des Gläubigers war. Der Bürge muß sich vielmehr an den Hauptschuldner halten (s § 774).

---

* **Schrifttum:** vCaemmerer, Irrtümliche Zahlung fremder Schulden, in: FS Dölle Bd I (1963) 135; Canaris, Der Bereicherungsausgleich im Dreipersonenverhältnis, in: FS Larenz (1973) 799; Horn, Der Rückforderungsanspruch des Garanten nach unberechtigter Inanspruchnahme, in: FS Brandner (1996) 623; Köndgen, Wandlungen im Bereicherungsrecht, in: FS Esser (1975) 55; Koziol, Die Rückabwicklung rechtsgrundloser Zahlungen eines Bürgen, ZBB 1989, 16; Lorenz, Gläubiger, Schuldner, Dritte und Bereicherungsausgleich, AcP 168 (1968) 286; Reuter/Martinek, Ungerechtfertigte Bereicherung (1983) § 12 VII; Schnauder, Grundfragen zur Leistungskondiktion bei Drittbeziehung (1981) 203.

6. Sonstige Rückabwicklungsfragen

Die Rechtslage ändert sich, wenn der Hauptschuldner dem Bürgen, der in Anspruch 241 genommen wurde, gem § 670 Aufwendungsersatz leisten mußte und geleistet hat. Dies ist auch dann der Fall, wenn der Bürge zB bei einer Bürgschaft zur Zahlung auf erstes Anfordern die unberechtigte Anforderung (aus Unkenntnis oder mangels Gegenbeweises) nicht abwehren konnte und Aufwendungsersatz verlangen konnte. Hier ist ein Kondiktionsanspruch des Hauptschuldners gegen den Gläubiger aus Eingriffskondiktion gegeben. Außerdem hat der Hauptschuldner einen Schadensersatzanspruch gegen den Gläubiger aus seinem Vertrag mit diesem, weil der Gläubiger seine vertragliche Pflicht verletzt hat, die Bürgschaft nur bei Eintritt des Bürgschaftsfalles in Anspruch zu nehmen. Bei mißbräuchlicher Inanspruchnahme hat der Hauptschuldner daneben ggf einen Schadensersatzanspruch aus § 826. Der Gläubiger kann beiden Ansprüchen gegenüber nicht mit einer Gegenforderung aufrechnen (OLG Düsseldorf WM 1996, 1956).

Abgesehen von dem (Rn 241) dargestellten Fall der Verlagerung der Entreicherung 242 und des Schadens gibt es weitere Fälle, in denen die oben (Rn 239 f) genannte Grundregel, daß der zahlende Bürge der Gläubiger eines Rückforderungsanspruchs ist, nicht eingreift. Hier ist die Regel zu beachten, daß rechtliche Mängel zu einer Rückabwicklung in der jeweiligen Rechtsbeziehung führen, in der sie entstanden sind (Gläubiger – Bürge; Bürge – Hauptschuldner; Hauptschuldner-Gläubiger; dazu oben Rn 102 ff, 111 ff, 136 ff). (a) In dem – eher seltenen – Fall, daß die Bürgschaft in einen gegenseitigen Vertrag zwischen Bürge und Gläubiger eingebettet ist, können besondere Abreden in diesem Vertrag oder dessen rechtliche Mängel die Bürgenverpflichtung entfallen lassen (oben 132 ff). (b) Im häufigen und typischen Fall, daß der Bürge sich aufgrund eines Vertrages mit dem Hauptschuldner verbürgt hat (mit entsprechendem Provisions- und Aufwendungsersatzanspruch), folgt aus der mangelnden Wirksamkeit des Vertrages ein Kondiktionsanspruch gegen den Hauptschuldner auf Befreiung von der Bürgschaft, falls die zu sichernde Hauptschuld besteht und der Gläubiger eine Bürgschaft vom Hauptschuldner verlangen konnte; andernfalls besteht ein Kondiktionsanspruch gegen den Gläubiger (auf Erlaß der Bürgschaft bzw auf Rückzahlung). (c) Regelmäßig ist die Stellung der Bürgschaft dem Gläubiger vom Hauptschuldner versprochen, zB als Vorbedingung für eine Kreditgewährung. Ist die Verpflichtung zur Bürgenstellung unwirksam, so kann der Hauptschuldner vom Gläubiger die Bürgschaft kondizieren und Herausgabe der Bürgschaftsurkunde an den Bürgen verlangen (oben Rn 137 ff m Nachw). Der Kondiktionsanspruch ist auf Erlaß, nach Zahlung durch den Bürgen auf negatives Anerkenntnis (mit der Folge der Rückforderung durch den Bürgen) gerichtet (Koziol ZBB 1989, 16, 24 f).

§ 766

Zur Gültigkeit des Bürgschaftsvertrags ist schriftliche Erteilung der Bürgschaftserklärung erforderlich. Soweit der Bürge die Hauptverbindlichkeit erfüllt, wird der Mangel der Form geheilt.

Materialien: E I, –; II, –; III, –; Mot II 659 f; Prot II 461, 463; VI 196.

Schrifttum

BÜLOW, Blankobürgschaft und Rechtsscheinzurechnung, ZIP 1996, 1694
DERLEDER, Die unbegrenzte Kreditbürgschaft, NJW 1986, 97
HAASE, Der Schutz des Bürgen vor den Gefahren einer unüberlegten Bürgschaft in rechtspolitischer Sicht. Ein Vergleich des deutschen mit dem schweizerischen Recht (Diss Freiburg 1971)
KEIM, Das Ende der Blankobürgschaft?, NJW 1996, 2774

K SCHMIDT, Formfreie Bürgschaften eines geschäftsführenden Gesellschafters, ZIP 1986, 1510
TIEDTKE, Der Umfang des Schriftlichkeitserfordernisses bei der Bürgschaft, WM 1989, 737
ders, Zur Übernahme der Bürgschaft durch die GmbH oder deren Geschäftsführer persönlich, GmbHR 1995, 336

Systematische Übersicht

I.	**Zweck und Anwendungsbereich**	
1.	Warnfunktion	1
2.	Anwendungsbereich der Norm	2
a)	Grundsatz; Vorvertrag	2
b)	Abreden mit Hauptschuldner	3
c)	Bürgschaftsähnliche Verträge	4
d)	Handelsgeschäfte	5
3.	Umfang der Formbedürftigkeit	8
a)	Nur die Vertragserklärung des Bürgen	8
b)	Nicht die Vertragserklärung des Gläubigers	9
c)	Nebenabreden	10
d)	Nachträgliche Vertragsänderungen	11
4.	Rechtsgeschäftliche Schriftform	13
5.	Zusammentreffen mit anderen Formvorschriften	14
II.	**Der notwendige Inhalt der Bürgschaftsurkunde**	
1.	Grundsatz	17
2.	Verbürgungswille	22
3.	Bezeichnung von Gläubiger, Hauptschuldner und Hauptschuld	23
III.	**Die Schriftform**	
1.	Äußere Form	28
a)	Privatschriftliche Urkunde	28
b)	Beurkundung	30
2.	Erteilung	33
3.	Annahme	35
4.	Haftung für die nicht erteilte Bürgschaftserklärung	36
5.	Rückgabe der Urkunde	37
IV.	**Mitwirkung eines Vertreters und Blankobürgschaft**	
1.	Vertretung	38
a)	Vollmachtserteilung	38
b)	Vertretererklärung	40
c)	Zeitpunkt und Vollzug der Erteilung der Bürgschaftsurkunde	42
2.	Blankobürgschaft und Ausfüllungsermächtigung	43
a)	Begriff der Blankobürgschaft	43
b)	Ausfüllungsermächtigung	44
c)	Abredewidrige oder formungültige Ausfüllung	46
d)	Einwilligung in künftige Vertragsänderungen	47
V.	**Rechtsfolge des Formverstoßes: Nichtigkeit**	
1.	Grundsatz	48
2.	Einschränkung der Berufung auf die Nichtigkeit	50
VI.	**Heilung des Formmangels**	
1.	Durch Erfüllung	53
2.	Nicht durch nachträgliche Abrede	54

3. Formgültigkeit nach ausländischem Recht	55	VII. Beweislastfragen	56

Alphabetische Übersicht

Annahme der Urkunde	35	Hauptforderung	23
Ausfüllung		Hauptschuld, Kennzeichnung	26 f
– abredewidrige –	46	Hauptschuldner	25
– formungültige –	46	Heilung des Formmangels	53 f
Ausfüllungsermächtigung	44		
Auslegung der Bürgschaftsurkunde	19 ff	Kopie	29
Beurkundung	30	nachträgliche Abänderungen	11 f
Beweislast	56	Nebenabreden	10
Bezugnahme auf andere Urkunden	34	Nichtigkeit wegen Formverstoßes	48
Blankobürgschaft	43 ff		
bürgschaftsähnliche Verträge	4	Oberschrift	28
Bürgschaftsurkunde, Inhalt	17 ff		
		Prozeßbürgschaft	15
Ehegattenzustimmung	16	Prozeßvergleich	31
Einschränkung der Berufung auf die Nichtigkeit	50 ff	Rückgabe der Urkunde	37
Erteilung	36	Schriftform	28
– der Bürgschaftsurkunde	33	– rechtsgeschäftliche –	13
falsa demonstratio	21	Telefax	29
Formbedürftigkeit, Umfang	8 ff	Treuwidrigkeit der Berufung auf die Formnichtigkeit	52
Formgültigkeit nach ausländischem Recht	55		
Formmangel, Heilung des –	53 f	Urkundenrückgabe	37
Formvorschriften, andere –	14		
Gerichtsstandsvereinbarung	15	Verbürgungswille	22
Geschäftsführer	41	Vergleichsbürgschaft	32
– Bürgschaftserklärung	6	Vertragsänderungen, Einwilligung	47
Gesellschafter	41	Vertreter, Mitwirkung	38 ff
Gläubiger	24	Vorvertrag	2
Gläubigererklärung	9		
Globalbürgschaft	27	Warnfunktion	45
Handelsgeschäft	5	– der Form	1

I. Zweck und Anwendungsbereich

1. Die Formvorschrift des § 766 hat eine **Warnfunktion**: Der Bürge neigt dazu, das Bürgschaftsrisiko zu unterschätzen, und vertraut bei der Bürgschaftsübernahme darauf, er werde aus der Bürgschaft schon nicht in Anspruch genommen, weil der Hauptschuldner leisten werde; die Schriftform soll ihm die Tragweite seiner Verpflichtung klarmachen (RTK 94; MUGDAN II 1295; RGZ 57, 258, 263; BGHZ 24, 297 ff; BGH

LM Nr 15 zu § 766 = NJW 1972, 576; BGH WM 1984, 199; 1986, 95, 96; 1989, 559, 560; BGHZ 121, 224, 229f = WM 1993, 496, 497 = ZIP 1993, 424 = NJW 1993, 1126; BGH WM 1996, 762, 763 = NJW 1996, 1467, 1468 f = WM 1996, 762). Für Fortbestand und Geltendmachung der Bürgschaftsforderung ist die Urkunde dagegen materiell nicht erforderlich; die Urkunde ist insbesondere kein Wertpapier.

2. Anwendungsbereich der Norm

2 a) Der Anwendungsbereich der Norm erstreckt sich auf alle Arten der Bürgschaft (Vorbem 22–62). Auch der **Vorvertrag**, durch den sich jemand gegenüber dem Gläubiger der Hauptforderung zur Bürgschaftsübernahme verpflichtet, bedarf der Form des § 766, weil sonst der Zweck des § 766 umgangen werden könnte (RGZ 76, 303 f; REICHEL JW 1931, 2228; BGH LM Nr 8 zu § 766 = WarnJb 1966 Nr 4). Formbedürftig sind grundsätzlich nur die rechtsgeschäftlichen Erklärungen des Bürgen, die seine Bürgenverpflichtung begründen oder erweitern und ihn dadurch belasten; Erklärungen dagegen, die seine Bürgenverpflichtung einschränken und ihn dadurch entlasten, sind formlos wirksam (BGH WM 1983, 267; vgl iF Rn 8 ff).

3 b) **Abreden mit dem Hauptschuldner** unterliegen grundsätzlich nicht der Formvorschrift des § 766 (RGZ 59, 10, 13 f), zB der Verzicht des Bürgen auf den Befreiungsanspruch des § 775 (s dort Rn 13). Dies gilt auch für den Vertrag, in dem sich jemand gegenüber dem Hauptschuldner verpflichtet, für ihn eine Bürgschaft zu übernehmen (PLANCK/OEGG Anm 6; OERTMANN Anm 2; aA HUECK Recht 1917, 420; HECK, Grundriß 382). Der Gegenmeinung ist zuzugeben, daß auch hier die Warnfunktion des § 766 erwünscht ist; aber für die analoge Anwendung müßten besonders schwerwiegende Gründe sprechen, die im vorliegenden Fall fehlen. Denn wenn der genannte Vertrag mit dem Hauptschuldner nicht ohnehin ein Entgelt vorsieht, handelt es sich entweder um einen Auftrag, den der mit der Bürgschaft Beauftragte gem § 671 jederzeit kündigen kann, oder um ein schon nach § 518 Abs 1 formbedürftiges Schenkungsversprechen (§ 765 Rn 51). Wird durch einen Vertrag des Bürgen mit dem Hauptschuldner oder einem sonstigen Vertragspartner allerdings die Bürgschaftsforderung unmittelbar begründet (Vertrag zugunsten des Gläubigers gem § 328; dazu § 765 Rn 7), so unterliegt die Verpflichtungserklärung § 766 (vgl auch RGZ 65, 164, 166; 31, 262). Vereinbarungen mehrerer Mitbürgen untereinander, zB über den gegenseitigen Ausgleich, sind formfrei (RG JW 1906, 305).

4 c) **Bürgschaftsähnliche Verträge** (Vorbem 194 ff, 363 ff) unterliegen grundsätzlich nicht der Formvorschrift des § 766 (OERTMANN [5. Aufl] Anm 2; PLANCK/OEGG Anm 11; BGB-RGRK/MORMANN Rn 1; BGH NJW 1972, 576). Der Gesetzgeber hat § 766 auf den Vertragstyp der Bürgschaft beschränkt (arg e contrario § 778) und nicht auf die Wünschbarkeit der Warnfunktion der Schriftform in ähnlichen riskanten, bürgschaftsähnlichen Geschäften abgestellt. Hinzutritt der Grundsatz, mit Rücksicht auf die Verkehrssicherheit eine gesetzliche Formvorschrift möglichst nicht analog anzuwenden, wovon die Rspr nur beim Bürgschaftsvorvertrag mit Recht abgewichen ist (Rn 2). Formfrei sind demnach der Kreditauftrag nach § 778 (s dort Rn 6), das Garantieversprechen (Vorbem 223), der Schuldbeitritt (Vorbem 365 f). Unanwendbar ist § 766 auf die zur Sicherung der Schuld eines Dritten eingegangene Wechselverbindlichkeit (BGHZ 45, 210 u Vorbem 432). Formfrei ist ferner die Verpflichtung gegenüber dem Bürgen, bei Inanspruchnahme durch den Gläubiger anstelle des Bürgen zu leisten

(Erfüllungsübernahme; BGH NJW 1972, 576 = JZ 1972, 248 = LM Nr 15 zu § 766) ebenso wie das Versprechen gegenüber dem Hauptschuldner oder einem Dritten, eine Bürgschaft künftig übernehmen zu wollen (Rn 3). Gleiches gilt für das Versprechen, für eine fremde Schuld ein Pfandrecht (RG WarnR 1909 Nr 207; Recht 1911 Nr 2134; JW 1916, 398; OLG Dresden OLGE 5, 323) oder eine pfandähnliche Sicherheit (RG SeuffA 64 Nr 48) zu bestellen oder einen Wechsel zu indossieren (OLG Dresden OLGE 12, 276; vgl auch OLG Karlsruhe Recht 1907 Nr 2016).

d) Die Bürgschaft des Kaufmanns, die auf seiner Seite ein **Handelsgeschäft** ist (§ 343 HGB), ist formfrei gültig gem § 350 HGB, so zB die Bürgschaft der Bank (OLG Köln WM 1992, 138 f). Die Bank kann daher ihre Bürgschaftserklärung auch in der Weise rechtswirksam abgeben, daß die dem Kunden als Erklärungsboten der Bank erteilte Bürgschaftserklärung von diesem nur als Kopie an den Begünstigten weitergegeben wird (OLG Köln aaO). Der Gesetzgeber geht davon aus, daß die größere geschäftliche Erfahrenheit des Kaufmanns die Warnfunktion der Schriftform überflüssig mache (Heck AcP 92, 438 ff, 443, 458; vgl RG JW 1906, 87). Die Rechtsvermutung des § 344 HGB, daß ein Handelsgeschäft vorliege, greift nicht ein, wenn der Bürge neben dem kaufmännischen auch ein nicht kaufmännisches Geschäft betreibt (RG JW 1930, 829 Nr 23 = WarnR 1931 Nr 220; vgl auch RG Gruchot 54, 404), oder wenn der Gläubiger wußte, daß der Bürge die Bürgschaft (= Schuldschein iS § 344 Abs 2 HGB) nicht im Betriebe seines Handelsgewerbes gezeichnet hat (BGH ZIP 1997, 836).

Nichtkaufmann ist der Geschäftsführer oder der **Gesellschafter der GmbH** (BGHZ 5, 133, 134), weshalb der BGH die von diesen Personen nicht namens der GmbH, sondern persönlich übernommene Bürgschaft für formbedürftig erklärt (BGH WM 1986, 939; WM 1991, 536). Dieses Ergebnis ist unbefriedigend. Zwar sind die Gesellschafter einer Handelsgesellschaft (OHG, KG, GmbH) nicht Träger des Unternehmens und damit Nichtkaufleute, aber zumindest die geschäftsführenden Gesellschafter einer solchen Gesellschaft sind bei Bürgschaften, die sie persönlich im Zusammenhang mit der Geschäftstätigkeit der Gesellschaft übernehmen, insbesondere wenn die Gesellschaft Hauptschuldnerin ist, iS § 350 HGB nicht schutzbedürftig (zutr K Schmidt ZIP 1986, 1510 f, 1515, 1517). Der BGH will deshalb im Einzelfall prüfen, ob die Berufung eines geschäftsführenden GmbH-Gesellschafter auf den Formmangel einer von ihm abgegeben Bürgschaftserklärung für eine Verbindlichkeit der Gesellschaft eine unzulässige Rechtsausübung darstellt (BGH WM 1986, 939). Erwägenswert ist es, in diesen Fällen generell die Schutzbedürftigkeit zu verneinen und § 350 HGB entsprechend anzuwenden (K Schmidt aaO). – Maßgebend für die Anwendung des § 350 HGB ist die Zeit der Verbürgung (Ratz, in: Großkomm HGB § 350 Anm 9).

Nach § 351 HGB gilt die Freiheit vom Formerfordernis des § 766 nicht für Minderkaufleute (§ 4 HGB). Auch wer nicht Vollkaufmann ist, haftet jedoch für sein mündliches Versprechen, soweit ihm wegen seiner Eintragung ins Handelsregister der Einwand, er sei nur Minderkaufmann oder sein Gewerbe sei kein Handelsgewerbe, durch §§ 5, 15 HGB abgeschnitten ist oder soweit er im Rechtsverkehr als Vollkaufmann auftritt und gilt (OLG Hamburg OLGE 46, 294 und JW 1927, 1109; vgl auch RG JW 1906, 691; OLG Frankfurt/M BB 1974, 1366, 1367 [betr Minderkaufmann]; K Schmidt, Handelsrecht [4. Aufl 1994] § 10 VIII 4 S 337; Schlegelberger/Hefermehl § 350 Rn 12; Baumbach/Hopt, HGB [29. Aufl 1995] § 350 Rn 7). Die Gegenmeinung macht geltend, daß der Nichtkaufmann oder Minderkaufmann die zu seinem Schutz aufgestellten nicht abdingbaren Bestimmungen nicht durch einfache Erklärung außer kraft setzen könne (CANARIS, Handelsrecht [22. Aufl 1995] § 6 II 5b S 79; BÜLOW, Handelsrecht [2. Aufl 1996] S 29). Wer aber den Rechtsschein des Kaufmanns setzt, muß sich auch sonst als Kaufmann behandeln lassen.

8 3. Der Umfang der Formbedürftigkeit wird durch die Warnfunktion des § 766 begrenzt:

a) Nur die **Vertragserklärung des Bürgen** in ihrem nach § 765 wesentlichen Inhalt sowie alle Abreden, welche die Bürgenverpflichtung erweitern und damit dem Bürgen nachteilig sind, bedürfen der Schriftform (vgl BGH WM 1983, 267). Dies bedeutet im einzelnen:

9 b) Die **Vertragserklärung des Gläubigers**, die meist Vertragsannahme ist, aber auch Vertragsantrag sein kann, ist formlos gültig und konkludent möglich; § 151 (RGZ 57, 66 f; 62, 379, 381; JW 1931, 1181 Nr 2, 2228 Nr 2); die Annahme der Bürgschaftserklärung durch den Gläubiger bedarf im Urkundenprozeß nicht des urkundlichen Nachweises. Ebensowenig bedürfen der Schriftform andere Erklärungen des Gläubigers, insbesondere die Übernahme von Verpflichtungen gegenüber dem Bürgen einschließlich von Gegenleistungspflichten iS § 320 (RG JW 1911, 543 Nr 15 = Gruchot 55, 953). Gleiches gilt für Einschränkungen der Bürgschaftsverpflichtung (BGH WM 1983, 267).

10 c) **Nebenabreden**, zB über Fälligkeit und Erfüllungsort der Bürgenschuld, bedürfen der Schriftform, wenn sie die Verpflichtung des Bürgen über den im Gesetz vorgesehenen Umfang (§§ 767 ff) erweitern, also dem Bürgen nachteilig sind: zB die Verbürgung als Selbstschuldner (BGH NJW 1968, 2332 = WM 1968, 1200) oder der Verzicht auf die Einrede der Verjährung der Hauptschuld oder auf sonstige Einreden (§ 768 Rn 28 ff), die Erhöhung der Bürgschaftssumme. Abreden zur Einschränkung der Verpflichtung des Bürgen, die diesem also vorteilhaft sind, sind **formlos** gültig (BGH NJW 1968, 393 = MDR 1968, 235; BGH WM 1966, 1200; WM 1983, 267). Dies gilt etwa für die Vereinbarung einer Bedingung oder Befristung (RG WarnR 1915 Nr 49; JW 1918, 366 Nr 5 m Anm HECK; HRR 1934 Nr 1446 = JW 1934, 219; BGH NJW 1968, 393); die Beschränkung der Bürgenverpflichtung auf den Fall der Zahlungsunfähigkeit eines Mitbürgen (aA OLG Karlsruhe OLGE 12, 100) oder auf den Ausfall (aA PLANCK/OEGG Anm 2 b; zur Ausfallbürgschaft Vorbem 14 u § 771 Rn 11 ff); die Abrede, daß die Bürgschaft später als die Hauptschuld fällig sein soll und der Gläubiger gem § 315 die Zahlungsfrist bestimmen dürfe (OLG Hamburg HansRGZ 1934 B 89); die Nebenabrede, daß die Bürgschaftsverpflichtung bei Erbringung einer bestimmten sonstigen Leistung des Bürgen erlöschen solle (BGH NJW 1968, 393); schließlich alle Abreden, die dem Gläubiger Verpflichtungen gegenüber dem Bürgen auferlegen (RGZ 65, 46 ff; 71, 415 ff; 81, 414, 417; 95, 9, 11; HRR 1935 Nr 580).

11 d) Die gleichen Grundsätze gelten für **nachträgliche Abänderungen** des Bürgschaftsvertrages. Dem Bürgen nachteilige Abänderungen bedürfen demnach der Schriftform, zB wenn der Bürge einen früheren Fälligkeitstermin der Bürgschaftsschuld bewilligt (RG JW 1903 Beil 108 Nr 240; vgl auch OLG Karlsruhe Recht 1903 Nr 3076) oder auf die in der Bürgschaftsurkunde enthaltene Bedingung oder Befristung der

Bürgschaft (OLG Hamburg OLGE 38, 207 = Recht 1919 Nr 577) oder auf die Einrede der Vorausklage (BGH NJW 1968, 2332 = WM 1968, 1200) nachträglich verzichtet. Die „Aufrechterhaltung" einer bereits erloschenen Bürgschaft ist in Wirklichkeit Neubegründung und formbedürftig (RGZ 59, 42; WarnR 1910 Nr 114). Die Einwilligung des Bürgen in die Übernahme der Hauptschuld gem § 418 Abs 1 mit der Folge, daß die Bürgschaft bestehen bleibt, ist nach dem Gesetz formfrei möglich, obwohl sie dem Bürgen nachteilig ist (RGZ 70, 411, 415; aA BGB-RGRK/MORMANN Rn 1).

Formfrei sind alle dem Bürgen vorteilhaften Abänderungen: die Aufhebung des **12** Verzichts auf die Vorausklage (RG Recht 1911 Nr 2135), die nachträgliche zeitliche Beschränkung der Bürgschaft (aA OLG Bamberg SeuffA 61 Nr 203). Vereinbarungen, die dem Bürgen Vorteile und Nachteile bringen, sind nur formfrei, wenn die Vorteile im Zeitpunkt der Abrede eindeutig überwiegen, so zB bei einer dem Zeitbürgen (§ 777) bewilligten Stundung (RGZ 96, 133, 134 f) oder beim Einverständnis des Bürgen mit einem früheren oder späteren Fälligkeitstermin der Hauptschuld (PLANCK/OEGG Anm 5 aE; vgl auch den Fall RGZ 59, 223, 226 f). Formfrei ist die Vereinbarung der Beendigung der Bürgschaft, nicht jedoch die Abrede, die Bürgschaft solle nunmehr für eine andere Hauptforderung gelten. Ein solcher Austausch der Hauptforderungen, auch wenn dem Bürgen angeblich günstig, bedarf immer der Schriftform (aA MORMANN aaO in unrichtiger Bezugnahme auf BGH BB 1964, 907 = Betrieb 1964, 1185 = WM 1964, 849, 851, wo Heilung des Formmangels durch Erfüllung gem § 766 S 2 vorlag; vgl unten Rn 47).

4. Die Parteien können **rechtsgeschäftliche Schriftform** (§§ 125 S 2, 127) wählen, **13** soweit die Bürgschaftserklärung an sich wegen § 350 HGB formfrei wäre (Rn 5; BGH ZIP 1993, 102; RATZ, in: Großkomm HGB § 350 Rn 9) oder soweit die Gläubigererklärungen oder Nebenabreden dem gesetzlichen Formzwang des § 766 nicht unterliegen würden. Der vorerwähnte Grundsatz, daß dem Bürgen vorteilhafte Vertragsabänderungen formlos gültig sind, gilt aber auch in diesem Fall, daß die Parteien verabredet haben, daß nur das schriftlich Vereinbarte gelten solle. Denn die rechtsgeschäftlich vereinbarte Form kann nach hM auch durch formlose, nicht notwendig ausdrückliche Vereinbarung wieder aufgehoben werden (BGHZ 49, 364, 367; STAUDINGER/ DILCHER[12], § 125 Rn 10 ff). Dies gilt auch für Bürgschaftserklärungen (BGH WM 1966, 1200 f; vgl auch BGH WM 1974, 8, 9). Die Vereinbarung in einem Bauvertrag, daß die Sicherheit durch die schriftliche Bürgschaftserklärung nach besonderem Vordruck zu leisten sei, stellt für den Bürgen keine rechtsgeschäftliche Formvorschrift iS §§ 125 S 2, 127 dar, weil der Bürge am Bauvertrag nicht beteiligt ist (BGH WM 1986, 520; dazu JAGENBURG EWiR 1986, 937).

5. Ein **Zusammentreffen mit anderen Formvorschriften** kommt in der Regel nicht in **14** Betracht. Bürgschaften im Zusammenhang mit Grundstücksverträgen bedürfen nicht der Form des § 313 (RGZ 134, 243, 245; 140, 216, 219; 140, 336, 340). Etwas anderes gilt nur, wenn nach dem Willen aller Vertragsparteien die Bürgschaft zum Inhalt des Grundstücksvertrags gehören sollte (BGH LM Nr 3 zu § 313; WM 1957, 130, 132). Die schenkweise Bürgschaft unterliegt nicht der Form des § 518 Abs 1, da die Bürgschaft selbst nicht Schenkungsversprechen ist, sondern nur Gegenstand und Vollzug der Schenkung sein kann (§ 765 Rn 140 ff; BGB-RGRK/MORMANN Rn 1). Die zur Sicherung einer Forderung eingegangene Wechselverpflichtung unterliegt nur den Formvorschriften des Wechselrechts; sie wird durch die Formnichtigkeit einer etwa gleichzeitig erklärten Bürgschaftsverpflichtung nicht berührt (Vorbem 432). Zur Zwangsver-

gleichsbürgschaft unten Rn 32. Bei Bürgschaften von Gemeinden kann die Formvorschrift des § 766 zusammentreffen mit der landesrechtlich vorgeschriebenen Formbedürftigkeit für alle Verpflichtungserklärungen außerhalb laufender Verwaltungsgeschäfte (STAUDINGER/DILCHER[12] § 125 Rn 53 ff). Die Formnichtigkeit nach diesen Vorschriften ist wie diejenige nach § 766 zu beurteilen und ggf einzuschränken (STAUDINGER/DILCHER[12] § 125 Rn 56).

15 Die Prozeßbürgschaft bedarf keiner zusätzlichen Form, insbesondere nicht der öffentlichen Beurkundung oder Beglaubigung (OLG Koblenz ZIP 1993, 297; s Vorbem 99 f). Enthält der Bürgschaftsvertrag eine **Gerichtsstandsvereinbarung**, so bedarf diese der Form des § 38 ZPO. Dieses ist jedoch iS Art 17 Abs 1 EuGVÜ einschränkend auch dann aufzufassen, wenn das EuGVÜ keine Anwendung findet (BGH WM 1992, 87; zust GEIMER EWiR 1992, 203). Die besonderen Formvorschriften des VerbrKrG sind auf die Bürgschaft nicht anwendbar (oben Vorbem 77).

16 Eine Bürgschaft bedarf auch dann nicht der **Zustimmung** des anderen Ehegatten gem. § 1365 Abs 1, wenn der Bürge sich über den Wert seines gesamten Vermögens hinaus verbürgt hat, weil die Bürgschaft weder eine Verfügung über das ganze Vermögen noch eine Verpflichtung zu einer solchen Verfügung darstellt (BGH WM 1983, 267; MünchKomm/GERNHUBER § 1365 Rn 41).

II. Der notwendige Inhalt der Bürgschaftsurkunde

17 1. Im **Grundsatz** muß die Bürgschaftsurkunde alles enthalten, was die Bürgschaftsverpflichtung konstituiert (BGB-RGRK/MORMANN Rn 3), dh alle Erklärungselemente, die § 765 auch bei einer gem § 350 HGB formfreien Bürgschaft zumindest in mündlicher oder konkludenter Form für die Wirksamkeit der Bürgschaft erfordert (zum letzteren Fall BGH WM 1978, 1065). Das Formerfordernis des § 766 deckt sich insofern zumindest im Grundsatz mit dem Bestimmtheitserfordernis des § 765 (s dort Rn 13 ff). Allerdings greift der allgemeine Grundsatz ein, daß zur Auslegung einer Urkundenerklärung auch auf Tatsachen außerhalb der Urkunde zurückgegriffen werden darf, sofern nur ein Anhaltspunkt in der Urkunde enthalten ist (BGH NJW 1968, 987 = WM 1968, 398 u allg STAUDINGER/DILCHER[12] § 125 Rn 19, 20). Dies gilt auch für die Bürgschaftserklärung, allerdings in unterschiedlichem Maß: Die strengsten Anforderungen an die schriftliche Verkörperung der Erklärung sind zu stellen hinsichtlich des Willens, als Bürge zu haften (dies entspricht der Warnfunktion des § 766), weniger strenge für die anderen Erklärungselemente. Der Schriftform bedürfen ferner alle den Bürgen belastenden Nebenabreden (Rn 8, 10 f).

18 **Notwendiger Inhalt** der schriftlichen Bürgschaftserklärung ist die Erklärung des Willens, für eine fremde Schuld einstehen zu wollen, ferner die Bezeichnung des Gläubigers sowie der verbürgten Hauptschuld und damit des Hauptschuldners (BGH WM 1984, 924; 1985, 1172, 1173; 1989, 559, 560 = ZIP 1989, 434, 435; WM 1991, 536; 1992, 177, 178; ZIP 1995, 812; iF Rn 22 ff).

19 Ausgangspunkt und Gegenstand der Auslegung ist der Inhalt der Urkunde. Eine unklare, mehrdeutige oder unvollständige Formulierung schadet nicht, wenn sich die Zweifel durch Auslegung beheben lassen. Dabei können auch Umstände herangezogen werden, die außerhalb der Urkunde liegen, sofern ein ausreichender Anhalts-

punkt im Text der Bürgschaftsurkunde selbst zu finden ist, der auszulegende Bürgenwille in dem zweifelhaften Punkt also in der Urkunde zumindest „angedeutet" wurde (BGH WM 1989, 559, 560 = ZIP 1989, 434, 435; WM 1991, 536 = NJW-RR 1991, 757; WM 1993, 239, 240 = ZIP 1993, 102; dazu Koziol EWiR 1993, 137; BGH WM 1993, 544, 545 = ZIP 1993, 501; dazu Bydlinski EWiR 1993, 445; BGH ZIP 1995, 812, 813). Gegen diese „Andeutungstheorie" bei der Auslegung formbedürftiger Erklärungen ist eingewandt worden, sie sei zu unsicher und es müsse genügen, daß der Bürge nach seiner Vorstellung alle erforderlichen Merkmale der Bürgschaft in der Urkunde zum Ausdruck gebracht habe, ohne Rücksicht auf eine objektive Auslegung (Tiedtke WM 1989, 737, 739; allg Flume, Allg Teil d Bürg Rechts Bd II [3. Aufl] § 16 2 u 5, S 306 f, 334). Da man dies aber unstreitig nur zulassen kann, wenn die Vorstellung des Bürgen dem Gläubiger erkennbar war (Tiedtke aaO), handelt es sich nur um die Ausprägung des Satzes, daß gemeinsame Vorstellungen der Parteien der objektiven Auslegung vorgehen (so die hM zur falsa demonstratio; dazu iF Rn 21).

Eine neuere Auffassung will methodisch so vorgehen, daß Ausgangspunkt nicht der **20** Urkundeninhalt ist, sondern die Vereinbarung der Parteien ohne Rücksicht auf die Urkunde, um anschließend festzustellen, ob der Parteiwille in der Urkunde hinreichend Ausdruck gefunden hat (MünchKomm/Pecher Rn 3; BGH ZIP 1995, 812). Die Unterschiede zum o.a. Ansatz, vom Inhalt der Urkunde auszugehen, sind nur schwer zu erkennen und jedenfalls minimal. Man kann (im Beispielsfall BGH ZIP 1995, 812) von der Urkunde ausgehen, in der die Hauptschuld „aus Leasingvertrag" im Singular genannt ist, um dann bei der weiteren Auslegung nach den Umständen festzustellen, daß die Parteien zwei zusammenhängende Leasingverträge im Auge hatten. Dies ist auch in der Urkunde hinreichend „angedeutet". Allenfalls könnte man sich an einer Auslegung überhaupt gehindert sehen, weil der Ausdruck „Leasingvertrag" (scheinbar!) eindeutig ist. Aber das Urteil der Eindeutigkeit ist ebenfalls Ergebnis einer Auslegung. Oder man kann umgekehrt vorgehen und zuerst feststellen, daß die Parteien die Verbürgung der Schuld aus zwei Leasingverträgen gemeint haben, um dann festzustellen, daß dies in der Urkunde zwar unvollkommen, aber ausreichend angedeutet wurde.

Unschädlich ist eine **falsa demonstratio**, dh der Gebrauch eines unrichtigen Aus- **21** drucks in der Bürgenerklärung, bei der aber beide Parteien mit diesem Ausdruck übereinstimmend das Gleiche meinen; die Schriftform ist dann durch den falschen Ausdruck gewahrt, so zB wenn die Parteien von einer Ausfallbürgschaft sprechen, aber eine Rückbürgschaft meinen (vgl BGH WM 1989, 559, 560 = NJW 1989, 1484, im Fall verneinend; krit Tiedtke WM 1989, 737, 738) oder wenn als Hauptforderung „Leasing-Vertrag" im Singular genannt ist, aber zwei wirtschaftlich eng miteinander verbundene Leasingverträge gemeint sind (BGH ZIP 1995, 812, 813). Allerdings kann der Nachweis der übereinstimmenden Vorstellung der Parteien Schwierigkeiten machen (vgl zB BGH WM 1989, 559, 560).

2. Der **Verbürgungswille** muß in der Urkunde selbst seinen deutlichen Ausdruck **22** gefunden haben (RGZ 57, 259, 260 f; 76, 303, 305; 145, 229, 231 f; BGHZ 26, 142, 146 f; BGH NJW 1962, 1102; WM 1989, 559, 560 = ZIP 1989, 434, 435; WM 1991, 536 = NJW-RR 1991, 757; ZIP 1994, 1860, 1861; ZIP 1995, 812). Für die Eindeutigkeit der Verpflichtungserklärung gelten dabei die für § 765 entwickelten Kriterien (s dort Rn 2 ff). Der Verbürgungswille kommt hinreichend zum Ausdruck, wenn (erst) unmittelbar unter der Unterschrift das Wort „Bürgschaft" erscheint (BGH ZIP 1994, 1860). Die Schriftform ist nicht gewahrt, wenn der Verbürgungswille nicht aus der Bürgschaftsurkunde, sondern erst aus einer darin in Bezug genommenen Urkunde erkennbar ist (RGZ 57, 258; 76, 303, 305; BGHZ 26, 142, 146, 150: Bezugnahme in der Bürgenerklärung auf ein Rundschreiben der Bank), oder wenn er nur aus Umständen außerhalb der Bürgschaftsurkunde ermittelt werden kann, es sei denn, daß ein deutlicher Anhaltspunkt zugleich in der Urkunde selbst zu finden ist (RGZ 145, 229, 230 f; BGH WM 1970, 816 f). Nicht ausreichend ist die bloße Mitunterzeichnung eines Schuldscheins ohne den Zusatz „als Bürge" (RGZ 62, 172, 175 f; 77, 378; 78, 37, 39 f). Erfolgt die Mitunterzeichnung mit allgemein gehaltenen Zusätzen wie „in Haftung" oder „bestätigt", so kann je nach den sonstigen Umständen eine Bürgschaft vorliegen (zutr BGB-RGRK/Mormann Rn 3 gegen RG WarnR 1910 Nr 410) oder eine Schuldmitübernahme (RGZ 78, 37, 40; OLG Breslau JW 1936, 2002); zur Abgrenzung der Schuldmitübernahme von der Bürgschaft Vorbem 367 f; zur Verbürgung von Gesellschaftern für Gesellschaftsschulden Vorbem 111 ff; weitere Kasuistik bei Planck/Oegg Anm 2 b a. Die Bürgschaftsurkunde, die für eine andere, bereits erledigte Bürgschaft ausgestellt war, erfüllt nicht die Form des § 766, auch wenn die Parteien dies mündlich verabreden (RGZ 59, 42; WarnR 1910 Nr 114; HRR 1934 Nr 1015); anders, wenn die Urkunde durch den Bürgen oder mit seiner Ermächtigung (BGH NJW 1968, 1131 = WM 1968, 504) entsprechend abgeändert wird (zur Vertretung und Blankobürgschaft unten Rn 38 ff).

23 3. Die zu sichernde **Hauptforderung** und die Personen von **Gläubiger und Hauptschuldner** müssen aus der Urkunde hervorgehen (BGH WM 1970, 816; 1989, 559 = ZIP 1989, 434; WM 1991, 536 = NJW-RR 1991, 757; ZIP 1993, 102, 103; ZIP 1995, 812). Es genügt jedenfalls nicht, daß alle möglichen Forderungen einer unbestimmten Zahl von Gläubigern durch die Bürgschaft gesichert werden sollen (BGH WM 1978, 1065). Insoweit ist auf die für § 765 aufgestellten Bestimmtheitserfordernisse zu verweisen (dort Rn 13–19, 27 ff) mit der Maßgabe, daß für die Auslegung auch auf außerhalb der Urkunde liegende Umstände zurückgegriffen werden darf, sofern die Urkunde nur einen deutlichen Anhaltspunkt enthält (Rn 12 und RGZ 57, 259, 260 f; 76, 195, 200 f; 145, 229, 232; BGH NJW 1968, 987 = WM 1968, 398).

24 Der **Gläubiger** kann aus der Bezeichnung der Hauptschuld hervorgehen und umgekehrt (RGZ 62, 379, 383; 76, 195, 200; 145, 229, 232). Die mangelnde Bezeichnung des Gläubigers zB macht also die Bürgschaft nur dann formnichtig, wenn die Person des Gläubigers sich auch nicht aus der Bezeichnung der Hauptschuld schließen läßt (RGZ 76, 195, 200; BGH NJW 1962, 1102 = WM 1962, 575). Auf die namentliche Bezeichnung des Gläubigers oder Hauptschuldners kommt es nicht unbedingt an (RGZ 76, 195, 200; 80, 400, 405). Es genügt, daß der Gläubiger aufgrund der schriftlichen Bürgschaftserklärung eindeutig bestimmt werden kann. Wirksam ist daher zB die Bürgschaft für einen jeden von mehreren, noch künftig zu werbenden Bauherren eines bestimmten Investitionsprojekts in Form einer Bauherrengemeinschaft (BGH WM 1992, 177).

25 Der **Hauptschuldner** ist nicht hinreichend bestimmt, wenn die Bürgschaftsurkunde nicht ausreichende Anhaltspunkte dafür enthält, die Person des Hauptschuldners im Wege der Auslegung, bei der auch außerhalb der Urkunde liegende Umstände herangezogen werden können, zu ermitteln (BGH WM 1989, 559, 560 = ZIP 1989, 434, 435; im Fall wohl zu streng; krit Tiedtke EWiR 1989, 347, 348). Kann die Hauptschuld genau bestimmt werden, so ist damit auch der Hauptschuldner hinreichend iS § 766 bestimmt (BGH WM 1989, 559, 560 = ZIP 1989, 434, 435; BGH WM 1991, 536 = NJW-RR 1991, 757; in beiden Fällen verneinend mangels genauer Festlegung der Hauptschuld). Das Fehlen der rechtlich geforderten Firmenbezeichnung des Hauptschuldners („GmbH") ist unschädlich, falls für die Identifizierung nicht unerläßlich (OLG Nürnberg WM 1969, 1425). Selbst die Benennung einer falschen Person als Hauptschuldner ist nach RG (HRR 1930 Nr 971) unschädlich, wenn die richtige Person aus der Bezeichnung der Hauptschuld geschlossen werden kann; dem ist zuzustimmen (ebenso BGB-RGRK/Mormann Rn 4; aA wohl RGZ 82, 70 f: Umdeutung der Bürgschaft für Schuld des Sohnes in eine solche für die Schuld des Vaters abgelehnt).

Auch für die nähere Kennzeichnung der **Hauptschuld** nach Art und Rechtsgrund ist ergänzende Bezugnahme auf andere Urkunden (RGZ 59, 217, 219; 76, 303, 305; RG JW 1911, 648 Nr 17), auch auf einen noch abzufassenden Schuldschein (RG JW 1934, 219 Nr 8), ebenso zulässig wie die Berücksichtigung sonstiger Tatsachen im Rahmen der Auslegung der Urkunde. Allerdings muß die Urkunde selbst einen ersten Anhaltspunkt für die Auslegung bieten (RGZ 95, 125; BGHZ 76, 187, 189 = WM 1980, 741). Es kann ausreichen, daß die schriftliche Bürgschaftserklärung auf ein konkretes Kreditverhältnis Bezug nimmt, ohne dessen Merkmale im einzelnen aufzuführen (BGH ZIP 1993, 102 = WM 1993, 239 betr einen Fall der bloß vereinbarten Schriftform). Die Bürgschaft ist nach BGH nicht wirksam erteilt, wenn der für die Bezeichnung der Hauptschuld vorgesehene Raum in der Urkunde freigeblieben ist und sich aus der Urkunde auch im übrigen keine hinreichenden Anhaltspunkte für die zu sichernde Verbindlichkeit ergeben (BGH WM 1993, 544 = ZIP 1993, 501 = NJW 1993, 1261; krit Bydlinski EWiR 1993, 445). Ist die Hauptschuld aus einem Scheingeschäft verbürgt und daher gem § 117 Abs 1 nichtig, so kann die Auslegung der Bürgschaft ergeben, daß statt dessen das gültige verdeckte Geschäft iS § 117 Abs 2 verbürgt sein soll. Dafür müssen sich allerdings aus der schriftlichen Bürgschaftserklärung hinreichende Anhaltspunkte ergeben (BGH WM 1980, 372, 374; im Fall verneinend). 26

Die Rechtsprechung des BGH, daß für Globalbürgschaften, die für alle Verbindlichkeiten aus einer Geschäftsverbindung bestellt sind, die Angabe eines Höchstbetrages nicht erforderlich und ihr Fehlen daher keine Verletzung der Schriftform sei (BGH WM 1986, 95), ist durch die neuere Rechtsprechung überholt, die die Anforderungen an die Bestimmtheit der Hauptschuld und der Bürgschaftsverpflichtung mit Recht verschärft hat (oben § 765 Rn 48 ff). 27

III. Die Schriftform

1. Äußere Form

a) Die äußere Form der schriftlichen Erklärung ist die einfache gesetzliche Schriftform des § 126: Der Bürge muß als Aussteller die Urkunde eigenhändig unterzeichnen. Eine „Oberschrift", die über die schriftliche Erklärung gesetzt ist, genügt auch bei einer formularmäßig gestalteten Erklärung für § 126 nicht (BGHZ 113, 48, 53 f = ZIP 1991, 92; dazu A Junker EWiR 1991, 201; wohl auch BGH ZIP 1994, 1860, 1862). Dieser Fall liegt aber nicht vor, wenn die Unterschrift unter den Text der Erklärung gesetzt ist, und lediglich das Wort „Bürgschaft", das im Text nicht vorkommt, erst dicht unter der Unterschrift erscheint (BGH ZIP 1994, 1860). Die eigenhändige Unterzeich- 28 nung kann auch in einem Brief geschehen (RG WarnR 1915 Nr 114; OLG Hamburg OLGE 22, 344), nicht aber in einem Antwortschreiben, das selbst nicht die Bürgschaftserklärung enthält, sondern nur pauschal einem Schreiben des Gläubigers zustimmt, in dem dieser die Bürgschaft vorschlägt; denn der Briefwechsel genügt nur für die gewillkürte Schriftform gem § 127 S 2, nicht für die gesetzliche Form (RGZ 57, 258, 260 f; RG DJZ 1913, 641; HRR 1936 Nr 790). Auch ein (unterschriftlich oder fernmündlich aufgegebenes) Telegramm wahrt die gesetzliche Schriftform nicht (BGHZ 24, 297 = LM Nr 2 zu § 766 m Anm RIETSCHEL).

29 Ebensowenig genügt nach Ansicht des BGH die Bürgschaftserklärung durch **Telefax** der Schriftform des § 766 S 1 (BGHZ 121, 224 = ZIP 1993, 424 = WM 1993, 496 = NJW 1993, 1126; krit KOZIOL EWiR 1993, 561 f; BGH ZIP 1997, 536, 538). Ebensowenig soll eine Kopie der Formvorschrift genügen (OLG Köln WM 1992, 138 = NJW-RR 1992, 555 f). Im Grunde genommen handelt es sich um ein Problem der Erteilung, dh der Übermittlung der Bürgschaftserklärung. Ist die Bürgschaftserklärung nämlich tatsächlich vom Bürgen unterschrieben worden und ist dann von dieser Urkunde ein Fax oder eine Kopie übermittelt, so ist dem Schutz des Bürgen vor Übereilung genüge getan. Umsomehr gilt dies, wenn Gegenstand des Telefax eine notarielle Erklärung ist wie im Fall BGHZ 121, 224 (zutr KOZIOL EWiR 1993, 561 f).

b) Beurkundung

30 Die privatschriftliche Form des § 126 Abs 1 wird gem Abs 3 ersetzt durch die notarielle Beurkundung. Für deren Wirksamkeit ist gem § 13 BeurkG die eigenhändige Unterschrift unter die Verhandlungsniederschrift erforderlich (STAUDINGER/DILCHER[12] § 126 Rn 31). Der Notar muß die Beteiligten über die rechtliche Tragweite der Bürgschaft gem § 17 Abs 1 S 1 BeurkG (früher § 26 BNotO) belehren, über die wirtschaftliche Tragweite nur ausnahmsweise im Rahmen der allgemeinen Betreuungspflicht gem § 17 Abs 1 S 2 BeurkG (vgl BGH KTS 1976, 50 zu § 26 BNotO).

31 Die Bürgschaft kann auch formgültig übernommen werden durch gerichtliche Protokollierung der mündlichen Bürgschaftserklärung, wegen des durch das BeurkG geschaffenen Beurkundungsmonopols des Notars aber nur noch in genau bestimmten Ausnahmefällen, bei denen die Bürgschaftsübernahme im Zusammenhang mit einem gerichtlichen Verfahren steht: so gem § 127 a die Bürgschaft im Rahmen des Prozeßvergleichs (BGB-RGRK/MORMANN Rn 2; allg zur Vergleichsprotokollierung STAUDINGER/DILCHER[12] § 127 a Rn 2–5), auch eines protokollierten schiedsrichterlichen Vergleichs (STAUDINGER/DILCHER[12] § 127 a Rn 6), die Bürgschaft für den Zwangsvergleich im Konkurs (durch Aufnahme ins Terminsprotokoll des Konkursrichters; MORMANN aaO; JAEGER/WEBER, KO[8] § 179 Anm 5; MENTZEL/KUHN, KO[7] § 173 Anm 2) und für den Vergleich im gerichtlichen Vergleichsverfahren (BLEY/MOHRBUTTER, VglO[4] § 66 Rn 25). Aus der selbstschuldnerischen Bürgschaft, die dieser Form entspricht, findet gem § 85 Abs 2 VglO, § 194 KO die Vollstreckung gegen den Bürgen statt (RENGER KuT 1938, 50; BOHNENBERG DRiZ 1950, 284; JAEGER/WEBER, KO[8] § 194 Anm 5 ff). Auch die (selbstschuldnerische) Bürgschaft für ein Gebot in der Zwangsversteigerung gem § 69 Abs 4 ZVG kann mündlich zu Protokoll des Zwangsversteigerungstermins (§ 78 ZVG) erklärt werden (MORMANN aaO; aA ZELLER, ZVG[10] § 69 Rn 3, der zwar Protokollierung zulassen will, mit Rücksicht auf die Änderung des § 126 Abs 3 BGB aber Unterschrift des Bürgen verlangt).

32 Im gerichtlichen Vergleichs- und Zwangsversteigerungsverfahren kann auch eine

materiell formgültige Bürgschaftserklärung, also eine privatschriftliche oder notariell beurkundete (zu dieser vgl RG WarnR 1908 Nr 369), durch Übergabe der Bürgschaftsurkunde an das Gericht und Vermerk im Protokoll geleistet werden (BLEY/ MOHRBUTTER § 66 Rn 25: Einreichung vor oder beim Vergleichstermin; RGZ 143, 100, 104; auch danach bis zum Verkündungstermin; VOGELS/NÖLTE, VglO³ § 85 Anm III 2 b; RGZ 146, 300, 307; zur Bürgschaft gem § 69 Abs 4 ZVG ZELLER aaO). Auch aus der so eingereichten **Vergleichsbürgschaft** findet gem § 85 Abs 2 VglO die Zwangsvollstreckung statt; anders nach hM bei der Zwangsvergleichsbürgschaft im Konkurs (JAEGER/WEBER § 179 Anm 5) außer im Sonderfall des Genossenschaftskonkurses, wo gem § 115 e Abs 2 Nr 5 GenG die eingereichte öffentlich beglaubigte Bürgschaftsurkunde die Zwangsvollstreckung ermöglicht. Materiell wirksam ist schließlich auch die (formgültige) Vergleichsbürgschaft, die den Vergleichs- oder Konkursgläubigern gegenüber nicht durch Einreichung bei Gericht, sondern direkt erklärt wird; maßgeblich ist der mitgeteilte Inhalt (RGZ 146, 300, 307 u 11. Aufl Rn 10); § 85 Abs 2 VglO ist dann nicht anwendbar. Zur Prozeßbürgschaft s Vorbem 91 ff.

2. Erteilung

Zur Gültigkeit des Bürgschaftsvertrags ist gem § 766 S 1 nicht nur die Ausstellung **33** der Bürgschaftsurkunde, sondern auch deren Erteilung erforderlich (vgl die entsprechenden Vorschriften in §§ 761, 780, 781, 1154). Erteilung bedeutet die Einräumung der tatsächlichen Verfügungsgewalt über die Urkunde, indem sich der Bürge der Urkunde in der Weise entäußert, daß der Gläubiger darüber verfügen kann (RGZ 61, 343, 347, 414 f; RG SeuffA 80 Nr 82 = JR 1926 Nr 458; JR 1926 Nr 2341 = JW 1927, 38 Nr 4 m Anm REICHEL; HRR 1932 Nr 1917; RGZ 126, 121 f). Die Erteilung einer Abschrift kann genügen, wenn sie mit Wissen und Wollen des Bürgen erfolgt (RGZ 126, 121, 123 = HRR 1930 Nr 214: Bürgschaftserklärung des Aufsichtsrates einer AG zu Protokoll der Aufsichtsratssitzung, von dem vereinbarungsgemäß dem Gläubiger Abschrift erteilt wurde; BGH LM Nr 1 zu § 766: Der Notar erteilt dem Verkäufer eine Abschrift der ihm vom Kaufpreisbürgen übergebenen Bürgschaftsurkunde). Denn in all diesen Fällen hat der Bürge sowohl die Unterschrift geleistet als auch sich dieser schriftlichen Erklärung entäußert. Nach der neueren Rechtsprechung soll dies aber nicht genügen, so zB wenn die Bürgschaftserklärung notariell beurkundet, von der Urkunde dann aber nur ein Telefax übermittelt wurde (BGHZ 121, 224 = ZIP 1993, 424 = WM 1993, 496 = NJW 1993, 1126; zutr Kritik bei KOZIOL EWiR 1993, 561, 562; zust dagegen BÜLOW ZEuP 1994, 493, 499. Gegen Telefax auch OLG Frankfurt/M WM 1991, 1714 und ÖstOGH ÖBA 1996, 73) oder die Übermittlung einer Kopie (OLG Köln WM 1992, 138); zweifelhaft.

Die Bezugnahme auf die noch beim Gläubiger befindliche Urkunde über eine frü- **34** here, bereits erledigte Bürgschaft ersetzt weder die Ausstellung noch die Erteilung einer neuen Bürgschaftsurkunde (RGZ 59, 42; RG HRR 1934 Nr 1015 = SeuffA 88 Nr 157). Zu unterscheiden davon ist die Abänderung einer Bürgschaftsurkunde durch den Gläubiger mit Ermächtigung durch den Bürgen (Rn 47); hier genügt zur Erteilung, daß die geänderte Urkunde mit Zustimmung des Bürgen weiter im Besitz des Gläubigers verbleibt; sie muß also nicht zurückgegeben und erneut ausgehändigt werden (RG HRR 1934 Nr 1015 = SeuffA 88 Nr 157; BGH NJW 1968, 1131 f). Zur Mitwirkung von Vertretern und Boten bei der Erteilung Rn 38 ff, 42. Der Fortbestand eines formgültig geschlossenen Bürgschaftsvertrages hängt nicht davon ab, daß die dem Gläubiger übergebene Bürgschaftsurkunde bei diesem verbleibt (BGH MDR 1976, 662 = WM 1976,

422; BGH WM 1978, 266 f; 1979, 15); anders, wenn Erlöschen der Bürgschaft bei Rückgabe der Urkunde an den Bürgen ausdrücklich in der Urkunde vereinbart ist (vgl OLG München MDR 1979, 1029; s aber auch Rn 37).

35 3. Die **Annahme** der Urkunde durch den Gläubiger (oder seinen Vertreter; Rn 42; § 765 Rn 5) ist in der Regel zugleich als zumindest konkludente Annahme des Bürgschaftsvertrags aufzufassen (RGZ 57, 66 f; BGH WM 1964, 850; 1978, 266 u 1065 f; vgl auch § 765 Rn 9 f); anders, wenn der Bürgschaftserklärung bereits ein Angebot des Gläubigers vorausgeht, das der Bürge annimmt; dies ist nicht der Regelfall. Die Bürgschaftsurkunde kann auch von einem Treuhänder für die zukünftigen Bürgen wirksam entgegengenommen werden (BGH WM 1992, 177, 180 = BB 1992, 164; dazu TIEDTKE EWiR 1992, 157). Der Zeitpunkt des Abschlusses des Bürgschaftsvertrags liegt regelmäßig in der Annahme der Bürgschaftsurkunde durch den Gläubiger (BGH WM 1978, 266).

36 4. Die ausgestellte, aber noch **nicht erteilte Bürgschaftserklärung** bindet den Bürgen nicht; er kann sie gem § 130 Abs 1 S 2 widerrufen (RG WarnR 1909, 353; JW 1927, 38 f). Der Bürge kann für den Inhalt der noch nicht erteilten Bürgschaftsurkunde einem gutgläubigen Dritten gegenüber, der sich auf den Inhalt verläßt, auf Schadensersatz haften. Für den Fall, daß der Bürge dem bevollmächtigten Hauptschuldner die Urkunde zur Weitergabe nur bei Erfüllung bestimmter Bedingungen ausgehändigt hat, hat die Rspr die analoge Anwendung der §§ 172 Abs 2, 173 (RG JW 1927, 38; BankArch 32, 370; WarnR 1930 Nr 52 = HRR 1930 Nr 210) sowie der Grundsätze über die Duldungsvollmacht (RG WarnR 1930 Nr 52) bejaht. – Über die Haftung für die abredewidrig ausgefüllte Blankobürgschaft s Rn 46.

5. **Rückgabe der Urkunde**

37 Für die Wirksamkeit eines Bürgschaftsvertrages ist es unerheblich, ob die Bürgschaftsurkunde beim Gläubiger verbleibt oder von einem Dritten oder gar vom Schuldner aufbewahrt wird, zB wegen Rückgabe zur Nachholung einer Bestätigung (OLG München WM 1983, 715). Die häufig verwendete Formularklausel, daß die Bürgschaft bei Rückgabe der Urkunde erlösche, ist einschränkend dahin auszulegen, daß dies nur gilt, wenn die Rückgabe von einem entsprechenden Willen zum Erlaß begleitet ist (oben § 765 Rn 226).

IV. Mitwirkung eines Vertreters und Blankobürgschaft

1. **Vertretung**

38 a) Ebenso wie der Gläubiger kann sich der Bürge bei der Bürgschaftserklärung eines Vertreters bedienen (BGH WM 1968, 504 = NJW 1968, 1131; WM 1984, 199 = NJW 1984, 798; WM 1996, 762, 763; PALANDT/THOMAS § 766 Rn 2; REINICKE/TIEDTKE JZ 1984, 550, 551). Die **Vollmacht** des Bürgen zur Ausstellung und Erteilung der schriftlichen Bürgschaftserklärung bedarf nach einer 1996 vollzogenen Wendung der Rechtsprechung des BGH selbst der Schriftform, sofern nicht das Formerfordernis wegen der Kaufmannseigenschaft des Bürgen nach § 350 HGB entfällt (BGH WM 1996, 762, 764; MünchKomm/PECHER Rn 12; FLUME, Allgemeiner Teil des Bürgerlichen Rechts [3. Aufl] Bd II § 52, 2 865; MÜLLER-FREIENFELS, Die Vertretung beim Rechtsgeschäft [1955] 290). Gegen diesen

Grundsatz spricht zwar § 167 Abs 2, wonach die Vollmachtserklärung nicht der Form bedarf, die für das Rechtsgeschäft angeordnet ist, auf das sich die Vollmacht bezieht (so auch RGZ 76, 99; RG JW 1927, 1363). Die neuere Rechtsprechung betont aber den Schutz des Bürgen, der durch die Möglichkeit einer formlosen Vollmacht zur Bürgschaftserteilung durch den Stellvertreter weitgehend ausgehöhlt würde. Sie steht auch in Übereinstimmung mit der bisherigen Rechtsprechung, die zumindest bei der unwiderruflichen Vollmacht bereits die Formbedürftigkeit bejaht hat (BGH WM 1965, 1006, 1007; 1979, 2306 f).

Ferner muß die Vollmacht inhaltlich auf die schriftliche Erteilung der Bürgschafts- **39** erklärung gerichtet sein (RG JW 1903 Beil 80 Nr 184), soweit nicht § 350 HGB eingreift. – Der Bürge kann auch den Hauptschuldner zum Abschluß der Bürgschaft bevollmächtigen (RGZ 71, 219, 221 f; OLG Köln JW 1934, 920 mAnm OERTMANN; BGH WM 1978, 266 u 1065). Eine Bevollmächtigung des Gläubigers selbst ist nur in der Weise möglich, daß die gem § 181 erforderliche Gestattung des Selbstkontrahierens ihrerseits der Schriftform des § 766 unterliegt, weil andernfalls deren Warnfunktion umgangen würde; daneben kommt die Erteilung einer Blankobürgschaft mit Ausfüllungsermächtigung an den Gläubiger in Betracht (unten Rn 44).

b) Der **Vertreter** kann mit seinem Namen mit einem das Vertretungsverhältnis **40** anzeigenden Zusatz oder mit dem Namen des Vertretenen unterzeichnen (RGZ 74, 69 f; 76, 99 f; BGH NJW 1968, 1131; zur Gültigkeit der Unterschrift mit fremden Namen allg STAUDINGER/DILCHER Vorbem 90 zu § 164). Ein Dritter kann als Vertreter sowohl des Hauptschuldners als auch des Bürgen eine Urkunde über das Empfangsbekenntnis für ein Darlehen und zugleich über eine Bürgschaft wirksam unterzeichnen, sofern die Urkunde die Vertretungsverhältnisse bekundet (RG WarnR 1927 Nr 42). Dabei genügt einmalige Unterschrift ebenso wie in den anderen Fällen, in denen jemand in doppelter Eigenschaft einmal unterzeichnet, zB als Bürge und als Rückbürge (RGZ 61, 343, 347), als Geschäftsführer der darlehensnehmenden GmbH und zugleich als persönlicher Bürge (RGZ 75, 1, 4; OLG Bamberg SeuffA 62 Nr 52) oder namens der bürgenden GmbH und zugleich als auch persönlich bürgender Alleingesellschafter (RG SeuffA 89 Nr 46). – Bei der gem § 350 HGB formlos gültigen Bürgschaft genügt die mündliche Erklärung des Vertreters, ebenso bei der gerichtlich protokollierten Bürgschaft (Rn 16; vgl auch zB SeuffA 88 Nr 47).

Der Vertreter muß in der Bürgschaftserklärung das Vertretungsverhältnis offenle- **41** gen; andernfalls gilt er nach § 164 Abs 2 selbst als Vertragspartei und haftet als Bürge. Zweifelsfragen können bei Bürgschaftserklärungen der **Geschäftsführer** bzw geschäftsführenden **Gesellschafter** von Gesellschaften auftreten, wenn diese für die Gesellschaft handeln wollen, dies aber nicht klarstellen. Allerdings wird bei unternehmensbezogenen Geschäften im Zweifel anzunehmen sein, daß der Betriebsinhaber (die Gesellschaft) Vertragspartner werden soll (RGZ 67, 148, 149; BGHZ 91, 148, 152 = ZIP 1984, 950; BGHZ 92, 259, 268 = ZIP 1984, 1469; dazu STROTHMANN ZIP 1985, 969). Das Handeln für das Unternehmen muß aber hinreichend deutlich werden (BGH NJW 1990, 2678). Besondere Umstände können die Auslegung der Bürgenerklärung als unternehmensbezogen ergeben, zB der Ort des Vertragsschlusses (BGH ZIP 1984, 293 = NJW 1984, 1347, 1348) oder klarstellende Zusätze in Zusammenhang mit der Unterschrift (BGHZ 64, 11, 14; BGH ZIP 1981, 983 = NJW 1981, 2569; BGH NJW 1990, 2678; ZIP 1991, 1004; dazu MEDICUS EWiR 1992, 359). Ein Hinweis auf das Unternehmen als Bürge ergibt sich auch aus dem Umstand, daß die Leistung vertraglich für den Betrieb des Unternehmens bestimmt war (RGZ 30, 77, 78; RG JW 1921, 1307, 1309, 1310; BGHZ 62, 216, 219; OLG Stuttgart NJW 1973, 629, 630; wohl auch BGH ZIP 1994, 1860 = WM 1994, 2233 = NJW 1995, 43; dort wohl unrichtig dahin entschieden, daß der Geschäftsführer der Firma, die das Leasinggut lieferte, persönlich als Bürge behandelt wurde; zutr Kritik bei TIEDTKE EWiR 1995, 19, 20). Bleiben ernsthafte Zweifel an der Unternehmensbezogenheit der Bürgschaft, so kommt die Grundregel des Handelns im eigenen Namen zum Zuge; der Erklärende haftet dann persönlich (BGH ZIP 1994, 1860, 1861).

42 c)   Zeitpunkt und **Vollzug der Erteilung** der Bürgschaftsurkunde können Anlaß zu Zweifeln geben, wenn auf Seiten des Bürgen oder des Gläubigers dritte Personen als Vertreter oder Boten mitwirken. Grundsätzlich ist die Erteilung vollzogen, sobald die Urkunde einer als Empfangsvertreter für den Gläubiger handelnden Person übergeben ist (OLG Düsseldorf WM 1969, 798). Bei der Erteilung einer Bürgschaft zur Abwendung der vorläufigen Zwangsvollstreckung ist der Gerichtsvollzieher nicht Empfangsvertreter oder Bote des Gläubigers (OLG Düsseldorf aaO). Übergibt der Bürge dem Hauptschuldner die Urkunde zur Weiterleitung an den Gläubiger, so ist sie erst mit der Aushändigung an diesen „erteilt"; denn der Hauptschuldner ist im Zweifel Bevollmächtigter des Bürgen und nicht des Gläubigers (RGZ 62, 379, 383; Anm REICHEL JW 1927, 38; RG HRR 1933 Nr 1006; BGH WM 1978, 266 u 1065; vgl auch § 765 Rn 14). Hat der Bürge diese Aushändigung von bestimmten Bedingungen abhängig gemacht und hält sich der Hauptschuldner nicht daran, so ist die Bürgschaftserklärung nicht wirksam erteilt (RG JW 1927, 38; BankArch 32, 370; HRR 1933, 1006); der ausstellende Bürge kann gleichwohl einem gutgläubigen Dritten aus veranlaßtem Rechtsschein haftbar sein (Rn 46).

2.   Blankobürgschaft und Ausfüllungsermächtigung

43 a)   Eine **Blankobürgschaft** liegt vor, wenn der Bürge eine inhaltlich unvollständige Bürgschaftsurkunde (zum notwendigen Inhalt Rn 17 ff) ausstellt, im Extremfall durch Unterschrift auf einem leeren Blatt (vgl OLG Düsseldorf MDR 1977, 754), damit ein Dritter die Bürgschaftsurkunde später in Übereinstimmung mit dem Willen des Bürgen ausfüllt. Auf die Blankobürgschaft findet der allgemeine Grundsatz Anwendung, daß auch eine blankounterzeichnete Urkunde formrichtig ist (STAUDINGER/ DILCHER[12] § 126 Rn 13). Die Bürgschaftserklärung wird demnach wirksam, sobald der Dritte alles, was zur vollständigen Bürgschaftserklärung notwendig ist, in Übereinstimmung mit dem Willen des Bürgen in die Urkunde einträgt. Ob in der Weggabe der Blankourkunde durch den Bürgen bereits die „Erteilung" (Rn 33 ff) liegt, hängt von der Person des Erstempfängers ab; erhält der Gläubiger oder sein Vertreter oder Empfangsbote die Blankourkunde, so ist sie erteilt; die Erteilung liegt dann vor der vollständigen Ausstellung. Anders bei Übergabe an einen sonstigen Dritten, der dann die Urkunde erteilen soll (vgl auch Rn 42).

44 b)   Die entsprechende Abrede und Weisung des Bürgen wird (untechnisch) als Ermächtigung bezeichnet. Diese **Ausfüllungsermächtigung** (vgl allg STAUDINGER/DILCHER[12] Vorbem 172 zu § 164) hat zum Inhalt eine Mitwirkung an der Verpflichtungserklärung des Bürgen selbst, also ein Handeln unter fremdem Namen, und ist als Vollmacht oder ähnlich einer Vollmacht zu behandeln: der „Ermächtigte" vertritt den Bürgen meist zumindest in der (Vollendung der) Abgabe der Willenserklärung

18. Titel. § 766
Bürgschaft 45, 46

(allg zum Erklärungsvertreter STAUDINGER/DILCHER[12] Vorbem 82 ff zu § 164), wobei die Ausfüllung zumindest einen Teil der Willenserklärung des Bürgen darstellt; er handelt vollmachtsähnlich auch insofern, als er oft bei der Ausfüllung einen gewissen Gestaltungsspielraum (wie ein Willensvertreter) hat. – Ähnlich zu behandeln ist die Abänderungsermächtigung seitens des Bürgen, zB den in der Urkunde bereits eingetragenen Namen des zunächst in Aussicht genommenen Hauptschuldners durch einen anderen zu ersetzen (BGH NJW 1968, 1131 = WM 1968, 504). Der Bürge kann demnach dem Hauptschuldner etwa eine von ihm unterzeichnete Bürgschaftsurkunde aushändigen, die den Namen eines bestimmten Gläubigers noch nicht enthält, damit der Hauptschuldner den Gläubiger aufsuche und – als Bevollmächtigter des Bürgen (vgl auch § 765 Rn 5) – diesem dann die vollständige Urkunde erteile (RGZ 57, 66, 69; 62, 379, 383; 76, 195, 201; HRR 1934 Nr 1015; REICHEL Recht 1913, 429; BGH WM 1962, 720; vgl auch BGH WM 1978, 1065). Auch der Gläubiger kann ermächtigt werden (BGH NJW 1968, 1131 = WM 1968, 504 betr Abänderungsermächtigung). Ferner kann der Bürge den Hauptschuldner oder Gläubiger ermächtigen, noch die genaue Höhe der Bürgschaftssumme in die Urkunde einzutragen (BGH WM 1962, 720). Allerdings muß man im letzteren Fall fordern, daß bereits in der Ermächtigung eine Höchstsumme klar bestimmt ist (BGH aaO). Grundsätzlich muß die Ausfüllungsermächtigung inhaltlich hinreichend konkretisiert sein.

Eine allzuweit gefaßte Ermächtigung würde die Warnfunktion der Schriftform aushöhlen. Die aufgrund einer solchen Ermächtigung ausgefüllte Bürgschaftsurkunde enthält keine formrichtige Erklärung. Der Bürge kann zB nicht wirksam dem Gläubiger eine Blankobürgschaft erteilen mit der Ermächtigung zur Auswahl und Eintragung eines beliebigen Hauptschuldners und damit einer ganz unbestimmten Hauptschuld; anders uU, wenn die Hauptschuld schon bestimmt werden kann. Erteilt der Bürge dem Hauptschuldner Bürgschaft zur Sicherung aller Forderungen noch unbestimmter Gläubiger, fehlt es sowohl an einer inhaltlich hinreichend bestimmten Erklärung wie an einer konkreten Ausfüllungsermächtigung zur Behebung dieses Mangels (BGH WM 1978, 1065; vgl allgemein § 765 Rn 13 ff). Wegen der genannten Gefahren einer Aushöhlung der Bürgschaft hat der BGH seit 1996 die Erteilung der Ausfüllungsermächtigung selbst – entgegen § 167 Abs 2 – der Formvorschrift des § 766 unterworfen; danach ist nur die iS § 766 formgerecht erteilte Ermächtigung wirksam (BGH WM 1996, 762 = NJW 1996, 1467; insoweit überholt OLG Hamm WM 1984, 829; krit KEIM NJW 1996, 2774). Rechtsfolge ist nach BGH (WM 1996, 762, 765 = NJW 1996, 1467, 1469) die Nichtigkeit der Ausfüllungsermächtigung und der (ausgefüllten) Bürgschaft. Bei konsequenter entsprechender Anwendung des Vollmachtsrechts muß freilich schwebende Unwirksamkeit gem § 177 Abs 1 angenommen werden mit der Möglichkeit, Altverträge durch Genehmigung des Bürgen mit rückwirkender Kraft gem § 184 Abs 1 zu heilen (KEIM NJW 1996, 2774, 2776).

c) Abredewidrige oder formungültige Ausfüllung
Im Rechtsverkehr kann man es der vollständigen Bürgschaftsurkunde nicht ansehen, ob sie aus einer Blankobürgschaft mit anschließender Ausfüllung durch einen Dritten hervorgegangen ist und ob dieser Dritte ohne Ausfüllungsermächtigung gehandelt hat, weil diese fehlte oder formnichtig war, oder ob er von der (wirksamen) Ausfüllungsermächtigung bzw den sie begleitenden Abrede abgewichen ist. In all diesen Fällen bedarf der Rechtsverkehr des Schutzes, sofern der Bürge durch Erteilung einer (auch ggf formnichtigen) Ermächtigung einen Rechtsscheinstatbestand

gesetzt und die Abgabe der schriftlichen Bürgschaftserklärung veranlaßt hat. Seit langem ist daher anerkannt, daß der Bürge den durch eine abredewidrige Ausfüllung geschaffenen Inhalt der Urkunde im Verhältnis zu einem gutgläubigen Dritten analog § 172 Abs 2 als unanfechtbare Willenserklärung gegen sich gelten lassen muß (BGHZ 40, 65, 68; 40, 297, 304 ff; STAUDINGER/DILCHER[12] § 119 Rn 15). Gleiches gilt für die Ausfüllung der Bürgschaft kraft formnichtiger Ausfüllungsermächtigung (BGH WM 1996, 762, 765 = NJW 1996, 1467, 1469). Die von der früheren hM angenommene Anfechtbarkeit wegen Erklärungsirrtums (STAUDINGER/BRÄNDL[10/11] Rn 8; PLANCK/OEGG Anm 2 b) muß hinter dem Gesichtspunkt des Vertrauensschutzes bei veranlaßtem Rechtsschein zurücktreten (vgl auch CANARIS, Die Vertrauenshaftung im deutschen Privatrecht [1971] 54 ff). Der abredewidrig Ausfüllende kann sich natürlich nicht auf die Urkunde berufen; gegenüber dem nicht gutgläubigen Dritten bleibt Anfechtung möglich (und wohl der Klarheit wegen erforderlich). Zur Anfechtung wegen Täuschung gem § 123, die gem Abs 2 ohnehin iS des Vertrauensschutzes eingeschränkt ist, vgl RG JW 1916, 1270.

d) Einwilligung in künftige Vertragsänderungen

47 Ähnlichen praktischen Bedürfnissen wie die Blankobürgschaftsurkunde können solche Bürgschaftserklärungen dienen, die zwar vollständig sind, aber inhaltlich so gefaßt, daß sie ein Auswechseln der Bürgschaftsforderung gestatten oder die Berechtigung von Rechtsnachfolgern des ersten Gläubigers festlegen. Die Rspr arbeitet im letzteren Fall zT mit der Annahme eines Vertrags gem § 328 zugunsten der künftig Berechtigten (BGHZ 26, 142, 148 f), was aber selten dem Willen der Beteiligten entspricht und auch durch praktische Bedürfnisse nicht gefordert wird. Es gelten die allgemeinen Grundsätze über Schuldner- und Gläubigerwechsel (zT **aA** STAUDINGER/BRÄNDL[10/11] Rn 9), dh es ist lediglich zu prüfen, ob hinsichtlich eines künftigen Schuldnerwechsels eine hinreichend bestimmte Einwilligung iS § 418 Abs 2 S 3 vorliegt, hinsichtlich eines Gläubigerwechsels, ob (ausnahmsweise) die Abtretbarkeit (zusammen mit der der Hauptschuld) gem § 399 ausgeschlossen ist (vgl zum Ganzen § 765 Rn 9 ff betr Vertragsschluß, Rn 202 ff u 214 ff betr Abtretung u Schuldnerwechsel). Die betreffenden Regelungen in der Urkunde müssen hinreichend bestimmt sein (Rn 17 ff).

V. Rechtsfolge des Formverstoßes: Nichtigkeit

48 1. Der Verstoß gegen die Formvorschrift des § 766 bewirkt die Nichtigkeit der Bürgschaftserklärung gem § 125 S 1 (vgl zB BGH WM 1989, 559 = NJW 1989, 1484; zum Fall krit TIEDTKE EWiR 1989, 347; BGH WM 1991, 536; WM 1996, 762 = NJW 1996, 1467). Der Mangel der nach § 766 erforderlichen Form schließt nur die Haftung als Bürge aus. Ist jemand mit der Absicht einer Verbürgung eine Wechselverpflichtung eingegangen, so haftet er aus der Wechselverpflichtung, wenngleich die Schriftform des Wechsels die Form des § 766 nicht wahrt (RGZ 94, 85, 88 f u Vorbem 432, 423). Ist für eine nach § 766 formnichtige Bürgschaft eine Nach- oder Rückbürgschaft übernommen worden, so ist auch diese nichtig, selbst wenn sie selbst die Schriftform des § 766 wahrt. Bloße **Teilnichtigkeit** liegt vor, wenn die Parteien die im übrigen formwirksame Bürgschaft auf weitere Forderungen erstrecken wollten, dies aber in der Urkunde nicht, auch nicht andeutungsweise, vom Bürgen ausgedrückt worden ist (vgl zB BGHZ 76, 187, 189 f = WM 1980, 741: die Leistungs- und Gewährleistungsbürgschaft sichert nicht ohne weiteres auch den Rückforderungsanspruch wegen Überzahlungen). Gleiches gilt, wenn die

Abänderung einer Bürgschaft formnichtig ist, die Parteien aber zugleich § 139 ausgeschlossen haben; BGH ZIP 1997, 536.

Ein nachträglicher Verlust der Bürgschaftsurkunde ist ohne Einfluß auf den Fortbestand der Bürgschaftsforderung. **49**

2. Einschränkung der Berufung auf die Nichtigkeit

Auf die Formnichtigkeit kann sich grundsätzlich jedermann berufen (STAUDINGER/ DILCHER[12] § 125 Rn 28). Grundsätzlich kann dem Bürgen, der sich auf den Formmangel beruft, nicht ein Verstoß gegen Treu und Glauben wegen Widerspruchs zu seinem eigenen früheren Verhalten entgegengehalten werden mit der Folge, daß die Bürgschaft als gültig zu behandeln wäre (BGH NJW 1957, 1275 f; WM 1991, 536; WM 1996, 762, 765 = NJW 1996, 1467, 1469; OLG Köln JMBlNRW 1974, 77 f). Auch für die formnichtige Bürgschaft gelten jedoch die allgemeinen Grundsätze, daß Treu und Glauben es unter besonderen Umständen gebieten, trotz Formnichtigkeit einen Erfüllungsanspruch zu gewähren, der teils als vertraglicher, richtiger wohl als aus § 242 begründeter gesetzlicher Anspruch verstanden wird (STAUDINGER/DILCHER[12] § 125 Rn 48 ff). Die Treuwidrigkeit der Berufung auf den Formmangel und dessen Unbeachtlichkeit unter dem Gesichtspunkt der unzulässigen Rechtsausübung muß freilich eine streng begrenzte Ausnahme bleiben, weil sonst der durch Formvorschriften des BGB bezweckte Schutz ausgehöhlt würde (BGHZ 26, 142, 151 = WM 1958, 71; BGHZ 121, 224, 233 f = WM 1993, 496; BGH WM 1996, 762, 765 = NJW 1996, 1467, 1469). **50**

Den hier relevanten Tatbeständen der Verletzung von Treu und Glauben ist das Merkmal des widersprüchlichen Verhaltens (venire contra factum proprium) gemeinsam. Eine früher in der Lehre erörterte, praktisch seltenere Fallgruppe besteht darin, daß der Bürge den Versprechensempfänger arglistig über die Formbedürftigkeit oder über den Mangel der Formerfüllung täuscht (REICHEL AcP 104, 40 u Gruchot 61, 556; OERTMANN AcP 122, 127; KANKA JherJb 87, 134; RG LZ 1930, 1383, 1386); hier ist neben einer Haftung aus § 826 ein Erfüllungsanspruch gem § 242 zu gewähren (aA wohl STAUDINGER/BRÄNDL[10/11] Rn 15 u die zit Lit u Rspr). Praktisch wichtigere Fallgruppen des widersprüchlichen Verhaltens bei Formnichtigkeit bestehen darin, daß entweder der Bürge selbst bereits erhebliche Vorteile im Zusammenhang mit dem nichtigen Geschäft gezogen hat oder der Versprechensempfänger im Vertrauen auf die Formgültigkeit selbst zu erheblichen eigenen Dispositionen veranlaßt wurde. In beiden Fallgruppen ist meist eine längere Zeit verflossen, in der das Geschäft als wirksam behandelt wurde. So kann sich der Bürge auf die Formnichtigkeit nicht berufen, wenn er dem Gläubiger gegenüber die Bürgschaft mehrere Jahre als wirksam behandelt und aus dem gesicherten Kontokorrentkredit, der nur im Hinblick auf die Bürgschaft gewährt worden war, mittelbar selbst Vorteile (als Gesellschafter der Hauptschuldnerin) gezogen hat (BGHZ 26, 142, 151 f = NJW 1958, 217, 219; BGHZ 121, 224, 233 = NJW 1993, 1126; BGH WM 1996, 762, 765 = NJW 1996, 1467, 1469). **51**

Treuwidrig kann zB die Berufung auf die Formnichtigkeit sein, wenn der Bürge den Gläubiger zu Zahlungen veranlaßt hat, die dieser nur im Vertrauen auf die Bürgschaft leistete und die mittelbar auch dem Bürgen zugute kamen (BGH WM 1986, 939; dazu auch K SCHMIDT ZIP 1986, 1510). Auf die Formnichtigkeit ihrer Bürgschaft kann sich nach fast 30 Jahren eine Stadtgemeinde nicht berufen, die zudem den Gläubiger **52** unter Hinweis auf die Bürgschaft veranlaßt hatte, seine Forderung im Konkurs des Hauptschuldners (einer städtischen Straßenbahngesellschaft) nicht zu verfolgen (RG HRR 1938 Nr 503; vgl auch BGH JZ 1971, 459 betr § 313). Die Berufung auf die Formnichtigkeit kann dem Bürgen andererseits nicht schon deshalb versagt werden, weil er sein formnichtiges Versprechen mit besonderem Nachdruck und unter Einsatz seines Ansehens abgegeben hat (STAUDINGER/DILCHER[12] § 125 Rn 45 m Nachw).

VI. Heilung des Formmangels

53 1. Heilung des Formmangels wird gem § 766 S 2 dadurch bewirkt, daß „der Bürge die Hauptverbindlichkeit erfüllt" (richtiger: sein Versprechen erfüllt; vgl SIBER, Rechtszwang 239 u oben Vorbem 13). Der **Erfüllung** stehen die Erfüllungssurrogate gleich: Leistung an Erfüllungs Statt (§§ 364 Abs 1, 365), unwiderrufliche Hinterlegung gem §§ 372, 378 (nicht aber bei Hinterlegung eines Geldbetrages ohne Rücknahmeverzicht aufgrund mündlichen Bürgschaftsversprechens als Sicherheit für noch abzuschließenden schriftlichen Bürgschaftsvertrag; BGH WM 1966, 139), Aufrechnung (§§ 387 ff; nicht aber durch den Gläubiger; vgl OLG Bamberg BayZ 1906, 46); nicht Schuldversprechen oder Schuldanerkenntnis (§§ 780, 781), das gem § 364 Abs 2 im Zweifel nur zur Schuldverstärkung dient und kondiziert werden könnte (RG HRR 1933 Nr 1003). Noch bei der Leistung durch den Bürgen können die Parteien formlos vereinbaren, daß die Bürgschaft sich auf eine andere Hauptschuld beziehen soll (BGH WM 1964, 849, 851; § 765 Rn 11). Erfüllt der Bürge nur teilweise, so bleibt die Bürgschaft für den nicht getilgten Rest der Hauptschuld wegen Formmangels unwirksam (RGZ 76, 195, 198). Eine besondere Willensbekundung, durch die Erfüllung oder das Erfüllungssurrogat den Formmangel heilen zu wollen, ist nicht erforderlich; es genügen die für die Erfüllung oder ihre Surrogate allg entwickelten subjektiven Voraussetzungen. Daher hat auch die in Unkenntnis der Formnichtigkeit bewirkte Leistung grundsätzlich heilende Wirkung. Andernfalls wäre der Anwendungsbereich des § 766 ungerechtfertigt beschränkt. Etwas anderes muß im Ausnahmefall gelten, wenn der rechtsunkundige Bürge nur wegen der vermeintlichen Verpflichtung und Befürchtung drohenden Rechtszwangs leistete, was er zu beweisen hat. Auch die Leistung eines Dritten für den Bürgen hat heilende Wirkung und zwar in der Regel auch dann, wenn der Dritte irrtümlich von der Verbindlichkeit des formnichtigen Bürgschaftsversprechens ausging (aA STAUDINGER/BRÄNDL[10/11] Rn 18 u KRETSCHMAR JherJb 86, 201).

54 2. Die Parteien können den Formmangel nicht durch nachträgliche formlose Abrede heilen. Nicht anerkannt hat das RG die Umwandlung der formnichtigen Bürgschaft in ein Vereinbarungsdarlehen gem § 607 Abs 2 (RG WarnR 1908 Nr 506; vgl auch RG LZ 1915, 523). Nicht ausgeschlossen ist die Umdeutung gem § 140 der formnichtigen Bürgschaft in einen Kreditauftrag nach § 778 (s dort Rn 6). Die Bestätigung des formnichtigen Bürgschaftsvertrages durch Vereinbarung der Parteien ist Neuvornahme gem § 141 Abs 1 und unterliegt der Formvorschrift des § 766.

3. Formgültigkeit nach ausländischem Recht

55 Die deutschem Recht unterliegende und nach § 766 formnichtige Bürgschaft kann bei Auslandsberührung des Geschäfts gem Art 11 EGBGB formgültig sein, wenn sie den Formerfordernissen eines ausländischen Rechts entspricht, das als Ortsrecht des Abschlusses des Bürgschaftsvertrags anwendbar ist (Art 11 Abs 1) oder bei Distanzverträgen als Recht eines Staates, in dem sich die Vertragsschließenden aufhalten (Art 11 Abs 2; BGHZ 121, 224 = NJW 1993, 1126, 1128; dazu Bülow ZEuP 1994, 493, 499 f m Nachw).

VII. Beweislastfragen

Die Bürgschaftsurkunde hat die Vermutung der Vollständigkeit für sich, allerdings **56** nur hinsichtlich der Verpflichtung des Bürgen (RG Gruchot 55, 953 = JW 1911, 540 Nr 15; RG JW 1918, 367 Nr 5 = LZ 1918, 841; RGZ 95, 125 f; RG HRR 1936 Nr 397; vgl auch BGH LM Nr 1 zu § 765). Das Vorliegen mündlicher Nebenabreden neben der schriftlichen Bürgschaftsverpflichtung (vgl Rn 10 ff) muß der beweisen, der sich darauf beruft, also zB der Bürge, der die Einschränkung seiner Verpflichtung oder besondere Pflichten des Gläubigers behauptet (RG WarnR 1909 Nr 340 = LZ 1909, 469 Nr 21; RG HRR 1933 Nr 1006; HRR 1935 Nr 580). Der Bürge braucht aber nicht besondere Gründe darzutun, warum die betreffende Nebenabrede nicht in die Urkunde aufgenommen worden ist (vgl zB RG HRR 1935 Nr 580 und die oa Rspr).

Wer sich darauf beruft, er habe die Bürgschaft nicht im eigenen Namen, sondern **57** namens des Unternehmens abschließen wollen, dessen Geschäfte er führt, muß diese Unternehmensbezogenheit der Bürgschaft im Zweifel beweisen (BGH ZIP 1994, 1860, 1861 = NJW 1995, 43 = WM 1994, 2233; zum Fall krit Tiedtke EWiR 1995, 19, 20). Wenn die Parteien über das gesetzliche Formerfordernis hinaus Beurkundung des gesamten Vertrags mit der Wirkung der §§ 127, 154 Abs 2 vereinbart haben, gilt die Vertragsurkunde bis zum Nachweis des Gegenteils als richtig und vollständig (zur formlos möglichen Abänderung dieses vereinbarten Formzwangs oben Rn 13). – Der Nachweis der Bürgschaftsforderung kann auch anders als durch die Bürgschaftsurkunde geführt werden, zB wenn diese verloren gegangen ist. Der Nachweis muß sich dann auch auf die Tatsache der schriftlichen Erteilung der Bürgschaftserklärung erstrecken; anders natürlich bei der formfreien Bürgschaft des Kaufmanns.

§ 767

[1] Für die Verpflichtung des Bürgen ist der jeweilige Bestand der Hauptverbindlichkeit maßgebend. Dies gilt insbesondere auch, wenn die Hauptverbindlichkeit durch Verschulden oder Verzug des Hauptschuldners geändert wird. Durch ein Rechtsgeschäft, das der Hauptschuldner nach der Übernahme der Bürgschaft vornimmt, wird die Verpflichtung des Bürgen nicht erweitert.

[2] Der Bürge haftet für die dem Gläubiger von dem Hauptschuldner zu ersetzenden Kosten der Kündigung und der Rechtsverfolgung.

Materialien: E I § 672; II § 708; III § 751; Mot II 663 ff; Prot II 464 ff.

Schrifttum

BETTERMANN, Akzessorietät und Sicherungszweck der Bürgschaft, NJW 1953, 1817
BLESSING, Akzessorietät und Sicherungszweck der Bürgschaft. Eine rechtsvergleichende Untersuchung zum deutschen und französischen Recht (Diss Saarbrücken 1972)
GADOT, Bürgschaft und Zahlungssperre, DGWR 1936, 465
HADDING/HÄUSER, Zum Anspruch des Bürgen gegen den Darlehensgläubiger auf Auskehrung des nicht verbrauchten Teils eines Zinsvoraus, in: WM-Festheft Heinsius (1991) 4

KASER, CELSIUS D 12. 6. 47 und die Akzessorietät der Bürgschaft, in: FS Herdlitczka (1972) 143
KÜHN/ROTTHEGE, Inanspruchnahme des deutschen Bürgen bei Devisensperre im Land des Schuldners, NJW 1983, 1233
OPITZ, Die Abhängigkeit der Bürgenhaftung mit besonderer Berücksichtigung der Hypothekenverordnung v 8. 6. 1916 (Diss Leipzig 1918)
REINICKE/TIEDTKE, Bürgschaft für eine Verbindlichkeit aus laufender Rechnung, ZIP 1988, 545.

Systematische Übersicht

I. Der Grundsatz der Akzessorietät
1. Inhalt — 1
2. Auswirkung auf den Haftungsumfang — 4
3. Auswirkung auf die Beweislast — 5
4. Abweichende Vereinbarungen — 6

II. Die Abhängigkeit vom Bestand der Hauptschuld
1. Nichtentstehen der Hauptschuld — 9
2. Erlöschen der Hauptschuld — 10
a) Grundsatz und Überblick — 10
b) Anrechnung von Teilleistungen — 17
c) Leistungsbefreiung wegen Unmöglichkeit — 21
3. Novation; Saldoanerkenntnis — 22
4. Wegfall und Wechsel von Hauptschuldner oder Gläubiger — 24

III. Gesetzliche Veränderungen des Hauptschuldumfangs (Abs 1 S 2)
1. Vom Hauptschuldner zu vertretende Leistungsstörungen — 25
2. Rückgewähransprüche — 29
3. Sonstige Veränderungen — 31
4. Kosten der Kündigung und Rechtsverfolgung (Abs 2) — 33
a) Kosten der Kündigung — 33
b) Kosten der Rechtsverfolgung — 34

5. Anpassung von Unterhaltsansprüchen — 35

IV. Rechtsgeschäftliche Veränderungen des Hauptschuldumfangs
1. Erweiterung der Hauptschuld: Verbot der Fremddisposition — 36
2. Rechtsgeschäftliche Verminderungen der Hauptschuld — 43
3. Indifferente und gemischt nachteilige Abreden — 44
4. Stundung — 46

V. Grenzen des Grundsatzes der Akzessorietät
1. Gesetzliche Begrenzungen — 48
2. Erlöschen des Hauptschuldners wegen Vermögensverfalls — 49
a) Personenhandelsgesellschaften — 49
b) Juristische Personen — 50
c) Fortbestand der Akzessorietät bei Vermögensverfall des Hauptschuldners — 51
3. Beendigung des Hauptschuldners aus anderen Gründen; Enteignung — 52
4. Sonstige hoheitliche Eingriffe; Devisensperre — 54

18. Titel. § 767
Bürgschaft 1

Alphabetische Übersicht

abweichende Vereinbarungen	6	juristische Person	50
Abzahlungskauf	30	Kondiktion der Erfüllung	15
AGB-Gesetz	7	Kontokorrent	5
Akzessorietät	1 ff, 9	Kosten	
– Grenzen	48	– der Kündigung	33
– und Haftungsumfang	4	– der Rechtsverfolgung	34
Annahmeverzug	32	Kündigung	16, 33
Beendigung des Hauptschuldners	52	Leistungsbefreiung	21
Betrug des Hauptschuldners	28	– des Hauptschuldners	13
Beweislast	5	Leistungsstörungen	25 f
Devisensperre	54	Novation	22
Eingriffe, hoheitliche -	54		
Einschränkung der Bürgschaft	43	Personenhandelsgesellschaften	49
Enteignung	53	Rechtskraft	3
Erlöschen der Hauptschuld	10	Rechtsverfolgung, Kosten	34
Fortbestand der Akzessorietät	51	Rückgewähransprüche	29
Fremddisposition, Verbot der -	36 ff	Saldoanerkenntnis	22
Gestaltungsrechte	42	Schuldanerkenntnis	23
Gläubiger		Schuldversprechen	23
– Identität	2	Stundung	46
– Wechsel	24	– der Hauptschuld	14
Haftungsumfang und Akzessorietät	4	Teilleistungen	17
Hauptschuldner			
– Beendigung	52	Unmöglichkeit	21
– Erlöschen des -	49	Unterhaltsansprüche	35
– Vermögensverfall	51		
– Wechsel	24	Verfallsklausel	26
– Wegfall	24	Vermögensverfall des Hauptschuldners	51
Hauptschuldumfang, Veränderung	36 ff		
Höchstbetragsbürgschaft	18	Wegfall des Hauptschuldners	24

I. Der Grundsatz der Akzessorietät

1. Inhalt

§ 767 Abs 1 S 1 bestimmt entsprechend dem Sicherungszweck der Bürgschaft die **1** Abhängigkeit (Akzessorietät) der Bürgenverpflichtung vom jeweiligen Bestand der Hauptschuld (Mot II 664; vgl Vorbem 18 ff). Der Grundsatz der Akzessorietät gilt sowohl für das Entstehen wie für den weiteren Fortbestand und den Umfang der

Bürgschaft (BGH WM 1966, 122; BGHZ 90, 187, 190; Larenz/Canaris II/2 § 60 III; oben Vorbem 18 ff).

Die Akzessorietät knüpft an die rechtsgeschäftliche Bezugnahme auf eine (oder mehrere) bestimmte Hauptforderung(en) in der Bürgschaftserklärung an; Inhalt und Umfang dieser Bezugnahme sind durch Auslegung gem §§ 133, 157 zu ermitteln (§ 765 Rn 13 ff, 27 ff, zum Umfang der Prozeßbürgschaft Vorbem 91, 103). Dies gilt auch für die Frage, ob die Bürgenhaftung sich auch auf Nebenforderungen zur Hauptschuld erstreckt (§ 765 Rn 40 f), ob anstelle der nichtigen Hauptschuld eine andere Schuld verbürgt ist (§ 765 Rn 80 ff), ob die Bürgenhaftung für Rückgewähr- und Ersatzansprüche des Gläubigers gilt (unten Rn 29, 31) und ob Teilleistungen des Hauptschuldners oder die Befriedigung aus anderen Sicherheiten die Haftung des (Regel-, Teil- oder Höchstbetrags-)Bürgen entsprechend verringern oder nicht (Rn 17 ff).

2 Aus der Akzessorietät wird gefolgert, daß Gläubiger der Hauptschuld und Gläubiger der Bürgschaft stets dieselbe Person sein müssen (BGHZ 115, 177 = WM 1991, 1869; aA Bydlinski ZIP 1989, 957; Larenz/Canaris II/2[13] § 60 III 2b). Dies ist zwar nicht begriffsnotwendig, folgt aber schon aus § 765 und entspricht der ganz hM; vgl auch §§ 1153 Abs 2, 1250. Die Bürgschaft kann daher nicht selbständig abgetreten werden (BGH WM 1980, 1085; BGHZ 115, 177); die Abtretung der Hauptforderung ohne die Rechte aus der Bürgschaft führt zum Erlöschen der Bürgschaft (BGHZ 115, 177; oben § 765 Rn 209 f).

3 Unter dem „jeweiligen Bestand der Hauptverbindlichkeit" ist deren rechtlicher Bestand, Leistungsgegenstand und Leistungsumfang zu verstehen (§ 765 Rn 78 ff), nicht aber alle sonstigen rechtlichen Ausgestaltungen der Hauptschuld. Daher ist selbständiger Erfüllungsort der Bürgschaft und Gerichtsstand des Bürgen möglich, (Vorbem 135), selbständige Verjährung der Bürgschaft (§ 765 Rn 238, § 768 Rn 13) sowie selbständige Schiedsabrede. Die **Rechtskraft** eines **Urteils** zwischen Gläubiger und **Hauptschuldner** wirkt nur zugunsten des Bürgen, nicht zu seinen Lasten (Vorbem 166).

2. Auswirkung auf den Haftungsumfang

4 Die Akzessorietät wirkt sich teils zugunsten des Gläubigers aus, indem sich die Bürgenschuld entsprechend dem Sicherungszweck nach Abs 1 S 2 und Abs 2 erweitern kann (Rn 25 ff, 33 f), teils zugunsten des Bürgen, dessen Verpflichtung durch den Sicherungszweck begrenzt ist; dieser wird daher gem Abs 1 S 1, § 768 frei, soweit die Hauptschuld erlischt (Rn 10 ff, 21) oder sich vermindert (Rn 17, 43), und die spätere rechtsgeschäftliche Erweiterung der Hauptschuld belastet ihn gem Abs 1 S 3 nicht (Rn 36 ff). § 767 enthält – auch zusammen mit § 768 – keine erschöpfende Aufzählung aller Fälle einer Veränderung des Umfangs der Bürgenverpflichtung aufgrund der Akzessorietät, sondern normiert nur die wichtigsten Fälle, aus denen sich die gesetzliche Wertung zur Abgrenzung von Bürgen- und Gläubigerinteressen insgesamt erkennen läßt. Die aus der Akzessorietät sich ergebende Veränderlichkeit des Umfangs der Bürgenschuld führt nach hM nicht dazu, daß die Bürgschaftsforderung eine unbestimmte Forderung ist, wie sie gem § 1190 für die Höchstbetragshypothek vorausgesetzt wird (vgl Palandt/Bassenge § 1190 Rn 2). Eine Parallelität besteht aber bei der Höchstbetragsbürgschaft, die für einen Kontokorrentkredit bestellt ist (dazu Vorbem 38, 42, 48ff).

3. Auswirkungen auf die Beweislast

Da für die Verpflichtung des Bürgen gem § 767 Abs 1 S 1 der jeweilige Bestand der Hauptverbindlichkeit maßgebend ist, hat der Gläubiger für den jeweiligen Bestand der Hauptverbindlichkeit die Darlegungs- und Beweislast. Dafür genügt es aber grundsätzlich, daß er Begründung und Umfang der Hauptschuld darlegt und beweist, sofern nicht aus seinem Vortrag selbst sich zugleich eine spätere Verminderung oder ein Wegfall der Hauptschuld ergibt. Unter dieser Voraussetzung hat er den (negativen) Beweis für den Fortbestand der Hauptschuld nicht zu führen. Vielmehr trägt der Bürge die Beweislast für das Erlöschen der Hauptschuld (BGH NJW 1988, 906 = ZIP 1988, 224, 225; dazu TIEDTKE EWiR 1988, 251; BGH ZIP 1995, 1076, 1078; BAUMGÄRTEL/ LAUMEN, Handbuch der Beweislast [2. Aufl] § 765 Rn 7; REINICKE/TIEDTKE ZIP 1988, 545; zT abw STAUDINGER/BRÄNDL[10/11] Rn 3). Dies gilt auch dann, wenn die Bürgschaft einen aus Einzelforderungen bestehenden Tagessaldo sichert (BGH ZIP 1995, 1076; 1996, 222). Dies soll nach BGH auch gelten, wenn dieser Tagessaldo aus einem Kontokorrent stammt (BGH ZIP 1996, 222, gegen BGH ZIP 1985, 984; 1988, 224). Zum letztgenannten Fall des Kontokorrent ist freilich zu bemerken, daß der Gläubiger, wenn er die Bürgschaft geltend macht, den Saldo der Hauptschuld und dessen Zusammensetzung im einzelnen darlegen muß (BGH ZIP 1991, 867 = WM 1991, 1294, 1295; dazu KOLLER/SENFTLEBEN EWiR 1991, 805). Sind einzelne Positionen danach streitig, muß der Gläubiger die Aktivposten, der Bürge die Passivposten begründen (BGH ZIP 1996, 222, 223; allg BGHZ 105, 263, 265 = ZIP 1988, 1445). – Die Parteien können hinsichtlich der Darlegungs- und Beweislast besondere Vereinbarungen treffen (BGH NJW 1980, 1098 = WM 1980, 128; vgl auch iF Rn 6 u § 768 Rn 28 ff).

4. Abweichende Vereinbarungen

Vom Grundsatz der Akzessorietät **abweichende Vereinbarungen** dahin, daß der Bürge nur in geringerem Umfang als der Hauptschuldner haften soll, sind in jeder Weise zulässig, sofern sie nur hinreichend klar sind (RGZ 95, 9, 11); vgl auch zur Höchstbetrags- und Teilbürgschaft Vorbem 38 ff. Die Vereinbarung eines über die Hauptschuld hinausgehenden Haftungsumfangs ist nach hM nur in der Weise möglich, daß die Parteien bewußt eine vom Bürgschaftsvertrag abweichende, zusätzliche Verpflichtung vereinbaren, etwa aus Garantie oder selbständigem Schuldversprechen (RGZ 153, 338, 345 ; 163, 91 f; RG JW 1913, 597 Nr 11; 1916, 398 Nr 4; WarnR 1919 Nr 166; BGH WM 1966, 122; BGB-RGRK/MORMANN § 768 Rn 6; unentschieden BGH WM 1976, 422; auch § 768 Rn 29 f). Die Vorschriften über die Bürgschaft (insbes § 774) können auf solche zusätzlichen Vereinbarungen nach hM nicht angewendet werden (RG JW 1916, 398 Nr 4; BGH WM 1966, 122).

Bei Bürgschaftsformularverträgen, die in der Praxis vorherrschen und die dem **AGB-Gesetz** unterliegen, sind Klauseln, die eine zusätzliche entgegen dem Akzessorietätsprinzip über die Hauptschuld hinausgehende Verpflichtung des Bürgen enthalten, gem § 3 AGBG überraschend und damit nicht Vertragsinhalt, wenn nicht durch besondere Hervorhebung der überraschende Charakter beseitigt wird. Sie können ferner wegen Verletzung von § 9 AGBG unwirksam sein. Die Akzessorietät gehört zu den wesentlichen Grundgedanken der gesetzlichen Regelung, so daß sie durch AGB-Klauseln nicht ausgehöhlt werden darf (BGHZ 95, 350, 356 f; LARENZ/CANARIS II/2 § 60 III 1 b). Eine AGB-Klausel, die dem Bürgen die Möglichkeit nimmt, sich auf eine vom Hauptschuldner erklärte Anfechtung der Hauptschuld zu berufen, ist gem § 9 AGBG unwirksam (BGHZ 95, 350, 356 f = NJW 1986, 43).

8 Eine zusätzliche und eindeutige Vereinbarung zwischen Bürgen und Gläubiger ist also erforderlich, wenn der Bürge sich zu einem höheren Betrag oder zu einem Erfolg, der über die Leistung gemäß der Hauptforderung an den Gläubiger hinausgeht, verpflichtet. Beim Verzicht des Bürgen auf Einreden und Einwendungen ist zu unterscheiden: Soweit damit nur die Inanspruchnahme des Bürgen erleichtert, insbesondere die Subsidiarität der Bürgschaft eingeschränkt oder aufgehoben werden soll, ohne daß die grundsätzliche Akzessorietät aufgehoben wird, sind solche Verzichte im Rahmen der Bürgschaft zulässig (§ 768 Rn 28 ff). Gleiches gilt, wenn im Interesse einer raschen Inanspruchnahme des Bürgen dessen aus der Akzessorietät folgende Verteidigungsmittel nur teilweise oder vorläufig eingeschränkt werden, etwa durch Erleichterung der Darlegungs- und Beweislast des Gläubigers (BGH NJW 1980, 1098 f), insbesondere durch Bürgenverpflichtung zur „Zahlung auf erstes Anfordern"; Einzelheiten Vorbem 24 ff u § 768 Rn 36.

II. Die Abhängigkeit vom Bestand der Hauptschuld

9 1. Nichtentstehen der Hauptschuld bedeutet, daß auch die Bürgschaft nicht entsteht (§ 765 Rn 78 ff zur nichtigen und bedingten Hauptschuld); anders, wenn die Bürgschaft sich ihrem Inhalt nach stattdessen auf eine andere Forderung beziehen soll (§ 765 Rn 11). Wird die Bürgschaft für eine bedingte oder künftige Hauptforderung übernommen, so wird ein durch das Entstehen der Hauptforderung bedingter Bürgschaftsanspruch begründet. Praktisch häufig ist dies bei einer Bürgschaft für einen Kontokorrentkredit hinsichtlich des nicht valutierten Teils des Kredits. Auch dieser bedingte Bürgschaftsanspruch ist im Grundsatz übertragbar (str; vgl § 765 Rn 202 ff).

2. Erlöschen der Hauptschuld

a) Grundsatz und Überblick

10 Mit dem Erlöschen der Hauptschuld erlischt auch die Bürgenschuld, und zwar grundsätzlich unabhängig von den Gründen und Umständen, die das Erlöschen bewirken (Mot II 666; RG HRR 1933 Nr 1005; PLANCK/OEGG § 765 Anm 8 b); dieser Grundsatz erleidet nur eng begrenzte Ausnahmen (unten Rn 48 ff). Im Grundsatz kommt jede Verminderung der Hauptschuld dem Bürgen zugute (BGH WM 1984, 633; PALANDT/THOMAS Rn 1; ERMAN/SEILER Rn 3). Die praktisch wichtigsten Fälle des gänzlichen oder teilweisen Erlöschens sind die Erfüllung der Hauptschuld sowie die Erfüllungssurrogate einschließlich der unwiderruflichen Hinterlegung gem § 378. Eine Vereinbarung zwischen der Bank und dem Darlehensnehmer, daß mit der Aufnahme eines neuen Ratenkredits ein aus der vorhergehenden (verbürgten) Kreditaufnahme bei demselben Kreditinstitut herrührender Restsaldo getilgt werden soll, beinhaltet keine Erfüllung der Hauptschuld iS § 362 Abs 1 (OLG Hamm WM 1985, 1223; zweifelhaft wegen der Vereinbarung der Tilgung; s aber Rn 11). Tilgt ein Dritter durch Zahlung die für ihn fremde Hauptschuld, so erlöschen Hauptschuld (§ 267 Abs 1) und Bürgschaft; dem Dritten kann ein Kondiktionsanspruch gegen den Hauptschuldner

zustehen, nicht aber gegen den Bürgen (BGH MDR 1976, 220 m Anm OLSHAUSEN MDR 1976, 662). Befriedigt der Bürge den Gläubiger, so tilgt er seine eigene Bürgenschuld (PLANCK/OEGG § 765 Anm 6 d); der Gläubiger wird zugleich wegen der Hauptforderung befriedigt, die aber bestehen bleibt und gem § 774 auf den Bürgen übergeht (s dort).

Keine Tilgung liegt vor bei bloßer **Einstellung** der verbürgten Forderung ins **Kontokorrent** in der Weise, daß keine Verrechnung dort mit einem Guthaben eintritt, sondern die verbürgte Forderung im Debet des Kontokorrent geführt wird. Dies ergibt sich schon aus § 356 HGB, der die Einstellung ins Kontokorrent nicht als Grund für den Wegfall der Bürgschaft ansieht, soweit keine Verrechnung der verbürgten Hauptforderung mit Aktivposten eintritt. Dies muß auch gelten, wenn der Hauptschuldner einen vom Gläubiger (Bank) eingeräumten Kontokorrentkredit benutzt, um die verbürgte Hauptschuld zurückzuführen. Dieser Fall ist vom Regelfall des § 356 HGB kaum zu unterscheiden: der Gläubiger (Bank) bucht hier nur vom Kredit- auf das Kontokorrentkonto um, ohne daß Tilgung eintritt (aA OLG Karlsruhe NJW-RR 1988, 1194; krit R FISCHER EWiR 1988, 691, 692). Auch die Unterscheidung zwischen einem eingeräumten Kontokorrentkredit und einer bloßen Kontoüberziehung ist hier nicht relevant (R FISCHER aaO). Das Ergebnis wird auch dadurch unterstützt, daß auch sonst die Rechtsprechung bloßen Umbuchungsvorgängen beim Gläubiger keinen Einfluß auf die Schuld zuerkennt (vgl OLG Hamm WM 1985, 159). Etwas anderes kann nur gelten, wenn die Parteien einvernehmlich die verbürgte Schuld ablösen und durch einen Kontokorrentkredit ersetzen wollten, der dann entgegen § 356 HGB auch nicht mehr hinsichtlich der in ihn aufgenommenen verbürgten Kredite gesichert sein sollte (so OLG Hamm WM 1992, 981, das Novation bei Ablösung mehrerer Ratenkredite durch einen Kontokorrentkredit annimmt). Dies ist im Zweifel nicht gewollt (zur Novation iF Rn 22; zur Tilgungswirkung im Kontokorrent iF Rn 23). 11

Die Bürgschaft erlischt ferner, wenn Nichtigkeit der Hauptschuld eintritt, etwa wegen begründeter Anfechtung oder wegen Bedingungsausfalls (§ 765 Rn 114, 148 ff); zB sichert die Anzahlungsbürgschaft den aufschiebend bedingten Rückzahlungsanspruch eines anzahlenden Bestellers oder Käufers und entfällt mit diesem Anspruch, wenn die Leistung erbracht wird, auf die die Anzahlung geleistet wurde (BGH WM 1986, 520, 523 = ZIP 1986, 702). Es genügt Erfüllung durch den Mitgesellschafter des Hauptschuldners (BGHZ 72, 267 = BGH NJW 1979, 308). Gleiches gilt, wenn durch Aufhebungsvertrag oder Vergleich (§ 768 Rn 14) zwischen Hauptschuldner und Gläubiger oder durch Erlaß die Hauptschuld ganz oder teilweise beseitigt wird. Überhaupt hat der Bürge grundsätzlich die Einwendungen des Hauptschuldners gegen Gültigkeit und Fortbestand der Hauptschuld gem § 768 Abs 1, 767 Abs 1 S 1 (§ 768 Rn 10 ff; zur Begrenzung dort Rn 4 u unten Rn 21 ff). Die Anfechtungs- und Aufrechnungsmöglichkeit des Hauptschuldners gibt dem Bürgen nur ein Leistungsverweigerungsrecht gem § 770 (s dort). Die Bürgschaft kann aber auch für den Fall der Nichtigkeit der Hauptschuld übernommen sein (§ 765 Rn 80 ff). 12

Die Bürgenverpflichtung kann weiterhin entfallen bei Leistungsbefreiung des Hauptschuldners nach §§ 275, 279 (Rn 21), bei Novation (Rn 22) und in bestimmten Fällen bei Wegfall oder Wechsel von Hauptschuldner oder Gläubiger (Rn 24). 13

Der Vorbehalt des Fortbestandes der Forderung gegen den Bürgen bei Erlöschen 14 der verbürgten Hauptschuld ist gegenstandslos (RG HRR 1933 N 1005). Ein auf die Person des Hauptschuldners beschränkter Erlaß der Hauptforderung befreit gem § 767 Abs 1 S 1 auch den Bürgen, dessen Eintrittsrecht nach § 774 er vernichten würde (RG WarnR 1916 Nr 50; RG JW 1908, 87), oder ist überhaupt wirkungslos, nämlich dann, wenn die rechtlich unmögliche Weiterhaftung des Bürgen zur Bedingung des Erlasses der Hauptschuld gemacht wird (PLANCK/OEGG § 765 Anm 8 b). Die Herabsetzung oder Stundung der Hauptschuld im Vertragshilfeverfahren wirkte auch zugunsten des Bürgen (BGHZ 6, 385 = LM Nr 1 zu § 767 Abs 1).

15 Die Bürgschaft lebt wieder auf mit der Hauptschuld bei begründeter Kondiktion der Erfüllung, nicht aber bei nachträglicher einverständlicher Rücknahme der Erfüllung oder anderweitiger Verrechnung einer zunächst ohne Anrechnungsabrede (§ 366) geleisteten Zahlung (OLG Augsburg OLGE 34, 42; PLANCK/OEGG § 765 Anm 8 b); zur Aufwertung von Hauptschuld und Bürgenschuld Vorbem 130 ff.

16 Endet das vertragliche Dauerschuldverhältnis oder die sonstige Rechtsbeziehung, aus der die gesicherten Hauptschulden ständig neu entstanden sind, durch **Kündigung**, zB das Mietverhältnis oder der Kontokorrentkredit, so sichert die Bürgschaft keine Forderungen mehr, die etwa nach Wirksamwerden der Kündigung deshalb noch entstehen, weil der Gläubiger mit dem Hauptschuldner neue Leistungen vertraglich vereinbart (BGH WM 1988, 1301 betr Globalbürgschaft für Verbindlichkeiten aus Geschäftsverbindung; zur eingeschränkten Zulässigkeit einer solchen Bürgschaft nach neuerer Rspr § 765 Rn 48 ff). Es handelt sich dabei freilich nicht um einen Fall des Erlöschens der Hauptschuld, sondern um das Nichtentstehen weiterer Hauptschulden; die verbürgten alten Hauptschulden (zB Mietrückstände, Altkredite) bleiben verbürgt.

b) Anrechnung von Teilleistungen

17 Die Anrechnung von Teilleistungen auf die verbürgte Hauptschuld und die dadurch bewirkte Befreiung des Bürgen ist in der Praxis häufig Gegenstand von Zweifelsfragen. Maßgeblich sind grundsätzlich erstens der Inhalt der Bürgenverpflichtung, nämlich die Bezugnahme auf eine bestimmte Hauptschuld und die Festlegung des Haftungsumfangs (§ 765 Rn 13 ff, 27 ff, 111 ff), insbesondere die Gestaltung als Teilbürgschaft, Mitbürgschaft, Höchstbetragsbürgschaft (Vorbem 38 ff, 56; § 769 Rn 6 ff) und besondere Tilgungs- und Verrechnungsklauseln (vgl RG JW 1936, 2393; MERZ WM 1977, 1271), zweitens die im Verhältnis von Gläubiger und Hauptschuldner vertraglich vereinbarte oder bei Leistung einseitig gem §§ 366 Abs 1, 367 Abs 2 getroffene Anrechnungsbestimmung. Bei Diskrepanz beider Regelungen hat im Verhältnis von Bürgen und Gläubiger die zwischen ihnen getroffene Regelung Vorrang: Ist in der Bürgschaftsurkunde zB eine bestimmte Tilgungsart für die Hauptschuld genannt, braucht der Bürge eine andere Verrechnung der darunter fallenden Zahlungen nicht gegen sich gelten zu lassen (RG aaO). Zu Tilgungen im Kontokorrent und der Beweislast oben Rn 5 und § 765 Rn 92 u 95.

18 Die Höchstbetragsbürgschaft ist im Zweifel für einen Sockelbetrag des (höheren) Gesamtkredits bestellt, so daß Teiltilgungen zunächst (vereinbarungsgemäß oder entsprechend § 366 Abs 2) den nicht verbürgten Spitzenbetrag betreffen (Vorbem 51 f; vgl auch BGH WM 1976, 108). Wird für Zinsen und andere Nebenforderungen über den Höchstbetrag hinaus gehaftet (vgl § 765 Rn 40 f), so sind Teilrückzahlungen des verbürgten Kredits entsprechend § 367 Abs 1 vorrangig auf die Zinsen und Kosten anzurechnen, um die Gesamthaftung des Bürgen nicht ständig über den Höchstbetrag hinauswachsen zu lassen (sehr str im praktisch wichtigen Fall der Verbürgung eines Kontokorrentkredits mit Periodensaldo; s Vorbem 52). Bisweilen wird eine Höchstbetragsbürgschaft nicht für den Sockelbetrag des Gesamtkredits, sondern für einen Zusatzkredit bestellt (zB für Kredit von 1 Mio DM zusätzlich zu bestehendem Kredit von 750 000 DM; vgl den Fall BGH NJW 1980, 1099; vgl auch BGH NJW 1977, 334; Merz aaO). Teilleistungen sind dann vorrangig auf diesen Zusatzkredit anzurechnen; im Konkursfall ist von der Gesamtkreditschuld des Hauptschuldners zunächst der Sockelbetrag abzuziehen, für den der Bürge nie haftet (im Beispiel: 750 000 DM; BGH aaO; insofern wird diese Höchstbetragsbürgschaft ähnlich einer Teilbürgschaft behandelt; Vorbem 38). Eine solche vorrangige Verrechnung ist auch bisweilen ausdrücklich vereinbart (Nachweise Merz aaO).

Der Gläubiger braucht Erlöse aus Sicherheiten, die für den schon vorher bestehen- 19 den Kredit bestellt waren (der dann „Sockelbetrag" wird), nicht auf den verbürgten Zusatzkredit anzurechnen (BGH WM 1977, 334; Merz aaO). – Ist ein Pensionsberechtigter im Vergleichsverfahren mit der Kapitalisierung von 35% seines Pensionsanspruchs befriedigt, so kann er den Pensionsbürgen (der voll weiterhaftet; Vorbem 177), sofort und laufend für die restlichen 65% seines Pensionsanspruchs in Anspruch nehmen und braucht sich nicht darauf verweisen zu lassen, zuerst die Abfindung aufzuzehren (BGH WM 1977, 1 327). – Zu Teilleistungen des Bürgen vgl BGH Betrieb 1978, 629.

Treffen bei einem Vertrag oder in einem geschäftlichen Zusammenhang **mehrere** 20 **Bürgschaften** zusammen, so ist zunächst festzustellen, ob sie sich ganz oder teilweise decken, weil sie die gleiche Hauptforderung betreffen (dazu § 769 Rn 1 ff u § 774 Rn 43 ff) oder ob sie unterschiedliche Teilbeträge der gleichen Forderung oder unterschiedliche Forderungen eines Geschäfts betreffen. So können zB für verschiedene Abschlagszahlungen eines Bauvertrags verschiedene Bürgschaften bestellt sein. Soweit sich ausweislich der Schlußrechnung Anzahlung und Teilbauleistung wertmäßig decken, besteht kein Rückzahlungsanspruch und der Bürge haftet nicht; im übrigen ist nach BGH die nach dem Gesamtbetrag der Zahlungen und dem Gesamtwert der Bauleistungen festzustellende Überzahlung anteilig auf die einzelnen Bürgschaften zu verteilen (oben § 765 Rn 59).

c)   Bei **Leistungsbefreiung** des Hauptschuldners wegen einer von ihm nicht zu ver- 21 tretenden **Unmöglichkeit** gem §§ 275 Abs 1 u 2, 279 wird auch der Bürge frei (RGZ 134, 126, 128). Dabei kommt es nicht darauf an, ob der Bürge selbst die Leistung bewirken könnte (Reichel, Schuldmitübernahme 421). Anders, wenn die Unmöglichkeit der Leistung des Hauptschuldners auf einem Verschulden des Bürgen beruht; dann haftet dieser weiter auf das Erfüllungsinteresse (vgl auch § 281; s allg § 765 Rn 113), daneben möglicherweise deliktisch (Mot II 666; Planck/Oegg § 765 Anm 8 b; Palandt/ Thomas § 765 Anm 3 c). Bei nur vorübergehender Unmöglichkeit oder Unvermögen sind Hauptschuldner wie Bürge nur vorübergehend frei (Gadow DGWR 1936, 466).

3. Novation; Saldoanerkenntnis

Novation der Hauptschuld, dh ihre völlige Umwandlung in eine neue Verbindlich- 22 keit unter Aufhebung der ursprünglichen (Schuldersetzungsvertrag), führt zum

Erlöschen auch der Bürgschaft, selbst wenn die Beteiligten dies nicht wollen (RG JW 1903 Beil 96 Nr 219; vgl auch RGZ 126, 289 f). Novierungsabsicht ist aber im Zweifel nicht anzunehmen (BGH NJW 1986, 1490 f; OLG Hamm WM 1992, 981, 982 = NJW-RR 1992, 815 f; vgl auch § 364 Abs 2). Novierungsabsicht ist auch beim Vereinbarungsdarlehen iS § 607 Abs 2 und beim Vertrag über unregelmäßige Verwahrung gem §§ 700, 607 Abs 2 zu verneinen (RG HRR 1934 Nr 1105). Gleiches gilt, wenn mehrere Ratenkreditverträge durch einen Kontokorrentkreditvertrag ersetzt werden. Der Umstand, daß damit eine neue Abrechnungsmethode verbunden ist, reicht für die Novierungsabsicht nicht aus, zumal der Kreditgläubiger im Zweifel die Sicherheit nicht verlieren will (aA OLG Hamm WM 1992, 981 = NJW-RR 1992, 815; zust BRINK EWiR 1992, 337f). Auch die Interessen des Bürgen sind nicht nachteilig berührt; die Einstellung ins Kontokorrent verbessert uU die Chancen einer Tilgung der verbürgten Hauptschuld. Im übrigen betrachtet der Gesetzgeber selbst die Einstellung ins Kontokorrent in § 356 HGB nicht als Grund für einen Wegfall der Sicherheit. Voraussetzung ist freilich, daß die Bürgschaft nicht so eng gefaßt ist, daß sie bei einer Überführung der verbürgten Darlehensschuld in einen Kontokorrentkredit erlöschen soll, was regelmäßig nicht anzunehmen ist, oder wenn der Kontokorrentkredit im übrigen von dem ursprünglich verbürgten Kredit in seinen wirtschaftlichen Merkmalen und in seiner rechtlichen Ausgestaltung stark abweicht. Die Beweislast trifft den Bürgen, der ein Erlöschen der Hauptschuld und Bürgschaft durch Novierung behauptet.

23 Die Bürgschaft bleibt regelmäßig bestehen bei einem vom Hauptschuldner aufgrund einer Abrechnung erteilten Schuldversprechen oder Schuldanerkenntnis (§ 782). Sie bleibt gem § 356 HGB immer bestehen für die in ein Kontokorrent eingestellte Forderung (§ 355 HGB) trotz Saldoanerkenntnis, soweit Saldoguthaben und gesicherte Forderung sich decken (vgl RG WarnR 1922 Nr 76 betr Haftung des Bürgen auch für die Zinsen der im Kontokorrentsaldo verrechneten Forderung; RG HRR 1937 Nr 463). Dies erklärt sich leicht, wenn man richtigerweise dem Saldoanerkenntnis keine novierende Wirkung zuerkennt (HEYMANN/HORN HGB § 355 Rn 27; BAUMBACH/HOPT HGB § 355 Rn 7; BLAUROCK NJW 1971, 2206; CANARIS Betrieb 1972, 421, 469; ders, in: Großkomm HGB § 355 Rn 88 f; aA die Rspr, zB BGHZ 50, 277, 279). – Zu dem von der Novation der Hauptschuld ganz verschiedenen Fall, daß Gläubiger und Bürge vereinbaren, die Bürgschaft solle anstelle der ursprünglich verbürgten Hauptschuld nun eine andere Schuld sichern, s § 765 Rn 11.

4. Wegfall und Wechsel von Hauptschuldner oder Gläubiger

24 Falls mit dem Tod des Hauptschuldners die Hauptschuld ausnahmsweise deshalb erlischt, weil es sich um eine höchstpersönliche Verbindlichkeit handelt, so erlischt auch die Bürgschaft (PLANCK/OEGG Vorbem II 1 f zu § 765). Hauptanwendungsfall ist die Unterhaltspflicht unter Verwandten (§ 1615); der Unterhaltsanspruch des geschiedenen Ehegatten besteht dagegen gem § 1586 b fort (zum Fortbestand der Bürgschaft in diesem Fall unten Rn 21). Zum Erlöschen der Bürgschaft durch Konfusion s § 765 Rn 222 ff. Der Wegfall der juristischen Person des Hauptschuldners und der dadurch bedingte Untergang der Hauptschuld läßt die Bürgschaft nur erlöschen, wenn dies nicht ihrem Sicherungszweck widerspricht (Einzelheiten unten Rn 48 ff).

Auch der Wechsel des Hauptschuldners oder des Gläubigers kann zum Erlöschen der Bürgschaft führen: der Gläubigerwechsel bei Unabtretbarkeit der Bürgschaft, die befreiende Schuldübernahme, wenn der Bürge nicht einwilligt (§ 418; Einzelheiten s § 765 Rn 202 ff).

III. Gesetzliche Veränderungen des Hauptschuldumfangs (Abs 1 S 2)

1. Vom Hauptschuldner zu vertretende Leistungsstörungen

Wird durch eine vom Hauptschuldner zu vertretende Leistungsstörung der Inhalt und Umfang der Hauptschuld nach Übernahme der Bürgschaft verändert, so wird auch die Verpflichtung des Bürgen entsprechend verändert, insbes erweitert (Mot II 664; PLANCK/OEGG Anm 2 b), weil es sich um eine Veränderung handelt, die sich aus der gesicherten Hauptschuld selbst, dh ihrem gesetzlichen Verpflichtungs- und Haftungsumfang, ergibt. Die Bürgschuld erstreckt sich demnach auf Verzugs- und Prozeßzinsen (vgl Abs 2) sowie auf den Schadensersatz wegen Nichterfüllung, soweit solche Ansprüche gegen den Hauptschuldner begründet sind (§§ 280, 284 ff, 325, 326 BGB, §§ 17, 26 KO, §§ 50, 52 VglO; RG KuT 1936, 7; KG OLGE 18, 41; BGH WM 1985, 159; ZIP 1994, 938 = WM 1994, 1163 = NJW 1994, 1790; dazu OLZEN EWiR 1994, 763; OLG Nürnberg WM 1991, 1794 = NJW-RR 1992, 47 = ZIP 1991, 1018; dazu WISSMANN EWiR 1991, 913). Zum Verzug des Bürgen selbst s § 765 Rn 228. Fällt der Hauptschuldner in Konkurs, so findet § 63 Nr 1 KO, wonach die Wirkungen eines bereits bei Konkurseröffnung bestehenden Schuldnerverzugs entfallen, nicht auch für die Bürgschaft Anwendung (OLG Nürnberg ZIP 1991, 1018; zust WISSMANN EWiR 1991, 913; KILGER, KO [16. Aufl] § 63 Anm 2; KUHN/UHLENBROCK, KO [11. Aufl] § 63 Rn 1b; s oben Vorbem 176). 25

Wird die Hauptschuld aufgrund einer vereinbarten Verfallsklausel vorzeitig fällig, so wird es auch ohne weiteres die Bürgenschuld (RG WarnR 1914 Nr 328). Ist wegen Verzugs des Vergleichsschuldners gem § 9 VglO die Stundung der Vergleichsquote hinfällig geworden, so muß auch der Bürge die ganze Quote sofort bezahlen, im Falle des Wiederauflebens der ganzen Forderung im Zweifel aber nicht mehr als die verbürgte Quote (VOGELS/NÖLTE, VglO [3. Aufl 1952] § 4 Anm II 5 b, § 9 Anm III 2; LG I Berlin KuT 1932, 30; PÜSCHMANN ebenda 17; KÜNNE ebenda 106). Ist ein Darlehen verbürgt, dessen Zinssatz gegen Leistung eines Disagios für bestimmte Zeit festgeschrieben ist, so ist der Darlehensnehmer (Hauptschuldner) berechtigt, anteilige Rückerstattung des durch Zeitablauf nicht verbrauchten Disagios zu verlangen (BGHZ 111, 287). Dementsprechend haftet auch der Bürge nur auf den Betrag, der nach Verrechnung des nicht verbrauchten Teils des Disagio verbleibt (BGH ZIP 1994, 938 = WM 1994, 1163 = NJW 1994, 1790; zust OLZEN EWiR 1994, 763f). 26

§ 767 Abs 1 S 2 bezieht sich nicht auf den Fall, daß die Hauptverbindlichkeit schon vor Abschluß des Bürgschaftsvertrages durch schuldhafte Vertragsverletzung vergrößert worden ist. Vielmehr ist durch Auslegung zu ermitteln, ob sich die Bürgschaftsübernahme auf den ursprünglichen oder den bereits veränderten Umfang bezieht (oben Rn 1; vgl auch RG LZ 1917, 802; JW 1933, 2828; ENNECCERUS/LEHMANN § 192 II 1). Im Zweifel ist das letztere anzunehmen. 27

Für betrügerische Handlungen des Hauptschuldners als solche haftet der Bürge nicht, es sei denn, daß sie sich zugleich als vom Hauptschuldner zu vertretende Leistungsstörungen hinsichtlich der verbürgten Hauptschuld (insbes positive Forderungsverletzung) darstellen. Die Unterscheidung, daß der Bürge nicht für betrüge- 28 rische Handlungen des Hauptschuldners vor oder bei Vertragsschluß (OLG Dresden OLGE 18, 42; OERTMANN Anm. 2e), wohl aber für solche Handlungen während der Vertragsdauer hafte (RG Recht 1913 Nr 43; PLANCK/OEGG Anm 2 b; STAUDINGER/BRÄNDL[10/11] Rn 7), bringt dies nur unvollkommen zum Ausdruck. Richtig ist, daß der Bürge für culpa in contrahendo des Hauptschuldners gegenüber dem Gläubiger regelmäßig nicht einzustehen braucht, zB auch für den Ersatzanspruch des Gläubigers gem § 122 bei Irrtumsanfechtung des Hauptschuldners; wohl aber haftet er regelmäßig für positive Forderungsverletzung des Hauptschuldners gem § 767 Abs 1 S 2.

2. Rückgewähransprüche

29 Bei gesetzlichem oder vertraglichem Rücktritt liegt in der Regel ein Fall des § 767 Abs 1 S 2 vor, so daß der Bürge haftet (STOLL Anm zu RG JW 1928, 57 Nr 8 RG WarnR 1930 Nr 151). Der Mietbürge haftet im Fall des § 557 auch für Entschädigungsansprüche des Vermieters wegen Vorenthaltung der Mietsache (zutr WEIMAR, Die Bedeutung der Bürgschaft im Mietrecht, in: Wohnungswirtschaft und Mietrecht [1958] 4), wohl nicht aber bei Einräumung einer Räumungsfrist gem § 721 oder § 794 a ZPO (§ 557 Abs 3), weil die gerichtliche Anordnung nicht zu Lasten des Bürgen gehen kann. Der Mietbürge haftet im Fall des § 568 für die Pflichten aus dem durch Fortsetzung verlängerten Mietverhältnis (OERTMANN § 568 Anm 4; KORSCH JW 1915, 748; BUCHOLZ, Fortdauer der Bürgenhaftung bei gesetzlicher Verlängerung des Mietvertrages gem § 568 etc [Diss Marburg 1934]).

30 Bei der Bürgschaft für den finanzierten Abzahlungskauf hat die Rechtsprechung die Bürgenhaftung für Rückgewähr und Ersatzansprüche im Fall der Rückabwicklung nach AbzG verneint (OLG Hamburg MDR 1964, 324: Der Bürge, der sich gegenüber einer Finanzierungsbank für die Rückzahlung eines Abzahlungskredits verbürgt hat, soll danach nicht für die Forderung aus § 2 AbzG haften; zweifelhaft. Vgl auch LG Bochum MDR 1958, 336 Nr 74; krit STAUDINGER/BRÄNDL[10/11] Rn 13). Zu den Einwendungen des Bürgen nach § 9 VerbrKrG s § 768 Rn 21. – Ob sich die Bürgschaft im Fall der Nichtigkeit der Hauptschuld auch auf Bereicherungsansprüche (zB auf Rückforderung des gezahlten Darlehens) oder sonstige Ersatzansprüche erstreckt, ist eine Frage der Auslegung und der dabei vorzunehmenden Interessenabwägung (§ 765 Rn 80 ff).

31 3. Ob **sonstige** gesetzliche oder gerichtliche **Veränderungen** des Umfangs der Hauptschuld auch den Umfang der Bürgenschuld entsprechend verändern, läßt sich nicht generell beantworten. Auszugehen ist vom Grundsatz der Akzessorietät, so daß im Zweifel Verminderungen der Hauptschuld außerhalb der in § 767 genannten Fälle dem Bürgen zugutekommen, Erhöhungen ihn nicht belasten. Vom erstgenannten Grundsatz sind aber mit Rücksicht auf den Sicherungszweck der Bürgschaft Ausnahmen zu machen; vgl dazu iF Rn 51, 53 f u Vorbem 189 ff.

32 Der Annahmeverzug des Gläubigers gegenüber dem Hauptschuldner wirkt auch zugunsten des Bürgen; umgekehrt muß er die Verzugsbereinigung gegen sich gelten lassen (REICHEL, Schuldmitübernahme 466; vgl auch Prot II 482 f). Der Selbstschuldbürge kann sich nicht darauf berufen, daß der Gläubiger die Leistung des Hauptschuldners abgelehnt und ihn in Anspruch genommen habe (Prot aaO; im Einzelfall zweifelhaft, zB wenn späterer Bürgenrückgriff gefährdet; vgl allg § 776 Rn 3).

33 4. Der Bürge haftet nach § 767 Abs 2 dem Gläubiger für die **Kosten der Kündigung**

und Rechtsverfolgung (ebenso §§ 1118, 1210 Abs 2). Es handelt sich um Nebenforderungen iS § 4 ZPO (RGZ 56, 256 f). Die Haftung trifft auch den selbstschuldnerischen Bürgen. Sie gilt ohne Rücksicht auf Verzug oder sonstige schuldhafte Leistungsstörungen des Hauptschuldners.

a) Haftung für die **Kosten der Kündigung** (abweichend von E I s Mot II 665; Prot II 467, 518): Die Kündigung des Gläubigers muß gegenüber dem Hauptschuldner erfolgen und macht mit der Hauptschuld auch die Bürgschaftsschuld fällig. Eine Kündigung gegenüber dem Bürgen ist für die Hauptschuld und deshalb auch für die Bürgschaftsschuld wirkungslos (RG LZ 1918, 909 Nr 8 = BayZ 1918, 384; THIELE AcP 89, 127; **aA** für die Selbstschuldbürgschaft RGZ 2, 187).

b) Die Haftung für die **Kosten der Rechtsverfolgung** betrifft die Kosten, die nach **34** der Bürgschaftsübernahme (OLG Nürnberg SeuffBl 67, 354; vgl auch REICHEL, Schuldmitübernahme 360 Fn) zur Beitreibung der Hauptschuld beim Hauptschuldner durch Prozeßführung oder sonstige Maßnahmen entstehen und die der Hauptschuldner dem Gläubiger ersetzen muß (Mot II 665; §§ 91 ff, 788 ZPO; OLG Braunschweig SeuffA 46 Nr 188). Dazu gehören auch die Kosten der Forderungsanmeldung im Konkurs des Hauptschuldners, ferner die Kosten einer Vollstreckungsgegenklage des Hauptschuldners nach §§ 767, 768 ZPO, nicht aber die Kosten eines Gläubigeranfechtungsprozesses wegen vermeintlicher Benachteiligung (OLG Karlsruhe BadRpr 1908, 2) und nicht die Kosten der Widerspruchsklage eines Dritten nach §§ 771 ff ZPO (OLG Karlsruhe BadRpr 1911, 266 = DJZ 1911, 936; PLANCK/OEGG Anm 5; zT **aA** KG OLGE 34, 81).

5. Anpassung von Unterhaltsansprüchen

Ist ein gesetzlicher Unterhaltsanspruch verbürgt, so ist zu beachten, daß es sich dabei **35** grundsätzlich nicht um einen Geldbetragsanspruch, sondern um einen Geldwertanspruch zur Deckung eines bestimmten, in der Höhe variablen Unterhaltsbedarfs handelt (vgl §§ 1360 a, 1610, 1612 a), der im Betrag laufend angepaßt werden kann, ggf auch gegen ein rechtskräftiges Urteil gem § 323 ZPO, bei Minderjährigen gem § 641 l ff ZPO. Insbesondere der Unterhalt des Minderjährigen ist nach dem Willen des Gesetzgebers grundsätzlich „dynamisiert" (MünchKomm/KÖHLER § 1612 a Rn 1), ua durch AnpassungsVO gem § 1612 a Abs 2, bei nichtehelichen Minderjährigen daneben durch den Regelunterhalt gem § 1615 f. Es fragt sich, ob dieser immanente gesetzliche Anpassungsmechanismus zum „jeweiligen Bestand der Hauptverbindlichkeit" iS Abs 1 S 1 gehört, so daß die Bürgschaft für den gesetzlichen Unterhaltsanspruch automatisch der Anpassung unterliegt. Dies ist zweifelhaft. Der Gesetzgeber dachte an Veränderungen der Hauptforderung durch Leistungsstörungen und Nebenforderungen (Mot II 664). Zweifellos kann aber die Bürgschaft auch für eine nicht bezifferte Geldwertschuld übernommen werden, sofern nur der Bestimmtheitsgrundsatz (§ 765 Rn 13 ff) gewahrt ist. Dies ist bei der Bürgschaft für einen gesetzlichen Unterhaltsanspruch grundsätzlich zu bejahen, da Anfangsbetrag und Anpassungsgrundsätze feststehen. Hinsichtlich der künftigen Anpassungen liegt dann eine nach § 765 Abs 1 zulässige Bürgschaft für einen (durch die künftige Anpassung) bedingten Anspruch vor. Es kommt also darauf an, ob der Bürge für den gesamten künftigen gesetzlichen Unterhaltsanspruch einstehen will; dies schließt auch die Anpassungserhöhungen ein. Es steht dem Bürgen aber frei, seine Verpflichtung auf einen Höchstbetrag (allg dazu Vorbem 39 zu § 765) zu begrenzen. Dies ist im Zweifel immer anzunehmen, wenn die Verpflichtungserklärung nur auf einen bestimmten Betrag lautet und nicht erkennen läßt, daß der gesamte Unterhaltsanspruch in seiner künftig durch mögliche Anpassung veränderten Höhe zugleich verbürgt sein soll. – Zur Frage des Wegfalls und der Verminderung der gesetzlichen Unterhaltspflicht in ihrer Wirkung für den Bürgen vgl im Folgenden Rn 51 u § 768 Rn 19.

IV. Rechtsgeschäftliche Veränderungen des Hauptschuldumfangs

1. Erweiterung der Hauptschuld: Verbot der Fremddisposition

36 Eine Grenze des Abhängigkeitsgrundsatzes zugunsten des Bürgen normiert Abs 1 S 3: Nach dem Zeitpunkt der Übernahme der Bürgschaft kann der Hauptschuldner nicht durch rechtsgeschäftliche Veränderung der Hauptschuld die Verpflichtung des Bürgen erweitern (vgl auch § 1210 Abs 1 S 2). Darunter fallen insbesondere Vereinbarungen des Hauptschuldners mit dem Gläubiger zur Erweiterung der Hauptschuld, zB über Zinsen, Vertragsstrafe, früheren Leistungstermin, Verzicht auf Einreden (vgl § 768 Abs 2), Zusage einer anderen als der ursprünglich geschuldeten Leistung (RG LZ 1919, 1231 Nr 11 = Recht 1919 Nr 1960; JW 1933, 2826) oder Anerkenntnis der Hauptschuld (RGZ 56, 109, 111; OLG Düsseldorf MDR 1975, 1019).

37 Der Hauptschuldner kann daher zB nicht durch die Vereinbarung einer ungünstigeren Tilgungsregelung für das verbürgte Darlehen die Bürgenhaftung erweitern (BGH WM 1980, 773, 774). Der Bürge für die Verbindlichkeit einer KG haftet auch nicht dafür, daß sich die Haftung der KG selbst durch einen Schuldbeitritt verschlechtert (BGH WM 1982, 62). Der Gewährleistungsbürge für die vertragsgemäße Erfüllung der Gewährleistungsverpflichtungen für mängelfrei abgenommene Arbeiten braucht eine nachträgliche Abrede des Hauptschuldners mit dem Gläubiger nicht gegen sich gelten zu lassen, in der auf die Prüfung der Mängelfreiheit durch förmliche Abnahme verzichtet wird (OLG Hamburg WM 1992, 349).

38 § 767 Abs 1 S 1 ist gesetzlicher Ausdruck für das **Verbot der Fremddisposition**, dh die Vorschrift soll verhindern, daß nach Abschluß des Bürgschaftsvertrags Hauptschuldner und Gläubiger ohne Einfluß des Bürgen zu dessen Nachteil über den Umfang seiner Haftung disponieren und diese erweitern. Das Verbot der Fremddisposition schützt also die Privatautonomie des Bürgen (HORN, in: FS Merz [1992] 217, 225 zust BGHZ 130, 19, 26 f = NJW 1995, 2553, 2555 = ZIP 1995, 1244, 1247; § 765 Rn 15 ff, 48 ff; s auch HORN ZIP 1997, 525, 528 f). Das Verbot der Fremddisposition wurde als gesetzliches Leitbild des § 767 Abs 1 S 3 von der Rechtsprechung zum Maßstab einer Inhaltskontrolle nach § 9 Abs 2 AGBG und als Kriterium einer überraschenden Klausel iS § 3 AGBG gemacht (s § 765 Rn 48 ff). Danach ist eine Formularklausel in einem Vertrag über eine Bürgschaft für einen betragsmäßig begrenzten Kontokorrentkredit, welche die Bürgschaftshaftung über das Kreditlimit hinaus ausdehnt, gem § 9 Abs 2 AGBG unwirksam (BGHZ 130, 19 = NJW 1995, 2553 = ZIP 1995, 1244 = WM 1995, 1397). Eine Formularklausel, welche die Bürgschaft auf alle zukünftigen Ansprüche aus der Geschäftsverbindung des Gläubigers mit dem Hauptschuldner ausdehnt, obwohl die Bürgschaft aus Anlaß bestimmter Forderungen bestellt wurde, ist unwirksam (BGHZ 132, 6 = BGH NJW 1996, 924 = ZIP 1996, 456; NJW 1996, 1470, 1472 = ZIP 1996, 702; weit Nachw oben § 765 Rn 48 ff).

Das Verbot der Fremddisposition über die Bürgenhaftung gem § 767 Abs 1 S 3 ist als **39** Ausdruck des allgemeinen Bestimmtheitsgrundsatzes, der das Bürgschaftsrecht beherrscht (§ 765 Rn 13 ff, 48 ff), auch bei Individualverträgen zu beachten (str). Wenn also eine Globalbürgschaft nicht aus Anlaß einer konkreten Hauptschuld, sondern vorsorglich für die Zukunft bestellt wird, dann ist dies als Leistungsbestimmung zwar dem Transparenzgebot des § 9 AGBG unterworfen, im übrigen einer Leistungskontrolle aber entzogen. Gleichwohl hat hier der BGH zutr das Verbot der Fremddisposition angewandt und verlangt, daß die Bürgschaft für Forderungen aus künftigen Verträgen und nachträglichen Vertragsänderungen die gesicherten Forderungen hinreichend genau bezeichnen müsse (BGHZ 132, 6 = BGH ZIP 1996, 456 = WM 1996, 436 = NJW 1996, 924). Der in diesem Urteil etwas zu weit geratene Leitsatz, der die formularmäßige Verbürgung für künftige Verbindlichkeiten im Rahmen einer Globalbürgschaft generell verwarf, wurde später zutr durch den Grundsatz ersetzt, daß die künftigen Forderungen nach Art und Umfang hinreichend bestimmt sein müssen (BGH ZIP 1996, 1289 = NJW 1996, 2369; s § 765 Rn 55 u Horn ZIP 1997, 525, 529 f).

Rechtsfolge: Die durch Abreden iS Abs 1 S 3 geschaffene neue Rechtslage braucht **40** der Bürge nicht gegen sich gelten zu lassen. Seine Bürgenverpflichtung erweitert sich nur dann entsprechend der veränderten Hauptschuld, wenn er eine entsprechende zusätzliche Bürgenverpflichtung in der Form des § 766 eingeht (Planck/Oegg Anm 3; RGZ 96, 132, 135), oder wenn schon seine ursprüngliche Verpflichtungserklärung auch solche Veränderungen und Erweiterungen der Hauptschuld einschloß (vgl zur Höchstbetragsbürgschaft Vorbem 17 f, 22; § 765 Rn 10; vgl auch RGZ 126, 287, 289 f). Ansonsten bleibt die Haftung des Bürgen im ursprünglichen Umfang bestehen (BGH WM 1980, 773, 774). Gegen den Bürgen gelten dann zB nicht die für ihn nachteiligen, nachträglich vom Hauptschuldner mit dem Gläubiger vereinbarten Tilgungsbestimmungen hinsichtlich der verbürgten Hauptschuld (BGH aaO).

Freilich kann die Haftung des Bürgen aufgrund der Abänderung des Vertrags über **41** die Hauptschuld auch gänzlich erlöschen. Dies ist zB dann der Fall, wenn durch die Vereinbarung eine für den Bürgen wichtige Voraussetzung seiner Haftung beseitigt wird. Hat zB der Bürge die Gewährleistungsbürgschaft für Gewährleistungsansprüche übernommen, die nach (und trotz) mängelfreier Abnahme der Leistung des Hauptschuldners entstehen, und hat der Hauptschuldner mit dem Gläubiger später eine Regelung getroffen, bei der die Abnahme verändert wird oder entfällt und damit die Prüfung auf Mängel gar nicht stattfindet, so ist eine Voraussetzung für die Haftung des Bürgen entfallen (OLG Hamburg WM 1992, 349, 350). Die Haftung des Bürgen erlischt aufgrund der nachträglichen Abrede iS Abs 1 S 3 auch dann völlig, wenn nach dem Inhalt des Bürgschaftsvertrags die Nichtveränderung der Hauptschuld ausdrücklich Vertragsbedingung der Bürgschaft war (§ 765 Rn 114) oder wenn die Abrede zur Novation der Hauptschuld führt (Rn 22), aber auch, wenn sich durch die nachträgliche Abrede die rechtliche und wirtschaftliche Stellung des Hauptschuldners gegenüber dem ursprünglichen Vertrag erheblich verschlechtert (BGH WM 1962, 700: Nachträglicher Verzicht des Hauptschuldners auf die Vertragsbedingung, daß der Unternehmenskauf nur bei Erlangung eines bestimmten Alleinvertriebsrechts gelten sollte).

§ 767 Abs 1 S 3 bezieht sich nicht auf die Ausübung von Gestaltungsrechten, die dem **42** Hauptschuldner bereits zustehen, oder den Verzicht auf deren Ausübung. Nicht erfaßt wird daher die Kündigung durch den Hauptschuldner oder dessen Erteilung der für den Hauptschuldvertrag noch erforderlichen Genehmigung gem § 184 (vTuhr, Allg Teil II 2 S 242), ferner die Ausübung eines dem Hauptschuldner vertraglich zustehenden Wahlrechts, außer bei unbilliger Leistungsbestimmung (§ 315) durch den Hauptschuldner (Reichel, Schuldmitübernahme 372), ebensowenig die Bestimmung, daß die Leistung des Hauptschuldners auf eine andere als die verbürgte Forderung des Gläubigers anzurechnen sei (vgl aber Rn 17), oder eine entsprechende Vereinbarung mit dem Gläubiger (Rn 17; Planck/Oegg Anm 3; zur Unwirksamkeit einer nachträglichen Vereinbarung dieses Inhalts vgl RGZ 29, 110). Eine Erweiterung der Bürgenhaftung iS Abs 1 S 3 kann auch nicht darin gesehen werden, daß der Hauptschuldner auf die Möglichkeit einer Anfechtung, Wandlung oder Aufrechnung verzichtet und der Bürge dadurch die ihm gem § 770 zustehende aufschiebende Einrede verliert (RGZ 62, 51, 54; OLG Dresden SeuffA 69 Nr 102; s § 770 Rn 1). Der Verzicht des Hauptschuldners auf (sonstige) Einreden dagegen kann dem Bürgen das Recht zur Berufung auf diese Einrede nicht nehmen (§ 768 Abs 2).

43 2. **Rechtsgeschäftliche Verminderungen** und Erleichterungen **der Hauptschuld** kommen ohne weiteres auch dem Bürgen zugute, zB der Teilerlaß der Hauptschuld (RGZ 92, 121, 123; 153, 338, 345; allg Rn 10), auch die nachträgliche Einschränkung der Zweckbestimmung der Bürgschaft (BGH WM 1989, 1804). Eine solche nachträgliche Verbesserung der Lage des Hauptschuldners kann nicht ohne Zustimmung des Bürgen wieder rückgängig gemacht werden (BGB-RGRK/Mormann Rn 7; aA RG HRR 1930 Nr 971); anders, wenn sich der Bürge in einem bestimmten Höchstrahmen für eine wechselnde Hauptschuld verbürgt, was für die Höchstbetragsbürgschaft bei einem Kontokorrentkredit typisch, aber auch anderweitig denkbar ist.

3. Indifferente und gemischt nachteilige Abreden

44 Wird die gleiche Leistung, für die der Bürge haftet, zum Gegenstand eines späteren Abkommens, ohne daß Novation vorliegt (Rn 22) und ohne Erweiterung oder Erschwerung der Haftung, so kann der Bürge seine Leistung nicht schon wegen dieses späteren Abkommens ablehnen, zB wenn die Lieferung eines anderen Kaufgegenstandes wegen Mangelhaftigkeit des erstgelieferten oder aus einem anderen Grunde vereinbart wird, ohne daß sich der Kaufpreis ändert (RGZ 53, 356 f; 59, 223, 229; 126, 287, 289; WarnR 1913 Nr 52; 1922 Nr 97; OLG Hamburg OLGE 18, 42; 20, 242); anders, wenn eine ganz andere Leistung mit nur ähnlichem wirtschaftlichem Zweck nachträglich vereinbart wird (RG LZ 1919, 1231 Nr 11 = Recht 1919 Nr 1960; RG JW 1933, 2826).

45 Wenn durch einen abändernden Vertrag (Vergleich) zwischen Gläubiger und Hauptschuldner die Verpflichtungen des Hauptschuldners einerseits erweitert, in anderen Beziehungen aber verringert werden (zB Erhöhung der Schuldsumme, zugleich aber Stundung), muß der Bürge die Nachteile dann gegen sich gelten lassen, wenn er die Vorteile für sich in Anspruch nimmt (Lippmann AcP 111, 204; vTuhr SchwJZ 19, 227; Planck/Oegg Anm 3).

4. Stundung

46 Die Stundung der Hauptforderung wirkt grundsätzlich zugunsten der Bürgen gem § 768 (s dort Rn 11; RGZ 56, 310, 312; 93, 91, 93; 153, 338, 345; 113, 318 ff in Bestätigung von KG

BankArch 25, 42 betr die dem Emittenten von Teilschuldverschreibungen durch Beschluß der Gläubigerversammlung gem SchuldverschreibungsG bewilligte Stundung), und zwar auch dann, wenn die Parteien sie dem Bürgen nicht zugute kommen lassen wollen (ENNECCERUS/ LEHMANN § 192 Fn 8 gegen RGZ 56, 310, 313, das Nichtigkeit einer so beschränkten Stundung annimmt). Die Stundung kann aber als zeitliche Erweiterung der Bürgenhaftung auch Nachteile für den Bürgen mit sich bringen. Der Bürge braucht daher die Stundung in bestimmten Fällen nicht gegen sich gelten zu lassen: Einmal, wenn durch die Stundung der verbürgten öffentlichen Abgabenforderung das Konkursvorrecht gem § 61 Ziff 2 KO verlorengeht (Vorbem 79 u § 776 Rn 7) und nach hM allgemein dann, wenn der Gläubiger bei Bewilligung der Stundung arglistig, grobfahrlässig oder sonst wider Treu und Glauben zum Nachteil des Bürgen gehandelt hat (vgl RG WarnR 1914 Nr 155; OLG Frankfurt/M JW 1932, 1573 Nr 4 u § 776 Rn 3). Allerdings ist hier jeweils präzise zu ermitteln, welche konkrete Pflichtverletzung des Gläubigers vorliegt, da die Stundung (zumindest für kürzere Zeit) eine solche Verletzung idR nicht darstellt (OLG Hamburg Recht 1911 Nr 714) und der Gläubiger nicht das allgemeine Bürgschaftsrisiko zu tragen hat.

Gerät der Hauptschuldner während der Stundung in Vermögensverfall, so wird **47** daher der Bürge nicht ohne weiteres frei (BGH NJW 1979, 159; aA OLG Breslau OLGE 6, 450), und zwar entgegen einer verbreiteten Meinung auch dann nicht, wenn er nachweist, daß er ohne die Stundung die Hauptforderung früher eingelöst und selbst mit Erfolg beim Hauptschuldner Rückgriff genommen hätte (so STAUDINGER/BRÄNDL[10/11] Rn 11 u REIMER JW 1926, 1946; ENNECCERUS/LEHMANN § 192 II 4; vgl auch RGZ 59, 223, 23 1). Vielmehr kommt es darauf an, ob der Gläubiger bei der Stundung eine besondere Gefährdung des Bürgen voraussehen konnte und pflichtwidrig herbeigeführt hat. Bei Zahlungsschwierigkeiten des Hauptschuldners ist Stundung dann nicht pflichtwidrig, wenn begründete Hoffnung auf Erholung des Hauptschuldners bestand oder sofortige Beitreibung ohnehin fruchtlos geblieben wäre. Im übrigen muß man dem Bürgen bei Besorgnis einer Gefährdung seines künftigen Rückgriffsanspruchs das Recht zubilligen, ohne Rücksicht auf die Stundung den Gläubiger zu befriedigen und sofort beim Hauptschuldner Regreß zu nehmen; dieser muß also den Bürgen zur Zustimmung zur Stundung bewegen, wenn er seine alsbaldige Inanspruchnahme durch diesen vermeiden will. Der Auftragsbürge hat in diesem Fall zudem den Befreiungsanspruch des § 775 Abs 1 Nr 1 u 3. Dieser wird nach Entstehung durch Stundung nicht wieder beseitigt (§ 775 Rn 2 ff).

V. Grenzen des Grundsatzes der Akzessorietät

1. Gesetzliche Begrenzungen

Nur scheinbare gesetzliche Ausnahmen vom Akzessorietätsgrundsatz enthalten: **48** § 768 Abs 1 S 2, wonach der Bürge sich beim Tod des Hauptschuldners nicht auf die beschränkte Erbenhaftung berufen kann; §§ 193 KO, 82 Abs 2 VglO, wonach die durch Zwangsvergleich im Konkurs oder durch bestätigten Vergleich im Vergleichsverfahren dem Schuldner gewährten Erleichterungen, insbes Teilerlaß und Stundung, dem Bürgen nicht zugutekommen sollen (Vorbem 177). Es handelt sich dabei sämtlich um Tatbestände der verminderten Leistungsfähigkeit des Hauptschuldners. Da die Bürgschaft gerade gegen dieses Risiko sichern soll, können dem Bürgen die

Erleichterungen nicht gewährt werden (SOERGEL/MÜHL § 768 Rn 11). Auch die Bedürfniseinrede des § 519 kommt dem Bürgen nicht zugute.

2. Erlöschen des Hauptschuldners wegen Vermögensverfalls

a) Personenhandelsgesellschaften

49 Der gleiche Grundgedanke, daß die Bürgschaft den Gläubiger gegen Vermögensverfall des Hauptschuldners schützen soll und der Bürge deshalb weiterhaftet, wenn ein solcher Vermögensverfall eintritt, ist über die genannten gesetzlichen Normen hinaus auf alle Fälle anzuwenden, in denen der Hauptschuldner wegen Vermögensverfalls aufgelöst und beendet wird und damit die Hauptschuld erlischt. Diese Grenze der Akzessorietät ergibt sich aus dem Sicherungszweck der Bürgschaft. Ist Hauptschuldner eine zahlungsunfähige Handelsgesellschaft, so führt deren Erlöschen nicht zum Untergang auch der Bürgschaft. Diese besteht als selbständige Forderung weiter und kann abgetreten werden (BGHZ 82, 323, 327 betr GmbH & Co KG). Ist Hauptschuldnerin eine KG, die von einem Gesellschafter unter Ausscheiden der anderen Gesellschafter übernommen und ausgeführt wird, so wachsen dem übernehmenden Gesellschafter die Gesellschaftsschulden und damit die verbürgte Hauptschuld zu; die Bürgschaft besteht weiter (BGH WM 1993, 1080 = ZIP 1993, 906 = NJW 1993, 917; zust BYDLINSKI EWiR 1993, 771f). Ob die Bürgschaft auch für weitere Hauptschulden gilt, die im fortgeführten Handelsunternehmen in diesem Fall begründet werden, ist eine Frage der Auslegung (BGH aaO).

b) Juristische Personen

50 Die gleichen Grundsätze gelten auch, wenn Hauptschuldner eine Kapitalgesellschaft oder eine sonstige juristische Person ist. Sofern die Beendigung der Rechtsperson des Hauptschuldners eine Folge seines Vermögensverfalls ist, insbesondere der Durchführung des Konkurses oder der Löschung wegen Vermögenslosigkeit auch ohne Konkurs (zum letzteren Fall s G über die Auflösung u Löschung von Gesellschaften und Genossenschaften v 9. 10. 1934, RGBl I 914; vgl im übrigen zum Liquidationsstadium, während dem die juristische Person noch bis zur gänzlichen Vermögensauflösung weiterbesteht, §§ 42 Abs 1, 49 Abs 2 BGB, §§ 262 ff AktG, 60 ff GmbHG, 101 GenG), muß daher der Bürge im vollen Umfang weiterhaften (RGZ 153, 343; RG SeuffA 91 Nr 68 = HRR 1937 Nr 435; BGH BB 1956, 830 f; KG JW 1936, 2342 Nr 37 u NJW 1955, 1152 Nr 8; HessOLG WM 1957, 296; LG Hamburg NJW 1956, 714 Nr 11; OLG Schleswig WM 1993, 15, 16; LG Lübeck WM 1991, 1337; BGB-RGRK/MORMANN Rn 8). Findet eine Gesamtrechtsnachfolge in das Vermögen der aufgelösten juristischen Person des Hauptschuldners statt (vgl zB § 46 BGB, §§ 346 Abs 3, 359 AktG), so kann sich der Bürge nicht auf eine dem Gesamtrechtsnachfolger etwa zukommende Haftungsbeschränkung berufen; dieser kann umgekehrt die Haftungsbeschränkung auch dem Rückgriffsanspruch des Bürgen gem § 774 entgegensetzen (s auch dort Rn 36 ff).

c) Fortbestand der Akzessorietät bei Vermögensverfall des Hauptschuldners

51 Der Grundsatz, daß der Bürge entgegen der Akzessorietät immer dann uneingeschränkt weiter haften soll, wenn der Wegfall oder die Verminderung der Hauptschuld nur aufgrund der verminderten Leistungsfähigkeit des Hauptschuldners eintritt, kann aber nicht uneingeschränkt gelten. So wirkte eine Herabsetzung der Hauptschuld im Vertragshilfeverfahren nach BGHZ 6, 385, 396 ff auch zugunsten des Bürgen. Diese Entscheidung stieß zwar aus dem vorgenannten Gesichtspunkt

18. Titel. § 767
Bürgschaft 52

auf Kritik: Der Bürge dürfe sich auf die Vertragshilfe nur berufen, wenn deren Voraussetzungen auch in seiner Person gegeben seien (JAUERNIG NJW 1953, 1207). Aber das Risiko der außergewöhnlichen Kriegs- und Nachkriegsereignisse, welche zur Vertragshilfegesetzgebung führten, ist eher dem Gläubiger als dem Bürgen zuzurechnen (vgl auch Rn 52 u Vorbem 185). Auch die Akzessorietät der Unterhaltsbürgschaft wird durch den vorgenannten Grundsatz nicht beseitigt. Wenn daher die verminderte Leistungsfähigkeit des Unterhaltspflichtigen zu einer Verminderung oder zum Wegfall des Unterhaltsanspruchs führt (§§ 1361, 1581, 1603), kommt dies grundsätzlich auch dem Unterhaltsbürgen zugute. Andernfalls wäre jede Unterhaltsbürgschaft als selbständige Unterhaltsverpflichtung des Bürgen aufzufassen. Dazu bedarf es aber einer besonderen Verpflichtungserklärung (§ 768 Rn 34). Gleiches gilt für den Fall, daß der Unterhaltsanspruch des geschiedenen Ehegatten durch Bürgschaft gesichert und die Unterhaltspflicht nach dem Tod des zahlenden Ehegatten gem § 1586 b auf dessen Erben übergegangen ist und der fortbestehende Unterhaltsanspruch nunmehr gem § 1586 b Abs 1 S 2, Abs 2 auf die Höhe des Pflichtteils des Berechtigten beschränkt ist. Eine Forthaftung des Bürgen in ursprünglicher Höhe läßt sich auch nicht aus § 768 Abs 1 S 2 herleiten, indem man § 1586 b als bloßen Fall der beschränkten Erbenhaftung auffaßt. § 1586 b ist vielmehr als materielle Umgestaltung des fortwährenden Unterhaltsanspruchs zu sehen, die auch dem Bürgen zugutekommt. Etwas anderes gilt nur, wenn der Bürge auf diese Einwendung verzichtet hat (so auch BGH LM Nr 2 zu § 767 Abs 1 betr § 70 Abs 2 EheG; vgl auch § 768 Rn 34). Die Erhöhung der Unterhaltspflicht im Wege der Anpassung gem § 1612 a belastet den Unterhaltsbürgen ebenfalls nur bei besonderer dahingehender Verpflichtungserklärung.

3. Beendigung des Hauptschuldners aus anderen Gründen; Enteignung

Die liquidationslose Beendigung der juristischen Person des Hauptschuldners aus **52** anderen Gründen als Vermögensverfall soll dagegen nach überwiegender Meinung mit dem Wegfall der Hauptschuld auch den der Bürgenverpflichtung zur Folge haben (RGZ 153, 338, 343; BGB-RGRK/MORMANN Rn 3). Praktisch geworden ist diese Frage bei politisch motivierten hoheitlichen Eingriffen zur Beendigung juristischer Personen ohne Liquidation und ohne Gesamtrechtsnachfolge; diese erfolgten sowohl in der Weimarer Republik (§ 10 RepublikschutzG v 25. 3. 1930, RGBl I 91) wie unter der Naziherrschaft (STAUDINGER/BRÄNDL[10/11] § 768 Rn 10). Technisch ähnliche Fragen treten auf, wenn das BVerfG eine politische Partei für verfassungswidrig erklärt, und ihr Vermögen (gem § 46 Abs 3 S 2 BVerfGG) einzieht (vgl BVerfG 2, 1; 5, 85). Das Problem reduziert sich, wenn man zutreffend den Fiskus, dem das Vermögen eines aufgelösten Vereins zufällt, gemäß oder entsprechend § 46 BGB für verpflichtet hält, mit diesem Vereinsvermögen vorab die Vereinsschulden zu begleichen (BGB-RGRK/ STEFFEN § 46 Rn 1; RGZ 130, 169, 177). Der Bürge haftet hier analog § 768 Abs 1 S 2 weiter. Kommt der eingreifende Staat dem Gläubiger nicht für die Vereinsschulden auf, und zwar auch nicht im Rahmen des übernommenen Vermögens, sondern läßt die Verbindlichkeit mit der Rechtsperson erlöschen (was unter rechtsstaatlichen Verhältnissen nicht möglich ist; vgl Art 14 GG), dann muß man auch den Bürgen für befreit ansehen, weil er dieses politische Risiko nicht trägt; so wohl auch die zur Nazigesetzgebung entwickelte hM (vgl RGZ 148, 65, 68; 153, 338, 343; aA STAUDINGER/ BRÄNDL[10/11] § 768 Rn 10 mwN). Anders ist es, wenn der Bürge gerade auch dieses politische Risiko mit übernehmen will, was zB anzunehmen ist bei der Bürgschaft eines

Konzerns für seine ausländische Tochtergesellschaft in einem politisch unstabilen Land.

53 Eng verwandt mit den genannten Fällen hoheitlicher Eingriffe in den Bestand juristischer Personen sind **Enteignungen**, und in einer Reihe von Fällen trifft beides zusammen. Hier greifen die Grundsätze des internationalen Enteignungsrechts ein. Diese führen bei Enteignung der Hauptschuld (Hauptforderung) dazu, trotz der Begrenzung dieses Eingriffs durch das Territorialitätsprinzip eine Auswirkung auch auf die Bürgschaft anzunehmen, was sich aus der Akzessorietät, dem Gedanken der Risikogemeinschaft und letztlich der Überlegung rechtfertigt, daß der Bürge das Risiko einer Enteignung häufig nicht übernommen hat; dies kann im Einzelfall anders sein (Einzelheiten Vorbem 185 ff).

4. Sonstige hoheitliche Eingriffe; Devisensperre

54 Die Krisengesetzgebung der Krisen- und Nachkriegszeit mußte im Grundsatz, sofern der Gesetzgeber nichts anderes ausdrücklich festlegte, so angewendet werden, daß Erleichterungen für den Hauptschuldner auch dem Bürgen zugute kommen (s Vorbem 185 ff). – Die Auswirkungen einer ausländischen Devisensperre und sonstiger Transferhindernisse bei ausländischer Hauptschuld kommen im Grundsatz auch dem Bürgen zugute (s Vorbem 189 ff).

§ 768

[1] Der Bürge kann die dem Hauptschuldner zustehenden Einreden geltend machen. Stirbt der Hauptschuldner, so kann sich der Bürge nicht darauf berufen, daß der Erbe für die Verbindlichkeit nur beschränkt haftet.

[2] Der Bürge verliert eine Einrede nicht dadurch, daß der Hauptschuldner auf sie verzichtet.

Materialien: E I §§ 671, 672 Abs 2 S 2; II § 707; III § 752; Mot II 661 f, 664 f; Prot II 464 ff.

Schrifttum

P Bydlinski, Verjährung und Abtretbarkeit von Bürgschaftsansprüchen, ZIP 1989, 953
Gadow, Bürgschaft und Zahlungssperre, DGWR 1936, 465
Kühn/Rotthege, Inanspruchnahme des deutschen Bürgen bei Devisensperre im Land des Schuldners, NJW 1983, 1233
Walther, Der Verzicht des Bürgen auf die Einrede der Verjährung des Anspruchs gegen den Hauptschuldner, NJW 1994, 2337.

Systematische Übersicht

I. **Grundgedanke**
1. Die Verteidigungsmittel des Hauptschuldners (Abs 1 S 1) _____ 1
2. Beschränkung der Erbenhaftung (Abs 1 S 2) _____ 2

18. Titel. **§ 768**
Bürgschaft

3. Einredeverzicht des Hauptschuldners (Abs 2) 3
4. Begrenzung durch den Sicherungszweck 5

II. Die einzelnen Verteidigungsmittel des Bürgen
1. Überblick 6
a) Einreden und Einwendungen des Bürgen selbst 6
b) Verteidigungsmittel des Hauptschuldners 9
2. Einreden des Hauptschuldners (Abs 1 S 1) 10
a) Einrede des nicht erfüllten Vertrages 10
b) Einrede der Stundung 11
c) Schadensersatzanspruch 12
d) Verjährung 13
3. Einwendungen des Hauptschuldners 16
a) Grundsatz 16
b) Verwirkung; Wegfall der Geschäftsgrundlage 17
c) Mietbürgschaft und Mieterschutz 18
d) Unterhaltsbürgschaft 19
e) Vertragsstrafe 21

f) Vergleich 22
4. Gestaltungsrechte des Hauptschuldners 23
5. Beweislast 24

III. Rechtskräftiges Urteil zwischen Hauptschuldner und Gläubiger 25

IV. Verzicht des Bürgen auf Einreden und Einwendungen
1. Problemstellung. Grenzen nach BGB und AGB-Gesetz 28
2. Einzelne Verzichtsabreden 32
a) Gesetzliche Einreden, insbes aus § 768 Abs 1 32
b) Einwendungen gegen den Bestand der Hauptschuld 33
c) Die Verpflichtung zur Zahlung auf erstes Anfordern 36
d) Fälligkeit; Stundung und Verjährung 37
3. Leistung in Unkenntnis einer Einrede 40

V. Pflicht zur Geltendmachung von Einreden 41

Alphabetische Übersicht

Akzessorietät 33
Beweislast 24
Einrede 1
– des Bürgen .... 6 ff
– des Hauptschuldners .... 10 ff
– Pflicht zur Geltendmachung 41
– Verlust kraft Gesetzes 4
– Verzicht .... 7, 28 ff
Einwendungen 1
– des Bürgen .... 6 ff
– des Hauptschuldners .... 16 f
– Pflicht zur Geltendmachung 41
– Verzicht .... 28 ff
Erbenhaftung, Beschränkung 2
Erlaß 33
Fälligkeit 37

Gestaltungsrechte des Hauptschuldners 23
Leistung Zug um Zug 8
Mietbürgschaft 18
Prozeßbürgschaft 27
Schadensersatzanspruch des Hauptschuldners 12
Stundung 11, 37
Unkenntnis der Einrede 40
Unterhaltsbürgschaft .... 19 f
Urteilsrechtskraft .... 25 ff
Vergleich 22
Verjährung .... 13 ff, 37, 39

Verpflichtung zur Zahlung auf erstes Anfordern	36	Verzicht auf Einrede	3, 28 ff
Vertragsstrafe	21	Wegfall der Geschäftsgrundlage	17
Verwirkung	17		

I. Grundgedanke

1 1. Der Bürge kann dem Bürgschaftsanspruch alle Einreden und Einwendungen aus seinen persönlichen Rechtsbeziehungen zum Gläubiger entgegensetzen, nämlich die Einreden und Einwendungen im Zusammenhang mit dem Bürgschaftsvertrag (§ 765 Rn 111–116, 146–201, 238) oder aus einem sonstigen Rechtsverhältnis, indem er zB einen aufrechenbaren Anspruch dem Bürgschaftsanspruch entgegensetzt. § 768 erweitert die rechtlichen Verteidigungsmöglichkeiten des Bürgen aufgrund der Akzessorietät zur Hauptschuld. Der Bürge soll danach gegenüber dem Gläubiger alle rechtlichen Verteidigungsmittel des Hauptschuldners haben entsprechend der akzessorischen Natur der Bürgschaft (Mot II 661; RGZ 34, 153, 156; 56, 109, 111 f; 84, 228, 230; vgl auch §§ 1137 Abs 1 S 1, 1211 Abs 1 S 1). § 768 Abs 1 S 1 regelt dies ausdrücklich nur für Einreden des Hauptschuldners. Einrede iS des materiellen Rechts ist das Gegenrecht des Schuldners gegenüber einem bestehenden Anspruch, die Leistung dauernd oder vorübergehend zu verweigern (HÜBNER, Allg Teil[2] [1996], Rn 438 ff; STAUDINGER/DILCHER[12] § 194 Rn 12). Der Bürge kann sich auch auf die Einwendungen des Hauptschuldners berufen (dazu iF Rn 16 f).

2 2. Das besondere Verteidigungsmittel des Erben des Hauptschuldners, gegenüber dem Gläubiger die Beschränkung der Haftung auf den Nachlaß geltend zu machen (§§ 1967, 1975 f, 1993 f; § 780 ZPO), kommt dem Bürgen nicht zugute. Es handelt sich nur um eine Scheinausnahme zu Abs 1 S 1. Denn der Bürge kann sich schon zu Lebzeiten des ursprünglichen Hauptschuldners nicht darauf berufen, daß dessen Vermögen unzulänglich sei, weil die Bürgschaft gerade dagegen Sicherheit bieten soll (§ 767 Rn 48; vgl auch § 1137 Abs 1 S 2, § 1211 Abs 1 S 2).

3 3. Der **Verzicht des Hauptschuldners auf eine Einrede** entzieht dem Bürgen nicht die Möglichkeit, sich auf diese Einrede zu berufen (Abs 2). Maßgeblich ist der gleiche Grundgedanke wie in § 767 Abs 1 S 3 (vgl auch §§ 1137 Abs 2, 1211 Abs 2): Der Bürge kann durch nachträgliches Rechtsgeschäft des Hauptschuldners nicht zusätzlich belastet werden. Im Einzelfall kann die Berufung des Bürgen auf eine Einrede, auf die der Hauptschuldner verzichtet hat, rechtsmißbräuchlich sein. Dies ist anzunehmen, wenn der Verzicht des Hauptschuldners für die sachgerechte Abwicklung des Hauptschuldverhältnisses angemessen erscheint und die Position des Hauptschuldners (und damit des Bürgen) wirtschaftlich nicht verschlechtert: zB Verzicht auf die Einrede des nicht erfüllten Vertrags durch Anerkennung einer anderen, aber gleichwertigen Leistung als vertragsgemäß (NISSEN JW 1902, 461; vTUHR SchwJZ 19 [1922/23] 229; WESTERKAMP 450; HÖLDER AcP 93, 121; vgl auch OLG Hamburg OLGE 18, 43).

4 Nicht unter § 768 Abs 2 fällt der Verlust einer Einrede kraft Gesetzes (zB Versäumnis einer Ausschlußfrist; vorbehaltlose Annahme gem § 341 Abs 3; dazu RGZ 53, 356, 358) und auch nicht der Fall, daß der Hauptschuldner ein Gestaltungsrecht (Anfechtung, Aufrechnung; dazu § 770 Rn 1 f, 14) nicht ausübt. Dem für den Bürgen unwirksamen Verzicht durch den Hauptschuldner analog § 768 Abs 2 steht jedoch gleich, wenn der Bürge durch Verjährung der Hauptschuld die entsprechende Einrede erhalten hat, der Hauptschuldner selbst sie aber im Prozeß mit dem Gläubiger wieder verliert, weil er sich nicht auf Verjährung beruft und rechtskräftig verurteilt wird (BGHZ 76, 222, 229 f = NJW 1980, 1460).

4. Der Grundsatz, daß dem Bürgen die Verteidigungsmittel des Hauptschuldners zu Gebote stehen sollen, muß seine **Begrenzung im Sicherungszweck** der Bürgschaft finden (s auch § 767 Rn 48 ff). Akzessorietät und Sicherungszweck können insofern in einen gewissen, meist nur scheinbaren Widerstreit treten: Die Akzessorietät soll zwar den Bürgen schützen, nicht aber die Sicherung für den Gläubiger sinnwidrig entwerten (BETTERMANN NJW 1953, 1817; JAUERNIG NJW 1953, 1207; LARENZ/CANARIS II/2 § 60 III 1c). Die Bürgschaft soll den Gläubiger davor schützen, daß der Hauptschuldner nicht zahlen kann oder will (RGZ 134, 129). Dem Bürgen muß die Berufung auf solche Rechtsbehelfe versagt werden, gegen deren Tatbestände die Bürgschaft den Gläubiger gerade schützen soll (ENNECCERUS/LEHMANN § 192 III c). Analog § 768 Abs 1 S 2 ist dem Bürgen daher generell die Einrede verwehrt, daß der Hauptschuldner nur beschränkt mit einer bestimmten Vermögensmasse hafte, zB gem § 419 Abs 2, § 486 HGB (REICHEL, Schuldmitübernahme 392 f; SCHLÜTER JW 1935, 3282; BGB-RGRK/MORMANN Rn 2). Gleiches gilt bei der Bürgschaft für eine Schuld, die bereits Nachlaßschuld ist (aA PLANCK/OEGG Anm 4). Der Bürge, der sich für ein Schenkungsversprechen verbürgt hat, kann sich auch nicht nachträglich auf die Einrede des Notbedarfs des inzwischen verarmten Schenkers gem § 519 berufen (ENNECCERUS/LEHMANN § 192 III c; KRESS, Lehrbuch des Besonderen Schuldrechts 264 Fn 31); anders, wenn in der Person des Bürgen alle Voraussetzungen des § 519 (einschließlich unentgeltlicher Bürgschaftsübernahme; vgl § 765 Rn 142 ff) vorliegen. Auch in anderen Fällen kann wegen des Sicherungszwecks der Bürgschaft die Berufung des Bürgen auf die Verteidigungsmittel des Hauptschuldners beschränkt sein (§ 767 Rn 48 ff). Der Bürge kann auch vertraglich auf bestimmte Einreden verzichten (unten Rn 28 ff u § 767 Rn 6 ff).

II. Die einzelnen Verteidigungsmittel des Bürgen

1. Überblick

a) Einreden und Einwendungen des Bürgen selbst

Der Bürge kann dem Gläubiger alle im Zusammenhang mit dem Bürgschaftsvertrag bestehenden Einwendungen gegen Entstehung, Fortdauer oder Fälligkeit der Bürgenverpflichtung entgegensetzen, die zwar von Amts wegen vom Gericht zu berücksichtigen sind, gleichwohl aber vom Bürgen erforderlichenfalls vorgetragen werden müssen, zB die Bürgschaft sei mangels Geschäftsfähigkeit, begründeter Anfechtung oder Sittenwidrigkeit (§ 765 Rn 146 ff) oder mangels Einhaltung der Form des § 766 nicht entstanden, oder wegen Tilgung oder anderer Erfüllungssurrogate oder aus anderen Gründen (§ 765 Rn 225 ff), zB wegen Wegfalls der Geschäftsgrundlage oder Zweckfortfalls (§ 765 Rn 190 ff) weggefallen oder könne wegen Verwirkung (§ 765 Rn 99 ff) nicht mehr geltend gemacht werden. Dem Gläubiger können auch Einwendungen aus anderen rechtlichen Beziehungen zum Gläubiger zustehen, zB die Möglichkeit einer Aufrechnung mit einer gleichartigen und fälligen Gegenforderung gegen den Gläubiger aus einem anderen Geschäft, oder der Bürge kann mit dem Gläubiger später eine Abrede über die Stundung oder anderweitige Verrechnung der Bürgschaftsforderung abgeschlossen haben. Ob der Bürge vor Fälligkeit mit einer eigenen Forderung aufrechnen kann, ist zweifelhaft und nach dem Sicherungszweck der Bürgschaft im Grundsatz zu verneinen, weil dies den berechtigten Interessen des Gläubigers zuwiderlaufen kann. Dessen Interessen müssen freilich zurückstehen, wenn er insolvent wird; hier muß der Bürge aufrechnen können (weitergehend ESSER/ WEYERS, Schuldrecht II [7. Aufl 1991] § 40 III 5; s auch unten § 774 Rn 10).

7 Der Bürge hat auch alle Einreden aus dem Bürgschaftsvertrag, zB die Einreden aus §§ 770, 771, 776 (s dort), soweit er auf diese nicht in zulässiger Weise verzichtet hat (zur Zulässigkeit entsprechender Formularklauseln s Vorbem 69 ff), sowie die Einrede der Verjährung. Eine Einrede aus dem Bürgschaftsvertrag liegt auch vor, wenn der Bürgschaftsvertrag eine bestimmte Ausgestaltung der Hauptschuld vorsieht, die im Vertrag über die Hauptschuld nicht enthalten ist: Ist zB in der Bürgschaftsurkunde eine bestimmte Tilgungsart für die Hauptschuld genannt, braucht sich der Bürge eine andere Verrechnung der darunter fallenden Zahlungen nicht gefallen zu lassen (RG JW 1936, 2393 = HRR 1936 Nr 721; vgl auch § 767 Rn 10, 17). Eine spätere Abänderung der Hauptschuld ist dem Bürgen schon gem § 767 Abs 1 S 3 unschädlich (siehe dort).

8 Der Bürge braucht nur Zug um Zug gegen Aushändigung bestimmter Urkunden zu leisten (§ 765 Rn 118 u § 774 Rn 23). Haftet der Bürge dem gleichen Gläubiger für mehrere Verbindlichkeiten desselben Hauptschuldners, so kann er gem § 366 Abs 1 aus eigenem Recht bestimmen, auf welche Schuld er seine Leistung angerechnet wissen will (PLANCK/OEGG Anm 7; OERTMANN § 767 Anm 5; ENNECCERUS/LEHMANN § 192 III c; aA OLG Stuttgart OLGE 16, 373 = Recht 1908 Nr 1355).

b) Verteidigungsmittel des Hauptschuldners

9 Aufgrund der Akzessorietät der Bürgschaft stehen dem Bürgen auch die Verteidigungsmittel zu, die der Hauptschuldner im Zusammenhang mit der Hauptschuld gegen den Gläubiger hat. Für Einwendungen ergibt sich dies schon aus § 767 (s dort u iF Rn 10 ff); für die Einreden des Hauptschuldners wird dies in § 768 Abs 1 S 1 ausdrücklich angeordnet.

2. Einreden des Hauptschuldners (Abs 1 S 1)

10 a) Der Bürge kann die dem Hauptschuldner zustehende **Einrede des nicht erfüllten Vertrages** (§§ 320–322) und des Zurückbehaltungsrechts (§§ 273, 274 BGB, §§ 369 f HGB; dazu § 770 Rn 10) mit der Wirkung geltend machen, daß er nur Zug um Zug gegen Leistung an den Hauptschuldner verurteilt werden kann (RGZ 62, 51, 53; 84, 228, 230; 137, 35, 38; NISSEN JW 1902, 460; KRESS, Bes Schuldrecht 264 Fn 30; BGB-RGRK/MORMANN Rn 1; aA HOLDER AcP 93, 121 u WESTERKAMP 444; danach ist die Klage gegen den Bürgen als zZ unbegründet abzuweisen).

11 b) Der Bürge hat die dem Hauptschuldner zustehende **Einrede der Stundung**, zB bei der Vereinbarung laufender Rechnung (RG HRR 1937 Nr 463; zur nachträglich zwischen Gläubiger und Hauptschuldner vereinbarten Stundung vgl § 767 Rn 46). Der Bürge kann sich ferner darauf berufen, daß dem Hauptschuldner die Einrede der ungerechtfertigten Bereicherung (§ 821) oder der mangelnden Sicherheitsleistung (§ 202 Abs 2) zusteht.

12 c) Auf **Schadensersatzansprüche** des Hauptschuldners wegen Verletzung des

Hauptschuldverhältnisses durch den Gläubiger kann sich der Bürge einredeweise berufen (RGZ 62, 51, 55; BGH NJW 1975, 1119, 1120 = WarnJb 75 Nr 59). Eine Abtretung der Ersatzansprüche an den Bürgen ist dazu nicht notwendig (aA RG HRR 1933 Nr 1007; STAUDINGER/BRÄNDL[10/11] Rn 2). Auf den Umstand, daß der Gläubiger nicht dem Bürgen gegenüber die Leistung geschuldet und eine Vertragspflicht verletzt hat, kommt es dabei nicht an, weil dem Bürgen die Einrede durch die Akzessorietät der Bürgschaft vermittelt wird. Allerdings besteht die praktische Schwierigkeit, daß der Hauptschuldner sich auf andere Weise für seinen Schadensersatzanspruch Befriedigung vom Gläubiger verschaffen kann. Der Bürge hat diese Einrede also nur solange, wie auch der Hauptschuldner sie geltend machen könnte. In ähnlicher Weise ist die Berufung des Kaufpreisbürgen auf die Mängeleinrede des Hauptschuldners von dessen Gestaltung des Sachmängelanspruchs durch Ausübung seines Wahlrechts abhängig (Einzelheiten s § 770 Rn 1, 20). Im Abzahlungsgeschäft kann sich der Händler, der sich gegenüber dem Teilzahlungsfinanzierungsinstitut für das Darlehen des Abzahlungskäufers verbürgt hat, nicht auf die Wandlung des Kaufvertrags durch den Abzahlungskäufer berufen (LG Braunschweig BB 1954, 980).

d) Verjährung

Der Bürge kann einwenden, daß die Hauptschuld nach Übernahme der Bürgschaft 13 verjährt ist (RGZ 34, 153, 158; BGHZ 76, 222; OLG Hamm NJW-RR 1995, 939). § 223 Abs 1, der die Verwertung einer dinglichen Sicherheit trotz Verjährung des gesicherten Anspruchs zuläßt, ist nicht analogiefähig (BGHZ 105, 259, 261 = ZIP 1988, 1448, 1449) und kann auf die Bürgschaft nicht angewendet werden (OLG Hamm NJW-RR 1995, 939). Die Möglichkeit, sich auf die Verjährung der Hauptschuld zu berufen, ist für den Bürgen vor allem dann von großer Bedeutung, wenn die Hauptschuld nicht der Regelverjährungsfrist, sondern einer kürzeren Verjährung unterliegt (vgl die Fälle BGHZ 76, 222, 224 u BGH ZIP 1985, 1380, 1383 = WM 1985, 1387; dazu HORN EWiR 1985, 973; letzterer Fall betraf eine Rückbürgschaft; vgl Vorbem 61). Wenn dem Bürgen die Einrede der Vorausklage nicht zusteht, kann er sich auf die Verjährung der Hauptschuld auch dann berufen, wenn diese nach Erhebung der Bürgschaftsklage eintritt (BGHZ 76, 222).

Ist die Hauptschuld bereits im Zeitpunkt der Übernahme der Bürgschaft verjährt, so 14 kann sich der Bürge grundsätzlich nicht auf die Verjährung der Hauptschuld berufen (§ 765 Rn 89). Er kann dies auch dann nicht, wenn die Bürgschaft zwar vor Verjährung der Hauptschuld übernommen wurde, ausnahmsweise aber auch verjährte Ansprüche sichern soll (BGHZ 121, 173, 174 ff = NJW 1993, 1132). Dies kann der Fall sein bei einer Gewährleistungsbürgschaft, die als Sicherheit iS § 17 Nr 1 VOB/B gestellt wurde. Hat hier der Auftraggeber des Bauvertrags Mängel in unverjährter Zeit gerügt, so darf er gem § 17 Nr 8 S 2 VOB/B einen entsprechenden Teil der Sicherheit zurückhalten. Er muß daher die Bürgschaftsurkunde nicht herausgeben (BGHZ 121, 173, 175 f = NJW 1993, 1132). Die Auslegung der Bürgschaft kann dann nach den Umständen ergeben, daß sie den Auftraggeber auch wegen solcher Ansprüche sichern soll, die dieser wegen der eingetretenen Verjährung nicht mehr gegen den Auftragnehmer durchsetzen kann (BGHZ 121, 173, 177 f = NJW 1993, 1132, 1133; OLG Köln NJW-RR 1994, 16 f). Diese aus den Besonderheiten der Gewährleistungsbürgschaft im Rahmen von Bauverträgen und der besonderen Regelung in § 17 Nr 8 VOB/B (vgl dazu auch BGHZ 121, 168) abgeleitete Erweiterung der Bürgenhaftung trotz Verjährung der Hauptschuld kann nicht ohne weiteres auf andere Bürgschaften ausgedehnt werden (OLG Hamm NJW-RR 1995, 939).

15 Kann der Gläubiger die Verjährungseinrede des Hauptschuldners wegen dessen sonstigen Verhaltens als arglistig entkräften (RGZ 115, 135; BGHZ 76, 222, 231), so wirkt dies auch gegen den Bürgen. Hat der Gläubiger die Verjährung der Hauptschuld durch Erhebung der Klage gegen den Hauptschuldner unterbrochen, kann sich auch der Bürge nicht mehr darauf berufen; eine besondere Unterbrechungshandlung des Gläubigers gegen den Bürgen ist nicht dazu erforderlich (BGHZ 76, 222, 225 [im Fall verneinend]; OLG Kiel JW 1933, 2343; OLG Düsseldorf MDR 1969, 665 u MDR 1975, 1019). Die Erhebung der Klage nur gegen den Bürgen dagegen unterbricht die Verjährung der Hauptschuld wegen der Selbstständigkeit der beiden Forderungen nicht (BGH WM 1980, 545; BGHZ 76, 222, 225). Hat der Bürge wegen Ablaufs der Verjährungsfrist für die Hauptschuld die Verjährungseinrede erhalten, so verliert er sie in entsprechender Anwendung von § 768 Abs 2 nicht nachträglich wieder dadurch, daß sich der Hauptschuldner im Prozeß wegen der Hauptschuld selbst nicht darauf beruft und rechtskräftig verurteilt wird, was für diesen eine neue, dreißigjährige Verjährungsfrist in Lauf setzt (BGHZ 76, 222, 229 f = NJW 1980, 1460). Auch wenn der Hauptschuldner die Verjährung durch ein Schuldanerkenntnis in vollstreckbarer Urkunde unterbrochen hat, ist der Bürge gem § 767 Abs 1 S 3 nicht gehindert, sich gleichwohl auf Verjährung der Hauptschuld zu berufen (OLG Düsseldorf MDR 1975, 1019). Der Bürge kann sich selbstverständlich auch auf die selbstständige Verjährung der Bürgschaft berufen (oben Rn 7 und § 765 Rn 238).

3. Einwendungen des Hauptschuldners

16 a) Aus dem Grundsatz der Akzessorietät folgt, daß der Bürge auch die rechtsvernichtenden und rechtshindernden Einwendungen des Hauptschuldners gegen Entstehung, Fortbestand und Fälligkeit der Hauptschuld geltend machen kann (oben Rn 9). Ist die Fälligkeit der Hauptschuld von einer Kündigung des Gläubigers abhängig, muß die Kündigung gegenüber dem Hauptschuldner erfolgen und macht dann auch die Bürgenschuld fällig; eine Kündigung nur gegenüber dem Bürgen ist für die Hauptschuld und damit für die Bürgenschuld wirkungslos (RG LZ 1918, 909 Nr 8 = BayZ 1918, 384; THIELE AcP 89, 127; **aA** für die selbstschuldnerische Bürgschaft RGZ 2, 187). Der Bürge für eine Schadensersatzforderung kann ein mitwirkendes Verschulden des Gläubigers (§ 254) einwenden. Hängt das Entstehen einer Einwendung von der Ausübung eines Gestaltungsrechts durch den Hauptschuldner ab, kann der Bürge dieses Gestaltungsrecht nicht ausüben (Rn 23). Im einzelnen gilt:

17 b) Der Bürge kann sich regelmäßig darauf berufen, daß der Hauptschuldner dem Gläubiger den Einwand der **Verwirkung** oder der unzulässigen Rechtsausübung entgegensetzen kann. Dies gilt trotz eigenen Einredeverzichts des Bürgen, wenn die Berufung des Gläubigers auf diesen Einredeverzicht selbst rechtsmißbräuchlich ist (BGH WM 1963, 1302). Der Bürge kann sich ausnahmsweise auf Verwirkung oder Rechtsmißbrauch nicht berufen, wenn nach den Vorstellungen aller Beteiligten der Bürge wirtschaftlich die Stellung des Hauptschuldners hat (dh letztlich zahlen soll) und der Verwirkungs- oder Mißbrauchstatbestand nur in der Person des (formalen) Hauptschuldners erfüllt ist. Auf den **Wegfall der Geschäftsgrundlage** der Hauptschuld kann sich auch der Bürge uU berufen (OGHBrZ 1, 66 = NJW 1948, 521; PALANDT/THOMAS Rn 2; zu den genannten Tatbeständen beim Bürgschaftsvertrag selbst s § 765 Rn 192), es sei denn, es handelt sich dabei um die Verwirklichung eines Risikos, das die Bürgschaft nach ihrem Sicherungszweck gerade abdecken sollte (s auch § 767 Rn 48 ff; zur Herabsetzung der

Hauptschuld im Vertragshilfeverfahren auch Vorbem 185, zur Frage der Risikobegrenzung der Bürgschaft § 765 Rn 192 ff).

c) Mietbürgschaft und Mieterschutz

Der Bürge für die Ansprüche des Vermieters aus einem Wohnraummietvertrag 18 genießt mittelbar den Schutz, den das Gesetz dem Mieter in § 550b gegen übermäßige Sicherungsansprüche des Vermieters gewährt. Die Vorschrift will den Wohnraummieter vor zu großen Belastungen bewahren und zu hohe Kautionsforderungen vermeiden. Dieser Schutzzweck ist auf die Mietbürgschaft auszudehnen. Kann demnach der Mieter verlangen, daß der Bürge nicht über den Betrag von drei Monatsmieten hinaus in Anspruch genommen wird, so kann der Bürge dieses Recht des Hauptschuldners einredeweise geltend machen (BGHZ 107, 210 = ZIP 1989, 625 = WM 1989, 795; zust ECKERT EWiR 1989, 569). Die Fallkonstellation ist insofern ungewöhnlich, als es sich nicht um einen Einwand des Hauptschuldners gegen die gesicherte Hauptschuld handelt, sondern ein weiteres Recht aus dem Mietvertrag, das hier dem Bürgen zugute kommt (ECKERT aaO; s auch § 765 Rn 66).

d) Unterhaltsbürgschaft

Bei der **Unterhaltsbürgschaft**, die sowohl für gesetzliche Unterhaltsansprüche als 19 auch zur Sicherung der Ansprüche aus Unterhaltsverträgen bestellt werden kann, ist zweifelhaft, ob die nachträgliche Minderung der Leistungsfähigkeit des Hauptschuldners, die zur Minderung oder zum Wegfall des Unterhaltsanspruchs führt (§§ 1361, 1581, 1603), zugleich auch die akzessorische Bürgschaft vermindert oder ob umgekehrt der Sicherungszweck der Bürgschaft es erfordert, daß gerade auch bei Verfall der wirtschaftlichen Leistungsfähigkeit des Unterhaltspflichtigen der Bürge in voller Höhe weiterhaften soll. Auch hier ist grundsätzlich vom Akzessorietätsprinzip auszugehen (§ 767 Rn 35). Entscheidend ist der erklärte Verpflichtungswille. Typischerweise soll die Unterhaltsbürgschaft den Unterhaltsberechtigten gegen Zahlungsunwilligkeit und Unerreichbarkeit des Verpflichteten schützen. Der Bürge übernimmt dabei natürlich auch das generelle Bürgenrisiko der Zahlungsunfähigkeit des Verpflichteten, aber typischerweise doch nur soweit dieser materiell verpflichtet ist.

Die Unterhaltsbürgschaft kann aber auch den Zweck einer unbedingten Unterhalts- 20 sicherung haben. Dann muß eine zusätzliche Garantieübernahme dahin, daß auch bei gesetzlicher Verminderung des Unterhaltsanspruchs, etwa wegen Leistungsverminderung des Unterhaltsverpflichteten, der „Bürge" selbst für den künftigen Unterhalt aufkommen werde, im Vertrag zum Ausdruck kommen (RGZ 163, 91, 97 ff = DR [JW] 1940, 860, 863 m Anm HERSCHEL; zust BGHZ 6, 397). Die Beschränkung der Unterhaltspflicht des Erben des unterhaltspflichtigen Ehegatten gem § 1586 b kommt auch dem Unterhaltsbürgen zugute, falls nicht insoweit Einwendungsausschluß ausdrücklich vereinbart ist (BGH LM Nr 2 zu § 767 Abs 1); dieser Ausschluß ist aber Garantie (vgl § 767 Rn 35). Entfällt der Unterhaltsanspruch deshalb, weil nachträglich ein Verwirkungstatbestand (§§ 1579, 1611) erfüllt oder bekannt wird, so kann sich auch der Bürge darauf berufen. Zur Erhöhung der Unterhaltspflicht s § 767 Rn 16 u Vorbem 47.

e)

Der Bürge kann die richterliche Herabsetzung einer vom Hauptschuldner ver- 21 wirkten und unverhältnismäßig hohen **Vertragsstrafe** nach § 343 verlangen gem § 767 und § 768 analog (KRESS, Besonderes Schuldrecht 266 Fn 43; OERTMANN Anm 2 e; PLANCK/ OEGG Anm 1 c). Der Antrag kommt einer rechtsvernichtenden Einwendung gleich. Hat der Hauptschuldner seinerseits (im Rahmen eines gegenseitigen Vertrages) einen Anspruch auf Vertragsstrafe gegen den Gläubiger erworben und nicht durch vorbehaltslose Annahme der Leistung gem § 341 Abs 3 verloren, so kann der Bürge wie der Hauptschuldner diesen Anspruch einredeweise geltend machen (RGZ 53, 356 f); den Vorbehalt des § 341 Abs 3 kann der Bürge nicht selbst erklären (RG aaO). Sind Hauptschuld und Vertragsstrafe auf verschiedenartige Leistungen gerichtet, so daß die Einrede des Hauptschuldners nur zur Verurteilung Zug um Zug führt, so führt auch die Einrede des Bürgen zu seiner Verurteilung Zug um Zug gegen Leistung der Vertragsstrafe an den Hauptschuldner. Stehen sich zwei Geldforderungen gegenüber, führt die Einrede zur Saldierung, so daß auch der Bürge nur noch auf den Saldo haftet (so wohl RG aaO); nähme man dagegen hier nur eine Aufrechnungsmöglichkeit an, so würde dem Bürgen nur die Einrede nach § 770 Abs 2 offenstehen (so BGB-RGRK/MORMANN § 770 Rn 7). Der Bürge hat auch die Einwendungen des Hauptschuldners aus § 9 VerbrKrG.

22 f) Ein **Vergleich** gem § 779 zwischen Hauptschuldner und Gläubiger, durch den die Hauptschuld gemindert oder aufgehoben wird, kommt auch dem Bürgen zugute, auch wenn der Vergleich nur wegen der persönlichen Verhältnisse des Hauptschuldners zustandegekommen ist (RGZ 92, 121, 123; 153, 338, 345; vgl auch OLG Hamburg OLGE 13, 430; zur Forthaftung aus Garantie iF Rn 30). Auch auf den Prozeßvergleich zwischen Gläubiger und Hauptschuldner kann sich der Bürge zu seinen Gunsten berufen (BGH WM 1970, 12). Der gerichtlich bestätigte Vergleich im Vergleichsverfahren und der Zwangsvergleich im Konkurs des Hauptschuldners dagegen lassen den Umfang der Bürgenverpflichtung unvermindert bestehen (Vorbem 177).

23 4. Gestaltungsrechte des Hauptschuldners kann der Bürge nicht selbst ausüben; § 770 gibt ihm aber in bestimmten Fällen ein Leistungsverweigerungsrecht (s dort Rn 20).

5. Beweislast

24 Soweit der Beweis einer Einrede oder Einwendung dem Hauptschuldner obliegt (wie regelmäßig, soweit es nicht um eine reine Anspruchsvoraussetzung geht), trifft diese Beweislast auch den Bürgen, der sich darauf beruft (vgl RG LZ 1917, 592 betr Einwand der Zahlung; allg BAUMGÄRTEL, Handbuch der Beweislast im Privatrecht [2. Aufl 1991] § 768 Rn 1).

III. Rechtskräftiges Urteil zwischen Hauptschuldner und Gläubiger

25 Das rechtskräftige Urteil zwischen Hauptschuldner und Gläubiger wirkt grundsätzlich nur zugunsten des Bürgen, nicht aber zu seinen Lasten (Vorbem 166). Der Bürge kann daher dem Gläubiger die rechtskräftige Aberkennung der Hauptforderung im Prozeß gegen den Hauptschuldner gem § 768 Abs 1 S 1 entgegenhalten (hM; BGH WM 1965, 579 f; NJW 1970, 279 = WM 1970, 12; dazu FENGE NJW 1971, 1820; BGH WM 1971, 614; BGB-RGRK/MORMANN Rn 3). Ob es sich dabei um einen Fall der Rechtskrafterstreckung handelt (so BGH NJW 1970, 279; MORMANN WM 1974, 966) oder eher um eine

materiellrechtliche Reflexwirkung, ist umstritten und fast unerheblich (zum Streitstand FENGE aaO).

Das den Hauptschuldner verurteilende Urteil bewirkt keine Rechtskraft gegenüber **26** dem Bürgen (RGZ 56, 109 f; BGH WM 1971, 614; BGHZ 107, 92, 96 = ZIP 1989, 427; BGH ZIP 1993, 585 = NJW 1993, 1594). Daher kann sich dieser auch auf eine vom Hauptschuldner ausgesprochene Aufrechnung selbst dann noch berufen, wenn diese im Vorprozeß zwischen Gläubiger und Hauptschuldner für unzulässig oder unbegründet erklärt worden ist (RGZ 122, 146, 148; RG HRR 1933 Nr 1655; BGB-RGRK/MORMANN Rn 3). Der Bürge kann sich aber nicht ohne weiteres auf eine erst nach rechtskräftiger Verurteilung vom Hauptschuldner erklärte Aufrechnung berufen. Denn der Bürge hat die Einwendung nur, soweit der Hauptschuldner sein Gestaltungsrecht zur Aufrechnung ausgeübt hat (§ 770 Rn 1). Dieser ist aber gem § 767 Abs 2 ZPO prozessual an einer Aufrechnung nach Schluß der mündlichen Verhandlung gehindert, sofern er die Aufrechnung vorher erklären konnte (BGH LM Nr 2 zu § 768 m Anm RIETSCHEL). Ist die Aufrechnungsmöglichkeit erst später entstanden, kann der Hauptschuldner wirksam aufrechnen und der Bürge sich darauf berufen. Wenn aber der Gläubiger ein rechtskräftiges Urteil gegen den Hauptschuldner erwirkt hat, daß diesem eine aufrechenbare Forderung gegen den Gläubiger nicht zusteht, kann auch der Bürge gegenüber dem Gläubiger nicht mehr die Einrede der Aufrechenbarkeit erheben (OLG Frankfurt/M NJW-RR 1988, 206; Vorbem 166).

Ausnahmsweise kann die Verurteilung des Hauptschuldners aber auch zu Lasten des **27** Bürgen wirken. Dies gilt einmal im Fall der Prozeßbürgschaft, weil darin der Bürge regelmäßig den Ausgang des anhängigen Rechtsstreits, in dem er sich verbürgt hat, als für sich verbindlich anerkennt (Vorbem 104). Hat sich der Hauptschuldner verpflichtet, die Schuld auf Verlangen des Gläubigers abstrakt anzuerkennen und ist die Bürgschaft auch für diese Verpflichtung bestellt (Auslegung), so ist die rechtskräftige Verurteilung des Schuldners der Abgabe des Schuldanerkenntnisses gleichzustellen und damit für den Bürgen verbindlich (BGH WM 1965, 579 f). Übernimmt schließlich jemand die Bürgschaft für eine rechtskräftig festgestellte Schuld, so kann er nicht einwenden, daß die Schuld nicht entstanden sei oder zur Zeit des Eintritts der Rechtskraft nicht mehr bestanden habe (PLANCK/OEGG § 767 Anm 7 a; WESTERKAMP 456). Ist in einem rechtskräftigen Urteil zwischen Gläubiger und Hauptschuldner erkannt, daß dem Hauptschuldner eine aufrechenbare Forderung gegen den Gläubiger nicht zusteht, so kann der Bürge insofern nicht mehr die Einrede der Aufrechenbarkeit (§ 770 Abs 2) entgegensetzen (OLG Frankfurt/M NJW-RR 1988, 206). Hat der Hauptschuldner den Gläubiger auf Entlassung des Bürgen und Herausgabe der Bürgschaftsurkunde verklagt, so steht einer späteren Klage gegen den Gläubiger auf Unterlassung der Zahlungsanforderung an den Bürgen aus dem gleichen Sachverhalt der Einwand der Rechtshängigkeit oder Rechtskraft entgegen (BGH WM 1987, 367).

IV. Verzicht des Bürgen auf Einreden und Einwendungen

1. Problemstellung. Grenzen nach BGB und AGB-Gesetz

Der Sicherungscharakter der Bürgschaft wird in der Praxis oft dadurch verstärkt, **28** daß der Bürge auf die ihm nach § 768 oder aus anderen Gründen zustehenden Einreden und Einwendungen vertraglich verzichtet. Dementsprechend verstärkt sich das Haftungsrisiko des Bürgen, und es entstehen ggf Probleme eines angemessenen Bürgenschutzes. Diese können prinzipiell dadurch gelöst werden, daß man bestimmte Verzichte rechtlich nicht zuläßt und insoweit die Vertragsfreiheit beschränkt. Die Rechtsgrundlagen für solche Einschränkungen können im allgemeinen Privatrecht des BGB, insbesondere im Bürgschaftsrecht liegen oder sich aus dem AGB-Gesetz ergeben. Da die überwiegende Zahl der Bürgschaftsverträge als Formularverträge abgeschlossen werden, sind die vom AGB-Gesetz gezogenen Schranken praktisch wichtiger, zumal sich sowohl § 3 AGBG als auch die Inhaltskontrolle nach § 9 AGBG am gesetzlichen Leitbild des Bürschaftsvertrages der §§ 765–777 orientieren und zur Unwirksamkeit bestimmter Klauseln wegen Abweichung vom Bürgschaftsrecht des BGB führen können, während in einem Individualvertrag eine solche Abweichung vom Gesetz toleriert würde.

29 Für die – eher wenig häufigen – individualvertraglichen Versprechen ergeben sich aus dem allgemeinen Privatrecht nur wenige Begrenzungen für einen Verzicht des Bürgen auf eigene oder gem § 768 vom Hauptschuldner stammende und auf ihn übergeleitete Einreden und Einwendungen. Zu nennen ist hier der Bestimmtheitsgrundsatz (§ 765 Rn 13 ff, 47, 51); es ist denkbar, daß durch weitgehenden Einrede- und Einwendungsverzicht die Haftung des Bürgen ihre klare Eingrenzbarkeit verliert (§ 765 Rn 19). Zu nennen ist ferner das Akzessorietätsprinzip, das nach hM „zwingendes Recht" ist (BGH WM 1966, 122, 124; BGHZ 95, 350, 357 = NJW 1986, 43; vWESTPHALEN WM 1984, 1589, 1591 f; oben § 767 Rn 1 ff). Nach dem Grundsatz der Vertragsfreiheit kann aber die Wirkung der Akzessorietät durch einen Zusatzvertrag außerhalb der Bürgschaft aufgehoben und der Bürge weitergehend verpflichtet werden (§ 767 Rn 8).

30 Bei Individualvereinbarungen ergibt sich also ein Bürgenschutz aus dem Akzessorietätsprinzip nur aus dem Zusammenspiel der folgenden Grundsätze (dazu HORN NJW 1980, 2153, 2155): Bei einer Verpflichtung zum Einstehen für fremde Schuld ist im Zweifel Bürgschaft gewollt, nicht Garantie etc (Vorbem 21, 217; insoweit zutr MARWEDE BB 1975, 985 ff; im Ansatz auch BGH WM 1966, 124 u weniger deutlich RGZ 153, 338, 345), deren Charakter aus seinem gesamten Inhalt zu ermitteln ist. Das Vorliegen einer zusätzlichen Verpflichtung außerhalb der Bürgschaft muß eindeutig zum Ausdruck kommen (§ 767 Rn 4). Innerhalb des Bürgschaftsvertrages sind nur solche Einredeverzichte und Klauseln zulässig, welche die Akzessorietät nicht beseitigen (dazu Rn 33), andere sind nichtig (Rn 36, 38). Der ganze Vertrag ist im letzteren Fall regelmäßig nicht unwirksam (§ 139 HS 2). Bei Klauseln, die sich gegen die Akzessorietät der Bürgschaft richten, ist demnach stets zu prüfen, ob eine zusätzliche Vereinbarung vorliegt oder ob die Klausel einschränkend im Sinne der Akzessorietät ausgelegt werden kann. Dies ist bei der Bürgschaft zur Zahlung auf erstes Anfordern möglich, die nur einen vorläufigen Verzicht auf Einwendungen und Einreden enthält. Sie verbleibt gleichwohl für den Bürgen so risikoreich, daß sie nach der Rechtsprechung auf Kaufleute als Bürgen beschränkt bleibt (Vorbem 25). Diese Einschränkung gilt wohl auch bei Individualabrede, kann hier aber natürlich durch eine ausdrückliche Garantie überwunden werden.

31 Ist der Verzicht auf Einreden und Einwendungen in AGB (formularmäßig) vereinbart, so ergeben sich deutlichere Grenzen aus dem AGB-Gesetz; dazu iF und Vorbem 67 ff. Der **Akzessorietätsgrundsatz** kann durch AGB nicht beseitigt (BGHZ 95, 350, 357 = NJW 1986, 43, 45; WOLF/HORN/LINDACHER § 9 Rn B 217), wohl aber eingeschränkt

werden, zB durch die Verpflichtung zur Zahlung auf erstes Anfordern (Rn 36). Soweit der Sicherungszweck der Bürgschaft Vorrang vor dem Akzessorietätsprinzip beansprucht, insbesondere bei Liquidation des Hauptschuldners wegen Vermögensverfalls (allg BGHZ 82, 323 = NJW 1982, 875), sind auch entsprechende AGB wirksam. Bei der Inhaltskontrolle von Verzichtsklauseln ist stets zu unterscheiden, ob Verwender der Bürge oder der Gläubiger ist (Wolf/Horn/Lindacher § 9 Rn B 212).

2. Einzelne Verzichtsabreden

a) Gesetzliche Einreden, insbes aus § 768 Abs 1

Der Bürge kann, auch formularmäßig, auf die Einreden, die ihm nach § 768 Abs 1 **32** zustehen, wirksam verzichten (BGH WM 1963, 1302 f; OLG Stuttgart WM 1986, 736, 737; Palandt/Thomas Rn 8). Auch sonst ist der Verzicht auf einzelne Bürgeneinreden mit dem Charakter der Bürgschaft grundsätzlich vereinbar und auch nach AGBG formularmäßig zulässig. Die grundsätzliche Zulässigkeit eines solchen Einredeverzichts zeigt schon der in § 773 Abs 1 Nr 1 anerkannte Verzicht auf die Einrede der Vorausklage und gilt für alle besonderen Bürgschaftseinreden (§§ 770, 771, 776; RGZ 153, 338, 345 f; BGHZ 95, 350, 357 ff; s auch Vorbem 67 ff u § 770 Rn 13; § 773 Rn 3; § 776 Rn 20 ff; dort auch zu Bedenken gegen den uneingeschränkten formularmäßigen Verzicht auf die Einreden nach § 776).

b) Einwendungen gegen den Bestand der Hauptschuld
stehen dem Bürgen nach dem **33** Akzessorietätsprinzip gem § 767 ohne weiteres zu (§ 767 Rn 9 ff), und auf sie kann auch wegen der Bedeutung dieses Grundsatzes in einem Bürgschaftsvertrag nicht verzichtet werden, sondern nur in Form einer zusätzlichen Garantie (BGHZ 95, 350, 357 = NJW 1986, 43, 45). Wird die Hauptschuld in einem gerichtlichen oder außergerichtlichen Vergleich erlassen, so kann der Bürge auf diesen **Erlaß** nicht im Rahmen des Bürgschaftsvertrages verzichten (so aber noch RG LZ 1914, 193=SeuffA 69 Nr 51), sondern nur in einer zusätzlichen Garantieverpflichtung (RGZ 92, 121, 123; 153, 338, 345; OLG Frankfurt/M BB 1975, 985 m krit Anm Marwede; OLG Stuttgart WM 1986, 736; vgl auch OLG Hamburg OLGE 13, 430; OLG Dresden BankA 1939, 397; unentschieden BGH WM 1976, 433). Eine analoge Anwendung des § 82 Abs 2 S 1 VglO über die Forthaftung des Bürgen beim Zwangsvergleich ist dagegen nicht möglich (BGH WM 1962, 550; Mormann WM 1963, 931).

Bei Verminderung oder Wegfall der **Unterhaltspflicht** wegen verminderter Leistungs- **34** fähigkeit oder im Erbfall (Rn 19 u § 767 Rn 35) wird die volle Weiterhaftung des Bürgen teils aufgrund bloßen Einredeverzichts im Bürgschaftsvertrag angenommen (BGH LM § 767 Abs 1 Nr 2); auch hier ist aber Garantie erforderlich. Gleiches gilt auch für die Bestimmung, daß die Bürgschaft für eine Kosten- oder Schadensersatzschuld auch dann gelten soll, wenn ein anderer als der genannte Hauptschuldner den Betrag schuldet (BGH WM 1962, 122, 124).

Eine Bürgenhaftung trotz **Nichtigkeit** der Hauptschuld kann in der Weise begründet **35** werden, daß der Bürge zugleich auch für den Konditionsanspruch des Gläubigers im Fall der Nichtigkeit bürgt; eine entsprechende AGB-Klausel ist zulässig (BGH NJW 1992, 1234; § 765 Rn 86 f). Zum Verzicht auf die Einrede der Anfechtbarkeit und Aufrechenbarkeit § 770 Rn 16.

36 c) **Die Verpflichtung zur Zahlung auf erstes Anfordern** enthält einen globalen Einrede- und Einwendungsverzicht, der zumindest teilweise wegen Verletzung des Akzessorietätsgrundsatzes unwirksam wäre, wenn er nicht nach der hM als bloß vorläufig anzusehen wäre; die Einreden und Einwendungen werden in den Rückforderungsprozeß des Bürgen verwiesen. Auch mit dieser Einschränkung ist diese Verpflichtungsform für den Bürgen so gefährlich, daß sie auf Kaufleute und ihnen gleichstehende geschäftlich erfahrene Personen beschränkt ist; außerdem ist der Einwand des Rechtsmißbrauchs bei ungerechtfertigter Inanspruchnahme von Bedeutung (zum Ganzen Vorbem 24 ff). Ist in der Bürgschaftsverpflichtung auch die Möglichkeit vorgesehen, daß der Gläubiger den Bürgen nur auf **Zahlung zum Zweck der Sicherheitsleistung** in Anspruch nehmen kann und macht er von dieser Möglichkeit Gebrauch, so sind ähnlich wie bei der Bürgschaft zur Zahlung auf erstes Anfordern die Einwendungen gegen die Hauptschuld erst im späteren Rückforderungsverfahren zu prüfen (OLG Zweibrücken WM 1985, 1291); auch hier bleibt freilich der Einwand des Rechtsmißbrauchs möglich.

d) **Fälligkeit; Stundung und Verjährung**

37 Ist die Hauptschuld noch nicht fällig, so ist der Bürgschaftsfall (dh das Risiko, gegen das die Bürgschaft den Gläubiger sichern soll) noch nicht eingetreten. Der formularmäßige Verzicht auf die Einrede der mangelnden Fälligkeit der Hauptschuld ist daher wegen Verletzung des Akzessorietätsgrundsatzes nur unter der doppelten Voraussetzung zulässig, daß der Verzicht nur ein vorläufiger ist, wie es für die Verpflichtung zur Zahlung auf erstes Anfordern typisch ist (Rn 36), und daß der Gläubiger selbst den Eintritt der Fälligkeit behauptet, weil andernfalls seine Anforderung unschlüssig ist (Vorbem 27). Denn der Verzicht kann nur den Sinn haben, Streitigkeiten über die Fälligkeit der Hauptschuld bei der Zahlungsanforderung auszuschließen, nicht aber, dem Gläubiger eine beliebige Anforderung auch vor Fälligkeit zu ermöglichen (OLG Düsseldorf WM 1984, 1185; Vorbem 27).

38 Der Verzicht auf die Einrede der Stundung der Hauptforderung widerspricht dem Schutzzweck der Akzessorietät und verstößt, wenn formularmäßig vereinbart, gegen § 9 AGBG (OLG Düsseldorf WM 1984, 1185, 1186; GRAF vWESTPHALEN WM 1984, 1589, 1593; MünchKomm/PECHER § 765 Rn 17; WOLF/HORN/LINDACHER § 9 Rn B 222; aA STAUDINGER/ BRÄNDL[10/11] Rn 21). Ist allerdings die Stundung wegen schwieriger Vermögenslage des Hauptschuldners eingeräumt, so handelt es sich um ein Risiko, gegen das die Bürgschaft sichern soll, und ein formularmäßiger Verzicht für diesen Fall ist zulässig (WOLF/HORN/LINDACHER aaO). Auch der Verzicht auf die Einrede des Zurückbehaltungsrechts gem §§ 273, 320 in AGB verstößt gegen § 9 AGBG (GRAF vWESTPHALEN WM 1984, 1593; WOLF/HORN/LINDACHER aaO).

39 Auf die Einrede der **Verjährung** der Bürgenschuld (§ 765 Rn 238) kann der Bürge gem § 225 S 1 nach Eintritt der Verjährung verzichten. Dagegen kann er grundsätzlich schon vor Eintritt der Verjährung der Hauptschuld auf die Einrede verzichten, daß die Hauptschuld verjährt ist, weil dies nicht unter § 225 S 1 fällt (RGZ 153, 338, 346; aA MünchKomm/PECHER Rn 9; WALTHER NJW 1994, 2337, 2338), während der Hauptschuldner selbst einen solchen Verzicht nicht aussprechen könnte. Für den häufigen Fall, daß der Verzicht des Bürgen in AGB enthalten ist, greifen jedoch die schärferen Maßstäbe des § 9 AGBG ein. Hier ist zu berücksichtigen, daß der Verzicht den Bürgen in seiner Beweisposition benachteiligt und auch zu seinem Nachteil gegen den Grundgedanken des § 225 S 1 verstößt; daher ist die Klausel unwirksam (GRAF vWESTPHALEN WM 1984, 1589, 1593; WOLF/HORN/LINDACHER § 9 Rn B 223; WALTHER NJW 1994, 2337 ff). Dient die Bürgschaft nach ihrem besonderen Sicherungszweck jedoch von vornherein auch der Sicherung verjährter Gewährleistungsansprüche, die einer kurzen Verjährung unterliegen, so ist der Verzicht des Bürgen auf die Einrede der Verjährung der Hauptschuld wirksam (BGH NJW 1993, 1132; oben Rn 14).

3. **Leistung** des Bürgen **in Unkenntnis einer Einrede** oder Einwendung bedeutet **40** grundsätzlich keinen Verzicht. Der Bürge kann die Leistung nach Maßgabe der §§ 812 ff zurückfordern. Dies gilt sowohl für Einwendungen (§ 812) als auch für peremptorische Einreden (§ 813) außer der Verjährungseinrede (§ 813 Abs 1 S 2 u § 222 Abs 2). Der Kondiktionsanspruch gegen den Gläubiger ist erstens dann gegeben, wenn dem Bürgschaftsvertrag selbst eine Einwendung (nicht aber Formmangel, vgl § 766 S 2; dort Rn 53) oder Einrede entgegenstand, auch wenn die Hauptforderung bestand. Denn der Bürge leistete im Hinblick auf einen eigenen Verpflichtungsgrund, der nicht vorlag; darin besteht ein wesentlicher Unterschied zu sonstigen Fällen der Erfüllung einer Schuld (Hauptschuld) durch einen Dritten (STAUDINGER/ LORENZ [1994] § 812 Rn 47 f). Zweitens steht dem Bürgen der Kondiktionsanspruch auch dann zu, wenn der Hauptforderung eine Einwendung oder Einrede entgegenstand, was sich kraft des Akzessorietätsprinzips auch auf die Bürgschaft auswirkt (hM; PLANCK/OEGG § 765 Anm 8 a; vCAEMMERER JZ 1962, 386; STAUDINGER/LORENZ [1994] § 812 Rn 48; allg zum Rückforderungsanspruch des Bürgen § 765 Rn 239).

V. Der Bürge kann gegenüber dem Hauptschuldner eine **Pflicht zur Geltendma- 41 chung von Einreden und Einwendungen** haben, die sich aus seinem Rechtsverhältnis zum Hauptschuldner ergibt (zB aus Auftrag gem § 665; vgl § 765 Rn 106 f) und deren Verletzung sein Rückgriffsrecht gegen den Hauptschuldner vereitelt oder mindert (RGZ 59, 207, 209 ff; vgl auch § 774 Rn 21; ebenso hinsichtlich der Verjährungseinrede OLG Hamburg OLGE 39, 179). Die Übernahme der Bürgschaft zur Zahlung auf erstes Anfordern berechtigt den Bürgen (Bank) nicht im Verhältnis zu seinem Auftraggeber (typischerweise der Hauptschuldner), an den Gläubiger ohne jede Prüfung der Anforderung zu zahlen. Er muß prüfen, ob die Anforderung offensichtlich mißbräuchlich ist, und dies dem Gläubiger ggf entgegensetzen (BGH WM 1989, 433; dazu FISCHER EWiR 1989, 467; KG Berlin WM 1987, 129). S auch § 765 Rn 107 u Vorbem 34 f, 164.

§ 769

Verbürgen sich mehrere für dieselbe Verbindlichkeit, so haften sie als Gesamtschuldner, auch wenn sie die Bürgschaft nicht gemeinschaftlich übernehmen.

Materialien: E I § 673; II § 709; III § 753; Mot II 666; Prot II 467 f.

Schrifttum

BAYER, Der Ausgleich zwischen Höchstbetragsbürgen, ZIP 1990, 1523

BEESER, Die Bürgschaft mehrerer, BB 1958, 970

HORN, Haftung und interner Ausgleich bei Mitbürgen und Nebenbürgen, DZWir 1997, 265
KANKA, Die Mitbürgschaft, JherJb 87, 123
H KREMER, Die Mitbürgschaft, mit Beiträgen zur Lehre von Bürgschaft und Gesamtschuld (Diss Straßburg 1902)
LIPPMANN, Das bürgerliche Gesetzbuch über Einheits- und Mehrheitsschuld in Bürgschaft und Gesamtschuld, AcP 111, 135 ff, 165.
REINICKE, Bürgschaft und Gesamtschuld, NJW 1966, 2141
WOLF, Mitbürgen als Gesamtschuldner und Nebenschuldner, NJW 1987, 2472.

1. Begriff und Abgrenzung

1 Mitbürgschaft ist die Verbürgung mehrerer Personen nebeneinander für dieselbe Hauptverbindlichkeit (vgl zB BGH WM 1983, 993 u 1386; WM 1989, 609 = ZIP 1989, 431). § 769 trifft zwei Anordnungen: Hinsichtlich der Voraussetzungen der Mitbürgschaft wird festgestellt, daß diese nicht auf einem einheitlichen Rechtsgeschäft beruhen muß (letzter HS); hinsichtlich der Rechtsfolgen wird im Verhältnis zum Gläubiger Gesamtschuld angeordnet (im Gegensatz zum gemeinen Recht, das im Grundsatz den mehreren Mitbürgen das beneficium divisionis zugestand; WINDSCHEID/KIPP, Pandekten Band 2, 1099 ff).

2 Abgrenzung: Eine Mitbürgschaft iS § 769 liegt nicht vor, wenn es bei den mehreren Bürgschaften an der Identität der Hauptschuld fehlt. Daher ist keine Mitbürgschaft gegeben bei der **Teilbürgschaft** (Vorbem 38), falls mehrere Teilbürgen vorhanden sind, die für verschiedene Teile der gleichen Hauptforderung haften (RG BayZ 1905, 323; OLG Braunschweig SeuffA 61 Nr 132; OLG Hamburg HRR 1933 Nr 1841 = HansRGZ 1933 B 369; BGH NJW 1986, 1681 = ZIP 1986, 702; BEESER BB 1958, 970), zB für verschiedene Abschlagszahlungen im Rahmen eines Bauvertrags (BGH NJW 1986, 1681 = ZIP 1986, 702). Zu einer solchen, nebeneinander bestehenden Haftung für verschiedene Teilbeträge der gleichen Hauptforderung kann auch die sog **Nebenbürgschaft** führen; dazu iF Rn 7 ff, 12 ff.

3 Nicht Mitbürgen mangels Identität der Hauptschuld sind ferner Vorbürge und Nachbürge (Vorbem 57) sowie Bürge und Rückbürge (Vorbem 60). Der Ausfallbürge (Vorbem 36) ist dann nicht Mitbürge zusammen mit dem normalen Bürgen, wenn die Ausfallbürgschaft zugleich als Nachbürgschaft aufzufassen ist; dies ist im Zweifel anzunehmen (vgl BGH BB 1978, 1688 = NJW 1979, 646 u Vorbem 14; JAUERNIG/VOLLKOMMER Anm 1; H JANSEN BB 1953, 1039; NOERR BB 1953, 1040; SCHULER NJW 1953, 1691; BB 1954, 551; AUERNHAMMER BB 1958, 973), aber nicht notwendig. Nicht wie Mitbürgen zu behandeln sind zwei Wechselindossanten, die damit beide der gleichen Person Kredit verschaffen wollen (RGZ 48, 152, 155; OLG München SeuffBl 73, 715; vgl auch Vorbem 432 f). Identität der gesicherten Forderung und damit Mitbürgschaft liegt vor bei mehreren Rückbürgen für den gleichen Rückgriffsanspruch (RG Recht 1905, 471 Nr 1849).

2. Begründung der Mitbürgschaft

4 a) Gem § 769 entsteht eine Mitbürgschaft auch dann, wenn die Bürgschaften nicht gemeinschaftlich übernommen werden. Die Bürgschaften können also sowohl gemeinschaftlich iS § 427 als auch gesondert in einer oder in mehreren Urkunden, gleichzeitig oder zu verschiedenen Zeitpunkten (E I § 673; Prot II 467 f), in Kenntnis oder Unkenntnis der Mitverbürgung übernommen werden (Mot II 666 f; RG Recht

1905, 529 Nr 2088; RGZ 77, 54 f; 81, 414 ff; WarnR 1912 Nr 296 = JW 1912, 746 Nr 9; Reichel, Schuldmitübernahme 9).

b) Gegenseitige Abhängigkeit im Entstehen?
Jede Bürgschaftsverpflichtung des einzelnen Mitbürgen ist im Grundsatz ein selbständiges Rechtsgeschäft, wie § 769 klarstellt. Eine Abhängigkeit der Entstehung und des Fortbestandes der einzelnen Bürgenverpflichtung von der Verpflichtung des Mitbürgen (etwa iS § 139 oder § 158) kann daher im Regelfall nicht angenommen werden (RGZ 88, 412; 138, 270, 272; vgl auch RG SeuffA 67 Nr 251: die Kündigung eines Mitbürgen beendet nicht die Bürgschaft der anderen; gegen die Rspr des RG krit BGB-RGRK/ Mormann Rn 3, der § 139 häufiger anwenden will und dazu die Einheitlichkeit der Mitbürgschaft weit auffaßt). Eine solche Abhängigkeit der Wirksamkeit der Verpflichtung der Mitbürgen untereinander mit der Folge, daß kein Mitbürge verpflichtet ist, wenn eine andere Mitverbürgung nicht wirksam zustandekommt oder entfällt, kann aber zur Vertragsbedingung gemacht werden, was aber mangels ausdrücklicher Vertragsklausel nur bei besonderen Umständen angenommen werden kann (BGH WM 1989, 707 = ZIP 1990, 630 = NJW 1989, 1855; zutr stärker einschränkend Rehbein EWiR 1989, 763; s auch § 765 Rn 114). Ausnahmsweise kann die Verpflichtung auch anderer Mitbürgen Geschäftsgrundlage der Verpflichtung des Bürgen sein (§ 765 Rn 200). Die äußere Einheitlichkeit des Verpflichtungsvorgangs (einheitliche Urkunde, gleicher Zeitpunkt) ist dafür nur ein Indiz, aber nicht entscheidend; es kommt vielmehr auf Inhalt und Zweck des Geschäfts an (vgl OLG Hamburg HansRGZ 28 B 797). Es ist zB möglich, daß eine Bürgschaft nur im Rahmen einer gemeinschaftlichen Sanierungsaktion mehrerer Bürgen für den Hauptschuldner gegeben werden soll (RG JW 1935, 690 Nr 2). Wer in einem solchen Fall die Mitverbürgung eines anderen arglistig vereitelt, um selbst nicht mehr als Bürge zu haften, haftet gem §§ 815, 162 (Reichel JW 1927, 38, 40).

3. Verhältnis zum Gläubiger: Gesamtschuld

a) Grundsatz
Im Verhältnis zum Gläubiger sind die Mitbürgen gem § 769 Gesamtschuldner iS § 421, so daß der Gläubiger jeden der Mitbürgen ganz oder zu (ggf unterschiedlichen) Teilen in Anspruch nehmen kann (Crome § 295 Anm 43), uU im Rahmen unterschiedlicher Höchstbeträge (RGZ 81, 414, 418; Kanka JherJb 87, 124). Für das Verhältnis der Mitbürgen zum Gläubiger sind die §§ 421–425 maßgebend. Dies bedeutet, daß jeder Mitbürge dem Gläubiger die gleiche ganze Leistung schuldet, der Gläubiger diese aber nur einmal erhalten soll, dh die Erfüllung durch einen Gesamtschuldner wirkt als Erfüllung für alle. Der Gläubiger kann abweichend von der Regel des § 423 einen Mitbürgen allein gem § 397 aus der Haftung entlassen (BGH WM 1992, 1312), allerdings nicht aus der Ausgleichspflicht gegenüber seinen Mitbürgen (BGH aaO). Auch kann die Entlassung zur Folge haben, daß sich die Verpflichtung der anderen Bürgen gegenüber dem Gläubiger uU gem § 776 mindert (s dort Rn 9 u 16). Gem § 425 Abs 2 wirkt die Kündigung eines Mitbürgen nicht für die anderen; dazu bedürfte es einer besonderen Vereinbarung, die noch nicht darin liegt, daß sich die Mitbürgen in gemeinsamer Urkunde verbürgt haben (RG WarnR 1912, 335 = SeuffA 67 Nr 251).

b) Abweichende Vereinbarungen; Nebenbürgschaft
§ 769 enthält nach ganz hM nachgiebiges Recht (BGHZ 88, 185 = NJW 1983, 2442 = ZIP

1983, 1042 = JZ 1983, 894 m krit Anm REINICKE/TIEDTKE; BGH WM 1987, 924; MünchKomm/ PECHER Rn 4 f; PALANDT/THOMAS Rn 3). So haftet der Ausfallbürge nur nachrangig (BGH NJW 1979, 646; oben Rn 3; PALANDT/THOMAS Rn 1). Der Gläubiger kann mit einzelnen oder allen Mitbürgen von Anfang an oder später Sondervereinbarungen treffen, zB über Höchstbetrag, Bedingung, Dauer, Rangordnung und sonstige Modalitäten der Bürgenhaftung (KANKA JherJb 87, 141; RG Recht 1905, 471 Nr 1848), so zB über die nachrangige Haftung als Ausfallbürge (BGH NJW 1979, 676), oder darüber, daß die Zahlung eines Mitbürgen an den Gläubiger bis zu dessen Befriedigung wegen aller Ansprüche gegen den Hauptschuldner nur vorläufigen Charakter haben und als Sicherheit dienen soll (BGH WM 1986, 1550; krit gegen diese verbreitete Zahlungsklausel TIEDTKE ZIP 1986, 150, 152 u EWiR 1987, 37f).

8 Solche Abreden stoßen aber an Grenzen. Der Gläubiger kann nicht den Ausgleich zwischen den Mitbürgen völlig seiner Disposition unterstellen, zB dadurch, daß er formularmäßig bei allen Mitbürgen den Rückgriff ausschließt und es dann in der Hand hätte, nach Belieben einen Mitbürgen durch Inanspruchnahme endgültig den Nachteil der Bürgenhaftung allein tragen zu lassen (BGHZ 88, 185, 189 = NJW 1983, 2442 = ZIP 1983, 1042; MünchKomm/PECHER Rn 5). Unbedenklich ist es, daß sich aus einer unterschiedlichen Verpflichtung der verschiedenen Bürgen auch Auswirkungen auf den internen Ausgleich zwischen den Bürgen ergeben, so daß zB der nachrangig haftende Ausfallbürge nicht ausgleichspflichtig ist (BGH NJW 1978, 646). Nach Abschluß des Bürgschaftsvertrags kann der Gläubiger durch Abreden mit anderen Bürgen aber weder den Umfang der Verpflichtung des Bürgen erweitern noch in den Ausgleich der Bürgen untereinander (§ 774 Abs 2) eingreifen. Die Entlassung eines Mitbürgen aus der Haftung hat also nicht ohne weiteres dessen Freistellung von der Ausgleichspflicht gegenüber den Mitbürgen zur Folge (BGH WM 1992, 1312).

9 Die abweichenden Vereinbarungen können so weit gehen, daß zwischen mehreren Bürgen, die an sich gem § 769 Mitbürgen sind, die rechtlichen Auswirkungen der Mitbürgschaft, insbesondere des Gesamtschuldverhältnisses, ausgeschlossen sein sollen und mehrere **Nebenbürgschaften** entstehen. Die Rechtsprechung hält die verbreitet übliche Nebenbürgschaftsklausel für grundsätzlich wirksam (BGHZ 88, 185 = NJW 1983, 2442 = ZIP 1983, 1042; BGH WM 1987, 924; WOLF NJW 1987, 2472). Allerdings hält sie daran fest, daß auch bei einer solchen Nebenbürgschaft ein interner Ausgleich wie unter Mitbürgen stattfindet (BGHZ 88, 185; BGH ZIP 1986, 970; BGH WM 1987, 924 = ZIP 1987, 222 f; M WOLF NJW 1987, 2472 ff; BAYER ZIP 1990, 1523, 1527; Einzelheiten s § 774 Rn 43 ff). Dies zeigt aber, daß derartige Abreden den Tatbestand der Mitbürgschaft und auch die Rechtsfolgen der Gesamtschuld nicht gänzlich beseitigen können. Insofern ist die hM von der Abdingbarkeit des § 769 (oben Rn 7) einzuschränken. S auch iF Rn 12 f.

10 4. Das **Verhältnis** der Mitbürgen **untereinander**, insbesondere ihre gegenseitige Ausgleichspflicht, ist in § 774 Abs 2 teilweise geregelt und wird primär von den Vereinbarungen der Mitbürgen untereinander bestimmt (§ 774 Rn 43 ff). Es ist unabhängig von der Rechtsbeziehung zum Gläubiger. Entläßt dieser einen Mitbürgen aus der Haftung (Rn 6 f), wird das Innenverhältnis der Mitbürgen dadurch nicht verändert (§ 774 Rn 49 ff). Umgekehrt kann ein Mitbürge im Innenverhältnis von seiner Ausgleichspflicht frei werden, trotzdem aber dem Gläubiger weiter haften (RG LZ 1915, 1511 Nr 9).

5. Die Eintragung einer gemeinschaftlichen Sicherungshypothek für mehrere **11**
Mitbürgen ist im Hinblick auf § 47 GBO unzulässig (KGJ 28 A 143; dazu HIRSCH Recht 1906, 610 und KANKA 148). Zur steuerrechtlichen Seite der Verbürgung einer Personengesellschaft neben ihren Gesellschaftern vgl BFH NJW 1976, 2183: Die als Bürgin in Anspruch genommene KG kann die geleisteten Zahlungen nur dann als gewinnmindernde Betriebsauslagen iS EStG geltend machen, wenn die Bürgschaftsübernahme betrieblich bedingt war.

6. Die Nebenbürgschaftsklausel iE

Verbreitet in der Kautelarpraxis namentlich der Banken ist die einem Bürgschafts- **12**
vertrag, meist über eine Höchstbetragsbürgschaft (zu dieser Vorbem 39), beigefügte Nebenbürgschaftsklausel. Sie besagt, daß für die Bürgschaft das Gesamtschuldverhältnis nach § 769 im Verhältnis zu anderen, für dieselbe Hauptschuld bestellten Bürgschaften ausgeschlossen sein soll (vgl die Fälle BGHZ 88, 185 = NJW 1983, 2442 = ZIP 1983, 1042; BGH WM 1987, 924; LG Augsburg u OLG München WM 1984, 223, 224; WOLF NJW 1987, 2472; BAYER ZIP 1990, 1523). Solche Nebenbürgschaftsklauseln verwendet die Bankpraxis vorsorglich dann, wenn der Umfang der Bürgschaft den bestehenden oder zu erwartenden Gesamtumfang der Hauptschuld nicht abdeckt. Damit soll erreicht werden, daß die mehreren Höchstbetragsbürgschaften additiv die Hauptschuld abdecken; folglich soll ausgeschlossen sein, daß die Zahlung des einen Bürgen den Fortbestand der Schuld der anderen Bürgen berührt, weil diese sich auf andere Teile der gleichen Hauptschuld bezieht (WOLF NJW 1987, 2472; BAYER ZIP 1990, 1523). Hauptanwendungsfälle sind mehrere Höchstbetragsbürgschaften für den gleichen Kontokorrentkredit (zur Kontokorrentkreditbürgschaft allg Vorbem 48ff u § 765 Rn 92) sowie mehrere, ebenfalls durch Höchstbetrag begrenzte Globalbürgschaften (Vorbem 42 ff, 51 ff; § 765 Rn 44 ff) für den gleichen Hauptschuldner.

Die Nebenbürgschaftsklausel hat nur eine begrenzte, klarstellende Funktion; im **13**
übrigen ist sie teils überflüssig, teils unwirksam. Überflüssig ist sie in dem häufigen Fall, daß die Hauptschuld die Summe der mehreren Höchstbetragsbürgschaften erreicht oder übersteigt, diese also nur nebeneinander die Hauptsumme ganz oder teilweise abdecken. Denn es steckt schon im Begriff der Höchstbetragsbürgschaft, daß diese für die ganze, größere Hauptschuld gilt, bis diese vollständig getilgt ist (Vorbem 39), so daß die Zahlung durch einen anderen Bürgen die Bürgenschuld gegenüber dem Gläubiger unverändert bestehen läßt, sofern noch ein ungetilgter Teil der Hauptschuld fortbesteht. § 769 braucht in diesem Fall nicht ausgeschlossen zu werden, sondern kommt ohnehin nicht zur Anwendung (vgl RGZ 81, 414, 419; BGH WM 1983, 993f; MünchKomm/PECHER Rn 2; WOLF NJW 1987, 2472, 2473; BAYER ZIP 1990, 1523, 1526). Die Nebenbürgschaftsklausel hat insoweit nur klarstellende Funktion. Andererseits ist die Klausel aber in den Fällen (fast) ohne Wirkung, in denen die Summe der verschiedenen Höchstbetragsbürgschaften die Hauptschuld übersteigt, die verschiedenen Bürgschaften sich also teilweise oder ganz überdecken. Soweit demnach der gleiche Hauptschuldbetrag durch mehrere Bürgschaften gesichert ist, entsteht **Mitbürgschaft** iS §§ 769, 421 (DÜRINGER/HACHENBURG/WERNER, HGB [3. Aufl 1932] § 349 Anm 42; im Grundsatz auch BGHZ 88, 185 = NJW 1983, 2442 = ZIP 1983, 1042; BGH ZIP 1986, 970 u 1987, 222f; einschränkend WOLF NJW 1987, 2475: nur bei entsprechender Zuordnung durch den Gläubiger [nicht überzeugend]; aA BAYER ZIP 1990, 1523, 1527). Die zu Mitbürgen gewor-

denen Nebenbürgen sind einander ausgleichspflichtig; Einzelheiten str (dazu § 774 Rn 56 ff).

§ 770

[1] Der Bürge kann die Befriedigung des Gläubigers verweigern, solange dem Hauptschuldner das Recht zusteht, das seiner Verbindlichkeit zugrundeliegende Rechtsgeschäft anzufechten.

[2] Die gleiche Befugnis hat der Bürge, solange sich der Gläubiger durch Aufrechnung gegen eine fällige Forderung des Hauptschuldners befriedigen kann.

Materialien: E II § 710; III § 754; Prot II 464 ff, 468 ff.

Schrifttum

CHASKEL, Die Konkurrenz von Gläubigerrecht und Bürgenschutz in Aufrechnungstatbeständen, insbes in § 770 Abs 2 BGB (Diss Köln 1935)
GÖTTE, Zwei Streitfragen über die Aufrechnung im BGB, ArchBürgR 17, 164
KOHLER, Die Aufrechnung nach dem BGB, ZZP 24, 1 ff, insbes 11
LIPPMANN, Rückwirkung und Rechtsgeschäft der Aufrechnungserklärung, JherJb 43, 435, insbes 546
MANTEY, Zur Anwendung des § 770 Abs 2 BGB, Gruchot 50, 542
NISSEN, Rechtsstellung des Kaufpreisbürgen bei mit Gewährsmängeln behafteter Kaufsache, JW 1902, 460

NOWACK, Aufrechnungsmöglichkeit und Aufrechnungserklärung des Hauptschuldners in ihren Rechtswirkungen für den Bürgen (Diss Breslau 1936)
SCHULZ, Das Leistungsverweigerungsrecht des Bürgen aufgrund der Aufrechnungslage des Gläubigers, Gruchot 50, 269
SIEVERS, Bürgschaft und Aufrechnung, Recht 1903, 249
TIEDTKE, Aufrechnungsmöglichkeit des Schuldners gegenüber dem Bürgen mit einem ihm gegen den Gläubiger zustehenden Anspruch?, Betrieb 1970, 1721.

Systematische Übersicht

I.	Grundgedanke	1
II.	Anfechtbarkeit (Abs 1)	2
III.	Aufrechnungsmöglichkeit (Abs 2)	
1.	Die Aufrechnungslage des Abs 2	5
2.	Aufrechnungsmöglichkeit nur des Hauptschuldners	9
3.	Zurückbehaltungsrecht	10
4.	Eigene Aufrechnungsmöglichkeit des Bürgen	11

IV.	Rechtsfolge: Leistungsverweigerungsrecht	
1.	Aufschiebende Einrede	12
2.	Verjährung	13
3.	Rechtslage nach Anfechtung oder Aufrechnung	14
4.	Rechtslage nach Leistung des Bürgen	15
5.	Einredeverzicht des Bürgen	16
V.	**Pflichten im Verhältnis von Bürgen und Hauptschuldner**	

18. Titel. §770
Bürgschaft 1

1. Pflicht des Bürgen zur Geltendmachung ___ 18
2. Pflichten des Hauptschuldners ___ 19

VI. Analoge Anwendung des § 770
1. Auf andere Gestaltungsrechte des Hauptschuldners ___ 20

a) Wahlschuld ___ 21
b) Rücktrittsrecht ___ 23
c) Wandlung und Minderung ___ 24
d) Vertragsstrafe ___ 25
2. Auf andere Rechtsverhältnisse ___ 26

Alphabetische Übersicht

Akzessorietät	1	Leistungsverweigerungsrecht	2 ff, 12 ff
Analoge Anwendung	20 ff		
Anfechtung	1 f, 14	Minderung	20, 24
– formularmäßiger Verzicht	17	Pflichten	
Aufrechnung	1, 14	– des Bürgen	18
– formularmäßiger Verzicht	17	– des Hauptschuldners	19
Aufrechnungseinwendung, Präklusion der -	8	Rückgewähranspruch	3
Aufrechnungsmöglichkeit		Rücktrittsrecht	23
– des Gläubigers	5, 11	Verjährung	13
– des Hauptschuldners	8 f	Vertragsstrafe	25
Einrede, aufschiebende	1	Wahlschuld	21
Einredeverzicht	2	Wandlung	20, 24
– des Bürgen	16	Zurückbehaltungsrecht	10
– des Hauptschuldners	2		
Leistung des Bürgen	15		

I. Grundgedanke

§ 770 ist Ausdruck des Akzessorietätsgedankens (Vorbem 18 ff; § 767 Rn 1 ff; § 768 Rn 1) **1**
und verwirklicht ihn für den Fall, daß der Hauptschuldner das der Hauptschuld zugrundeliegende Rechtsgeschäft anfechten kann (Abs 1), oder daß hinsichtlich der Hauptschuld eine beiderseitige Aufrechnungslage besteht, die der Gläubiger nutzen kann (Abs 2). Gestaltungsrechte des Hauptschuldners (Abs 1) bzw des Gläubigers (Abs 2), deren Ausübung unmittelbar auf Bestand und Umfang der Hauptschuld einwirkt, kann der Bürge nicht selbst ausüben, weil dies einen Eingriff in ein dem Bürgen fremdes Schuldverhältnis darstellen würde. Die Konsequenz, daß der Bürge vor Erklärung der Anfechtung oder der Aufrechnung sich auf diese Tatbestände überhaupt nicht berufen könne (so noch E I; Mot II 663, 106 ff; ZG II 364 ff; VI 294), vermeidet der § 770, indem er dem Bürgen ein Leistungsverweigerungsrecht als aufschiebende Einrede gewährt. Dieses Recht steht dem Bürgen auch dann zu, wenn er als Selbstschuldbürge (Vorbem 23) nicht die Einrede der Vorausklage (§§ 771–773) hat (Prot II 471). § 770 gibt dem Bürgen kein Recht, das dem Hauptschuldner zustehende Anfechtungsrecht selbst auszuüben; er ist auch nicht berechtigt, anstelle des Hauptschuldners mit einer dem Hauptschuldner gegen den Gläubiger zustehenden Forderung aufzurechnen (RGZ 59, 207, 210; 122, 146; WarnR 1912

Nr 303 = JW 1912, 749 Nr 13; OLG Stuttgart Recht 1904, 552 Nr 2375; OLG Dresden Recht 1905, 224 Nr 987). Der Bürge muß vielmehr die Entschließungsfreiheit des Gestaltungsberechtigten hinnehmen (JAUERNIG/VOLLKOMMER Anm 2) und zwar anders als im Fall des § 768 Abs 2 auch dann, wenn der Hauptschuldner auf das Gestaltungsrecht verzichtet oder sonst seinen Verlust herbeiführt.

II. Anfechtbarkeit (Abs 1)

2 Das Leistungsverweigerungsrecht des Bürgen nach Abs 1 setzt voraus, daß in der Person des Hauptschuldners ein Anfechtungsrecht gem §§ 119, 120, 123 entstanden ist und noch besteht. Das Recht gem Abs 1 steht dem Bürgen nicht mehr zu, wenn das Anfechtungsrecht des Hauptschuldners durch Fristablauf (§§ 121, 124) oder Bestätigung (§ 144) erloschen ist (vgl RGZ 66, 332 f). Da die Irrtumsanfechtung unverzüglich nach Kenntnis erfolgen muß (§ 121), bleibt hier für die aufschiebende Einrede des Bürgen wenig Raum. Stellt der Abschluß des die Hauptschuld begründenden Rechtsgeschäfts eine unerlaubte Handlung des Gläubigers dar und hat demnach der Hauptschuldner nicht nur das Anfechtungsrecht gem § 123, sondern auch die Einrede des § 853, so kann der Bürge gem § 768 Abs 1 auch diese Einrede geltend machen, und zwar gem § 768 Abs 2 auch bei Einredeverzicht des Hauptschuldners (BGHZ 95, 350, 357 = NJW 1986, 43, 45; MünchKomm/PECHER Rn 4; CROME 878; PLANCK/OEGG Anm 1d; ENNECCERUS/LEHMANN § 173 II 1). Gleiches gilt für den Einwand der unzulässigen Rechtsausübung (vgl BGH WM 1991, 1294).

3 Hat der Hauptschuldner die Anfechtung erklärt, kann der Bürge statt des Leistungsverweigerungsrechts gem § 770 die Nichtigkeit (§ 142) der Hauptschuld geltend machen (§ 767 Rn 19 ff; § 765 Rn 78 ff). Falls dem Gläubiger noch Rückgewähransprüche gegen den Hauptschuldner verbleiben, so ist es eine Frage des Umfangs der Bürgschaftsverpflichtung, die ggf durch Auslegung des Bürgschaftsvertrags zu ermitteln ist, ob der Bürge auch für diese Ansprüche einstehen soll (§ 765 Rn 40, 80 ff).

4 Die Anfechtbarkeit des Bürgschaftsvertrags kann der Bürge selbstverständlich jederzeit dadurch geltend machen, daß er die Anfechtung erklärt und damit seine Bürgenverpflichtung rückwirkend beseitigt (§ 765 Rn 101, 111, 148 ff).

III. Aufrechnungsmöglichkeit (Abs 2)

1. Die Aufrechnungslage des Abs 2

5 Der Bürge hat das Leistungsverweigerungsrecht des Abs 2 dann, wenn der Gläubiger zur Aufrechnung gegenüber dem Hauptschuldner gem § 387 berechtigt ist, dh wenn er dem Hauptschuldner eine gleichartige Leistung schuldet und sowohl die Hauptforderung des Gläubigers als auch die Gegenforderung des Hauptschuldners (nicht nur gem § 387 erfüllbar, sondern) fällig ist. Als Gegenforderung des Hauptschuldners, die eine Aufrechnungslage iS § 770 Abs 2 begründet, kommt auch ein Schadensersatzanspruch in Betracht, der darauf beruht, daß der Gläubiger die Verwertung von Gegenständen, die ihm zur Sicherung der Hauptforderung übereignet wurden und die in seine Verfügung gelangt sind, bis zur Entwertung hinauszögert (BGH NJW 1966, 2009 = WM 1966, 756). Ist der Gläubiger mangels Fälligkeit der Hauptforderung noch nicht zur Aufrechnung befugt, kann er diese aber durch Klage auf

künftige Leistung (§§ 257 ff ZPO) bereits geltend machen, so hat auch der Bürge bereits die Einrede nach Abs 2, weil er sonst schlechter stünde als bei fälliger Hauptforderung (BGHZ 38, 122, 129; ERMAN/SEILER Rn 5; PALANDT/THOMAS Rn 3), und zwar auch dann, wenn die Gegenforderung des Hauptschuldners (entgegen Abs 2) noch nicht fällig ist, aber bis zur Fälligkeit der Hauptforderung des Gläubigers fällig wird.

Hat der Gläubiger die dem Bürgen günstige Aufrechnungslage dadurch beseitigt, daß er mit einer anderen Forderung gegen die Hauptforderung aufgerechnet hat, so steht dem Bürgen das Leistungsverweigerungsrecht des Abs 2 nicht mehr zu. Der Gläubiger macht hier nur von seinem gesetzlichen Gestaltungsrecht gem § 396 Gebrauch, das ihn insbesondere auch gem § 396 Abs 1 S 2 iVm § 366 Abs 2 berechtigt, sich für die eigene Forderung zu befriedigen, die ihm geringere Sicherheit bietet (BGH WM 1984, 425). Die Einrede des Abs 2 bleibt dem Bürgen hier nur dann erhalten, wenn im Bürgschaftsvertrag die Aufrechnung mit einer nicht verbürgten Forderung gegen die Hauptschuld ausgeschlossen war, oder wenn der Gläubiger nur zum Schaden des Bürgen handelt (BGH aaO). 6

Hat der Hauptschuldner über seine Gegenforderung gegen den Gläubiger bereits anderweitig verfügt, zB durch Verzicht, Einziehung, Abtretung, so steht dem Bürgen das Recht gem Abs 2 nicht mehr zu (PLANCK/OEGG Anm 2 a; PALANDT/THOMAS Rn 3; SCHULZ Gruchot 50, 272 f; RGZ 62, 51, 53; 122, 146). In diesem Verhalten des Hauptschuldners liegt auch keine Erweiterung der Bürgschaftsschuld iS § 767 Abs 1 S 3, wenngleich der Bürge dadurch die Einrede aus § 770 Abs 2 verliert (RGZ 62, 51, 54; OLG Dresden SeuffA 69 Nr 102). Die Einrede steht dem Bürgen ferner dann nicht mehr zu, wenn der Gläubiger den Hauptschuldner für die Gegenforderung befriedigt, auf die Aufrechnungsbefugnis verzichtet oder für seine Schuld vom Hauptschuldner Stundung erwirkt hat (PLANCK/OEGG Anm 2 a; KOHLER ZZP 24, 14; MANTEY 548 ff; zT aA SCHULZ 273; OERTMANN Anm 4 b: Für entsprechende Anwendung des § 776). 7

Falls dem Hauptschuldner die Aufrechnungsbefugnis gegenüber dem Gläubiger fehlt wegen §§ 390, 393–396, entfällt dadurch nicht das Leistungsverweigerungsrecht des Bürgen, weil nach § 770 Abs 2 die Aufrechnungsbefugnis allein auf seiten des Gläubigers maßgeblich und ausreichend ist. Die Auffassung, in solchen Fällen könne der Bürge die Einrede des § 770 Abs 2 nicht haben, weil sich der Gläubiger auch die Aufrechnung durch den Hauptschuldner nicht gefallen zu lassen brauche (STAUDINGER/BRÄNDL[10/11] Rn 6; PLANCK/OEGG Anm 2 c; WEISMANN ZZP 26, 1, 41 ff; SOERGEL/ MÜHL Rn 6; wohl auch BGB-RGRK/MORMANN Rn 4), ist abzulehnen (RGZ 137, 34; MünchKomm/PECHER Rn 8; offen gelassen in BGHZ 42, 396, 398 = NJW 1965, 627). Eine solche Beschränkung des Abs 2 ist durch seinen Wortlaut und Grundgedanken nicht gerechtfertigt; danach kommt es nur auf die anderweitige Befriedigungsmöglichkeit des Gläubigers, nicht auf die Befreiungsmöglichkeit des Hauptschuldners an (allgemein ERMAN/SEILER Rn 6). Auch wenn der Hauptschuldner selbst nicht aufrechnen kann, handelt der Gläubiger widersprüchlich, wenn er sich durch Aufrechnung für die Hauptschuld befriedigen kann und stattdessen den Bürgen in Anspruch nimmt; er ist daher gegenüber der Einrede des Bürgen nicht schutzwürdig. 8

Die Präklusion der Aufrechnungseinwendung des Hauptschuldners gem § 767 ZPO hindert den Bürgen an der Einrede des § 770 Abs 2 daher nicht, weil die Aufrechnungsbefugnis des Gläubigers davon nicht betroffen wird (BGHZ 24, 97, 99; PALANDT/

THOMAS Anm 1) und es für § 770 Abs 2 allein darauf ankommt (aA BGB-RGRK/MORMANN Rn 5; unentschieden BGH aaO).

9 2. **Die Aufrechnungsmöglichkeit nur des Hauptschuldners** bei fehlender Aufrechnungsmöglichkeit des Gläubigers (wegen §§ 390, 393 ff) begründet kein Leistungsverweigerungsrecht des Bürgen (wie hier PALANDT/THOMAS Rn 3; MünchKomm/PECHER Rn 9). Eine verbreitete Meinung will hier Abs 2 analog anwenden, weil dem Bürgen auch sonst die Verteidigungsmittel des Hauptschuldners zugute kommen und weil zB der Gläubiger, der selbst aus vorsätzlichem Delikt schulde und deshalb gem § 393 selbst nicht aufrechnen könne, nicht schutzwürdig sei (OERTMANN Anm 4 b; ENNECCERUS/LEHMANN § 193 II 2; ESSER/WEYERS § 40 III 5; BGB-RGRK/MORMANN Rn 4; SOERGEL/MÜHL Rn 6; RATZ, in: Großkomm HGB § 349 Rn 29; für analoge Anwendung von Abs 1 ERMAN/SEILER Rn 6; vgl auch die Kommentare zu § 129 Abs 3 HGB). Die Argumente für eine Abweichung vom Gesetzeswortlaut überzeugen nicht. Dem Gläubiger soll nach Abs 2 die Inanspruchnahme des Bürgen nicht wegen einer Aufrechnungsmöglichkeit verwehrt sein, die allein im Belieben des Hauptschuldners steht, was ihm auch bei Selbstschuldbürgschaft zur Klage gegen den Hauptschuldner zwingen würde. Zwar ist auch die Bürgeneinrede nach Abs 1 von einem Gestaltungsrecht des Hauptschuldners und somit von seinem Belieben abhängig; aber hier bestehen meist kurze Fristen und das Gestaltungsrecht beruht auf einem rechtlichen Mangel der Hauptforderung, an dem es im Fall des Abs 2 fehlt. Das Gesetz hat daher hier die Befriedigungsmöglichkeit des Gläubigers für allein maßgeblich erklärt: Der Bürge soll den Gläubiger nur auf die Aufrechnung verweisen dürfen, die der Gläubiger selbst durchsetzen kann (RGZ 137, 35 = JW 1932, 3761 Nr 3; PLANCK/OEGG Anm 3; FISCHER/HENLE Anm 3; LEONHARD, Besonderes Schuldrecht 321; MANTEY 545; PALANDT/THOMAS Rn 3; ebenso außer bei Deliktshaftung des Gläubigers iS § 393 SIBER, Nachwort in JW 1932, 3761 Nr 3; vgl auch ERMAN/SEILER Rn 6; unentschieden BGHZ 42, 398).

10 3. Beruht die Gegenforderung des Hauptschuldners auf demselben rechtlichen Verhältnis wie die Hauptforderung, so hat der Bürge neben der Einrede nach § 770 und auch dann, wenn diese (zB aus den genannten Gründen) nicht gegeben ist, das Zurückbehaltungsrecht des § 273 gem § 768 (RGZ 62, 51, 53; 137, 35, 38; BGHZ 24, 97, 100).

11 4. Mit einer **eigenen Forderung** gegen den Gläubiger kann der Bürge unter den Voraussetzungen der §§ 387 ff gegen die Bürgschaftsforderung des Gläubigers aufrechnen (§ 774 Rn 10). Dies gilt nach dem Zweck der gesetzlichen Aufrechnungsverbote und nach dem Sicherungszweck der Bürgschaft nicht, wenn die Hauptforderung gem §§ 393, 394, 395 der Aufrechnung entzogen ist (REICHEL, Schuldmitübernahme 491). Einzelheiten zur Aufrechnung s § 774 Rn 10. Die Aufrechnungsbefugnis des Bürgen kann vertraglich wirksam ausgeschlossen werden (BGH WM 1970, 552). Will umgekehrt der Gläubiger mit seiner Forderung gegen den Bürgen aufrechnen, nachdem Hauptforderung und Bürgschaft abgetreten worden sind, so kommt es für das Aufrechungsverbot gem § 406 darauf an, wann die Hauptforderung entstanden ist, nicht auf den Zeitpunkt des Abschlusses des Bürgschaftsvertrags (LG Nürnberg-Fürth WM 1989, 1052 = NJW-RR 1989, 503).

IV. Rechtsfolge: Leistungsverweigerungsrecht

1. § 770 gewährt dem Bürgen eine aufschiebende Einrede, allerdings nur in der Höhe, in der sich die Forderungen decken, also nicht für den Betrag, um den die Bürgschaftsforderung die aufrechenbare Gegenforderung übersteigt (PLANCK/OEGG Anm 2 a; MANTEY 546; BGHZ 38, 122, 127). Die Einrede führt (anders als § 274) zur Klageabweisung (BGHZ 38, 129). Zur Frage der rechtsmißbräuchlichen Berufung auf § 770 Abs 2 s BGH NJW 1966, 2009 = WM 1966, 756. **12**

2. Die **Verjährung** der Bürgenforderung wird durch die Einrede des § 770 nicht gehemmt gem § 202 Abs 2. **13**

3. Nach erfolgter **Anfechtung oder Aufrechnung** des Hauptschuldners hat der Bürge nicht mehr die Einrede des § 770, kann sich aber auf das nunmehr herbeigeführte Erlöschen der Hauptforderung gem §§ 765, 767 Abs 1 S 1 berufen (Rn 3), und zwar auch dann, wenn dem Hauptschuldner seine Gegenforderung oder Anfechtungsbefugnis rechtskräftig aberkannt worden ist, weil die Rechtskraft dieses Urteils nicht gegen den Bürgen wirkt (RGZ 122, 146, 148; vgl § 768 Rn 25 ff). **14**

4. Rechtslage nach Leistung des Bürgen

Leistet der Bürge in Unkenntnis der ihm zustehenden Einrede des § 770, also vor erfolgter Anfechtung oder Aufrechnung, so kann er das Geleistete nicht zurückfordern, weil dem Anspruch des Gläubigers keine dauernde, sondern nur eine aufschiebende Einrede entgegenstand und daher § 813 Abs 1 nicht eingreift (SOERGEL/MÜHL Anm 6 b; vgl auch RGZ 120, 280 f; 144, 93 f). Hat dagegen der Bürge nach erfolgter Anfechtung oder Aufrechnung in Unkenntnis dieses Umstandes gezahlt, so steht ihm der Rückforderungsanspruch gem § 812 zu (STAUDINGER/LORENZ [1994] § 812 Rn 48). Das gleiche muß gelten, wenn der Bürge zunächst zahlt und danach der Hauptschuldner die Anfechtung erklärt, da diese gem § 142 zurückwirkt (OERTMANN Anm 3). Erklärt der Hauptschuldner die Aufrechnung nach Leistung durch den Bürgen, auf den damit die Hauptforderung gem § 774 übergeht (und der meist zugleich einen Erstattungsanspruch hat; s § 774 Rn 1), so ist diese Aufrechnung an sich gem §§ 406, 412 zulässig und hat gem § 389 rückwirkende Kraft, so daß der Bürge statt des Rückgriffs gegen den Hauptschuldner auf die beschwerlichere Rückforderung vom Gläubiger verwiesen wäre. Man muß aber dem Hauptschuldner diese (verspätete) Aufrechnung gegenüber dem Bürgen versagen; dies ergibt sich gem § 242 aus dem Gesichtspunkt des widersprüchlichen Verhaltens und meist auch aus dem Inhalt oder dem Sinn des Innenverhältnisses zwischen Hauptschuldner und Bürgen (SOERGEL/ MÜHL Anm 6 b; im Ergebnis ebenso unter Hinweis auch auf die Gläubigerinteressen TIEDTKE Betrieb 1970, 1721; vgl auch ESSER/WEYERS § 40 IV 1). **15**

5. Einredeverzicht des Bürgen

Ein rechtsgeschäftlicher Verzicht des Bürgen auf die Einrede des § 770 ist grundsätzlich möglich und in der heutigen Kautelarpraxis nicht unüblich (§ 768 Rn 21); zur Begrenzung der Wirksamkeit des Verzichts bei Rechtsmißbrauch des Gläubigers BGH WM 1963, 1302. Ein solcher Verzicht liegt nicht schon in der Übernahme einer Selbstschuldbürgschaft (oben Rn 1). Er kann aber darin liegen, daß der Bürge bei **16**

Übernahme der Bürgschaft die Anfechtbarkeit der Hauptschuld kennt (Prot II 466; KANKA JherJb 87, 177 Fn 52; RIEZLER BankArch 1941, 107).

17 Der formularmäßige Verzicht auf die Einrede der Anfechtbarkeit (Abs 1) und der Aufrechnungsmöglichkeit (Abs 2) ist zulässig und verstößt weder gegen das Akzessorietätsprinzip noch sonstige Grundsätze iS § 9 AGBG (BGHZ 95, 350, 357 = NJW 1986, 43, 45). Ein solcher Verzicht auf die Einrede der Aufrechenbarkeit umfaßt nicht den Einwand unzulässiger Rechtsausübung (BGH WM 1991, 1294). Die Berufung auf die vom Hauptschuldner wirksam erklärte Anfechtung kann dem Bürgen durch eine solche Klausel freilich nicht verwehrt werden (BGHZ 95, 350, 356) ebensowenig wie die Berufung auf eine wirksame Aufrechnung; in beiden Fällen ist die Hauptschuld entfallen, und der Ausschluß der Berufung auf diese Tatsache bedürfte der Vereinbarung einer ausdrücklichen Garantie (vgl auch oben Vorbem 69 ff).

V. Pflichten im Verhältnis von Bürgen und Hauptschuldner

18 1. Im Rahmen der zwischen Hauptschuldner und Bürgen bestehenden Rechtsbeziehungen und Sorgfaltspflichten (§ 765 Rn 102 ff) wird der Bürge idR verpflichtet sein, die Einrede der Anfechtbarkeit und auch der Aufrechenbarkeit geltend zu machen, wenn er den Umständen nach annehmen muß, daß ihre Voraussetzungen vorliegen und die Einrede dem Interesse des Hauptschuldners entspricht. Handelt dieser bei der Anfechtung zögerlich oder sonst nachlässig, so endet diese Pflicht des Bürgen. Eine Verletzung der Pflicht des Bürgen zur Geltendmachung kann zu seiner Schadensersatzpflicht und damit zum ganzen oder teilweisen Verlust des Regreßanspruchs führen (s auch § 774 Rn 34, 40).

19 2. Der Hauptschuldner ist dem Bürgen über Umstände, aus denen sich die Einreden des § 770 ergeben, mitteilungs- und auskunftspflichtig. Er kann dem Bürgen auch schadensersatzpflichtig sein, wenn er diesem die Einrede des § 770 (zB durch Genehmigung des anfechtbaren Rechtsgeschäfts) unmöglich macht und letztlich eine Befreiungsmöglichkeit von der Hauptschuld aufgibt. Allerdings sind an den Nachweis einer solchen Pflichtverletzung strenge Anforderungen zu stellen. Dem Schuldner verbleibt auch bei Beurteilung von Voraussetzungen und Erfolgschancen seiner Verteidigungsmittel ein gewisser, mit dem Gestaltungsrecht verbundener Ermessensspielraum.

VI. Analoge Anwendung des § 770

20 1. **Auf andere Gestaltungsrechte des Hauptschuldners** wie Wahl (§§ 262 ff), Rücktritt (§ 346 f; s aber Prot II 466), Wandlung und Minderung (§§ 462 ff, 634 ff), die der Bürge ebenfalls nicht selbst anstelle des Hauptschuldners ausüben kann (Mot II 663; PRINGSHEIM Gruchot, 53, 13 ff), ist § 770 entsprechend anzuwenden (BGB-RGRK/MORMANN Rn 7; PALANDT/THOMAS Rn 4; SOERGEL/MÜHL Rn 2; ERMAN/SEILER Rn 4; HECK, Grundriß 384; aA ENNECCERUS/LEHMANN § 193 II 3; MünchKomm/PECHER Rn 5). Dabei ist jedoch nach Art dieser Gestaltungsrechte und Interessenlage zu differenzieren.

21 a) Der Bürge für eine **Wahlschuld** kann nicht selbst durch Wahlerklärung gem § 263 die Hauptschuld beschränken (PLANCK/OEGG Anm 7); dieses Recht steht nur dem Hauptschuldner zu, dessen Erklärung auch den Bürgen bindet. Klagt der Gläubiger

auf eine der mehreren wahlweise geschuldeten Leistungen vor Ausübung des Wahlrechts (§ 263), so hat der Bürge die Einrede des § 770 (analog Abs 1 bei Wahlrecht des Hauptschuldners, Abs 2 bei Wahlrecht des Gläubigers). Klagt der Gläubiger dagegen auf wahlweise Leistung, besteht die Einrede nicht (SOERGEL/MÜHL Rn 2); der Bürge kann hier nur wie der Hauptschuldner gem § 264 Abs 1 durch Erfüllung der einen oder anderen Leistung wählen. Er muß dabei die Interessen des Hauptschuldners beachten und darf nicht etwa fahrlässig zu dessen Nachteil die wertvollere Leistung erbringen (ENNECCERUS/LEHMANN § 192 III c; vgl allgemein Rn 20 f u § 774 Rn 34, 40).

Der Bürge, der sich für mehrere Schulden verbürgt hat, kann bei der Leistung gem § 366 Abs 1 bestimmen, welche der Hauptschulden er mit der Leistung abdecken will, falls keine Vereinbarung entgegensteht (vgl auch § 767 Rn 17 ff). **22**

b) Beim gesetzlichen **Rücktrittsrecht** des Hauptschuldners hat der Bürge entsprechend § 770 eine Einrede bis zu dessen Ausübung. Für das vertragliche Rücktrittsrecht wird dies zT abgelehnt, weil hier dem Gläubiger ein Warten auf die Entschließung des Hauptschuldners nicht zuzumuten sei (STAUDINGER/BRÄNDL[10/11] Rn 9; vTUHR SchwJZ 19, [1922/23] 246; zweifelnd BGB-RGRK/MORMANN Rn 7; aA wohl HECK, Grundriß 384; wohl auch SOERGEL/MÜHL Rn 2). Dies überzeugt nicht, da der gleiche Gesichtspunkt auch für das Verhältnis zum Hauptschuldner gilt: dieser muß sich in angemessener Frist entscheiden und (nur) solange hat der Bürge die Einrede. Nach Ausübung des Rücktrittsrechts ist der Bürge frei, falls er nicht nach dem Inhalt der Bürgschaft auch für etwaige Rückgewähransprüche haften soll (§ 767 Rn 29). **23**

c) Auf ein Recht des Hauptschuldners zur **Wandlung und Minderung** kann sich der Kaufpreisbürge analog § 770 in der Weise berufen, daß er die Leistung bis zur Entscheidung der Frage, ob Wandlung oder Minderung gelten soll, verweigern kann (SOERGEL/MÜHL Rn 2; vTUHR aaO; WESTERKAMP 452). Der Bürge kann diese Entscheidung nicht anstelle des Hauptschuldners selbst treffen und dessen Recht nicht ausüben, vor allem nicht die Wandlungseinrede in dem Sinn erheben, daß dadurch eine Rückgewährpflicht des Hauptschuldners entsteht (RGZ 66, 332, 335). Der Bürge kann aber die weniger weitgehende Einrede der Minderung selbst geltend machen, und zwar sowohl vor der Entscheidung des Hauptschuldners als auch dann, wenn dieser das Wandlungsrecht verloren hat (RGZ 66, 332; PLANCK/OEGG Anm 5; SOERGEL/MÜHL Rn 2). Beim Anzahlungsgeschäft kann sich der Händler, der sich gegenüber der Abzahlungsbank für den Teilzahlungskredit des Käufers verbürgt hat, nicht gegenüber der Bank auf die Wandlung des Abzahlungskäufers berufen (§ 768 Rn 12). **24**

d) Der Kaufpreisbürge ist nicht berechtigt, den Vorbehalt einer vom Gläubiger (Verkäufer) verwirkten Vertragsstrafe bei dessen Lieferung an den Hauptschuldner anstelle des Letzteren gem § 341 Abs 3 zu erklären (RGZ 53, 356 ff). Hat der Hauptschuldner die Erklärung abgegeben, kann sich der Bürge auf den Vertragsstrafanspruch berufen (§ 768 Rn 21). – Wer sich für eine Vertragsstrafe verbürgt, kann deren Herabsetzung gem § 343 analog § 768 verlangen (s dort Rn 21). **25**

2. Die entsprechende Anwendung des Rechtsgedankens des § 770 **auf andere Rechtsverhältnisse** bejaht BGHZ 38, 122, 128 für den Fall, daß ein Miterbe mit der Gesamtschuldklage belastet wird: Er kann die Befriedigung des Gläubigers verwei- **26**

§ 771

gern, solange und soweit sich der Gläubiger durch Aufrechnung gegen eine fällige Forderung der Erbengemeinschaft befriedigen kann. Diese Überlegung wird dadurch unterstützt, daß das Gesetz ähnliche Vorschriften an anderer Stelle enthält: Der Gesellschafter einer OHG kann sich gem § 129 Abs 2 u 3 HGB in ähnlicher Weise bei Inanspruchnahme wegen einer Gesellschaftsschuld verteidigen. Nach §§ 1137 Abs 1 S 1 kann der Eigentümer gegenüber dem Hypothekgläubiger, nach § 1211 Abs 1 S 1 der Verpfänder gegenüber dem Pfandgläubiger die nach § 770 einem Bürgen zustehenden Einreden geltend machen. Zur Verallgemeinerung des § 770 Abs 1 für alle Interzessionsarten REICHEL, Schuldmitübernahme 349 ff.

§ 771

Der Bürge kann die Befriedigung des Gläubigers verweigern, solange nicht der Gläubiger eine Zwangsvollstreckung gegen den Hauptschuldner ohne Erfolg versucht hat (Einrede der Vorausklage).

Materialien: E I § 764 Abs 1, Abs 2 S 1; II § 711 Abs 1; III § 755; Mot II 667 ff; Prot II 468 ff.

Systematische Übersicht

I.	Die Einrede des Bürgen		III.	Entsprechende Anwendung	9
1.	aufschiebende Einrede	1	IV.	Prozessuales	10
2.	Verjährung	2			
3.	Beweislast	3	V.	Die Ausfallbürgschaft (Schadlosbürgschaft)	
4.	Anwendung auf besondere Bürgschaftsarten	4	1.	Inhalt und praktische Bedeutung	11
a)	Nachbürgschaft	4	2.	Ausfall; Gläubigerobliegenheiten	12
b)	Rückbürgschaft	5	3.	Sonderformen	14
5.	Ausschluß der Einrede	6	4.	Rückgriffsforderung	16
II.	Begriff der Vorausklage (Vorausvollstreckung)	7	5.	Ausgleichspflicht	17

Alphabetische Übersicht

Analoge Anwendung	9	Gläubigerobliegenheiten	12
Ausfallbürgschaft	11 ff		
Ausgleichspflicht	17	Klage auf künftige Leistung	10
Beweislast	3	Leistungsklage	10
Einrede der Vorausvollstreckung	1	Nachbürge	4
Einredeausschluß	6	Rückbürge	5
Feststellungsklage	10	Rückgriffsforderung	16

Schadlosbürgschaft	11 ff	Verjährung	2
Subsidiarität	1	Vollstreckungsversuch	7
– der Ausfallbürgschaft	14		

I. Die Einrede des Bürgen

1. Der Bürge hat nach § 771 eine aufschiebende Einrede, die ihn berechtigt, die Befriedigung des Gläubigers zu verweigern, bis dieser die Zwangsvollstreckung gegen den Hauptschuldner erfolglos versucht hat. Es handelt sich um eine echte Einrede: der Gläubiger braucht zur Begründung der Klage gegen den Bürgen nicht zu behaupten, er habe die Vollstreckung gegen den Hauptschuldner erfolglos versucht oder sei dazu nicht verpflichtet (zB gem § 773). Der Bürge muß die Einrede vielmehr im Prozeß selbst geltend machen (Mot II 669); dies kann uU noch mit der Vollstreckungsgegenklage (§§ 767, 797 Abs 4 ZPO; beachte aber § 767 Abs 2 ZPO) geschehen.

Die Einrede der Vorausklage ist Ausdruck der Subsidiarität der Bürgenverpflichtung (Vorbem 17) und die Vorschriften zu dieser Einrede in den §§ 771–773 bilden eine zusammenhängende Regelung dazu (vgl RGZ 92, 219). Der Bürge will grundsätzlich nach dem Hauptschuldner haften (BGH WM 1966, 317, 319); dazu gehört, daß der Gläubiger zunächst die rechtlichen Möglichkeiten der Befriedigung durch den Hauptschuldner in zumutbarer Weise ausschöpft. Die Einrede der Vorausklage entspricht dem beneficium excussionis des gemeinen Rechts (WINDSCHEID/KIPP, Pandekten 2, 1093 Fn 1) und den älteren Kodifikationen (ALR Teil I Tit 14 §§ 283 ff; BadLR Teil IV Kap 10 § 11; sächs BGB § 1461; Mot II 668 Note 1; vgl auch Mot II 667 ff; ZG II 364 ff, VI 492 ff; D 92).

2. Die **Verjährung** der Bürgschaftsforderung wird gem § 202 Abs 2 durch die Erhebung der Einrede nach § 771 nicht gehemmt.

3. Die **Beweislast** für den erfolglosen Vollstreckungsversuch oder für den Ausschluß der Einrede gem § 773 trifft, falls der Bürge die Einrede erhebt, den Gläubiger (Mot II 669; PLANCK/OEGG Anm 3; OERTMANN Anm 1; BGB-RGRK/MORMANN Rn 3).

4. Anwendung auf besondere Bürgschaftsarten

a) Der **Nachbürge** (Vorbem 57 ff) als Bürge für die vom Hauptbürgen eingegangene Bürgschaftsverpflichtung hat im Hinblick auf die Bürgschaftsverpflichtung des Hauptbürgen die Einrede der Vorausvollstreckung. Steht dem Hauptbürgen diese Einrede nicht zu, so kann vorherige Zwangsvollstreckung gegen den Hauptschuldner auch der Nachbürge nicht verlangen (Mot II 672; BGB-RGRK/MORMANN Rn 2); anders, wenn der Hauptbürge erst nach Abschluß der Nachbürgschaft auf diese Einrede verzichtet (PLANCK/OEGG § 773 Anm 7; WARNEYER Anm I).

b) Der **Rückbürge** (Vorbem 60), der für den Regreßanspruch des Bürgen gegen den Hauptschuldner einsteht, hat gegen den Bürgen die Einrede des § 771 wie ein gewöhnlicher Bürge (und dazu die Einwendungen des Hauptschuldners). Der Bürge muß also zunächst die Zwangsvollstreckung gegen den Hauptschuldner versuchen, soweit nicht § 773 eingreift. – Zum Ausfallbürgen unten Rn 11 ff.

6 5. Zum **Ausschluß der Einrede** des § 771 vgl § 773 und dort Rn 1.

II. Begriff der Vorausklage (Vorausvollstreckung)

7 Der Begriff der Vorausklage ist mißverständlich: Eine Klage des Gläubigers gegen den Hauptschuldner ist weder erforderlich noch ausreichend. Zur Entkräftung der Einrede ist stets erforderlich, daß der Gläubiger wegen der Hauptforderung die Zwangsvollstreckung gegen den Hauptschuldner erfolglos versucht hat. Grundlage dieses Vollstreckungsversuchs kann eine Verurteilung des Hauptschuldners aufgrund „Vorausklage" sein; aber auch jeder andere vollstreckbare Titel genügt. Richtiger wäre es daher, von einer Einrede der Vorausvollstreckung zu reden (KRESS, Besonderes Schuldrecht 271 Fn 7).

Zur Entkräftung der Einrede der Vorausklage genügt es, daß der Gläubiger einen einmaligen Versuch der Zwangsvollstreckung gegen den Hauptschuldner, die auf Befriedigung wegen der Hauptschuld (vgl aber § 773 Rn 8) gerichtet ist, unternimmt; der Bürge kann sich also nicht darauf berufen, daß sich nachträglich die Vermögensverhältnisse des Schuldners verbessert hätten und daher eine wiederholte Zwangsvollstreckung zum Ziel führen werde (Mot II 670, 672; PLANCK/OEGG Anm 4; OERTMANN Anm 4; BGB-RGRK/MORMANN Rn 1). Wenn der Gläubiger sich auf den Ausschluß der Einrede des § 771 wegen Konkurses des Hauptschuldners oder Aussichtslosigkeit der Zwangsvollstreckung gem § 773 Abs 1 Nr 3 u 4 beruft, kann der Bürge allerdings bis zum Schluß der mündlichen Verhandlung in der Berufungsinstanz geltend machen, daß der Hauptschuldner inzwischen wieder zu Vermögen gekommen sei (RG Recht 1907, 1401 Nr 3493; aA REICHEL SchwJZ 13, 211). Für den praktisch wichtigsten Fall, daß die Hauptforderung eine Geldforderung ist, bestimmt § 772, daß ein Vollstreckungsversuch in die beweglichen Sachen des Hauptschuldners zum Ausschluß der Einrede genügt (s dort).

8 Der Versuch der Zwangsvollstreckung gegen einen Schuldmitübernehmer beseitigt die Einrede der Vorausklage nicht (RG WarnR 1911 Nr 75 = JW 1911, 158). Der Bürge kann umgekehrt den Gläubiger gem § 771 auch nicht auf diese anderweitige Befriedigungsmöglichkeit verweisen, ebensowenig auf die Mithaftung dessen, der später das Handelsgeschäft (§ 25 HGB) oder das Vermögen (§ 419 BGB) des Hauptschuldners übernommen hat (RG aaO und HansGZ 1913 B 193; BGB-RGRK/MORMANN Rn 1). Wer sich für die Verbindlichkeit einer OHG verbürgt hat, kann gem § 771 verlangen, daß die Vollstreckung nicht nur gegen die Gesellschaft, sondern auch gegen die mithaftenden Gesellschafter versucht wird (REICHEL HansGZ 1922, 401; SOERGEL/MÜHL Rn 1; aA BGB-RGRK/MORMANN Rn 1; MünchKomm/PECHER Rn 4; PALANDT/THOMAS Rn 1).

III. Entsprechende Anwendung

9 Ob § 771 auf eine vertragliche Vereinbarung der Einrede der Vorausklage anzuwenden ist, ist durch Auslegung nach dem Inhalt der Vereinbarung zu ermitteln (vgl auch WARNEYER Anm I). Die Bestellung einer Sicherungshypothek für eine fremde Schuld enthält nicht die Übernahme einer Bürgschaft durch den Eigentümer; die Einrede der Vorausklage steht diesem daher nicht ohne weiteres zu (vgl RG BayZ 1911, 310). Wer eine Wechselverpflichtung zur Sicherung der Schuld eines Dritten übernimmt, haftet lediglich wechselmäßig und nicht als Bürge; er kann daher dem Wechselgläubiger nicht die Einrede des § 771 entgegenhalten (BGHZ 45, 210 f).

IV. Prozessuales

Auf die begründet vom Bürgen erhobene Einrede des § 771 hin ist der unbeschränkte Klageantrag des Gläubigers auf sofortige Leistung als zur Zeit unbegründet abzuweisen (Vorbem 155 STAUDINGER/BRÄNDL[10/11]). Der Gläubiger kann die Leistungsklage gegen den Hauptschuldner unter der Voraussetzung des § 256 ZPO mit einer Feststellungsklage gegen den Bürgen auf Feststellung dessen evtl Haftung verbinden (zutr BGB-RGRK/MORMANN Rn 3; aA RG Recht 1905 Nr 988; STAUDINGER/BRÄNDL[10/11] Rn 9), und unter der Voraussetzung des § 259 ZPO mit einer Klage gegen den Bürgen auf künftige Leistung (RG LZ 1908, 942; PLANCK/OEGG Anm 9). Im letzteren Fall darf eine gegen den Bürgen vollstreckbare Ausfertigung des Urteils gem § 726 Abs 1 ZPO erst erteilt werden, wenn der Gläubiger durch die Pfändungsniederschrift des Gerichtsvollziehers den erfolglosen Vollstreckungsversuch nachweist. Die Klage gegen den Hauptschuldner unterbricht die Verjährung der Bürgschaftsschuld nicht (vgl auch § 765 Rn 238). **10**

V. Die Ausfallbürgschaft (Schadlosbürgschaft)*

1. Inhalt und praktische Bedeutung

Die Ausfallbürgschaft (Schadlosbürgschaft) stellt eine über § 771 hinausgehende Einschränkung der Bürgenhaftung dar. Der Ausfallbürge verpflichtet sich, dem Gläubiger nur für den endgültigen Ausfall an der Hauptforderung einzustehen (Mot II 672), also für das, was der Gläubiger trotz Anwendung gehöriger Sorgfalt, insbes Zwangsvollstreckung, und durch die Verwertung anderer Sicherheiten nicht vom Schuldner erlangen kann (BGH MDR 1972, 411; BB 1978, 1688 = WM 1978, 1267; WM 1989, 559 = NJW 1989, 1484, 1485; WM 1992, 1444, 1445). Sie ist echte Bürgschaft (hM; aA vTUHR, Allg Teil III 549 Anm 31: Garantievertrag), also formbedürftig (§ 766) und akzessorisch (RG WarnR 1916 Nr 50; 1919 Nr 166). **11**

In der Praxis wird die Ausfallbürgschaft als die den Bürgen am wenigsten belastende Verpflichtungsart vor allem von der öffentlichen Hand im Rahmen ihrer Wirtschaftsförderung verwendet (vgl Vorbem 82 ff), ferner zB als Mietausfallbürgschaft (BGH MDR 1972, 411) und Hypothekenausfallbürgschaft (RG LZ 1930, 112; REICHEL JW 1931, 2228; zum Umfang der Bietungspflicht RG JW 1934, 2761).

---

* **Schrifttum:** AUERNHAMMER, Zum Rückgriff des Ausfallbürgen gegen den Bürgen, BB 1958, 973; JANSSEN, Rückgriff des Bürgen gegen den Ausfallbürgen?, BB 1953, 1039; KNÜTEL 572 ff; NÖRR, Rückgriff des Bürgen gegen den Ausfallbürgen?, BB 1953, 1040; GRAF LAMBSDORFF/SKORA, Handbuch des Bürgschaftsrechts, 1994, Rn 58; SCHULER, Haftungsumfang und Ausgleichung bei der Ausfallbürgschaft, NJW 1953, 1689; ders, Rückgriff des Bürgen gegen den Ausfallbürgen, BB 1954, 551; H J WEBER, Die Regreßansprüche zwischen Bürgen und Ausfallbürgen, BB 1971, 333.

Der Ausfallbürge ist schon aufgrund des Inhalts des Bürgschaftsvertrages nur unter der Voraussetzung der Vorausvollstreckung dem Gläubiger verpflichtet; diese Voraussetzung ist Bestandteil des Klaggrundes, nicht Gegenstand einer Einrede im technischen Sinn, und nicht durch die §§ 772, 773 eingeschränkt (PLANCK/OEGG Vorbem III 5 zu § 765; MORMANN WM 1963, 930, 934; SOERGEL/MÜHL Rn 1 und Vorbem 36). Der Gläubiger muß also behaupten und beweisen, daß er alle ihm möglichen Befriedigungsmöglichkeiten, also nicht nur ein Vorgehen nach §§ 772, 773 Abs 2 gegen den Hauptschuldner, idR (Auslegung) auch gegen Drittverpflichtete (Mitschuldner, gewöhnliche Bürgen, Wechselverpflichtete, Regreßpflichtige), mit Sorgfalt und ohne Nachlässigkeit ausgeschöpft und dabei einen bestimmten Ausfall erlitten hat (RGZ 87, 328; 145, 167; 167, 169; RG HRR 1935 Nr 926; BGH MDR 1972, 411 u BB 1978, 1688; MORMANN aaO). Der Ausfallbürge schuldet nur unter dieser aufschiebenden Bedingung; der Gläubiger kann ihn daher grundsätzlich erst nach Beendigung des Konkurses über das Vermögen des Hauptschuldners in Anspruch nehmen (RGZ 75, 186, 188 = JW 1911, 181 Nr 6; WarnR 1919 Nr 166), früher nur dann, wenn er schon vorher einen Mindestausfall nachweisen kann (RG JW 1929, 1386 Nr 18 mit krit Anm REICHEL; JAEGER/WEBER, KO § 68 Anm 3). Zur Rechtslage, wenn der Ausfallbürge den Gläubiger vor Feststehen des Ausfall befriedigt, SCHULER NJW 1953, 1689, 1691.

2. Ausfall; Gläubigerobliegenheiten

12 Wird die Ausfallbürgschaft im Zusammenhang mit einem Sanierungsversuch für den Hauptschuldner übernommen, so haftet der Ausfallbürge, wenn die Sanierung mißlingt und der Hauptschuldner in Konkurs fällt, und wird nicht frei (BGH WM 1960, 640 f). Bei der Berechnung des Ausfalls muß zugunsten des Bürgen eine gewisse Vorteilsausgleichung berücksichtigt werden, wenn der Gläubiger die beim Hauptschuldner gepfändeten Sachen selbst ersteigert und mit Gewinn weiterveräußert (aA RG JW 1916, 400 m krit Anm FUCHS); für Hypothekenforderungen folgt dies bereits aus § 114 a ZVG (vgl auch RG HRR 1934 Nr 1105). Der Ausfallbürge muß auch im Ergebnis für den Kostenvorschuß des Gläubigers auf die besonderen Aufwendungen des Zwangsverwaltungsverfahrens (§ 161 Abs 3 ZVG) insofern aufkommen, als diese dem Gläubiger aus dem Zwangsversteigerungserlös vorweg zu erstatten sind und insofern diesen Erlös schmälern, was zu einer entsprechenden Vergrößerung des Ausfalls führt (BGH WM 1992, 1444, 1445 f).

13 Der Gläubiger kann vom Ausfallbürgen nicht solche Beträge fordern, deren Ausfall er selbst durch nachlässige Beitreibung beim Hauptschuldner verschuldet hat (RGZ 87, 327 f; 145, 167, 169; WarnR 1932 Nr 60; BGH WM 1958, 218 f; BB 1978, 1688; SOERGEL/MÜHL Vorbem 19 vor § 765; KNÜTEL 572 ff). Er ist aber nicht zur Erhebung von Anfechtungsklagen verpflichtet (Karlsruhe OLGE 28, 224). Eine über die Ausschöpfung der Befriedigungsmöglichkeiten hinausgehende Pflicht, die Interessen des Ausfallbürgen wahrzunehmen, hat der Gläubiger nicht (BGH BB 1961, 383; vgl aber allg § 765 Rn 117 ff, 128). Der Gläubiger ist mangels besonderer Abrede nicht verpflichtet, gegen den Hauptschuldner vorzugehen und dem Bürgen Schadensersatz zu leisten (RGZ 145, 167, 169). Er kann jedoch verpflichtet sein, die gleichzeitig mit der Bürgschaft bestellten Pfänder zu überwachen (RG HRR 1930 Nr 212; KNÜTEL 574 f m Nachw; allg zur Überwachungspflicht § 776 Rn 12 f).

3. Sonderformen

Die gesteigerte Subsidiarität der Ausfallbürgschaft kann durch Abreden eingeschränkt werden, zB durch eindeutigen Ausschluß der Haftung des Gläubigers für Fahrlässigkeit, durch Regelung des Ausfallnachweises zur Klagebegründung (RG LZ 1916, 805 Nr 15), durch Beschränkung der Voraussetzungen des Ausfalls darauf, daß der Gläubiger aus bestimmten Sicherheiten (RGZ 145, 167, 169) oder aus bestimmten Vermögensteilen des Hauptschuldners (RG LZ 1932, 749 Nr 11: Außenstände; WarnR 1919 Nr 166: Gesellschaftsvermögen) nicht voll befriedigt wird. – Andererseits kann die Ausfallhaftung in der Weise eingeschränkt werden, daß der Bürge nur insoweit haftet, als der Gläubiger nicht einmal zu einem Mindestbetrag befriedigt werde (RG JW 1912, 455 f). Hat eine Bürgschaftsbank in den AGB über die von ihr zu übernehmende Ausfallbürgschaft vorgesehen, der Gläubiger habe dafür zu sorgen, daß die Vereinbarungen über vorrangige Kreditsicherheiten rechtswirksam abgeschlossen werden, so soll es nach BGH (WM 1989, 707) von den Umständen abhängen, ob damit eine Bemühenspflicht des Gläubigers normiert wird, deren schuldhafte Verletzung seinen Anspruch (ggf teilweise) entfallen läßt, oder eine unbedingte Einstandspflicht, deren Nichterfüllung auf jeden Fall die Bürgenhaftung beseitigt. Im entschiedenen Fall war eine vorrangige Bürgschaft wegen Geisteskrankheit der Bürgin nichtig. Die hier gebotene ergänzende Vertragsauslegung zur Rechtsfolge der Unwirksamkeit einer vorrangigen Sicherheit mußte nach der Unklarheitenregelung (§ 5 AGBG) und nach dem Transparenzgebot dazu führen, daß die Ausfallbürgin als Verwenderin das Risiko einer schuldlosen Unwirksamkeit der vorrangigen Sicherheit nicht dem Gläubiger zuschieben konnte, sondern als Ausfallbürgin selbst zu tragen hatte (zutr REHBEIN EWiR 1989, 763f).

Zur **Selbstschuldausfallbürgschaft** s oben Vorbem 37.

4.
Der Bürge darf seine **Rückgriffsforderung** im Konkurs des Hauptschuldners nur geltend machen, wenn der Gläubiger vollständig befriedigt ist, nicht aber, wenn dieser eine Teilleistung unter Vorbehalt seiner Rechte angenommen hat (RG Recht 1905, 312 Nr 1445; ROTH LZ 1910, 355, 365; JAEGER/LENT, KO § 3 Anm 26, § 68 Anm 3).

5. Ausgleichspflicht

Eine gleichrangige Ausgleichspflicht wie bei Mitbürgen (§ 774 Abs 2) besteht zwischen dem Ausfallbürgen und einem gewöhnlichen Bürgen in der Regel nicht. Maßgeblich für den Umfang der Ausfallhaftung ist die Vereinbarung mit dem Gläubiger (RG JW 1912, 746 Nr 9; SCHULER BB 1954, 551); danach will der Ausfallbürge typischerweise nur haften, soweit auch der gewöhnliche Bürge nicht zahlt; demnach entsteht auch keine Ausgleichspflicht des Ausfallbürgen gegenüber dem normalen Bürgen, der gezahlt hat (RG aaO; BGH NJW 1979, 646 = BB 1978, 1688; vgl auch BGH WM 1957, 66; zust SCHULER NJW 1953, 1689, 1691; BB 1954, 551; JANSSEN BB 1953, 1039; WEBER BB 1971, 333, 335 f; aA NÖRR BB 1953, 1040; AUERNHAMMER BB 1958, 973). Umgekehrt kann der Ausfallbürge Rückgriff beim gewöhnlichen Bürgen nehmen, wenn er zunächst zahlt und dadurch mit der Hauptforderung gem § 774 die Bürgenforderung erwirbt, falls der gewöhnliche Bürge später wieder zu Vermögen kommt (AUERNHAMMER aaO). Eine abweichende Abrede mit dem Gläubiger über ein anderes Rangverhältnis zwischen normalem Bürgen und Ausfallbürgen ist möglich und etwa anzunehmen, wenn der normale Bürge sich später als der Ausfallbürge verpflichtet und nicht erkennbar auch dessen Risiko vermindern will (SCHULER NJW 1953, 1690). Wenn allerdings der Gläubiger nachträglich eine normale Bürgschaft in eine Ausfallbürgschaft umwandelt, wird der normale Mitbürge insoweit frei, als er von dem nunmehrigen Ausfallbürgen hätte Ausgleich verlangen können (§ 776 Rn 16). Bürge und Ausfallbürge können jederzeit unter sich eine andere Ausgleichsregelung vereinbaren, die dann Vorrang hat (vgl allg § 774 Rn 53 u 59).

§ 772

[1] **Besteht die Bürgschaft für eine Geldforderung, so muß die Zwangsvollstreckung in die beweglichen Sachen des Hauptschuldners an seinem Wohnsitz und, wenn der Hauptschuldner an einem anderen Orte eine gewerbliche Niederlassung hat, auch an diesem Orte, in Ermangelung eines Wohnsitzes und einer gewerblichen Niederlassung an seinem Aufenthaltsorte versucht werden.**

[2] **Steht dem Gläubiger ein Pfandrecht oder ein Zugrückbehaltungsrecht an einer beweglichen Sache des Hauptschuldners zu, so muß er auch aus dieser Sache Befriedigung suchen. Steht dem Gläubiger ein solches Recht an der Sache auch für eine andere Forderung zu, so gilt dies nur, wenn beide Forderungen durch den Wert der Sache gedeckt werden.**

Materialien: E I § 674 Abs 2 S 2, 3; II § 711 Abs 2; III § 756; Mot II 669 f; Prot II 468 ff; VI. 197.

1 1. Bei **Bürgschaften für Geldforderungen** (s §§ 803 ff ZPO), dem praktisch häufigsten Fall, beschränkt Abs 1 das Erfordernis des vorherigen erfolglosen Vollstreckungsversuchs (§ 771), um zwecklose Vollstreckungsversuche zu vermeiden (RGZ 92, 219 f): zur Entkräftung der Einrede des § 771 ist es erforderlich und genügend, daß die Zwangsvollstreckung wegen der verbürgten Hauptforderung (nicht wegen einer anderen Forderung; RG Recht 1910 Nr 1558) in die beweglichen Sachen des Hauptschuldners (a) an seinem Wohnsitz (§§ 7–11), (b) auch an dem vom Wohnsitz verschiedenen Ort seiner gewerblichen Niederlassung (dazu STAUDINGER/HABERMANN/WEICK [1995] § 7 Rn 12) und (c) mangels Wohnsitzes oder gewerblicher Niederlassung am Aufenthaltsort des Hauptschuldners (aaO Vorbem 1 zu §§ 7-11) versucht worden ist (Mot II 669 ff; ZG II, 366 ff; Prot VI 197; vgl auch §§ 808 ff ZPO; §§ 773 Abs 1 Nr 2, 775 Abs 1 Nr 2 BGB).

2 Der Vollstreckungsversuch bezieht sich nur auf bewegliche Sachen, also nur körperliche Gegenstände (§ 90), nicht Forderungen oder andere Vermögensrechte (vgl §§ 828 ff ZPO) des Hauptschuldners (OLG Celle OLGE 18, 42), nicht Grundstücke (vgl §§ 1 f ZVG), auch nicht auf solche beweglichen Sachen, die sich nicht am Wohnsitz, Aufenthalts- und Niederlassungsort des Hauptschuldners befinden. Wegen der heutigen Bedeutung des Buchgeldes, das weithin an die Stelle des Bargeldes getreten ist, muß man auch einen Vollstreckungsversuch in die nachweislich am Ort unterhalte-

nen Bankkonten des Hauptschuldners fordern, insoweit über den Wortlaut der Vorschrift hinaus, die aber den Gläubiger auf rasche und erfolgversprechende Vollstreckungsversuche verweisen will. Die Vollstreckung muß auch im Ausland versucht werden (BGB-RGRK/Mormann Rn 1). Ist schon bei der Bürgschaftsübernahme die Vollstreckung wegen der Lage der Orte im Ausland erschwert, so ist § 771 nicht deswegen ausgeschlossen, es sei denn im Rahmen des § 773 Abs 1 Nr 4; spätere Änderung der Orte kann nach § 773 Abs 1 Nr 2 beachtlich sein.

Ist die Bürgschaft keine Geldforderung, so genügt irgendeine zulässige, auf Befriedigung wegen der Hauptschuld gerichtete Vollstreckungsmaßnahme (Mot II 669; § 771 Rn 7 f).

2. Einrede der sachlichen Vorausvollstreckung (Abs 2 S 1)

Der Bürge kann den Gläubiger gem Abs 2 S 1 (ähnlich wie nach § 777 ZPO) mit der 3 Einrede des § 771 auch darauf verweisen, daß er ein (vor oder nach Übernahme der Bürgschaft erworbenes) Pfandrecht oder Zurückbehaltungsrecht an einer beweglichen Sache des Schuldners besitze und sich daraus befriedigen könne (§§ 1228 f, 1257 BGB; § 371 HGB; §§ 804, 814 ff ZPO; § 127 KO; vgl auch Mot II 670; Prot VI 197 f). Als Pfandrecht an beweglichen Sachen gilt auch das an Inhaberpapieren (§ 1293), nicht an Forderungen (OLG Hamburg SeuffA 74 Nr 209; OLG Dresden LZ 1926, 953); Orderpapiere sind aber Inhaberpapieren wegen der sachenrechtlichen Ausgestaltung ihrer Übertragung gleichzustellen; § 1292 steht nicht entgegen (Planck/Oegg Anm 2 c; OLG Dresden aaO; aA Staudinger/Brändl$^{10/11}$ Rn 2).

Abs 2 S 1 ist ebenso wie Abs 1 nur bei Bürgschaften für Geldforderungen anzuwenden, wie schon der Wortlaut („auch") zeigt (Soergel/Mühl Rn 2; BGB-RGRK/Mormann Rn 2).

In Betracht kommen das vertragliche (§ 1204) und das gesetzliche Pfandrecht 4 (§ 1257) und ebenso das Pfändungspfandrecht (§ 804 ZPO). Gleichzustellen ist die Sicherungsübereignung von Sachen, nicht aber die Sicherungsabtretung von Forderungen (OLG Hamburg aaO), der Eigentumsvorbehalt nur insoweit, als nicht der Gläubiger durch Rücknahme der Kaufsache seinen Kaufpreisanspruch verlieren würde, weil das Verbraucherschutzrecht die Rücknahme als Rücktritt vom Vertrag bewertet; vgl § 13 Abs 3 VerbrKrG; denn dies kann der Bürge für den Kaufpreisanspruch oder den Kaufpreiskredit nicht verlangen (vgl auch zum früheren § 5 AbzG RG BayZ 1920, 52 = SeuffA 75 Rn 93; BGB-RGRK/Mormann Rn 2). Dem Pfandrecht gleich steht das Zurückbehaltungsrecht, und zwar nicht nur das kaufmännische des § 369 HGB mit dem besonderen Befriedigungsrecht des § 371 HGB, sondern auch das des § 273; der Gläubiger muß hier einen Leistungstitel erwirken und die zurückbehaltenen Sachen pfänden lassen (Planck/Oegg Rn 2 b). Zur Pflicht des Gläubigers zur Erhaltung der Pfandsache s § 776 Rn 12 f. Wird dem Gläubiger das Pfandrecht durch Pfandbruch entzogen, so kann er vom Bürgen nicht auf etwa bestehende Ersatzansprüche wegen des Pfandbruchs verwiesen werden (RG HRR 1930 Nr 610).

3. Unzureichende Pfanddeckung für mehrere Forderungen gem Abs 2 S 2 nimmt 5 dem Bürgen das Recht, den Gläubiger gem S 1 auf das Pfandrecht oder Zurückbehaltungsrecht zu verweisen (Prot IV 197; s auch § 773 Abs 1; vgl § 777 S 2 ZPO).

Diese Befreiung des Gläubigers von S 1 setzt voraus, daß der Wert der Sache die verbürgte Forderung und die unverbürgte(n) Forderung(en), die sie zugleich sichern soll, nicht vollständig abdeckt. Ferner wird sinngemäß vorausgesetzt, daß die Forderungen entweder mit gleichem Pfandrang gesichert sind oder daß die verbürgte Forderung den schlechteren Rang hat. Hat dagegen die verbürgte Forderung den besseren Rang, kann der Gläubiger gem S 1 auf die Befriedigung aus der Sache verwiesen werden (BLEY JW 1932, 2285 zu Nr 11; BGB-RGRK/MORMANN Rn 3); denn der Bürge würde hier bei Leistung an den Gläubiger das Pfandrecht gem §§ 774, 412, 401 mit Vorrang vor diesem erwerben und dadurch dessen volle Befriedigung für die andere(n) Forderung(en) ohnehin vereiteln.

4. Beweislast

6 Macht der Bürge die Einrede der Vorausklage geltend, so hat der Gläubiger nachzuweisen, daß er einen Vollstreckungsversuch gem Abs 1 unternommen hat. Der Bürge hat darzutun, daß dem Gläubiger ein Pfandrecht oder Zurückbehaltungsrecht gem Abs 2 S 1 zustehe, der Gläubiger, daß er daraus vergeblich Befriedigung gesucht habe. Der Bürge muß bei Abs 2 S 2 nachweisen, daß alle Forderungen durch den Wert des Gegenstandes gedeckt sind oder daß die verbürgte Forderung den besseren Pfandrang hat (BGB-RGRK/MORMANN Rn 4).

§ 773

[1] **Die Einrede der Vorausklage ist ausgeschlossen:**

1. wenn der Bürge auf die Einrede verzichtet, insbesondere wenn er sich als Selbstschuldner verbürgt hat;

2. wenn die Rechtsverfolgung gegen den Hauptschuldner infolge einer nach der Übernahme der Bürgschaft eingetretenen Änderung des Wohnsitzes, der gewerblichen Niederlassung oder des Aufenthaltsortes des Hauptschuldners wesentlich erschwert ist;

3. wenn über das Vermögen des Hauptschuldners der Konkurs eröffnet ist;

4. wenn anzunehmen ist, daß die Zwangsvollstreckung in das Vermögen des Hauptschuldners nicht zur Befriedigung des Gläubigers führen wird.

[2] **In den Fällen der Nr. 3, 4 ist die Einrede insoweit zulässig, als sich der Gläubiger aus einer beweglichen Sache des Hauptschuldners befriedigen kann, an der er ein Pfandrecht oder ein Zurückbehaltungsrecht hat; die Vorschrift des § 772 Abs. 2 Satz 2 findet Anwendung.**

Materialien: E I § 675; II § 712; III § 757; Mot II 670 ff; Prot II 476.

18. Titel. §773
Bürgschaft 1–4

1. Überblick über die Fälle des Einredeausschlusses*

§ 773 ist nicht erschöpfend. Die Einrede der Vorausklage ist ausgeschlossen: (a) in 1
den Fällen des § 773; (b) wenn die Bürgschaft für den Bürgen ein Handelsgeschäft ist
(§§ 343 ff, 349 S 1 HGB), es sei denn, der Bürge ist nur Minderkaufmann (§§ 351, 4
HGB; vgl auch §§ 5, 15 HGB); entscheidend ist dafür der Zeitpunkt der Bürgschaftsübernahme (SCHLEGELBERGER/HEFERMEHL, HGB § 349 Anm 41); (c) wenn ausnahmsweise
noch der Bürge, nicht aber der Hauptschuldner haftet (PLANCK/OEGG § 771 Anm 6; zB
wegen Untergangs der juristischen Person des Hauptschuldners; vgl § 767 Rn 22 f); (d) in den
Fällen, in denen das Gesetz eine bürgschaftsgleiche Haftung bestimmt hat (§§ 571
Abs 2 S 1, 1251 Abs 2 S 2, § 36 Abs 2 S 2 VerlagsG; s auch Vorbem 110); (e) bei der
Zwangsvergleichsbürgschaft außer bei ausdrücklichem Vorbehalt der Einrede (§ 194
KO und JAEGER/WEBER Anm 7; § 85 Abs 2 VerglO und dazu LG Berlin KuT 1933, 46); (f) bei
der Sicherheitsleistung durch Stellung eines Bürgen (§ 232 Abs 2) muß nach § 239
Abs 2 die Bürgschaftserklärung den Verzicht auf die Einrede der Vorausklage ent-
halten (Vorbem 90 ff).

2. Die selbstschuldnerische Bürgschaft (Abs 1 Nr 1)

a) Der Bürge kann bei oder nach Übernahme der Bürgschaft vertraglich auf die 2
Einrede des § 771 verzichten (Mot II 670; allg zur Möglichkeit des **vertraglichen Ein-
redeverzichts** § 768 Rn 28 ff). Ein solcher Verzicht liegt insbes in der Verpflichtung als
„Selbstschuldner" oder durch ähnliche Worte (zB als „Selbstzahler", „Bürge und
Zahler", „samtverbindlich", „solidarisch"; vgl E I § 675 Nr 1; Prot II 477), ferner
wenn der Bürge sofortige Leistung zur Zeit der Fälligkeit oder zu einem bestimmten
Zeitpunkt (REICHEL AcP 135, 336 ff; RG JW 1921, 335 f) oder „auf erstes Anfordern" (§ 768
Rn 36) verspricht oder sich gem § 794 Abs 1 Nr 5 ZPO der sofortigen Zwangsvollstreckung unterwirft (KG JW 1934, 1292 f); der Verzicht kann auch in anderer Weise
konkludent erklärt werden (OLG Karlsruhe OLGE 14, 32), ist aber im Zweifel nicht
anzunehmen. Auch bei eigenem Interesse des Verpflichteten an der Erfüllung der
Hauptschuld ist eher Bürgschaft als Schuldbeitritt anzunehmen, wobei der Verzicht
auf die Einrede der Vorausklage zusätzlicher Anhaltspunkte bedarf (BGH NJW 1968,
2332; s auch Vorbem 367). Beitreibungsmaßnahmen des Gläubigers gegen den Hauptschuldner trotz Selbstschuldbürgschaft bedeuten noch keine nachträgliche Einräumung der Einrede aus § 771 f (BGH WM 1970, 552).

Der Verzicht auf die Einrede der Vorausklage (Vorausvollstreckung) gem Abs 1 Nr 1 3
ist auch formularmäßig zulässig (HORN, Bürgschaften und Garantien [6. Aufl 1995] 100;
WOLF/HORN/LINDACHER, AGBG [3. Aufl 1994] § 9 B 223). Dies ist von großer praktischer
Bedeutung. Denn in der Kautelarpraxis sowohl der Kreditinstitute als auch zahlrei-
cher anderer Verwender ist der Ausschluß der Einrede der Vorausklage eine
eingebürgerte Standardklausel. Dadurch wird die durch § 771 angestrebte Subsidiarität der Bürgschaft weitgehend ausgeschaltet.

b) Der Verzicht bedarf der schriftlichen **Form** des § 766, weil dadurch die Ver- 4
pflichtung des Bürgen erweitert wird (vgl § 766 Rn 11; BGH NJW 1968, 2332 = JZ 1968, 795

---

* **Schrifttum:** REICHEL, Verwirkung der Vorausklage, SchwJZ 13, 211.

= WM 1968, 1200; SOERGEL/MÜHL Rn 1; BGB-RGRK/MORMANN Rn 2). Formfrei ist die Nebenabrede, welche den Verzicht wieder beseitigt (RG Recht 1911 Nr 2135; allg § 766 Rn 12).

5 c) **Wirkung**: Der Verzicht beseitigt nicht die akzessorische Natur der Bürgschaft; die §§ 767, 768, 770 bleiben anwendbar (Mot II 670 ff; RGZ 65, 134, 139; 134, 126, 128; 148, 65 f). Der Selbstschuldbürge wird auch nicht Gesamtschuldner mit dem Hauptschuldner (BGH WM 1966, 317; NJW 1968, 2332; WM 1984, 131; PALANDT/THOMAS Rn 2).

3. Erschwerung der Rechtsverfolgung (Abs 1 Nr 2)

6 Die Einrede des § 771 entfällt, wenn zur Zeit der Inanspruchnahme des Bürgen die Rechtsverfolgung gegen den Hauptschuldner dadurch wesentlich erschwert ist, daß dieser nach der Übernahme der Bürgschaft (nicht vorher; BGB-RGRK/MORMANN § 773 Rn 3) Wohnsitz (bei juristischer Person den Verwaltungssitz; vgl RGZ 137, 1, 13), gewerbliche Niederlassung oder Aufenthaltsort (vgl § 772 Rn 1) geändert hat. Rechtsverfolgung ist das Verfahren von Klageerhebung bis Vollstreckung (OLG Kolmar Recht 1906, 50 Nr 32) mit der Einschränkung des § 772. Zur Rechtsverfolgung iS Abs 1 Nr 2 gehört aber auch die Befriedigung des Gläubigers aus einem ihm zustehenden Pfand- oder Zurückbehaltungsrecht an einer beweglichen Sache des Schuldners. Die Einrede der Vorausklage ist daher nicht ausgeschlossen, wenn dem Gläubiger ein derartiges Recht zusteht und trotz der Ortsveränderung ohne wesentliche Erschwerung geltend gemacht werden kann (Prot II 476 ff; PLANCK/OEGG Anm 2); vgl § 772 Abs 2 sowie den nicht ausdrücklich auf § 773 Abs 1 Nr 2 bezogenen § 773 Abs 2. Ob eine wesentliche Erschwerung vorliegt, hat das Gericht nach freiem Ermessen zu entscheiden. Die Erschwerung kann in der Verlegung ins Ausland oder in der Unbekanntheit des Ortes liegen (vgl auch OLG Kolmar aaO); ein (bekannter) Ortswechsel innerhalb der Bundesrepublik reicht idR nicht aus (SOERGEL/MÜHL Rn 3; BGB-RGRK/ MORMANN Rn 3; vgl auch RGZ 6, 154, 156); anders bei unbekanntem Wohnsitz im Inland. Eine auf einem anderen Grund als dem Ortswechsel beruhende Erschwerung hat den Verlust der Einrede nicht zur Folge (Mot II 671; ZG II, 477; RGZ 6, 154 ff; SOERGEL/MÜHL Rn 3), etwa Tod, Wehrdienst, Kriegsteilnehmerschaft des Hauptschuldners (OLG Karlsruhe OLGE 32, 272 ff).

7 4. Konkurs über das Vermögen **des Hauptschuldners (Abs 1 Nr 3)** schließt § 771 aus (vgl Mot II 671; RGZ 4, 123). Maßgeblich ist die Eröffnung des Konkurses (BGB-RGRK/MORMANN Rn 4). Der Gläubiger braucht also nicht das Ende des Konkurses abzuwarten (anders bei der Ausfallbürgschaft; § 771 Rn 11). Maßgeblich ist Konkurseröffnung zum Zeitpunkt der letzten mündlichen Verhandlung über die Klage gegen den Bürgen (BGB-RGRK/MORMANN Rn 4) oder der für § 767 Abs 2 ZPO maßgebliche Zeitpunkt. Ist der Konkurseröffnungsbeschluß wieder rechtskräftig aufgehoben (§§ 109, 116 KO), steht die Einrede dem Bürgen wieder zu; dagegen bleibt die Einrede ausgeschlossen, wenn das Konkursverfahren eingestellt (§§ 202 ff KO) oder gem §§ 163, 190 KO aufgehoben wird (BENDIX BayZ 1905, 126), es sei denn, der Bürge beweist, daß der Hauptschuldner wieder zu Vermögen gekommen ist (SOERGEL/MÜHL Rn 3). Abs 1 Nr 3 wird durch Abs 2 eingeschränkt (unten Rn 9).

8 5. **Aussichtslosigkeit der Vollstreckung (Abs 1 Nr 4)** schließt die Einrede des § 771 aus, um die zwecklose Formalität solcher Vollstreckungsversuche zu vermeiden (Mot

II 671 ff; vgl auch § 2 AnfG). Der Fall der Nr 4 ist gegeben bei gerichtsbekannter Zahlungsunfähigkeit des Hauptschuldners aufgrund aller denkbaren Anhaltspunkte (RG Recht 1907 Nr 3493; vgl auch OLG Hamburg OLGE 32, 286) zB weil die Zwangsvollstreckung wegen einer anderen Forderung ergebnislos war (RG Recht 1910 Nr 1558; für §§ 771, 772 reicht dies an sich nicht aus; es muß daraus die Aussichtslosigkeit der dort geforderten Vollstreckung gefolgert werden können), oder weil das Konkursgericht mangels genügender Masse die Konkurseröffnung von der Leistung eines bedeutenden Vorschusses abhängig gemacht hat (RG Recht 1920 Nr 387), oder wegen Eröffnung des Vergleichsverfahrens im Hinblick auf die damit verbundene Vollstreckungssperre der §§ 47 ff VglO (MEYER KuT 1933, 6; OLG Karlsruhe DJZ 1916, 1002; vgl allg BLEY/MOHRBUTTER [4. Aufl] §§ 47, 48 Anm 19, 28 ff). Nr 4 meint bei Bürgschaften für Geldforderungen nur die in § 772 bezeichnete Vollstreckung in bewegliche Sachen des Hauptschuldners, wie sich aus dem inneren Zusammenhang der §§ 771, 772, 773 ergibt (RGZ 92, 219 f; KG und OLG Celle OLGE 18, 41, 42). Ist anzunehmen, daß die Zwangsvollstreckung zur teilweisen Befriedigung des Gläubigers führen wird, so ist nach RGZ 22, 44, 48 die Einrede der Vorausklage für die ganze Bürgschaftsschuld begründet; richtiger ist es wohl, die Einrede des § 771 insoweit nicht zuzulassen, als für einen bestimmten Teil der Hauptforderung die Vollstreckung aussichtslos ist. Der Bürge kann eine während des Rechtsstreits mit dem Gläubiger eingetretene Besserung der Vermögensverhältnisse des Hauptschuldners geltend machen.

6. Einrede der sachlichen Vorausvollstreckung (Abs 2)

Konkurs des Hauptschuldners und Aussichtslosigkeit der Vollstreckung gem Abs 1 Nr 3 u 4 schließen nicht die Einrede der sachlichen Vorausvollstreckung (vgl § 772 Rn 3 f) aus: Der Bürge kann den Gläubiger darauf verweisen, sich zunächst aus einer beweglichen Sache des Hauptschuldners, an der er ein Pfand- oder Zurückbehaltungsrecht hat, zu befriedigen. Falls an der Sache ein Pfandrecht noch für eine andere Forderung besteht, hat der Bürge dieses Recht nur unter der zusätzlichen Voraussetzung, daß entweder alle Forderungen durch den Wert der Sache gedeckt werden (vgl Prot II 469, 476; vgl auch §§ 48, 49, 127 KO) oder das für die verbürgte Forderung bestehende Recht Vorrang hat (§ 772 Rn 5). Ist die Befriedigung aus dem Pfand- oder Zurückbehaltungsrecht wesentlich erschwert, so ist gem § 773 Abs 1 Nr 2 auch die Einrede der sachlichen Vorausklage ausgeschlossen.

7. Beweislast

Daß eine der Voraussetzungen des § 773 Nr 1-4 gegeben und daher die Einrede der Vorausklage ausgeschlossen ist, hat der Gläubiger zu beweisen. Hinsichtlich des Abs 2 vgl § 772 Rn 6.

§ 774

[1] Soweit der Bürge den Gläubiger befriedigt, geht die Forderung des Gläubigers gegen den Hauptschuldner auf ihn über. Der Übergang kann nicht zum Nachteile des Gläubigers geltend gemacht werden. Einwendungen des Hauptschuldners aus einem zwischen ihm und dem Bürgen bestehenden Rechtsverhältnisse bleiben unberührt.

§ 774

[2] Mitbürgen haften einander nur nach § 426.

Materialien: E I § 676; II § 713; III § 758; Mot II 672 ff; Prot II 477; III 466.

Schrifttum

BAYER, Der Ausgleich zwischen Höchstbetragsbürgen, ZIP 1990, 1523
H J BECKER, Ausgleich zwischen mehreren Sicherungsgebern nach Befriedigung des Gläubigers, NJW 1971, 2151
BENDIX, Zur Lehre von dem gesetzlichen Übergang der Rechte (cessio legis) im Falle des Vorhandenseins mehrerer Sicherungen, ArchBürgR 25, 84
BRAUN/MELCHIOR, Gesetzlicher Rechtsübergang und Ausgleich bei mehrfacher Drittsicherung, AcP 132, 175
COHN, Über das Verhältnis des Drittverpfänders zum Gläubiger und Bürgen, JW 1906, 140
DEMPEWOLF, Übertragung von Sicherheiten auf den zahlenden Bürgen, NJW 1958, 979
DÖRNER, Die Einwendungen des Schuldners gegen den Nachbürgen, MDR 1976, 708
FLESSA, Die auf den zahlenden Bürgen übergehende Forderung, NJW 1958, 859
FINGER, Die Konkurrenz der Rückgriffsansprüche von Pfandschuldner und Bürge, BB 1974, 1416
FREESE, Zum Regreß des Rückbürgen, NJW 1953, 1092
HETTENHAUSEN, Das Verhältnis des Bürgen zum Drittverpfänder, (Diss Jena 1938)
HORN, Haftung und interner Ausgleich bei Mitbürgen und Nebenbürgen, DZWir 1997, 265
HÜFFER, Zusammentreffen von Bürgschaft und dinglicher Kreditsicherung, AcP 171, 470
KANKA, Die Mitbürgschaft, JherJb 87, 158
KNÜTEL, Probleme des Bürgenregresses, JR 1985, 6
KREMER, Mitbürgschaft (Diss Straßburg 1902) 124 f, 158
KÜNNE, Der Rückgriffsanspruch des Vergleichsbürgen im Liquidationsvergleich, KTS 1970, 190
LIPPMANN, Das BGB über Einheits- und Mehrheitsschuld in Bürgschaft und Gesamtschuld, AcP 111, 165
MAINKA, Der Rückgriffsanspruch des Vergleichsbürgen im Liquidationsvergleich, KTS 1970, 12
MERTENS/SCHRÖDER, Der Ausgleich zwischen Bürgen und dinglichem Sicherungsgeber, Jura 1992, 305
OELLERS, Der Ausgleich bei mehrfacher Forderungssicherung (Diss Marburg 1926)
PAWLOWSKI, Ausgleich zwischen Bürgen und Hypothekenschuldner?, JZ 1974, 124
PFEIFFER, Übertragung von Sicherheiten auf den zahlenden Bürgen, NJW 1958, 1859
REINICKE, Die Verzinsung der Rückgriffsforderungen eines Bürgen, Betrieb 1967, 847
ders, Bürgschaft und Gesamtschuld, NJW 1966, 2141
RUDORFF, Ausgleichsforderung des Bürgen gegen Mitbürgen, AcP 101, 403
SCHMITZ, Der Ausgleich zwischen Bürgschaft und Schuldbeitritt, in: FS Merz (1992) 553
SCHULER, Haftungsumfang und Ausgleichung bei der Ausfallbürgschaft, NJW 1953, 1689
F SCHULZ, Rückgriff und Weitergriff (1907)
STEINBACH/LANG, Zum Gesamtschuldregreß im Verhältnis zwischen Personal- und Realsicherungsgeber, WM 1987, 1237
STROHAL, Der gesetzliche Übergang der Sicherungsrechte des Gläubigers auf den zahlenden Bürgen in neuer Beleuchtung, JherJb 61, 59
SZALLIES, Der Ausgleich zwischen Bürgen und Drittverpfänder, (Diss Erlangen 1936)
TASSE, Die Rechtsbeziehungen zwischen mehreren Drittverpflichteten nach Befriedigung des Gläubigers durch einen von ihnen, (Diss Halle 1931)
TIEDTKE, Aufrechnungsmöglichkeit des Schuldners gegenüber dem Bürgen, Betrieb 1970, 1721

18. Titel. § 774
Bürgschaft

ders, Die Regreßansprüche des Nachbürgen, WM 1976, 174
vTuhr, Zum Regreß des Bürgen, ZfSchweizR nF 42 (1923) 101
Vahldiek, Der Ausgleich zwischen mehreren Sicherungsgebern (Diss Erlangen 1936)
Weber, Die Regreßansprüche zwischen Bürgen und Ausfallbürgen, BB 1971, 333
Weintraut, Der Haftungsausgleich zwischen Grundschuldner und Bürgen (Diss Gießen 1994)
Wolf, Mitbürgen als Gesamtschuldner und Nebenschuldner, NJW 1987, 2472
Zeitlmann, Zur Auslegung der Bestimmung etc (des § 774 Abs 1 S 2), SeuffBl 74 (1909) 77
Zunft, Übertragung des Sicherungseigentums und Zession der gesicherten Forderung an verschiedene Personen, NJW 1958, 1219.

Systematische Übersicht

I.	**Überblick: Der Rückgriffsanspruch des Bürgen**	
1.	Erstattungsanspruch	1
2.	Übergang der Hauptforderung (Abs 1 S 1)	3
3.	Unterschiede beider Ansprüche	4
4.	Verhältnis beider Ansprüche zueinander	5
a)	Anspruchskonkurrenz	5
b)	Vorrang der Innenbeziehung (Abs 1 S 3)	6
II.	**Voraussetzungen und Gegenstand des Forderungsübergangs (Abs 1 S 1)**	
1.	Befriedigung des Gläubigers	7
a)	Erfüllung; Erfüllungssurrogate	7
b)	Erlaß und Vergleich; Zwangsvergleich	8
c)	Aufrechnung	10
d)	Erfüllungsmodalitäten	11
e)	Nicht ausreichende Handlungen	12
2.	Die übergehende Forderung	14
a)	Grundsatz: unveränderter Übergang	14
b)	Anspruch auf künftige Zinsen	15
c)	Besonderheiten der Hauptforderung	16
3.	Die übergehenden Nebenrechte	19
a)	Unselbständige Nebenrechte	19
b)	Selbständige Nebenrechte	21
4.	Pflichten des Gläubigers bezüglich Auskunft und Urkunden	23
5.	Abweichende Vereinbarungen	24
III.	**Der Ausschluß der Benachteiligung des Gläubigers (Abs 1 S 2)**	
1.	Grundsatz	26
2.	Konkurs; Aufrechnung im Konkurs	28
3.	Andere Gläubigeransprüche	30
4.	Einzelfragen	31
IV.	**Die Einwendungen des Hauptschuldners (Abs 1 S 3)**	
1.	Gegen den Erstattungsanspruch des Bürgen	33
2.	Gegen die übergegangene Hauptforderung	36
V.	**Der Ausgleich unter Mitbürgen (Abs 2)**	
1.	Der Ausgleichsanspruch	43
a)	Grundsatz	43
b)	Voraussetzungen des Ausgleichsanspruchs	44
c)	Teilleistungen	46
d)	Befreiungsanspruch	48
e)	Erlaß der Bürgenschuld eines Mitbürgen	49
2.	Der Umfang der Ausgleichspflicht	51
a)	Grundsatz; abweichende Vereinbarung	51
b)	Mitgesellschafter als Mitbürgen	53
c)	Unterschiedlicher Umfang der Mitbürgschaften	55
d)	Ausgleichsberechnung bei mehreren Höchstbetragsbürgschaften	56
e)	Veränderungen beim Mitbürgen	57
3.	Besondere Bürgschaftsformen	59
VI.	**Entsprechende Anwendung des § 774**	
1.	Rechtsübergang gem Abs 1	60
2.	Ausgleichspflicht zwischen verschiedenen Sicherungsgebern, insbes zwischen Bürgen und Verpfändern	65

Alphabetische Übersicht

Analoge Anwendung	60 ff
Aufrechnung	10, 35
Auftrag	1
Ausgleich	
– Gleichstufigkeit der Sicherungsgeber	71
– mit Bestellern eines Grundpfandrechts	68 ff
– mit Verpfändern	65 ff
– Umfang der Ausgleichspflicht	51
– unter Mitbürgen	43 ff
Auskunftspflicht	23
Ausschluß des Forderungsübergangs	24
Befriedigung des Gläubigers	3, 7
Beweislast	39, 52
Einwendungen	
– gegen Erstattungsanspruch	33 ff
– gegen Hauptforderungen	36 ff
Erfüllung	7
Erlaß	7, 9
Erstattungsanspruch	1
Forderung, Inhaberwechsel	3
Gesamtschuld	17
Geschäftsführung ohne Auftrag	1
Gläubiger, Benachteiligung	26 ff
Hauptforderung	
– Besonderheiten	16
– Herabsetzung	9
Höchstbetragsbürgschaft, Ausgleichsberechnung	56
Konkurs	
– Gläubiger	29
– Hauptschuldner	28
Mitbürge	19
– Ausgleich	43 ff
– Befreiungsanspruch	48
– Erlaß der Bürgenschuld	49
– Veränderungen	57 f
Nachbürge	17
Nebenbürgschaft	44
Nebenrechte	19 ff
Rückbürge	17
Schuldbeitritt	62 ff, 73 ff
Sicherheitsleistung durch Hinterlegung	12 f
Sicherungsabtretung	21
Sicherungsübereignung	21
Teilleistungen	46
Übergang der Hauptforderung	3
Unabtretbarkeit der Hauptforderung	16
Vertragsstrafe	2
Wechselverpflichtung	17
Zahlung auf erstes Anfordern	38
Zinsanspruch	15
Zwangsvollstreckung, Zahlung zur Abwendung	12

I. Überblick: Der Rückgriffsanspruch des Bürgen

1. Erstattungsanspruch

1 Der Bürgschaftsübernahme liegt meist, wenngleich nicht immer, ein Rechtsverhältnis mit dem Hauptschuldner zugrunde, nämlich Auftrag (§ 662), Geschäftsbesorgung (§ 675) oder auch Geschäftsführung ohne Auftrag (§ 677; s § 765 Rn 103 ff), bisweilen auch Schenkung (§ 516; s § 765 Rn 142 ff). Dieses Rechtsverhältnis bestimmt, ob und in welchem Umfang der Bürge, der den Gläubiger befriedigt hat, vom Hauptschuldner Erstattung seiner Aufwendungen verlangen kann (BGH WM 1992, 908 = NJW-RR 1992, 811, 812; REINICKE/TIEDTKE, Kreditsicherung [3. Aufl 1994] 85). Beruht die

Bürgschaft auf Auftrag oder Geschäftsbesorgung, ist im Grundsatz ein Aufwendungsersatzanspruch gem § 670 gegeben, nicht jedoch der Befreiungsanspruch des § 257 (RGZ 59, 10, 12; 59, 207, 209 u JW 1907, 831; KG OLGE 25, 20 ff; vgl aber § 775 Rn 1), bei Geschäftsführung ohne Auftrag (vgl KG OLGE 6, 453) gem §§ 683, 684 (vgl E I § 676 aE; Mot II 672 f; Prot II 479; vgl allg § 765 Rn 103 ff; § 775 Rn 1).

Daneben können besondere Vereinbarungen über den Rückgriff bestehen, auch auf Zahlung einer Vertragsstrafe (dazu BGH WarnR 1973 Nr 299 u 300). Da der nicht leistende Hauptschuldner meist nicht nur gegenüber dem Gläubiger, sondern auch gegenüber dem Bürgen in Verzug gerät (OLG Bremen NJW 1963, 861 für den kreditaufnehmenden Käufer gegenüber dem bürgenden Einzelhändler), ist ferner ein Verzugsschadensanspruch gegeben. Andererseits kann der Bürge seinen Rückgriffsanspruch verlieren, soweit er eine Pflicht zur Wahrung der Interessen des Hauptschuldners hat und diese verletzt, zB eine ihm bekannte Verjährungseinrede gegen die Hauptforderung nicht erhebt (OLG Hamburg Recht 1920 Nr 1206; vgl auch unten Rn 34 u § 765 Rn 106 f). 2

2. Übergang der Hauptforderung (Abs 1 S 1)

Daneben bestimmt § 774 unabhängig von dem Rechtsverhältnis zwischen Bürgen und Hauptschuldner den Übergang der Hauptforderung auf den Bürgen, soweit dieser den Gläubiger befriedigt. Es handelt sich um einen Fall des gesetzlichen Forderungsübergangs (cessio ficta, cessio legis) iS § 412 (Mot II 673 f; ZG II 367). Für ihre dogmatische Deutung ist mit der hM davon auszugehen, daß der Bürge, der den Gläubiger befriedigt, damit nur seine eigene Bürgschaftsschuld erfüllt (RG WarnR 1914 Nr 15; RGZ 134, 126, 128) und tilgt, nicht aber die Hauptforderung (wenn er nicht wie ein Dritter iS § 267 leistet; SCHULER NJW 1953, 1691). Allerdings wird der Gläubiger durch die Bürgschaftserfüllung zugleich für die Hauptforderung befriedigt: An die Stelle der normalen Erfüllungswirkung (§ 362 Abs 1) tritt aber nur ein Inhaberwechsel der fortbestehenden Hauptforderung. Der Zweck des § 774 Abs 1 ist primär darin zu sehen, den Erstattungsanspruch des Bürgen, der sich aus seinem Innenverhältnis zum Hauptschuldner ergibt (Rn 1), zu sichern und zu verstärken (REINICKE Betrieb 1967, 847, 848 f) und dem Bürgen über §§ 412, 401 den Rückgriff auf andere Sicherheiten, die für die Hauptschuld bestellt sind, zu eröffnen (LARENZ/CANARIS II/2 [13. Aufl 1994] § 60 IV 2). Zweitens soll damit aber auch dem Bürgen für den Fall, daß nach seiner Innenbeziehung zum Hauptschuldner sein Erstattungsanspruch unklar ist, eine klare Anspruchsgrundlage verschafft werden; dies wirkt sich zugunsten des Bürgen einmal auf die Beweislast aus, aber auch auf den materiellen Umfang (Zinsanspruch und Nebenrecht; Rn 5, 15, 19 f) des Rückgriffsanspruchs (zT abweichend einerseits REINICKE/TIEDTKE, Kreditsicherung [3. Aufl 1994] 85: reiner Sicherungszweck des § 774 Abs 1 im Hinblick auf den Anspruch aus dem Innenverhältnis; andererseits zB SCHULZ, Rückgriff und Weitergriff [1907] S 26 ff: § 774 bestimme Art und Maß des Rückgriffs). 3

3. Unterschiede beider Ansprüche

Beide Ansprüche sind nach Voraussetzung und Umfang unterschiedlich. Für den Erstattungsanspruch (Rn 1) muß der Bürge den Bestand eines Rechtsverhältnisses mit dem Schuldner dartun, beim Rückgriff aufgrund der übergegangenen Hauptforderung deren Bestand und den des Bürgschaftsvertrages, bei beiden die Befriedigung des Gläubigers durch den Bürgen (vgl auch PLANCK/OEGG Anm 5). Für bestimmte 4

Aufwendungen kann der Bürge nicht über § 774, sondern nur aufgrund seines besonderen Erstattungsanspruchs gem §§ 670, 683, 256 vom Schuldner Ersatz verlangen, zB für eigene Prozeßkosten und die Verzinsung von Aufwendungen (vgl RG WarnR 1915 Nr 278; auch RGZ 113, 320; 146, 69; RG JW 1907, 831 Nr 8; WURZER Gruchot 53, 48, 51; KANKA JherJb 87, 123, 157). Dieser Erstattungsanspruch verjährt in 30 Jahren, die übergegangene Hauptforderung möglicherweise früher (vgl auch Rn 36 u § 768 Rn 13 ff). Dem Erstattungsanspruch kann der Gläubiger nicht § 774 Abs 1 S 2 entgegenhalten (s aber Rn 20). Andererseits gehen mit der Hauptforderung des Gläubigers auch die Nebenrechte über (Rn 19 ff). Ob der Hauptschuldner gegen die übergegangene Hauptforderung noch gem §§ 412, 406 mit einer Forderung gegen den Gläubiger aufrechnen kann (STAUDINGER/BRÄNDL[10/11] Rn 1), ist zweifelhaft und idR wohl wegen § 242 und wegen des gleichzeitigen Innenverhältnisses zwischen Bürgen und Hauptschuldner abzulehnen (Rn 35; s auch § 770 Rn 13).

4. Verhältnis beider Ansprüche zueinander

5 a) Beide Ansprüche stehen in Anspruchskonkurrenz in dem Sinn, daß der Bürge entscheiden kann, welchen der beiden Ansprüche er geltend machen will (RGZ 59, 207, 209; 146, 67, 69; RG Recht 1918 Nr 1527; 1929 Nr 2364; HansRZ 1929 B 743; OLG Köln WM 1989, 1883, 1886; RATZ, in Großkomm HGB § 349 Anm 57) und beide Ansprüche auch verbinden kann, wobei er, soweit sich die Ansprüche sachlich decken, natürlich nur einmal Befriedigung verlangen kann (PLANCK/OEGG Anm 1 b).

6 b) Im Verhältnis beider Ansprüche besteht ein Vorrang des Rechtsverhältnisses zwischen Bürgen und Hauptschuldner (RATZ, in Großkomm HGB § 349 Anm 58). Dieses entscheidet letztlich darüber, ob und in welchem Umfang der Bürge überhaupt Ersatz verlangen kann, wie sich aus § 774 Abs 1 S 3 ergibt (s Rn 40). Ein Rückgriffsanspruch auch aufgrund der übergegangenen Hauptforderung entfällt daher, wenn er nach dem Rechtsverhältnis zwischen Bürgen und Hauptschuldner ausgeschlossen ist (BGH WM 1970, 751; 1992, 908, 909 = NJW-RR 1992, 811, 812 u unten Rn 36 ff). Die dogmatische Deutung ist umstritten (dazu Rn 40). Andererseits wäre es verfehlt, dem Bürgen aus der gem § 774 übergegangenen Hauptforderung grundsätzlich nur soviel Rechte zuzubilligen, als in seiner Innenbeziehung zum Hauptschuldner zugestanden ist, und alle über den darin vorgesehenen Ersatzanspruch hinausgehenden Rechte zu versagen. Die cessio legis des § 774 wäre dann sinnlos. Für übergehende Nebenrechte (Rn 19 f) leuchtet es ein, daß der Bürge sie geltend machen kann, auch wenn sie über das Innenverhältnis hinausgehende Rechte einräumen. Der Bürge hat aber auch zB den erhöhten Zinsanspruch aus der übergegangenen Hauptforderung (Rn 15). Das Innenverhältnis übersteigende, gem § 774 übergegangene Rechte können nur insoweit nicht geltend gemacht werden, als dies eindeutig im Innenverhältnis besonders ausgeschlossen wurde (Rn 40).- Daß der Bürge aus seinem Rechtsverhältnis mit dem Hauptschuldner gegen diesen umgekehrt weitergehende Rechte haben kann, als ihm § 774 verschafft, folgt aus dem Vorrang des Innenverhältnisses.

II. Voraussetzungen und Gegenstand des Forderungsübergangs (Abs 1 S 1)

1. Befriedigung des Gläubigers

7 Die für den gesetzlichen Forderungsübergang vorausgesetzte Befriedigung des Gläubigers kann durch jede Art einer endgültigen Regelung seiner Ansprüche erfolgen:

a) **Erfüllung** (§ 362), die je nach Vertragsinhalt nicht durch unmittelbare Zuwendung zu erfolgen braucht (vgl BGH WM 1969, 1103), sowie die Erfüllungssurrogate wie Leistung an Erfüllungs Statt (§ 364; vgl OLG Kiel OLGE 33, 255: Hingabe eines Wechsels an Zahlungs Statt), auch die gelungene Leistung erfüllungshalber, Hinterlegung unter Verzicht auf das Recht zur Rücknahme (§§ 372, 378), Aufrechnung (dazu Rn 10). Schuldet der Bürge dem Gläubiger mehrere Forderungen, so kann er analog § 366 Abs 1 bestimmen, daß die Bürgschaftsschuld oder der unstreitige Teil der Bürgschaftsschuld getilgt werden soll; die Tilgungsbestimmung kann durch Auslegung auch aus den Umständen ermittelt werden (BGH NJW-RR 1991, 169, 170). Erbringt der Bürge eine Leistung, die er entweder als Bürge oder als Dritter bewirken konnte, so ist seine Zweckbestimmung entscheidend; mangels ausdrücklicher Bestimmung kommt es auf die Sicht des Zuwendungsempfängers an (BGH WM 1985, 1449, 1451 f). Leistet der Bürge statt an den Gläubiger an den Hauptschuldner auf dessen Konto, so liegt eine iS § 774 relevante Leistung auch dann nicht vor, wenn der Gläubiger bei der Zahlung erklärt, die Leistung solle auf seine Bürgschaft angerechnet werden (OLG Düsseldorf ZIP 1987, 1379, 1380).

b) Vereinbaren Bürge und Gläubiger einen Erlaß (§ 397) oder einen Vergleich **8** (§ 779) mit Herabsetzung der Bürgenschuld, so kann die Hauptforderung an den Bürgen im Umfang der Verminderung nur übergehen, wenn diese nicht ebenfalls erlassen oder herabgesetzt werden soll (BGB-RGRK/MORMANN Rn 1). Dies genügt aber nicht, denn der Gläubiger kann auch den Bürgen entlassen und die Hauptforderung behalten wollen. Daher ist weiterhin eine Zuwendungsabsicht des Gläubigers an den Bürgen erforderlich (RGZ 102, 51 f; obiter BGH ZIP 1990, 53, 54 = WM 1990, 34, 35; KANKA JherJb 87, 123, 144 Fn 23). Es kommt also darauf an, daß der Gläubiger auch im Hinblick auf die Hauptforderung befriedigt sein und dies dem Bürgen zugute kommen soll (KANKA aaO: Erlaß an Erfüllungs Statt). Demnach ist zumindest konkludente Einigung über die Befriedigungswirkung iS § 774 Abs 1 S 1 zu fordern; sie ist vor allem beim Vergleich aus einem Gegenopfer auch des Bürgen zu schließen (PLANCK/ OEGG Anm 2 b). Statt dieser Einigung wird zT auf konkludente Abtretung der Hauptforderung abgestellt (PLANCK/OEGG aaO; SCHULZ, Rückgriff und Weitergriff 60; s auch RG WarnR 1916 Nr 50).

Umgekehrt befreit Erlaß oder vergleichsweise Herabsetzung der Hauptschuld durch **9** Vertrag zwischen Gläubiger und Hauptschuldner immer auch den Bürgen (§ 768 Rn 22). Ein Erlaß oder Teilerlaß der Hauptschuld unter ausdrücklicher Aufrechterhaltung der Bürgschaft ist nicht möglich (vgl aber OLG Hamm MDR 1994, 1109, 1110). Wenn freilich nach fruchtlosen Vollstreckungsversuchen gegen den Hauptschuldner der Gläubiger mit diesem einen Vergleich über eine Teilleistung schließt gegen das Versprechen, hinsichtlich des Restes keine weiteren Beitreibungsversuche mehr zu unternehmen, wobei die Bürgschaft fortbestehen soll, so widerspricht eine solche Abrede nicht dem Sicherungszweck der Bürgschaft und stellt keinen unwirksamen Vertrag zu Lasten des Bürgen dar. Der zahlende Bürge erwirbt dann die restliche Hauptschuld gem § 774 Abs 1 S 1 (OLG Hamm aaO). Befriedigt ein Bürge nach Eröffnung des Konkurses über das Vermögen des Hauptschuldners den Gläubiger teilweise und erreicht dadurch einen Erlaß seiner Restschuld, so kann er aber in Höhe des Erlasses nicht gegen eine massezugehörige Forderung des Hauptschuldners aufrechnen (BGH ZIP 1990, 53, 55 = WM 1990, 34, 36; dazu HÄSEMEYER EWiR 1990, 175). Keine Teilbefreiung des Bürgen tritt ein bei Herabsetzung der Hauptschuld im Vergleichsverfahren oder beim Zwangsvergleich im Konkurs (Vorbem 177). Der Bürge haftet hier weiter, ohne selbst beim Hauptschuldner Rückgriff nehmen zu können (vgl BGH NJW 1979, 415). Der Rückgriff gegen andere Mitverpflichtete, etwa im Verhältnis Bürge Rückbürge oder Rückbürge – Freistellungsschuldner bleibt möglich (BGH aaO betr Vergleichsverfahren des Vorbürgen).

10 c) Die **Aufrechnung** mit einer Forderung gegen den Gläubiger kann der Bürge unter den Voraussetzungen der §§ 387 ff gegen die Bürgschaftsforderung des Gläubigers erklären; anders, wenn die Hauptforderung der Aufrechnung entzogen ist (§ 770 Rn 11). Die für die Aufrechnung erforderliche Erfüllbarkeit der eigenen Schuld des Bürgen ist regelmäßig schon zum Zeitpunkt der Erfüllbarkeit der Hauptschuld anzunehmen. Zwar wird die Bürgschaft mangels besonderer Abrede nicht automatisch mit der Hauptforderung fällig, sondern erst bei Inanspruchnahme durch den Gläubiger. Aber die daraus zT abgeleitete Folgerung, daß die Bürgenschuld vorher auch nicht erfüllbar sei und der Bürge daher solange nicht aufrechnen könne (LANG-HEINEKEN, in: FS W vBruneck [1912] 27 Fn 1, 49: „verhaltener Anspruch"; zust WESTERKAMP 402 f; vgl auch REICHEL, Schuldmitübernahme 491 f), wird dem Interesse des Bürgen nicht gerecht. Dieser muß (ab Erfüllbarkeit der Hauptschuld; Rn 11) grundsätzlich verlangen können, daß der Gläubiger auch von ihm Befriedigung annehme (so auch Art 504 SchwOR), und zwar nicht nur gem § 267, sondern auch durch Leistung als Bürge einschließlich der Aufrechnung. Der Bürge kann also, wenn der Hauptschuldner etwa in eine bedenkliche Lage gerät und der Gläubiger im Vertrauen auf die Bürgschaft untätig bleibt, sich dadurch helfen, daß er den Gläubiger, auch durch Aufrechnung, befriedigt und damit dessen Rechte gegen den Hauptschuldner erwirbt und selbst geltend macht (Mot II 679; RGZ 53, 403, 405; Recht 1919 Nr 1408; OLG Dresden SächsAnn 24, 266; PLANCK/OEGG Anm 2 e; JAEGER KuT 1932, 49; KANKA JherJb 87, 123, 139 Fn 17). Zur Begrenzung der Aufrechnungsbefugnis des Bürgen im Konkurs des Gläubigers unten Rn 29, zu ihrem vertraglichen Ausschluß § 770 Rn 11.

d) **Erfüllungsmodalitäten**

11 Der Bürge kann grundsätzlich den Gläubiger bereits vor Inanspruchnahme durch diesen (PLANCK/OEGG Anm 2 b; vgl auch RG Recht 1919 Nr 417) und zwar idR ab Erfüllbarkeit der Hauptforderung befriedigen, soweit nicht eine andere Abrede getroffen ist. Erforderlich ist, daß der Bürge zur Erfüllung seiner Bürgenverpflichtung leistet (PLANCK/OEGG aaO); er kann bei Zahlung angeben, auf welche Forderung er leistet (§ 366 Abs 1). Wer als Dritter iS § 267 leistet, erwirbt nicht die Hauptforderung nach § 774 (RGZ 96, 136, 139). Demnach erwirbt der Teilbürge, der die ganze Schuld tilgt, die Hauptforderung nur in Höhe der getilgten Bürgenschuld (RG Recht 1918, 909 Nr 8). Befriedigung iS § 774 kann auch herbeigeführt werden mit Mitteln, die der Bürge zuvor vom Hauptschuldner erhalten hat (RG WarnR 1914 Nr 15 = JW 1914, 78). Meist wird aber dann der Rückgriff im Innenverhältnis ausgeschlossen sein (Rn 21). Im Hinblick auf weitere, aber nicht akzessorische Sicherheiten für die Hauptschuld, die der Bürge nicht ex lege mit der Hauptschuld erwirbt, die ihm aber zustehen (iF Rn 21 f), erreicht der Bürge oft eine Vereinbarung mit dem Gläubiger, daß er nur Zug um Zug gegen Abtretung zB einer Grundschuld zahlen muß (vgl den Fall BGH WM 1995, 833; Einzelheiten iF Rn 25).

e) **Nicht ausreichend** sind bloß sichernde oder vorläufige Handlungen: **Sicherungs-** 12
leistung durch Hinterlegung zB von Wertpapieren (RGZ 106, 311) oder auch der
Bürgschaftssumme (OLG Frankfurt MDR 1977, 139; anders regelmäßig bei Hinterlegung
iS § 378), Sicherstellung des Gläubigers durch Pfändung, Überweisung und
Umschreibung einer dem Bürgen zustehenden Hypothek (OLG Naumburg OLGE 13,
430), Zahlung zur Abwendung der Zwangsvollstreckung aus einem nur vorläufig
vollstreckbaren Urteil oder die Zwangsvollstreckung aus einem solchen Urteil (RGZ
98, 328 f; PLANCK/OEGG aaO BGB-RGRK/MORMANN Rn 1; ERMAN/SEILER Rn 3; PALANDT/THO-
MAS Rn 6; aA MünchKomm/PECHER Rn 3; STEIN/JONAS/MÜNZBERG, ZPO § 708 Rn 6). Gleiches
gilt, wenn der selbstschuldnerische Bürge aufgrund eines gegen ihn im Urkundenprozeß ergangenen, formell rechtskräftigen Vorbehaltsurteils an den Gläubiger
zahlt. Denn Voraussetzung des Übergangs der Forderung ist die Befriedigung des
Gläubigers; nach Erlaß eines Vorbehaltsurteils bleibt aber der Rechtsstreit im Nachverfahren anhängig (BGHZ 86, 267, 270 f).

Die Kautelarpraxis der Kreditinstitute enthält häufig solche Abreden. So ist die 13
Klausel in Bürgschaftsformularen verbreitet, nach der sich die Bank von ihrer selbstschuldnerischen Bürgschaft dadurch befreien kann, daß sie Geld als Sicherheit
anstelle ihrer Bürgschaft hinterlegt. Grundsätzlich kann die Sicherheitsleistung
durch Hinterlegung auch vereinbart werden. Die Befreiungswirkung hinsichtlich der
Bürgschaftsverpflichtung gem § 378 tritt jedoch nur ein, wenn die Voraussetzungen
der §§ 372 ff erfüllt sind, insbesondere wenn die Sicherheit für den Anspruch der
Gläubigerin gegen die Hauptschuldnerin geleistet wird, nicht aber wenn dies für den
Anspruch aus der Bürgschaft geschieht. Mit diesen Einschränkungen hält der BGH
die Klausel in AGB für wirksam, da sie eine Klage des Gläubigers gegen das Kreditinstitut auf Zustimmung zur Auszahlung des hinterlegten Betrages nicht ausschließt (BGH ZIP 1985, 525, 527 = WM 1985, 475, 476; krit LÖWE EWiR 1985, 257 f). –
Verbreitet ist die Klausel, daß Zahlungen des Bürgen bis zur vollständigen Befriedigung des Gläubigers wegen aller Forderungen gegen den Hauptschuldner nur
vorläufig und als Sicherheit gelten sollen (dazu § 768 Rn 36).

2. Die übergehende Forderung

a) Die Hauptforderung des Gläubigers geht so auf den Bürgen über, wie sie zur 14
Zeit der Befriedigung des Gläubigers beschaffen ist: Erfüllungsort (OLG Stuttgart
Recht 1914 Nr 2651), Erfüllungszeit (PLANCK/OEGG Anm 2 c), Verjährungsfrist (MANTEY
Gruchot 42, 545, 555) bleiben unberührt (BGB-RGRK/MORMANN Rn 2; SOERGEL/MÜHL
Rn 4). Der Gläubigeranfechtungsanspruch geht mit über (JAEGER AnfG [1938] § 2
Anm 21); der Bürge kann vollstreckbare Ausfertigung gem § 727 ZPO des für den
Gläubiger ergangenen Urteils verlangen (RATZ, in: Großkomm HGB § 349 Anm 59).

b) Anspruch auf künftige Zinsen
Ist die Hauptforderung ein verzinsliches Darlehen, so geht auf den Bürgen auch der 15
Anspruch auf Leistung der künftig fällig werdenden Zinsen im vertraglich festgelegten Umfang über. Dieser Übergang ist freilich durch den Wortlaut des § 774 Abs 1
S 1 nicht gedeckt, weil dort die Befriedigung des Gläubigers Voraussetzung der cessio legis ist, der Bürge den Gläubiger hinsichtlich der künftigen Zinsen aber nicht
befriedigt. Gleichwohl ist nach dem Sinn der Vorschrift ein Übergang des Zinsan-
spruchs, der mit dem übergehenden Hauptanspruch vertraglich eng verbunden ist,

anzunehmen. Dies folgt auch aus der Überlegung, daß der Hauptschuldner durch die Zahlung des Bürgen hinsichtlich seiner Zinsverpflichtung nicht besser gestellt werden soll (BGHZ 35, 172 = WM 1961, 784; BGH WM 1975, 100, 102; OLG Kiel OLGE 33, 255 f; LG Hamburg Betrieb 1963, 305; vgl auch BGH WM 1972, 222, 224; FLESSA NJW 1958, 859; BGB-RGRK/MORMANN Rn 2; HADDING/HÄUSER, in: WM-Festgabe Heinsius [1991] S 4, 7 ff; aA RGZ 61, 343, 347). Der übergehende vertragliche Zinsanspruch ist auch nicht der Höhe nach auf den im Innenverhältnis zwischen Bürgen und Hauptschuldner vereinbarten Zins beschränkt; auch für diese Besserstellung des Hauptschuldners gibt es keinen Grund (so aber REINICKE Betrieb 1967, 847 ff; MünchKomm/PECHER Rn 15). Hatte der Hauptschuldner bei Aufnahme des Darlehens ein Disagio gezahlt, um einen niedrigeren Zins zu erhalten, der bei vorzeitiger Tilgung des Darlehens zeitanteilig an ihn zurückzugewähren wäre (dazu BGH WM 1981, 838 = NJW 1981, 2181; WM 1990, 1150; CANARIS, Bankvertragsrecht Rn 1343), so steht dieser Anspruch gegen den Gläubiger nunmehr dem zahlenden Bürgen zu (HADDING/HÄUSER, in: WM-Festgabe Heinsius [1991], S 4, 9 f; andeutungsweise auch BGH WM 1990, 260, 262).

c) **Besonderheiten der Hauptforderung**

16 Auch die unpfändbare Hauptforderung geht trotz §§ 412, 400 über, weil der Zweck der Unpfändbarkeit, den Gläubiger zu schützen (vgl BGHZ 5, 153 f), nicht mehr besteht und der Sicherung des Bürgen gem § 774 nicht mehr entgegenstehen kann (REICHEL JW 1932, 1378; KANKA JherJb 87, 123, 150 f; BGB-RGRK/MORMANN Rn 2; SOERGEL/MÜHL Rn 2). Bei Unabtretbarkeit der Hauptforderung gem § 399 ist ebenfalls ein Übergang nach § 774 grundsätzlich anzunehmen. Zwar sind hier die durch § 399 geschützten Schuldnerinteressen zu berücksichtigen; zT wird daraus Unanwendbarkeit des § 774 gefolgert (MORMANN aaO). Ihnen stehen aber die in § 774 geschützten Interessen des Bürgen gegenüber. Bei Unabtretbarkeit der Hauptforderung wegen höchstpersönlicher Leistung (§ 399 Fall 1), zB Porträtierung des Gläubigers, ist Umwandlung in einen Anspruch auf das Interesse bei Befriedigung durch den Bürgen (der regelmäßig selbst nur auf das Interesse verpflichtet ist; Vorbem 14) anzunehmen (vgl PLANCK/OEGG Anm 2 c). Bei Vereinbarung der Unabtretbarkeit (§ 399 Fall 2), die erheblichen Schuldnerinteressen dienen kann (vgl zB für Bauforderungen BGHZ 56, 228 ff), erwirbt gleichwohl der Bürge regelmäßig die Hauptforderung; der durch die Vereinbarung bezweckte Schuldnerschutz ist durch die Unzulässigkeit weiterer Abtretung, uU auch durch eine nur zeitweilige Unzulässigkeit der Geltendmachung zu wahren.

17 Ist die Hauptverbindlichkeit eine **Wechselverpflichtung**, so erwirbt der Bürge nur die Rückgriffsansprüche des betreffenden Wechselverpflichteten (Vorbem 130). Wer als Darlehensbürge bei Nichtigkeit des Darlehensvertrags auch für den Kondiktionsanspruch haftet, erwirbt diesen, wenn er den Gläubiger befriedigt (OLG Köln MDR 1976, 398). Wer sich für mehrere **Gesamtschuldner** verbürgt hat, erwirbt bei Leistung an den Gläubiger dessen Forderung gegen alle Gesamtschuldner. Hat er sich dagegen nur für einen Gesamtschuldner verbürgt, erwirbt er die Forderung gegen ihn und die gegen die anderen nur, soweit sein Hauptschuldner von den anderen Gesamtschuldnern Ausgleich verlangen kann, dh er ist in Bezug auf die anderen Gesamtschuldner so zu stellen, wie wenn sein Hauptschuldner selbst gezahlt hätte (BGHZ 46, 14 = NJW 1966, 1912; BGH NJW 1976, 2135 = WM 1976, 687; REINICKE NJW 1966, 2141 f; BGB-RGRK/MORMANN Rn 2). Der **Nachbürge** erwirbt mit Befriedigung des Gläubigers dessen Anspruch gegen den Vorbürgen gem Abs 1 S 1 und zugleich die Hauptforderung

(OLG Köln WM 1995, 1224, 1227; oben Vorbem 58). Befriedigt der Rückbürge den Bürgen, so erwirbt er mit dessen Erstattungsanspruch auch die von diesem erworbene Hauptforderung entsprechend § 774 Abs 1 S 1 (Vorbem 61).

Ist eine Bürgschaft für eine öffentlichrechtliche Abgabenforderung bestellt, so **18** erwirbt der Bürge mit Befriedigung des Fiskus die Forderung mit dem Vorrecht des § 61 Nr 2 KO; er kann diese Forderung auf dem Zivilrechtsweg verfolgen (Vorbem 79).

3. Die übergehenden Nebenrechte

Mit der Hauptforderung gehen gem §§ 412, 401 auch die für sie bestehenden Neben- **19** rechte auf den Bürgen über, auch wenn sie erst nach Bürgschaftsübernahme hinzugetreten sind (Mot II 674; vgl § 776 S 2).

a) Dies gilt zunächst für **unselbständige Nebenrechte**, dh akzessorische Rechte im technischen Sinn und diesen gleichzustellende unselbständige sichernde Nebenrechte. Dazu gehören Hypotheken (auch wenn der Gläubiger dem Schuldner im Fall seiner Befriedigung Löschung zugesagt hat; BadRpr 1908, 190), die gesetzlichen (RGZ 67, 214, 220) und vertraglichen (RGZ 93, 91, 94) Pfandrechte, der Anspruch aus einer Vormerkung im Grundbuch (RG Recht 1914 Nr 487), gem § 401 Abs 2 die Konkursvorrechte (zB des Fiskus gem § 61 Abs 1 Ziff 2; RGZ 135, 25 ff; 136, 40 f), Ansprüche auf Sicherung durch Hypothek oder Pfandrecht, zB der Anspruch des Bauunternehmers auf Einräumung einer Sicherungshypothek gem § 648 (RG HRR 1930 Nr 3; vgl auch OLG Dresden OLGE 34, 48 Fn 1; **aA** OLG Kiel SeuffA 57 Nr 76) oder auf die Sicherheiten gem § 648a sowie der Anspruch auf eine Vertragsstrafe. Ist die Hauptforderung eine Wechselforderung, so erwirbt der zahlende Bürge nicht alle wechselmäßigen Rückgriffsansprüche des Gläubigers, sondern nur die, die sein Hauptschuldner gehabt hätte (Vorbem 437). Ansprüche gegen Mitbürgen erwirbt der zahlende Bürge nur nach der einschränkenden Sonderregelung des Abs 2 (Rn 43 ff; zum Fall des zahlenden Nachbürgen Vorbem 58). Ansprüche gegen Personen, die mit dem Hauptschuldner als Gesamtschuldner haften (für die der Bürge sich aber nicht verbürgt hat), erwirbt der zahlende Bürge nur in dem Umfang, in dem sein Hauptschuldner Rückgriffsansprüche hätte (Rn 17; SOERGEL/MÜHL Rn 2). Der Bürge erwirbt nach hM auch die sonstigen Ansprüche des Gläubigers gegen Mitverpflichtete (SOERGEL/MÜHL Rn 2 mwN), zB aus einem gem § 328 mit einer Erfüllungsübernahme verbundenen Schuldbeitritt (RGZ 65, 164, 169). Ein Übergang solcher Ansprüche setzt aber zweierlei voraus: erstens, daß der Anspruch einem akzessorischen Recht gleichgestellt werden kann (dazu RG aaO), was bei Garantie etwa zu verneinen ist (dazu unten Rn 21), zweitens, daß der Verpflichtete nach dem Sinn und Zweck der Verpflichtung vorrangig vor Bürgen haften soll (so wohl im Fall RG aaO); andernfalls kommt analoge Anwendung von Abs 2 in Betracht (s auch Rn 17 u 43 ff) oder überhaupt kein Rechtsübergang.

Die Nebenrechte gehen ohne weitere Rechtsakte über (RGZ 60, 191). Der zahlende **20** Bürge kann zB ohne weiteres Berichtigung des Grundbuchs wegen Erwerbs der für die Hauptforderung bestehenden Hypothek verlangen. Mangels Eintragungsbewilligung des Betroffenen (§ 19 GBO) muß der Bürge durch öffentliche Urkunde den seiner Zahlung vorausgehenden Bürgschaftsvertrag gem § 29 GBO nachweisen; eine privatschriftliche Urkunde gem § 766 genügt nicht (BayObLGZ 12, 537 = BayZ 1912, 52; Güthe/Triebel, GBO⁶ § 22 Anm 50).

21 b) **Selbständige Nebenrechte**, die weder zum Inhalt der Hauptforderung gehören noch ihr akzessorisch sind, aber dem Gläubiger zur Sicherung der Hauptforderung übertragen wurden, gehen nicht automatisch gem § 774 über; regelmäßig muß aber wegen des Sicherungszwecks und der wirtschaftlichen Ähnlichkeit zu Pfandrechten eine Pflicht des Gläubigers zur Übertragung auf den zahlenden Bürgen angenommen werden (RGZ 89, 193, 195; 91, 277, 280; RG LZ 1921, 141 Nr 4; 1930, 982 Nr 4; WarnR 1930 Nr 11; 1935 Nr 177; OLG München MDR 1957, 356; BGHZ 42, 53, 56 f; BGH WM 1967, 213; BGB-RGRK/Mormann Rn 3). Dies gilt namentlich für die Sicherungsübereignung und Sicherungszession (BGH WM 1986, 670; dazu Alisch EWiR 1986, 675 f), aber auch für den Eigentumsvorbehalt (BGHZ 42, 53, 56), die Sicherungsgrundschuld (BGH WM 1989, 1804 u 1995, 833; OLG Stuttgart NJW-RR 1990, 945, 946) und zB die sicherungshalber erfolgte Übertragung von GmbH-Anteilen (RGZ 89, 193, 195), im Regelfall auch für eine Garantie, es sei denn, daß diese nach ihrem Inhalt eindeutig auf eine nachrangige Haftung (ähnlich einer Ausfallbürgschaft) gerichtet ist. Gleiches gilt für einen Schadensersatzanspruch, den der Gläubiger gegen den Hauptschuldner bzw dessen Konkursverwalter wegen unsachgemäßer Verwertung oder Unterschlagung von Sicherungsgut für die gleiche Hauptforderung hat; bei Zahlung des Bürgen ist der Gläubiger verpflichtet, diesen Schadensersatzanspruch auf den Bürgen zu übertragen (BGH WM 1994, 219, 220).

22 Die Übertragung an den Bürgen bedarf jeweils der allgemein für dieses Recht maßgeblichen Übertragungsakte (vgl zB BGHZ 42, 53, 56 f; aA RGZ 89, 193, 195), dagegen nicht der Zustimmung des Hauptschuldners, und stellt im Regelfall keine Verletzung der Sicherungsabrede (Treuhandabrede) zwischen Gläubiger und Hauptschuldner dar (Pfeiffer NJW 1958, 1859; ähnl Herzfeld JR 1958, 453; aA Dempewolf NJW 1958, 979; vgl auch Zunft NJW 1958, 1219; Scholz NJW 1962, 2228). Die Verpflichtung des Gläubigers, dem Bürgen eine zur Sicherung der Hauptforderung bestellte Grundschuld Zug um Zug gegen Zahlung der Bürgschaftssumme zu übertragen, ist am Sitz des Gläubigers zu erfüllen (BGH WM 1995, 833 f). – Eine Aufgabe der Sicherheiten durch den Gläubiger wäre nach § 776 zu beurteilen (OLG München MDR 1957, 356; s § 776 Rn 8).

23 4. Nach §§ 412, 413, 402, 403 ist der Gläubiger verpflichtet, dem Bürgen die zur Geltendmachung der Hauptforderung und der mit übergehenden Nebenrechte erforderlichen **Auskünfte** zu erteilen (OLG Braunschweig SeuffA 61 Nr 132), die in seinem Besitz befindlichen Beweisurkunden auszuliefern und ihm auf Verlangen eine öffentlich beglaubigte Urkunde über den Leistungsempfang und den Übergang der Hauptforderung auszustellen, deren Kosten der Bürge zu tragen und vorzuschießen hat (Mot II 674; OLG München JW 1936, 2008; vgl § 765 Rn 118), nicht aber über Rechte gegen vorhandene Mitbürgen, weil das Innenverhältnis zwischen den Mitbürgen den Gläubiger nicht berührt (RG HRR 1932 Nr 2141 = LZ 1933, 117 Nr 7; unten Rn 44). Der Bürge kann gem §§ 273, 274 vom Gläubiger die Erfüllung von dessen Pflichten Zug um Zug gegen Befriedigung und nicht erst danach verlangen (RGZ 82, 25, 27; RG HRR 1930 Nr 216; aA Planck/Oegg Anm 2 c). Der Darlehensbürge kann vom Gläubiger eine Kopie des Darlehensvertrags verlangen. Dieser Anspruch besteht auch noch nach Rückzahlung des Darlehens (LG Köln NJW-RR 1990, 1074).

5. Abweichende Vereinbarungen

Abs 1 S 1 enthält (ebenso wie S 2) kein zwingendes Recht (RGZ 148, 65 f). Der Forderungsübergang kann daher durch Vertrag zwischen Gläubiger und Bürgen ausgeschlossen (OLG Stuttgart Recht 1904, 529 Nr 2231) oder hinausgeschoben werden, bis der Gläubiger vollständig befriedigt ist (RG LZ 1918, 206 Nr 4; WarnR 1919 Nr 166; SeuffA 91 Nr 100; BGHZ 92, 374, 382 f = NJW 1985, 614; dazu HORN EWiR 1985, 85f; OLG Celle ZIP 1980, 1077, 1078 f; KANKA JherJb 87, 183; SOERGEL/MÜHL Rn 1). Die entsprechende AGB-Klausel im Bürgschaftsvertrag, daß bei Zahlungen des Bürgen die Rechte des Gläubigers erst dann auf ihn übergehen, wenn dieser wegen aller Ansprüche gegen den Hauptschuldner befriedigt ist und die Zahlungen bis dahin nur als Sicherheit gelten, ist zumindest bei Globalbürgschaften (zu deren begrenzter Zulässigkeit s § 765 Rn 48 ff) wirksam (BGHZ 92, 374, 382 f = NJW 1985, 614, 615 f; OLG Celle ZIP 1980, 1077, 1078 f). Die Klausel ist bedenklich und im Zweifel gem §§ 3, 9 AGBG unwirksam, wenn der Forderungsübergang bis zur Erfüllung nicht verbürgter Forderungen hinausgeschoben wird (HORN EWiR 1985, 85, 86). Bei Wirksamkeit der Klausel kommt es zu einer Hinausschiebung des Übergangs der Hauptforderung mit der Folge, daß der Bürge nicht neben dem Gläubiger am Konkurs des Hauptschuldners teilnehmen kann. Dies hat für den Bürgen ausnahmsweise auch einen Vorteil, wenn nämlich der Gläubiger anderweitig befriedigt wird; er muß dann die nicht mehr benötigten Leistungen des Bürgen, die bis dahin nur als Sicherheit galten, zurückgewähren (BGHZ 92, 374, 383; HORN aaO). Trotz der genannten AGB-Klausel geht nach Zahlung des Bürgen die Hauptforderung auf diesen über, wenn der Gläubiger zu erkennen gibt, daß er sich aus der gezahlten Bürgschaftssumme befriedigt hat (BGH WM 1986, 1550, 1551; krit TIEDTKE EWiR 1987, 37f; ders ZIP 1986, 150, 152). Vgl auch oben Rn 12. Zum Ausschluß des Rückgriffs des bürgenden Gesellschafters, dessen Bürgschaft als kapitalersetzende Leistung anzusehen ist, vgl zB BGHZ 81, 252, 259 f = NJW 1981, 2570, 2572 f u Vorbem 118 ff.

Umgekehrt kann der Bürge mit dem Gläubiger vereinbaren, daß zB bereits bei Zahlung des verbürgten Höchstbetrags die Sicherheiten auf den Bürgen übergehen, auch wenn der Gläubiger noch Restforderungen gegen den Hauptschuldner hat (RG SeuffA 76 Nr 84 = LZ 1921, 141 Nr 4), oder bereits das Übertragungsgeschäft für den Übergang selbständiger Sicherheiten abschließen (vgl BGHZ 42, 53, 56 f betr Vorbehaltseigentum). Hat der Gläubiger dem Bürgen die Bürgenschuld erlassen, so kann er die Wirkung des Forderungsübergangs durch (ggf konkludente) Abtretung herbeiführen (BGH Betrieb 1990, 368, 369; PALANDT/THOMAS Rn 6; aA BGB-RGRK/MORMANN Rn 1).

III. Der Ausschluß der Benachteiligung des Gläubigers (Abs 1 S 2)

1. Grundsatz

Der (teilweise) Übergang der Hauptforderung und von Nebenrechten auf den Bürgen kann zu einem Konkurrenzverhältnis zwischen Bürgen und Gläubiger führen, das in § 774 Abs 1 S 2 zu Gunsten des Gläubigers gelöst wird (BGHZ 110, 41, 44 = ZIP 1990, 222, 223 = WM 1990, 260, 261; dazu MERZ EWiR 1990, 247 f). Der Ausschluß der Benachteiligung des Gläubigers gem Abs 1 S 2 entspricht einem allgemeinen Rechtsprinzip (vgl §§ 268 Abs 3 S 2, 426 Abs 2 S 2, 1150, 1607 Abs 2 S 3 und den weitergehenden gemeinrechtlichen Satz ‚nemo subrogat contra se'; zum früheren Recht Mot

II 674 Note 2; RGZ 3, 183 f; 82, 273, 278). Der Gläubiger kann grundsätzlich durch den Übergang von Hauptforderung und Nebenrechten auf den Bürgen in der Weise benachteiligt werden, daß der Bürge bei Geltendmachung dieser Rechte mit Rechten des Gläubigers konkurriert. Diese Konkurrenz ist denkbar in zwei Fällen: erstens, der Bürge hat den Gläubiger nur für einen Teil der Hauptforderung befriedigt, so daß Teilrechte von Gläubiger und Bürgen an Hauptforderung und Nebenrechten nebeneinander bestehen; zweitens, die mit der Hauptforderung übergehenden Nebenrechte dienen zugleich zur Sicherung anderer Forderungen des Gläubigers. Abs 1 S 2 erfaßt nur den ersten Fall, denn nur hier würde sich der Nachteil des Gläubigers mit dem Sicherungszweck der Bürgschaft in Widerspruch setzen (RGZ 76, 195 f; 136, 40, 42 = JW 1932, 2285 Nr 11 m Anm BLEY; MünchKomm/PECHER Rn 9; BGB-RGRK/MORMANN Rn 4). Der BGH will die Vorschrift freilich auch auf den zweiten Fall anwenden und den Vorrang des Gläubigers dort anerkennen, wo ein übergegangenes Nebenrecht sowohl die verbürgte Hauptforderung als auch andere Ansprüche des Gläubigers sichert (BGHZ 110, 41, 46; ähnlich schon RGZ 82, 133, 135; PLANCK/OEGG Anm 3a). Einigkeit besteht aber darüber, daß im übrigen ein Vorrang des Gläubigers nach Abs 1 S 2 nicht in Betracht kommt, wo es um andere Rechte des Gläubigers geht, die mit dem verbürgten Anspruch und den Nebenrechten nicht zusammenhängen, zB wenn mit der Hauptforderung ein Grundpfandrecht übergeht oder übertragen wird, so tritt dieses Grundpfandrecht nicht gegenüber anderen Grundpfandrechten zurück; diese behalten ihren im Grundbuch festgelegten Rang (BGHZ 110, 41, 46).

27 Im einzelnen gilt: Zahlt der Bürge nur einen Teil der verbürgten Schuld, weil er entweder nur einen Teilbetrag seiner Bürgschaftssumme tilgt oder weil auch die volle Bürgschaftssumme wegen Teil- oder Höchstbetragsbürgschaft (Vorbem 38 ff u 51) nur einen Teil der Hauptforderung abdeckt, so muß er mit dem auf ihn übergegangenen Recht auf Befriedigung aus einem Pfand oder aus anderen Sicherungsrechten hinter dem ursprünglichen Gläubiger zurücktreten, soweit dies zu dessen vollständiger Befriedigung notwendig ist. Dies gilt auch, soweit sich die Hauptforderung aus mehreren Forderungen mit ggf verschiedenem Schuldgrund zusammensetzt wie bei der Kreditbürgschaft (RGZ 53, 403, 405; 76, 195 f). Ist die Hauptforderung zugleich hypothekarisch gesichert und tilgt sie der Bürge nur zum Teil, so hat die auf den Bürgen übergehende Teilhypothek Rang nach der dem Gläubiger verbleibenden Resthypothek (OLG Stuttgart Recht 1906, 50 Nr 30). Der Zinsbürge darf die auf ihn übergegangene (rangmäßig selbständig gewordene) Zinsforderung in der Zwangsversteigerung nicht mit dem ihr gem § 12 ZVG an sich zustehenden Vorrang vor der Hauptforderung geltend machen (RG HRR 1935 Nr 1536 = JW 1935, 2559 m zust Nachwort WILHELMI).

28 2. Im **Konkurs** des Hauptschuldners nimmt der Bürge, der den Gläubiger vor Konkurseröffnung befriedigt hat, an dessen Stelle am Verfahren teil, bei teilweiser Befriedigung neben dem Gläubiger in Höhe der Teilleistung, wobei § 774 Abs 1 S 2 nicht anwendbar ist. Befriedigt der Bürge den Gläubiger nach Verfahrenseröffnung voll, löst er den Gläubiger ab; bei teilweiser Befriedigung des Gläubigers wird er nur insoweit berücksichtigt, als der Gläubiger zuvor für seine Restforderung voll befriedigt wird (Vorbem 172 f). Waren dem Gläubiger zur Sicherung der Hauptforderung auch Sicherungsübereignungen bestellt und hat der Konkursverwalter das Sicherungsgut pflichtwidrig verwertet, ohne den Erlös abzuführen, so kann der Gläubiger einen Schadensersatzanspruch gegen den Konkursverwalter trotz voller Begleichung der Hauptschuld durch den Bürgen geltend machen (BGH NJW 1994, 511); der Bürge kann die Abtretung dieser Rechte verlangen (vgl oben Rn 21). Wenn der Bürge aufgrund Zahlung an den Gläubiger diesen im Konkurs ablöst, kann er seinen Rückgriffsanspruch auch zur Aufrechnung gegen eine Forderung des Hauptschuldners benutzen. § 55 Nr 1 KO steht nicht entgegen, weil der Bürge durch seine Leistung nicht etwa künstlich im Hinblick auf den Konkurs eine Aufrechnungslage geschaffen hat, sondern nur einen Anspruch geltend macht, der ihm, bedingt durch seine Tilgungsleistung an den Gläubiger, schon vorher zustand (BGH ZIP 1990, 53, 55 = WM 1990, 34, 36 = BB 1990, 89, 90; dazu Häsemeyer EWiR 1990, 175 f). Eine Aufrechnungsmöglichkeit besteht freilich nicht, soweit der Gläubiger dem Bürgen die Bürgenschuld teilweise überlassen hat, sofern man in diesem Fall überhaupt einen entsprechenden Übergang der Hauptschuld annehmen will. Denn jedenfalls handelt es sich dabei um eine rechtsgeschäftliche Veränderung, die unter § 55 Nr 1 KO fällt (BGH aaO).

Im Konkurs des Gläubigers stellt sich die Frage, ob der Bürge, der eine Gegenforderung gegen den Gläubiger hat, sich den Forderungsübergang gem § 774 Abs 1 S 1 zur Befriedigung für diese Gegenforderung zunutze machen kann, indem er die Aufrechnung gegen die Bürgschaftsforderung erklärt und sich anschließend durch Rückgriff beim Hauptschuldner schadlos hält, wobei der Gläubigerkonkursmasse ein Verlust entsteht (so RGZ 53, 403; Jaeger/Lent § 53 KO Anm 10). Diese Möglichkeit ist insbesondere bedeutsam, wenn man dem Bürgen idR eine Aufrechnungsbefugnis auch vor eigener Inanspruchnahme ab Erfüllbarkeit der Hauptforderung zubilligt (Rn 10 f). Man wird hier aber dem Konkursverwalter ein Widerspruchsrecht gegen die Aufrechnung des Bürgen zusammen mit dem Angebot, die Bürgenschuld zu erlassen, zuerkennen müssen (Siber, Schuldrecht 167; Kanka JherJb 87, 123, 139 f; Esser/Weyers § 40 III 5). Denn die Bürgschaft ist zur Sicherung des Gläubigers und von dessen Konkursmasse bestellt und nicht zur Sicherung des Bürgen. **29**

3. Abs 1 S 2 gilt nicht im Hinblick auf **andere**, unverbürgte **Forderungen des Gläubigers**, die durch das gleiche Nebenrecht wie die Hauptforderung gesichert sind; dies gilt auch, wenn die Forderungen auf dem gleichen Rechtsverhältnis beruhen (anders, wenn sie Teile der gleichen Forderung geworden sind wie bei der Kontokorrentkreditbürgschaft) oder wenn sie sonst in rechtlichem Zusammenhang stehen (RGZ 76, 195 f; 136, 40 f; BGHZ 110, 41, 46 = ZIP 1990, 222, 223 = WM 1990, 260, 261; dazu Merz EWiR 1990, 247 f; zT **aA** RGZ 82, 133, 135; 131, 323; Zeitlmann SeuffBl 74, 77, 82 u JW 1917, 844; 1918, 129; dagegen RGZ 136, 40, 42; Bley JW 1932, 2286). Denn der Gläubiger soll nicht allgemein gegen irgendwelche wirtschaftlichen Nachteile, sondern nur gegen eine Beeinträchtigung des ursprünglichen Sicherungszwecks der Bürgschaft geschützt werden. **30**

4. Auf § 774 Abs 1 S 2 kann sich nur der Gläubiger, nicht aber der Hauptschuldner, berufen (RG Recht 1922 Nr 49); der Hauptschuldner hat aber die Einwendung der Gläubigerbenachteiligung, sobald sich dieser darauf berufen hat. Der Gläubiger hat die Beweislast für die nachteiligen Auswirkungen des Rechtsübergangs. **31**

Abs 1 S 2 enthält ebenso wie Abs 1 S 1 dispositives Recht (Rn 24). Die abweichende Vereinbarung muß mit dem Gläubiger getroffen sein. Abs 1 S 2 gilt zwar nicht für den Ausgleichsanspruch des Bürgen aufgrund seines Rechtsverhältnisses mit dem **32**

Hauptschuldner, aber Abreden in diesem Rechtsverhältnis können Abs 1 S 2 nicht beseitigen oder unterlaufen (ungenau STAUDINGER/BRÄNDL[10/11] Rn 11).

IV. Die Einwendungen des Hauptschuldners (Abs 1 S 3)

1. Gegen den Erstattungsanspruch des Bürgen

33 Gegen den Erstattungsanspruch des Bürgen aufgrund seiner Rechtsbeziehung zum Hauptschuldner (Innenverhältnis; s Rn 1) stehen dem Hauptschuldner alle Einwendungen und Einreden zu, die sich aus diesem Rechtsverhältnis ergeben (§ 765 Rn 102 ff). Der Bürge hat zunächst darzutun, daß ein Erstattungsanspruch grundsätzlich begründet, insbes vertraglich zugesagt ist (Rn 1). Dies kann ausgeschlossen sein, weil der Bürge die Mittel zur Zahlung der Bürgschaft vom Hauptschuldner empfangen hat (RG JW 1914, 78 Nr 10) oder die Bürgschaft schenkungsweise übernahm (§ 765 Rn 142 ff) oder weil die Hauptschuld im Interesse des Bürgen eingegangen worden war (RGZ 42, 35, 38) oder die Bürgschaftsübernahme zur Tilgung einer bereits anderweitig bestehenden Verpflichtung gegenüber dem Hauptschuldner diente. Der Hauptschuldner kann nicht einwenden, zur Zeit des Abschlusses des Bürgschaftsvertrags habe zwischen ihm und dem Bürgen eine nichteheliche Lebensgemeinschaft bestanden mit der Folge, daß ein Rückgriffsanspruch ausgeschlossen sei, weil in der nichtehelichen Lebensgemeinschaft wirtschaftliche Leistungen der Partner nicht miteinander abgerechnet, sondern von dem getragen werden sollen, der dazu in der Lage war. Dieser Grundsatz ist auf eine Bürgschaft nicht anwendbar, weil hier von vornherein klargestellt ist, daß der eine Partner Hauptschuldner, der andere nur als Bürge nachrangig einstehen solle. Daher ist § 774 Abs 1 S 1 anzuwenden, falls nicht eine eindeutige abweichende Regelung im Innenverhältnis geschlossen ist (OLG WM 1989, 921 = NJW-RR 1989, 624 f).

34 Der Hauptschuldner kann einwenden, der Bürge habe den mit dem Hauptschuldner über die Bürgschaftsübernahme geschlossenen Vertrag nicht oder nicht sorgfältig erfüllt, zB die Bürgschaft sei unwirksam oder die getilgte Forderung sei nicht die verbürgte (dazu BGH WM 1964, 849 ff für den gem § 774 übergegangenen Anspruch), wobei dem Bürgen die Beweislast für diese regelmäßigen Anspruchsvoraussetzungen verbleibt. Der Hauptschuldner kann nicht ohne weiteres einwenden, die tatsächlichen Aufwendungen des Bürgen seien niedriger als der vereinbarte Erstattungsanspruch, wenn er bewußt eine höhere Vertragsstrafe versprochen hat (BGH WarnR 1973, Nr 299). Er kann aber einwenden, der Bürge habe seine Inanspruchnahme durch den Gläubiger treuwidrig (§ 162 Abs 2) herbeigeführt (BGH WarnR 1973, Nr 300). Zu den Einwendungen, der Bürge habe seine Pflichten zur Wahrung der Interessen des Hauptschuldners verletzt, gehört insbesondere das Versäumnis des Bürgen, dem Gläubiger eine Einrede gegen die Hauptforderung entgegenzusetzen (Mot II 676; vgl RGZ 59, 207), soweit sie ihm bekannt war oder sein mußte (zu dem gegenteiligen Fall vgl §§ 670, 683; zu den beiderseitigen Informations- und Sorgfaltspflichten s § 765 Rn 102 ff). Eine Pflicht des Bürgen, vor Befriedigung des Gläubigers die Zustimmung des Hauptschuldners einzuholen, besteht nur bei besonderer Abrede. Dem Bürgen kann nicht zugemutet werden, aussichtslose, insbesondere unbeweisbare Einwendungen zu erheben (§ 765 Rn 107).

35 Der Hauptschuldner kann gegenüber dem im Innenverhältnis zum Bürgen begrün-

deten Ersatzanspruch nicht mit einer ihm gegen den Gläubiger zustehenden Gegenforderung aufrechnen (RGZ 59, 207; BGB-RGRK/Mormann Rn 5), was ihm allerdings regelmäßig auch gegenüber der übergegangenen Hauptforderung zu versagen ist (unten Rn 42 u § 770 Rn 12). Die gegen die übergegangene Hauptforderung bestehenden Einreden kann der Hauptschuldner grundsätzlich nicht erheben (RGZ aaO; Mormann aaO), es sei denn, daß der Bürge durch das Versäumnis ihrer Geltendmachung eine Pflicht im Innenverhältnis verletzt hat.

2. Gegen die übergegangene Hauptforderung

Der Hauptschuldner hat gegenüber dem Bürgen nach §§ 412, 404 alle Einwendungen gegen die Hauptforderung, die zur Zeit des Forderungsübergangs gegen den Gläubiger begründet waren, zB daß die Forderung noch nicht fällig ist oder daß sie verjährt ist. Er kann auch eine erst nach der Bürgenleistung eingetretene Verjährung einwenden. Die Verjährungsfrist der Hauptforderung wird durch den Übergang nicht verändert (hM; Rn 14). Grundsätzlich kommt dem Hauptschuldner dabei auch der vor der Bürgenleistung verstrichene Zeitraum zugute; insbesondere kann die Bürgenleistung schwerlich eine Unterbrechung der Verjährung gem § 208 bewirken, weil ihr die dort vorausgesetzte Bedeutung einer Anerkennung der Hauptschuld durch den Verpflichteten (allg Staudinger/Peters [1995] § 208 Rn 2 ff) nicht zu entnehmen ist. Dadurch kann der Bürge, der kurz vor Ablauf der Verjährungsfrist seine Bürgenpflicht erfüllt, schutzlos sein, falls er nicht zugleich einen unverjährten Erstattungsanspruch (Rn 1, 33) hat; bei unverzüglicher Geltendmachung des Rückgriffsanspruchs muß insoweit die Verjährungseinrede des Hauptschuldners gem § 242 vorübergehend ausgeschlossen sein. Hat der Hauptschuldner nach Befriedigung des Gläubigers durch den Bürgen in Unkenntnis davon noch einmal an den Gläubiger geleistet, kann er dies analog §§ 407, 412 gegenüber dem Bürgen einwenden; der Bürge kann aber vom Hauptschuldner die Abtretung des Rückzahlungsanspruchs gegen den Gläubiger verlangen (Planck/Oegg Anm 2 c u 4 h). Zum Rückgriffsanspruch des Bürgen für eine Wechselverbindlichkeit s Vorbem 437. **36**

Der Hauptschuldner kann nicht einwenden, der Gläubiger habe ihm die Hauptschuld erlassen, die Bürgenforderung aber aufrechterhalten. Eine Abrede mit dem Gläubiger, den Hauptschuldner nach mehrfachen Pfändungsversuchen für einen Teilbetrag nicht mehr in Anspruch zu nehmen, kann zwar unter Aufrechterhaltung der Bürgenhaftung getroffen werden (oben Rn 9), aber nur mit der Folge, daß der Bürge seinen Rückgriffsanspruch behält (OLG Hamm MDR 1994, 1109, 1110). Der Hauptschuldner kann einwenden, die Hauptschuld bestehe wegen Sittenwidrigkeit nicht. Jedenfalls dann, wenn die Bürgschaft nicht zugleich den Kondiktionsanspruch wegen der aufgrund nichtigen Darlehensvertrags ausgezahlten Summe umfaßt (s § 765 Rn 80 ff). Ist die Hauptschuld deshalb sittenwidrig und nichtig, weil Hauptschuldner und Bürge Mittäter eines Betrugs sind, so sind auch die internen Beziehungen von der Sittenwidrigkeit geprägt. Es kommt daher weder ein vertraglicher Ausgleichsanspruch noch eine entsprechende Anwendung von § 426 in Betracht (zutr Wandt EWiR 1994, 245, 246 gegen OLG Stuttgart ZIP 1994, 200, 202). **37**

Der Bürge zur Zahlung auf erstes Anfordern (Vorbem 24 ff), der an den Gläubiger gezahlt hat, wobei der Gläubiger möglicherweise materiell mangels Eintritts des Bürgschaftsfalls zur Anforderung nicht berechtigt war, kann vom Hauptschuldner **38** nicht darauf verwiesen werden, seinen Rückforderungsanspruch gegen den Gläubiger gem §§ 812 Abs 1 S 1, 813 geltend zu machen (dazu Vorbem 34). Er hat gleichwohl den Rückgriffsanspruch gegen den Hauptschuldner, muß diesem allerdings den Rückforderungsanspruch abtreten (OLG München WM 1988, 1554, 1557).

39 Der Bürge muß die Voraussetzungen des Forderungsübergangs nach Abs 1 S 1 dartun (Rn 7 ff), nämlich Bestand der Hauptforderung (vgl auch OLG Köln MDR 1976, 398 betr Konditionsanspruch anstelle des nichtigen Darlehensrückzahlungsanspruchs), Wirksamkeit des Bürgschaftsvertrages und Befriedigung des Gläubigers für die verbürgte Forderung (BGH WM 1964, 849) Leistung als Bürge und nicht als Dritter (RGZ 85, 72 f; 102, 51, 53; BGH aaO). Hat der Hauptschuldner zuvor den Gläubiger befriedigt, entfällt der Regreßanspruch des Bürgen; dieser kann aber, besonders wenn er in entschuldbarer Unkenntnis gehandelt hat, nach § 670 oder § 683 aufgrund des Innenverhältnisses regreßberechtigt sein gegen Abtretung seines Konditionsanspruchs gegen den Gläubiger (PLANCK/OEGG Anm 4 c u g; OERTMANN Anm 1 c u 6; KANKA JherJb 87, 123, 152 ff). Zur Darlegungslast des Bürgen, wenn dieser seinen Rückgriffsanspruch im Urkundenprozeß verfolgt (BGH ZIP 1987, 1441 = WM 1987, 1397; dazu ALISCH EWiR 1987, 1187 f).

40 Das dem Hauptschuldner gem Abs 1 S 3 eingeräumte Recht, auch die im Innenverhältnis gegen den Bürgen bestehenden Einreden und Einwendungen der nach § 774 Abs 1 S 1 übergegangenen Hauptforderung entgegenzusetzen, zeigt, daß letztlich das Innenverhältnis für den Rückgriffsanspruch des Bürgen maßgeblich sein soll (BGH WM 1970, 751; Rn 6). Daraus folgt aber nicht, daß der Bestand einer Rückgriffsforderung im Innenverhältnis Voraussetzung des Forderungsübergangs nach S 1 ist (zT aA TIEDTKE WM 1976, 174, 177). Der Ausschluß eines Rückgriffsanspruchs des Bürgen im Innenverhältnis ist vielmehr eine Einwendung, die der Schuldner zu beweisen hat, die allerdings von Amts wegen zu berücksichtigen ist (RGZ 102, 51, 53; BGH WM 1970, 751; 1992, 908; PALANDT/THOMAS Rn 11; im Ergebnis TIEDTKE aaO; vgl auch Mot II 674; RGZ 85, 72 f; weiter einschränkend PLANCK/OEGG Anm 2 c: Nur Einrede im technischen Sinn). Der Bürge kann demnach die übergegangene Hauptforderung auch geltend machen, soweit sie den Umfang des im Innenverhältnis zugestandenen Erstattungsanspruchs übersteigt, solange dies nicht im Innenverhältnis ausdrücklich oder konkludent ausgeschlossen ist; Unklarheiten gehen zu Lasten des Hauptschuldners; vgl auch zum weitergehenden Zinsanspruch für die Hauptforderung oben Rn 15 f.

41 Gegenüber dem Rückgriffsanspruch des Nachbürgen, der den Gläubiger befriedigt hat, hat der Hauptschuldner Einwendungen nicht nur aus seinem Innenverhältnis zum Nachbürgen, sondern auch analog §§ 774 Abs 1 S 3, 404 Einwendungen aus dem Verhältnis zum Vorbürgen (OLG Hamm MDR 1961, 503; ähnlich TIEDTKE WM 1976, 174; aA OLG Köln MDR 1975, 932; s Vorbem 27).

42 Hat der Hauptschuldner eine Forderung gegen den Gläubiger, so kann er damit gegen die auf den Bürgen übergegangene Hauptforderung idR nicht mehr aufrechnen (§ 770 Rn 15).

V. Der Ausgleich unter Mitbürgen (Abs 2)

1. Der Ausgleichsanspruch

a) Grundsatz

Mitbürgen haften dem Gläubiger gem § 769 als Gesamtschuldner. Hat einer von mehreren Mitbürgen den Gläubiger befriedigt, richtet sich daher ihre Ausgleichungspflicht untereinander gem Abs 2 nach der für Gesamtschuldner geltenden Regelung des § 426. Abs 2 schließt insoweit die allgemeine Regelung der §§ 774 Abs 1 S 1, 412, 401 aus, nach der auf den zahlenden Mitbürgen mit der Hauptforderung die Bürgschaftsforderungen gegen alle Mitbürgen in voller Höhe der Zahlung übergehen würden. Statt dessen gehen die Bürgschaftsforderungen gegen Mitbürgen nur in Höhe der nach § 426 bestimmten Ausgleichspflicht über (Mot II 674; Prot II 477; RG WarnR 1912 Nr 296; 1914 Nr 247; RG Recht 1918 Nr 993; RGZ 88, 122, 124; BGHZ 88, 185, 189 f = NJW 1983, 2442, 2443 = ZIP 1983, 1042, 1043; BGH WM 1983, 1386, 1387; 1986, 961; Kremer, Die Mitbürgschaft 172 ff; Lippmann AcP 111, 135, 165 f; Braun/Melchior AcP 132, 175, 180 f; BGB-RGRK/Mormann Rn 7) und zwar auch dann, wenn die Hauptforderung auf den leistenden Bürgen noch ausdrücklich vom Gläubiger übertragen wird (RGZ 117, 1 f). Dem zahlenden Mitbürgen stehen demnach Ausgleichsansprüche gem § 426 gegen die Mitbürgen und in gleichem Umfang die übergegangenen Bürgschaftsforderungen gegen diese zu.

b) Voraussetzungen des Ausgleichsanspruchs

Allgemeine Voraussetzung des Ausgleichsanspruchs ist es, daß (1) tatsächlich eine Mitbürgschaft vorliegt, dh die mehreren Bürgen für die gleiche Hauptschuld einstehen und nicht für unterschiedliche Hauptschulden oder verschiedene, genau unterscheidbare Teile der Hauptschuld. Sind diese Voraussetzungen gegeben, dann liegt trotz vertraglicher Ausschließung der Mitbürgschaft („Nebenbürgschaft") grundsätzlich ein iS § 774 Abs 2 ausgleichspflichtiges Mitbürgschaftsverhältnis vor (§ 769 Rn 8 f, 12 f). (2) Ferner müssen die mehreren Mitbürgen gleichstufig haften (iF Rn 59; zum ganzen BGH NJW 1986, 3131, 3132). Ausgleichsberechtigt ist jeder an den Gläubiger leistende Mitbürge nur insoweit, als seine Leistung den Betrag übersteigt, zu dem er selbst den anderen Mitbürgen ausgleichspflichtig wäre (Rn 51 ff). Ausgleichspflichtig ist jeder Mitbürge, der nichts oder weniger als seinen Ausgleichsanteil an den Gläubiger geleistet hat, bis zur Höhe seines Anteils. In diesem Rahmen können demnach mehrere ausgleichsberechtigte Mitbürgen mit getrennten Ausgleichsansprüchen (dh ohne Gesamtgläubiger zu sein; Kanka JherJb 87, 123, 159; aA RGZ 117, 1, 4) mehreren Ausgleichspflichtigen gegenüberstehen. Der einzelne ausgleichsberechtigte Mitbürge kann sich insoweit den Bürgen aussuchen, den er in Anspruch nehmen will; dieser kann ihn nicht an andere Mitbürgen verweisen, kann sich aber bei doppelter Inanspruchnahme durch Leistung bis zur Höhe seines eigenen Ausgleichspflichtbetrages (Rn 51 ff) befreien. Der ausgleichspflichtige Mitbürge kann gegen den Ausgleichsanspruch die im Innenverhältnis (§ 426) bestehenden Einwendungen, gegen den Bürgschaftsanspruch gem §§ 404, 412 die Einwendungen gegen den Gläubiger, die zur Zeit des Forderungsübergangs auf den zahlenden Mitbürgen bestanden, geltend machen (Kanka JherJb 87, 123, 174 f).

Der zahlende Mitbürge kann vom Gläubiger nicht gem §§ 402, 403, 412 urkundliche Anerkennung der auf ihn übergehenden Bürgenforderungen gegen die Mitbürgen

verlangen, weil das für den Übergang maßgebliche Innenverhältnis der Mitbürgen
(§ 426) den Gläubiger nicht berührt (RG HRR 1932 Nr 2141); er kann aber verlangen,
daß der Gläubiger ihn über die vorhandenen Mitbürgen, die er ja nicht zu kennen
braucht, Auskunft erteile (OLG Braunschweig SeuffA 61 Nr 132; KANKA JherJb 87, 123,
156).

c) Teilleistungen

46 Tilgt der Hauptschuldner einen Teil der Hauptschuld vor oder nach der Teilleistung
eines Mitbürgen an den Gläubiger, so bestimmen sich die Anteile aller Mitbürgen
(Ausgleichsberechtigung und -verpflichtung) nach der auf die Bürgen entfallenden
Restschuld, nicht nach dem ursprünglichen Umfang der Hauptschuld (so für den ersten
Fall OLG Frankfurt/M SeuffA 69 Nr 76; KANKA JherJb 87, 123, 161).

47 Erbringt ein Mitbürge eine Teilleistung an den Gläubiger, die niedriger ist als seine
Ausgleichsquote im Innenverhältnis, so ist er nicht ausgleichsberechtigt. Eine Ausnahme davon ist zu machen, wenn die Hauptschuld (und damit die Bürgschaftsforderungen) in Raten zu tilgen ist (Prot I 440; BLOMEYER JZ 1957, 443). Die gleiche
Ausnahme muß auch gelten, wenn noch nicht feststehe, in welcher Höhe die Bürgen
endgültig in Anspruch genommen werden (BGHZ 23, 361 f; BGH NJW 1986, 3131, 3132;
OLG Celle JW 1934, 1864 Nr 5; BGB-RGRK/MORMANN Rn 7; PALANDT/THOMAS Rn 14; aA BLOMEYER JZ 1957, 443; krit auch RIETSCHEL LM Nr 2 zu § 774 BGB). Diese Ausgleichspflicht
schon nach Teilleistungen eines Bürgen folgt aus dem Grundsatz, daß Mitbürgen von
vornherein nach ihren internen Anteilen an der Befriedigung des Gläubigers mitzuwirken haben (BGH NJW 1986, 3131, 3132); auch soll dem zahlenden Mitbürgen nicht
zugemutet werden, für eine längere Zeit der Ungewißheit, ob noch weitere Inanspruchnahme erfolgt, allein die wirtschaftliche Last zu tragen (BGHZ 83, 206, 208 f;
einschränkend noch STAUDINGER/BRÄNDL[10/11] Rn 29). Die Rechtsprechung hatte inzwischen
Gelegenheit, den Grundsatz einer Ausgleichspflicht schon nach Teilleistung zutreffend wieder einzuschränken: Hat ein Mitbürge an den Gläubiger eine Teilleistung
erbracht, die seine Haftungsquote im Innenverhältnis zu seinen Mitbürgen nicht
erreicht, und wird er danach zahlungsunfähig, so kann er Ausgleich solange nicht
beanspruchen, als nicht feststeht, in welcher Höhe auch die anderen Mitbürgen aufgrund ihrer Bürgschaften zahlen müssen (BGHZ 83, 206, 208 f). Wird der Hauptschuldner zahlungsunfähig und steht damit die endgültige Belastung der Mitbürgen
gegenüber dem Gläubiger und damit auch ihre interne Ausgleichspflicht fest, so
kann ein Mitbürge nach eigener Teilzahlung Ausgleich nur insoweit verlangen, als
die Zahlung seine eigene Quote übersteigt (OLG Köln GmbHR 1995, 51).

d) Befreiungsanspruch

48 Ebenso wie sonst ein Gesamtschuldner, der vom Gläubiger in Anspruch genommen
wird, von seinen Mitgesamtschuldnern verlangen kann, ihn von der Verbindlichkeit
in der Höhe zu befreien, die der jeweiligen internen Ausgleichspflicht entspricht
(RGZ 79, 288, 290; BGH NJW 1958, 497; 1986, 3131, 3132; SELB, Mehrheiten von Gläubigern und
Schuldnern [1984] § 7 II 2), kann auch ein in Anspruch genommener Mitbürge einen
entsprechenden Befreiungsanspruch gegen die anderen Mitbürgen haben, soweit
diese ihm gem § 774 Abs 2 haften (BGH NJW 1986, 3131, 3132; KANKA JherJb 87, 158,
159).

e) Erlaß der Bürgenschuld eines Mitbürgen

Grundsätzlich kann der gänzliche oder teilweise Erlaß der Schuld eines Gesamtschuldners unterschiedliche Wirkung haben (allg WACKE AcP 170 [1970] 42). Erläßt der Gläubiger einem Mitbürgen die Schuld, kommen folgende Fälle in Betracht: Verpflichtet sich der Gläubiger lediglich, den Mitbürgen nicht in Anspruch zu nehmen (pactum de non petendo), bleibt die materielle Rechtslage im übrigen unverändert: die Mitbürgen haften dem Gläubiger in voller Höhe weiter und können vom Erlaßpartner Ausgleich in Höhe der ursprünglichen Quote verlangen. Erläßt der Gläubiger dem Mitbürgen die Bürgschaftsforderung gem § 397, so werden die anderen Mitbürgen gem § 776 S 1 gegenüber dem Gläubiger insoweit frei, als sie von dem Erlaßpartner hätten Ausgleich verlangen können (§ 776 Rn 9; § 769 Rn 6; anders bei Teilerlaß außerhalb der Mitbürgenquote des Erlaßpartners; so wohl BGH MDR 1965, 126; § 776 Rn 9). Schließlich können die Erlaßparteien auch den besonderen Willen iS §§ 423, 769 haben, daß alle Mitbürgen frei werden sollen.

Erläßt der Gläubiger einem Mitbürgen die Bürgschuld gem § 397, so entfällt nicht ohne weiteres dessen Ausgleichspflicht gegenüber den übrigen Mitbürgen, wenn diese in Anspruch genommen werden (BGH WM 1992, 1312, 1313; vgl schon BGH WM 1989, 609, 611; ferner LG Flensburg NJW-RR 1987, 440, 441; PLANCK/OEGG § 769 Rn 4; aA Münch-Komm/PECHER § 769 Rn 6). Aus § 776 könnte man an sich die gegenteilige Ansicht des Gesetzgebers herauslesen, daß nämlich der Erlaß gegenüber einem Mitbürgen auch den Rückgriffsanspruch der übrigen entfallen läßt (zutr BAYER EWiR 1992, 869, 870). Das Fortbestehen eines Ausgleichsanspruchs dagegen stimmt mit der Rechtsprechung überein, daß auch der Ausschluß der Mitbürgenschaft im Verhältnis der Gläubiger zu den Bürgen keinen Einfluß auf die internen Rückgriffsansprüche zwischen den Mitbürgen hat (BGHZ 88, 185, 188 ff = ZIP 1983, 1042, 1043 = NJW 1983, 2442, 2443; oben § 769 Rn 12 f).

2. Der Umfang der Ausgleichspflicht

a) Grundsatz; abweichende Vereinbarung

Die Mitbürgen sind gem § 426 einander verpflichtet, (1) rechtzeitig an die Gläubiger zu leisten und nach Maßgabe ihrer internen Anteile an dessen Befriedigung mitzuwirken (RGZ 92, 143, 151; BGH NJW 1986, 3131, 3132; KANKA JherJb 87, 159 Fn 35) und (2) untereinander Ausgleich zu leisten. Beide Pflichten bestehen nach der Grundregel des § 426 Abs 1 S 1 zu gleichen Teilen der Hauptschuld (vgl auch OLG Köln WM 1991, 1718), soweit nicht ein anderes bestimmt ist. Eine solche abweichende Vereinbarung über ungleiche Anteile oder über den Ausschluß eines Ausgleichsanspruchs gegenüber bestimmten oder allen Mitbürgen kann auch konkludent getroffen werden (RG WarnR 1929 Nr 138; RG JW 1913, 488 Nr 9; BGH WM 1986, 961, 963; 1987, 924, 926). Für eine solche konkludente Vereinbarung können auch die Umstände, zB familiäre oder gesellschaftsrechtliche Beziehungen der Beteiligten, herangezogen werden (vgl BGH WM 1983, 1386, 1387 u iF).

Die **Beweislast** für die besondere Ausgleichsvereinbarung oder den Ausschluß der Ausgleichspflicht eines Mitbürgen trägt der Mitbürge, der sie behauptet (RGZ 117, 1, 3; BGH WM 1982, 186; PLANCK/OEGG Anm 7c).

b) Mitgesellschafter als Mitbürgen

53 Haben sich mehrere Mitgesellschafter für eine Gesellschaftsschuld verbürgt, so ist in der Regel aus dem Gesellschaftsvertrag zu schließen, daß die Ausgleichung unter den Mitbürgen nicht nach Kopfteilen, sondern nach dem Verhältnis der Geschäftsanteile erfolgen soll, und zwar auch dann, wenn nicht alle, sondern nur einzelne Gesellschafter sich an der Verbürgung beteiligt haben (RG WarnR 1914 Nr 247; RGZ 88, 122 ff; OLG Frankfurt MDR 1968, 838; OLG Köln GmbHR 1995, 51; BGB-RGRK/MORMANN Rn 7; SCHULER NJW 1953, 1690). Wer als Bürge für Gesellschaftsschulden in Anspruch genommen wurde, kann im Zweifel Regreß bei einem mitbürgenden Gesellschafter, der inzwischen aus der Gesellschaft ausgeschieden ist, nur insoweit nehmen, als es sich um Schulden handelt, die während seiner Zugehörigkeit zur Gesellschaft begründet wurden (BGH NJW-RR 1993, 1377, 1378). Übernimmt neben den Gesellschaftern einer OHG ein Dritter die Mitbürgschaft für eine Verbindlichkeit der OHG, so ist der Dritte im Regelfall dem zahlenden Gesellschafter gegenüber nicht ausgleichspflichtig (BGH MDR 1959, 277 f), bei eigener Zahlung aber voll ausgleichsberechtigt. Überträgt einer von zwei Gesellschaftern einer GmbH, die beide für eine Gesellschaftsschuld die Mitbürgschaft übernommen haben, seinen Gesellschaftsanteil auf den anderen Mitbürgen, so ist im Zweifel anzunehmen, daß der verbleibende Gesellschafter im Innenverhältnis für die ganze Bürgschaftsschuld aufzukommen hat (BGH Betrieb 1973, 1543 f).

54 Grundsätzlich spricht der Umstand, daß der eine Mitbürge Gesellschafter des Hauptschuldners oder an dessen Betrieb wirtschaftlich interessiert ist, der andere nicht, für einen Ausschluß der Haftung des Außenstehenden, falls nicht der Inhalt der Bürgschaftserklärung oder sonstige Umstände entgegenstehen (BGH WM 1983, 1386, 1387; WM 1987, 924, 926). Haben sich mehrere Gesellschafter einer GmbH für deren Schulden verbürgt, so können sie dem Gläubiger entgegenhalten, daß er durch einen bürgenden Mitgesellschafter als Treuhänder selbst wirtschaftlich die Stellung eines Mitgesellschafters habe und daher im Innenverhältnis einen seiner Beteiligung entsprechenden Teil der verbürgten Schuld selbst zu tragen hat (BGH WM 1989, 609, 610; dazu BÜLOW EWiR 1989, 469). Haben sich Mitbürgen gegenüber dem Gläubiger auch noch wechselmäßig verpflichtet, so läßt sich aus der Reihenfolge ihrer Indossamente kein Schluß auf das Ausgleichsverhältnis ziehen; für dieses bleibt das bürgerlichrechtliche Innenverhältnis maßgeblich (RGZ 142, 264, 267; vgl auch Vorbem 423 ff). Ein Ausschluß des Rückgriffs folgt aus der Vereinbarung einer ungleichrangigen Bürgenhaftung als Nachbürge (iF Rn 59).

c) Unterschiedlicher Umfang der Mitbürgschaften

55 Haften die Mitbürgen in unterschiedlicher Höhe, so sind sie einander nur ausgleichspflichtig, soweit sich die Bürgschaftssummen decken, weil sie nur insoweit Gesamtschuldner iS §§ 769, 426 sind (§ 769 Rn 2; BEESER BB 1958, 970). Nur die sich jeweils deckenden Bürgschaftssummen sind demnach, soweit der Gläubiger befriedigt wurde, durch die Ausgleichsquoten zu teilen (RGZ 81, 414, 420; und das Rechenbeispiel bei PLANCK/OEGG Anm 7 e; KANKA JherJb 87, 123, 160): Wenn für eine Hauptschuld von 1000 C bis zu 600, B bis zu 800, A bis zum vollen Betrag bürgt, findet eine Ausgleichung statt für 600 unter A, B und C, für weitere 200 unter A und B, keine Ausgleichung für den Spitzenbetrag, für den A allein gebürgt hat. Möglich ist eine (auch konkludente) abweichende Vereinbarung, daß diese Mitbürgen zB proportional ihren Bürgschaftssummen ausgleichspflichtig sind.

d) Die Ausgleichsberechnung bei mehreren Höchstbetragsbürgschaften kann nur **56** dann nach der vorstehenden Regel nach Köpfen vorgenommen werden, wenn jede einzelne von ihnen betragsmäßig die Hauptschuld übersteigt und damit feststeht, daß die Höchstbetragsbürgen im Umfang der Hauptschuld Mitbürgen sind. Der Umstand, daß die einzelnen Bürgschaften ggf auf unterschiedlich hohe Beträge lauten, interessiert dann nicht. In anderen Fällen muß die Ausgleichsberechnung bei Höchstbetragsbürgschaften dagegen proportional ihrer unterschiedlichen Höhe vorgenommen werden. Denn die oa Grundsätze und das Rechenbeispiel funktionieren nur, wenn die Zuordnung jeder Mitbürgschaft zu ganz bestimmten Teilbeträgen oder Abschnitten der Hauptschuld feststeht und sich dabei eine Mehrfachdeckung ergibt. Der Ausgleich erfolgt dann im Umfang dieser Mehrfachdeckung nach Köpfen, weil alle Bürgen in diesem Rahmen gleichmäßig verpflichtet sind. Höchstbetragsbürgschaften haften dagegen im Rahmen ihres Haftungsbetrags jeweils für die ganze Hauptschuld bis zu deren letztem Teilbetrag, ohne daß eine feste Zuordnung zu Teilbeträgen oder Abschnitten festgelegt ist; die Bürgenhaftung „flottiert" innerhalb des Gesamtbetrags der Hauptschuld. Es ist dann schwer, die genaue Mehrfachdeckung festzustellen. Das Problem wird deutlich, wenn wir in obigem Rechenbeispiel eine Hauptschuld von 120 annehmen und drei Bürgschaften von 100, 80 und 60. Insgesamt ist die Hauptschuld hier durch die Summe der Bürgschaftsbeträge doppelt abgedeckt; die Überdeckung der einzelnen Mitbürgschaften kann aber nicht genau lokalisiert werden. WOLF hat vorgeschlagen, bei mehreren Höchstbetragsbürgschaften müsse der Gläubiger das Recht haben, die einzelnen Bürgschaften bei Inanspruchnahme der Bürgen bestimmten Teilbeträgen der Hauptschuld zuzuordnen (NJW 1987, 2472, 2474). Dies ist schon im Außenverhältnis zwischen Gläubiger und Bürgen praxisfern (s § 769 Rn 12 f). Für das Innenverhältnis der Mitbürgen wäre eine solche Zuordnung bedeutungslos (vgl allg BGHZ 88, 185, 189 = ZIP 1983, 1042, 1043 = NJW 1983, 2442, 2443; oben Rn 43 f u § 769 Rn 7 ff, 13). Hier bleibt nichts weiter übrig als eine Berechnung der Ausgleichsquoten proportional zur Höhe der einzelnen Bürgschaften, so unbefriedigend dies auch sein mag. Im Beispielsfall haftet intern der erste Bürge auf 120 : 240 x 100 = 50, der zweite auf 40, der dritte auf 30. Diese proportionale Berechnung wird von einer vordringenden Meinung befürwortet (OLG Köln WM 1991, 1718, 1719; OLG Stuttgart EWiR 1990, 147 m krit Anm BAYER; MünchKomm/PECHER Rn 21). Die Berechnungsmethode muß wegen ihrer Mängel hinsichtlich der ausgleichenden Gerechtigkeit aber auf den genannten Sonderfall der mehreren Höchstbetragsbürgschaften beschränkt werden, welche gemeinsam, aber nicht einzeln, die Hauptschuld abdecken; als generelle Regel bleibt es bei der Verteilung nach Köpfen hinsichtlich feststehender Mehrfachdeckungen (vgl OLG Hamm WM 1984, 829; BGH ZIP 1984, 38, 39 = NJW 1984, 482; BAYER EWiR 1990, 147, 148; GRAF LAMBSDORFF/SKORA Rn 309; im Ergebnis ebenso OLG Hamm WM 1990, 1238, 1239 f, wo zwar proportionale Aufteilung gefordert, im Ergebnis aber gleichmäßige Teilung erkannt wird). Zum Ganzen HORN DZWir 1997, 265.

e) Veränderungen beim Mitbürgen
Fällt ein Mitbürge zB wegen Zahlungsunfähigkeit aus, so erhöht sich die Quote der **57** übrigen gem § 426 Abs 1 S 2. Fällt ein Mitbürge weg, nachdem er einen höheren Betrag als seine Quote geleistet hat (Liquidation einer juristischen Person), so kommt die Mehrleistung allen übrigen Mitbürgen zugute (BGH MDR 1965, 126). Erläßt ein Mitbürge einem anderen den Ausgleichsanspruch, so kann er insoweit keinen Ausgleich von den übrigen verlangen (RGZ 142, 264, 267).

58 Beerbt der Gläubiger einen Mitbürgen, so muß er sich von seiner Forderung gegen die anderen Mitbürgen (als Gesamtschuldner) den Anteil abziehen lassen, der ihn als Bürgen trifft; das gleiche gilt von einem Mitbürgen, der die Hauptforderung erwirbt (RGZ 117, 1; WarnR 1913 Nr 361; vgl auch OLG Hamburg OLGE 9, 15; PLANCK/OEGG Anm 11; KANKA JherJb 87, 193 f).

3. Besondere Bürgschaftsformen

59 Der normale Bürge hat keinen Ausgleichsanspruch gegen den Ausfallbürgen; wohl aber umgekehrt. Eine abweichende Vereinbarung ist möglich (§ 771 Rn 17). Der Vorbürge hat keinen Rückgriff gegen den Nachbürgen (RG JW 1912, 746); wohl aber hat der Nachbürge einen Rückgriffsanspruch gegen den Vorbürgen (Vorbem 57 ff). Mit einer Ausfallbürgschaft soll durch entsprechende Nebenabrede eine nachrangige Haftung in der Weise verbunden werden können, daß der Ausfallbürge von den übrigen Bürgen nicht auf Ausgleichung in Anspruch genommen werden kann (BGH WM 1986, 961, 962 f; zweifelhaft). Der Nachbürge kann seinen Rückbürgen auch dann in Anspruch nehmen, wenn ein Rückgriff gegen den Vorbürgen wegen Vergleichsverfahrens ausgeschlossen ist (BGH NJW 1979, 415 = MDR 1979, 489). Ist ein Mitbürge zugleich Rückbürge eines anderen Mitbürgen, so kann er von diesem Ausgleichung insoweit nicht verlangen, als er das Erlangte als Rückbürge wieder erstatten müßte (RG PosMSchr 1905, 85).

VI. Entsprechende Anwendung des § 774

1. Rechtsübergang gem Abs 1

60 Entsprechende Anwendung findet § 774 Abs 1 gem § 1143 Abs 1 S 2 auf den Grundstückseigentümer, der den Hypothekengläubiger befriedigt, ohne persönlicher Schuldner zu sein, und dessen Forderung erwirbt, ferner der ganze § 774 gem § 1225 S 2 auf den Verpfänder, der den Pfandgläubiger befriedigt, ohne persönlicher Schuldner zu sein, und dessen Forderung erwirbt. Nach hM sind diese Vorschriften einschränkend anzuwenden in dem Fall, daß die übergehende Forderung zugleich verbürgt ist. Ob hier der Grundstückseigentümer oder Verpfänder gem §§ 412, 401 mit der Hauptforderung auch die Bürgschaftsforderung erwirbt, hängt davon ab, ob und in welchem Umfang diese ihm ausgleichspflichtig sind; dazu iF Rn 65 ff.

61 Obwohl das Gesetz demnach die Regelung des § 774 auch an anderer Stelle verwendet (s auch § 268 Abs 3), ist eine entsprechende Anwendung auf andere Fälle außerhalb der gesetzlichen Tatbestände nicht möglich (RGZ 94, 90), weil sich die weitreichende Folge des gesetzlichen Rechtsübergangs für analoge Anwendung aus Gründen der Rechtssicherheit wenig eignet. Der Interzedent, der außerhalb der genannten Vorschriften den Gläubiger befriedigt, erscheint lediglich als ein Dritter iS § 267, der die Leistung des Schuldners bewirkt; eine solche Leistung hat aber einen Übergang der bezahlten Forderung auf den Leistenden nicht zur Folge (RG LZ 191 8, 909; RGZ 94, 90; 96, 136, 139; BGB-RGRK/MORMANN Rn 9). § 774 findet demnach keine Anwendung auf den Garantievertrag. Der zahlende Garant erwirbt die gesicherte Forderung nur bei besonderer Abtretung (RG SeuffA 79 Rn 21; oben Vorbem 227). § 774 ist ferner unanwendbar auf die wechselmäßige Schuldhilfe (RGZ 94, 85; 96, 136; RG HRR 1935, Nr 246; oben Vorbem 429 ff).

Eine entsprechende Anwendung des § 774 Abs 1 auch auf den **Schuldbeitritt** (Schuld- 62
mitübernahme) ist nicht möglich (vgl auch BGH WM 1976, 1109). Der Schuldbeitretende
ist Gesamtschuldner mit dem „Hauptschuldner". Zahlt er, so folgt eine gesetzlicher
Übergang auf ihn aus § 426 Abs 2 insoweit, als der Schuldabtretende vom Schuldner
Ausgleich verlangen kann. Dies hängt von seiner Rechtsbeziehung zum Schuldner
ab, in deren Rahmen eine ausdrückliche oder konkludente Abrede über den Ausgleich oder dessen Ausschluß betroffen sein kann. Häufig will der Schuldbeitretende
die Schuld intern nur ähnlich einem Bürgen sichern und das geschäftliche Interesse
liegt allein beim Hauptschuldner (vgl auch den Fall BGHZ 46, 14 = WM 1966, 830).

Ist für die gleiche Schuld neben dem Schuldbeitritt auch eine Bürgschaft bestellt, so 63
müßte der Schuldbeitretende, der zahlt und nach Maßgabe des § 426 Abs 2 die
Hauptschuld erwirbt, zugleich auch die akzessorische Bürgschaft gem § 412, 401
Abs 1 erwerben. Ob dies tatsächlich der Fall ist, muß aber entsprechend § 426 Abs 2
davon abhängig gemacht werden, ob nach den Abreden der Parteien oder der Interessenlage der Schuldbeitretende dem Hauptschuldner näher steht als der Bürge und
eher das Risiko von dessen Inanspruchnahme tragen muß.

Die gleiche Schwierigkeit besteht, wenn für eine Schuld Schuldbeitritt und Bürg- 64
schaft bestehen und der Bürge zahlt. Regelmäßig bezieht sich die Bürgschaft nicht
ohne weiteres, dh nicht ohne deutlichen Anhaltspunkt in der Bürgschaftserklärung,
auch auf die Schuldübernahme eines Dritten (OLG Nürnberg ZIP 1982, 1064, 1065).
Damit entfällt eine unmittelbare Anwendung von § 774 Abs 1 hinsichtlich der
Schuldbeitrittsforderung bei Zahlung durch den Bürgen. Der Bürge erwirbt zwar die
Hauptforderung, aber die Schuldbeitrittsforderung kann nicht in analoger Anwendung von §§ 412, 401 Abs 1 als „Nebenrecht" der Hauptforderung angesehen werden
mit der Folge, daß sie ebenfalls auf den Bürgen übergeht (so aber BGH WM 1972, 222,
223 = NJW 1972, 437, 438; SCHMITZ, in: FS Merz [1992] 553 f). Dies würde im Ergebnis dazu
führen, daß der Bürge beim Schuldbeitretenden keinen Regreß nehmen könnte,
umgekehrt der Schuldbeitretende beim Bürgen aber zumindest unter den oben
genannten einschränkenden Voraussetzungen. Dies ist ebenso unbefriedigend wie
die andere Lösung, daß der jeweils Erstzahlende beim anderen Rückgriff nehmen
könnte. Nach BGHZ 46, 14 (= WM 1966, 830) kann der Bürge, der sich nur für einen
Gesamtschuldner verbürgt hat, bei den anderen Gesamtschuldnern dann Rückgriff
nehmen, wenn diese dem Hauptschuldner gegenüber ausgleichspflichtig sind,
andernfalls nicht (zust STAUDINGER/BRÄNDL[10/11] Rn 12; MünchKomm/PECHER Rn 7; BGB-
RGRK/MORMANN Rn 3; SOERGEL/MÜHL Rn 2). Man muß aber beachten, daß der zahlende
Bürge nur seine eigene Bürgschaftsschuld erfüllt, nicht aber die Verbindlichkeit des
Hauptschuldners, und daß deshalb auch die Verpflichtung des Schuldbeitretenden
mit der Zahlung nicht erloschen ist (EHMANN, Die Gesamtschuld [1972] S 361f; REINICKE
NJW 1966, 2141; SCHMITZ, in: FS Merz [1992] 553, 556). Es kommt daher letztlich darauf an,
ob aus anderen Gründen zwischen Bürgen und Schuldbeitretenden eine Ausgleichs-
pflicht begründet werden kann. Ein Regreß hängt allein davon ab.

2. Ausgleichspflicht zwischen verschiedenen Sicherungsgebern, insbes zwischen Bürgen und Verpfändern

Das Gesetz trifft keine Regelung für die Ausgleichspflicht zwischen verschiedenen 65
Sicherungsgebern, dh wenn die Hauptforderung zugleich durch ein Pfandrecht oder

eine Hypothek oder durch ein nicht akzessorisches Sicherungsrecht gesichert ist. Lediglich für die akzessorischen Sicherungsrechte enthält das Gesetz eine Regelung über die cessio legis der Hauptforderung und damit über den Regreß, läßt aber letztlich das Ausgleichsproblem ungelöst. Denn einerseits erwirbt der zahlende Bürge nach § 774 S 1, §§ 412, 401 Abs 1 die Hauptforderung zusammen mit der akzessorischen Hypothek; andererseits erwirbt der zahlende Eigentümer des Hypothekengrundstücks nach § 1143 Abs 1 S 1, §§ 412, 401 Abs 1 ebenfalls die Hauptforderung mit der Bürgschaft. Dies liefe auf ein Prioritätsprinzip hinaus: Wer zuerst zahlt, könnte beim anderen Regreß nehmen. Es besteht weithin Einigkeit darüber, daß diese Lösung, die auf Zufallsergebnisse hinausliefe, nicht annnehmbar ist (BGHZ 108, 179, 183 = NJW 1989, 2530, 2531 = WM 1989, 1205, 1207; zust TIEDTKE WM 1990, 1270; K SCHMIDT JuS 1990, 61, 62; SCHMITZ, in: FS Merz [1992] 553 f). Daher müssen allgemeine Regeln eingreifen, die unabhängig von dem Umstand sind, wer zuerst zahlt (dazu iF Rn 67).

66 Die gleichen Probleme ergeben sich beim Zusammentreffen der Bürgschaft mit nichtakzessorischen Rechten oder von nichtakzessorischen Rechten untereinander. Ist für die Hauptschuld zugleich zB eine Grundschuld oder Sicherungseigentum bestellt, so kann der zahlende Bürge nach hM vom Hauptschuldner die Übertragung dieser nichtakzessorischen Sicherungsrechte verlangen (oben Rn 21 f). Ohne diese Übertragung könnte der Bürge nicht Regreß nehmen. Zahlt umgekehrt der Grundstückseigentümer des mit der Grundschuld belasteten Grundstücks, so erwirbt er nicht ohne weiteres die Hauptforderung, weil § 1143 Abs 1 auf die Grundschuld nicht nach § 1192 Abs 1 anwendbar ist (BGHZ 105, 154, 157 = JuS 1989, 143). Bei schlichter Anwendung des Gesetzes findet zwischen Bürgen und Eigentümer des mit der Grundschuld belasteten Grundstücks überhaupt kein Regreß statt, und es haftet immer der jeweils zuerst Inanspruchgenommene; dies wird von einem Teil der Literatur hingenommen (MünchKomm/SELB § 426 Rn 3; BECKER NJW 1971, 5154). Dieses Ergebnis wird freilich dadurch korrigiert, daß der Bürge regelmäßig die Abtretung der Grundschuld verlangen kann (oben Rn 21 f). Bei Zahlung durch den Grundeigentümer erlischt die Forderung nicht, weil dieser auf die Grundschuld zahlt; typischerweise will auch er nur die Grundschuld dann ablösen, wenn ihm die gesicherte Forderung abgetreten wird, womit die Bürgschaft übergehen würde. Auch hier ergibt sich damit ein unbefriedigendes Zufallergebnis, je nachdem, wer zuerst zahlt und dann einen Regreßanspruch erwirbt. Auch für diesen Fall muß eine andere Lösung gefunden werden (BGHZ 108, 179, 183 = NJW 1989, 2530, 2531 = WM 1989, 1205, 1207 und die oa Lit).

67 Der BGH (aaO) sieht die Lösung darin, daß unterschiedliche Sicherungsgeber für die gleiche Schuld, also Bürgen und Pfandgläubiger, aber auch die Besteller nichtakzessorischer Sicherheiten, sofern sie „auf gleicher Stufe stehen", bei Fehlen einer besonderen Ausgleichsvereinbarung untereinander eine Ausgleichsverpflichtung entsprechend den Regeln über die Gesamtschuld (§ 426 Abs 1) haben (ebenso BGH ZIP 1990, 1545, 1546; zust SELB EWiR 1990, 1181; BGH NJW-RR 1991, 682, 683; BGH NJW 1992, 3228, 3229 = ZIP 1992, 1536, 1537 = WM 1992, 1893, 1894; zust SELB EWiR 1992, 1173 f). Dieser Rechtsprechung, die den Bürgen und die anderen Sicherungsgeber zu Ausgleichsgesamtschuldnern macht, hat in der Literatur verbreitet Zustimmung gefunden (REHBEIN WuB I F 1 a 25.89; TIEDTKE EWiR 1989, 863; ders ZIP 1990, 413, 425; BAYER/WANDT ZIP

1989, 1047; Palandt/Thomas Rn 13; Schmitz, in: FS Merz [1992] 553, 554 f; **aA** Bülow WM 1989, 1877, 1880 f).

Dabei werden der Bürge und der Besteller eines nichtakzessorischen oder akzesso- **68** rischen Grundpfandrechts (Hypothek, Grundschuld) im Grundsatz als auf gleicher Stufe stehende Sicherungsgeber angesehen (BGH NJW 1992, 3228, 3229 = ZIP 1992, 1536, 1537 = WM 1992, 1893, 1894; zust Selb EWiR 1992, 1173f; vgl auch schon BGH NJW-RR 1991, 681, 682). Auch diese grundsätzliche Gleichstufigkeit der verschiedenen Sicherungsgeber wird in der Literatur verbreitet befürwortet (MünchKomm/Pecher Rn 25; MünchKomm/ Damrau § 1225 Rn 8; Schlechtriem, in: FS vCaemmerer [1978] 1043 ff; Scholz/Lwowski, Das Recht der Kreditsicherheiten [7. Aufl 1994] Rn 243; Staudinger/Wiegand[12] § 1225 Rn 18, 29; Schmitz, in: FS Merz [1992] 553, 554 f; Palandt/Thomas Rn 13). Die früher überwiegend vertretene Gegenmeinung will im Verhältnis zwischen Bürgen und den Bestellern dinglicher Sicherheiten (Hypothek, Grundschuld, Mobiliarpfandrecht, Sicherungseigentum) eine subsidiäre Haftung der Bürgen annehmen, so daß der Bürge die Belastung endgültig auf das Pfand bzw den Besteller des Pfandrechts abwälzen kann, selbst aber dem Rückgriffsanspruchs des Bestellers der dinglichen Sicherung nicht ausgesetzt ist (Staudinger/Horn[12] Rn 34; Strohal DJZ 1903, 373 u JherJb 61, 59; Planck/ Oegg Anm 2c; BGB-RGRK/Mormann Rn 8; OLG Königsberg SeuffA 76, 85; Reinicke/Tiedtke, Kreditsicherung [3. Aufl 1994] 399 ff). Für eine Privilegierung des Bürgen entgegen der neueren Meinung sprechen auch heute noch die besseren Gründe. Von dieser Vorstellung ging der Gesetzgeber in § 776 aus, indem er den Bürgen frei werden läßt, wenn der Gläubiger ein Pfandrecht aufgibt, soweit er aus dem aufgegebenen Recht aus § 774 hätte Ersatz erlangen können. Dem Verpfänder steht ein entsprechendes Recht umgekehrt nicht zu (BGH NJW-RR 1991, 499). Zwar regelt § 776 nicht das Innenverhältnis zwischen Bürgen und anderen Sicherungsgebern unmittelbar; er läßt aber die Wertung des Gesetzgebers iS einer Privilegierung des Bürgen erkennen. Hinzu kommt, daß die Bürgschaft ein besonders risikoreiches Sicherungsgeschäft ist, weil der Bürge mit seinem ganzen, ggf auch dem künftigen Vermögen haftet und bei Übernahme der Bürgschaft das Risiko in seiner wirtschaftlichen Dimension nicht voll übersieht. Der Besteller einer dinglichen Sicherheit kann als maximales Risiko den Wert des mit der Sicherheit belasteten Gegenstandes genauer abschätzen (zutr Reinicke/Tiedtke aaO).

Die verschiedenen Sicherungsgeber sind einander auf der Grundlage der von der **69** neueren Rechtsprechung befürworteten Ausgleichsgesamtschuldnerschaft gem §§ 426 Abs 1, 774 Abs 2 einander intern zu gleichen Teilen zur Tragung der Inanspruchnahme durch den Gläubiger verpflichtet. Es gelten die gleichen Regeln wie unter Mitbürgen (Rn 51 ff). Die Verteilung nach Kopfteilen kann nur gelten, soweit sich die Sicherheiten überdecken, dh soweit sie sich auf dieselbe Hauptschuld beziehen, soweit diese Hauptschuld noch nicht anderweitig getilgt ist und soweit sich in diesem Rahmen die Sicherheiten betragsmäßig überdecken (Larenz/Canaris § 60 IV 3b). Sind im Rahmen der noch bestehenden (noch nicht anderweitig getilgten) Hauptschuld, für die die mehreren Sicherungsgeber einzustehen haben, Sicherungen von unterschiedlichem Wert bzw unterschiedlicher Höhe vorhanden, so haften die verschiedenen Sicherungsgeber ebenfalls nach Köpfen, soweit sich die Sicherheiten zu bestimmten Teilbeträgen zuordnen lassen und sich insofern eine Mehrfachdeckung ergibt. Ist dies nicht möglich, findet eine proportionale Verteilung der Lasten – aber nur in den Grenzen der insgesamt noch von den Sicherungsgebern getilgten

Hauptschuld – statt; vgl zum entsprechenden Verteilungsproblem bei Höchstbetragsbürgschaften oben Rn 56.

70 **Abweichende Vereinbarungen** sind möglich und häufig. Zunächst kann der interne Verteilungsschlüssel iS § 426 Abs 1 anders geregelt sein. Dies kann ausdrücklich ober konkludent geschehen sein, wobei man im letzteren Fall hauptsächlich auf die objektive Interessenlage abstellen muß. Es gelten die für Mitbürgen maßgeblichen Grundsätze (oben Rn 53 f). Haben zB mehrere Gesellschafter unterschiedliche Sicherheiten für Schulden der Gesellschaft bestellt, so haften sie im Zweifel nach ihren Gesellschaftsanteilen (vgl BGH NJW 1992, 3228, 3229; LARENZ/CANARIS § 60 IV 3 b; oben Rn 53). Hat neben Gesellschaftern ein Nichtgesellschafter sich für die Gesellschaft verbürgt oder eine sonstige Sicherheit gegeben, so ist im Zweifel anzunehmen, daß er intern zwar ausgleichsberechtigt, aber nicht ausgleichsverpflichtet sein soll, weil er intern nur nachrangig nach den Gesellschaftern haften soll (vgl auch oben Rn 54). Es kann auch in anderen Fällen zwischen verschiedenen Sicherungsgebern ausdrücklich oder konkludent vereinbart sein, daß bestimmte Sicherungsgeber in dieser Weise bevorzugt sein sollen.

71 Die abweichende Regelung des Ausgleichs zwischen den Sicherungsgebern kann aber auch mittelbar aus ihren **Vereinbarungen mit dem Gläubiger**, dh den einzelnen Sicherungsabreden, folgen, indem darin festgelegt ist, daß schon im Außenverhältnis zum Gläubiger die verschiedenen Sicherheiten nicht auf gleicher Stufe stehen sollen, was für die Annahme einer Ausgleichsgesamtschuld nach der neueren Rechtsprechung erforderlich wäre. Eine solche Ungleichstufigkeit kann nur bei der Bestellung der Sicherheit vereinbart werden (Beispiel: Bestellung einer Nachbürgschaft, vgl Vorbem 57 ff). Bestehen die Sicherheiten erst einmal nebeneinander, kann der Gläubiger nicht nachträglich durch Vereinbarung mit einem Sicherungsgeber in das künftige Ausgleichsverhältnis zwischen den Sicherungsgebern eingreifen (§ 769 Rn 8 u § 776 Rn 21). Beispiel einer bei Bestellung vereinbarten Ungleichheit: der Besteller einer Grundschuld erklärt sich gegenüber dem Gläubiger damit einverstanden, daß die Grundschuld an den Bürgen abgetreten werden soll, wenn dieser wegen der gesicherten Forderung in Anspruch genommen wird. Hier fehlt es an der Gleichstufigkeit, und der Regreß vollzieht sich über diese Zession (BGH ZIP 1990, 1545, 1546; zust SELB EWiR 1990, 1181 f). Umgekehrtes Beispiel: Der Bürge verzichtet im Bürgschaftsvertrag auf die Übertragung einer für die gleiche Hauptschuld bestellten Grundschuld (vgl BGH NJW 1982, 2308; zu AGBrechtlichen Bedenken s § 776 Rn 21). Der Gläubiger kann sich in der Sicherungsabrede oder ggf auch durch spätere Abrede mit einem Sicherungsgeber das Recht vorbehalten, eine andere Sicherheit aufzugeben; zur Bürgschaft s § 776 Rn 21.

72 Grundsätzlich ist bei der **Auslegung** der Abreden zwischen den verschiedenen Sicherungsgebern (Rn 70) oder der Sicherungsgeber mit dem Gläubiger von der Leitfrage auszugehen, wer nach der Interessenlage und damit nach der Vorstellung der Beteiligten näher daran ist, das Risiko der Nichtleistung durch den Hauptschuldner zu tragen. Im Rahmen dieser Überlegung kann sich der von der neueren Rspr vernachlässigte o.a Grundsatz, daß der Bürge nur subsidiär haften soll, wieder durchsetzen (so auch REINICKE/TIEDTKE, Kreditsicherung [3. Aufl 1994] 401; MünchKomm/PECHER § 769 Rn 4).

Ob auch beim **Schuldbeitritt** (Schuldmitübernahme) die Grundsätze der neueren **73**
Rspr über den im Zweifel gleichmäßigen Ausgleich zwischen mehreren Sicherheitenbestellern gem § 426 analog zum Zuge kommen, kann deshalb zweifelhaft sein, weil der Schuldbeitretende zumindest seiner formalen Stellung nach nicht ohne weiteres wie der Besteller einer sonstigen Sicherheit betrachtet werden kann, sondern eine dem Hauptschuldner vergleichbare Stellung einnimmt, mit dem er zusammen Gesamtschuldner gegenüber dem Gläubiger ist. Gleichwohl spricht vieles dafür, ihn jedenfalls dann einem Sicherungsgeber gleichzustellen, wenn er kein primäres eigenes Interesse am Geschäft der Hauptschuld hat (vgl zur Mitschuldübernahme oben Vorbem 369). Auch dann ist fraglich, ob er iSd Rspr ein mit dem Bürgen gleichstufiger Sicherungsgeber ist, weil er in vielen Fällen dem Risiko der Nichterfüllung der Hauptschuld nach der Interessenlage und der Vorstellung der Beteiligten näherstehen mag als der Bürge. Gleichwohl ist kaum daran zu zweifeln, daß die neuere Rspr über die Ausgleichsgesamtschuld der Sicherungsgeber, deren Richtigkeit einmal unterstellt, auch auf das Verhältnis zwischen Bürgen und Schuldbeitretendem grundsätzlich anwendbar ist (so SCHMITZ, in: FS Merz [1992] 553 ff). Die Rechtsprechung hat im Ergebnis den gleichen Ansatz gewählt, indem sie auf die Schuldmitübernahme eine analoge Anwendung von § 774 Abs 2 befürwortet (OLG Celle WM 1986, 1224 f; zust RIMMELSPACHER WuB I F 1a 19.86; OLG Hamm OLGZ 1990, 336, 338, zust SELB EWiR 1990, 27).

Im Fall des Schuldbeitritts muß aber die Frage einer abweichenden Vereinbarung mit **74**
dem Gläubiger oder der Sicherungsbesteller untereinander besonders sorgfältig geprüft werden, weil häufig der Schuldbeitretende dem Risiko einer Nichterfüllung der Hauptschuld näher steht. Dies hat das OLG Hamm zutr in einem Fall angenommen, in dem die Lebensgefährtin des Hauptschuldners (Darlehensnehmers) die Mitschuld übernommen hatte, während der Verkäufer des finanzierten Abzahlungskaufs als Bürge gegenüber der darlehensgewährenden Bank fungierte (OLG Hamm aaO; zust SELB EWiR 1990, 27 ff). Es kommt freilich hier auf die tatsächlichen Umstände und die daraus folgende Interessenlage an; wäre im Beispielsfall die Lebensgefährtin Bürge gewesen und der Verkäufer Mitschuldner, so hätte man im Ergebnis den Verkäufer privilegieren müssen (zutr SELB aaO).

§ 775

[1] Hat sich der Bürge im Auftrage des Hauptschuldners verbürgt oder stehen ihm nach den Vorschriften über die Geschäftsführung ohne Auftrag wegen der Übernahme der Bürgschaft die Rechte eines Beauftragten gegen den Hauptschuldner zu, so kann er von diesem Befreiung von der Bürgschaft verlangen:

1. wenn sich die Vermögensverhältnisse des Hauptschuldners wesentlich verschlechtert haben;

2. wenn die Rechtsverfolgung gegen den Hauptschuldner infolge einer nach der Übernahme der Bürgschaft eingetretenen Änderung des Wohnsitzes, der gewerblichen Niederlassung oder des Aufenthaltsortes des Hauptschuldners wesentlich erschwert ist;

3. wenn der Hauptschuldner mit der Erfüllung seiner Verbindlichkeit im Verzug ist;

4. wenn der Gläubiger gegen den Bürgen ein vollstreckbares Urteil auf Erfüllung erwirkt hat.

[2] Ist die Hauptverbindlichkeit noch nicht fällig, so kann der Hauptschuldner dem Bürgen, statt ihn zu befreien, Sicherheit leisten.

Materialien: E I § 677; II § 714; III § 759; Mot II 676 ff; Prot II 479; VI 385.

Schrifttum

BERGSCHMIDT, Zur Anwendbarkeit des § 775 Nr 4 BGB, JW 1912, 663
GERHARDT, Der Befreiungsanspruch (Gött Rechtswiss Studien) (1966)
KRETSCHMER, Kann sich der Befreiungsanspruch des Bürgen in einen Zahlungsanspruch verwandeln?, NJW 1962, 141
K ROTH, Das Rückgriffsrecht des Bürgen (Diss Rostock, Breslau 1903) 60

STÖTTER, Das Vertragsverhältnis zwischen dem Hauptschuldner und dem Auftragsbürgen etc, MDR 1970, 545
KURT VOGEL, Das Recht auf Befreiung von der Bürgschaft nach § 775 BGB (Diss Köln 1937)
ZUBKE, Zu § 775 Nr 4 BGB, JW 1913, 714.

1. Der Befreiungsanspruch des Abs 1

a) Grundgedanke und Zweck

1 § 775 schützt die Interessen des Bürgen, dessen Bürgschaftsrisiko sich nach Eingehung der Bürgschaft ohne sein Zutun infolge bestimmter Umstände, insbesondere Verschlechterung der Aussichten einer rechtzeitigen Erfüllung der Hauptschuld, vergrößert hat, durch einen Anspruch gegen den Hauptschuldner auf Befreiung von der Bürgschaft (vgl auch RIEZLER BankArch 1941, 106). § 775 regelt damit das Innenverhältnis zwischen Bürgen und Hauptschuldner, das durch den Bürgschaftsvertrag weder begründet noch geregelt wird, aber häufig durch ein besonderes Rechtsverhältnis gestaltet ist (§ 765 Rn 103 ff; § 774 Rn 1). Dieses besondere Rechtsverhältnis wird in § 775 vorausgesetzt, indem der Befreiungsanspruch nur dann gegeben ist, wenn der Bürge die Rechte eines Beauftragten hat (PLANCK/OEGG Anm 1). Danach hätte der Bürge an sich gem §§ 669, 670, 257, 675, 683 Anspruch auf Vorschuß und Ersatz seiner Aufwendungen, was nicht in jedem Fall (Vorschuß) dem wirtschaftlichen Zweck der Bürgschaft entspricht. Diese Ansprüche werden daher durch § 775 modifiziert und eingeschränkt (Prot VI 385; RGZ 59, 12; BGB-RGRK/MORMANN Rn 1; vgl auch § 774 Rn 1).

b) Voraussetzungen: Auftragsbürgschaft; Gesellschafterbürgschaft

2 Der Bürge muß sich demnach entweder im Auftrag des Hauptschuldners, wenn auch nicht schlechthin nur in dessen Interesse (RG SeuffA 90 Nr 70 = JW 1936, 376 Nr 3), oder als Geschäftsführer ohne Auftrag nach Maßgabe der §§ 679, 683, 684 S 2 verbürgt

und daher die Rechte eines Beauftragten gegen den Hauptschuldner haben (Mot II 676 ff; ZG II 368). Dem eigentlichen (unentgeltlichen) Auftrag ist der Geschäftsbesorgungsvertrag iS § 675 gleichzustellen (RG WarnR 1935 Nr 161 = JW 1935, 3529; SeuffA 90 Nr 70 = JW 1936, 376; PLANCK/OEGG Anm 1 b).

Der im Gesetz genannten Auftragsbürgschaft regelmäßig gleich steht die Bürgschaft 3 des Gesellschafters für seine Gesellschaft. Auch hier wird die Bürgschaft aufgrund eines bestehenden Rechtsverhältnisses zum Hauptschuldner übernommen. Dieses Rechtsverhältnis ist aber nicht Auftrag bzw Geschäftsbesorgung, sondern der Gesellschaftsvertrag. Bei Beendigung des Gesellschaftsverhältnisses kann der Gesellschafter regelmäßig von der Gesellschaft verlangen, von der Bürgschaft befreit zu werden, die er für die Gesellschaft übernommen hat (BGH WM 1989, 406; OLG Hamburg ZIP 1984, 707; PALANDT/THOMAS Rn 1; ausf oben Vorbem 117).

c) **Inhalt und Vollstreckung**
Im Unterschied zum Rückgriffsanspruch des Bürgen gem § 774 und dem parallelen 4 Erstattungsanspruch aus dem Innenverhältnis (§ 774 Rn 1 ff) geht der Befreiungsanspruch gegen den Hauptschuldner regelmäßig nicht auf Zahlung an den Bürgen (vgl auch KRETSCHMER aaO). Der Hauptschuldner kann vielmehr wählen, auf welche Weise er die Befreiung des Bürgen herbeiführt, nämlich entweder indem er die Hauptforderung tilgt oder indem er den Gläubiger veranlaßt, unentgeltlich oder gegen Entgelt, ggf gegen Beschaffung anderweitiger Sicherheit, den Bürgen aus der Haftung zu entlassen (BGHZ 55, 117 ff, 120). Ausnahmsweise soll auch nach § 775, also bevor durch tatsächliche Befriedigung des Gläubigers durch den Bürgen dessen Rückgriffsanspruch gegen den Hauptschuldner entstanden ist, ein Zahlungsanspruch gegen den Hauptschuldner gegeben sein, nämlich wenn feststeht, daß der Bürge vom Gläubiger in Anspruch genommen wird, etwa weil der Hauptschuldner zahlungsunfähig und der Bürge zahlungsfähig ist oder ein Pfand gegeben hat (RGZ 78, 34; 143, 192 = JW 1934, 685 mit einschränkendem Nachwort von OERTMANN; aA KRETSCHMER aaO). Die praktische Bedeutung dieses Zahlungsanspruchs ist gering (aaO). Im Konkurs und Vergleichsverfahren des Hauptschuldners ist die Geltendmachung des Befreiungsanspruchs des Bürgen neben der Hauptforderung des Gläubigers ausgeschlossen (BGH MDR 1971, 399).

Die Vollstreckung des auf Befreiung lautenden Urteils erfolgt nach § 887 ZPO (vgl 5 auch RGZ 18, 435). Der Anspruch des Bürgen kann durch Arrest gesichert werden (HALBAUER BankArch VII 324). Der Hauptschuldner ist verpflichtet, dem Auftragsbürgen die Auskünfte zu geben, die zur Beurteilung und Durchführung seines etwa bestehenden Befreiungsanspruchs notwendig sind (RIEZLER BankArch 1941, 106).

d) **Abtretung**
Der Befreiungsanspruch des Bürgen kann grundsätzlich nicht abgetreten werden, 6 weil er in seinem Inhalt durch das Eigeninteresse des Bürgen geprägt ist (§ 399; vgl allg BGHZ 12, 141). Eine Ausnahme ist bei Abtretung an den Gläubiger der Hauptforderung zu machen, in dessen Hand er sich in einen Anspruch auf Erfüllung der Hauptforderung verwandelt (BGH Betrieb 1975, 445). Eine weitere Ausnahme ist zu machen, wenn die Abtretung nur treuhänderisch aufgrund Einzugsermächtigung erfolgt.

e) Anwendungsbereich

7 Der Anspruch gem § 775 steht auch dem Selbstschuldbürgen zu (Mot II 677; RGZ 8, 262; MünchKomm/Pecher Rn 1). Der Bürge kann Befreiung insoweit nicht verlangen, als ihm gegen den Hauptschuldner kein Rückgriffsanspruch zusteht. Der Bürge, der nicht die Rechtsstellung eines Beauftragten hat, hat keinen Befreiungsanspruch, auch wenn er aus einem anderen Grund einen Rückgriffsanspruch gegen den Hauptschuldner hat (Planck/Oegg Anm 1 d), es sei denn, daß eine abweichende Vereinbarung besteht (unten Rn 12 f). § 775 ist unanwendbar auf die bloße Mitunterschrift eines Wechsels (OLG Marienwerder Recht 1905, 431 Nr 1744) und auf die Schuldmitübernahme (Reichel 553; aA Schneider BayZ 1909, 2), auf den Fall der Pfandbestellung seitens eines Dritten (aA Kress, Bes Schuldrecht 272 Fn 88) und auf das Verhältnis des Bürgen gegen den Drittverpfänder für die gleiche Hauptschuld (OLG Zweibrücken BayZ 1912, 363).

2. Die einzelnen Befreiungsgründe (Abs 1 Nr 1-4)

8 Die einzelnen Befreiungsgründe des Abs 1 Nr 1-4 sind abschließend; eine Anwendung auf andere Umstände, die eine Gefahr für den Bürgen bedeuten, ist unzulässig, soweit nicht eine besondere Vereinbarung (Rn 12 f) vorliegt (Planck/Oegg Anm 2).

a) Ob eine wesentliche Verschlechterung der Vermögensverhältnisse des Hauptschuldners (vgl §§ 321, 610) vorliegt, hat der Richter nach freiem Ermessen zu entscheiden; dabei sind Besitzwerte, Schulden und Kreditverhältnisse des Hauptschuldners zur Zeit der Bürgschaftsübernahme und der Erhebung des Befreiungsanspruchs zu vergleichen; auch die Art der hinzugetretenen Schulden kann, abgesehen von ihrer Höhe (zB besonders dringende Schulden, Zinsrückstände) berücksichtigt werden (RGZ 150, 77). Ist der Hauptschuldner eine OHG, so wird deren Auflösung regelmäßig eine solche Verschlechterung darstellen, es sei denn, daß die Vermögensverhältnisse auch nur eines Gesellschafters noch die gleiche Gewähr für den Rückgriff bieten (vgl RG JW 1927, 1689). Kommt der Hauptschuldner mehrfach mit Teilleistungen gegenüber dem Gläubiger in Verzug, so kann dies trotz Bereinigung des Verzugs noch ein Indiz für die wesentliche Verschlechterung der Vermögensverhältnisse des Hauptschuldners sein (BGH JZ 1968, 230). § 82 Abs 2 VerglO, wonach eine Herabsetzung der Hauptforderung im Vergleichsverfahren auch den Rückgriffsanspruch des Bürgen gegen den Hauptschuldner erfaßt, die Bürgenhaftung gegenüber dem Gläubiger aber unberührt läßt, ist auch auf den Befreiungsanspruch anzuwenden. Hat daher der Hauptschuldner die Vergleichsquote an den Gläubiger erbracht, steht dem Bürgen ein Befreiungsanspruch gegen den Hauptschuldner nicht mehr zu (BGHZ 55, 117, 121).

9 b) Die wesentliche Erschwerung der Rechtsverfolgung gegen den Hauptschuldner infolge einer Änderung seines Wohnsitzes, seiner gewerblichen Niederlassung oder seines Aufenthaltsortes nach Übernahme der Bürgschaft (Mot II 677) entspricht dem Tatbestand des § 773 Abs 1 Nr 2 (s dort Rn 6). Die Gefährdung der Bürgeninteressen ist schon im Verlust der Einrede der Vorausvollstreckung gem § 773 Abs 1 Nr 2 zu sehen (BGB-RGRK/Mormann Rn 3); die Gefährdung kann aber auch unabhängig davon beim Selbstschuldbürgen angenommen werden.

10 c) Der Verzug des Hauptschuldners (§§ 284 ff) mit der Erfüllung seiner Verbindlichkeit muß nach dem Wortlaut („ist") nicht nur eingetreten sein, sondern fortdauern. Eine Verzugsheilung ließe demnach den bereits entstandenen Befreiungsanspruch wieder entfallen, was mit dem Schutzzweck der Vorschrift nicht immer zu vereinbaren ist. Eine Stundung, die der Gläubiger ohne Zustimmung des Bürgen nach Fälligkeit dem Hauptschuldner gewährt, kann daher den Befreiungsanspruch nicht mehr beseitigen (RGZ 59, 10; BGH WM 1974, 214). Bei Teilverzug des Hauptschuldners hat der Bürge einen Befreiungsanspruch nur im Umfang der fälligen Teilleistung, nicht für die ganze Schuld (BGH JZ 1968, 231), es sei denn, der Teilverzug kann als Indiz für eine Verschlechterung der Vermögenslage iS Nr 1 gewertet werden, was einen Befreiungsanspruch für die ganze Schuld begründen kann. Dies gilt selbst dann, wenn der Hauptschuldner später durch Teilleistung den Verzug bereinigt, falls der Bürge weiterhin gefährdet erscheint (BGH aaO; RG JW 1935, 3529 Nr 2 = WarnR 1935 Nr 161; BGB-RGRK/Mormann Rn 4; aA Westerkamp 500).

d) Die Erwirkung eines vollstreckbaren Urteils auf Erfüllung gegen den Bürgen 11 durch den Gläubiger (Prot VI 385) ist auch bei einem für vorläufig vollstreckbar erklärten Urteil (§ 704 ZPO) gegeben. Der Vollstreckungsbefehl (§ 700 ZPO) und der für vorläufig vollstreckbar erklärte Schiedsspruch (§ 794 Abs 1 Nr 4 a ZPO) stehen gleich, nicht aber andere vollstreckbare Titel nach § 794 ZPO (Vergleich, schiedsrichterlicher Vergleich, vollstreckbare Urkunde), die der Gläubiger nur durch Mitwirkung des Bürgen erlangen konnte (BGB-RGRK/Mormann Rn 5; Zubke aaO; Vogel 24; aA Bergschmidt aaO). Der Befreiungsanspruch entfällt, wenn wegen zwischenzeitlicher Zahlung des Hauptschuldners keine Vollstreckung des Urteils mehr zu befürchten ist (RG JW 1935, 3529 Nr 2).

3. Besondere Vereinbarungen

a) Mit dem Hauptschuldner
Der Hauptschuldner kann dem Bürgen vertraglich einen Befreiungsanspruch auch 12 außerhalb des Tatbestandes des § 775 einräumen (Mot II 677 f). Ein Gesellschafter kann nach seinem Ausscheiden aus der Gesellschaft die Befreiung von der Bürgschaft verlangen, die er für die Bankschulden der Gesellschaft übernommen hat (BGH WM 1974, 214). Gleiches gilt, wenn die Bürgschaft aufgrund eines befristeten Auftrags des Hauptschuldners übernommen wurde, nach Ablauf der vereinbarten Zeit (OLG Karlsruhe WM 1970, 647). Hat der Bürge für unbestimmte Zeit eine Kontokorrentkreditbürgschaft übernommen, so wird er nach Ablauf einer bestimmten Zeit vom Hauptschuldner Befreiung unter den gleichen Voraussetzungen verlangen können, die ihn zur Kündigung gegenüber dem Gläubiger berechtigen (OLG Köln OLGE 28, 227; OLG Breslau JW 1936, 2003 Nr 87 = HRR 1936 Nr 1212; s § 777 Rn 12).

Der Bürge kann umgekehrt auf das Recht gem § 775 verzichten; ein solcher Vertrag 13 mit dem Hauptschuldner bedarf nicht der Form des § 766 (RGZ 59, 13 f). Ein Verzichtswille kann darin gesehen werden, daß der Bürge einer Vereinbarung von Gläubiger und Hauptschuldner zustimmt, die Fälligkeit hinauszuschieben (RGZ 59, 10). Läßt sich der Bürge Sicherheit leisten, liegt ein Verzichtswille nicht vor, wenn dies im Hinblick auf seinen Befreiungsanspruch geschieht (RGZ aaO); anders wohl, wenn sie nur seinen Rückgriffsanspruch sichert.

b) Mit dem Gläubiger kann der Bürge vereinbaren, daß er den Befreiungsanspruch 14 nur mit dessen Zustimmung geltend macht; darauf kann sich unter der Voraussetzung des § 328 auch der Hauptschuldner berufen (BGH MDR 1963, 673; LG Koblenz ZIP 1980, 1083). Eine solche Einschränkung des Befreiungsanspruchs muß eindeutig vereinbart sein (LG Koblenz aaO). Soweit sie in einem Formularvertrag (AGB) vorgesehen ist, ist sie im Zweifel überraschend iS § 3 AGBG und möglicherweise unbillig iS § 9 AGBG.

4. Recht zur Sicherheitsleistung (Abs 2)

15 Soweit ein Befreiungsanspruch des Bürgen vor Fälligkeit der Hauptforderung besteht (also nur in den Fällen des Abs 1 Nr 1 u 2), kann der Hauptschuldner den Anspruch durch Sicherheitsleistung (§§ 232 ff) abwenden, und zwar auch dann, wenn er schon rechtskräftig zur Befreiung verurteilt ist (Prot II 479 ff; vgl § 257 S 2). Die Sicherheit ist für den Befreiungsanspruch zu leisten, nicht für den Rückgriffsanspruch des Bürgen (Prot II 480). Die Sicherheitsleistung ist daher erledigt, wenn der Bürge auf den Befreiungsanspruch verzichtet (BGB-RGRK/Mormann Rn 6). Der Bürge ist nicht durch die Sicherheitsleistung gehindert, bei Fälligkeit den Erstattungsanspruch geltend zu machen (vgl Rn 4 u § 774 Rn 1 ff).

§ 776

Gibt der Gläubiger ein mit der Forderung verbundenes Vorzugsrecht, eine für sie bestehende Hypothek oder Schiffshypothek, ein für sie bestehendes Pfandrecht oder das Recht gegen einen Mitbürgen auf, so wird der Bürge insoweit frei, als er aus dem aufgegebenen Rechte nach § 774 hätte Ersatz erlangen können. Dies gilt auch dann, wenn das aufgegebene Recht erst nach der Übernahme der Bürgschaft entstanden ist.

Materialien: E I § 679; II § 715; III § 760; Mot II 678 ff; Prot II 477 ff.
Die Worte „oder Schiffshypothek" wurden eingefügt durch Art 2 Nr 14 der VO v 21. 12. 1940, RGBl I 1609, z Durchf des G über Rechte an eingetragenen Schiffen und Schiffsbauwerken v 15. 11. 1940 RGBl I 1499 = BGBl III 403–4.

Schrifttum

Flad, Zur Anwendung des § 776 BGB, LZ 1918, 542
Eisenhardt, Sorgfaltspflichten des Gläubigers gegenüber dem Bürgen, MDR 1968, 541
Knütel, Zur Frage der sog Diligenzpflichten des Gläubigers gegenüber dem Bürgen, in: FS Flume I (1978) 559

Stauffer, Die Revision des Bürgschaftsrechts, ZfSchweizR nF 54, 1 a ff, 118 a
Tschudi, Die Diligenzpflicht des Gläubigers gegenüber dem Bürgen nach deutschem BGB und dem schweizerischen Obligationsrecht (Diss Leipzig 1914).

18. Titel.
Bürgschaft

Systematische Übersicht

I. **Gläubigerobliegenheiten und Pflichten im Grundsatz**
1. Ausnahmsweise Obliegenheit — 1
2. Keine allgemeine Interessenwahrungspflicht — 2
3. Pflichten zur Rücksichtnahme gem § 242 — 3
4. Vertraglich übernommene Pflichten; Ausfallbürgschaft — 5
5. Verringerte praktische Bedeutung des § 776 — 6

II. **Sicherungs- und Nebenrechte**
1. Die aufgezählten Rechte — 7
2. Mitbürgschaft — 9
3. Gleichzustellende Rechte — 10

III. **Das Aufgeben durch den Gläubiger**
1. Positives Handeln — 11
2. Unterlassen; Erhaltungspflichten? — 12
3. Ausfallbürgschaft — 14
4. Fortbestehende Ersatzmöglichkeit des Bürgen — 15

IV. **Rechtsfolge**
1. Rechtsverlust durch Verwirkung — 16
2. Kein Schadensersatzanspruch — 17
3. Mitverschulden des Bürgen — 18
4. Rückforderung des Bürgen — 19

V. **Abweichende Vereinbarungen**
1. Individualvertraglicher Verzicht des Bürgen auf § 776 — 20
2. Formularmäßiger Verzicht des Bürgen — 21
3. Verstärkung der Bürgenrechte — 22

VI. **Analoge Anwendung** — 23

Alphabetische Übersicht

Analoge Anwendung — 8, 10, 12, 23
Aufgabe — 11 ff
Ausfallbürgschaft — 5, 14
culpa in contrahendo — 4
Eigentumsvorbehalt — 10
Erhaltungspflichten — 12
Erlaß — 8 f
Gesamtschuld — 8
Gläubiger
– Interessenwahrungspflicht — 1 f
– Obliegenheiten — 1
– Sorgfaltspflicht — 1
Interessenwahrungspflicht — 1 f
– allgemeine — 2
– des Gläubigers — 1
Mitbürge
– Ausgleichanspruch — 15
– Erlaß der Schuld — 9

Mitverschulden — 12
– des Bürgen — 18
Nachbürge — 19
Nebenrechte — 7 ff
Obliegenheit — 1
Rückforderung — 19
Rücksichtnahme — 3
Sicherungsabtretung — 10
Sicherungsrechte — 7 ff
Sicherungsübereignung — 10
Sorgfaltspflicht — 1
Treu und Glauben — 1, 3
Unterlassen — 12
Verwirkung — 16
Verzicht — 20 ff

I. Gläubigerobliegenheiten und Pflichten im Grundsatz

1. Ausnahmsweise Obliegenheit

1 Die in § 776 normierte Obliegenheit (Rn 11) des Gläubigers, mit der Hauptforderung verbundene Rechte nicht zum Nachteil des Bürgen aufzugeben (Mot II 679 ff; Prot II 480 f), ist nach hM eine positive Sonderbestimmung mit Ausnahmecharakter (PLANCK/OEGG Anm 2; SOERGEL/MÜHL Rn 1; ESSER/WEYERS, Schuldrecht II [7. Aufl 1991] § 40 III 6: gesetzlicher Verwirkungstatbestand; BGB-RGRK/MORMANN Rn 1; aA REICHEL JW 1929, 469; EISENHARDT MDR 1968, 542 f; KNÜTEL, in: FS Flume I 588). Daran ist im Ansatz festzuhalten. Denn der Bürgschaftsvertrag als einseitig verpflichtender Vertrag begründet grundsätzlich keine vertraglichen Pflichten des Gläubigers, auch nicht als Nebenpflichten, zur Sorgfalt und Wahrung der Interessen des Bürgen (§ 765 Rn 43, 45), sofern nicht eine besondere Vereinbarung vorliegt (§ 765 Rn 46). Auch § 776 kann daher nicht als allgemeiner Ansatzpunkt zur Begründung solcher Pflichten dienen. Da das Schuldrecht vom Grundsatz von Treu und Glauben beherrscht ist, kann in eng begrenzten Ausnahmefällen eine über § 776 hinausgehende Sorgfalts- und Interessenwahrungspflicht des Gläubigers aus 242 begründet sein (§ 765 Rn 120, 128 f; s unten Rn 3 f). Treu und Glauben und der mit § 776 verfolgte Zweck, in begrenztem Umfang die Bürgeninteressen im Hinblick auf andere Sicherungen der Hauptschuld zu schützen, gebieten es ferner, den gesetzlichen Tatbestand auf eng verwandte Fälle ausdehnend anzuwenden; dies gilt einmal bei der Bestimmung der von § 776 erfaßten Nebenrechte (Rn 7, 10), zum anderen beim Tatbestandsmerkmal der „Aufgabe" einer Sicherheit (Rn 12 f).

2. Keine allgemeine Interessenwahrungspflicht

2 Eine allgemeine Pflicht des Gläubigers zur Wahrung der Bürgeninteressen läßt sich daher aus § 776 nicht herleiten (BGH WM 1963, 24 = BB 1963, 111; SOERGEL/MÜHL Rn 1; einschr MünchKomm/PECHER Rn 2; GRAF LAMBSDORFF/SKORA, Handbuch des Bürgschaftsrechts Rn 247 ff; vgl auch § 765 Rn 120 ff; 128 f). Der Bürge hat insbesondere keinen Anspruch darauf, daß der Gläubiger bei drohendem Vermögensverfall des Hauptschuldners das Darlehen aufkündige (RG Recht 1915 Nr 1323) oder die Hauptforderung unverzüglich einziehe (RG SeuffA 70 Nr 233; WarnR 1930 Nr 136; OLG Kassel JW 1938, 524); der Bürge kann uU durch Befriedigung des Gläubigers die eigene Rechtsverfolgung gegen den Hauptschuldner ermöglichen (Mot II 680 u § 774 Rn 8 f). Der Bürge kann nicht verlangen, daß der Gläubiger eine Sicherheit aufgebe, um eine teilweise Tilgung der Hauptschuld durch Dritte zu erlangen (RG WarnR 1915 Nr 17 = SeuffA 70 Nr 103; SeuffA 69 Nr 6). Der Gläubiger ist auch nicht verpflichtet, den Bürgen von einem gegen den Hauptschuldner eingeleiteten Zwangsversteigerungsverfahren zu benachrichtigen; die Vorschrift des § 1166 ist nicht entsprechend anwendbar (RGZ 65, 134; RG Recht 1916 Nr 670; WarnR 1916 Nr 129; OLG München OLGE 34, 84). Der Gläubiger braucht von sich aus den Bürgen nicht von einem Zahlungsverzug des Hauptschuldners oder einer ihm gewährten Stundung zu benachrichtigen (OLG München JW 1918, 59; OLG Königsberg BlfGenW 1939, 539). Der Bürge hat keinen Anspruch darauf, daß der Gläubiger seine Forderung im Konkurs des Hauptschuldners anmelde (RG SeuffA 50 Nr 165; OLG Hamburg HansRZ 1932 B 181) und ihn von der Konkurseröffnung benachrichtige. Der Bürge kann auch nicht verlangen, daß der Gläubiger die ihm für die Forderung bestellte Hypothek in der Zwangsversteigerung des Grundstücks aus-

biete (RGZ 88, 410). Zur Befugnis des Gläubigers, die Hauptschuld ohne Zustimmung des Bürgen zu stunden, vgl § 767 Rn 20.

3. Pflichten zur Rücksichtnahme gem § 242

Da der Gläubiger vor und nach Übernahme der Bürgschaft den Grundsatz von Treu und Glauben zu achten hat (RGZ 143, 123; Rn 1 aE; § 765 Rn 128), darf er den Bürgen nicht an der Wahrnehmung seiner Rechte hindern und auch sonst weder willkürlich seine Lage verschlechtern noch arglistig seine Interessen beeinträchtigen (RGZ 87, 328; WarnR 1908 Nr 370; BGH WM 1960, 51 = BB 1960, 70). Dem Bürgen steht dann das Recht zur Erfüllungsverweigerung gem § 242 zu, nur ausnahmsweise aus deliktischen Gesichtspunkten (vgl RG HRR 1935, Nr 582; 1938 Nr 510; RG SeuffA 88 Nr 57; allg § 765 Rn 47 u 65). Ausnahmsweise ist dem Bürgen auch die Berufung auf fahrlässiges Verhalten des Gläubigers gestattet, also dem Gläubiger in engen Grenzen eine Pflicht zur Sorgfalt und Rücksichtnahme auferlegt. Meist geht es dabei um den faktischen Verlust anderer Befriedigungsmöglichkeiten oder Sicherheiten aufgrund sorglosen und nachlässigen Verhaltens, also dem § 776 im Ergebnis verwandte Fälle. Der Gläubiger darf etwa nicht die ihm von einem Mitverpflichteten oder einem Dritten (§ 267) angebotene Befriedigung ohne Grund zurückweisen (OLG Zweibrücken OLGE 34, 84; Flad LZ 1918, 545). Er darf auch nicht die ihm sicherheitshalber abgetretenen Forderungen trotz mehrfacher Warnung des Bürgen nachlässig einziehen (RG WarnR 1930 Nr 136). Beim Verlust von Sicherheiten infolge nachlässigen Verhaltens des Gläubigers kann ausnahmsweise eine Analogie zur Aufgabe von Rechten iS § 776 geboten sein (Rn 9).

Der Gläubiger hat dem Bürgen auf Befragen und ohne das Einverständnis des Hauptschuldners einholen zu müssen, Auskunft über den Stand der Hauptschuld und die Lage des Hauptschuldners zu geben (Planck/Oegg Anm 2 b; weitgehend Schütz ZAkDR 1938, 155; vgl auch RG LZ 1931, 35); diese Pflicht darf aber nicht überspannt werden, insbes muß der Gläubiger nicht von sich aus den Bürgen ständig umfassend aufklären (Soergel/Mühl Rn 1; vgl auch § 765 Rn 44 u 45).

Die Grundsätze der culpa in contrahendo sind unbeschränkt auf den Gläubiger anzuwenden (§ 765 Rn 61).

4.

Der Gläubiger kann **vertraglich besondere Pflichten** übernehmen, deren Verletzung ihm die Geltendmachung des Bürgschaftsanspruchs ganz oder teilweise verwehrt (§ 765 Rn 124 ff). Bei der Ausfallsbürgschaft übernimmt der Gläubiger besondere, vertraglich unterschiedlich ausgestaltete Obliegenheiten zur sorgfältigen und vollständigen Rechtsverfolgung gegen den Hauptschuldner, ehe er den Bürgen in Anspruch nehmen kann (§ 771 Rn 11 ff). Erst die Erfüllung dieser Obliegenheiten begründet den Anspruch gegen den Bürgen (§ 771 Rn 11; zur Pflicht zur Erhaltung von Sicherheiten unten Rn 9).

5. Verringerte praktische Bedeutung des § 776

Als Ausnahmevorschrift hat § 776 eine erhebliche systematische Bedeutung, weil die Norm Anlaß zur Überprüfung der gesetzlichen Konzeption des rein einseitig verpflichtenden Bürgschaftsvertrags ist und zur Frage nach (ausnahmsweise gegebenen)

Gläubigerpflichten und -obliegenheiten führt. Die praktische Bedeutung dagegen ist aus zwei – einander entgegengesetzten – Gründen heute verringert: (1) weil die Rechtsfolgen des § 776 meist wirksam abbedungen werden (iF Rn 21) und (2) weil nach der neueren Rechtsprechung die wichtigste Voraussetzung des § 776, nämlich der Verlust einer Ersatzmöglichkeit des Bürgen aufgrund der Freigabe einer anderen Sicherheit durch den Gläubiger, meist ohnehin nicht eintritt, sondern die Ersatzmöglichkeit dem Bürgen erhalten bleibt (iF Rn 15). Die folgende Kommentierung der einzelnen Kriterien der Sicherheitenfreigabe durch den Gläubiger iS § 776 erfolgt also unter dem wichtigen Vorbehalt, daß nach der neueren Rechtsprechung ein Nachteil für den Bürgen damit in vielen Fällen überhaupt nicht verbunden ist.

II. Sicherungs- und Nebenrechte

7 1. Zu den aufgezählten Sicherungsrechten gehören: ein Vorzugsrecht, das mit der Forderung (für den Fall der Zwangsvollstreckung oder des Konkurses; vgl § 401 Abs 2) verbunden ist, zB das Konkursvorrecht des Fiskus gem § 61 Abs 1 Nr 2 KO (Vorbem 80), eine für die Forderung bestehende Hypothek oder Grundschuld (§§ 1113, 1191; vgl die Fälle BGH ZIP 1989, 359 = WM 1989, 484; dazu GABERDIEL EWiR 1989, 345; BGH ZIP 1992, 1536; OLG München WM 1988, 1846) oder Schiffshypothek (gem G über Rechte an eingetragenen Schiffen und Schiffsbauwerken), ein für die Hauptforderung bestehendes Pfandrecht (§§ 1204 ff; vgl zB den Fall BGH NJW-RR 1991, 499 betr die Verpfändung von Wertpapieren; vgl auch § 233 für die Fälle der Sicherheitsleistung), das Recht gegen einen Mitbürgen (Rn 9, 15) oder gegen einen Garanten, es sei denn, dieser haftet nach dem Inhalt seines Vertrages nur nachrangig (Ausfallbürge, -garant). Zu den vom Gesetz erfaßten Rechten gehört ferner eine Rentenschuld (OLG Köln WM 1991, 729).

8 Kein Vorzugsrecht ist das Recht des Bauunternehmers auf Einräumung einer Sicherungshypothek gem § 648 (PLANCK/OEGG Anm 4 a; BGB-RGRK/MORMANN Rn 1) oder auf Sicherheitsleistung gem § 648 a und das Zurückbehaltungsrecht. Auch die Entlassung eines Gesamtschuldners aus dem Hauptschuldverhältnis wird von § 776 weder erwähnt noch sinngemäß erfaßt, weil diese Vorschrift die Einwirkung des Gläubigers auf unmittelbare Beziehungen zum Hauptschuldner nicht regelt (RG WarnR 1913 Nr 286; FLAD LZ 1918, 548). Der Bürge kann sich daher auf die Entlassung eines Gesamtschuldners durch den Gläubiger nur unter ganz besonderen Umständen gem § 242 oder aufgrund besonderer (ausdrücklicher oder konkludenter) vertraglicher Abrede berufen und dadurch volle oder gem § 776 teilweise Haftbefreiung oder ein Kündigungsrecht erhalten (RG WarnR 1935 Nr 21 = JW 1935, 690 Nr 2 = HRR 1935 Nr 582; SeuffA 89 Nr 83; 91 Nr 100). Daneben kommt ein Rückgriff aus direkter Schuldbeziehung (§§ 670, 683) zum entlassenen Gesamtschuldner in Betracht (KG OLGE 25, 20). Denn der Erlaß der Schuld eines Gesamtschuldners schließt den möglichen Regreß der übrigen Gesamtschuldner nach Inanspruchnahme noch nicht aus (ERMAN/H P WESTERMANN, BGB [9. Aufl 1993] § 423 Rn 1; s auch oben § 774 Rn 50).

9 2. **Der Erlaß der Schuld eines Mitbürgen** gehört ebenfalls zu den in § 776 S 1 erfaßten Verfügungen des Gläubigers. Der Gesetzgeber ging auch hier von der Voraussetzung aus, daß die anderen Mitbürgen dadurch ihre Regreßmöglichkeit gegen den durch Erlaß begünstigten Mitbürgen verlieren – was nach der neueren Rechtsprechung nicht zutrifft (§ 774 Rn 49 f u iF Rn 15). Schon nach herkömmlicher Auffassung

fiel nicht unter den Tatbestand ein Teilerlaß, der die Schuld des Mitbürgen zumindest in Höhe seiner Ausgleichsverpflichtung bestehen ließ (BGH MDR 1965, 126). Dagegen löst auch die Aufgabe einer Sicherheit, die für die Verbindlichkeit eines Mitbürgen bestellt war, die Folge des § 776 aus. Gleiches sollte gelten, wenn der Gläubiger nachträglich durch Vereinbarung eine normale Mitbürgschaft in eine Ausfallbürgschaft verwandelt und dadurch den Rückgriff der anderen Mitbürgen ausschloß; die anderen Mitbürgen sollten in Höhe der verlorenen Ausfallquote freiwerden (Schuler NJW 1953, 1691 u BB 1954, 551; Staudinger/Brändl[10/11] Rn 6; aA OLG Hamburg OLGE 21, 209). Nach neuerer Auffassung ist dem Gläubiger die rechtliche Möglichkeit abzusprechen, in die Ausgleichsansprüche der Mitbürgen nachträglich in der bezeichneten Weise überhaupt einzugreifen, so daß sich das Problem nicht stellt. Vereinbart der Gläubiger mit einem Mitbürgen Stundung oder ein pactum de non petendo, greift § 776 S 1 nicht ein. Denn in diesem Fall bleibt der materielle Bestand der Mitbürgenschuld unverändert; auch die Ausgleichsansprüche der Mitbürgen werden nicht berührt. Die Entlassung des Nachbürgen durch den Gläubiger berührt die Interessen des Vorbürgen nicht; entläßt der Gläubiger dagegen den Vorbürgen, wird der Nachbürge frei (vgl Vorbem 57). Wenn ein Mitbürge dem Gläubiger die Bürgschaft befugterweise kündigt, steht dies einer Entlassung dieses Mitbürgen iS § 766 nicht gleich (RG WarnR 1912 Nr 335 = SeuffA 67 Nr 251; Flad LZ 918, 549).

3. Gleichzustellende Rechte

Die in der heutigen Praxis besonders wichtigen Sicherungsformen der Sicherungsübereignung, der Sicherungsabtretung und des Eigentumsvorbehalts sind vom Gesetzgeber nicht berücksichtigt. Sie sind den in § 776 genannten Rechten nach dem Sinn und Zweck der Vorschrift gleichzustellen; der Umfang der von § 776 umfaßten Rechte muß grundsätzlich in ähnlicher Weise bestimmt werden wie bei § 774 (vgl auch BGHZ 42, 53, 57; § 774 Rn 14). Trotz der grundsätzlichen Bedenken gegen eine Ausdehnung des § 776 (Rn 1; BGH NJW 1966, 2009 = LM Nr 1 zu § 776 BGB, weitergehend Planck/Oegg Anm 4 a und Flad LZ 1918, 548: Abschließende Aufzählung in § 776; dagegen Kress, Besonderes Schuldrecht 275 Fn 106) hat die Rspr daher zutreffend § 776 auf die Sicherungsübereignung, die wirtschaftlich gleichen Zwecken wie das Pfandrecht dient und dieses weitgehend ersetzt hat (RG WarnR 1930 Nr 56 = HRR 1930 Nr 499; BGH WM 1960, 371; im Ergebnis nach dem Sinn der Sicherungsabrede auch BGH NJW 1966, 2009; vgl auch BGH WM 1960, 51) und auf die Sicherungsabtretung (OLG München BB 1957, 594) ausgedehnt (zust Soergel/Mühl Rn 8; BGB-RGRK/Mormann Rn 1). Ebenso ist das Vorbehaltseigentum hierher zu zählen (so wohl auch BGHZ 42, 53, 57; Soergel/Mühl aaO; Mormann aaO; aA die ältere Rspr; vgl RG SeuffA 75 Nr 93; OLG Köln HRR 1933 Nr 12 = NJW 1932, 2175 Nr 29 m kritischem Nachwort Lucas; OLG Kolmar DJZ 1911, 1099; OLG Hamburg OLGE 20, 242). Auch die Gegenmeinung hat anerkannt, daß jedenfalls mit der Leistung durch den Bürgen das Vorbehaltseigentum noch nicht an den Hauptschuldner (Vorbehaltskäufer) fällt (OLG Köln aaO). Die weitere Erwägung, daß die Entschließungsfreiheit des Vorbehaltsverkäufers nicht durch § 776 beeinträchtigt werden dürfe, ist nicht überzeugend; regelmäßig ist die Aufgabe des Vorbehaltseigentums vor Tilgung der verbürgten Kaufpreisforderung eine treuwidrige Verletzung der Interessen des Bürgen und daher § 776 anzuwenden.

III. Das Aufgeben durch den Gläubiger

11 **1.** Aufgeben iS § 776 setzt nach hM ein **positives** und vorsätzliches **Handeln** des Gläubigers voraus, das den Verlust des Sicherungsrechts zur Folge hat (BGH BB 1960, 70 = WM 1960, 51; WM 1960, 371; BGB-RGRK/Mormann Rn 1; Soergel/Mühl Rn 8; vgl aber iF Rn 12). Eine Haftung dafür, daß das Nebenrecht rechtsbeständig sei, wird durch § 776 nicht begründet (OLG Hamburg OLGE 12, 98). Eine positive Aufgabehandlung liegt in der rechtsgeschäftlichen Einwirkung auf das Recht, insbesondere Verzicht oder Übertragung, zB Rückübertragung des Sicherungseigentums oder auch Verrechnung des Verwertungserlöses auf eine von der Bürgschaft nicht erfaßte Verbindlichkeit des Hauptschuldners (BGH WM 1960, 371; zur Anrechnung von Schuldnerleistungen allg § 767 Rn 7). Die Stundung der Hauptforderung ist regelmäßig keine Aufgabe von Rechten (vgl auch § 767 Rn 20); anders, wenn dadurch zB ein Konkursvorrecht verloren geht (Vorbem 187). Der Aufgabe des Nebenrechts muß dessen rechtsgeschäftliche Minderung, zB durch Rangrücktritt, gleichgestellt werden (Planck/Oegg Anm 4 b), zB der nachträgliche Rangrücktritt einer zur Sicherung der Hauptschuld bestellten Rentenschuld durch Bestellung einer vorrangigen Grundschuld (OLG Köln WM 1991, 730). Keine rechtsgeschäftliche Aufgabe liegt darin, daß der Gläubiger die schon kraft Gesetzes übergehende Hypothek auf den zahlenden Mitbürgen noch förmlich überträgt (RGZ 117, 2) oder daß er in der Inflationszeit aufgrund erfolgter Zahlung die Löschung der Hypothek bewilligt, auch wenn die Hypothek später durch die Aufwertung mit schlechterem Rang wieder auflebt (RG LZ 1931, 910). Dem rechtsgeschäftlichen Handeln steht gleich eine tatsächliche Einwirkung (BGB-RGRK/Mormann Rn 1), soweit sie rechtlich oder wirtschaftlich zum Verlust der Sicherungsrechte führt, zB Zerstörung der zur Sicherung übereigneten Sachen. Eine Aufgabe von Sicherheiten liegt noch nicht darin, daß der Gläubiger als Darlehensgeber einen Teilbetrag vor der Bestellung vereinbarter Sicherheiten auszahlt (OLG München WM 1988, 1846).

2. Unterlassen; Erhaltungspflichten?

12 Für eine Aufgabe iS § 776 genügt nach hM nicht ein nur passives Verhalten des Gläubigers, das den Verlust der Nebenrechte herbeiführt (RGZ 65, 396; BayObLGZ 12, 724; OLG Hamburg OLGE 20, 242; BGB-RGRK/Mormann Rn 1; aA Kress, Besonderes Schuldrecht 275 Fn 107; Eisenhardt 542 ff; Knütel 589). Ein Unterlassen muß aber dem Handeln dann gleich bewertet werden, wenn eine Rechtspflicht zum Handeln vorlag. Dagegen kann nicht eingewendet werden, Aufgabe setze rechtsgeschäftliches Handeln voraus, denn dies gilt nicht ausnahmslos (Rn 8). Die hM ist daher zunächst dahin zu präzisieren, daß sie eine Obliegenheit (Pflicht iwS; vgl Rn 17) des Gläubigers zum Handeln im Interesse des Bürgen regelmäßig verneint; dem ist nur insoweit zuzustimmen, als strenge Anforderungen an eine solche Handlungsobliegenheit (-pflicht) zu stellen sind (vgl auch Rn 1 ff). Der Gläubiger hat demnach nicht alle erdenklichen Sorgfalts- und Erhaltungspflichten in bezug auf Nebenrechte und Sicherheiten. Er hat aber sowohl gewisse Mindestpflichten für die laufende Erhaltung dieser Rechte als auch uU konkrete Gefahrabwendungspflichten. An die laufenden Erhaltungspflichten dürfen keine zu hohen Anforderungen gestellt werden: Es geht im wesentlichen um die Sorgfalt eines ordentlichen Geschäftsmannes in eigenen Angelegenheiten (ähnlich Knütel 589). Für die Verletzung genügt aber andererseits grobe Fahrlässigkeit. Der Gläubiger darf demnach nicht im Vertrauen auf die Bürgschaft jede Sorgfalt zur Erhaltung von Pfändern vernachlässigen (RG SeuffA 61 Nr 108, allerdings für eine Ausfallbürgschaft). Die Rspr hat aber überwiegend laufende Kontrollpflichten bezüglich von Sicherungsobjekten verneint (OLG Kiel SchlHAnz 1928, 105; BGH WM 1960, 51 = BB 1960, 70: Pflicht zur Bewachung und Versicherung des Sicherungsgutes verneint; zweifelhaft). Der Gläubiger ist nicht dem Bürgen gegenüber verpflichtet, ganz besondere Maßnahmen gegen Pfandbruch, Entwertung usw zu treffen. Er muß nicht laufend prüfen, ob die anderen Sicherheiten noch die Hauptforderung abdecken, und ggf auf deren Verstärkung dringen, auch wenn er gegenüber dem Hauptschuldner ein Recht dazu hat (BGH BB 1961, 383 = WM 1961, 392; kritisch KNÜTEL 576 f). Der Gläubiger darf aber nicht grobfahrlässig die Verwertung sicherungsübereigneter Gegenstände bis zu ihrer Entwertung hinauszögern (aA wohl BGH NJW 1966, 2009). Die überwiegende Rspr hat dem Gläubiger Pflichten zur Erhaltung und Gefahrabwendung (dazu iF) nur auferlegt, soweit sein Verhalten arglistig ist (RGZ 87, 327; RG JW 1937, 3104; WarnR 1930 Nr 136; BGH WM 1959, 1072 f; WM 1961, 392 f).

Bei der konkreten Gefahr des Rechtsverlustes oder der Verschlechterung der Sicherungsobjekte ist der Gläubiger zum Handeln dann verpflichtet (dh sein Unterlassen muß iS der hM als arglistig angesehen werden), wenn er Kenntnis der Gefährdung hat und ihm ein Tätigwerden den Umständen nach zugemutet werden kann (ähnlich EISENHARDT 542 f). Eine generelle Pflicht zur Ergreifung der Schutzmaßregeln gem §§ 1133, 1134, 1218, 1219 besteht nicht. Die Rspr hat im Einzelfall durchweg Pflichten nicht angenommen: Wenn der Gläubiger es unterläßt, seine Rechte gegen einen Zeit-Mitbürgen unverzüglich (§ 777) wahrzunehmen (RG WarnR 1935 Nr 178 = SeuffA 90 Nr 41; aA KANKA JherJb 87, 195), sein gesetzliches Pfandrecht als Vermieter an heimlich fortgeschafften Sachen binnen Monatsfrist geltend zu machen (§ 561 Abs 2 S 2; OLG Nürnberg BayZ 1929, 183), eine ihm für die verbürgte Forderung bestellte Hypothek bei der Zwangsversteigerung des Grundstücks auszubieten (RGZ 88, 410) oder der Veräußerung von Grundstückszubehör durch den Konkursverwalter zugunsten der Konkursgläubiger zu widersprechen (RG JW 1907, 237), den Zugriff minderberechtigter Gläubiger auf die Pfandsache durch Widerspruchs- oder Vorrechtsklage zu verhindern (OLG Hamburg OLGE 20, 242; aA KRESS, Bes Schuldrecht 275 Fn 107). 13

3. Da bei der **Ausfallbürgschaft** der Gläubiger die Obliegenheit zur Ausschöpfung der Befriedigungsmöglichkeiten gegen Hauptschuldner und Mitverpflichtete hat und sein Anspruch entfällt, wenn er selbst den Ausfall verschuldet hat (§ 771 Rn 12), treffen ihn auch eher als bei der normalen Bürgschaft die erörterten eingeschränkten Erhaltungspflichten in bezug auf Nebenrechte und Sicherungsobjekte (Rn 12; KNÜTEL 574 f); allerdings braucht er auch hier nicht für jede Nachlässigkeit einzustehen, sondern nur für grobe Fahrlässigkeit; ihn trifft auch hier keine allgemeine Interessenwahrungspflicht für den Bürgen. 14

4. Fortbestehende Ersatzmöglichkeit des Bürgen

Die Sanktion des § 776 setzt voraus, daß der Bürge infolge der Aufgabe einer Sicherheit durch den Gläubiger eine Ersatzmöglichkeit verliert, die er sonst wegen seiner eigenen Inanspruchnahme hätte. Diesen Verlust will § 776 dadurch ausgleichen, daß der Gläubiger insoweit den Bürgenanspruch verwirkt (iF Rn 16). Diese Voraussetzung ist nach dem Recht der Ausgleichsansprüche zwischen Sicherungsgebern, wie es sich nach der heutigen Rechtsprechung darstellt (§ 774 Rn 43 ff) aber in vielen Fällen nicht erfüllt. Dies folgt im wesentlichen aus drei Sätzen: (1) die unterschiedlichen 15

Sicherungsgeber für die gleiche Hauptschuld sollen, sofern sie auf gleicher Stufe stehen, einander wie Gesamtschuldner ausgleichspflichtig sein (BGHZ 108, 179; § 774 Rn 66 ff); (2) dieses Ausgleichsverhältnis kann, wenn es einmal entstanden ist, nicht mehr nachträglich dadurch einseitig beeinflußt werden, daß der Gläubiger eine Sicherheit aufgibt oder abschwächt (BGH NJW-RR 1991, 499). (3) Ebenso kann die Entlassung eines Mitbürgen die zwischen den Mitbürgen bestehenden Ausgleichsansprüche nicht mehr beeinflussen (BGH NJW 1992, 2286 = WM 1992, 1312 = ZIP 1992, 1146; zust BAYER EWiR 1992, 869). Soweit nach diesen Grundsätzen dem Bürgen die Ersatzmöglichkeit erhalten bleibt, ist § 776 nicht anwendbar, es sei denn der Bürge habe durch die (rechtlich wirkungslose) Aufgabehandlung einen tatsächlichen Nachteil erlitten.

IV. Rechtsfolge

1. Rechtsverlust durch Verwirkung

16 Der Rechtsverlust der Bürgenforderung des Gläubigers tritt nur insoweit ein, als der Bürge aus der aufgegebenen Sicherheit im Weg des Rückgriffs (vgl § 774 Rn 1 ff) hätte Ersatz verlangen können (RG SeuffA 92 Nr 148). Stand dem Bürgen ohnehin kein Rückgriffsanspruch zu, insbes aus dem Innenverhältnis mit dem Hauptschuldner oder aus Abreden mit Dritten, ist § 776 unanwendbar (Mot II 674; RGZ 59, 208; FLAD LZ 1918, 544). § 776 enthält eine von Amts wegen zu beachtende Einwendung: Der Bürge hat die Beweislast für sämtliche Voraussetzungen (BGB-RGRK/MORMANN Rn 2; aA CROME § 298 Anm 23; unentschieden RG WarnR 1930 Nr 56; vgl auch §§ 286, 287 ZPO).

2. Kein Schadensersatzanspruch

17 Ein über den Rechtsverlust des Gläubigers hinausgehender Schadensersatzanspruch des Bürgen besteht nicht (RG SeuffA 92 Nr 148; BGB-RGRK/MORMANN Rn 2; SOERGEL/ MÜHL Rn 10; m abw Begründung auch KNÜTEL 591). Denn der Gläubiger hat keine echte Schuldnerpflichten im Hinblick auf die Sicherheiten, deren Verletzung einen Schadensersatzanspruch begründen könnte, sondern nur sog Obliegenheiten (zum Begriff FIKENTSCHER, Schuldrecht[8] [1992] § 8.4; vgl § 765 Rn 117, 119, 128 u 199). § 776 normiert einen Tatbestand der Verwirkung aufgrund widersprüchlichen Verhaltens (zT aA STAUDINGER/BRÄNDL[10/11] Rn 4; aA KNÜTEL 590: Schadensersatz aus positiver Vertragsverletzung, aber auf den Rechtsverlust beschränkt).

3. Mitverschulden des Bürgen

18 Der Gläubiger kann sich umgekehrt darauf berufen, daß der Bürge durch eigenes unsorgfältiges Verhalten den Verlust der Sicherheiten mitverursacht habe. § 254 ist analog anzuwenden. Dem Bürgen unschädlich ist es aber, wenn er aus bloßer Unachtsamkeit geschehen läßt, daß der Gläubiger Maßnahmen trifft, welche die Sicherheit beeinträchtigen (FLAD LZ 1918, 545).

4. Rückforderung des Bürgen

19 Hat der Bürge in Unkenntnis der Verfügung des Gläubigers geleistet, so ist er gegenüber dem Gläubiger gem §§ 812, 813, 249 insoweit rückforderungsberechtigt, als er

aus dem aufgegebenen Rechte nach § 774 hätte Ersatz erlangen können (RG WarnR 1935 Nr 21). Erfährt er erst nach seiner Verurteilung von der Aufgabe eines Nebenrechts, so steht ihm die Vollstreckungsgegenklage (§ 767 ZPO) zu.

Soweit nach § 776 der Hauptbürge nicht haftet, gilt das gleiche für den Nachbürgen. Der Rückbürge wird insoweit frei, als der Hauptbürge ein Recht aufgibt und er aus diesem Recht nach § 774 hätte Ersatz erlangen können.

V. Abweichende Vereinbarungen

1. Individualvertraglicher Verzicht des Bürgen auf § 776

Der Bürge kann auf die Rechtsfolge des § 776 allgemein oder im Einzelfall, vor oder nach Aufgabe der Sicherheit gegenüber dem Gläubiger verzichten (RG HRR 1935 Nr 581; vgl auch BGH JR 1966, 183). Eine ausdrücklich erklärte Zustimmung des Bürgen zur Maßnahme des Gläubigers (die zu deren Wirksamkeit nicht iS § 182 erforderlich ist) ist regelmäßig als Ausdruck des Willens, unbeschränkt weiterzuhaften, zu werten (RG WarnR 1917 Nr 290). Bloßes Schweigen des Bürgen, der von der Maßnahme des Gläubigers erfährt, bedeutet noch nicht Aufgabe des Rechts aus § 776. Ein Verzicht kann sich aber konkludent aus den Umständen oder durch Auslegung einer Bürgenerklärung ergeben. Hat der Hauptschuldner zB zur teilweisen Tilgung der Schuld ein Hypothekendarlehen aufgenommen und der Gläubiger zugunsten der neuen Hypothek für den Restbetrag seiner Forderung Rangrücktritt erklärt, so kann der Bürge, der wegen des Vorteils der Verminderung der Hauptschuld zugestimmt hat, nicht gleichzeitig wegen der verminderten Rückgriffssicherung der Restschuld § 776 einwenden (RG WarnR 1917 Nr 290). Verzichtet der Bürge im Hinblick auf bestimmte Sicherheiten auf § 776, so kann dies zugleich bedeuten, daß er überhaupt auf einen Rückgriff in Bezug auf diese Sicherheiten verzichtet.

2. Formularmäßiger Verzicht des Bürgen

Die Rechte des Bürgen aus § 776 werden formularmäßig in den Bürgschaften, die gegenüber einer Bank abzugeben sind, und auch weithin in sonstigen Formularbürgschaften abbedungen. Denn wenn der Hauptschuldner Bankkunde ist und von der Bank andere Vermögensgegenstände, insbesondere Wertpapiere, verwalten läßt, diese aber (nach Nr 14 ABG-Banken 1993) der Bank zur Sicherheit als Pfand dienen, müßte die Bank sonst gem § 776 vor jeder Verfügung die Zustimmung des Bürgen einholen. Der formularmäßige Ausschluß des § 776 wird als zulässig angesehen (BGHZ 95, 350; BGH NJW 1981, 748; 1984, 2455; 1986, 930; ESSER/WEYERS, Schuldrecht II [7. Aufl 1991] § 40 III 6). Dem ist zuzustimmen, soweit der Verzicht dazu dient, der Bank trotz ihres AGB-Pfandrechts die notwendige Bewegungsfreiheit für die Abwicklung der laufenden Geschäfte zu sichern. Zweifelhaft ist die Zulässigkeit der Klausel aber insofern, als sie sich ihrer weiten Fassung nach auch auf solche Sicherheiten bezieht, welche die Bank kraft besonderer Sicherungsabreden erlangt hat, die der Bürge ggf kennt und auf die er vertraut (allg krit TIEDTKE ZIP 1986, 155). Man wird die Klausel daher allenfalls dann in ihrer weiten Fassung für zulässig halten können, wenn man sorgfältig den Grundsatz beachtet, daß die Bank bei der Freigabe von Sicherheiten nicht willkürlich zum Nachteil des Bürgen verfahren darf, sondern wirtschaftlich sinnvoll handeln muß (BGHZ 78, 137, 143). Soweit zwischen verschiedenen

Sicherungsgebern bereits ein Ausgleichsverhältnis begründet war, kann der Gläubiger in dieses nicht nachträglich ohne weiteres eingreifen (§ 769 Rn 8).

Der Verzicht soll auch in der Weise zulässig sein, daß zB der Gläubiger (Bank) das Recht des Bürgen ausschließt, die Abtretung einer Grundschuld zu verlangen, die ebenfalls für die Hauptschuld bestellt war (BGH NJW 1982, 2308; zust BAYER/WAND JuS 1987, 271, 275; abl mit beachtl Gründen TIEDTKE BB 1984, 19, 23; ders WM 1990, 1270, 1272; REINICKE/TIEDTKE, Kreditsicherung [3. Aufl 1994] 402). Diese Klausel unterfällt nicht unmittelbar § 776, weil es hier nicht um eine spätere Aufgabe der Sicherheit geht, sondern der Bürge von vornherein keinen Zugriff auf die andere Sicherheit haben soll. Die Klausel benachteiligt den Bürgen, weil er vorrangig haftet und keinen Ausgleichsanspruch gegen den Eigentümer des belasteten Grundstücks hat. Falls die Klausel nicht individuell sondern formularmäßig vereinbart ist, kann sie den Bürgen iS § 3 AGBG überraschen und dann, falls sie nicht durch eine besondere Interessenlage gerechtfertigt ist, iS § 9 AGBG benachteiligen (ähnl REINICKE/TIEDTKE 402 f).

3. Verstärkung der Bürgenrechte

22 Der Verzicht auf § 776 bedeutet unmittelbar nur, daß der Bürge mit seiner Weiterhaftung als Bürge trotz Freigabe anderer Sicherheiten einverstanden ist. Der Bürge verzichtet damit aber nicht ohne weiteres auf seine Ausgleichsansprüche gegen Mitbürgen oder andere Sicherheitengeber, die der Gläubiger grundsätzlich nicht (nachträglich) beeinflussen und nicht ausschließen kann. Der Bürge kann diese Ausgleichsansprüche dadurch verstärken, daß er von vornherein mit dem Gläubiger vereinbart, daß er als Bürge nur nachrangig zu anderen Sicherheitengebern haften soll (MünchKomm/PECHER § 769 Rn 4; TIEDTKE WM 1990, 1270, 1271), insbesondere nur als Ausfallbürge; eine solche Abrede ist bei Übernahme der Bürgschaft ohne weiteres möglich und naheliegend, nachträglich nur, wenn die anderen Sicherheitengeber zustimmen (§ 769 Rn 8; § 774 Rn 51 ff). Es kann auch in Abreden mit den anderen Sicherheitengebern vereinbart sein, daß der Bürge nur letztrangig haften soll (REINICKE/TIEDTKE, Kreditsicherung [3. Aufl 1994] 399 ff). Sind die mehreren Sicherheitengeber Mitgesellschafter, so gilt unter ihnen im Zweifel ein Ausgleich nach ihrer gesellschaftsrechtlichen Beteiligung (§ 774 Rn 53 f).

VI. Analoge Anwendung

23 Eine dem § 776 entsprechende Vorschrift enthält § 1165 für das Verhältnis des Hypothekengläubigers zum persönlichen Schuldner. Für den Pfandgläubiger fehlt es an einer solchen Vorschrift. Auch die neuere Rechtsprechung, die in nicht ganz unbedenklicher Weise die Unterschiede zwischen den verschiedenen Sicherungsgebern einebnet (§ 774 Rn 69), verneint zutr eine analoge Anwendung des § 776 auf das Verhältnis des Pfandgläubigers zum Verpfänder (BGH NJW-RR 1991, 499; so schon RG DRW 1941, 2195). Auch auf die Schuldmitübernahme ist § 776 nicht entsprechend anwendbar (BGH WM 1962, 1293 f = BB 1962, 1346; REICHEL 503; BGB-RGRK/MORMANN Rn 3). Dagegen kann § 776 mit Ausnahme von S 2 auf die Forderungsgarantie entsprechend angewendet werden (RGZ 72, 142).

Im Rahmen des Bürgschaftsvertrages ist eine ausdehnende oder analoge Anwendung des § 776 begrenzt möglich (oben Rn 1, 10). § 776 bezieht sich nur auf ein

18. Titel. § 777
Bürgschaft

Verhalten des Gläubigers, nicht des Mitbürgen. Gibt dieser eine vom Hauptschuldner bestellte Sicherheit auf, so können sich die anderen Mitbürgen nicht auf § 776 berufen (RG JW 1905, 486 Nr 3; 50, 657).

§ 777

[1] **Hat sich der Bürge für eine bestehende Verbindlichkeit auf bestimmte Zeit verbürgt, so wird er nach dem Ablaufe der bestimmten Zeit frei, wenn nicht der Gläubiger die Einziehung der Forderung unverzüglich nach Maßgabe des § 772 betreibt, das Verfahren ohne wesentliche Verzögerung fortsetzt und unverzüglich nach der Beendigung des Verfahrens dem Bürgen anzeigt, daß er ihn in Anspruch nehme. Steht dem Bürgen die Einrede der Vorausklage nicht zu, so wird er nach dem Ablaufe der bestimmten Zeit frei, wenn nicht der Gläubiger ihm unverzüglich diese Anzeige macht.**

[2] **Erfolgt die Anzeige rechtzeitig, so beschränkt sich die Haftung des Bürgen im Falle des Abs. 1 S. 1 auf den Umfang, den die Hauptverbindlichkeit zur Zeit der Beendigung des Verfahrens hat, im Falle des Abs. 1 S. 2 auf den Umfang, den die Hauptverbindlichkeit bei dem Ablaufe der bestimmten Zeit hat.**

Materialien: E II § 716; III § 761; Mot II 681 f; Prot II 483 ff; VI 198.

Schrifttum

GERTH, Zum Erfordernis der Fälligkeit der Hauptschuld bei einer Zeitbürgschaft, WM 1988, 317
P KLEIN, Anzeigepflicht im Schuldrecht (1908) insbes 27, 47, 62
ders, Zurücknahme von Willensmitteilungen, ArchBürgR 33, 245
SCHRÖTER, Anmerkung zu OLG Köln, WM 1986, 14

F STRICKER, Die Zeitbürgschaft nach § 777 BGB (Diss Köln 1938)
K VOLKMANN, Rechtsfragen der Zeitbürgschaft, WM 1975, 1126 f
WINTTERLIN, Zur Inanspruchnahme des Zeitbürgen bei versäumter Fälligstellung eines Darlehens nach Umschuldung eines innerhalb der Bürgschaftszeit beendeten Kontokorrentkredits, WM 1988, 1185.

Systematische Übersicht

I.	**Zeitbürgschaft und Beendigung der Bürgschaft**		d) Kündigung	12
1.	Zweck des § 777	1	**II. Die Gläubigerobliegenheiten**	
2.	Die zeitliche Begrenzung der Bürgschaft	2	1. Beitreibung und Anzeige bei der Regelbürgschaft (§ 777 Abs 1 S 1)	13
a)	Zeitbürgschaft iS § 777	3	2. Anzeige bei der Selbstschuldbürgschaft (§ 777 Abs 1 S 2)	15
b)	gegenständlich beschränkte Bürgschaft	5	3. Erklärung der Anzeige; Zeitpunkt	16
c)	Abgrenzung der zwei Bürgschaftsformen	7		

III. Rechtsfolge	IV. Beweislast 22
1. Forthaftung des Bürgen (Abs 2) 18	
2. Vertraglicher Verzicht auf § 777 20	V. Analoge Anwendung 23

Alphabetische Übersicht

Analoge Anwendung	23	Kündigung	12
Anzeige			
– Erforderlichkeit	21	Obliegenheiten	13 ff
– Regelbürgschaft	13		
– Selbstschuldbürgschaft	15	Prozeßbürgschaft	6
Auslegung	7		
		Regelbürgschaft	13
Bankbürgschaft	6		
Beitreibung	13	Selbstschuldbürgschaft	15
Beweislast	22	Stundung	19
Endtermin	4	Verzicht	20
Fälligkeit der Hauptschuld	3	Zahlung auf erstes Anfordern	3
		Zeitbestimmung	2 f
Hauptschuld, Fälligkeit der –	3	Zeitbürgschaft	1 f
		Zeitpunkt der Anzeige	16
Kreditbürgschaft	9		

I. Zeitbürgschaft und Beendigung der Bürgschaft

1. Zweck des § 777

1 § 777 enthält eine besondere Beendigungsregelung zugunsten des Gläubigers einer befristeten Bürgschaftsforderung. Anstelle einer Beendigung der Bürgenschuld mit Eintritt des Endtermins gem § 163, 158 Abs 2 eröffnet § 777 die Möglichkeit für den Gläubiger, durch Erfüllung bestimmter Obliegenheiten zur Einziehung der Hauptforderung bzw zur Anzeige an den Bürgen den Fortbestand seiner Bürgschaftsforderung zu erhalten (vgl BGH WM 1966, 275; BGB-RGRK/MORMANN Rn 3).

Über das Erlöschen der zeitlich beschränkten Bürgschaft enthielt E I mit Rücksicht auf die Schwierigkeit einer angemessenen Regelung keine Bestimmung (Mot II 681 f; ZG II 369 ff); § 777 beruht auf Beschluß der II. Komm. Dabei ging man davon aus, daß die zeitlich beschränkte Bürgschaft dem Gläubiger ermöglichen solle, dem Hauptschuldner während der bestimmten Zeit Kredit zu gewähren (Prot II 483 ff).

2. Die zeitliche Begrenzung der Bürgschaft

2 Soweit der Bürgschaftsvertrag keine Zeitbestimmung enthält, ergibt sich die zeitliche Begrenzung der Bürgenverpflichtung aus dem Schicksal der Hauptschuld: Mit dem Erlöschen der Hauptschuld erlischt auch die Bürgschaftsverpflichtung (§ 765 Rn 225; § 767 Rn 9 ff); die Verjährung der Hauptschuld kann der Bürge, dessen Verpflichtung unabhängig von der Hauptschuld verjährt (§ 765 Rn 238), dem Gläubiger gem § 768 Abs 1 S 1 einredeweise entgegensetzen (§ 768 Rn 13). Die Zeitbestimmung im Bürgschaftsvertrag selbst kann eine unterschiedliche Bedeutung haben (RGZ 63, 11; 82, 383; RG HRR 1934, Nr 1446; BGH WM 1966, 275; 1979, 833):

a) Die **Zeitbürgschaft iS § 777** ist eine Bürgschaft mit Endtermin iS §§ 163, 158 Abs 2 (BGB-RGRK/MORMANN Rn 1). Eine solche Bürgschaft ist wirtschaftlich nur sinnvoll, wenn der Gläubiger den Hauptschuldner innerhalb der Laufzeit der Bürgschaft, ggf nach Kündigung, in Anspruch nehmen kann; anderenfalls wird der Sicherungszweck der Bürgschaft nicht erreicht, weil der Bürge grundsätzlich vor Fälligkeit der Hauptschuld nicht zahlen muß (anders nur bei der Bürgschaft zur Zahlung auf erstes Anfordern; auch hier besteht aber nur eine vorläufige Verpflichtung; Vorbem 27, 29, 33 u § 768 Rn 36).

Der Gläubiger erhält aus der Zeitbürgschaft einen durchsetzbaren Bürgschaftsanspruch also nur, wenn die **Hauptschuld innerhalb der Bürgschaftszeit fällig** wird; nur unter dieser Voraussetzung kann die in Abs 1 S 2 vorgesehene Anzeige dem Gläubiger den Bürgschaftsanspruch erhalten (BGHZ 91, 349, 355 = BGH WM 1984, 988 = NJW 1984, 2461; dazu GERTH WM 1988, 317; LG Darmstadt WM 1987, 1357). Allerdings muß man es genügen lassen, daß die Fälligkeit der Hauptschuld gleichzeitig mit dem Ende der Bürgschaftszeit eintritt und der Gläubiger fristgerecht die Anzeige an den Bürgen macht (BGH NJW 1989, 1856 = WM 1989, 627; zust TIEDTKE EWiR 1990, 45 f). Außerdem kann im Einzelfall die Berufung des Bürgen (Bank) auf die fehlende Fälligkeit der Hauptforderung bei Ablauf der Bürgschaftsfrist treuwidrig sein, etwa wenn es sich um eine Ausführungsbürgschaft handelt und die Beteiligten vereinbart haben, daß die Bürgschaft das Risiko der nicht rechtzeitigen Fertigstellung des Bauwerks abdecken soll (OLG Frankfurt/M WM 1988, 1304).

Der Endtermin wird regelmäßig durch einen Kalendertag ausdrücklich angegeben. Er kann sich aber auch aus Sinn und Zweck des Vertrages in Verbindung mit den Umständen ergeben, zB dahin, daß die Bürgschaft nur für die Zeit gelten solle, während der der Bürge Gesellschafter der Hauptschuldnerin ist (RG HRR 1935 Nr 58 1); nur ausnahmsweise wird man annehmen dürfen, daß die Delkrederehaftung nur für den Zeitraum, in dem bei ordnungsmäßiger Erledigung des Geschäfts die Zahlung zu erwarten ist, iS einer Zeitbürgschaft gelten soll (nicht unbedenklich RGZ 107, 194). Ist bei einer Bürgschaft für Bauleistungen des Unternehmers ein Termin angegeben, der mit dem Ende der Gewährleistungspflicht gem VOB zusammenfällt, so kann eine echte Zeitbürgschaft vorliegen (BGH WM 1966, 275 f). Eine Zeitbürgschaft liegt auch vor, wenn die Bürgschaft auf die Lebensdauer des Bürgen übernommen wurde (PLANCK/OEGG Anm 2).

b) Wird die Bürgschaft für einen bestimmten Zeitraum übernommen, so kann diese Zeitbestimmung auch als eine **Begrenzung des Gegenstands der Bürgschaft** aufzufassen sein. Dies ist regelmäßig bei der Verbürgung für künftige Forderungen anzunehmen, also hauptsächlich bei der Bürgschaft für einen Kontokorrentkredit (Mot II 681; Prot II 485; OERTMANN § 765 Anm 3 b u § 777 Anm 2; PLANCK/OEGG Anm 2 u 7; BGB-RGRK/MORMANN Rn 1; RGZ 63, 11 ff; 82, 383; RG HRR 1934 Nr 1446; OLG Hamburg

HRR 1934 Nr 1199; vgl auch BGH WM 1974, 478 f; allg oben Vorbem 42, 48 ff). Der Bürge haftet dann für alle Hauptforderungen, die während des im Bürgschaftsvertrag vereinbarten Zeitraums entstehen, unbefristet.

6 Eine Prozeßbürgschaft, deren Umfang sich regelmäßig aus dem Sicherungszweck bestimmt (Vorbem 91 ff), ist regelmäßig nicht als Zeitbürgschaft, sondern als gegenständlich beschränkte Bürgschaft aufzufassen. Die vom Beklagten zur einstweiligen Einstellung der Zwangsvollstreckung aus dem erstinstanzlichen Urteil als Sicherheit beigebrachte Bankbürgschaft kann daher nicht als Zeitbürgschaft angesehen werden, die bis zum Wegfall der Einstellung befristet ist, sondern sichert auch die spätere Zwangsvollstreckung aus dem zweitinstanzlichen Urteil, soweit dieses das Ersturteil bestätigt, ohne zeitliche Befristung (BGH NJW 1979, 417 = MDR 1979, 308).

c) **Abgrenzung der zwei Bürgschaftsformen**
7 Die Zeitbürgschaft ist von der gegenständlich beschränkten Bürgschaft, die § 777 nicht unterliegt, im Wege der Auslegung abzugrenzen, wobei neben dem Wortlaut die wirtschaftliche Funktion und die Vorstellungen der Beteiligten zu berücksichtigen sind. Die Klausel „Diese Bürgschaft ist befristet bis ..." ist nicht eindeutig und kann sowohl eine Zeitbürgschaft wie eine gegenständlich beschränkte Bürgschaft bedeuten (BGH WM 1988, 210, 211; OLG Köln WM 1986, 14 f), während die Formulierung „Diese Bürgschaft erlischt am ..." für Zeitbürgschaft spricht (BGH WM 1988, 211). Die Zeitbürgschaft iS § 777 setzt idR eine bereits bestehende Hauptforderung voraus. Nur ausnahmsweise kann eine zeitlich begrenzte Bürgschaft für künftige Forderungen iS einer echten Zeitbürgschaft ausgelegt werden (RGZ 82, 382 ff; RGZ 96, 133 ff; RG HRR 1935 Nr 581; BGH WM 1966, 275; WM 1974, 478; VOLKMANN WM 1975, 1126). Die zeitliche Begrenzung einer Erfüllungsbürgschaft soll nach OLG Stuttgart (WM 1979, 733) streng auszulegen sein, so daß eine Inanspruchnahme nach Fristablauf idR ausgeschlossen sein soll; zweifelhaft (vgl dagegen OLG Frankfurt/M WM 1988, 1304).

8 Eine Zeitbürgschaft ist nicht schon dann gegeben, wenn die Hauptschuld an einem bestimmten Termin fällig ist (RG WarnR 1914 Nr 155; RG LZ 1909, 312; OLG München JW 1929, 1404; OLG Karlsruhe BadRspr 1910, 1; 1911, 196; OLG Dresden SächsArch 12, 498). Wird eine Bürgschaft bis zur Bestellung einer anderen Sicherheit für die Hauptforderung (zB Hypothek) übernommen, die dann ausbleibt, wird der Bürge nicht frei, wenn die andere Sicherheit nicht bestellt wird; es liegt keine Zeitbürgschaft vor (BGH WM 1969, 35; VOLKMANN WM 1974, 1127); anders, wenn der Bürgschaft zugleich ein Endtermin beigefügt wird (BGH WM 1979, 833, wo aber unzutreffend für die anschließend gewährte befristete Austauschbürgschaft Zeitbürgschaft verneint wird).

9 Werden im Anschluß an eine abgelaufene Zeitbürgschaft, bei der sich der Gläubiger durch rechtzeitige Anzeige seine Rechte aber erhalten hat, weitere Zeitbürgschaften nacheinander gegeben, so bedeuten die weiteren Zeitbürgschaften keinen Verzicht auf die Rechte aus der ersten Bürgschaft, sondern nur eine Stundung der fälligen Bürgschaftschuld aus dieser Bürgschaft (BGH WM 1983, 33, 34; zur Verlängerung einer Zeitbürgschaft durch nachfolgende Zeitbürgschaften s auch OLG Köln WM 1986, 14, 15 f; dazu DAMRAU EWiR 1986, 259; krit SCHRÖTER WM 1986, 16 f). Eine unbefristete Kreditbürgschaft wird durch (zulässige) Kündigung nicht zur Zeitbürgschaft (BGH WM 1985, 969).

Für eine Zeitbürgschaft iS § 777 spricht der Umstand, daß die Hauptforderung **10**
bereits fertig vorliegt (BGH WM 1974, 479 f). Für eine gegenständlich beschränkte
Bürgschaft spricht dagegen der Umstand, daß es sich bei der Hauptschuld um eine
künftige, in der Zukunft erst entwickelnde Hauptschuld handelt, insbes die Darlehensverbindlichkeit aus einem Kontokorrentkredit (BGH WM 1974, 478; 1976, 275; 1979,
15 = NJW 1979, 417; WM 1988, 210, 211 und die Nachw oben Rn 5 f). Allerdings kann ausnahmsweise auch für einen Kontokorrentkredit eine Zeitbürgschaft bestellt sein
(OLG Köln WM 1986, 14 betr hintereinandergeschaltete Zeitbürgschaften; krit SCHRÖTER WM
1986, 16 f).

Eine gegenständlich beschränkte Bürgschaft und nicht eine Zeitbürgschaft ist im **11**
Zweifel anzunehmen, wenn die Bürgschaft der öffentlichen Wirtschaftsförderung
des Hauptschuldners dient (OLG Köln EWiR 1987, 579 mAnm BLAUROCK; KG WM 1995,
1439).

d) Kündigung
Die unbefristete Bürgschaft für künftige Forderungen (zB Kontokorrentkredit, **12**
Mietzins) kann bei Eintritt bestimmter Umstände, die eine Fortsetzung der Verpflichtung für den Bürgen unzumutbar machen, durch Kündigung für die Zukunft
beendet werden (BGH WM 1985, 969; zust GRAF vWESTPHALEN EWiR 1985, 667 f; allg oben
§ 765 Rn 229 ff). Auch bei der Zeitbürgschaft, die für eine lange Zeit übernommen ist,
kommt eine Kündigung in Betracht. Zu Rücktritt und Widerruf s § 765 Rn 236 f.

II. Die Gläubigerobliegenheiten

§ 777 unterscheidet, ob dem Bürgen die Einrede der Vorausklage (§§ 771–773) **13**
zusteht (Abs 1 S 1) oder nicht (Abs 1 S 2), was der Gläubiger auf seine eigene Gefahr
zu prüfen hat:

1. Beitreibung und Anzeige bei der Regelbürgschaft (§ 777 Abs 1 S 1)

Steht dem Bürgen die Einrede der Vorausklage zu, so ist der Gläubiger lediglich
verpflichtet, nach Ablauf der Zeit unverzüglich (dh ohne schuldhaftes Zögern;
s § 121 Abs 1 S 1) den Hauptschuldner gem § 772 in Anspruch zu nehmen, also ggf
durch Kündigung die Fälligkeit der Forderung herbeizuführen, das Verfahren ohne
wesentliche Verzögerung (vgl WEYL, Verschuldensbegriffe 25 ff; OERTMANN Anm 1 a) fortzusetzen und spätestens nach dessen Beendigung ohne schuldhaftes Zögern dem
Bürgen anzuzeigen, daß er in Anspruch genommen werde. Mit Rücksicht auf die
lange Dauer eines solchen Verfahrens kann die Rücksichtnahme auf den Bürgen es
gebieten, daß der Gläubiger dem Bürgen vorsorglich von diesem Verfahren und der
Möglichkeit der Inanspruchnahme Mitteilung macht.

§ 777 Abs 1 S 1 gilt nicht nur für die in § 772 normierten Bürgschaften für Geld- **14**
forderungen, sondern ist auch auf Bürgschaften für andere Forderungen anwendbar
(CROME § 298 Anm 28; PLANCK/OEGG Anm 4 a); bei anderen Bürgschaften hat der Gläubiger irgendeine nach der ZPO zulässige Zwangsvollstreckungsmaßnahme zu versuchen (PLANCK/OEGG aaO).

Der Ausfallzeitbürge haftet solange über den Endtermin hinaus, als der Konkurs über das Vermögen des Hauptschuldners noch nicht beendet ist (REICHEL JW 1931, 2229 u AcP 135, 340).

2. Anzeige bei Selbstschuldbürgschaft (§ 777 Abs 1 S 2)

15 Steht dem Bürgen die Einrede der Vorausklage nicht zu, so muß der Gläubiger ohne vorherige Inanspruchnahme des Hauptschuldners dem Bürgen nach Ablauf der bestimmten Zeit ohne schuldhaftes Zögern anzeigen, daß er ihn in Anspruch nehme. Unter besonderen Umständen kann auch eine mehrere Wochen nach Fristablauf erstattete Anzeige noch als unverzüglich angesehen werden (RGZ 153, 128), jedoch ist die ganze zZt des Fristablaufs bestehende Sachlage zu berücksichtigen (RG WarnR 1935 Nr 178 = SeuffA 90 Nr 41). Bei der selbstschuldnerischen Zeitbürgschaft kann der Gläubiger schon vor dem Ablauftermin nach Eintritt der Fälligkeit dem Bürgen die Inanspruchnahme anzeigen, um sich die Rechte aus der Bürgschaft zu erhalten (BGHZ 76, 81; BGH WM 1983, 33). Die Anzeige erhält dem Gläubiger seine Rechte aus der Bürgschaft freilich nur, wenn die Fälligkeit der Hauptschuld innerhalb der Laufzeit der Zeitbürgschaft eintritt (BGHZ 91, 349, 355 = WM 1984, 988 = NJW 1984, 2461; oben Rn 3).

3. Erklärung der Anzeige; Zeitpunkt

16 Die Anzeige ist ein einseitiges empfangsbedürftiges Rechtsgeschäft (§§ 130 ff) zur Wahrung eigener Interessen und nicht einseitig zurücknehmbar (PLANCK/OEGG Anm 4 b; OERTMANN Anm 1 a; BGB-RGRK/MORMANN Rn 4; vgl auch RGZ 153, 126 = JW 1937, 676 m Nachwort WEIMAR). Die Anzeige bedarf keiner besonderen Form. Wirksam ist zB die Anzeige mittels eingeschriebenen Briefs, selbst wenn dieser vom Bürgen nicht entgegengenommen wird, sondern dieser nur ausweislich des Rückscheins benachrichtigt wurde, daß der Brief zur Abholung bei der zuständigen Poststelle bereit liegt (OLG Hamm WM 1989, 1016, 1017).

17 § 777 setzt voraus, daß die Anzeige nach Ablauf der bestimmten Zeit erklärt wird. Dies kann im Fall des Abs 1 S 1 auch während der Beitreibungsmaßnahmen des Gläubigers gegen den Hauptschuldner, zB durch Streitverkündung, geschehen. Umstritten ist, ob auch eine Anzeige vor Zeitablauf wirksam ist. Dies wird zT wegen der dann angeblich noch bestehenden Unklarheit über den Umfang der Bürgenverpflichtung verneint (RGZ 96, 133; RG WarnR 1935 Nr 178; PLANCK/OEGG Anm 4 b; ERMAN/SEILER Rn 2; SOERGEL/MÜHL Rn 3). Dem ist nicht zuzustimmen (BGH WM 1974, 478, 480; WM 1980, 127; BGB-RGRK/MORMANN Rn 4; VOLKMANN WM 1975, 1126 f; eingeschränkt OLG München NJW 1978, 429 f). Eine Anzeige vor Ablauf der Bürgschaftszeit ist jedenfalls dann wirksam, wenn sie nach Eintritt der Fälligkeit der Hauptschuld erfolgt, weil dann der Bürge grundsätzlich (bei Selbstschuldbürgschaft sofort) mit seiner Inanspruchnahme rechnen muß (BGH WM 1980, 127). Auch vor Eintritt dieser Fälligkeit ist eine wirksame Anzeige dann anzuerkennen, wenn Fälligkeit und Zeitablauf unmittelbar bevorstehen und die Nichterfüllung durch den Hauptschuldner abzusehen ist. Eine Unklarheit über den Umfang der Bürgenverpflichtung ist zumindest objektiv in allen diesen Fällen nicht gegeben, weil der Verpflichtungsumfang durch § 777 Abs 2 festgelegt ist (BGH aaO).

III. Rechtsfolge

1. Forthaftung des Bürgen (Abs 2)

Nimmt der Gläubiger während der gesetzlichen Nachfrist des § 777 (Prot II 484) die **18** hier vorgesehenen Handlungen vor, so dauert die Haftung des Bürgen fort (BGH WM 1983, 33). Sie beschränkt sich aber auf den Umfang, den die Hauptverbindlichkeit bei Beendigung des Verfahrens gegen den Hauptschuldner (Fall des Abs 1 S 1) oder bei Ablauf der bestimmten Zeit (Fall des Abs 1 S 2) hat. Erweiterungen, welche die Hauptverbindlichkeit nach diesem Zeitpunkt erfährt, berühren also den Bürgen nicht; er haftet insbes nicht für die später fällig werdenden Zinsen und für die später entstehenden Kosten der Rechtsverfolgung (PLANCK/OEGG Anm 3 b).

Gesetzliche Stundungsvorschriften schneiden dem Gläubiger die Rechtsbehelfe des **19** § 777 nicht ab; sie entbinden ihn aber auch nicht von der Anzeigepflicht, abgesehen von Sonderfällen, zB Kreditabkommen (vgl Vorbem 187). Liegt der Endtermin einer Zeitbürgschaft iS § 777 vor dem Zeitpunkt, zu dem das Moratorium bzw der Kündigungsschutz endet, so genügt der Gläubiger seiner Verpflichtung zur unverzüglichen Einziehung der Forderung iS Abs 1 S 1, wenn er die Einziehung nach Ablauf der Sperre in der in § 777 geregelten Weise betreibt; dem selbstschuldnerischen Zeitbürgen muß aber der Gläubiger die Anzeige nach § 777 Abs 1 S 2 ohne Rücksicht auf das Moratorium bzw den Kündigungsschutz machen (RGZ 153, 123 = JW 1937, 676 m Nachwort WEIMAR).

2. Vertraglicher Verzicht auf § 777

§ 777 ist eine Auslegungsregel zugunsten des Gläubigers (BGH WM 1966, 275; BGB- **20** RGRK/Mormann Rn 3). Der Gläubiger kann auf die durch § 777 gewährte Nachfrist verzichten, so daß der Bürge im Zeitpunkt des Endtermins sofort frei wird. Diese dem Gläubiger nachteilige Regelung bedarf freilich einer eindeutigen Vereinbarung im Bürgschaftsvertrag und ist im Zweifel einschränkend auszulegen. Grundsätzlich erkennt die Rechtsprechung eine, auch formularmäßig vorgesehene, Klausel an, daß die Inanspruchnahme innerhalb der Bürgschaftszeit erfolgen muß. Allerdings enthält die Klausel „Die Bürgschaft erlischt spätestens am ..." noch nicht eine derartige Bestimmung (LG Frankfurt/M ZIP 1982, 831). Ist dagegen eine derartige Vereinbarung eindeutig getroffen, dann muß auch ein Mahnbescheid dem Bürgen innerhalb der Bürgschaftszeit zugegangen sein, um wirksam zu sein (BGH ZIP 1981, 1310). Auf die Bestimmung ist freilich § 193 anwendbar; fällt daher der vereinbarte Endtermin auf einen Sonntag, dann kann die Inanspruchnahme auch noch am nächsten Werktag erklärt werden, falls die Parteien nicht ausdrücklich das Fristende auf den Sonntag gelegt haben (BGHZ 99, 288). Der Bürge muß auch eine unbezifferte Anzeige gegen sich gelten lassen (OLG Karlsruhe WM 1985, 770). Zwar ist eine solche Anzeige an sich zur Wahrnehmung der Rechte aus einer Gewährleistungsbürgschaft nicht geeignet (OLG München ZIP 1994, 1763 und allg oben § 765 Rn 67 ff); aber man wird wegen der zeitlichen Begrenzung der Rechte des Gläubigers eine unbezifferte oder sonst unspezifizierte Anzeige zumindest dann gelten lassen müssen, wenn alsbald in möglicher Zeit die Spezifizierung nachgeliefert wird.

Auf die **Erforderlichkeit der Anzeige** selbst kann der Bürge jedenfalls formularmäßig **21** im Bürgschaftsformular, das der Gläubiger stellt, nicht verzichten (OLG Köln WM 1986, 14; DAMRAU EWiR 1986, 259 f; REINICKE/TIEDTKE, Kreditsicherung [3. Aufl 1994] 55 f; TIEDTKE Betrieb 1990, 411; Voss MDR 1990, 495, 498; aA OLG Hamm WM 1989, 1016). Denn die Klausel nimmt dem Bürgen im direkten Gegensatz zum Wesen der Zeitbürgschaft jegliche Möglichkeit, durch Zeitablauf aus der Haftung freizukommen.

Umgekehrt kann der Bürge nachträglich auf die Zeitbestimmung verzichten. Ein solcher Verzicht ist regelmäßig darin zu sehen, daß der Zeitbürge einer Stundung der Hauptschuld auf unbestimmte Zeit zustimmt; eine Verlängerung gilt als vereinbart, wenn die Hauptschuld auf einen bestimmten Termin gestundet wird (RG JW 1903 Beil 13, 115 Nr 252; RGZ 96, 133; REIMER JW 1926, 1946; PLANCK/OEGG Anm 2). Der Verzicht bedarf der Form des § 766 (vgl § 766 Rn 11).

IV. Beweislast

22 Der Gläubiger hat zu beweisen, daß die Voraussetzungen der fortdauernden Haftung des Bürgen gem § 777 Abs 1 erfüllt sind, dh daß er die dort vorgesehenen Maßnahmen ergriffen hat (OERTMANN Anm 1 b; BGB-RGRK/MORMANN Rn 5; PLANCK/OEGG Anm 5). Der Bürge hat den Umfang der in Abs 2 vorgesehenen Minderung seiner Haftung zu beweisen, dh daß der Umfang der Hauptschuld zu dem nach Abs 2 maßgeblichen Stichtag geringer gewesen sei als im Zeitpunkt der Bürgschaftsübernahme (LEONHARDT, Die Beweislast[2] [1926] 376; BGB-RGRK/MORMANN aaO). Eine von § 777 abweichende Vereinbarung hat der zu beweisen, der sich auf sie beruft (MORMANN aaO).

V. Analoge Anwendung

23 § 777 gilt nicht für die offene und die verdeckte Wechselbürgschaft (Vorbem 423 ff, 432 ff u RGZ 74, 352; RG JW 1903 Beil 13, 43 Nr 94) sowie für die Kreditschuldmitübernahme (OLG Hamburg HRR 1934 Nr 1199). Dagegen ist § 777 entsprechend anwendbar auf die Pfandbestellung für fremde Schuld und auf bestimmte Zeit: Der Pfandgläubiger braucht im Zweifel nicht innerhalb der Frist auf das Pfand zu greifen, muß aber bis zu ihrem Ablauf dem Verpfänder anzeigen, daß er das Pfand in Anspruch nehme (RGZ 68, 141).

§ 778

Wer einen anderen beauftragt, im eigenen Namen und auf eigene Rechnung einem Dritten Kredit zu geben, haftet dem Beauftragten für die aus der Kreditgewährung entstehende Verbindlichkeit des Dritten als Bürge.

Materialien: E I § 680; II § 717; III § 762; Mot II 682 f; Prot II 485 f.

Schrifttum

BENDIX, Der Kreditauftrag nach dem BGB, ArchBürgR 20, 155

ECCIUS, Verbürgung für eine künftige Schuld und Kreditmandat, Gruchot 46, 55

LABES, Bürgschaft oder Kreditauftrag, DJZ 1903, 173
LIPPMANN, Der Kreditauftrag des BGB, JherJb 48, 315
ROTHENBERG, Der Kreditauftrag, AcP 77 (1891) 323
SCHÜTZ WM 1963, 1051
STOLL, Vertrauensschutz bei einseitigen Leistungsversprechen, in: FS Flume I (1978) 741 ff, insb 759
WEIDEMANN, Der Kreditauftrag, ZHR 53, 429
ZEISS, Die Umdeutung einer formnichtigen Bürgschaft in einen Kreditauftrag, WM 1963, 906.

Systematische Übersicht

I. **Begriff und Abschluß des Kreditauftrags**
1. Begriff 1
2. Abschluß; Anwendungsfälle 2
   a) Vertragsabschluß 2
   b) Formfreiheit 6
   c) Formularmäßige Erteilung 7
3. Abgrenzung von anderen Verträgen ... 8
   a) Bürgschaft 8
   b) Garantie; andere Verträge 9

   c) Kreditanweisung; Akkreditiv 10

II. **Die beiderseitigen Rechte und Pflichten**
1. Auftragsrecht 11
   a) Vertragliche Bindung 11
   b) Pflichten des Beauftragten 12
   c) Pflichten des Auftraggebers 13
2. Die Bürgenhaftung des Auftraggebers 14

Alphabetische Übersicht

Abschluß 2
Auftragsrecht 9, 11
Aufwendungsersatz 16
Bürgschaft 8
Einrede der Vorausklage 14
Forderungsübergang 14
Formfreiheit 6
Garantie 9
Geschäftsbesorgungsvertrag 2

Kreditanweisung 10
Kreditauftrag
– Abschluß 2
– Begriff 1
– Formfreiheit 6
Obliegenheiten 15
Tod, Beendigung durch 11
Vorschuß 13
Widerruf 11

I. **Begriff und Begründung des Kreditauftrags**

1. **Begriff**

Der Kreditauftrag ist kein Bürgschaftsvertrag (ZG VI, 493), sondern ein besonderer **1** Fall des Auftrags iS §§ 662 ff (mandatum qualificatum; Mot II 682), bei dem der Auftraggeber dem Beauftragten wie ein Bürge für die Verbindlichkeit des Dritten haften soll, die aus der Kreditgewährung entsteht (Prot II 485 ff). Der Vertragsinhalt richtet sich zunächst nach Parteivereinbarung und Auftragsrecht (§§ 662 ff); vom Zeitpunkt der auftragsgemäßen Kreditgewährung ab wird die Rechtsstellung des

Auftraggebers durch Bürgschaftsrecht bestimmt. Da § 778 dispositives Recht ist, können die Parteien diese Wirkung abbedingen.

2. Abschluß; Anwendungsfälle

a) § 778 setzt zunächst den Abschluß eines Auftrags iS §§ 662 ff oder eines entgeltlichen Geschäftsbesorgungsvertrags iS § 675 (Rn 11 ff) voraus, also auch die rechtsgeschäftliche Annahme durch den Beauftragten (RGZ 56, 130; 151, 100; HRR 1935 Nr 1011; OLG Braunschweig OLGE 22, 346; BGH WM 1956, 463; SOERGEL/MÜHL Rn 1; BGB-RGRK/MORMANN Rn 1; aA ECCIUS aaO: einseitige Ermächtigung). Es darf sich also nicht um eine bloße Ermächtigung, Anregung, Empfehlung oder Bitte handeln (vgl PLANCK/OEGG Anm 2 a; RG HRR 1935 Nr 1011).

Inhalt des Auftrags iS § 778 ist die Gewährung des Kredits an den Dritten im eigenen Namen und auf eigene Rechnung des Beauftragten. Statt der Kreditgewährung kann auch vereinbart sein, daß der Beauftragte dem Dritten zunächst nur zusagen soll, er werde ihm auf sein Verlangen einen Kredit eröffnen (Krediteröffnungsauftrag; PLANCK/OEGG Anm 2 b; ENNECCERUS/LEHMANN § 196). Der Auftrag kann auch dahin gehen, einen bereits gewährten Kredit zu verlängern (BGB-RGRK/MORMANN Rn 1) oder Geldkredit an einen Wechselakzeptanten des Auftraggebers zur Einlösung des Wechsels zu gewähren (BGH WM 1984, 422, 423). Neben einem Geldkredit kommt auch ein Warenkredit des Lieferanten in Betracht (RGZ 87, 144; WarnR 1912 Nr 106; OLG Frankfurt NJW 1967, 2361).

Zur Abgrenzung von der bloß unverbindlichen Aufforderung zur Kreditgewährung oder dem bloßen Nachweis der Möglichkeit einer Kreditvergabe ist entscheidend, ob der Beauftragte die Erklärung des Auftraggebers nach Treu und Glauben so auffassen durfte, daß dieser an einer Verpflichtung des Beauftragten interessiert sei und notfalls für den Kredit einstehen werde (BGH WM 1956, 463; 1960, 879; BGB-RGRK/MORMANN Rn 1; SOERGEL/MÜHL Rn 1; MünchKomm/PECHER Rn 2; JAUERNIG/VOLLKOMMER [7. Aufl 1994] Anm 1). Eine Empfehlung oder Anregung genügt nicht (PLANCK/OEGG Anm 2 a; SOERGEL/MÜHL Rn 1; MünchKomm/PECHER Rn 2). Es muß demnach ein rechtlicher Bindungswille, ja Haftungswille auf Seiten des Kreditauftraggebers erkennbar sein. Ein Indiz dafür ist das eigene Interesse des Auftraggebers an der Kreditgewährung (RG HRR 1935 Nr 1011; BGH WM 1956, 1212; 1960, 879; BGB-RGRK/Mormann Rn 1), dh daß ihm deren Vorteile zugute kommen (STOLL 760, 762). Freilich ist dies nur ein Anhaltspunkt (zutr SOERGEL/MÜHL Rn 1), der weder notwendig noch in jedem Fall ein sicheres Indiz ist, ähnlich wie bei der Frage einer Garantieverpflichtung (Vorbem 217). Obwohl nach allgemeinen Regeln die Rechtsfolge des § 778 (Bürgenhaftung) nicht vom Geschäftswillen des Kreditauftraggebers umfaßt sein müßte, wird man hier doch auch einen deutlichen Anhaltspunkt für den Haftungswillen in der Kreditauftragserklärung selbst finden müssen; andernfalls bleibt die Abgrenzung zur unverbindlichen Aufforderung oder Empfehlung zu unsicher. Bezeichnenderweise wendet die Rechtsprechung die Vorschrift auch nur höchst selten an, und zwar gerade in solchen Fällen, in denen eine Haftungsübernahme ausdrücklich vereinbart ist (BGH WM 1984, 422, 423; unrichtig LG Mannheim ZIP 1982, 558).

Demnach darf weder aus dem eigenen Interesse des Kreditauftraggebers noch aus der Tatsache der Kreditgewährung ohne weiteres der Vertragsschluß über den Kreditauftrag gefolgert werden (mit Recht krit zur Rspr STOLL 760 Fn 90). Der BGH hat Kreditauftrag für den Fall, daß ein Kfz-Händler einen Finanzierungsauftrag eines Käufers an ein Finanzierungsinstitut weiterleitet, mangels zusätzlicher Anhaltspunkte verneint (WM 1960, 879 = BB 1960, 842). Verspricht ein Architekt Zahlung aus von ihm verwalteten Baugeldern und veranlaßt dadurch den Baustofflieferanten zu Kreditlieferungen, so haftet er gem § 778 unabhängig davon, ob die Baugelder zur Bezahlung ausreichen oder nicht, was der Lieferant nicht beurteilen kann (OLG Frankfurt NJW 1967, 2361). Veranlaßt der Vater den lieferunlustigen Lieferanten zur Kreditlieferung an den Sohn mit dem Hinweis, er sei mit Garantie einverstanden, liegt nach RGZ 87, 144 Kreditauftrag vor; näher liegt hier die Annahme eines Garantievertrags (vgl auch PLANCK/OEGG Anm 4; ENNECCERUS/LEHMANN § 196, 3).

b) Der Kreditauftrag ist wie jeder Auftrag **formfrei;** er bedarf insbesondere nicht der Schriftform des § 766 (RGZ 50, 160; 51, 120; 87, 146; PLANCK/OEGG Anm 3 a; SOERGEL/ MÜHL Rn 2). Eine nach § 766 ungültige mündliche Bürgschaft kann demnach uU im Weg der Konversion als Kreditauftrag aufrechterhalten werden (ZEISS WM 1963, 906; SCHÜTZ WM 1963, 1051). Davon ist mit Zurückhaltung Gebrauch zu machen, um § 766 nicht zu umgehen (Vorbem 216 ff, 367 ff; § 765 Rn 3 f); bei eigenem wirtschaftlichen Interesse des Versprechenden wiegt dieses Bedenken nicht schwer (vgl auch Rn 4 u STOLL 760 ff, der insoweit eine „Vertrauenshaftung" befürwortet).

c) **Formularmäßige Erteilung**
Bei der Erteilung eines Kreditauftrags im Wege eines vom Kreditgeber gestellten Formularvertrags (vgl den Fall LG Mannheim ZIP 1982, 558) ist besonders auf eine mögliche Verletzung des Transparenzgebots (§ 9 AGBG) zu achten. Die Rechtsfolge der Haftung als Bürge ist dem Kreditauftraggeber oft nicht klar, und es bedarf daher eines besonderen Hinweises auf diese Rechtsfolge (unzutr LG Mannheim aaO).

3. Abgrenzung von anderen Verträgen

a) Die Lebenssachverhalte der **Bürgschaft** für einen künftig zu gewährenden Kredit und des Kreditauftrages sind einander ähnlich. Der begriffliche Unterschied liegt darin, daß beim Kreditauftrag der Auftraggeber den Anstoß zur Kreditgewährung gibt und den Beauftragten zur Kreditgewährung verpflichten will (BGB-RGRK/MORMANN Rn 2; SOERGEL/MÜHL Rn 6; vgl auch RG Recht 1915 Nr 2482; REICHEL Gruchot 61, 551; RG BayZ 1912, 136; OLG Karlsruhe BadRpr 94, 81). Daher ist beim Kreditauftrag das für die Bürgschaft typische Schutzbedürfnis nicht gegeben. Die Unterscheidung ist erheblich wegen der unterschiedlichen Rechtsfolgen: Formfreiheit des Kreditauftrags, beiderseitige Pflichten gem Auftragsrecht bis zur Kreditgewährung (Rn 11 ff).

b) Kein Kreditauftrag liegt vor, wenn der Beauftragte im Namen des Auftraggebers handeln soll, weil dann letzterer selbst gem § 164 Kreditgeber wird, oder wenn der Beauftragte für Rechnung des Auftraggebers Kredit gewähren soll, weil dann ein gewöhnlicher Auftrag vorliegt (vgl RGZ 87, 144; WarnR 1911 Nr 429; RATZ, in: Großkomm HGB § 349 Anm 81).

Je nach Erklärungsinhalt und Umständen kann statt Kreditauftrag **Garantie** vorliegen, nämlich dann, wenn der Ersuchende schlechthin und unwiderruflich gebunden sein will (PLANCK/OEGG Anm 4; ENNECCERUS/LEHMANN § 196, 3). Soll der Beauftragte lediglich ermächtigt, aber nicht zur Kreditgewährung verpflichtet sein, bestimmen sich die beiderseitigen Rechte und Pflichten nach der individuellen Vereinbarung (PLANCK/OEGG Anm 4; LABES DJZ 1903, 173); der Auftraggeber kann im Rahmen dieser Vereinbarung als Bürge oder Garant haften (vgl auch § 765 Rn 132).

10 c) Vom Kreditauftrag verschieden ist die **Kreditanweisung** (Akkreditierung, Kreditbrief). Sie ist eine Art der Anweisung zur Zahlung, nicht zur Kreditierung (RGZ 64, 109; 88, 134), wobei der Angewiesene („Beauftragte") mit der Zahlung an den Dritten (Anweisungsempfänger) keine Forderung gegen den Empfänger (auf Rückzahlung) erwirbt, sondern eine Leistung an den Anweisenden erbringt. Zu dem im internationalen Handel wichtigen Rechtsinstitut des Dokumentenakkreditivs s Vorbem 378 ff.

II. Die beiderseitigen Rechte und Pflichten

1. Auftragsrecht

11 a) Mit der Annahme des Kreditauftrags wird eine vertragliche Verpflichtung des Beauftragten begründet, in eigenem Namen und auf eigene Rechnung dem Dritten Kredit zu geben (RGZ 151, 100; SeuffA 89 Nr 158). Es findet grundsätzlich Auftragsrecht Anwendung (RGZ 56, 133 ff; BGB-RGRK/MORMANN Rn 3). Der Kreditauftrag erlischt im Zweifel mit dem Tod des Beauftragten, aber nicht mit dem Tod des Auftraggebers (§§ 672, 673; PLANCK/OEGG Anm 3 b). Im Gegensatz zur Kreditbürgschaft (§ 765 Rn 229 ff; § 777 Rn 12) kann der Kreditauftrag gem § 671 Abs 1 vom Auftraggeber jederzeit widerrufen (vgl RG WarnR 1911 Nr 236 = JW 1911, 448), von dem Beauftragten jederzeit (s aber auch § 671 Abs 2) gekündigt werden; ein wichtiger Grund iS § 671 Abs 3 liegt regelmäßig in der nachträglichen Kreditunwürdigkeit des Dritten (CROME § 299 Anm 19). Der Kreditauftrag wird deshalb bisweilen nach Dauer und Höhe nicht begrenzt (RG WarnR 1912 Nr 106); hinsichtlich der Höhe muß allerdings zumindest aus den Umständen ein Kreditrahmen (zB üblicher Geschäftsumfang) erkennbar sein; andernfalls ist der Vertrag wegen Unbestimmtheit nichtig (vgl auch § 765 Rn 13 ff). Der Auftraggeber kann auf sein Widerrufsrecht verzichten; dadurch allein wird der Kreditauftrag noch nicht zur reinen Bürgschaft (ENNECCERUS/LEHMANN § 196, 3). Ist der Kreditauftrag im Rahmen einer entgeltlichen Geschäftsbesorgung erteilt, so ist § 671 nicht anwendbar; der Kreditauftrag kann also wegen des Interesses des Beauftragten nicht frei widerrufen werden (ENNECCERUS/LEHMANN § 196, 2; SOERGEL/MÜHL Rn 4; aA PLANCK/OEGG Anm 3 c; STAUDINGER/BRÄNDL[10/11] Rn 8). Der Auftraggeber hat aber hier analog § 610 ein Widerrufsrecht bei nachträglicher Kreditunwürdigkeit des Dritten (ENNECCERUS/LEHMANN aaO; BGB-RGRK/MORMANN Rn 4; SOERGEL/MÜHL aaO); der Beauftragte hat in diesem Fall ein Kündigungsrecht aus wichtigem Grund. Kündigung und Widerruf sind auch noch nach (teilweiser oder vollständiger) Kreditgewährung zulässig (aA SOERGEL/MÜHL Rn 1; PLANCK/OEGG Anm 3 b). Die bereits durch die Kreditgewährung begründeten beiderseitigen Pflichten aus Auftrag und die Haftung aus § 778 bleiben aber bestehen (RG WarnR 1912 Nr 374 = Recht 1912 Nr 2828; BGB-RGRK/MORMANN Rn 4). Der Beauftragte kann aber uU verpflichtet sein, seinerseits den Kredit zu kündigen und möglichst bald zurückzuführen.

12 b) Der **Beauftragte** ist – anders als der Gläubiger gegenüber dem Bürgen – verpflichtet, bei der Ausführung des Auftrags (Kreditgewährung) die Interessen des

Auftraggebers wahrzunehmen, ihn insbes über die Kreditwürdigkeit des Dritten aufzuklären, ihm Nachricht zu geben, wenn sein Interesse bedroht erscheint, und vorbehaltlich des § 665 nach seinen Weisungen zu handeln (§ 666; RG JW 1912, 910 Nr 6 = WarnR 1912 Nr 374; Planck/Oegg Anm 3 b; Soergel/Mühl Rn 2). Der Beauftragte darf im Zweifel den Auftrag nicht einem Dritten überlassen (Planck/Oegg Anm 3 b). Die vertraglichen Sorgfaltspflichten bestehen auch nach der Kreditgewährung fort (RG WarnR 1912 Nr 374; Soergel/Mühl Rn 3).

c) Der **Kreditauftraggeber** ist regelmäßig nach dem Zweck des Vertrages nicht **13** verpflichtet, dem Beauftragten Vorschuß zu leisten (BGB-RGRK/Mormann Rn 4; Planck/Oegg Anm 3 b). Die Verpflichtung zum Aufwendungsersatz gem § 670 ist regelmäßig durch die Haftung gem § 778 ersetzt, soweit nicht eine abweichende Vereinbarung vorliegt. Im Fall der entgeltlichen Geschäftsbesorgung hat der Auftraggeber das vereinbarte Entgelt zu leisten.

2. Die Bürgenhaftung des Auftraggebers

Die Bürgenhaftung des Auftraggebers nach Kreditgewährung tritt zu den im übrigen **14** fortbestehenden beiderseitigen Pflichten aus Auftrag und ersetzt die §§ 669, 670. Der Auftraggeber hat von diesem Zeitpunkt an auch die Rechte des Bürgen. Er hat insbes die Einrede der Vorausklage gem §§ 771–773, soweit dies nicht vertraglich ausgeschlossen oder der Auftraggeber Vollkaufmann und der Kreditauftrag für ihn ein Handelsgeschäft ist (§§ 349 S 2, 351, 4 HGB). Soweit der Auftraggeber den Beauftragten befriedigt, geht dessen Forderung gegen den Dritten gem § 774 auf ihn über (Planck/Oegg Anm 5; BGB-RGRK/Mormann Rn 5).

Liegt dem Kreditauftrag wiederum ein Auftrag des Dritten iS § 775 zugrunde, kann **15** der Auftraggeber von dem Dritten unter den Voraussetzungen des § 775 Befreiung von seiner Haftung als Bürge verlangen (RG WarnR 1930 Nr 135). Hat der Kreditauftraggeber im Auftrag eines Vierten gehandelt, so kann er bei Inanspruchnahme als Bürge gem § 778 von dem Vierten Befreiung gem § 670 verlangen (RGZ 151, 100). – Der Kreditbeauftragte hat die in § 776 normierten Obliegenheiten, keine anderweitige Sicherheit aufzugeben (RG WarnR 1930 Nr 136), und dazu die ggf weitergehenden Sorgfaltspflichten aus Auftrag. Hat der Kreditauftraggeber seine Haftung auf bestimmte Zeit beschränkt, so liegt keine Zeitbürgschaft iS § 777 vor, sondern eine gegenständlich beschränkte Bürgenhaftung für die während der Zeit gewährten Kredite (§ 777 Rn 5 f). Zur gegenständlichen Beschränkung der Haftung des Auftraggebers aufgrund besonderer Abrede mit dem Beauftragten vgl RG BayZ 1911, 363.

Ist eine Verbindlichkeit des Dritten nicht entstanden (zB Nichtigkeit des Darlehens- **16** vertrages), so haftet der Auftraggeber dem Beauftragten nicht als Bürge, sondern nach dem Inhalt des zwischen ihnen bestehenden Auftrags oder Geschäftsbesorgungsvertrages, also ggf auf Aufwendungsersatz gem § 670 (Planck/Oegg Anm 6; Oertmann Anm 2 c; Unger JherJb 33, 305).

Sachregister

Die fetten Zahlen beziehen sich auf die Paragraphen, die mageren Zahlen auf die Randnummern.

Abänderung
der Bürgschaftsurkunde durch den Gläubiger **766** 34
des Bürgschaftsvertrages **766** 11
der Hauptschuld und Erlöschen der Bürgschaft **767** 41
Abgabenordnung
Steuerbürgschaft **Vorbem 765 ff** 79
Abschlagsbürgschaft
Inhalt **765** 59
Abtretung
Abtretungsausschluß für Hauptforderung, Forderungsübergang auf den Bürgen **774** 16
Befreiungsanspruch des Bürgen **775** 7
der Bürgschaft, unwirksame isolierte – **765** 31, 213
bürgschaftsgesicherter Forderung **765** 31, 202 ff; **Vorbem 765 ff** 55
bürgschaftsgesicherter Forderung, Ausschluß des Bürgschaftsübergangs **765** 208 ff
durch Garantie gesicherte Forderung **Vorbem 765 ff** 227 ff, 257
Gläubigerwechsel (Bankwechsel) **765** 204
Schuldmitübernahme und Abtretung der Forderung **765** 212
Abzahlungskauf
Bürgschaft für finanzierten – **767** 30
AGB, AGBG
Akzessorietät der Bürgschaft **767** 7
Akzessorietätsgrundsatz und Einredeverzicht des Bürgen **768** 28 ff
Ausfallbürgschaft **771** 14
Auslegung der Bürgschaft **765** 25, 26
Ausschluß des Bürgschaftsübergangs **765** 208
Bestimmtheitserfordernis für die Bürgschaft **765** 16 ff
Bürgenschuld und Verbot der Fremddisposition **767** 38
Bürgenverzicht auf Einrede des Leistungsverweigerungsrechts **770** 17
Bürgschaft zur Zahlung auf erstes Anfordern **Vorbem 765 ff** 25
Bürgschaftsklauseln, zulässige und unzulässige **Vorbem 765 ff** 69 ff
Bürgschaftsschuld, zusätzliche Sicherheitengestellung **765** 112
Bürgschaftsvertrag und davon umfaßter Kondiktionsanspruch **765** 86 ff

AGB, AGBG (Forts.)
ERA 1993 als AGB **Vorbem 765 ff** 381
Forderungsübergang auf den Bürgen, ausgeschlossener/hinausgeschobener **774** 24
Globalbürgschaft **Vorbem 765 ff** 42, 44
Kontrolle von Bürgschaftsverträgen **765** 12
Kreditauftrag **778** 7
Leitbild der Bürgschaft **Vorbem 765 ff** 12, 25, 71
Schuldnerwechsel, Erstreckungsklausel **765** 215
Sicherheitenaufgabe durch den Gläubiger zum Nachteil des Bürgen **776** 21
Akkreditiv
Abstrakter Anspruch **Vorbem 765 ff** 401
Anspruchsbegründung **Vorbem 765 ff** 391 ff
Auftrag **Vorbem 765 ff** 385 ff
Dokumentenakkreditiv, Inhalt und Bedeutung **Vorbem 765 ff** 378, 379
Dokumentenstrenge **Vorbem 765 ff** 394
Einredenausschluß, Einwendungsausschluß **Vorbem 765 ff** 401
ERA 1993 **Vorbem 765 ff** 297, 380 ff
Standby letter of credit, Abgrenzung **Vorbem 765 ff** 291
Transportpapier **Vorbem 765 ff** 399
Übergang der Rechte **Vorbem 765 ff** 400
Zweitbank als Erfüllungsgehilfe **Vorbem 765 ff** 388
Akzessorietät der Bürgschaft
Abgrenzung gegenüber Garantie, Schuldbeitritt **Vorbem 765 ff** 18, 196
Abtretungsausschluß für die Bürgschaft **765** 31
Abweichende Vereinbarungen **767** 6 ff
AGB-Klauseln und Prinzip der – **Vorbem 765 ff** 71
Anfechtbarkeit der Hauptschuld durch den Hauptschuldner **770** 1 ff, 17
Bestimmtheitsgrundsatz **765** 13
Beweislastfolgen **767** 5
Börsentermingeschäfte **765** 69
Bürgenschutz aufgrund der – **Vorbem 765 ff** 64
Bürgschaftsschuld, Pfandrecht **Vorbem 765 ff** 1
Durchbrechung **Vorbem 765 ff** 19
Einreden, Einwendungen des Bürgen aus der Hauptschuld aufgrund der – **768** 1 ff, 10 ff

Akzessorietät der Bürgschaft (Forts.)
 Einredeverzicht **768** 28 ff; **773** 5
 Einschränkungen durch die Rechtsprechung im Einzelfall **Vorbem 765 ff** 19
 Einwendungsausschluß und Grundsatz der – **Vorbem 765 ff** 24, 26, 64
 Forderungsabtretung und Akzessorietät von Sicherheiten **765** 212
 Geltungsumfang **767** 1
 Gläubigeridentität, erforderliche **Vorbem 765 ff** 20; **767** 2
 Gläubigerwechsel und Übergang der Bürgschaft **765** 202 ff
 Gläubigerwegfall, Gläubigerwechsel **767** 24
 Grenzen des Grundsatzes **767** 48 ff
 Haftungsumfang als Folge der – **767** 4 ff
 Hauptschuld, Bestand **767** 9
 Hauptschuld, Erlöschen **767** 10 ff
 Hauptschuldner, Erlöschen wegen Vermögensverfalls **767** 49 ff
 Hauptschuldumfang, gesetzliche Veränderungen **767** 25 ff
 Hauptschuldumfang, rechtsgeschäftliche Veränderungen **767** 36 ff
 als konstruktives Prinzip **Vorbem 765 ff** 19
 Novation der Hauptschuld **767** 22, 23
 Schuldnerwegfall, Schuldnerwechsel **767** 24
 und Sicherungszweck der Bürgschaft **768** 5
 Teilleistungen, Anrechnung **767** 17 ff
 Wechselbürgschaft, eingeschränkte **Vorbem 765 ff** 428
 Zwingendes Recht **Vorbem 765 ff** 18
Akzessorische Sicherungsrechte
 Ausgleichsproblematik **774** 65 ff
Amtsbürgschaft
 Inhalt, Rechtsgrundlage **Vorbem 765 ff** 81
Anerkenntnis
 und Bürgschaftserstreckung **768** 27
Anfechtung
 Anfechtbare Hauptschuld, Leistungsverweigerungsrecht des Bürgen **770** 2 ff
 der Bürgschaftserklärung **765** 148 ff, 154 ff; **Vorbem 765 ff** 65; **770** 4
 Garantiebestellung **Vorbem 765 ff** 362
 der Hauptschuld **767** 12
 Zwangsvergleichsbürgschaft **765** 158
Anfechtungsgesetz
 Bürgschaftsübernahme, nicht geschuldete **765** 145
Angehörige
 Sittenwidrige Bürgschaftsübernahme **765** 162 ff
 Sittenwidrige Schuldmitübernahme **765** 164
Anpassung
 von Bürgschaftsverpflichtungen **Vorbem 765 ff** 134

Anrechnung
 von Teilleistungen auf verbürgte Hauptschuld **767** 17 ff
Anspruchsinhalt
 und Bürgschaft **Vorbem 765 ff** 14
Anzahlungsbürgschaft
 Inhalt **765** 60
Anzahlungsgarantie
 im Außenwirtschaftsverkehr **Vorbem 765 ff** 283
Anzeige
 des Gläubigers bei der Selbstschuldbürgschaft **777** 15 ff
Arbeitsgericht
 Bürgschaftsklage **Vorbem 765 ff** 151
Architekt
 Haftung aus Kreditauftrag **778** 5
Arglisteinrede
 des Bürgen **765** 199
Arrest
 in Bürgschaftsanpruch des Gläubigers **Vorbem 765 ff** 163
 Dokumentenakkreditiv **Vorbem 765 ff** 404
 in Garantieanspruch des Gläubigers **Vorbem 765 ff** 321
 Sicherung eines Befreiungsanspruchs des Bürgen **775** 5
Aufgeben
 von Sicherungsrechten zum Nachteil eines Bürgen **776** 11 ff
Aufklärungspflicht
 und Bürgschaftsvertrag **765** 179 ff
 des Gläubigers gegenüber Bürgen **Vorbem 765 ff** 65
Aufrechnung
 des Bürgen mit eigener Forderung gegen den Gläubiger **770** 11
 des Bürgen mit einer Forderung gegen den Gläubiger **774** 10
 Bürgenberufung auf eine vom Hauptschuldner erklärte – **768** 26, 27
 des Garanten gegenüber Garantieberechtigten **Vorbem 765 ff** 248
 Leistungsverweigerungsrecht des Bürgen bei Gläubigerbefugnis zur – **770** 5
 Möglichkeit des Hauptschuldners, alleinige zur – **770** 9
Auftragsbürgschaft
 Rechtsverhältnis Bürge/Hauptschuldner **775** 2
Auftragsverhältnis
 Kreditauftrag
 s. dort
Aufwendungsersatz
 und Forderungsübergang auf den Bürgen, Verhältnis zum – **774** 4
 Kreditauftrag **778** 13, 16

Aufwendungsersatz (Forts.)
Rechtsverhältnis Bürge/Hauptschuldner
774 1
Aufwertung
einer Bürgenschuld **Vorbem 765 ff** 130
Ausbietungsgarantie
Erscheinungsformen, Wirkung
Vorbem 765 ff 252
Formfreiheit **Vorbem 765 ff** 253
Ausfallbürgschaft
Ausfall **771** 12 ff; **777** 14
und Ausgleichspflicht **774** 59
Erhaltungspflichten des Gläubigers **776** 14
Inhalt, Abgrenzung zur Selbstschuldbürgschaft **Vorbem 765 ff** 36
Inhalt, Praxis **771** 11
Nebenpflichten des Gläubigers **765** 125
Ausfallgarantie
Inhalt **Vorbem 765 ff** 252
Ausfüllungsermächtigung
Blankobürgschaft **766** 44 ff
Ausfuhrgeschäfte
und Staatsbürgschaften **Vorbem 765 ff** 82
Ausfuhrkreditversicherungen
Allgemeine Bedingungen **Vorbem 765 ff** 441
Anzahlungsbürgschaft **765** 60
Bürgschaft oder Garantie (besondere Terminologie) **Vorbem 765 ff** 439
Forderungen und Risiken, gedeckte
Vorbem 765 ff 448 ff
Funktion, Rechtsgrundlagen
Vorbem 765 ff 439 ff
Gewährleistungsberechtigter, Rechtsstellung **Vorbem 765 ff** 443 ff
Hermes-Deckung **Vorbem 765 ff** 439
Koordinierungsgrundsätze der Industrieländer **Vorbem 765 ff** 442
Richtlinien des BMF **Vorbem 765 ff** 440
Ausgleich
Ausfallbürgschaft **771** 17; **774** 59
Mehrheit von Höchstbetragsbürgschaften **774** 56
unter Mitbürgen **769** 10; **774** 43 ff
Nachbürgschaft **774** 59
zwischen Bürgen und Schuldbeitretendem
774 64
zwischen verschiedenen Sicherungsgebern
774 65 ff
Ausländische Staaten
Bürgschaft, Garantie **Vorbem 765 ff** 88
Hauptforderung, Bürgschaftsforderung, Enteignung durch – **Vorbem 765 ff** 142 ff
Ausländischer Bürge
Prozeßbürgschaft **Vorbem 765 ff** 90
Ausländisches Devisenrecht
und Bürgschaftsverpflichtung
Vorbem 765 ff 189

Ausländisches Recht
Bürgschaft, Garantie, Schuldmitübernahme (Länderübersicht)
Vorbem 765 ff 453 ff
und formgültige Bürgschaft **766** 55
Auslegung
der Bürgschaft **765** 20 ff
Außenwirtschaftsverkehr
Bankgarantien **Vorbem 765 ff** 275 ff
Bürgschaft zur Zahlung auf erstes Anfordern **Vorbem 765 ff** 24
Avalgeschäft der Banken Vorbem 765 ff 6
Avalkreditvertrag
Rechtsverhältnis Bürge/Hauptschuldner
765 103, 104

Bank-Guarantee
Rechtsnatur **Vorbem 765 ff** 290
Bankbürgschaft
Inhalt **765** 61
Bankgarantien
im Außenwirtschaftsverkehr
Vorbem 765 ff 275 ff
Garantieauftrag **Vorbem 765 ff** 326 ff
Lex bancae **Vorbem 765 ff** 302 ff
Lex mercatoria **Vorbem 765 ff** 305 ff
Bankwechsel
und Bürgschaftsübertragung **765** 204
Bauwerk
Sicherheitsleistung des Bestellers durch
Bürgschaft **Vorbem 765 ff** 90
Bauwesen
Abschlagsbürgschaft **765** 59
Anzahlungsbürgschaft **765** 60
Garantieversprechen **Vorbem 765 ff** 272
Haftung aus Kreditauftrag **778** 5
Bedingte Bürgschaftsverpflichtung 765 114;
766 10
Bedingte Forderung
Anzahlungsbürgschaft **765** 60
Bürgschaftsübernahme **765** 42, 43, 100;
767 9
Gewährleistungsbürgschaft **765** 203
Vorauszahlungsbürgschaft **765** 68
Bedingte Mitbürgschaft 769 5
Bedingung
Garantieverpflichtung **Vorbem 765 ff** 240
Befreiungsanspruch des Bürgen
Abtretung **775** 8
aufgrund culpa in contrahendo **765** 179 ff
Auftragsbürgschaft, Gesellschafterbürgschaft als Grundlage eines – **775** 1 ff
Befreiungsgründe **775** 8 ff
Inhalt, Vollstreckung **775** 4, 5
Selbstschuldbürgschaft **775** 7
Befreiungsanspruch des Kreditauftraggebers
778 15

Befristete Bürgschaft
Abgrenzung gegenüber einer gegenständlich beschränkten Bürgschaft 777 7 ff
Beendigungsregelung zugunsten des Gläubigers, besondere 777 1 ff
Bestimmtheitsgrundsatz
Bürgschaftserklärung 765 13 ff
Eingrenzbarkeit der Bürgenhaftung 765 19
Globalbürgschaft 765 17, 18;
Vorbem 765 ff 43
Kontokorrentkreditbürgschaft
Vorbem 765 ff 49
Person des Schuldners, des Gläubigers 765 27 ff
und Verbot der Fremddisposition 765 15; 767 39
Beurkundung
Bürgschaftsverpflichtung 766 30 ff
Bietungsgarantie
Sicherungszweck Vorbem 765 ff 282
Bilanzierung
Verbindlichkeiten aus Bürgschaften 765 76, 77
Blankobürgschaft
Ausfüllungsermächtigung 766 44, 45
Formrichtigkeit 766 43
Börsentermingeschäfte
und Bürgschaftsübernahme 765 68, 69
Bote
Abgabe der Bürgschaftserklärung 765 5
Bürge, Bürgenschuld
Abänderungen, nachträgliche 766 11
Abtretung, isolierte der Bürgschaft 765 213
Akzessorietät der Bürgschaft
s. dort
Anfechtung der Bürgschaft
s. dort
Auftragsbürgschaft 775 2
Aufwertung Vorbem 765 ff 130
Ausschluß des Bürgschaftsübergangs 765 208 ff
Ausstellung der Bürgschaftsurkunde 766 28 ff
Bedingte Bürgschaft 765 114; 766 10
Beendigung, Abwicklung 765 225 ff
Befreiungsanspruch aufgrund culpa in contrahendo 765 179 ff
Befreiungsanspruch gegenüber dem Hauptschuldner 775 1 ff
Befristete Bürgschaftsforderung 777 1 ff
Begründung der Bürgenhaftung 765 39
Bestimmtheitsgrundsatz und Eingrenzung der Bürgschuld 765 19
Bilanzierung 765 76, 77
Börsentermingeschäfte 765 69
Bonität, Mittellosigkeit des Bürgen 765 187
Bürgenrisiko, Bürgenschutz 765 165 ff; Vorbem 765 ff 63 ff

Bürge, Bürgenschuld (Forts.)
Eigene Bürgenverpflichtung 765 111; Vorbem 765 ff 13
Einstweilige Verfügung auf unterbleibender Auszahlung der Bürgschaftssumme Vorbem 765 ff 164
Erfüllung der Hauptschuld durch den – 765 226; 774 7 ff
Erfüllungsverpflichtung des Hauptschuldners auch gegenüber dem – 765 109
Ersatzmöglichkeit, Verlust aufgrund Aufgabe von Sicherungsrechten durch den Gläubiger 776 15
Erteilung der Bürgschaftsurkunde 766 33 ff
Fälligkeit der Bürgschaft 765 112
Fälligkeit der Hauptschuld, fehlende 768 37
Form
s. dort
Gegenständlich beschränkte Bürgschaft 777 7 ff
Gegenstand einer Bürgschaft, Begrenzung 777 5
für Geldforderungen 772 1 ff
Gemeinden 765 72
Gerichtsstand Vorbem 765 ff 152
keine Gesamtschuldnerschaft zwischen Hauptschuld und – Vorbem 765 ff 16
Gesamtschuldverbürgung 774 64
Geschäftsfähigkeit 765 147
Geschäftsführung ohne Auftrag 775 2
Geschäftsgrundlage und Bürgenrisiko 765 192 ff
und Gläubiger, Aufklärung vor Bürgschaftsübernahme 765 179 ff
und Gläubiger, Ausschluß der Gläubigerbenachteiligung 774 26 ff
und Gläubiger, Rechtsverhältnis 765 111 ff; 776 2
Gläubigerwechsel und Übergang der Bürgschaft 765 202 ff
Hauptschuld, Erlöschen 777 2
Hauptschuld, Forderungsübergang auf den – 774 7 ff
und Hauptschuldner, Rechtsverhältnis 765 102 ff; 774 1; 775 1
Kapitalgesellschaft 765 75
Konkurs des Bürgen Vorbem 765 ff 183
Konkurs des Hauptschuldners, Bürgenstellung Vorbem 765 ff 169 ff
Kündigung, einseitige Lösung durch den Bürgen 765 229 ff
Leistung in Unkenntnis von Einreden, Einwendungen 768 40
Leistung in Unkenntnis eines Leistungsverweigerungsrechts 770 15
Leistungsbefreiung des Hauptschuldners Vorbem 765 ff 186

Bürge, Bürgenschuld (Forts.)
Leistungsstörungen **765** 228
Leistungsstörungen, vom Hauptschuldner zu vertretende und Umfang der – **767** 25 ff
Leistungsverweigerungsrecht aufgrund anfechtbarer Hauptschuld **770** 2 ff, 12 ff
Leistungsverweigerungsrecht aufgrund Aufrechnungslage **770** 5 ff
Mehrheit von Bürgschaften und Anrechnung von Teilbeträgen **767** 20
Moratorien für den Hauptschuldner **Vorbem 765 ff** 187
Notar als Bürge **765** 70
Öffentliche Sparkassen **765** 74
Persönliche Voraussetzungen **765** 69 ff
Pflichten des Bürgen **765** 130 ff
Rechtskraft im Prozeß Hauptschuldner/ Gläubiger, Wirkung für den – **Vorbem 765 ff** 166; **768** 25 ff
Rechtsmißbrauch und Prüfungspflicht vor Auszahlung **765** 107
Risikobegrenzung **765** 115, 116
Rückabwicklung rechtsgrundloser – **765** 239 ff
Rückgriffsanspruch gegen den Hauptschuldner, fehlender **775** 7
Rücksichtnahmepflichten des Gläubigers gegenüber dem – **765** 3, 4
Rücktritt des Bürgen **765** 236
und Schuldbeitritt **774** 64
Schuldnerwechsel (Hauptschuldner) **765** 214 ff
Sicherungsabrede mit dem Hauptschuldner **765** 136 f
Sicherungsleistung an den Gläubiger **774** 12, 13
Sicherungszweck und Verteidigungsmittel des Hauptschuldners **768** 5
Sittenwidrigkeit
s. dort
Stellvertretung, Bote **765** 5, 6
Streitgenossen **Vorbem 765 ff** 152
Stundung der Hauptschuld **767** 46, 47
Subsidiarität **Vorbem 765 ff** 17, 64
Teilbefriedigung des Gläubigers **774** 27
Treu und Glauben **765** 130, 131
Verbot der Fremddisposition gegenüber dem – **767** 36 ff
Verjährung **765** 237
Verpflichtung zur Geltendmachung von Einreden, Einwendungen **768** 41
Verpflichtungstyp der Bürgschaft **765** 39
Verpflichtungswille **765** 2 ff
Verteidigungsmittel des Hauptschuldners **768** 1 ff
Vertragshilfe für den Hauptschuldner **Vorbem 765 ff** 185

Bürge, Bürgenschuld (Forts.)
Vormundschaftsgerichtliche Genehmigung **765** 71
Vorvertragliche Pflichten **765** 189
Währungsumstellung **Vorbem 765 ff** 133
Warnpflicht des Gläubigers **765** 185
Widerruf **765** 237

Bürgschaft
Abschluß des Vertrages **765** 1 ff
Abstrakter Vertrag **Vorbem 765 ff** 8
AGB, AGBG
s. dort
und Anspruchsinhalt **Vorbem 765 ff** 14
Anwendungsbeispiele **Vorbem 765 ff** 2
Ausländische Rechtsordnungen (Länderübersicht) **Vorbem 765 ff** 453 ff
Auslegung **765** 20 ff
Austauschvertrag **Vorbem 765 ff** 7, 10
Bestimmtheitsgrundsatz
s. dort
Bürge, Bürgenschuld
s. dort
Bürgenrisiko, Bürgenschutz **Vorbem 765 ff** 63 ff
Einseitig verpflichtender Vertrag **765** 117; **Vorbem 765 ff** 5 ff, 13; **776** 1
Forderungsversicherung, Abgrenzung **Vorbem 765 ff** 438
Garantie, Abgrenzung **Vorbem 765 ff** 216 ff
Geschäftsgrundlage (Wegfall)
s. dort
Geschäftstypen (Übersicht) **765** 58 ff
Gläubiger
s. dort
Hauptschuld, Hauptschuldner
s. dort
Hermes-Deckungen **Vorbem 765 ff** 439
Kausaler Vertrag **Vorbem 765 ff** 8 ff
Kreditauftrag, Abgrenzung **778** 8
Schuldmitübernahme, Abgrenzung **Vorbem 765 ff** 367, 368
Wirtschaftliche Funktion **Vorbem 765 ff** 1
Wortverwendung (Bedeutung) **765** 3, 4

Bürgschaftsähnliche Verträge
Formerfordernisse **766** 4

Bürgschaftsbanken
Rechtsform, Träger **Vorbem 765 ff** 89

Bürgschaftsgleiche Haftung
kraft Gesetzes **Vorbem 765 ff** 110

Culpa in contrahendo
Bürgenanspruch gegenüber dem Gläubiger **Vorbem 765 ff** 65
Gläubigerverpflichtungen vor Abschluß des Bürgschaftsvertrages **765** 179 ff
des Hauptschuldners gegenüber Gläubiger **767** 28

Darlehen
Bürgschaft für Kondiktionsanspruch bei
Auszahlung eines nichtigen – **765** 81 ff
Sittenwidrigkeit wegen Wuchers und
Folgen für die Bürgschaftsübernahme
765 177
Datenschutz
für den Bürgen **Vorbem 765 ff** 78
Dauerschuldverhältnis
und Kündbarkeit von unbefristeter Bürgschaft **765** 230
DDR, ehemalige
Bürgschaften, vor dem 3.10.1990 nach dem DDR-Recht begründete
Vorbem 765 ff 146
Delkrederevertrag
Rechtsnatur **Vorbem 765 ff** 377
Deutsche Währungsunion
und Bürgschaftsforderungen
Vorbem 765 ff 133
Devisenrecht
und Bürgschaft **Vorbem 765 ff** 188 ff
Differenzgeschäft
Bürgschaftsübernahme **765** 89
Dingliche Ansprüche
Frage der Verbürgung **Vorbem 765 ff** 15
Dingliche Sicherheiten
Ausgleichspflicht zwischen Bürgen und Besteller – **774** 68
Dingliches Befriedigungsrecht
Persönliche Sicherstellung **765** 97
Dividendengarantie Vorbem 765 ff 271
Dokumentenakkreditiv
s. Akkreditiv
Dritter, Dritte
Blankobürgschaft und Ausfüllungsermächtigung **766** 43 ff
Kreditgewährung an Dritte als Kreditauftrag **778** 3
Schuldnerleistung durch Dritte und Frage gesetzlichen Forderungsübergangs **774** 61

Effektivklausel
Bürgschaft zur Zahlung auf erstes Anfordern **Vorbem 765 ff** 28
Garantie **Vorbem 765 ff** 236
EG-Beihilferecht
und Staatsbürgschaften zur Wirtschaftsförderung **Vorbem 765 ff** 87
EG-Verbraucherschutzrichtlinie
Bürgschaftsabschluß **Vorbem 765 ff** 75
Ehegattenbürgschaft
Ehescheitern, späteres **765** 194, 197
Frage der Sittenwidrigkeit **765** 167
Mittellosigkeit des Ehegatten **765** 187
Pactum de non petendo **765** 194

Ehegattenbürgschaft (Forts.)
auf Veranlassung des Hauptschuldners
765 184
Ehemäklerlohn
Bürgschaftsübernahme **765** 89
Eigenkapitalersetzende Gesellschafterleistung
durch Bürgschaft eines Gesellschafters
Vorbem 765 ff 118 ff
Eigentumsvorbehalt
Aufgabe durch den Gläubiger zum Nachteil eines Bürgen **776** 10
Einheitliche Richtlinien
für auf Anfordern zahlbare Garantien (ERAG) 1991 **Vorbem 765 ff** 295, 296
für Dokumentenakkreditive (ERA) 1993
Vorbem 765 ff 297
für Vertragsgarantien (ERVG), Gegenstand und praktische Bedeutung
Vorbem 765 ff 294
Einreden, Einwendungen beim Akkreditiv
Einwendungsausschluß aufgrund internationalen Handelsbrauchs
Vorbem 765 ff 401
Gültigkeitseinwendungen
Vorbem 765 ff 402
Rechtsmißbrauch **Vorbem 765 ff** 402
Einreden, Einwendungen des Bürgen
Akzessorietätsgrundsatz und – **768** 1 ff,
10 ff, 31
Arglisteinrede gegenüber dem Gläubiger
765 199
aufgrund Bürgschaftsvertrages **768** 1, 6 ff
Aufrechnungslage **770** 5 ff
Bürgenverpflichtung zur Geltendmachung von – **768** 41
Bürgschaft zur Zahlung auf erstes Anfordern **Vorbem 765 ff** 29 ff
Einredeverzicht **768** 32 ff
Gläubigerwechsel **765** 206
Hauptschuld, Bestand **768** 33
Hauptschuld, Sicherung anderer
Vorbem 765 ff 11
Leistung des Bürgen in Unkenntnis von –
768 40
Leistung in Unkenntnis eines Leistungsverweigerungsrechts **770** 15
Nichtigkeit der Hauptschuld **770** 3
Schiedsabreden **Vorbem 765 ff** 153
Verzicht des Bürgen auf – **768** 28 ff
Verzicht des Hauptschuldners ohne Folgen für die – **768** 3
der Vorausklage (Vorausvollstreckung)
771 1 ff; **772** 1 ff; **773** 1 ff
Zweckvereitelung **765** 201
Einreden, Einwendungen des Garanten
Gültigkeitseinwendungen
Vorbem 765 ff 242 f
Inhaltseinwendungen **Vorbem 765 ff** 244 ff

Einreden, Einwendungen des Garanten (Forts.)
Persönliche Einwendungen
Vorbem 765 ff 247 ff
Rechtsmißbrauchseinwand
Vorbem 765 ff 309 ff
Scheckkarte Vorbem 765 ff 268, 269
Einreden, Einwendungen des Hauptschuldners
Aufrechnung 768 26, 27
gegen Bürgen aufgrund übergegangener Hauptforderung 774 36 ff
gegen Bürgen-Erstattungsanspruch 774 33 ff
Hauptschuld, Sicherung anderer
Vorbem 765 ff 11
Kündigungserfordernis als Fälligkeitsvoraussetzung 768 16
Nichterfüllter Vertrag 768 10
Schadensersatzansprüche 768 12
Stundungseinrede 768 11
Verjährungseinrede 768 13 ff
Verwirkungseinwand 768 17
Wegfall der Geschäftsgrundlage 768 17
Zurückbehaltungsrecht 768 10
Einreden, Einwendungen bei Kreditkarte
Einwendungs- und Widerrufsausschluß
Vorbem 765 ff 420 ff
Rechtsmißbrauch Vorbem 765 ff 422
Einstehen für fremde Schuld 768 30
Einstweilige Verfügung
Dokumentenakrreditiv Vorbem 765 ff 404
Rechtsmißbräuchliche Inanspruchnahme der Garantie Vorbem 765 ff 336 ff
Unterbleiben der Auszahlung in Anspruch genommener Garantie Vorbem 765 ff 325
Unterbleiben der Auszahlung der Bürgschaftssumme Vorbem 765 ff 164
Unterlassensverpflichtung bezüglich Bürgschaftszahlung 765 138
Untersagen mißbräuchlicher Zahlungsanforderung durch den Gläubiger
Vorbem 765 ff 165
Einstweiliger Rechtsschutz
Abwehr mißbräuchlicher Inanspruchnahme des Bürgen Vorbem 765 ff 162 ff
Abwehr mißbräuchlicher Inanspruchnahme des Garanten Vorbem 765 ff 320 ff
Dokumentenakrreditiv Vorbem 765 ff 404
Eintreten für fremde Schuld Vorbem 765 ff 1
England
Bürgschaft Vorbem 765 ff 469 ff
Garantie Vorbem 765 ff 471
Enteignung
Bankgarantien und internationale –
Vorbem 765 ff 308
und Beendigung juristischer Person 767 52, 53

Enteignung (Forts.)
Hauptforderung, Bürgschaftsforderung durch ausländischen Staat
Vorbem 765 ff 142 ff
Erbfolge
und Bürgschaft 765 222 ff
und Nachlaßbeschränkung 768 2
Erfüllung
der Bürgenschuld 765 226
der Bürgenschuld trotz Formmangels 766 53
der Hauptschuld 765 225; 767 10, 11
der Hauptschuld durch den Bürgen 774 7 ff
und Kreditgewährung Vorbem 765 ff 2
Erfüllungsanspruch
aufgrund Patronatserklärung
Vorbem 765 ff 411 ff
Erfüllungsbürgschaft
Inhalt 765 62
Erfüllungsort
Bürgschaftsverpflichtung Vorbem 765 ff 135
Erfüllungsverpflichtung
des Hauptschuldners gegenüber dem Gläubiger und dem Bürgen 765 109
Erlaß
der Bürgenschuld eines Mitbürgen 774 49, 50
der Hauptschuld 768 33
der Schuld eines Mitbürgen 776 9
Ermächtigung
Ausfüllung einer Blankobürgschaft
766 44 ff
Erstattungsanspruch
und Forderungsübergang auf den Bürgen, Verhältnis der Ansprüche 774 4
Erteilung
der Bürgschaftsurkunde 766 33 ff, 42, 43
EuGVÜ
Vereinbarung über die internationale Zuständigkeit der Gerichte
Vorbem 765 ff 149
Export
Ausfuhrkreditversicherung
s. dort

Fälligkeit
der Bürgschaft 765 112
der Hauptforderung und Aufrechnungslage 770 5
der Hauptforderung, Gläubigerobliegenheit zur Herbeiführung 777 13
der Hauptschuld, von deren Kündigung abhängige 768 16
der Hauptschuld, Einredeverzicht des Bürgen 768 37
der Hauptschuld, Vereinbarung einer Zeitbürgschaft 777 3 ff

Forderungsgarantie
  Abtretung gesicherter Forderung
    Vorbem 765 ff 257
  Anwendungsfälle Vorbem 765 ff 255
  Inhalt, Rechtsnatur Vorbem 765 ff 255
Forderungsübergang
  Gläubigerbefriedigung durch den Bürgen,
    Ausgleichspflicht zwischen verschiedenen Sicherungsgebern 774 65 ff
  Gläubigerbefriedigung durch den Bürgen
    und – 774 14 ff
  Gläubigerbefriedigung und entsprechende
    Anwendung des § 774 BGB 774 60 ff
Forderungsveräußerung
  und Einbringlichkeitsgarantie
    Vorbem 765 ff 261
Forderungsversicherung
  Bürgschaft, Abgrenzung Vorbem 765 ff 438
Form
  Ausbietungsgarantie Vorbem 765 ff 253
  der Bürgschaft (Schriftformerfordernis)
    s. Alphabetische Übersicht vor § 766
    BGB
  Internationales Privatrecht
    Vorbem 765 ff 141
  Kreditauftrag 778 6
  Schuldmitübernahme Vorbem 765 ff 365,
    366
  Verzicht des Bürgen auf die Einrede der
    Vorausklage 773 4
  Wechselbürgschaft Vorbem 765 ff 425, 432
Frankreich
  Bürgschaft Vorbem 765 ff 459 ff
  Garantie Vorbem 765 ff 463
  Patronatserklärung Vorbem 765 ff 463
  Schuldbeitritt Vorbem 765 ff 464
Frist
  Garantiefrist, Gewährung
    Vorbem 765 ff 260
  Kündigung einer Bürgschaft 765 232

Garantie
  Abstraktheit als Nichtakzessorietät
    Vorbem 765 ff 198, 202, 203
  Abtretbarkeit Vorbem 765 ff 228, 229
  Akzessorietät, fehlende Vorbem 765 ff 196
  Anfechtung Vorbem 765 ff 362
  Aufrechnung Vorbem 765 ff 248, 249
  Ausbietungs- und Ausfallgarantie
    Vorbem 765 ff 252 ff
  Ausländische Rechtsordnungen (Länderübersicht) Vorbem 765 ff 453 ff
  Auslegungskriterien Vorbem 765 ff 216 ff
  Bankgarantie im Außenwirtschaftsverkehr
    Vorbem 765 ff 275 ff
  Bedeutung, Verdrängung der Bürgschaft
    Vorbem 765 ff 3
  Bedingte Garantien Vorbem 765 ff 240

Garantie (Forts.)
  Befristung Vorbem 765 ff 206
  Bietungsgarantie im Außenwirtschaftsverkehr Vorbem 765 ff 282
  Bürgschaft, Abgrenzung
    Vorbem 765 ff 216 ff
  oder Bürgschaft zur Zahlung auf erstes
    Anfordern Vorbem 765 ff 26
  Bürgschaftserklärung als – 765 4
  Bürgschaftsrecht, Frage seiner Anwendbarkeit Vorbem 765 ff 197
  Deckungsverhältnis Garant/Auftraggeber
    (Bank-Kunde) Vorbem 765 ff 326 ff
  für dingliches Befriedigungsrecht 765 97
  Direkte, indirekte Garantie
    Vorbem 765 ff 276 ff
  Dokumentäre Nachweise Vorbem 765 ff 238
  Effektivklauseln Vorbem 765 ff 236, 237,
    240
  Einstweiliger Rechtsschutz
    Vorbem 765 ff 320 ff, 336 ff
  Einwendungen Vorbem 765 ff 241 ff
  Einwendungsausschluß Vorbem 765 ff 204
  ERA 1993 Vorbem 765 ff 297 ff
  ERAG 1991 Vorbem 765 ff 295
  Forderungsgarantie Vorbem 765 ff 255 ff
  Forderungsübergang 765 212
  Forderungsübergang bei Gläubigerbefriedigung, keine Folge gesetzlichen Forderungsübergangs 774 61
  Formfreiheit Vorbem 765 ff 223, 224; 766 4
  Garantieanspruch, mängelbehafteter
    Vorbem 765 ff 346 ff
  Garantiebetrag Vorbem 765 ff 213
  Garantiefall Vorbem 765 ff 210 ff
  Gesellschaftsrecht Vorbem 765 ff 271
  Gesetzlicher Übergang bei der Forderungsübertragung Vorbem 765 ff 227
  Gewährleistungsgarantie im Außenwirtschaftsverkehr Vorbem 765 ff 285
  Gewißheit der Inanspruchnahme
    Vorbem 765 ff 194
  Grundschuld Vorbem 765 ff 273
  Grundstücksverkauf Vorbem 765 ff 224
  Gültigkeitseinwendungen
    Vorbem 765 ff 242
  Hermes-Deckungen Vorbem 765 ff 439
  Inhaltseinwendungen Vorbem 765 ff 244
  Internationale Regeln Vorbem 765 ff 293
  IPR Vorbem 765 ff 301
  Kapitalmarktrecht Vorbem 765 ff 271
  Kausales Geschäft Vorbem 765 ff 199 ff
  Konnossementsgarantie Vorbem 765 ff 286
  Kreditauftrag, Abgrenzung 778 9
  des Kreditkartenemittenten
    Vorbem 765 ff 419
  Kündigung Vorbem 765 ff 209

Garantie (Forts.)
Leistungsgarantie im Außenwirtschaftsverkehr **Vorbem 765 ff** 284
Leistungsgarantie (selbständige Gewährschaft) **Vorbem 765 ff** 258 ff
Mietgarantie des Sozialamtes
Vorbem 765 ff 274
Patronatserklärung, Abgrenzung
Vorbem 765 ff 222
Performance bond **Vorbem 765 ff** 291
Persönliche Einwendungen
Vorbem 765 ff 247 ff
Rechtsmißbrauch **Vorbem 765 ff** 309 ff
Rückabwicklung **Vorbem 765 ff** 345 ff
Schadlosgarantie **Vorbem 765 ff** 214, 215
Scheckeinlösungsgarantie
Vorbem 765 ff 262 ff
Scheckkarte **Vorbem 765 ff** 265 ff
oder Schenkung **Vorbem 765 ff** 194
Schuldmitübernahme, Abgrenzung
Vorbem 765 ff 219
Sicherungszweck **Vorbem 765 ff** 198 ff
Sicherungszweck und Geschäftstypen
Vorbem 765 ff 250 ff
Standby letter of credit **Vorbem 765 ff** 291
UN-Konvention über unabhängige Garantien 1995 **Vorbem 765 ff** 298
Urteil, Schiedsurteil (Vorlageverlangen)
Vorbem 765 ff 239
Verhaltensgarantien **Vorbem 765 ff** 251 ff
Verjährung **Vorbem 765 ff** 207
Vermietungsgarantie **Vorbem 765 ff** 272
Verpflichtungstypen und Inanspruchnahme **Vorbem 765 ff** 230 ff
Vertragsstrafe, Abgrenzung
Vorbem 765 ff 221
Verwirkung **Vorbem 765 ff** 208
für Wechsel- und Scheckerklärungen
Vorbem 765 ff 435
Zahlung auf erstes Anfordern
s. dort
Zahlung des Garanten einer Forderungsgarantie **Vorbem 765 ff** 228
Gefälligkeitsbürgschaft
Gefälligkeit gegenüber dem Gläubiger
765 140, 141
Gefälligkeit gegenüber dem Schuldner
765 142 ff
Gegenständliche beschränkte Bürgschaft
Abgrenzung gegenüber einer Zeitbürgschaft **777** 7 ff
Geldforderung
und Einrede der Vorausvollstreckung
772 1 ff
Gemeinde
Bürgschaftsübernahmen, Verpflichtungen aus Gewährverträgen **765** 72

Gemeinschaftskonto
und Sicherungsmitschuld
Vorbem 765 ff 374 ff
Genehmigung
des Vormundschaftsgerichts zur Bürgschaftsübernahme **765** 71
Gerichtsstand
Bürge, Hauptschuldner **Vorbem 765 ff** 152
Gesamtschuld
Ausgleichsgesamtschuldnerschaft zwischen verschiedenen Sicherungsgebern **774** 67
und Bürgenverpflichtung für einen der Gesamtschuldner **774** 64
Bürgschaft und Hauptschuld keine –
Vorbem 765 ff 16
Bürgschaft für mehrere Gesamtschuldner, Forderungsübergang auf den Bürgen
774 17
Entlassung aus einem Gesamtschuldverhältnis, Folgen für einen Bürgen **776** 8
Mitbürgschaft **769** 6 ff
Schuldnerausscheiden bei bürgschaftsgesicherter – **765** 217
Wechselbürgschaft **Vorbem 765 ff** 430
Geschäftsbesorgungsvertrag
Akkreditivauftrag **Vorbem 765 ff** 385 ff
Garantieauftrag Bankkunde/Bank
Vorbem 765 ff 326 ff
Kreditauftrag
s. dort
Rechtsverhältnis Bürge/Hauptschuldner
775 2
Geschäftsfähigkeit
des Bürgen **765** 147
Geschäftsgrundlage (Wegfall)
Änderung der Umstämde, relevante
765 195 ff
Berufung des Bürgen auf – **Vorbem 765 ff** 65
Bürgenrisiko und Geschäftsgrundlage
765 192 ff
Ehegattenbürgschaft **765** 194, 197
Einwendungen des Hauptschuldners, des Bürgen **768** 17
Gesellschaftsrecht
Bürgenstellung und Gesellschafterstellung
Vorbem 765 ff 111
Bürgschaftserklärungen von Gesellschaftern **766** 6
Eigenkapitalersetzende Gesellschafterbürgschaft **Vorbem 765 ff** 118 ff
Garantieversprechen **Vorbem 765 ff** 271
Gesellschafterbürgschaft **775** 3
Gesellschaftsbürgschaft für den Gesellschafter **Vorbem 765 ff** 126 ff
Gläubigerwechsel und Bürgschaftsübergang **765** 205
GmbH als Hauptschuldner **765** 29
Mitgesellschafter als Mitbürgen **774** 53, 54

Gesellschaftsrecht (Forts.)
  Personengesellschafter als Bürge 765 28
  Schuldnerwechsel und Bürgschaftsübergang 765 215, 216
  Sicherheitenbestellung durch mehrere Gesellschafter, Haftungsanteile 774 70
Gesetzlicher Rechtsübergang
  Forderungsübergang
  s. dort
Gestaltungsrechte
  Bürgschaftsverpflichtung und Ausübung von – 767 42
  und Leistungsverweigerungsrecht des Bürgen 768 23
  Leistungsverweigerungsrecht des Bürgen, analoge Anwendung auf andere – 770 20 ff
  und Leistungsverweigerungsrecht des Bürgen aufgrund Anfechtbarkeit 770 1 ff
Gewährleistungsbürgschaft
  Abänderung der Hauptschuld und Erlöschen der Bürgschaft 767 41
  Abtretung 765 31
  Abtretung der Forderung vor Verbürgung 765 203
  als Bürgschaft zur Zahlung auf erstes Anfordern **Vorbem 765 ff** 26, 28
  Inhalt der Bürgenverpflichtung 765 63; **Vorbem 765 ff** 14
  Verbot der Fremddisposition 767 37
  Zeitbürgschaft 777 4
Gewährleistungsgarantie
  im Außenwirtschaftsverkehr **Vorbem 765 ff** 285
Gewerbeordnung
  Abschluß von Bürgschaftsverträgen **Vorbem 765 ff** 76
Gläubiger
  s. a. Bürge, Bürgenschuld
  s. a. Hauptschuld, Hauptschuldner
  Akzessorietätsprinzip und Gläubigeridentität 765 31; **Vorbem 765 ff** 20
  Annahme der Bürgschaftsurkunde 766 35
  Annahme der Vertragserklärung, Antrag auf Bürgschaftsverpflichtung 766 9
  Anzeige bei der Selbstschuldbürgschaft 777 15 ff
  Arglisteinrede des Bürgen 765 199
  Aufgabe mit der Hauptforderung verbundener Rechte zum Nachteil des Bürgen 776 1 ff
  Auskunftspflicht gegenüber Bürgen 774 23
  Befreiungsanspruch des Bürgen, Vereinbarung mit dem – 775 14
  Befriedigung durch den Bürgen 774 7 ff
  Befristete Bürgschaftsforderung 777 1 ff
  Bestimmung seiner Person 765 30, 31

Gläubiger (Forts.)
  und Bürge, Aufklärungspflichten vor Bürgschaftsübernahme 765 179 ff
  und Bürge, Ausschluß der Gläubigerbenachteiligung 774 26 ff
  und Bürge, Rechtsverhältnis 765 111 ff; 776 17
  Bürgenpflichten gegenüber dem – 765 130 ff
  Bürgschaft für den Rechtsnachfolger des – 765 30
  Bürgschaft zugunsten Dritter 765 7
  Bürgschaft zugunsten des Rechtsnachfolgers des – 765 8
  Bürgschaftsurkunde, Inhalt 766 24
  Einstweilige Verfügung auf Untersagen mißbräuchlicher Zahlungsanforderung **Vorbem 765 ff** 165
  Gefälligkeitsbürgschaft gegenüber dem – 765 140, 141
  Gläubigeridentität, erforderliche 767 2
  Gläubigeridentität, erforderliche und Abtretungsausschluß für die Bürgschaftsschuld 765 209 ff
  und Hauptschuldner, Pflichten 765 136 ff
  Interessenwahrungspflicht gegenüber dem Bürgen, keine allgemeine 776 2
  Konkurs **Vorbem 765 ff** 184
  Mehrheit von Gläubigern 765 31
  Mitbürgschaft, Gesamtgläubigerstellung 769 6 ff
  Nebenpflichten, vereinbarte 765 124 ff
  Nebenpflichten, keine vertragstypischen 765 119 ff
  Nebenrechte, selbständige und Forderungsübergang auf den Bürgen 774 21
  Obliegenheiten bei der Regelbürgschaft, Selbstschuldbürgschaft 777 13
  Pflichten gegenüber dem Bürgen 765 117 ff
  Rücksichtnahmepflichten gegenüber dem Bürgen 765 3, 4
  Schuldnerpflichten, keine echten gegenüber dem Bürgen 776 17
  Sicherungsleistung des Bürgen 774 12
  Treu und Glauben 765 128
  Umwandlungsrecht und Bürgschaftsübertragung 765 205
  Unterlassensverpflichtung bezüglich Bürgschaftszahlung 765 138
  Urteil Gläubiger/Schuldner, Rechtskraftwirkung **Vorbem 765 ff** 166; 768 25 ff
  Vergleich mit dem Hauptschuldner 768 22
  Verwirkung 776 17
  Warnpflicht 765 185
  Wechsel des Gläubigers 766 47
  Wechsel des Gläubigers, Einwendungen des Bürgen 765 206, 207

Gläubiger (Forts.)
Wechsel des Gläubigers, Übergang der Hauptforderung und der Bürgschaft **765** 202 ff
Zweckvereitelung, Einrede des Bürgen **765** 201
Gläubigersicherung
Bürgschaft, Pfandrecht **Vorbem 765 ff** 1
Globalbürgschaft
AGBG-Anwendung **765** 44, 48 ff
AGBG-Kontrolle der Zweckerklärung **Vorbem 765 ff** 73
Anlaß bestimmter Hauptschuld **765** 49
Bestimmtheitsgrundsatz **765** 17, 18, 45 ff, 54; **766** 27
Einschränkung **765** 48 ff
GmbH **765** 57
Höchstbetragsbeifügung **765** 53 ff; **Vorbem 765 ff** 39, 42
Individualvereinbarung, kontrollfreie Leistungsbestimmung **765** 54
Inhalt **Vorbem 765 ff** 42 ff
Kontokorrentkreditbürgschaft als Unterfall der – **Vorbem 765 ff** 48
und Kündbarkeit von unbefristeter Bürgschaft **765** 230
Kündigung **Vorbem 765 ff** 53
Künftige Verträge, nachträgliche Vertragsänderungen **765** 51
Teilwirksamkeit **765** 52
und Verbot der Fremddisposition **767** 39
Verbot der Fremddisposition **765** 48
GmbH
Abgabe der Bürgschaftserklärung durch den Geschäftsführer **765** 6
Bürgschaftszahlungen als verdeckte Gewinnausschüttungen **765** 145
Eigenkapitalersatzleistung durch Gesellschafterbürgschaft **Vorbem 765 ff** 118 ff
Formerfordernis für Bürgschaftserklärungen von Geschäftsführer/Gesellschafter **766** 6
Globalbürgschaft **765** 57
als Hauptschuldnerin **765** 29
GmbH & Co.KG
Bürgschaftserklärung von Kommanditisten **765** 216
Grundpfandrecht
Aufgabe durch den Gläubiger zum Nachteil eines Bürgen **776** 1 ff
Ausbietungsgarantie **Vorbem 765 ff** 252
Ausgleichspflicht verschiedener Sicherungsgeber **774** 65 ff
und Bürgschaft **Vorbem 765 ff** 1
Persönliche Sicherstellung **765** 97
Grundschuld
Aufgabe durch den Gläubiger zum Nachteil eines Bürgen **776** 1 ff

Grundschuld (Forts.)
Ausgleichspflicht verschiedener Sicherungsgeber **774** 65 ff
Garantieübernahme **Vorbem 765 ff** 273
Grundstückseigentümer
Befriedigung des Hypothekengläubigers ohne persönliche Schuldnerstellung **774** 60
Grundstückskaufvertrag
Bürgschaften im Zusammenhang mit einem – **766** 14
Grundstücksübereignung
Bürgschaft für die Verpflichtung zur – **Vorbem 765 ff** 14

Handelsgeschäft
Formfreiheit der Bürgschaftserklärung eines Kaufmanns **766** 5
Hauptschuld, Hauptschuldner
s. a. Bürge, Bürgenschuld
s. a. Gläubiger
Abtretung verbürgter Hauptschuld **Vorbem 765 ff** 55
Abwehr mißbräuchlicher Bürgeninanspruchnahme **Vorbem 765 ff** 162 ff
Akzessorietät der Bürgschaft s. dort
Anfechtbarkeit, Anfechtbarkeit **765** 78; **767** 12
Anfechtbarkeit durch den Hauptschuldner, Leistungsverweigerungsrecht des Bürgen **770** 1 ff
Aufklärung des Gläubigers über die Hauptschuld **765** 183
Aufrechnungserklärung **768** 26
Aufrechnungslage Gläubiger/Hauptschuldner **770** 5 ff
Aufrechnungsmöglichkeit nur des – **770** 9
Ausgleich zwischen verschiedenen Sicherungsgebern für eine – **774** 65 ff
Aussichtslosigkeit der Zwangsvollstreckung **773** 8
Bedingte Schuld **765** 42, 43, 79, 100; **767** 9
Befreiungsverpflichtung gegenüber dem Bürgen **775** 1 ff
Bestand **767** 3 ff; **768** 33
Bestimmtheitsgrundsatz **765** 13
Bestimmung in der Bürgschaftsurkunde **765** 32 ff
Betrügerische Handlungen **767** 28
und Bürge, Pflichten **767** 136 ff
und Bürge, Sicherungsabrede **765** 136 f
Bürge/Hauptschuldner-Rechtsbeziehung **765** 102 ff; **774** 1; **775** 1
Bürge/Hauptschuldner-Verhältnis bei Zahlung auf erstes Anfordern **Vorbem 765 ff** 34 f

Hauptschuld, Hauptschuldner (Forts.)
Bürgschaft als Gegenstand einer Sicherungsabrede **Vorbem 765 ff** 14
Bürgschaft zur Zahlung auf erstes Anfordern **Vorbem 765 ff** 27
Bürgschaftsurkunde, Inhalt 766 23 ff
Darlehen, nichtiges 765 81 ff
aus Delikt 770 2
Dingliches Befriedigungsrecht 765 97
Enteignung, Beschlagnahme durch ausländischen Staat **Vorbem 765 ff** 142 ff
Entgeltlichkeit, Unentgeltlichkeit **Vorbem 765 ff** 6
Erfüllung durch den Bürgen 774 7
Erfüllungsverpflichtung ggü. dem Gläubiger und dem Bürgen 765 109
Erlaß 768 33; 774 8
Erlöschen der Hauptschuld 767 10 ff; 777 2
Fälligkeit, fehlende 768 37
Fälligkeit innerhalb einer Bürgschaftszeit 777 3
Forderungsübergang auf den Bürgen 774 7 ff
Gefälligkeitsbürgschaft gegenüber dem – 765 142 ff
Geldschuld 765 99; 772 1 ff
Gerichtsstand **Vorbem 765 ff** 152
Gesamtschuld 774 64
Gestaltungsrechte, Ausübung 767 42
Gläubigeridentät Hauptschuld/Bürgschaft **Vorbem 765 ff** 20
Gläubigerwechsel 765 202 ff
Globalbürgschaft **Vorbem 765 ff** 43, 44
Globalbürgschaft und Anlaß bestimmter Hauptschuld 765 49
Grundstückskaufvertrag, formnichtiger 765 78
Gültigkeitseinwendungen 765 78
Hauptschuldumfang, gesetzliche Veränderungen 767 25 ff
Hauptschuldumfang, rechtsgeschäftliche Veränderungen 767 36 ff
Konkurs des Hauptschuldners, Bürgenstellung im Verfahren **Vorbem 765 ff** 168 ff
Kontokorrentbindung verbürgter – 765 94 ff
Kontokorrenteinstellung 767 11
Kosten als Nebenforderungen 767 33 ff
Kündigung 767 16
Künftige Schulden 765 42, 43, 100
Leistungsbefreiung **Vorbem 765 ff** 186; 767 13, 21
Leistungsstörungen, vom Hauptschuldner zu vertretende 767 25 ff
Mehrheit von Hauptschuldner 765 35
Minderung 770 24; 774 8, 9
Minderung, Erleichterungen 767 43

Hauptschuld, Hauptschuldner (Forts.)
Mitbürgschaft, erforderliche Identität der – 769 2, 3
Moratorien **Vorbem 765 ff** 187
Natürliche Verbindlichkeit 765 89, 90
Nebenforderungen 765 40; 768 35; 770 3
Nichtigkeit 767 12
Nichtigkeit der Hauptschuld, Haftung des Bürgen 765 78, 80 ff
Nichtigkeit der Hauptschuld, Sicherung von Rückforderungsansprüchen 765 36, 80 ff
Novation 767 13, 22
Person des Hauptschuldners 765 27 ff
Pfändbarkeit, fehlende 774 16
Rechtsgrund 765 98
Rechtsnachfolge 765 204, 215
Rechtsverhältnis Bürge-Hauptschuldner **Vorbem 765 ff** 9
Rücktrittsrecht 770 23
Schuldnerperson, Bedeutung **Vorbem 765 ff** 4
Schuldnerwechsel 765 214 ff
Schuldrechtliche Verpflichtung, erforderliche 765 97
Schuldversprechen, Schuldanerkenntnis 767 23
Schwebend unwirksame Hauptforderung 765 78
Sittenwidrigkeit der Hauptschuld 765 176, 177
Streitgenossen **Vorbem 765 ff** 153
Stundung 767 46, 47
Teilleistungen 767 17
Tilgung durch Dritte 767 10
Tilgung, Wegfall 765 225
Tod des Hauptschuldners 767 48
Unterlassungsanspruch wegen Bürgschaftsinanspruchnahme 765 138
Unvertretbare Leistungspflichten **Vorbem 765 ff** 14
Urteil Gläubiger/Schuldner, Rechtskraftwirkung **Vorbem 765 ff** 166; 768 25 ff
Verbot der Fremddisposition 767 36 ff
Verfallsklausel 767 26
Vergleich **Vorbem 765 ff** 177 ff
Verjährung 765 89
Verschlechterung der Vermögensverhältnisse, wesentliche 775 8
Vertragshilfe **Vorbem 765 ff** 185
Vertragshilfeverfahren 767 51
Vertragsübernahme 765 204
Verzicht des Hauptschuldners auf Einreden 768 3, 28 ff
Verzug mit der Erfüllung 775 10
Vorbürgschaft als Hauptschuld **Vorbem 765 ff** 57
Wahlschuld 770 21

Hauptschuld, Hauptschuldner (Forts.)
  Wandlungsrecht **770** 24
  Wechsel des Schuldners **766** 47
  Wechselbürgschaft **Vorbem 765 ff** 429
HausTWG
  Bürgschaftsabschluß **Vorbem 765 ff** 75
  Unentgeltlichkeit der Bürgschaft
    Vorbem 765 ff 6
Hermes-Deckungen
  s. Ausfuhrkreditversicherungen
Höchstbetragsbürgschaft
  AGB-Klauseln, unzulässige
    Vorbem 765 ff 72
  Ausgleichsberechtigung bei mehreren –
    774 56
  Bedeutung des Höchstbetrages
    Vorbem 765 ff 51, 52
  Inhalt **Vorbem 765 ff** 39, 40
  Nebenbürgschaftsklausel, Inhalt und
    Praxis **769** 12, 13
  Teiltilgungen und nicht verbürgter Spitzenbetrag **767** 18
  Zinsen, Haftung aus der – **765** 40, 41
  Zurechnung von Zinsen, Provisionen,
    Kosten **Vorbem 765 ff** 52
Hypothek
  Aufgabe durch den Gläubiger zum Nachteil eines Bürgen **776** 1 ff
  Ausgleichspflicht verschiedener Sicherungsgeber **774** 65 ff
  Sicherheitenaufgabe durch den Gläubiger zum Nachteil des Bürgen **776** 23
Hypothekenausfallbürgschaft 771 11

Interbankenverkehr
  Bürgschaft zur Zahlung auf erstes Anfordern **Vorbem 765 ff** 24
Internationale Garantieregeln Vorbem 765 ff 293
Internationale Zuständigkeit
  Bürgschaftsklage **Vorbem 765 ff** 149
Internationaler Handelsbrauch
  ERA 1993 **Vorbem 765 ff** 381
Internationaler Wirtschaftsverkehr
  Bankgarantien **Vorbem 765 ff** 275 ff
  Garantie, Bürgschaft **Vorbem 765 ff** 3,
    194 ff, 275 ff
Internationales Privatrecht
  Bankgarantie **Vorbem 765 ff** 302 ff
  Bürgschaft, Form **Vorbem 765 ff** 141
  Bürgschaft, Schuldnerstatut
    Vorbem 765 ff 136 ff
  Garantiestatut **Vorbem 765 ff** 301
  Personalsicherheiten, Schuldstatut
    Vorbem 765 ff 147
Interzession
  und Bürgschaft **Vorbem 765 ff** 1

Interzession (Forts.)
  Gläubigerbefriedigung durch den Interzedenten, Frage eines gesetzlichen Forderungsübergangs **774** 61
Italien
  Bürgschaft **Vorbem 765 ff** 465 ff
  Garantie **Vorbem 765 ff** 468
IWF-Statut
  Anwendbarkeit ausländischen Devisenrechts **Vorbem 765 ff** 190

Juristische Person
  als Hauptschuldner, Beendigung aus anderen Gründen als Vermögensverfall
    767 52
  als Hauptschuldner, Erlöschen wegen Vermögensverfalls **767** 50

Kapitalgesellschaft
  Bürgschaftsübernahme **765** 75
  Eigenkapitalersatzleistung durch Gesellschafterbürgschaft **Vorbem 765 ff** 118 ff
  Gesellschaftsbürgschaft für einen Gesellschafter **Vorbem 765 ff** 126 ff
  als Hauptschuldner, Beendigung aus anderen Gründen als Vermögensverfall
    767 52
  als Hauptschuldner, Erlöschen wegen Vermögensverfalls **767** 50
Kapitalmarktrecht
  Garantieversprechen **Vorbem 765 ff** 271
Kaufmann
  Formfreiheit der Bürgschaftserklärung
    766 5
Kaufvertrag
  Leistungsverweigerungsrecht des Bürgen bei Wandlungsrecht, Minderungsrecht
    770 24
Kirchengemeinden
  Bürgschaftsübernahme **765** 73
Klage, Klagbarkeit
  Bürgschaft zur Zahlung auf erstes Anfordern **Vorbem 765 ff** 33
  Bürgschaftklage im Urkundenprozeß
    Vorbem 765 ff 161
  Bürgschaftsklage **Vorbem 765 ff** 148 ff
  Bürgschaftsklage, Hauptschuldklage
    Vorbem 765 ff 155 ff
  Bürgschaftsverpflichtung und Verjährung der Hauptschuld **768** 15
  Einrede der Vorausklage (der Vorausvollstreckung) **771** 7 ff
Konfusion
  Erlöschen der Bürgschaft **765** 222
Konkurs
  des Bürgen **Vorbem 765 ff** 181
  des Bürgen und zugleich des Hauptschuldners **Vorbem 765 ff** 183

Konkurs (Forts.)
des Bürgschaftsgläubigers
 Vorbem 765 ff 184
Erlöschen des Hauptschuldners **767** 49, 50
des Gläubigers und Forderungsübergang
 auf den Bürgen **774** 29
des Hauptschuldner, Verhältnis Gläubiger-
 Bürge **774** 28
des Hauptschuldners **773** 7
des Hauptschuldners, Bürgenstellung im
 Verfahren **Vorbem 765 ff** 168 ff
des Hauptschuldners, Haftung bei Ausfall-
 bürgschaft **777** 14
des Hauptschuldners, Rückgriffsforderung
 des Ausfallbürgen **771** 16
Patronatsbeteiligte **Vorbem 765 ff** 415
Konossementsgarantie
im Außenwirtschaftsverkehr
 Vorbem 765 ff 286
Konsumentenkredit
Schuldmitübernahme, Bürgschaft
 Vorbem 765 ff 3
Kontokorrenteinstellung
bürgschaftsgesicherter Forderung
 765 94 ff; **767** 22
Kontokorrentkreditbürgschaft
Abtretung verbürgter Forderung
 Vorbem 765 ff 55
Bestimmtheitsgrundsatz **Vorbem 765 ff** 49
Beweislast **767** 5
Gläubigerpflichten **765** 126
Gläubigerwechsel **765** 204
Globalbürgschaft, Unterfall der –
 Vorbem 765 ff 48
Höchstbetrag **765** 19, 93
Inhalt **Vorbem 765 ff** 40, 42 ff
Kontokorrentbindung verbürgter Forde-
 rung, abzugrenzender Fall gegenüber
 der – **765** 91
Kreditlinie **Vorbem 765 ff** 49, 50
Kreditlinie und Erweiterung der Bürg-
 schaftshaftung **767** 38
und Kündbarkeit von unbefristeter Bürg-
 schaft **765** 230
Kündigung **Vorbem 765 ff** 53
Kündigung unbefristeter Bürgschaft **777** 12
Periodensaldo, Bedeutung **765** 92
Zeitbestimmung **777** 5
Konzern
Patronatserklärung **Vorbem 765 ff** 405 ff
Kosten
als Nebenforderungen, Haftung des
 Bürgen **767** 33 ff
Kredit
Erfüllung der Forderung, hinausgeschobe-
 ne **Vorbem 765 ff** 2
als Gelddarlehen **Vorbem 765 ff** 2

Kreditanweisung
Kreditauftrag, Abgrenzung **778** 10
Kreditauftrag
AGB-Erteilung **778** 7
Akkreditiv, Kreditanweisung, Abgrenzung
 778 10
Aufforderung zur Kreditgewährung,
 Abgrenzung zur unverbindlichen **778** 4
Auftragsrecht, anzuwendendes **778** 11
Auftragsverhältnis, Geschäftsbesorgung
 778 2
Bürgenhaftung des Auftraggebers **778** 14 ff
Bürgschaft, Abgrenzung **778** 8
Formfreiheit **778** 6
Garantie, Abgrenzung **778** 9
Haftungswille, erkennbarer **778** 4
Interessenwahrnehmung durch den Beauf-
 tragten **778** 12
Kreditbürgschaft
Höchstbetragsbürgschaft **Vorbem 765 ff** 39
Kreditauftrag, Abgrenzung **778** 11
Kreditgewährung
Nachweis der Möglichkeit einer – **778** 4
Unverbindliche Aufforderung zur – **778** 4
Kreditkarte
Ausschluß von Widerruf, Einwendungen
 Vorbem 765 ff 4120 ff
Begriff, Funktion **Vorbem 765 ff** 417
Garantie des Kartenemittenten
 Vorbem 765 ff 419
Kartensystem, Vertragsbeziehungen
 Vorbem 765 ff 418
Kreditrahmen
und Bürgschaftsübertragung **765** 204
Kreditsicherungsgeschäfte
Formen **Vorbem 765 ff** 2
Kreditsicherungsmitschuld
Schuldmitübernahme als –
 Vorbem 765 ff 369 ff
Kündigung des Avalkreditvertrages 765 103
Kündigung der Bürgschaft
Ausnahmen vom Grundsatz der Unkünd-
 barkeit **765** 229 ff
Globalbürgschaft **Vorbem 765 ff** 53
Grundsatz der Unkündbarkeit
 Vorbem 765 ff 53
Kontokorrentkreditbürgschaft
 Vorbem 765 ff 53
Rechtsfolgen **Vorbem 765 ff** 54
unbefristete Bürgschaft **777** 12
**Kündigung der Garantieverpflichtung Vor-
bem 765 ff** 209
Kündigung der Hauptschuld
Auswirkungen auf die Bürgschaftsver-
 pflichtung **767** 16
als Fälligkeitsvoraussetzung **768** 16
als Gläubigerobliegenheit **777** 13

Kündigung einer Kreditgewährung
und Haftung aus einer Globalbürgschaft
Vorbem 765 ff 46
Künftige Forderung
Anzahlungsbürgschaft **765** 60
aus Börsentermingeschäft **765** 69
Bürgschaftsübernahme **765** 42, 43, 100;
777 5
Bürgschaftsübernahme und Sorgfaltsverpflichtungen des Gläubigers **765** 126
Bürgschaftsverpflichtung **767** 9
Vorauszahlungsbürgschaft **765** 68
Künftige Zinsen
Anspruch nach Forderungsübergang auf den Bürgen **774** 15
Künftiger Vertrag
und Haftung aus einer Globalbürgschaft
767 39

Leistungsbefreiung
des Hauptschuldners aufgrund Krisengesetzgebung **Vorbem 765 ff** 186
des Hauptschuldners, Haftung des Bürgen
767 21
Leistungsgarantie
im Außenwirtschaftsverkehr
Vorbem 765 ff 284
als bloße Eigenschaftszusicherung oder als selbständige Gewährschaft
Vorbem 765 ff 258
Garantiefrist **Vorbem 765 ff** 260
Herstellergarantie **Vorbem 765 ff** 259
Leistungsstörungen
Bürgenschuld **765** 228
Bürgenverpflichtung und vom Hauptschuldner zu vertretende – **767** 25 ff
Leistungsverpflichtung
Bürgschaft bei unvertretbarer –
Vorbem 765 ff 14
Leistungsverweigerungsrecht
des Bürgen aufgrund anfechtbarer Hauptschuld **770** 2 ff, 12 ff
des Bürgen aufgrund Aufrechnungslage
770 5 ff

Makler- und Bauträgerverordnung
Sicherheitsleistung des Gewerbetreibenden durch Bürgschaft **Vorbem 765 ff** 90
Mietbürgschaft
Inhalt **765** 66
Mietvertrag
Mietbürgschaft und Mieterschutz **768** 18
Mietgarantie des Sozialamtes
Vorbem 765 ff 274
Übergang der Mietbürgschaft **765** 202
Vermietungsgarantie des Baubetreuers
Vorbem 765 ff 272

MIGA
Weltbanktochter, Koordination der Versicherung von Investitionsrisiken
Vorbem 765 ff 442
Minderkaufleute
Bürgschaftsversprechen, Formerfordernis
766 7
Mitbürgschaft
Abreden, abweichende Vereinbarungen
769 7 ff
Ausgleich unter Mitbürgen **774** 43 ff
Begriff, Begründung **769** 1 ff
Erlaß der Schuld eines Mitbürgen **774** 49, 50; **776** 9
Gesamtschuld gegenüber dem Gläubiger
769 6 ff
Hauptschuldidentität, erforderliche **769** 2, 3
Mitbürgen, Verhältnis untereinander
769 10, 11
Mitgesellschafter als Mitbürgen **774** 53, 54
Nebenbürgschaft, Abgrenzung **769** 2, 9
Nebenbürgschaftsklausel **769** 12, 13
Rechtsgeschäft, jeweils selbständiges **769** 5
Sicherheitenaufgabe durch einen Mitbürgen **776** 23
Teilbürgschaft, Abgrenzung **769** 2
Mitwirkungspflichten
des Gläubigers gegenüber dem Bürgen
765 118

Nachbürgschaft
Einrede der Vorausvollstreckung **771** 4
Forderungsübergang auf den Nachbürgen
774 17
Globalbürge als Nachbürge des bürgenden Hauptschuldners **Vorbem 765 ff** 45
Inhalt **Vorbem 765 ff** 57
und leistender Vorbürge **Vorbem 765 ff** 58
Leistung durch den Nachbürgen
Vorbem 765 ff 58
Nachbürge und Hauptschuldner
Vorbem 765 ff 59
und Vorbürge, Ausgleich **774** 59
Natürliche Verbindlichkeit
Bürgschaftsübernahme **765** 89, 90
Nebenabreden
zur Bürgschaftsverpflichtung, Formerfordernis **766** 10
Nebenbürgschaft
Mitbürgschaft, Abgrenzung **769** 2, 9
Nebenbürgschaftsklausel
Inhalt, Praxis **769** 12, 13
Nebenforderungen
und Bürgenhaftung **765** 40, 41
Kosten der Kündigung, Rechtsverfolgung
767 33 ff

Nebenpflichten

Nebenpflichten
Bürgschaft, Nebenpflichten des Bürgen gegenüber dem Gläubiger 765 130 ff
Bürgschaft, vereinbarte Nebenpflichten des Gläubigers 765 124 ff
Bürgschaft, keine vertragstypischen Nebenpflichten für den Gläubiger 765 119 ff

Nebenrechte
Forderungsübergang auf den Bürgen, übergehende – 774 19 ff

Nichterfüllter Vertrag
Einrede des Hauptschuldners, des Bürgen 768 10
Verzicht des Bürgen auf die Einrede des – 768 38

Nichtigkeit
Ausfüllungsermächtigung bei Blankoermächtigung 766 46
der Bürgschaft 765 101, 159, 162 ff
einer Bürgschaft wegen fehlender Schriftform 766 48 ff
der Hauptschuld 765 101; 767 12; 768 35; 770 3
der Hauptschuld, Haftung des Bürgen 765 80 ff

Notar
Beurkundung einer Bürgschaftsverpflichtung 766 30 ff
Bürgschaftsübernahme 765 70

Novation
der Hauptschuld, Erlöschen der Bürgschaft 767 22

OECD
Koordination der Versicherung von Investitionsrisiken Vorbem 765 ff 442

Öffentliche Hand
Amtsbürgschaft Vorbem 765 ff 81
Ausfallbürgschaft 771 11
Ausfuhrkreditversicherungen (Hermes-Deckung) s. dort
Staatsbürgschaft Vorbem 765 ff 82 ff
Steuer- und Zollbürgschaft Vorbem 765 ff 79, 80

Österreich
Bürgschaft Vorbem 765 ff 454
Garantie Vorbem 765 ff 454
Schuldbeitritt Vorbem 765 ff 454

Offene Handelsgesellschaft
Bürgschaft für Verbindlichkeiten der oHG, Einrede der Vorausklage 771 8
Gesellschafterinanspruchnahme wegen Gesellschaftsschuld, Leistungsverweigerungsrecht 770 26
Mitgesellschafter als Mitbürgen 774 53, 54

Patronatserklärung
Begriff, Zweck Vorbem 765 ff 405
Bürgschaft, Abgrenzung Vorbem 765 ff 410
Garantie, Abgrenzung Vorbem 765 ff 222
Harte und weiche Erklärungen Vorbem 765 ff 407 ff
Rechtswirkungen im Konkurs Vorbem 765 ff 415
Verpflichtungsinhalt (Erfüllung oder Schadensersatz) Vorbem 765 ff 411 ff

Performance bond
Rechtsnatur Vorbem 765 ff 291

Personalsicherheiten
Bürgschaft und andere Sicherheiten, Abgrenzung Vorbem 765 ff 21

Personengesellschaft
Bürgschaftserklärungen von Gesellschaftern 766 6
Gesellschafter als Bürge 765 28
als Hauptschuldner, Erlöschen wegen Vermögensverfalls 767 49

Pfandrecht
Aufgabe durch den Gläubiger zum Nachteil eines Bürgen 776 1 ff
Ausgleichspflicht verschiedener Sicherungsgeber 774 65 ff
Sicherheitenaufgabe durch den Gläubiger zum Nachteil des Bürgen 776 23

Positive Forderungsverletzung
Bürgenanspruch gegenüber dem Gläubiger Vorbem 765 ff 65
des Hauptschuldners gegenüber Gläubiger 767 28
Nebenpflichtenverletzung durch den Gläubiger 765 124

Prioritätsprinzip
und Ausgleichspflicht zwischen verschiedenen Sicherungsgebern 774 65

Privatautonomie
und Bürgenschutz 765 165 ff
und Bürgenschutz durch Verbot der Fremddisposition 767 38

Prozeßbürgschaft
Abschluß, Inhalt 765 1; Vorbem 765 ff 101 ff
Ausländischer Bürge Vorbem 765 ff 96
Bankbürgschaft 765 61
Bürge, tauglicher Vorbem 765 ff 94 ff
Erlöschen Vorbem 765 ff 107
EuGH-Verfahren Vorbem 765 ff 109
Form Vorbem 765 ff 99, 100; 766 15
als gegenständliche beschränkte Bürgschaft 777 6
Kosten Vorbem 765 ff 108
Prozessuale Wirkung Vorbem 765 ff 105, 106
Sicherungszweck Vorbem 765 ff 91 ff
Verurteilung des Hauptschuldners 768 27

Prozeßrechtsfragen
s. Klage, Klagbarkeit

Realsicherheiten
Formen **Vorbem 765 ff** 2

Rechtsformwechsel
und Bürgschaftsübertragung **765** 205, 215, 219 ff

Rechtsmißbrauch
Abwehr mißbräuchlicher Inanspruchnahme des Bürgen **Vorbem 765 ff** 162 ff
Akkreditivinanspruchnahme
Vorbem 765 ff 402
und Avalvertrag **Vorbem 765 ff** 164
und Bürgenverpflichtung zur Unterlassung der Auszahlung **765** 107
Bürgschaft zur Zahlung auf erstes Anfordern **Vorbem 765 ff** 32
Einrede des Bürgen **765** 201
Garantie **Vorbem 765 ff** 309 ff
Kreditkarteninanspruchnahme
Vorbem 765 ff 422
Rückabwicklung bei ungerechtfertigter Garantieinanspruchnahme
Vorbem 765 ff 358, 359
Scheckkarte **Vorbem 765 ff** 269
UN-Konvention über unabhängige Garantien 1995 **Vorbem 765 ff** 298, 315

Rechtsnachfolge
Gläubigerwechsel und Bürgschaftsübergang **765** 204
Schuldnerwechsel und Folgen für die Bürgschaft **765** 214 ff

Rechtsübergang (gesetzlicher)
Forderungsübergang
s. dort

Reisegewerbe
Bürgschaftsabschluß **Vorbem 765 ff** 76

Richterliche Inhaltskontrolle
und Ausgleich strukturellen Ungleichgewichts **765** 186
und Bürgenschutz **765** 165

Rückbürgschaft
Einrede der Vorausklage **771** 5
Inhalt **Vorbem 765 ff** 60, 61

Rückgabe
der Bürgschaftsurkunde als Erlöschensgrund **765** 226

Rückgriffsanspruch
des Bürgen gegen den Hauptschuldner, Anspruchsarten **774** 5 ff

Rücktrittsrecht
Bürgschaftsverpflichtung **765** 236
des Hauptschuldners, Leistungsverweigerungsrecht des Bürgen **770** 23

Rückzahlungsgarantie
im Außenwirtschaftsverkehr
Vorbem 765 ff 283

Schadensersatzansprüche
aufgrund Patronatserklärung
Vorbem 765 ff 411 ff
Einrede des Hauptschuldners, des Bürgen **768** 12

Schadlosbürgschaft
s. Ausfallbürgschaft

Schadlosgarantie
Voraussetzungen, Unterfall der Garantie
Vorbem 765 ff 214, 215

Scheck
Bestätigung **Vorbem 765 ff** 263
Bürgschaft für Scheckerklärungen
Vorbem 765 ff 435
Einlösungsgarantie **Vorbem 765 ff** 262
Offene Scheckbürgschaft
Vorbem 765 ff 423 ff
Scheckkarte **Vorbem 765 ff** 265 ff

Schenkung
Garantie als – **Vorbem 765 ff** 194
und Gefälligkeitsbürgschaft **765** 139 ff

Schenkungsversprechen
Bürgschaftsverpflichtung für – **768** 5

Schiedsabrede
Gläubiger und Bürge **Vorbem 765 ff** 153

Schriftform
Bürgschaft, Formerfordernis
s. Alphabetische Übersicht vor § 766 BGB
Rechtsgeschäftliche Schriftform für eine Bürgschaft **766** 13

Schuldbeitritt
s. Schuldmitübernahme

Schuldmitübernahme
Ausgleich zwischen mehreren Schuldmitübernehmern **Vorbem 765 ff** 376
Ausgleich zwischen mehreren Sicherheitenbestellern **774** 74
Befreiungsanspruch des Mitübernehmers **775** 7
Bürgschaft, Abgrenzung **Vorbem 765 ff** 367
Bürgschaft für die Schuld, Frage ihrer Erstreckung auf die – **774** 64
Bürgschaftsbestellung neben einer – **774** 63
Bürgschaftshaftung, unverändert fortbestehende bei kumulativer – **765** 218
Erfüllungsübernahme, Abgrenzung
Vorbem 765 ff 364
und Erstschuld, Verhältnis
Vorbem 765 ff 363
zur Forderungssicherung, Abtretung der Forderung **765** 212
Forderungsübergang im Falle der Gläubigerbefriedigung, Ausschluß gesetzlicher – **774** 62
Formfreiheit **Vorbem 765 ff** 365 ff, 371; **766** 4
Garantie, Abgrenzung **Vorbem 765 ff** 219

Schuldmitübernahme (Forts.)
  Gemeinschaftskonto **Vorbem 765 ff** 374 ff
  Sicherheitenaufgabe durch den Gläubiger
    zum Nachteil des Bürgen **776** 23
  Sicherungsmitschuld **Vorbem 765 ff** 369 ff
  Sittenwidrigkeit bei Übernahme durch
    mittellose Angehörige **765** 164
  Verpflichtungsumfang **Vorbem 765 ff** 364
  Versuch der Zwangsvollstreckung gegen
    einen Mitübernehmer **771** 8
Schuldnerstellung
  des Bürgen **Vorbem 765 ff** 13
Schuldrechtliches Verpflichtungsgeschäft
  Bürge-Hauptschuldnerverhältnis **765** 103,
    104
  Bürgschaft als – **765** 113
  Bürgschaftsübernahme für ein – **765** 97
Schuldübernahme
  Bürgschaftserlöschen bei befreiender –
    765 214 ff
Schweiz
  Bürgschaft **Vorbem 765 ff** 455 ff
  Schuldbeitritt **Vorbem 765 ff** 458
Selbstschuldausfallbürgschaft
  Inhalt **Vorbem 765 ff** 37
Selbstschuldbürgschaft
  Anzeige des Gläubigers von bevorstehender Inanspruchnahme **777** 15 ff
  Ausfallbürgschaft, Abgrenzung
    Vorbem 765 ff 36
  Befreiungsanspruch des Bürgen **775** 7
  Besonderheiten (Übersicht)
    Vorbem 765 ff 23
  Leistungsverweigerungsrecht aufgrund
    anfechtbarer Hauptschuld **770** 1
  Leistungsverweigerungsrecht aufgrund
    Aufrechnungslage **770** 1
  Verzicht auf Einrede der Vorausklage
    (Vorausvollstreckung) **773** 2 ff
  und Zahlung auf erstes Anfordern
    Vorbem 765 ff 24
Sicherheitsleistung
  Abwendung der Befreiungsverpflichtung
    des Hauptschuldners durch – **775** 15
  durch Bürgschaft **Vorbem 765 ff** 90
  Einrede des Hauptschuldners, des Bürgen
    768 11
Sicherungsabrede
  zwischen Bürgen und Hauptschuldner
    765 136 f
Sicherungseigentum
  Ausgleichspflicht verschiedener Sicherungsgeber **774** 65 ff
Sicherungsgeber
  Ausgleich zwischen verschiedenen –
    774 65 ff
Sicherungshypothek
  Bestellung für fremde Schuld **771** 9

Sicherungsleistung
  durch Bürgen gegenüber dem Gläubiger
    774 12
Sicherungsrechte
  Aufgabe durch den Gläubiger zum Nachteil eines Bürgen **776** 1 ff
Sicherungsübereignung
  Aufgabe durch den Gläubiger zum Nachteil eines Bürgen **776** 10
Sicherungszweck
  Bankgarantien im Außenwirtschaftsverkehr **Vorbem 765 ff** 281 ff
  Garantieversprechen **Vorbem 765 ff** 250 ff
Sittenwidrigkeit
  der Bürgschaftserklärung **Vorbem 765 ff** 66
  Garantiemißbrauch **Vorbem 765 ff** 316 ff
  der Hauptschuld **765** 176, 177
  Kreditsicherungsmitschuld
    Vorbem 765 ff 372, 373
  Kriterien sittenwidriger Bürgschaftsübernahme **765** 162 ff, 168 ff
  Schutz der Privatautonomie des Bürgen
    765 165 ff
Sozialamt
  Mietgarantie **Vorbem 765 ff** 274
Sparkassen
  Bürgschaftsübernahmen **765** 74
Spiel
  Bürgschaftsübernahme **765** 89
Staatsbürgschaft
  Gewährung (zweistufige)
    Vorbem 765 ff 84 ff
  Instrument staatlicher Wirtschaftspolitik
    Vorbem 765 ff 82
  Rechtsweg **Vorbem 765 ff** 148
Standby letter of credit
  Rechtsnatur **Vorbem 765 ff** 291
Steuerbürgschaft
  Abgabenrecht **Vorbem 765 ff** 79
  Rechtsweg **Vorbem 765 ff** 148
Stiftung
  Bürgschaftsübernahme **765** 73
Stundung
  und Befreiungsanspruch des Bürgen **775** 10
  Bürgschaftsverpflichtung und Stundung
    der Hauptforderung **767** 46, 47
  Einrede des Hauptschuldners, Erstreckung
    auf den Bürgen **768** 11
  Verzicht des Bürgen auf die Einrede der –
    768 38

Tantiemegarantie Vorbem 765 ff 271
Teilbürgschaft
  Inhalt **Vorbem 765 ff** 38
  Mitbürgschaft, Abgrenzung **769** 2
Teilleistungen
  Anrechnung auf verbürgte Hauptschuld
    767 17 ff

Telefax
Wahrung des Formerfordernisses für Bürgschaftsverpflichtung 766 29, 33
Territorialitätsprinzip
Enteignung durch ausländischen Staat **Vorbem 765 ff** 142
Tod
des Hauptschuldners 767 48
Treu und Glauben
Bürgenverpflichtung gegenüber dem Gläubiger 765 130 ff
Bürgschaft, formnichtige 766 50
Gläubigerverpflichtungen gegenüber dem Bürgen 765 3, 4, 128
und richterliche Inhaltskontrolle 765 165

Umwandlungsrecht
und Bürgschaftsübertragung 765 205, 219 ff
UN-Konvention
über unabhängige Garantien 1995 **Vorbem 765 ff** 298, 315
Unentgeltliche Bürgschaftsübernahme
und Anfechtungsrecht 765 145
Unerlaubte Handlung
Garantiemißbrauch **Vorbem 765 ff** 312
Hauptschuldbegründung als – 770 2
Ungerechtfertigte Bereicherung
Bürgenhaftung bei nichtiger Hauptschuld für – 765 80 ff
Bürgenleistung in Unkenntnis aufgegebener Gläubigerrechte 776 19
Bürgenzahlungen, Rückabwicklung rechtsgrundloser 765 239 ff; **Vorbem 765 ff** 33
Einrede des Hauptschuldners, des Bürgen 768 11
Globalbürgschaft, Sicherung von Ansprüchen aus – **Vorbem 765 ff** 47
Rückabwicklung bei ungerechtfertigter Garantieinanspruchnahme **Vorbem 765 ff** 345 ff
Rückforderungsanspruch des Bürgen nach Zahlung auf erstes Anfordern **Vorbem 765 ff** 33
Unmöglichkeit
Leistungsbefreiung des Hauptschuldners und Bürgenhaftung 767 21
Unterhaltsrecht
Bürgschaft für eine Unterhaltspflicht **Vorbem 765 ff** 19; 767 35
Leistungsfähigkeit des Hauptschuldners und bestehende Unterhaltsbürgschaft 768 19, 20, 34
Unterlassungsanspruch
Bürgschaftsinanspruchnahme 765 138
Urkundenprozeß
Bürgschaft zur Zahlung auf erstes Anfordern **Vorbem 765 ff** 161

Venire contra factum proprium
Bürgschaft, formnichtige 766 51
Verbraucherkreditgesetz
Abschluß des Bürgschaftsvertrages **Vorbem 765 ff** 77
Verdeckte Gewinnausschüttung
Bürgschaftszahlungen als – 765 145
Vereinigte Staaten von Amerika
Bürgschaft **Vorbem 765 ff** 473
Garantie **Vorbem 765 ff** 474
Verfallklausel
und Bürgenschuld 767 26
Verfassungsrecht, Verfassungsmäßigkeit
Bürgenschutz 765 164
Bürgschaftsübernahme, sonstige Gewährleistungen durch den Bund **Vorbem 765 ff** 440
Privatautonomie, Gewährleistung 765 165
Staatsbürgschaft **Vorbem 765 ff** 82
Strukturelles Ungleichgewicht von Vertragspartnern 765 173, 186, 187
Vergleich
des Bürgen **Vorbem 765 ff** 181, 182
und Bürgenhaftung **Vorbem 765 ff** 177 ff
Gläubiger/Hauptschuldner 768 22
Vergleichsbürgschaft
Zwangsvollstreckung aufgrund einer – 766 32
Verjährung
Bürgenansprüche gegen den Hauptschuldner 774 4
Bürgschaftsforderung 765 238
Bürgschaftsübernahme und verjährte Schuld 765 89; 768 13 ff
Garantieversprechen **Vorbem 765 ff** 207
Verzicht des Bürgen auf die Einrede der – 768 39
Vermögensverfall
Erlöschen des Hauptschuldners wegen – 767 49 ff
Vermögensverhältnisse
Befreiungsanspruch des Bürgen bei wesentlicher Verschlechterung der Vermögensverhältnisse des Hauptschuldners 775 8
Verpflichtungswille
des Bürgen 765 2 ff
Vertrag (abstrakter)
Bürgschaft **Vorbem 765 ff** 8
Vertrag (einseitig verpflichtender)
Bürgschaft **Vorbem 765 ff** 5 ff, 13
Vertrag (gegenseitiger)
Bürgschaft 765 132; **Vorbem 765 ff** 7, 10
Vertrag (kausaler)
Bürgschaft **Vorbem 765 ff** 8 ff
Garantie **Vorbem 765 ff** 200
Vertrag zugunsten Dritter
Bürgschaft 765 7

Vertrag zugunsten Dritter (Forts.)
  Bürgschaftsverpflichtung und Einwilligung in künftige Vertragsänderungen 766 47
Vertragshilfe
  und Bürgenhaftung 767 51
  Bürgschaftswirkung **Vorbem 765 ff** 185
Vertragsparteien
  Strukturelles Ungleichgewicht 765 173, 186, 187
Vertragsstrafe
  Bürgenverlangen auf Herabsetzung 768 21
  Garantie, Abgrenzung **Vorbem 765 ff** 221
Vertragsübernahme
  Gläubigerwechsel und Bürgschaftsübergang 765 204
Vertretung
  Abgabe der Bürgschaftserklärung 765 5; 766 38 ff
Verwirkung
  aufgrund widersprüchlichen Verhaltens 776 17
  Bürgschaft 765 199 ff
  Einwendungen des Hauptschuldners und des Bürgen 768 17
Verzicht
  des Bürgen auf die Einrede des Leistungsverweigerungsrechts 770 16 ff
  des Bürgen auf die Einrede der Vorausklage (Vorausvollstreckung) 773 2 ff
  des Bürgen auf Einreden, Einwendungen des Hauptschuldners 768 28 ff
Verzug (Gläubigerverzug)
  Bürgschaftsumfang bei Annahmeverzug 767 32
Verzug (Schuldnerverzug)
  und Befreiungsanspruch des Bürgen 775 10
  des Vergleichsschuldners 767 26
Vollmacht
  zur Ausstellung und Erteilung einer Bürgschaftserklärung 766 38
Vorausklage (Vorausvollstreckung)
  Ausschluß der Einrede des Bürgen 773 1 ff
  Einrede des Bürgen 771 1 ff; 772 1 ff
  und Gläubigerobliegenheiten 777 13
Vorauszahlungsbürgschaft
  Inhalt 765 68
Vorbürgschaft
  und Nachbürge 769 3
  und Nachbürge, Ausgleich 774 59
Vorvertrag
  zur Bürgschaftsübernahme, Formerfordernis 766 2

Währungsgesetz
  und Bürgschaftsverpflichtung **Vorbem 765 ff** 188
Währungsumstellung
  und Bürgenschuld **Vorbem 765 ff** 132, 133

Wahlschuld
  Bürgschaftsverpflichtung 770 21
Wechsel
  Bürgschaft für Wechselforderungen **Vorbem 765 ff** 435
  Forderungsübergang auf den Bürgen 774 17
  Offene Wechselbürgschaft **Vorbem 765 ff** 423 ff
  Verdeckte Wechselbürgschaft (Sicherungsakzept) **Vorbem 765 ff** 432 ff
  Wechselverbindlichkeit zur Sicherung der Schuld eines Dritten 766 4
Wertsicherungsklauseln
  Bürgschaftsverpflichtung **Vorbem 765 ff** 134
Wette
  Bürgschaftsübernahme 765 89
Widerruf
  ausgestellter, aber nicht erteilter Bürgschaftserklärung 766 36
  Bürgschaftsversprechen 765 237
  Kreditauftrag 778 11
  Weisung bei Kreditkarte **Vorbem 765 ff** 420 ff

Zahlung auf erstes Anfordern (Bürgschaft)
  Abweichung vom gesetzlichen Typus **Vorbem 765 ff** 26
  AGB-Verpflichtung **Vorbem 765 ff** 72
  Auslegung, Abgrenzung **Vorbem 765 ff** 26
  Bürge/Hauptschuldner-Verhältnis **Vorbem 765 ff** 34 ff
  Bürgschaftsklage, Schlüssigkeit **Vorbem 765 ff** 151
  Effektivklausel **Vorbem 765 ff** 28
  Einrede- und Einwendungsverzicht, vorläufiger 768 30, 36
  Einredenausschluß, Einwendungsausschluß **Vorbem 765 ff** 26
  Einwendungsausschluß, Grenzen **Vorbem 765 ff** 29 ff
  als Garantie **Vorbem 765 ff** 26
  Gewährleistungsbürgschaft **Vorbem 765 ff** 26
  Praxis **Vorbem 765 ff** 24
  Rückforderungsanspruch des Bürgen **Vorbem 765 ff** 33
  Selbstschuldbürgschaft, Abgrenzung **Vorbem 765 ff** 24
  Urkundenprozeß **Vorbem 765 ff** 161
  Zahlungsaufforderung, Durchsetzung **Vorbem 765 ff** 27, 28
Zahlung auf erstes Anfordern (Garantie)
  Bankgarantien im Außenwirtschaftsverkehr **Vorbem 765 ff** 289
  Effektivklausel **Vorbem 765 ff** 236
  Einheitliche Richtlinien (ERAG) 1991 **Vorbem 765 ff** 295, 296

Zahlung auf erstes Anfordern (Garantie) (Forts.)
  Schutz nach AGBG **Vorbem 765 ff** 232
  Zahlungsaufforderung **Vorbem 765 ff** 233 ff
Zahlungseinbehalt
  Rechtsnatur **Vorbem 765 ff** 292
Zahlungsgarantie
  im Außenwirtschaftsverkehr
    Vorbem 765 ff 287
Zeitbürgschaft
  Abgrenzung gegenüber einer gegenständlich beschränkten Bürgschaft **777** 7 ff
  Beendigungsregelung zugunsten des Gläubigers, besondere **777** 1 ff
Zinsbürgschaft
  als Teilbürgschaft **Vorbem 765 ff** 38
Zinsen
  und Bürgenhaftung **765** 40
  Forderungsübergang auf den Bürgen, Anspruch auf künftige – **774** 15
  Höchstbetragsbürgschaft **Vorbem 765 ff** 52; **765 ff** 41
  Höchstbetragsbürgschaft und Haftung für weitere – **767** 18
Zinseszinsen
  und Höchstbetragshypothek
    Vorbem 765 ff 52
Zollbürgschaft
  Inhalt **Vorbem 765 ff** 79

Zurückbehaltungsrecht
  Einrede des Hauptschuldners, des Bürgen **768** 10
Zusatzbürgschaft
  Inhaltskontrolle nach AGBG
    Vorbem 765 ff 74
Zwangsvergleichsbürgschaft 766 32
  Anfechtung **765** 158
  als Höchstbetragsbürgschaft
    Vorbem 765 ff 39
Zwangsversteigerung
  Ausbietungsgarantie **Vorbem 765 ff** 254
  Sicherheitsleistung zur Sicherung eines Gebots durch Bürgschaft
    Vorbem 765 ff 90
Zwangsvollstreckung
  und Ausfallbürgschaft **771** 11
  Befreiungsanspruch des Bürgen **775** 4, 5
  Einrede der Vorausvollstreckung und Aussichtslosigkeit der – **773** 8
  und Einrede der Vorausvollstreckung durch den Bürgen **771** 7 ff; **772** 1 ff; **773** 1 ff
Zweckvereitelung
  Einrede des Bürgen **765** 201

J. von Staudingers
Kommentar zum Bürgerlichen Gesetzbuch
mit Einführungsgesetz und Nebengesetzen

Übersicht Nr 46/29. August 1997

Die Übersicht informiert über die Erscheinungsjahre der Kommentierungen in der 12. Auflage und in der 13. Bearbeitung (= Gesamtwerk Staudinger). *Kursiv* geschrieben sind diejenigen Teile, die zur Komplettierung der 12. Auflage noch ausstehen.

	12. Auflage	13. Bearbeitung
Erstes Buch. Allgemeiner Teil		
Einl BGB; §§ 1 - 12; VerschG	1978/1979	1995
§§ 21 - 103	1980	1995
§§ 104 - 133	1980	
§§ 134 - 163	1980	1996
§§ 164 - 240	1980	1995
Zweites Buch. Recht der Schuldverhältnisse		
§§ 241 - 243	1981/1983	1995
AGBG	1980	
§§ 244 - 248	1983	1997
§§ 249 - 254	1980	
§§ 255 - 292	1978/1979	1995
§§ 293 - 327	1978/1979	1995
§§ 328 - 361	1983/1985	1995
§§ 362 - 396	1985/1987	1995
§§ 397 - 432	1987/1990/1992/1994	
§§ 433 - 534	1978	1995
Wiener UN-Kaufrecht (CISG)		1994
§§ 535 - 563 (Mietrecht 1)	1978/1981 (2. Bearb.)	1995
§§ 564 - 580 a (Mietrecht 2)	1978/1981 (2. Bearb.)	1997
2. WKSchG (Mietrecht 3)	1981	1997
MÜG (Mietrecht 3)		1997
§§ 581 - 606	1982	1996
§§ 607 - 610	1988/1989	
§§ 611 - 615	1989	
§§ 616 - 619	1993	1997
§§ 620 - 630	1979	1995
§§ 631 - 651	1990	1994
§§ 651 a - 651 k	1983	
§§ 652 - 704	1980/1988	1995
§§ 705 - 740	1980	
§§ 741 - 764	1982	1996
§§ 765 - 778	1982	1997
§§ 779 - 811	1985	
§§ 812 - 822	1979	1994
§§ 823 - 829	1985/1986	
§§ 830 - 838	1986	1997
§§ 839 - 853	1986	
Drittes Buch. Sachenrecht		
§§ 854 - 882	1982/1983	1995
§§ 883 - 902	1985/1986/1987	1996
§§ 903 - 924	1982/1987/1989	1996
Umwelthaftungsrecht		1996
§§ 925 - 984	1979/1983/1987/1989	1995
§§ 985 - 1011	1980/1982	1993
ErbbVO; §§ 1018 - 1112	1979	1994
§§ 1113 - 1203	1981	1996

	12. Auflage	13. Bearbeitung
§§ 1204 - 1296	1981	1997
§§ 1-84 SchiffsRG		1997
WEG		

Viertes Buch. Familienrecht

	12. Auflage	13. Bearbeitung
§§ 1297 - 1302; EheG u.a.; §§ 1353 - 1362	1990/1993	
§§ 1363 - 1563	1979/1985	1994
§§ 1564 - 1568; §§ 1-27 HausratsVO	1994/1996	
§§ 1569 - 1586 b		
§§ 1587- 1588; VAHRG	1995	
§§ 1589 - 1625	1983/1985/1992/1993	
§§ 1626 - 1665; §§ 1-11 RKEG	1989/1992/1997	
§§ 1666 - 1772	1984/1991/1992	
§§ 1773 - 1895; Anh §§ 1773 - 1895 (KJHG)	1993/1994	
§§ 1896 - 1921	1995	

Fünftes Buch. Erbrecht

	12. Auflage	13. Bearbeitung
§§ 1922 - 1966	1979/1989	1994
§§ 1967 - 2086	1978/1981/1987	1996
§§ 2087 - 2196	1980/1981	1996
§§ 2197 - 2264	1979/1982	1996
§§ 2265 - 2338 a; BeurkG	1981/1982/1983	
§§ 2339 - 2385	1979/1981	1997

EGBGB

	12. Auflage	13. Bearbeitung
Einl EGBGB; Art 1 - 6, 32 - 218	1985	
Art 219 - 221, 230 - 236	1993	1996
Art 222		1996

EGBGB/Internationales Privatrecht

	12. Auflage	13. Bearbeitung
Einl IPR; Art 3, 4 (= Art 27, 28 aF), 5, 6	1981/1984/1988	1996
Art 7 - 11	1984	
IntGesR	1980	1993
Art 13 - 17	1983	1996
Art 18		1996
IntVerfREhe	1990/1992	
Kindschaftsrechtl. Ü; Art 19 (= Art 18, 19 aF)	1979	1994
Art 20 - 24	1988	1996
Art 25, 26 (= Art 24 - 26 aF)	1981	1995
Vorbem Art 27 - 37	1987	
Art 27 - 37, 10		
Art 38	1992	
IntSachenR	1985	1996

Demnächst erscheinen

	12. Auflage	13. Bearbeitung
§§ 779 - 811		1997
§§ 1 - 64 WEG	1997	
§§ 1589 - 1600 o		1997
§§ 1601 - 1615 o		1997
IntVerfREhe		1997
Art 27 - 37; 10 EGBGB	1997	

Nachbezug der 12. Auflage
Abonnenten der 13. Bearbeitung haben die Möglichkeit, die 12. Auflage komplett oder in Teilen zum Vorzugspreis zu beziehen (so lange der Vorrat reicht). Hierdurch verfügen sie schon zu Beginn ihres Abonnements über das Gesamtwerk Staudinger.

Dr. Arthur L. Sellier & Co. - Walter de Gruyter & Co.
Postfach 30 34 21, D-10728 Berlin